Zeventien jaar geleden werd onze kleinzoon Jaap geboren. Dat was het begin van een dierenboek voor Jaap. Ik gebruikte een dummy van het architectuurtijdschrift *OASE*. Ongestructureerd plakte ik hier de dierenplaatjes in die ik knip kranten en tijdschriften over literatuur en wetenschap, er postzegels en afbeeldingen reclamefolders. Ieder dier he tegenover elkaar liggende bl gekregen. Consequent. Hoewel? Er raakte een olifant verdwaald tussen de beren. De enige woorden die in het boek voorkomen, zijn de namen van de dieren, op wat toevallige woorden na die op de plaatjes stonden. Allerlei soorten lettertypes gebruikte ik. De letters knipte ik ook uit kranten, reclameblaadjes en tijdschriften. Zowel kleine letters als hoofdletters. Rood, blauw of groen: dat deed er niet toe. Toen werd Zeno geboren en hetzelfde geschiedde. Een dierenboek voor Zeno. Voortaan werkte ik aan twee boeken tegelijk. Toen kwam Anna. Julian. Luca. Nu liggen er vijf boeken in wording op tafel. Ze zijn nog steeds niet af. Zowel de kinderen als ikzelf genieten telkens weer van de veranderingen. De toevoegingen.

De boeken waren nooit bedoeld voor de buitenwereld waar ik de plaatjes vandaan had gehaald. Nooit bedoeld om te worden uitgegeven. Nu liggen ze hier, gebundeld tot één boek, omdat anderen mij ervan hebben overtuigd dat ze dat verdienen.

Lous Martens, juli 2017

Seventeen years ago our grandson Jaap was born. That was the start of an animal book for Jaap. I used a dummy for the *OASE* journal of architecture and loosely pasted in s that I had papers and rt, literature and s and photos ochures. Every d two facing pages. Very systematic. Except... maybe an elephant got lost amongst the bears. The only words to appear in the book were the names of the animals, besides the occasional text embedded in a particular picture. I used every font I could find, also cut from newspapers, advertising pamphlets and weeklies. Both small letters and capital letters; red, blue or green – didn't matter. Then Zeno was born and the same thing happened: an animal book for Zeno. Now I was working on two books at once. Then came Anna. Julian. Luca. At this point, there were five books-in-the-making on the table. And none of those five are finished yet. The children, as well as myself, enjoy seeing the small, ever-evolving changes. The additions.

These books were never intended for the outside world where I had found all the pictures. Never intended to be published. Now they lie here, grouped into one big book, because others have convinced me it's what they deserve.

Lous Martens, July 2017

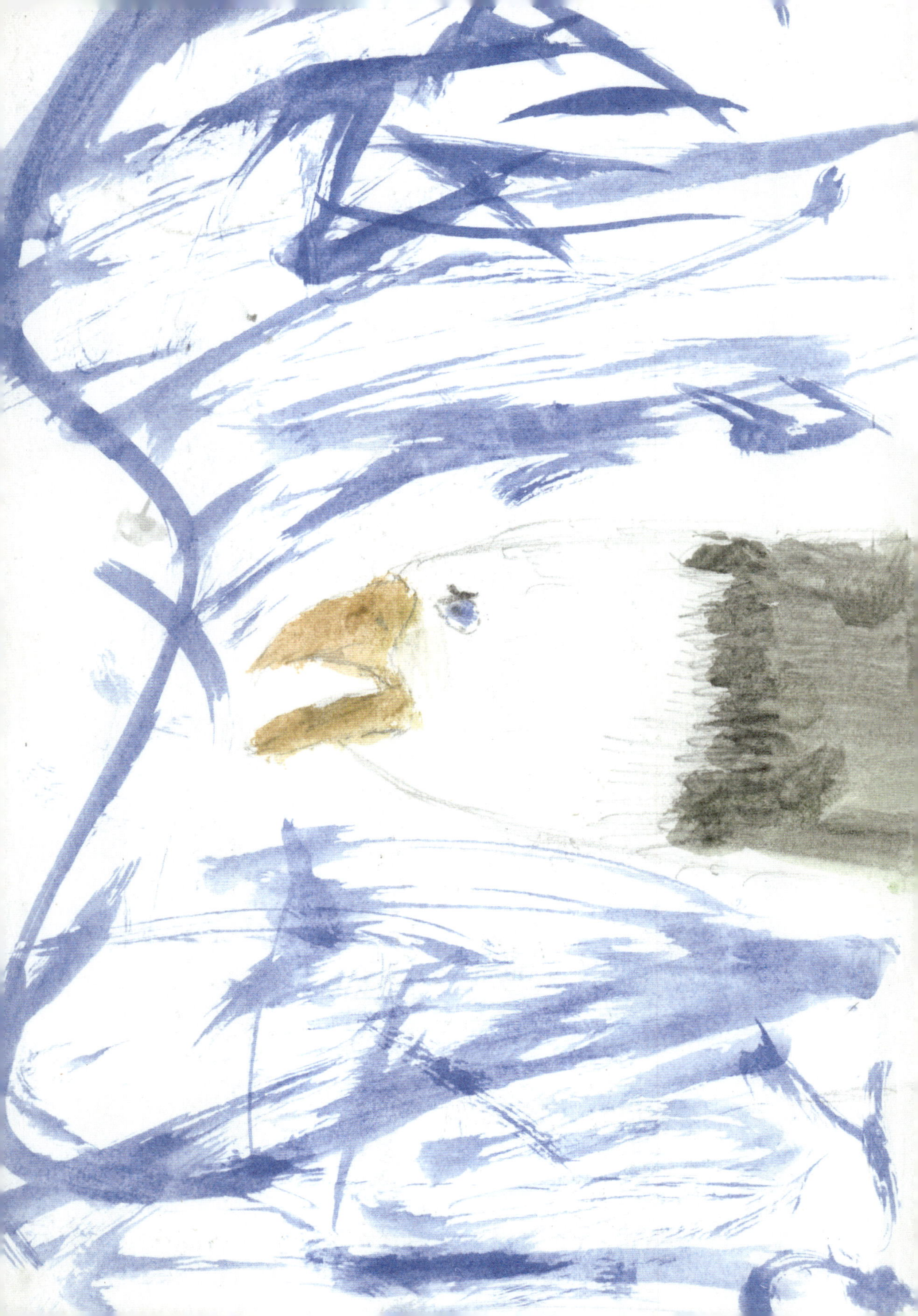

Lous Martens
Dierenboeken voor / Animal Books for

Jaap
Zeno
anna
Julian
Luca

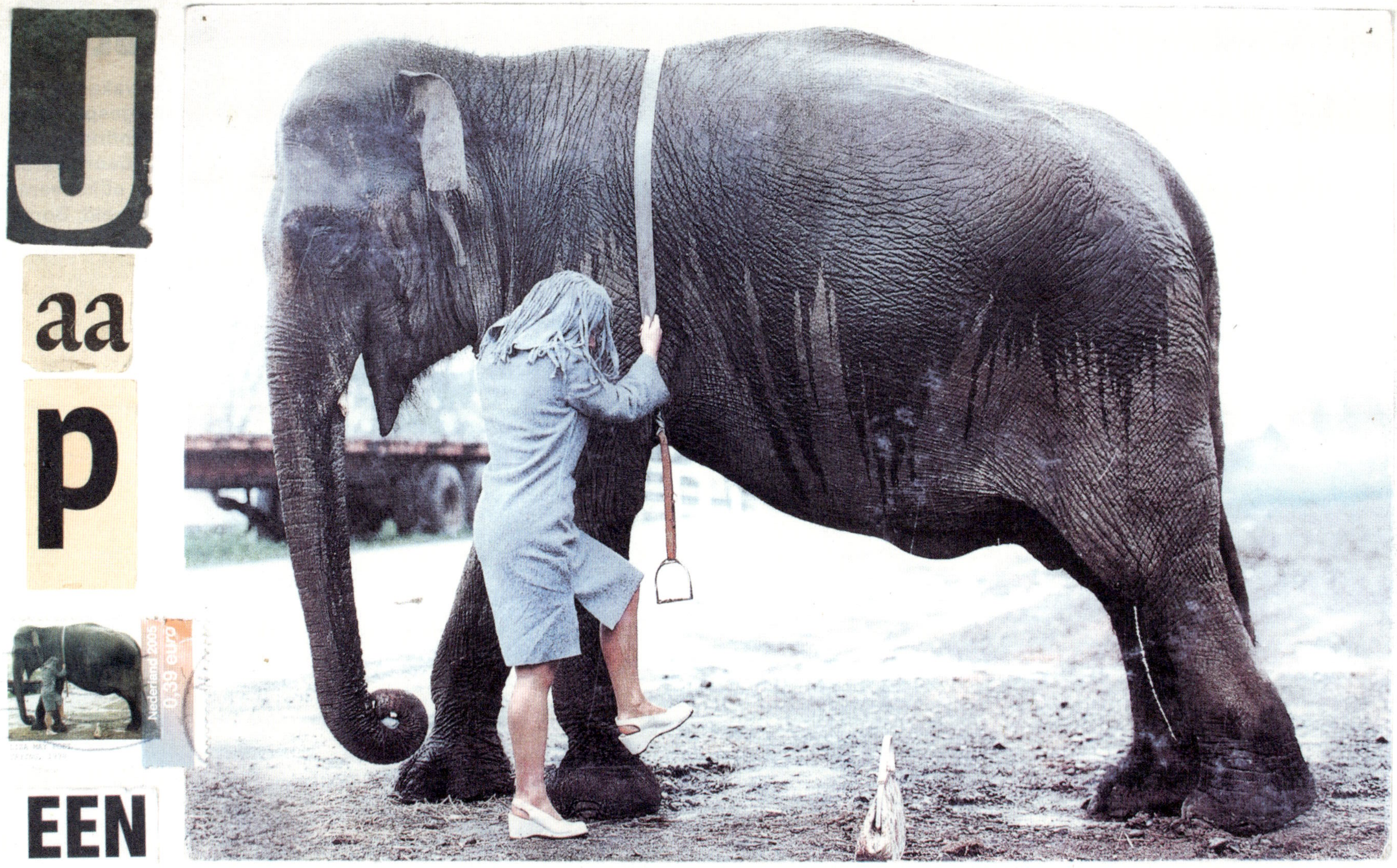
J
aa
p
Nederland 2005
0,39 euro
EEN

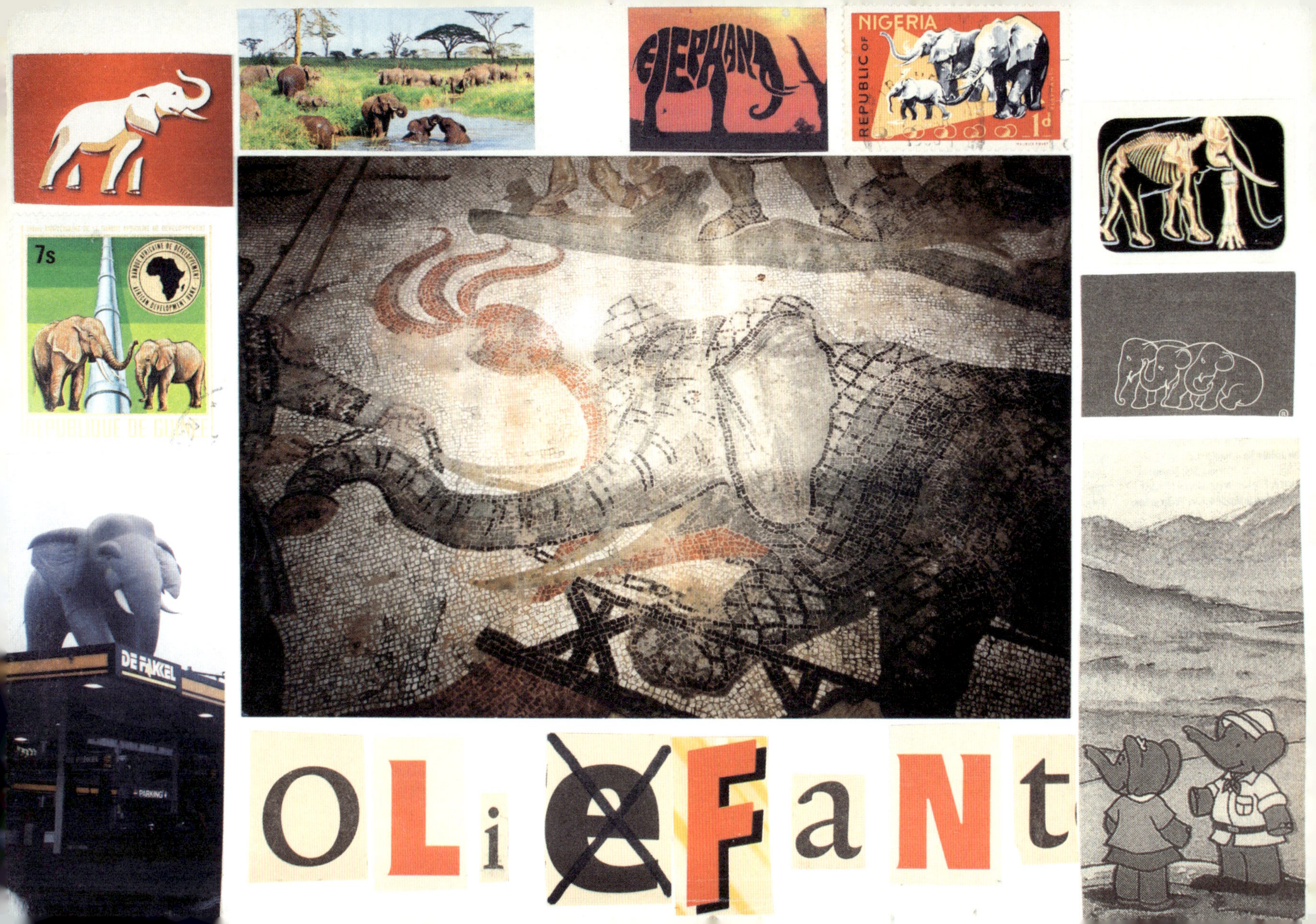

ELEPHANT
NIGERIA
REPUBLIC OF
1d
7s
BANQUE AFRICAINE DE DEVELOPPEMENT
AFRICAN DEVELOPMENT BANK
DE FAKKEL
PARKING
OLi~~e~~FaNt

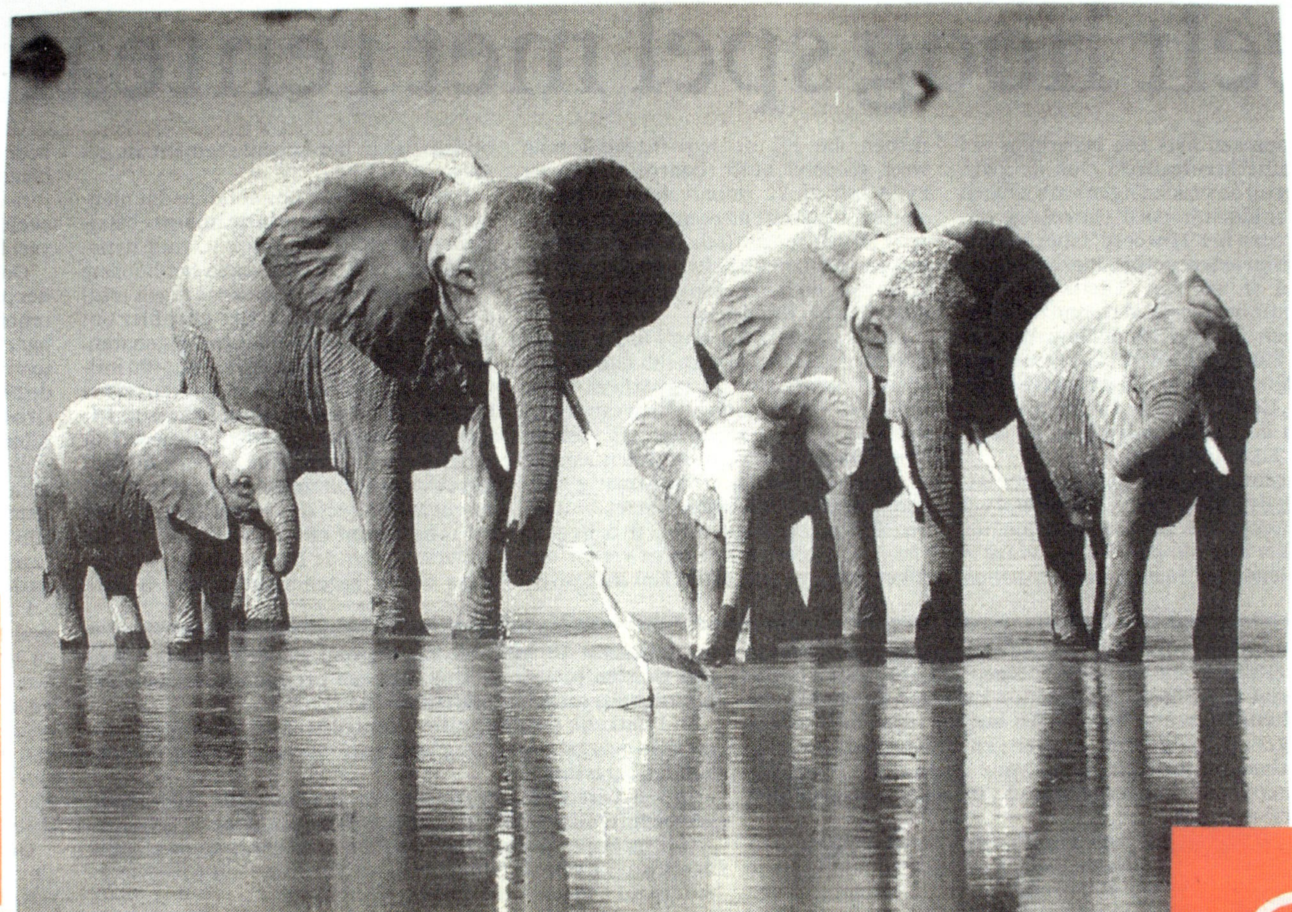

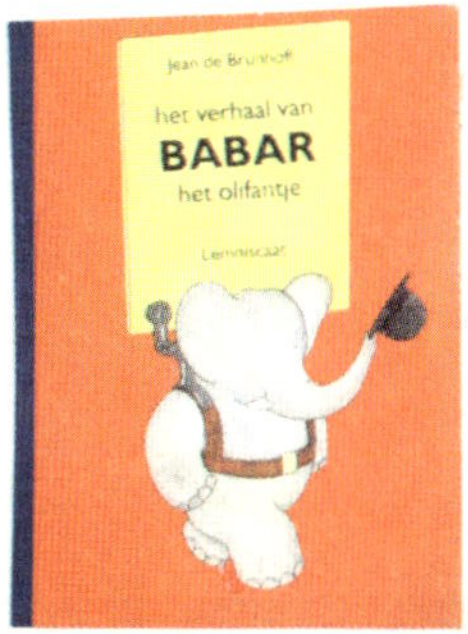
Jean de Brunhoff
het verhaal van
BABAR
het olifantje
Lemniscaat

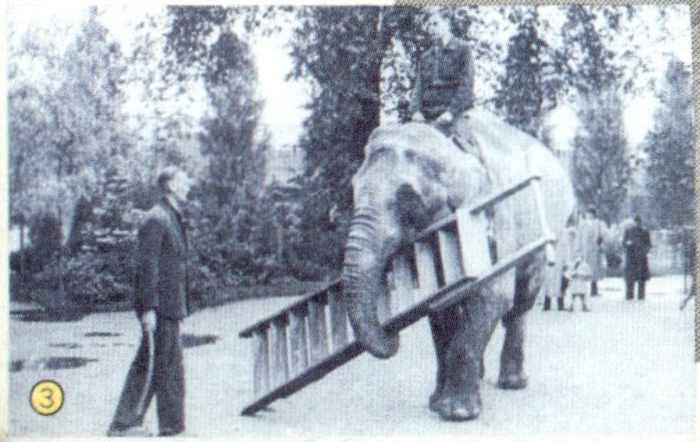
3

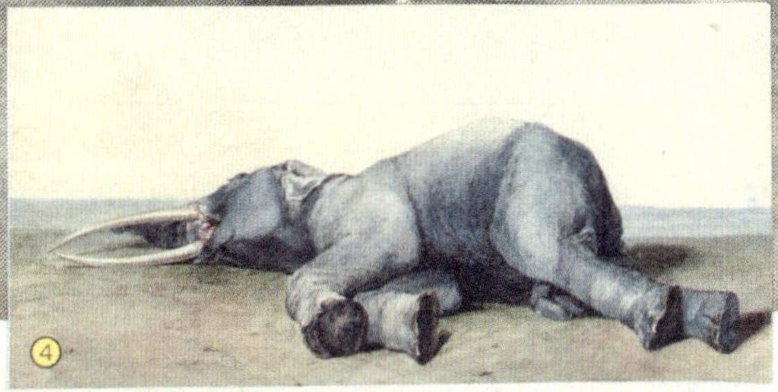
4

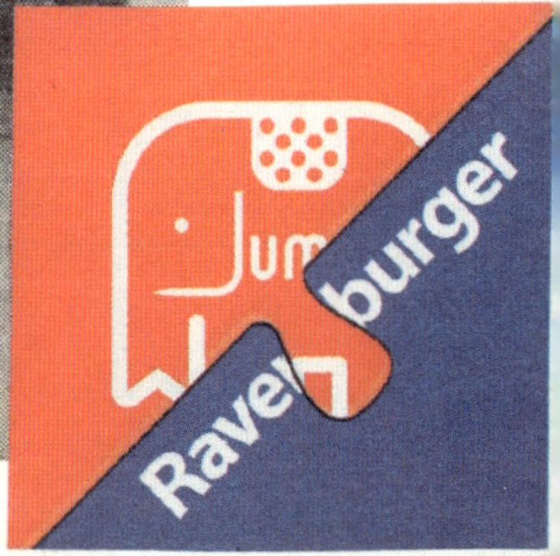
Jum
Ravensburger

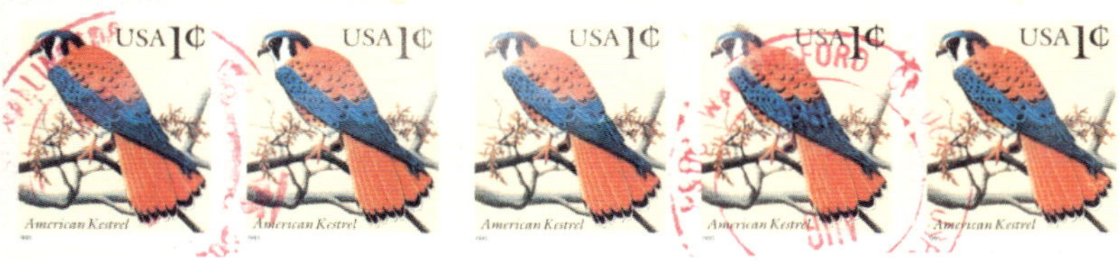

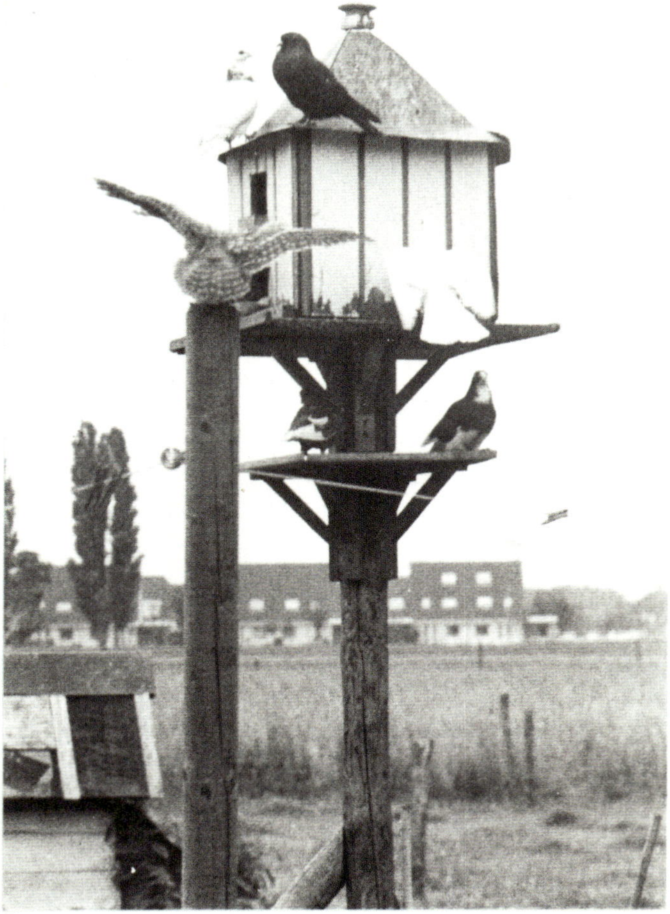

vogel

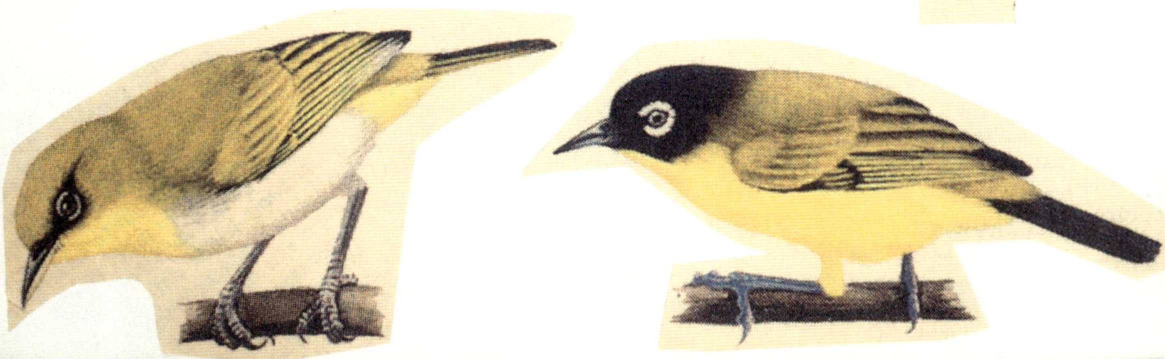

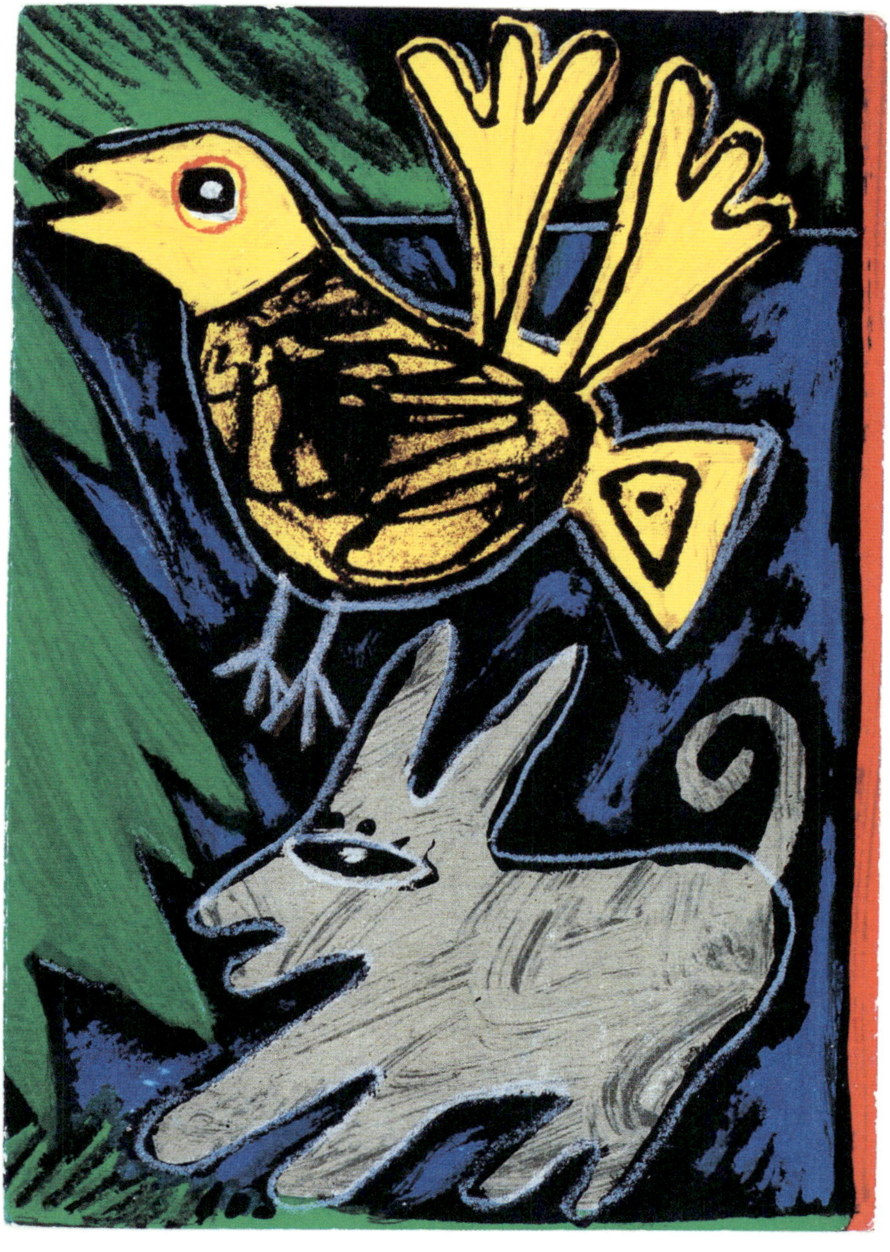

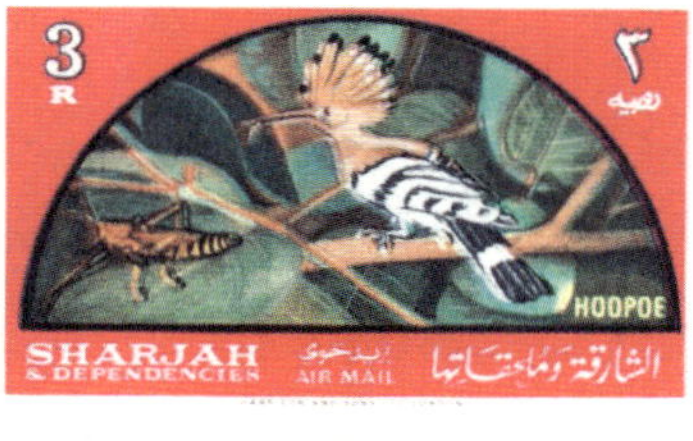

3
R
٣
HOOPOE
SHARJAH
& DEPENDENCIES
AIR MAIL
الشارقة وملحقاتها

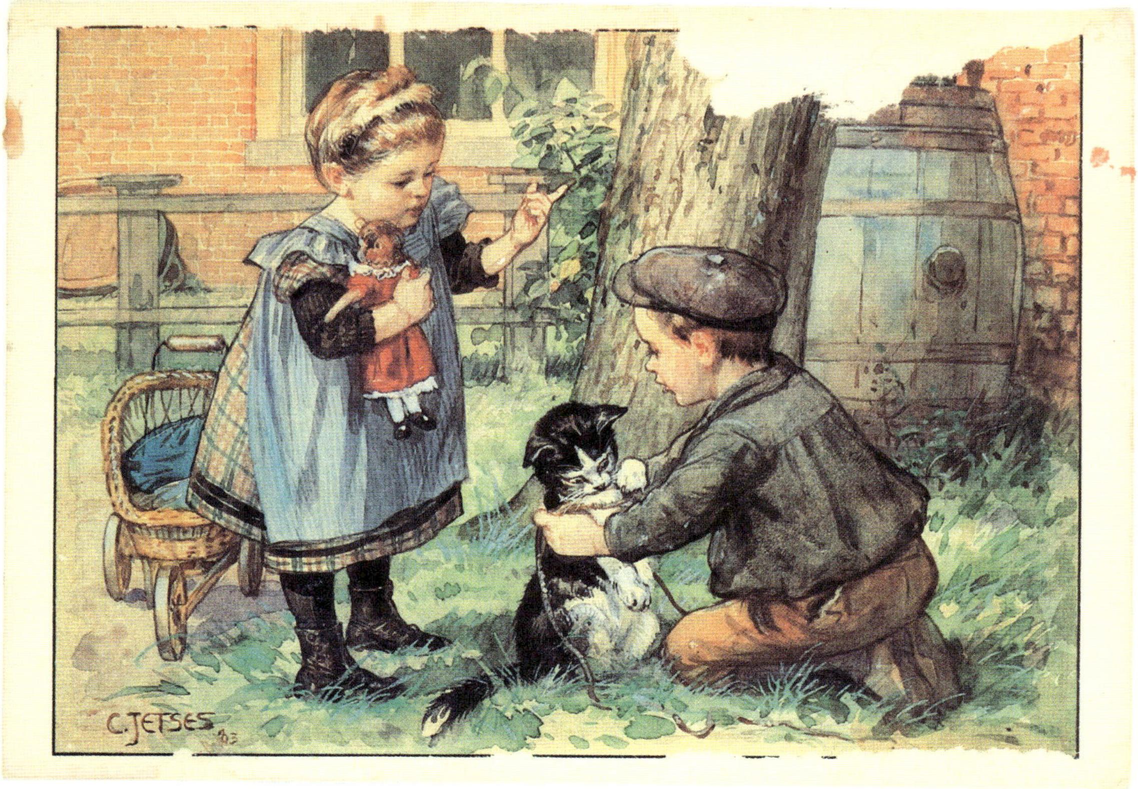
C. JETSES

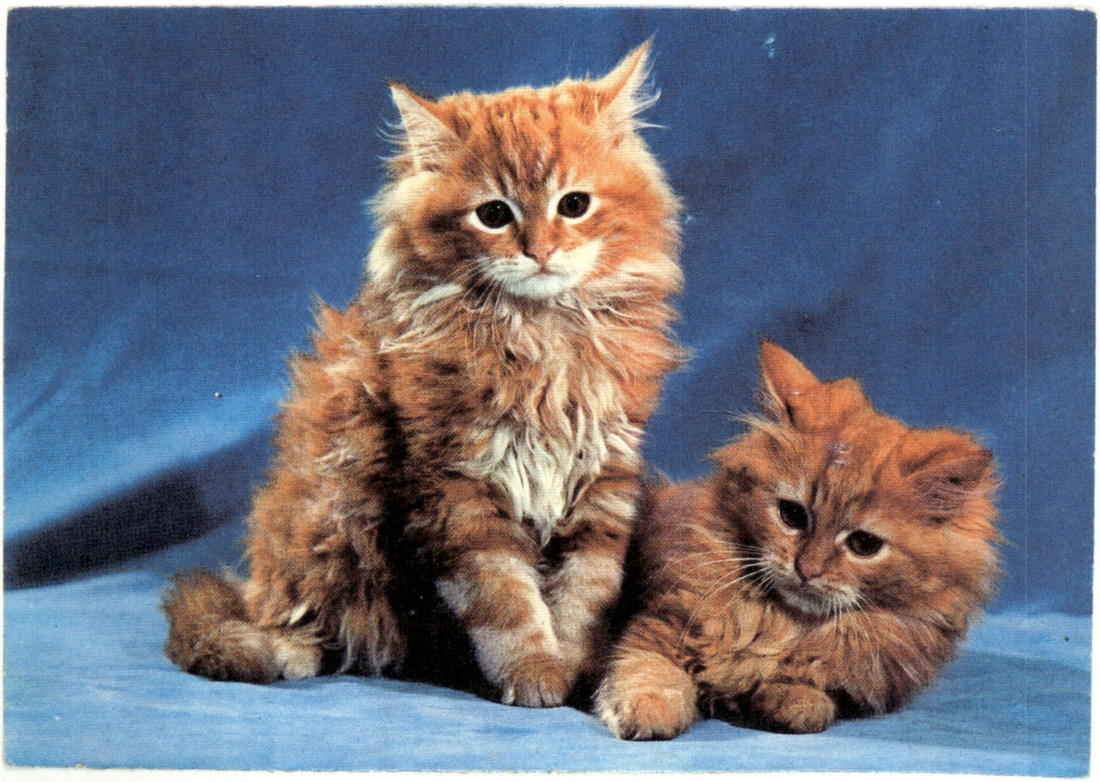

simbaloe

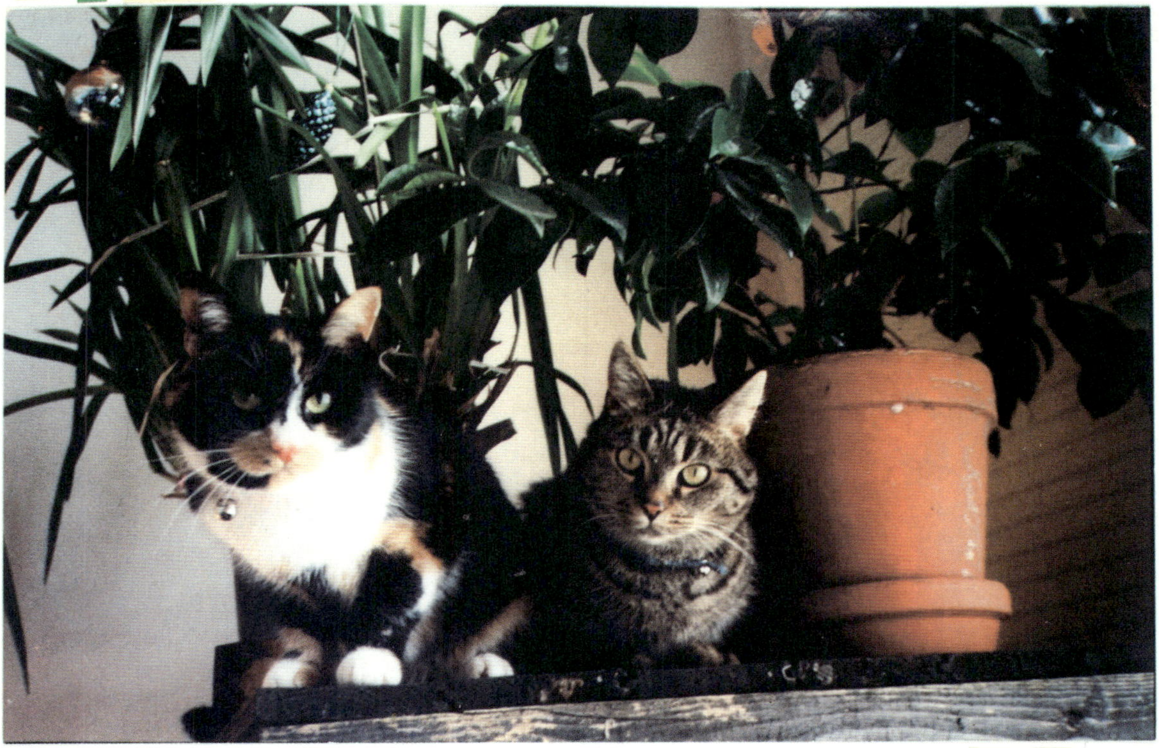

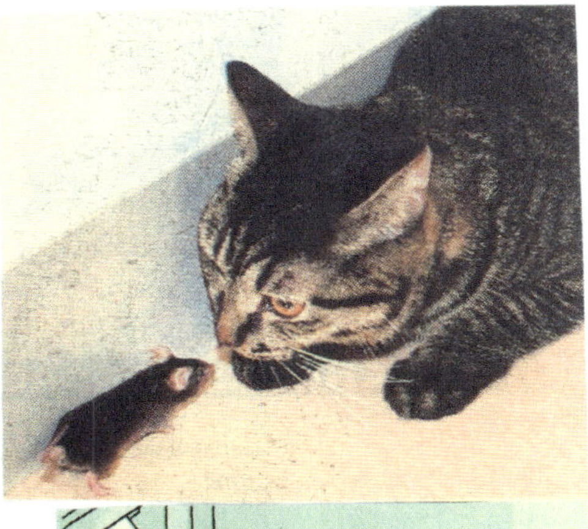

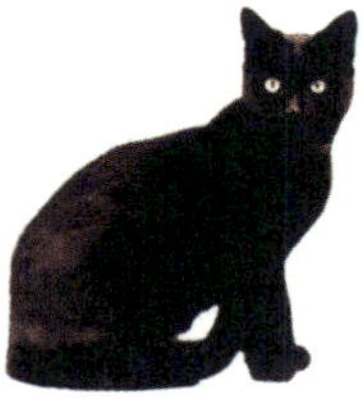

Poes

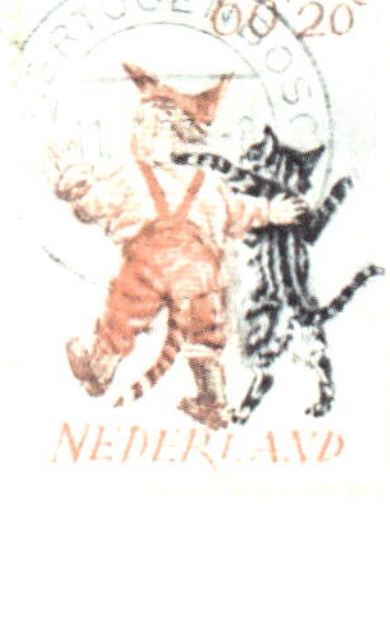

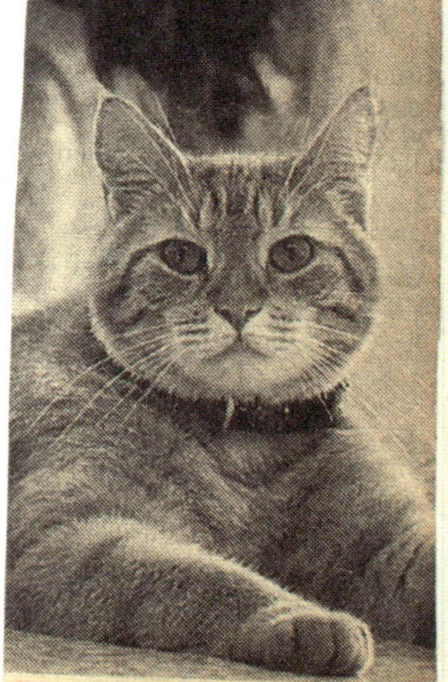

Theater-kater Jaap
(Foto Jørgen Krielen)

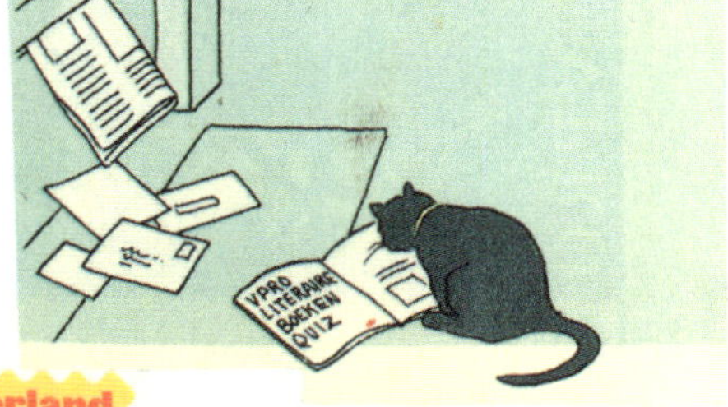

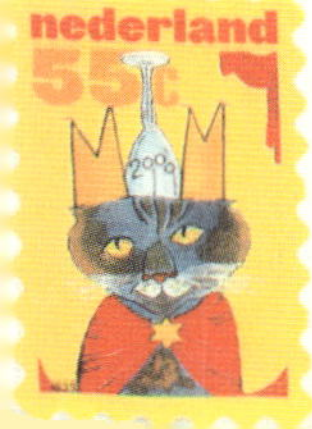

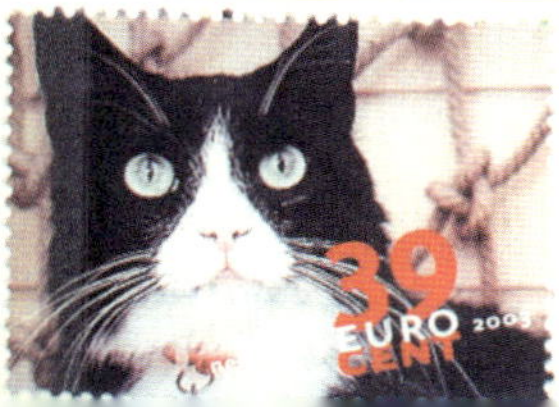

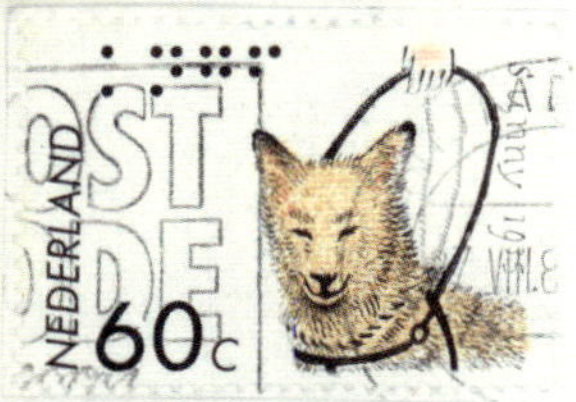
NEDERLAND
60c

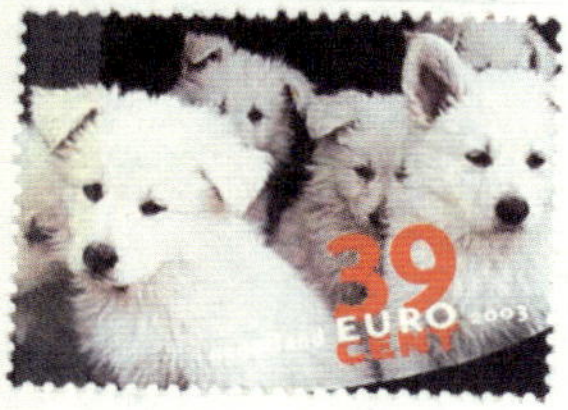
39
EURO
CENT

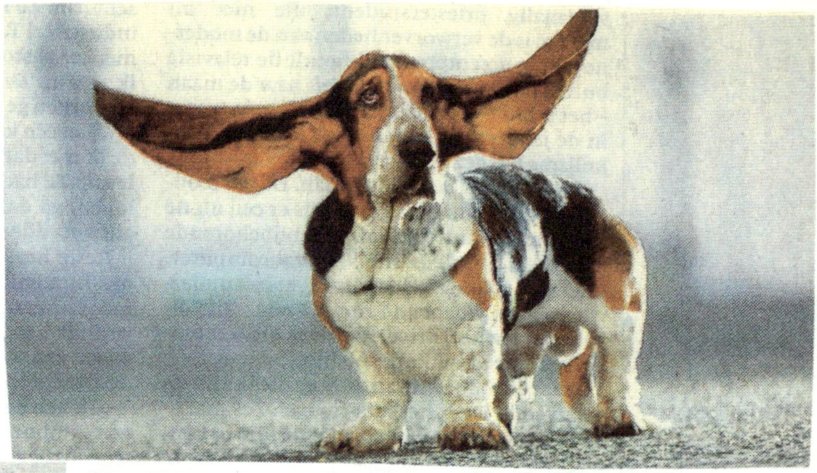

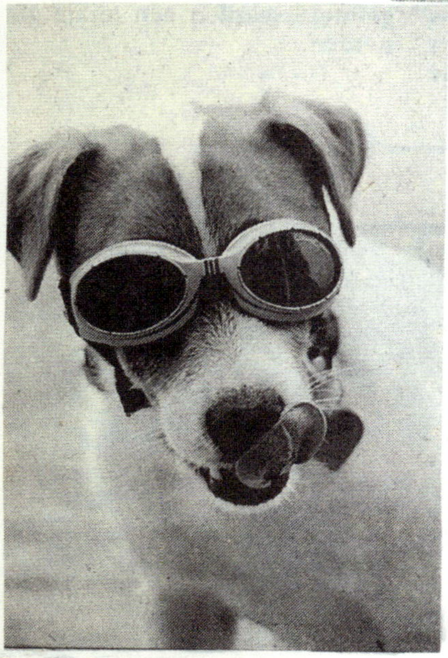

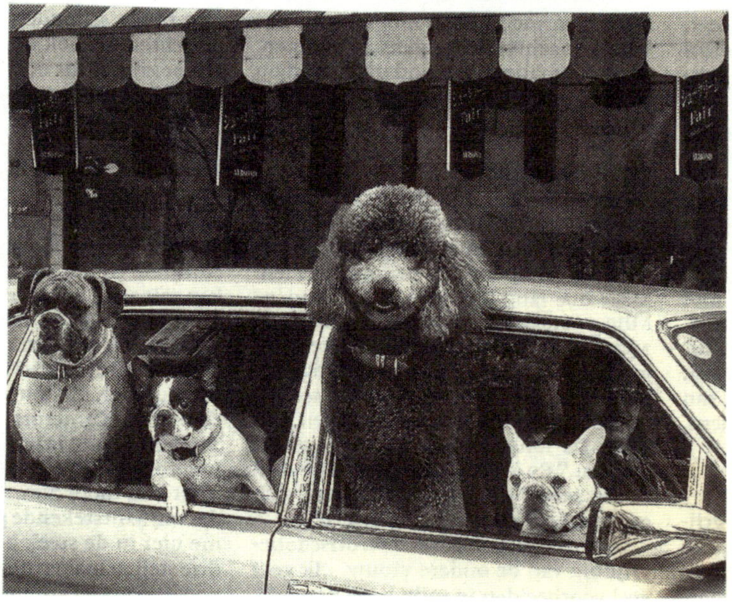

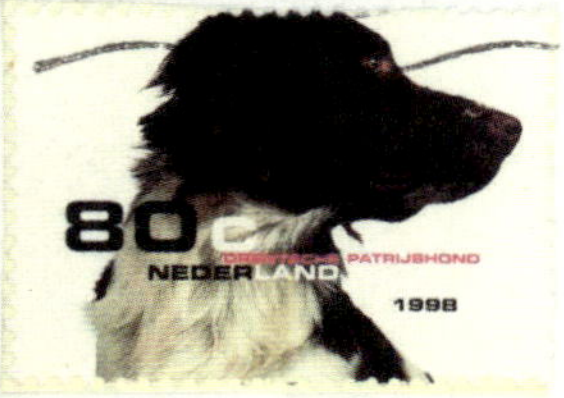
80c
PATRIJSHOND
NEDERLAND
1998

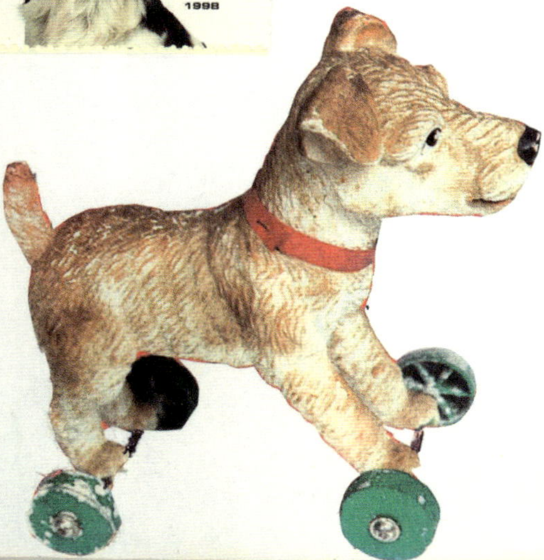

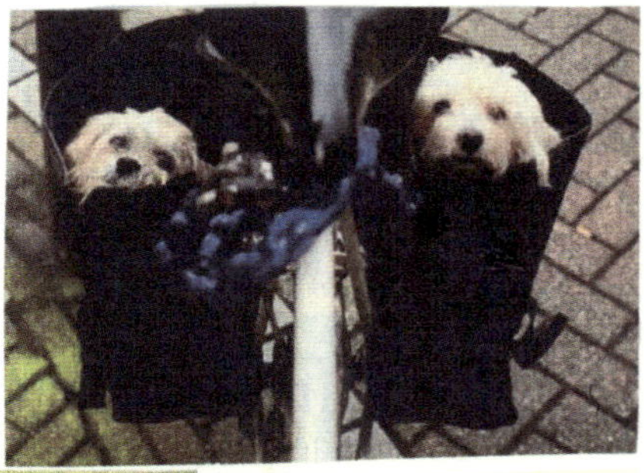

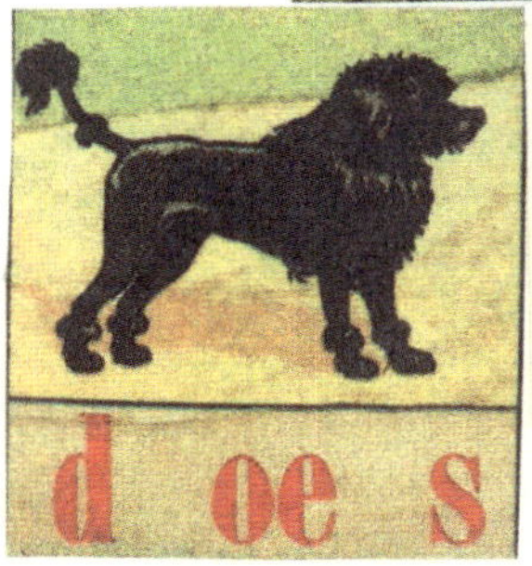
d oe s

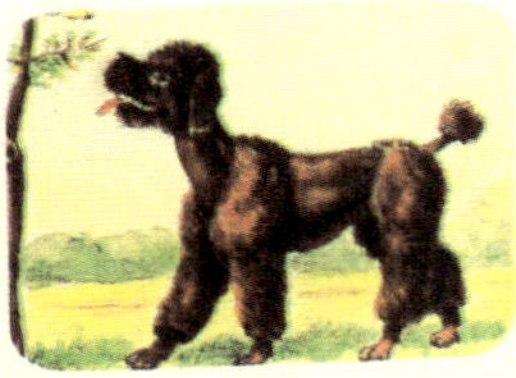

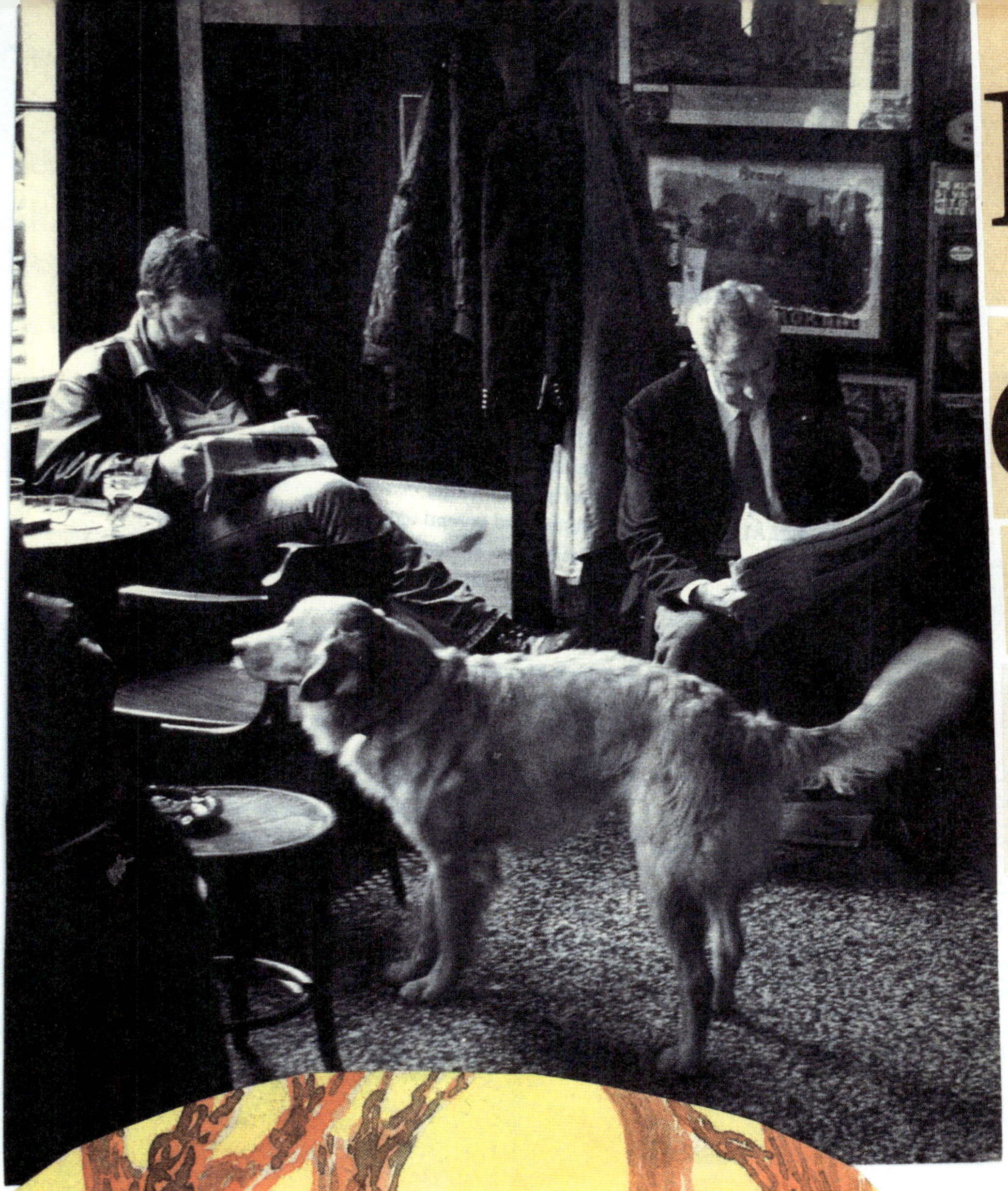

honD

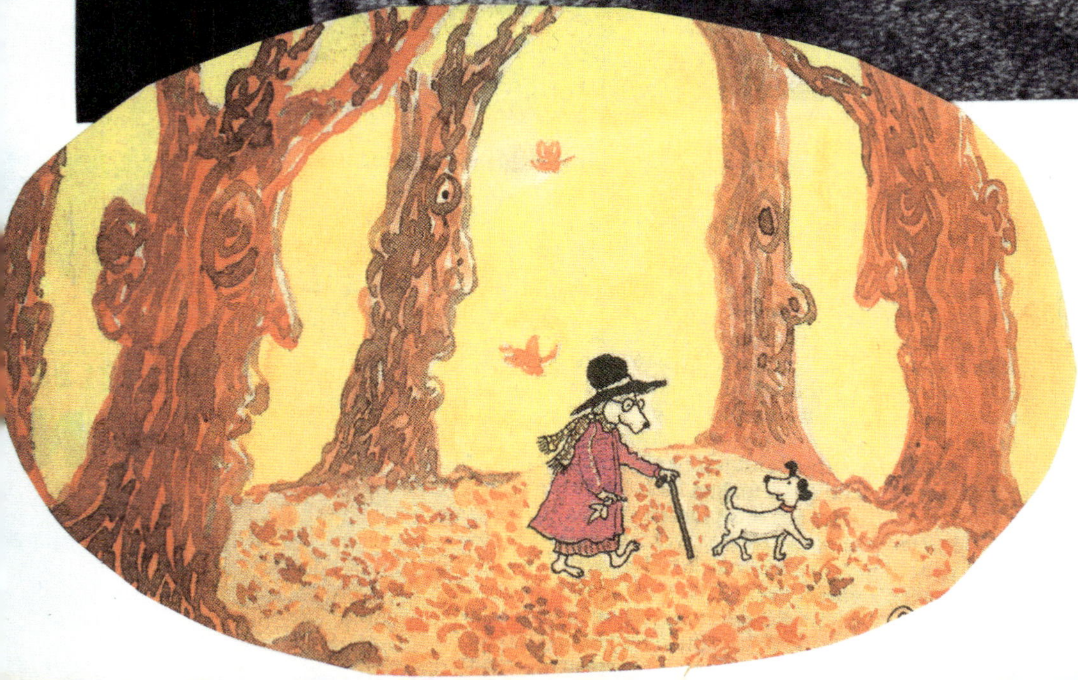

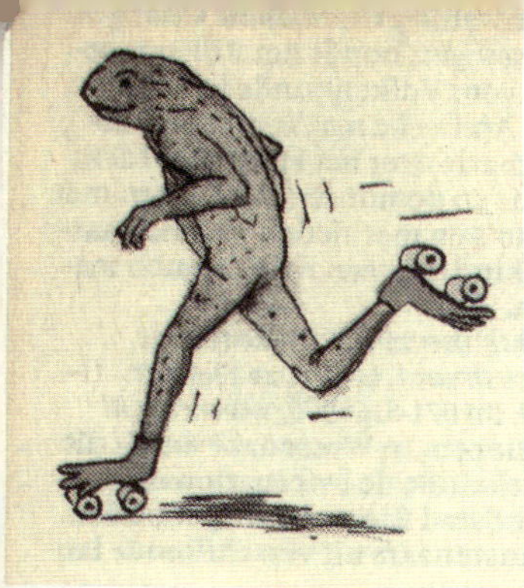

KiKKEr & PaD

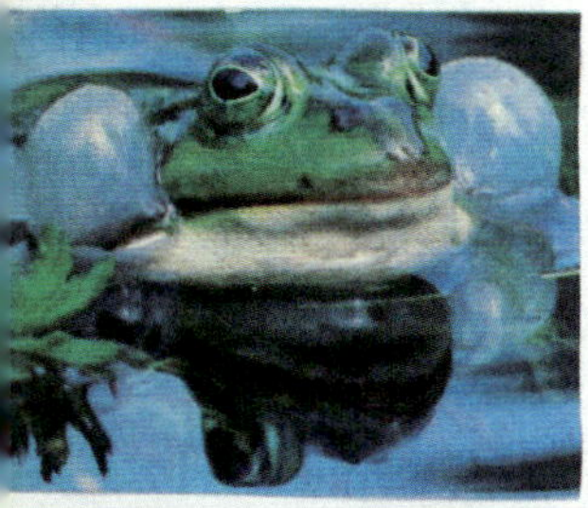

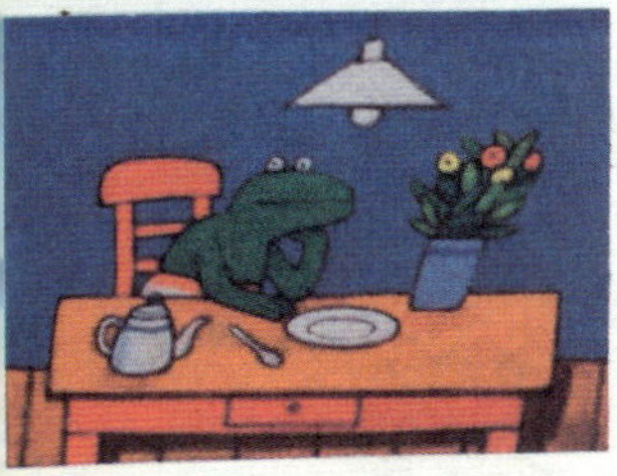

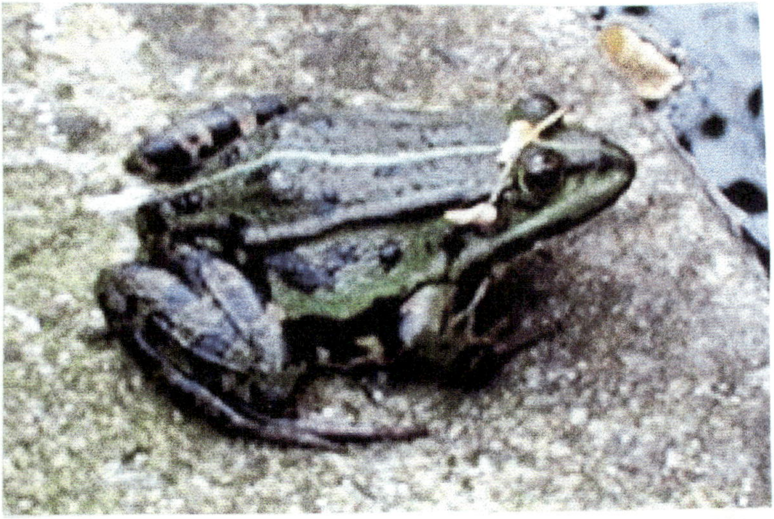

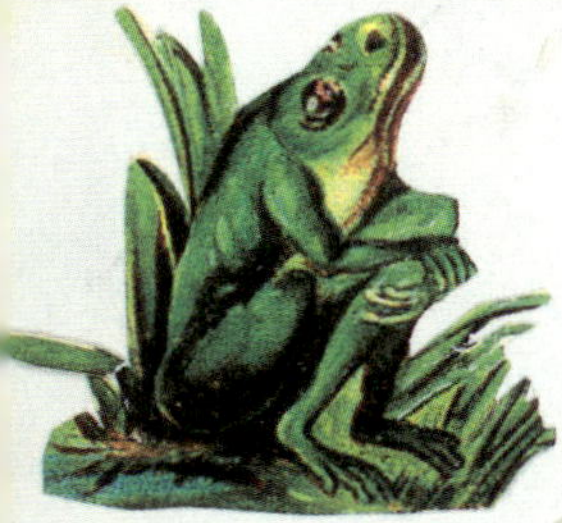

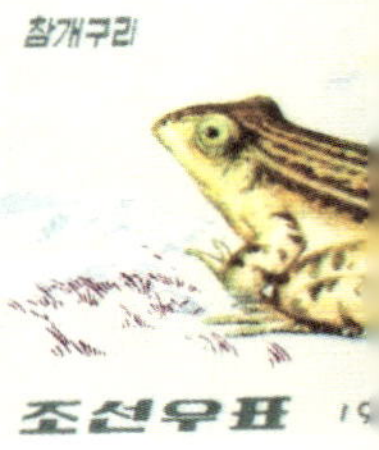

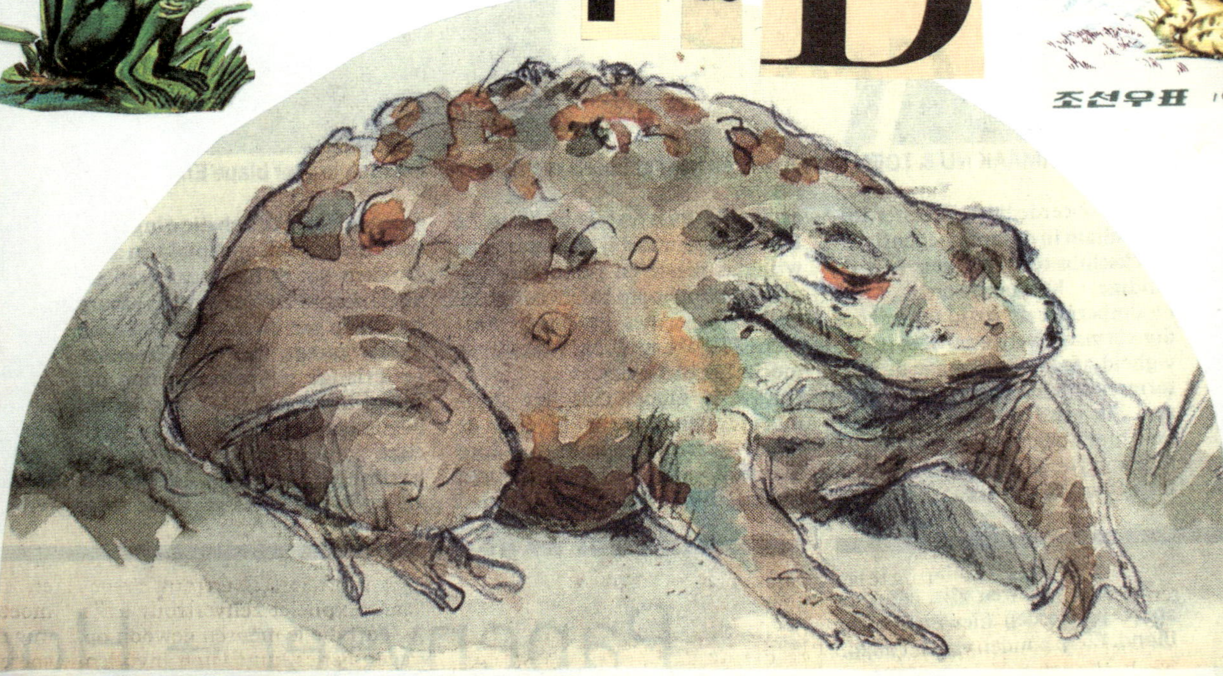

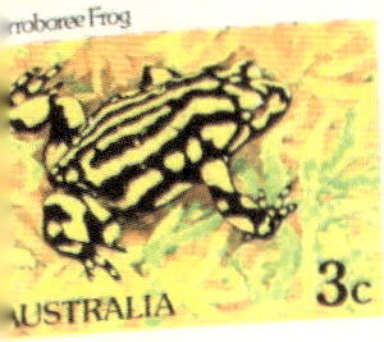
rroboree Frog
AUSTRALIA
3c
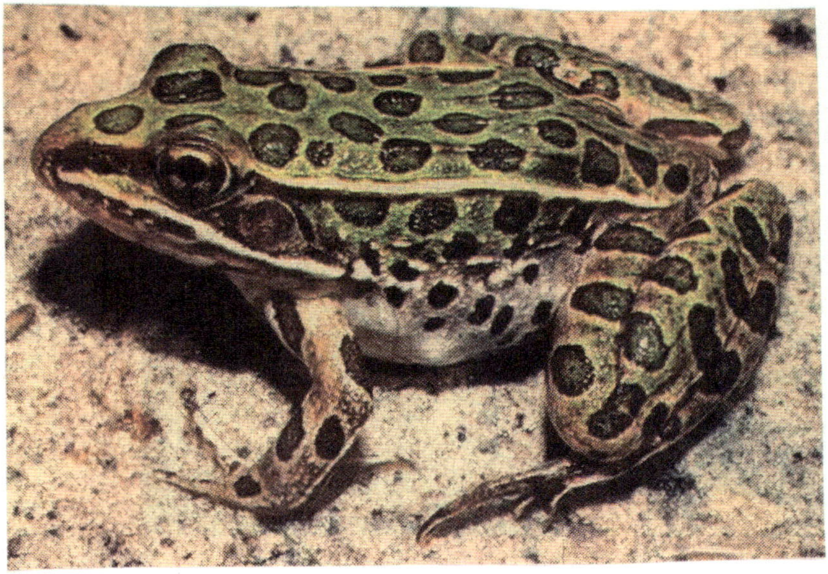
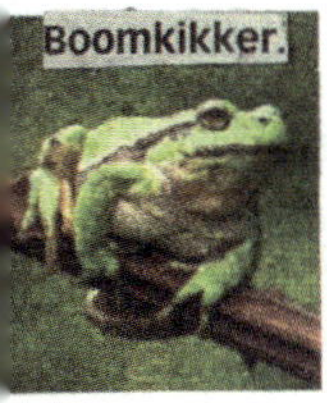
Boomkikker.
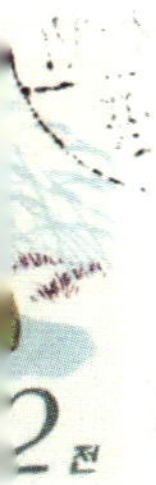
2 전
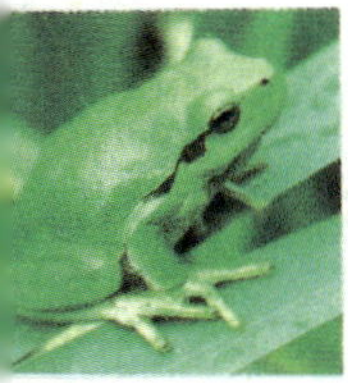
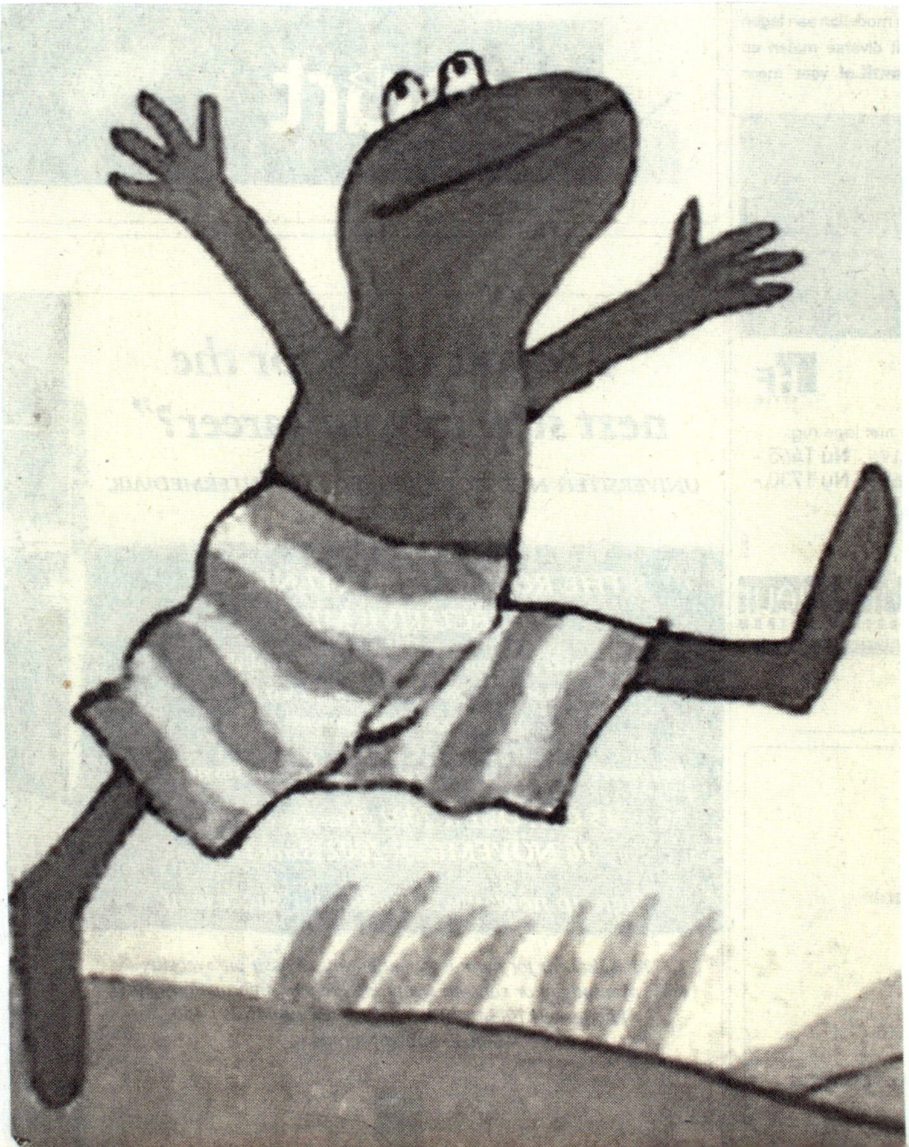

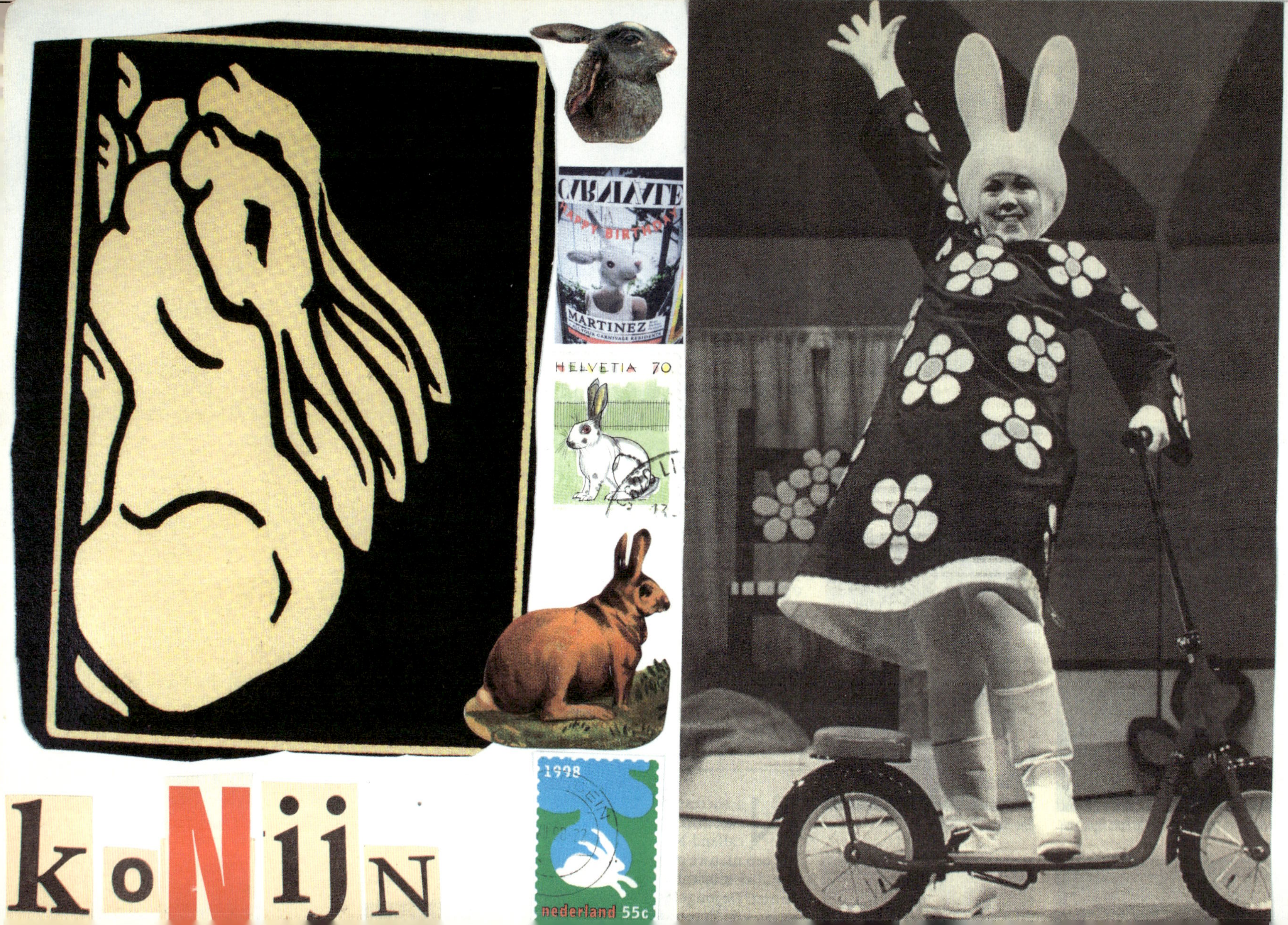

koNijN
HAPPY BIRTHDAY
MARTINEZ
HELVETIA 70
1998
nederland 55c

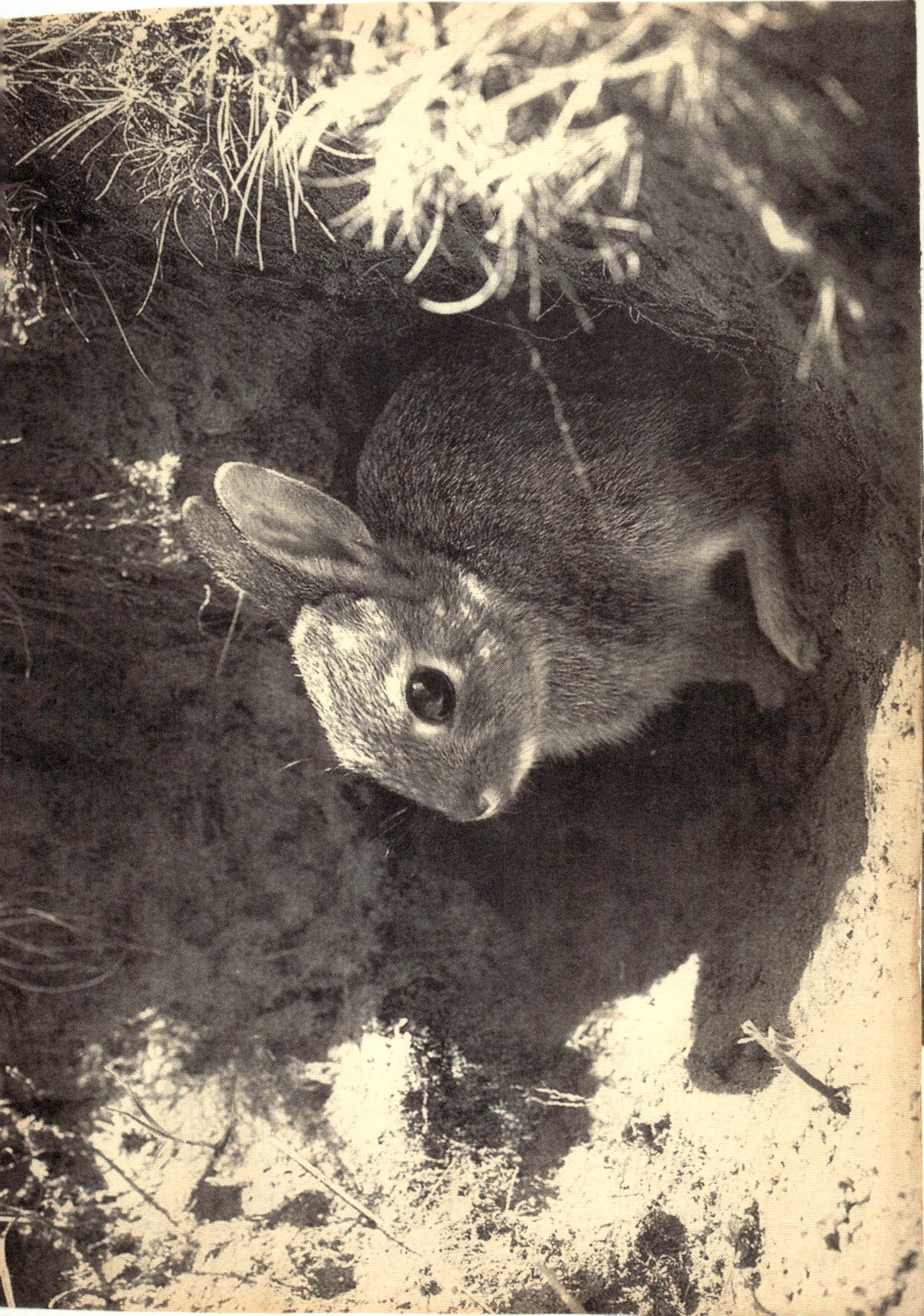

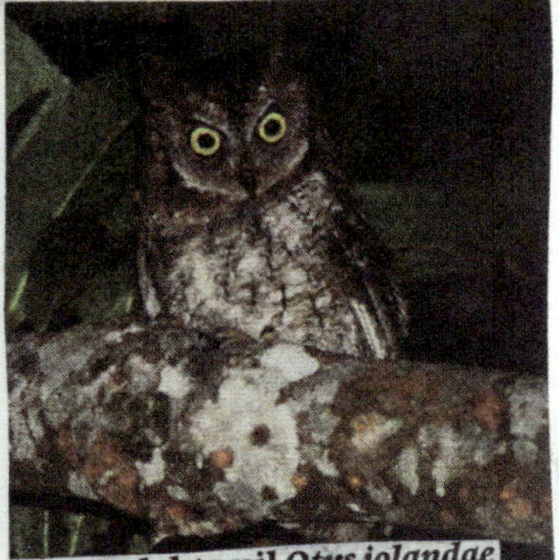

De ontdekte uil *Otus jolandae*

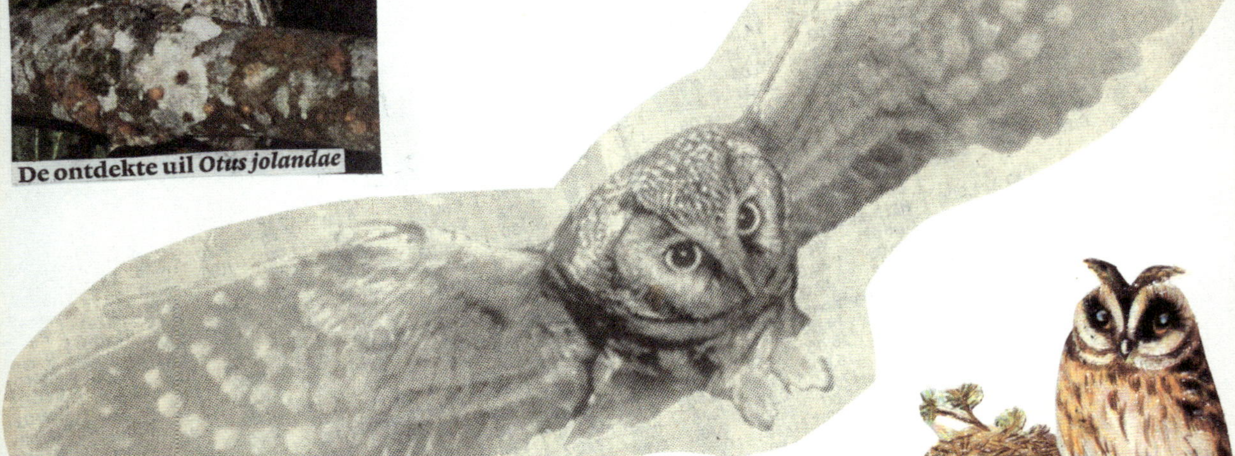

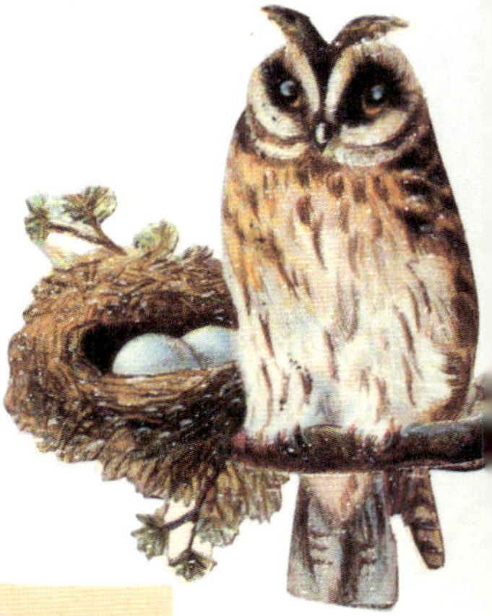

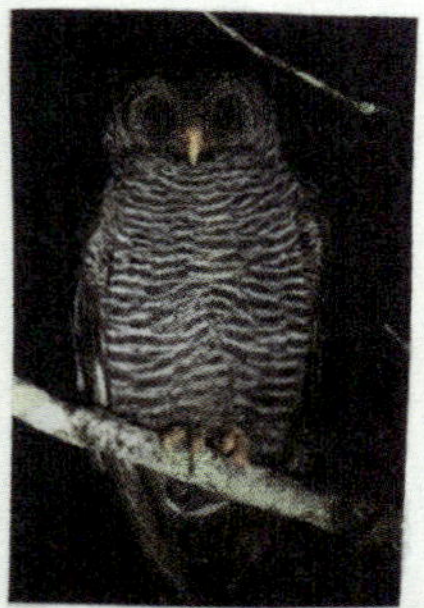

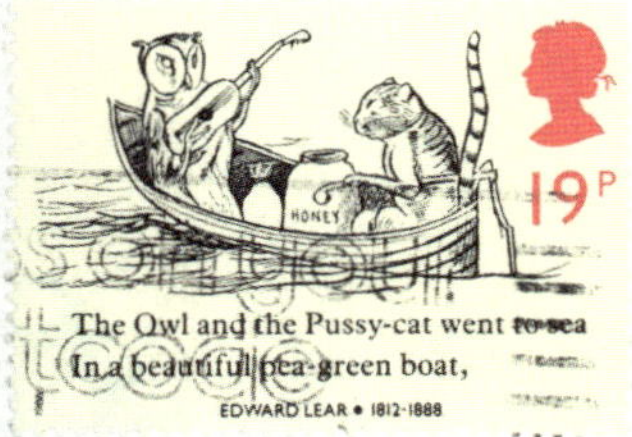

UiL

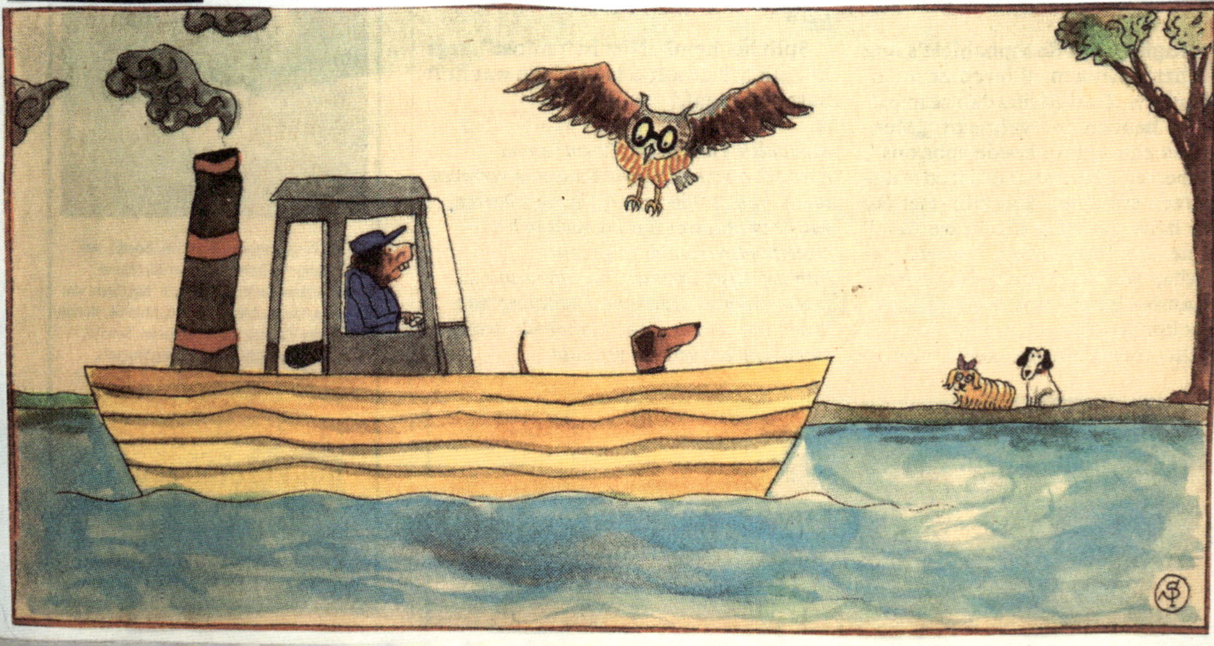

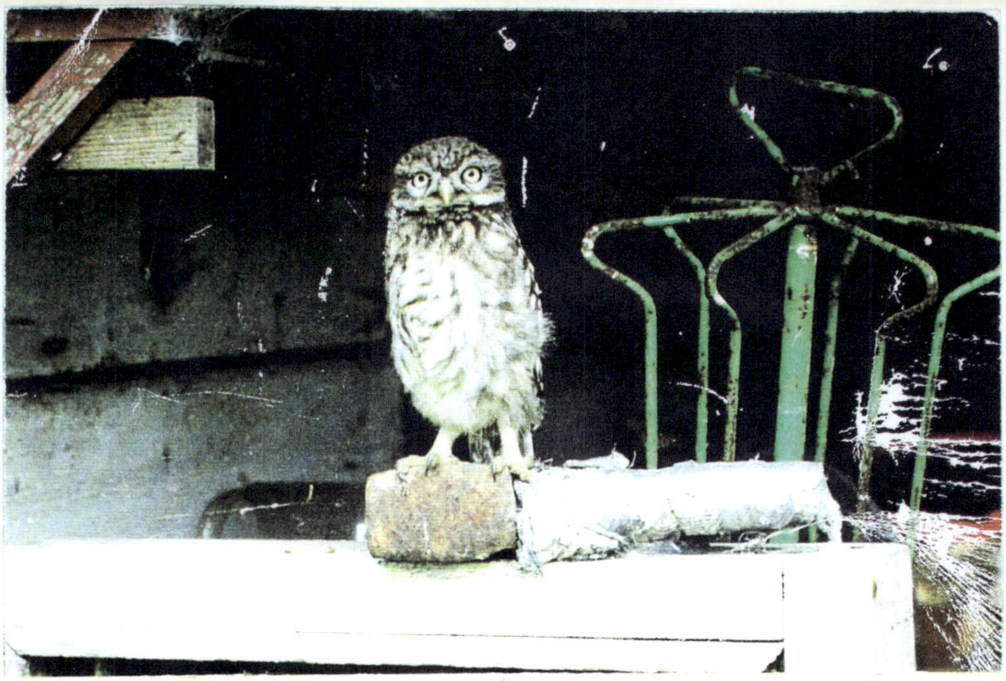

TRIOMF VAN DE EIGEN WIJSHEID

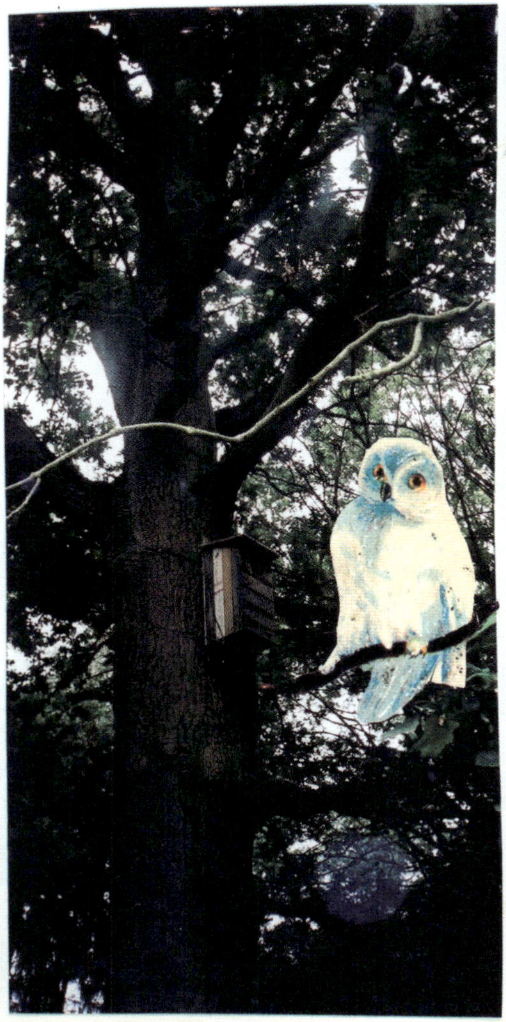

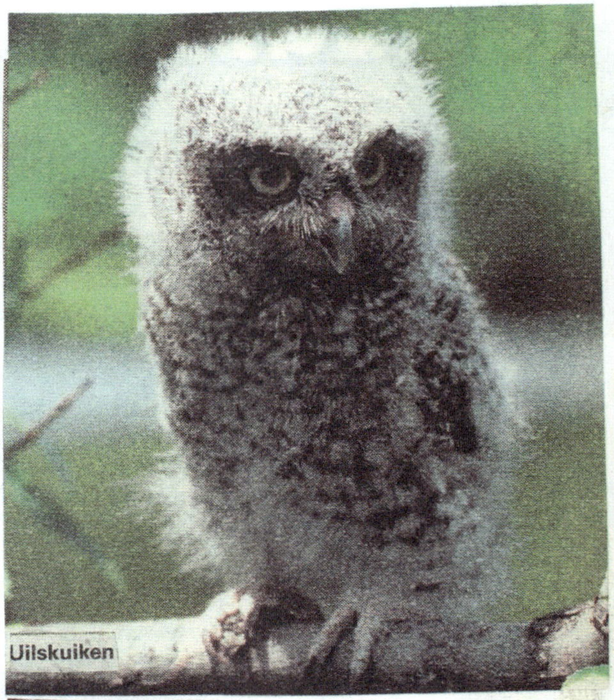

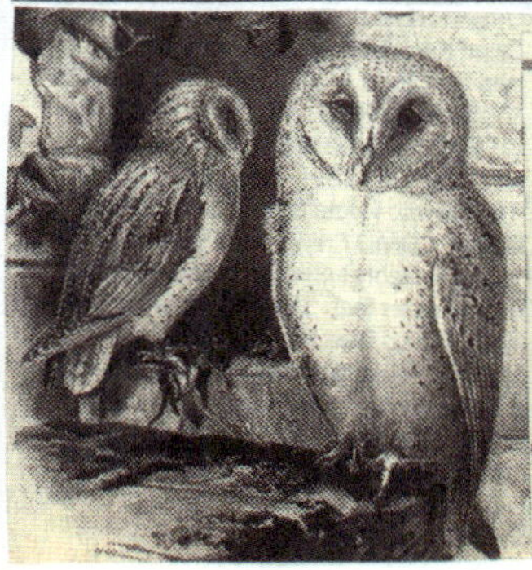

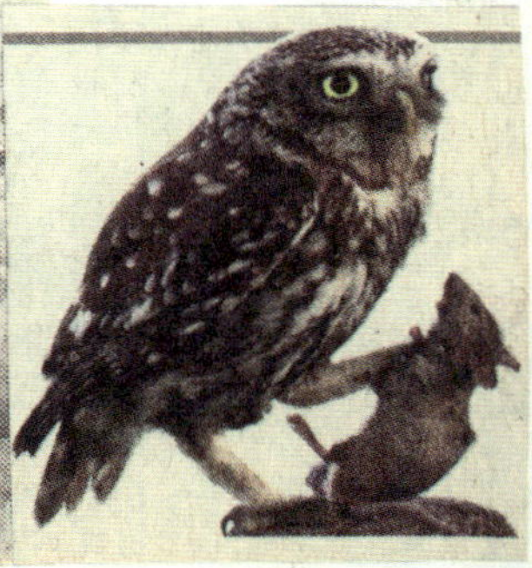

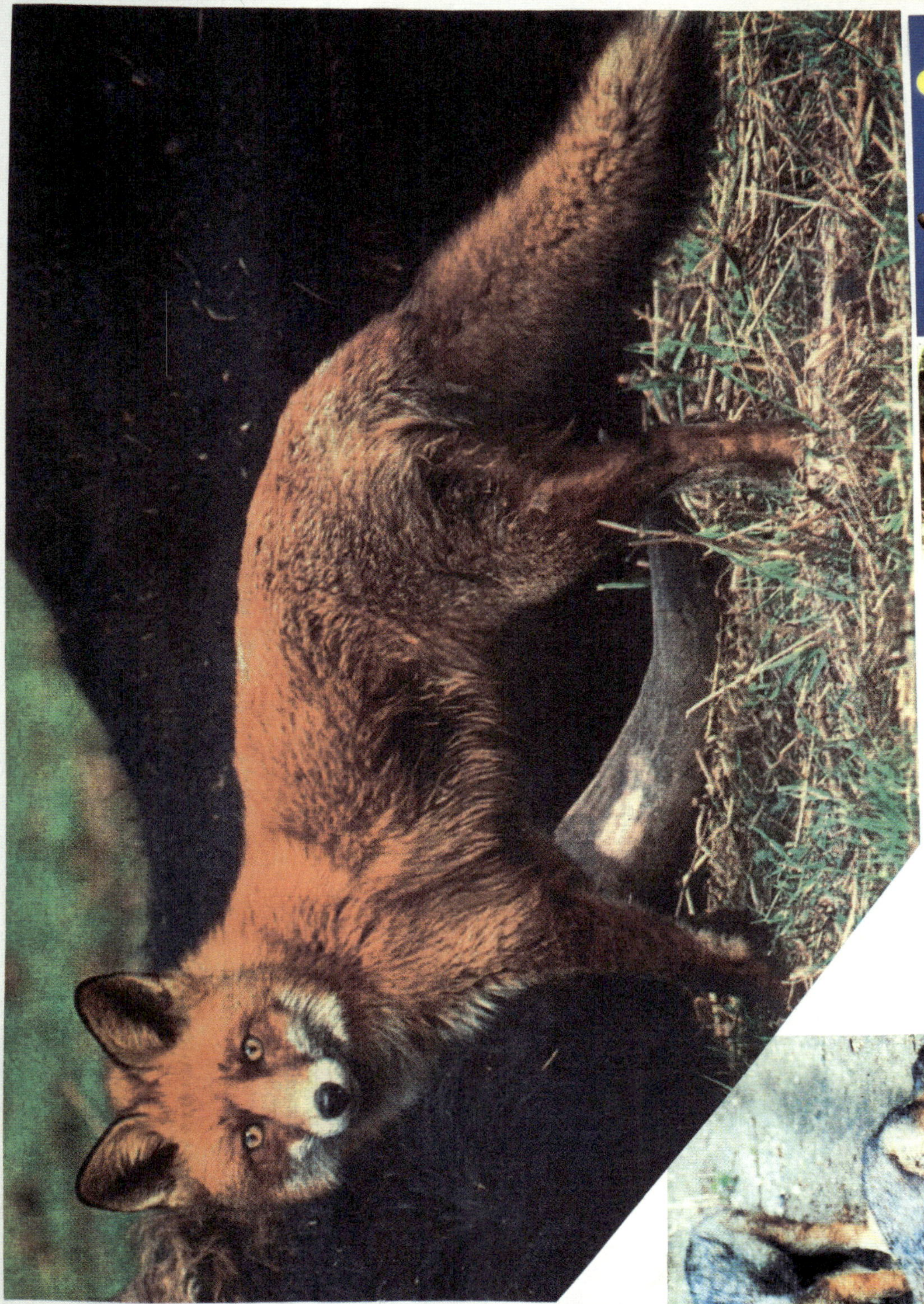
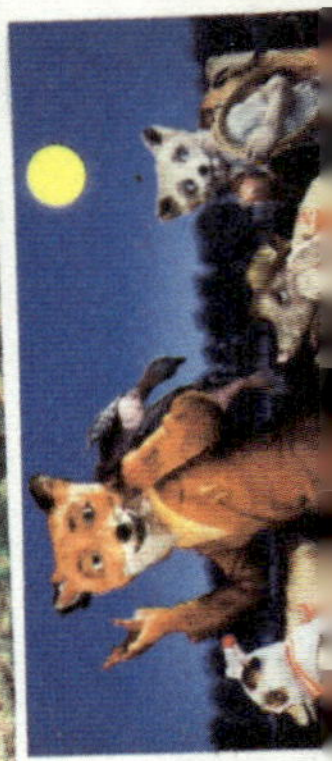
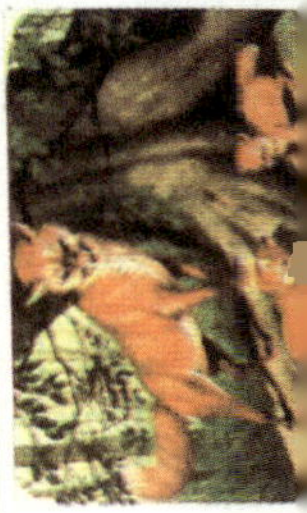
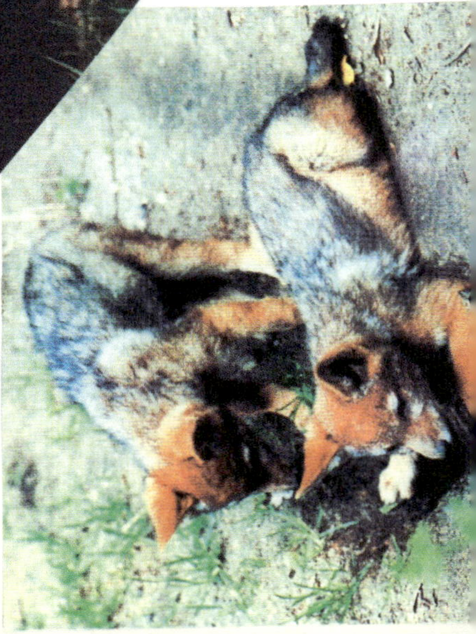
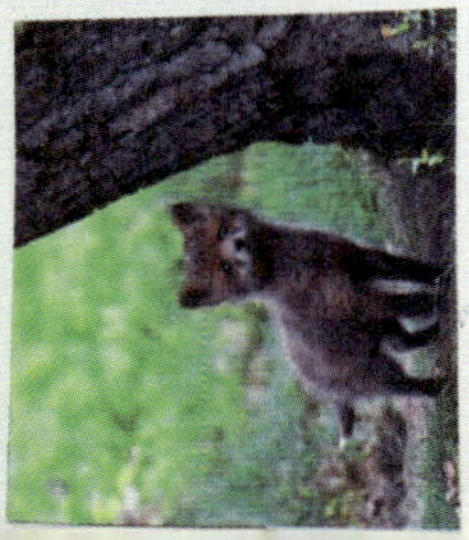
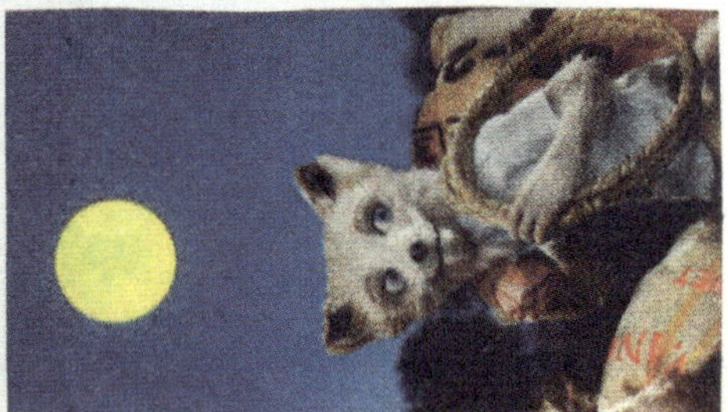

VOS

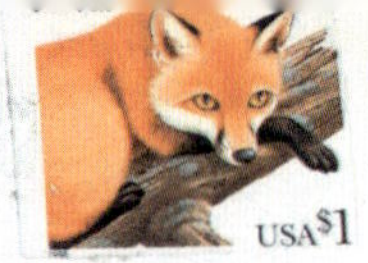

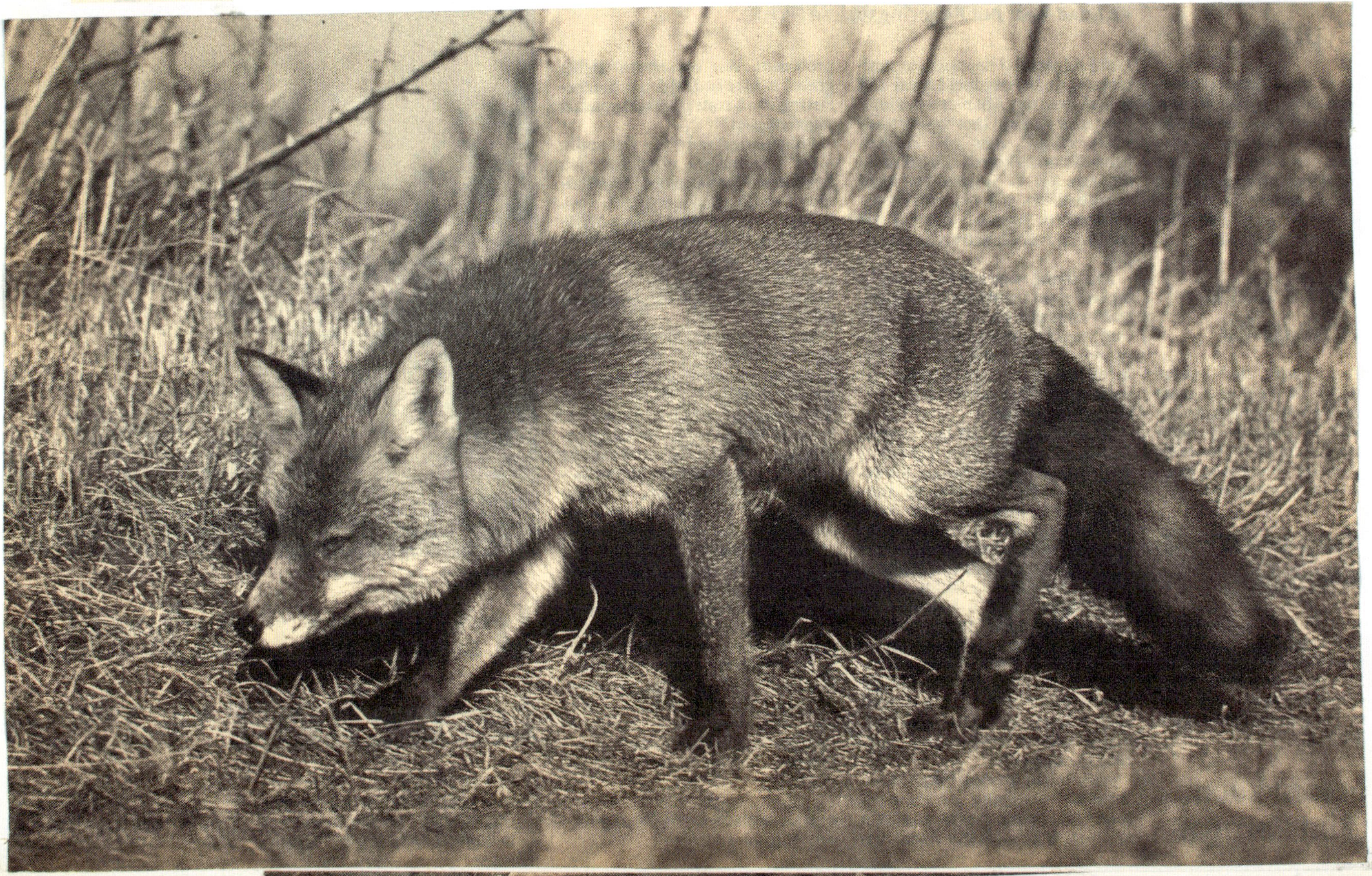

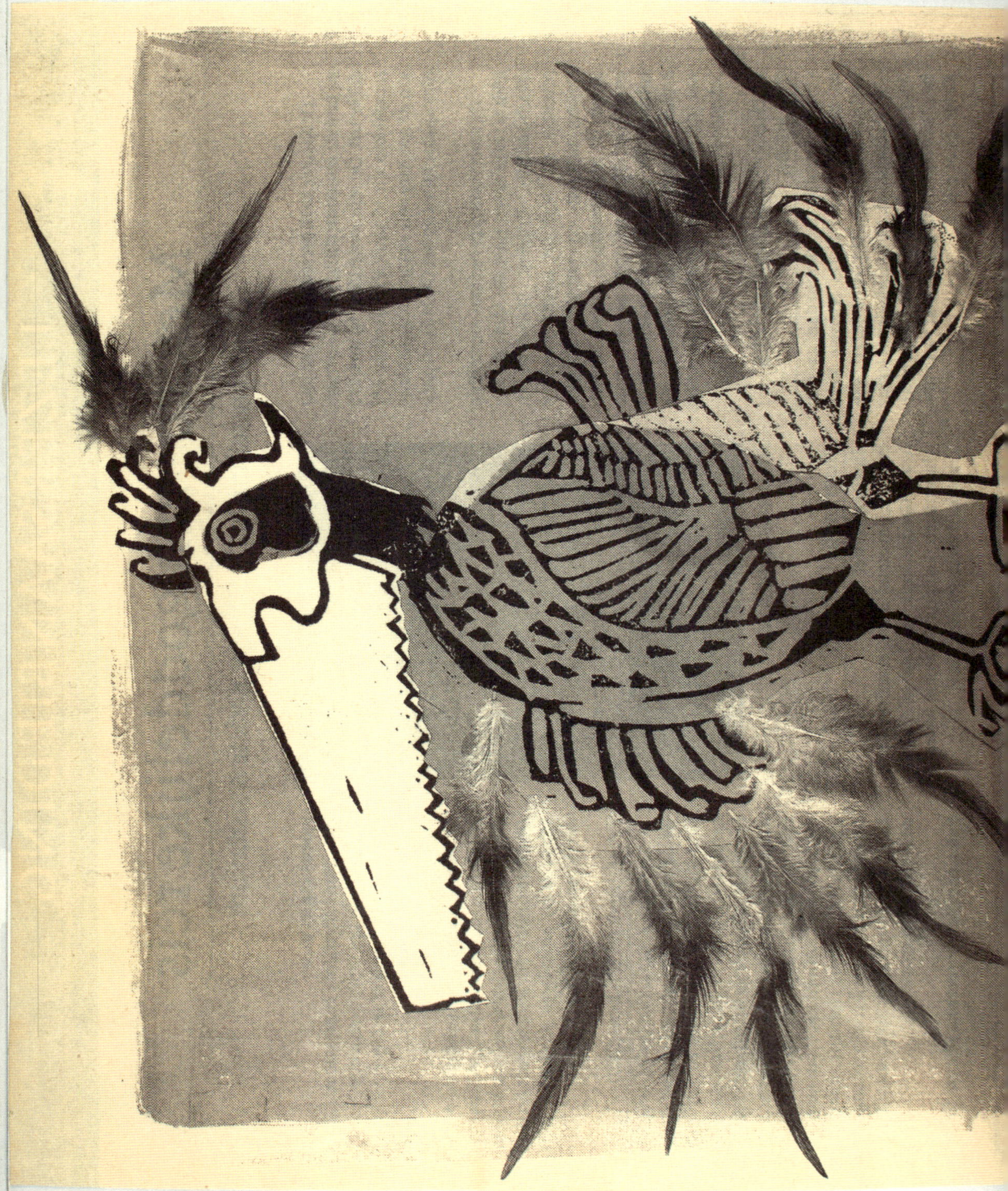

Haan & KippEN

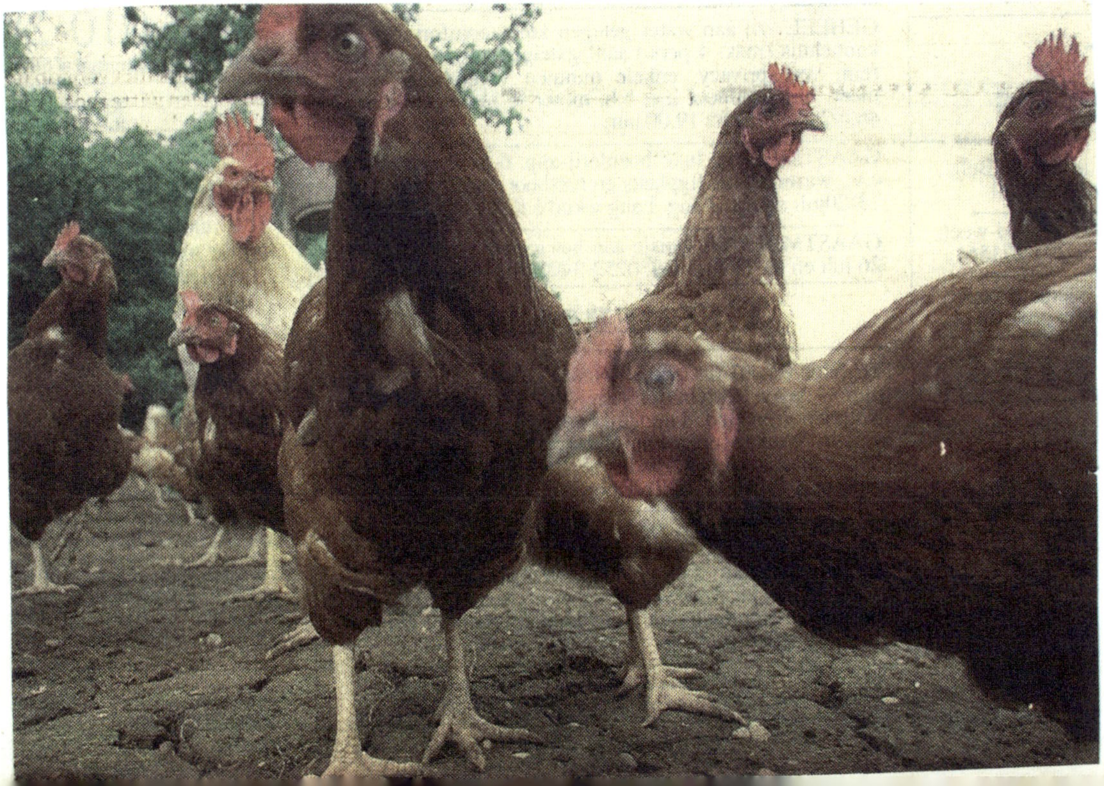

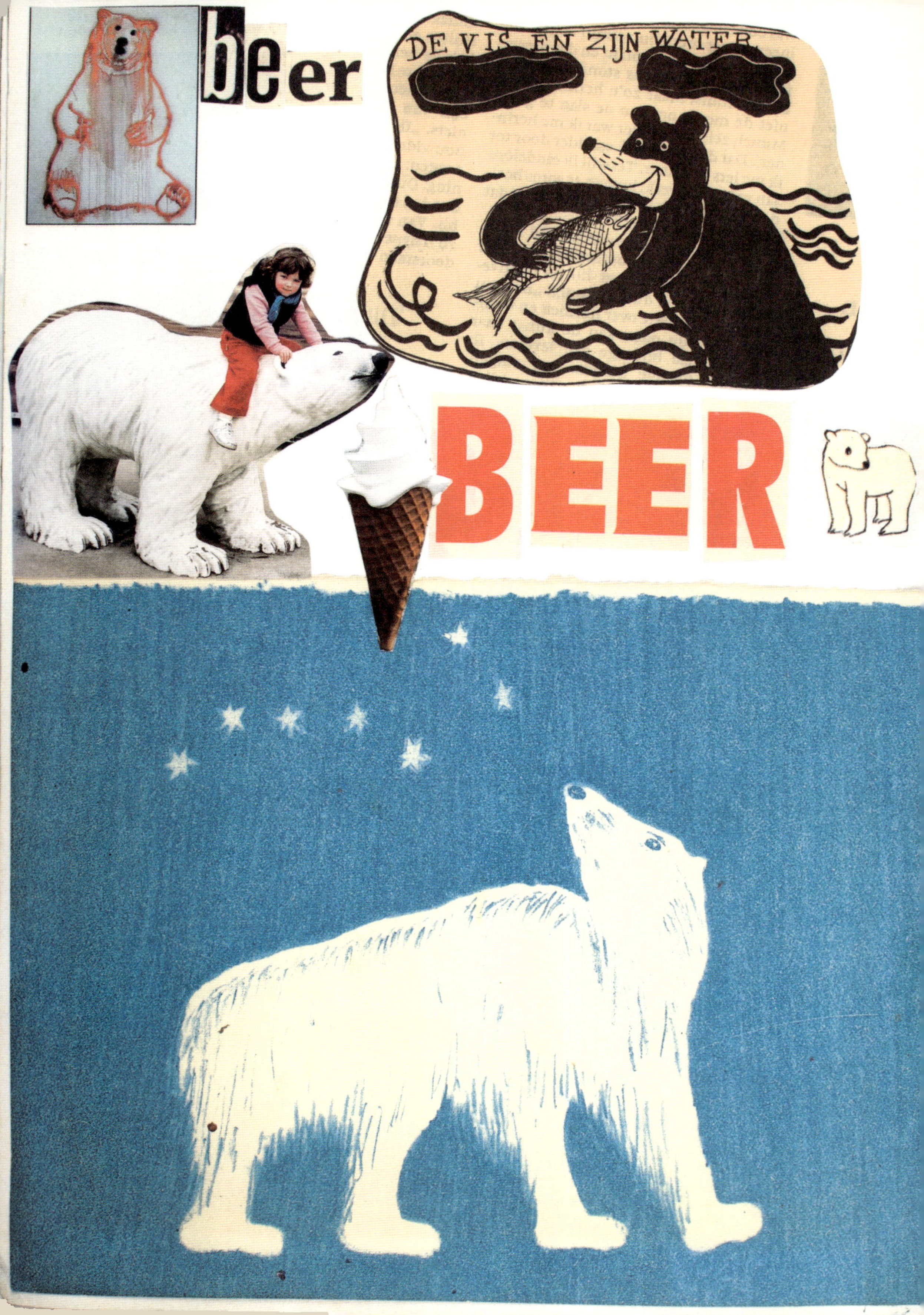
beer
DE VIS EN ZIJN WATER
BEER

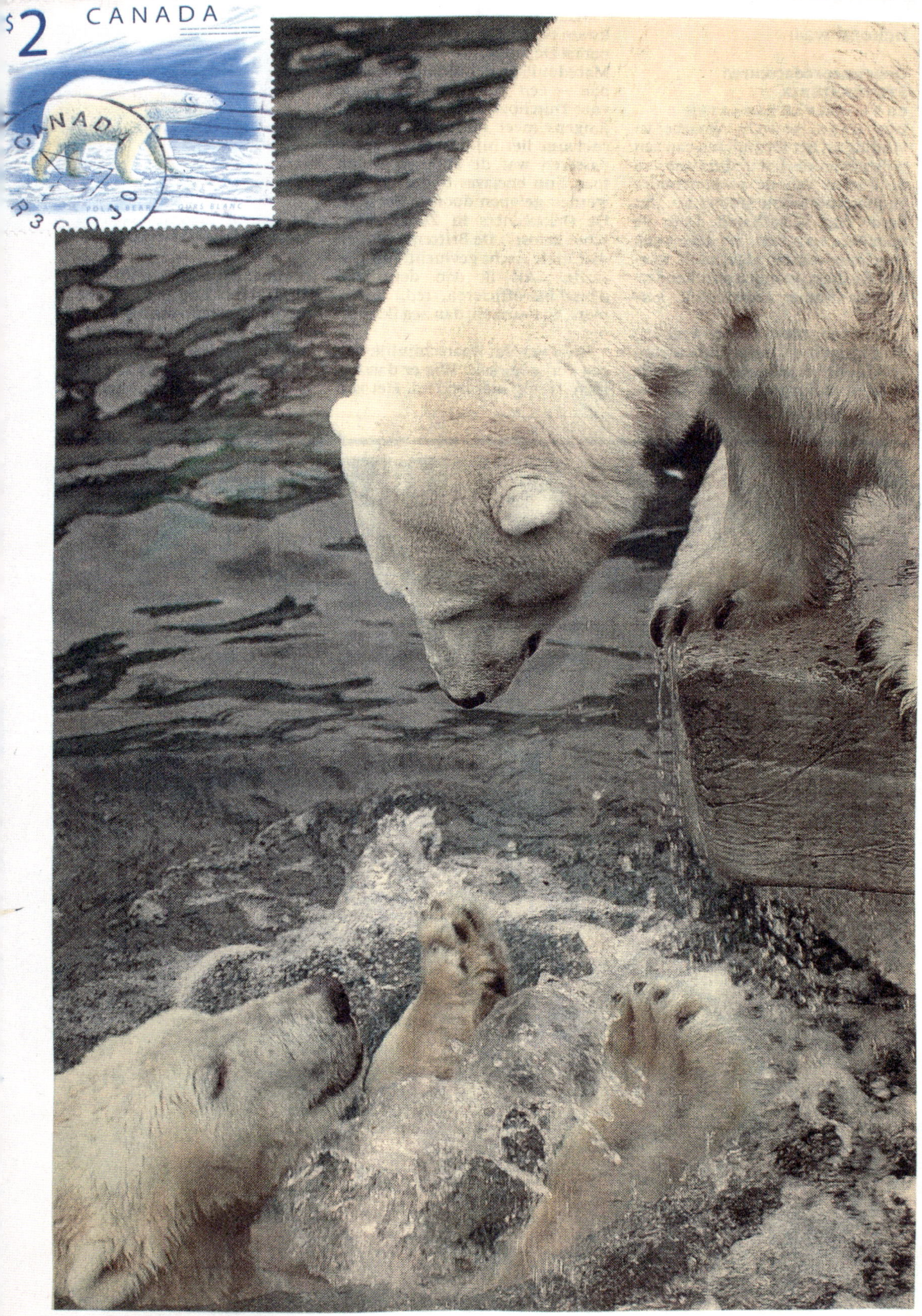

Een ijsbeer heeft een witte vacht met daaronder een zwarte huid. De zwarte huid neemt de warmte snel op en de dikke, witte vacht zorgt ervoor dat de warmte niet zo snel ontsnapt. Zo blijft de ijsbeer lekker warm. Voel zelf het verschil tussen de zwarte huid en de witte vacht.

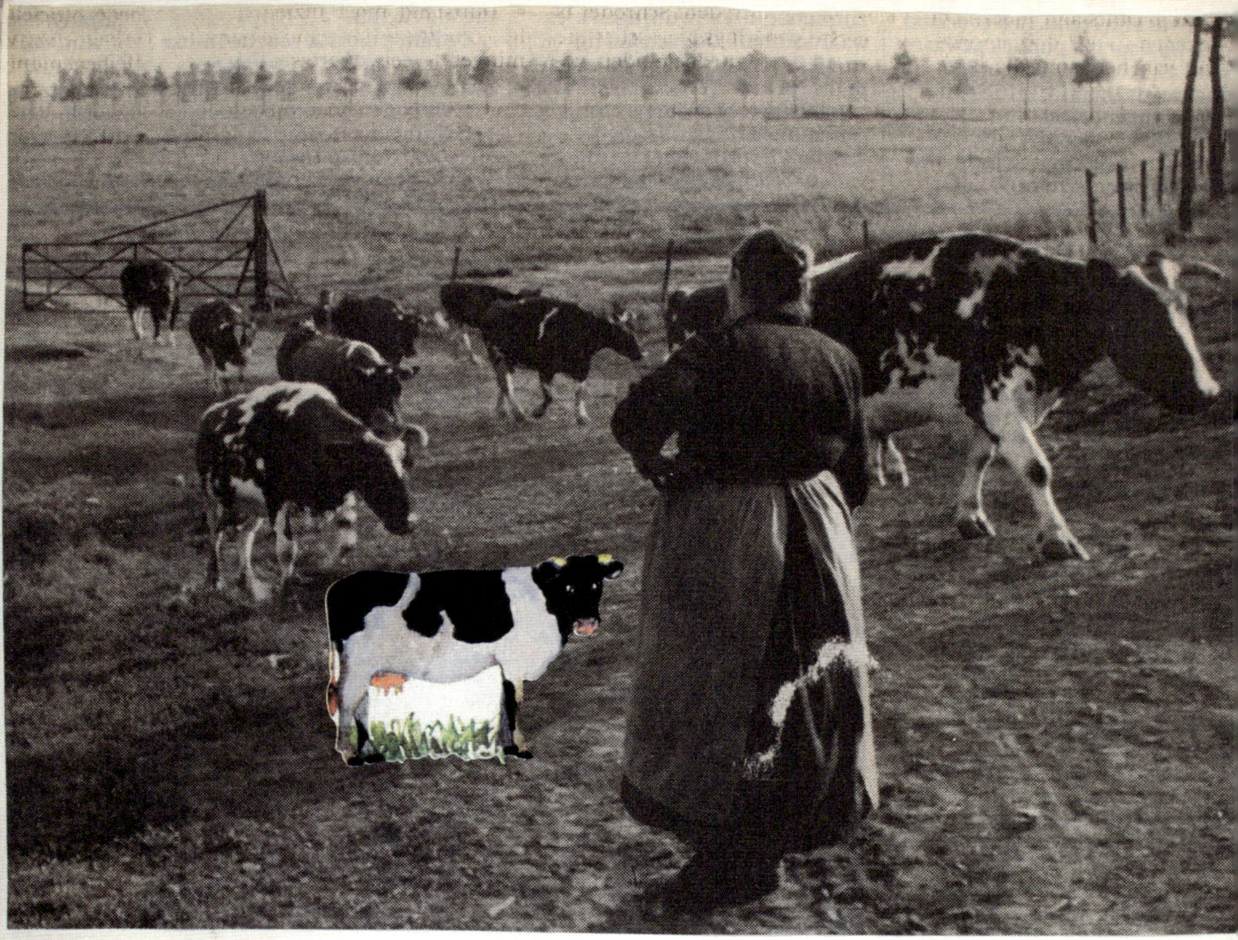

KOE

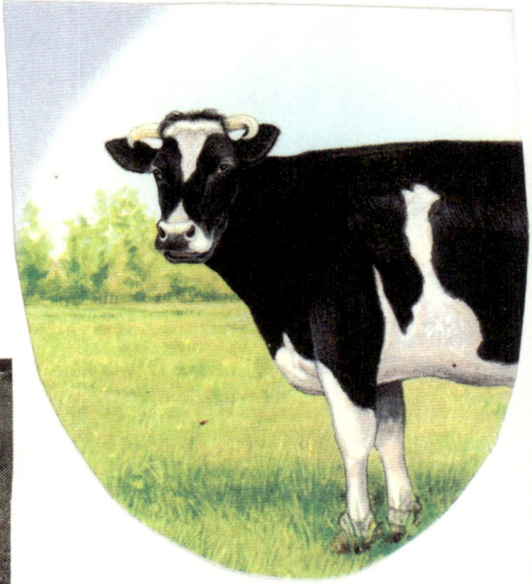

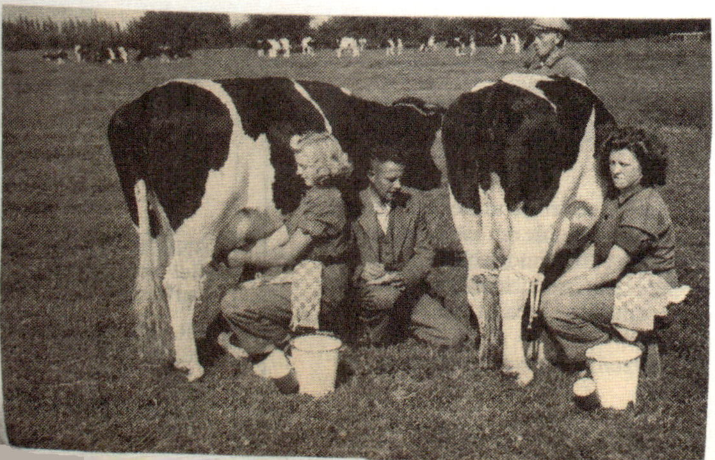

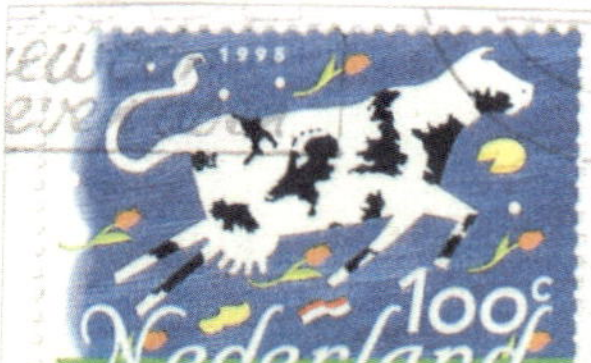

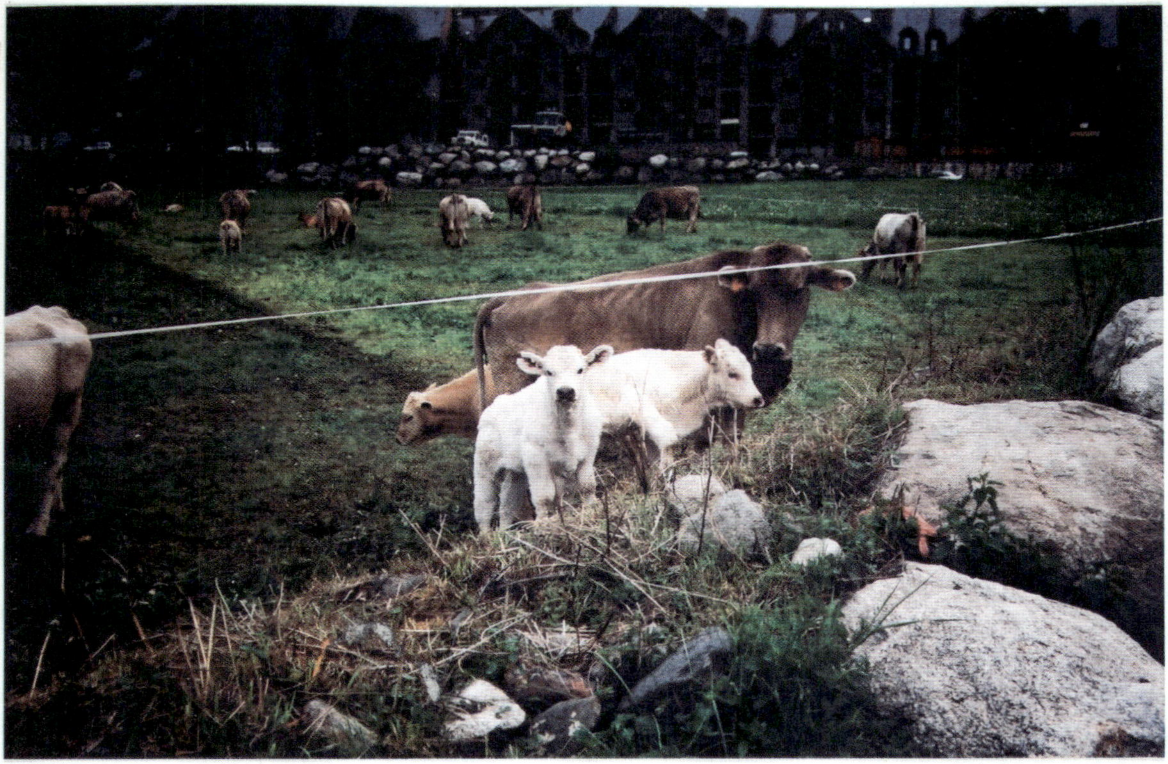

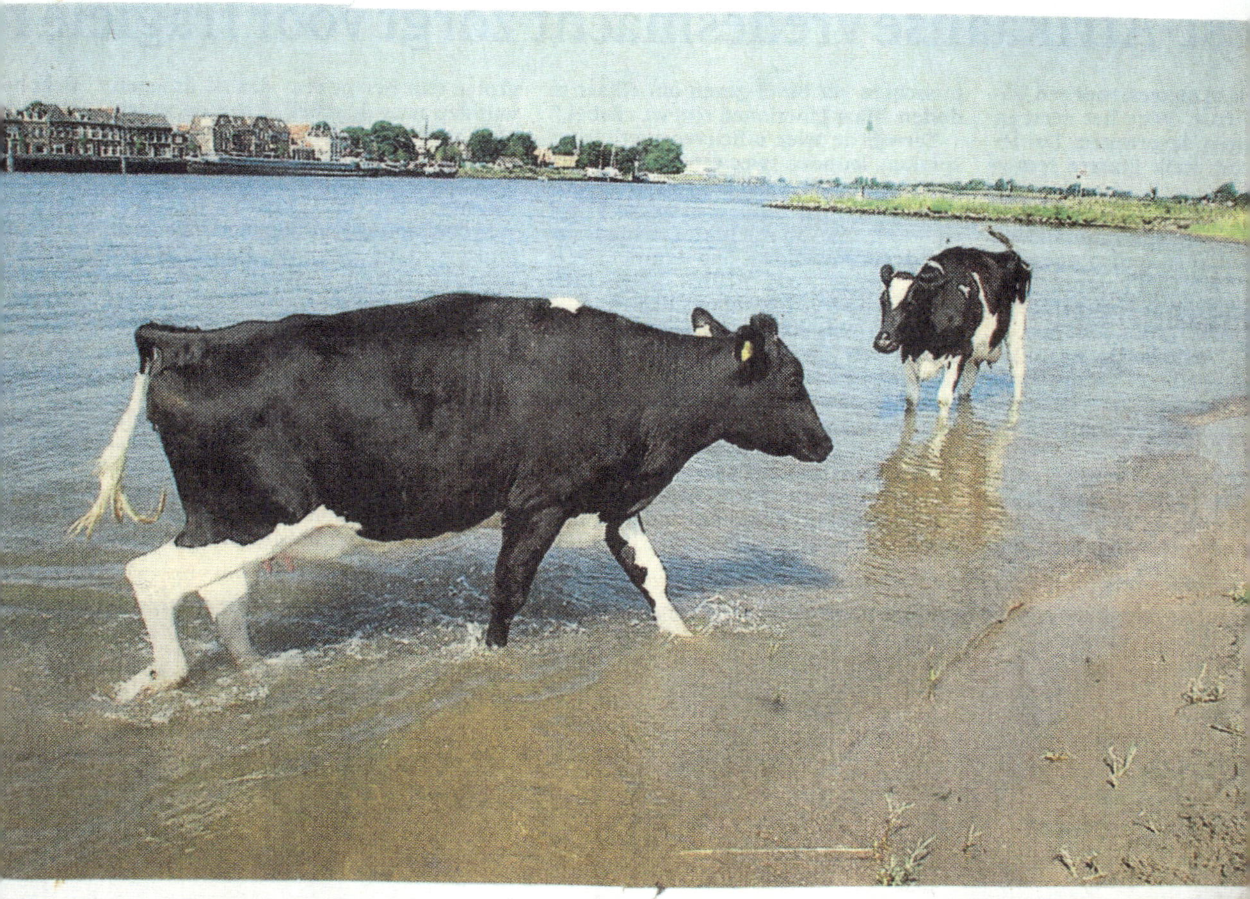

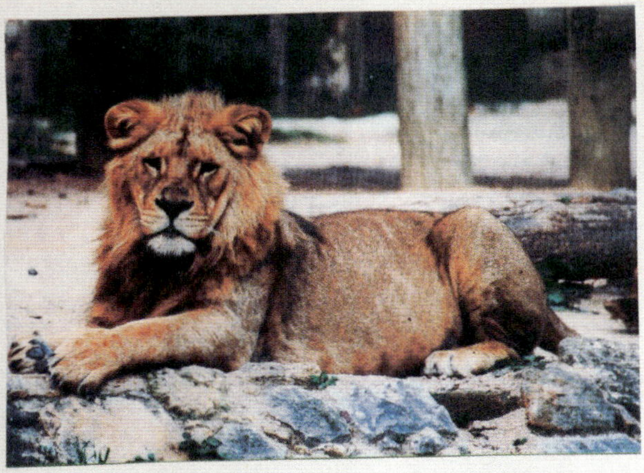

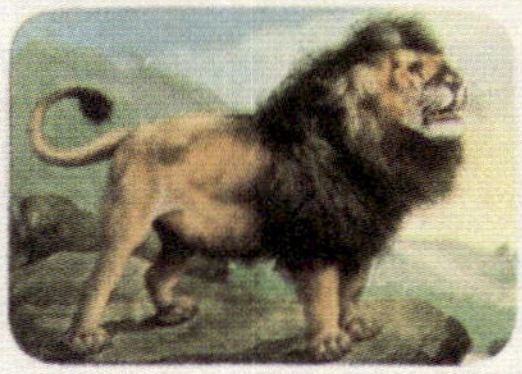

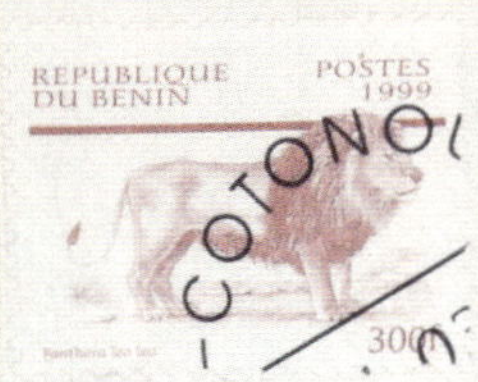

LEeuW

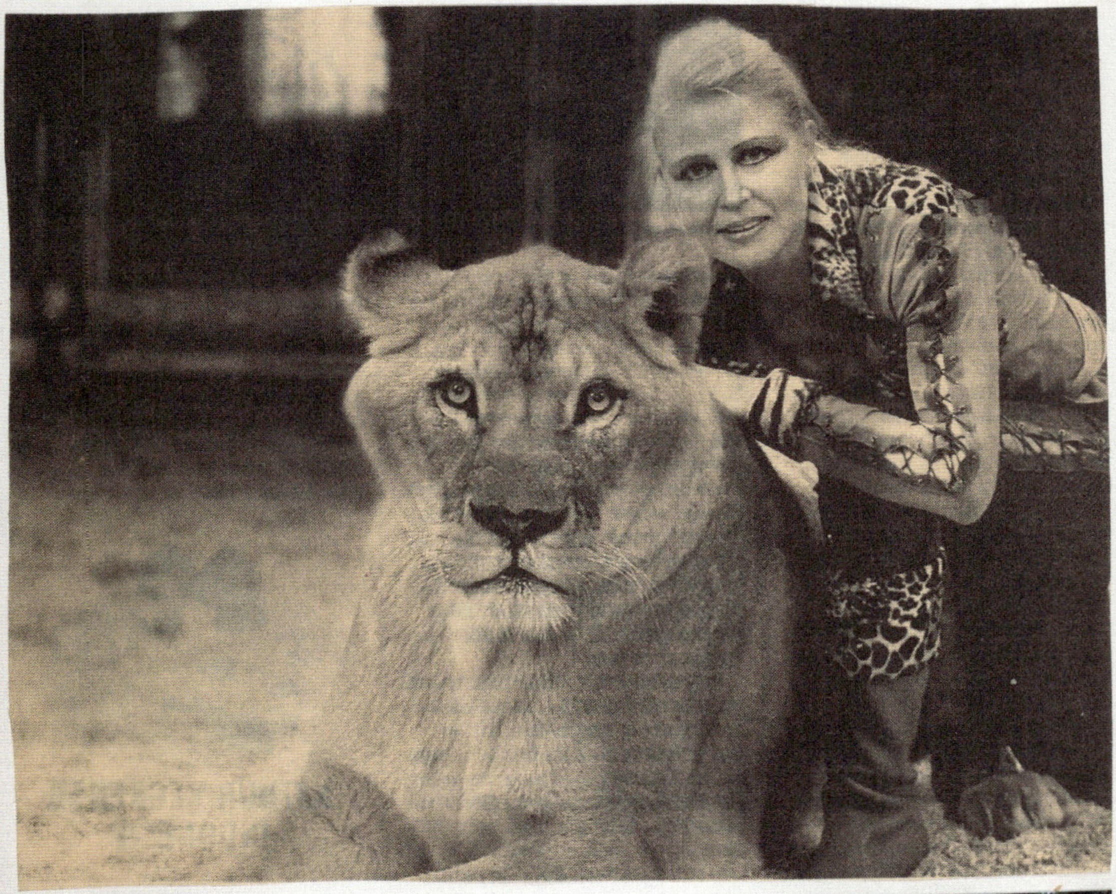

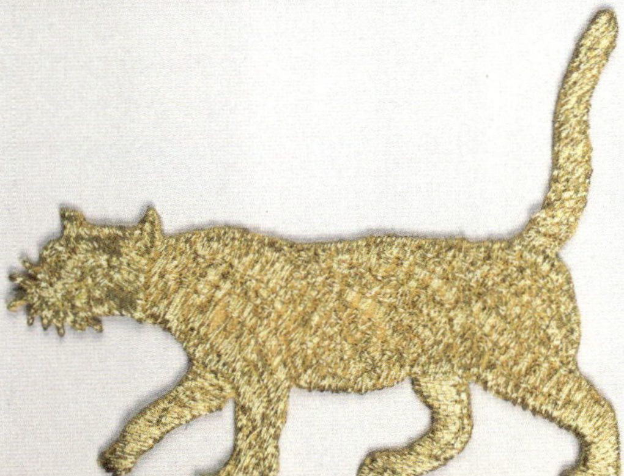

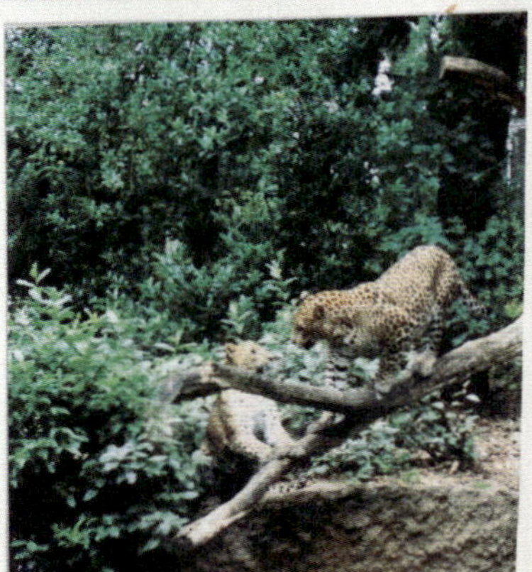

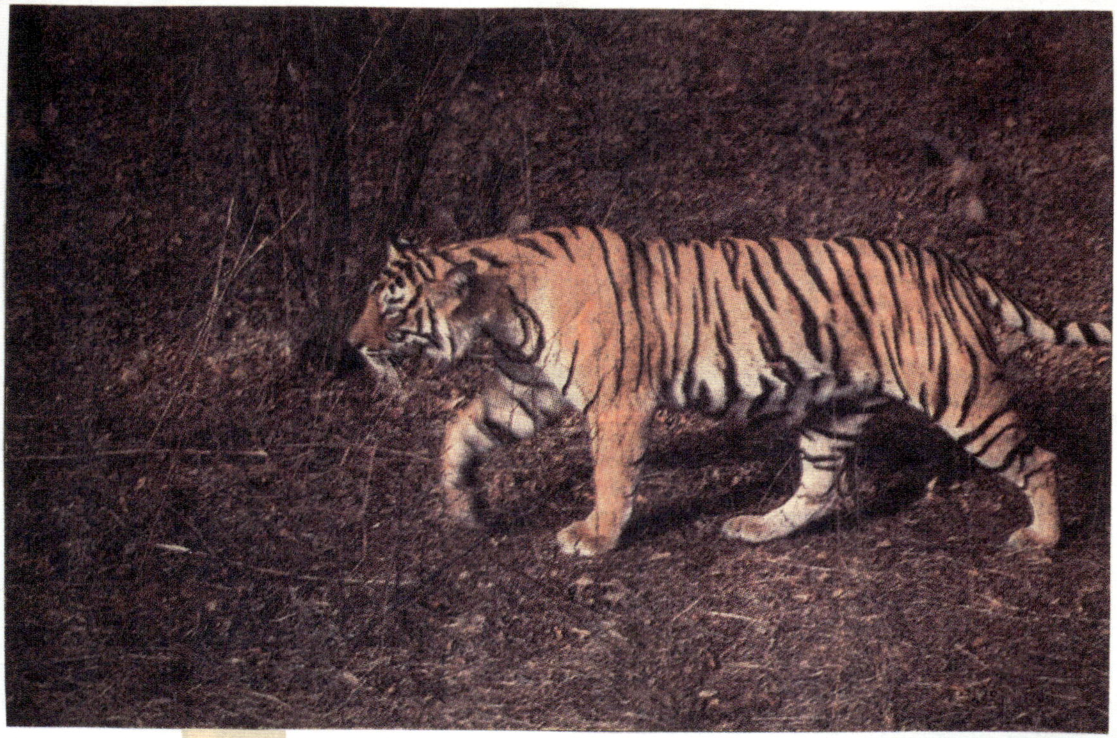

Tijger

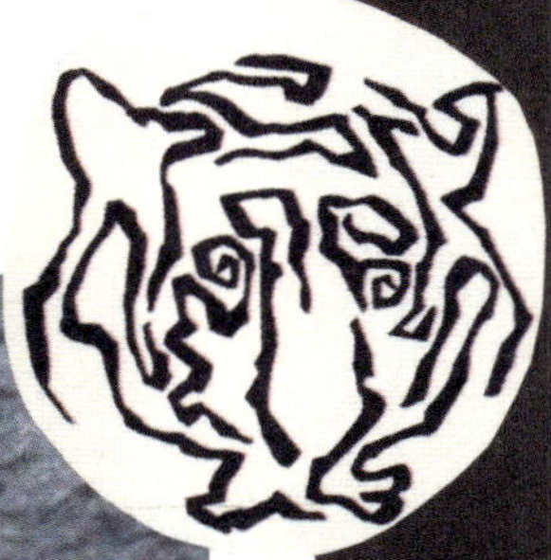

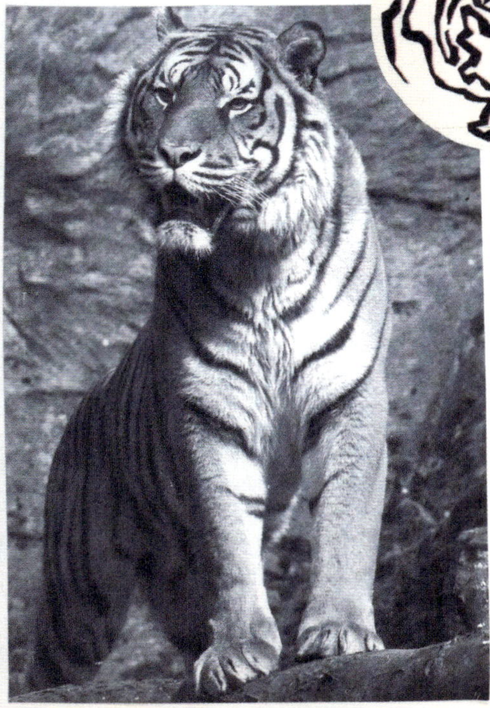

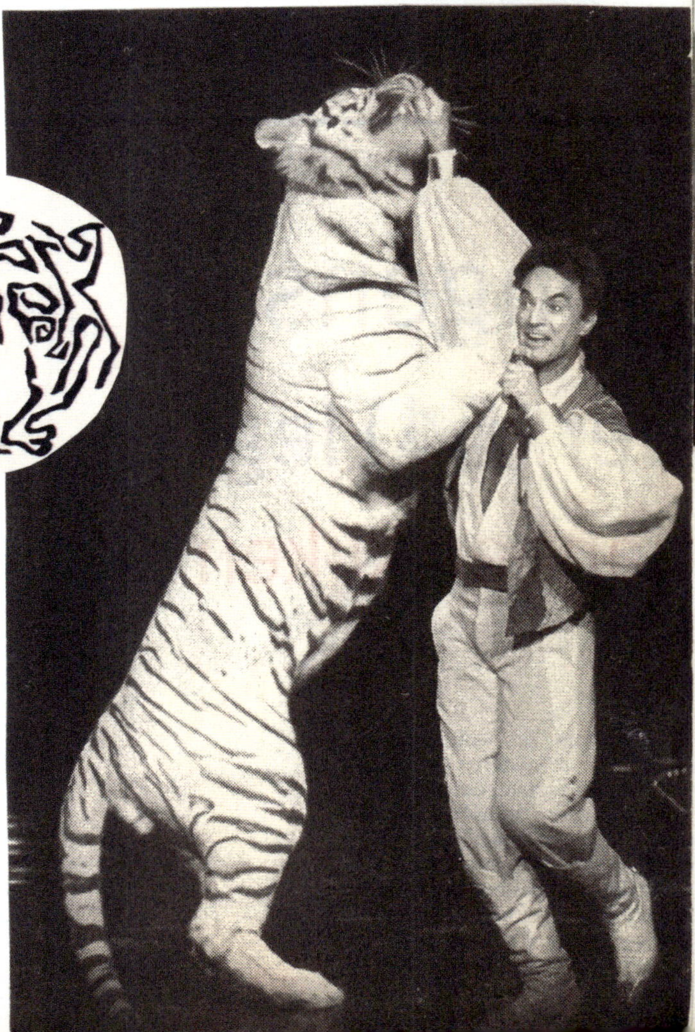

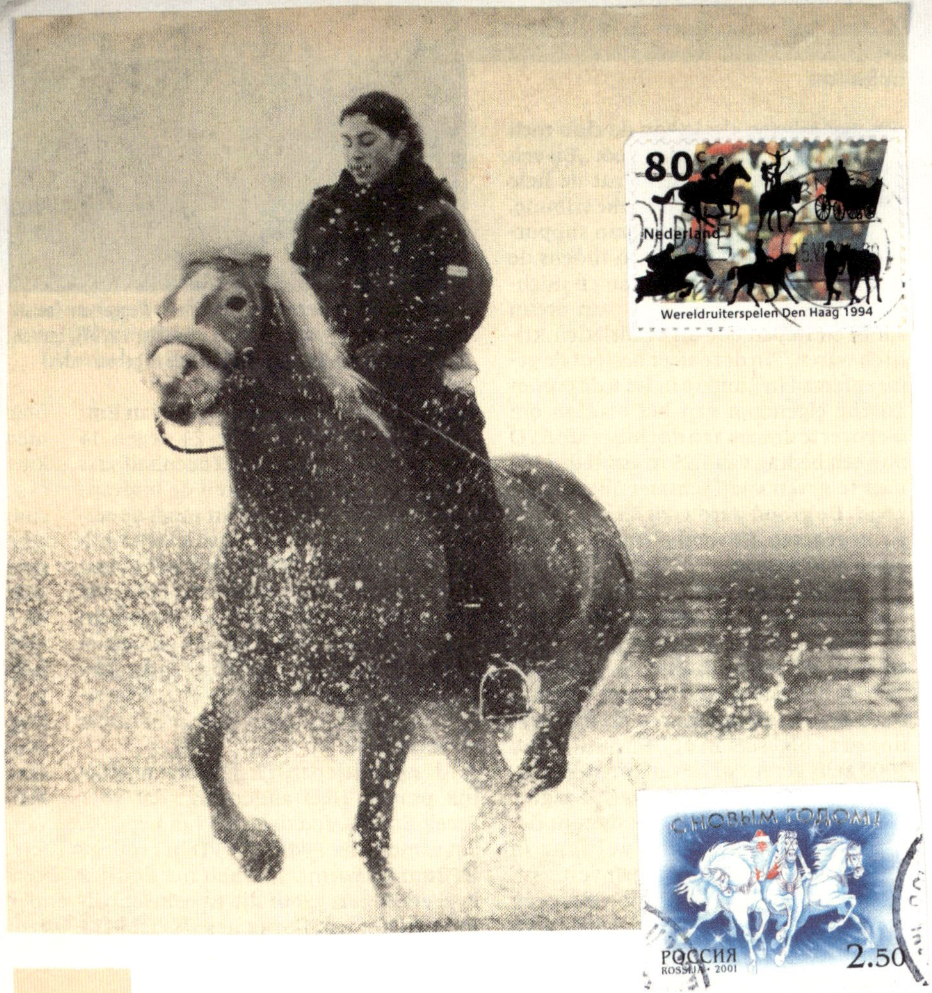
80c
Nederland
Wereldruiterspelen Den Haag 1994
С НОВЫМ ГОДОМ!
РОССИЯ
ROSSIJA · 2001
2.50

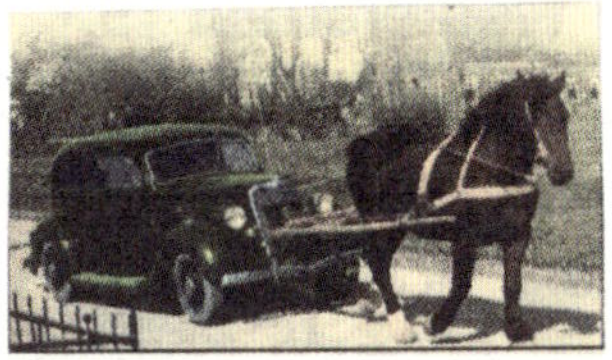

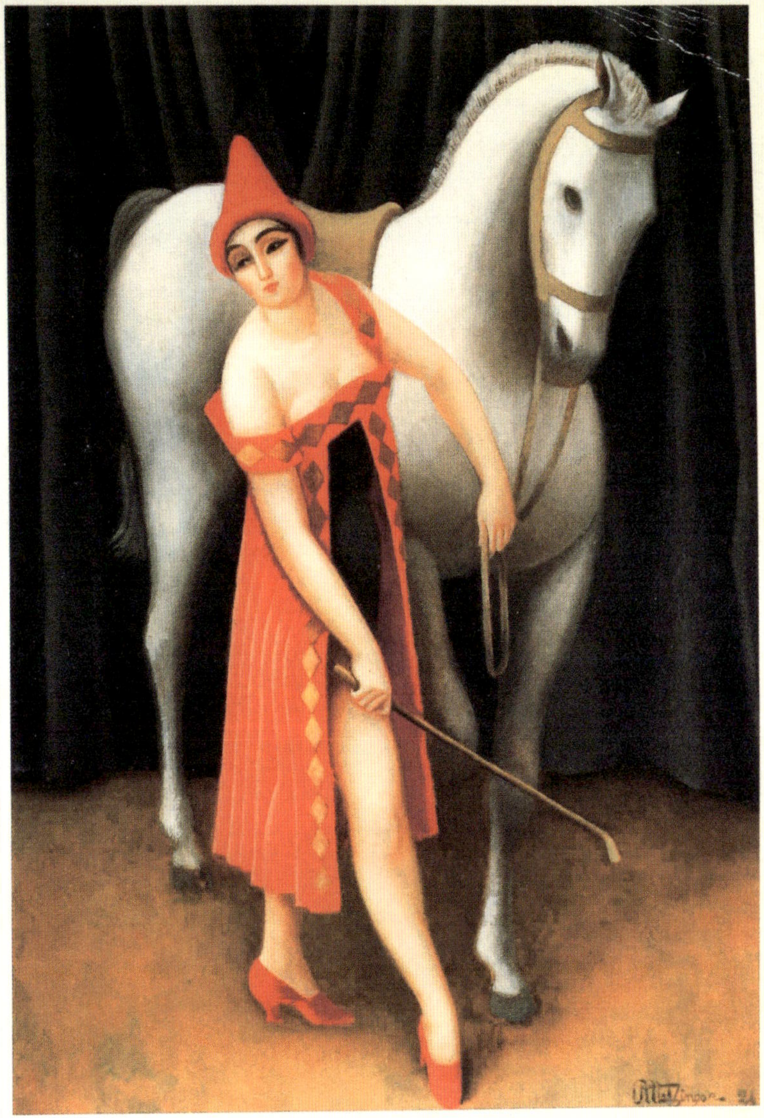

paARD

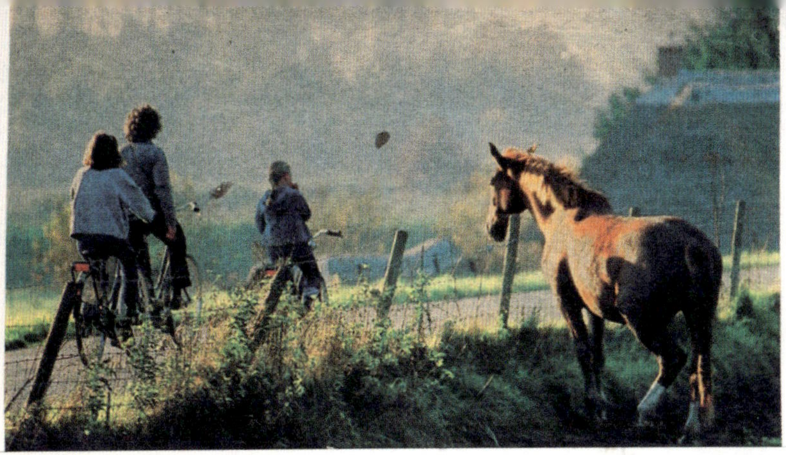

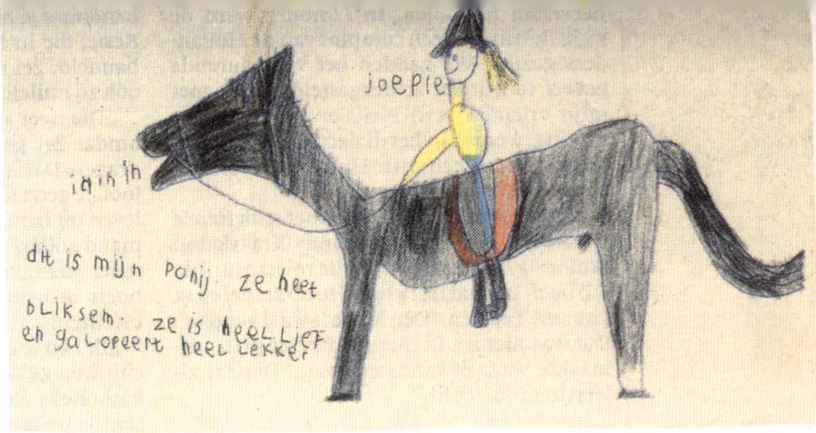
joepie
ihihih
dit is mijn ponij ze heet
bliksem. ze is heel lief
en galopeert heel lekker

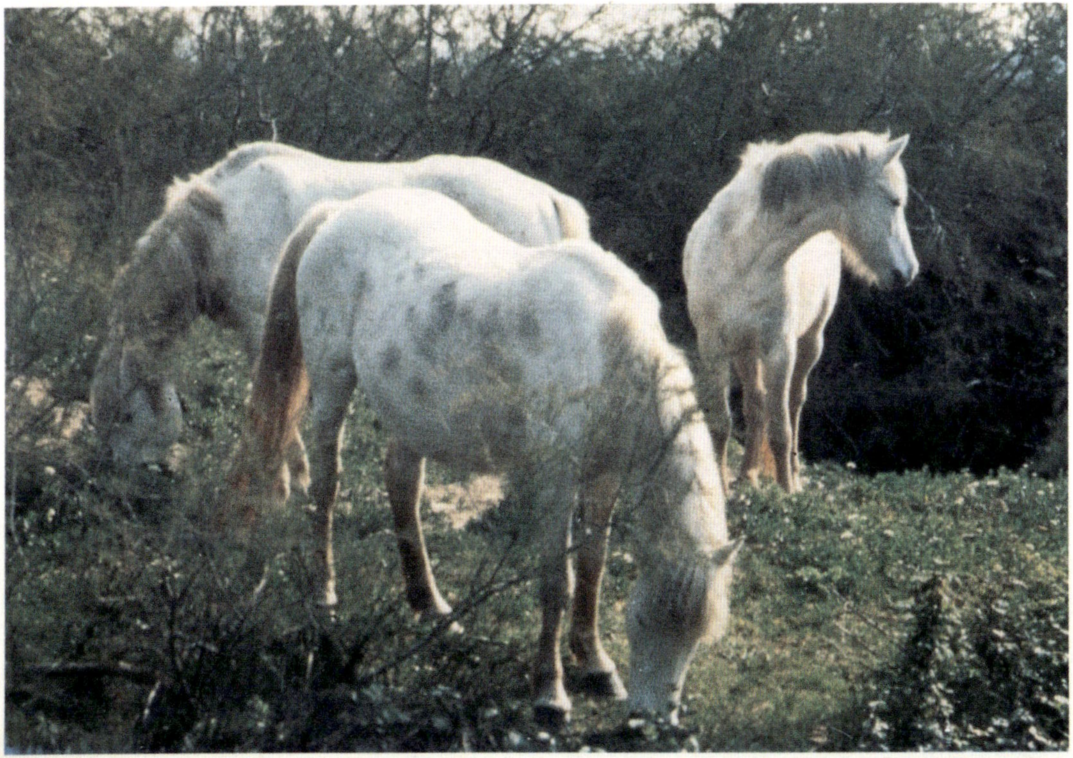

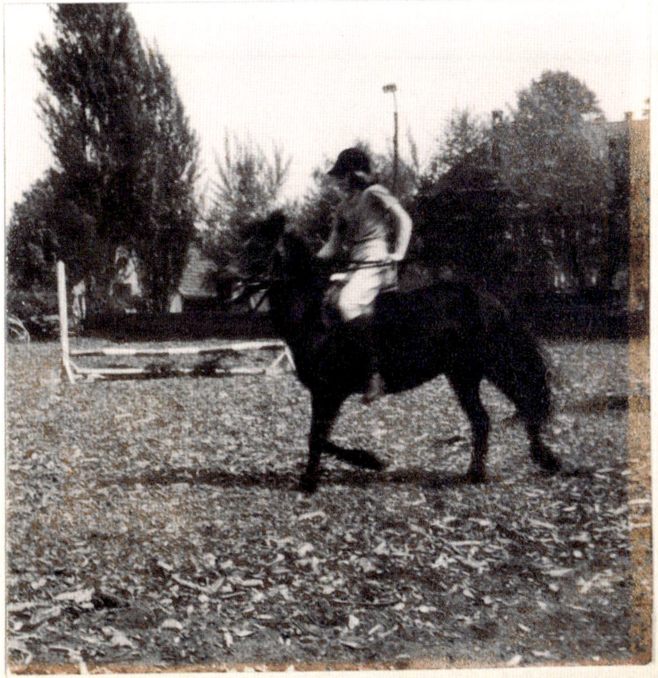

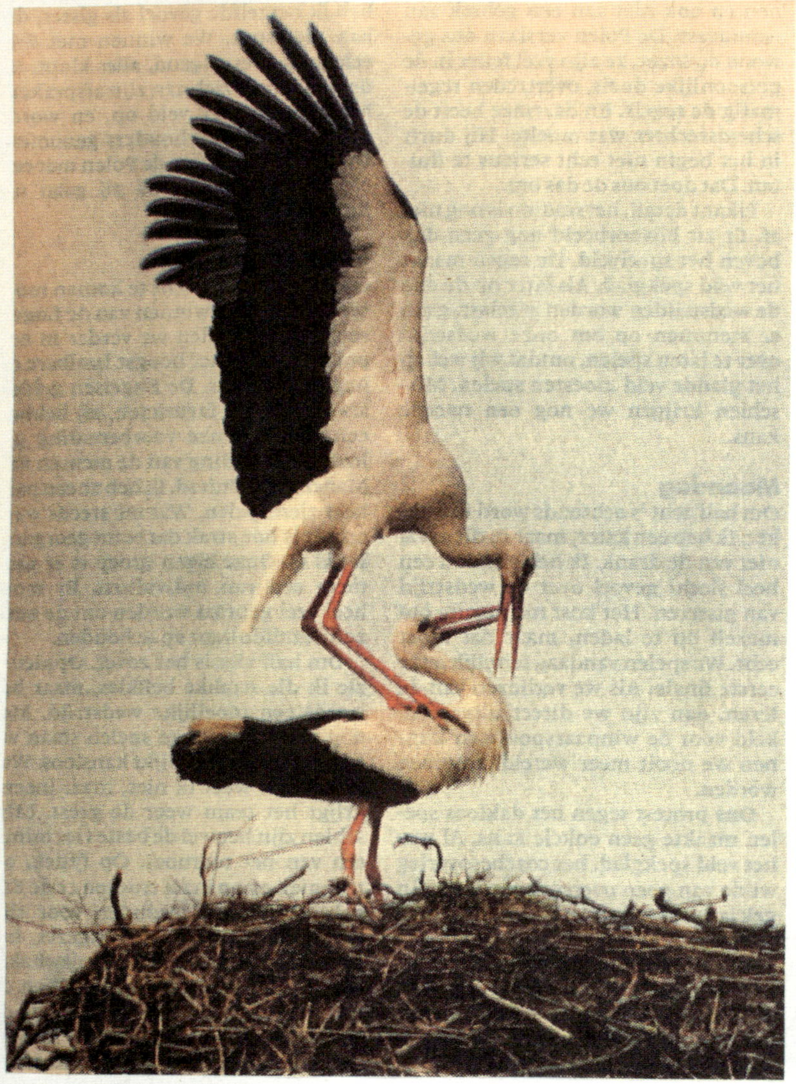

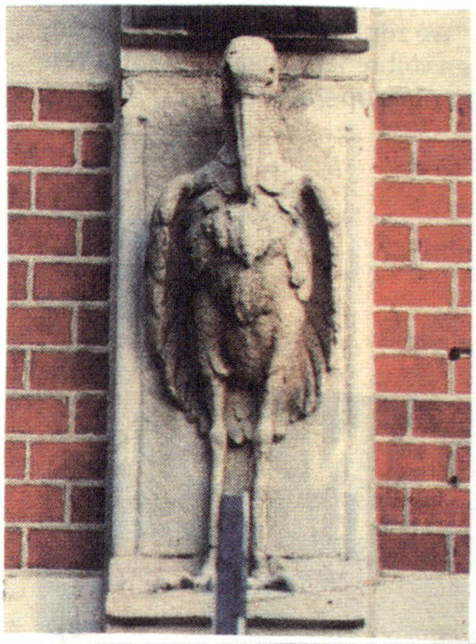

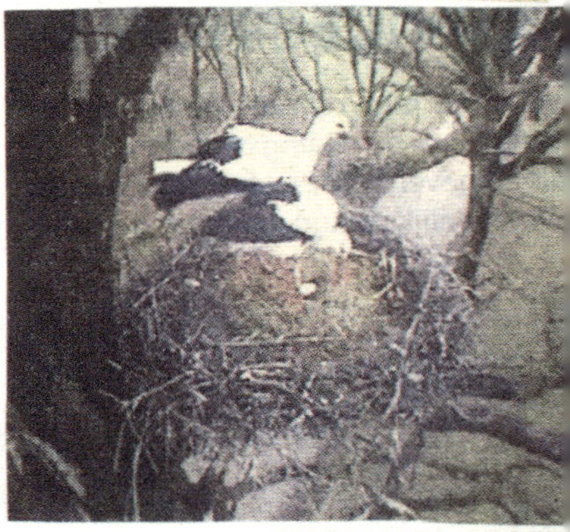

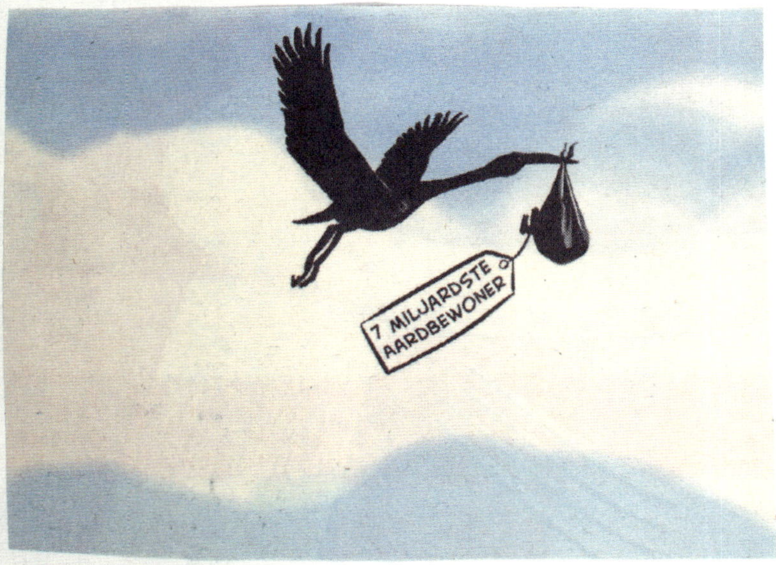
7 MILJARDSTE
AARDBEWONER

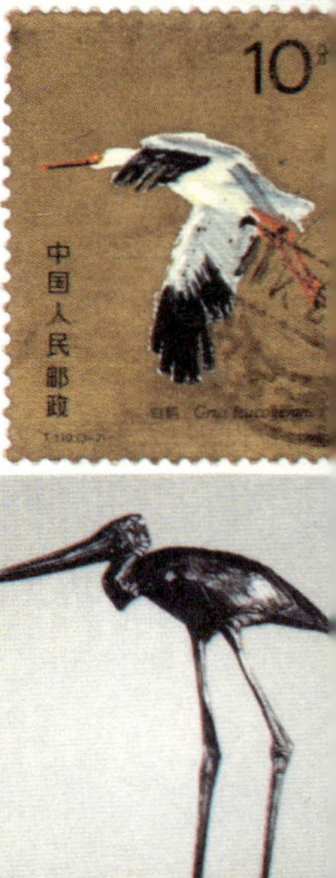
10
中国人民邮政

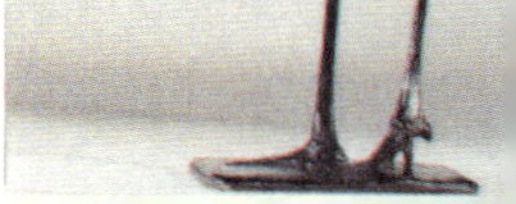

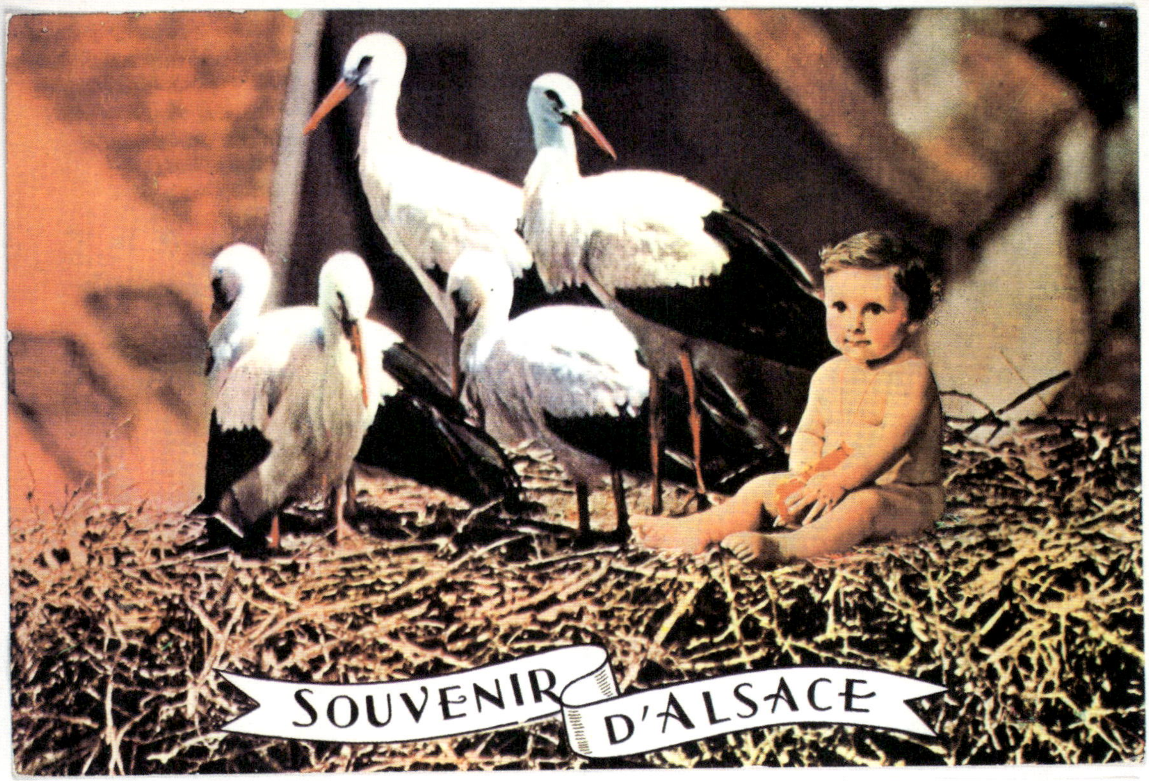
SOUVENIR
D'ALSACE

OOiEVAAR

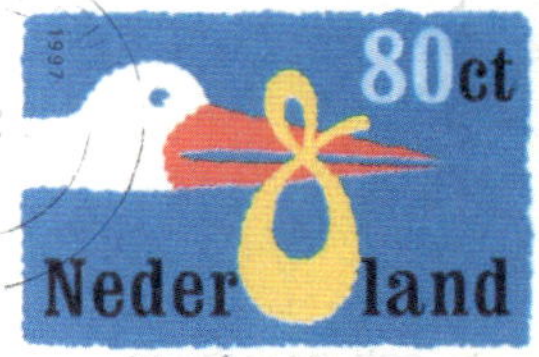
80ct
Nederland

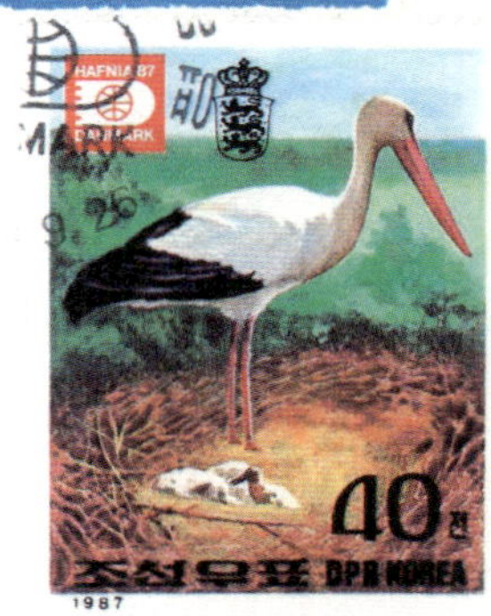
HAFNIA 87
DANMARK
40
조선우표 DPR KOREA
1987

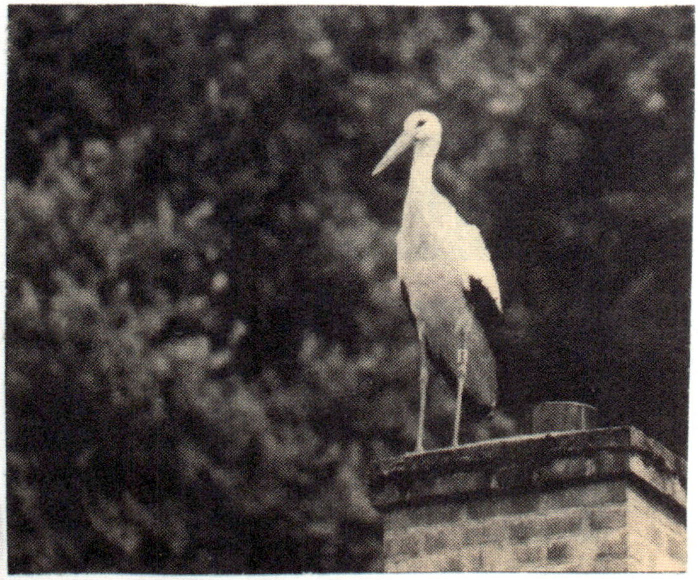

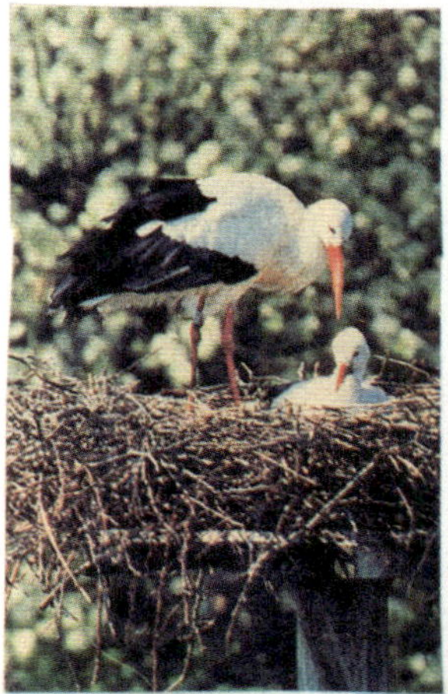

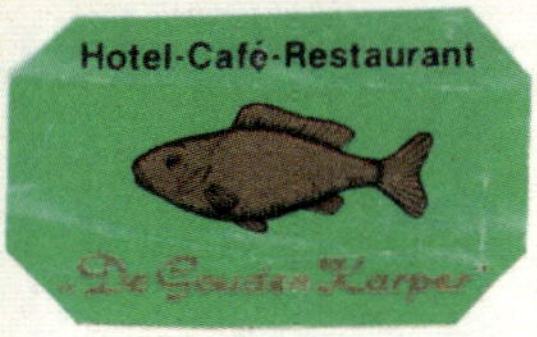
Hotel-Café-Restaurant
De Gouden Karper

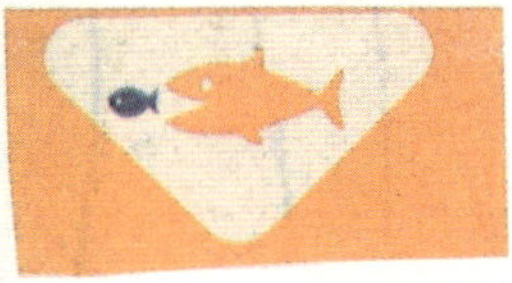

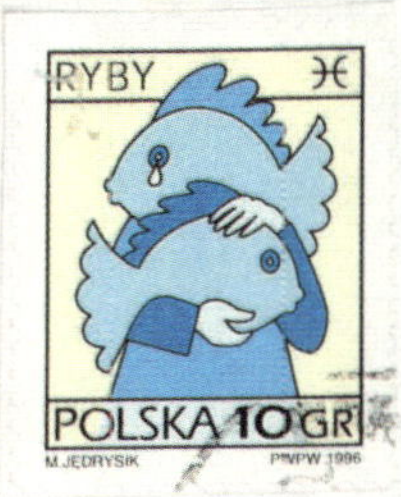
RYBY
POLSKA 10GR
M.JEDRYSIK
PWPW 1996

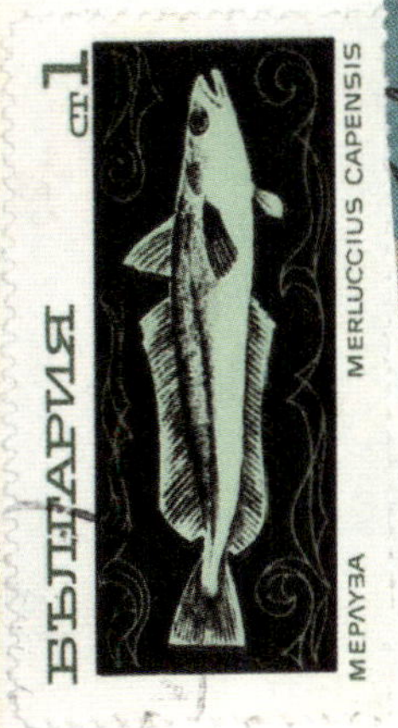
БЪЛГАРИЯ
1 ст
MERLUCCIUS CAPENSIS
МЕРЛУЗА

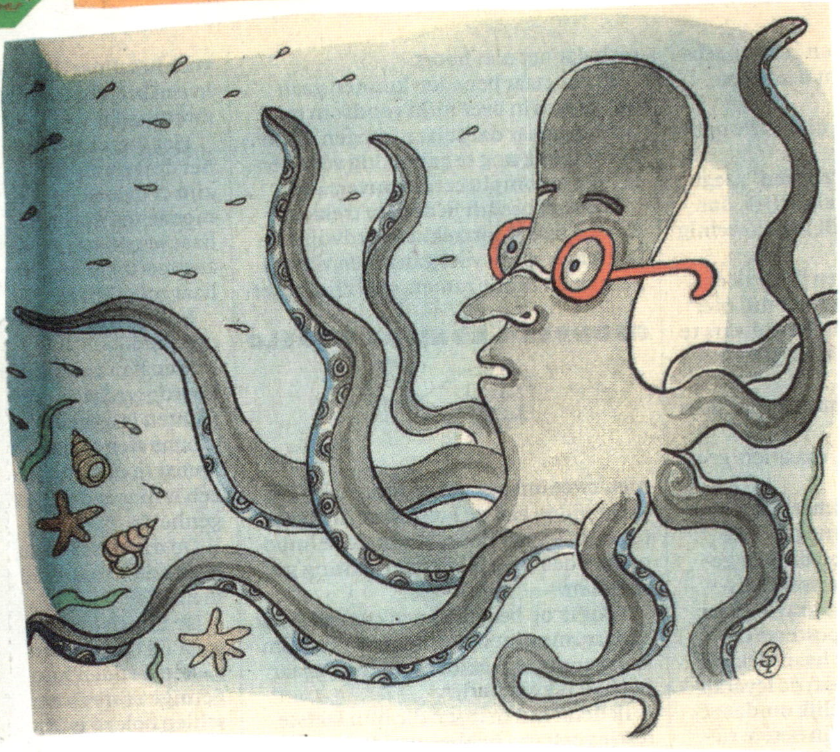

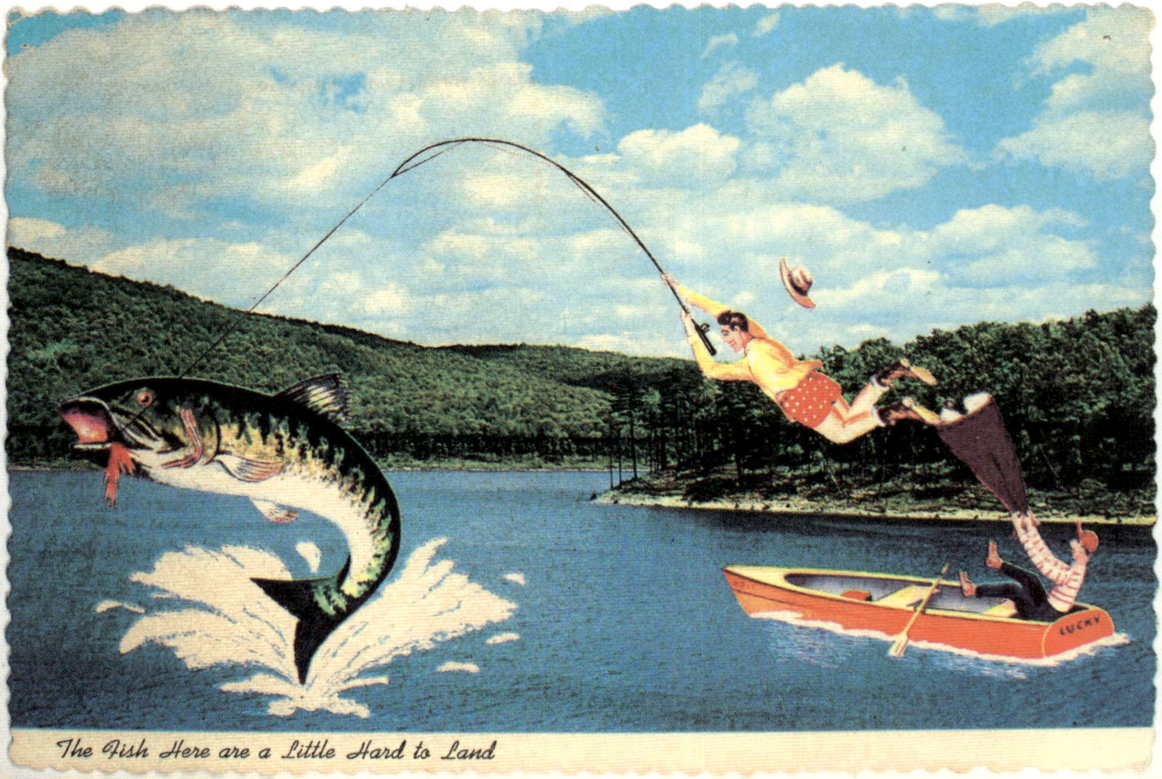
LUCKY
The Fish Here are a Little Hard to Land

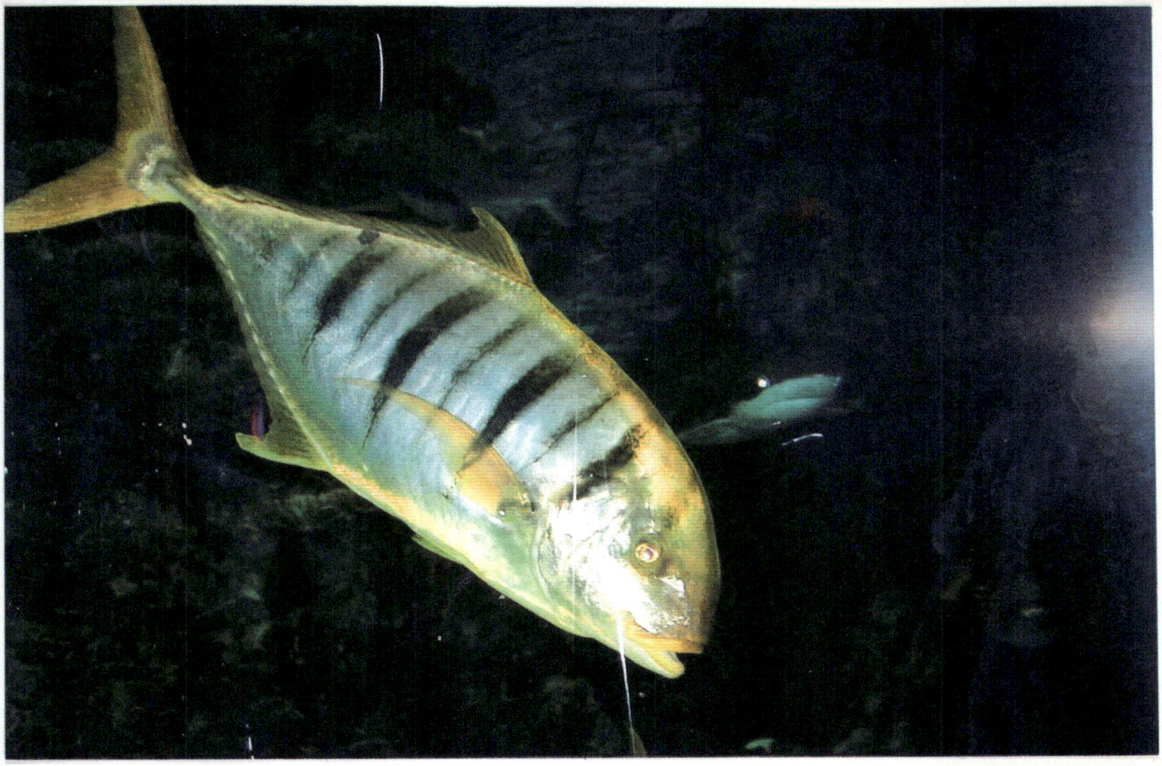

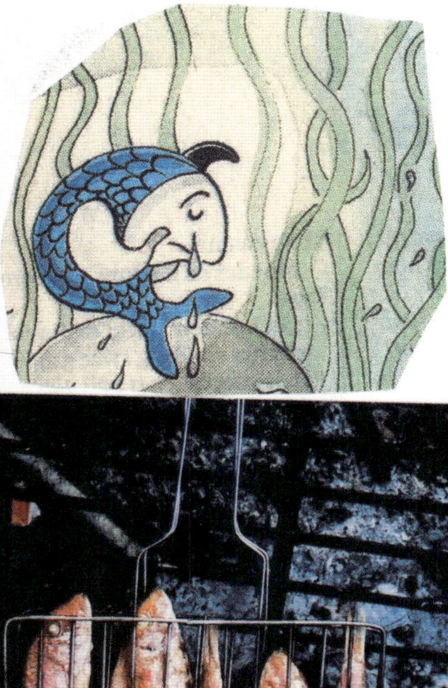

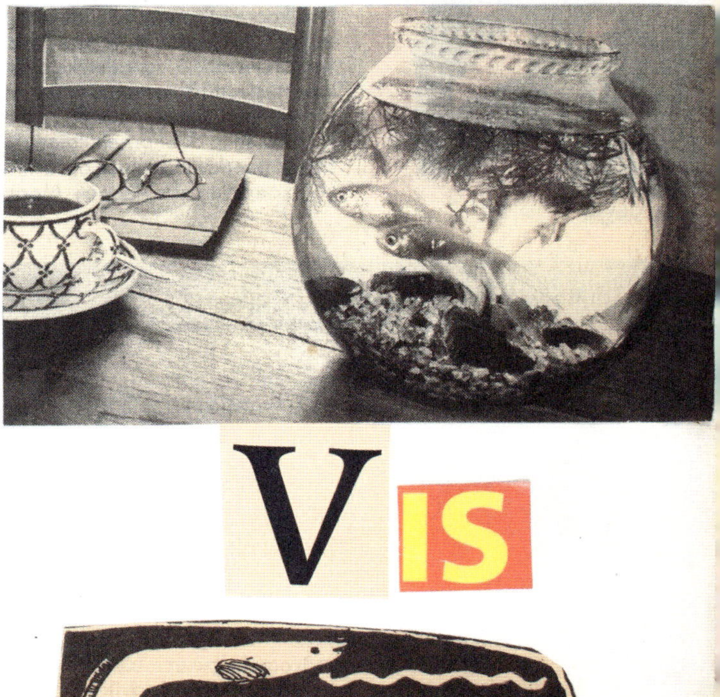

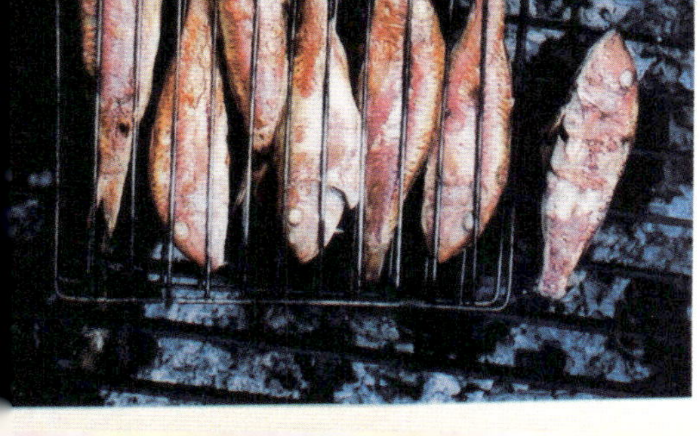

V IS

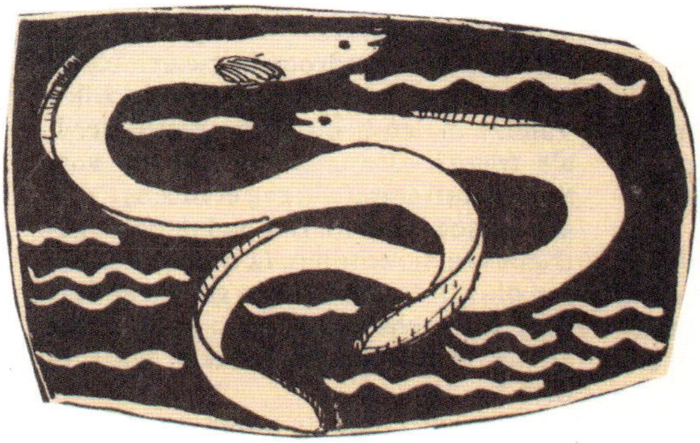

HOM

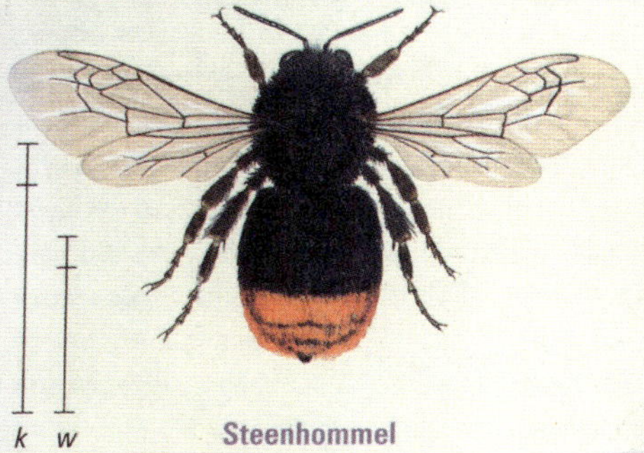

Steenhommel

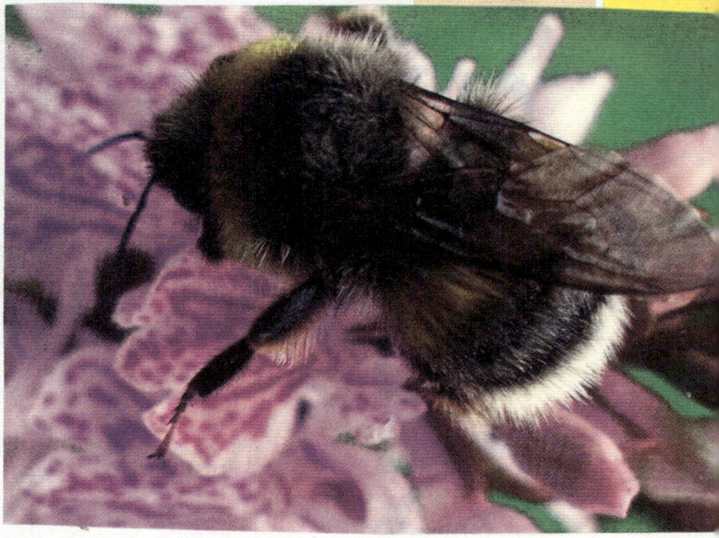

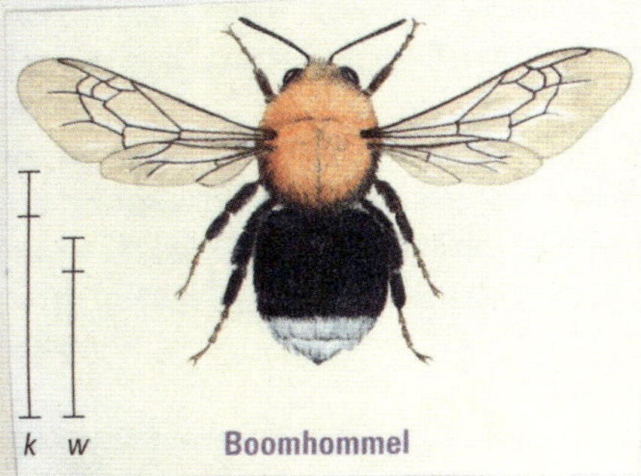

Boomhommel

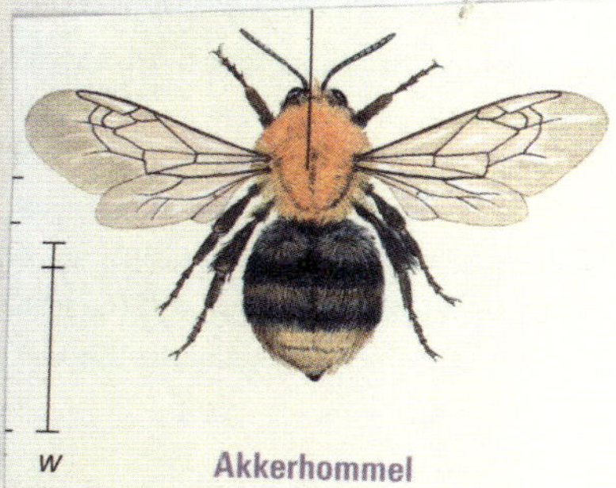

Akkerhommel

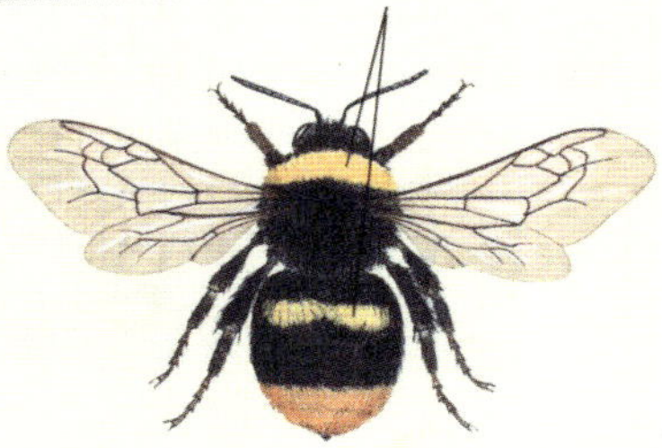

Weidehommel

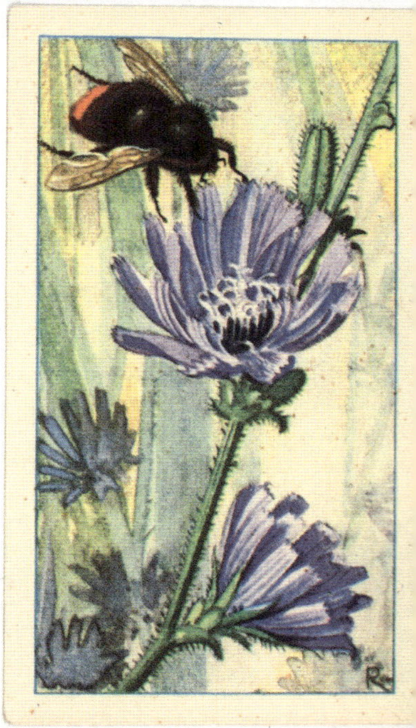

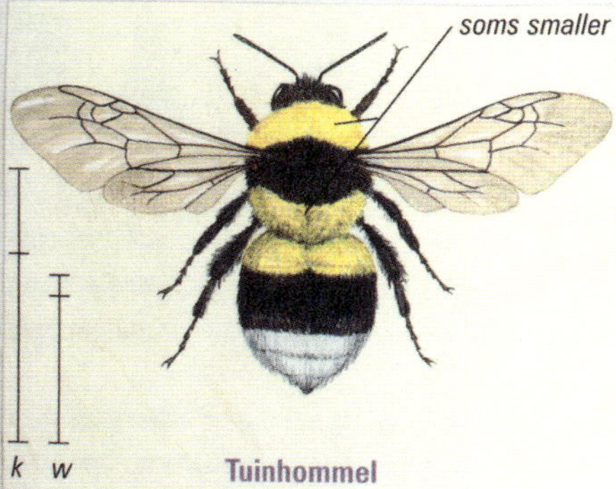

Tuinhommel

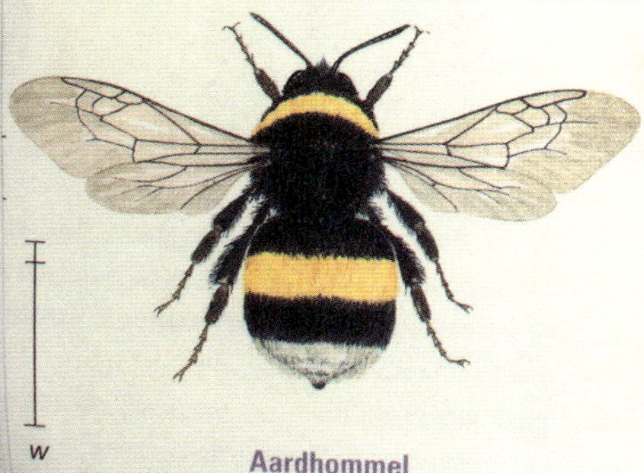

Aardhommel

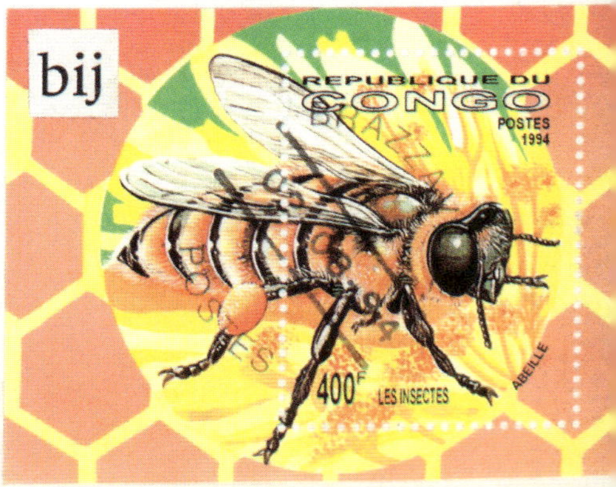

mEL

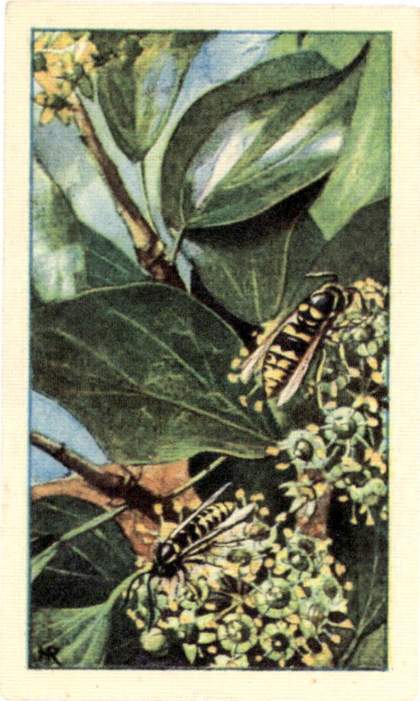

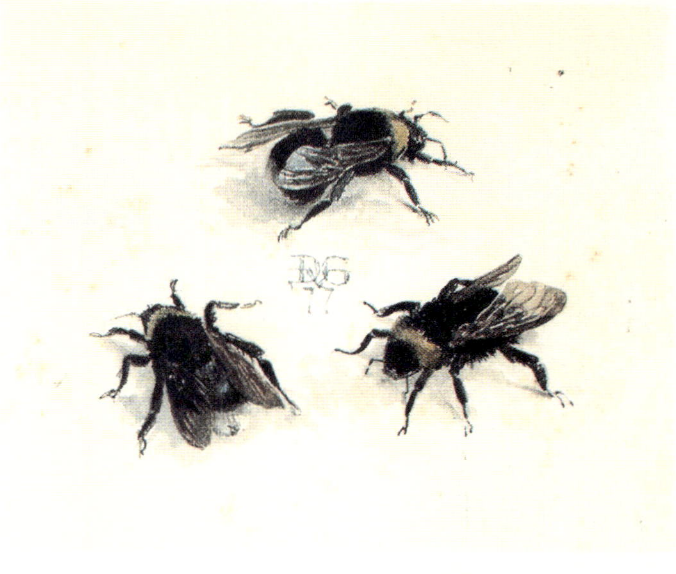

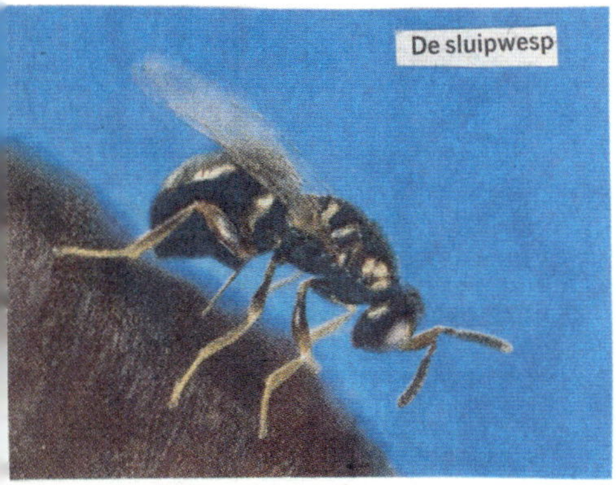

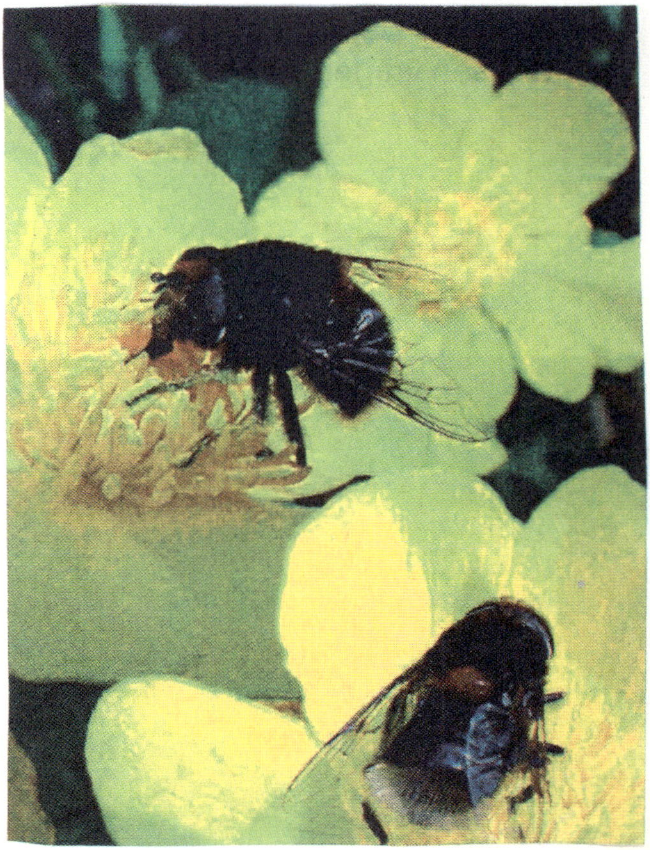

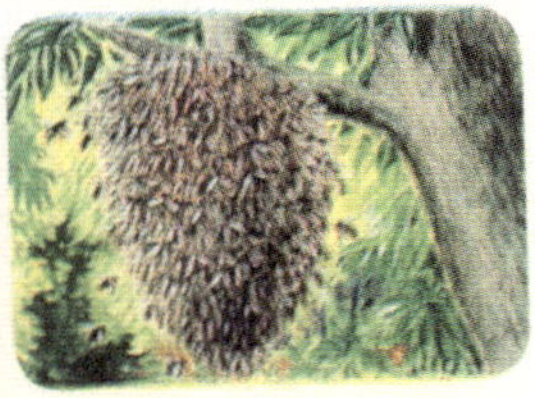

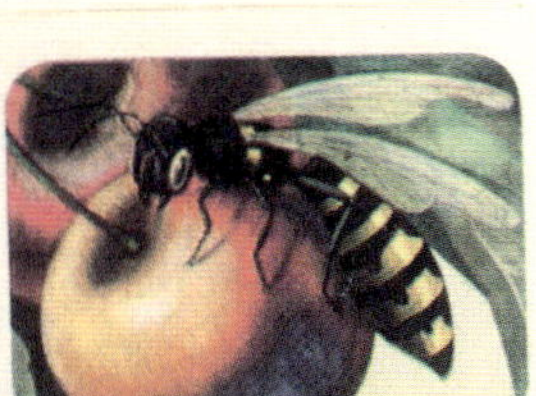

wesp

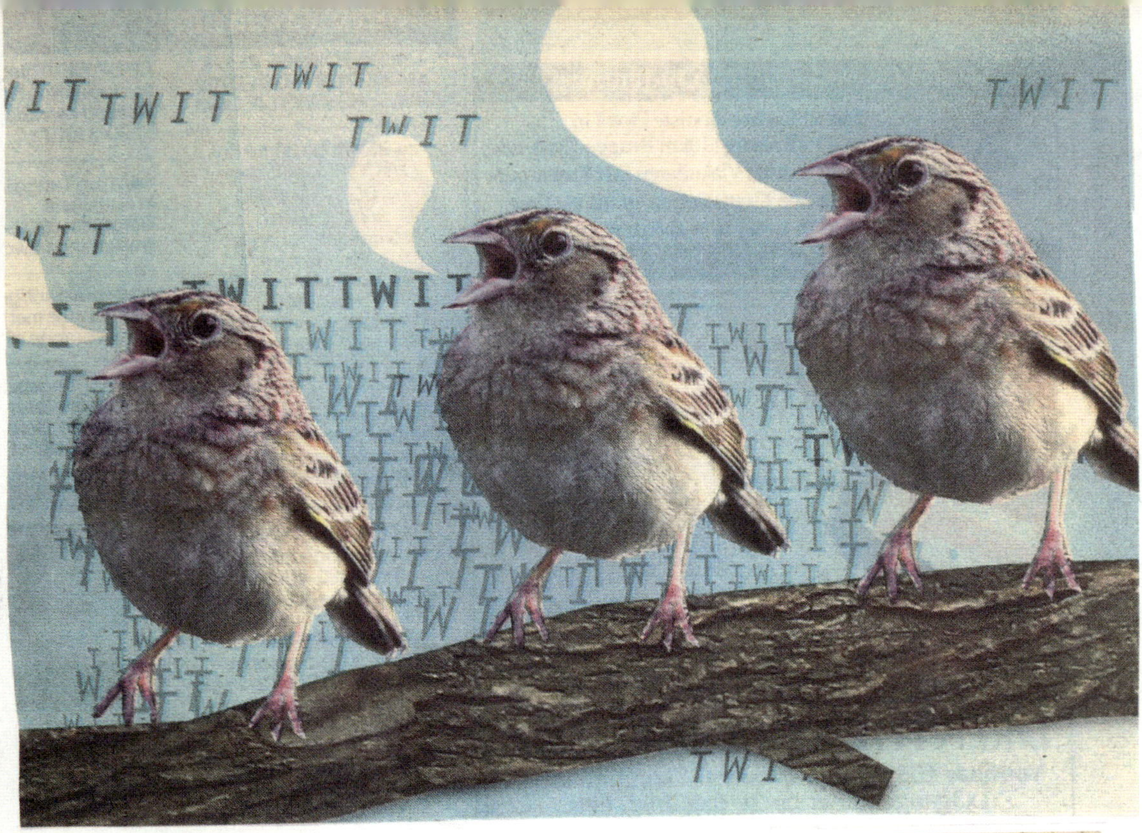

MUS

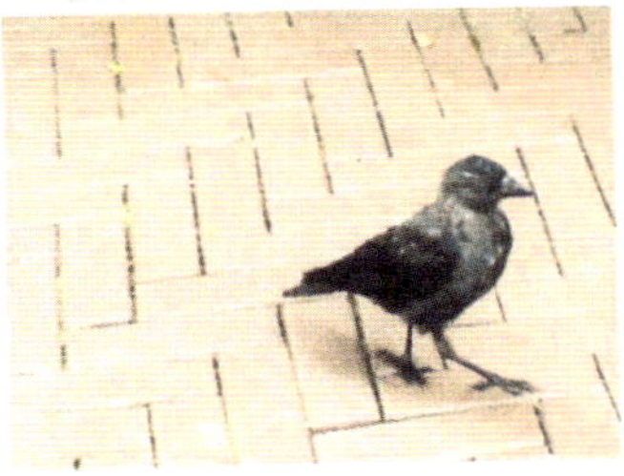

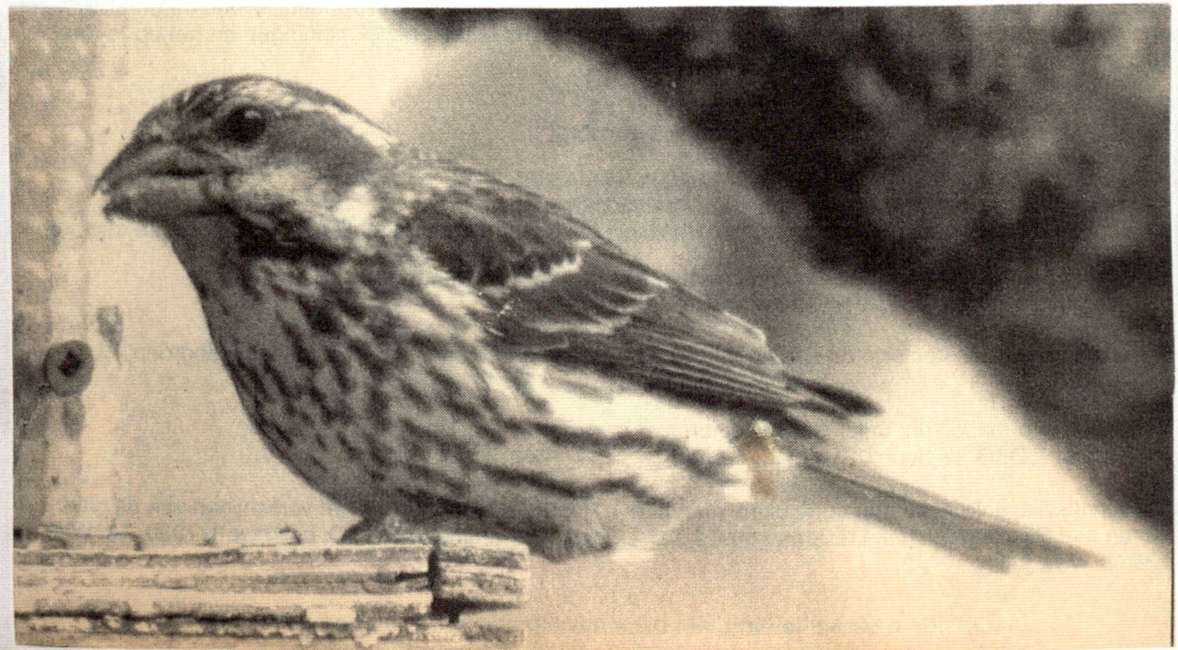

VOGelS

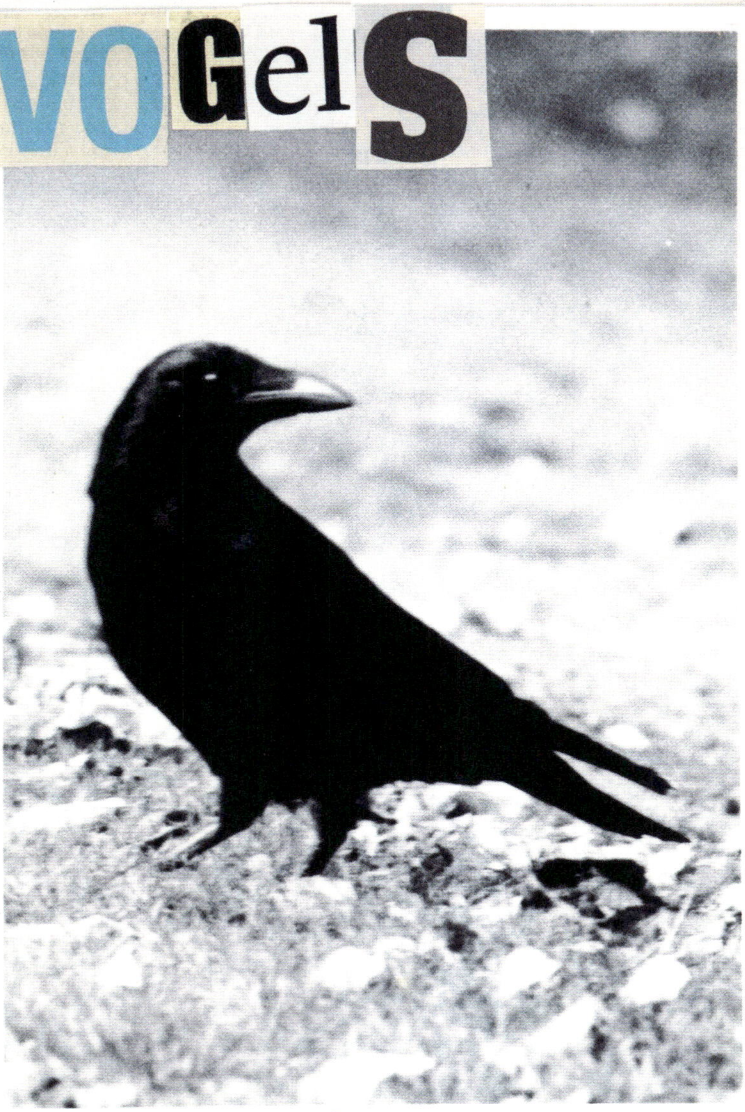

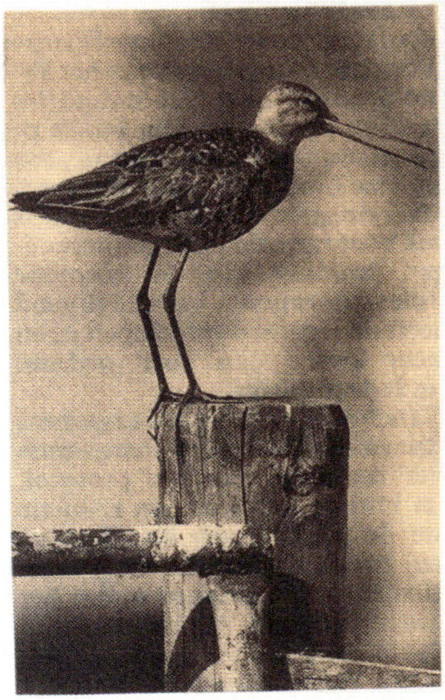

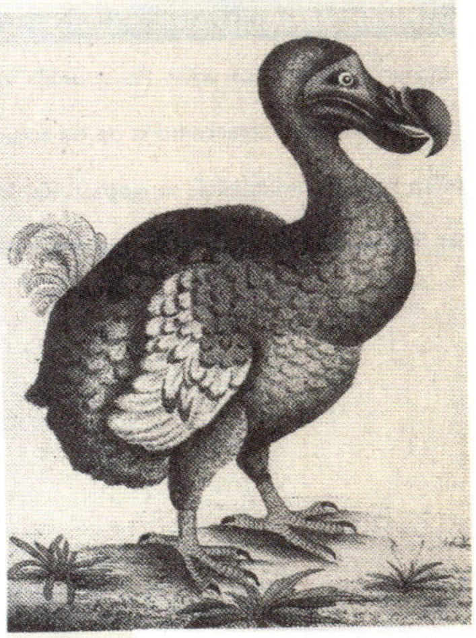

De dodo.

kRAAi

PRONATUR CERTIFIED
PLU 4959

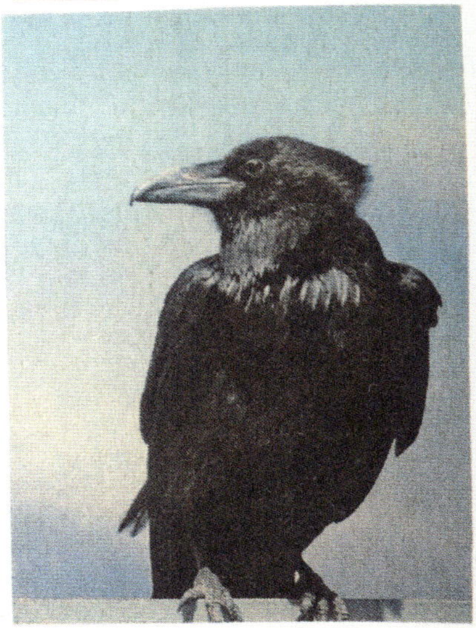

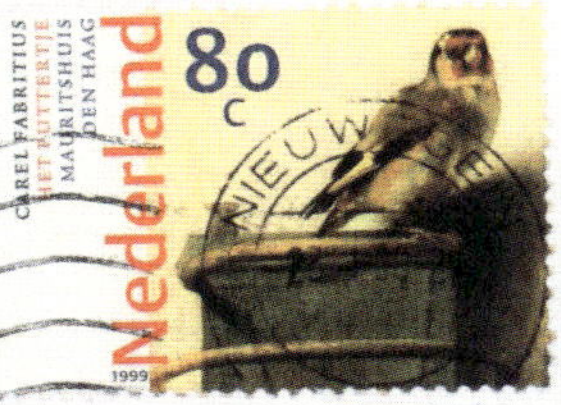

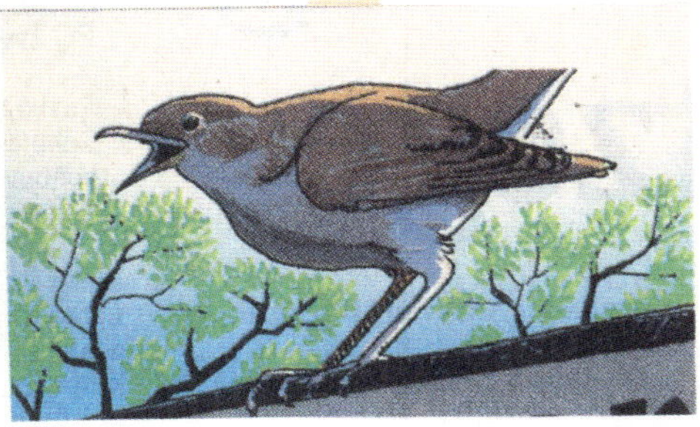

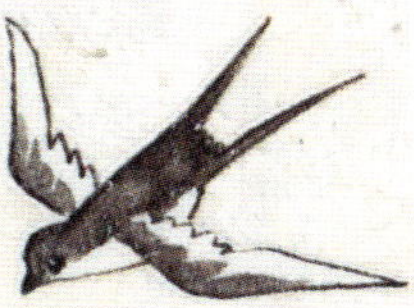

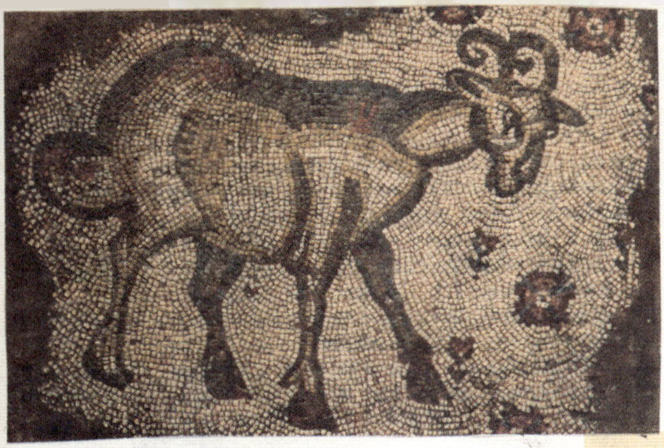

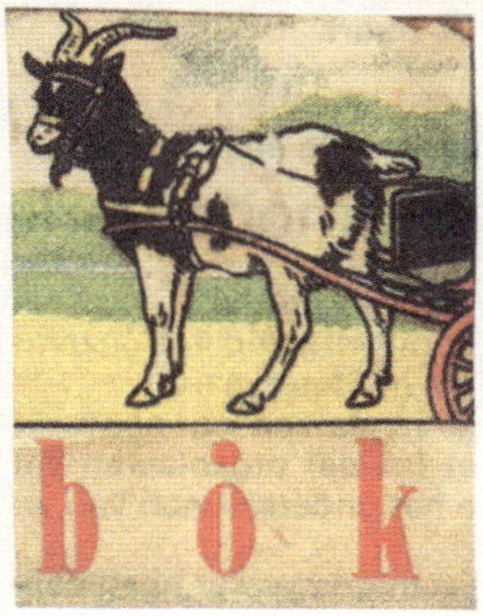
bòk

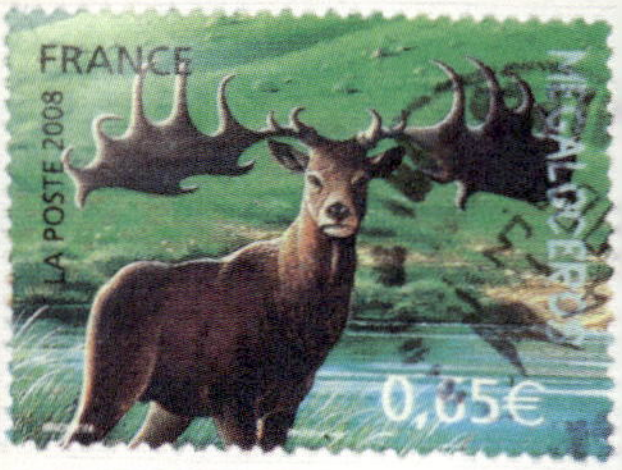
FRANCE
LA POSTE 2008

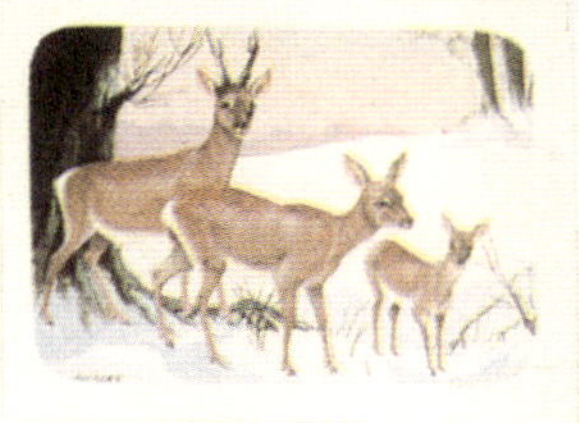

gEit en bok

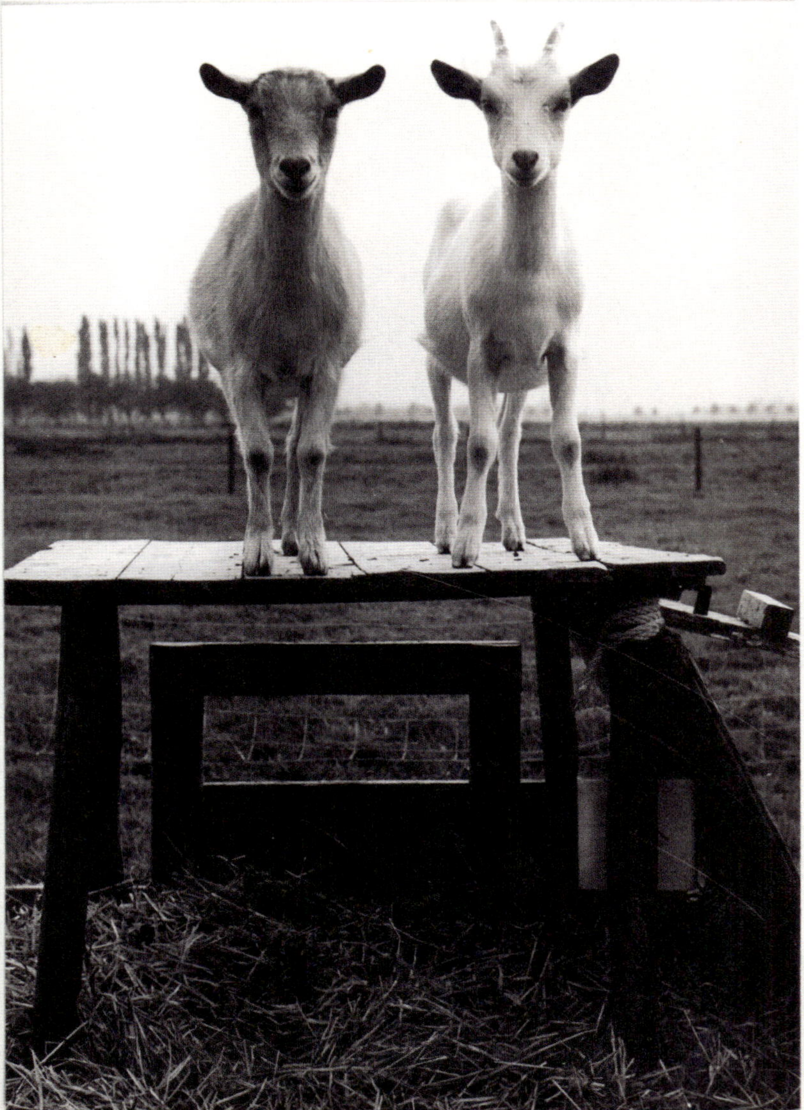

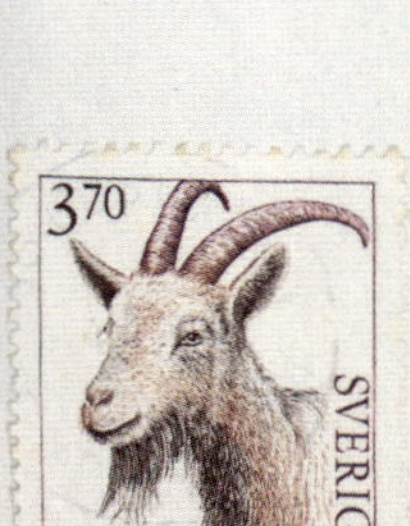
3 70
SVERIGE
Svensk lantget
C. NEWTON

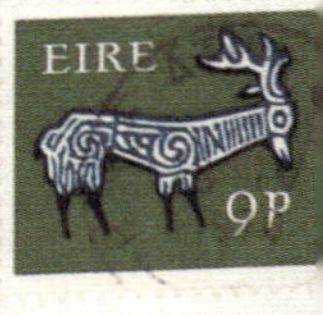
EIRE
9P

HERt rEE

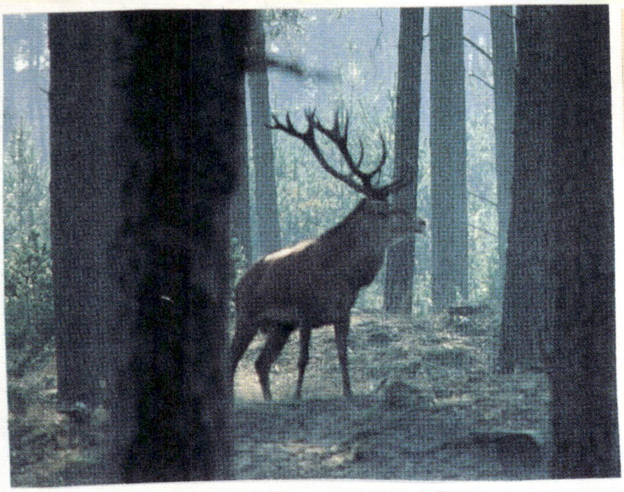

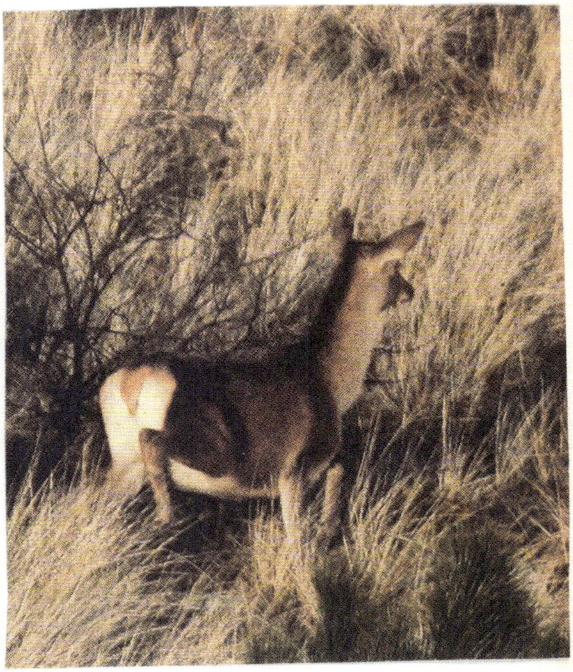

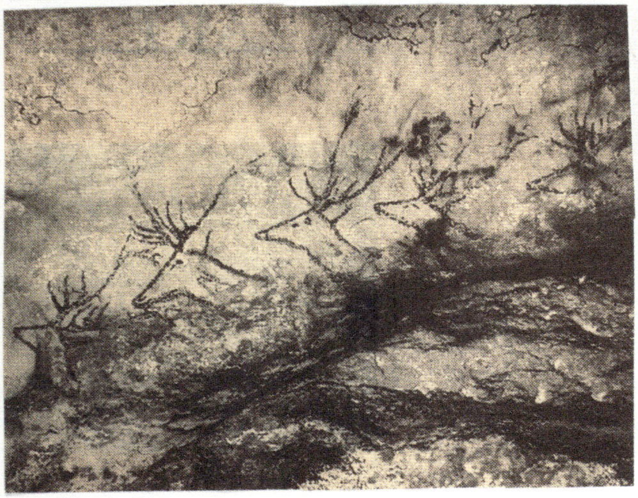

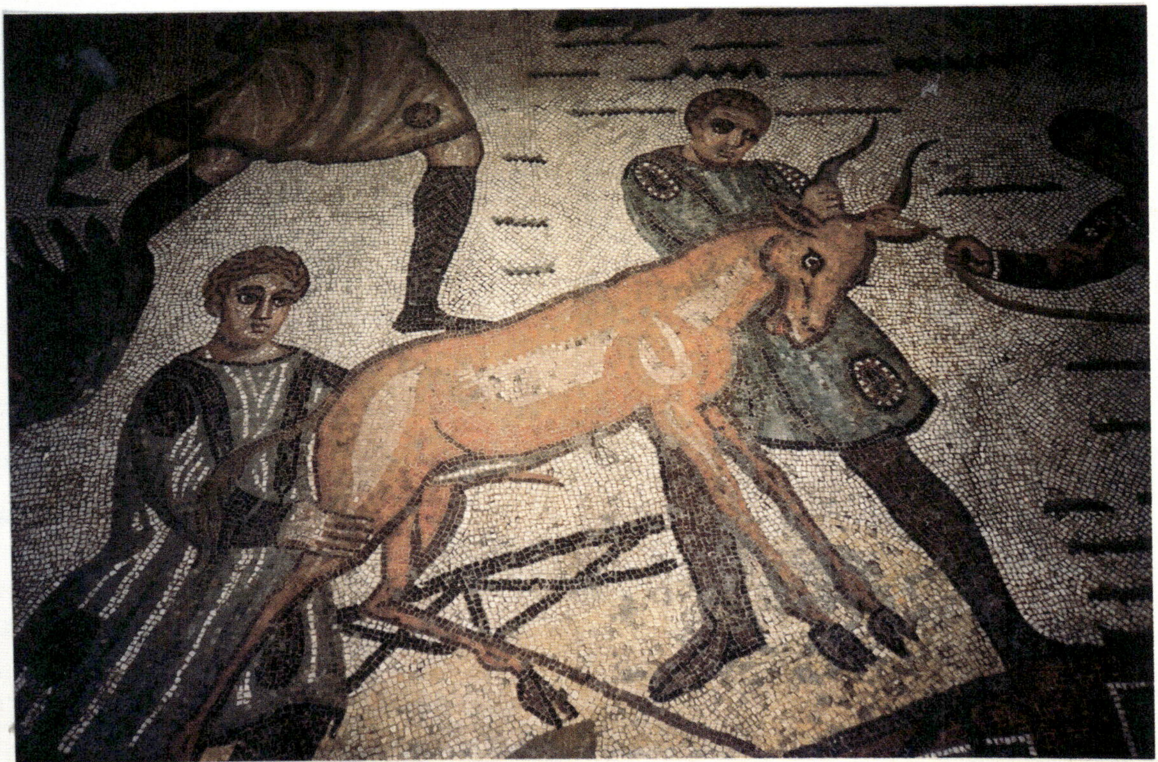

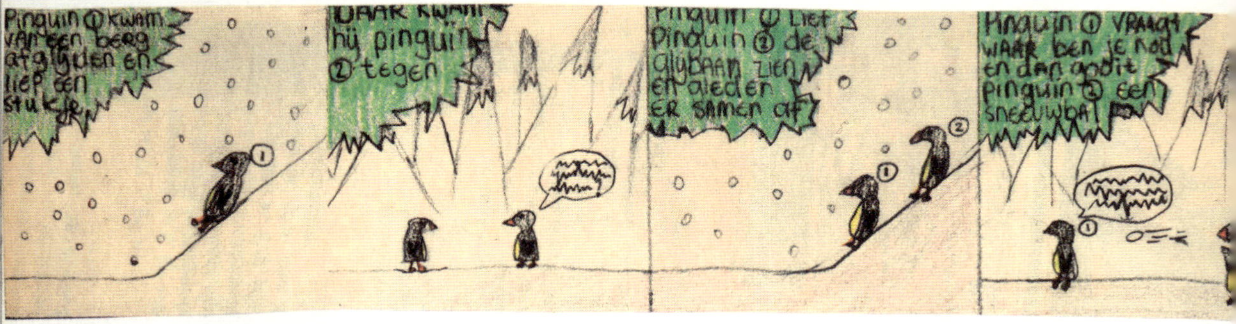
Pinguin ① kwam van een berg afglijden en liep een stukje
Daar kwam hij pinguin ② tegen
Pinguin ① liet Pinguin ② de glybaan zien en gleden er samen af
Pinguin ① vraagt waar ben je nou en dan gooit pinguin ② een sneeuwbal

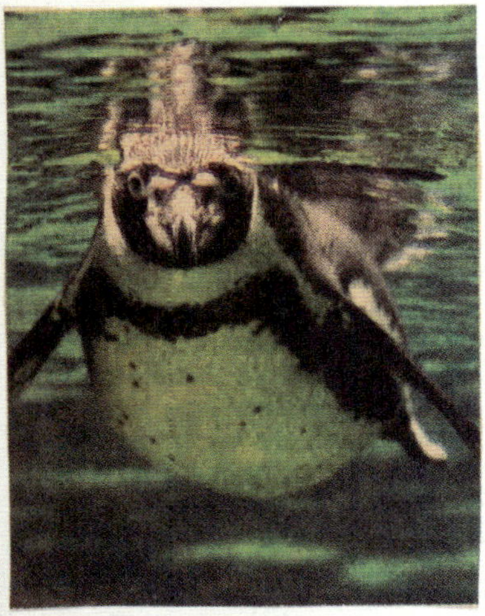

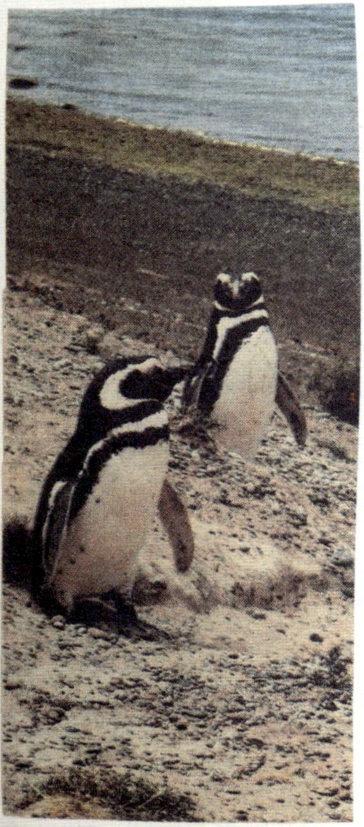

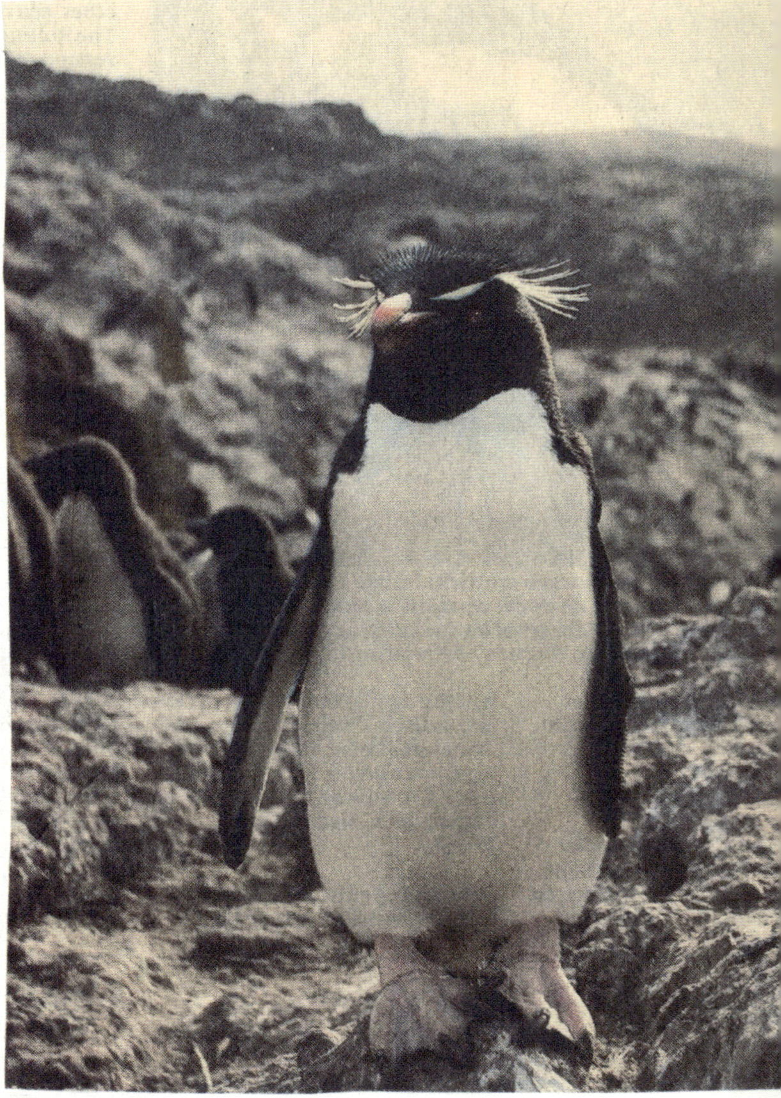

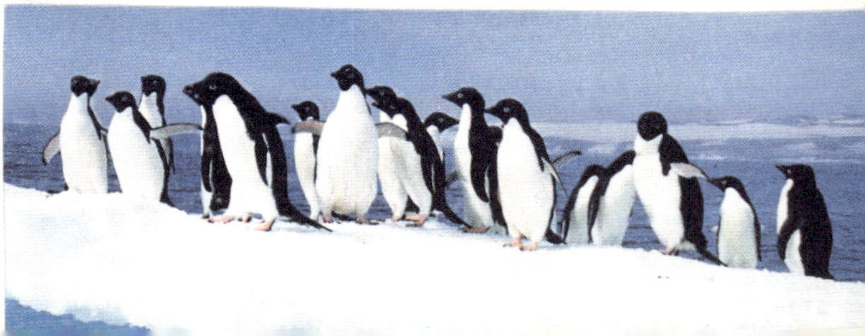

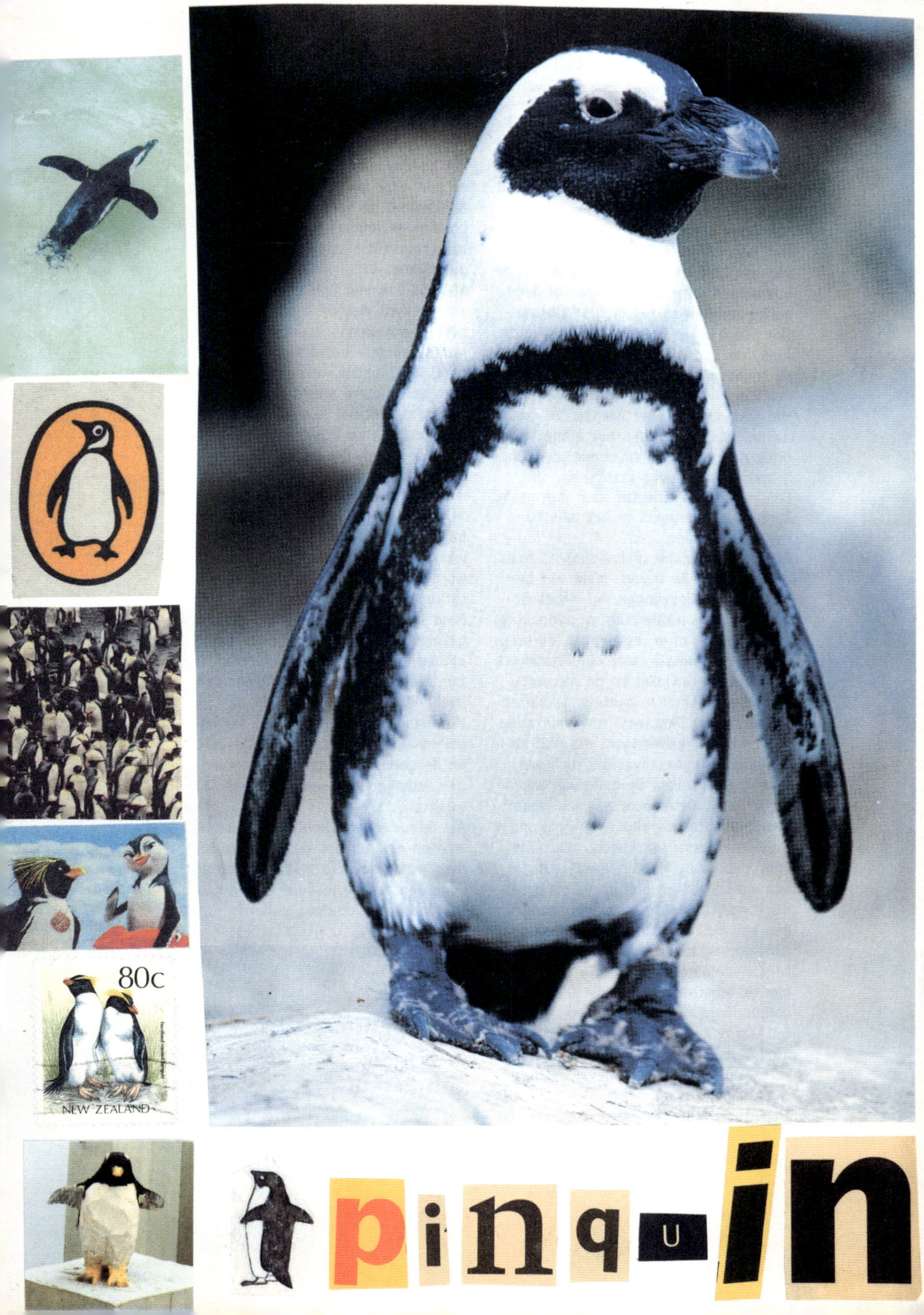
80c
NEW ZEALAND
pinquin

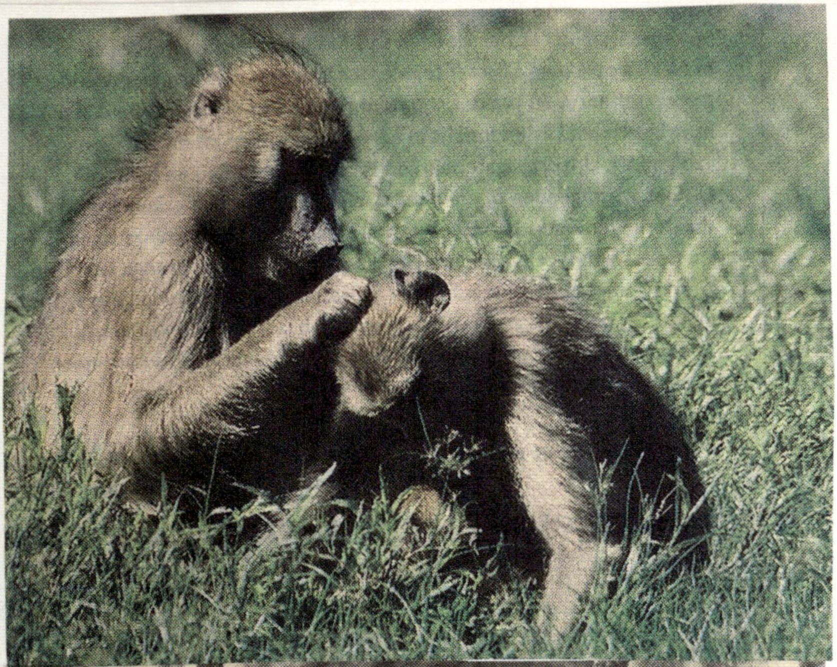

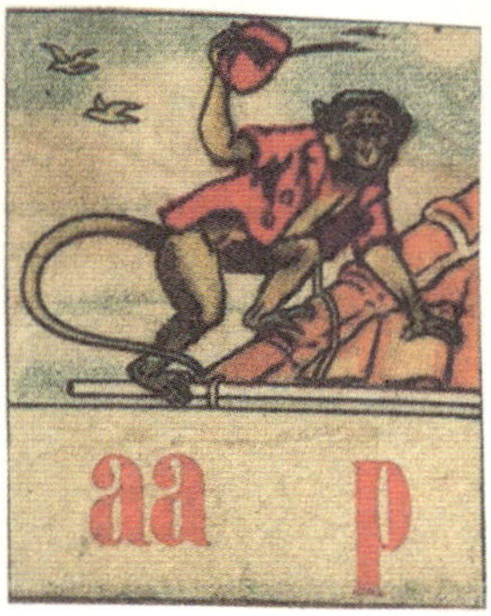

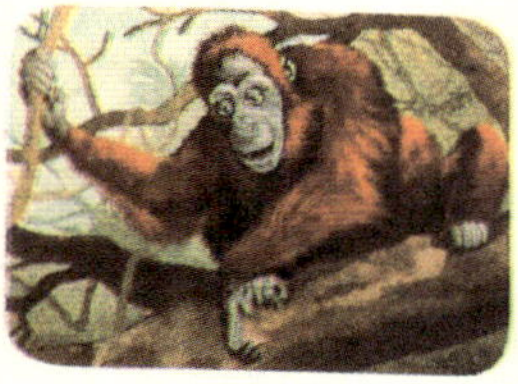

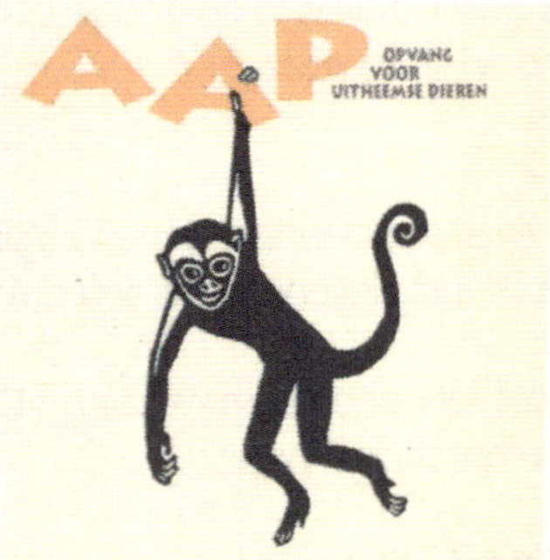

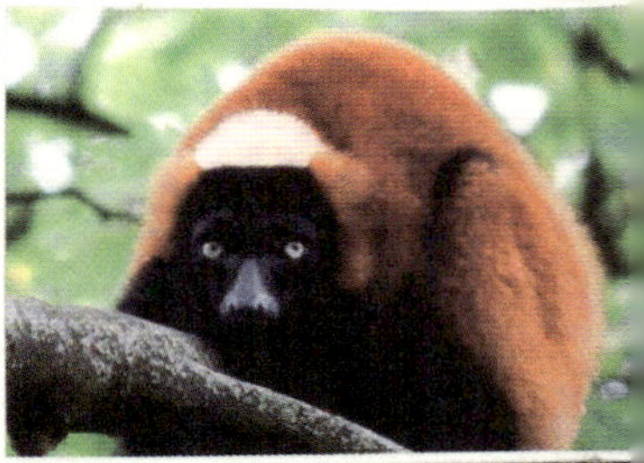

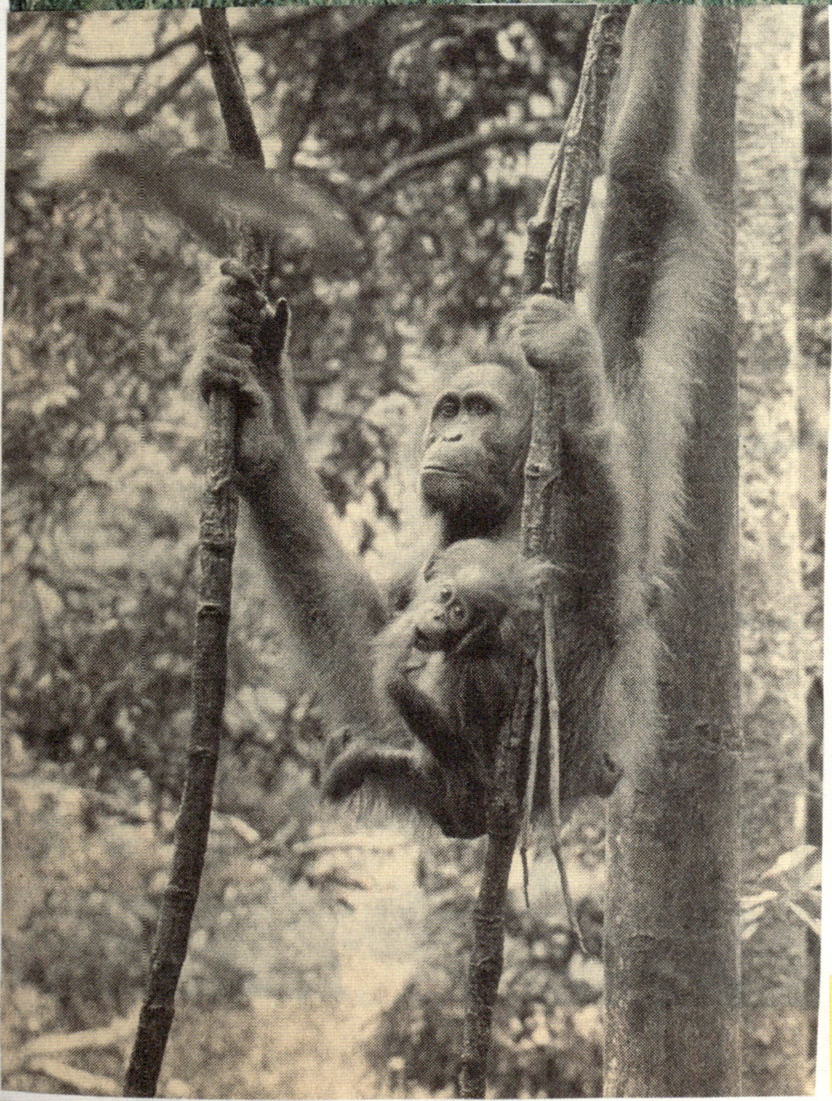

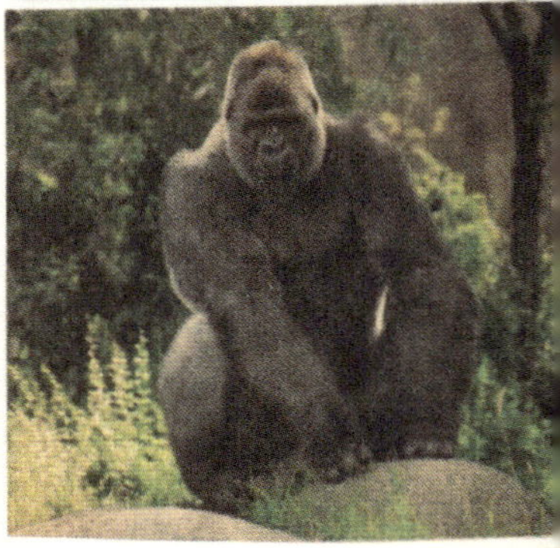

AAP

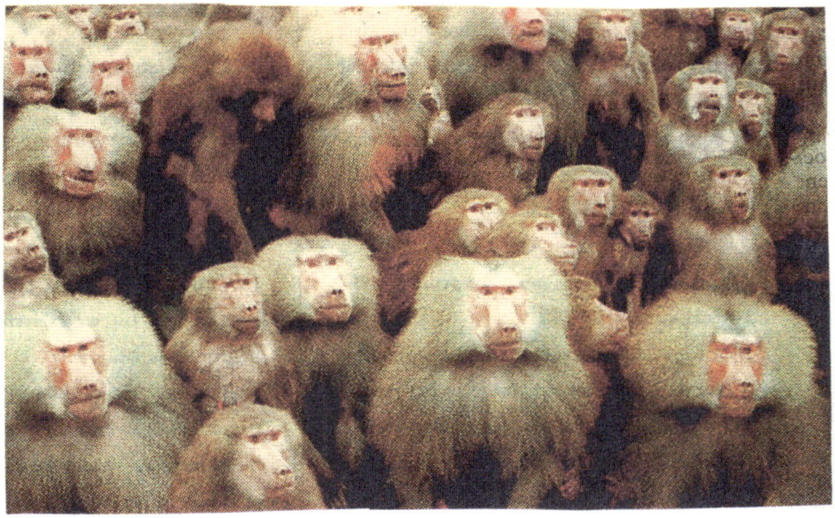

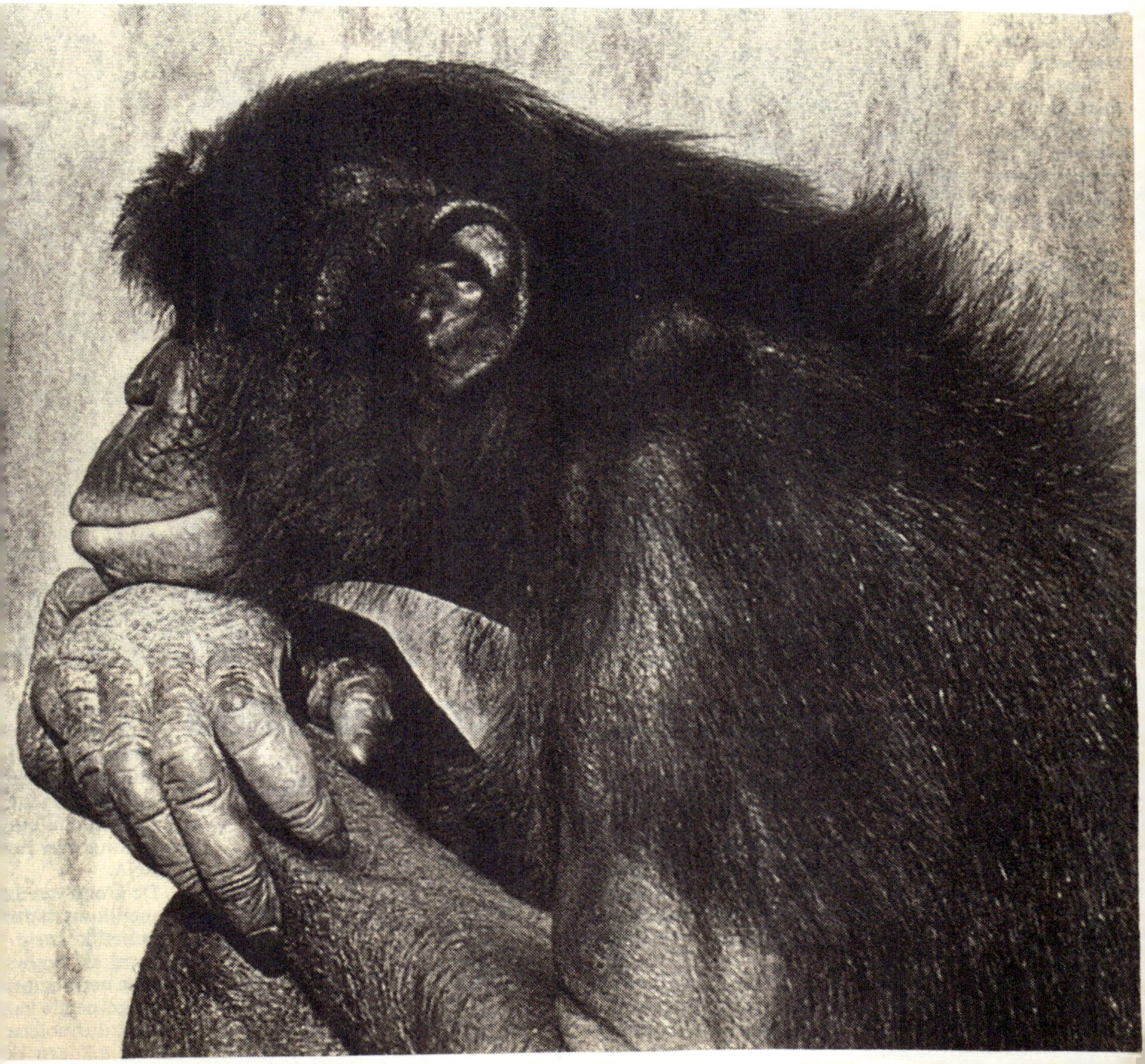

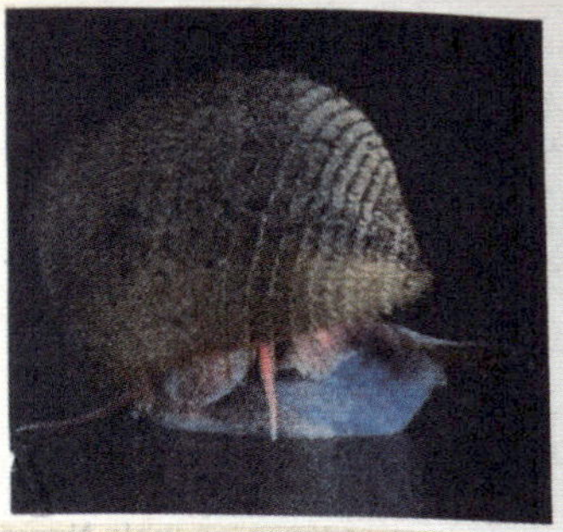

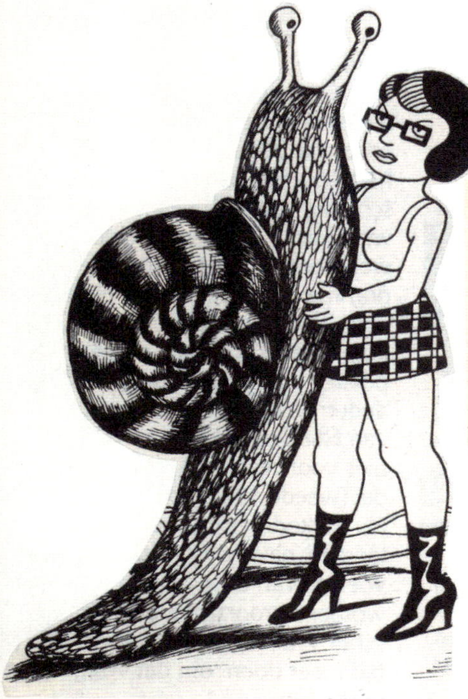

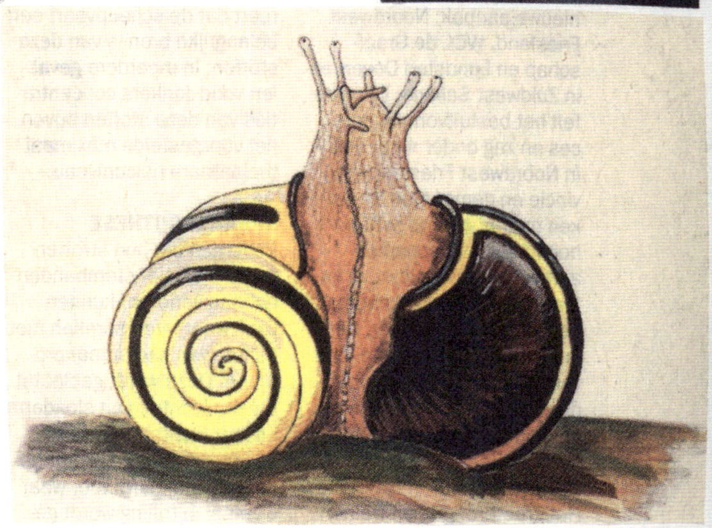

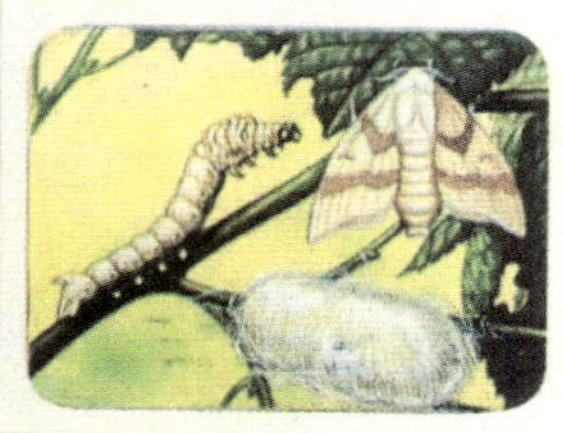

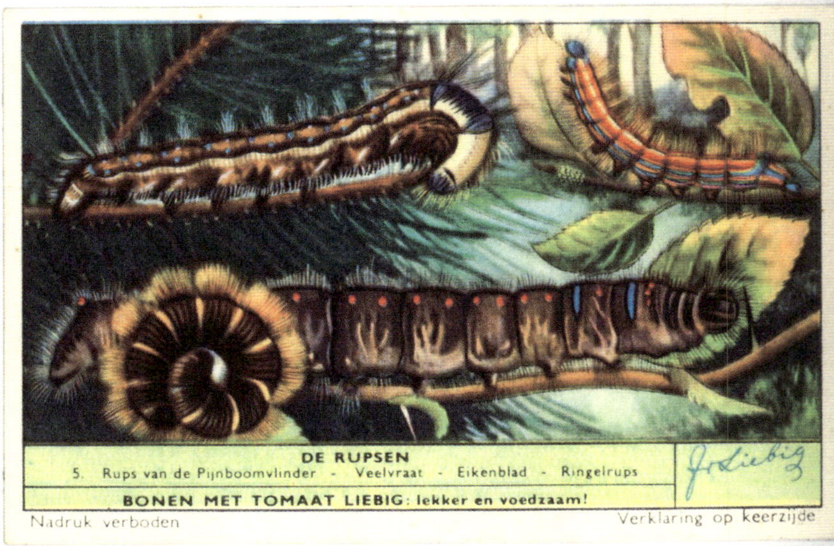
DE RUPSEN
5. Rups van de Pijnboomvlinder - Veelvraat - Eikenblad - Ringelrups
BONEN MET TOMAAT LIEBIG: lekker en voedzaam!
Nadruk verboden
Verklaring op keerzijde

RuPs

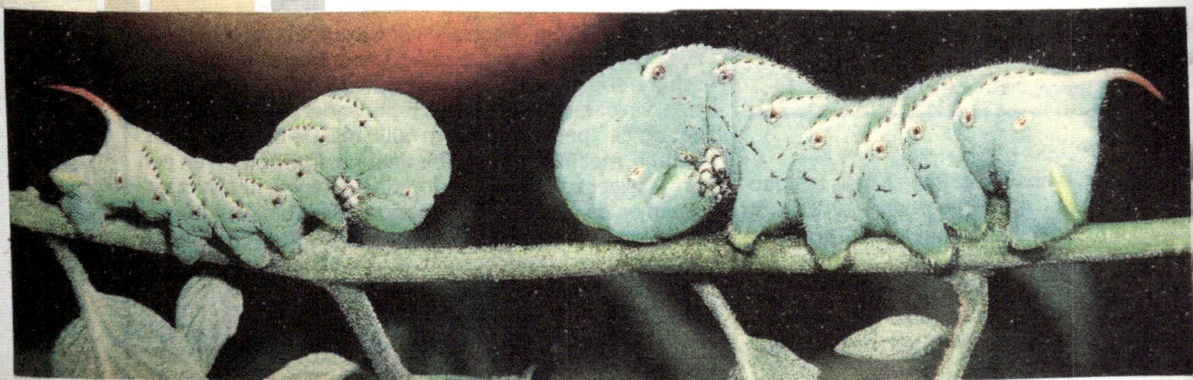

Slak

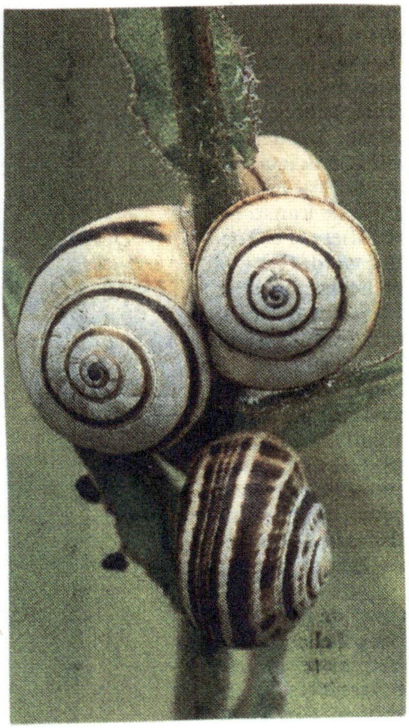

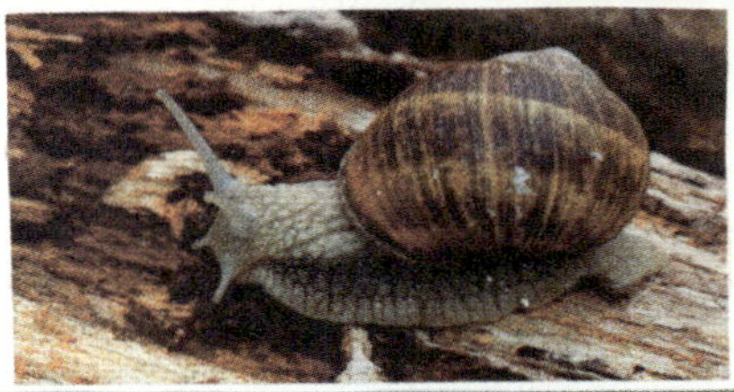

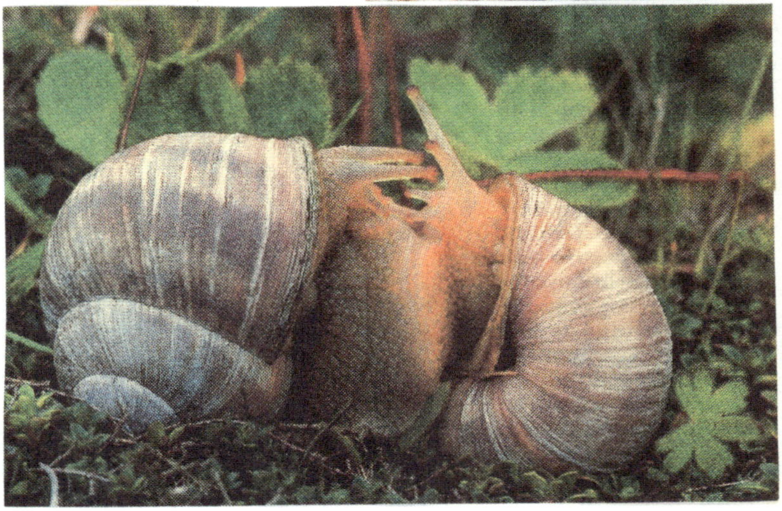

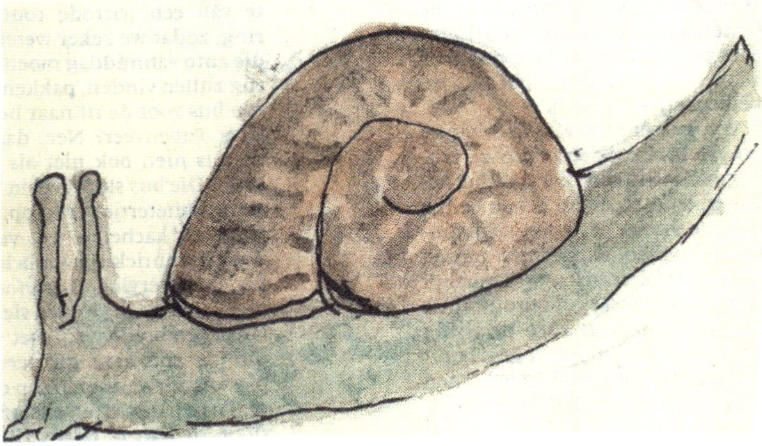

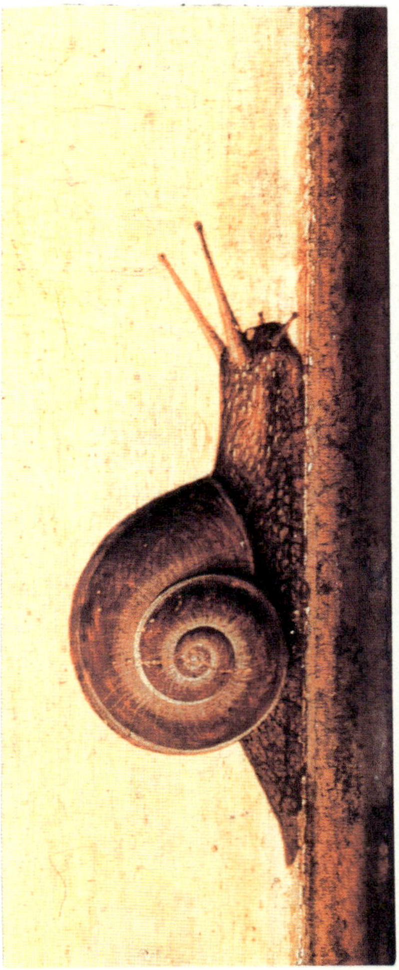

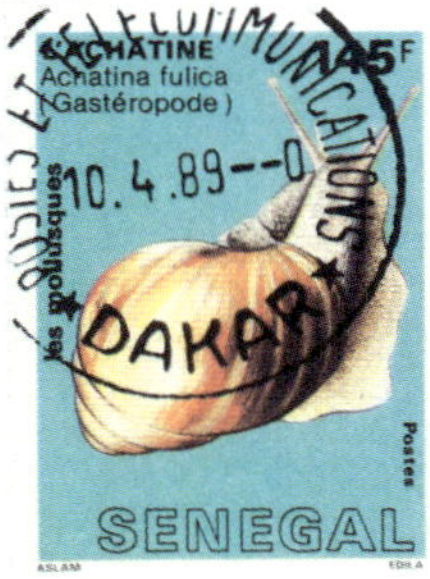
ACHATINE
Achatina fulica
(Gastéropode)
10.4.89--0
DAKAR
les mollusques
Postes
SENEGAL

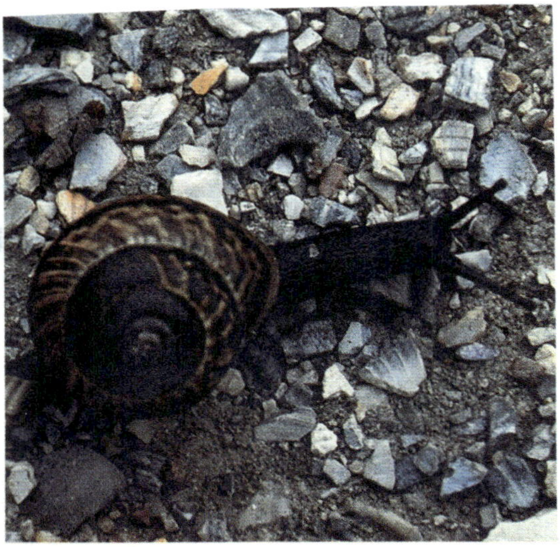

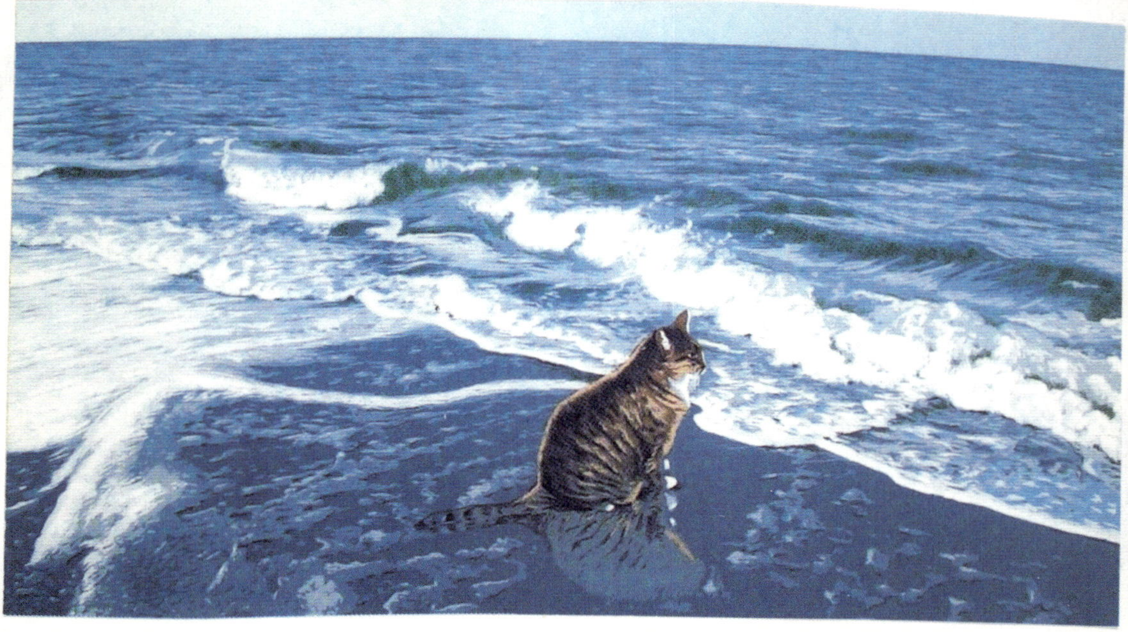

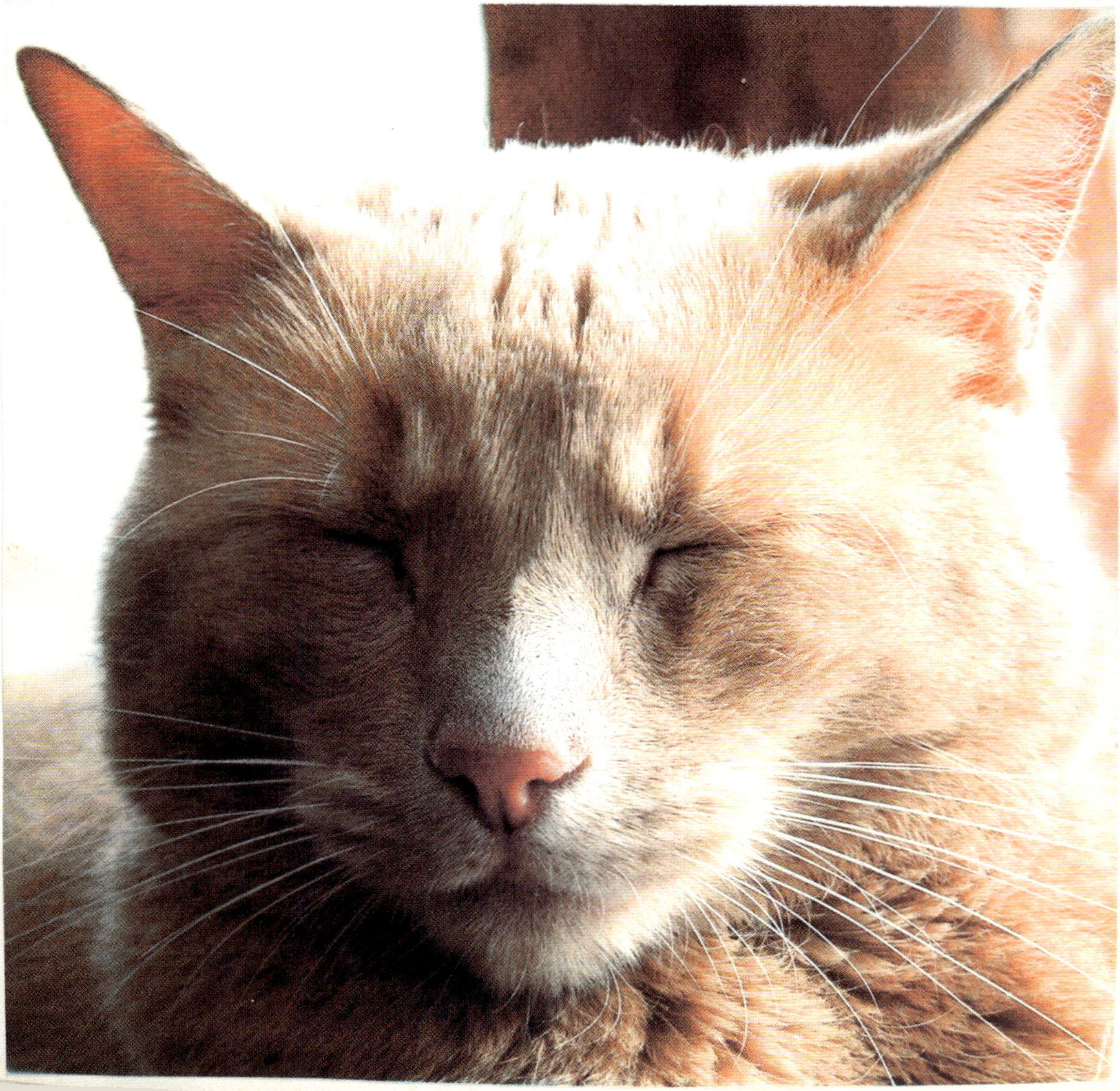

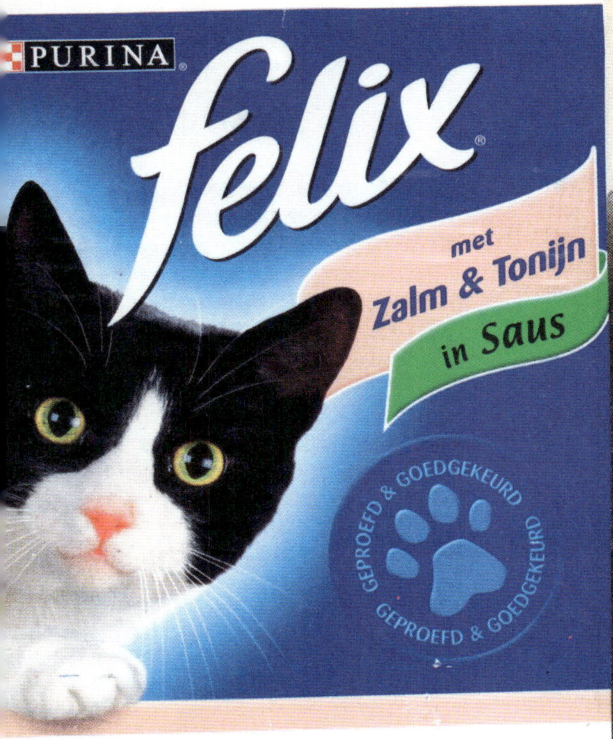
PURINA
felix
met
Zalm & Tonijn
in Saus
GEPROEFD & GOEDGEKEURD

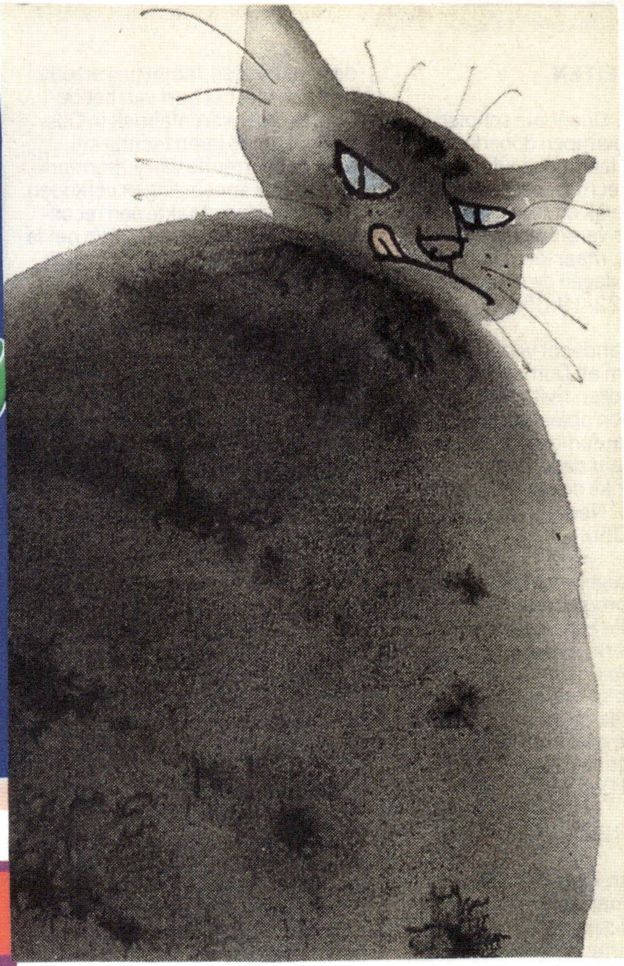

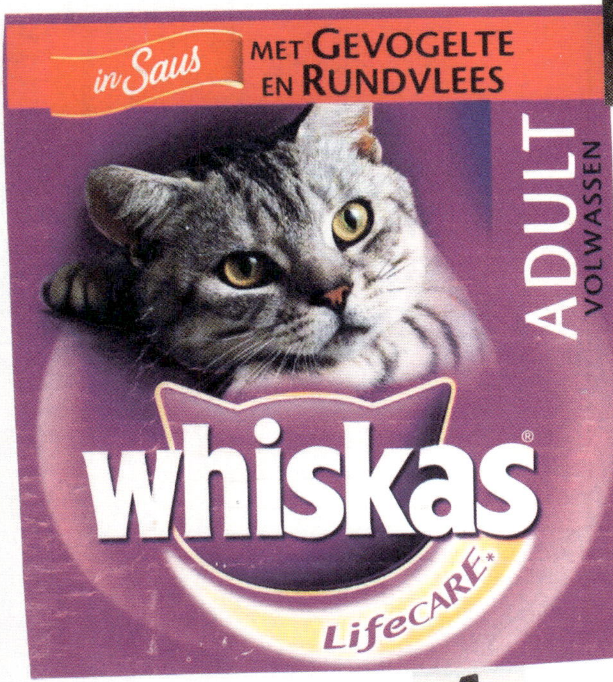
in Saus
MET GEVOGELTE
EN RUNDVLEES
ADULT
VOLWASSEN
whiskas
LifeCARE

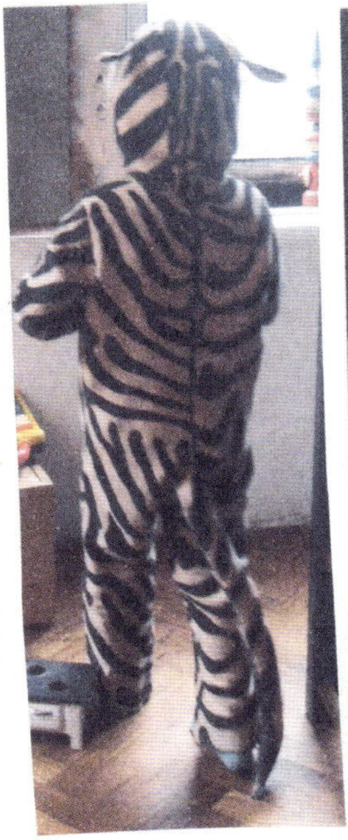

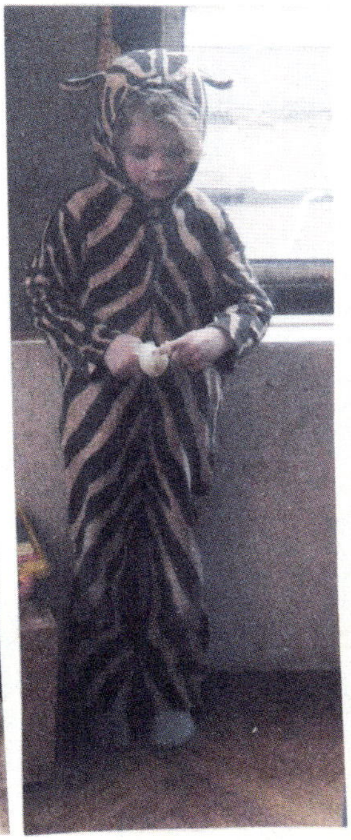

kAt

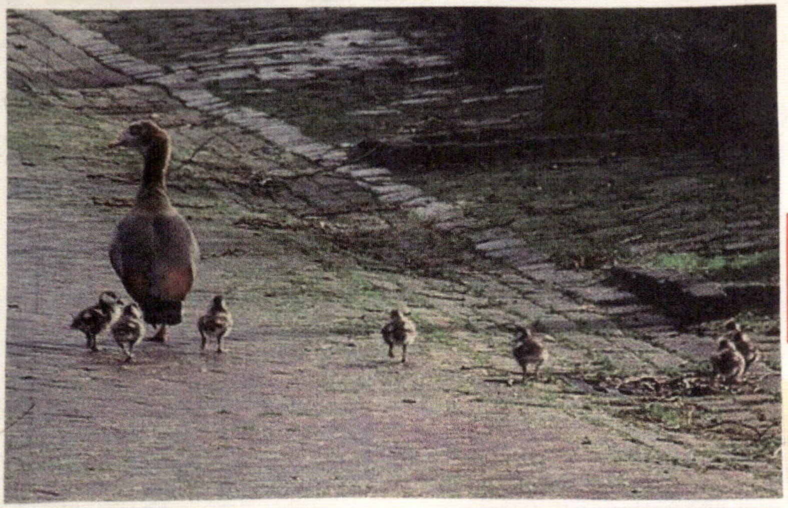

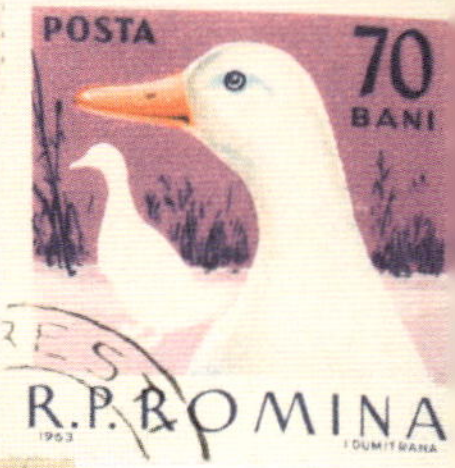

Nijl
gans

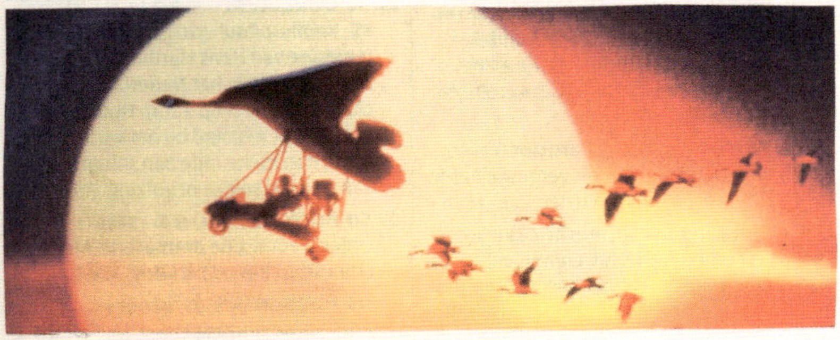

Jes

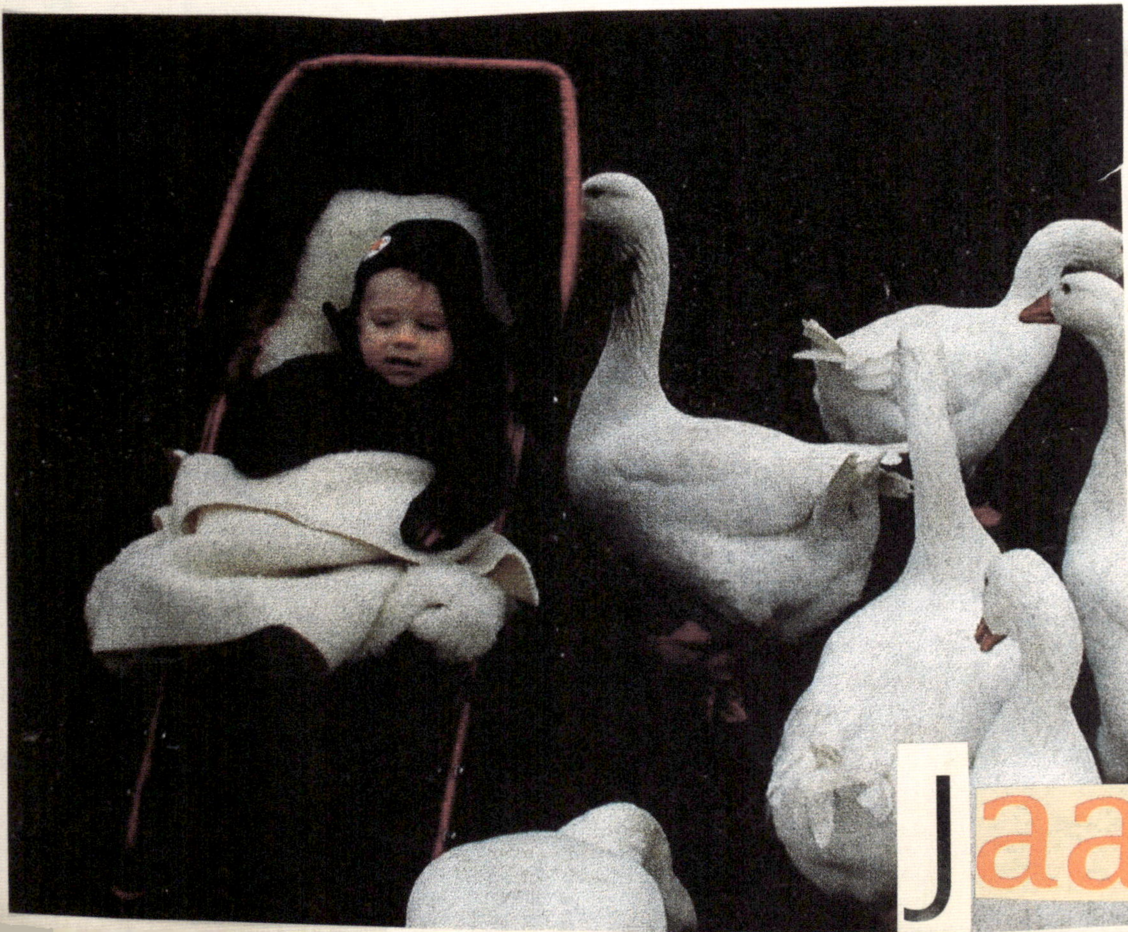

gans
en
Jaap

meer koet

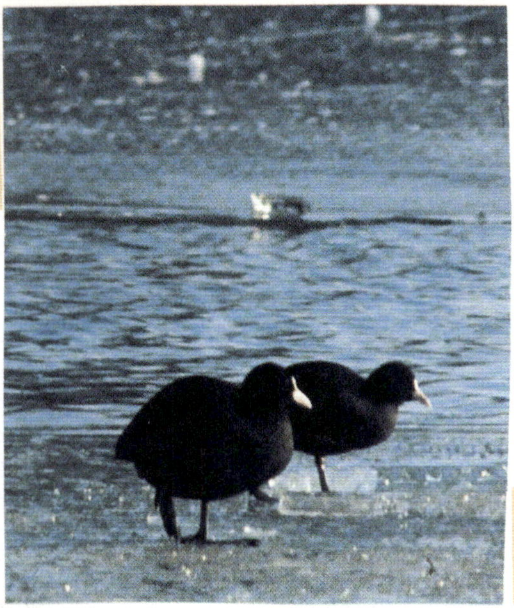

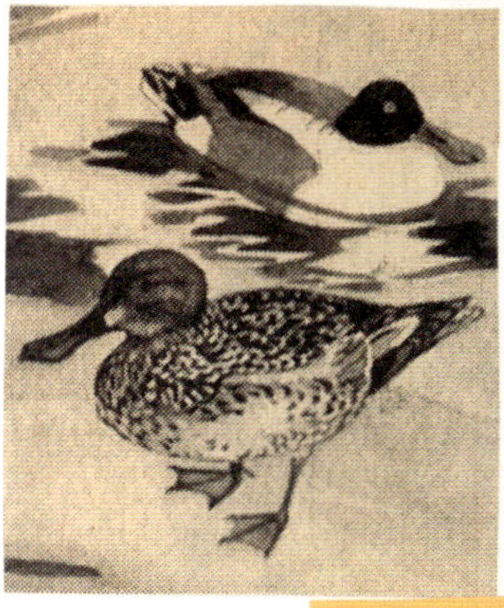

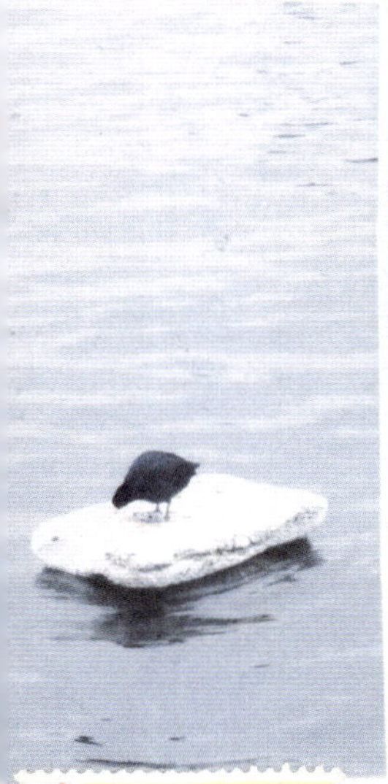

eend

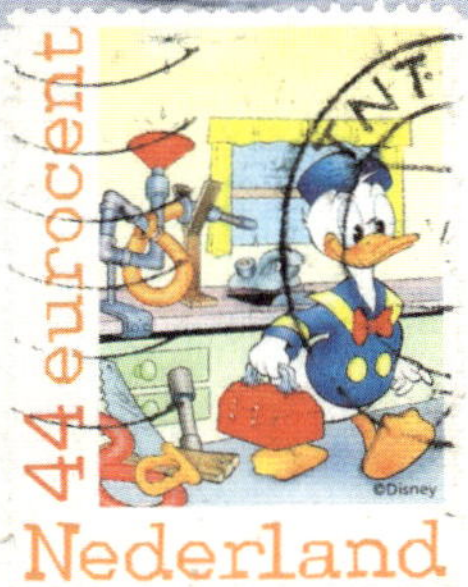

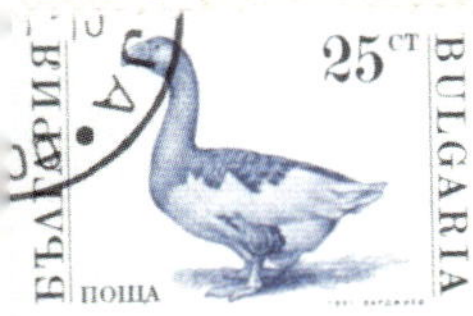

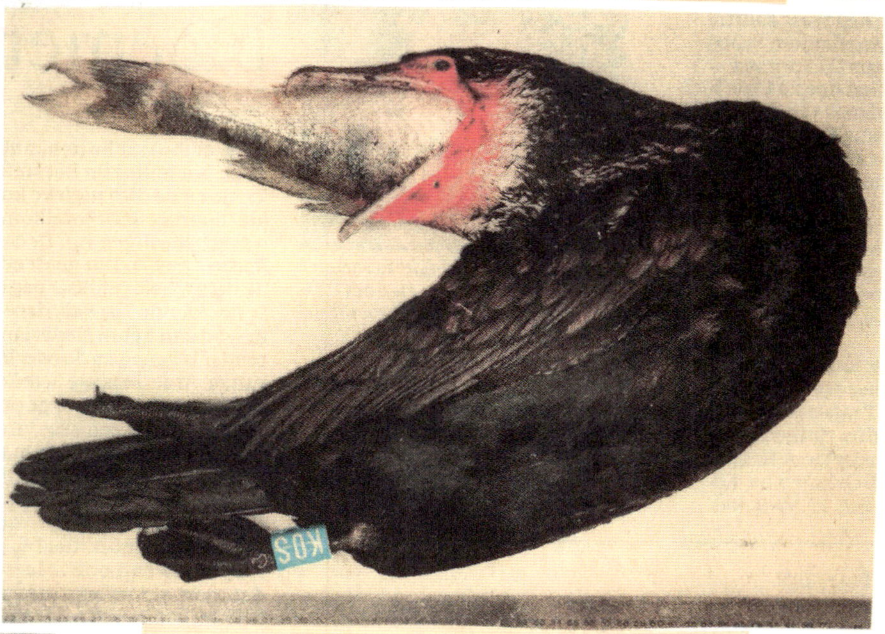

Aalscholver

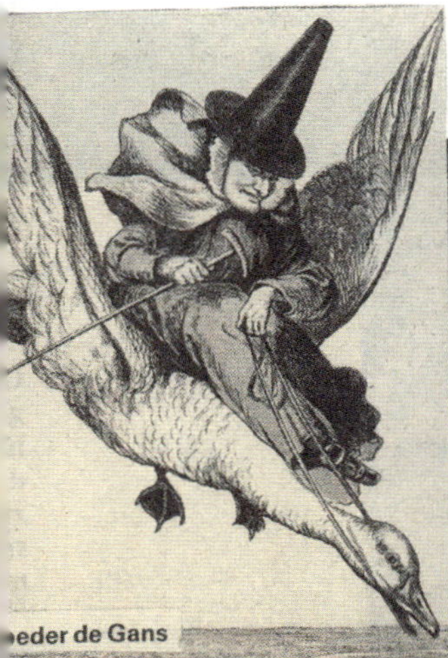

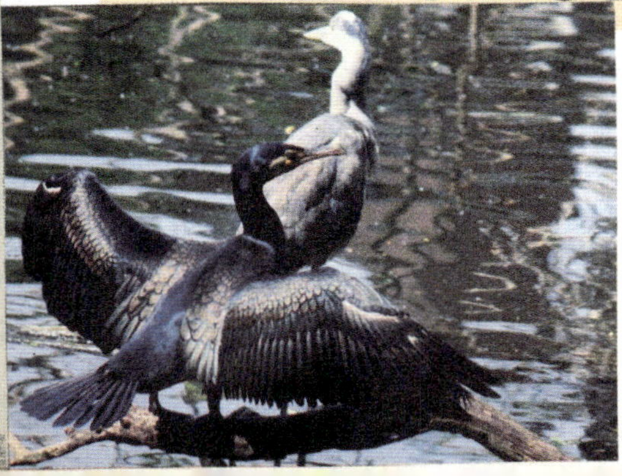

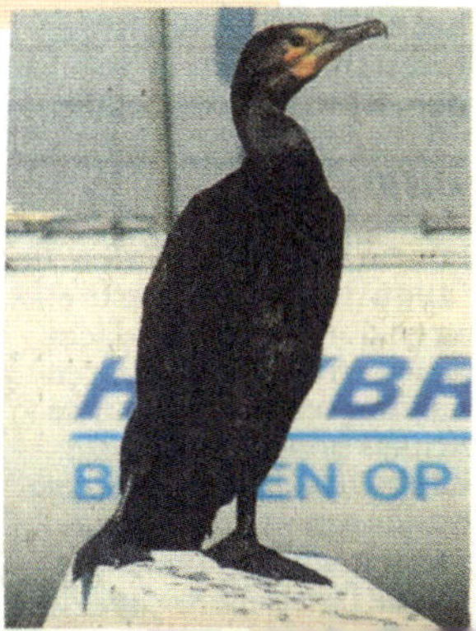

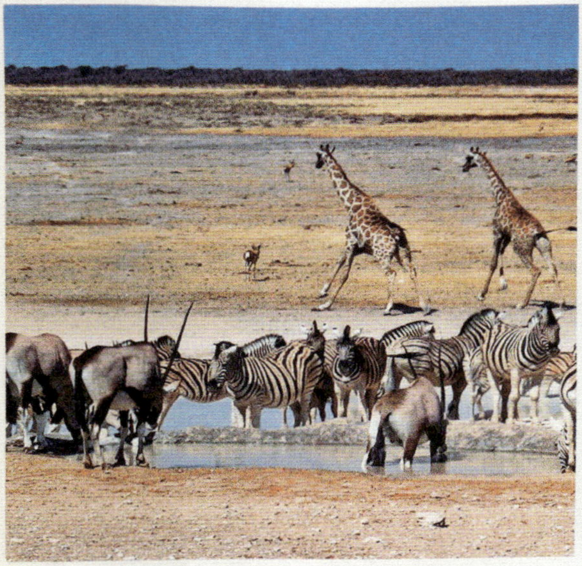

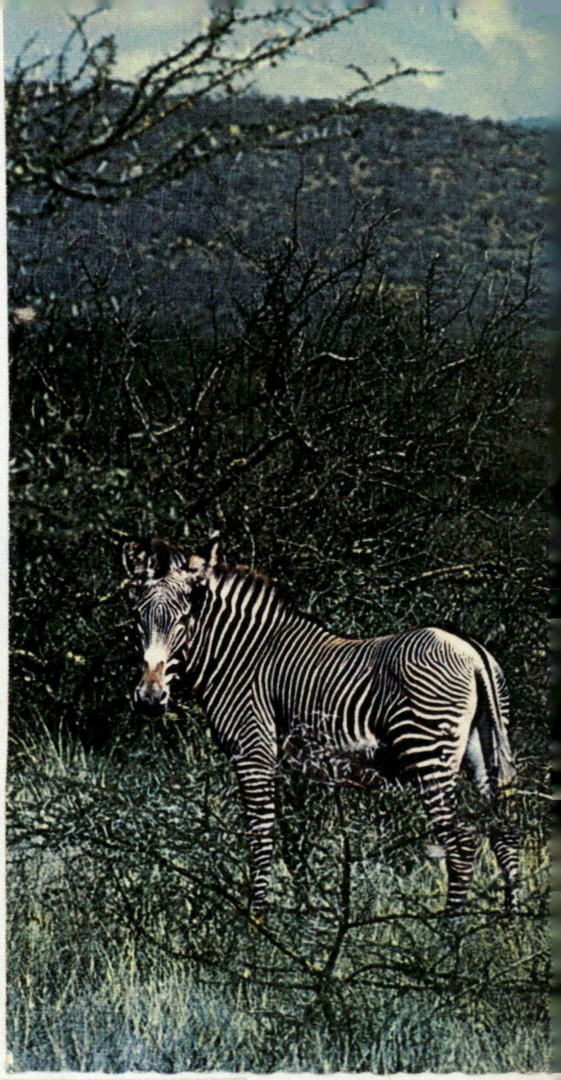

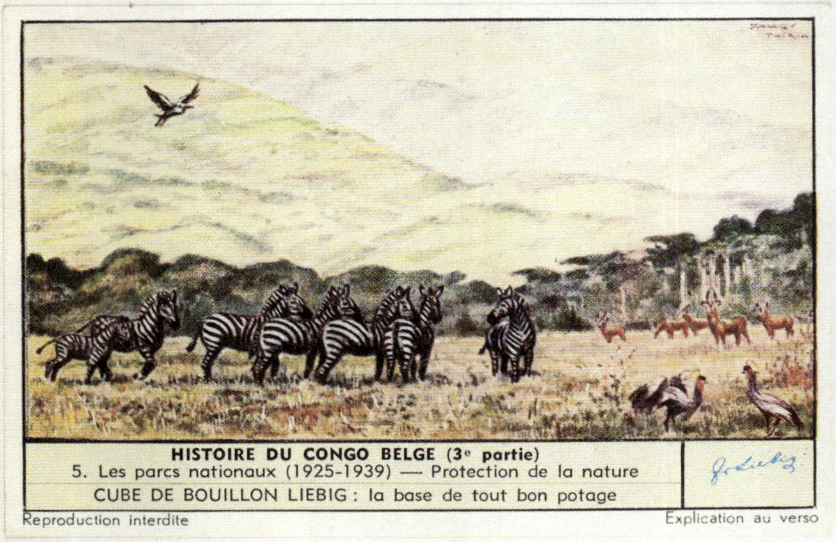
HISTOIRE DU CONGO BELGE (3e partie)
5. Les parcs nationaux (1925-1939) — Protection de la nature
CUBE DE BOUILLON LIEBIG : la base de tout bon potage
Reproduction interdite
Explication au verso

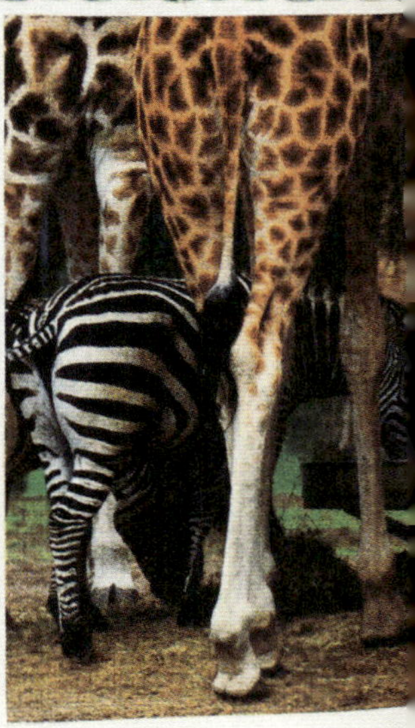

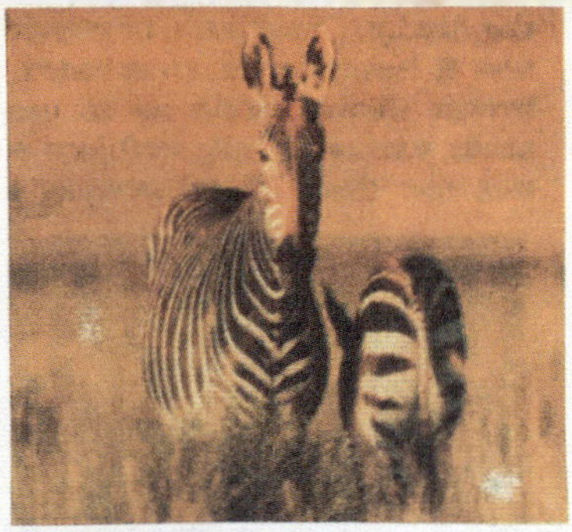
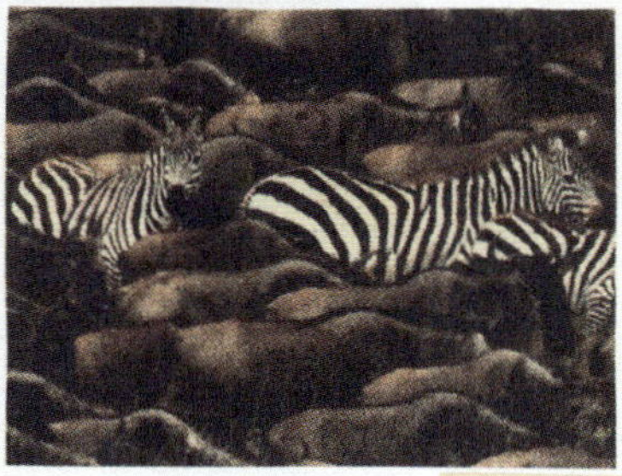
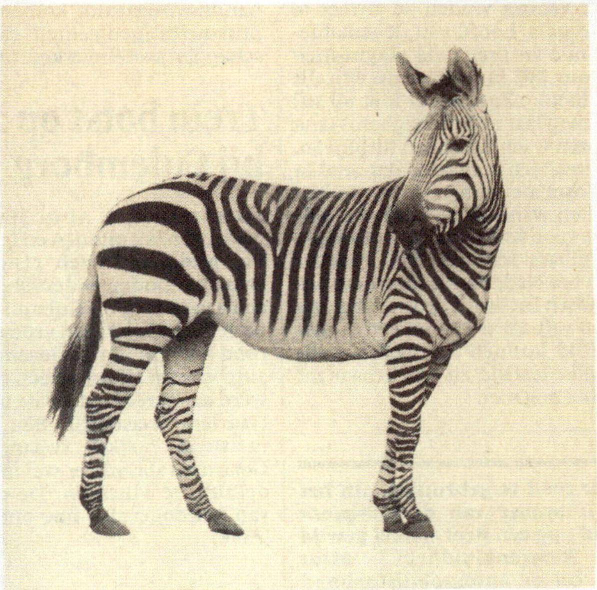

zeebraa

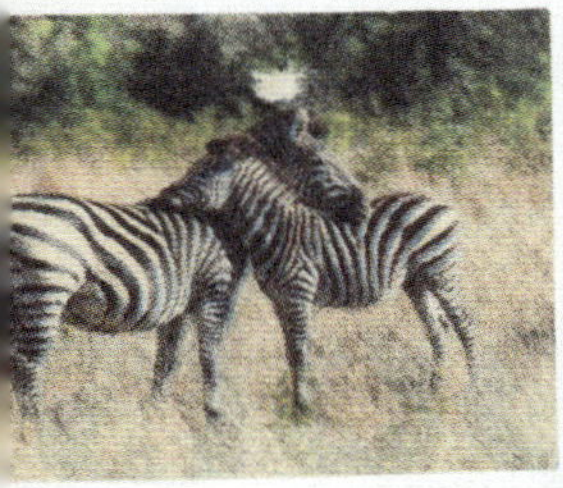
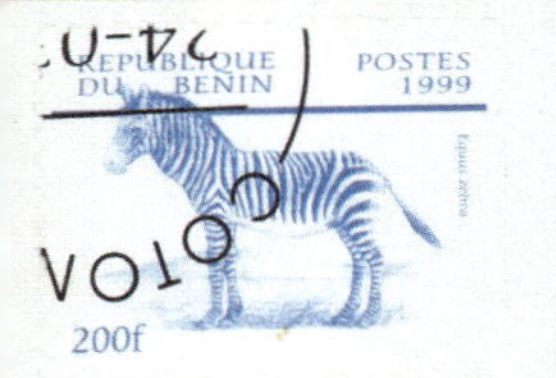

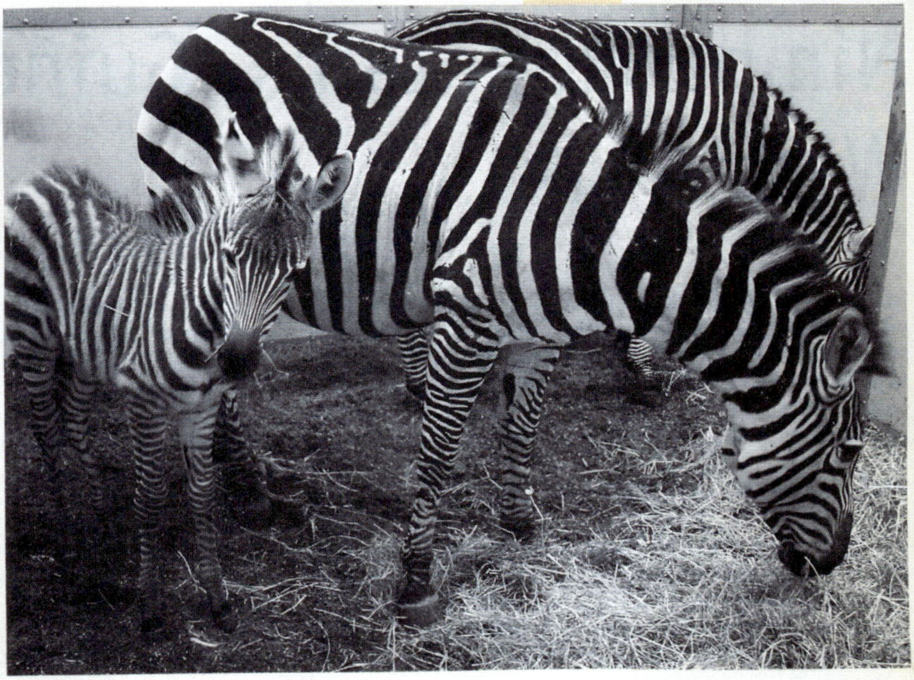
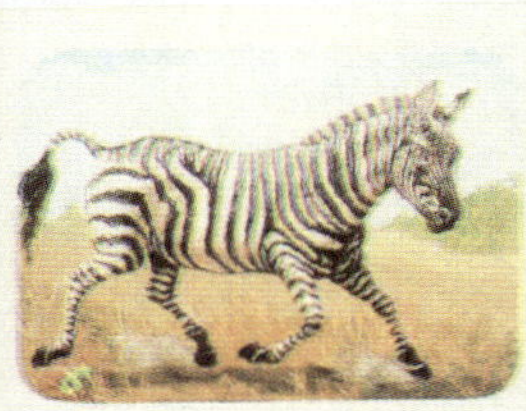
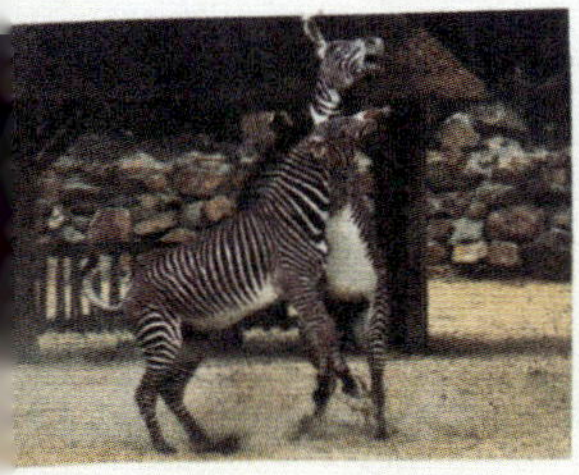
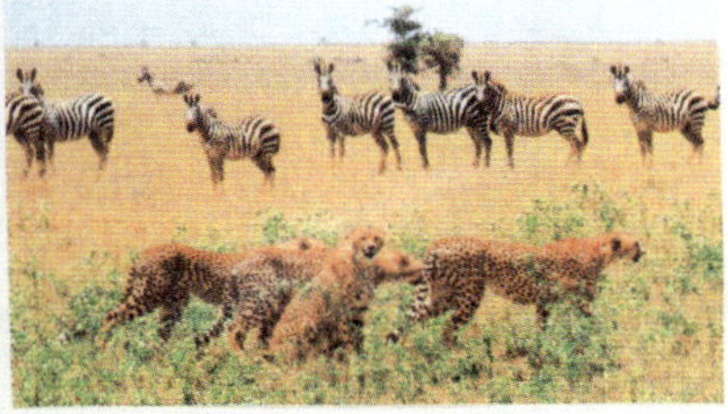
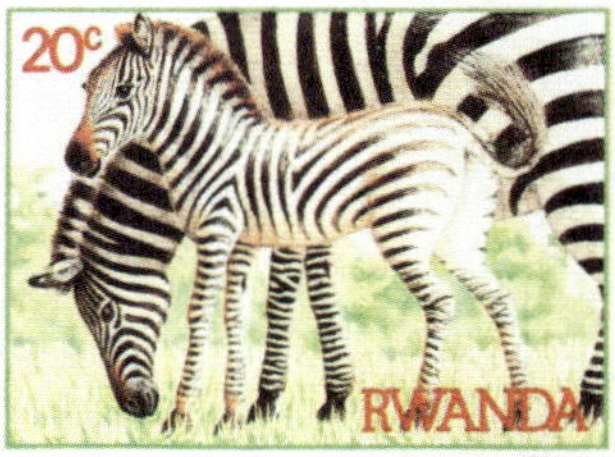

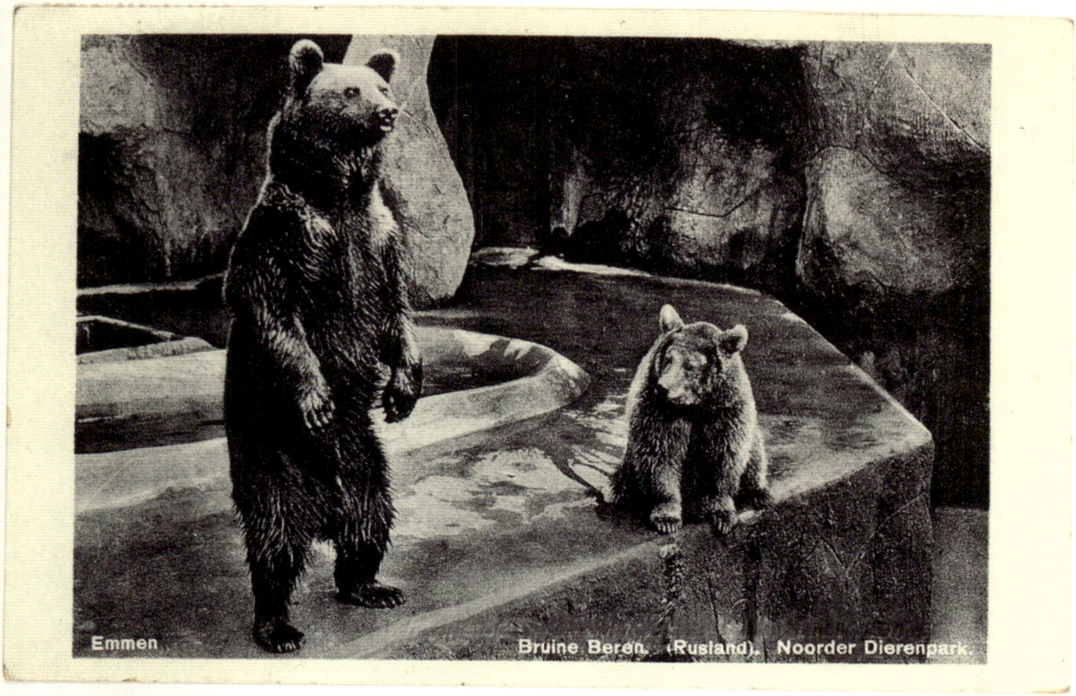
Emmen
Bruine Beren. (Rusland). Noorder Dierenpark.

Be

E

R

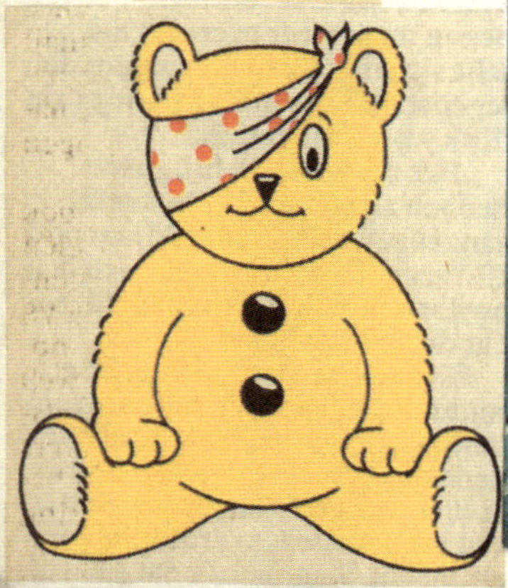

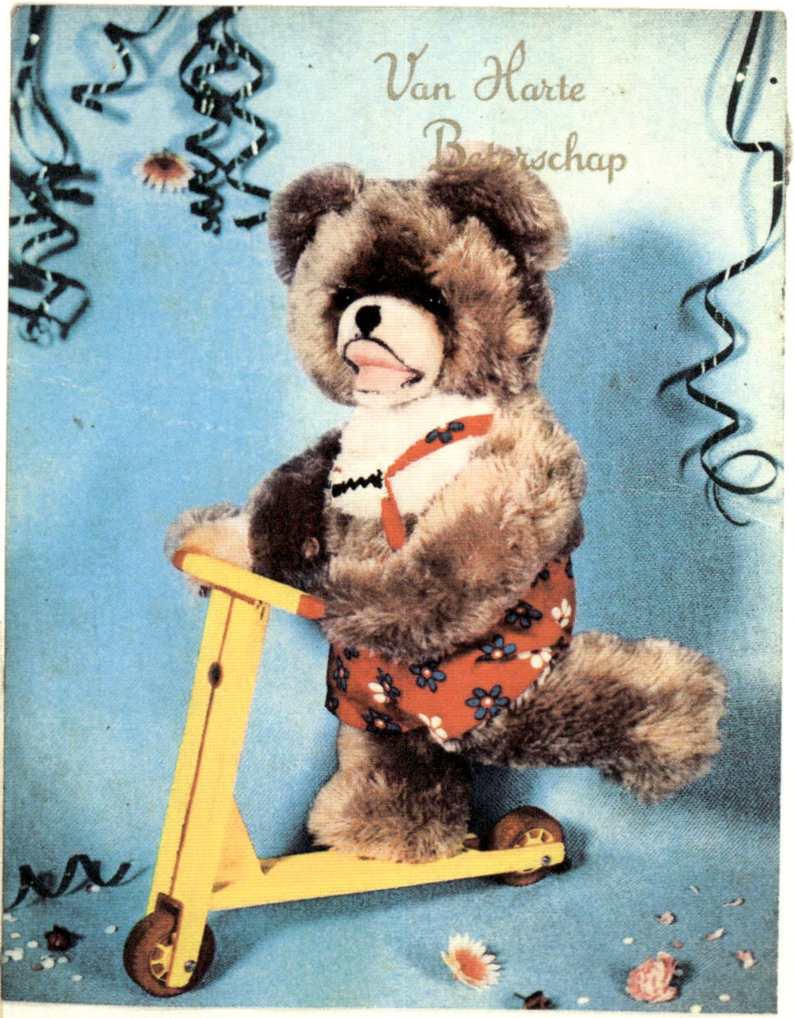
Van Harte
Beterschap

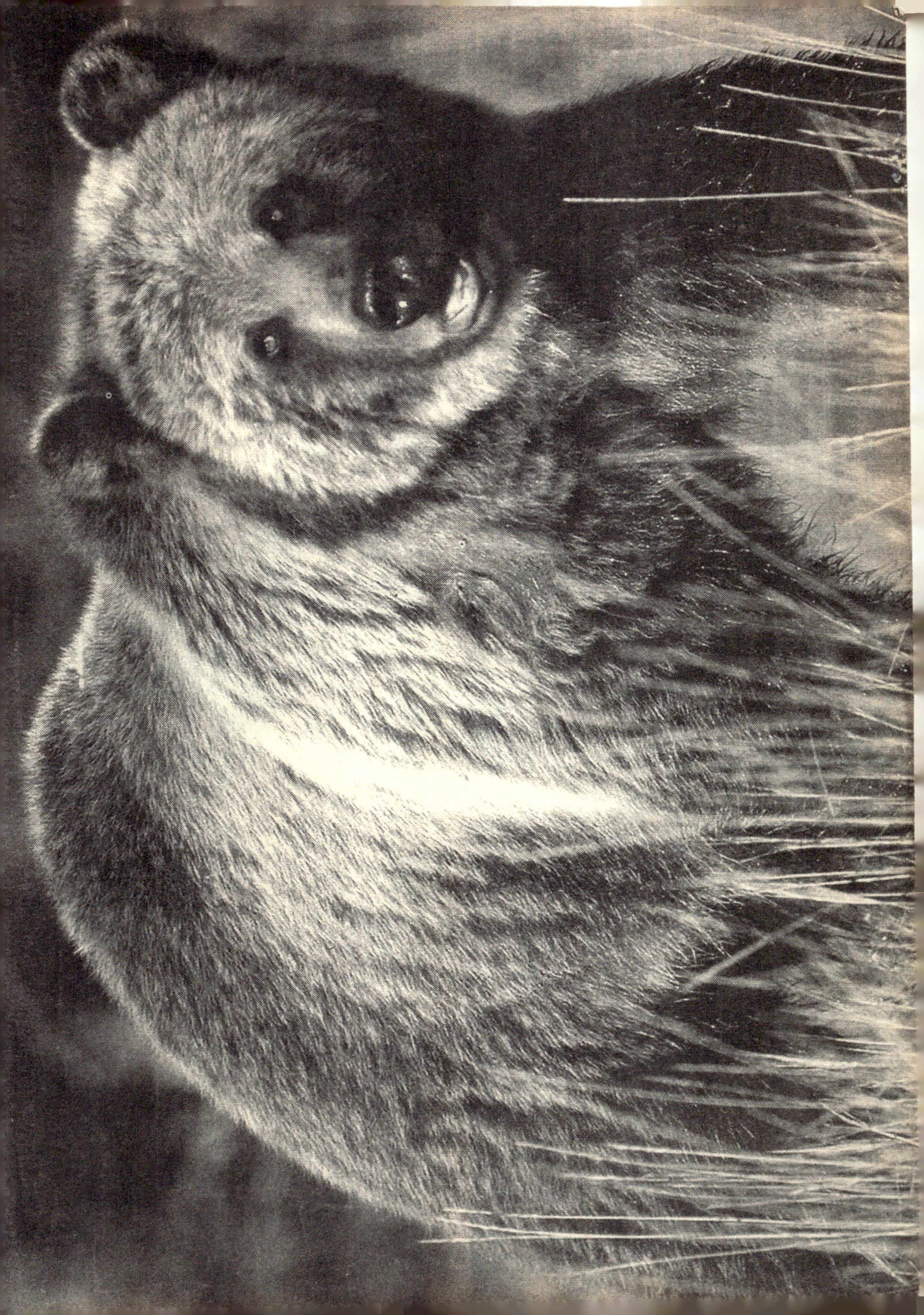

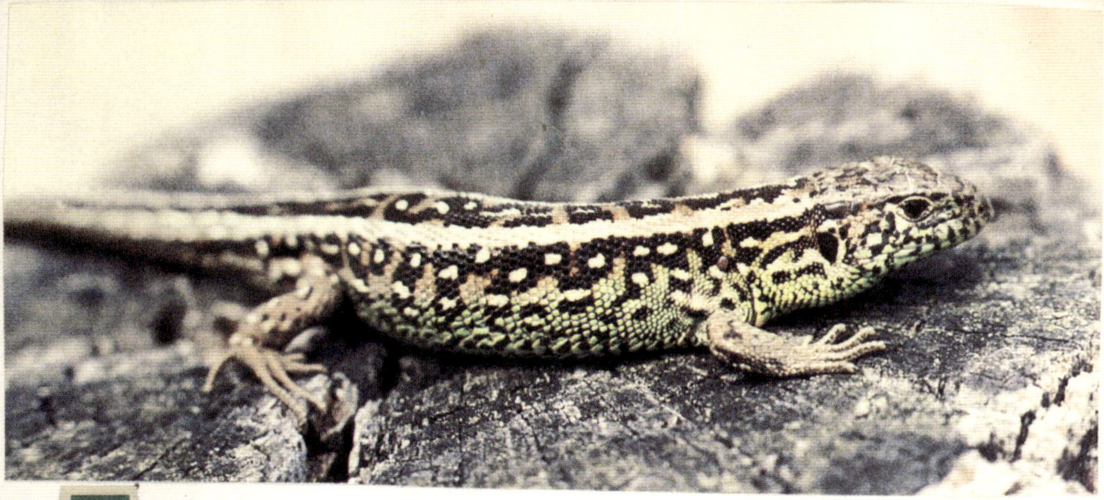

HAGEDIS

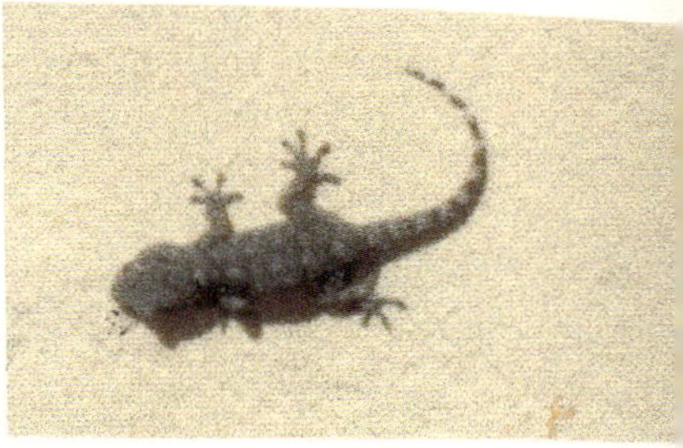

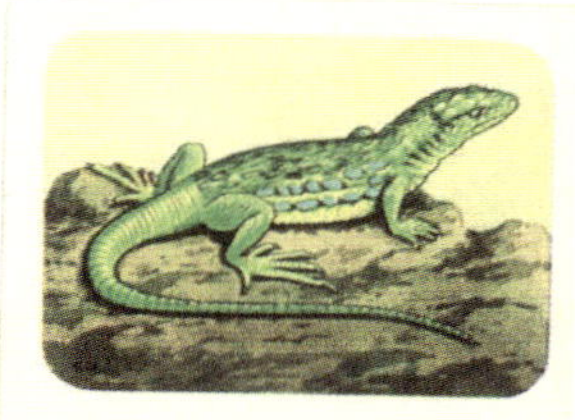

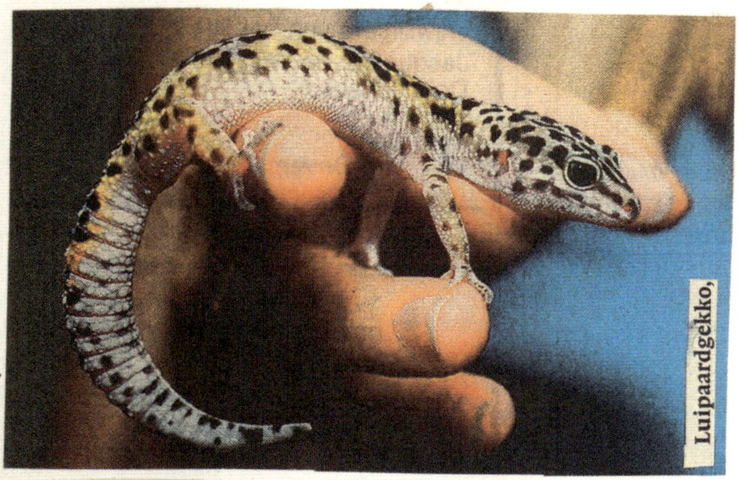

Luipaardgekko,

De axolotl is een speciale salamander. In het wild wordt hij namelijk nooit volwassen: hij blijft voor altijd een larf, die onder water leeft. Verder is de axolotl bijzonder omdat hij zijn lichaam heel goed kan herstellen: zelfs als hij door een ongelukje een arm verliest,

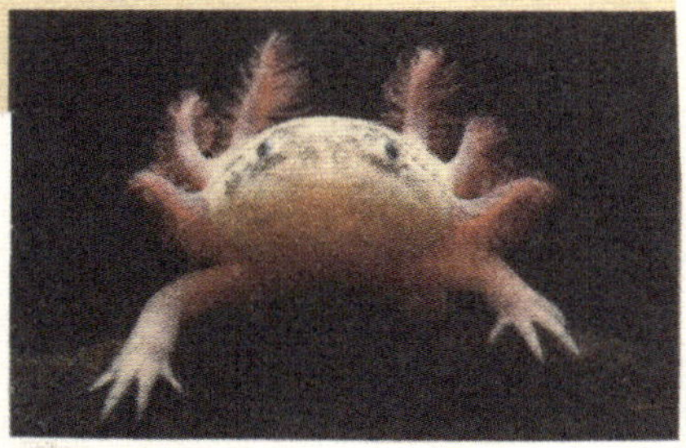

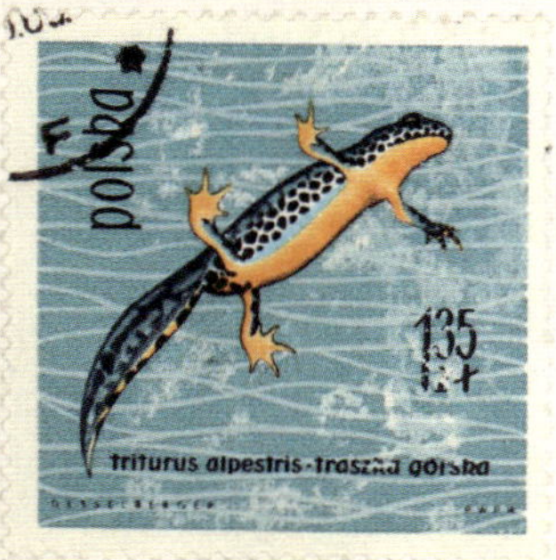

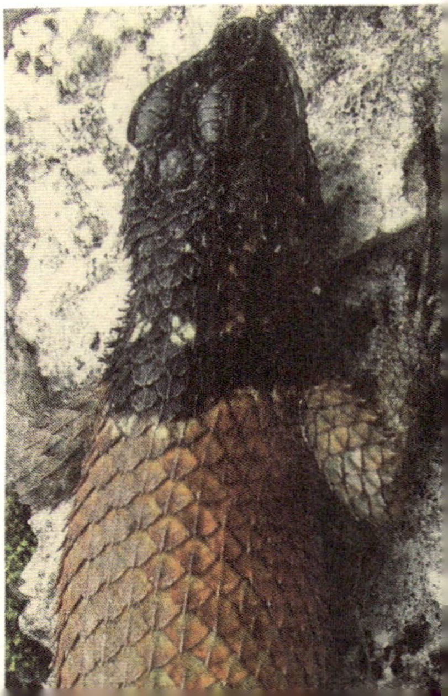

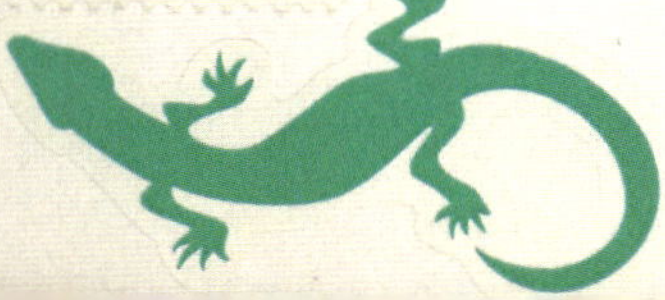

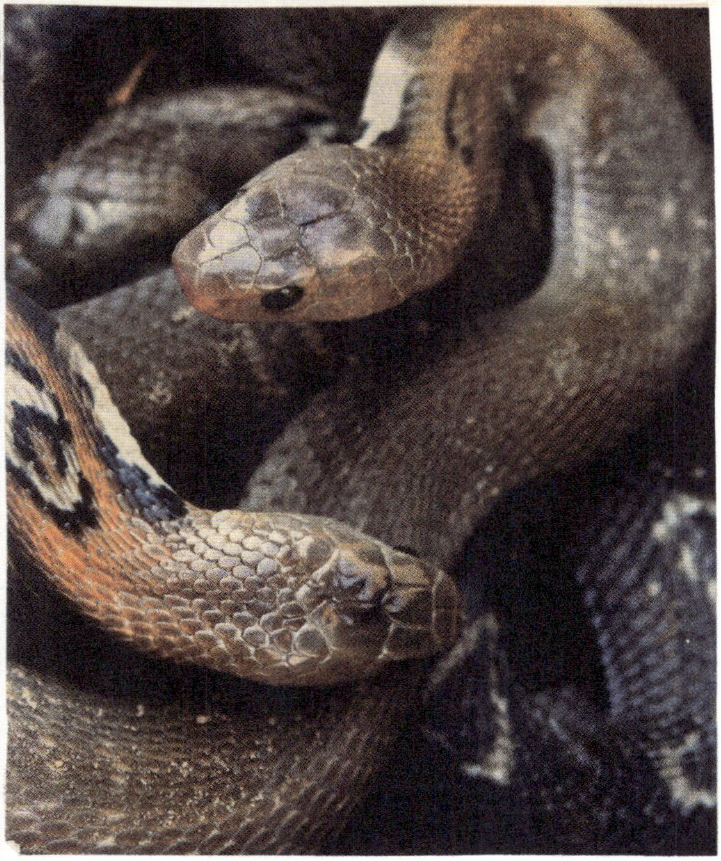

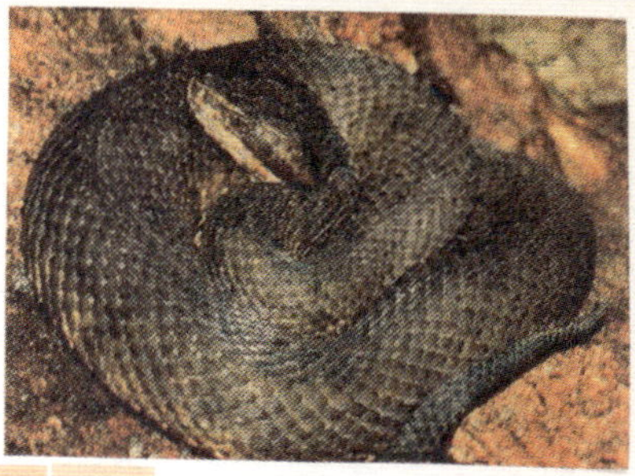

SLANG

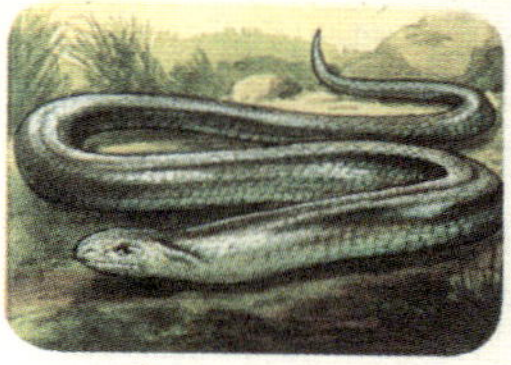

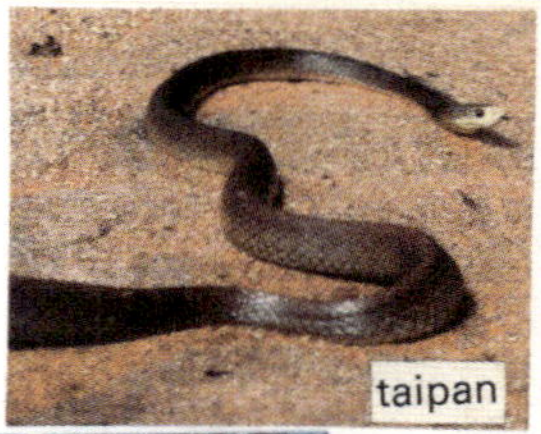
taipan

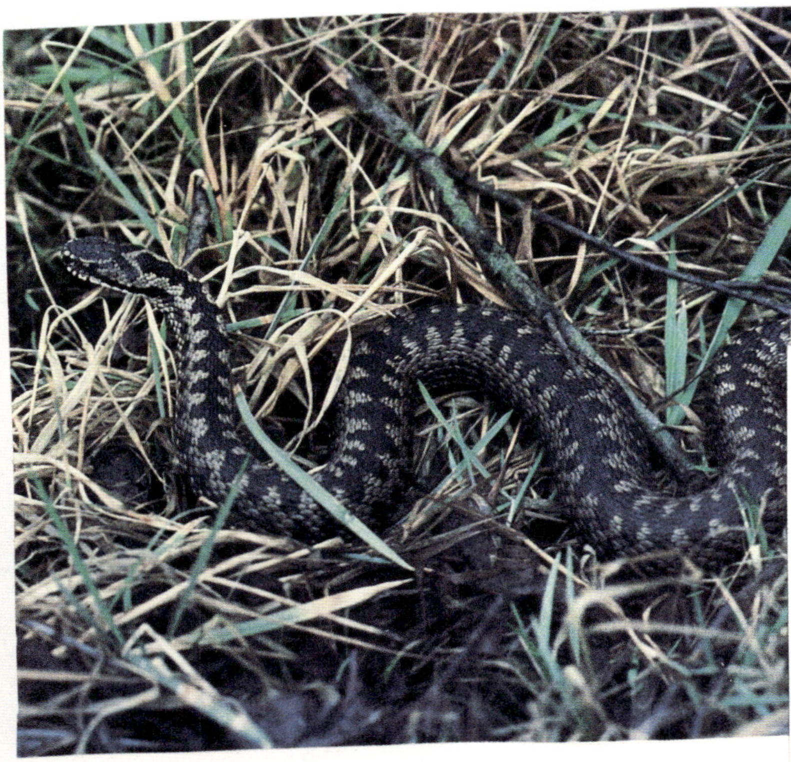

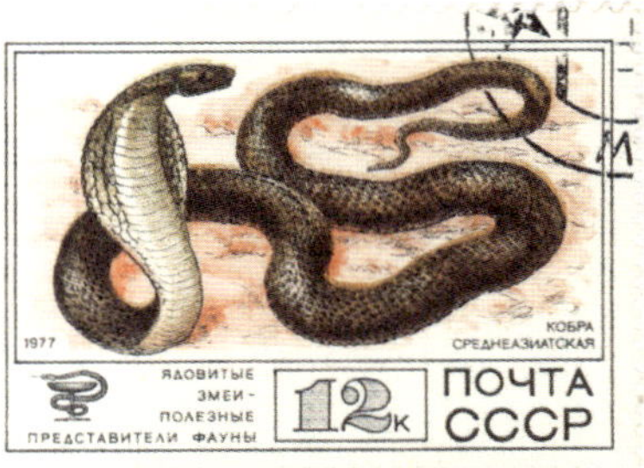
1977
КОБРА
СРЕДНЕАЗИАТСКАЯ
ЯДОВИТЫЕ
ЗМЕИ -
ПОЛЕЗНЫЕ
ПРЕДСТАВИТЕЛИ ФАУНЫ
12к
ПОЧТА
СССР

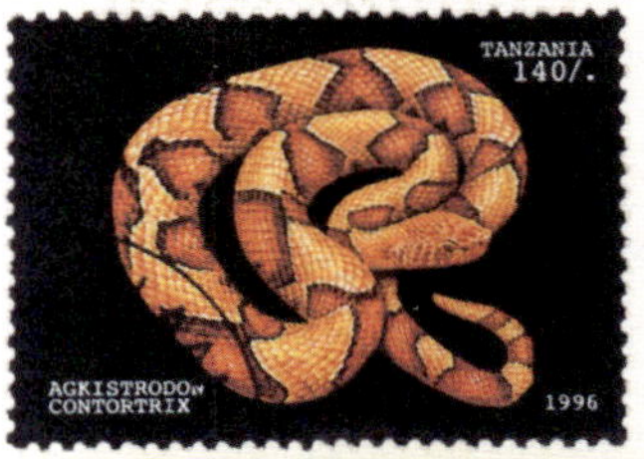
TANZANIA
140/.
AGKISTRODON
CONTORTRIX
1996

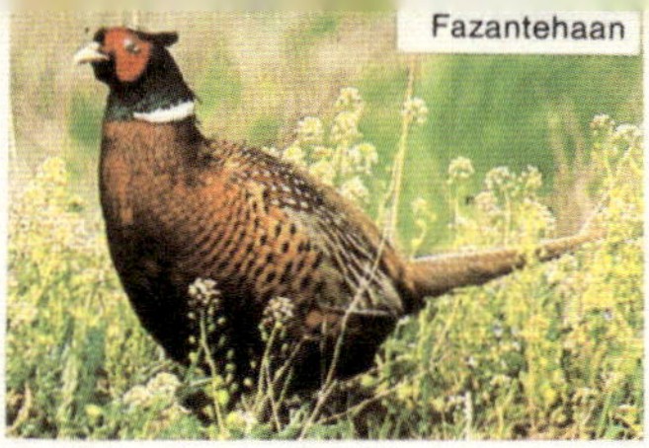

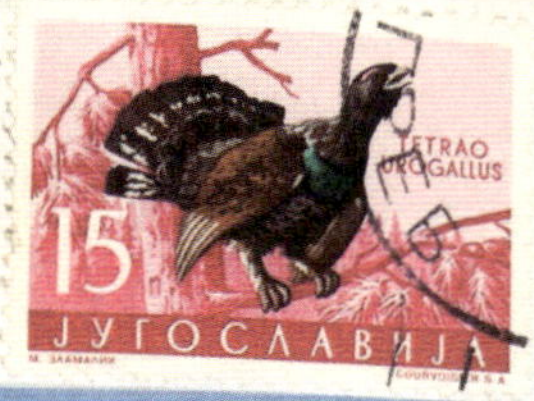

korhoen

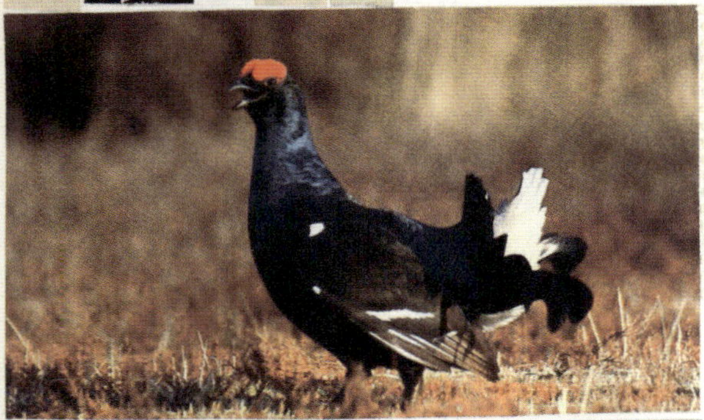

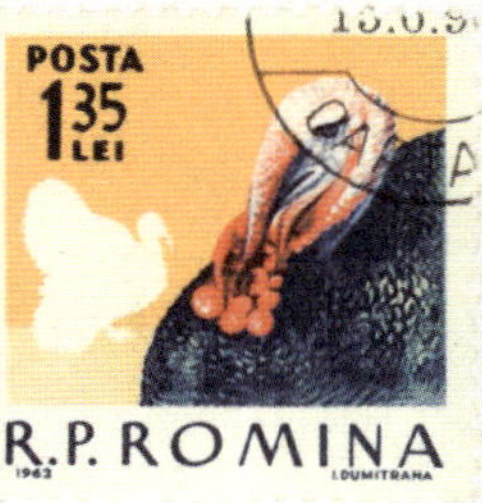

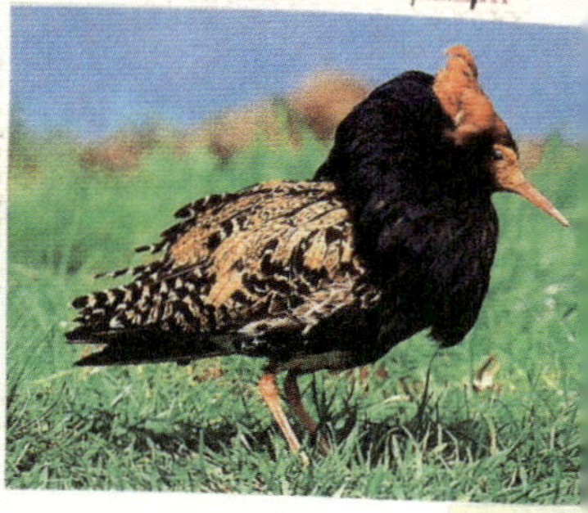

Kempha

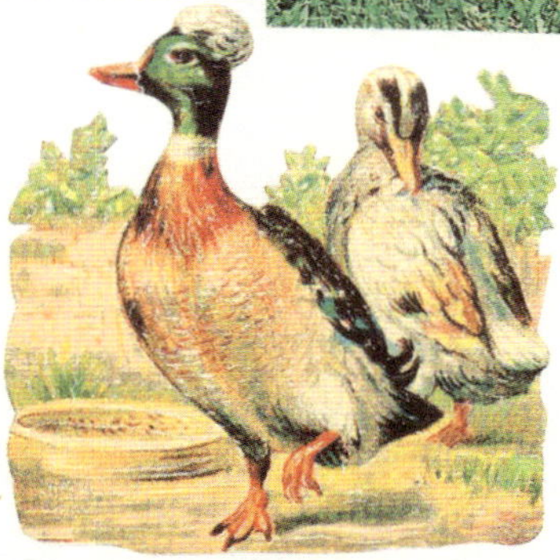

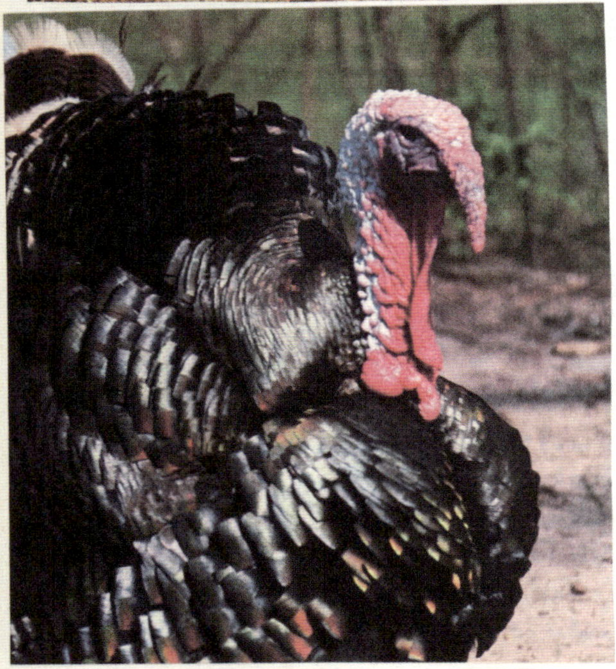

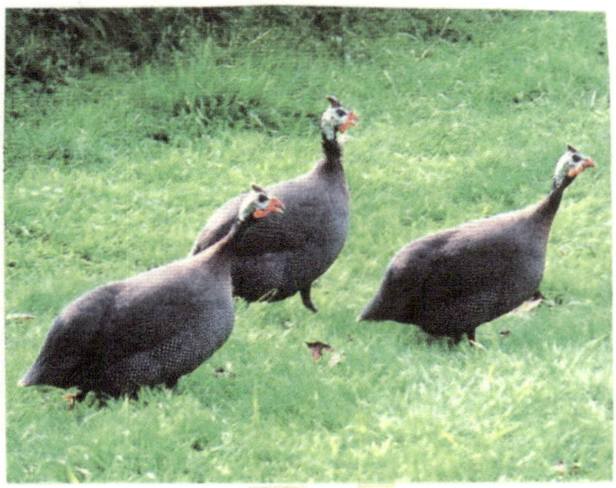

Parelhoen

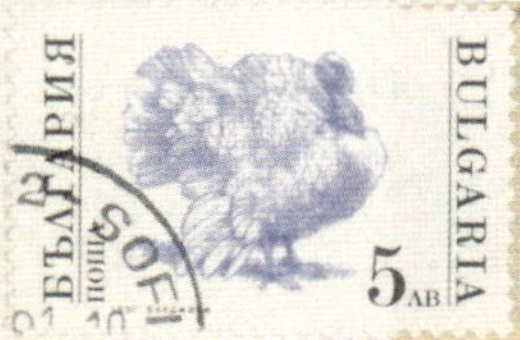

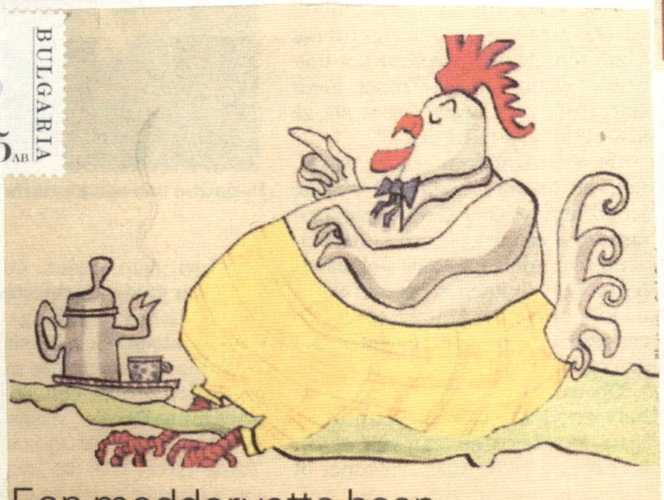

Een moddervette haan

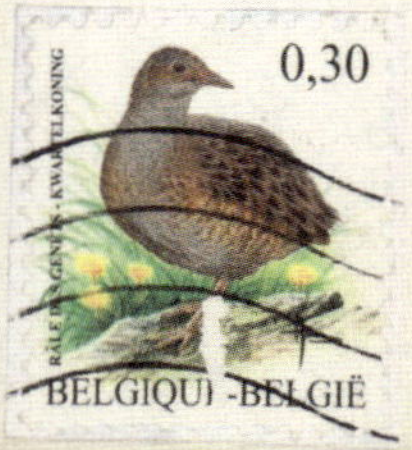

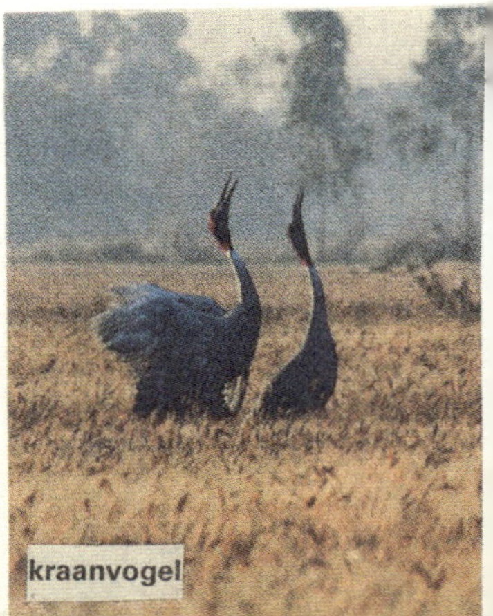

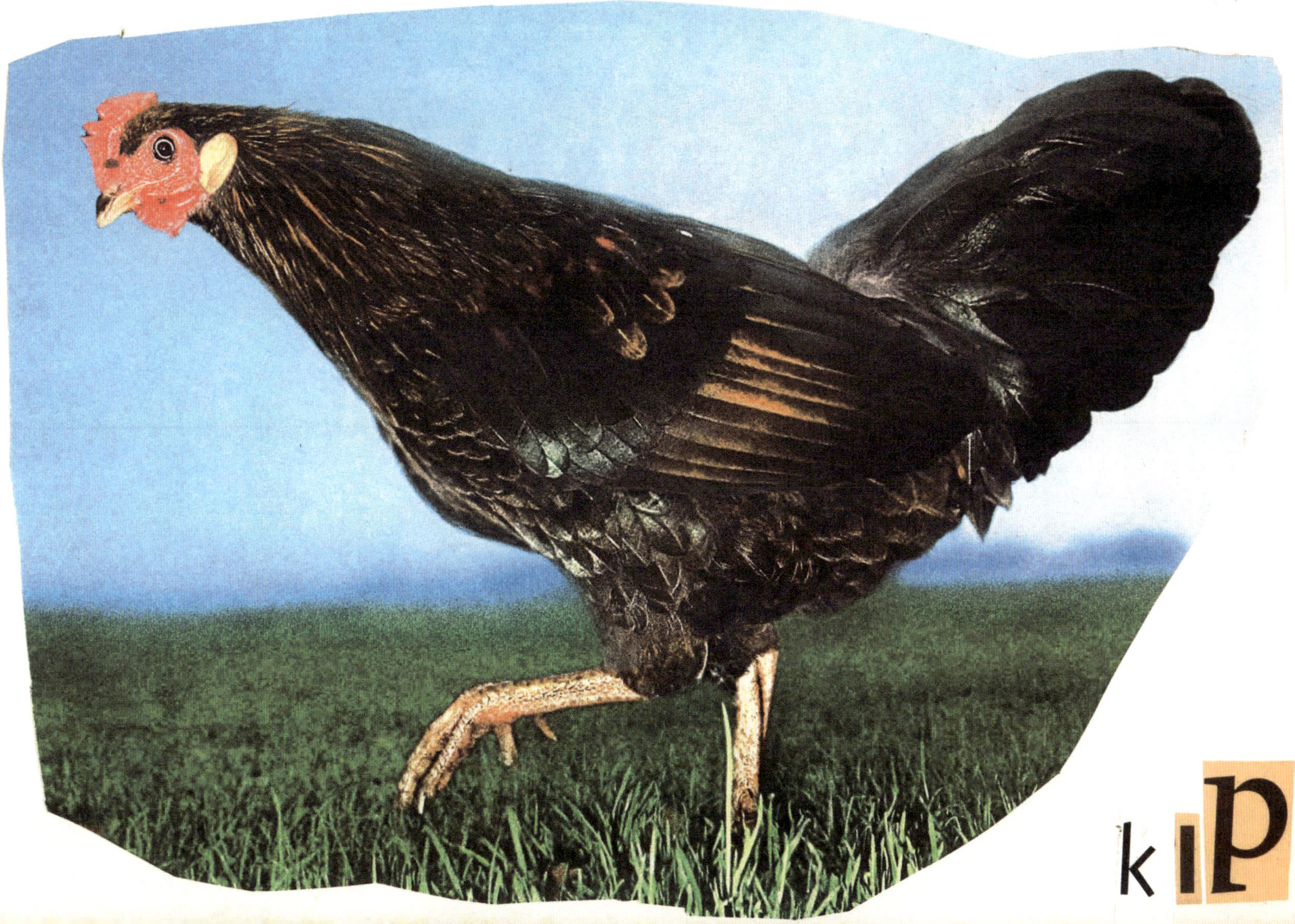
kip

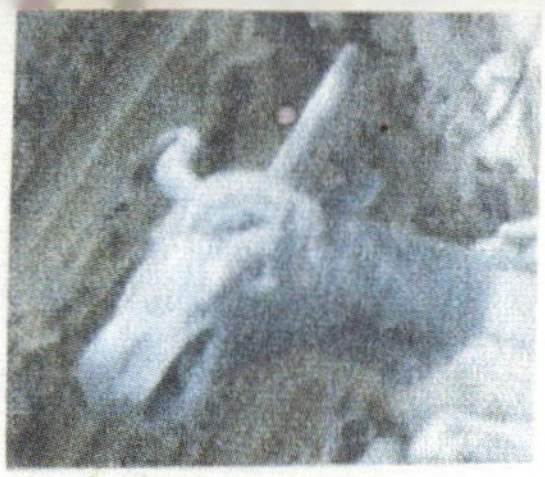

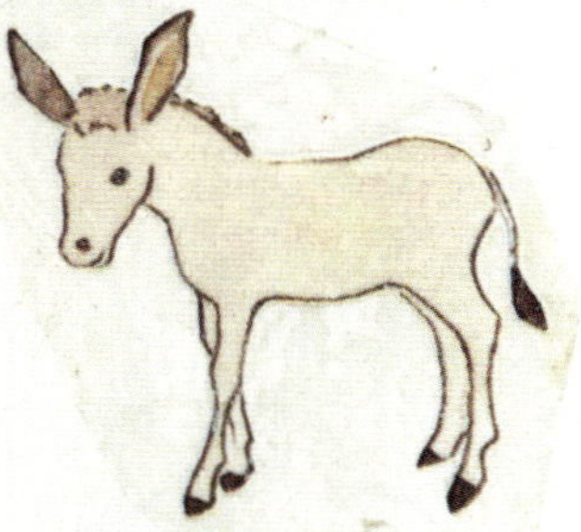

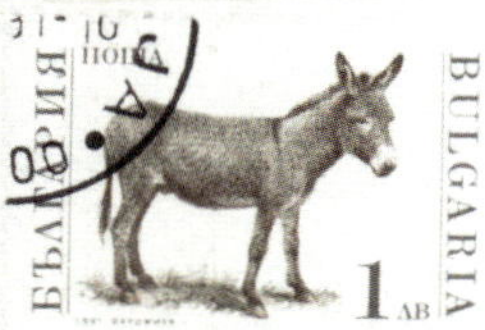
БЪЛГАРИЯ
BULGARIA
1 лв

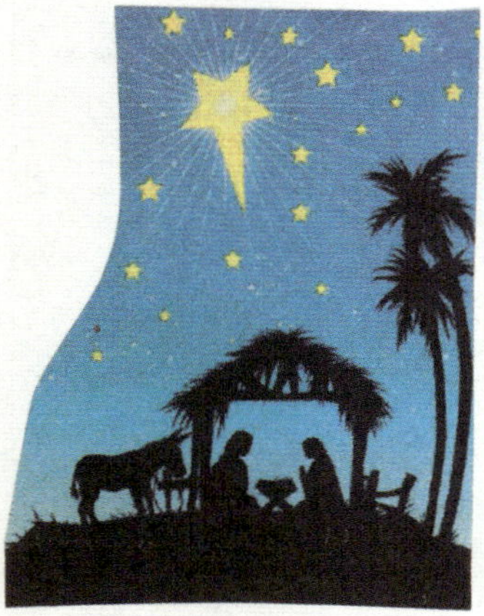

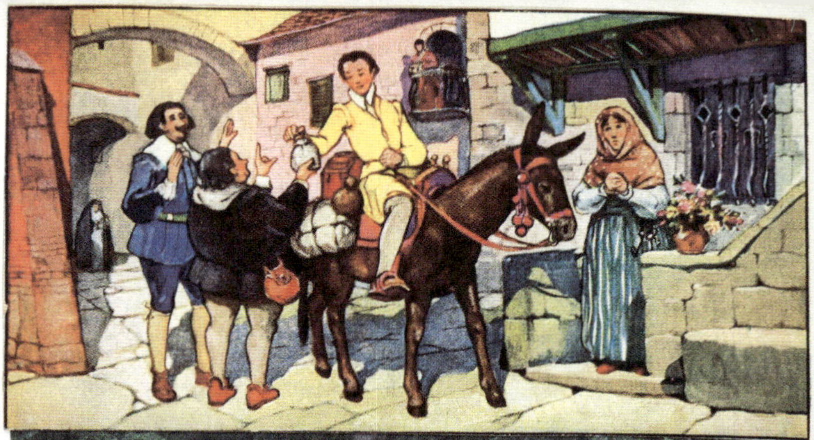

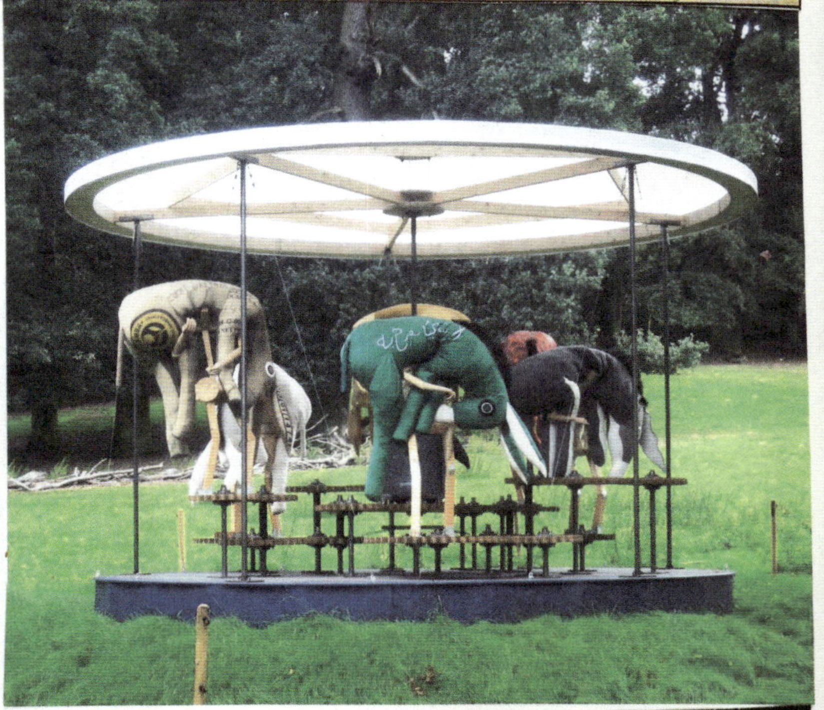

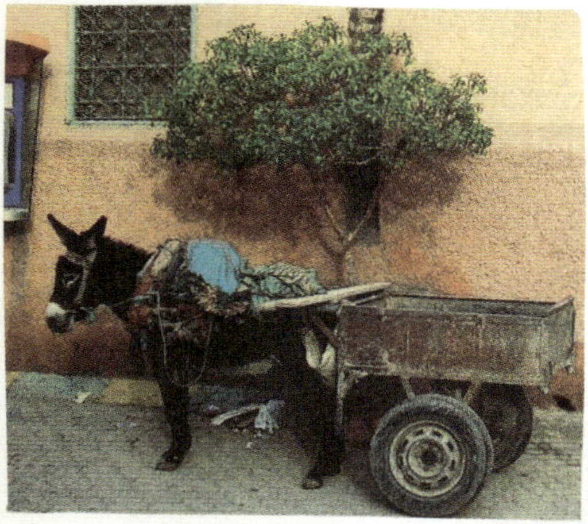

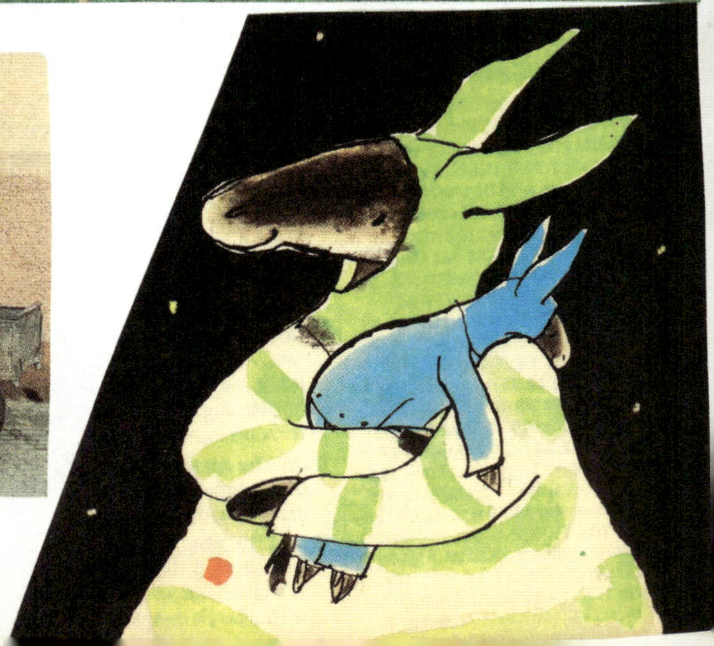

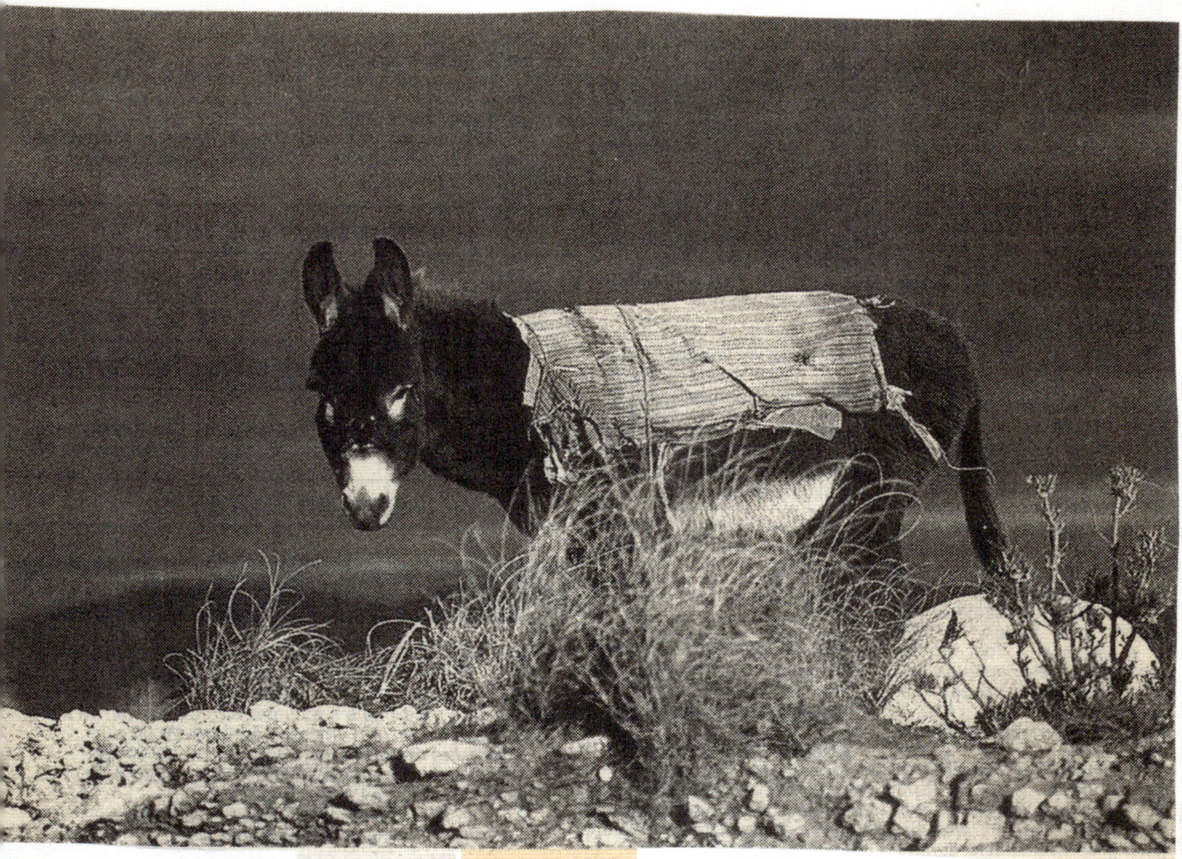

EzeL

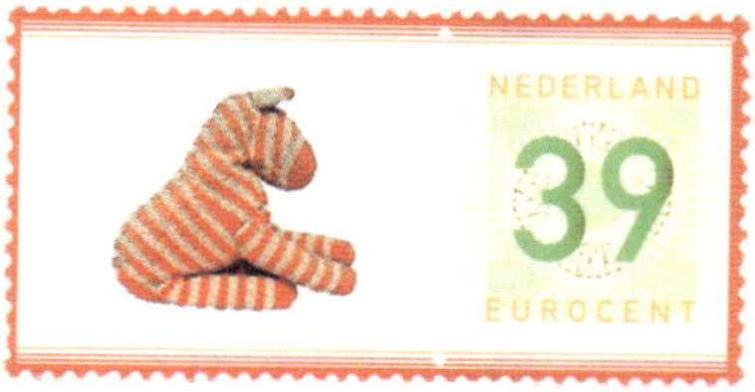

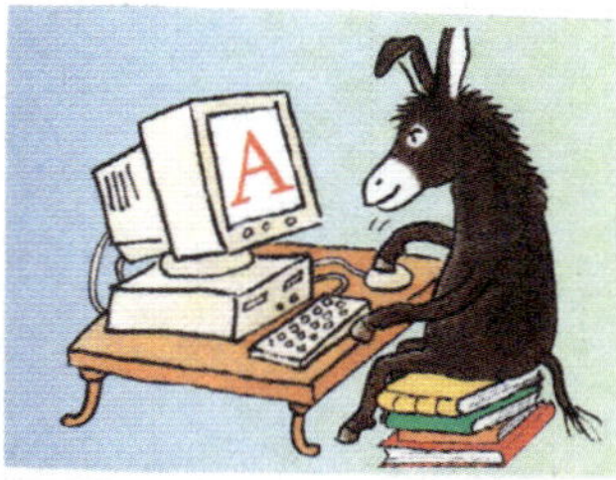

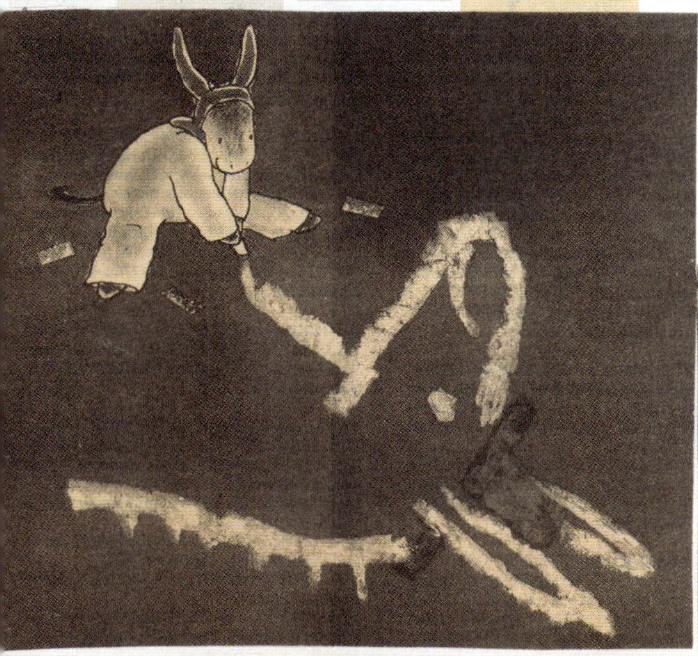

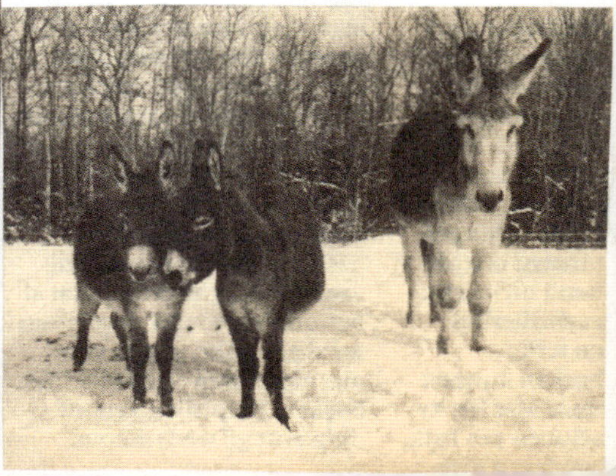

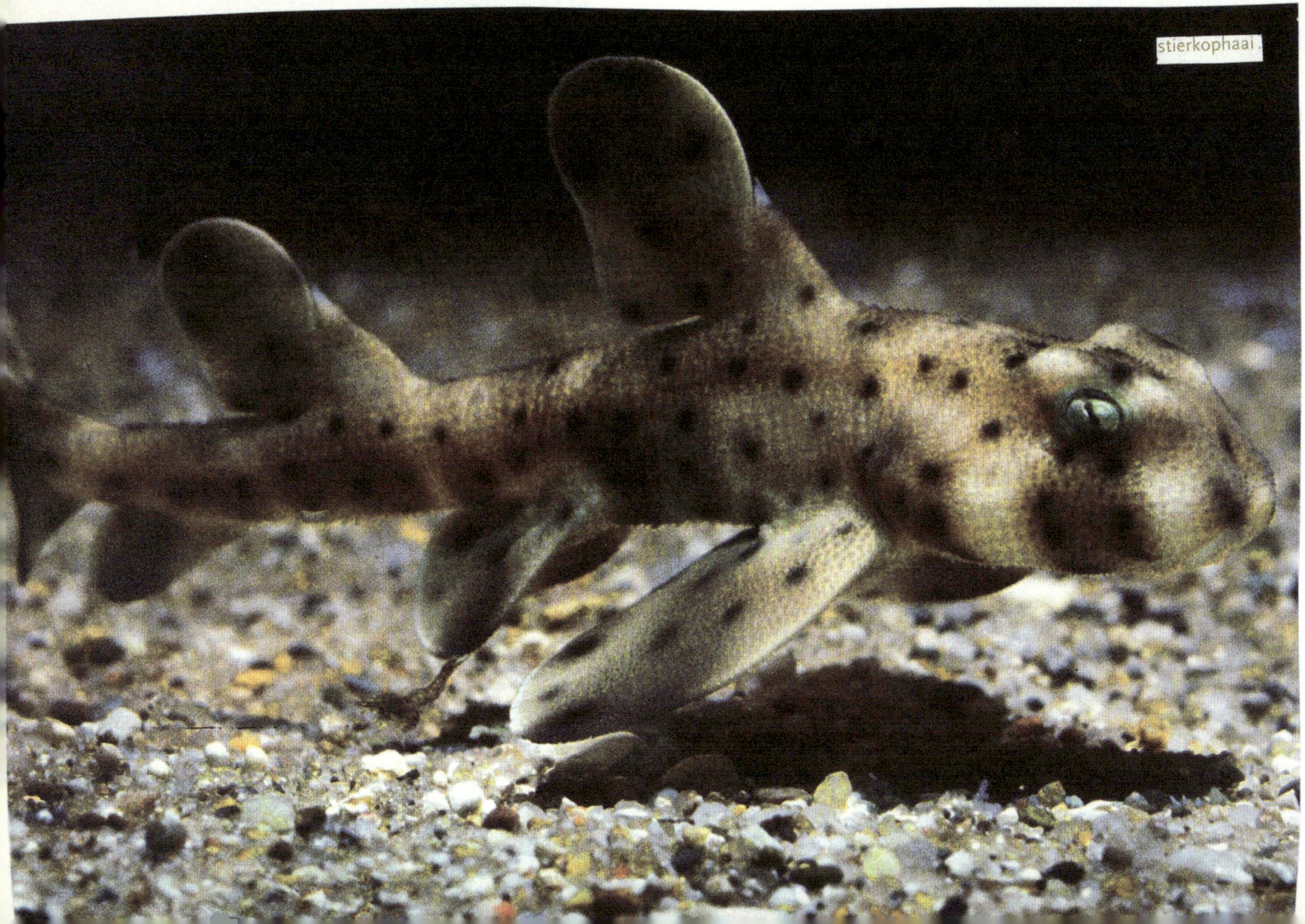

stierkophaai.

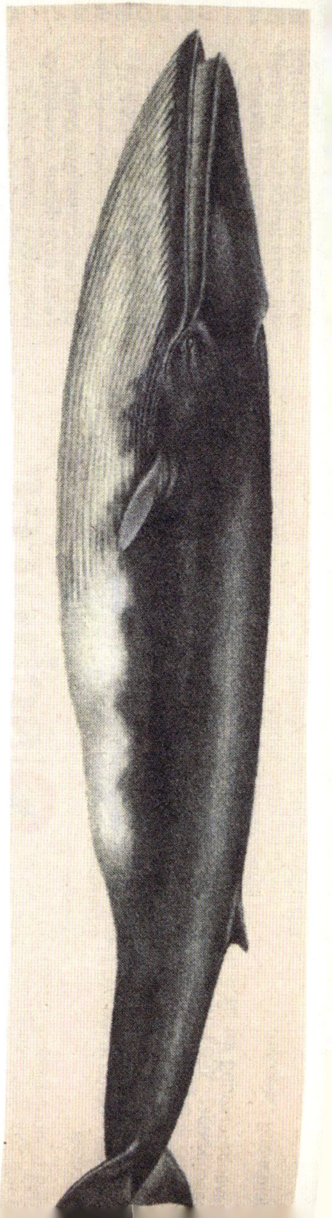

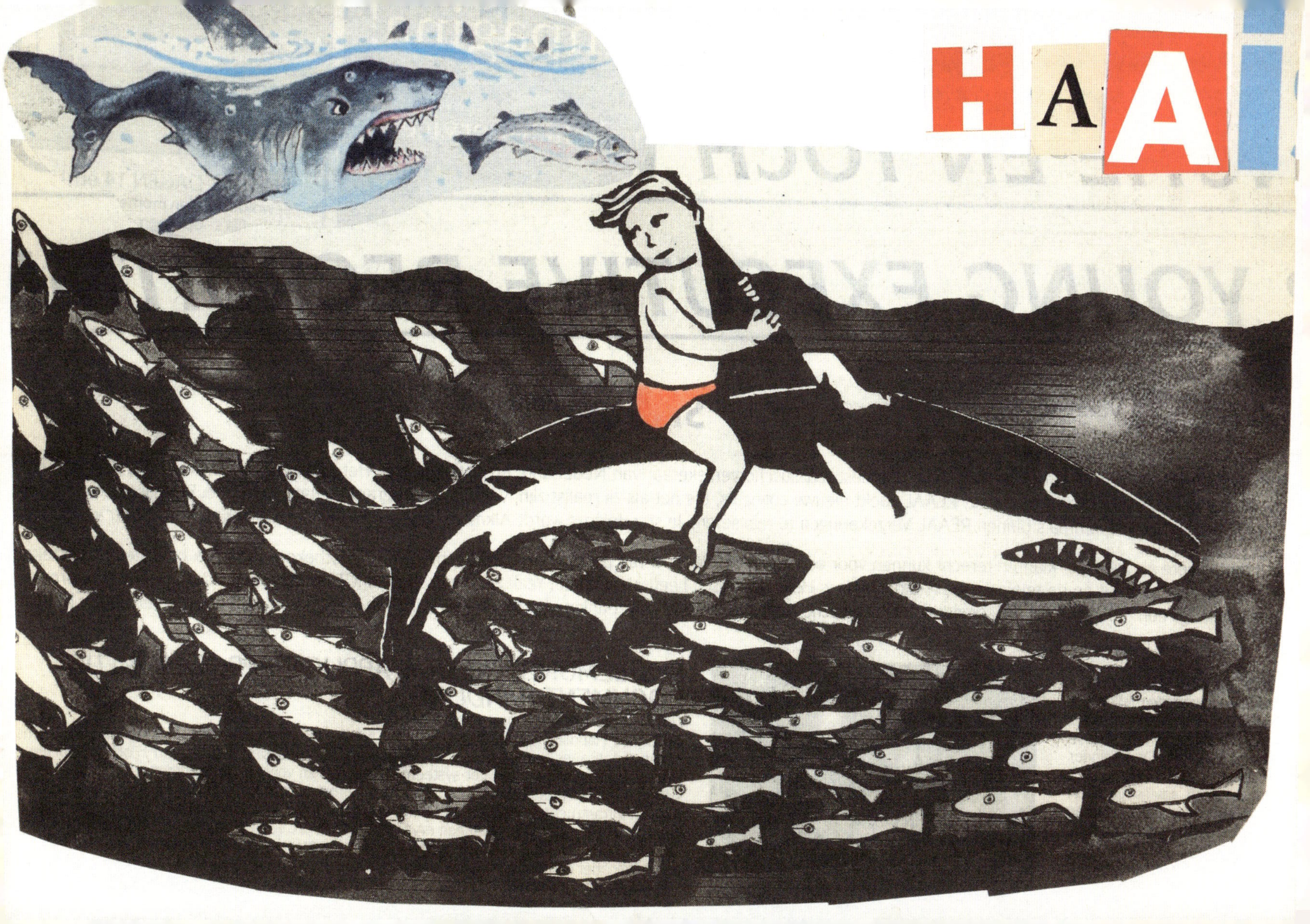
HAAi

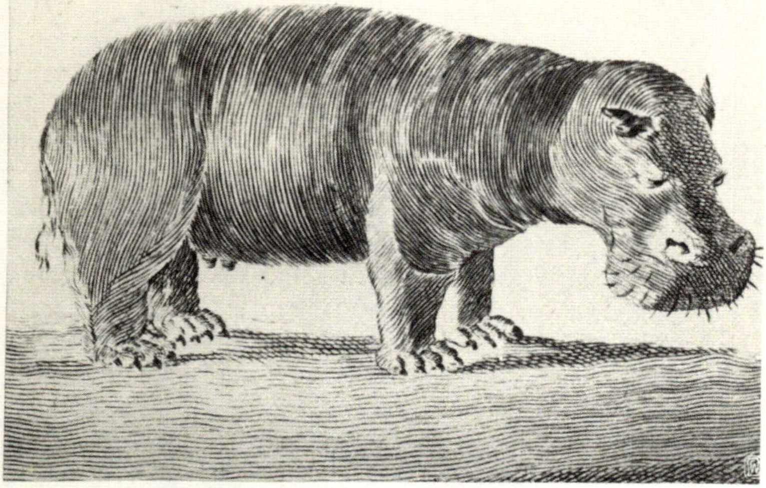

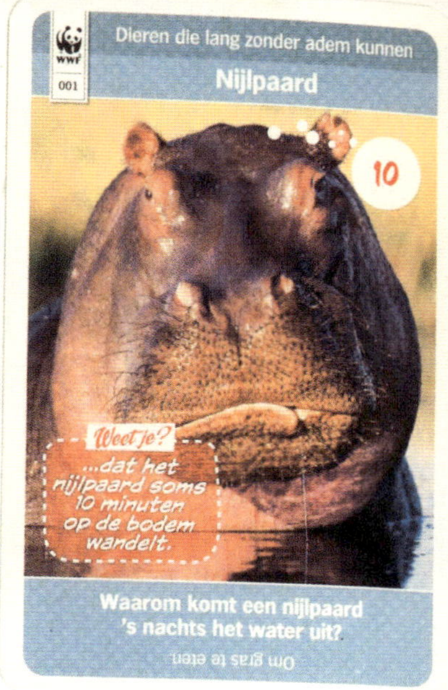

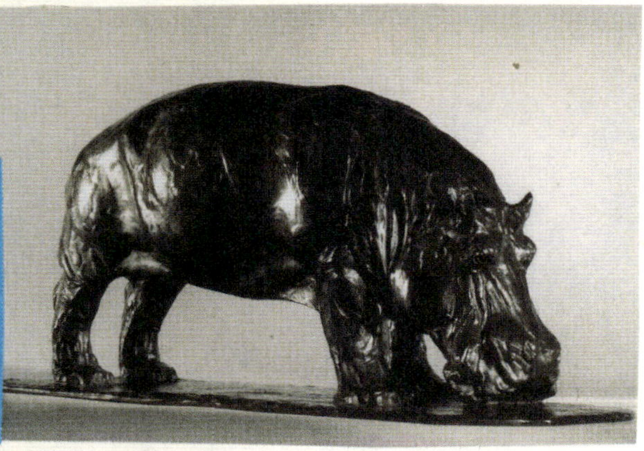

Rembrandt Bugatti (1884-1916)

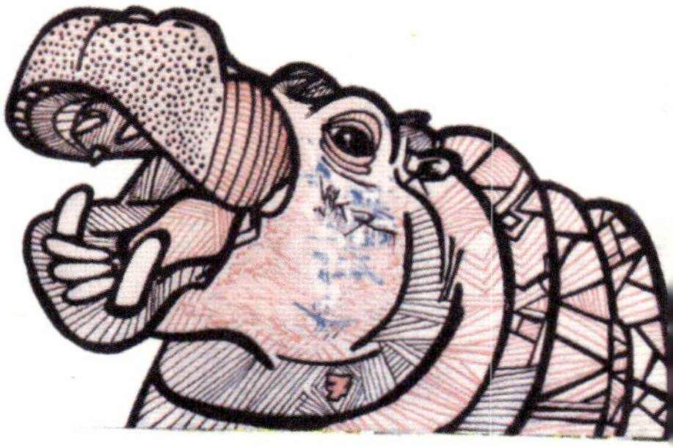

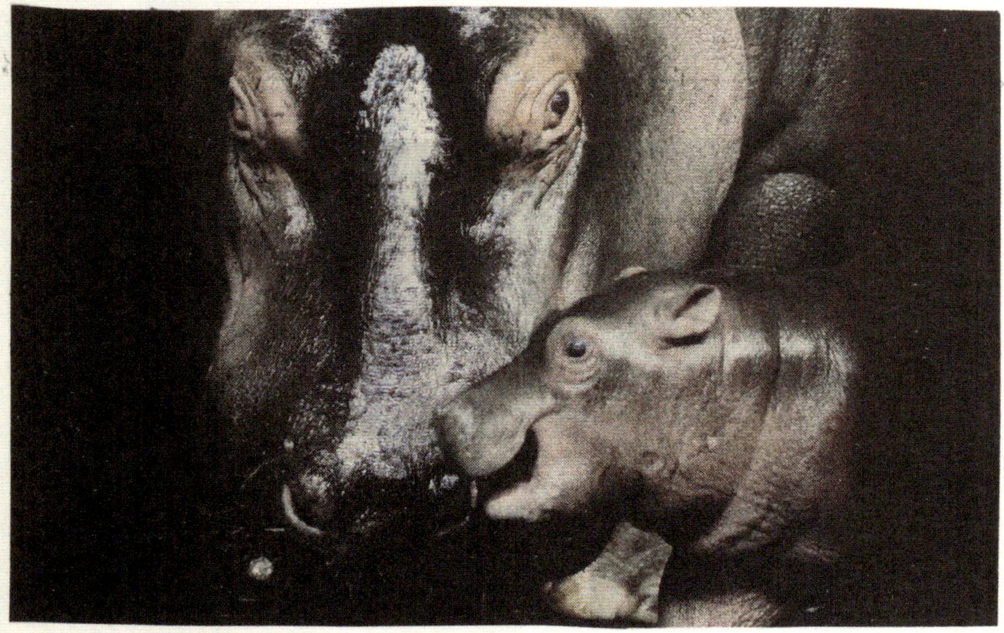

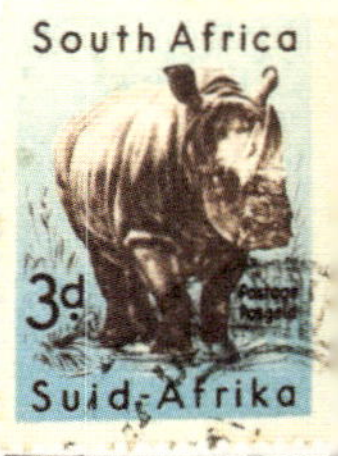

N
ijL
Paard

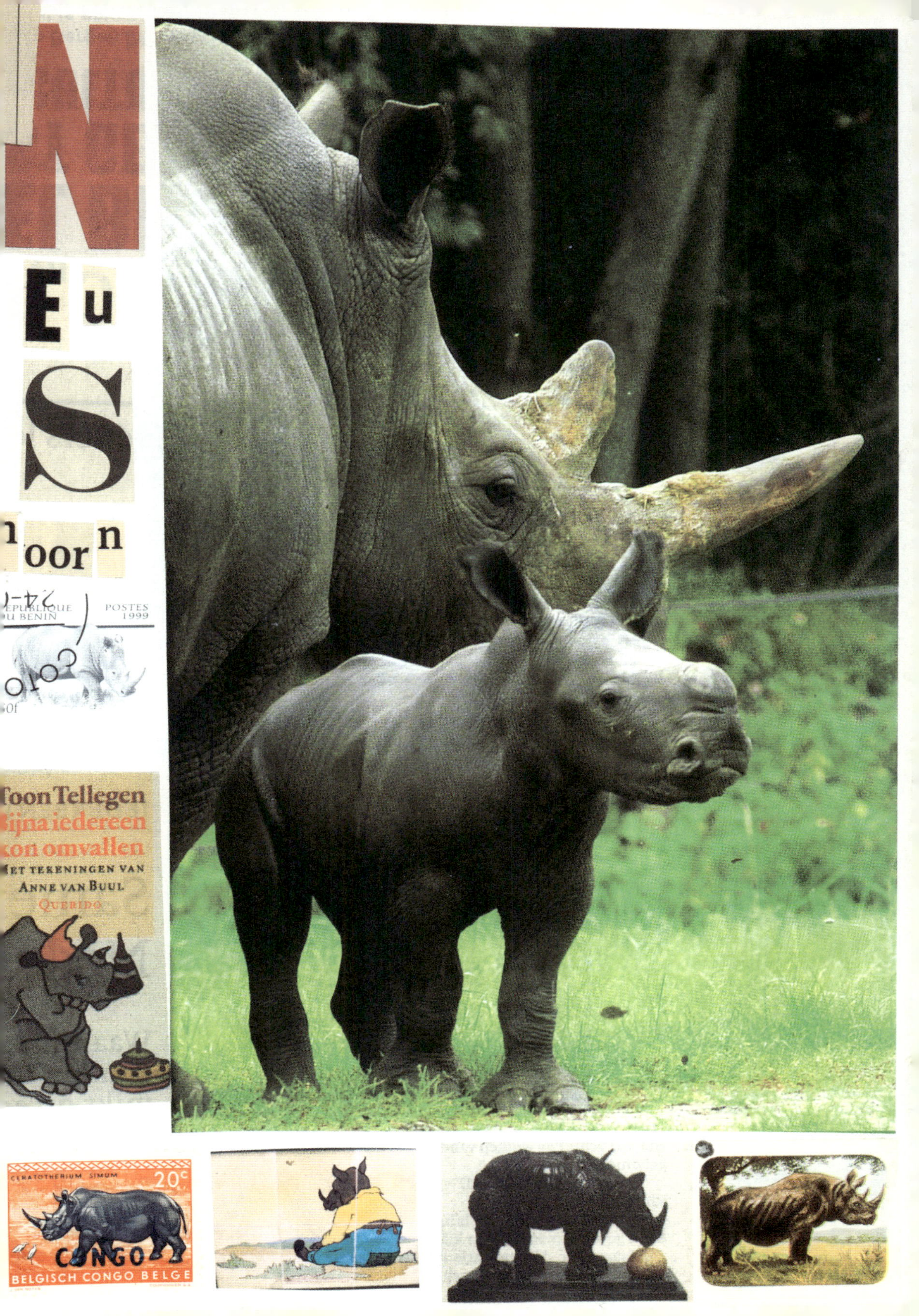
N
E u
S
oor n
EPUBLIQUE
U BENIN
POSTES
1999
Toon Tellegen
Bijna iedereen
kon omvallen
ET TEKENINGEN VAN
ANNE VAN BUUL
QUERIDO
CERATOTHERIUM SIMUM
20c
CONGO
BELGISCH CONGO BELGE

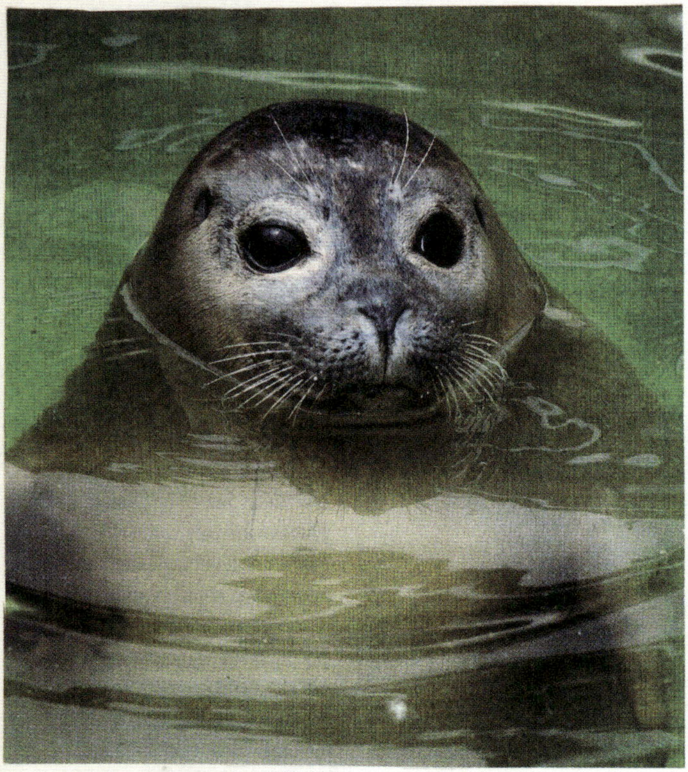

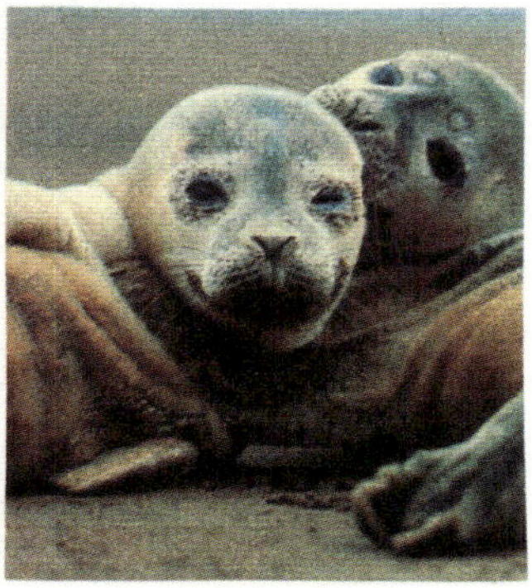

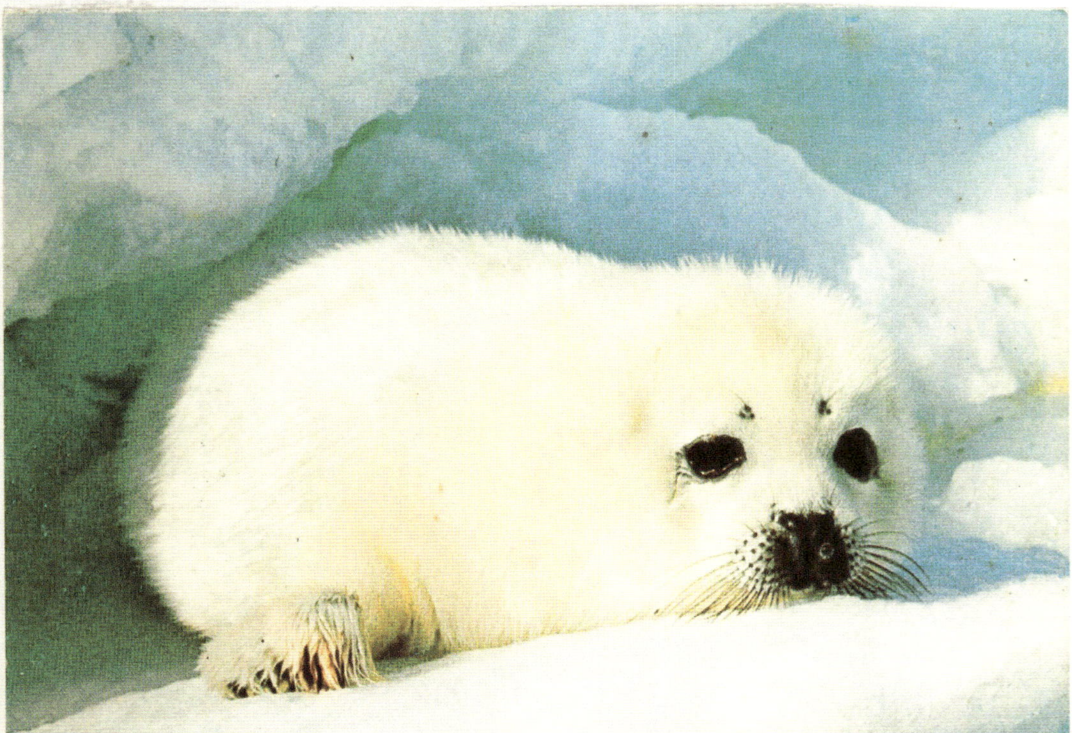

zeeHond

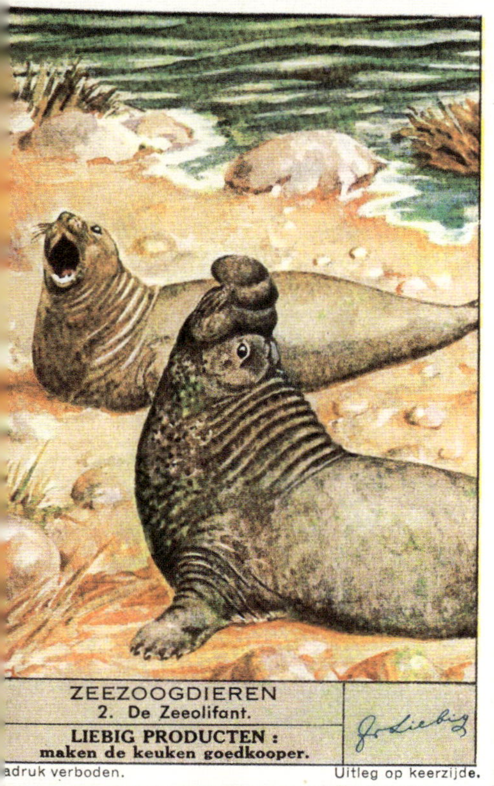
ZEEZOOGDIEREN
2. De Zeeolifant.
LIEBIG PRODUCTEN :
maken de keuken goedkooper.
adruk verboden.
Uitleg op keerzijde.
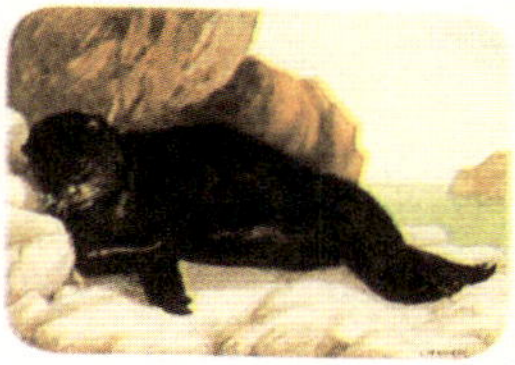
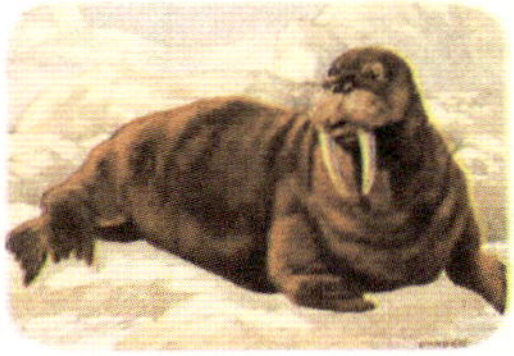
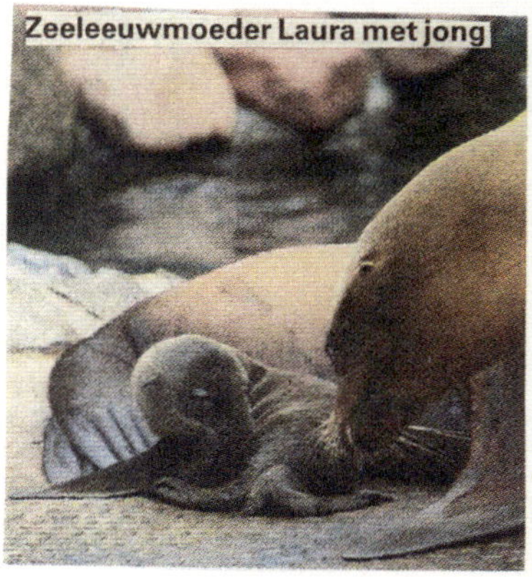
Zeeleeuwmoeder Laura met jong
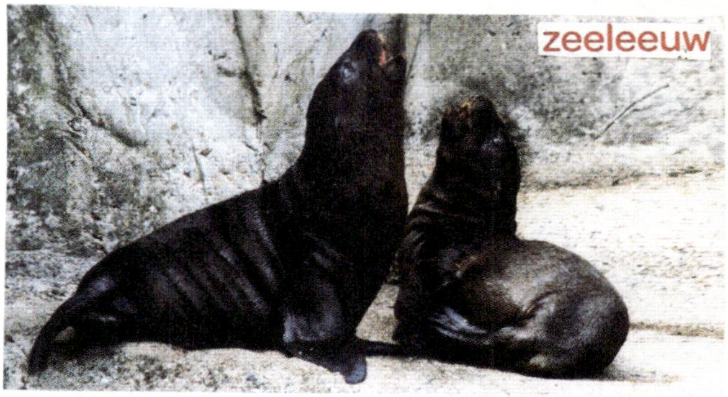
zeeleeuw
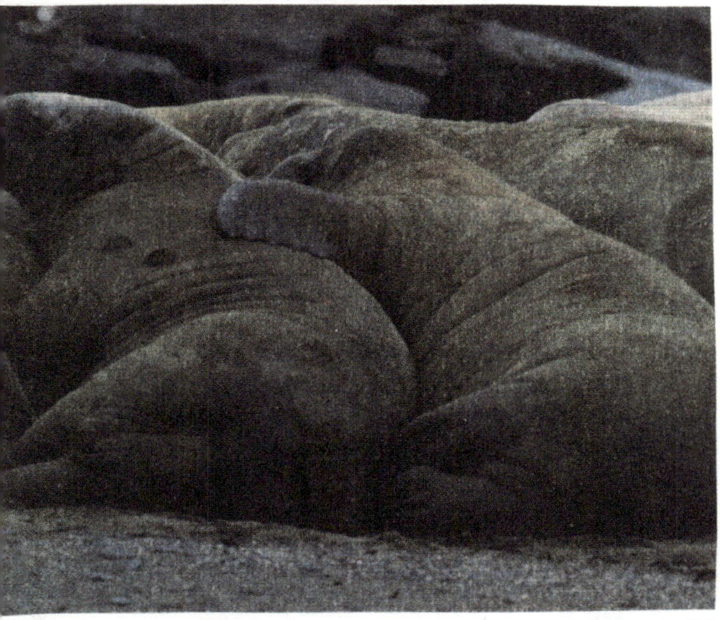
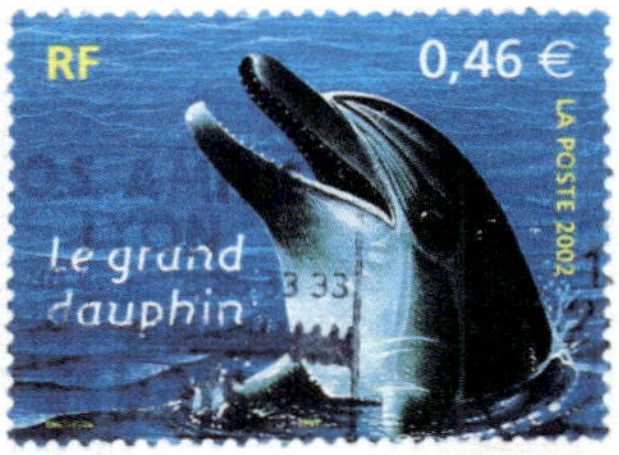
RF
0,46 €
LA POSTE 2002
Le grand dauphin
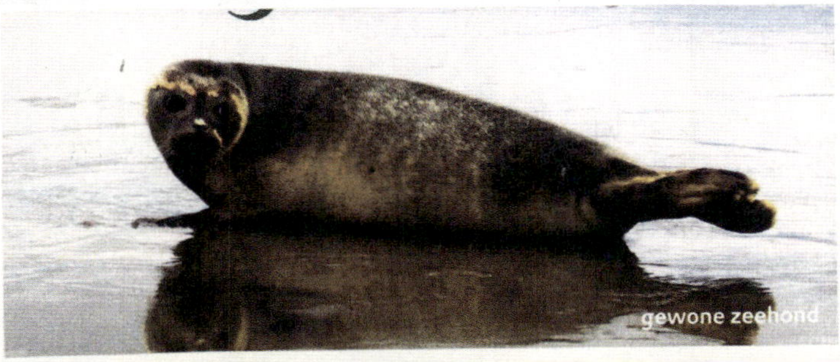
gewone zeehond
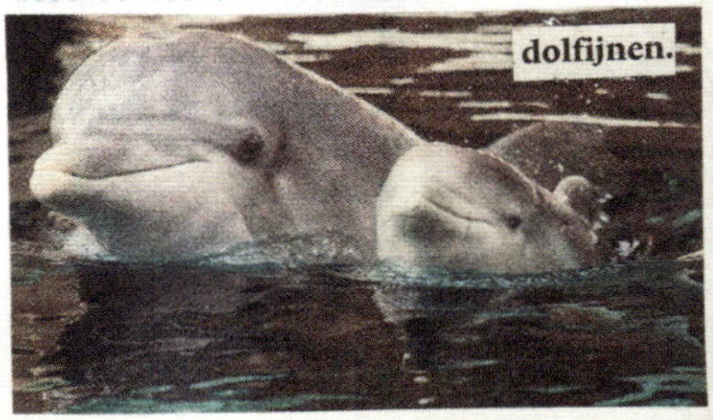
dolfijnen.

De otter

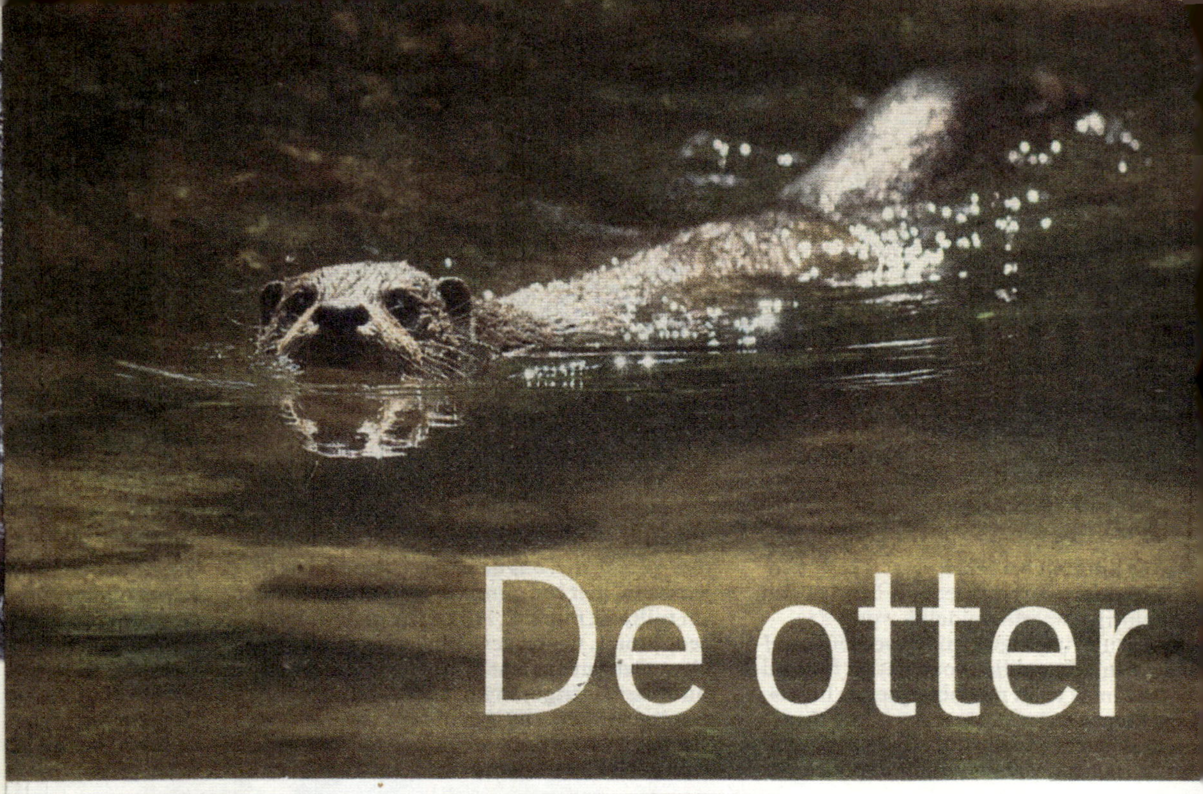

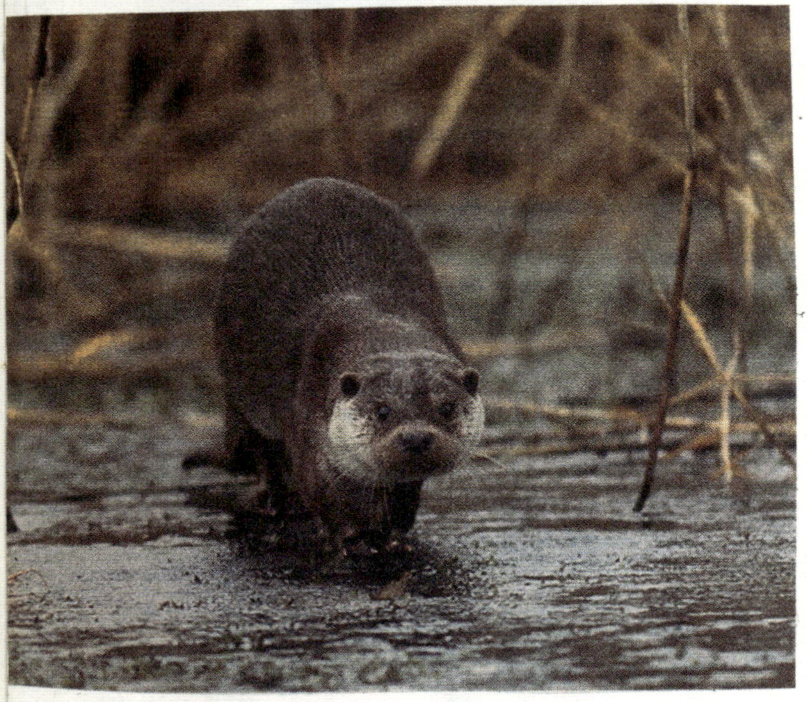

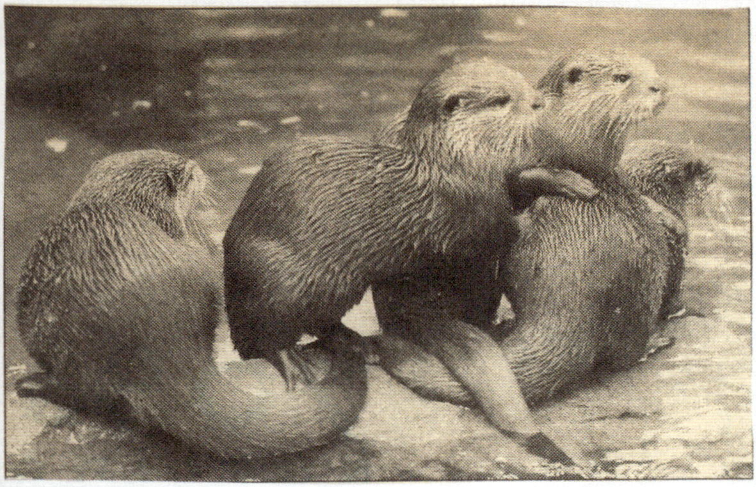

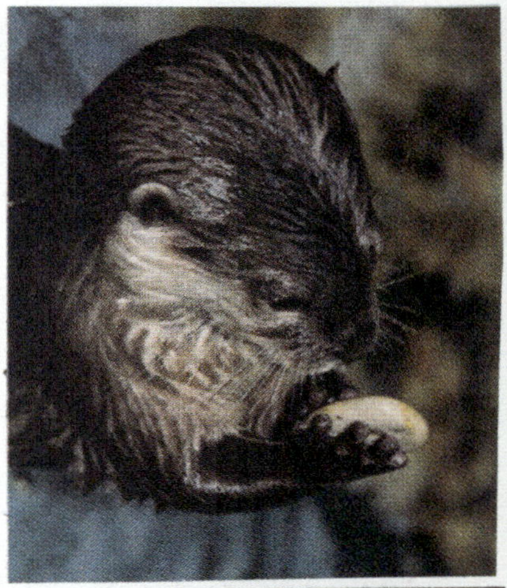

BEVER

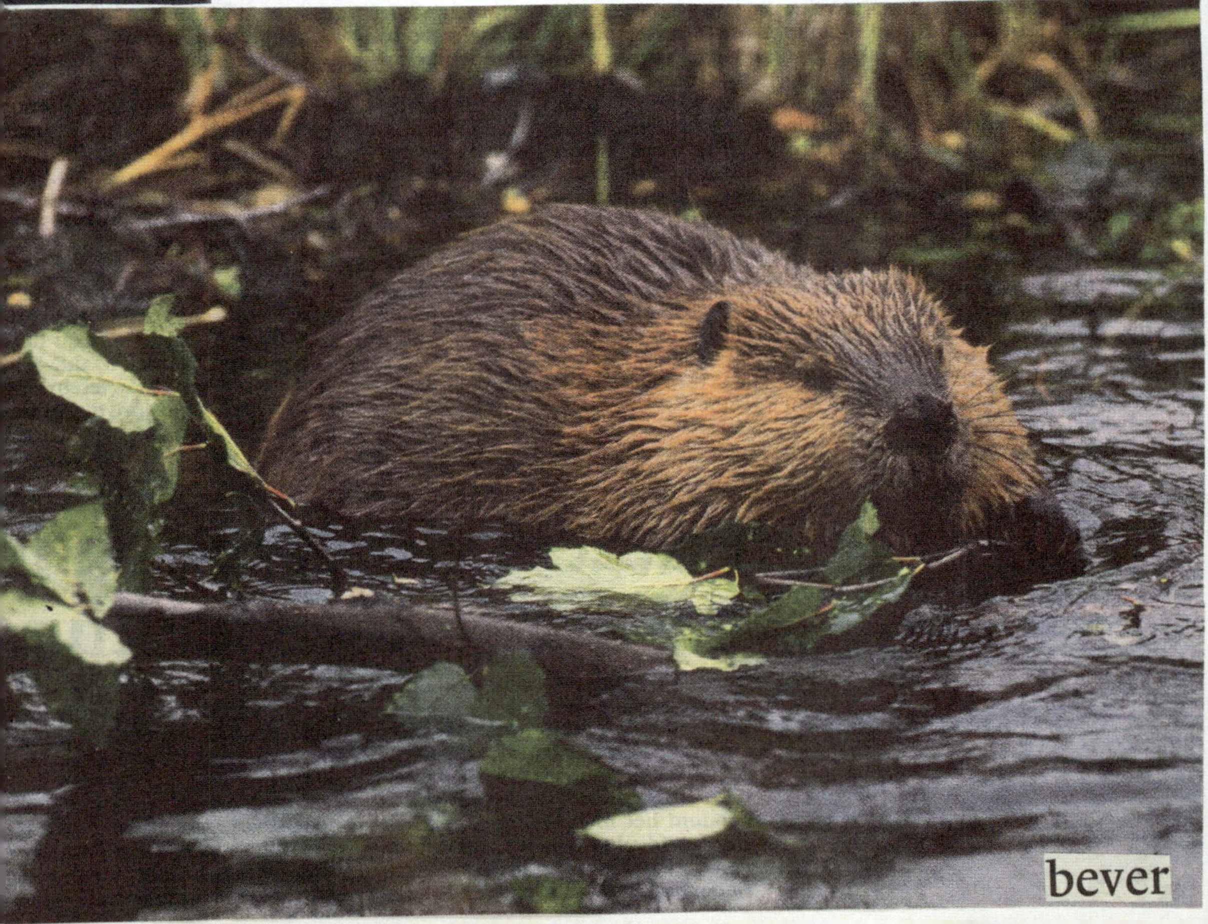

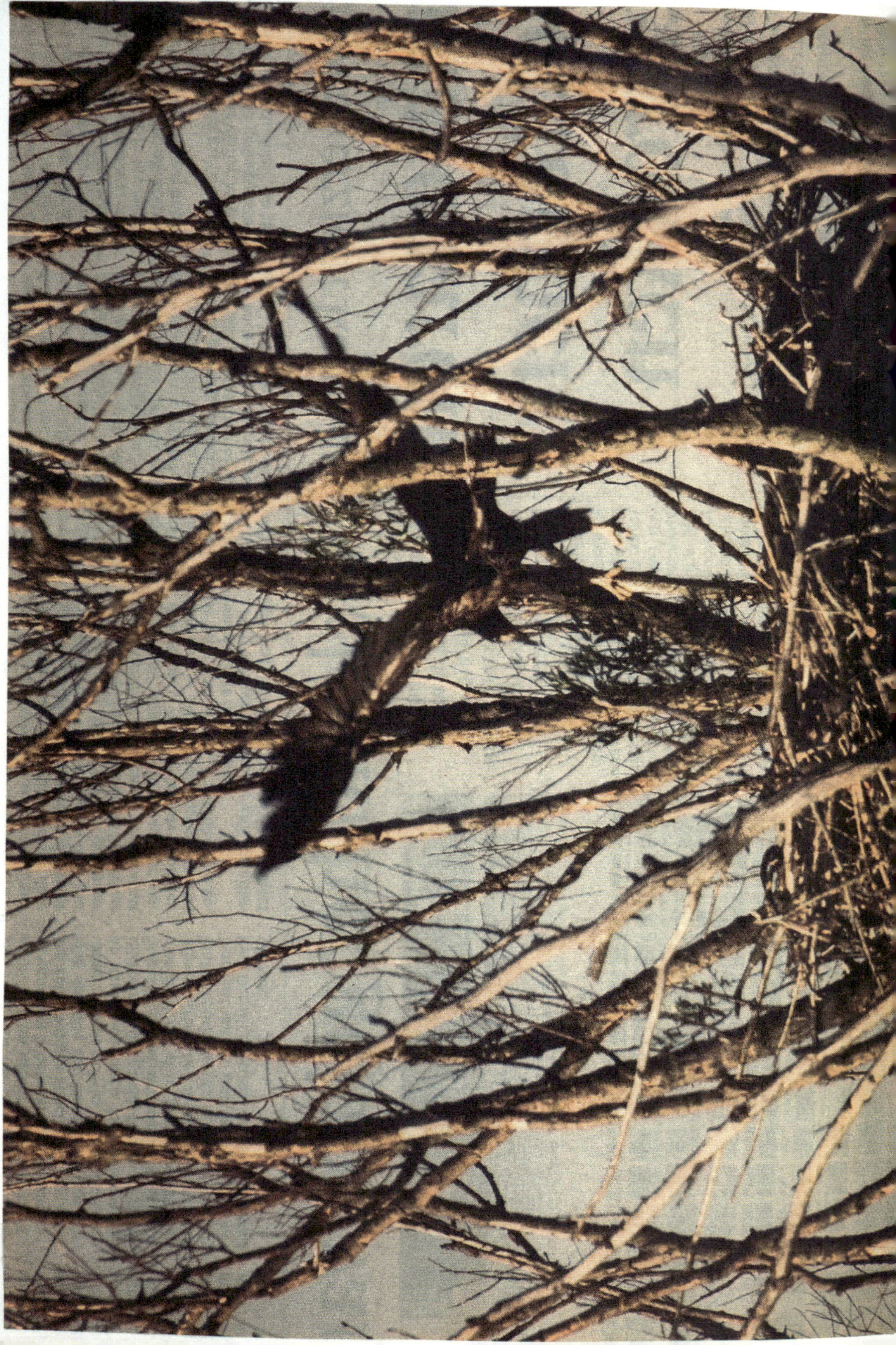

roofvogels

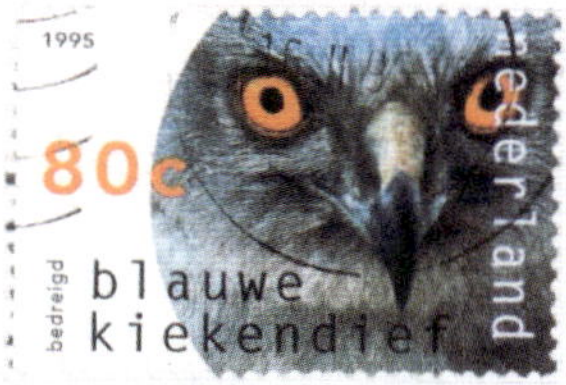

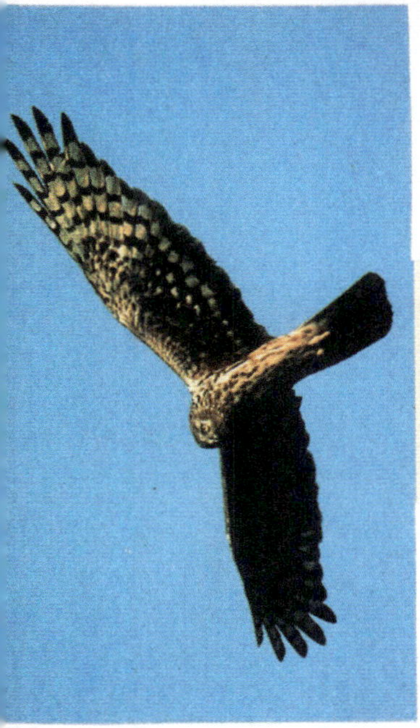
Blauwe kiekendief

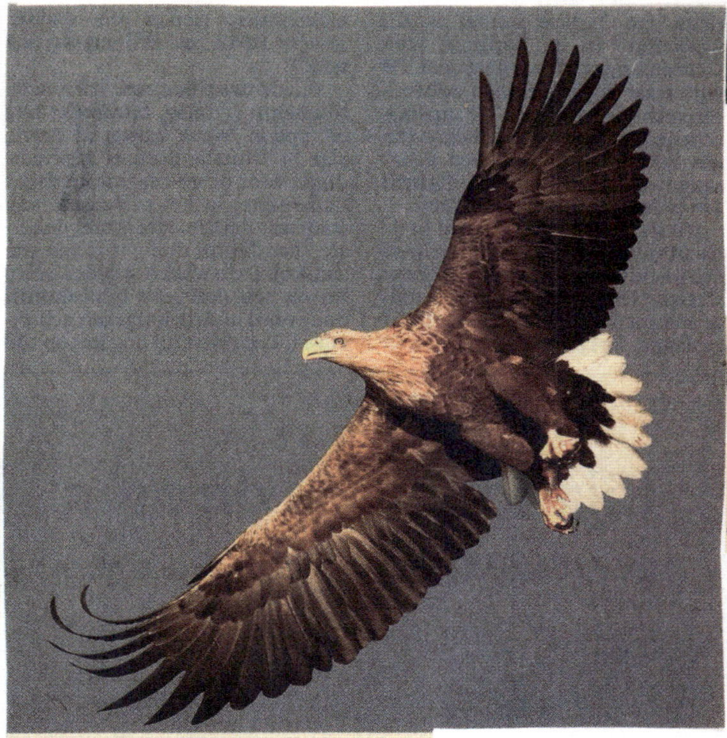
De zeearend heet ook wel 'vliegende deur'.

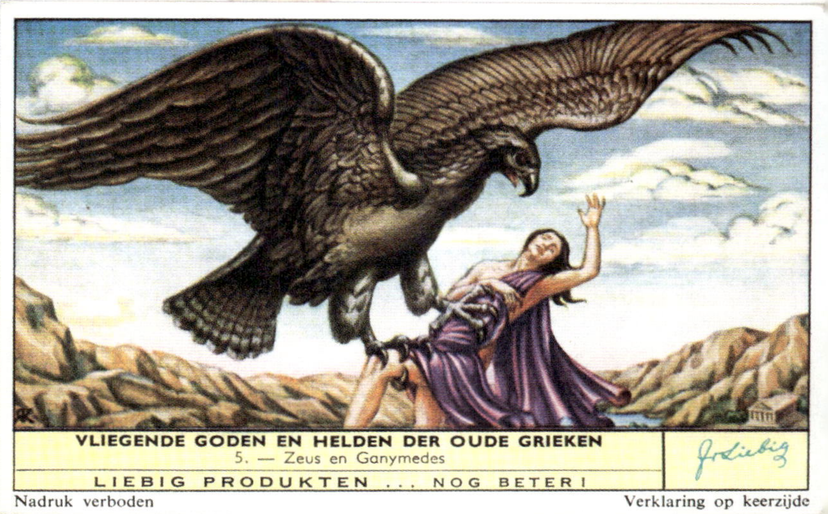

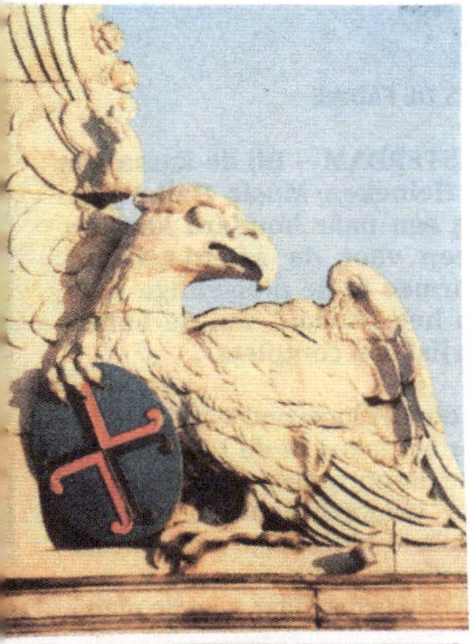

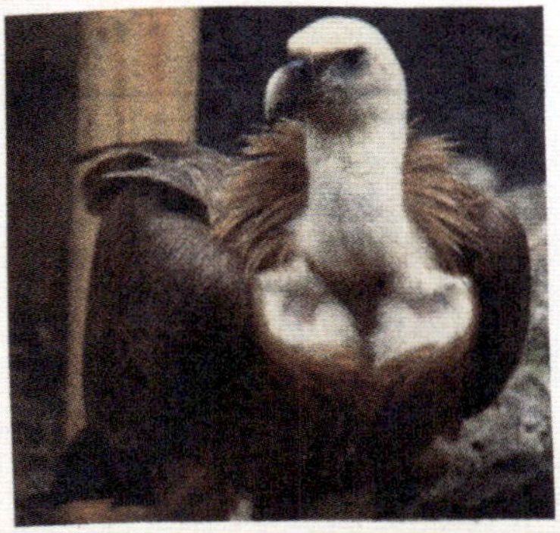

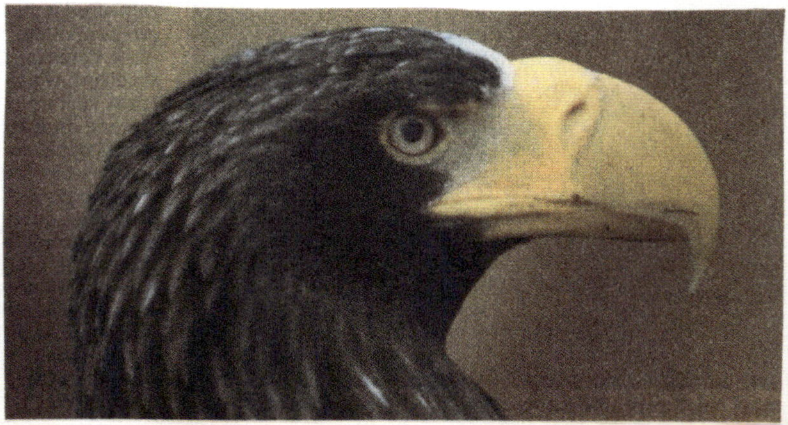

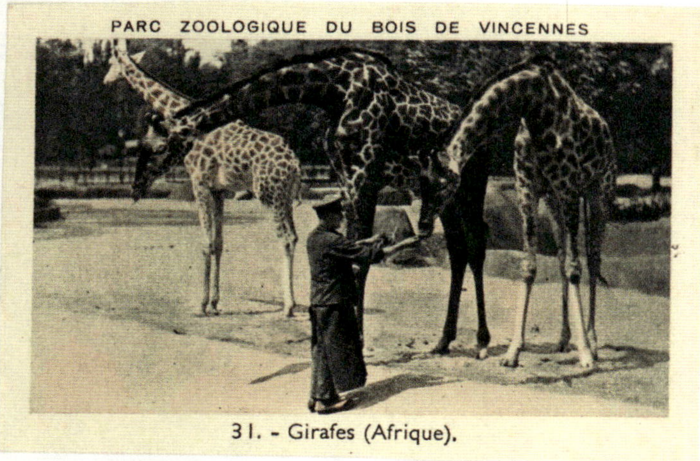
PARC ZOOLOGIQUE DU BOIS DE VINCENNES
31. - Girafes (Afrique).

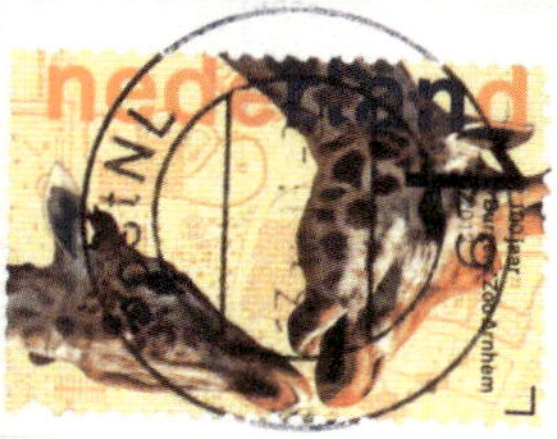
nederland

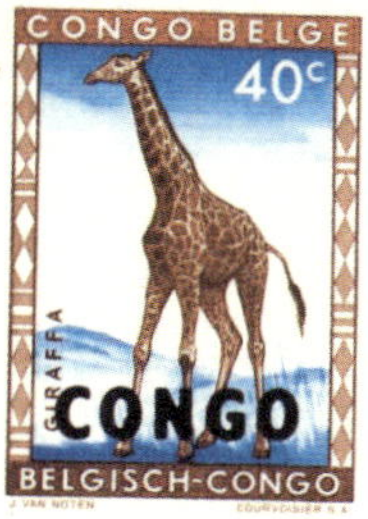
CONGO BELGE
40c
GIRAFFA
CONGO
BELGISCH-CONGO

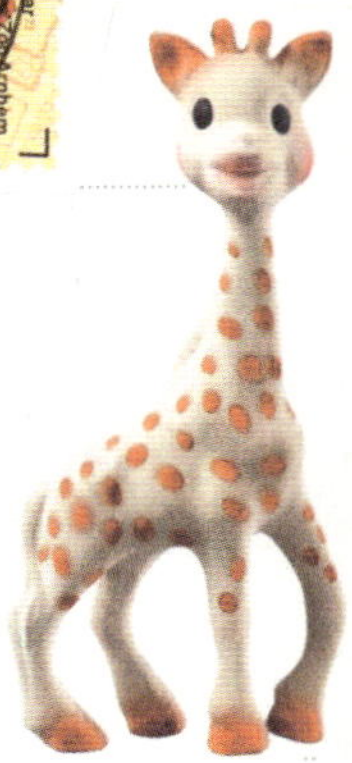

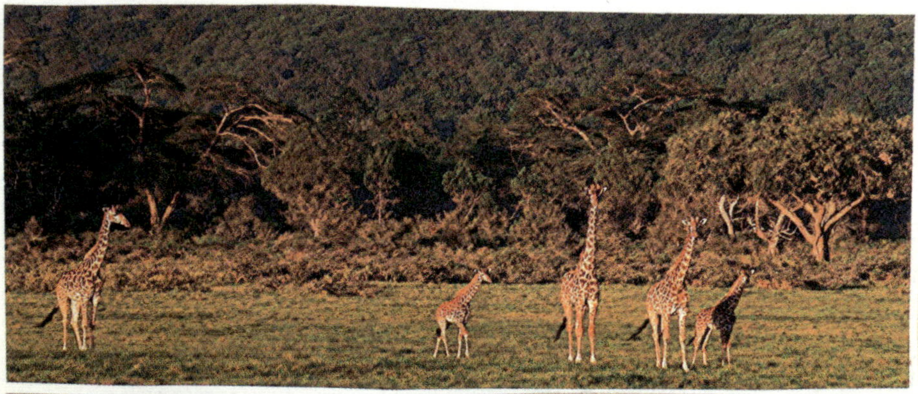

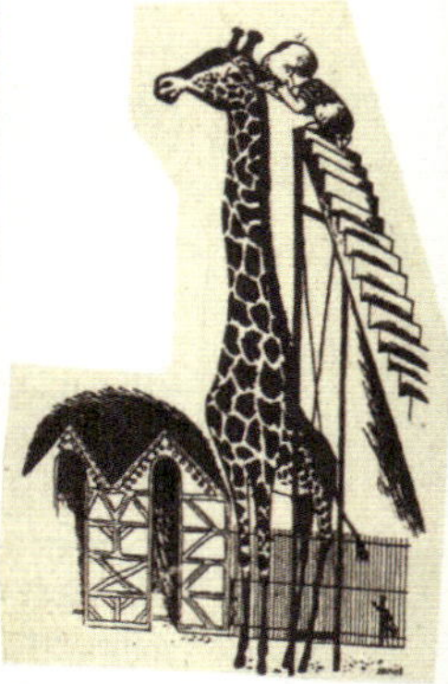

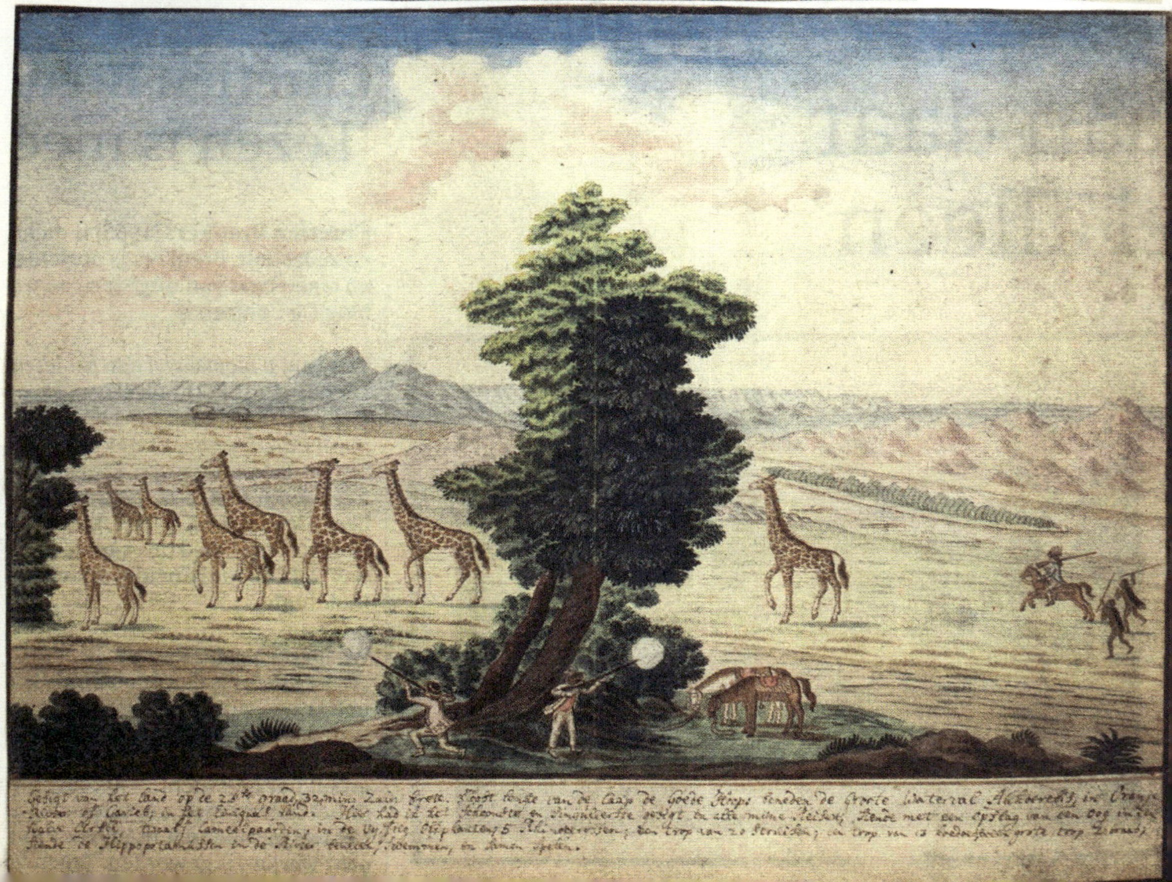

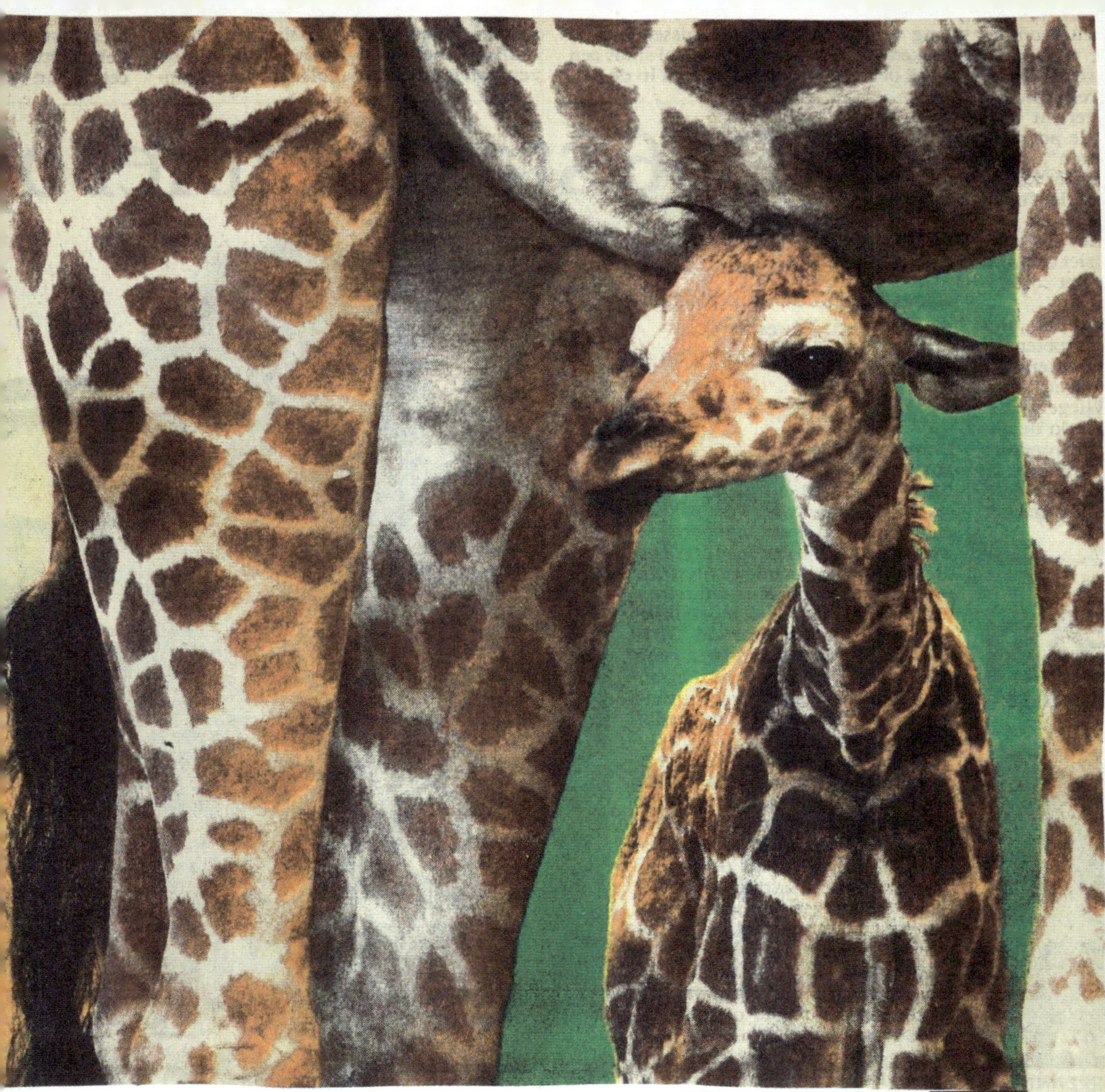

BLIJDORP

GiraF

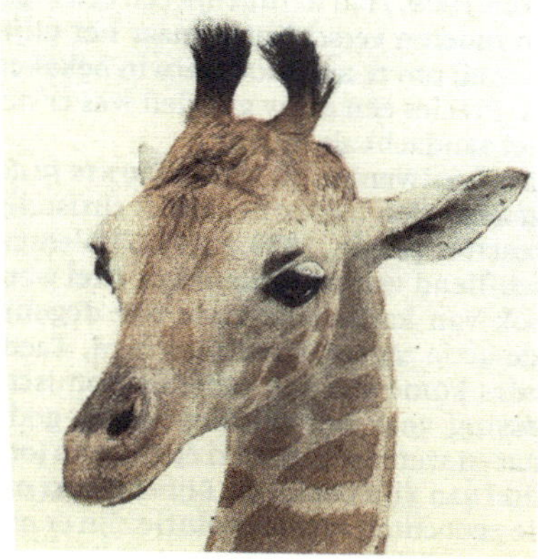

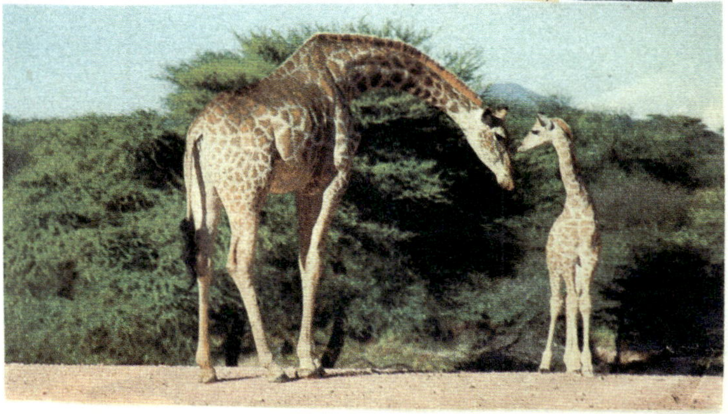

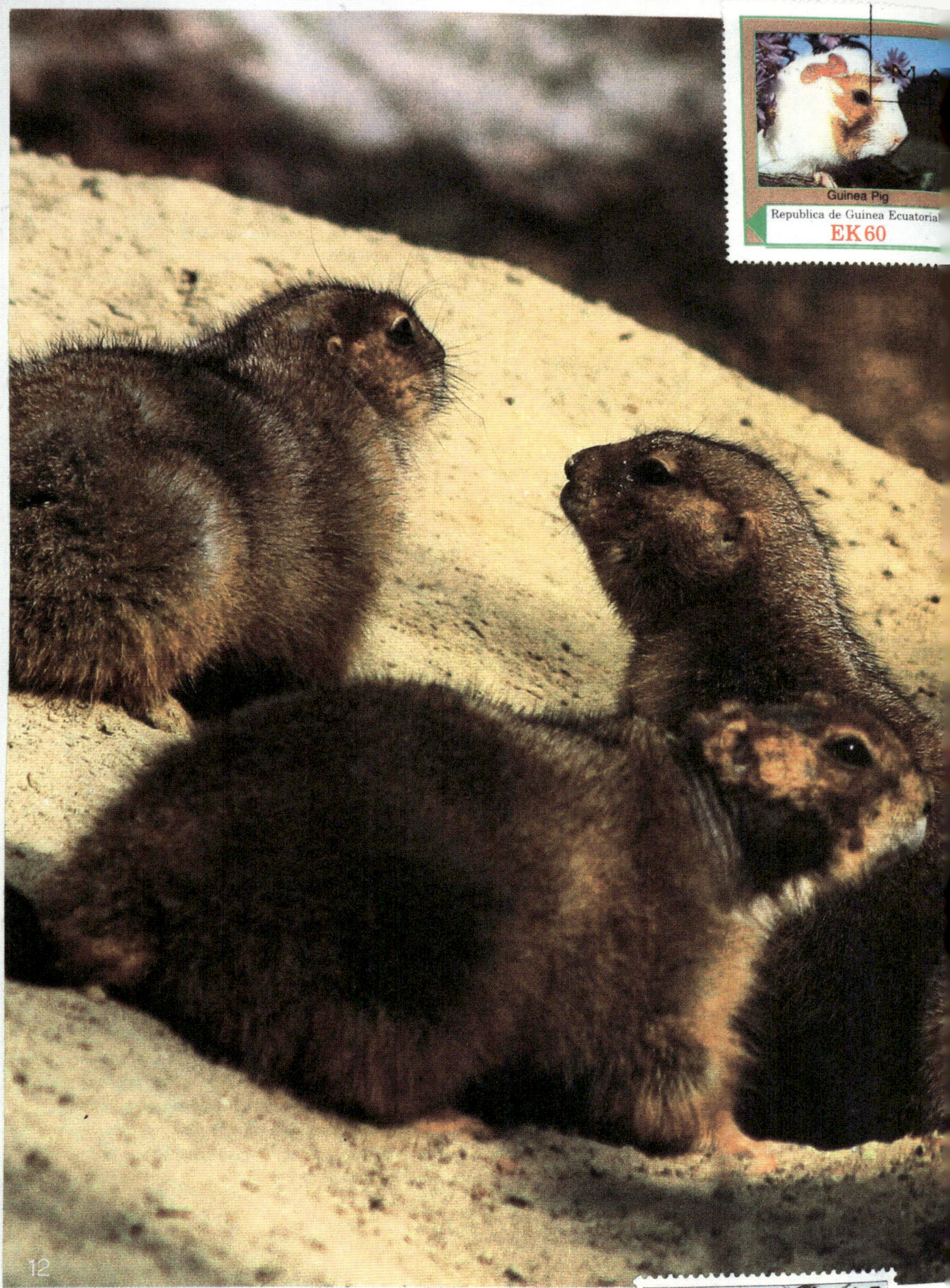
Guinea Pig
Republica de Guinea Ecuatorial
EK 60

marmot

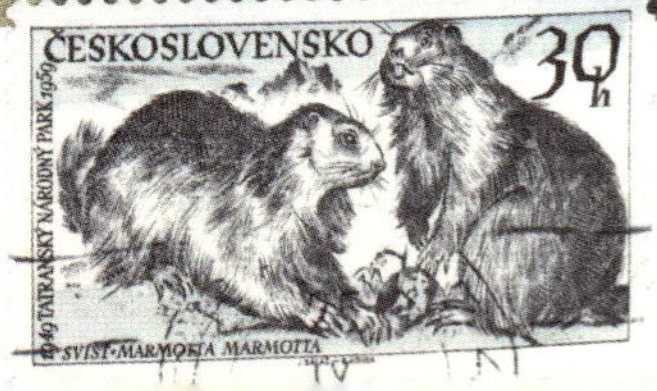
ČESKOSLOVENSKO
30h

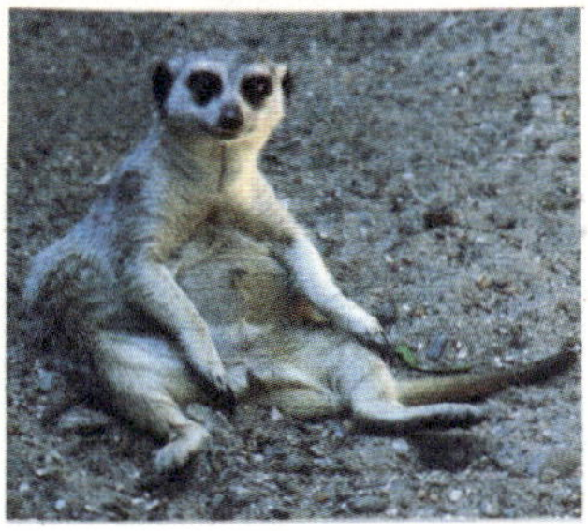

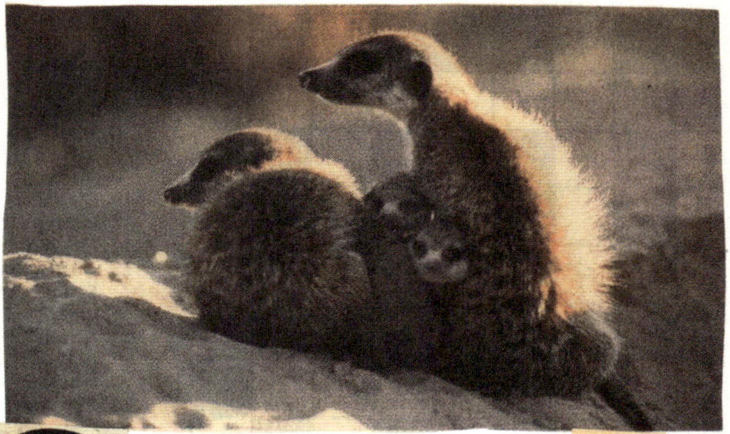

stOk staarTjes

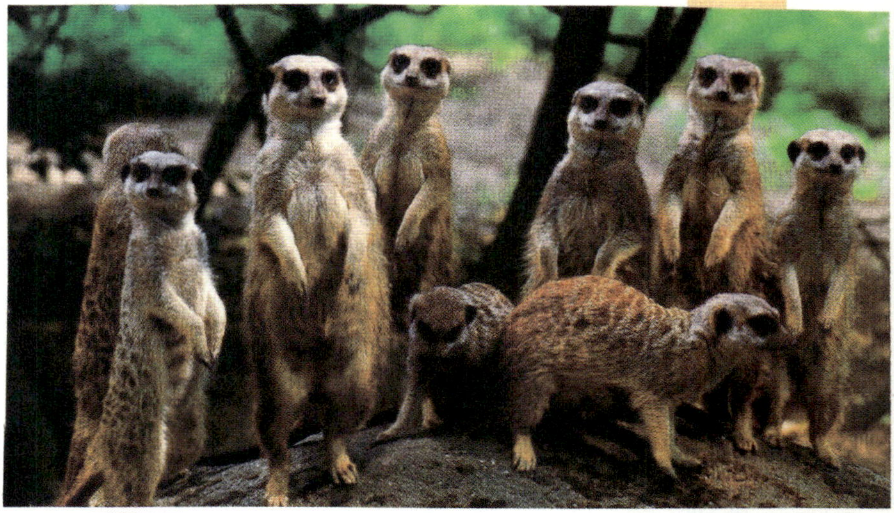

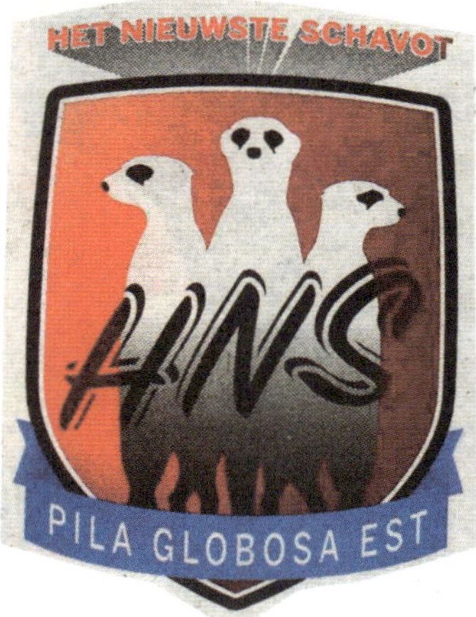

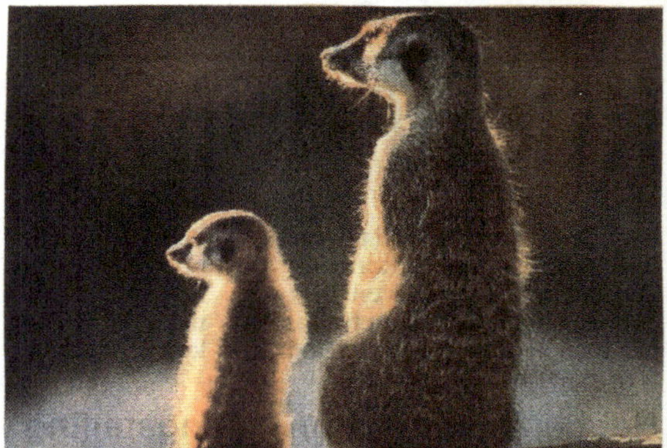

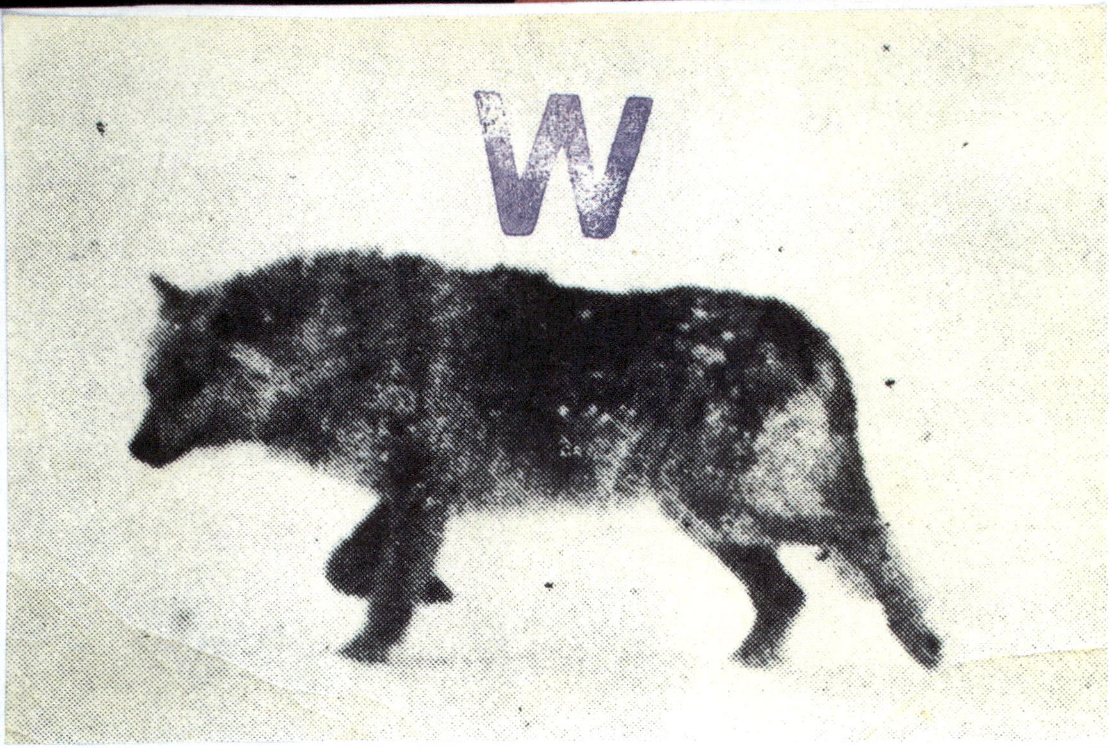
W

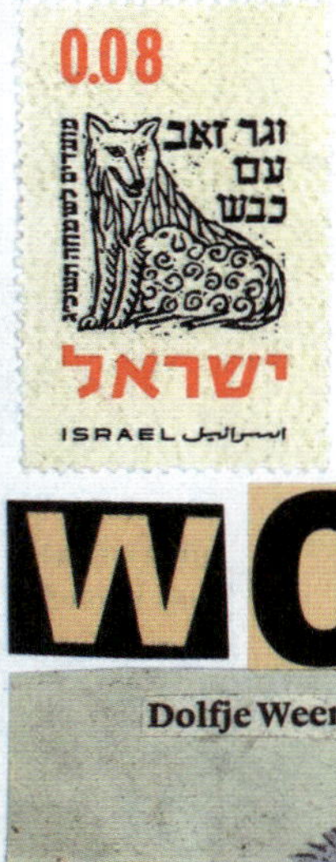
0.08
וגר זאב
עם
כבש
ישראל
ISRAEL اسرائيل

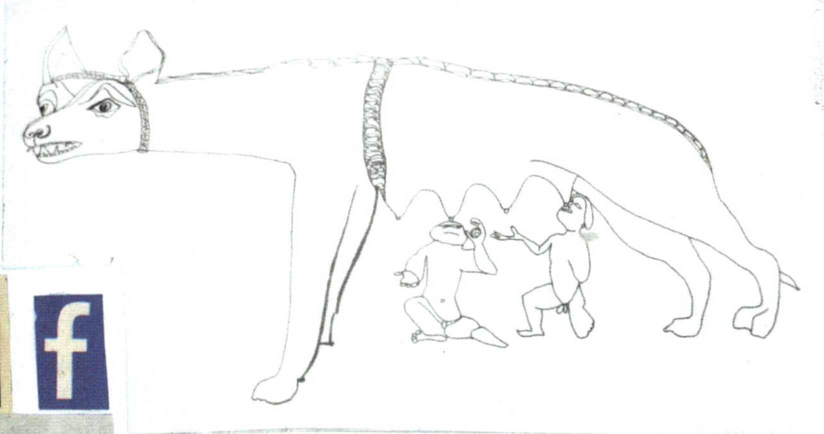

wolf

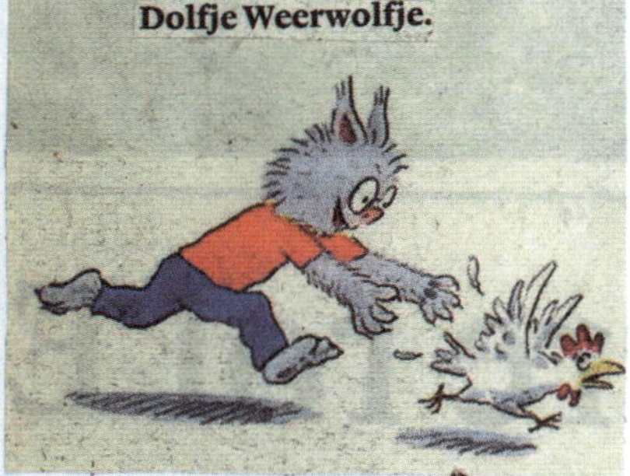
Dolfje Weerwolfje.

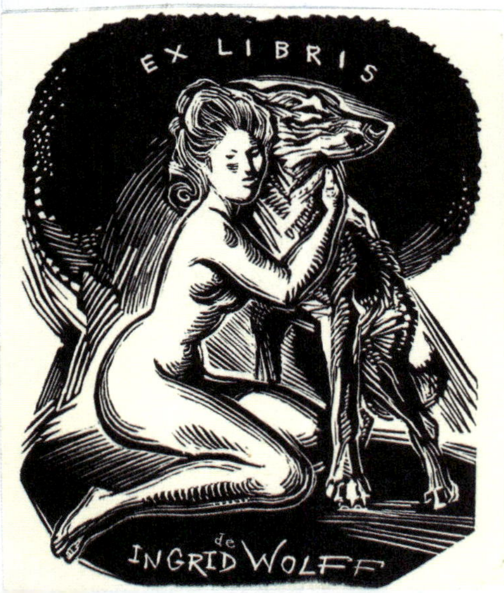
EX LIBRIS
de
INGRID WOLFF

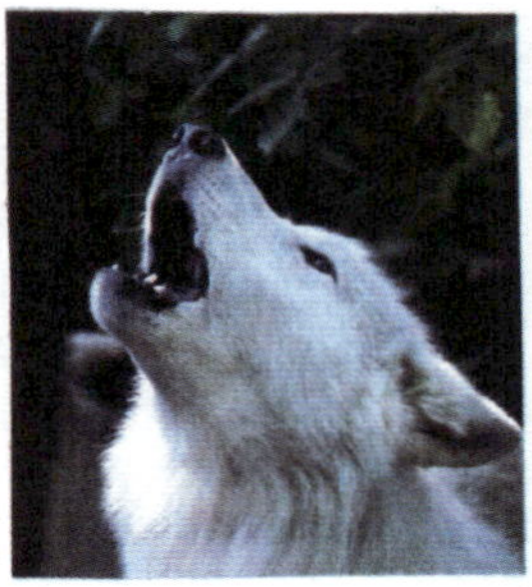

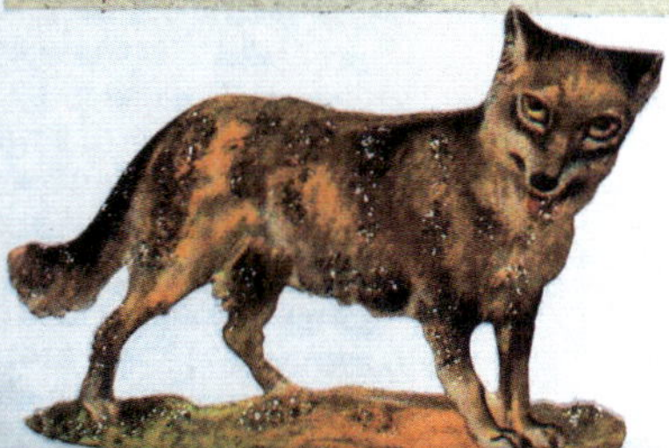

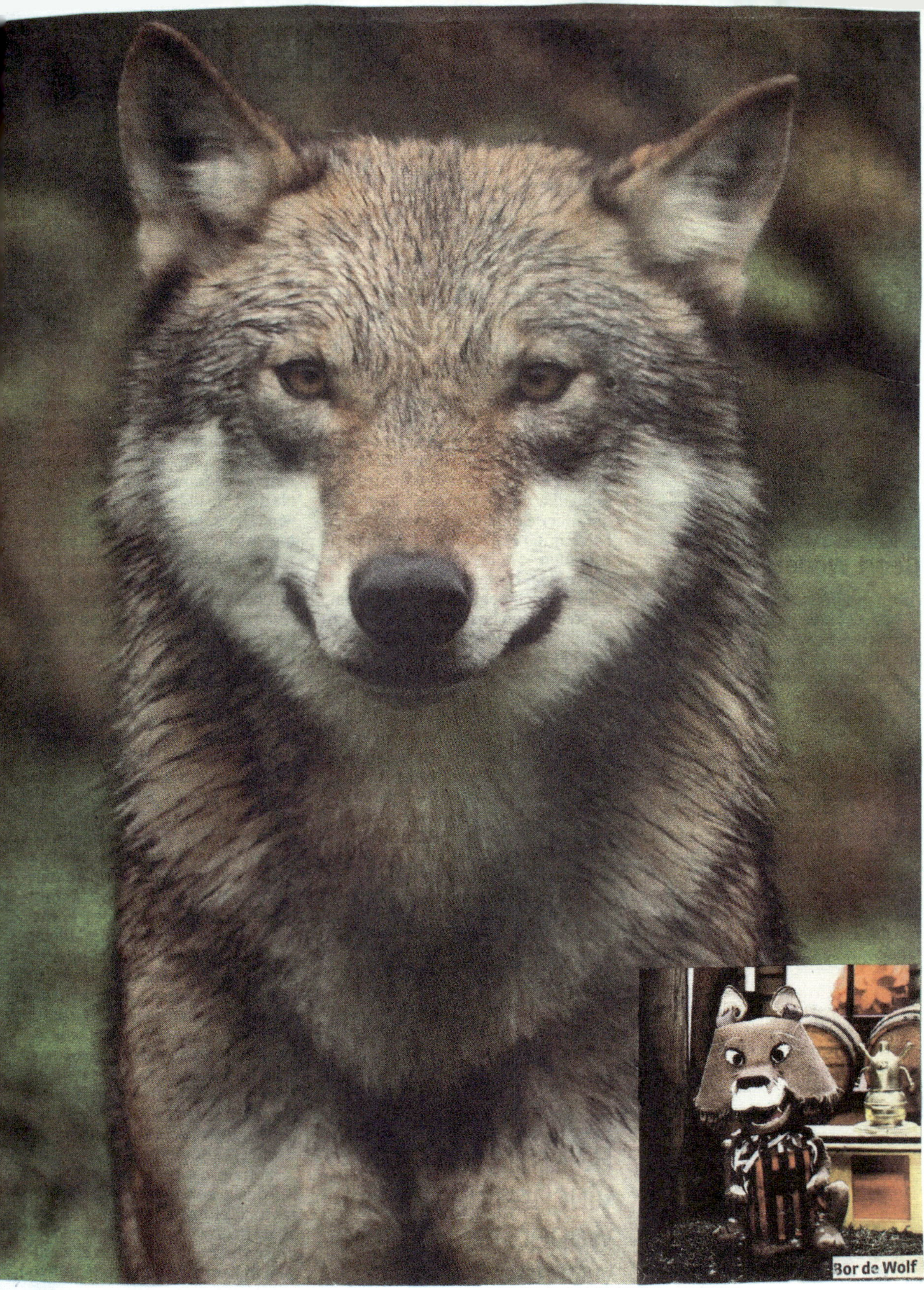

Bor de Wolf

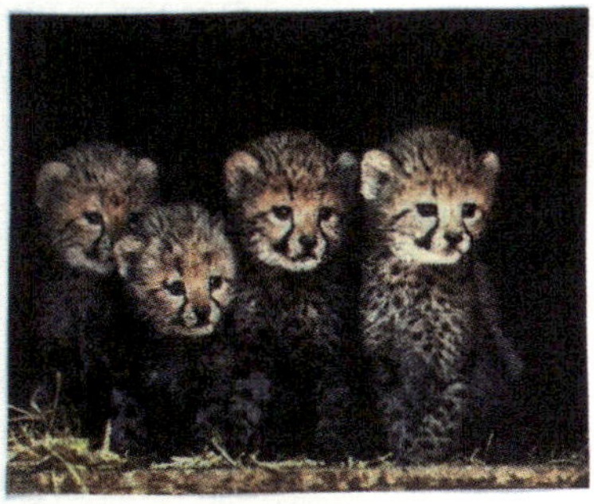

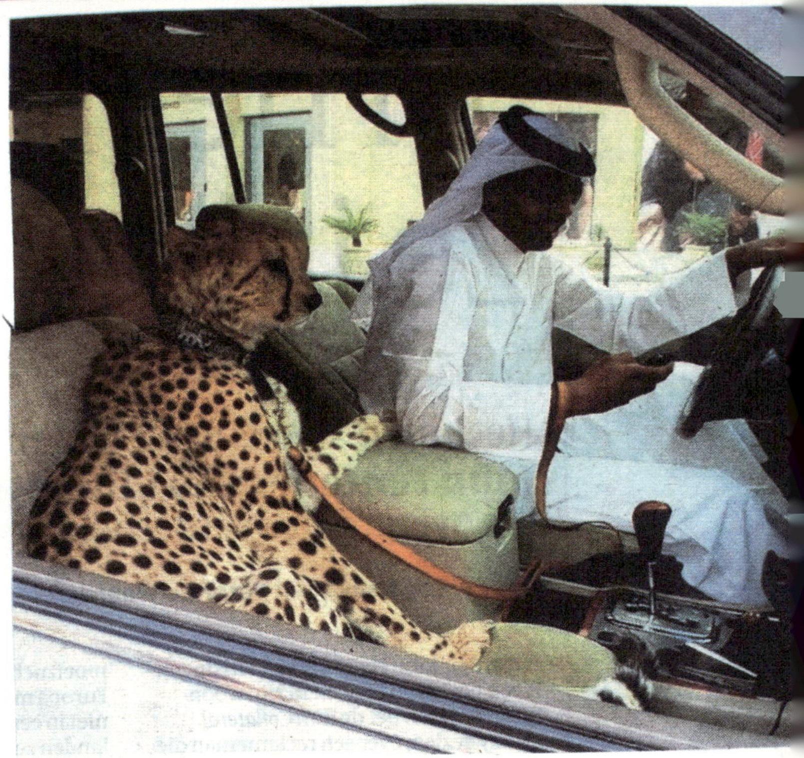

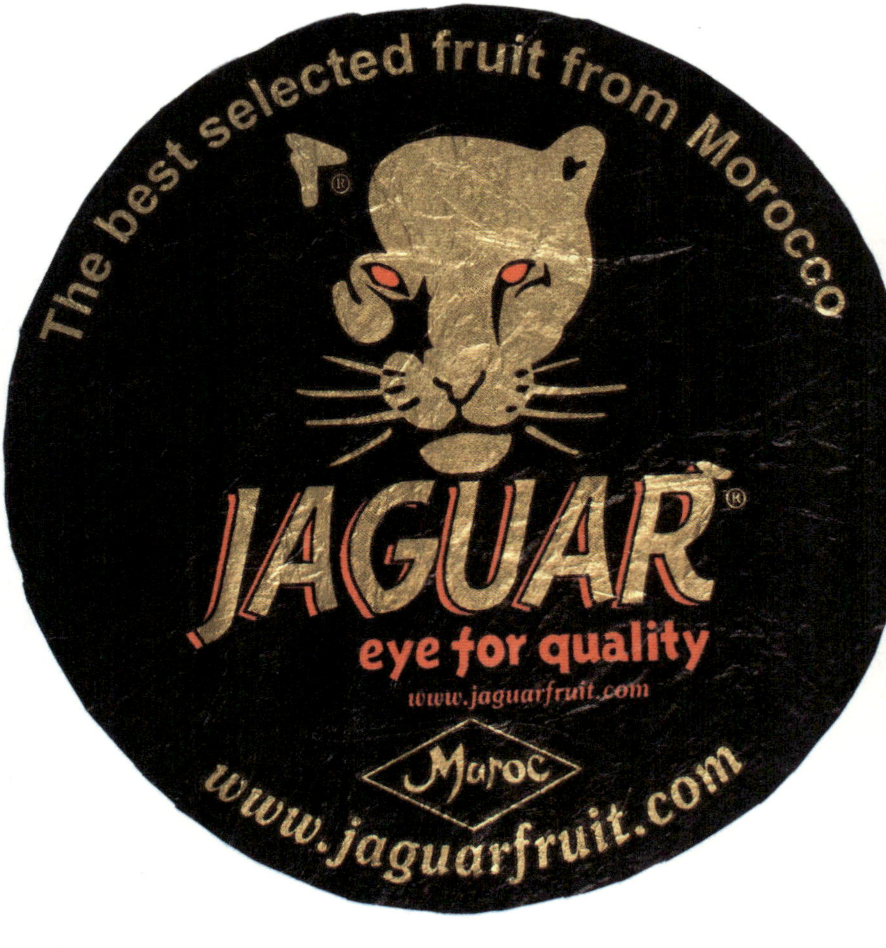
The best selected fruit from Morocco
JAGUAR®
eye for quality
www.jaguarfruit.com
Maroc
www.jaguarfruit.com

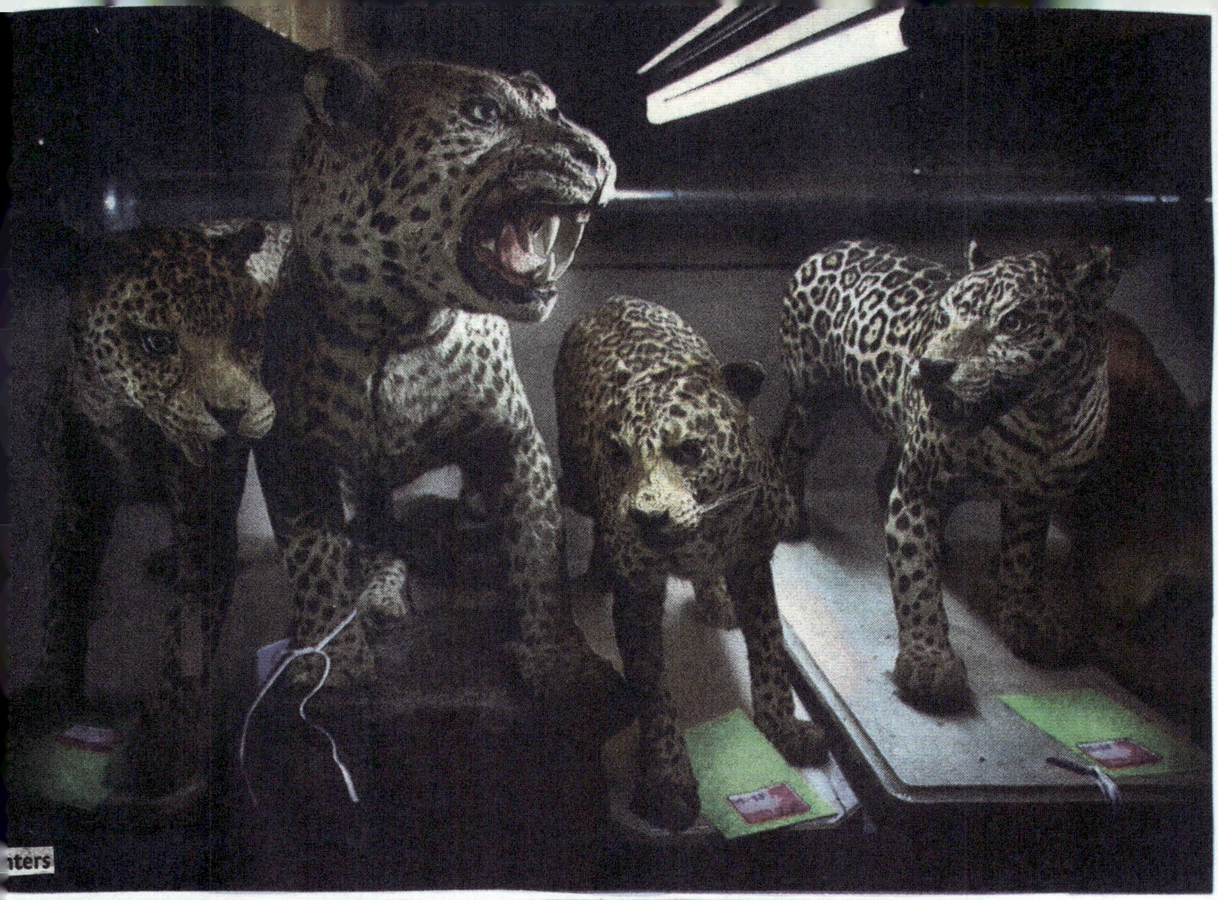
nters

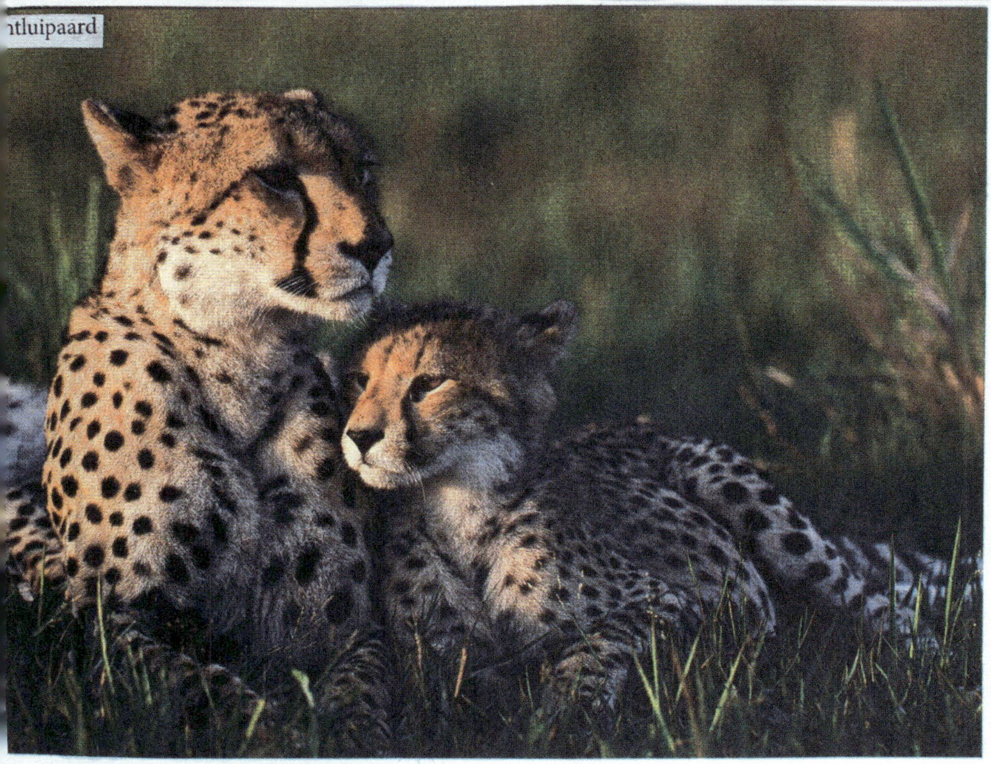
ntluipaard

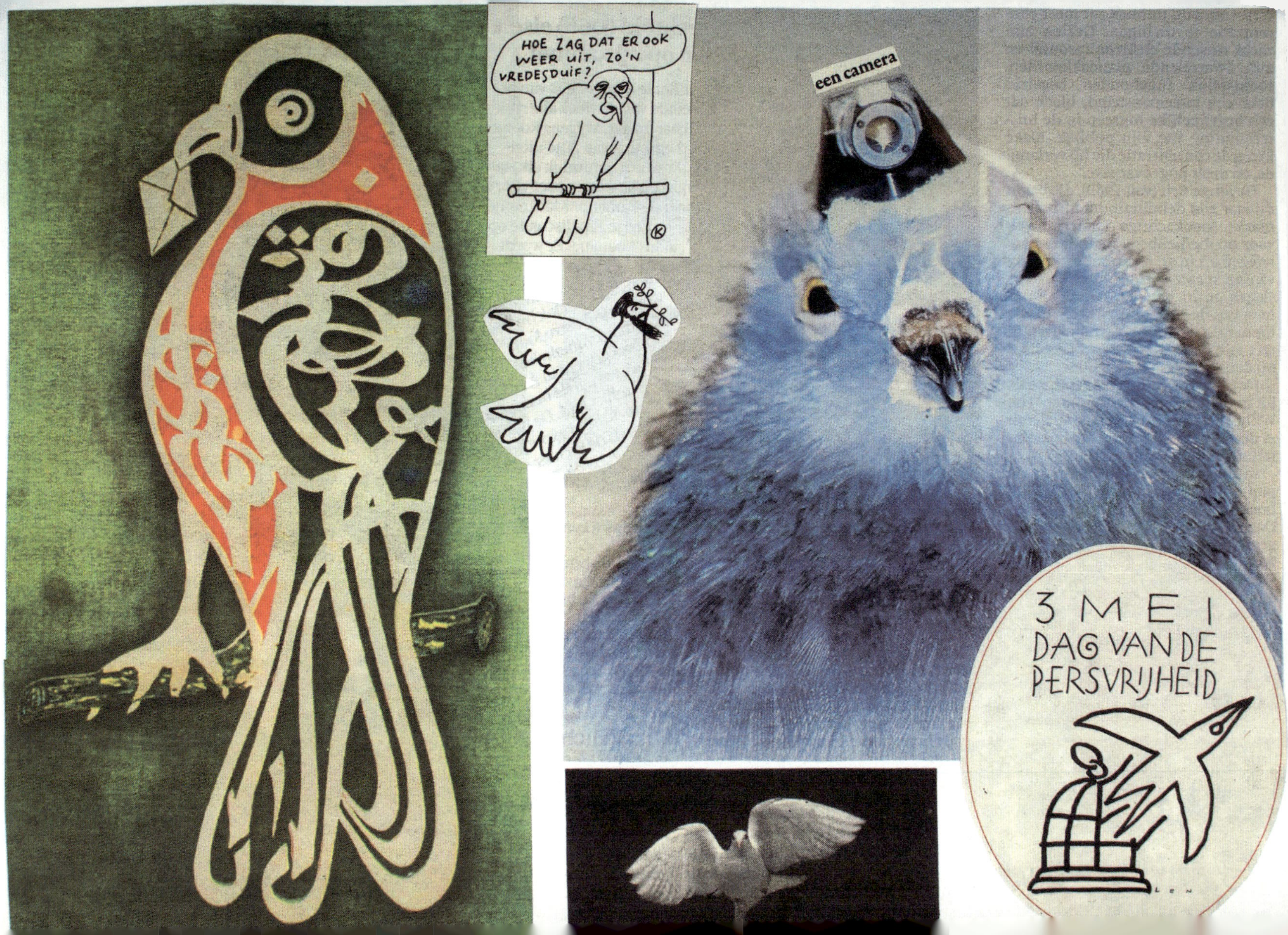
HOE ZAG DAT ER OOK WEER UIT, ZO'N VREDESDUIF?
een camera
3 MEI
DAG VAN DE
PERSVRIJHEID

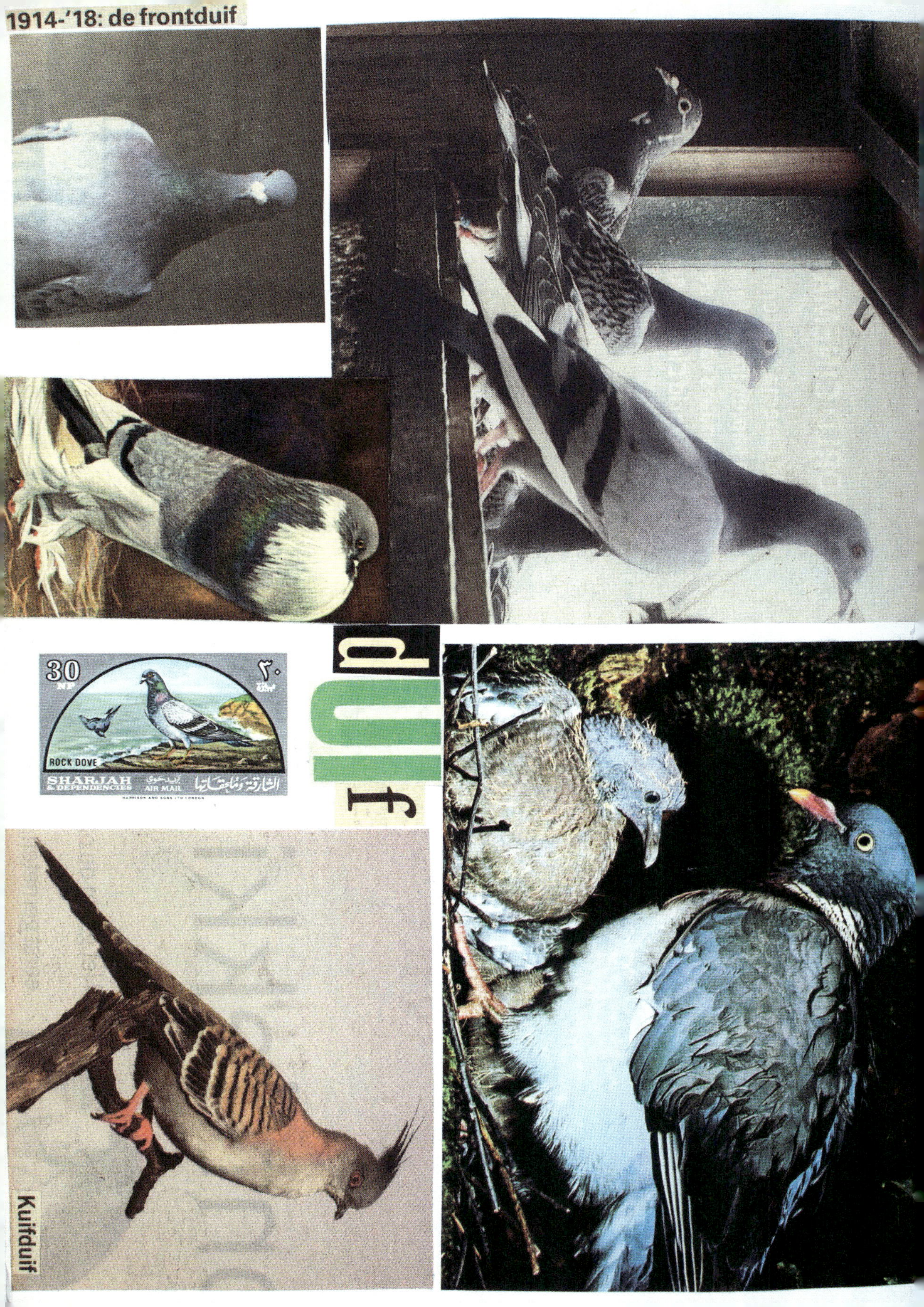
1914-'18: de frontduif
duif
30
NP
ROCK DOVE
SHARJAH
& DEPENDENCIES
AIR MAIL
Kuifduif

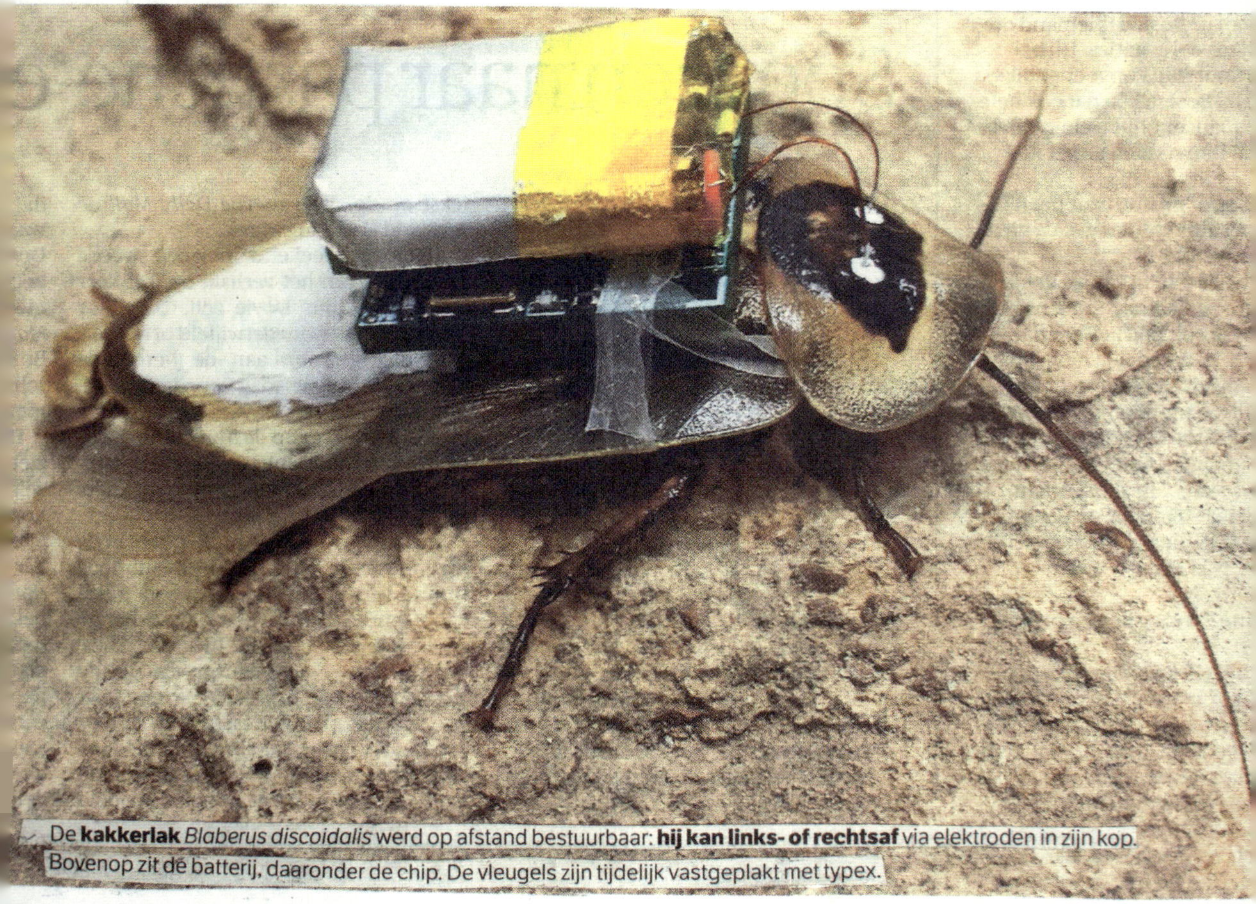

De **kakkerlak** *Blaberus discoidalis* werd op afstand bestuurbaar: **hij kan links- of rechtsaf** via elektroden in zijn kop. Bovenop zit de batterij, daaronder de chip. De vleugels zijn tijdelijk vastgeplakt met typex.

mUg

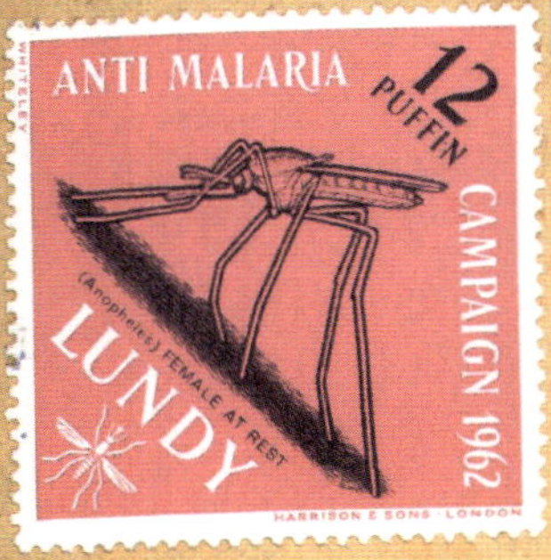

De mug *Culex pipiens*,

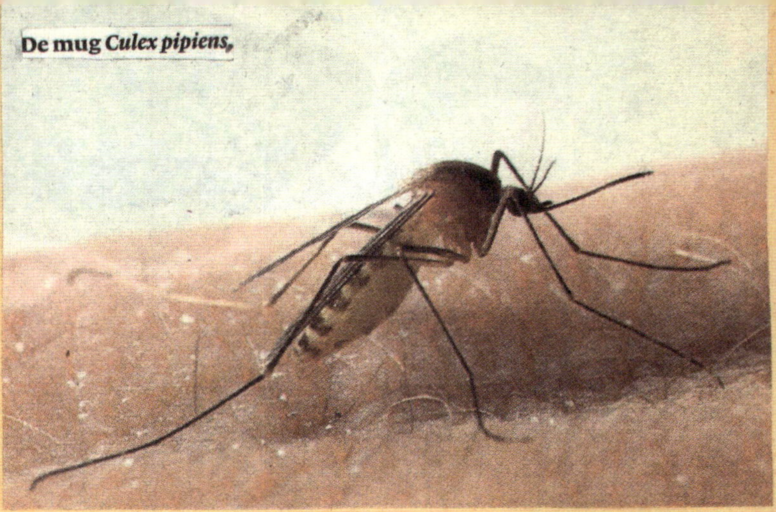

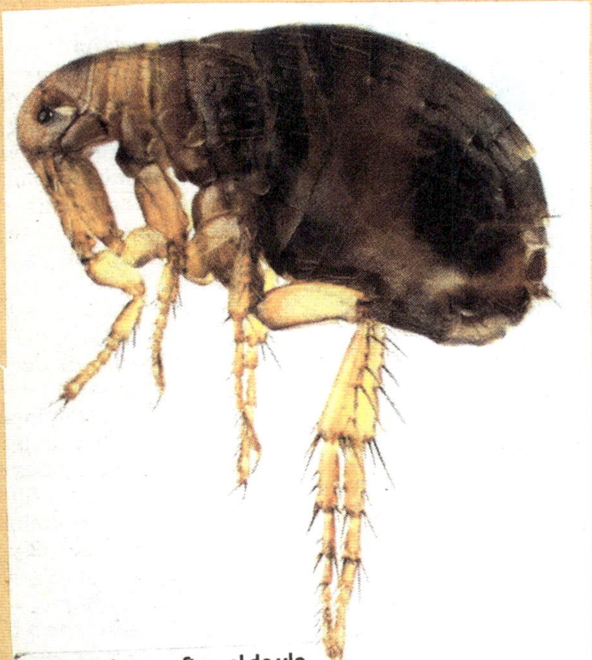

Pulex irritans, oftewel de vlo.

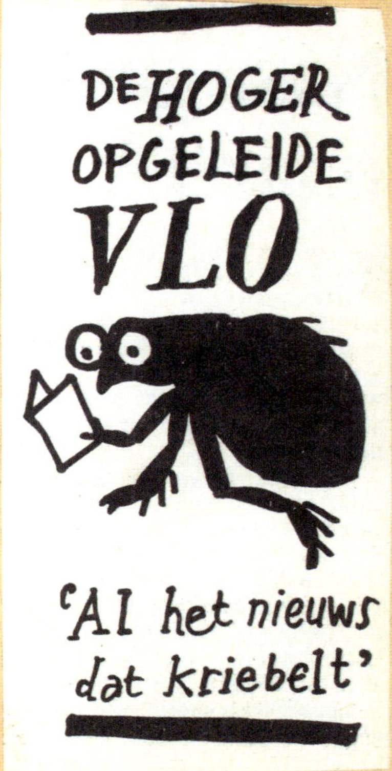

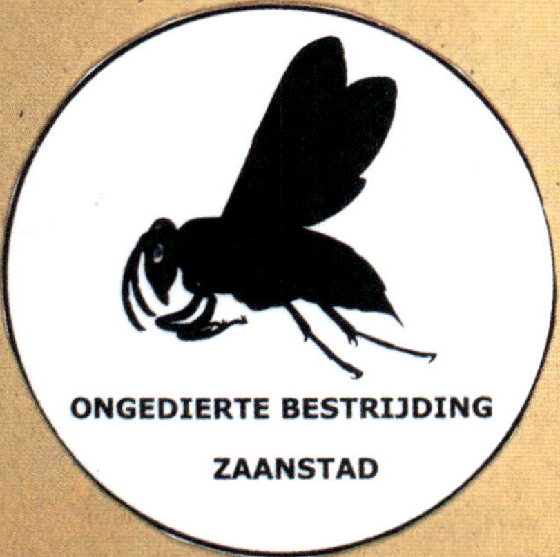

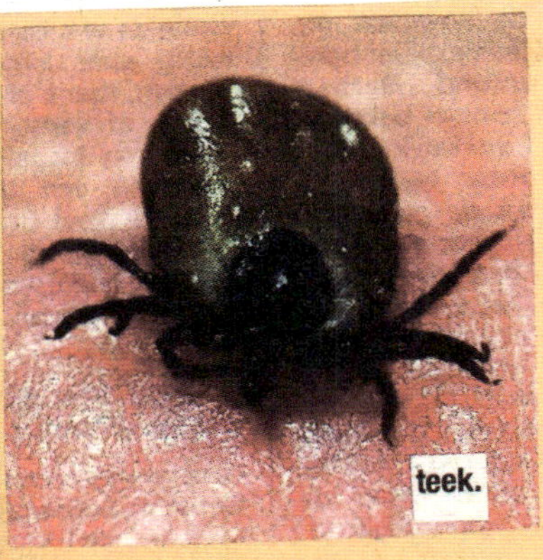

teek.

Pissebed

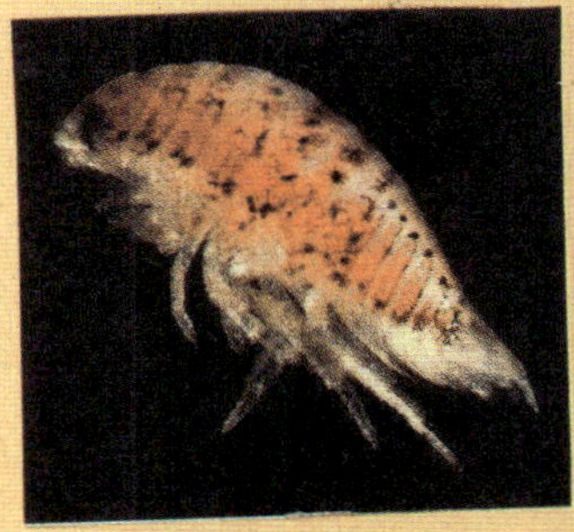

kwelgeesten

varken

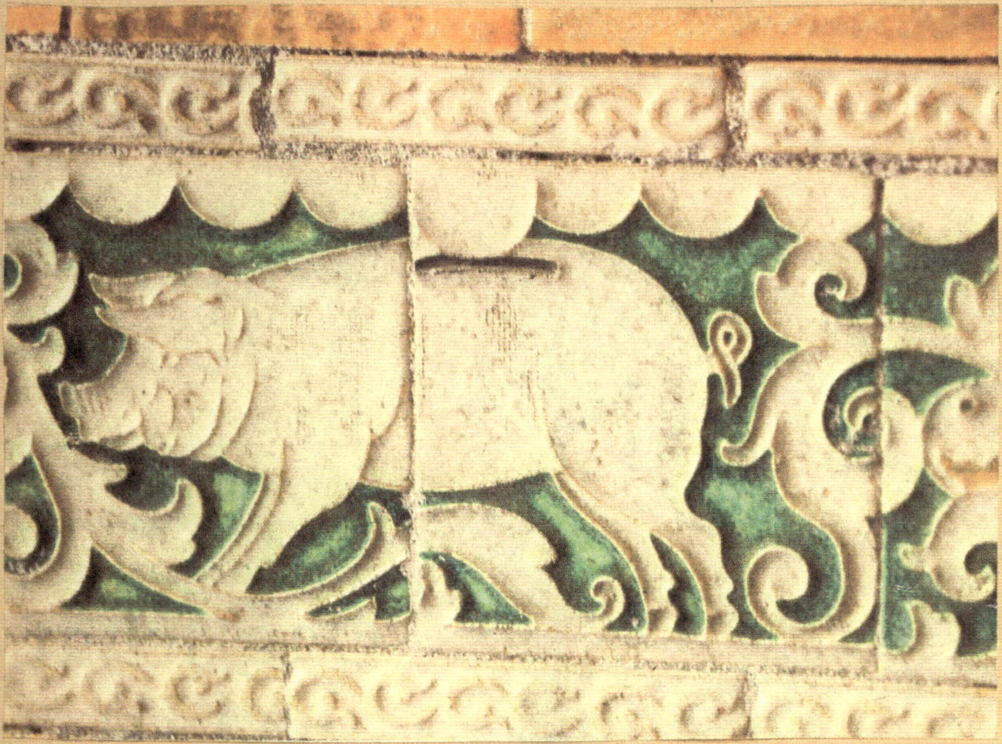

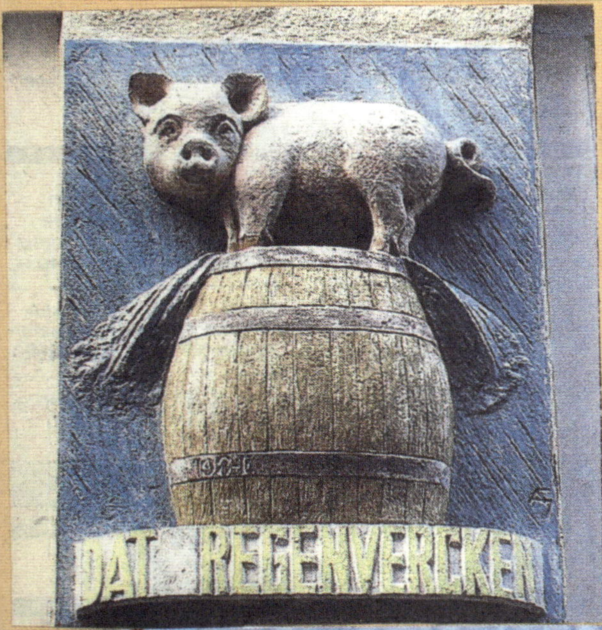

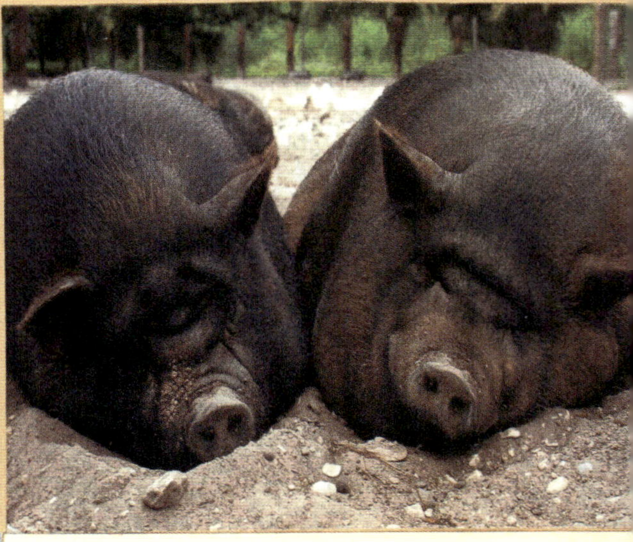

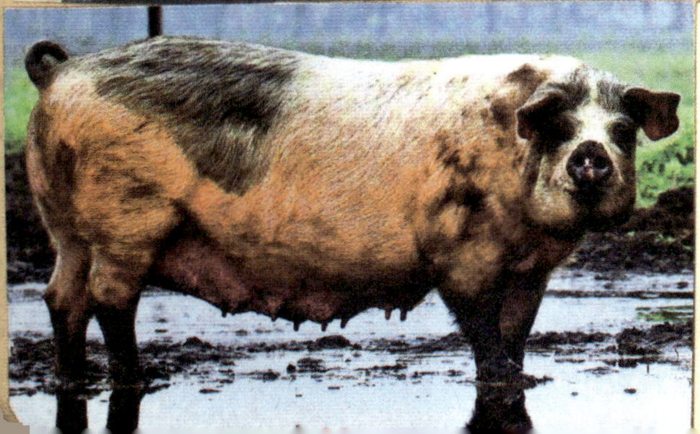

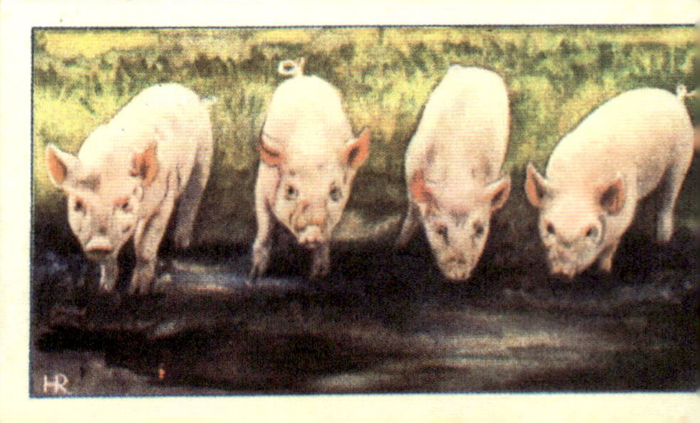

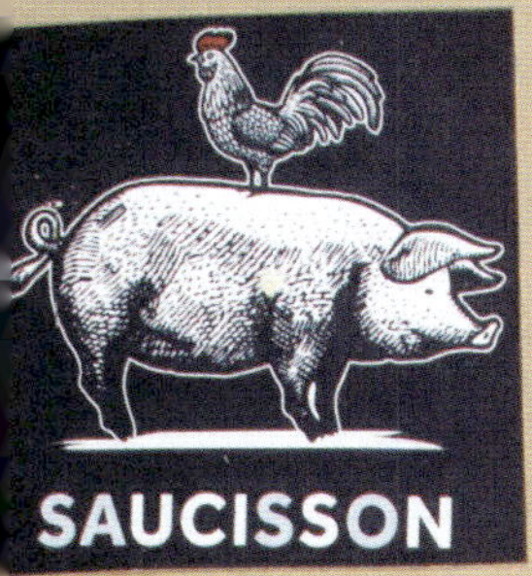

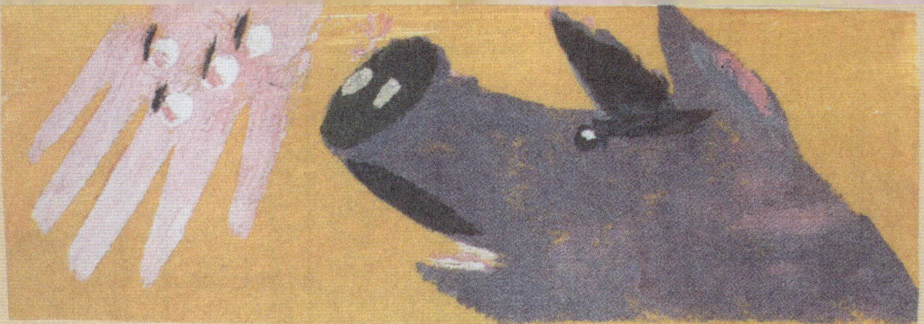

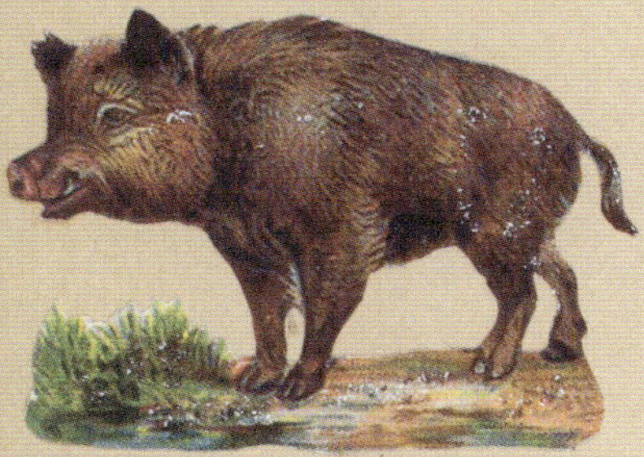

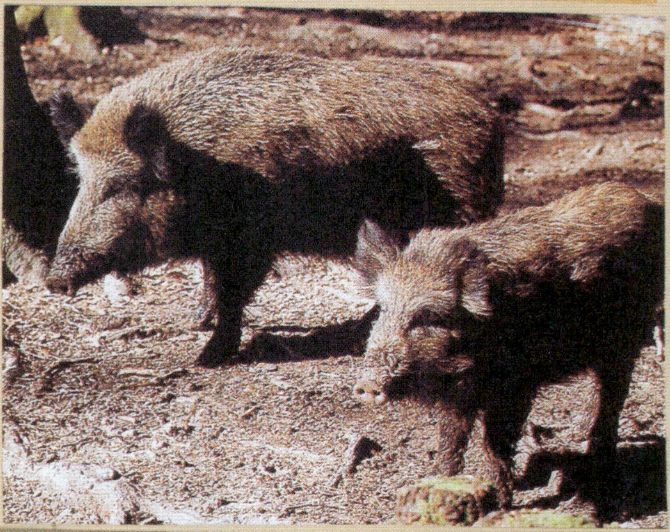

Zwijn

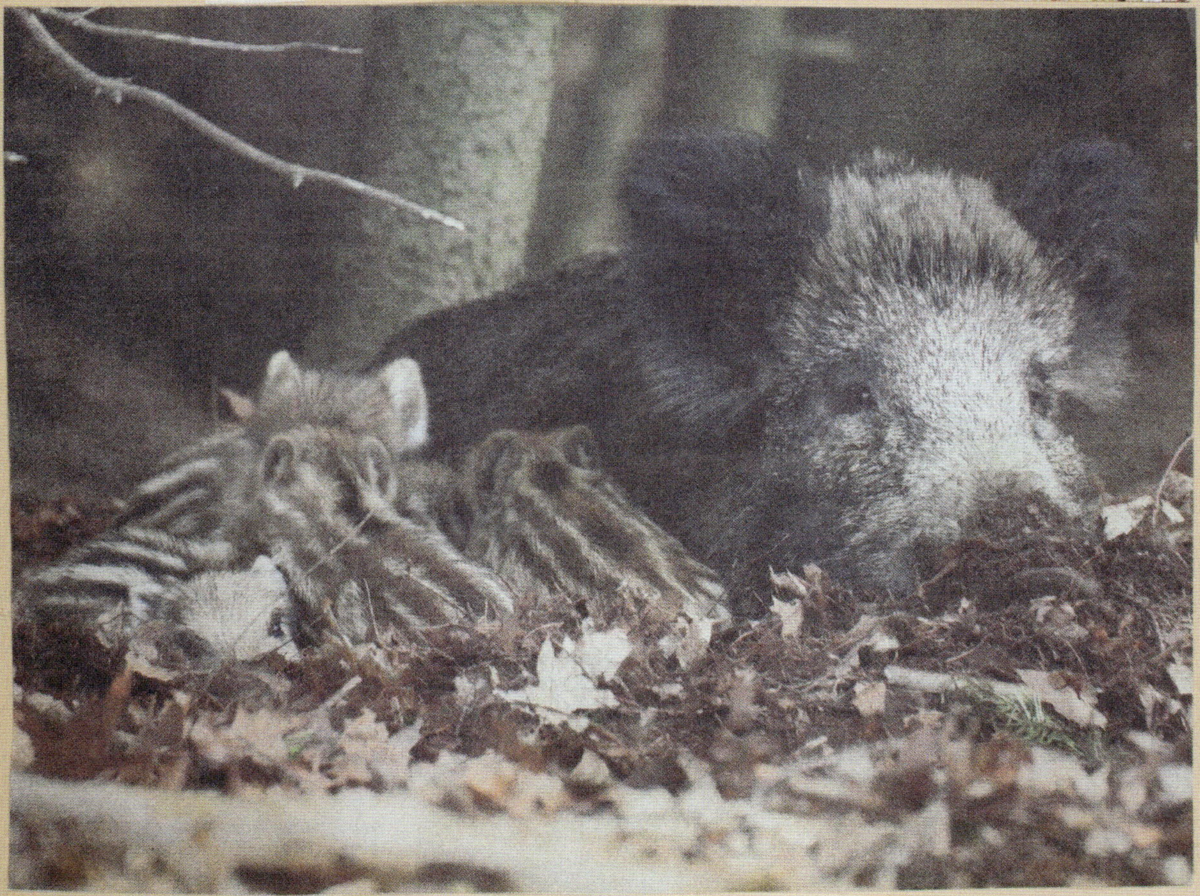

Niet de sterkste, maar de voorzichtigste rode maaimieren overleven

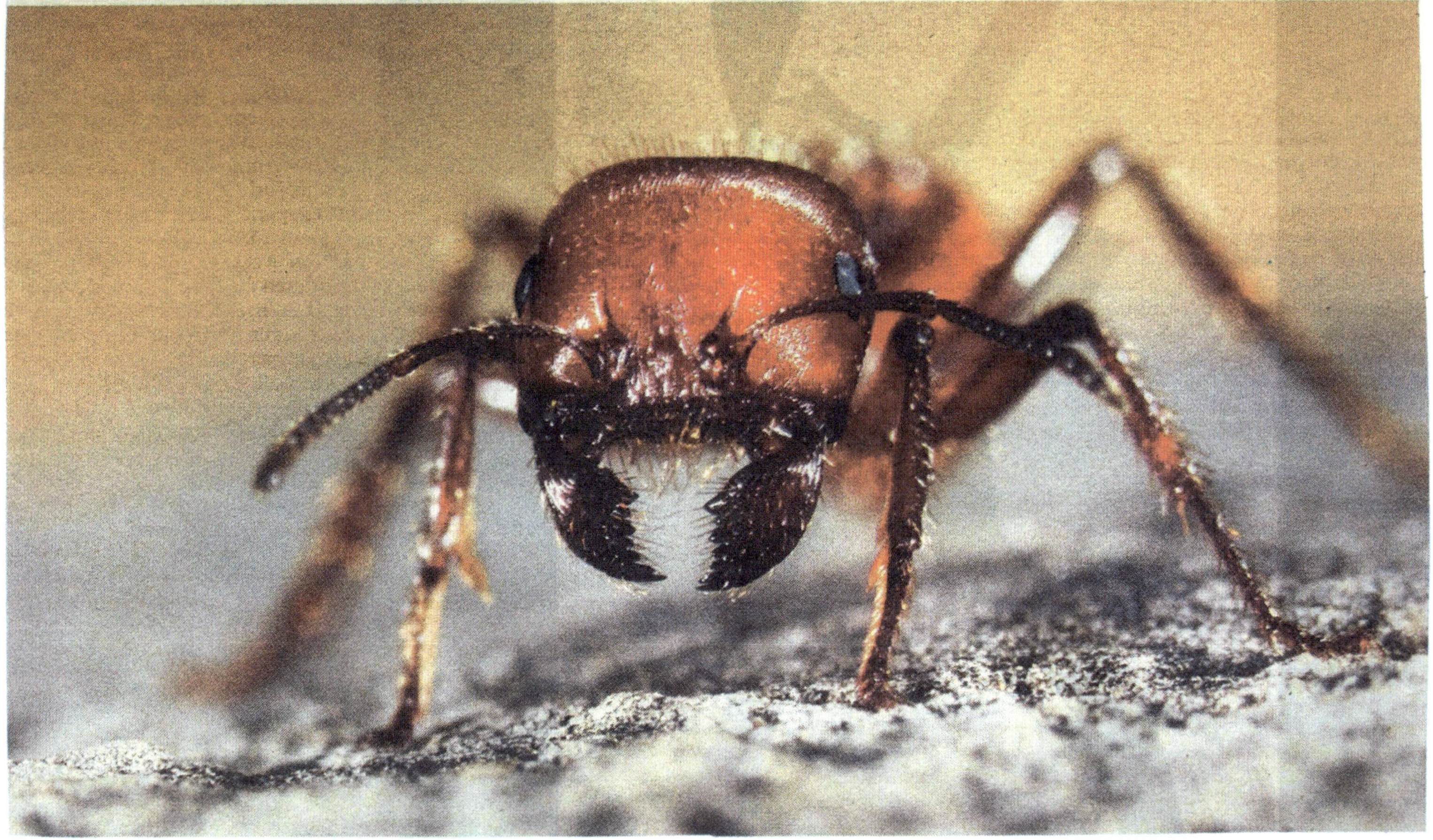

mieR

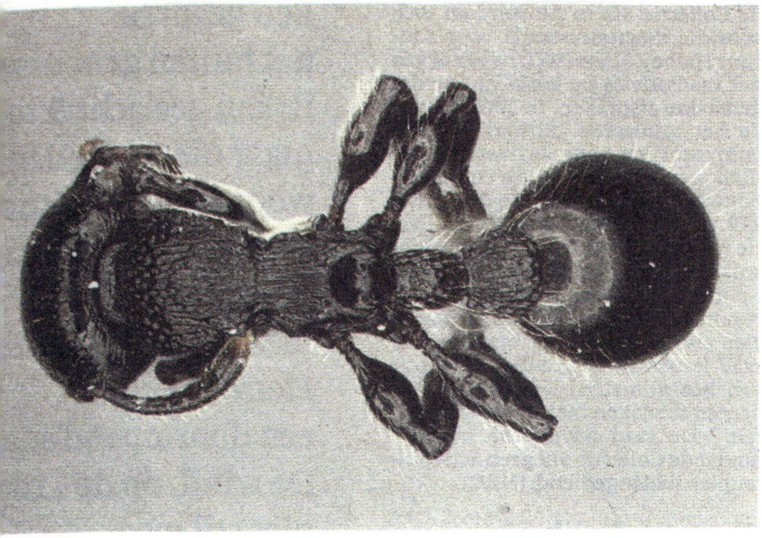

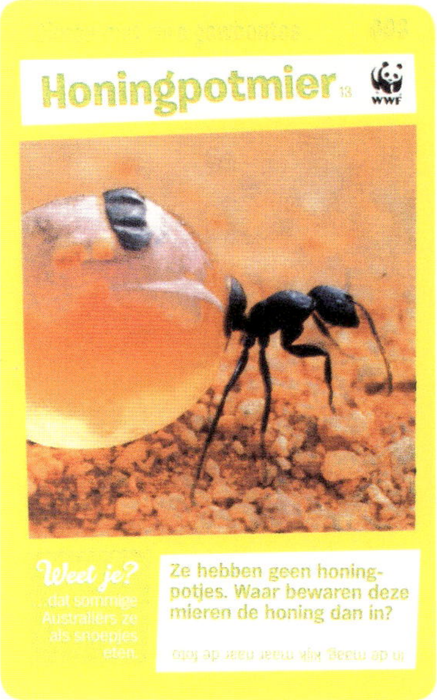

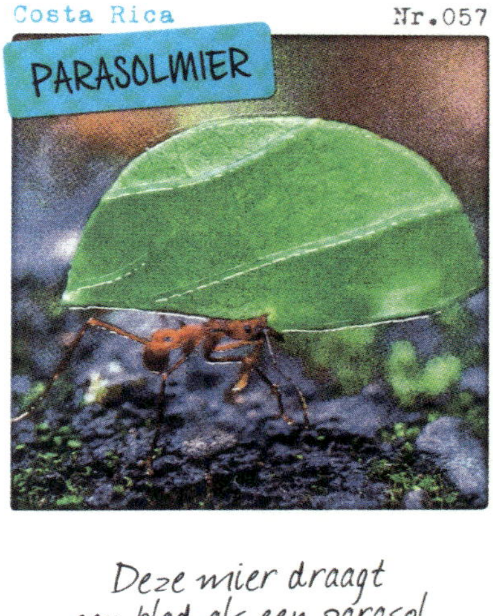

Deze mier draagt een blad als een parasol naar zijn holletje.

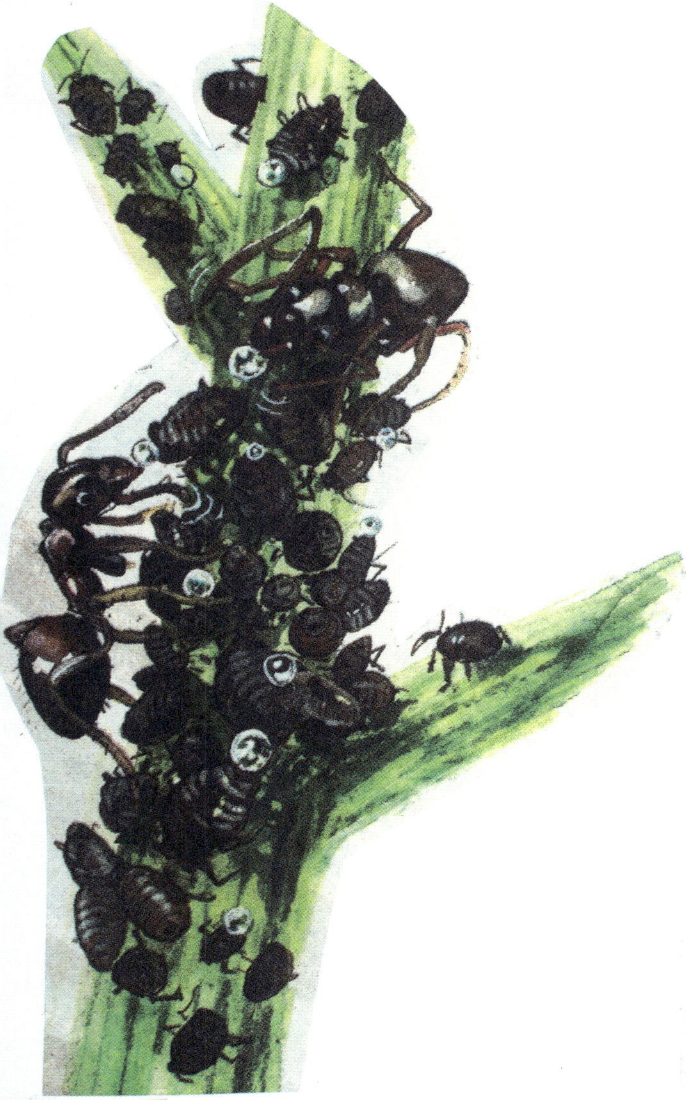

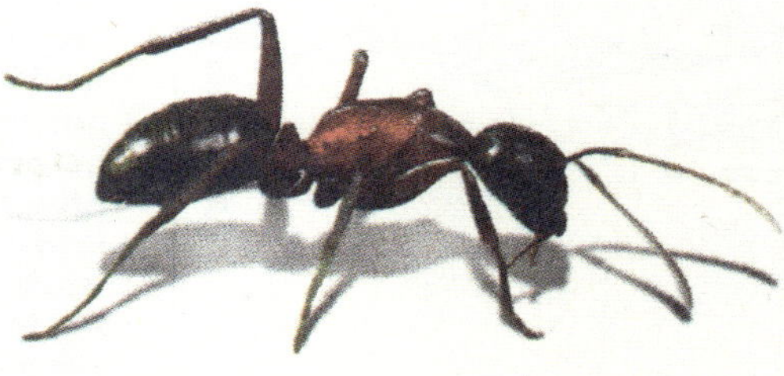

luis mIEr

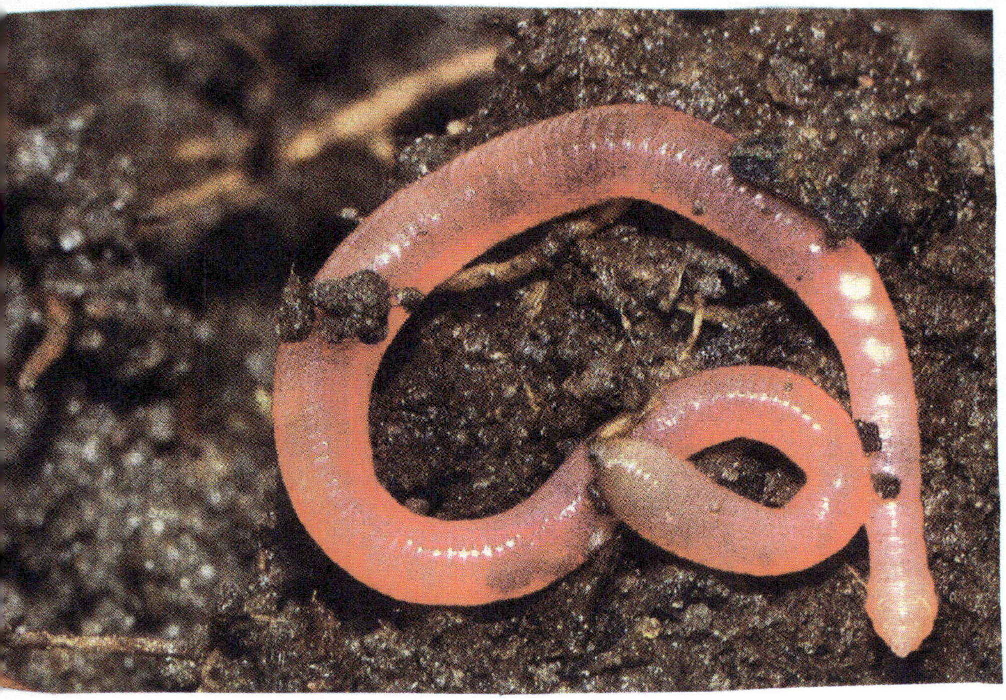

pIER

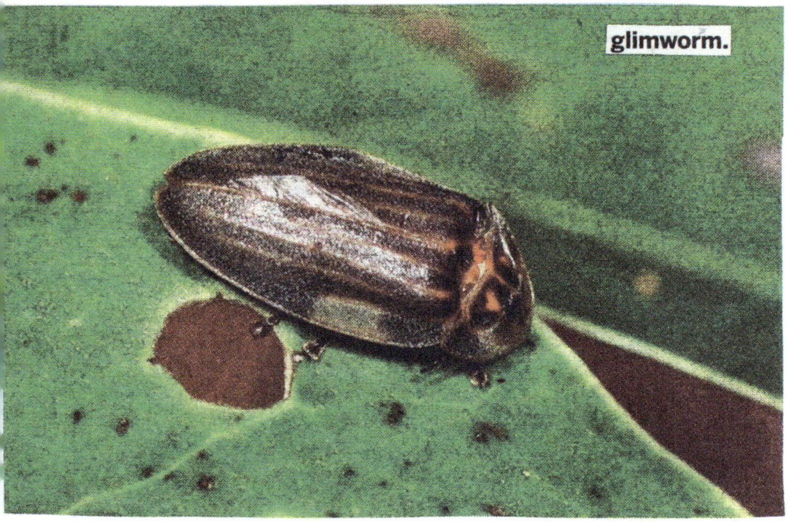

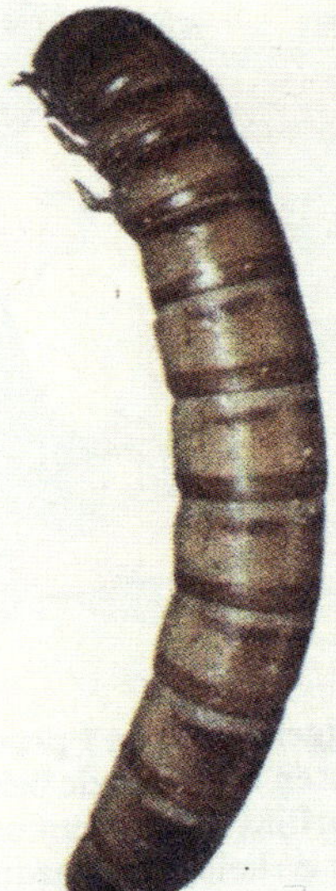

Meelworm
(Tenebrio molitor)

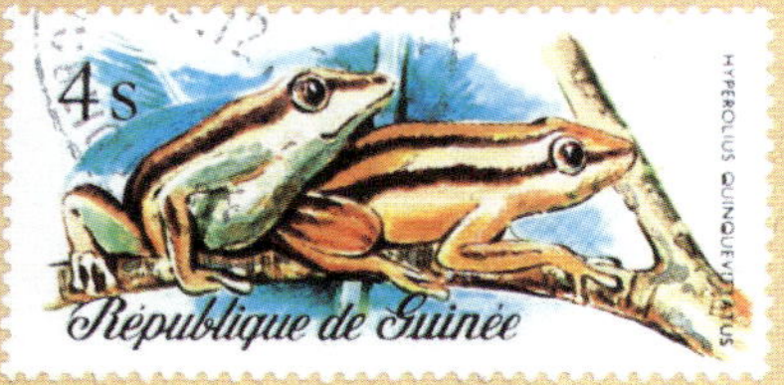

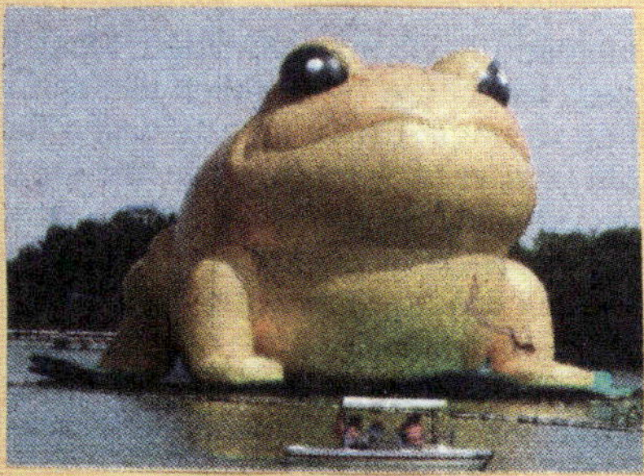

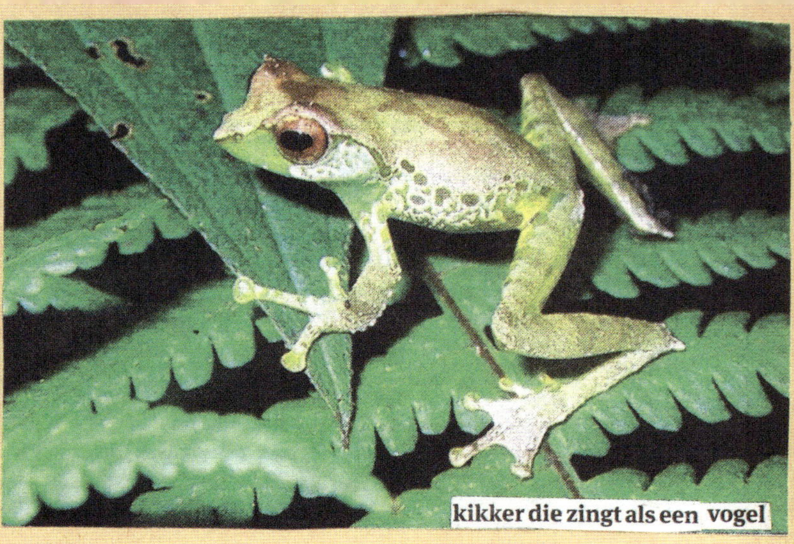

kikker die zingt als een vogel

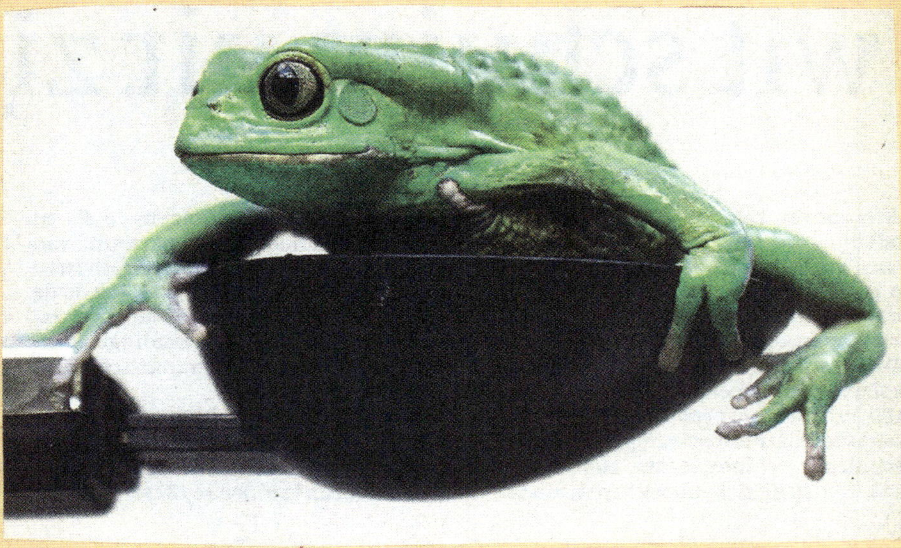

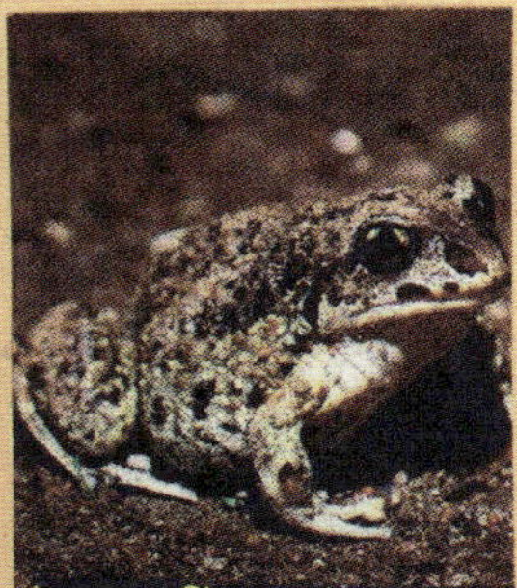

knoflookpad

PaD

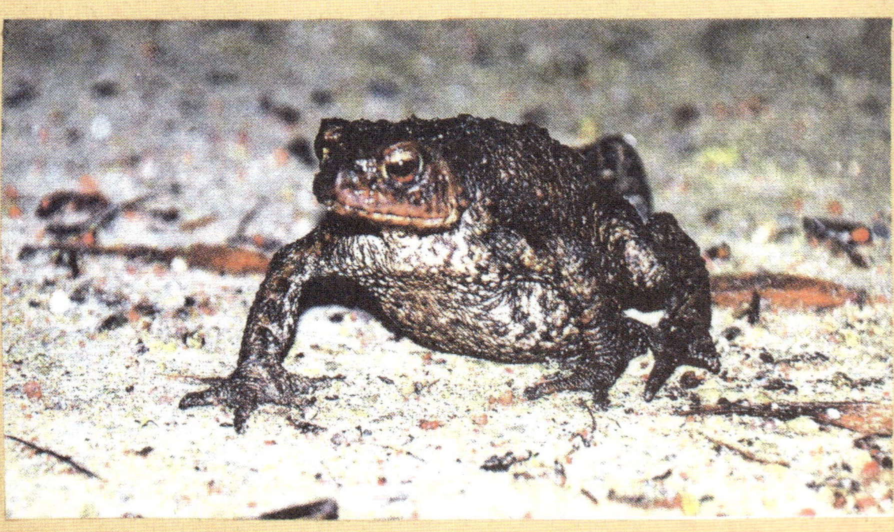

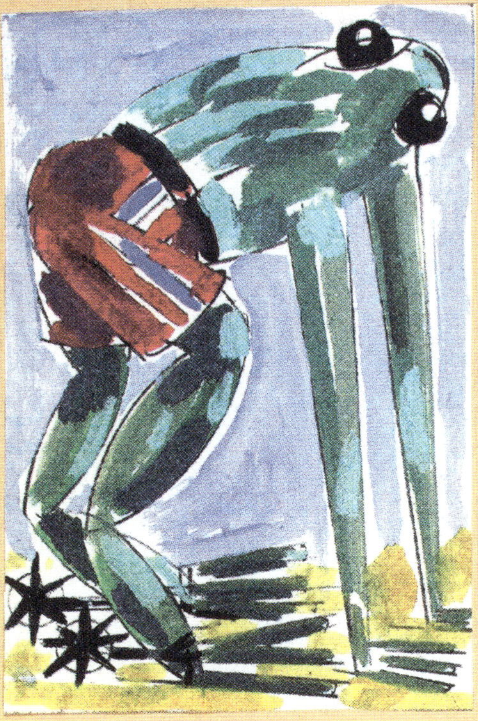

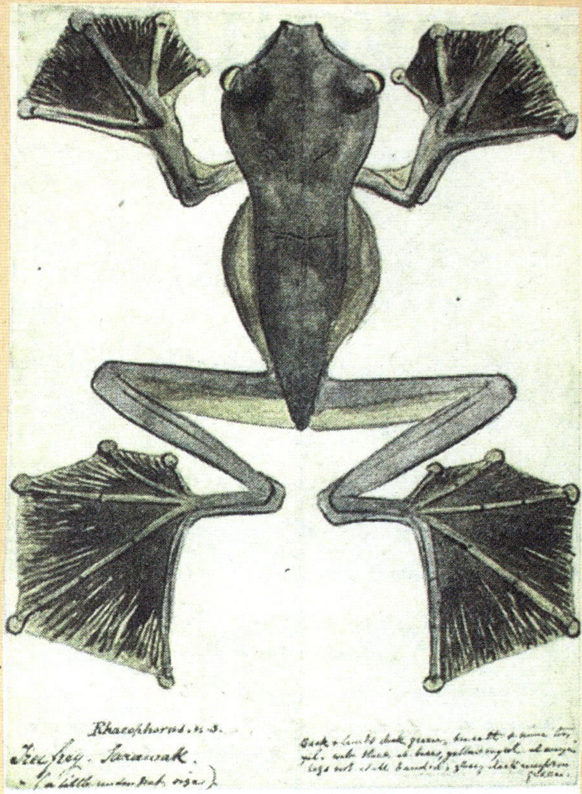

Wallace ontdekte deze zwartvoetboomkikker (*Rhacophorus nigropalmatus*).

Kikker

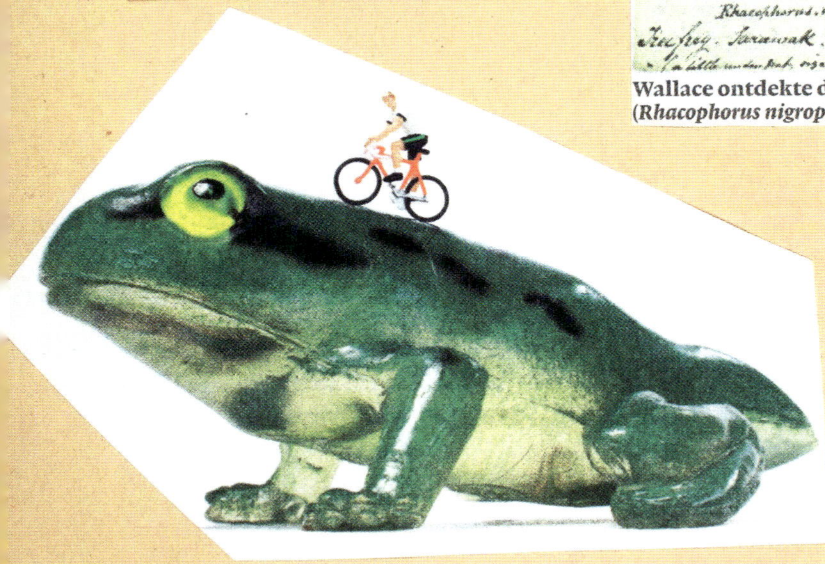

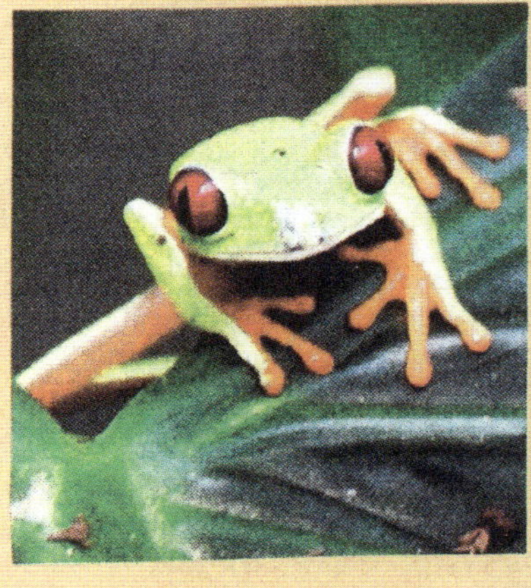

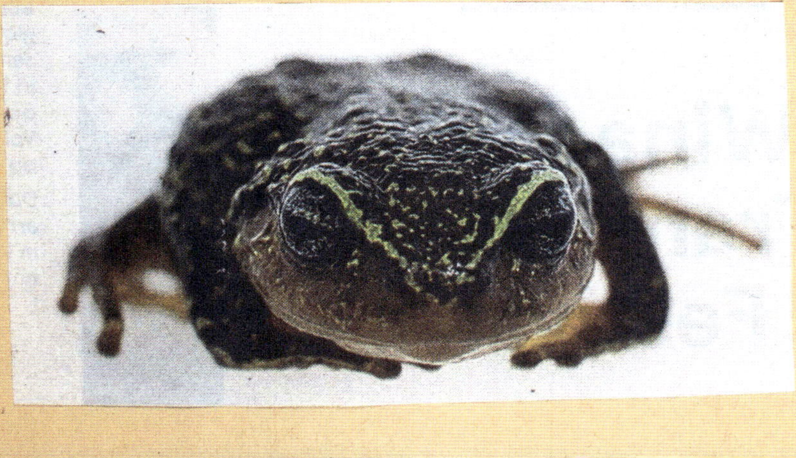

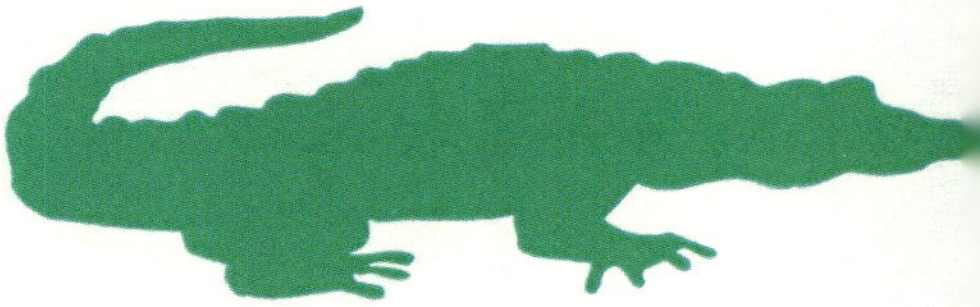

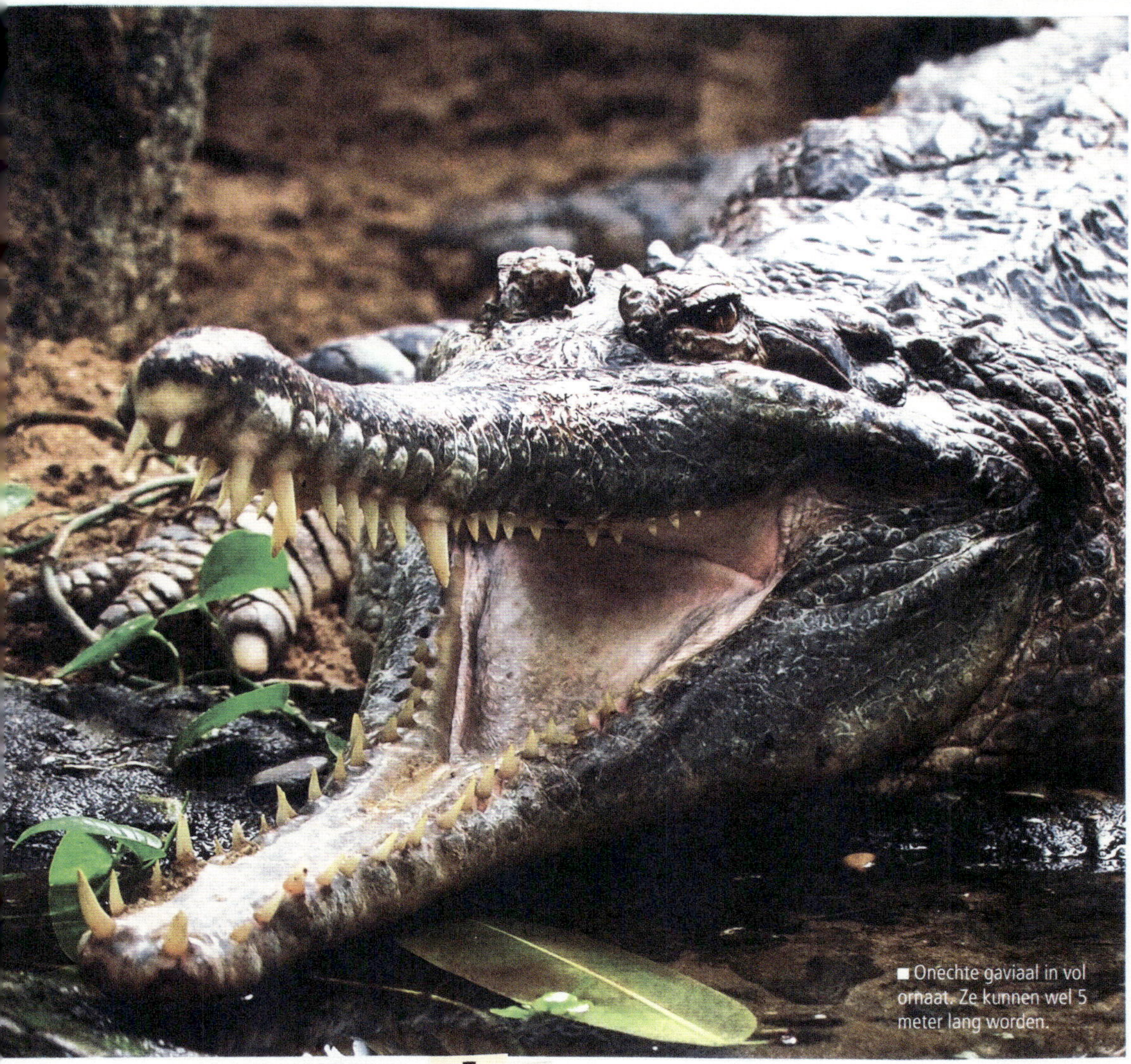

■ Onechte gaviaal in vol ornaat. Ze kunnen wel 5 meter lang worden.

krokodil

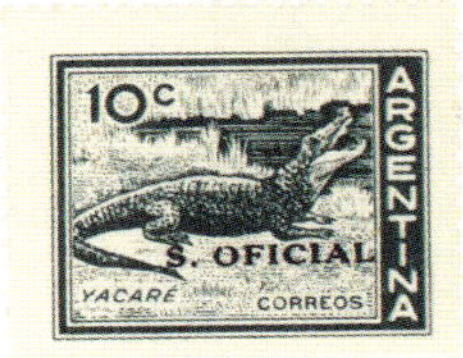

KEver

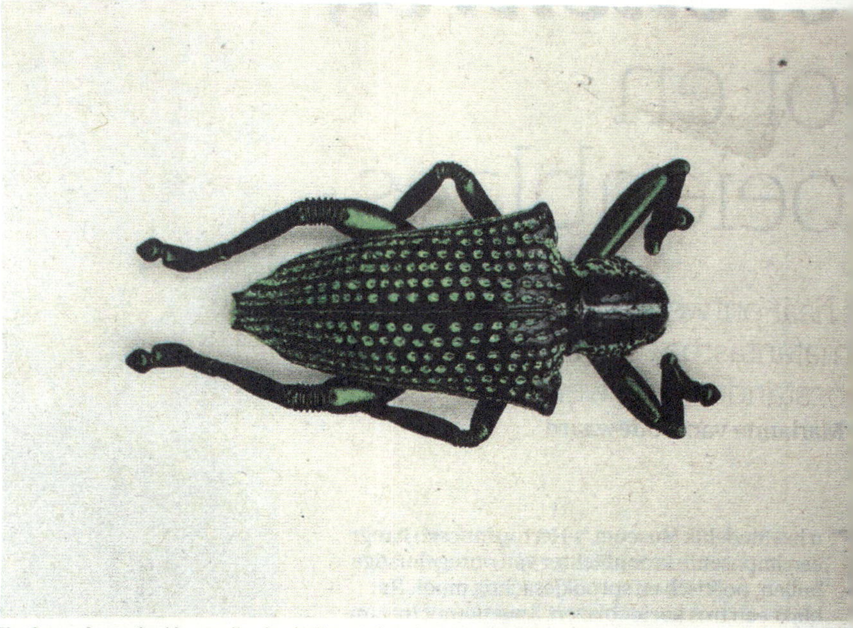

Entimus jumpis. Kever die dankzij metalen ringen om zijn poten extreem hoog kan springe

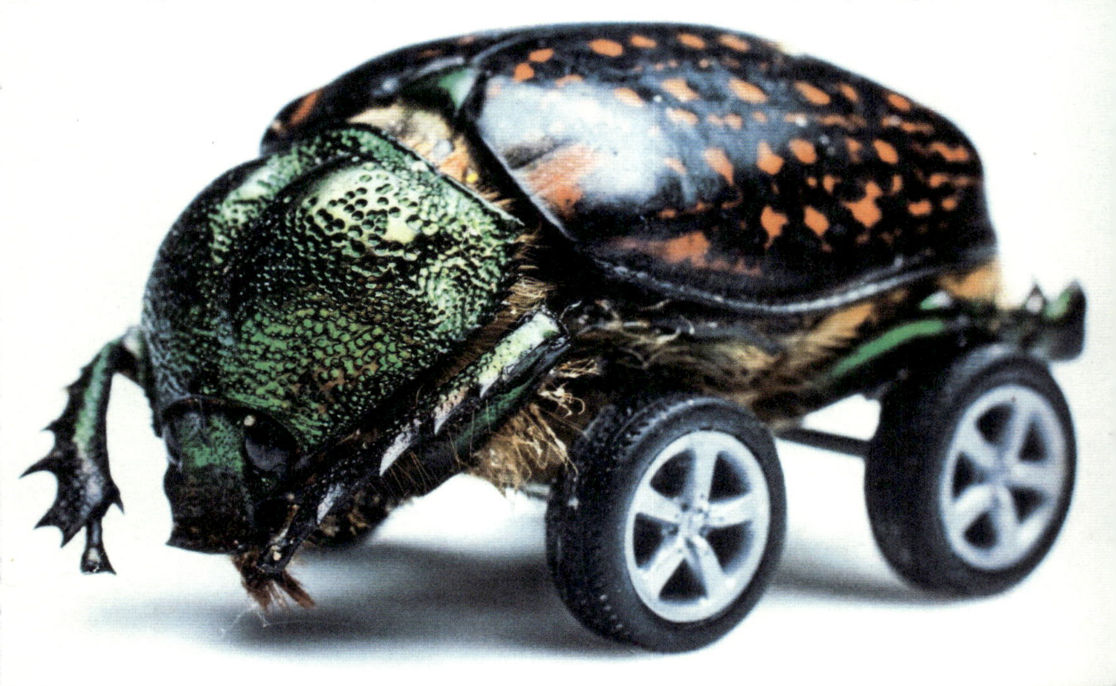

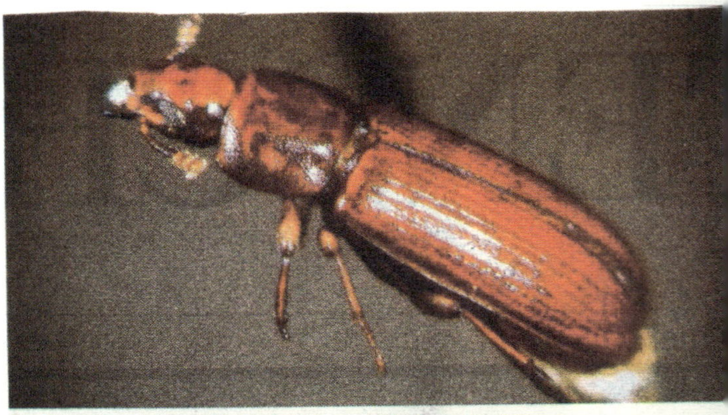

De kastanjebruine rijstmeelkever. *Tribolium castaneum.*

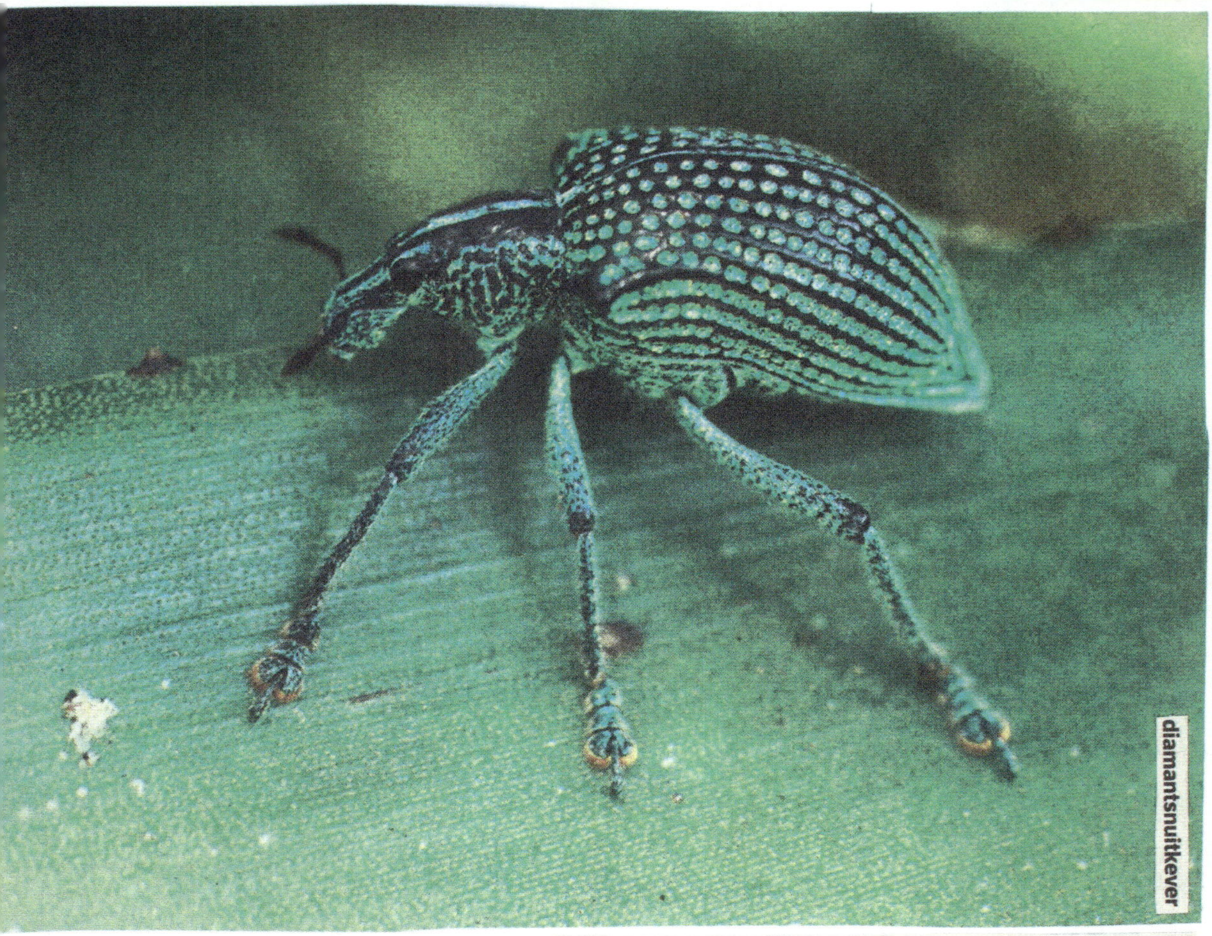
diamantsnuitkever

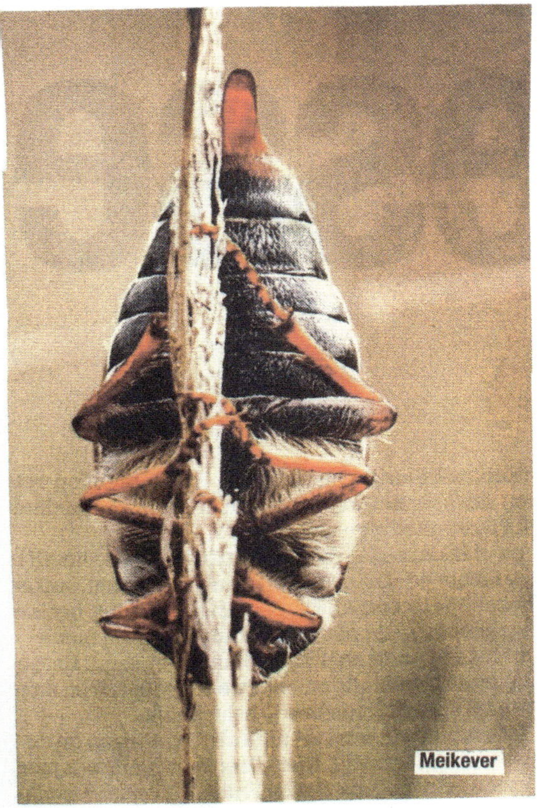
Meikever

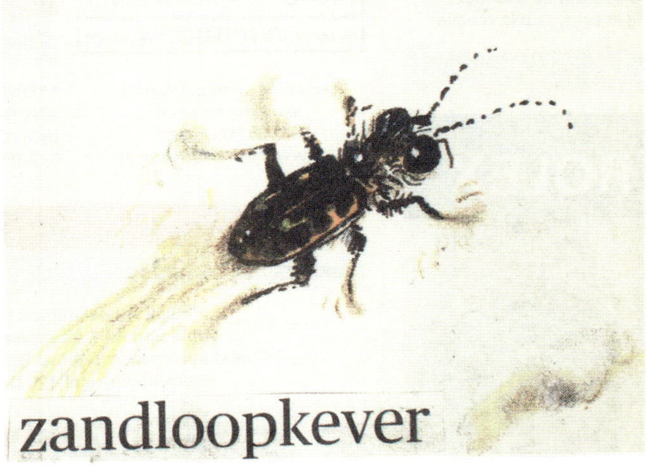
zandloopkever

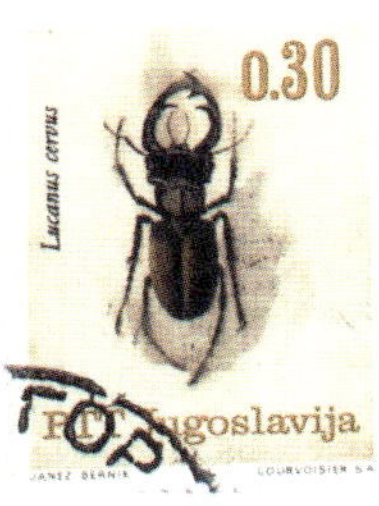
0.30
Lucanus cervus
Jugoslavija

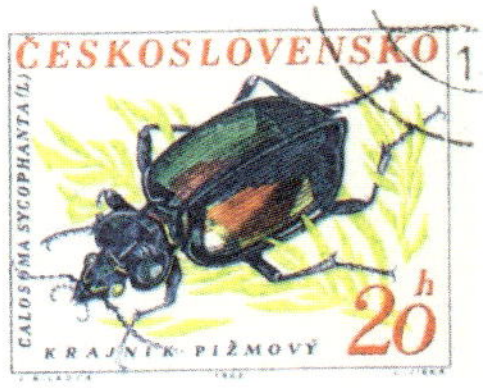
ČESKOSLOVENSKO
CALOSOMA SYCOPHANTA (L.)
20 h
KRAJNÍK PIŽMOVÝ

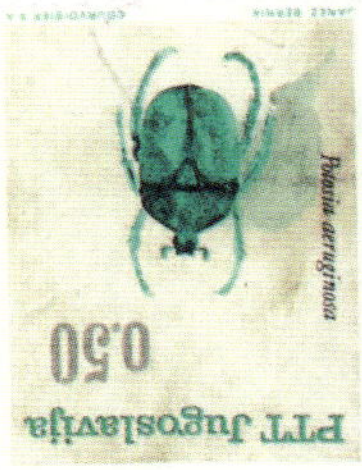
PTT Jugoslavija
0.50

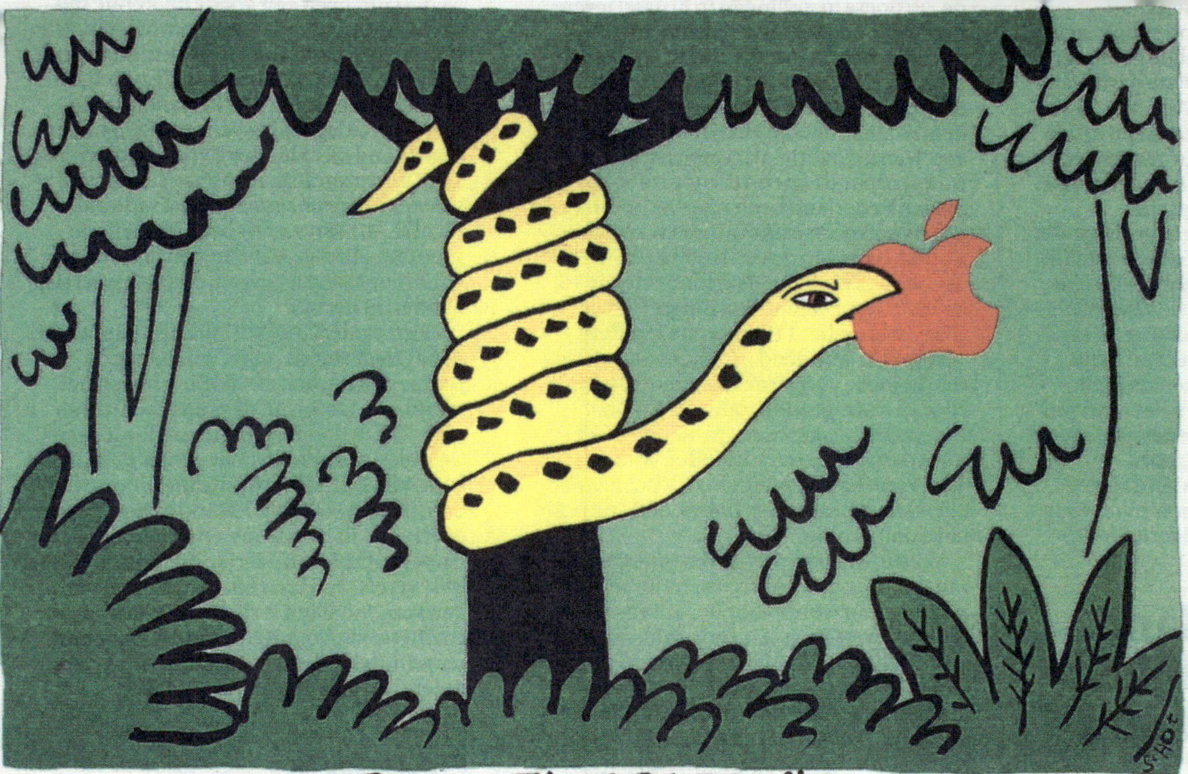

BELASTINGPARADŸS

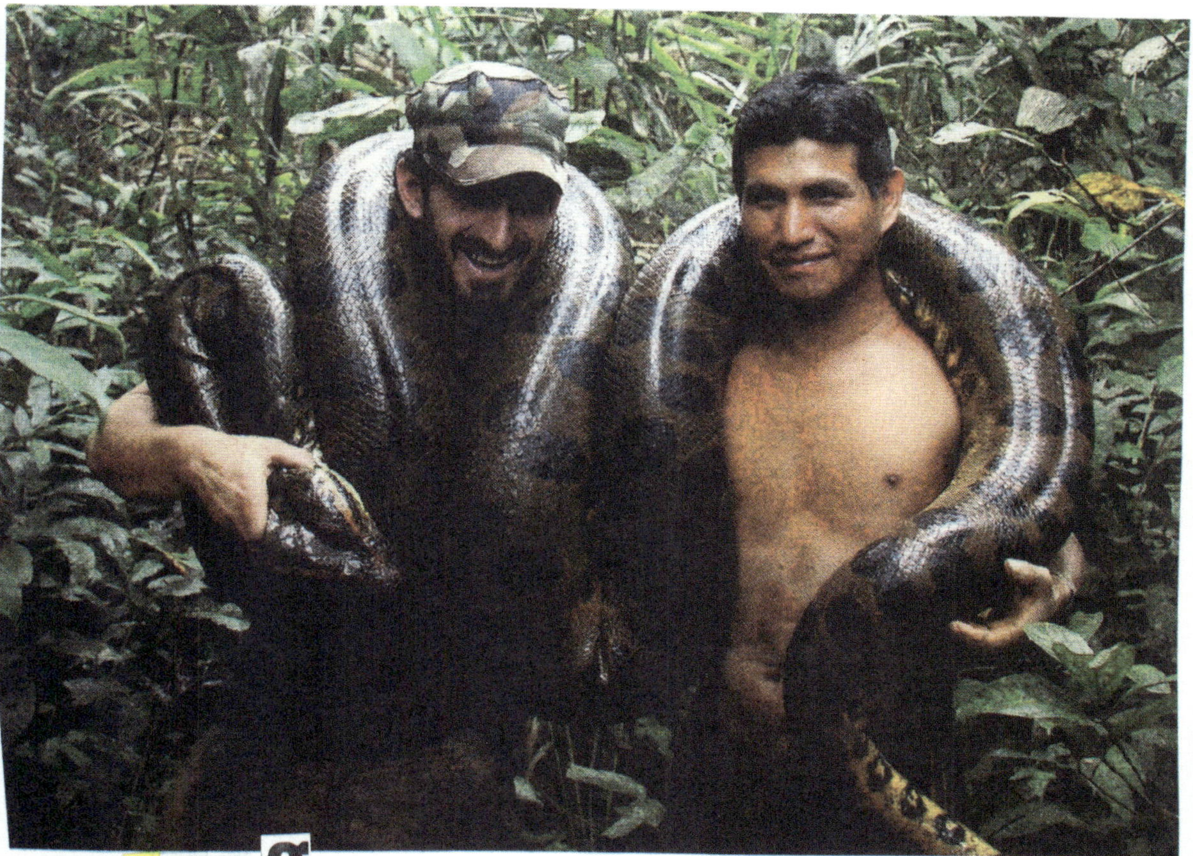

sLang

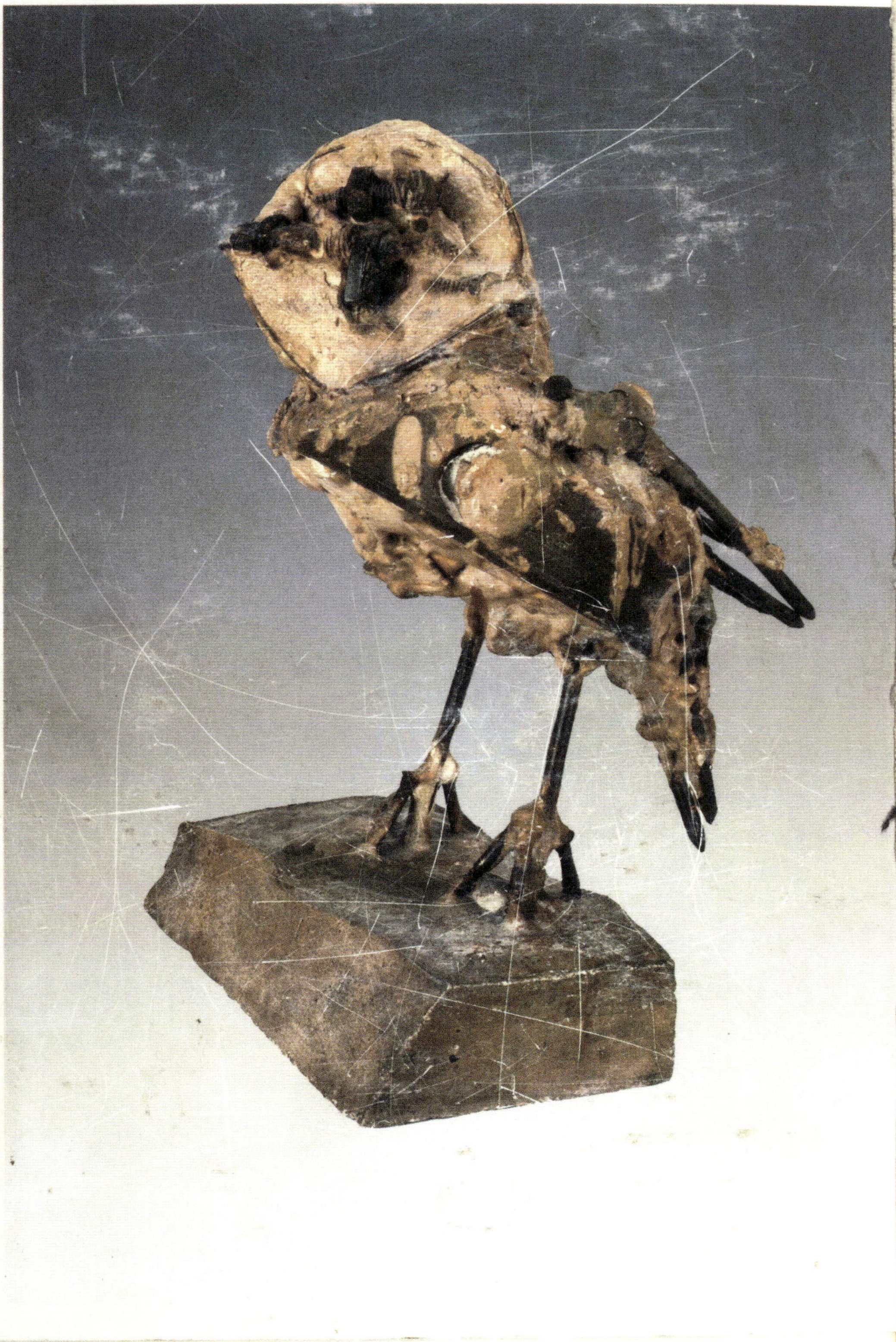

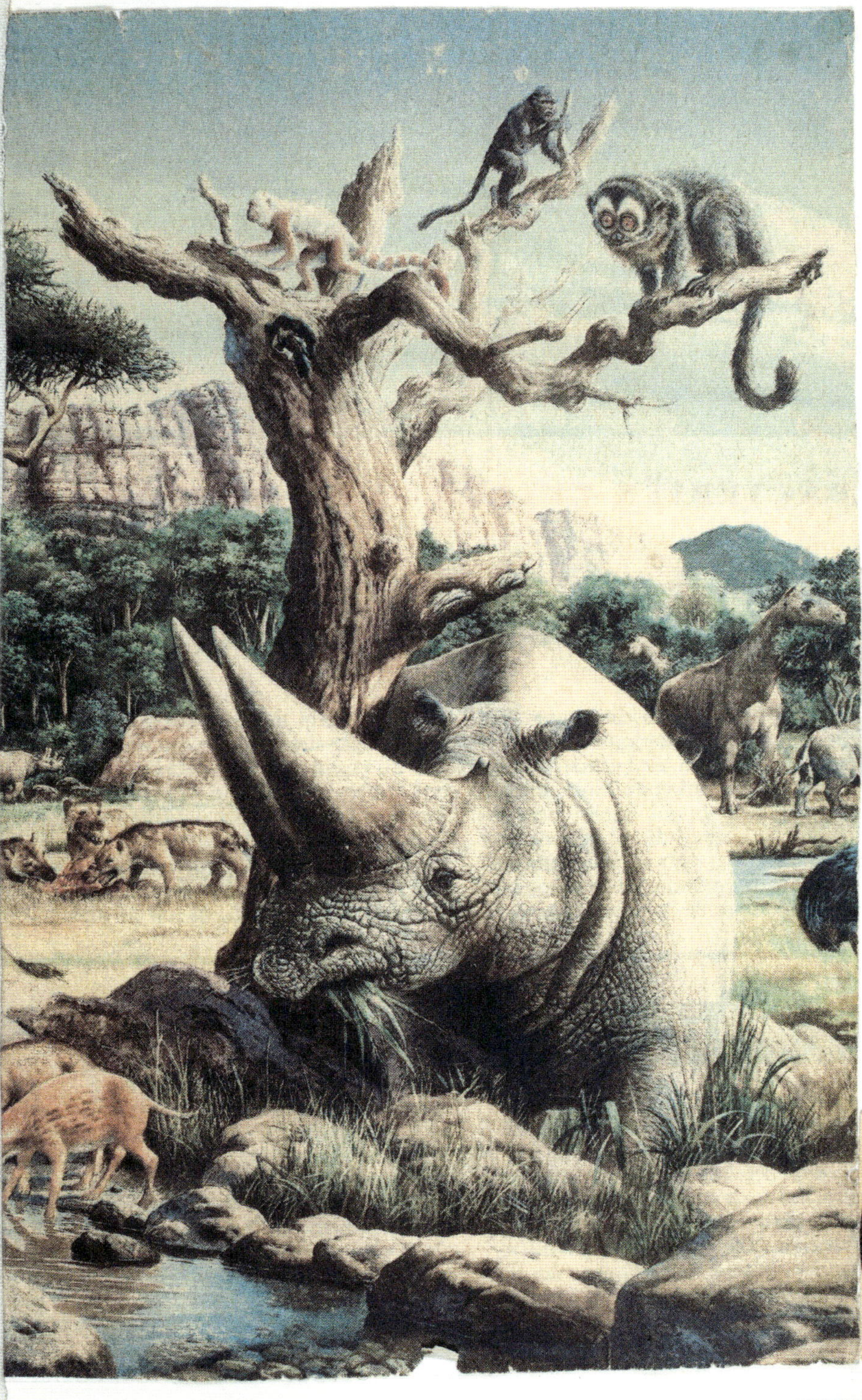

ZenO

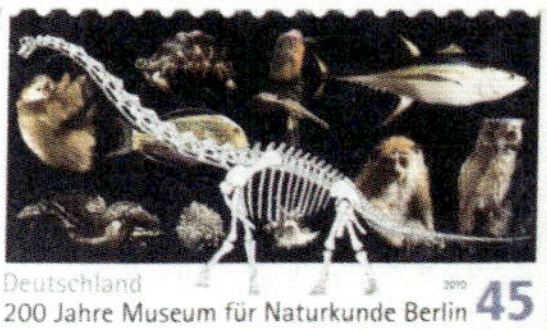

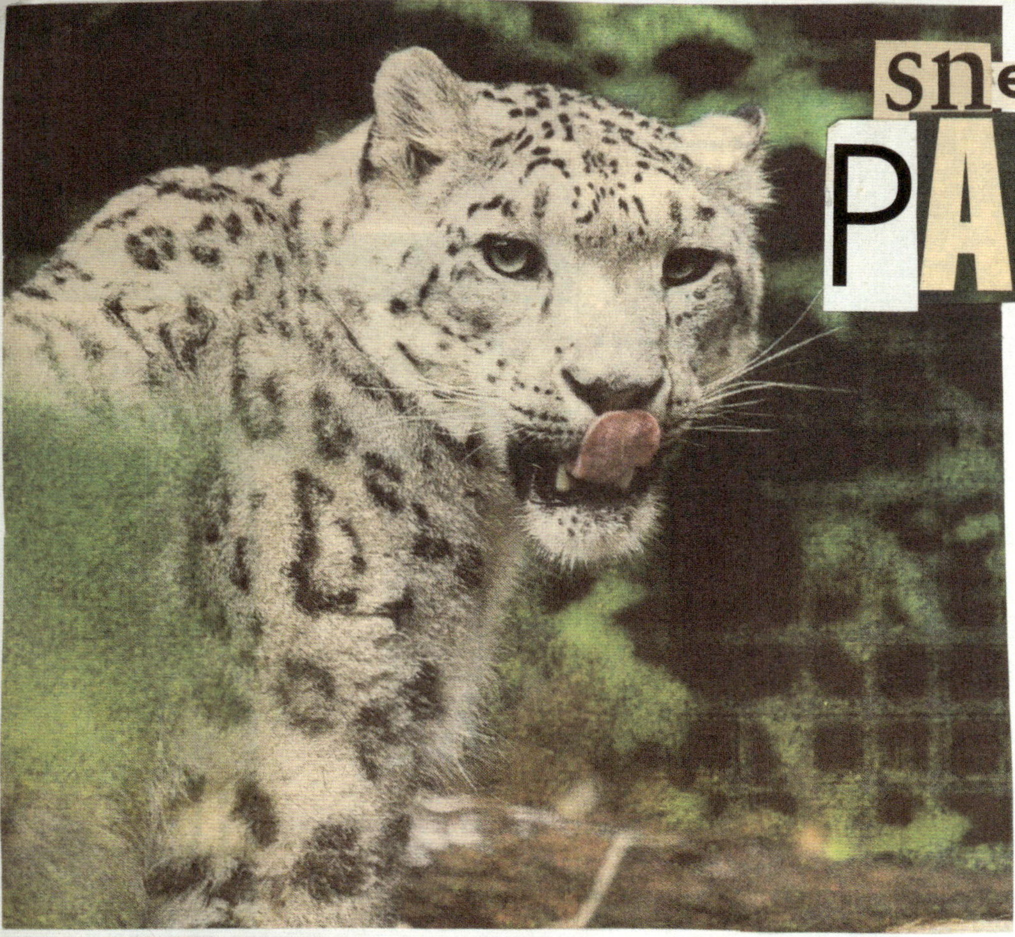
sneeUW
lui
PAard

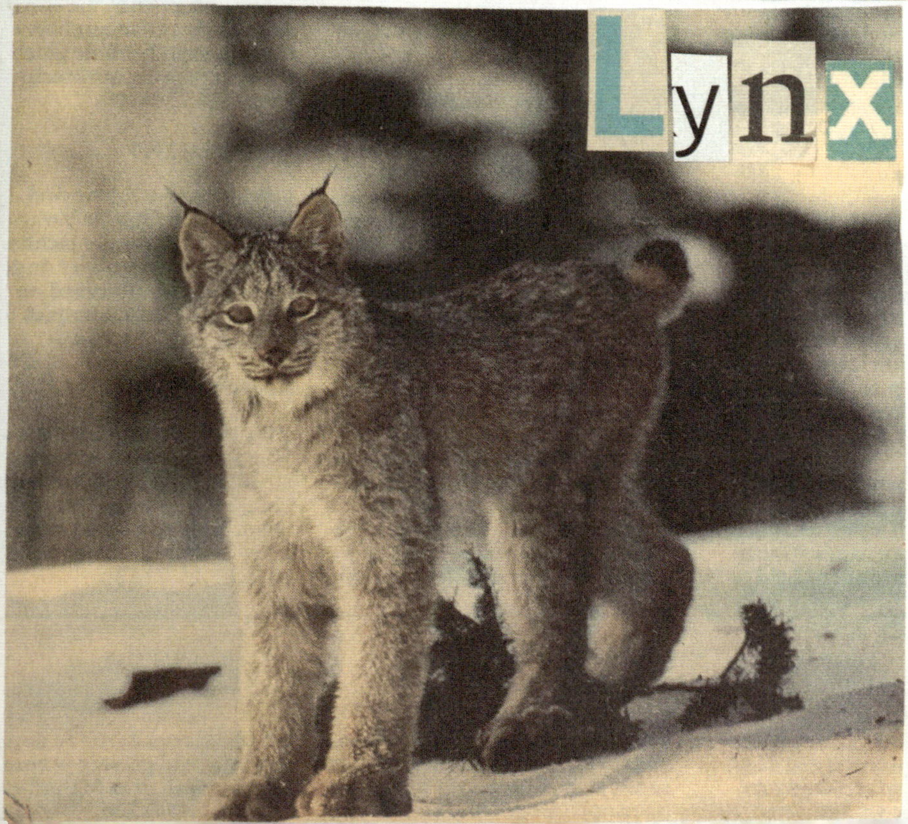
Lynx

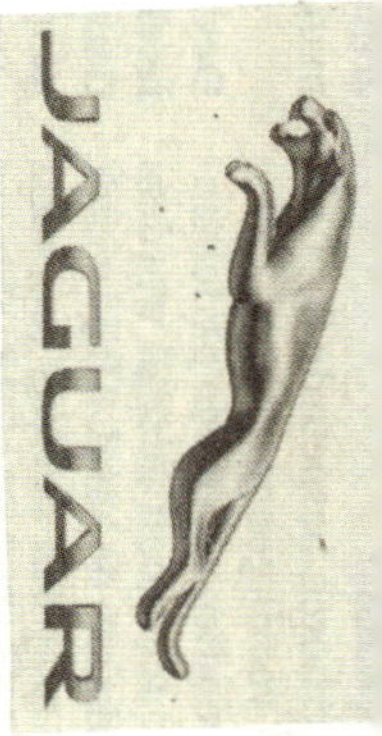
JAGUAR

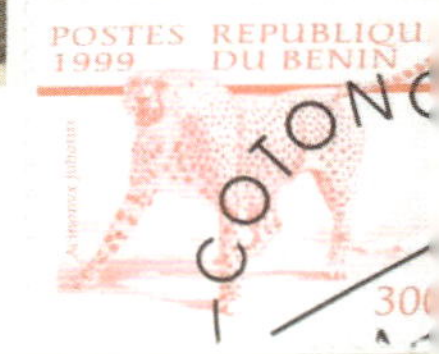
POSTES 1999
REPUBLIQU DU BENIN
COTONO
300

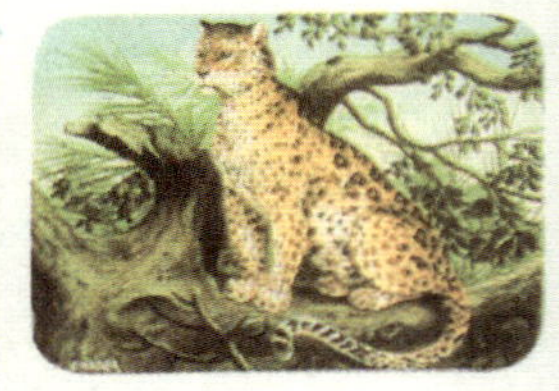

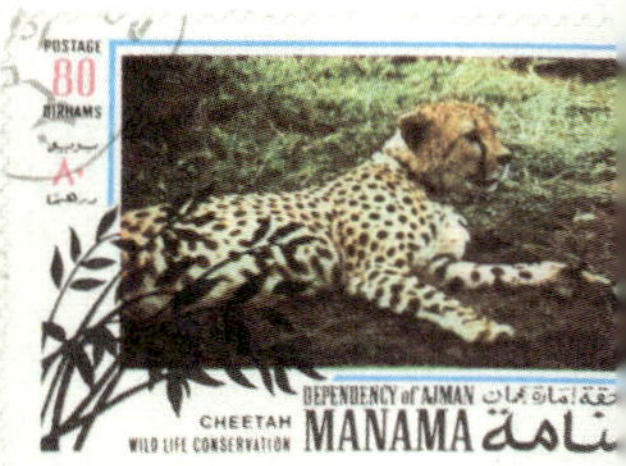
POSTAGE
80
DIRHAMS
CHEETAH
WILD LIFE CONSERVATION
DEPENDENCY of AJMAN
MANAMA

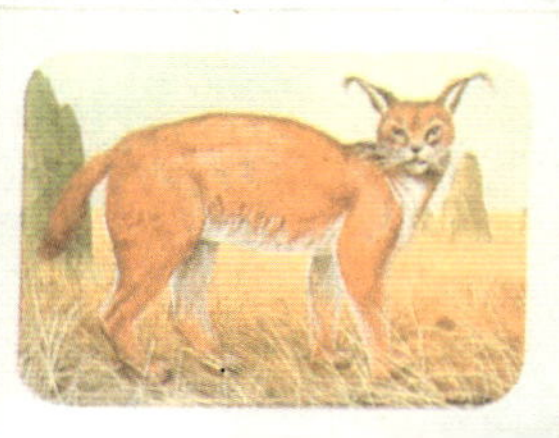

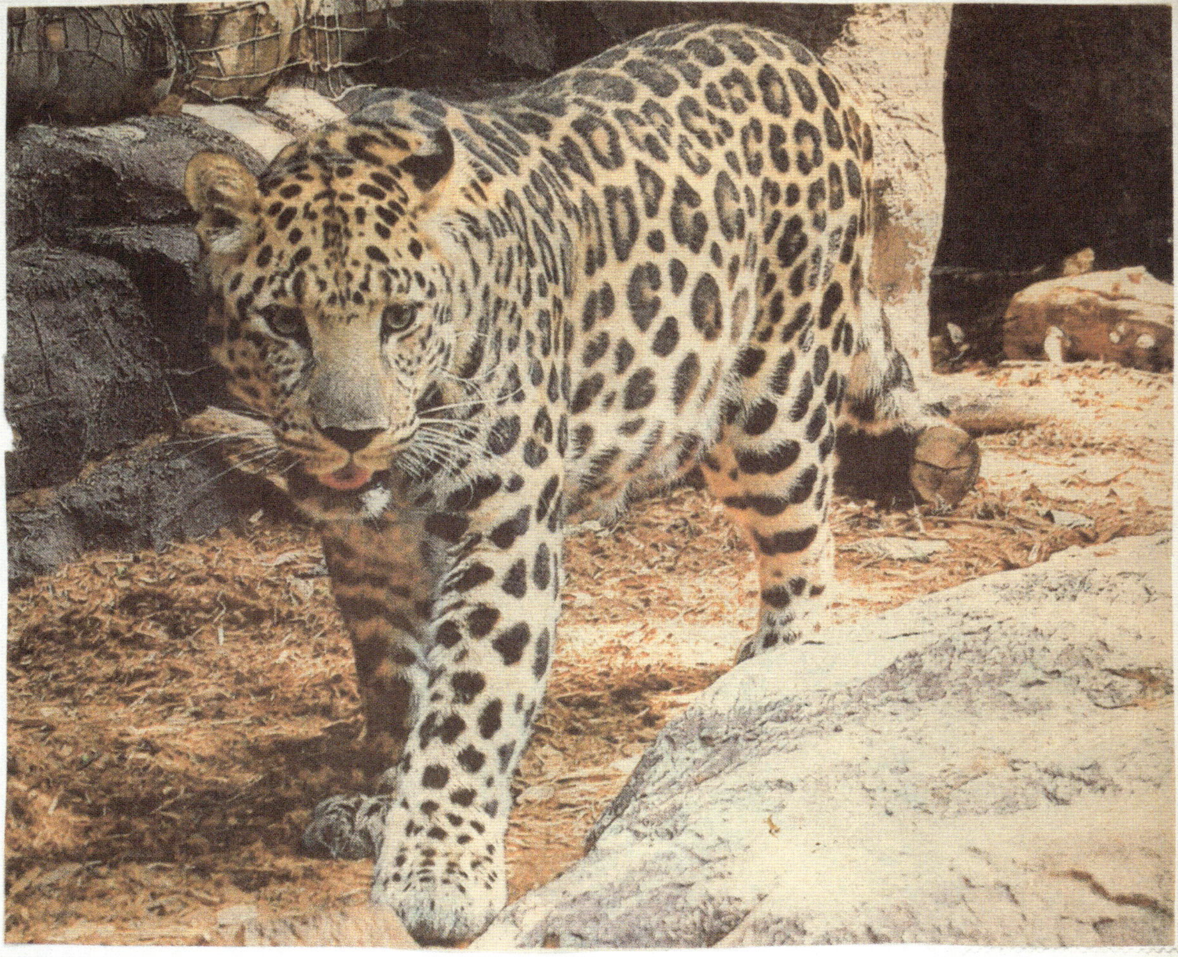

Panter

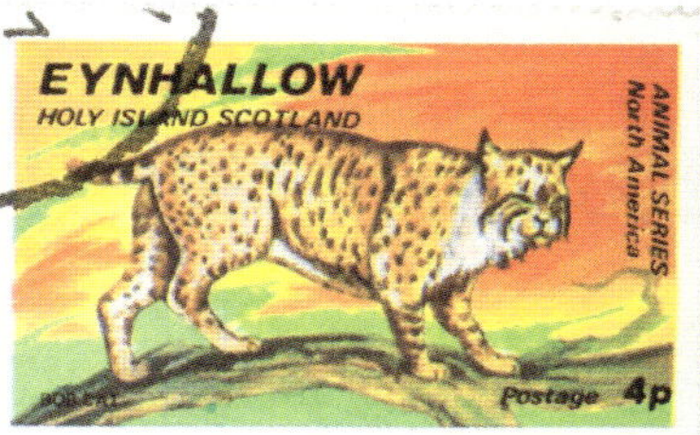

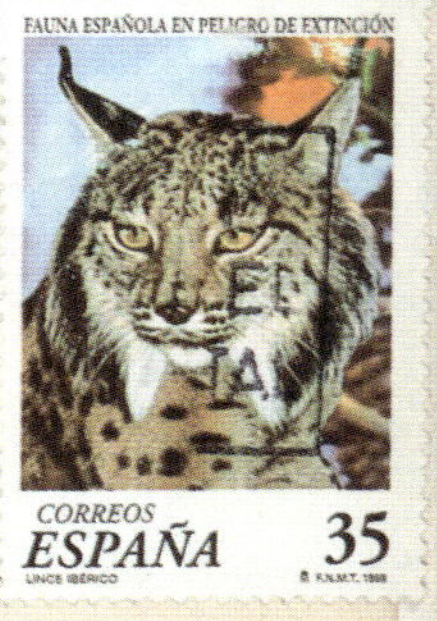

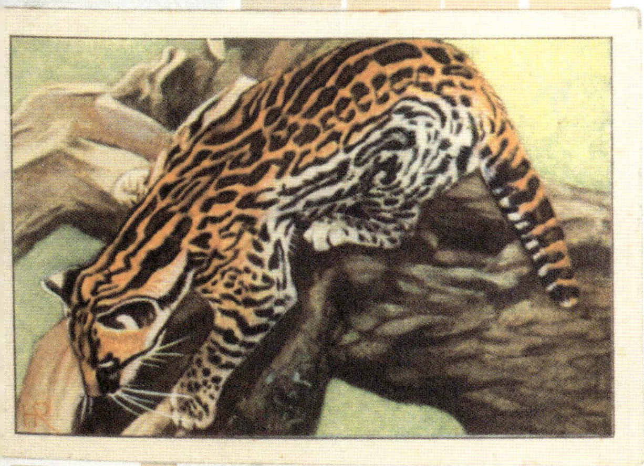

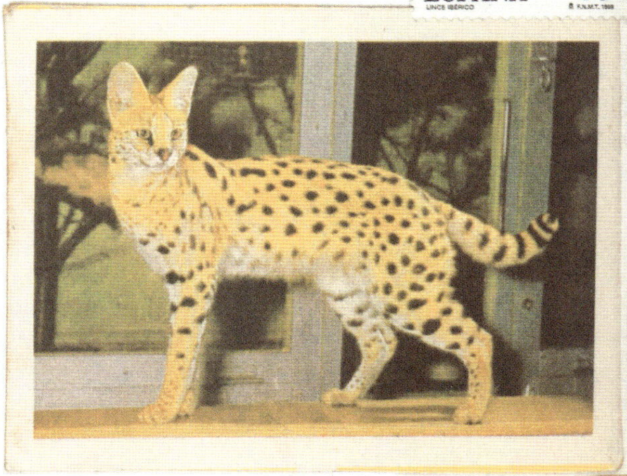

Ocelot

Serval

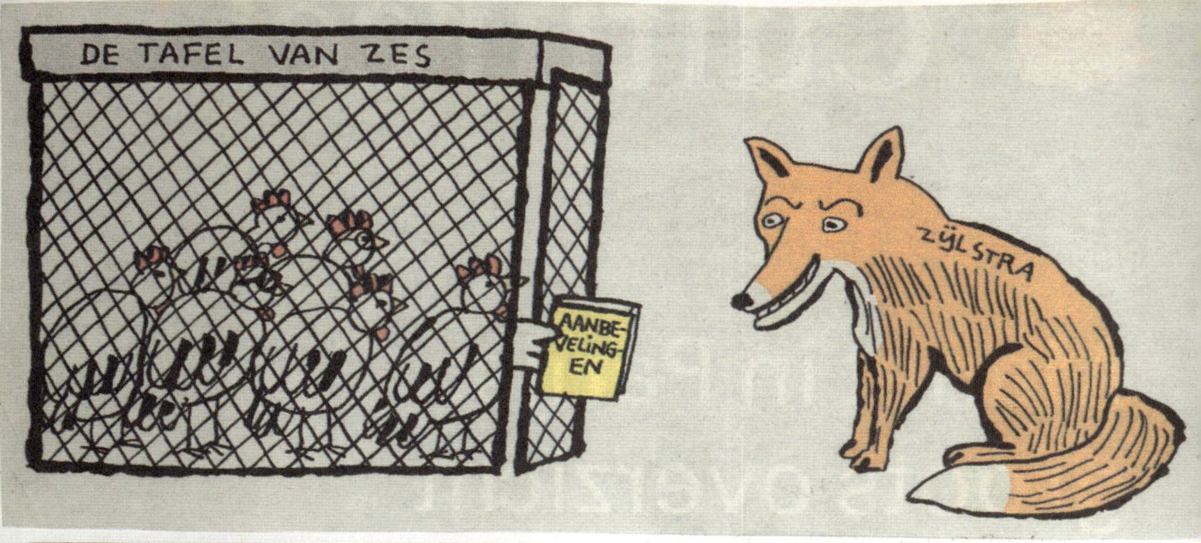
DE TAFEL VAN ZES
AANBE-VELING-EN
ZIJLSTRA

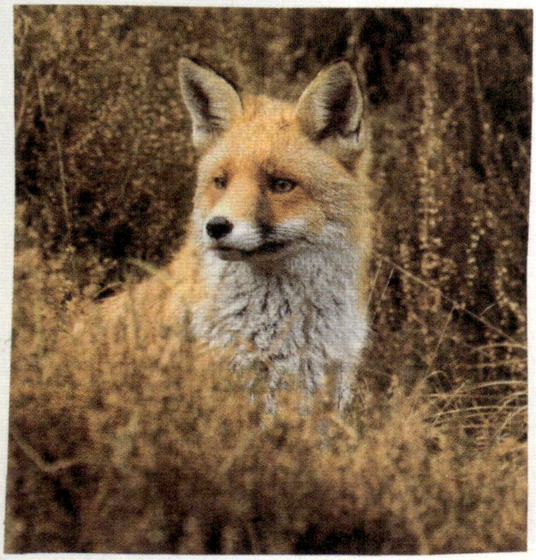

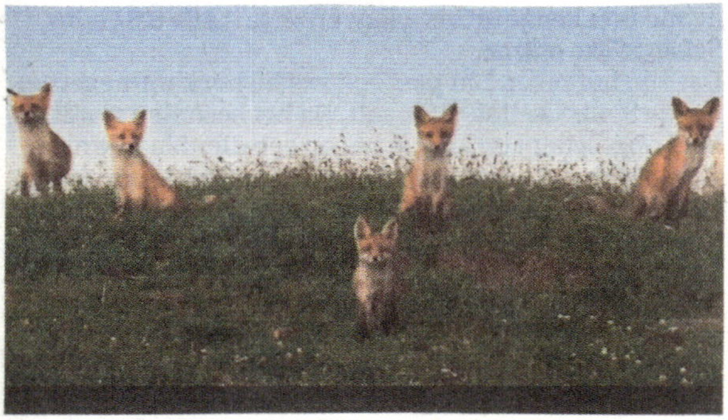

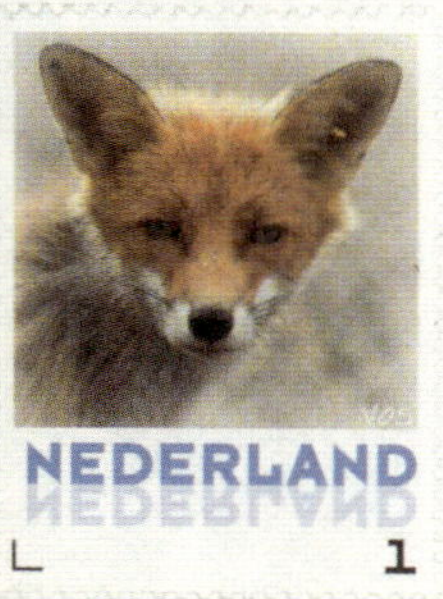
NEDERLAND
L 1

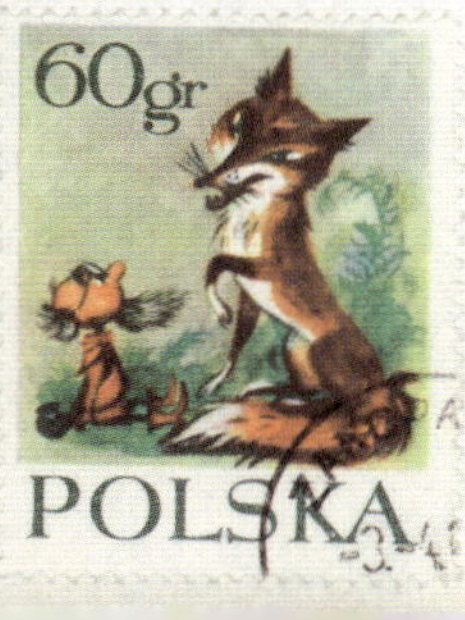
60gr
POLSKA

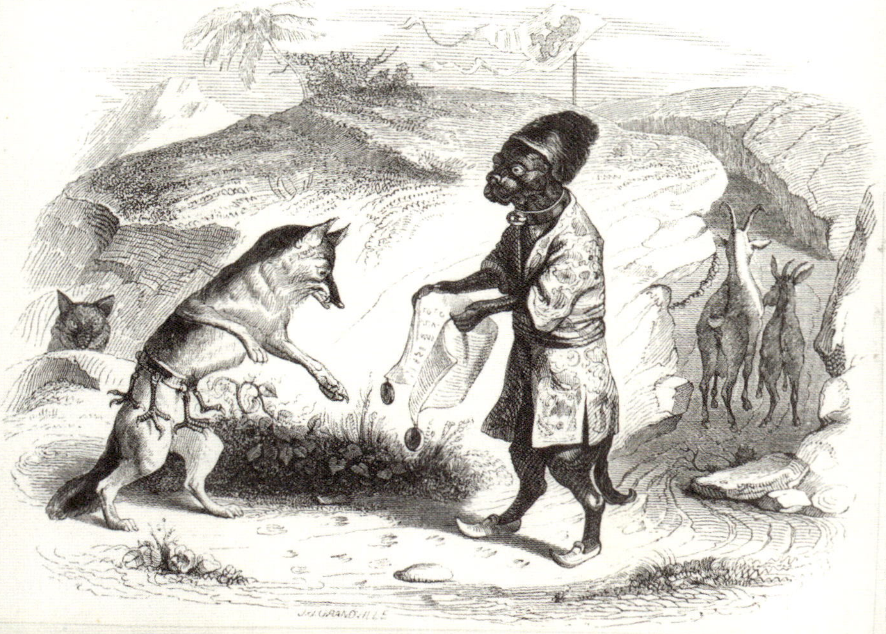

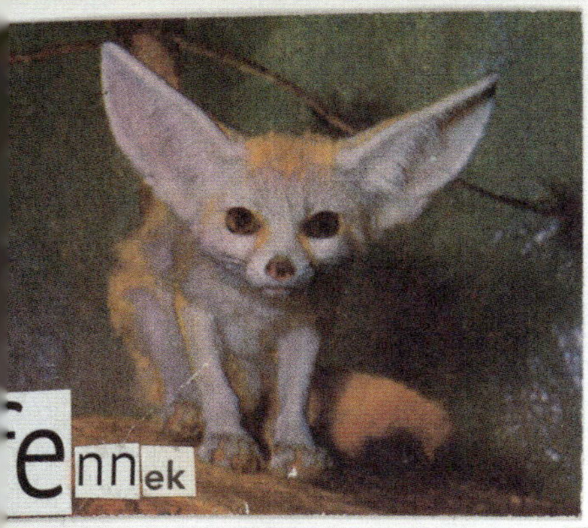

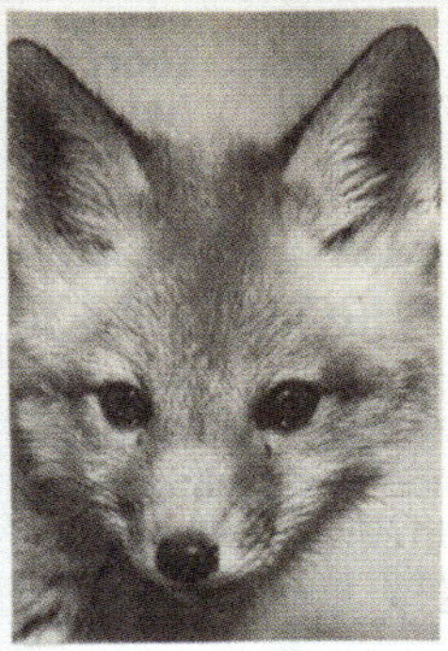

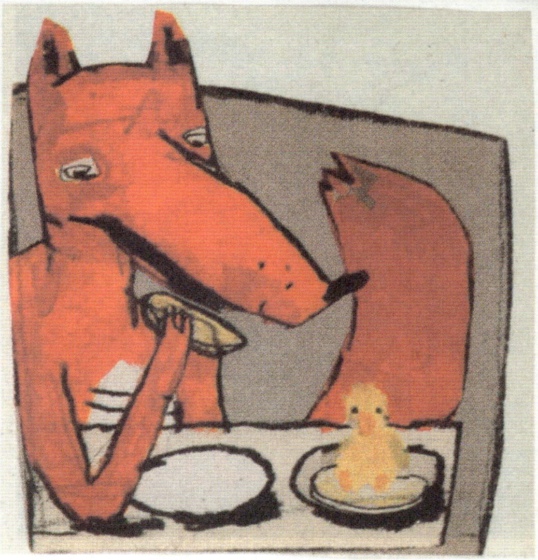

vOs

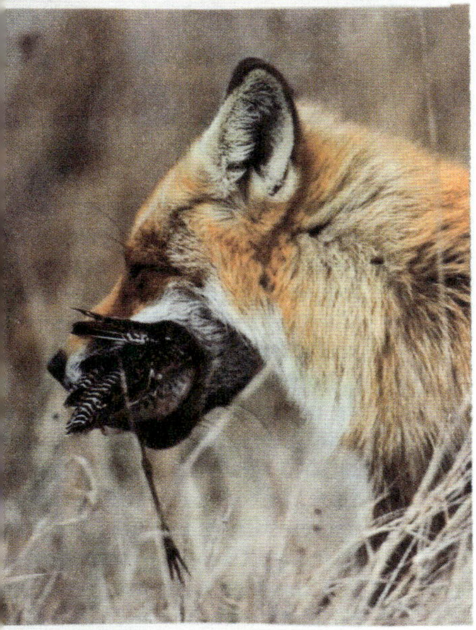

Vossestreek

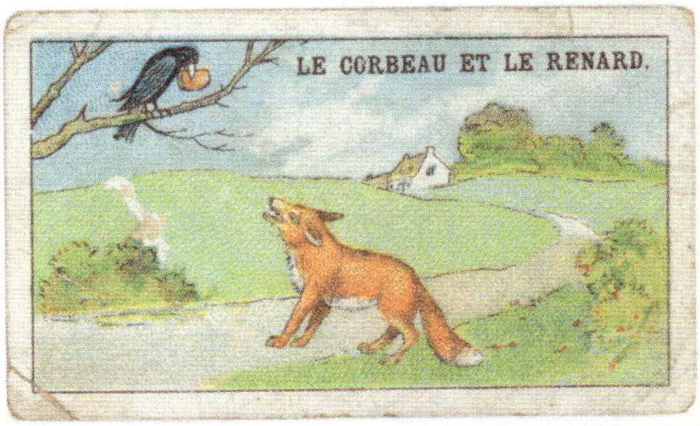

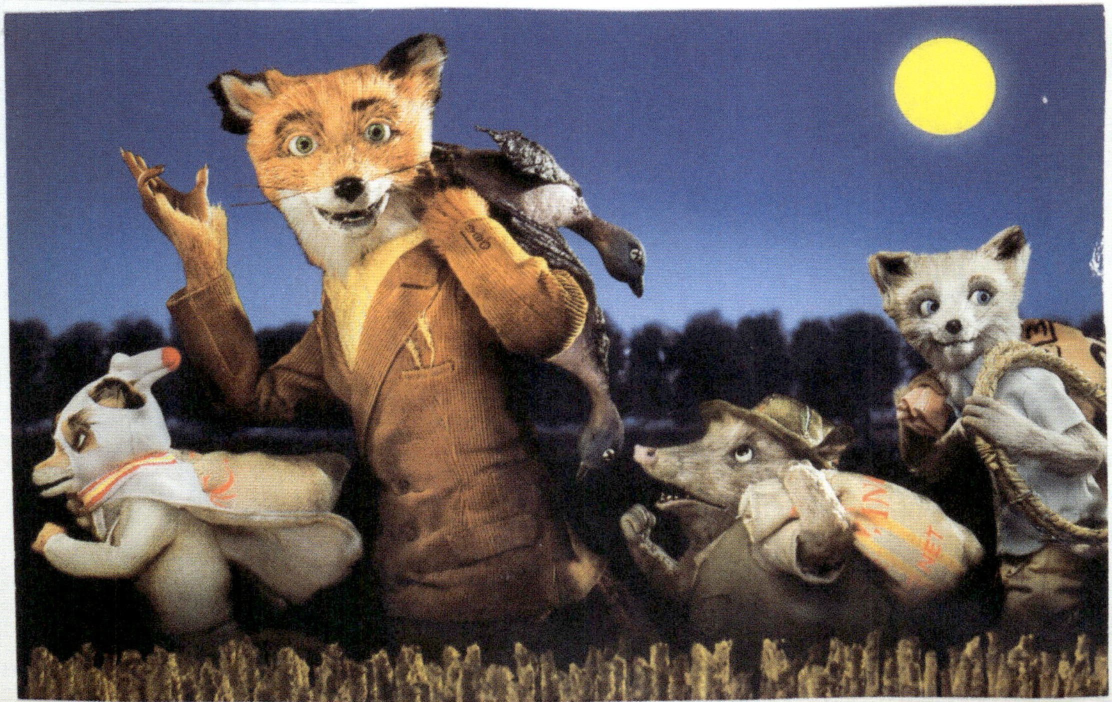

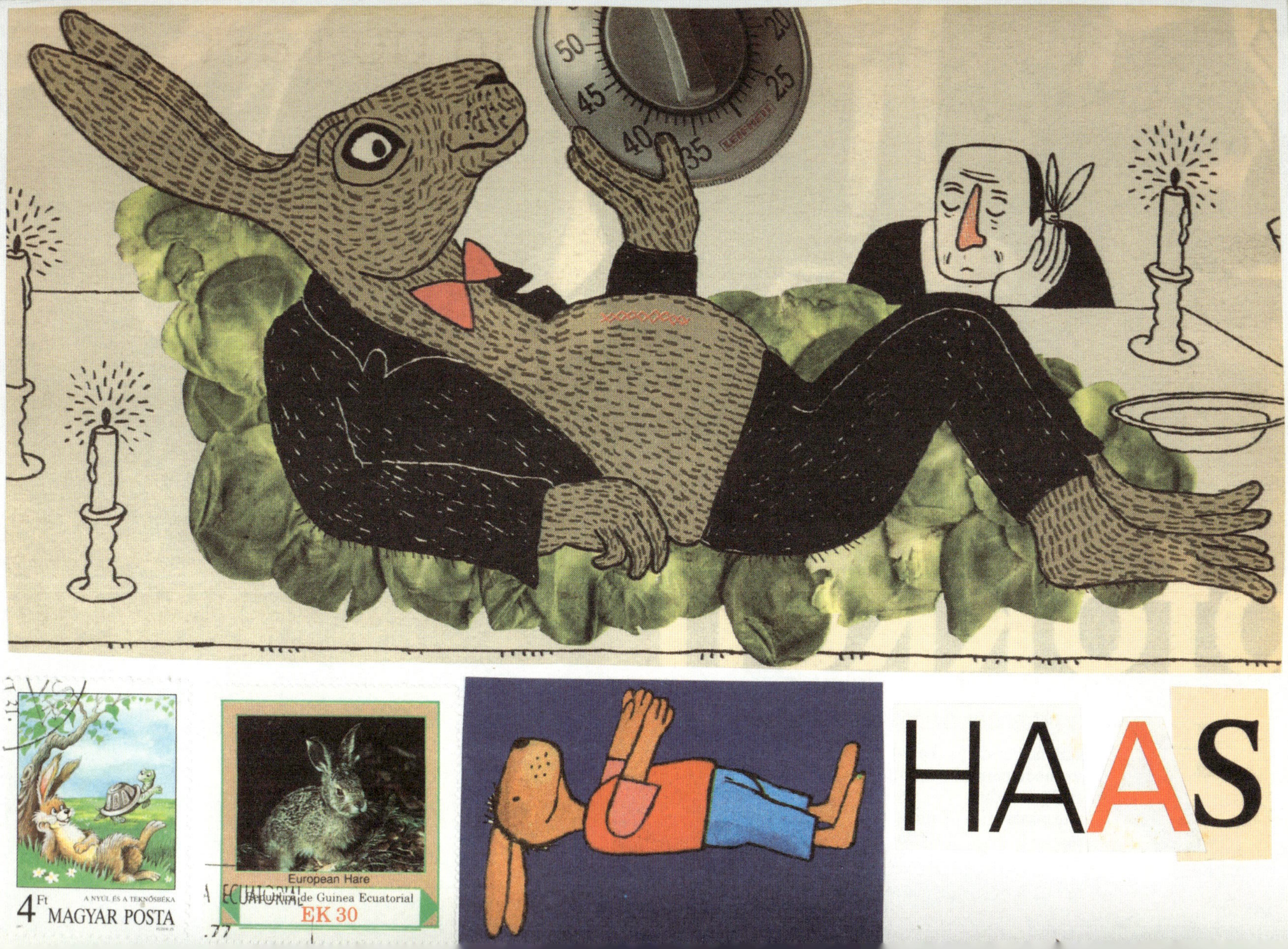
HAAS
4 Ft MAGYAR POSTA
A NYÚL ÉS A TEKNŐSBÉKA
European Hare
República de Guinea Ecuatorial
EK 30

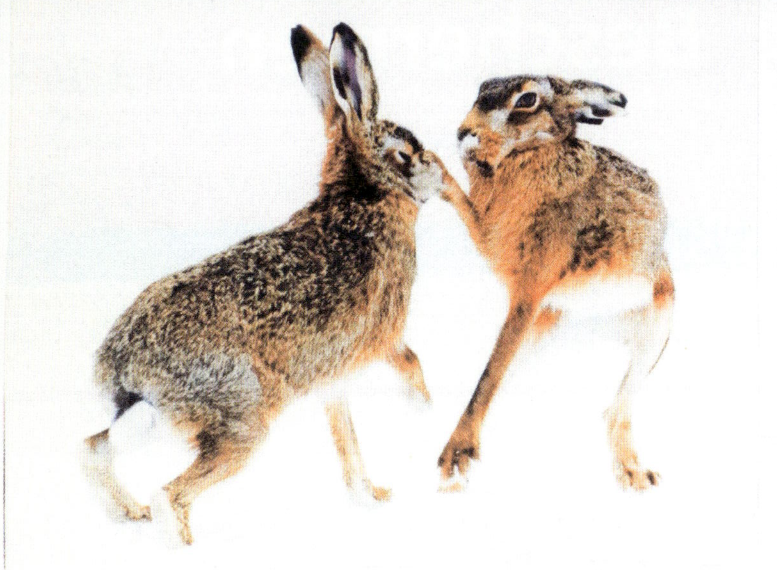

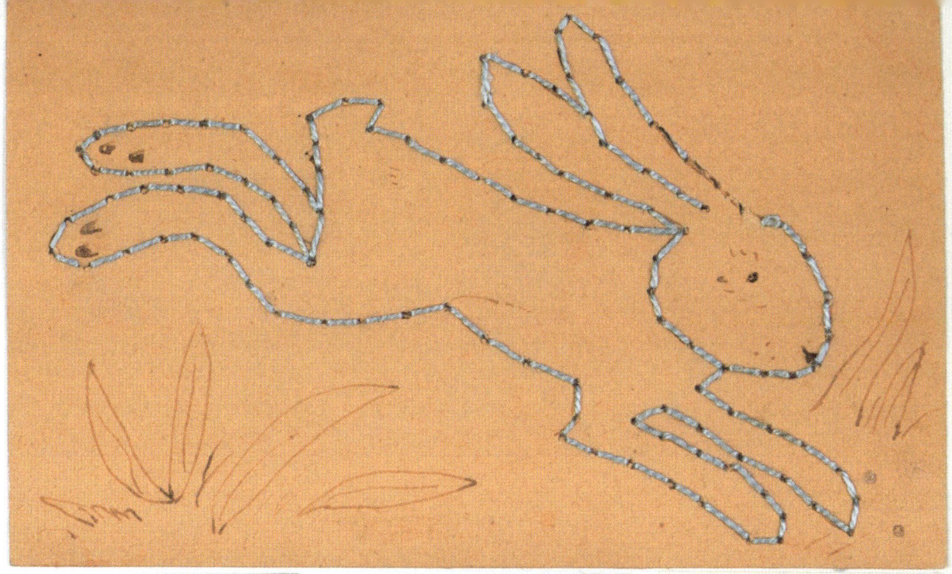

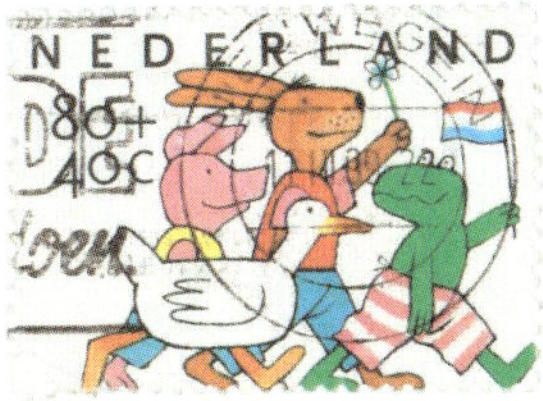
NEDERLAND
80c+40c

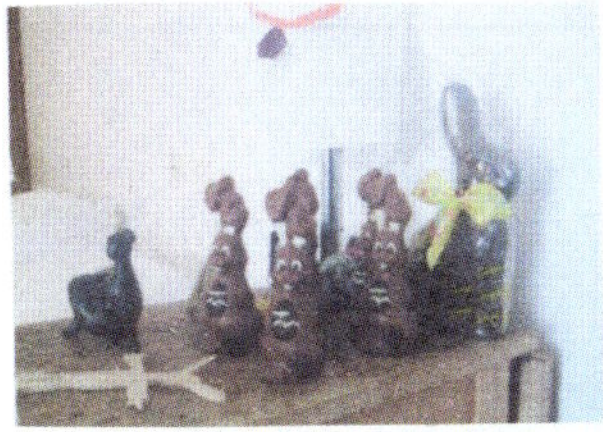

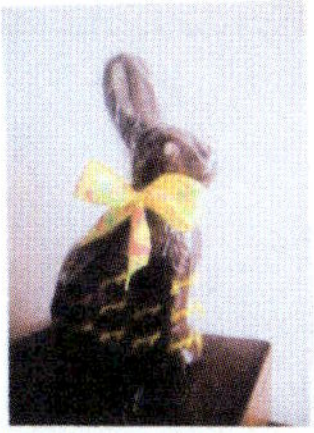

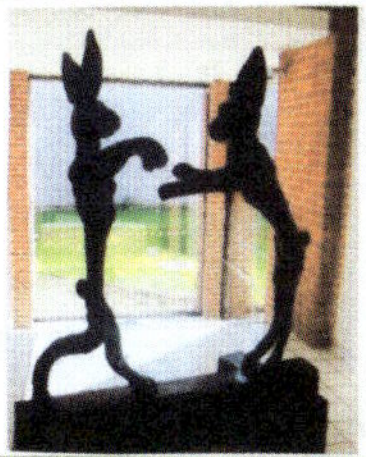

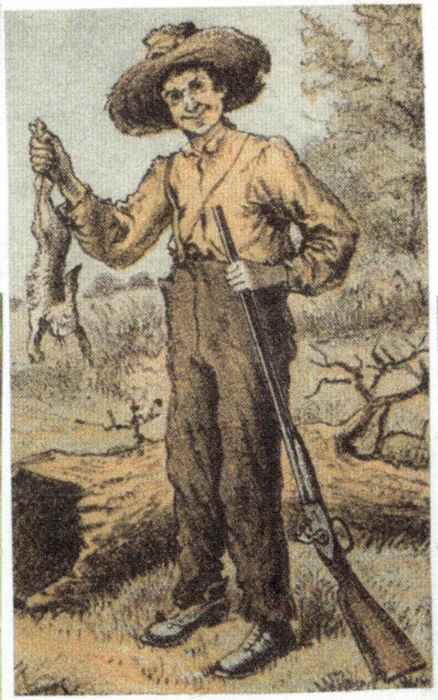

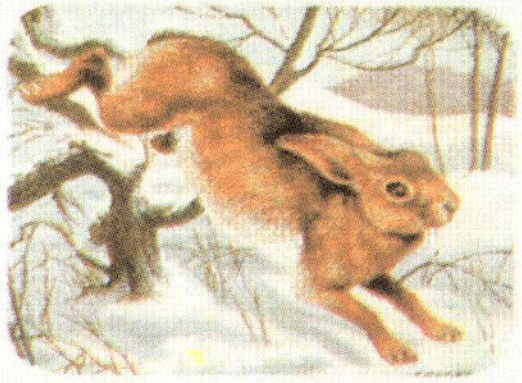

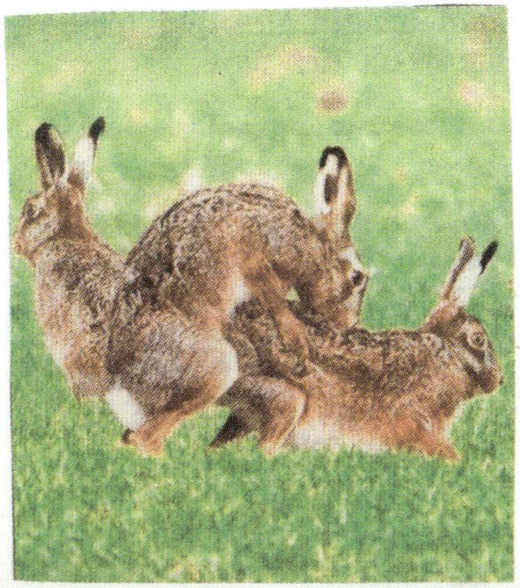

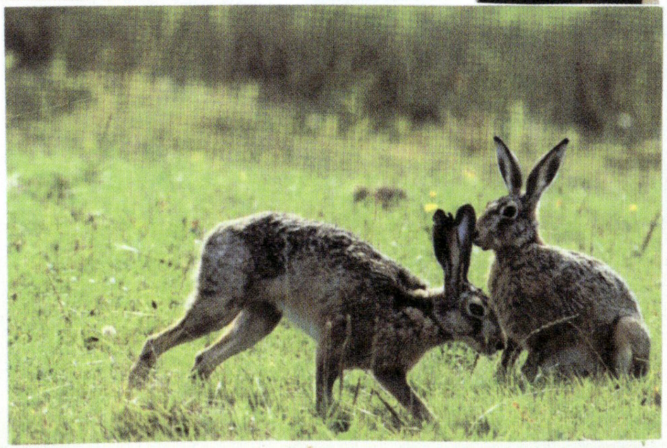

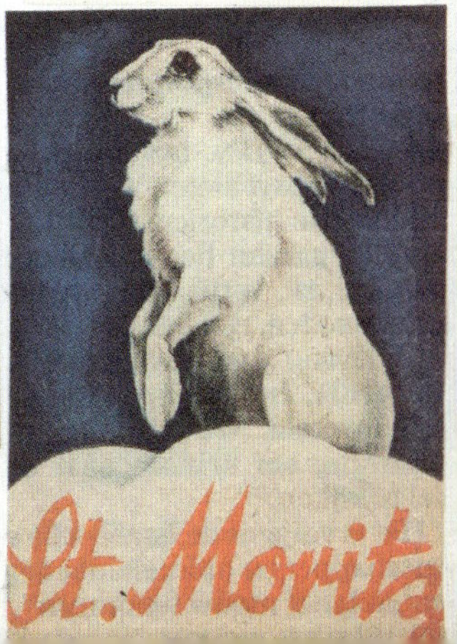
St. Moritz

Kikker

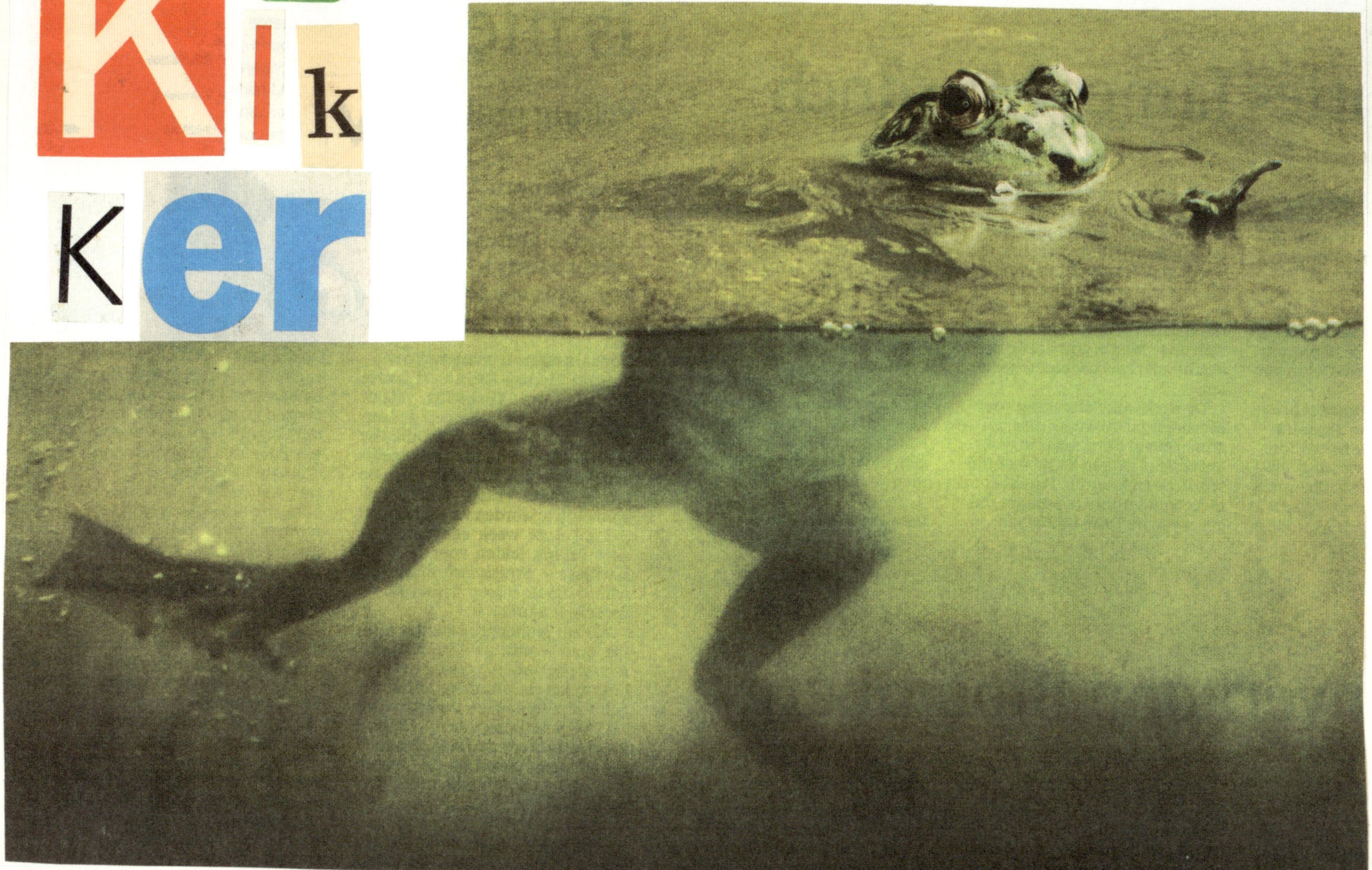

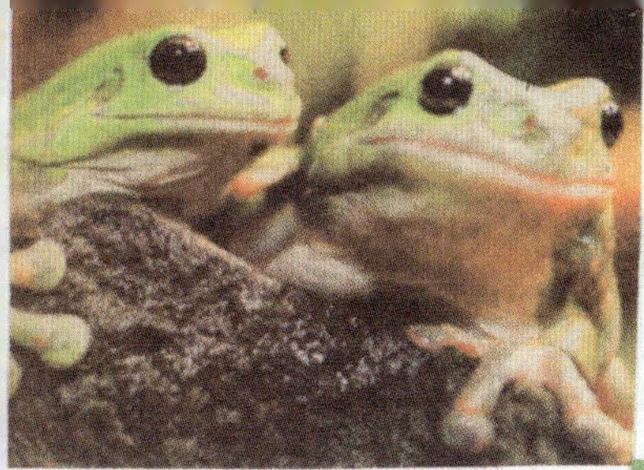
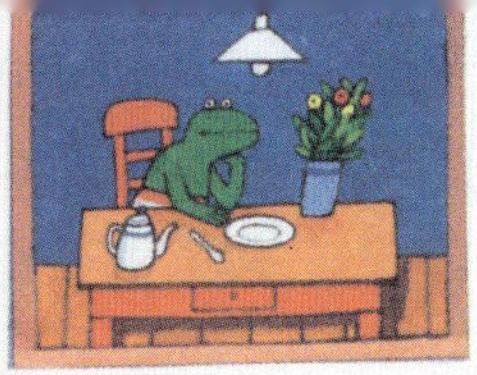
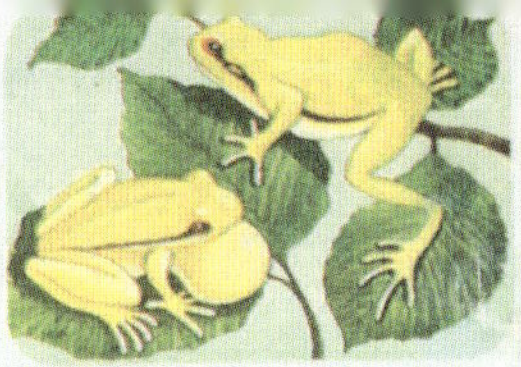
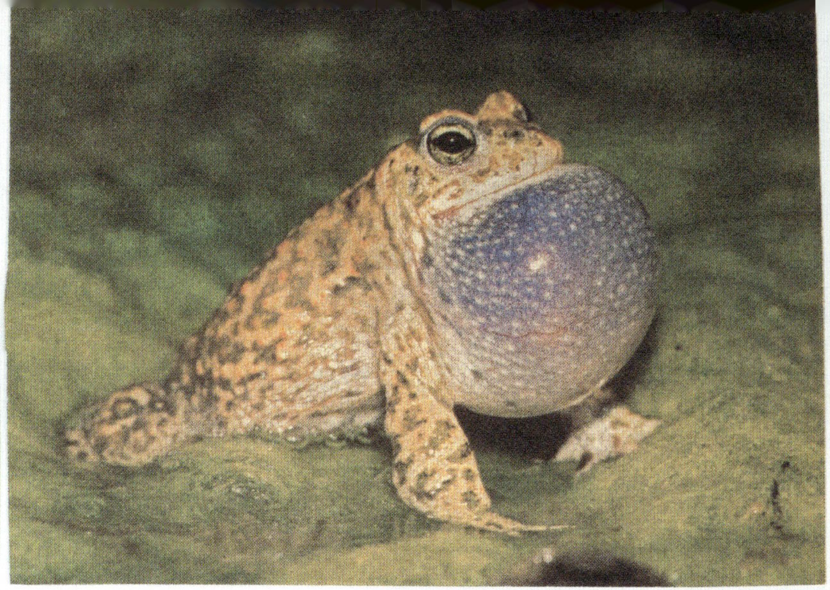
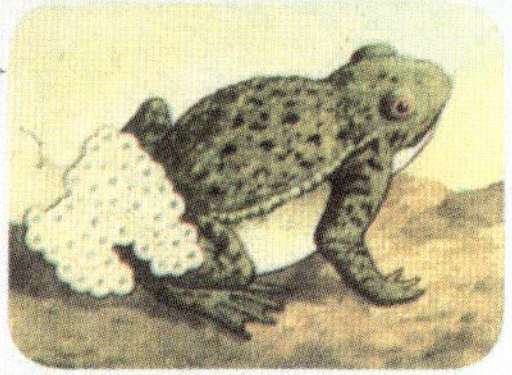
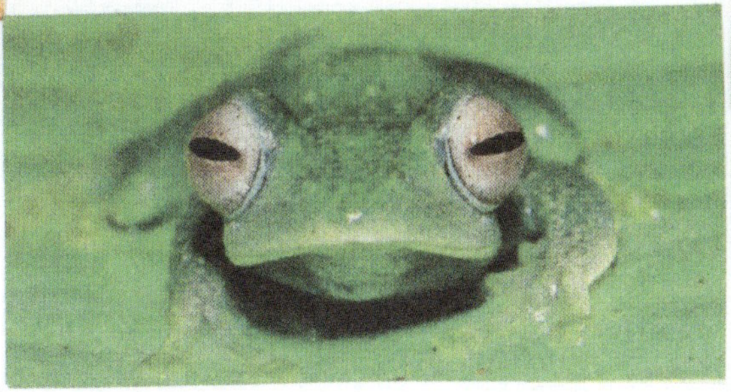
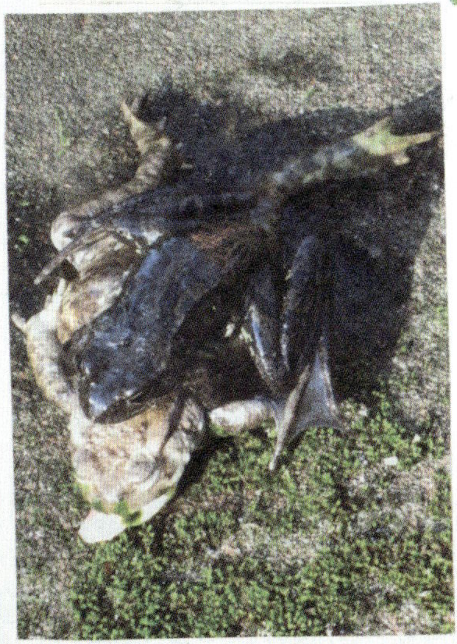
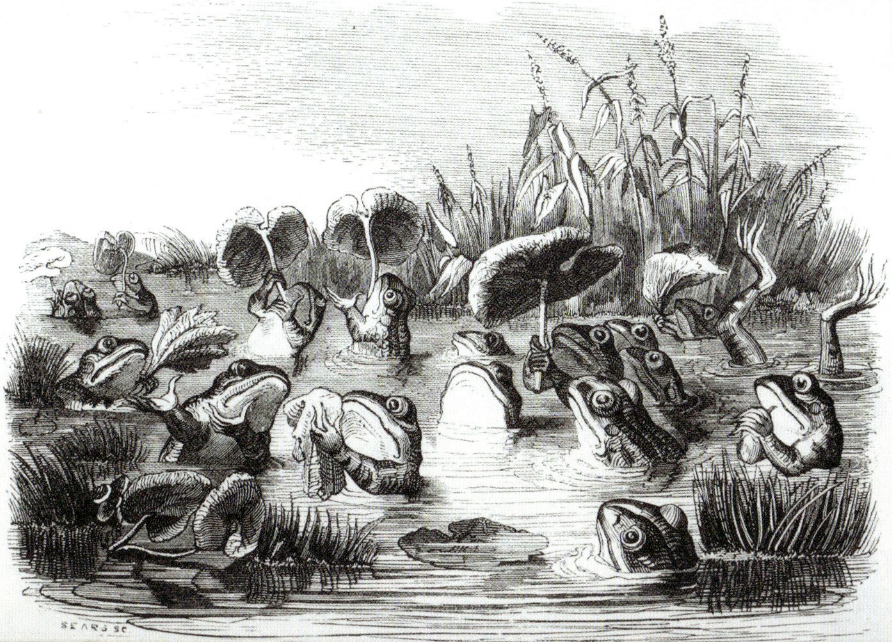
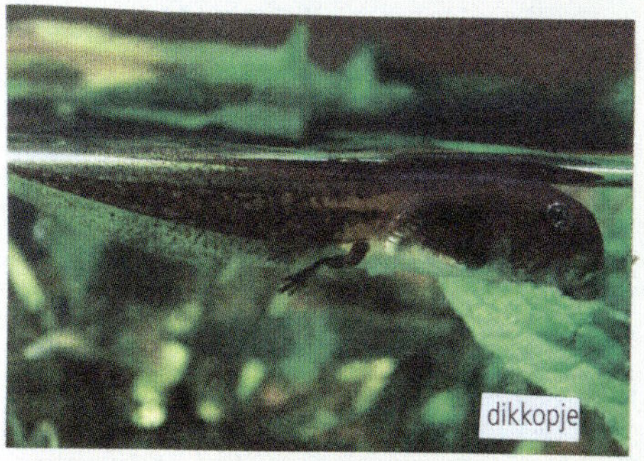
dikkopje
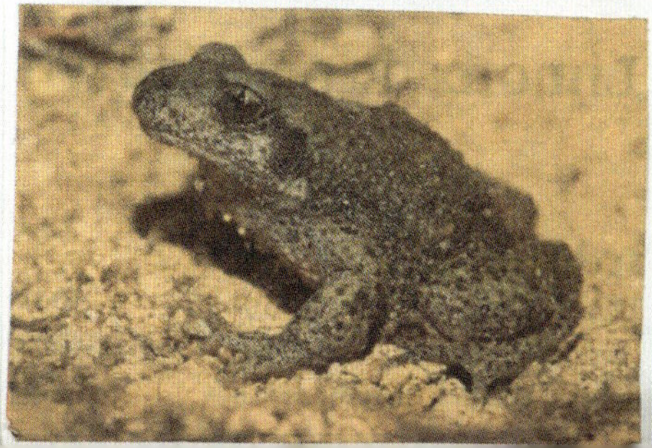

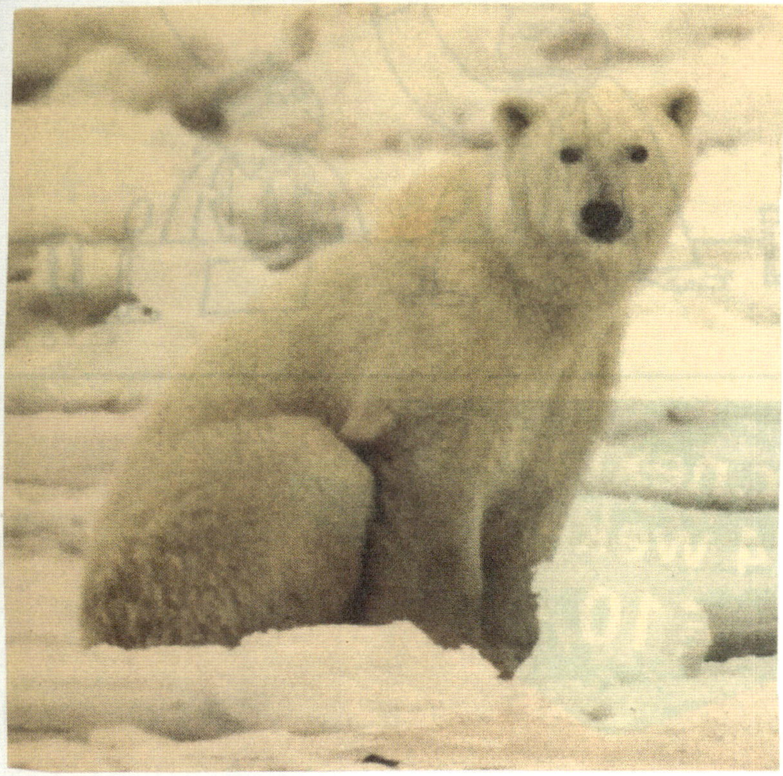

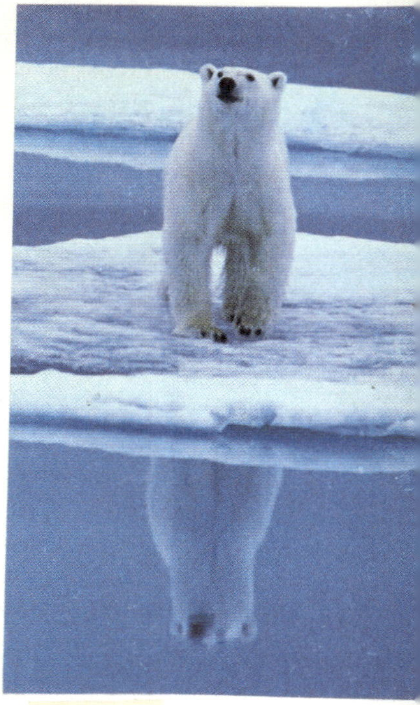

BE EER

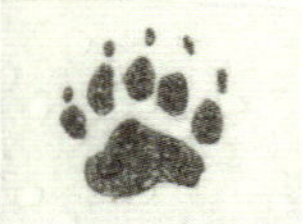

IJs

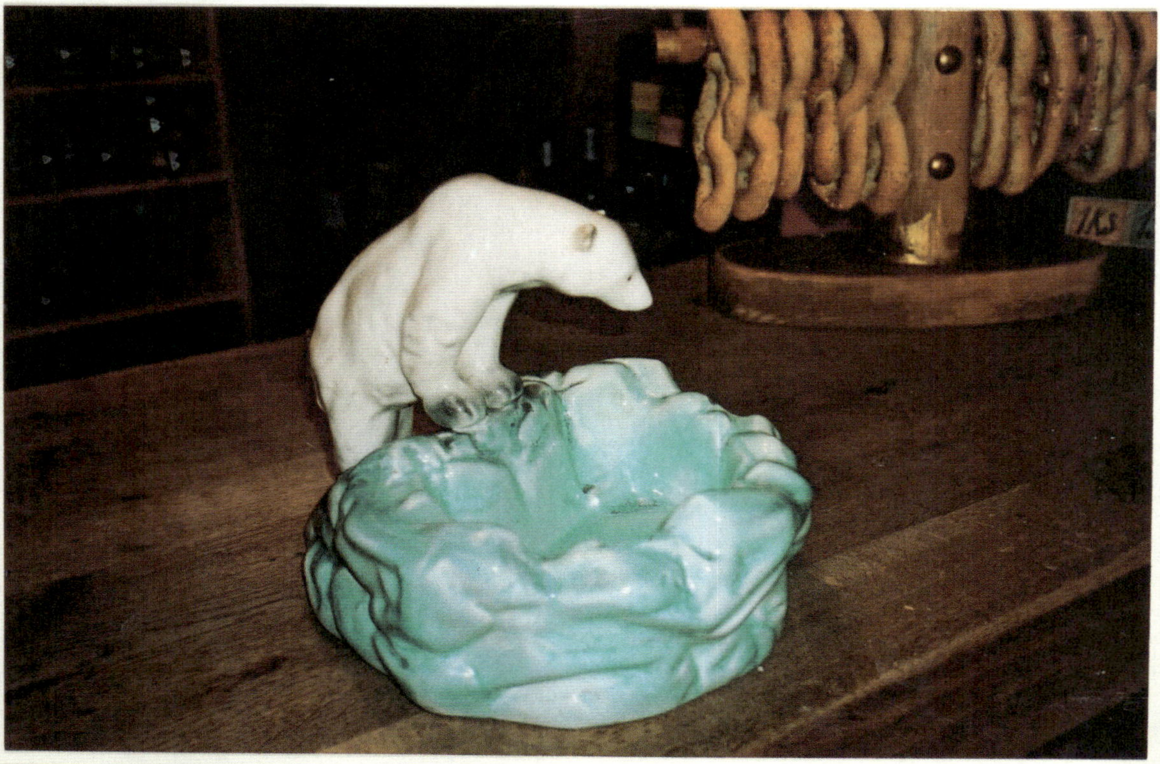

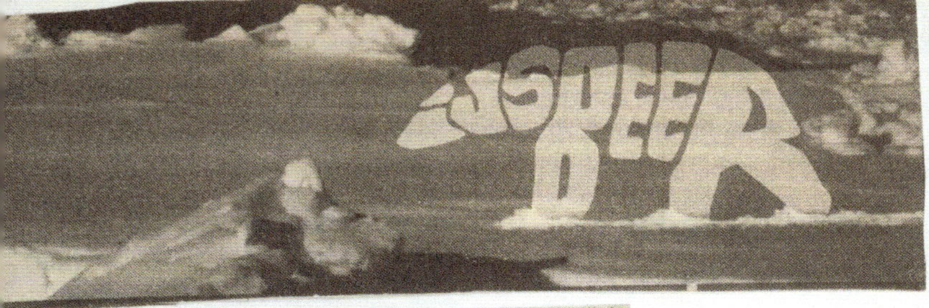

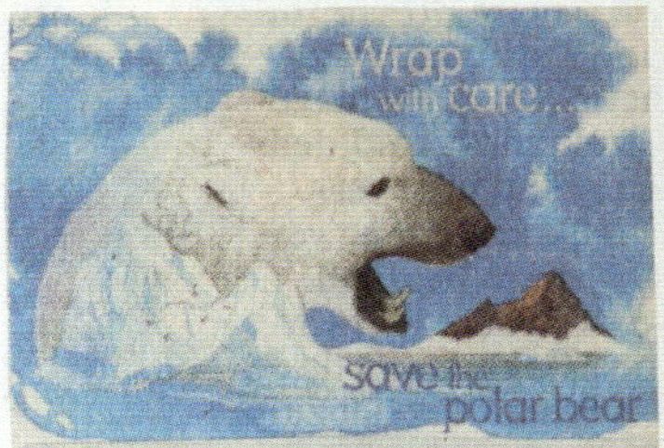
Wrap with care...
save the polar bear

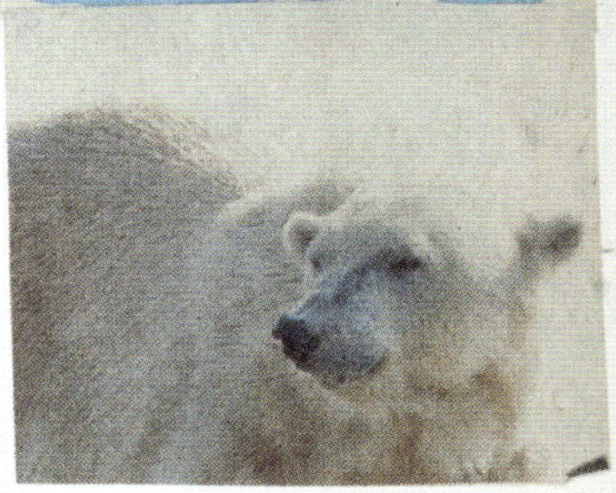

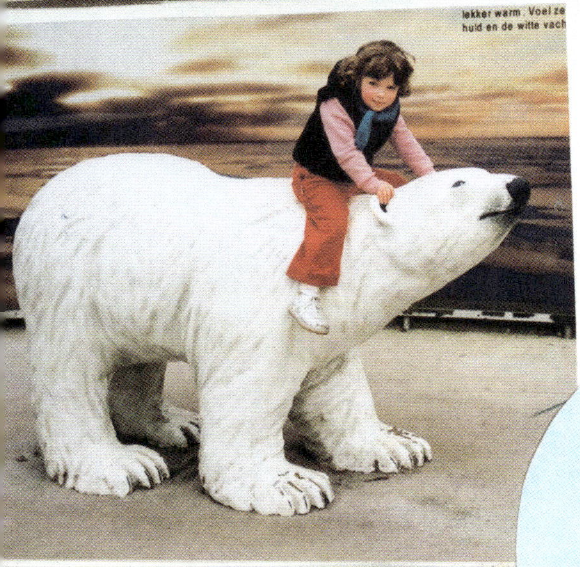
lekker warm. Voel ze
huid en de witte vach

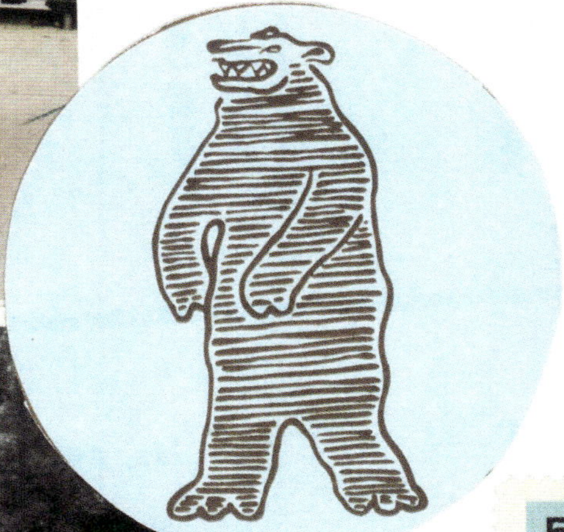

5 СТ
БЯЛА МЕЧКА
НР БЪЛГАРИЯ
ЗООЛОГИЧЕСКА ГРАДИНА-СОФИЯ

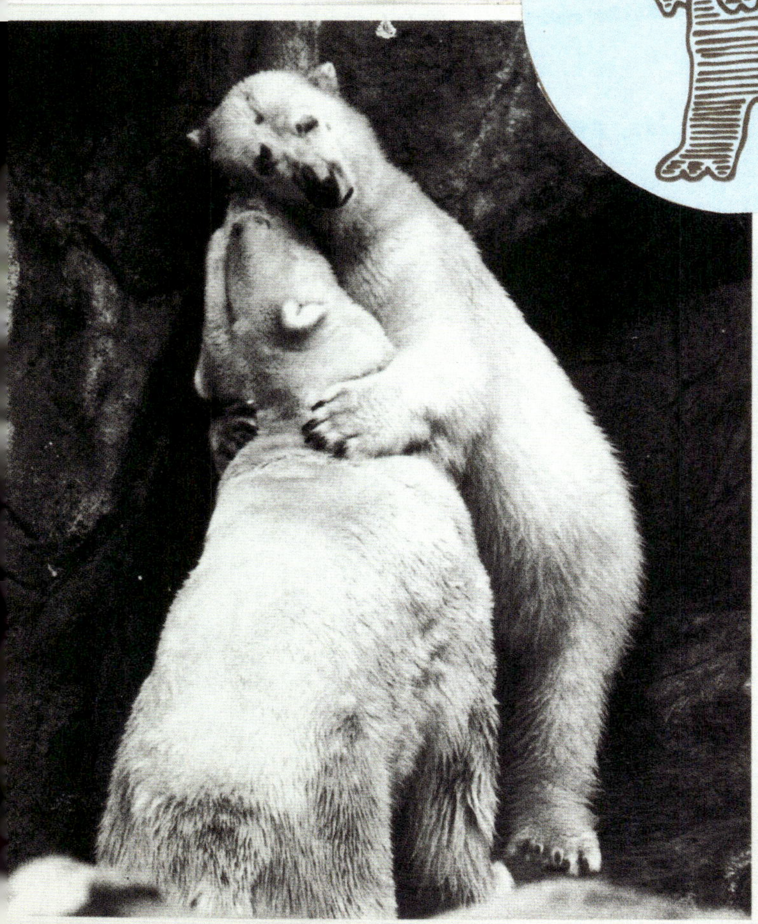

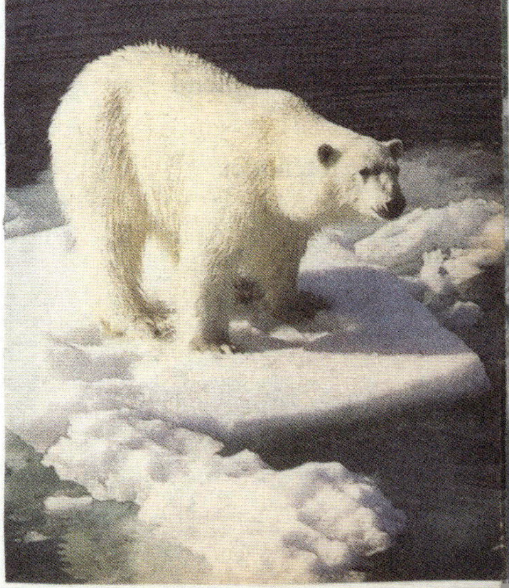

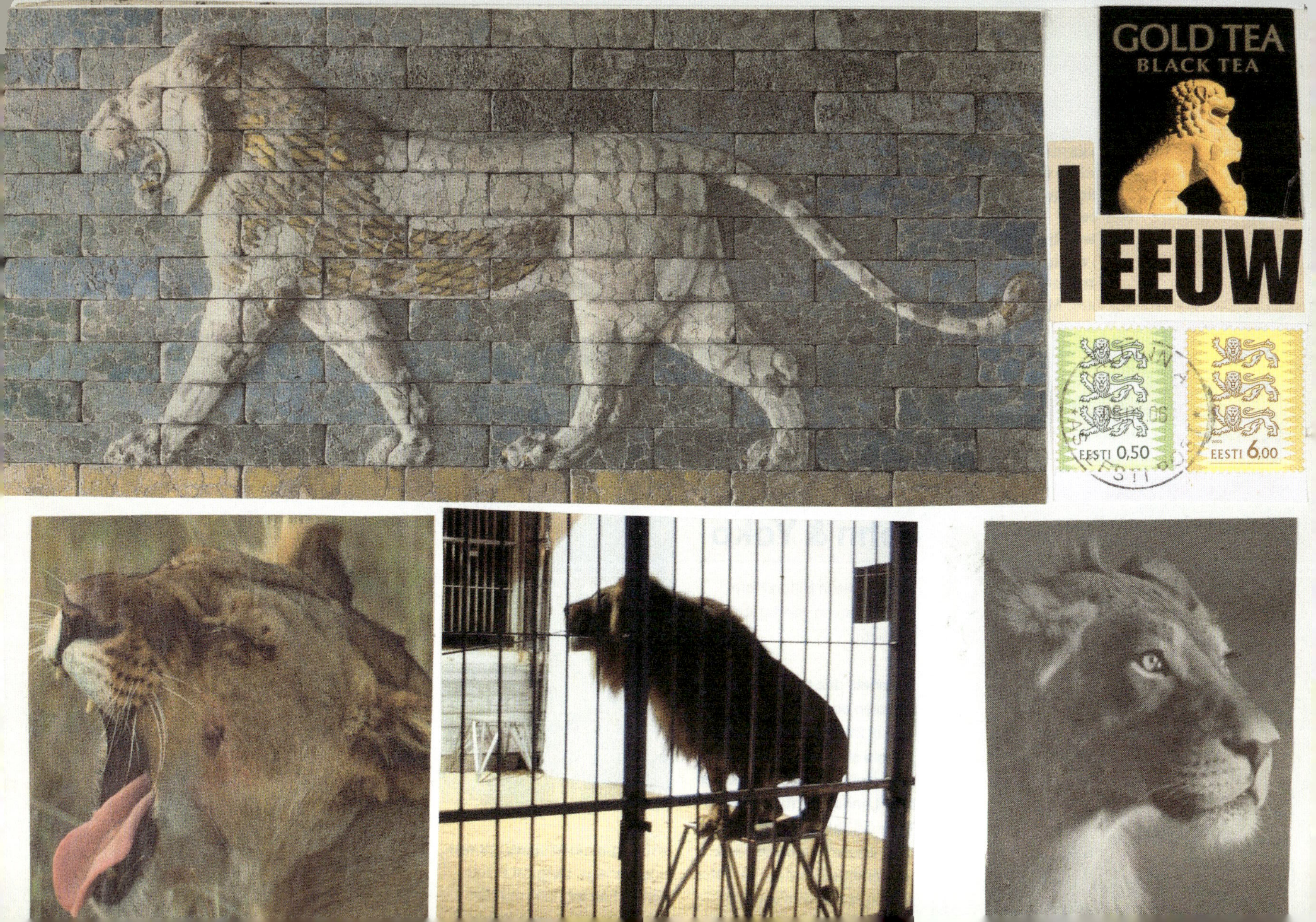
GOLD TEA
BLACK TEA
I
EEUW
EESTI 0,50
EESTI 6,00

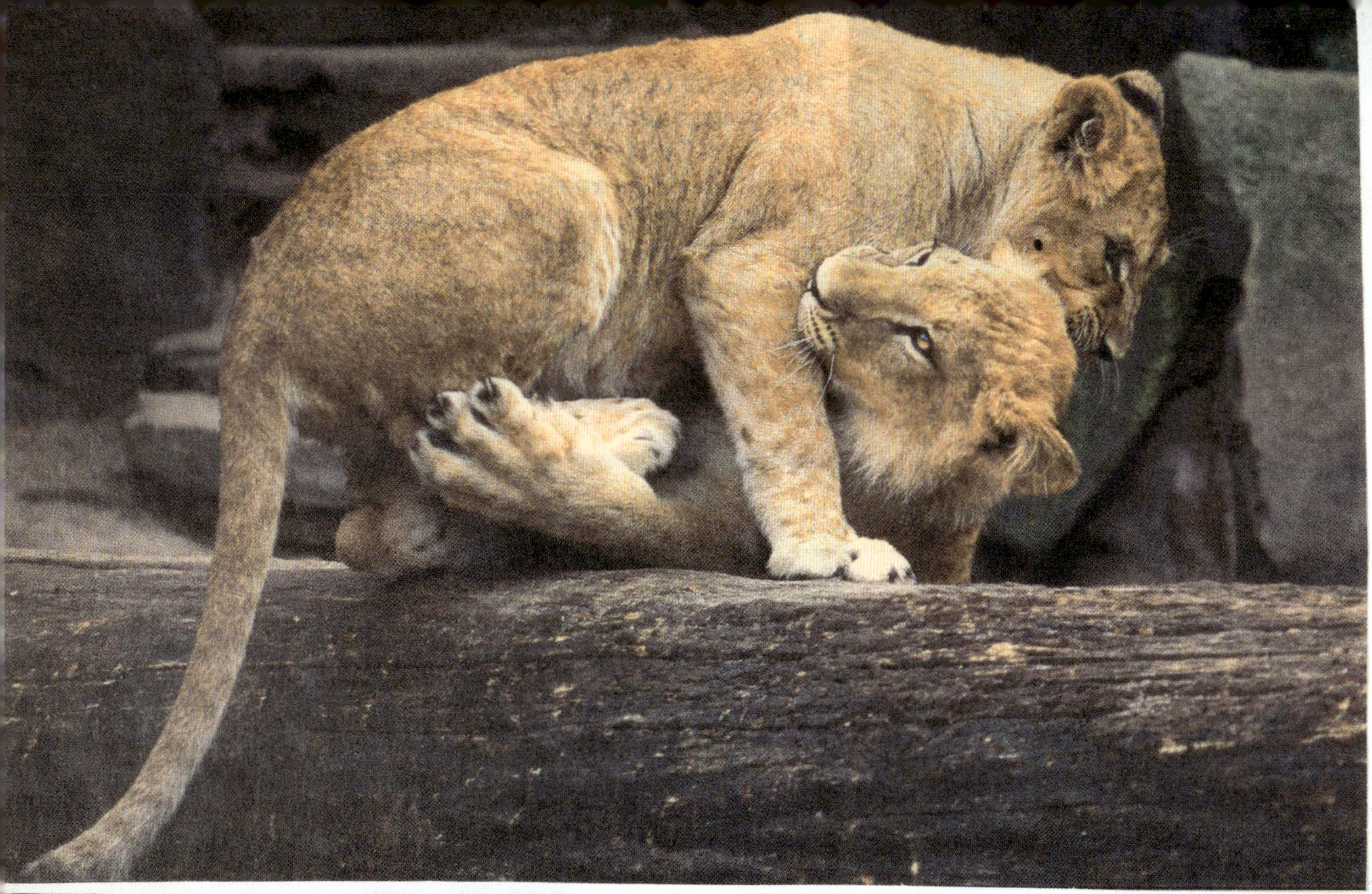

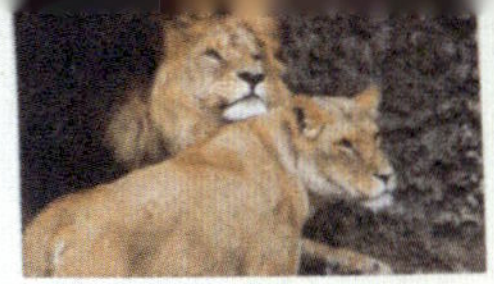

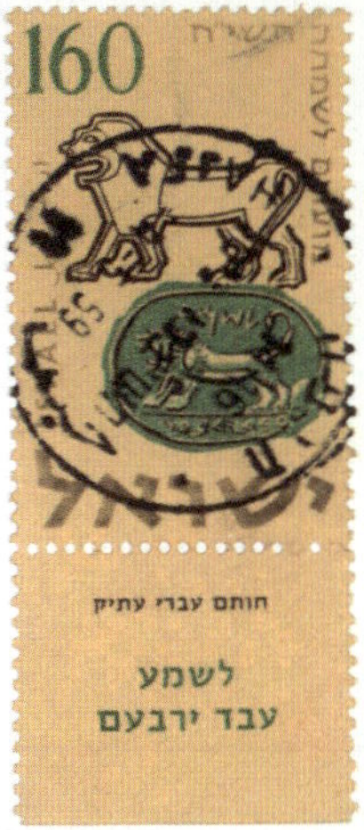

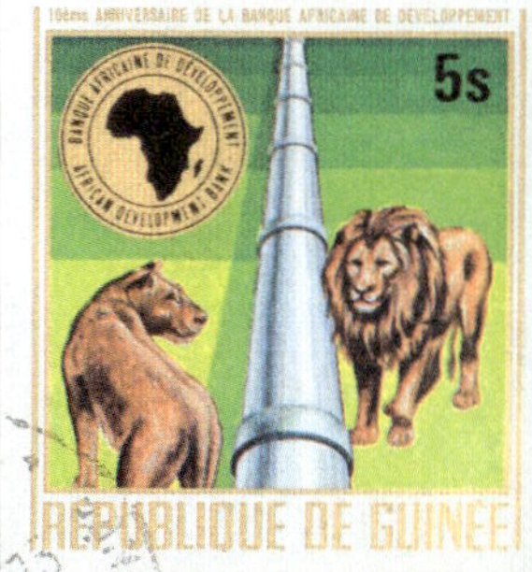

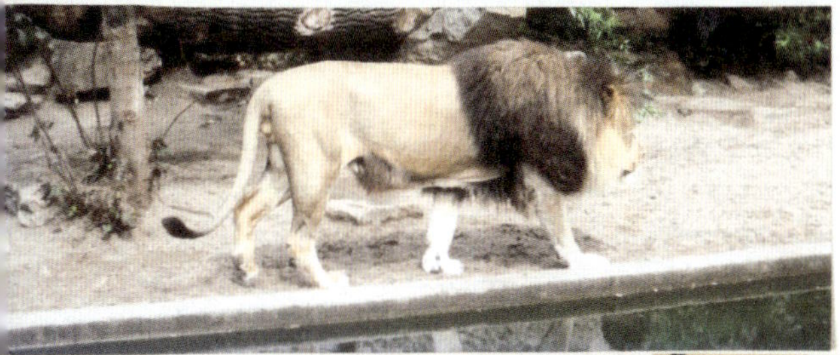

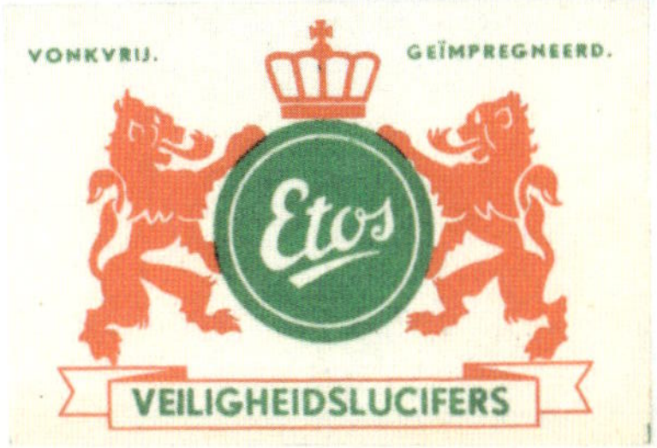

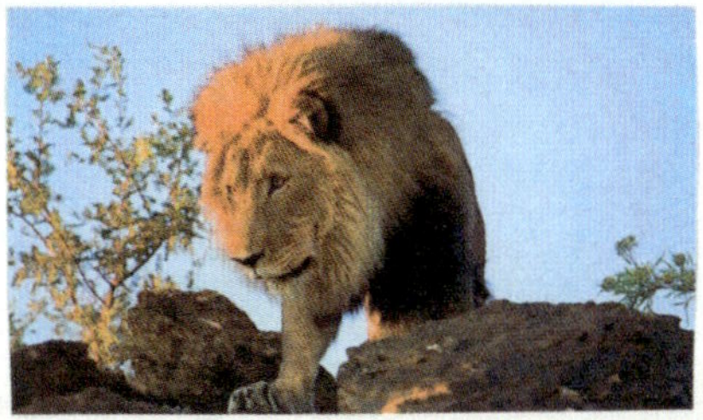

Royal Beasts at the Tower of London

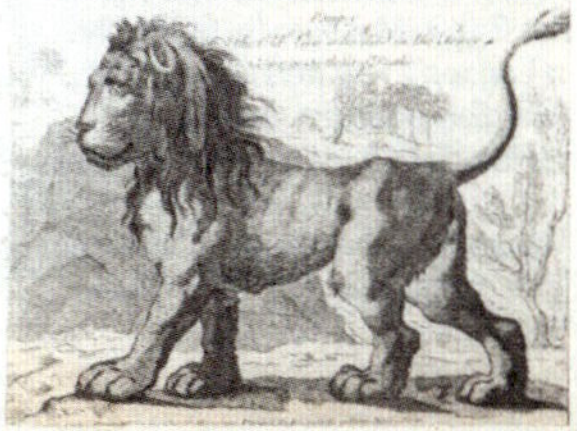

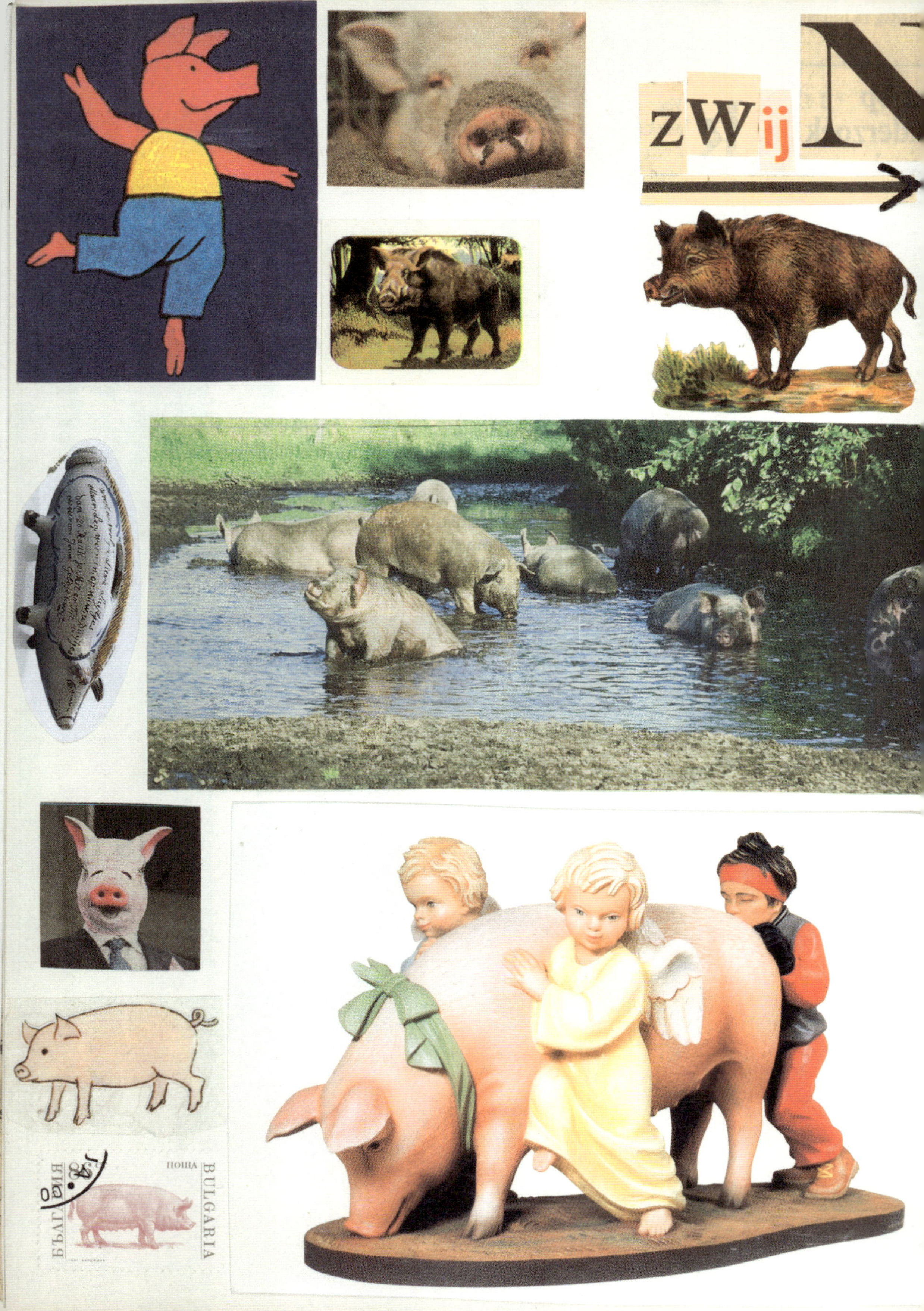
zWijN
ПОЩА
BULGARIA
БЪЛГАРИЯ

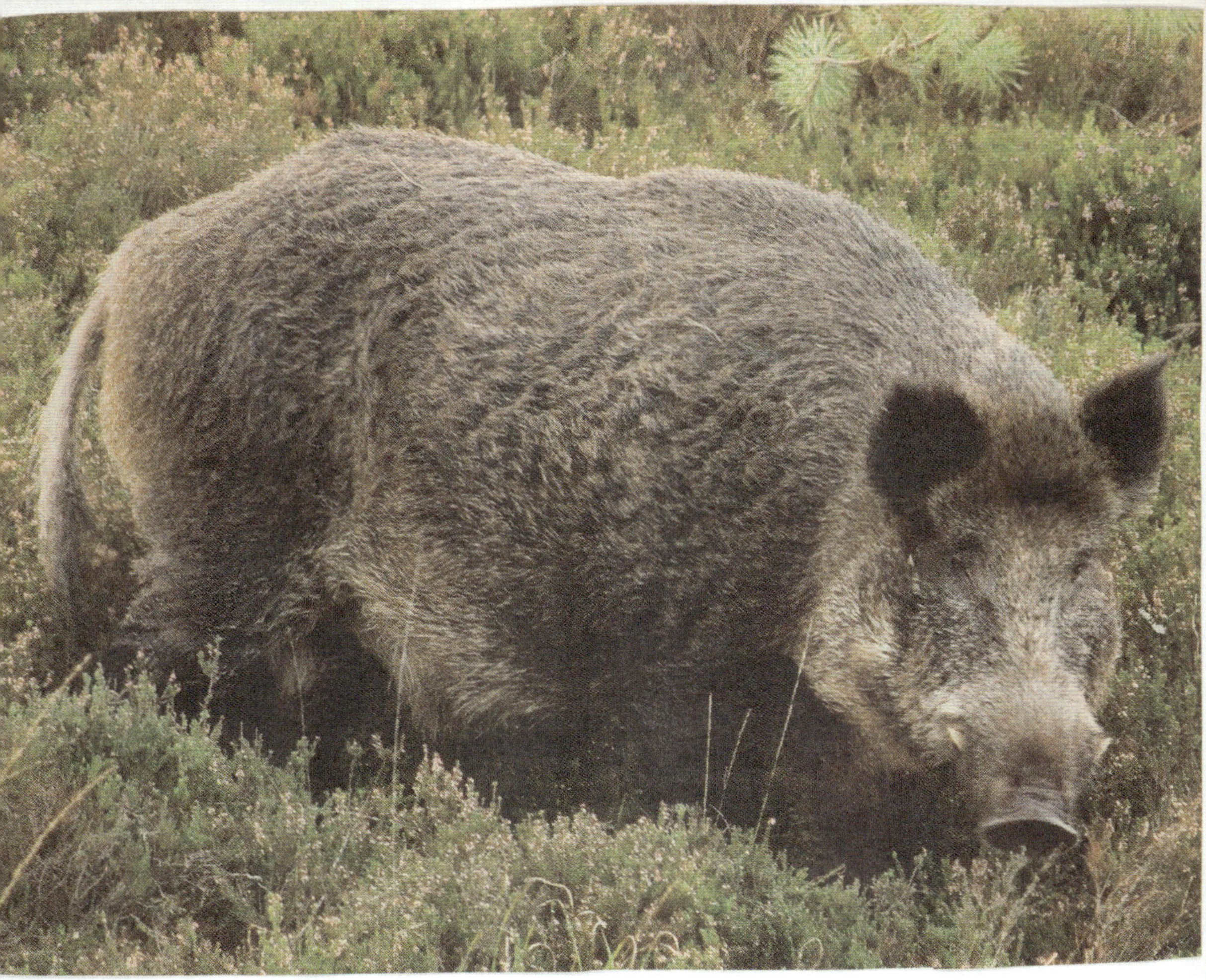

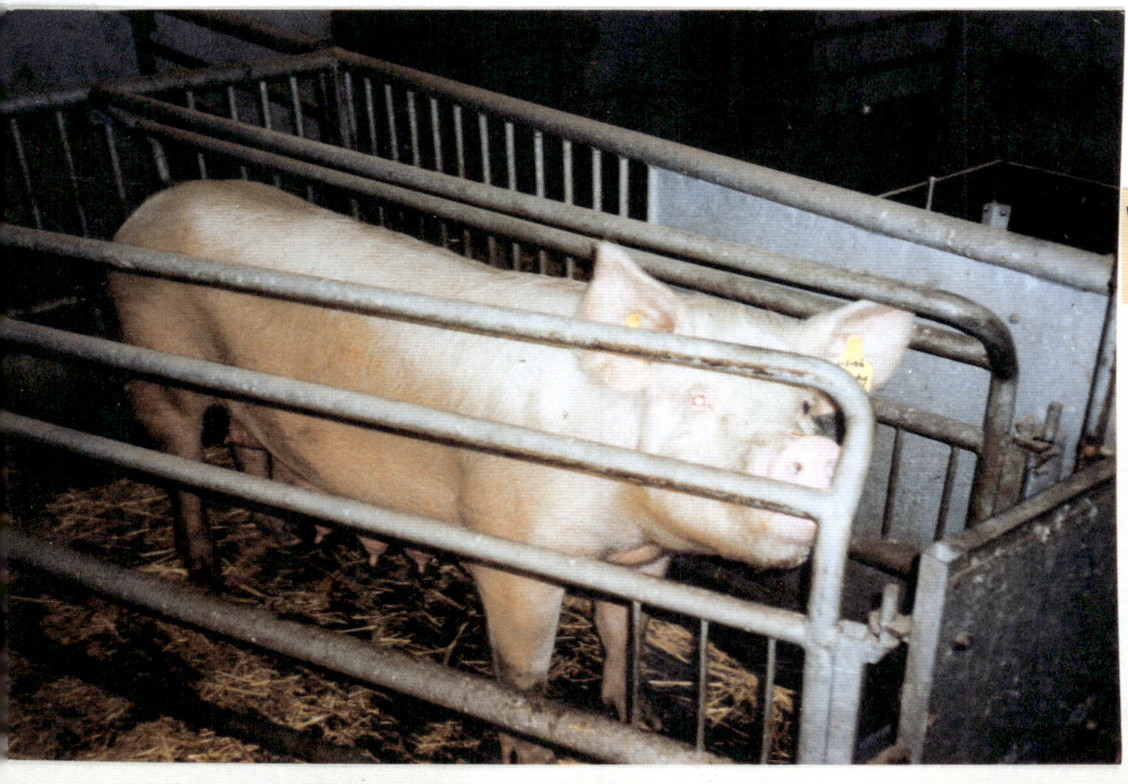

vaRken

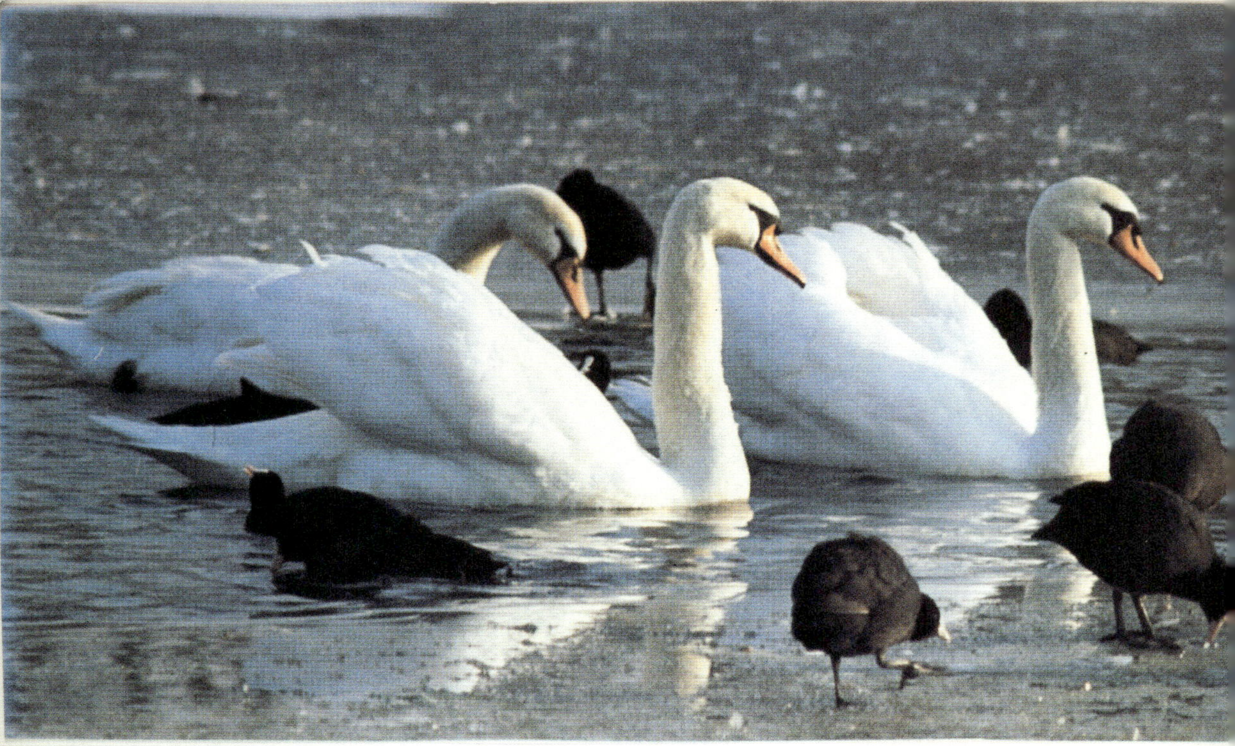

Zwaan en meERKoe

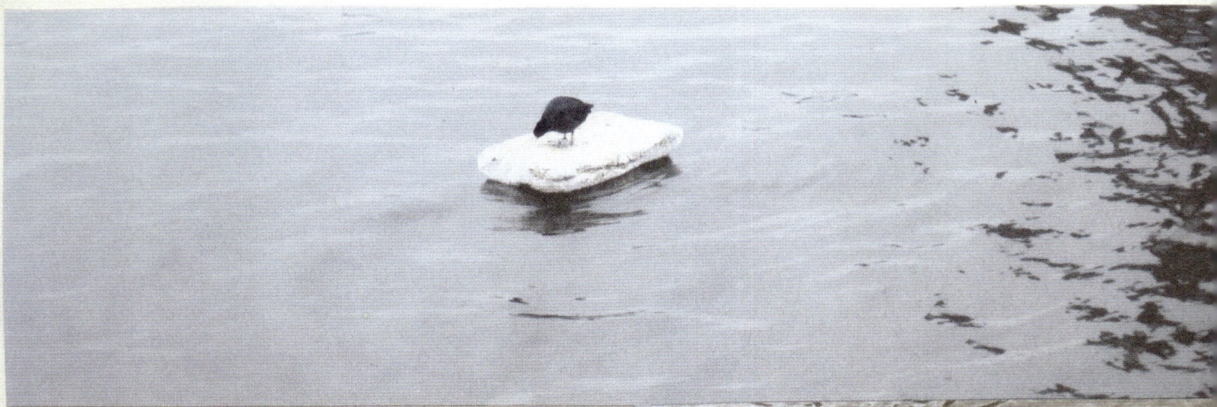

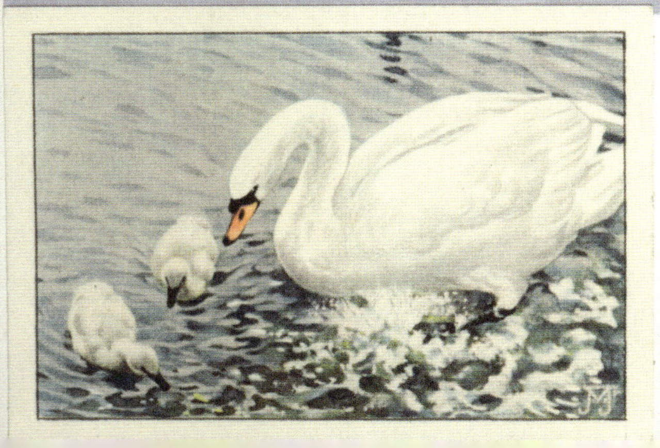

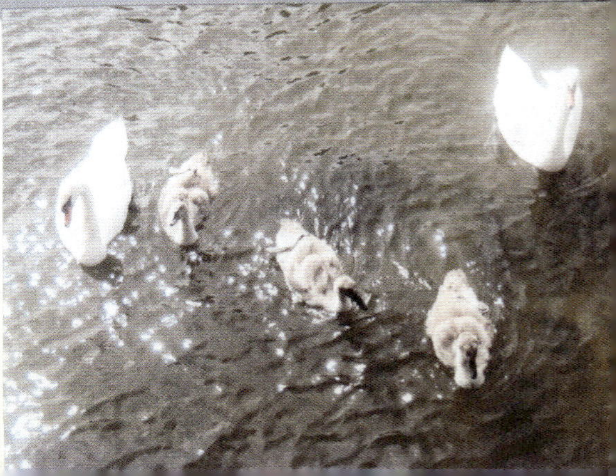

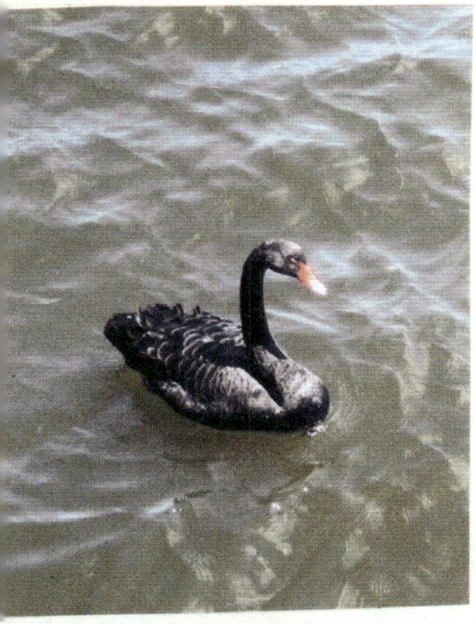

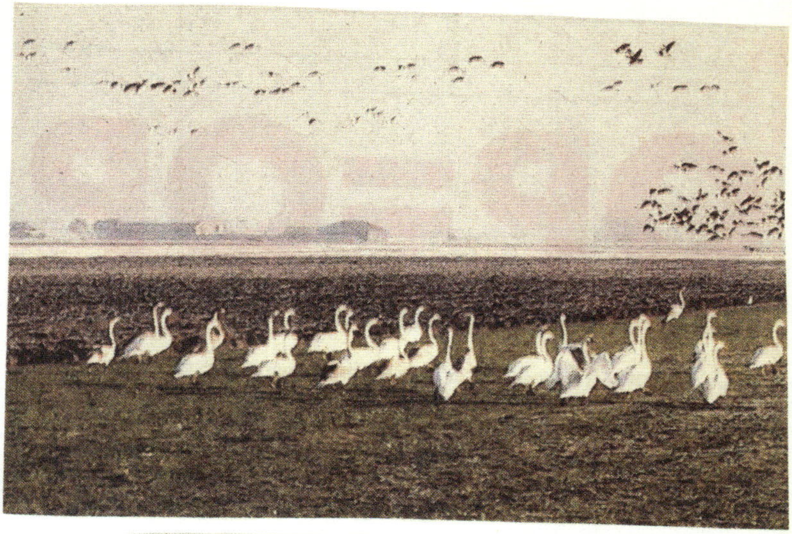

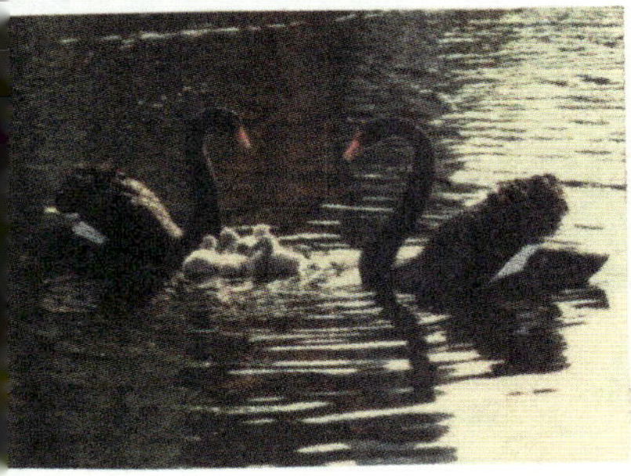

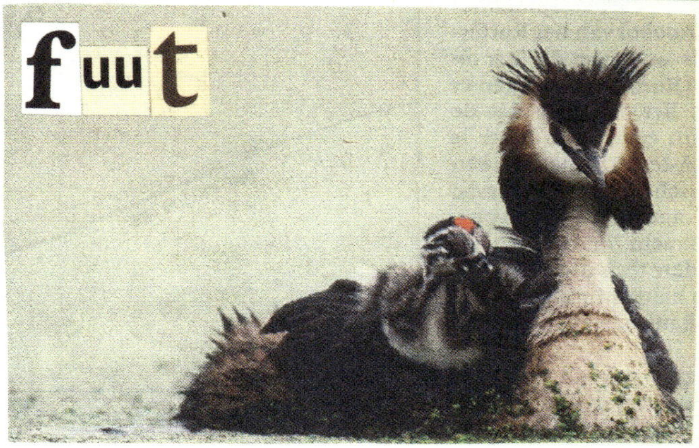
fuut

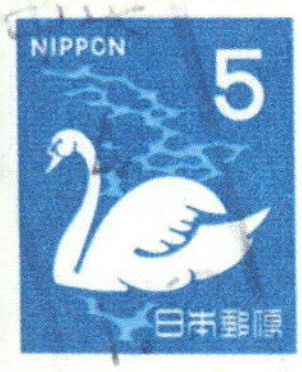
NIPPON
5
日本郵便

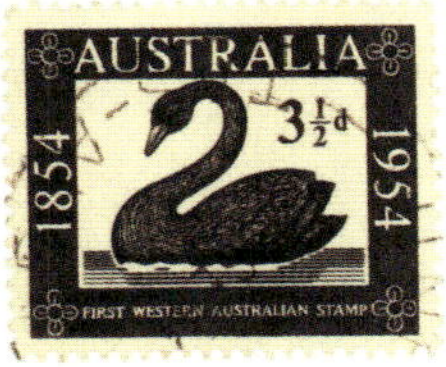
AUSTRALIA
3½d
1854
1954
FIRST WESTERN AUSTRALIAN STAMP

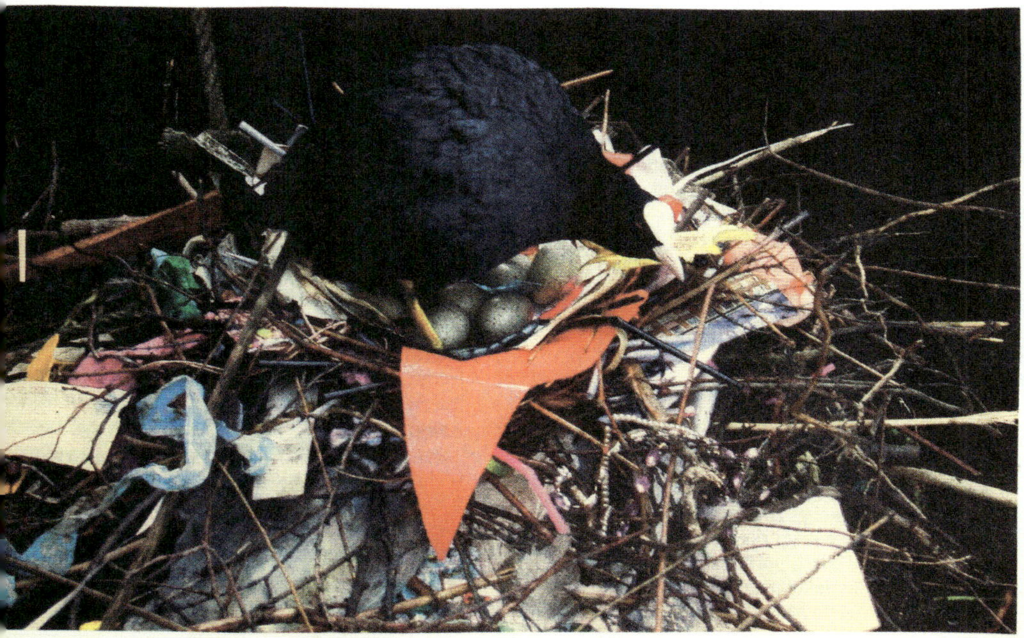

KIPp EN haan

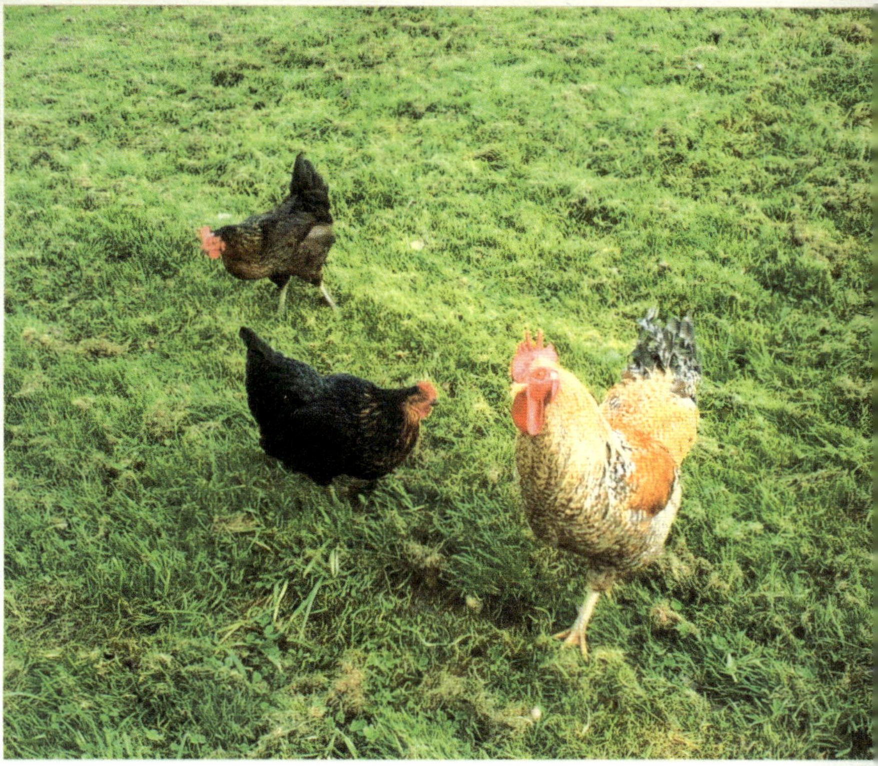

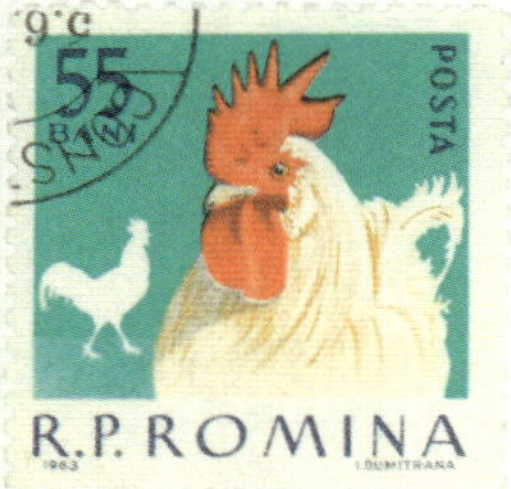

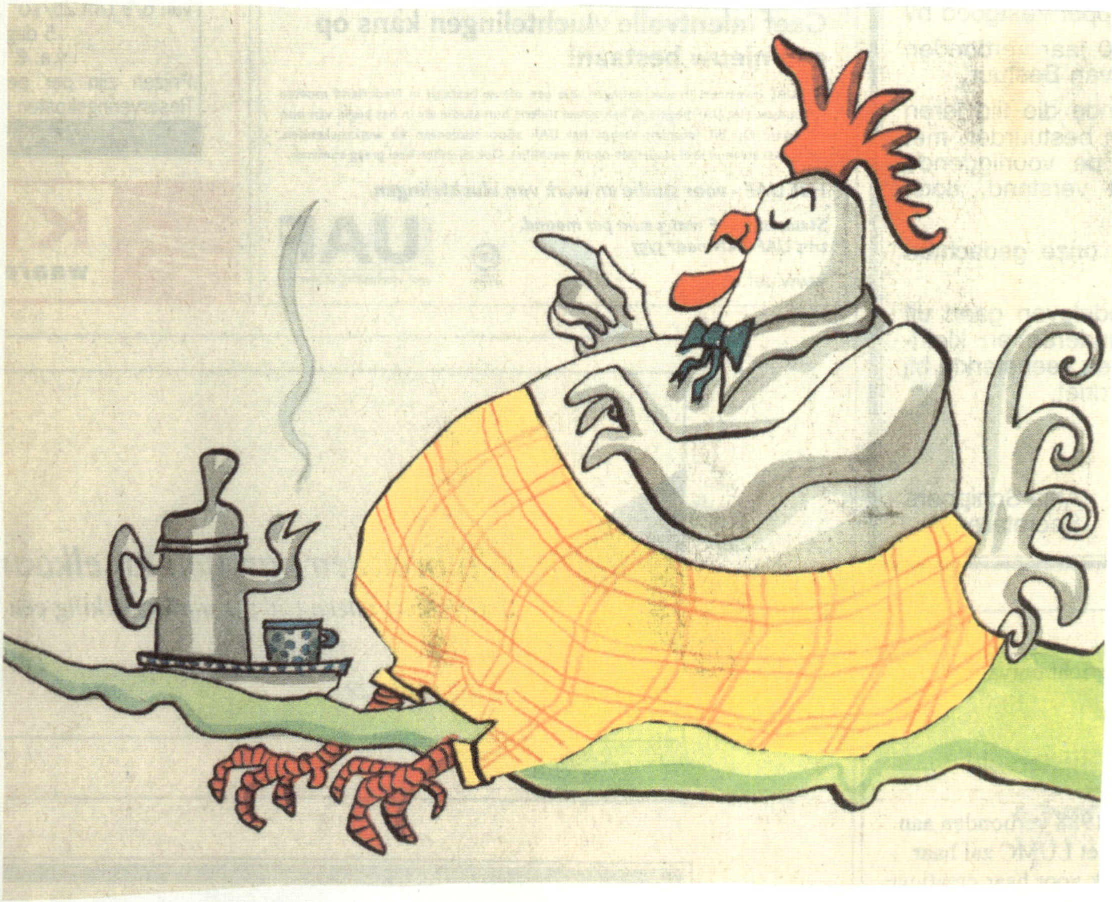

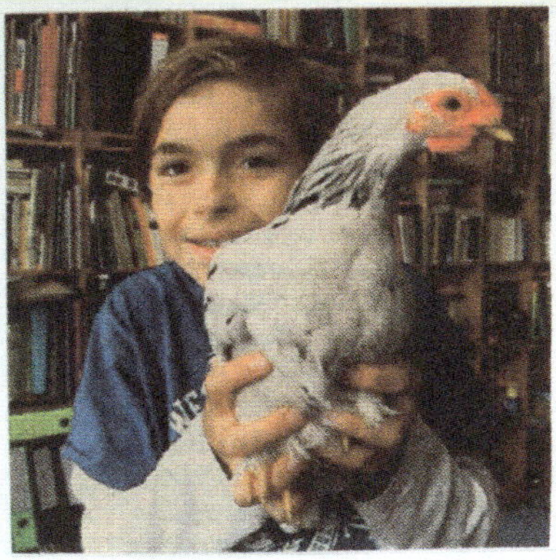

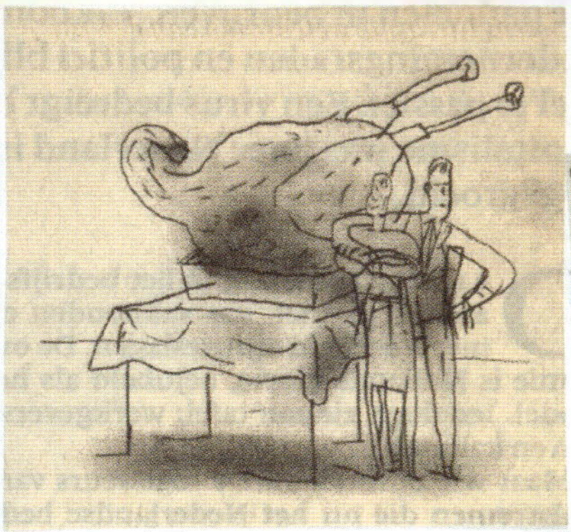

kal
koen

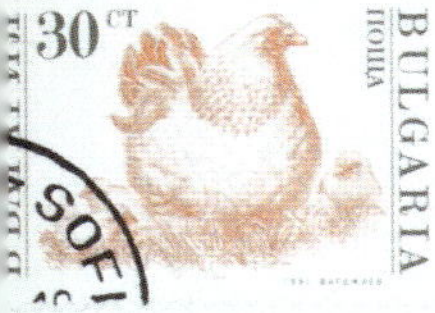

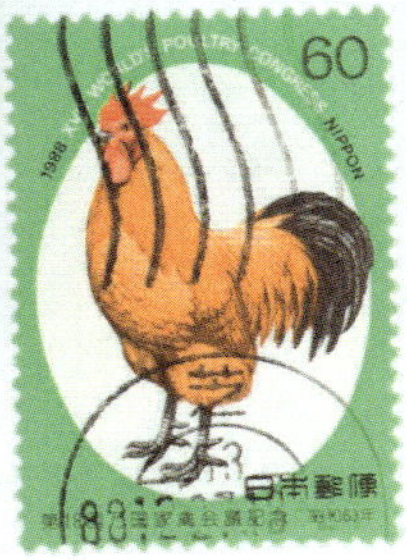

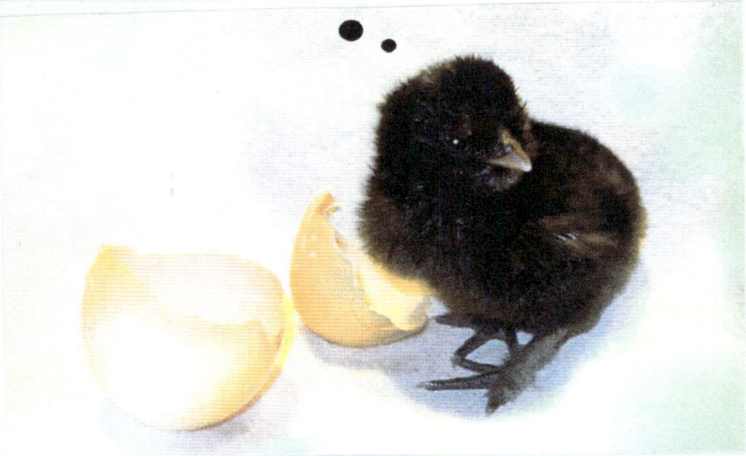

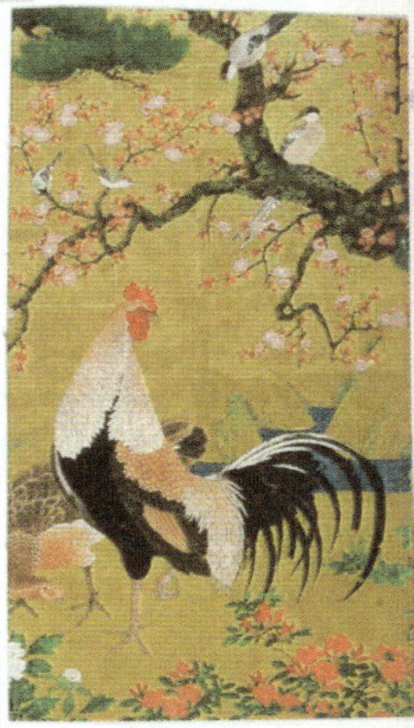

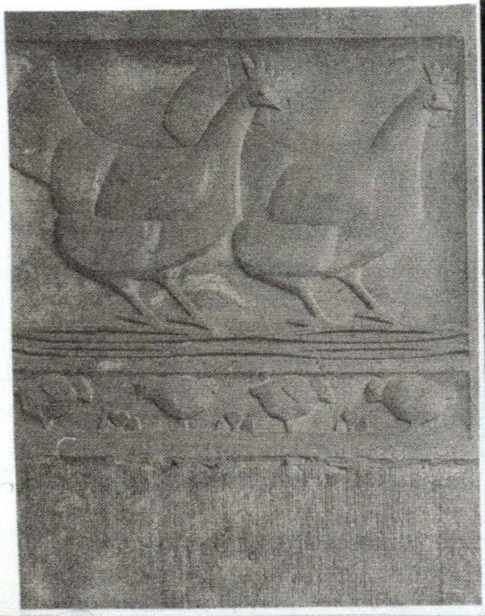

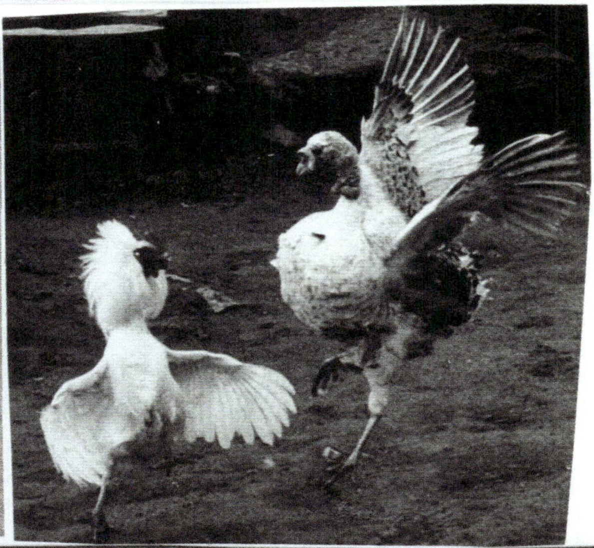

Wandluis

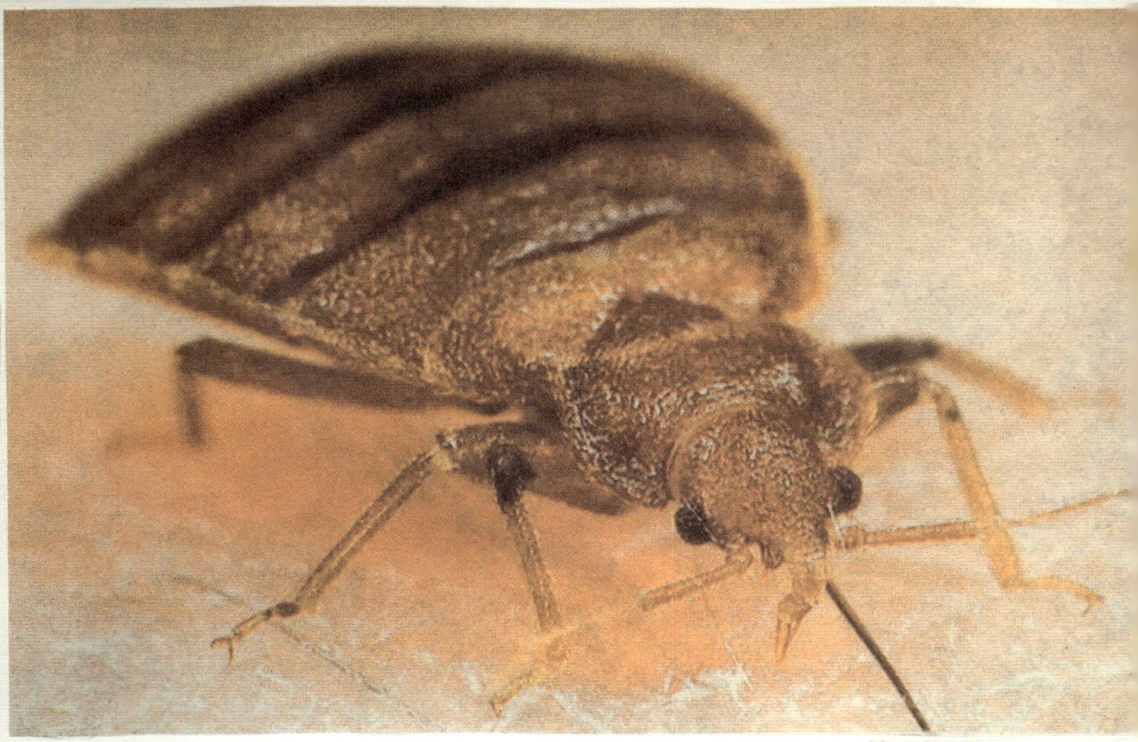

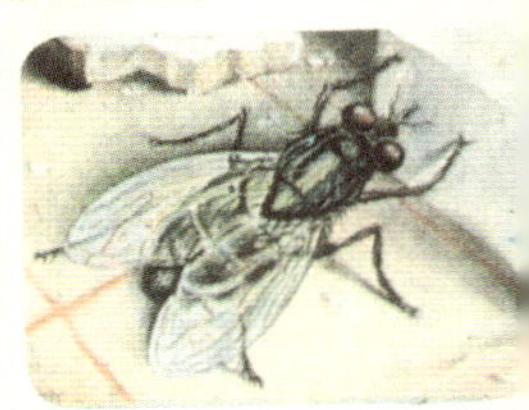

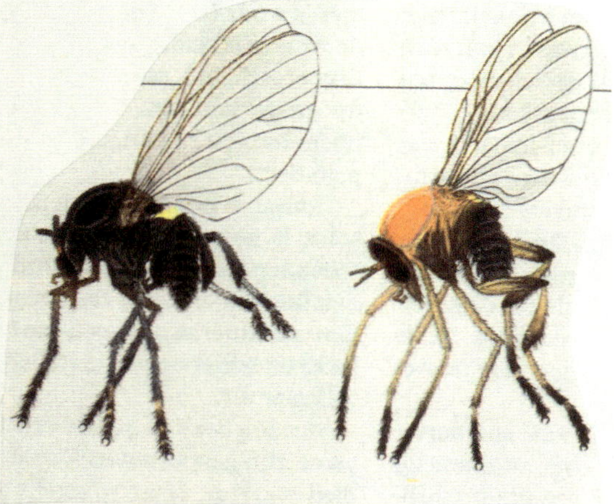

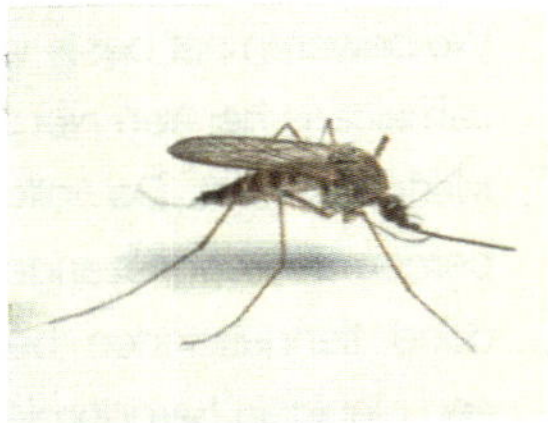

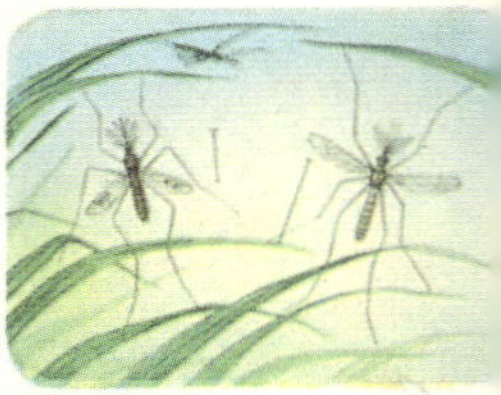

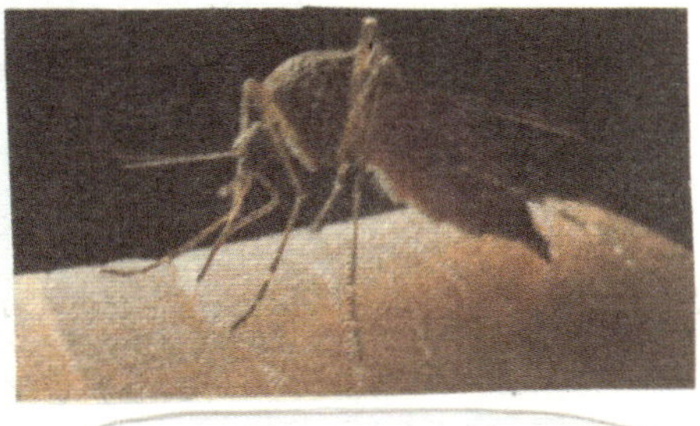

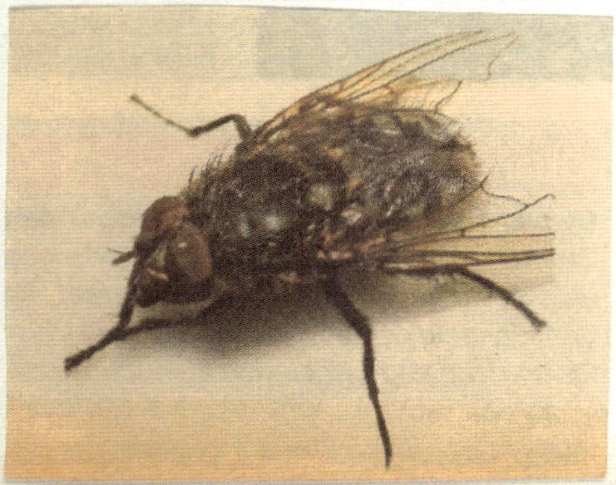

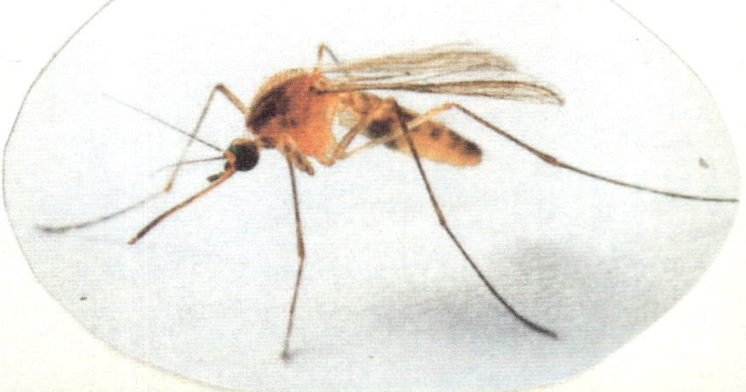

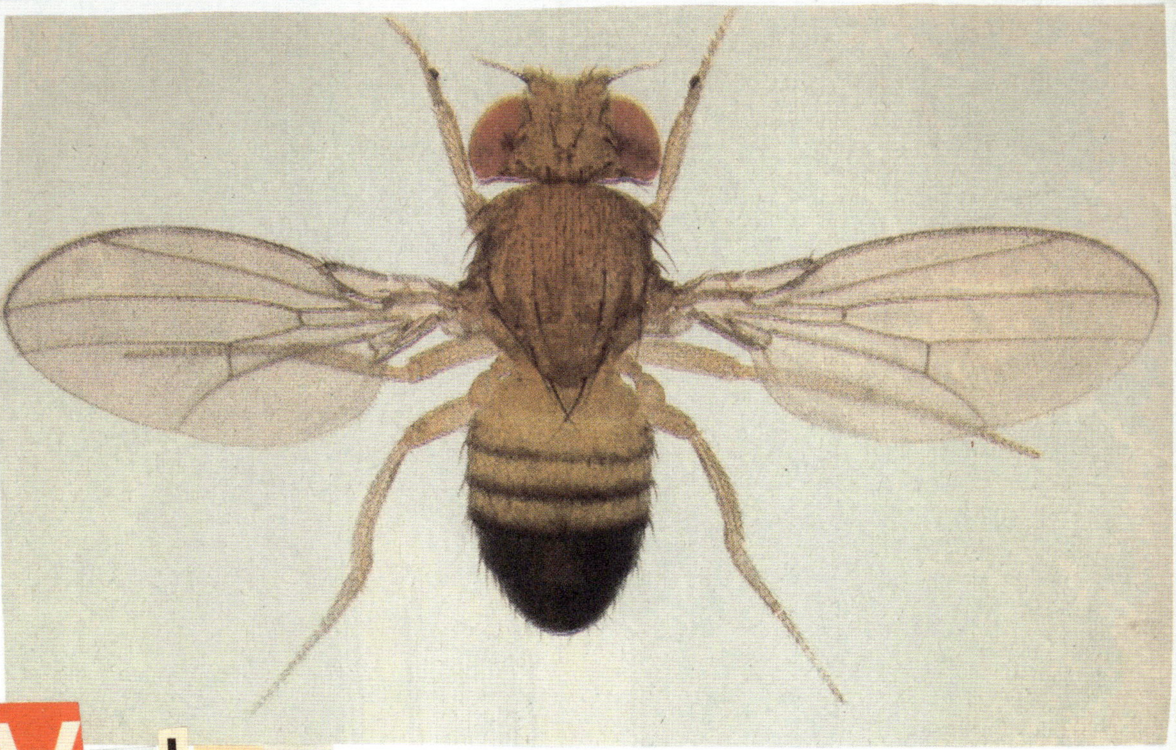

Vlieg

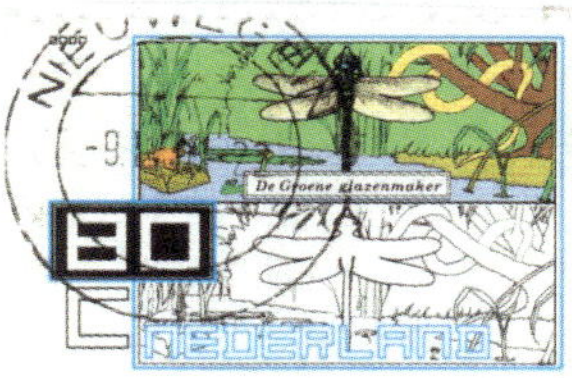

MuG

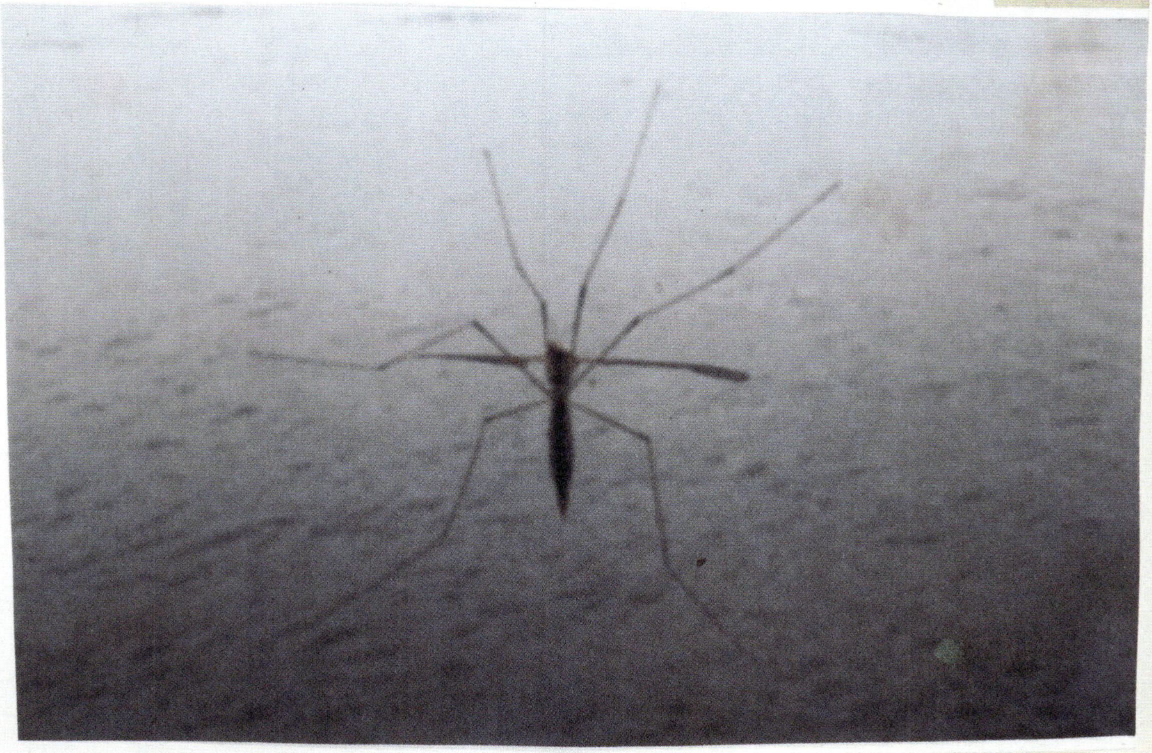

SchILD PAD

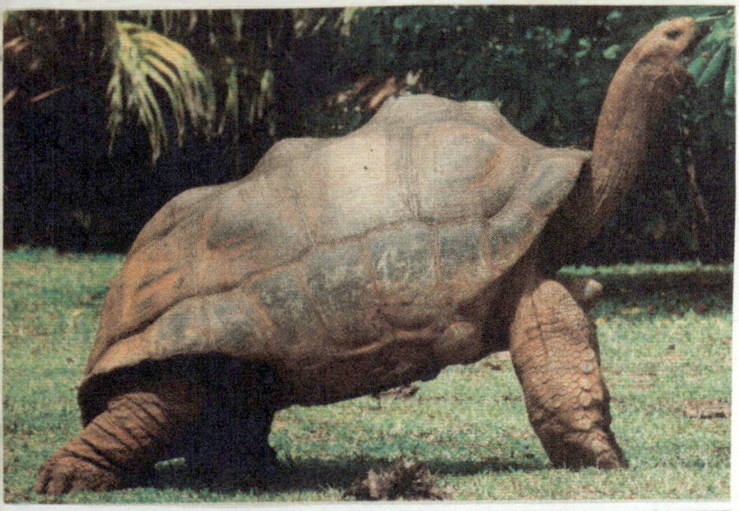

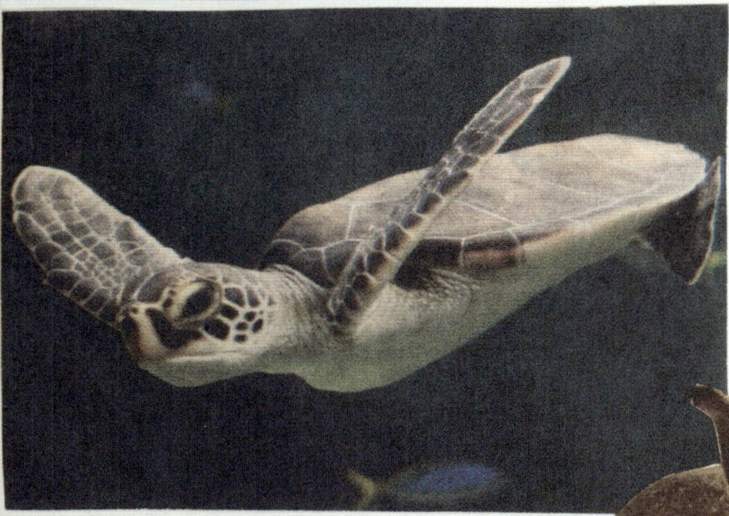

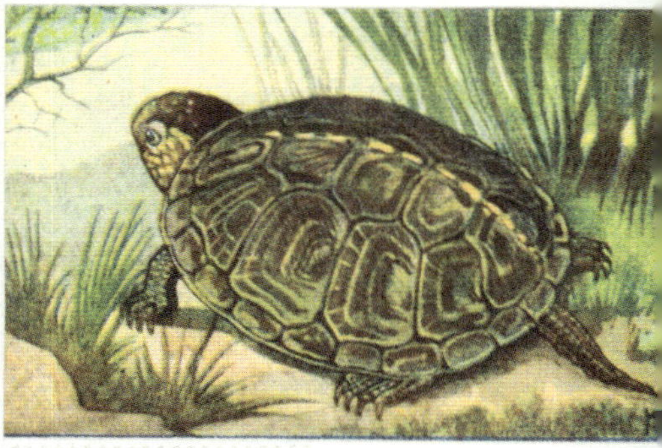

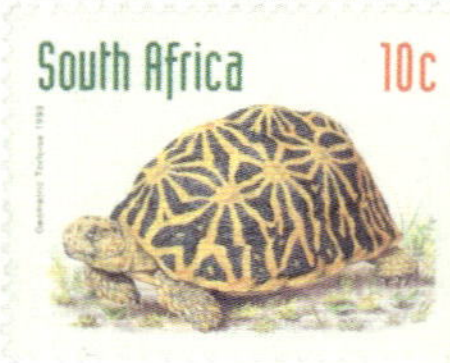

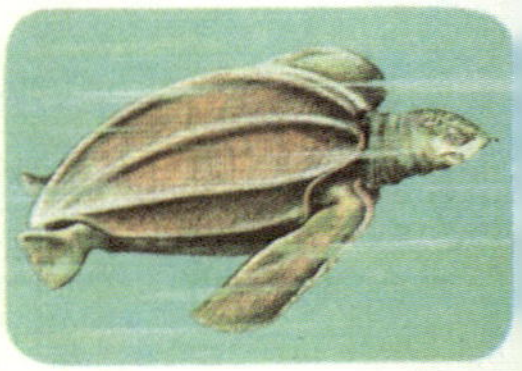

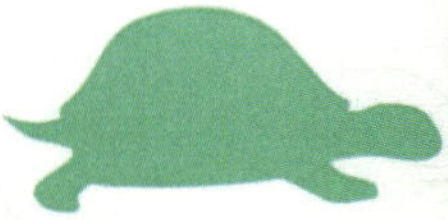

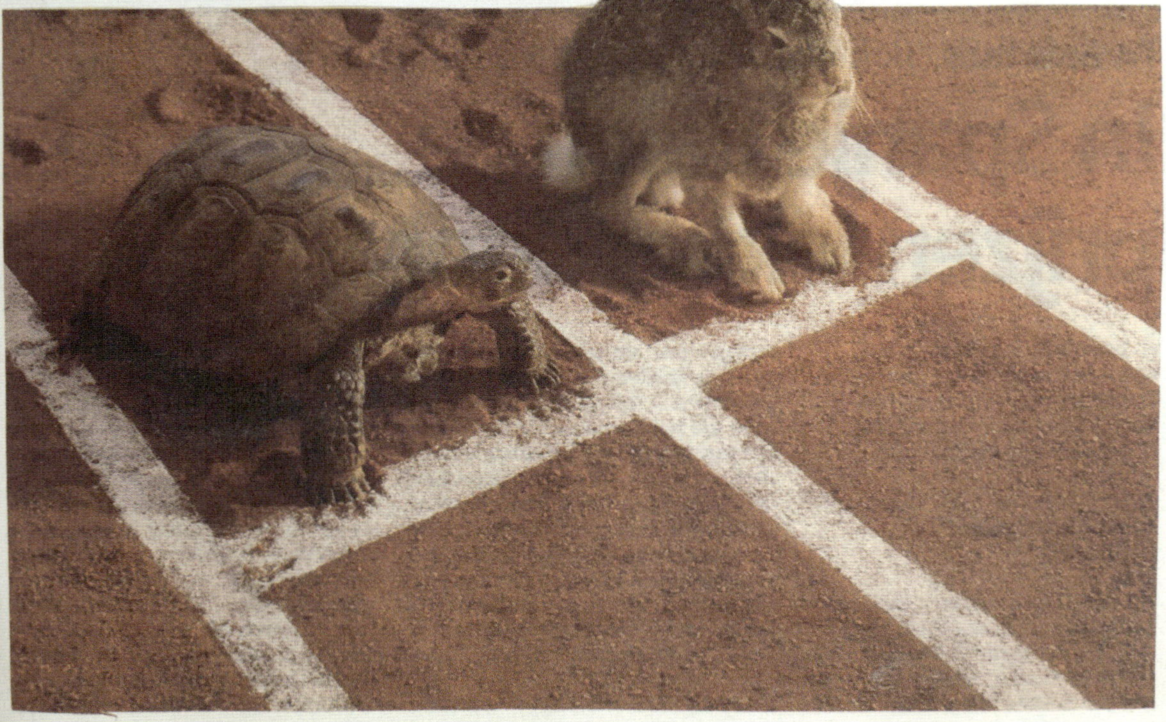

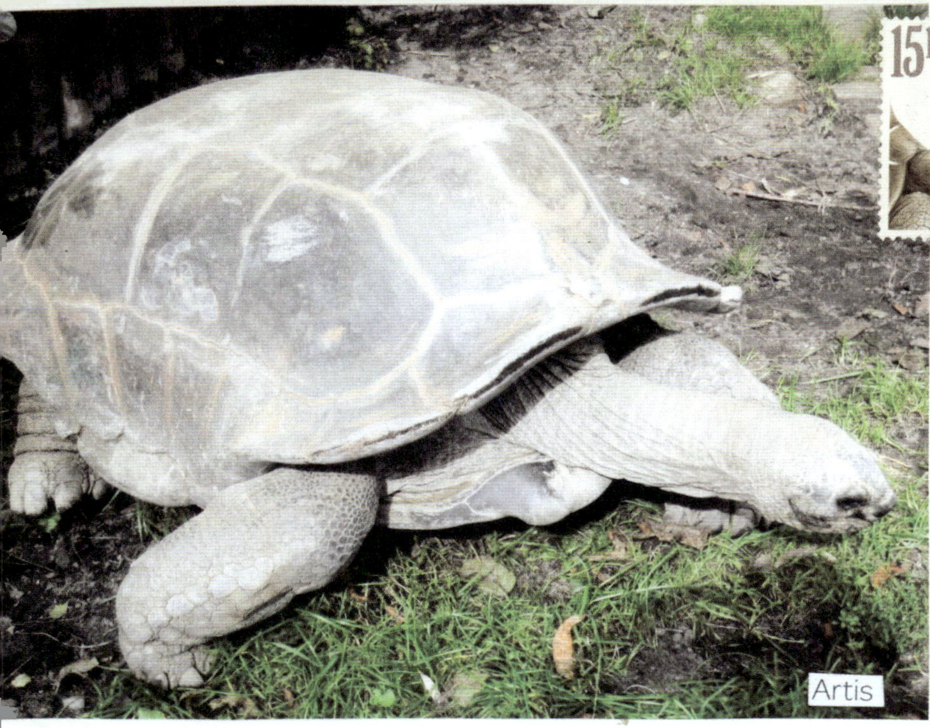
Artis

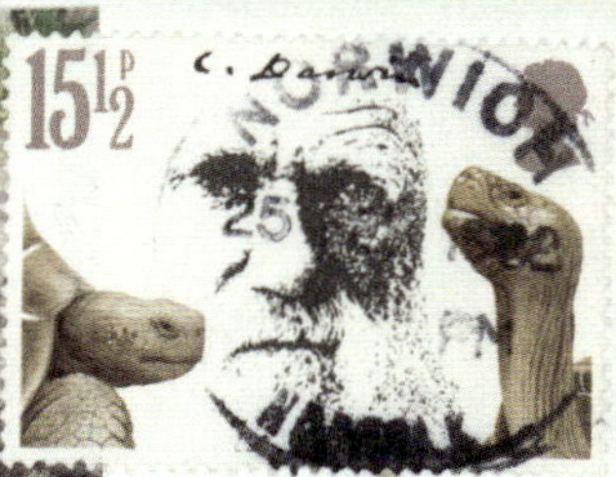
15½p
C. Darwin

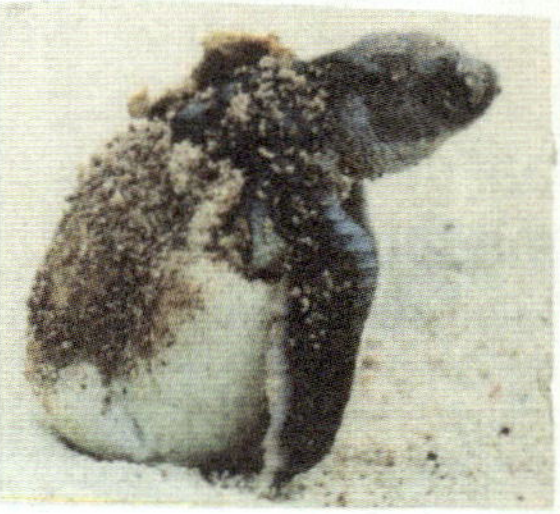

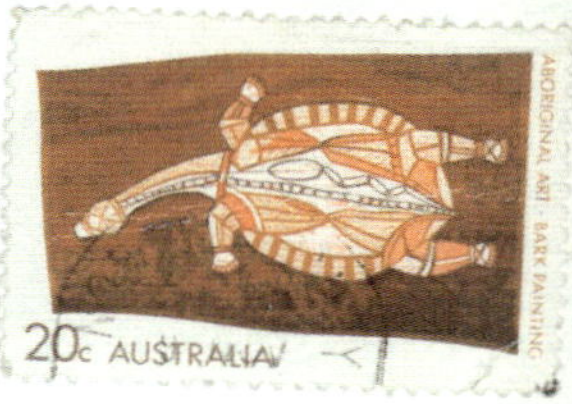
ABORIGINAL ART - BARK PAINTING
20c AUSTRALIA

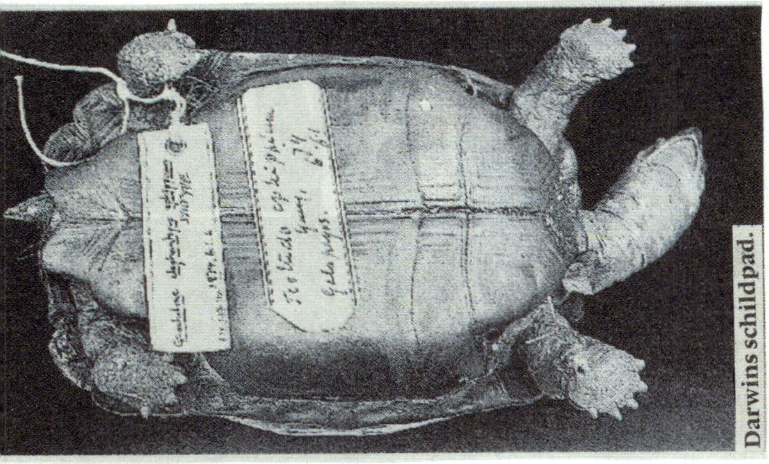
Darwins schildpad.

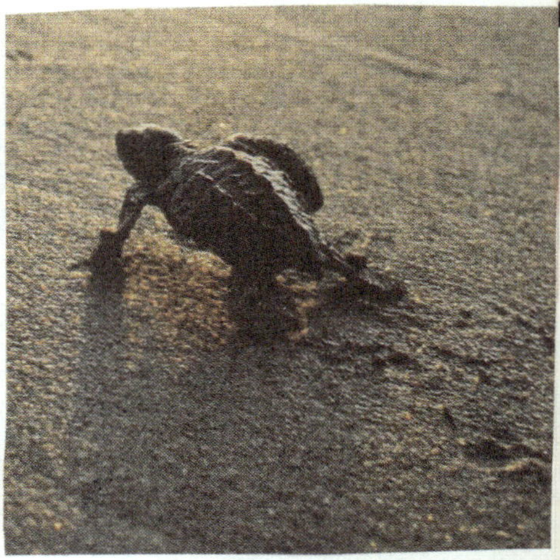

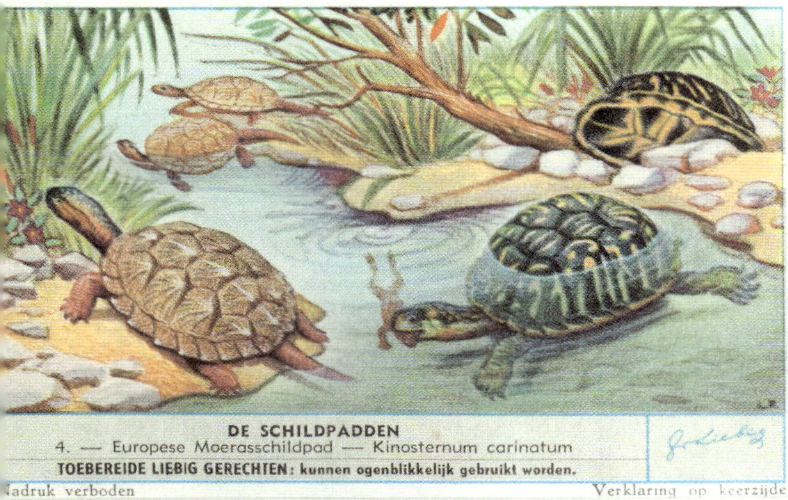
DE SCHILDPADDEN
4. — Europese Moerasschildpad — Kinosternum carinatum
TOEBEREIDE LIEBIG GERECHTEN: kunnen ogenblikkelijk gebruikt worden.
adruk verboden
Verklaring op keerzijde

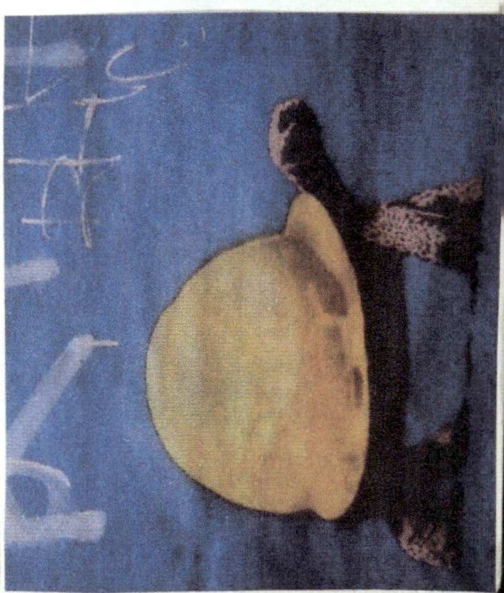

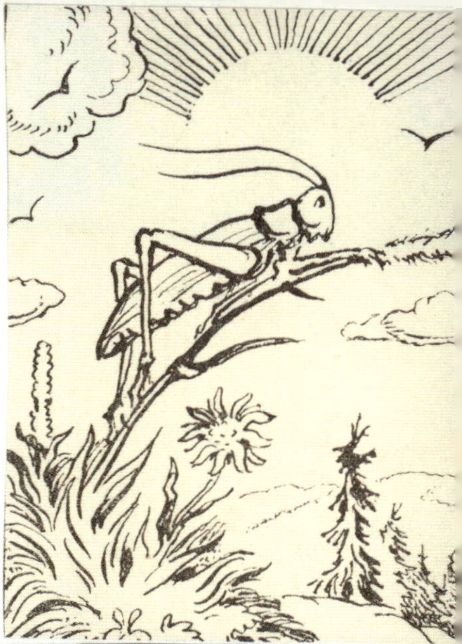

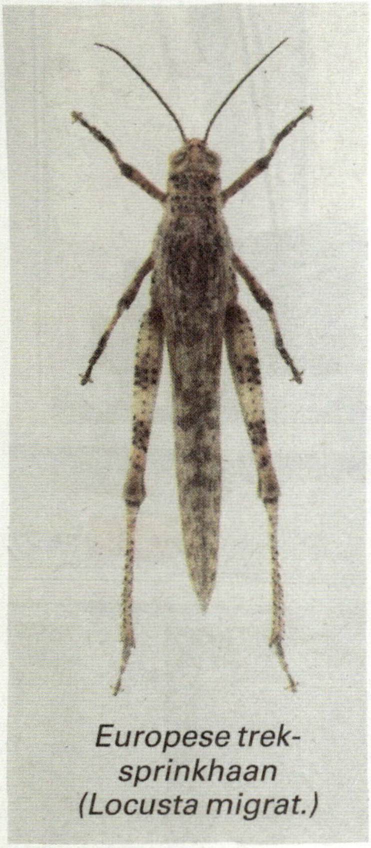

Europese trek-
sprinkhaan
(*Locusta migrat.*)

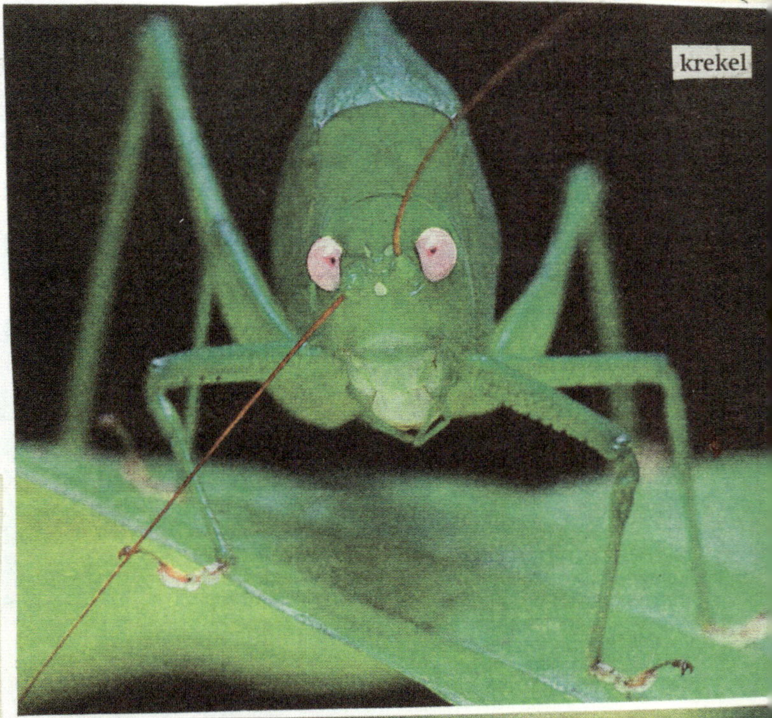

krekel

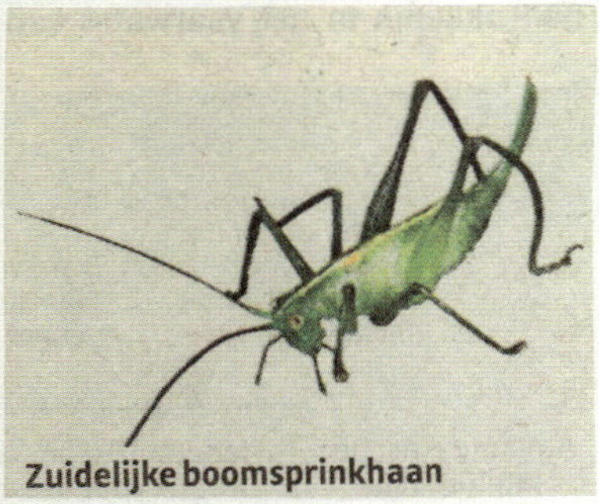

Zuidelijke boomsprinkhaan

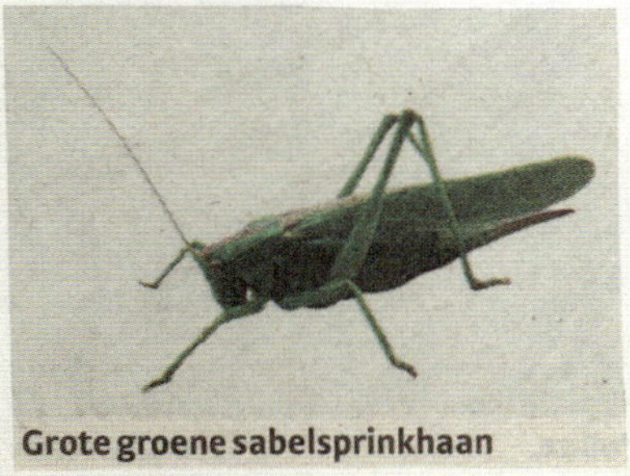

Grote groene sabelsprinkhaan

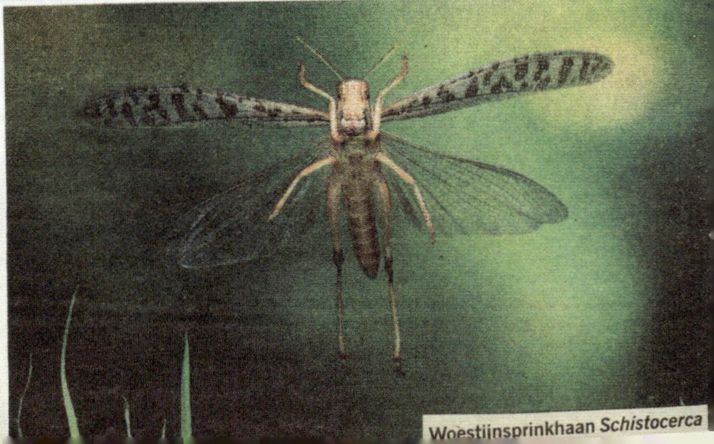

Woestijnsprinkhaan *Schistocerca*

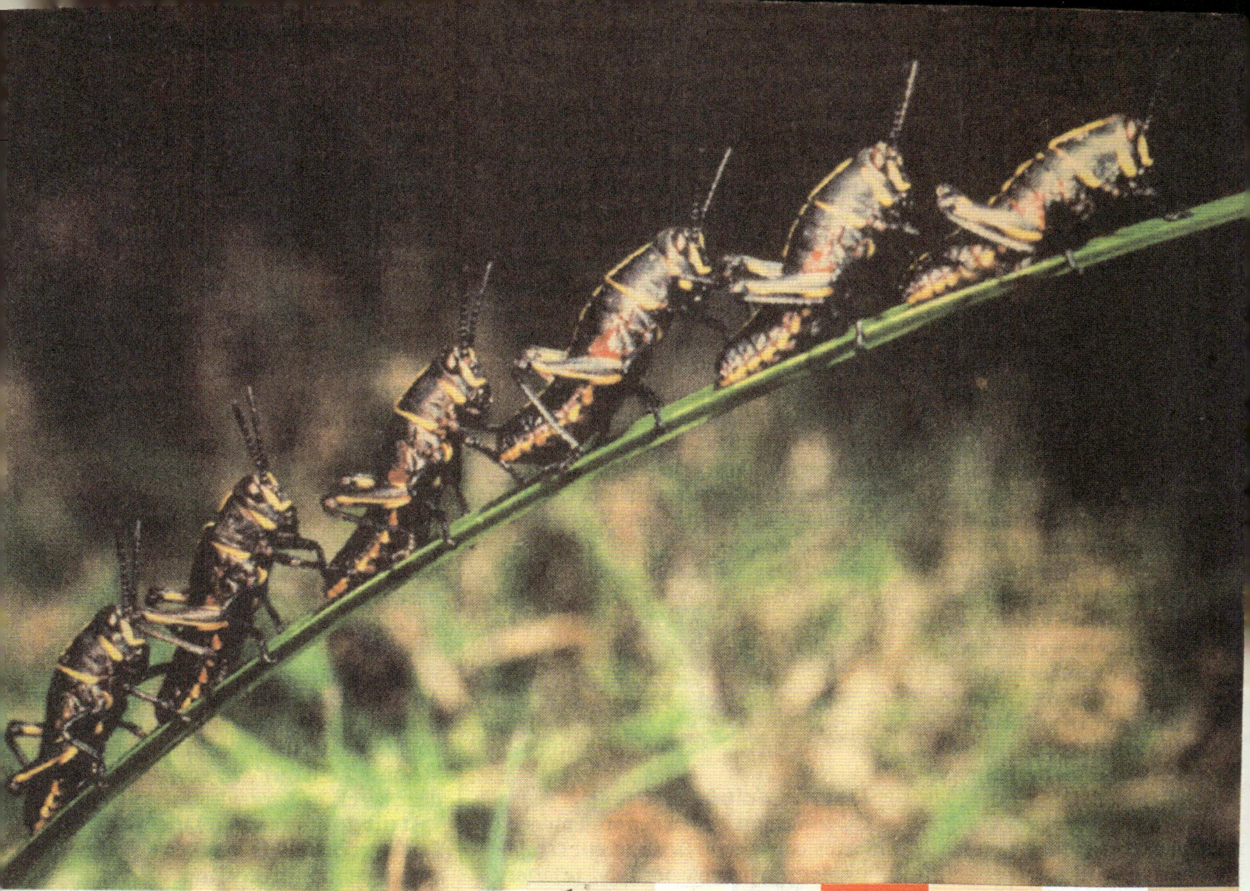

sPRinKHaaN en

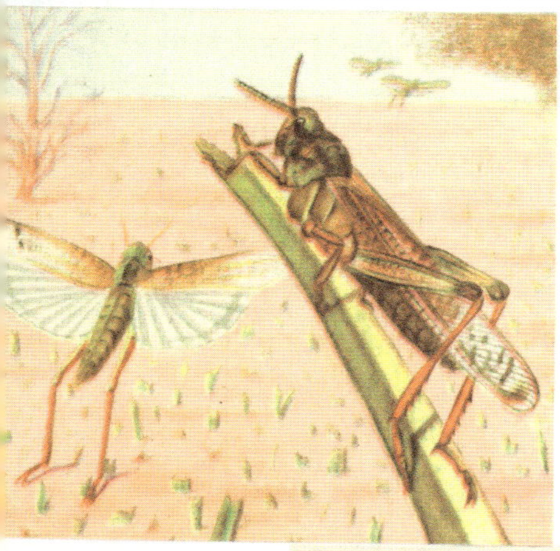

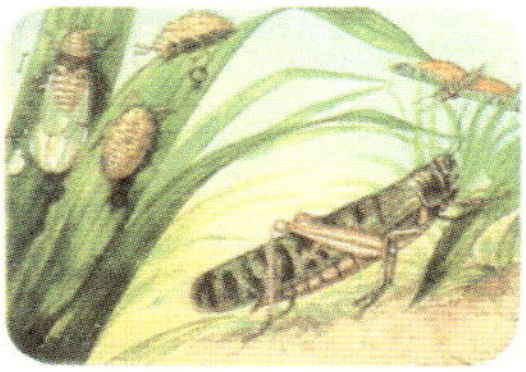

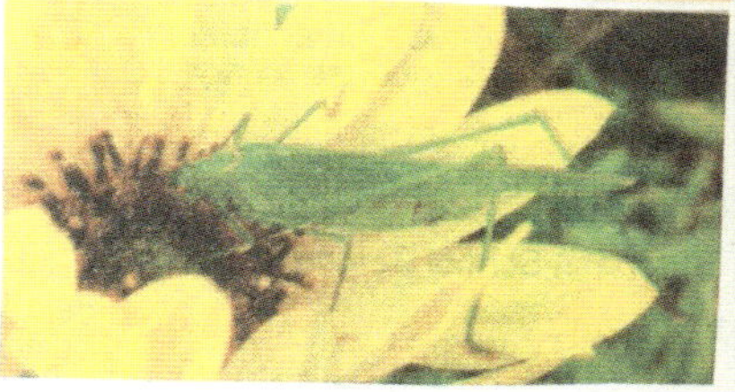

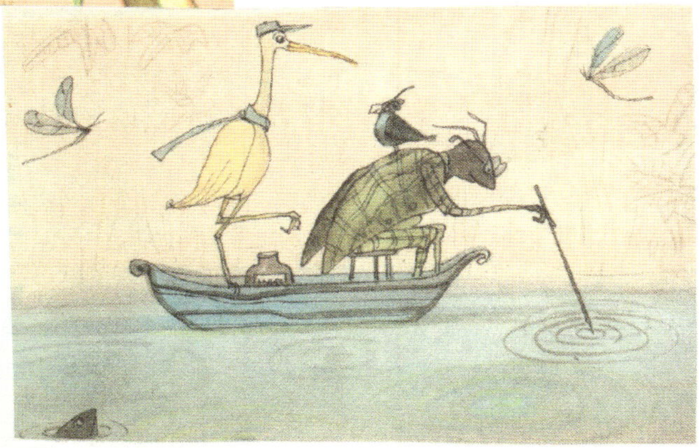

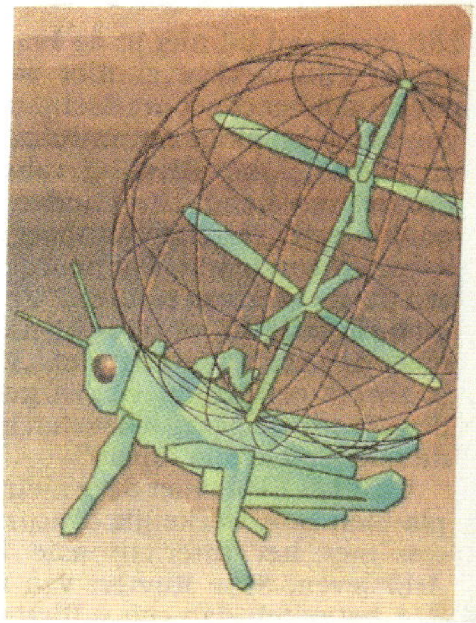

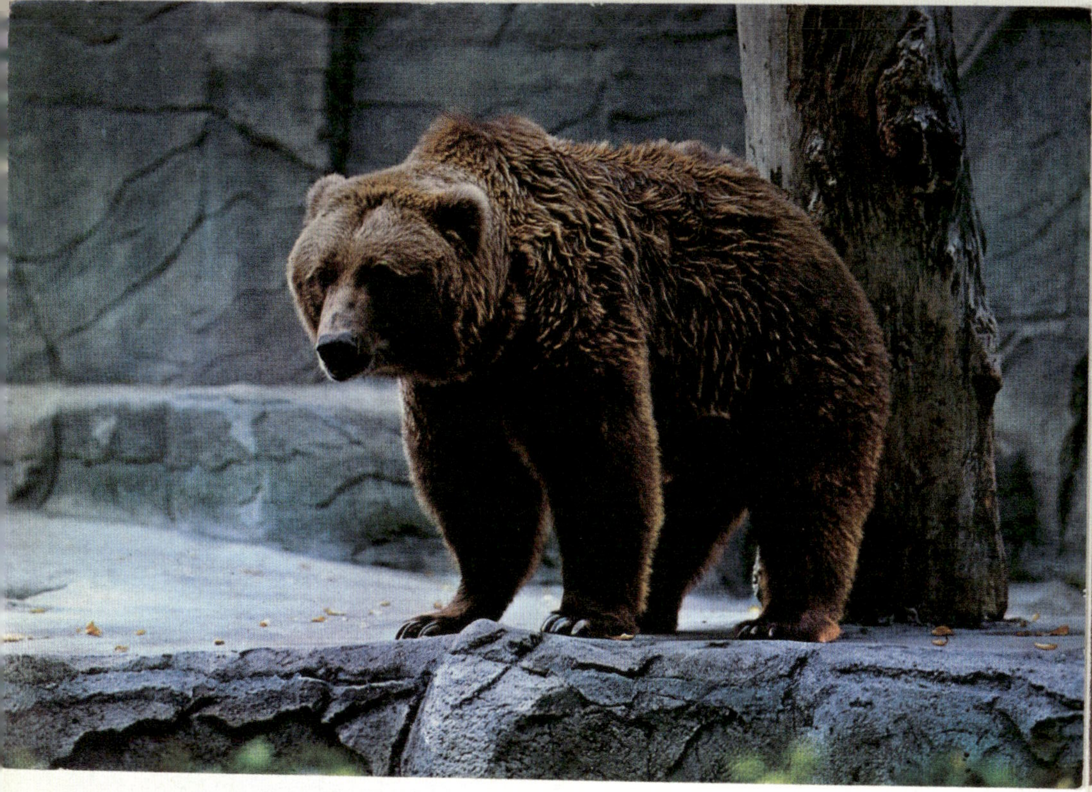

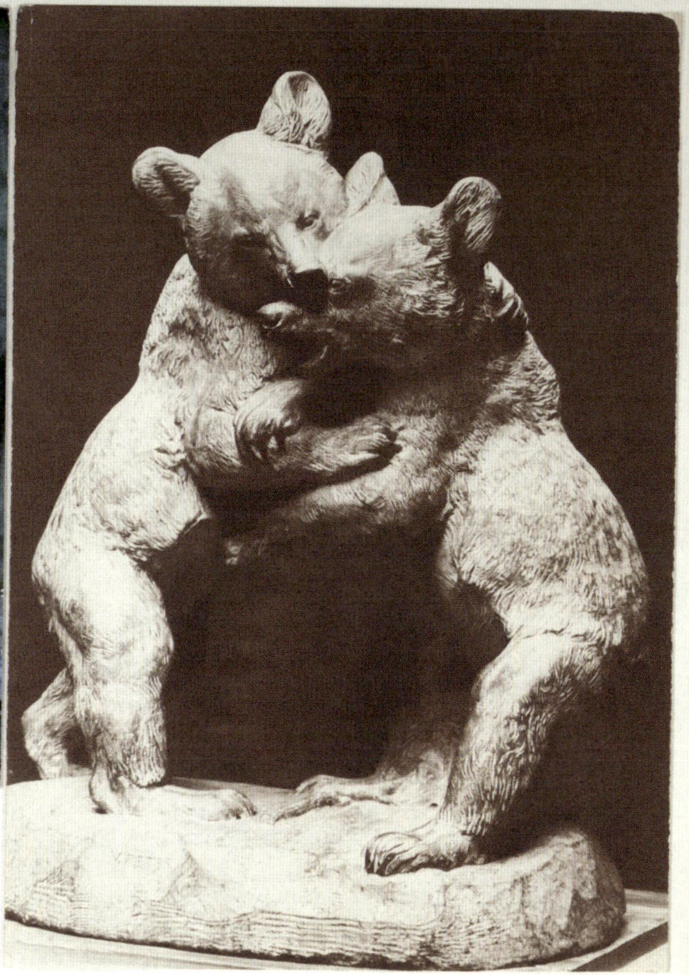

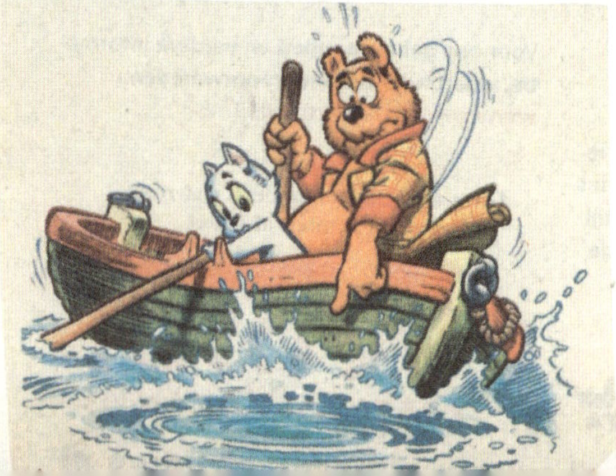

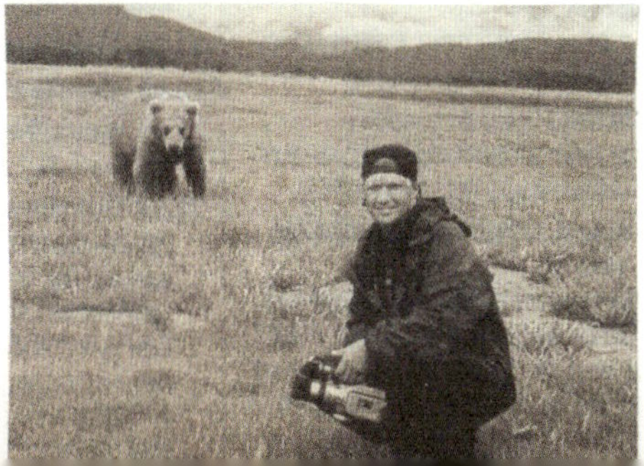

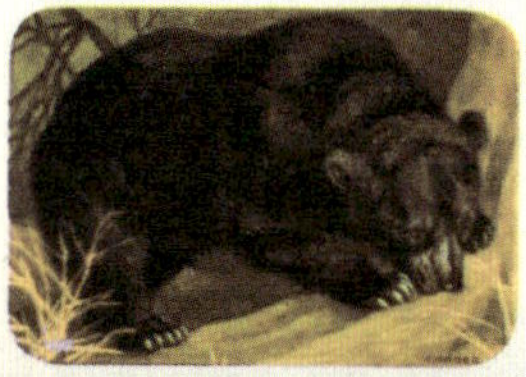

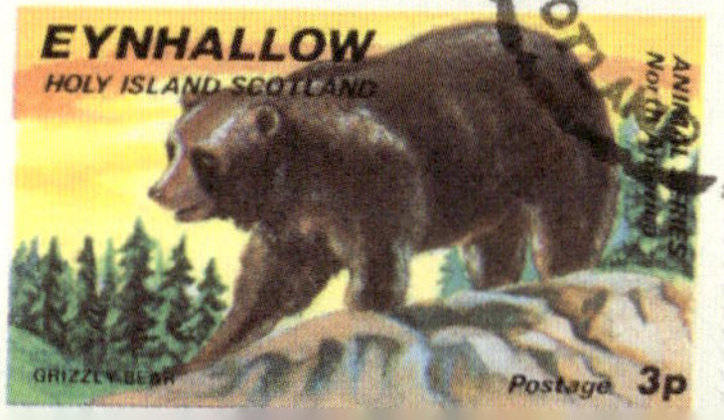
EYNHALLOW
HOLY ISLAND SCOTLAND
Postage 3p

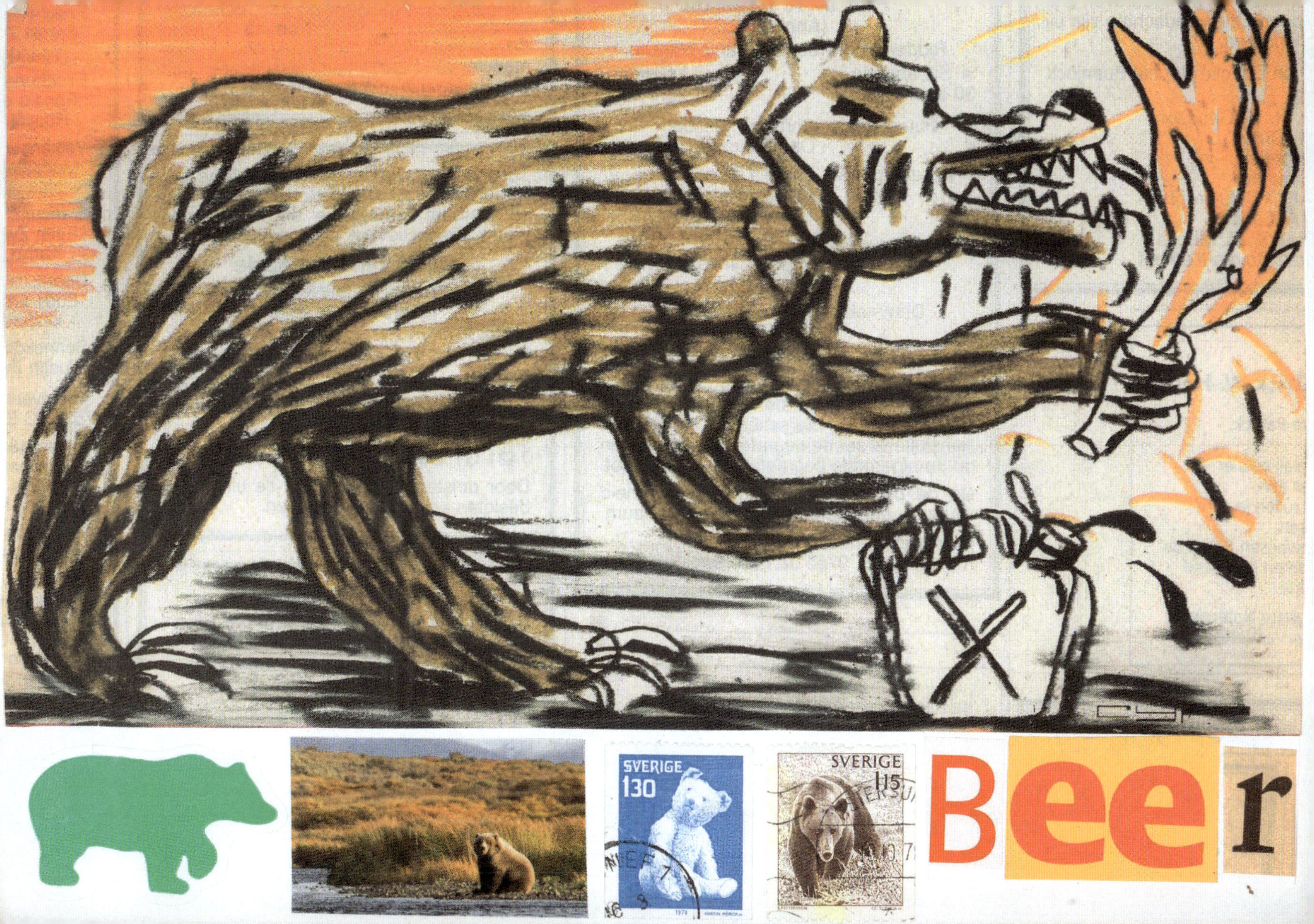
SVERIGE 130
SVERIGE 115
Beer

SIM
BA
lou

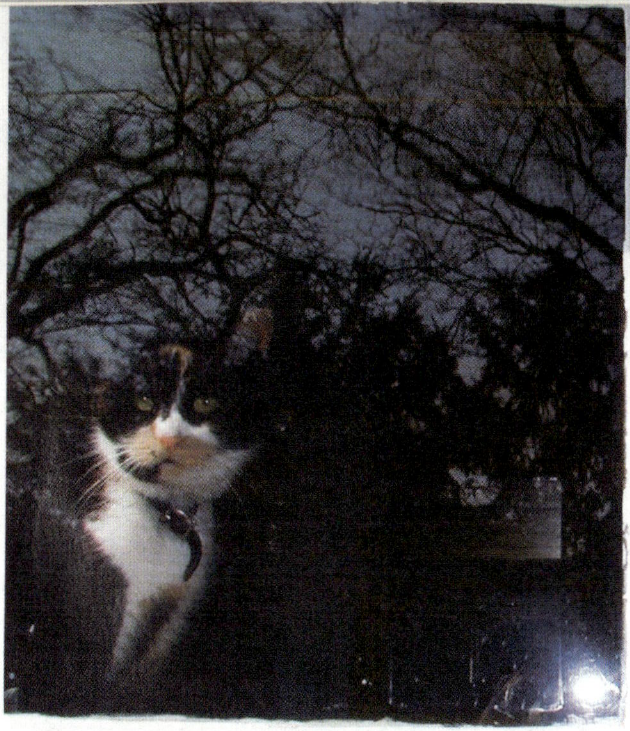

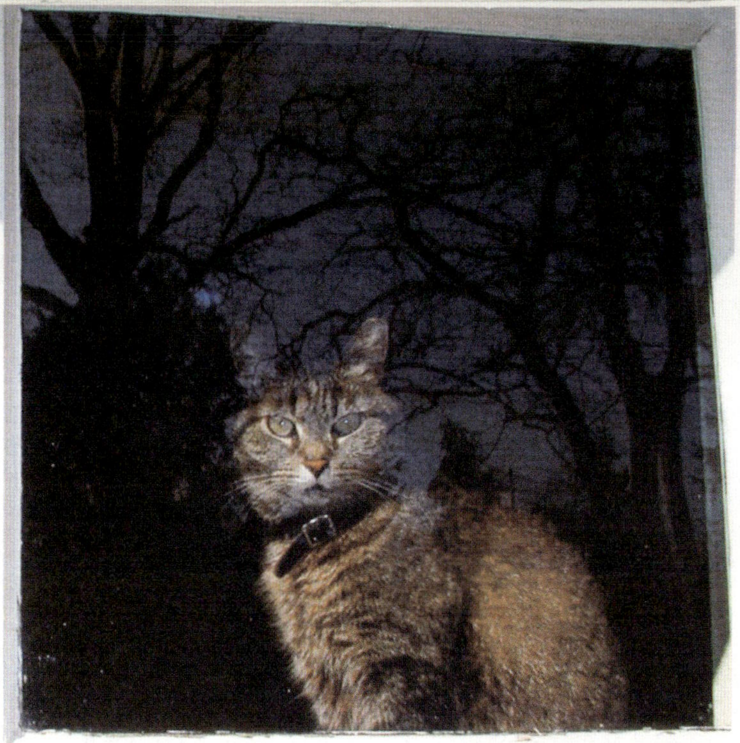

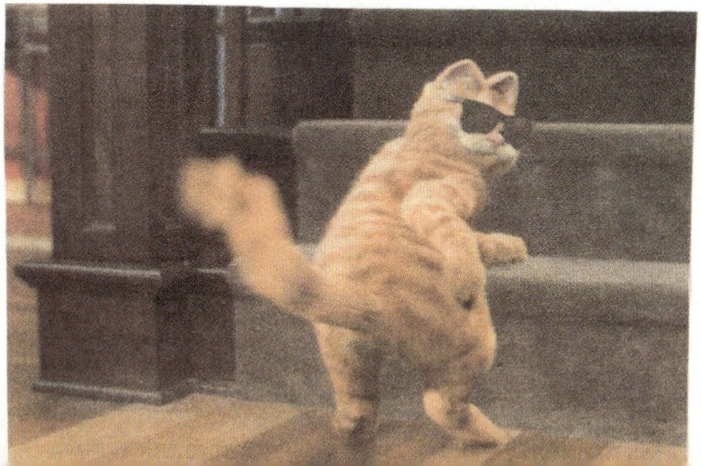

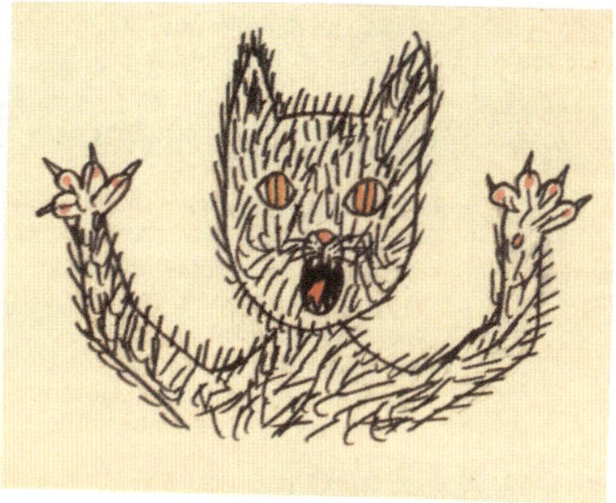

Poes

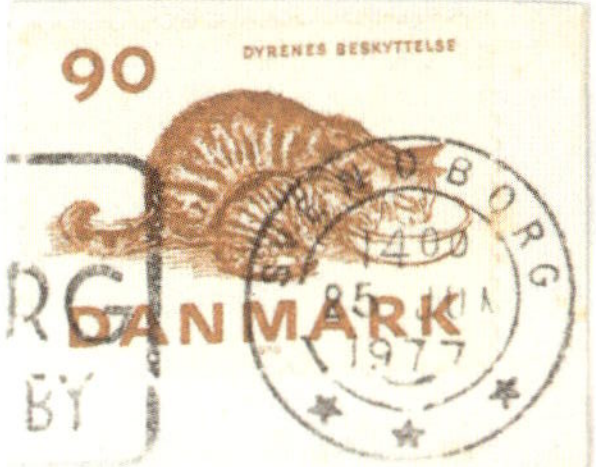

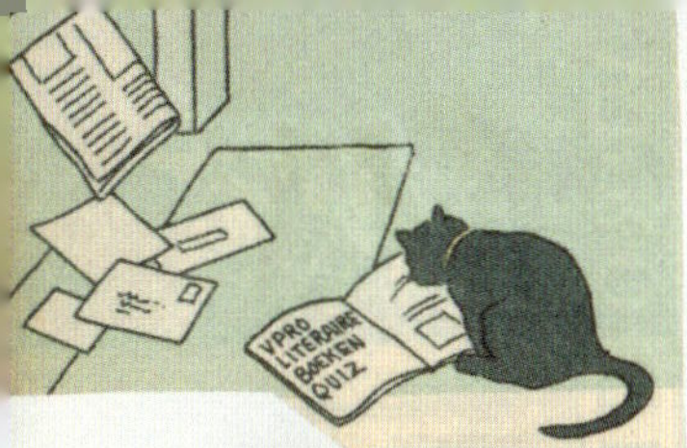

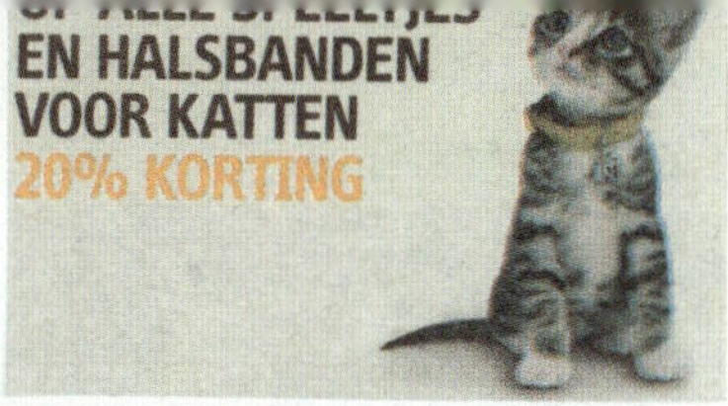
EN HALSBANDEN
VOOR KATTEN
20% KORTING

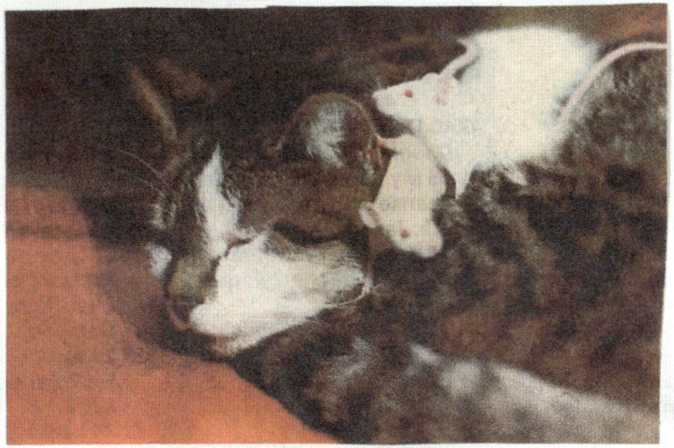

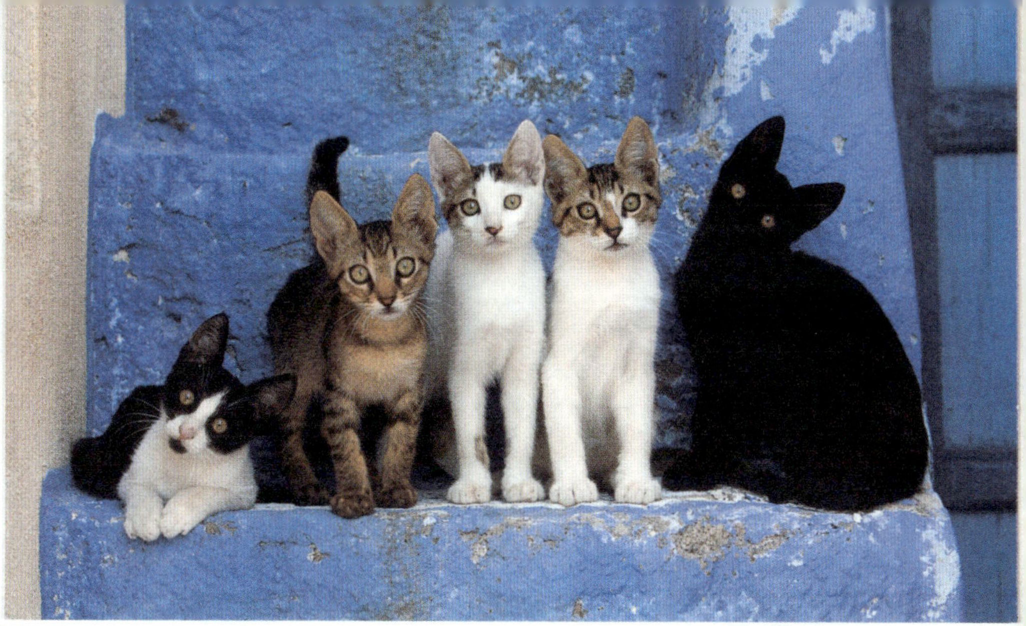

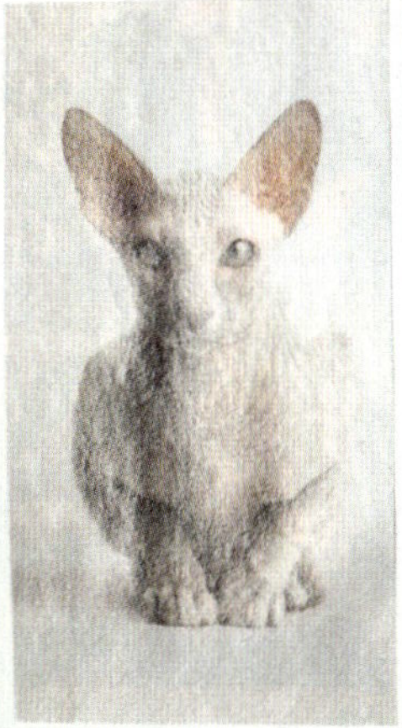

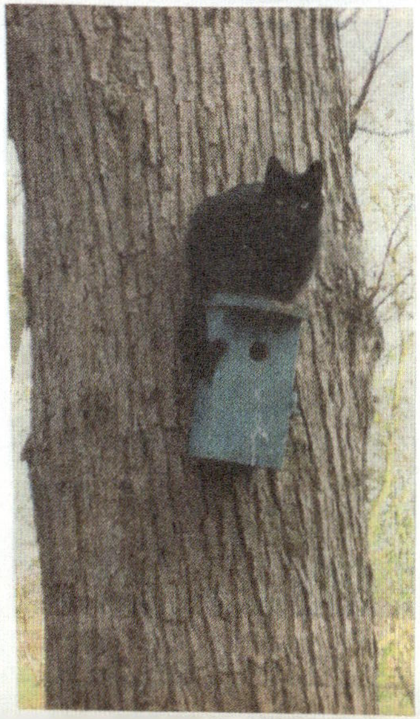

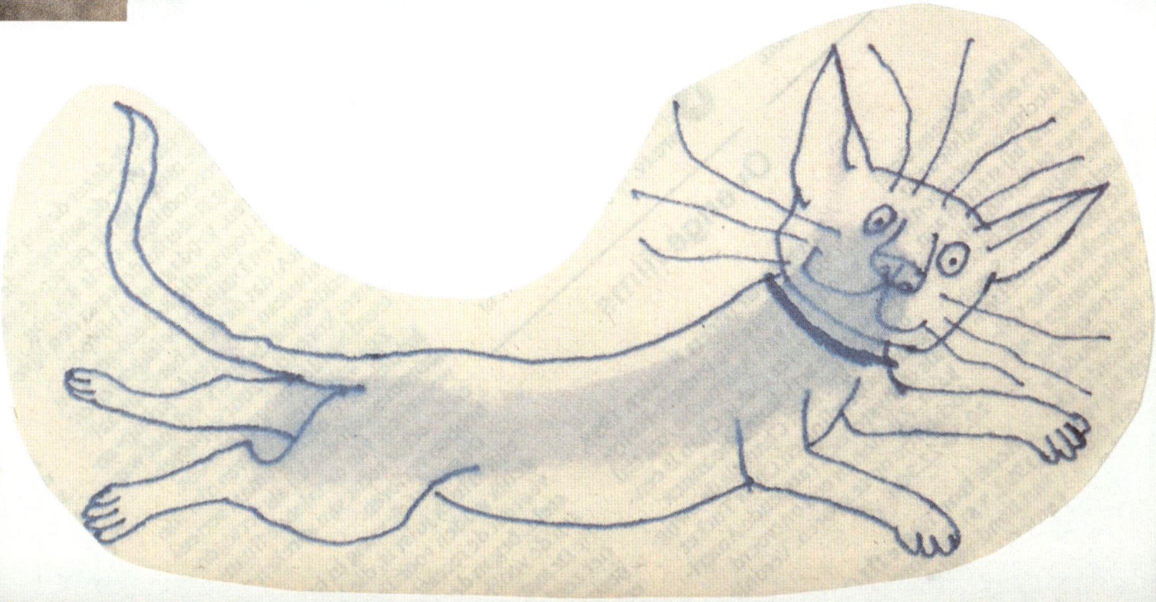

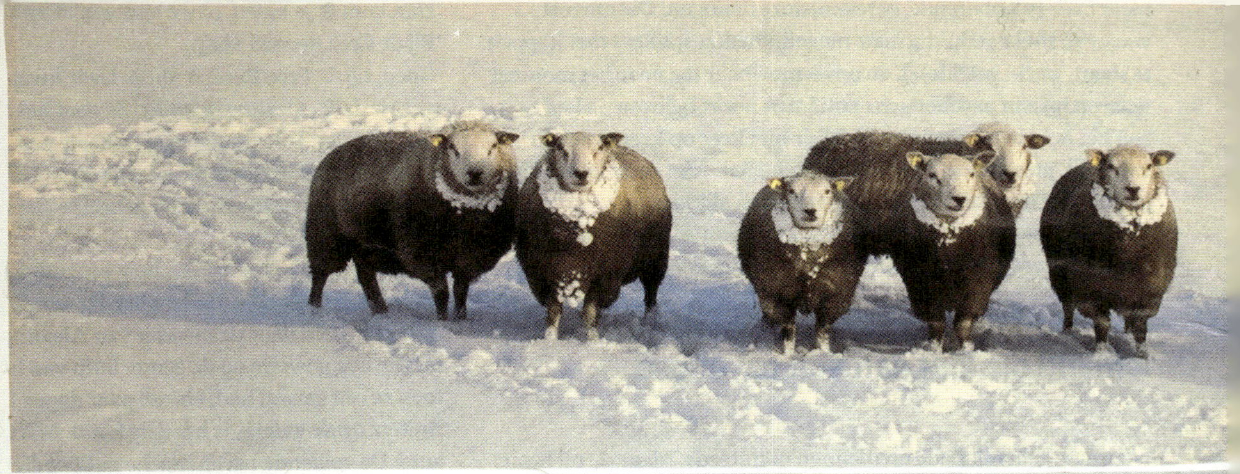

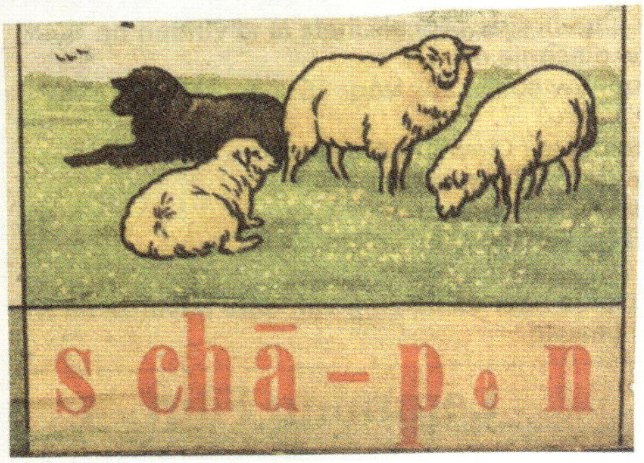

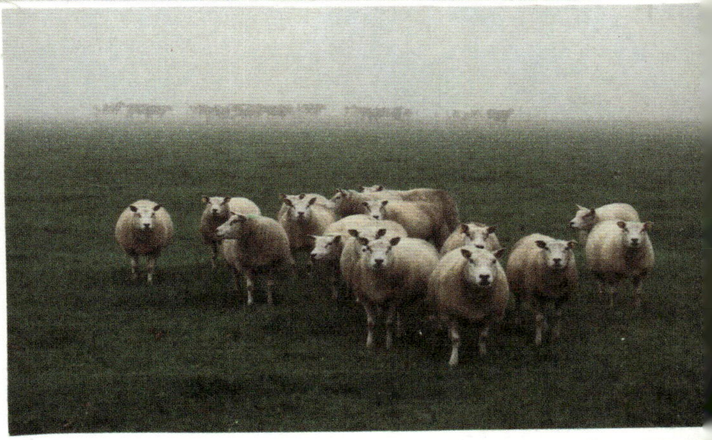

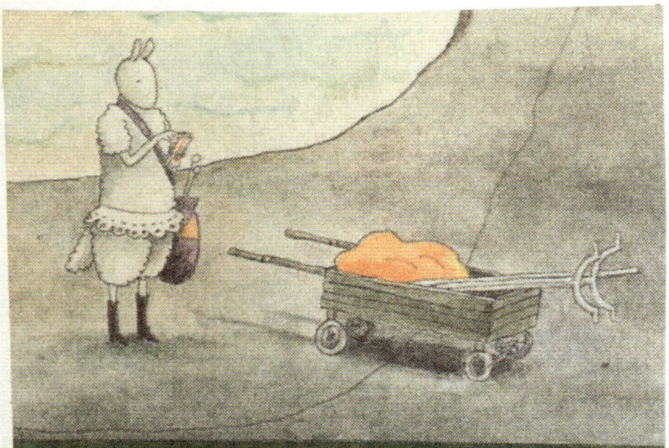

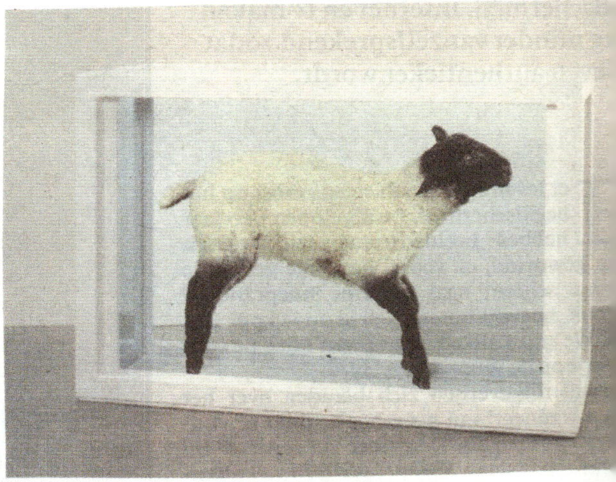

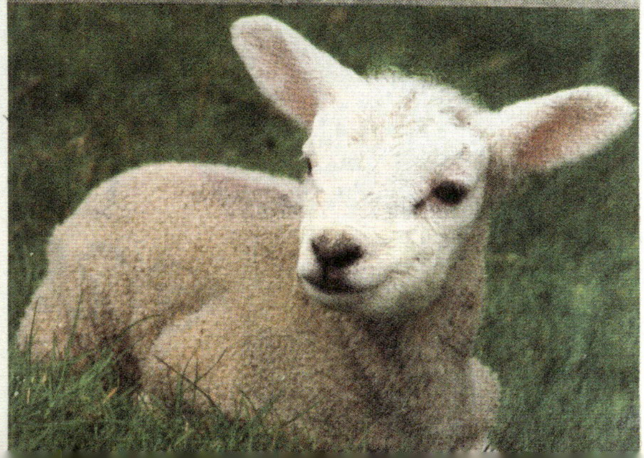

WINTERVACHT
MANON & YONI
WINTERVACHTJAS@GMAIL.COM
WINTERVACHTJAS.TUMBLR.COM

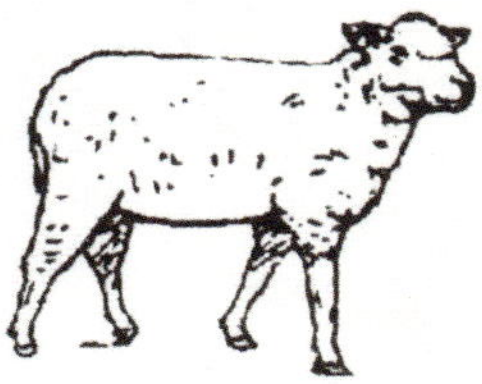

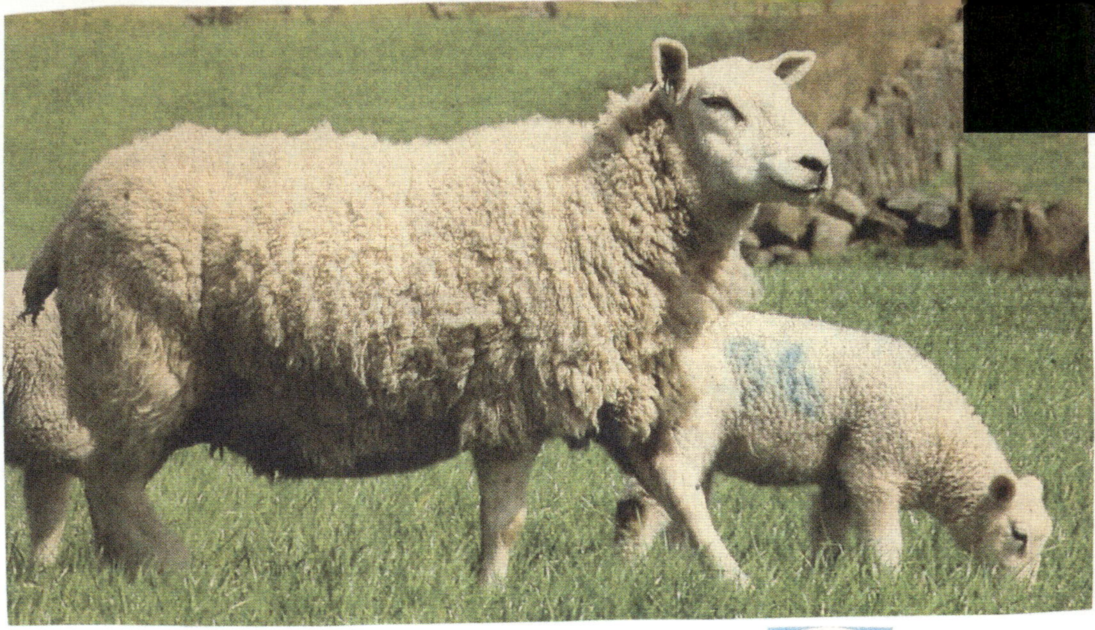

schaap lam

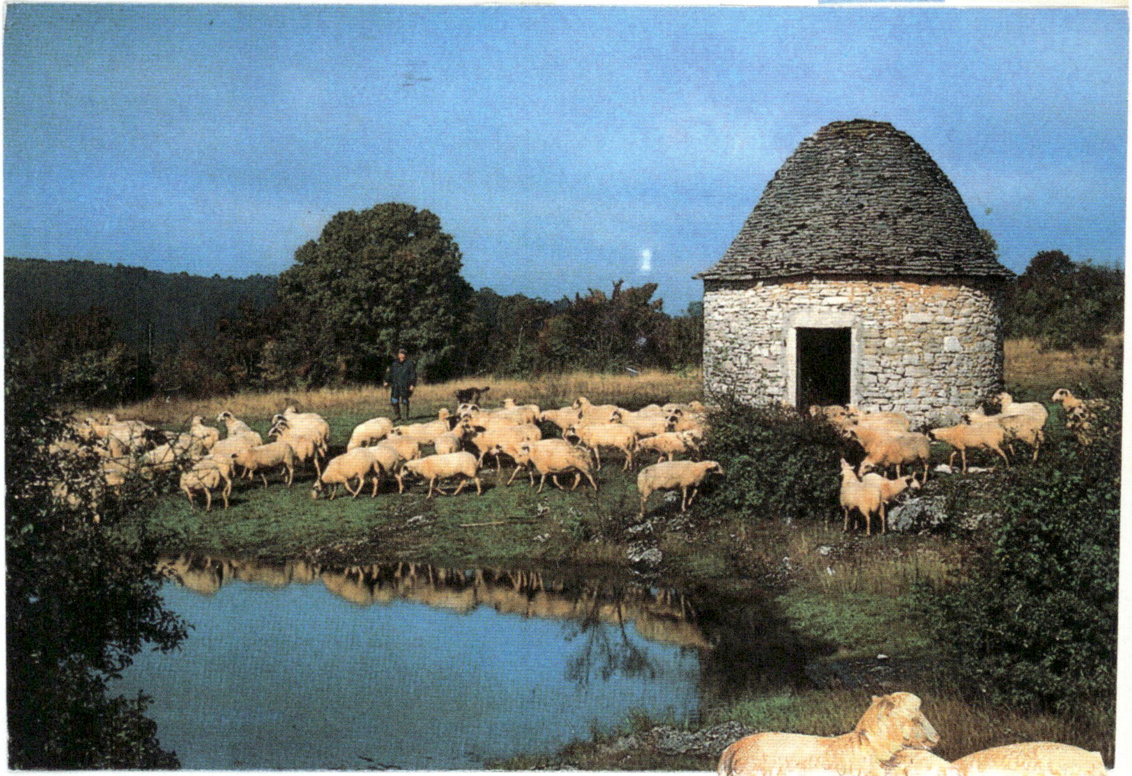

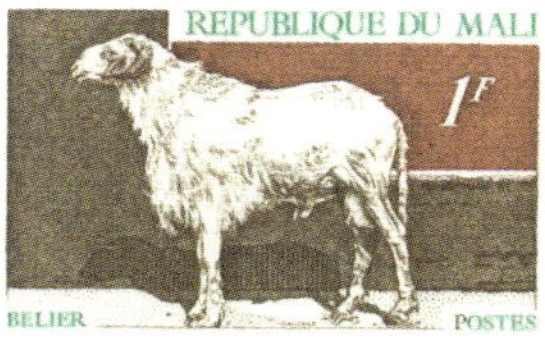

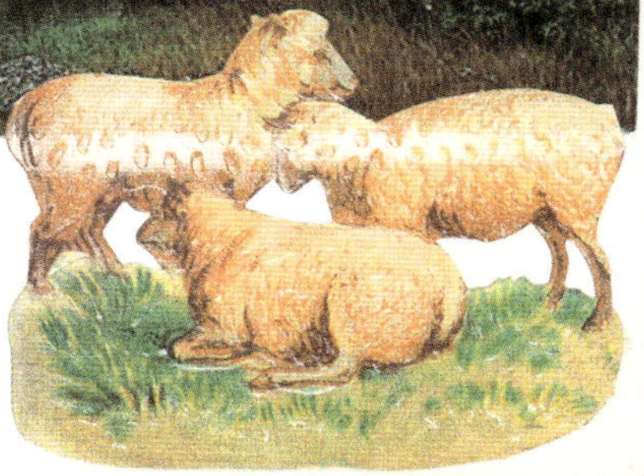

Aalscholver

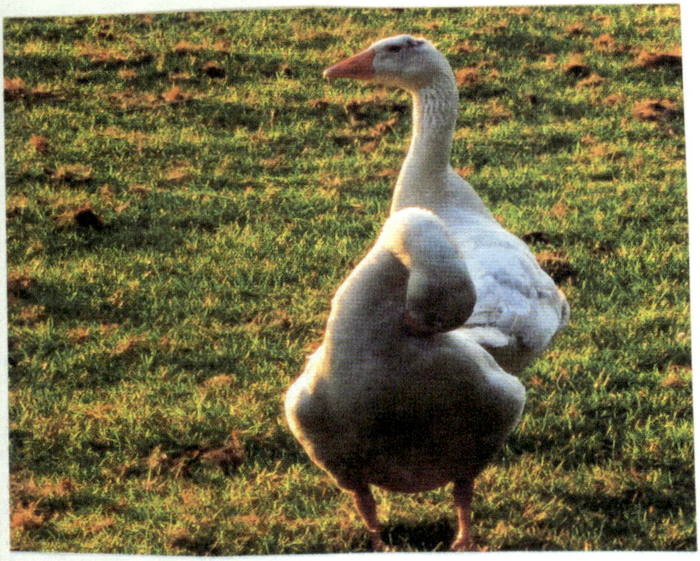

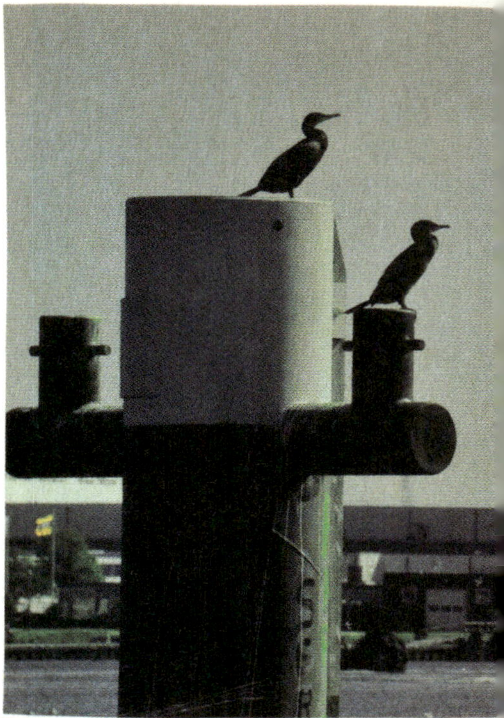

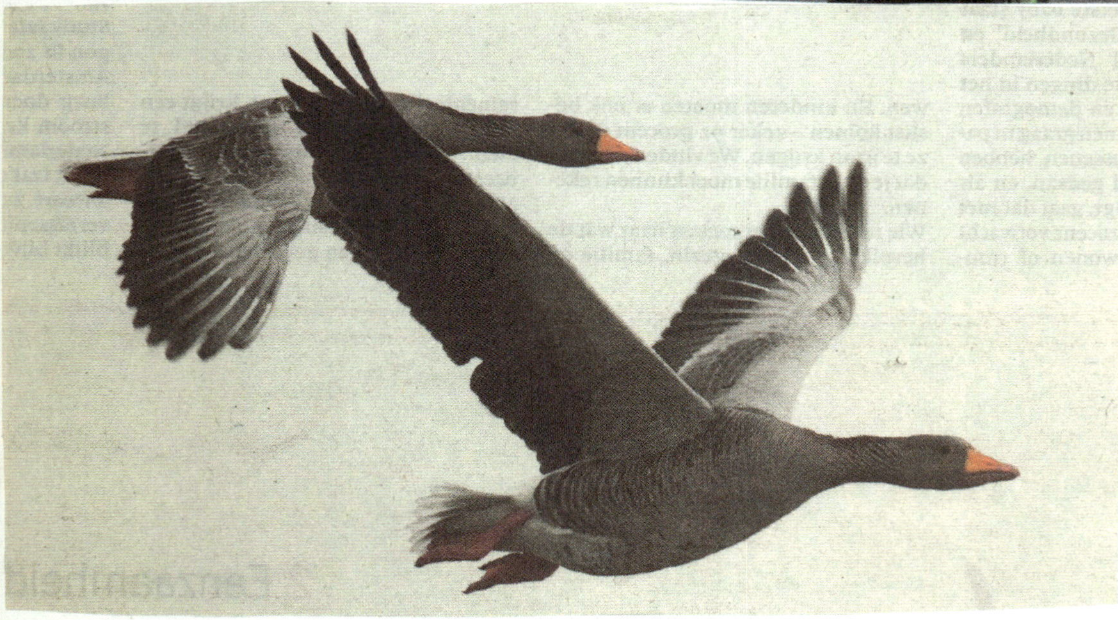

GaNS

en

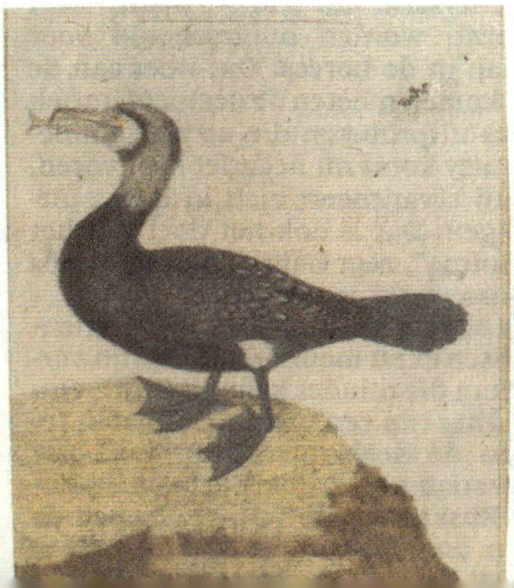

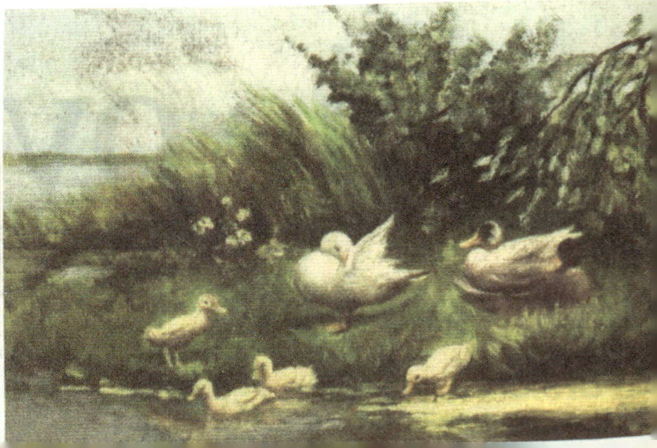

nijl
gans

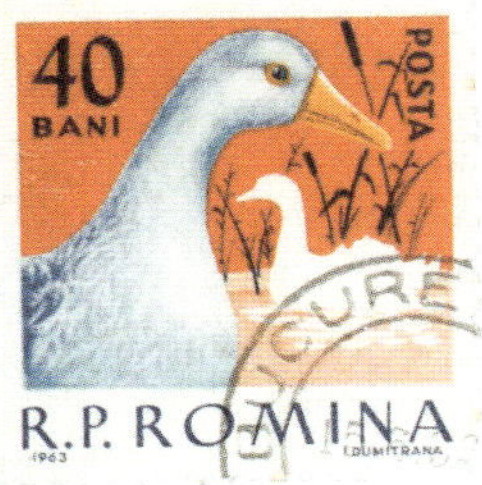

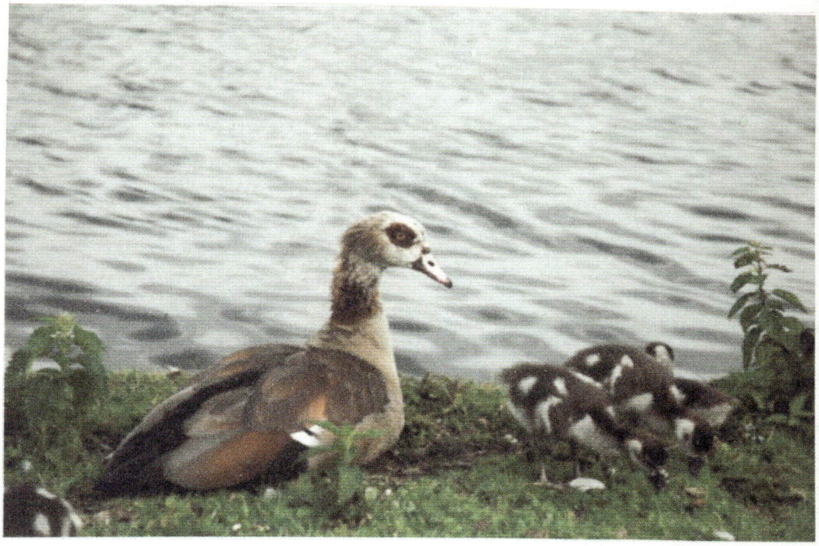

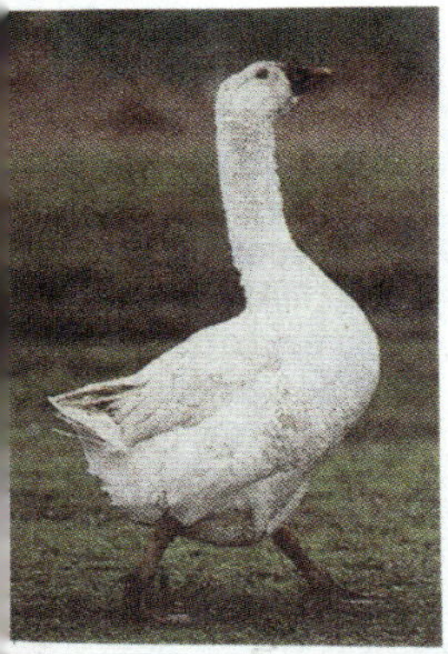

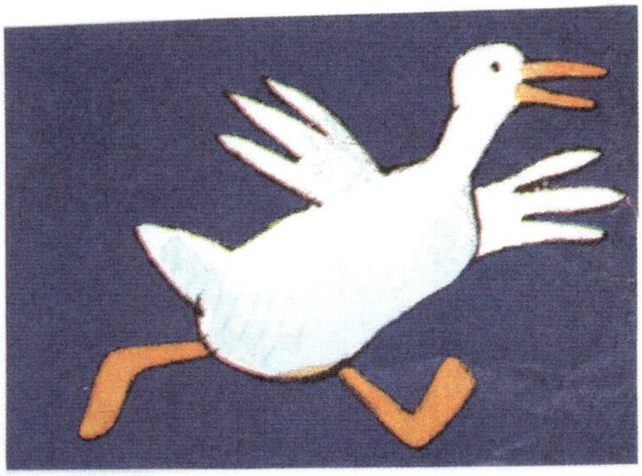

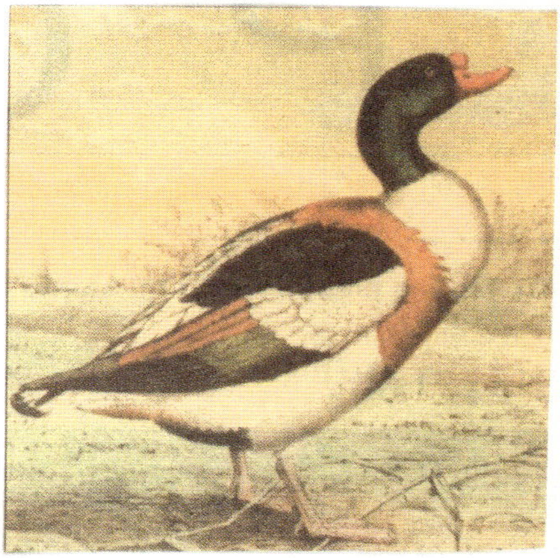

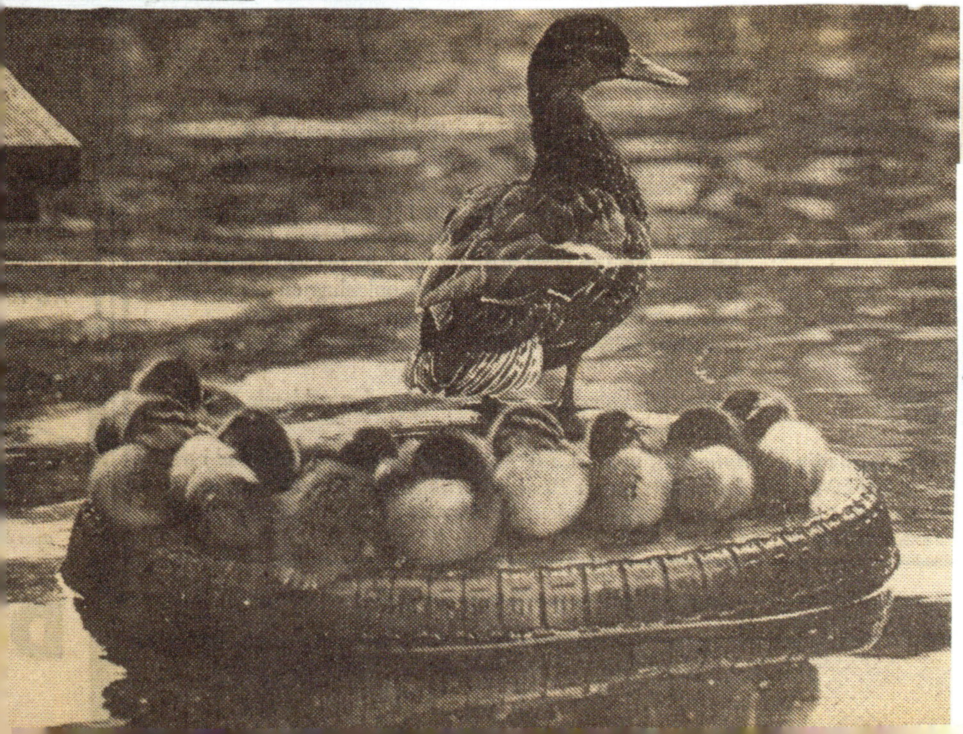

eend

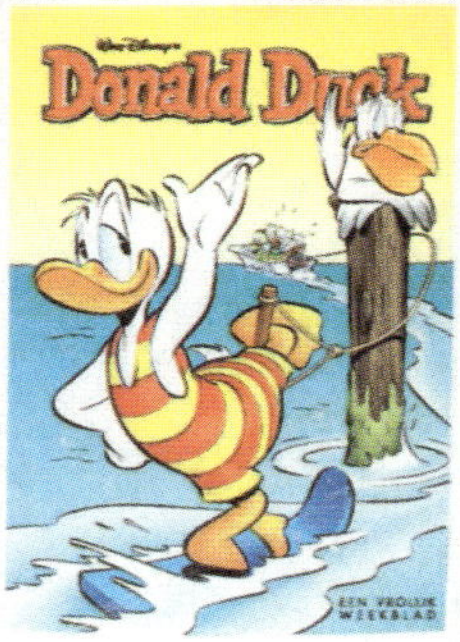

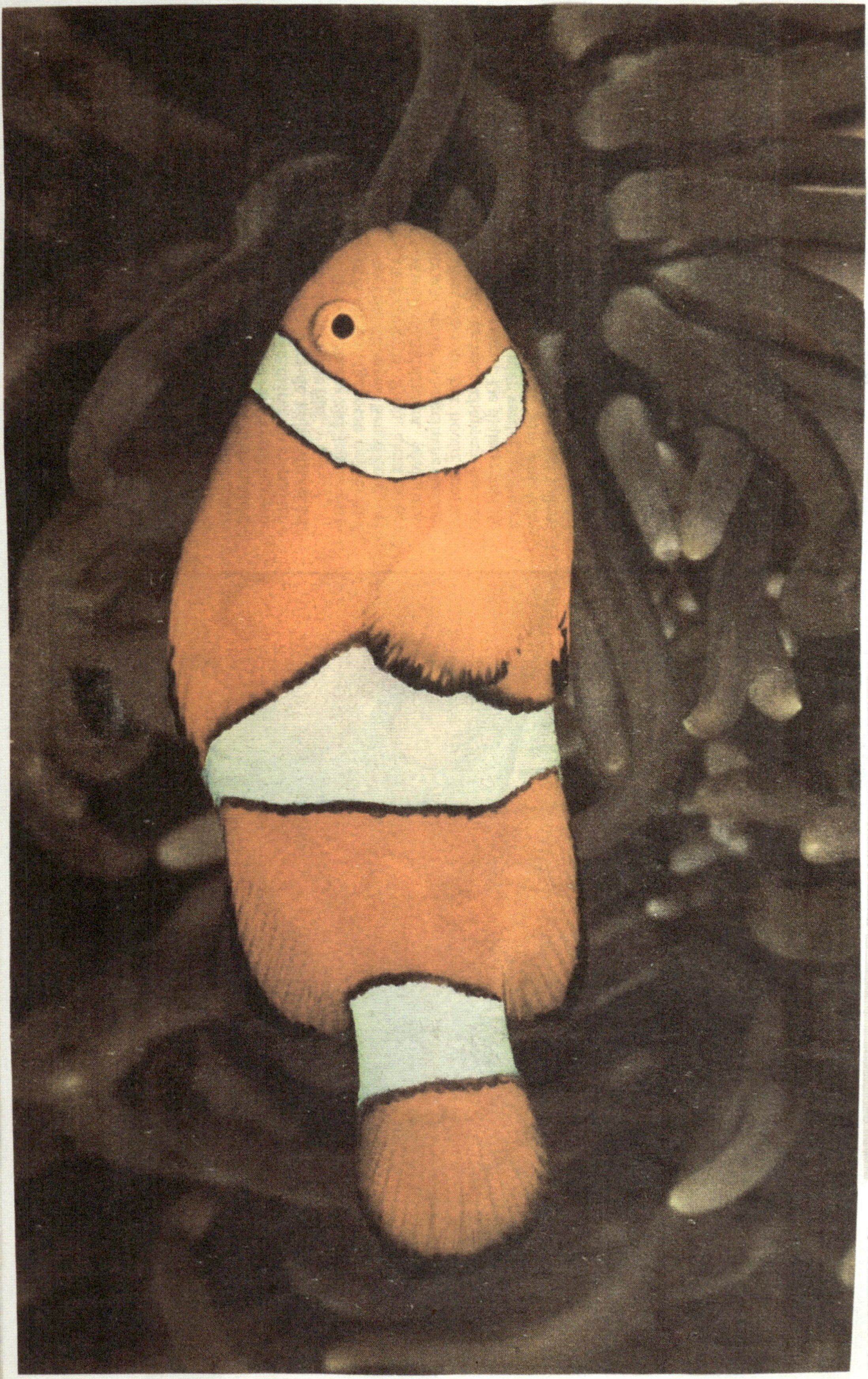

V

is

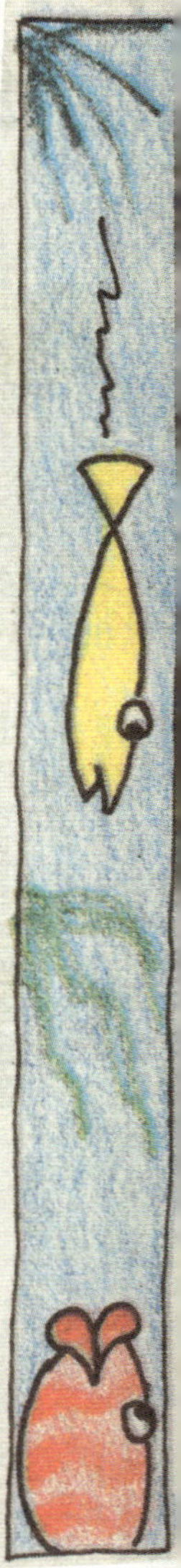

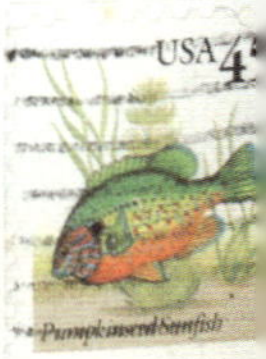

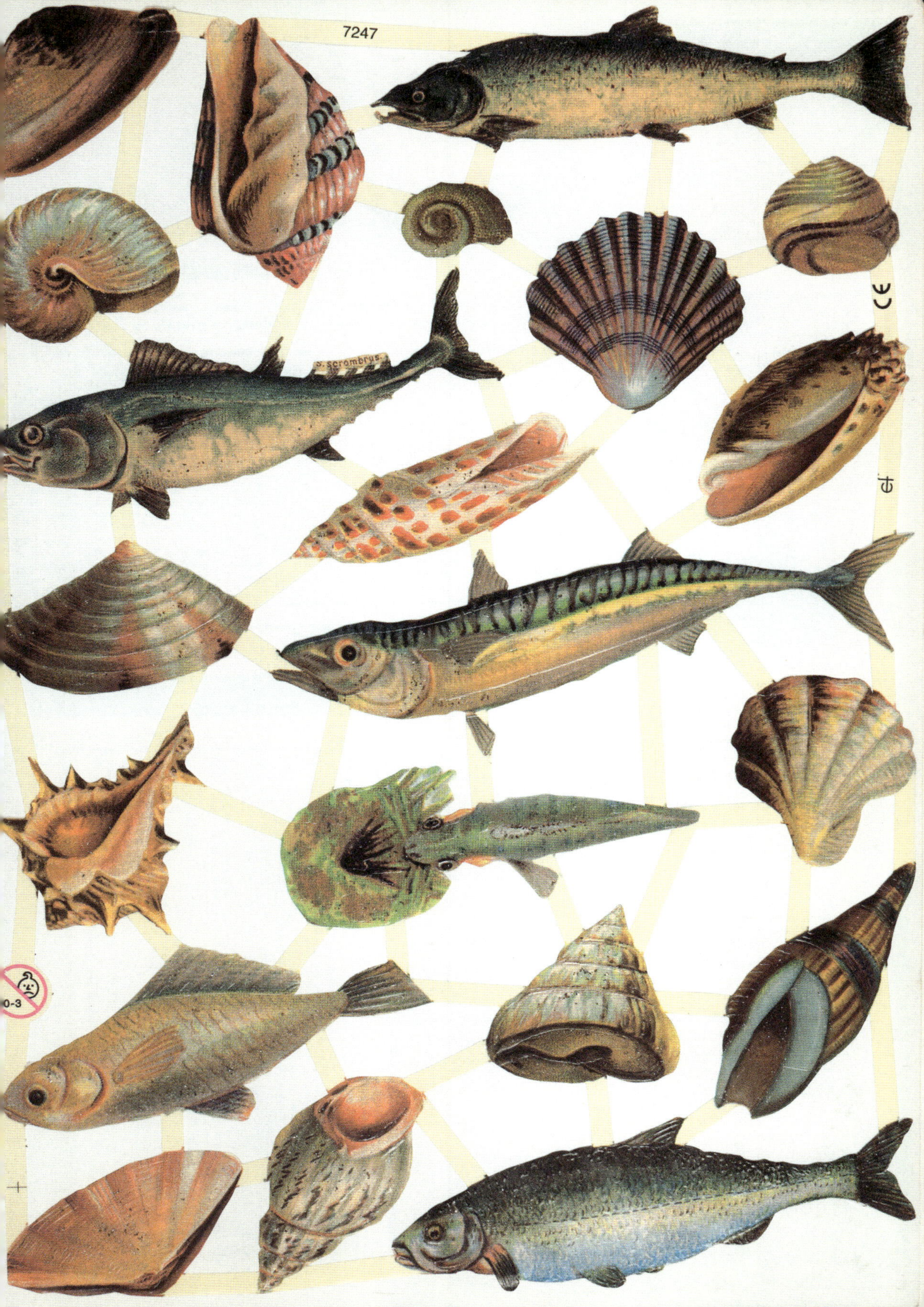
7247
S. scrombrus.
CE
0-3

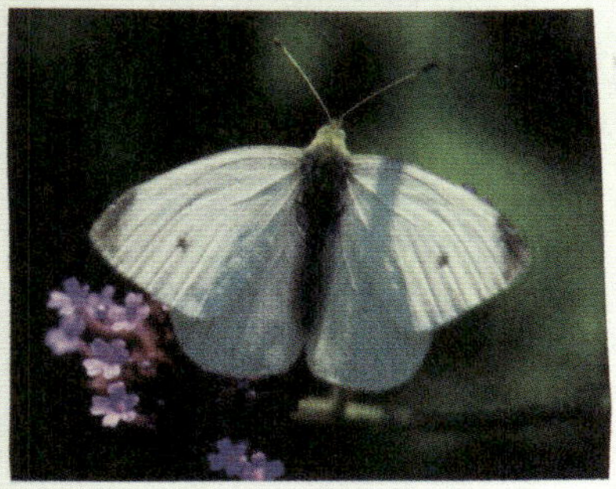

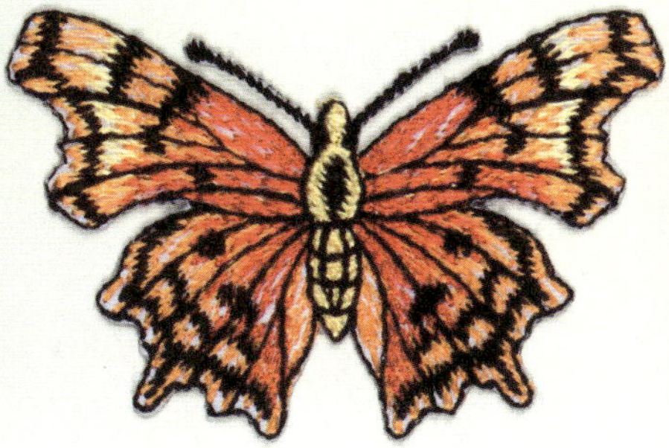

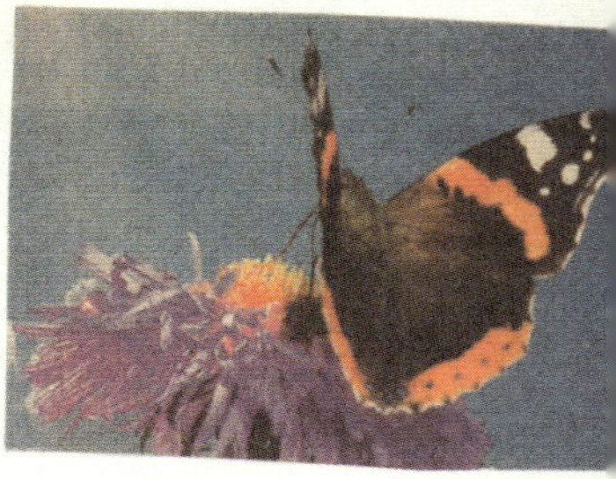

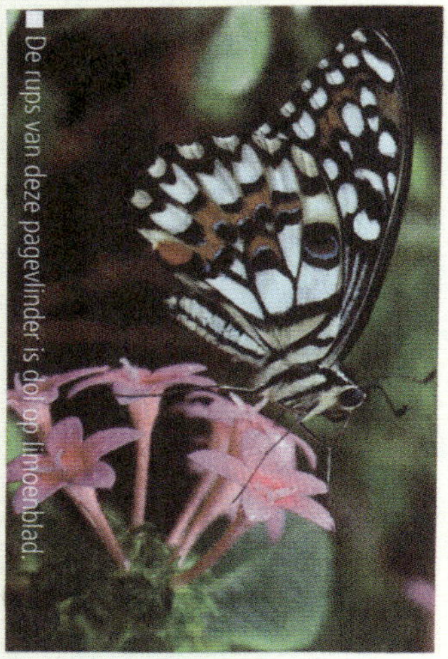
De rups van deze pagevlinder is dol op limoenblad.

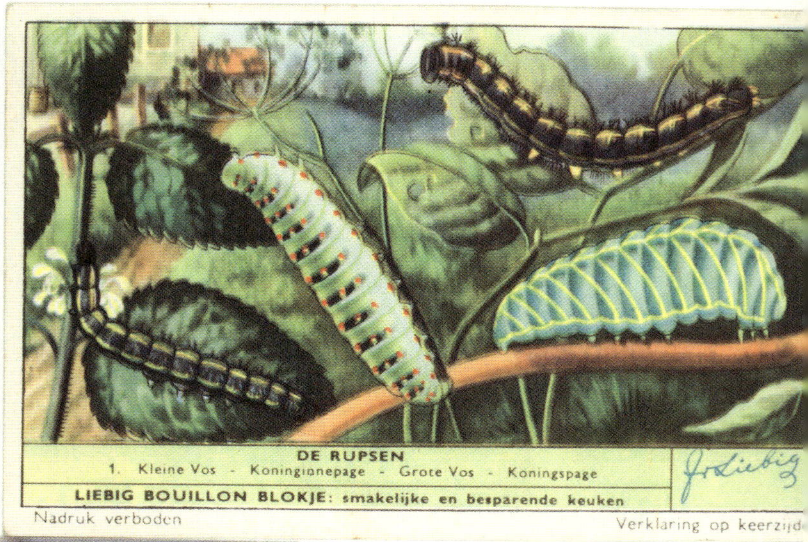
DE RUPSEN
1. Kleine Vos - Koninginnepage - Grote Vos - Koningspage
LIEBIG BOUILLON BLOKJE: smakelijke en besparende keuken
Nadruk verboden
Verklaring op keerzijde

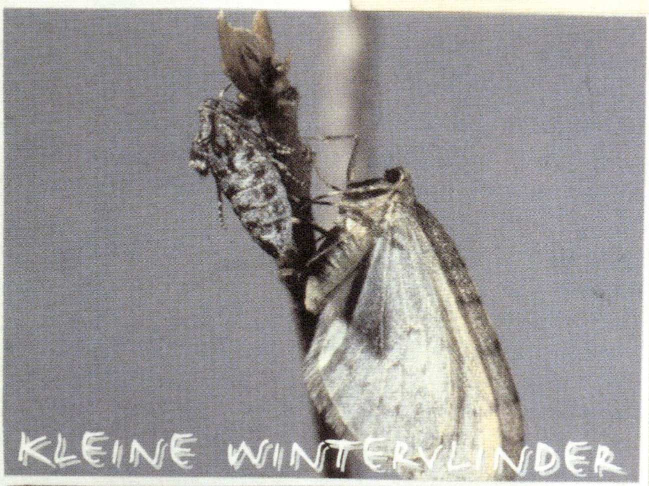
KLEINE WINTERVLINDER

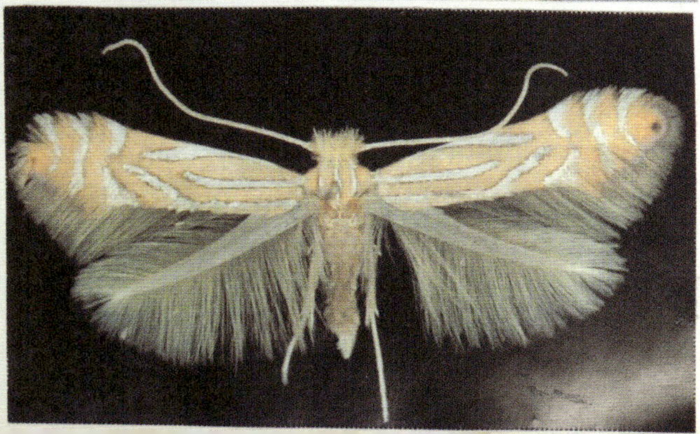

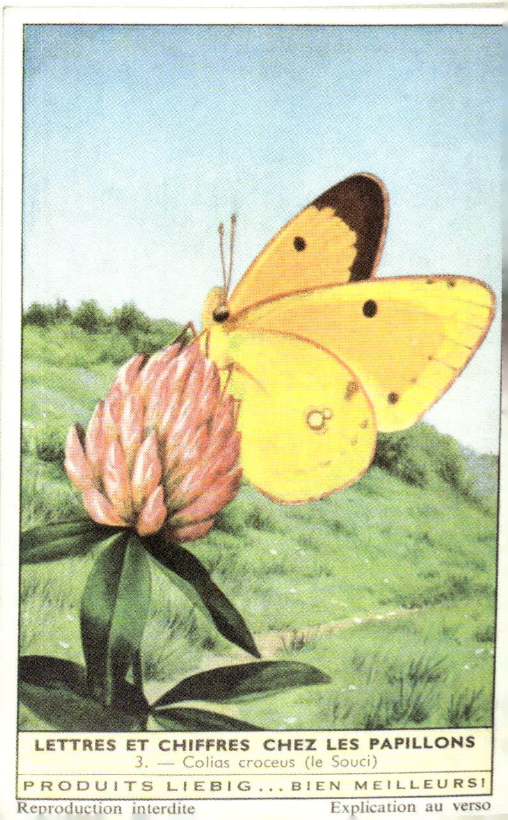
LETTRES ET CHIFFRES CHEZ LES PAPILLONS
3. — Colias croceus (le Souci)
PRODUITS LIEBIG... BIEN MEILLEURS!
Reproduction interdite
Explication au verso

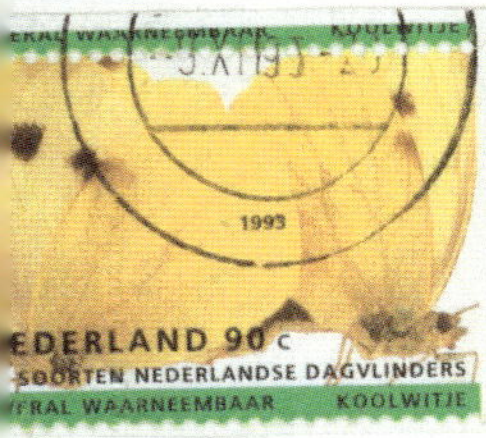
1993
EDERLAND 90 c
SOORTEN NEDERLANDSE DAGVLINDERS
WAARNEEMBAAR
KOOLWITJE

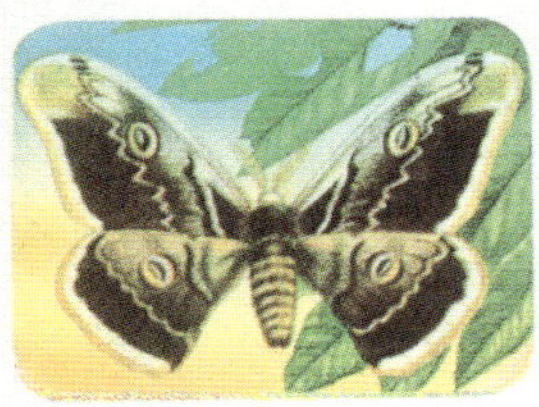

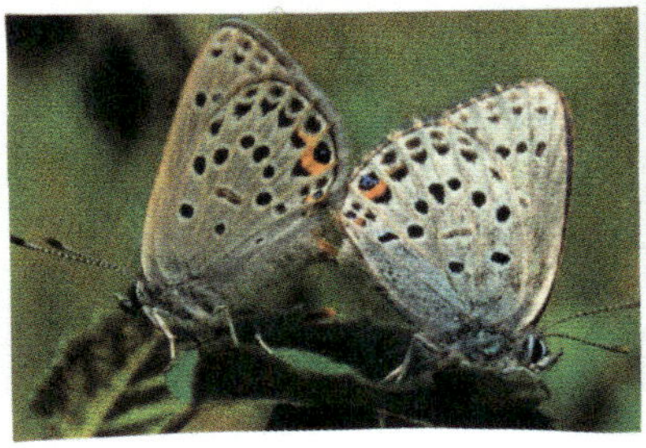

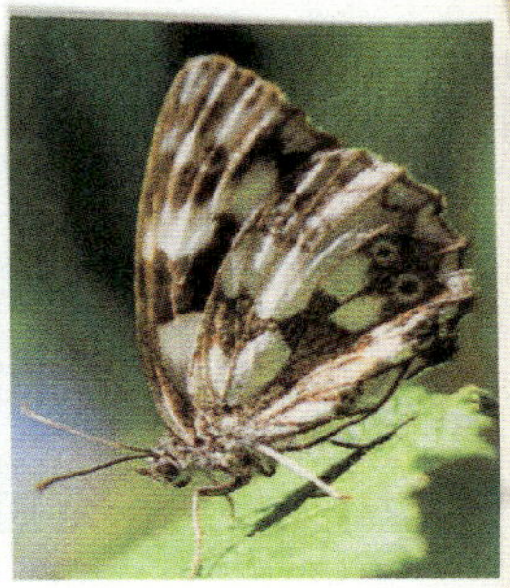

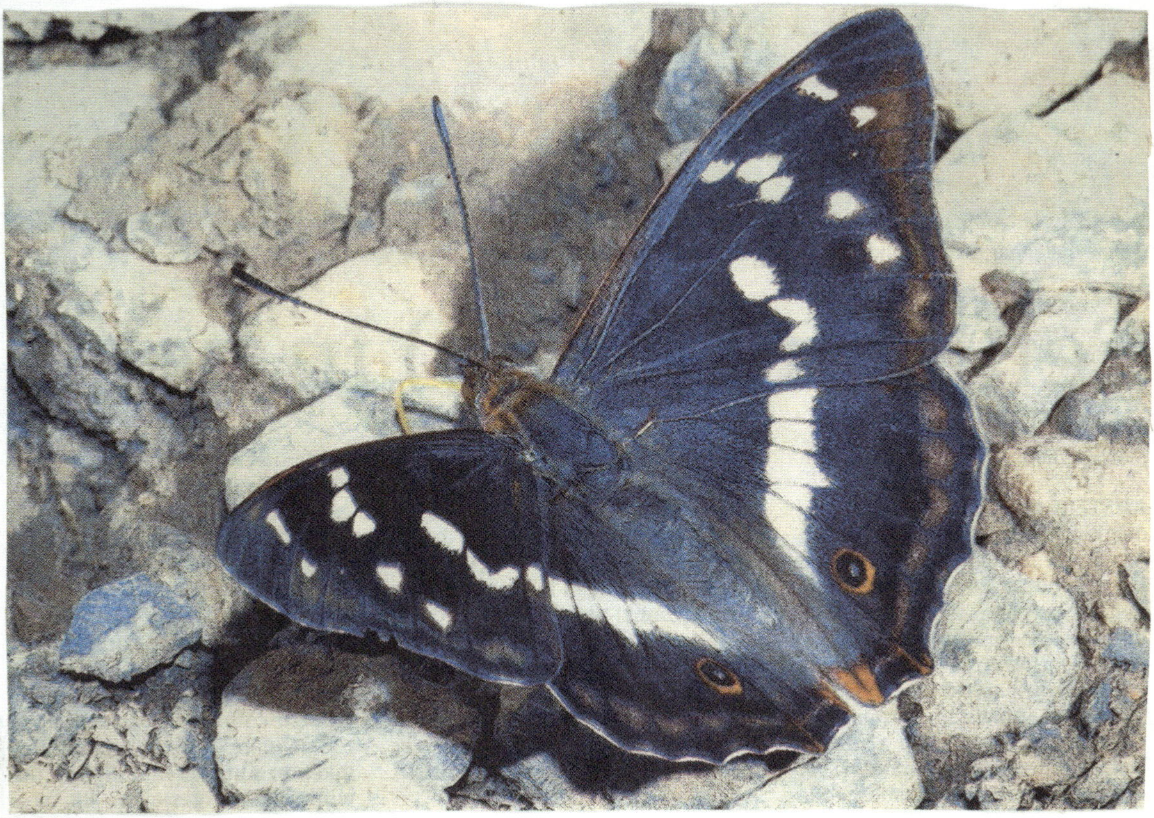

VLindEr

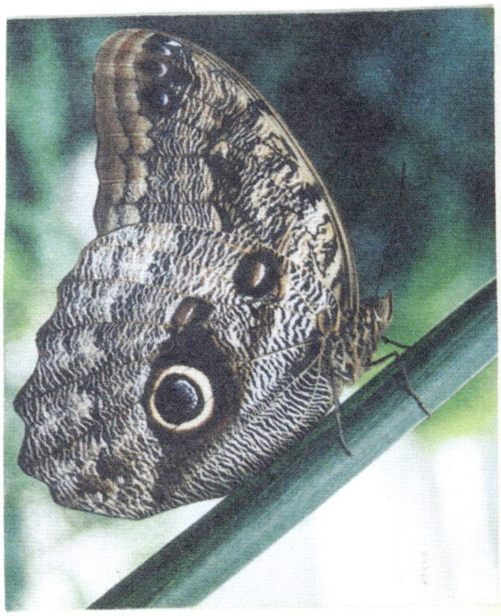

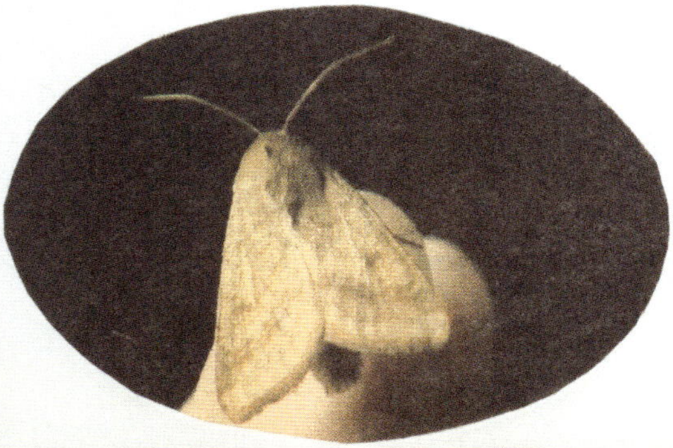

mot

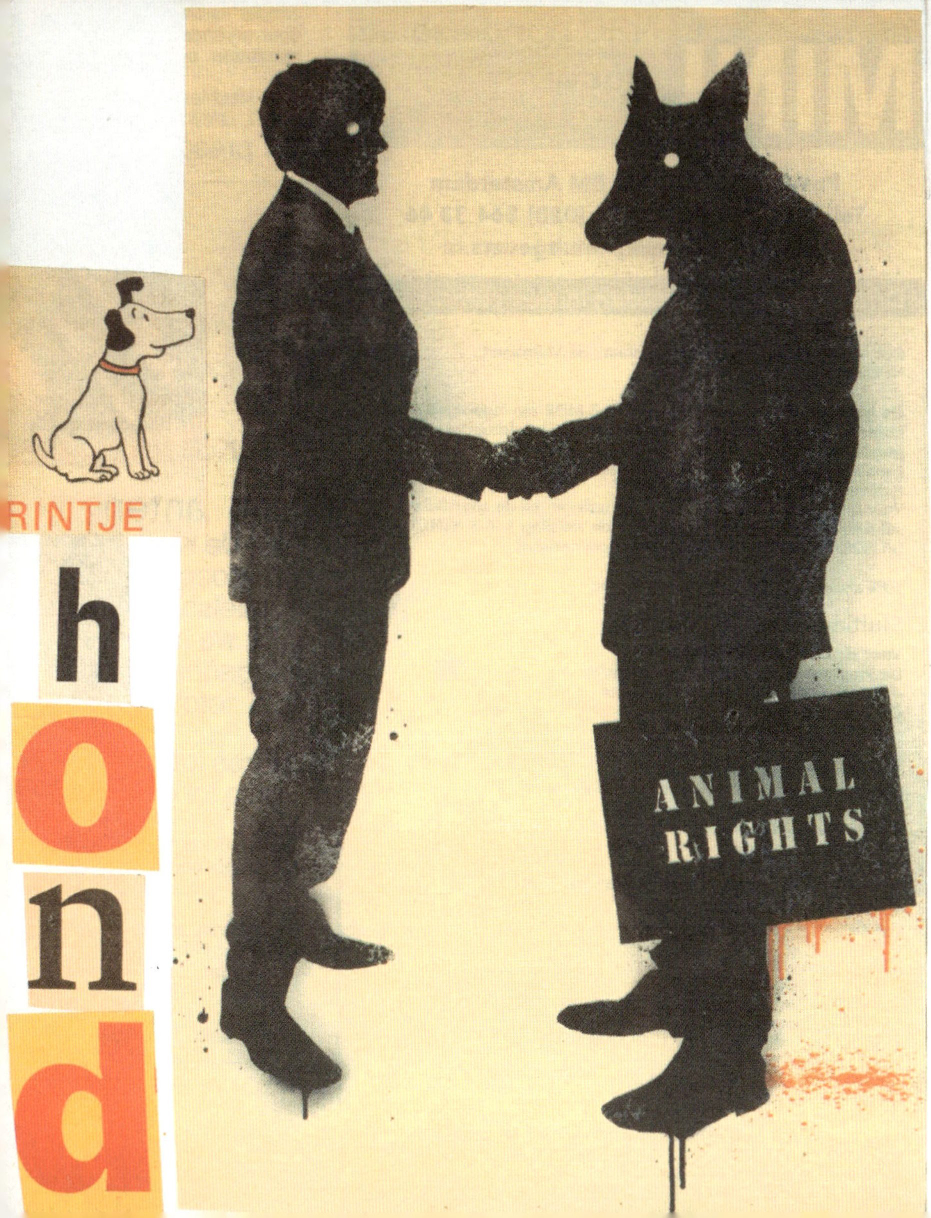
RINTJE
hond
ANIMAL
RIGHTS

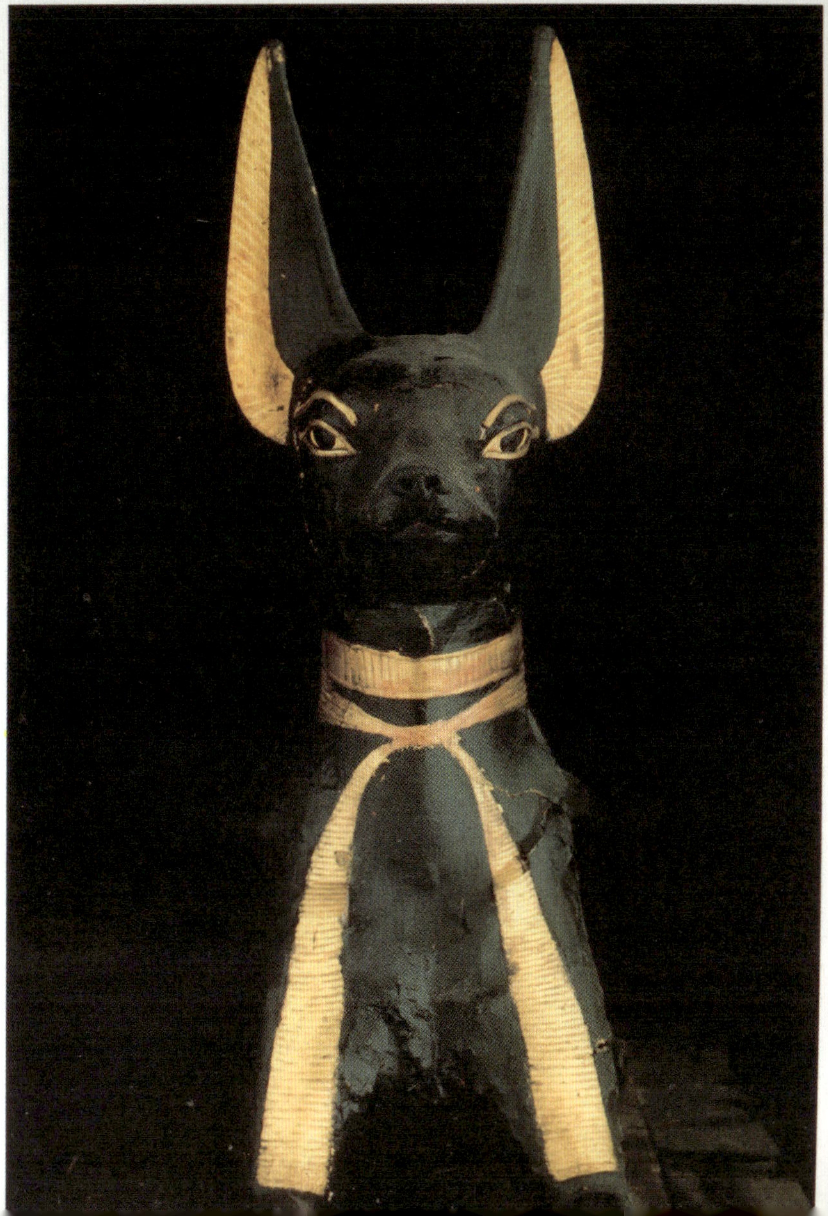

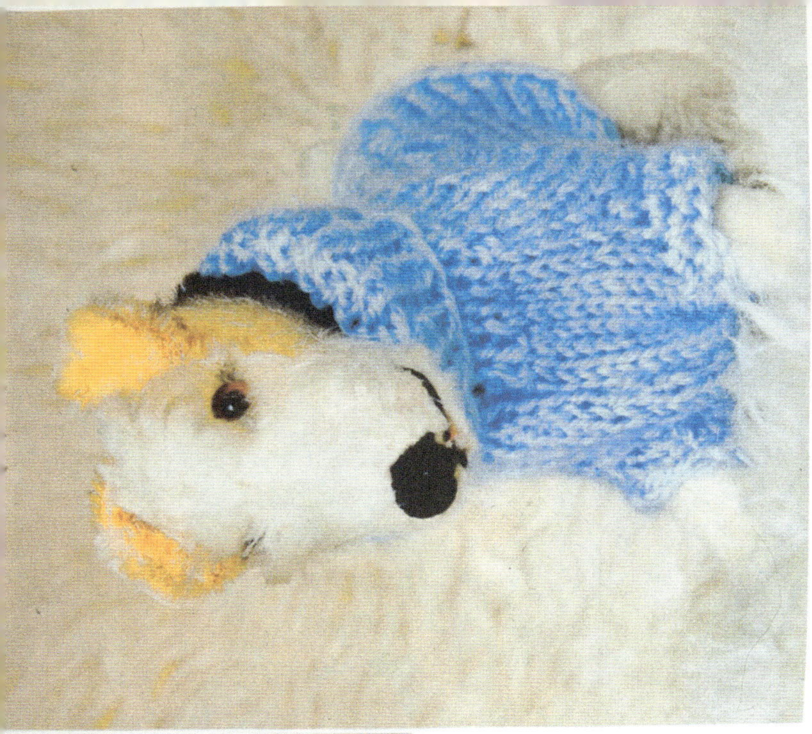
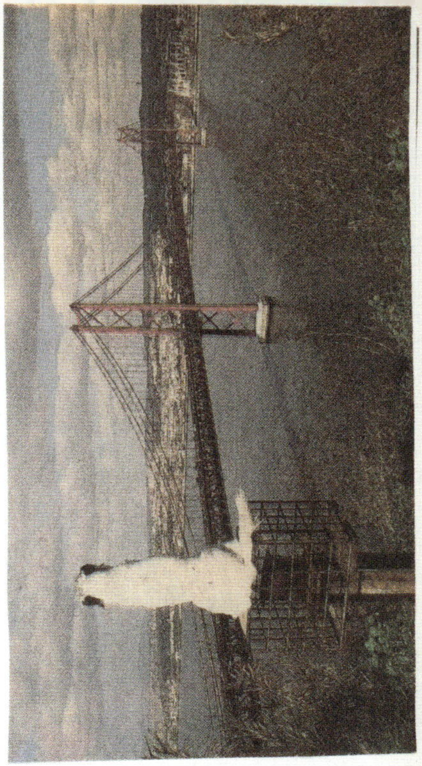
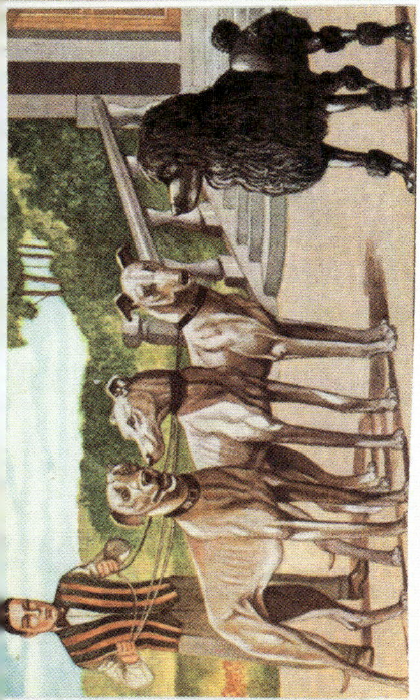
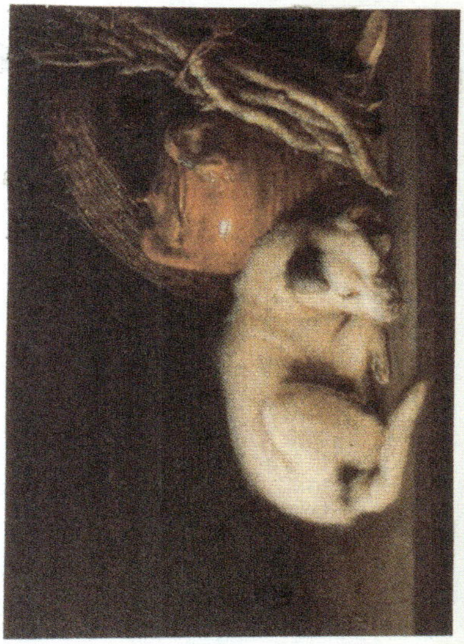
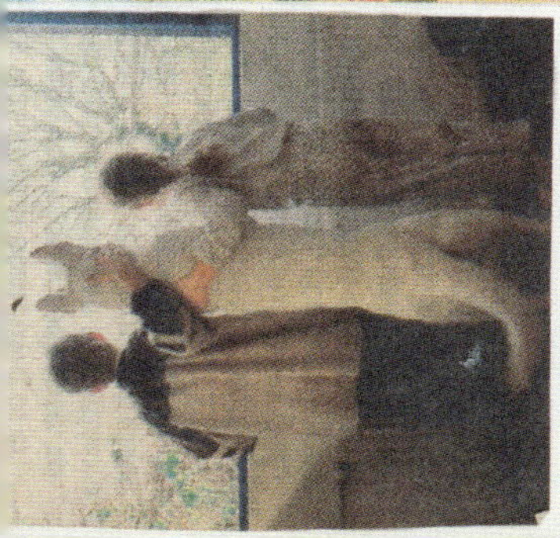

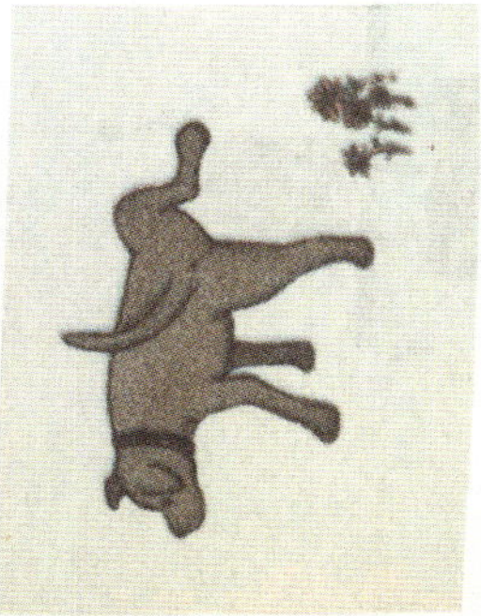
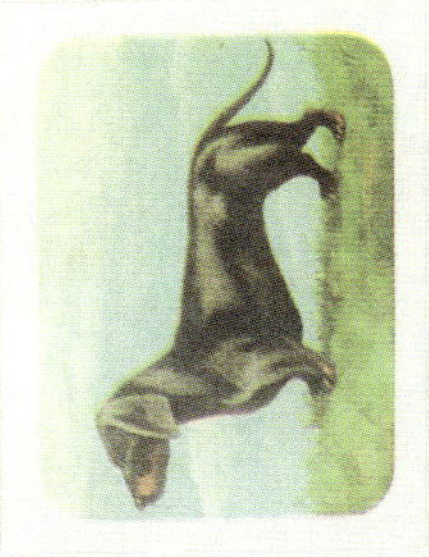

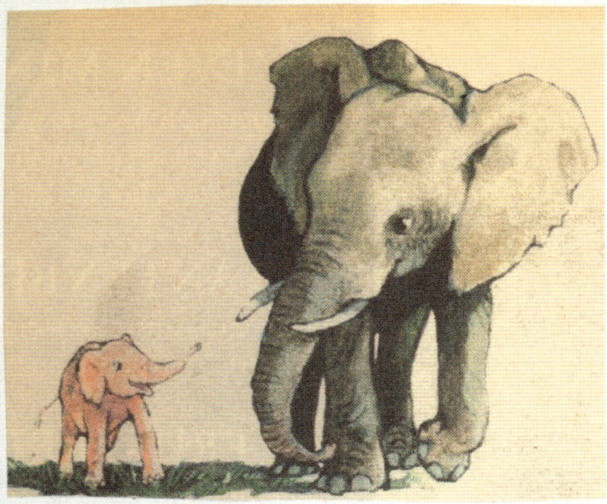

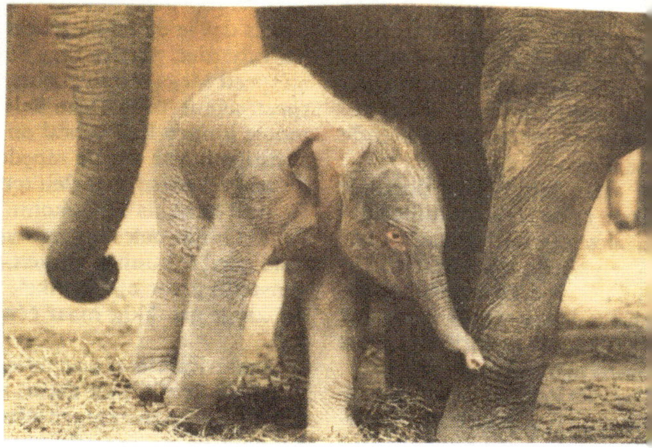

CÔTE D'OR

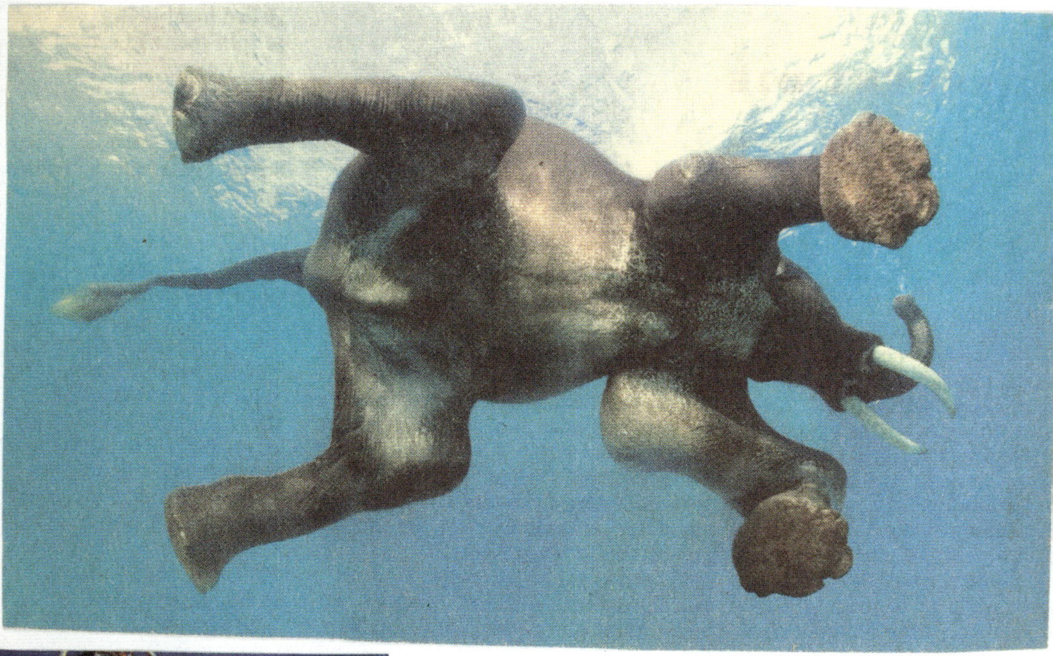

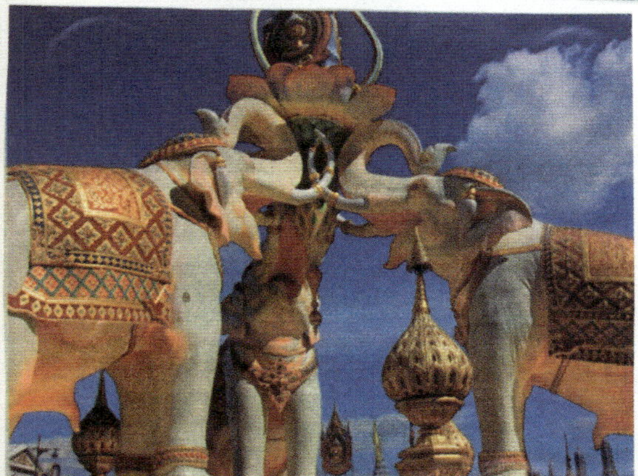

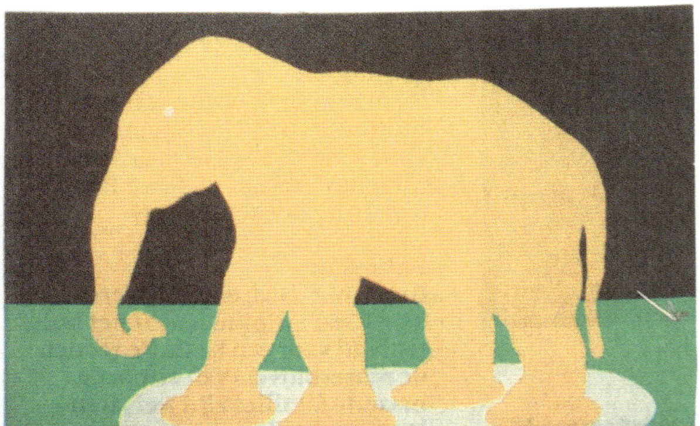

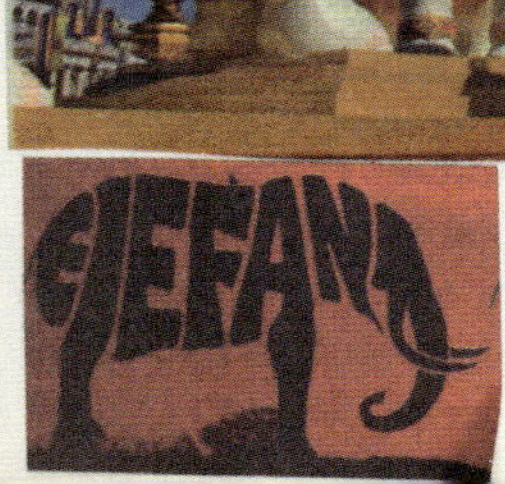

OLIfAnt

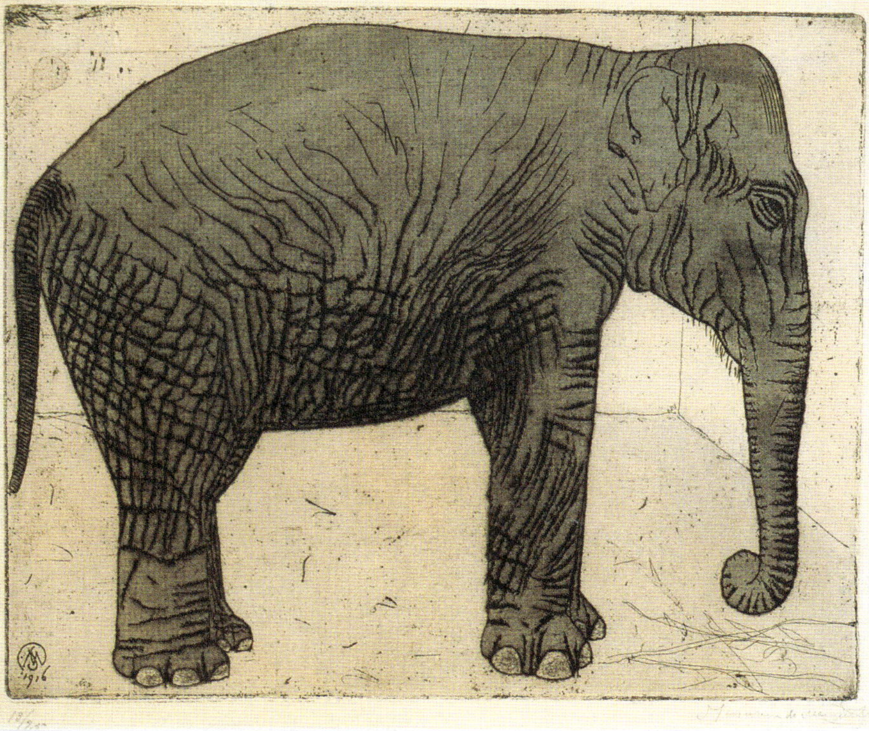

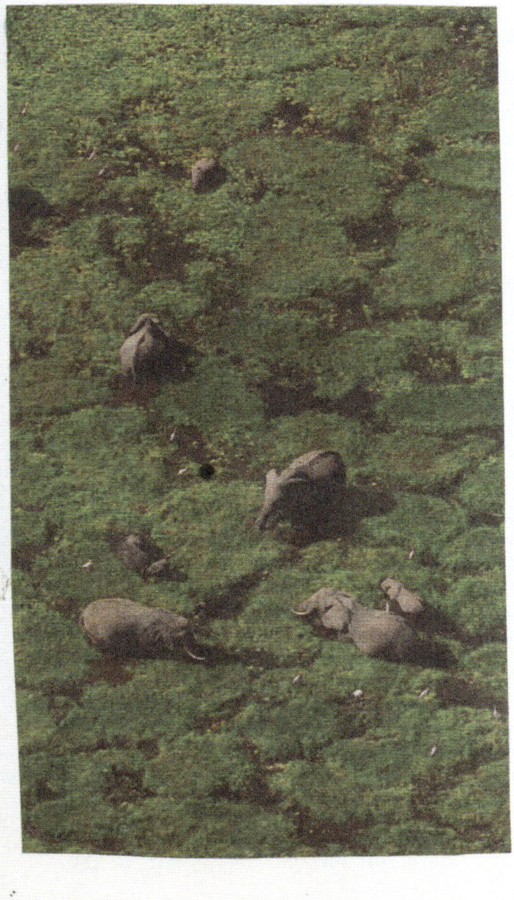

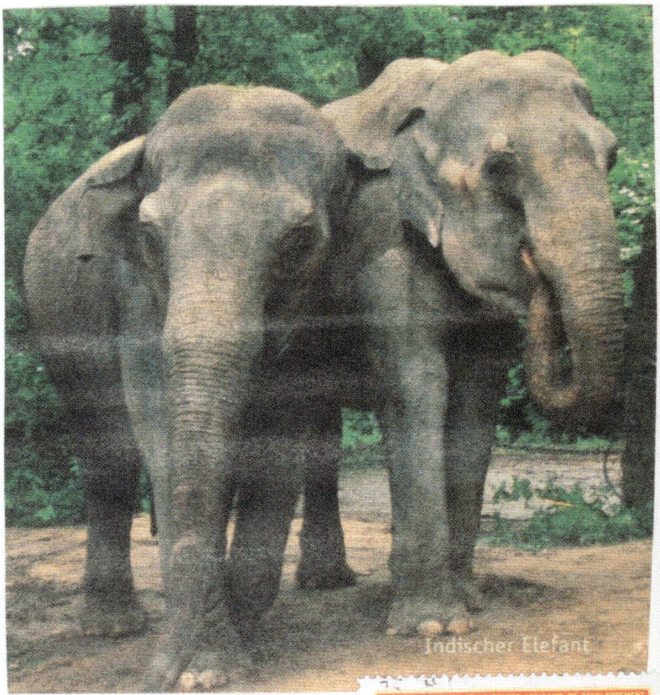
Indischer Elefant

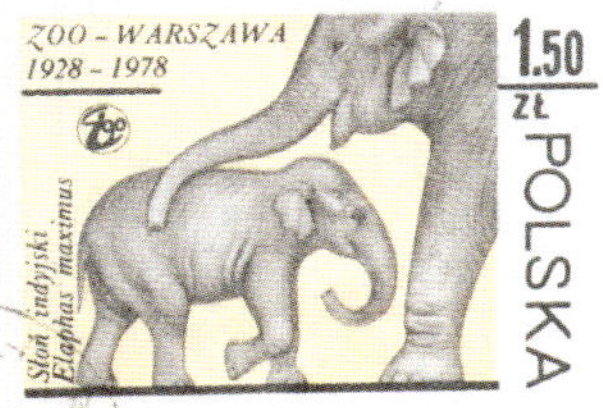
ZOO - WARSZAWA
1928 - 1978
1.50
zł POLSKA
Słoń indyjski
Elephas maximus

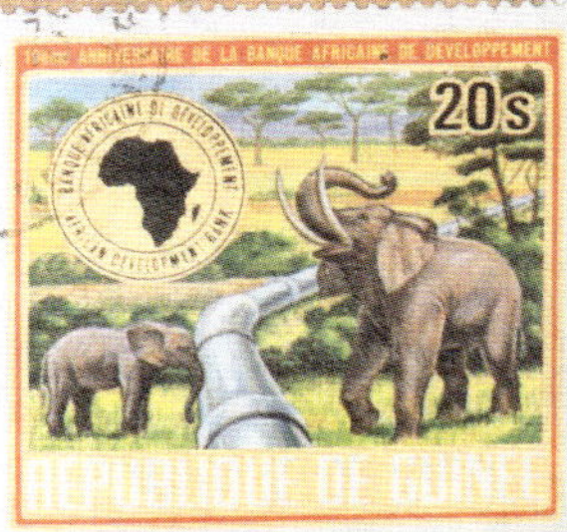
ANNIVERSAIRE DE LA BANQUE AFRICAINE DE DEVELOPPEMENT
20s
REPUBLIQUE DE GUINEE

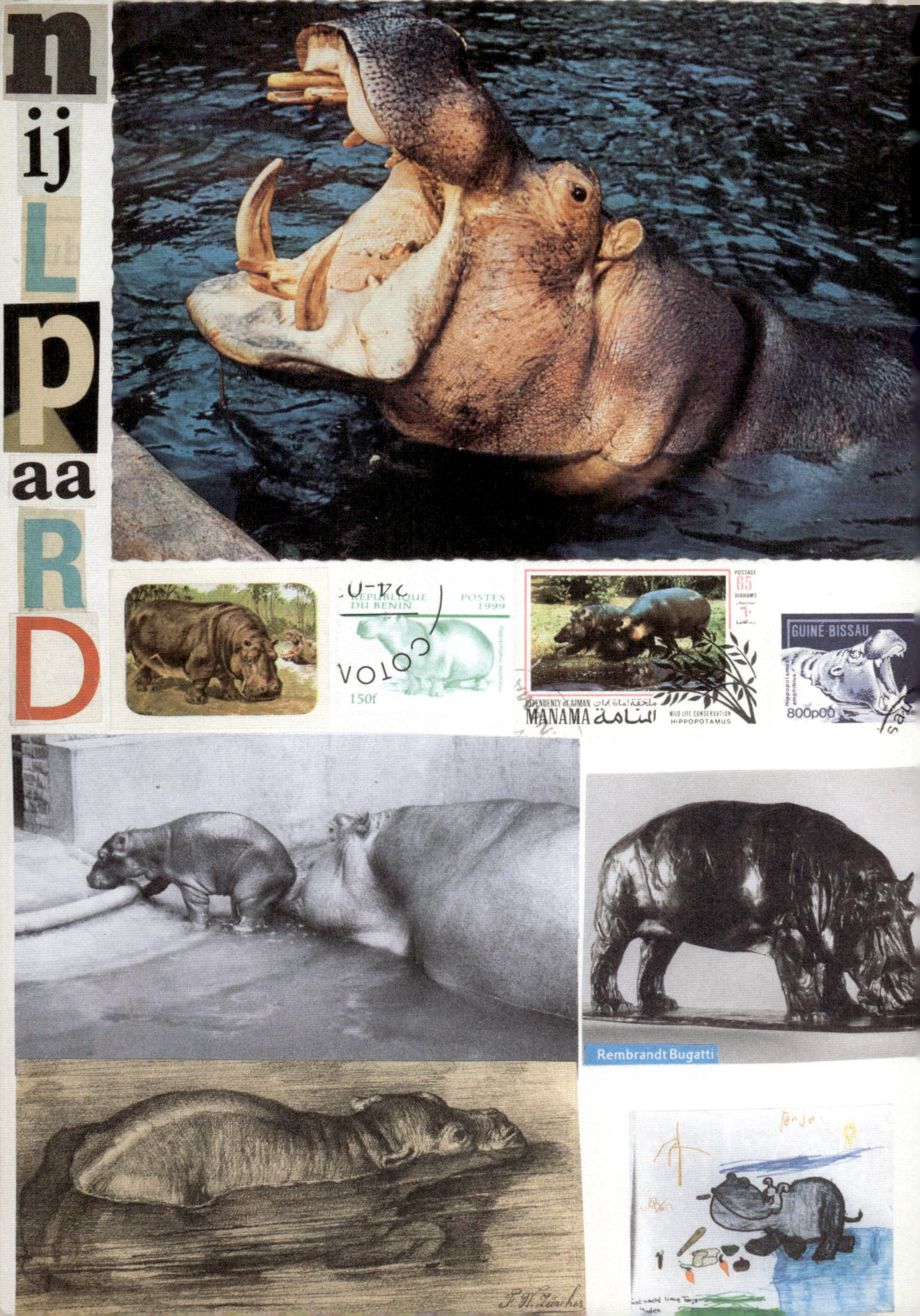

nijLpaaRD
REPUBLIQUE DU BENIN
POSTES 1999
150f
POSTAGE 65 DIRHAMS
DEPENDENCY of AJMAN
MANAMA
WILD LIFE CONSERVATION HIPPOPOTAMUS
GUINÉ-BISSAU
800p00
Rembrandt Bugatti
F. W. Zürcher

neus hooRN

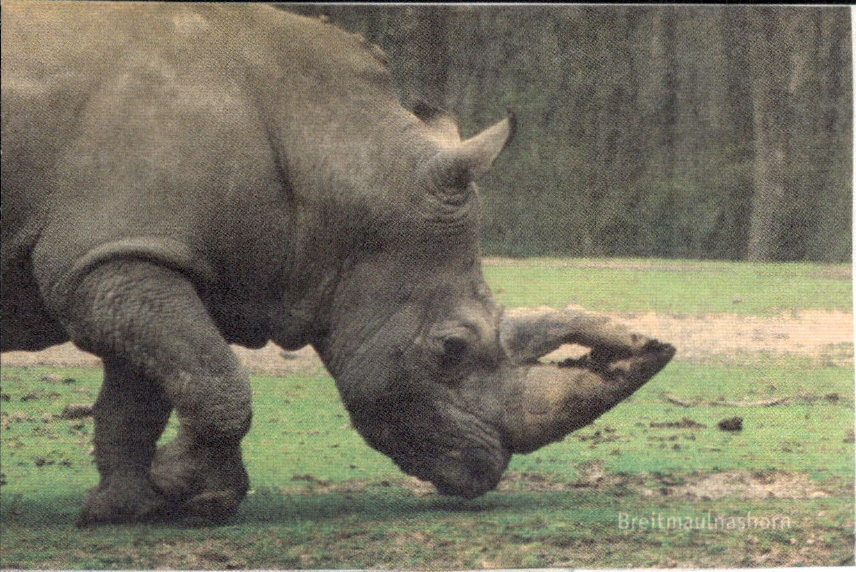

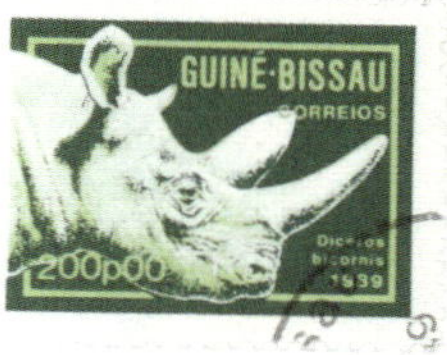

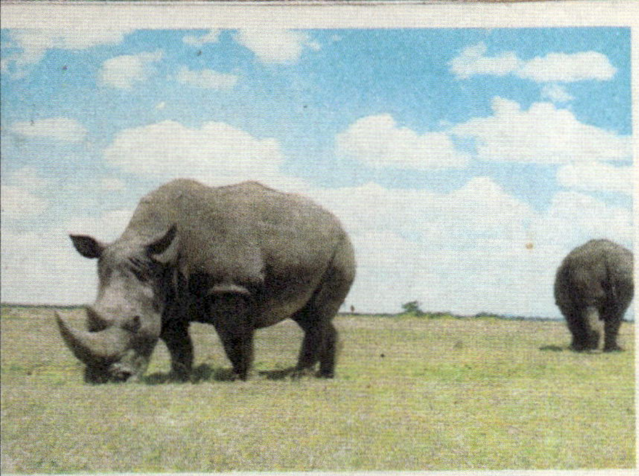

121 Witte neushoorn of breedlip-neushoorn

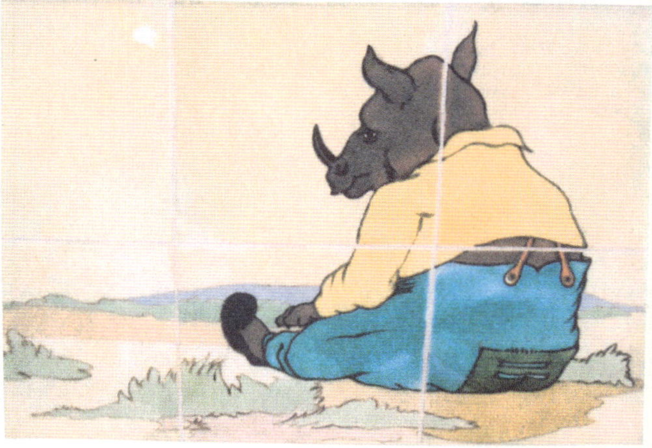

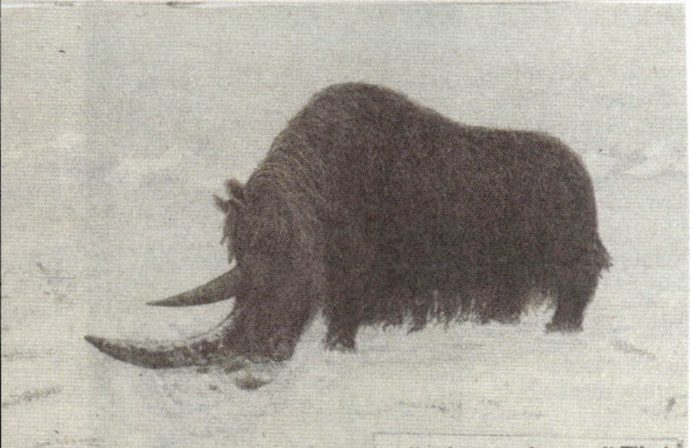

wolharige neushoorn uit Tibet.

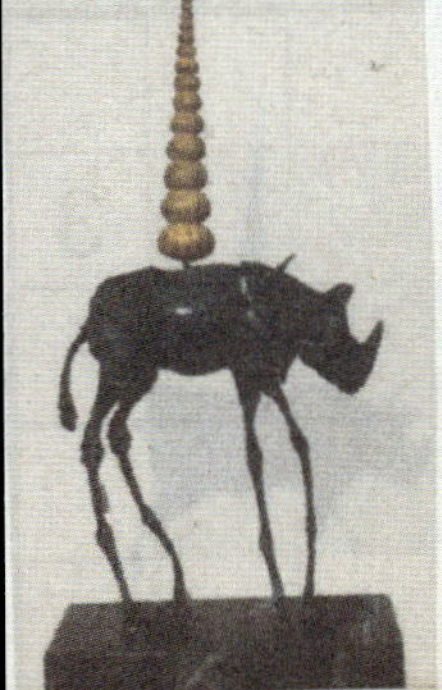

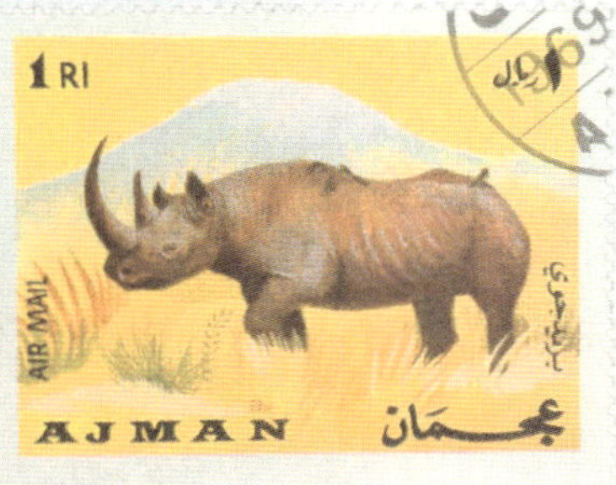

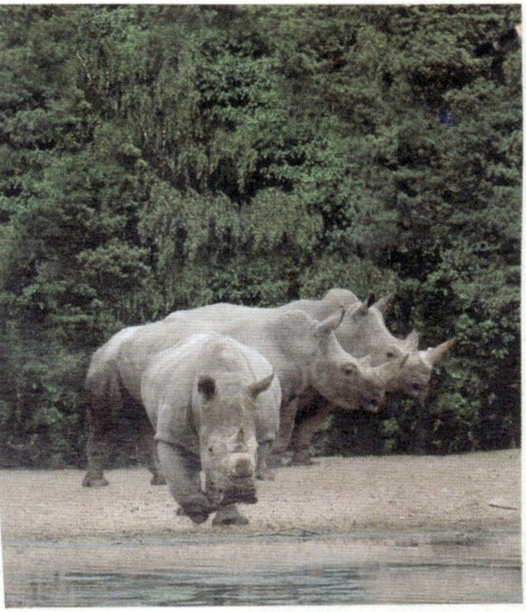

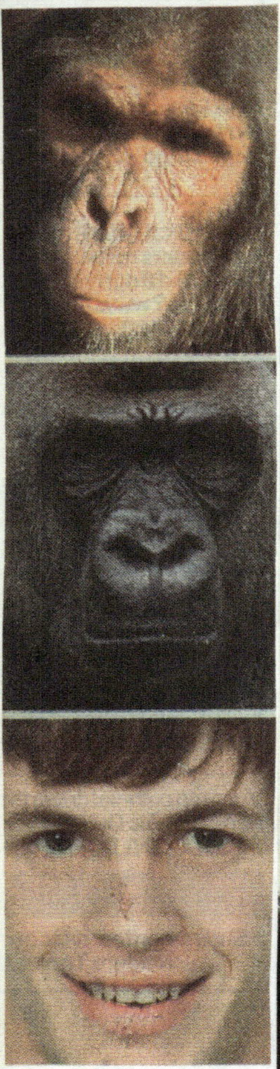

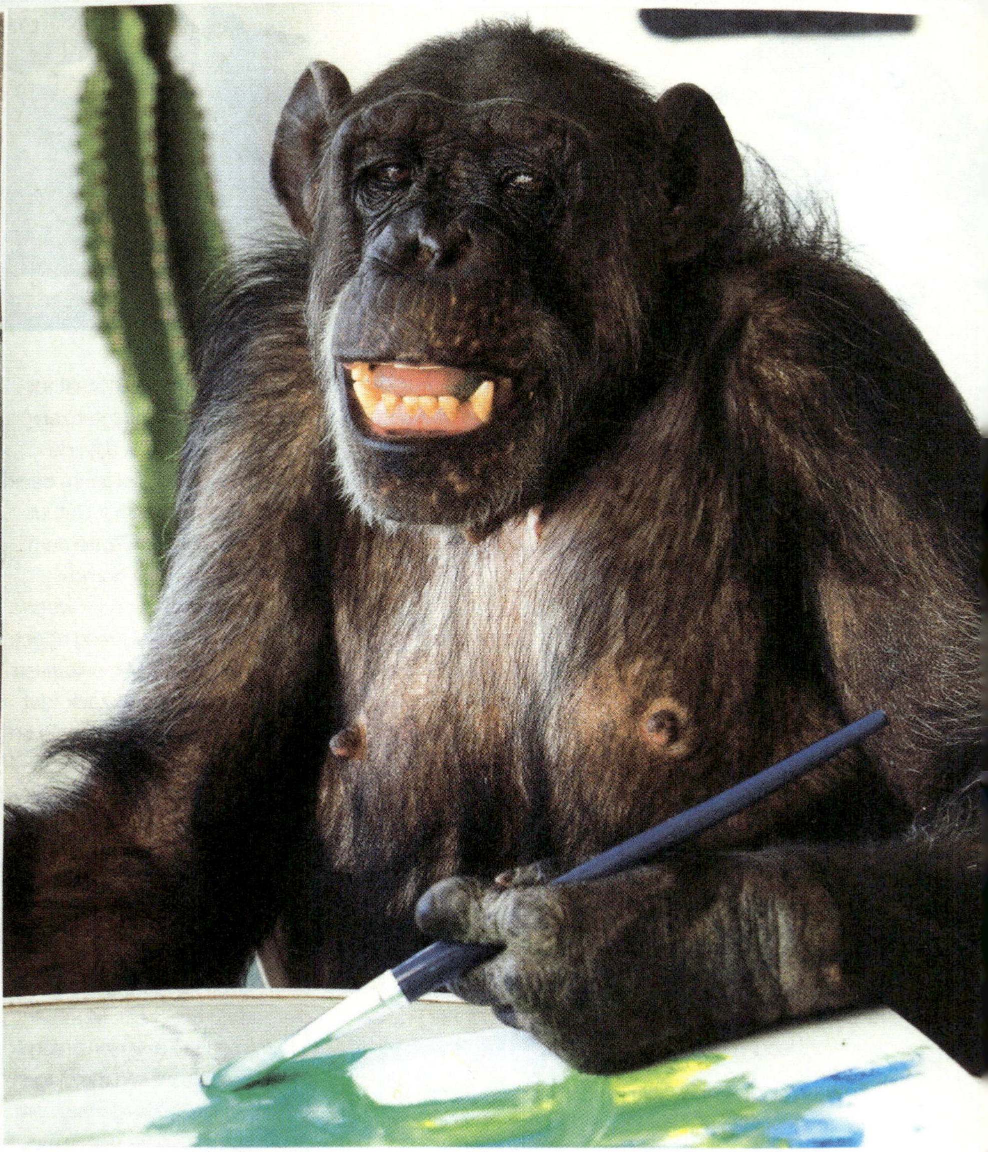

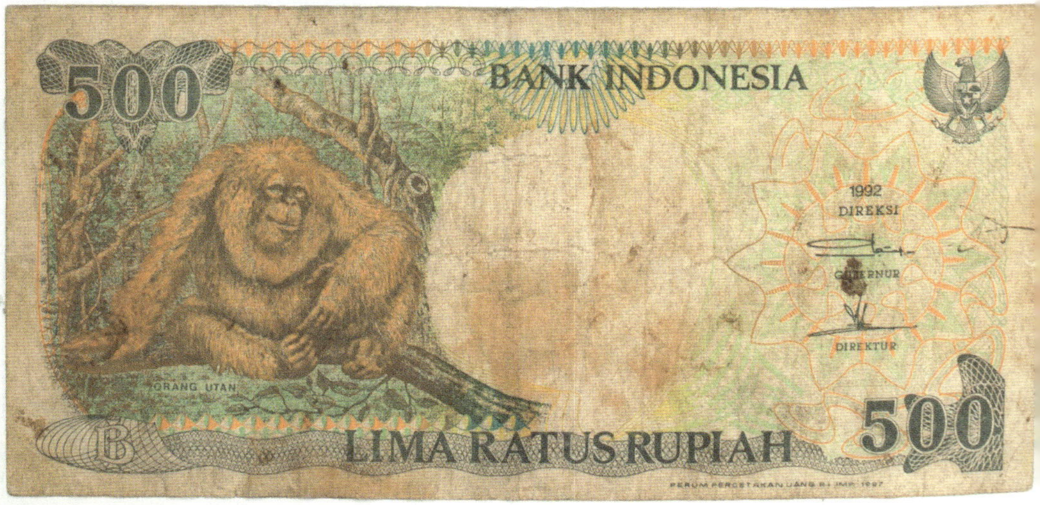
500
BANK INDONESIA
1992
DIREKSI
GUBERNUR
DIREKTUR
ORANG UTAN
LIMA RATUS RUPIAH
500

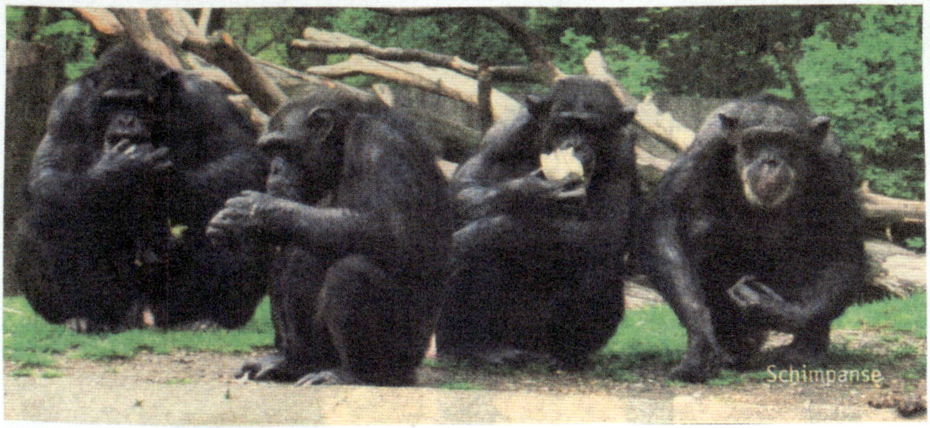
Schimpanse

aa
P
en

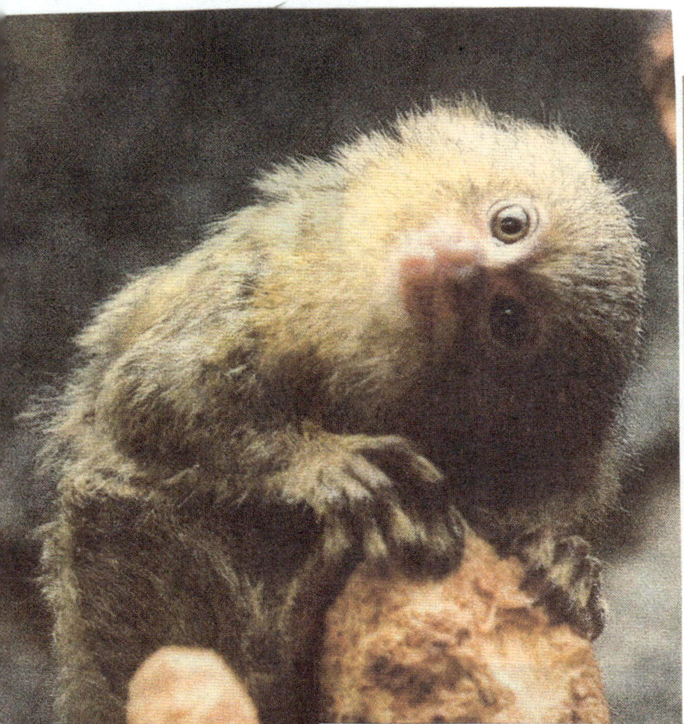

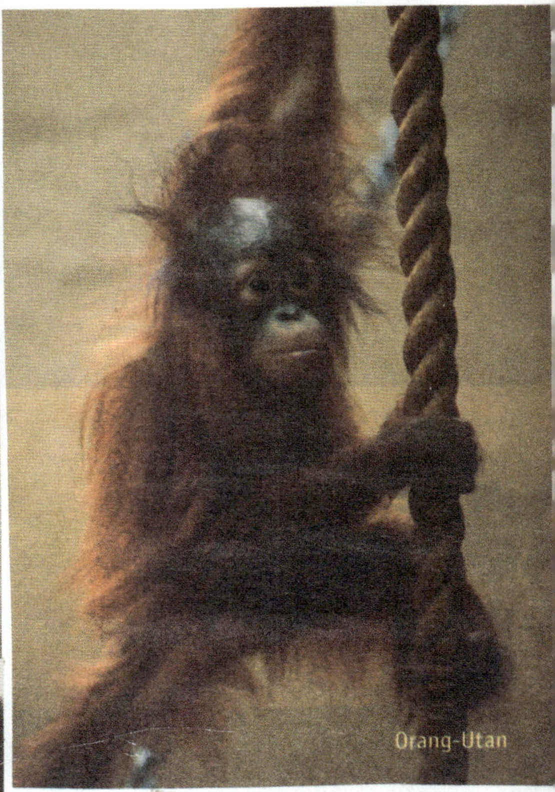
Orang-Utan

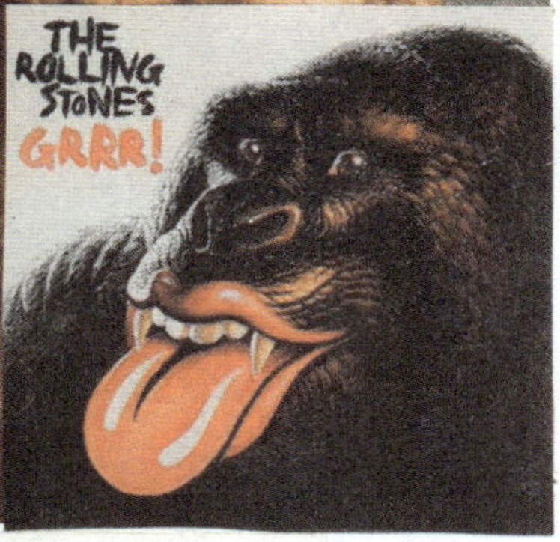
THE ROLLING STONES
GRRR!

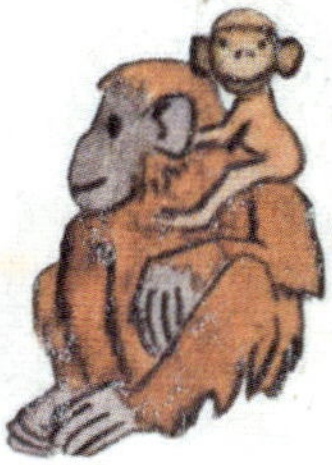

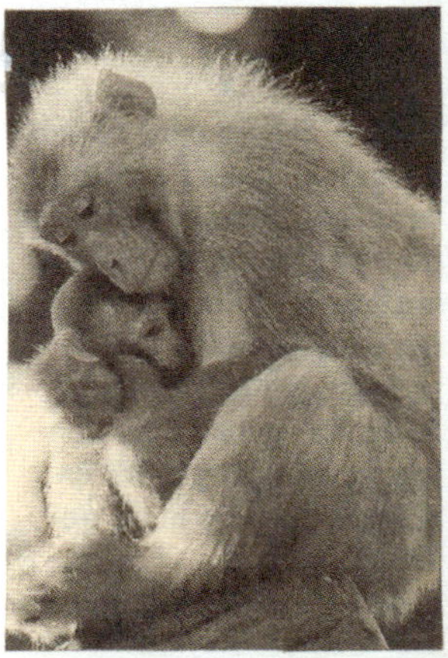

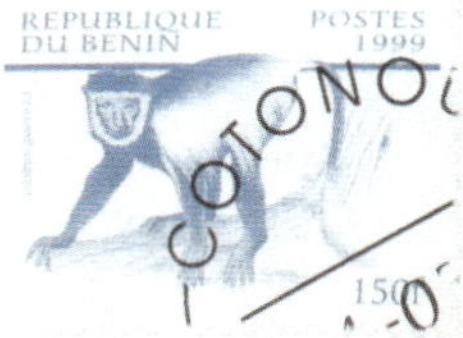
REPUBLIQUE DU BENIN
POSTES 1999

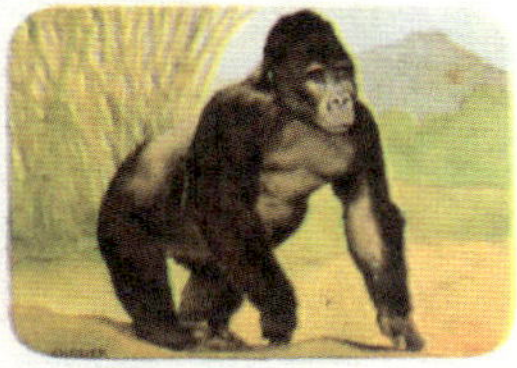

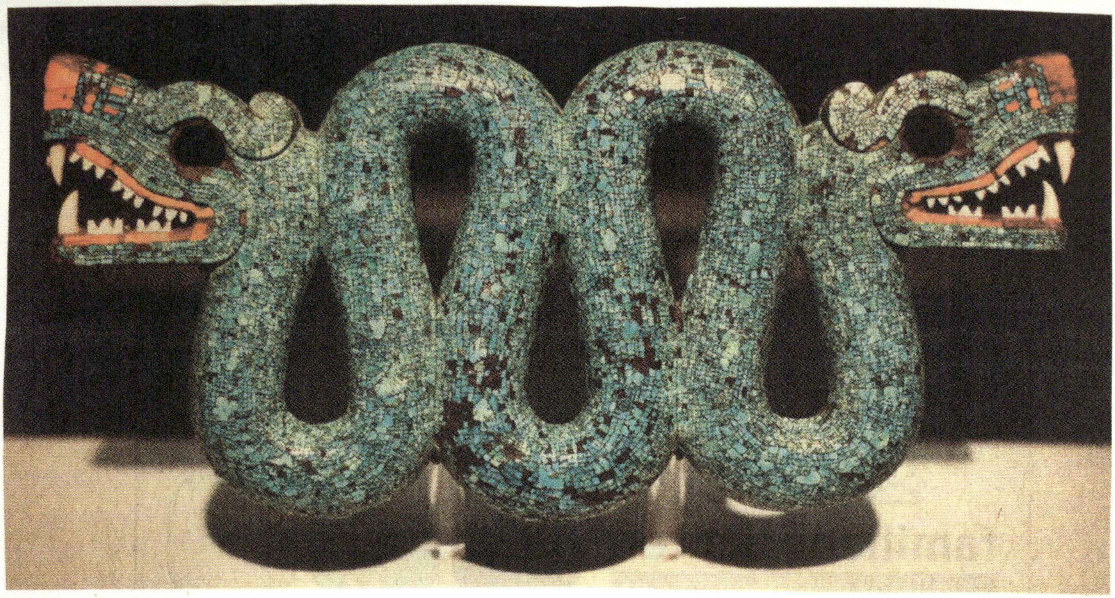

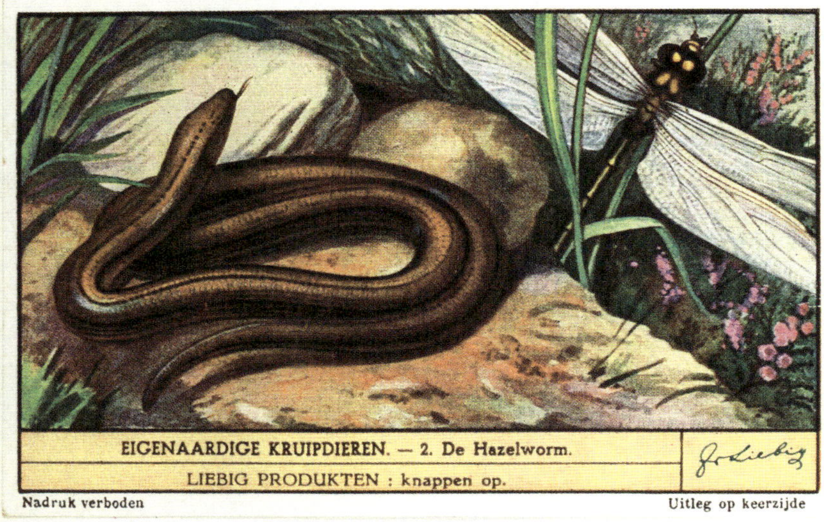
EIGENAARDIGE KRUIPDIEREN. — 2. De Hazelworm.
LIEBIG PRODUKTEN : knappen op.
Nadruk verboden
Uitleg op keerzijde

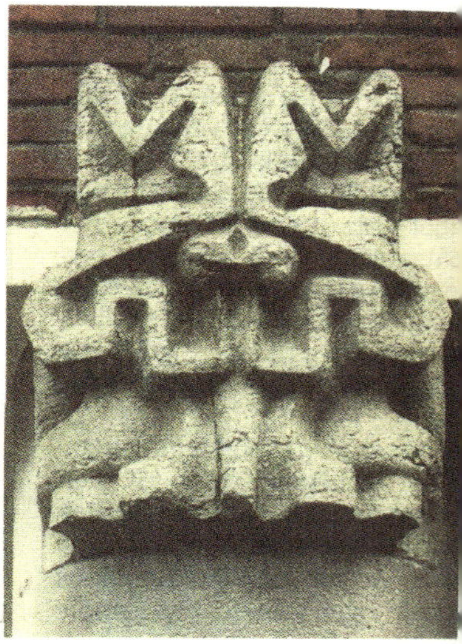

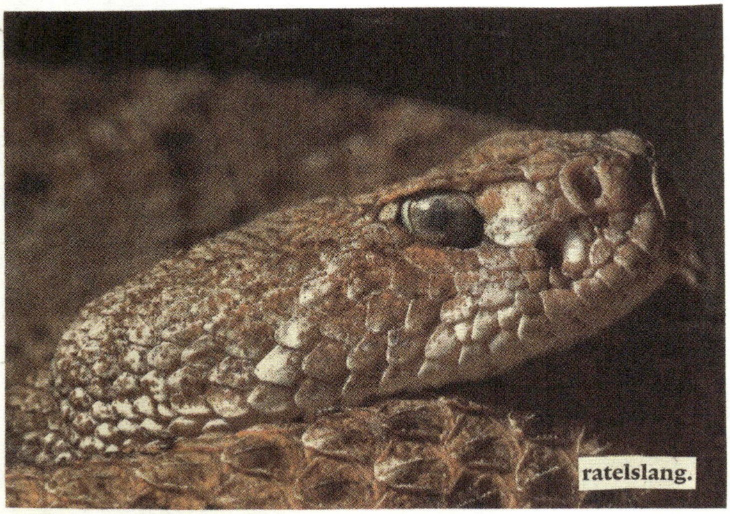
ratelslang.

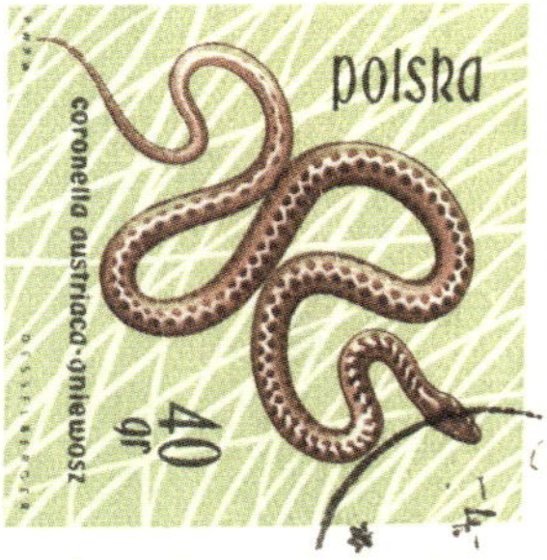
POLSKA
coronella austriaca-gniewosz
40 gr

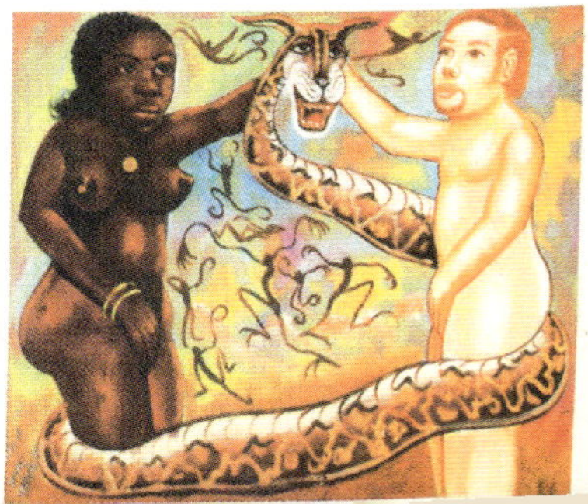

s
l
AN
g

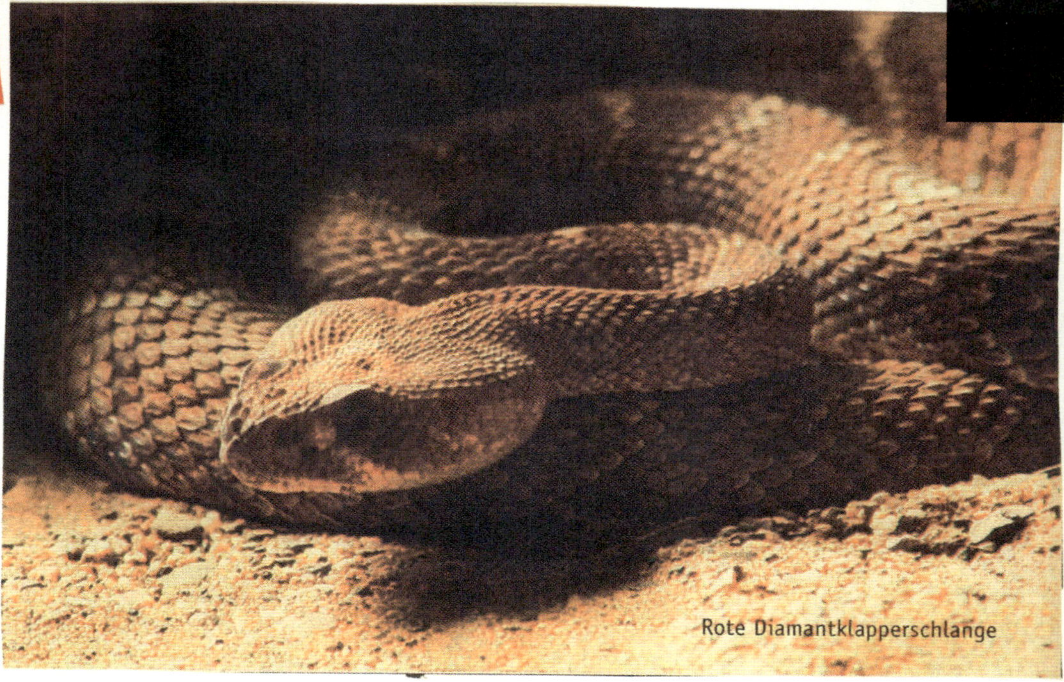
Rote Diamantklapperschlange

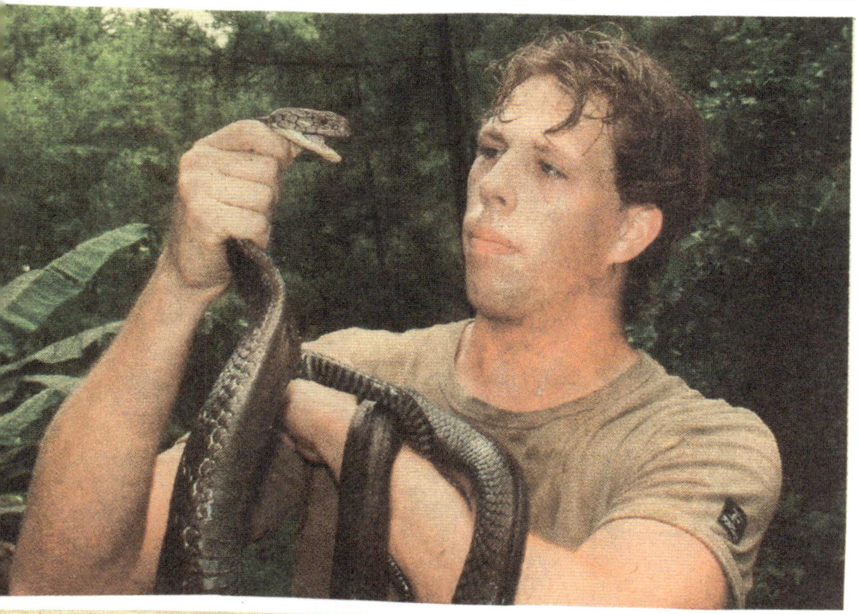

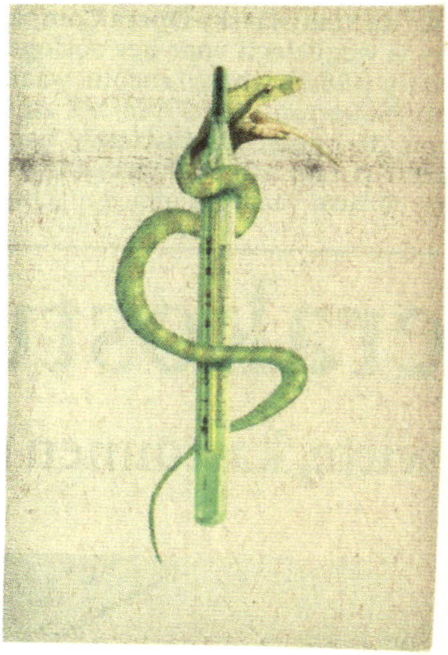

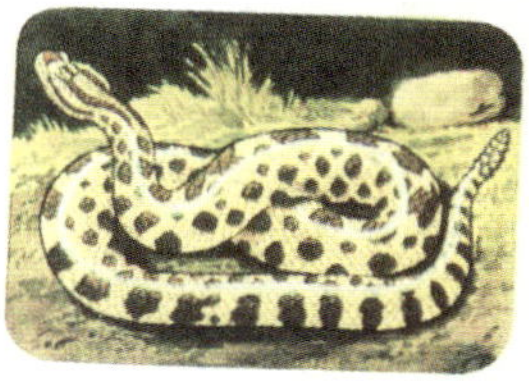

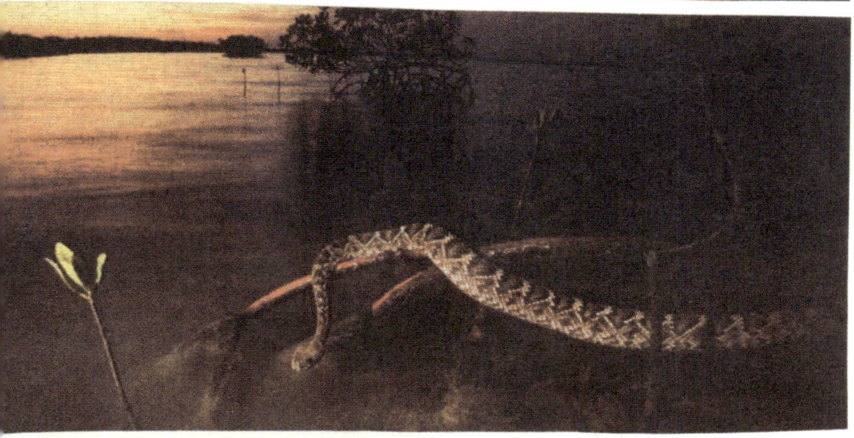

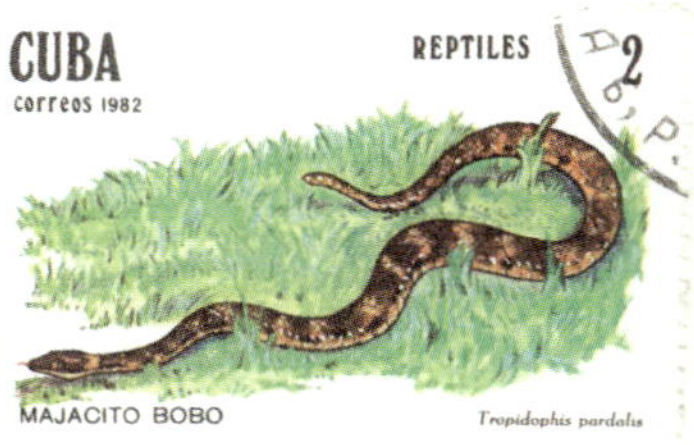
CUBA
correos 1982
REPTILES
2
MAJACITO BOBO
Tropidophis pardalis

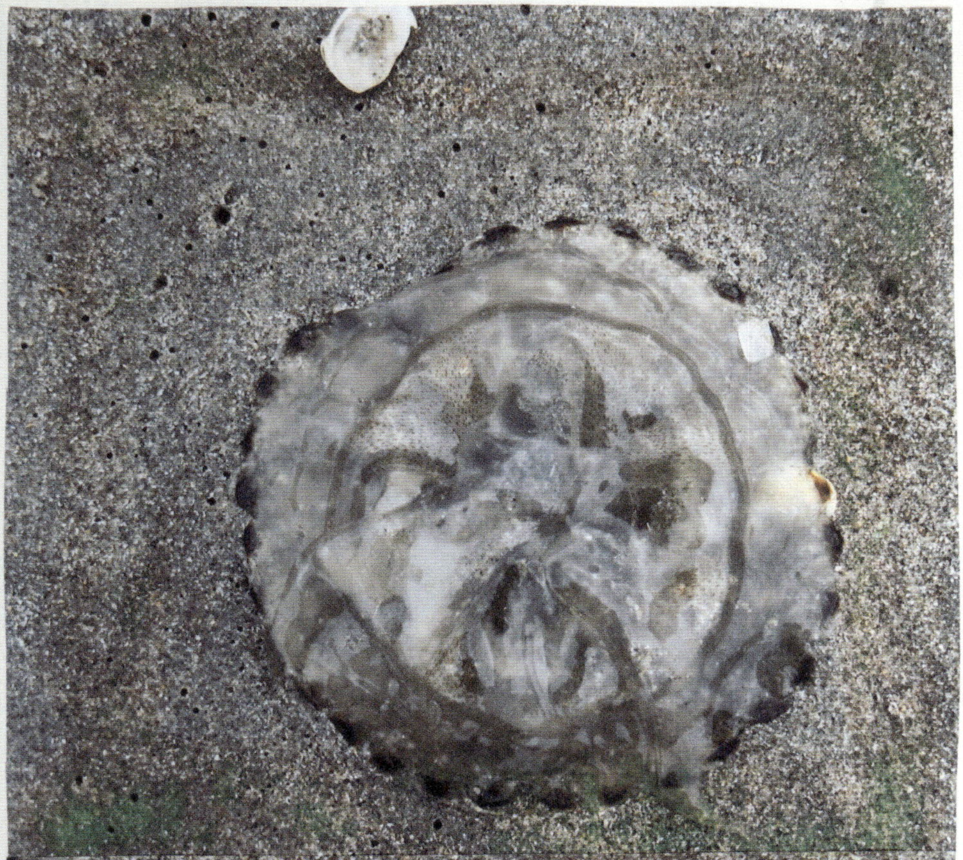

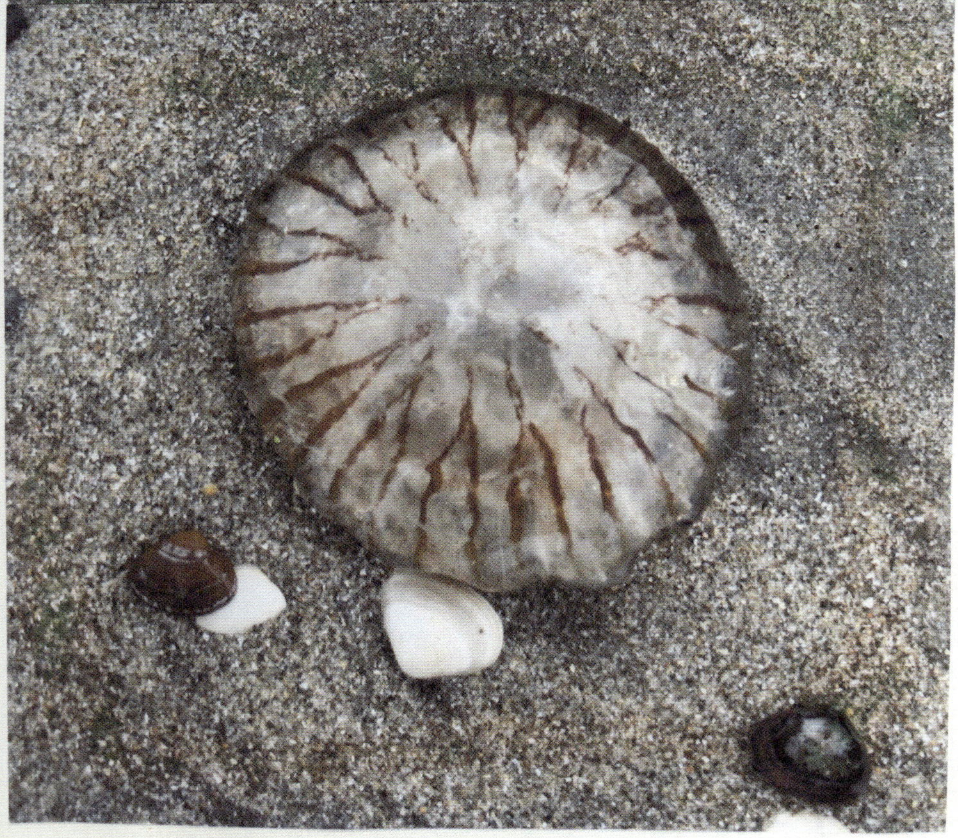

kwallEN

en

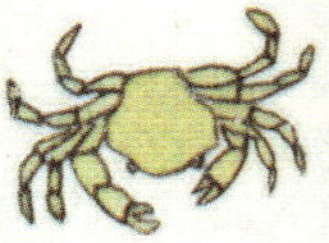

KRAB

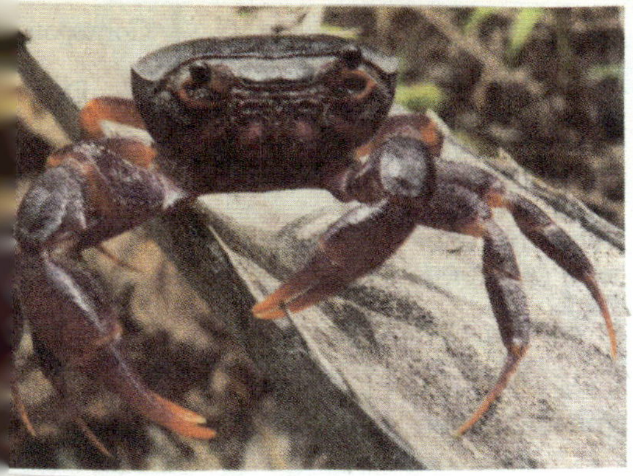

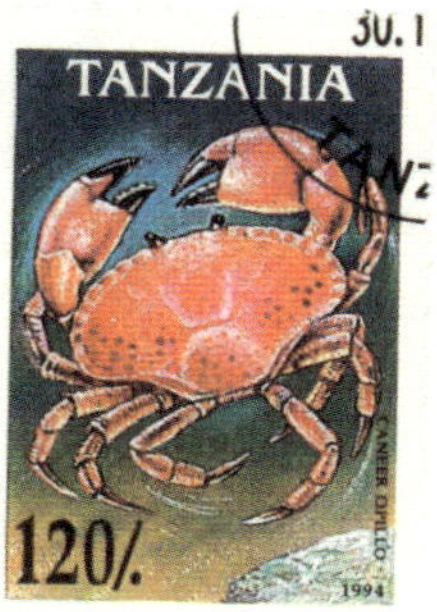

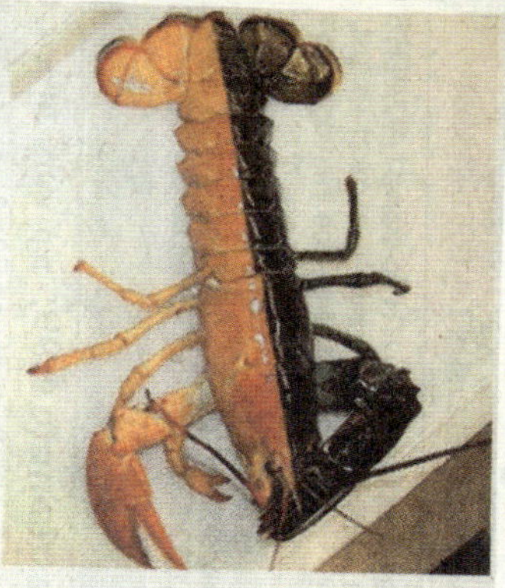

Visser vangt zeldzame tweekleurige kreeft

Een visser uit de staat Massachusetts in de Verenigde Staten ving deze week een vrouwelijke kreeft van bijna een pond, die half roze, half zwart gekleurd is. Hij bracht hem naar een aquarium in Boston, waar geleerden hem wisten te vertellen dat deze zeldzame kleuring zich hooguit voordoet bij een op de vijftig miljoen kreeften. (AP)

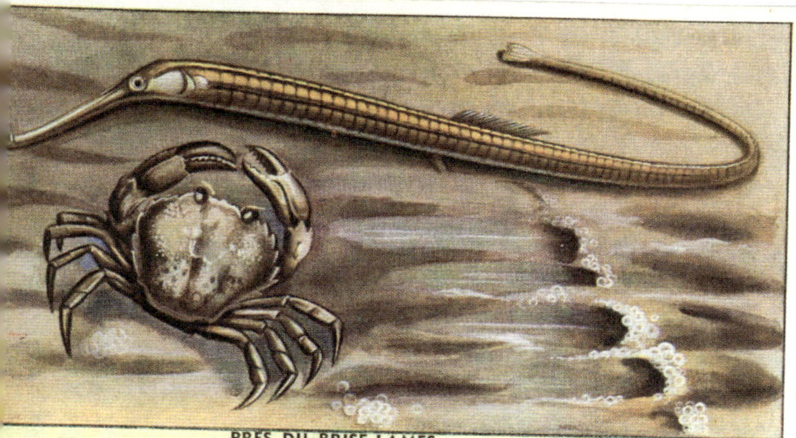

PRES DU BRISE-LAMES
3. Le Syngnathe ou Aiguille de mer — Le Crabe enragé
Veloutés Liebig en sachets : potages naturels et sains

roduction interdite — Explication au verso

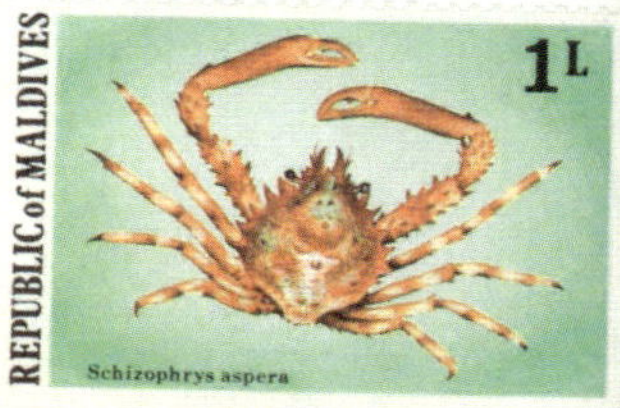

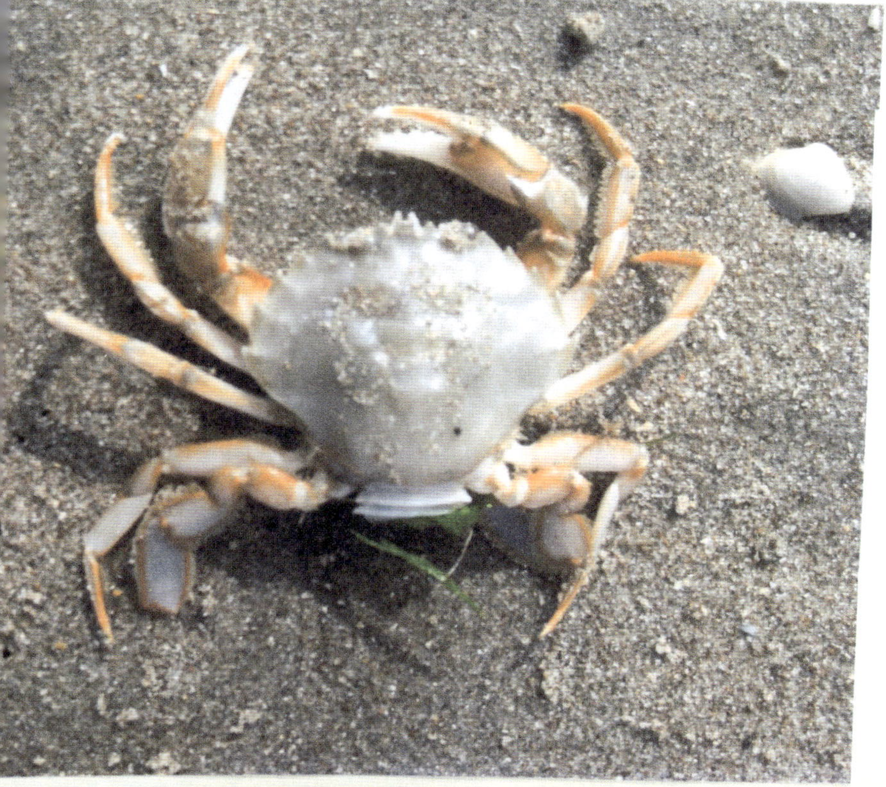

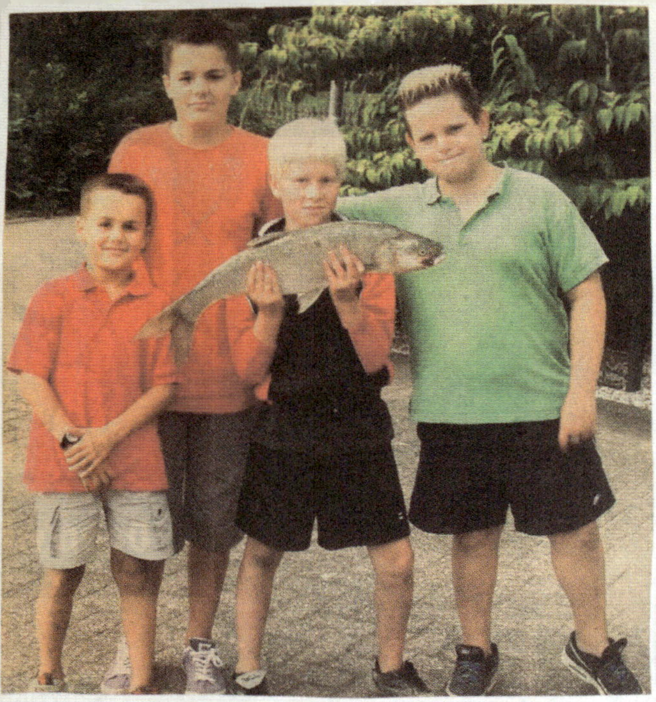

Beet!!!

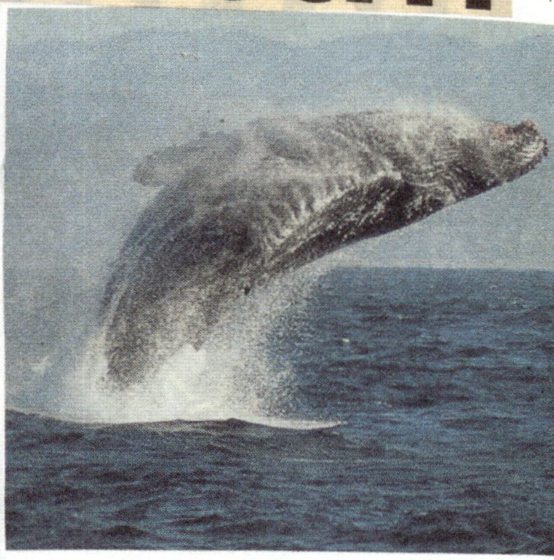

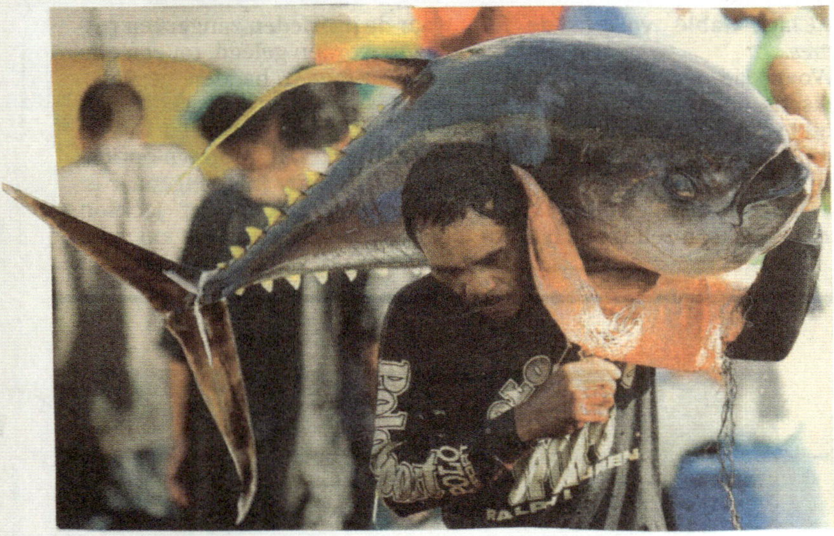

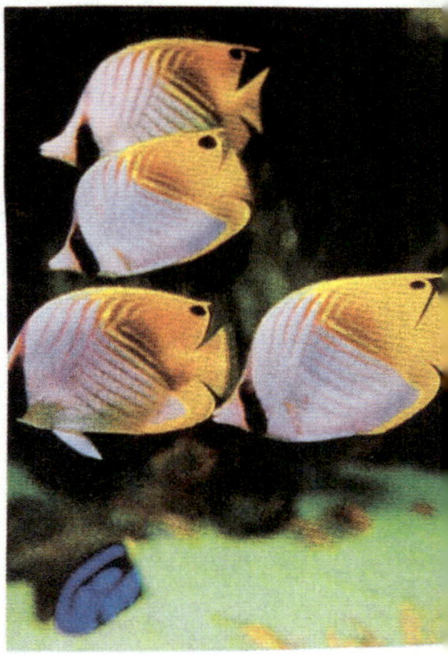

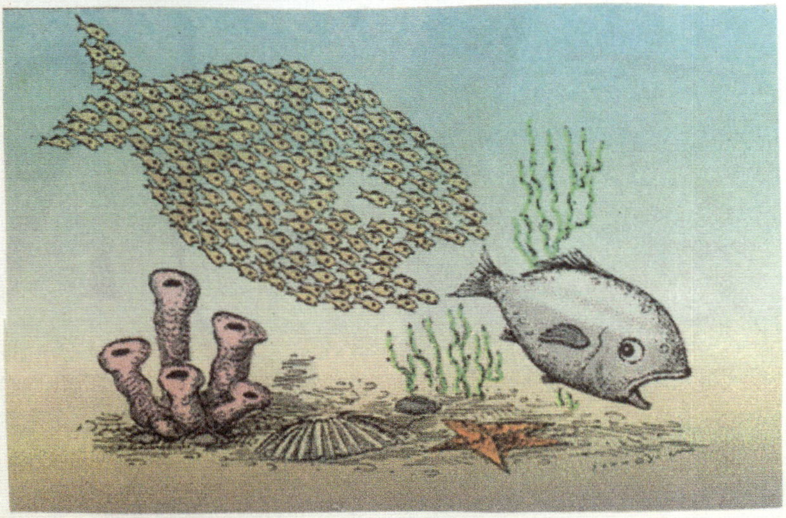

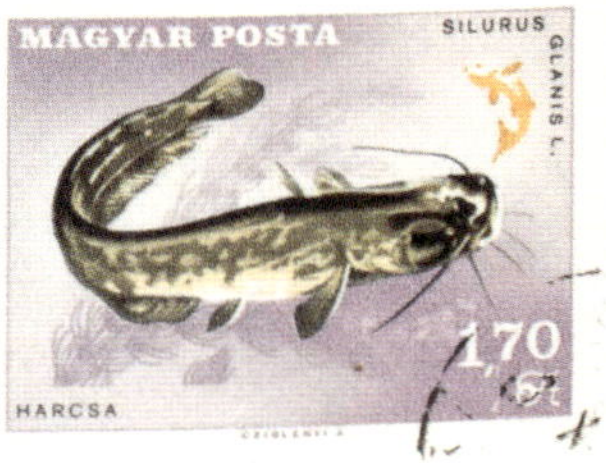
MAGYAR POSTA
SILURUS GLANIS L.
1,70
HARCSA

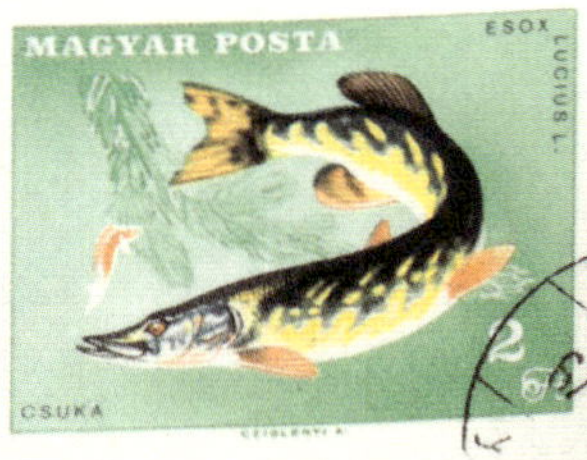
MAGYAR POSTA
ESOX LUCIUS L.
CSUKA

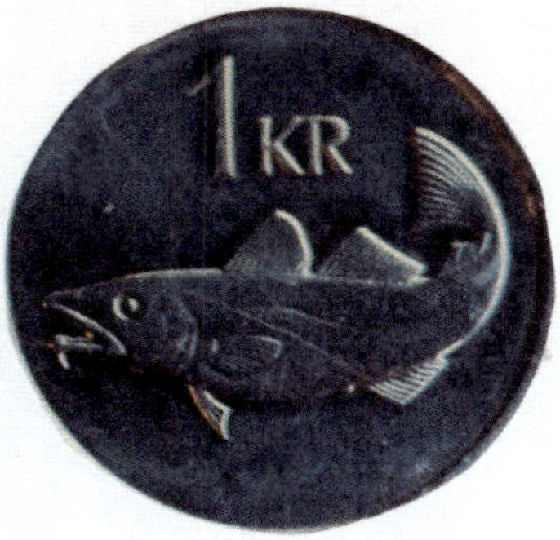

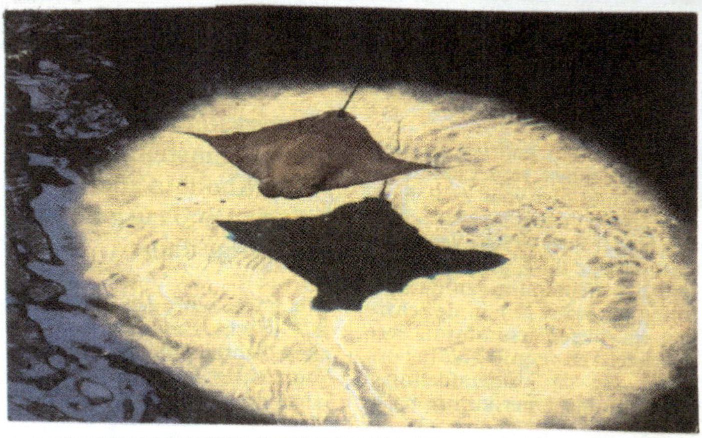

VIS

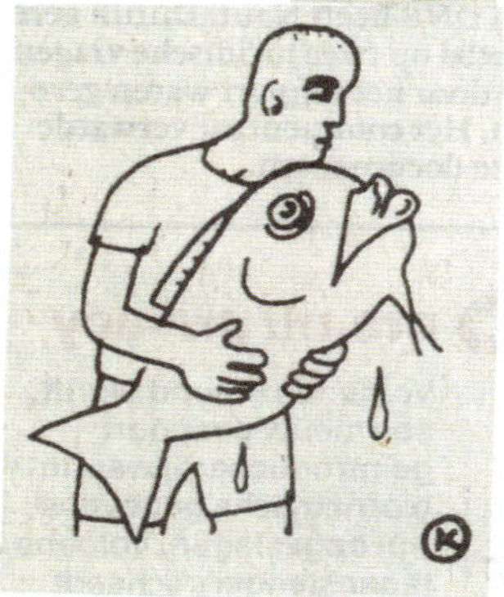

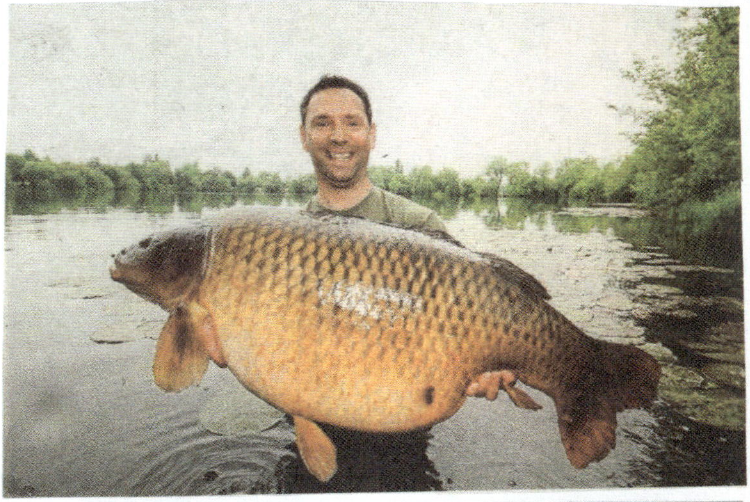

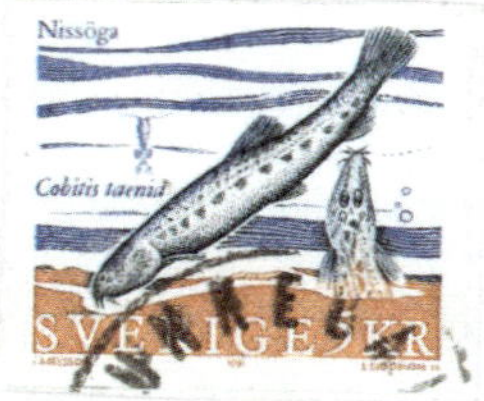

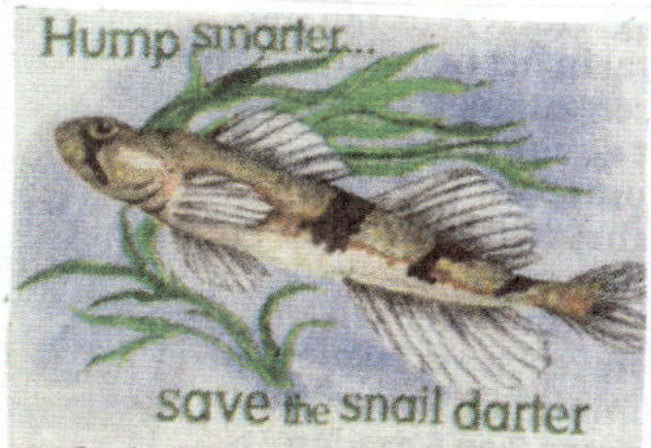

Bedreigde-dierencondoomverpakkingen van www.endangered-speciescondoms.com

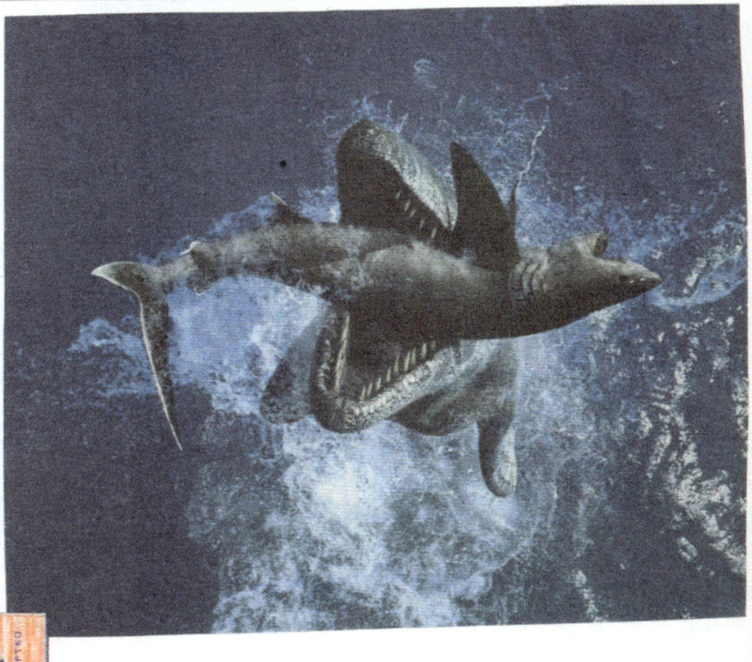

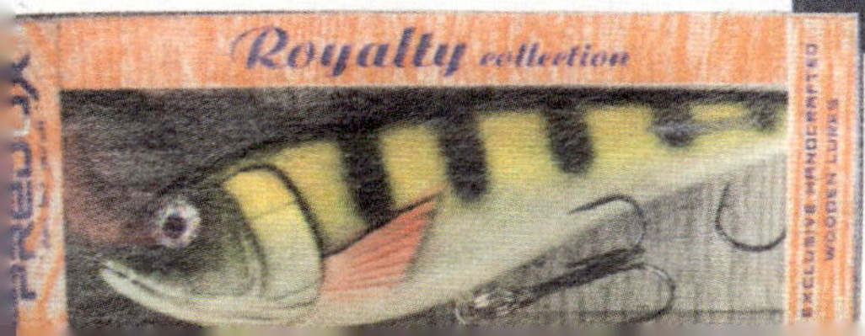

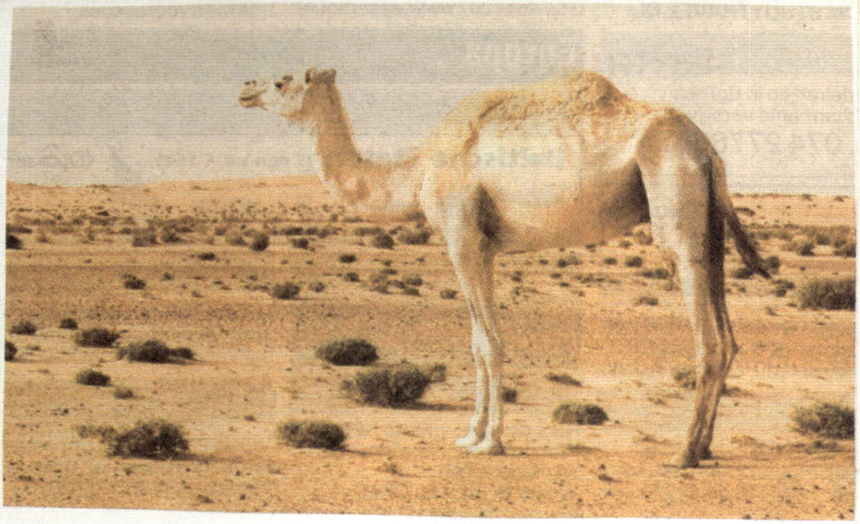

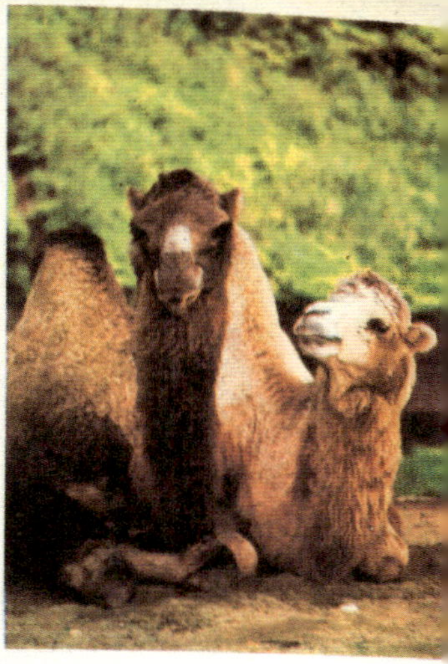

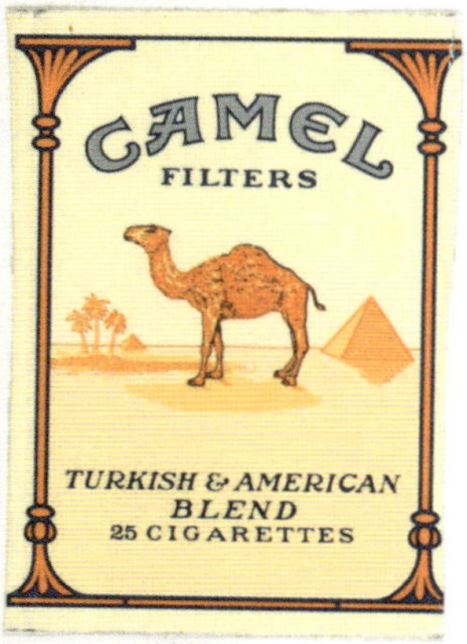
CAMEL
FILTERS
TURKISH & AMERICAN
BLEND
25 CIGARETTES

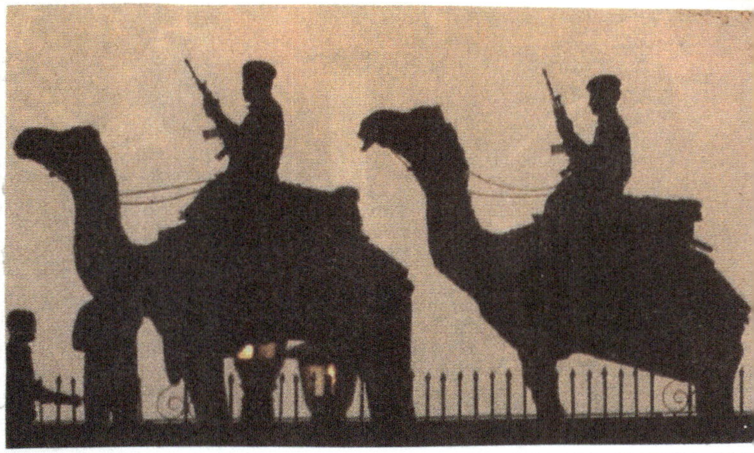

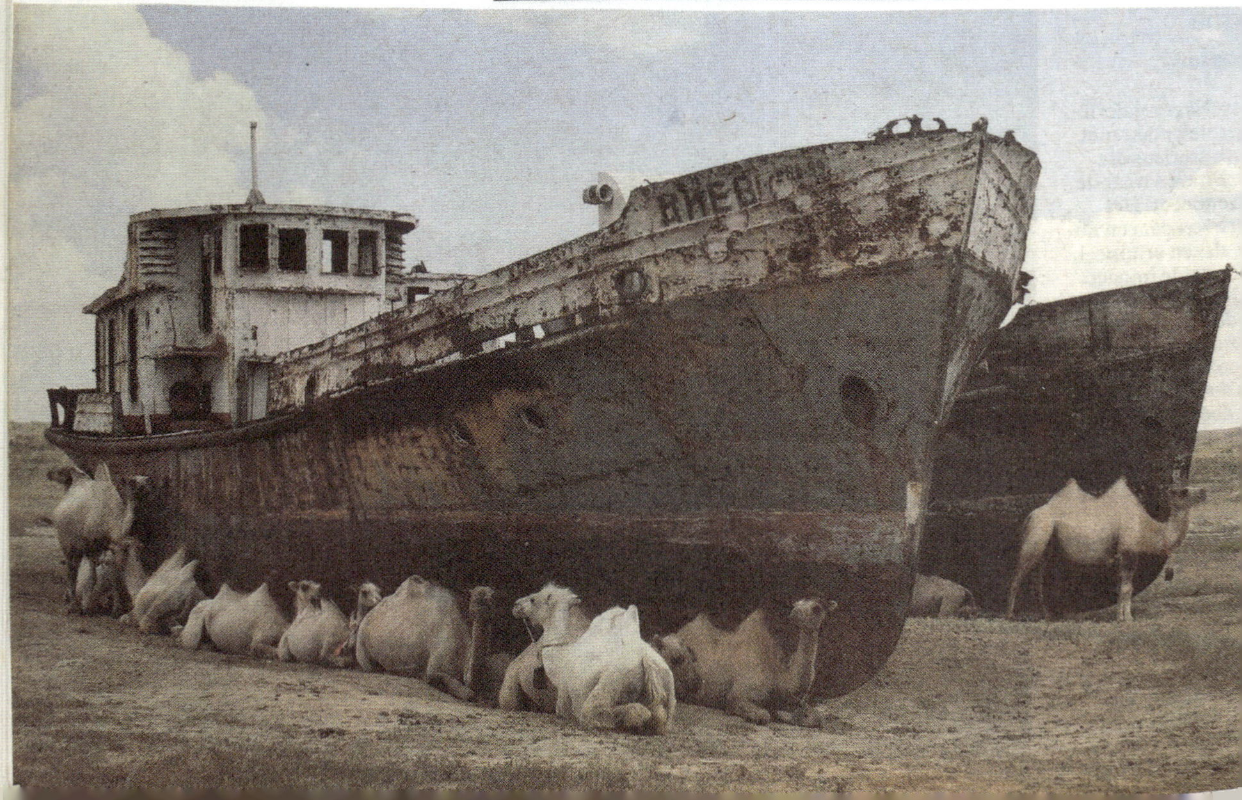

KAm eeL

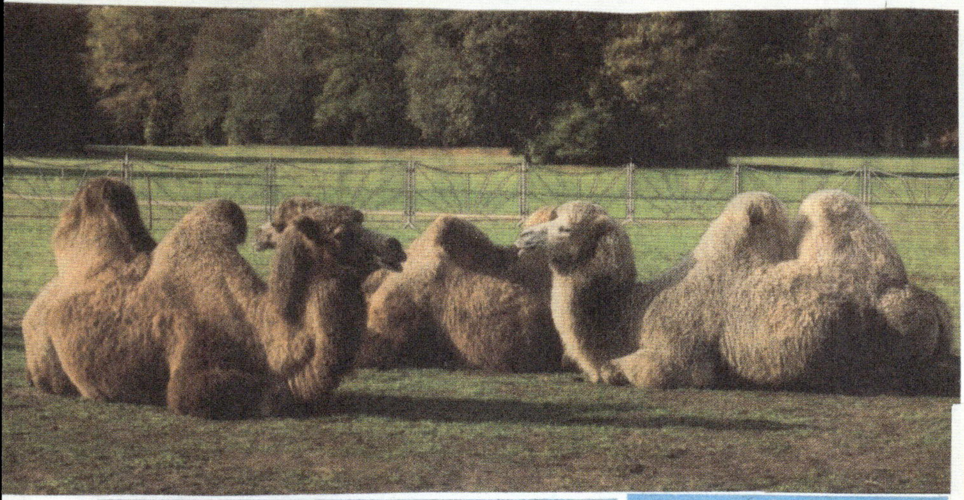

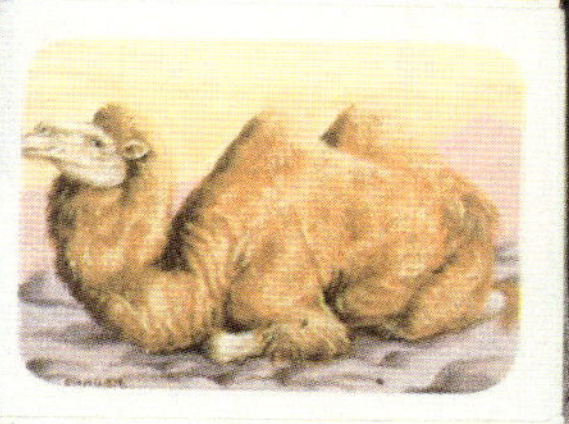

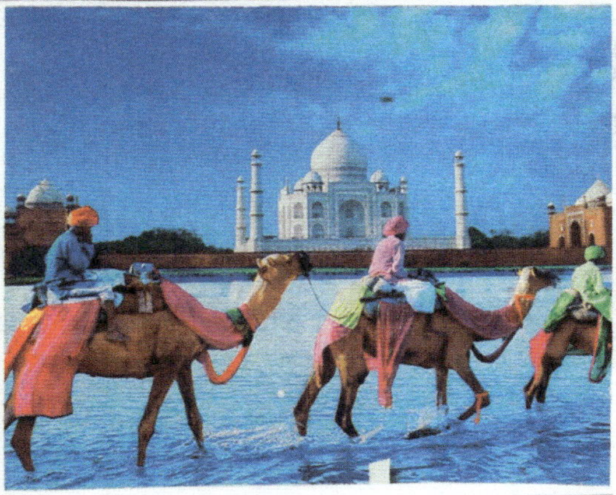

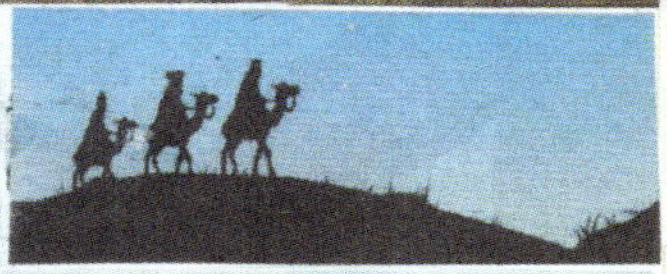

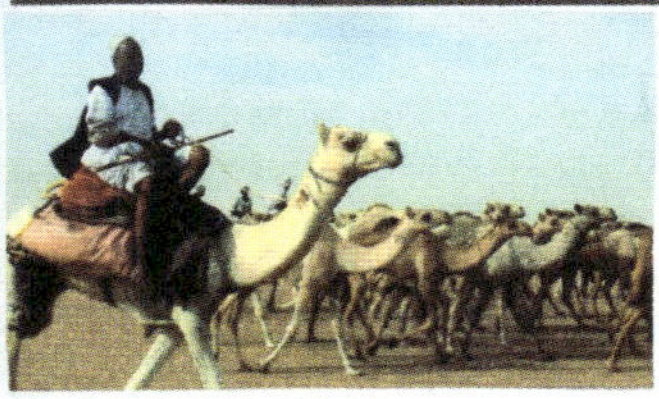

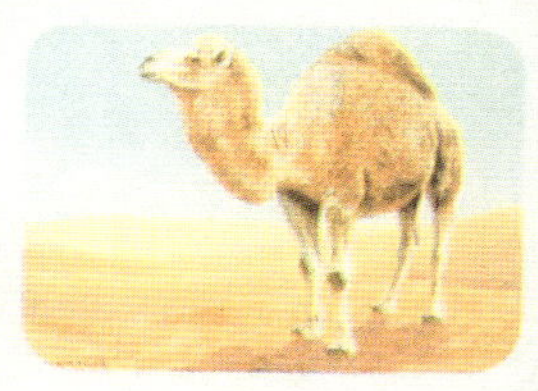

Dromedaris

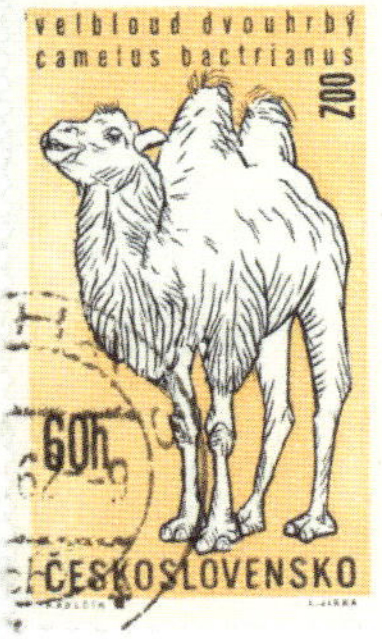

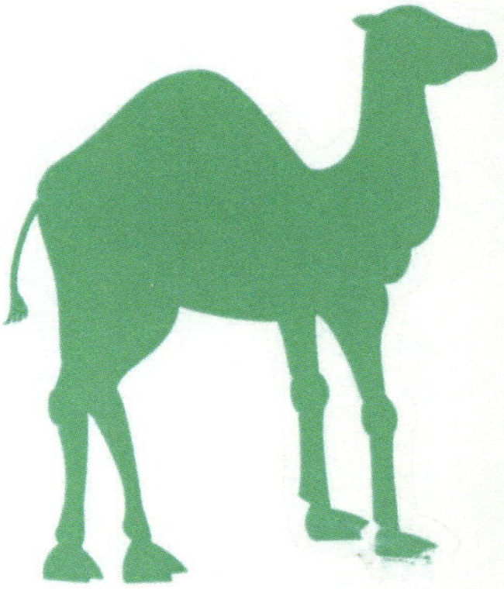

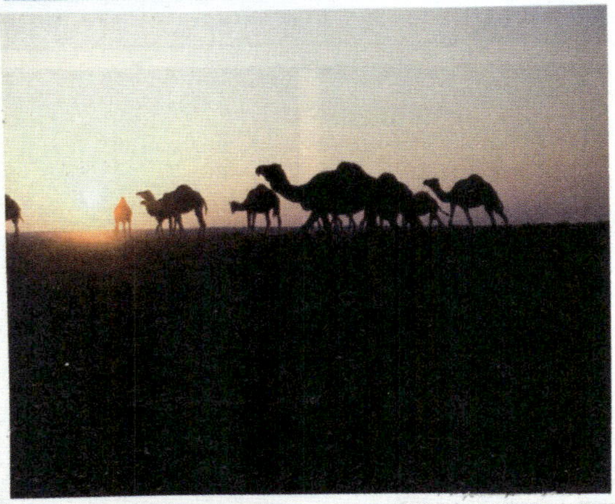

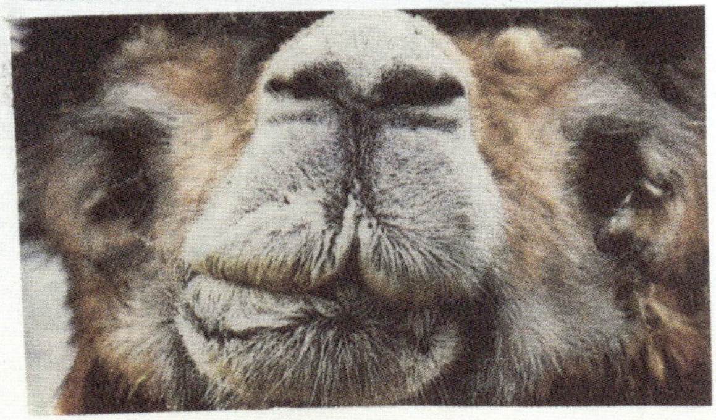

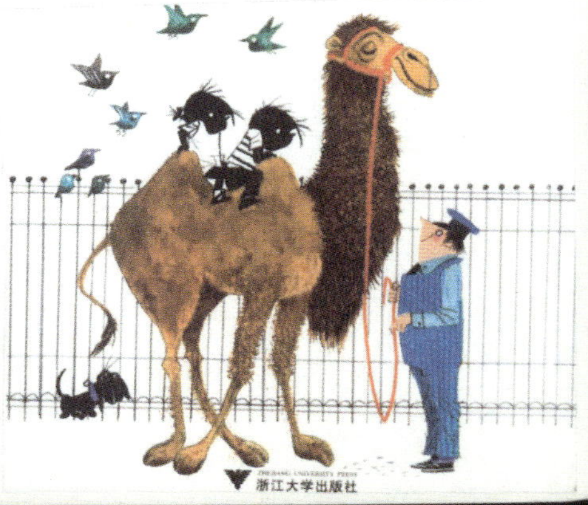

WoLF

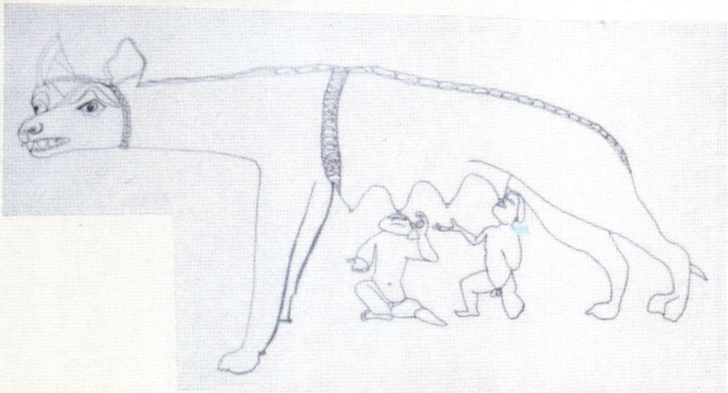

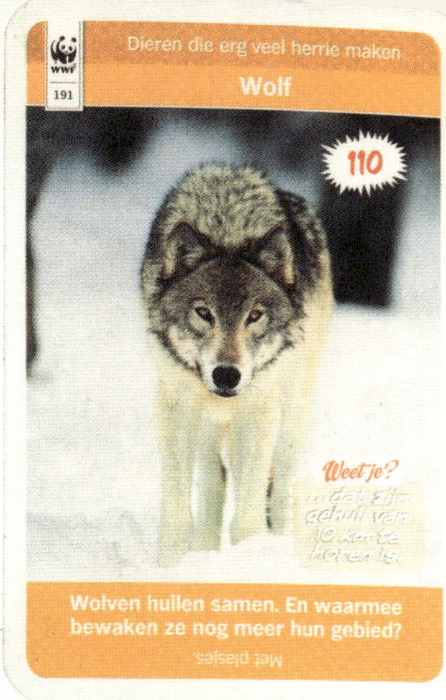
WWF
191
Dieren die erg veel herrie maken
Wolf
110
Weet je?
Wolven huilen samen. En waarmee bewaken ze nog meer hun gebied?
Met plasjes.

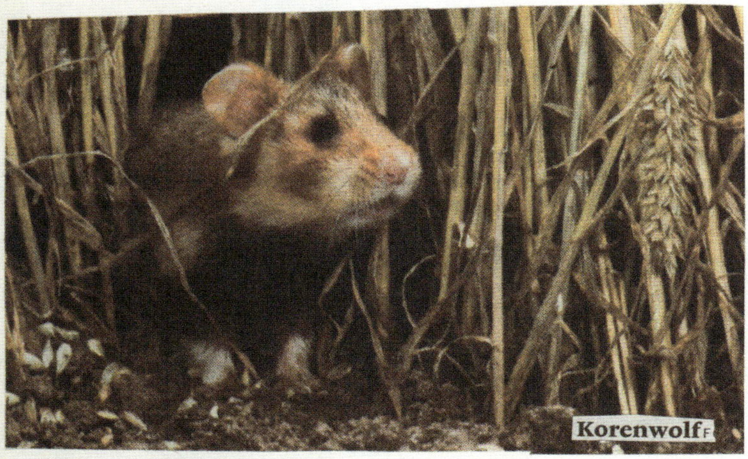
Korenwolf

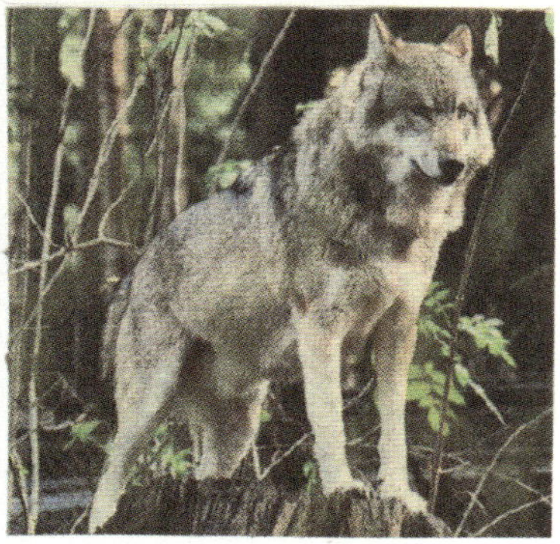

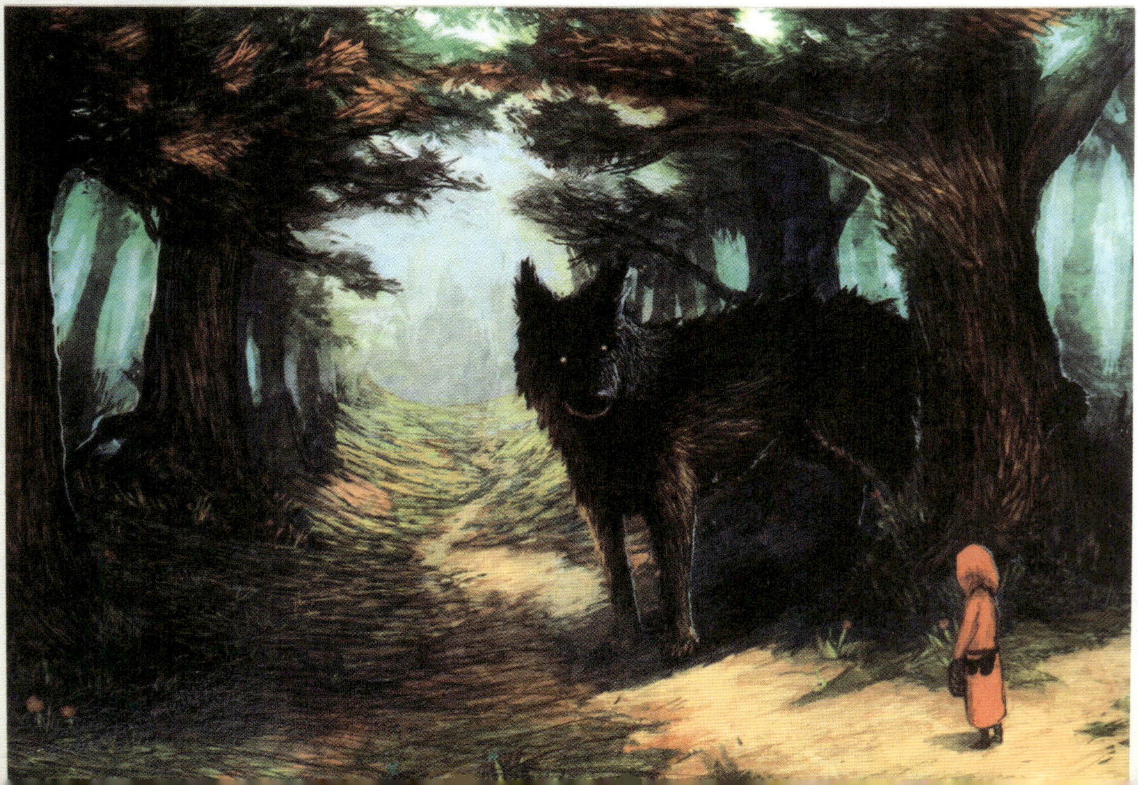

geitJes
Bok

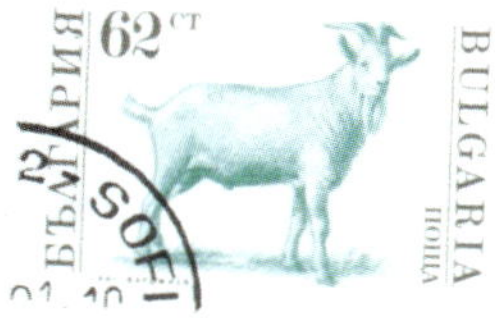

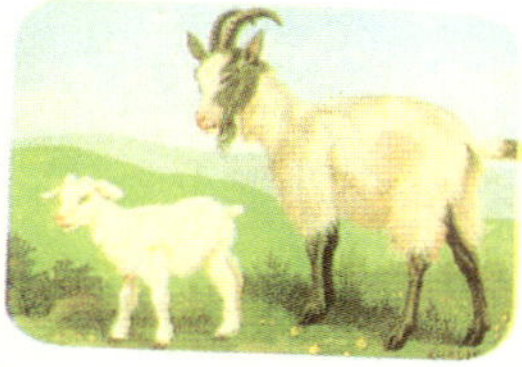

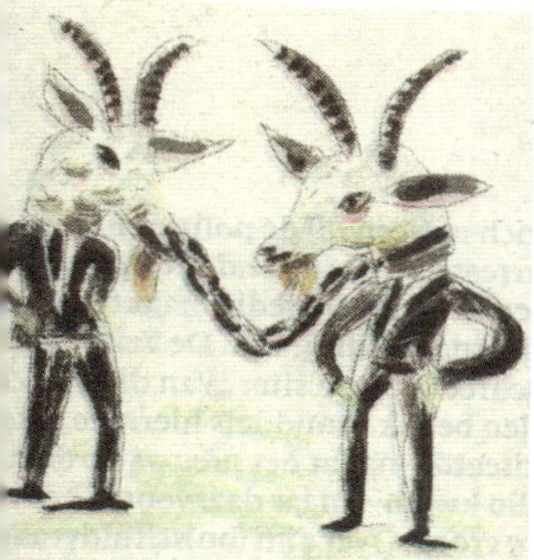

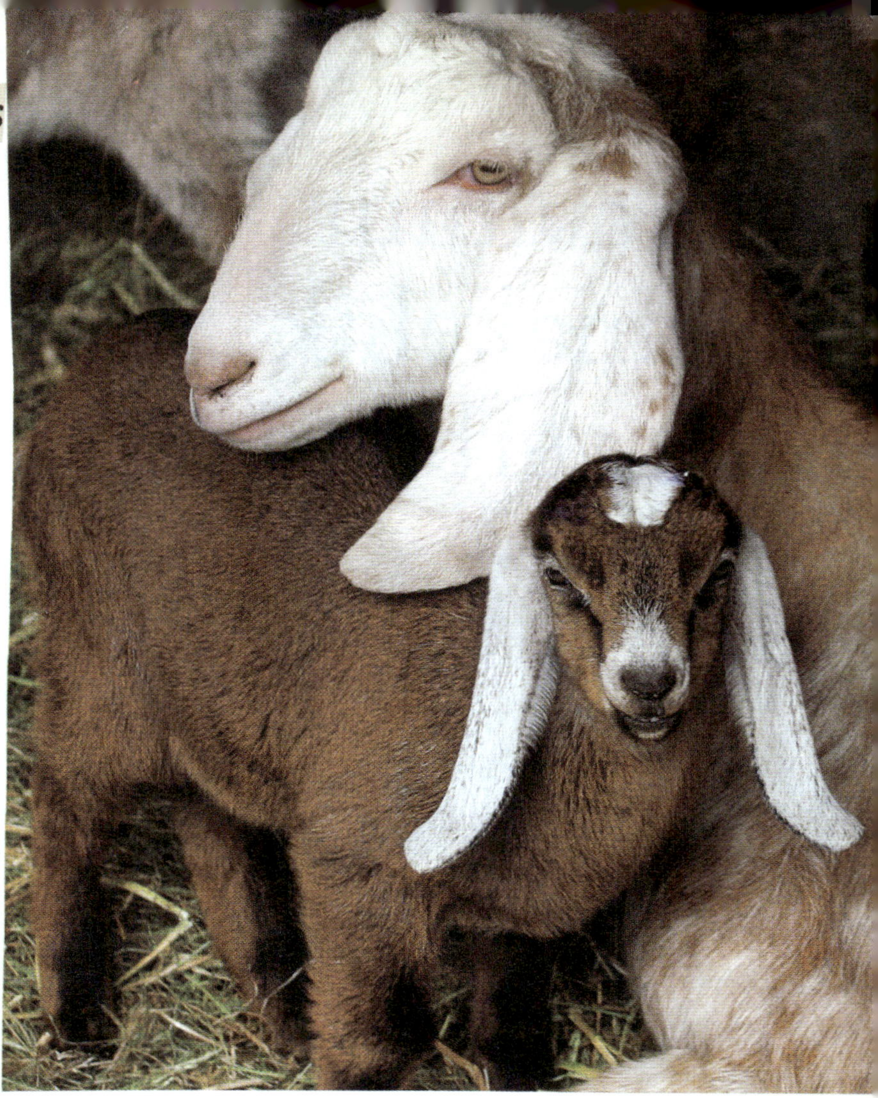

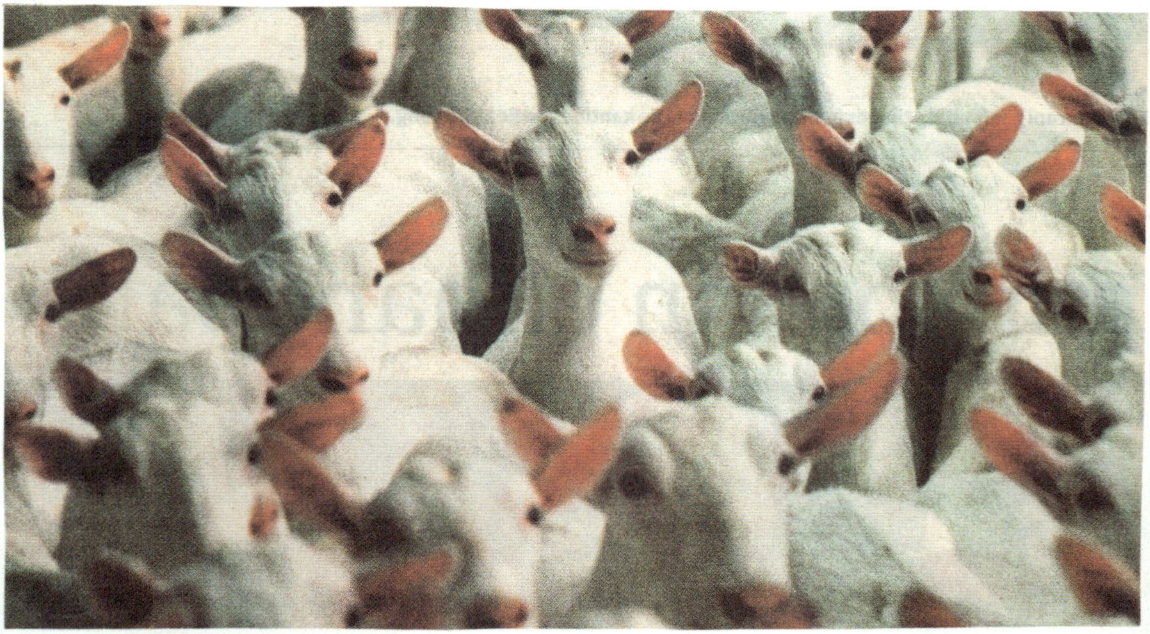

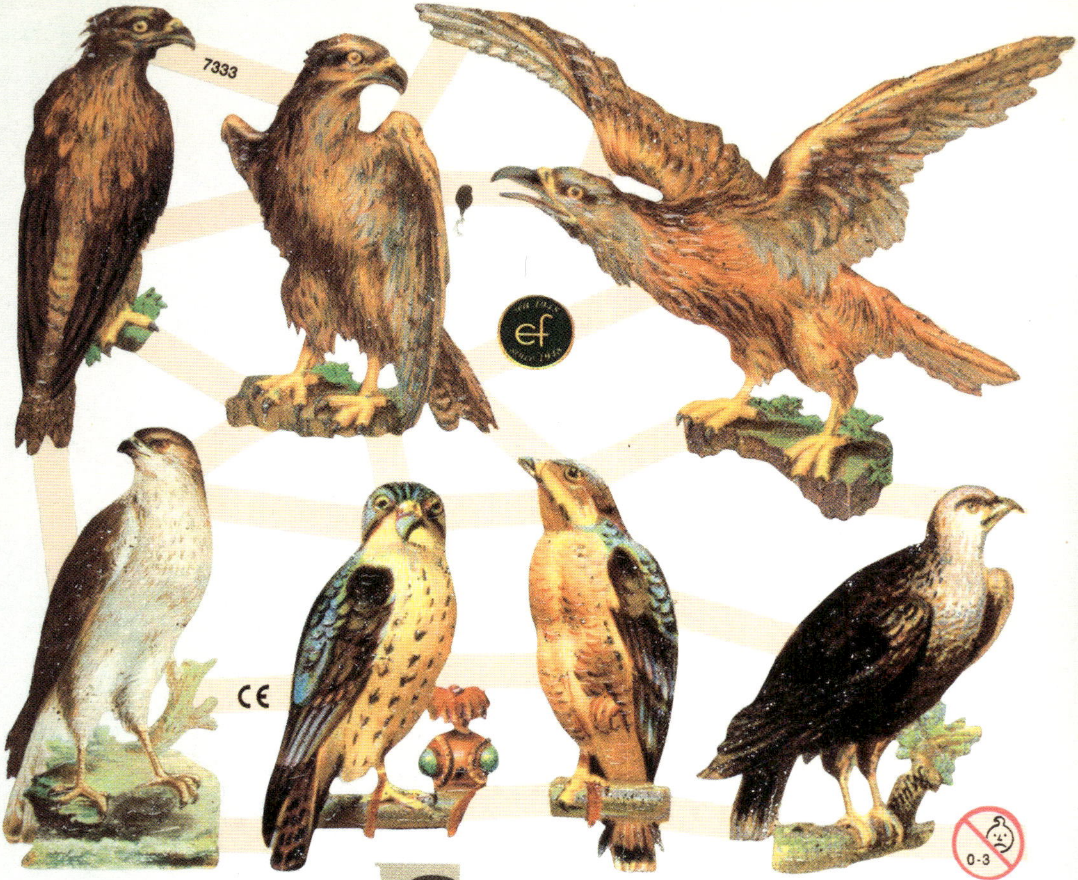

roofvogels

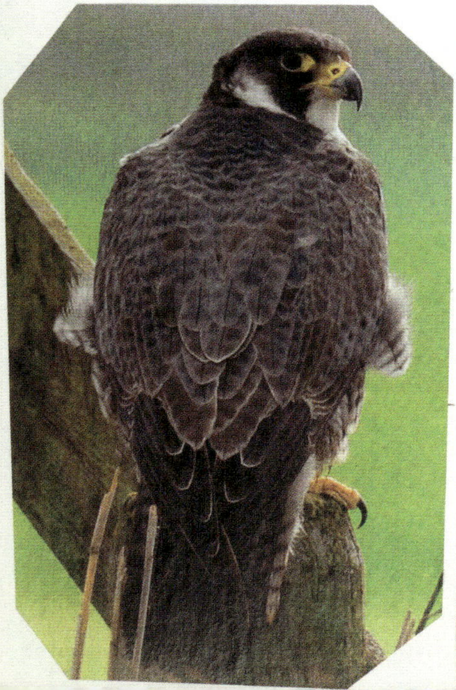

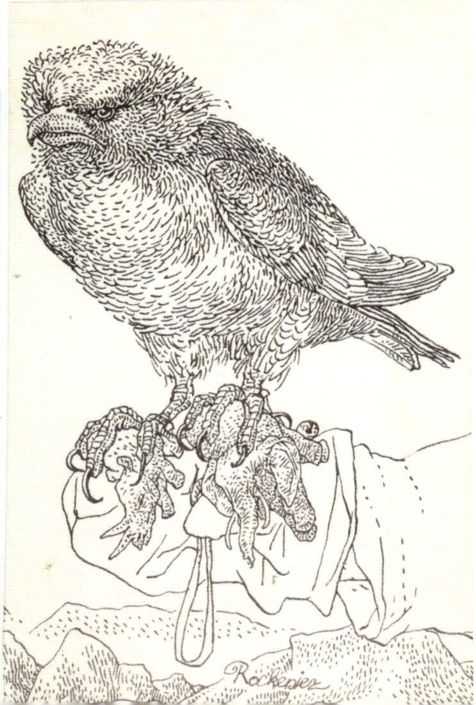

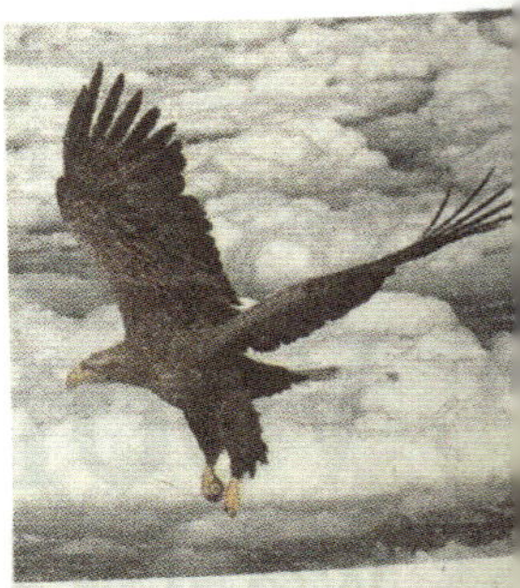

Zeearend

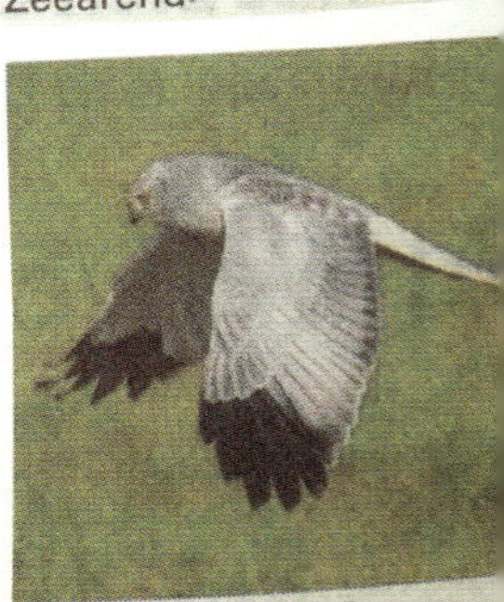

Blauwe kiekendief

AREND

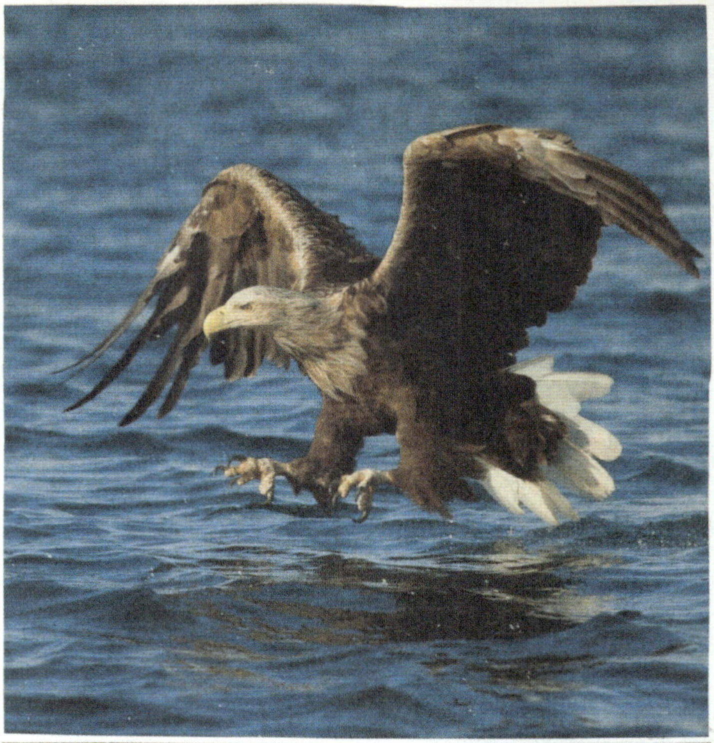

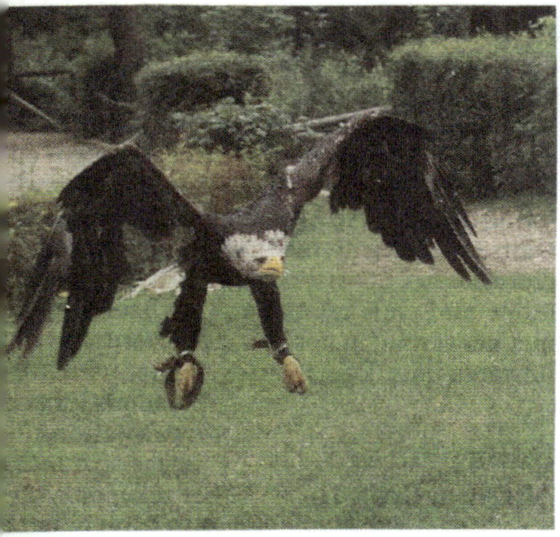

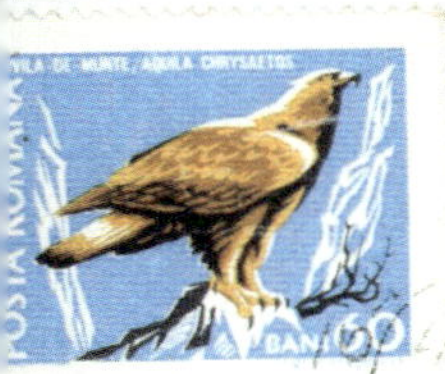

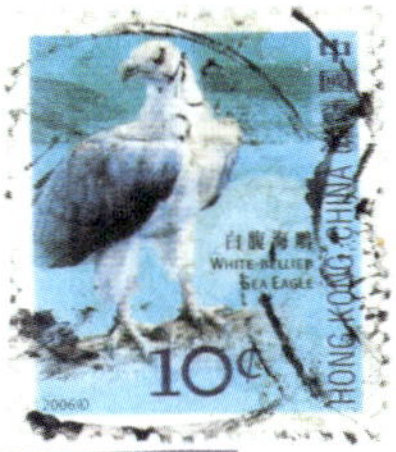

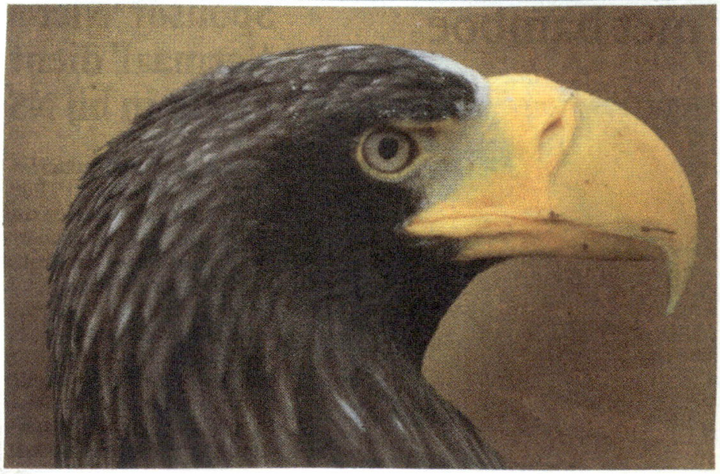

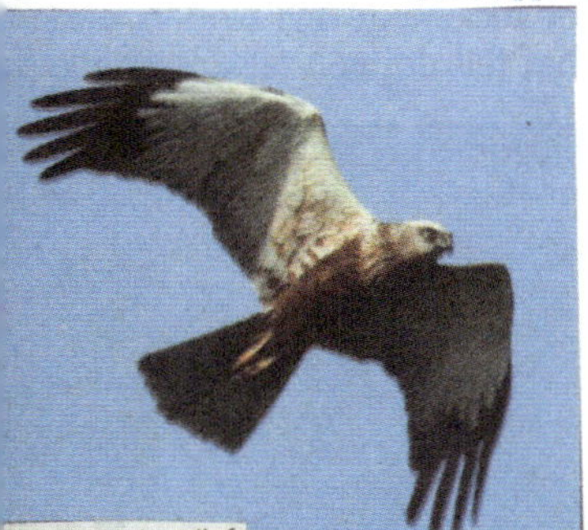

bruine kiekendief

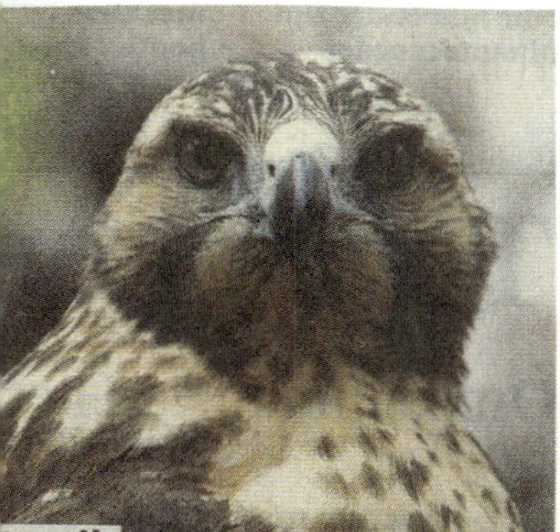

havik

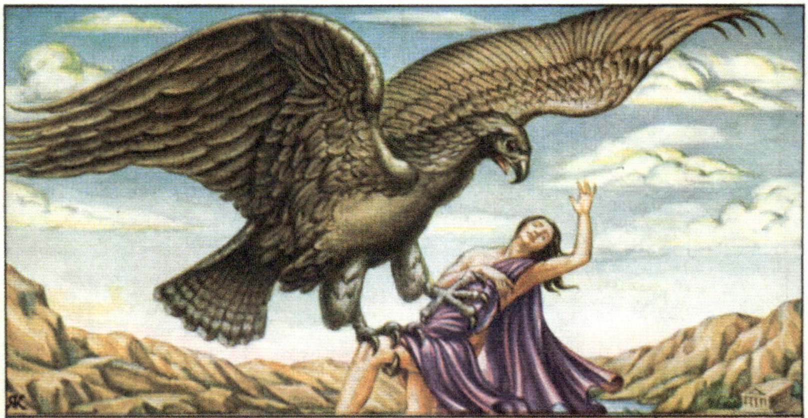

VLIEGENDE GODEN EN HELDEN DER OUDE GRIEKEN

5. — Zeus en Ganymedes

LIEBIG PRODUKTEN ... NOG BETER!

Nadruk verboden

Verklaring op keerzijde

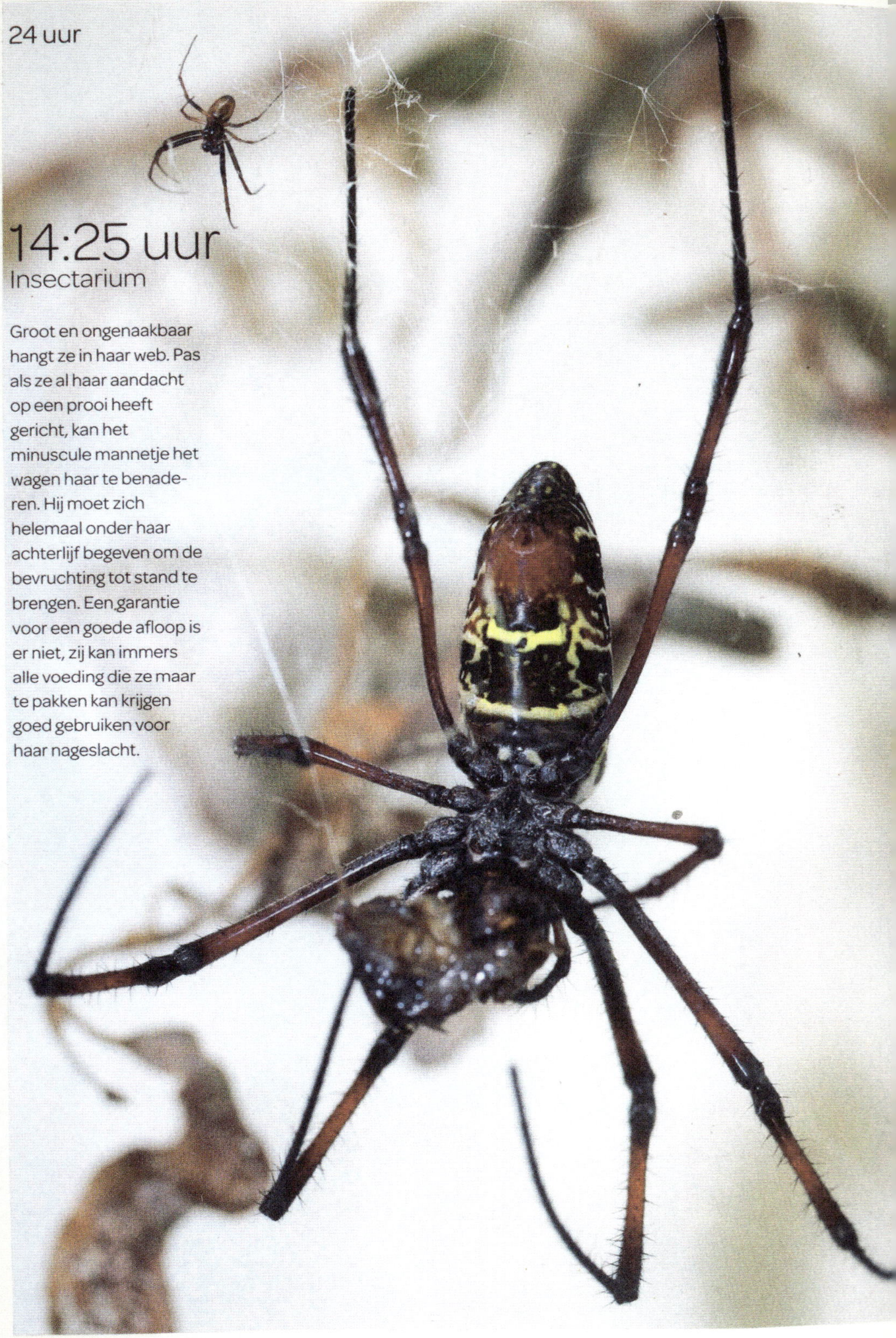

14:25 uur

Insectarium

Groot en ongenaakbaar hangt ze in haar web. Pas als ze al haar aandacht op een prooi heeft gericht, kan het minuscule mannetje het wagen haar te benaderen. Hij moet zich helemaal onder haar achterlijf begeven om de bevruchting tot stand te brengen. Een garantie voor een goede afloop is er niet, zij kan immers alle voeding die ze maar te pakken kan krijgen goed gebruiken voor haar nageslacht.

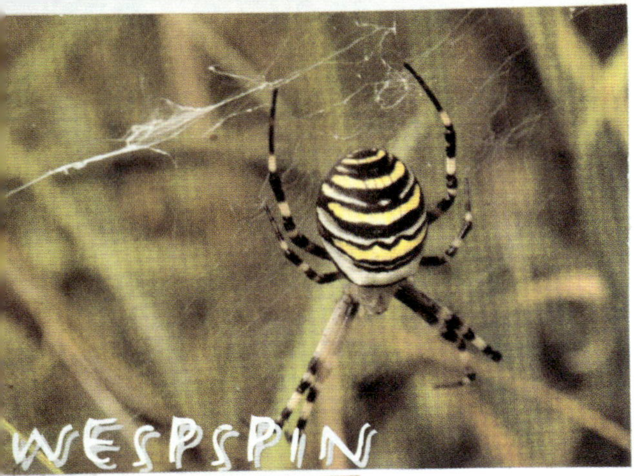

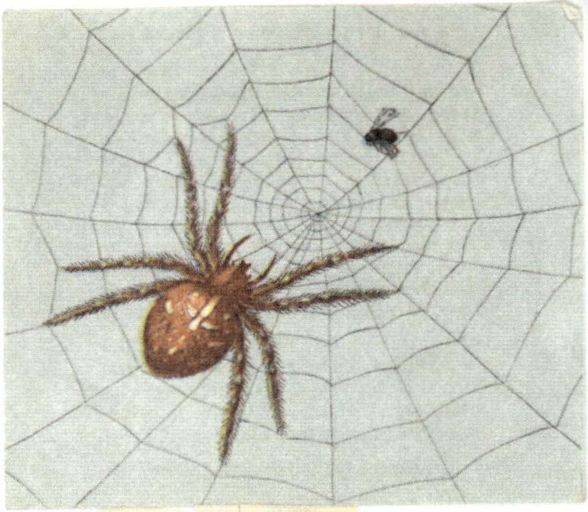

+ spin

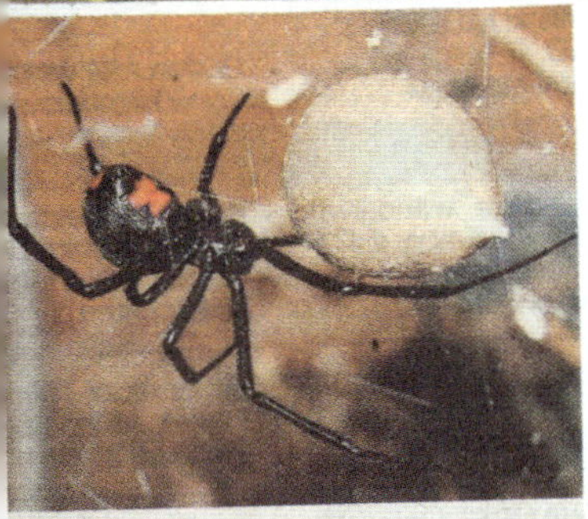

Zwarte weduwe.

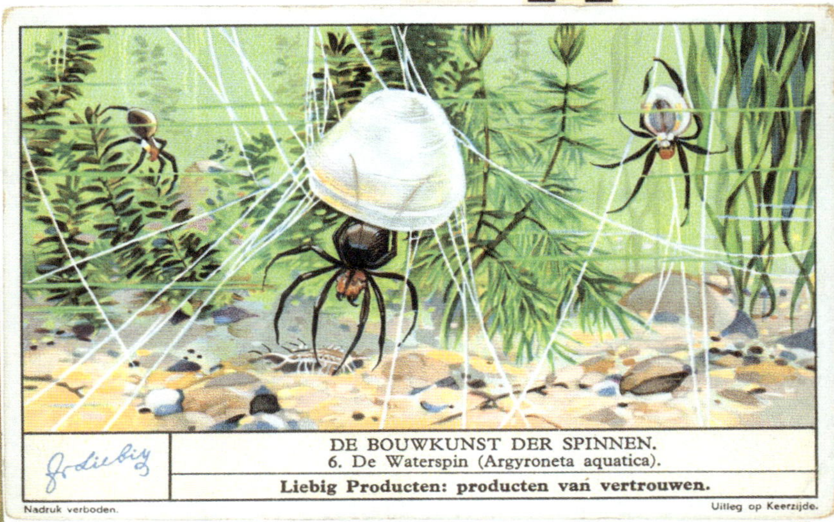

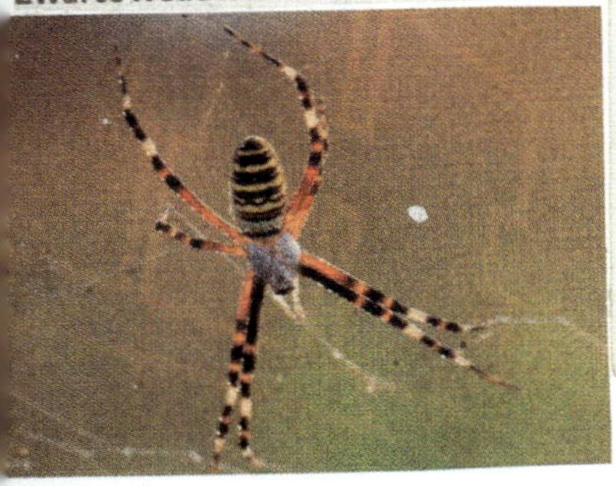

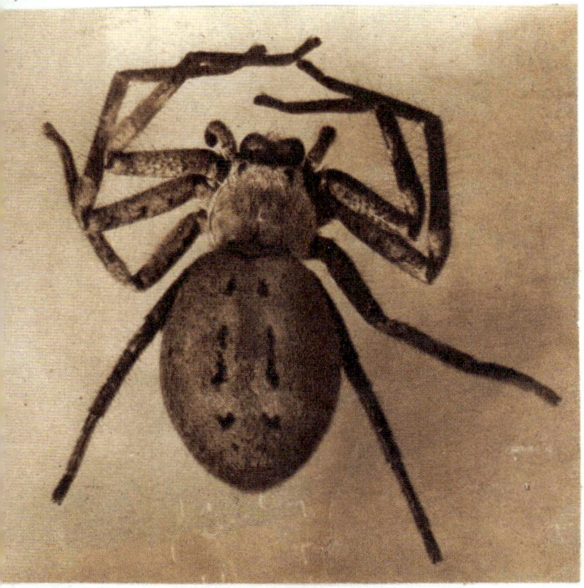

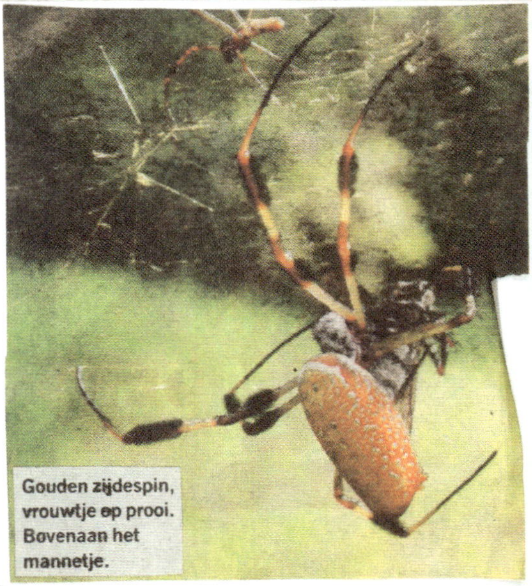

Gouden zijdespin, vrouwtje op prooi. Bovenaan het mannetje.

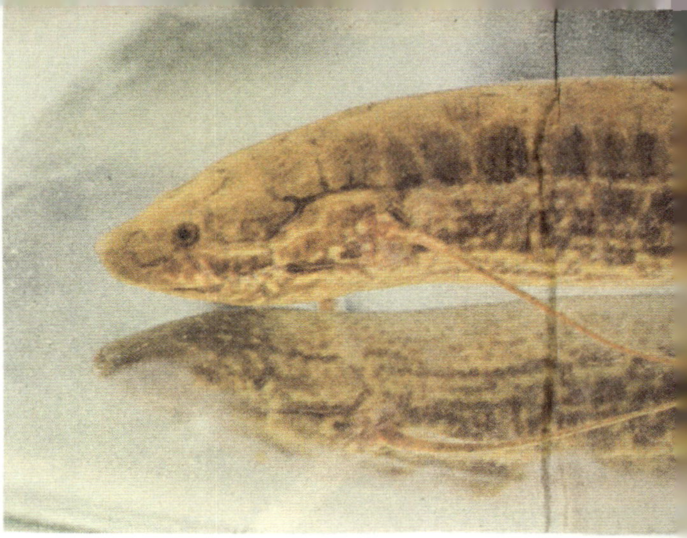

Vis

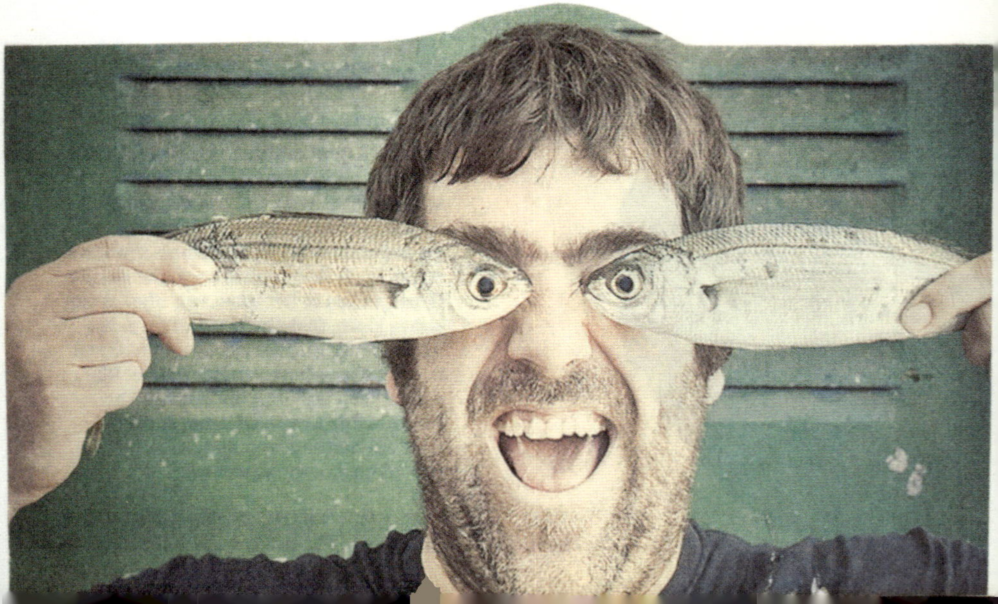

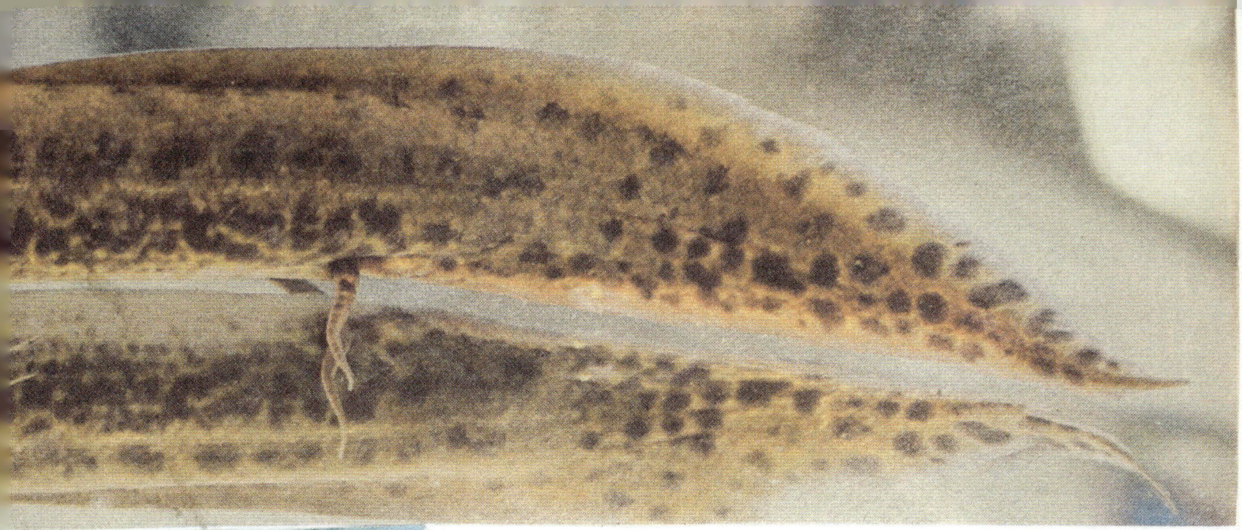

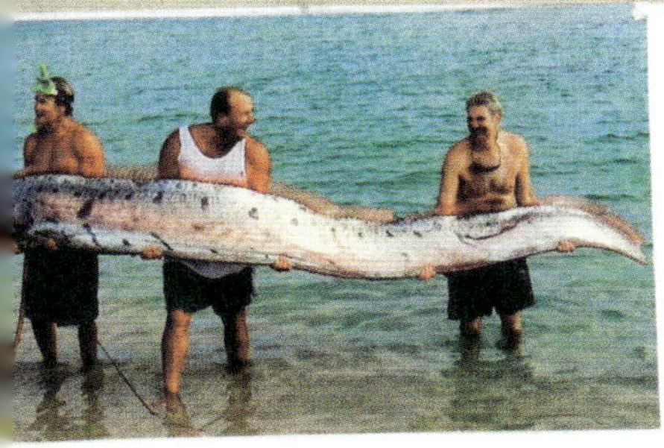

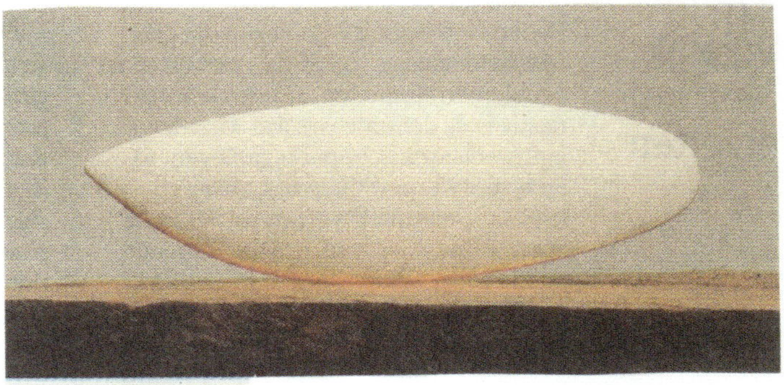

Constantin Brancusi:

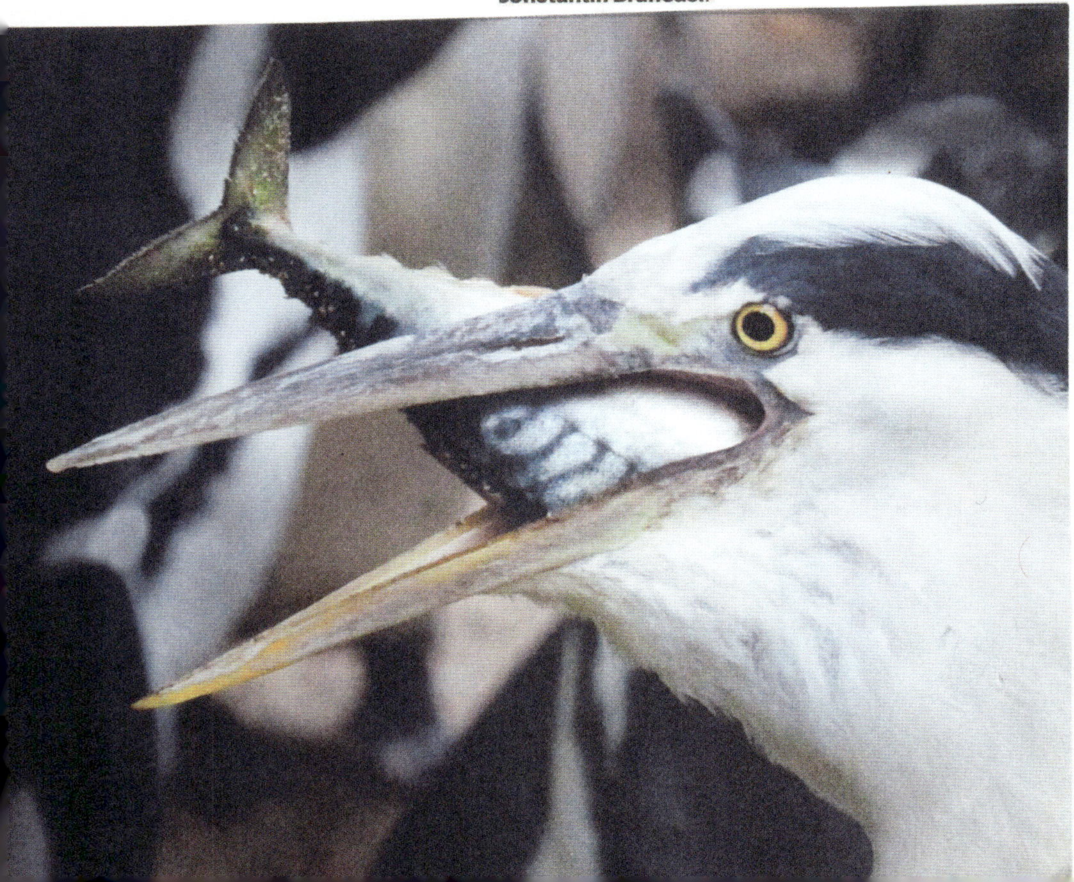

Fossiel van 'halfplatvis'

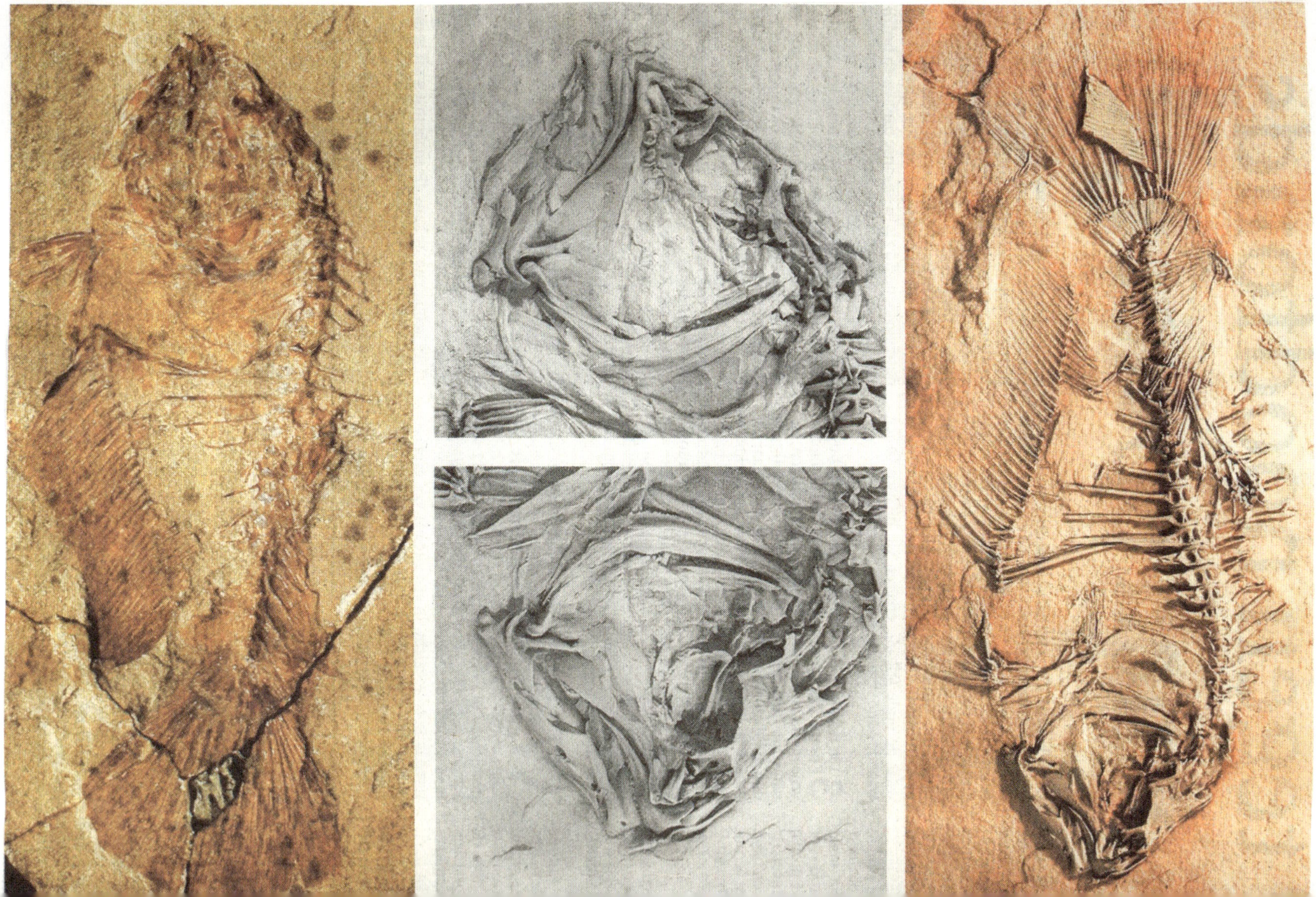

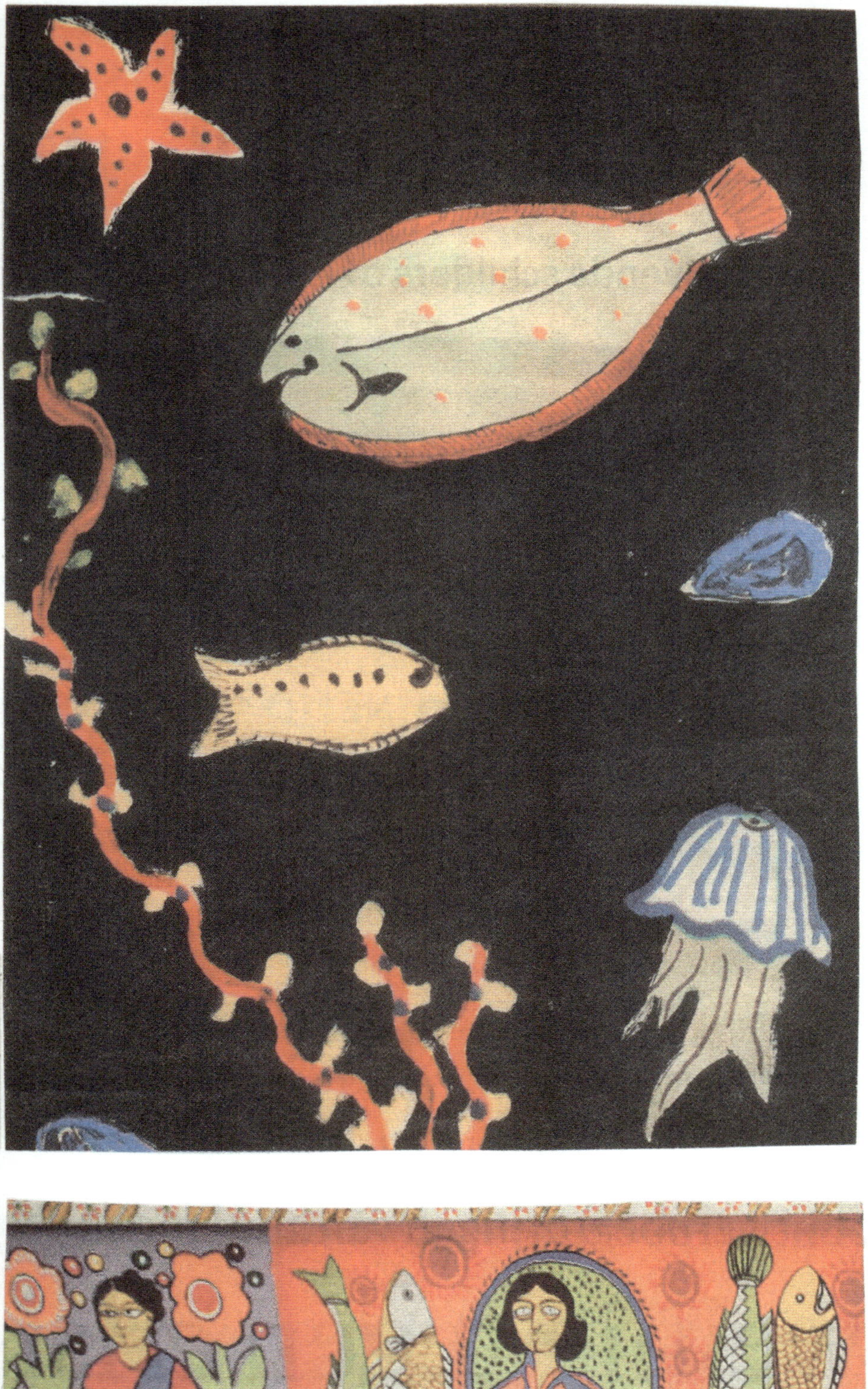

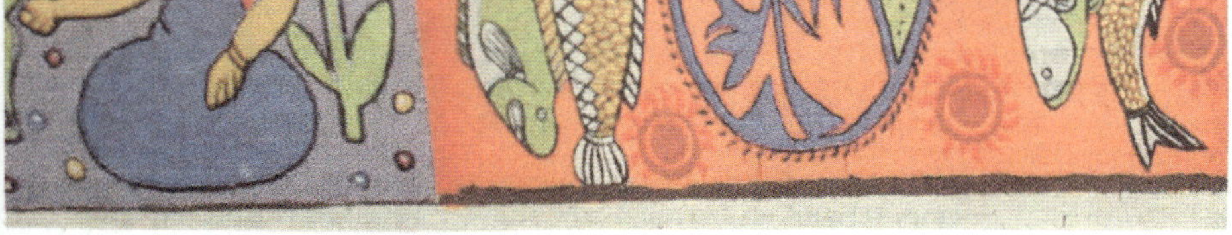

RIO DE JANEIRO. Op het strand van Rio de Janeiro zijn twee enorme vissen van plastic flessen gebouwd.

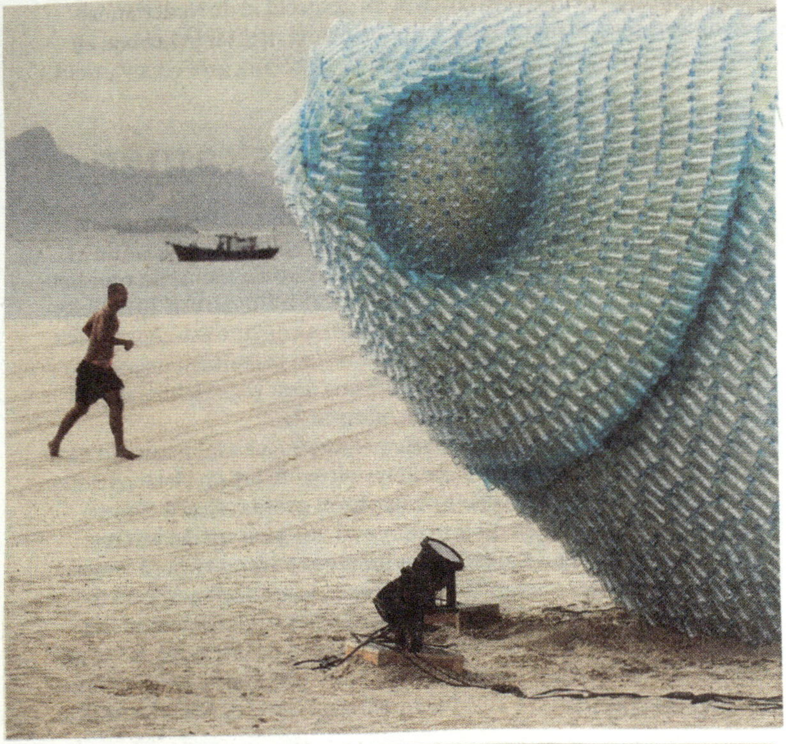

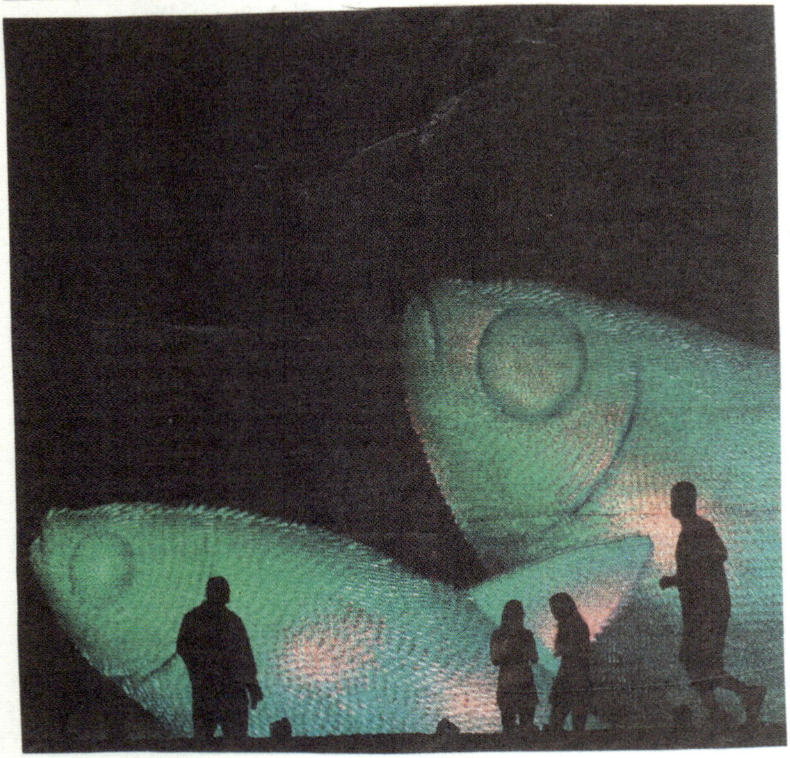

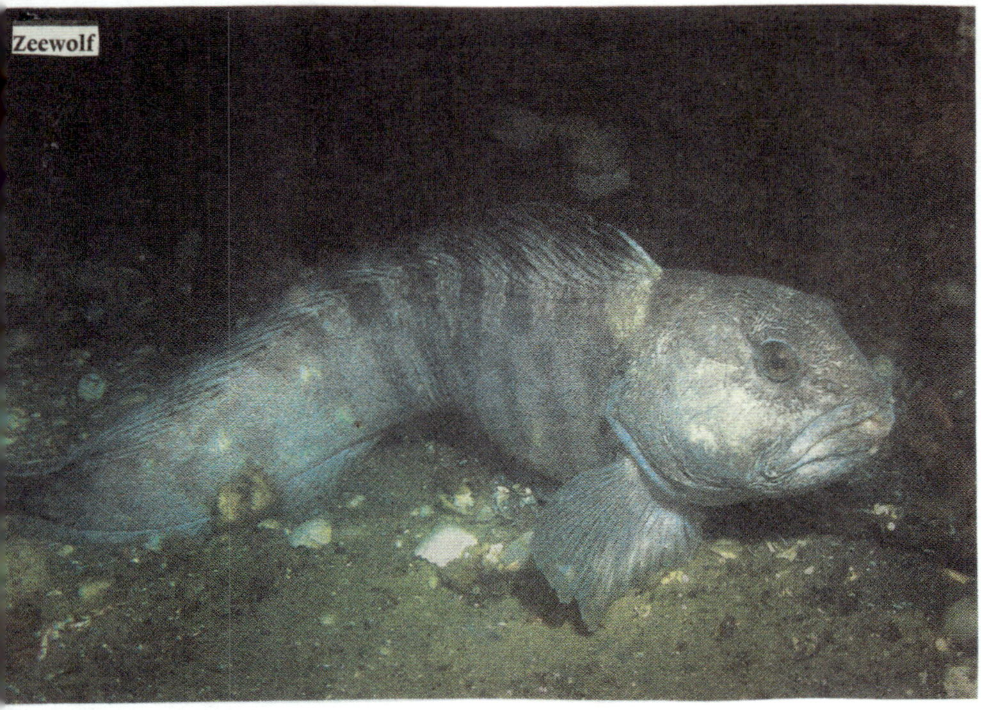
Zeewolf

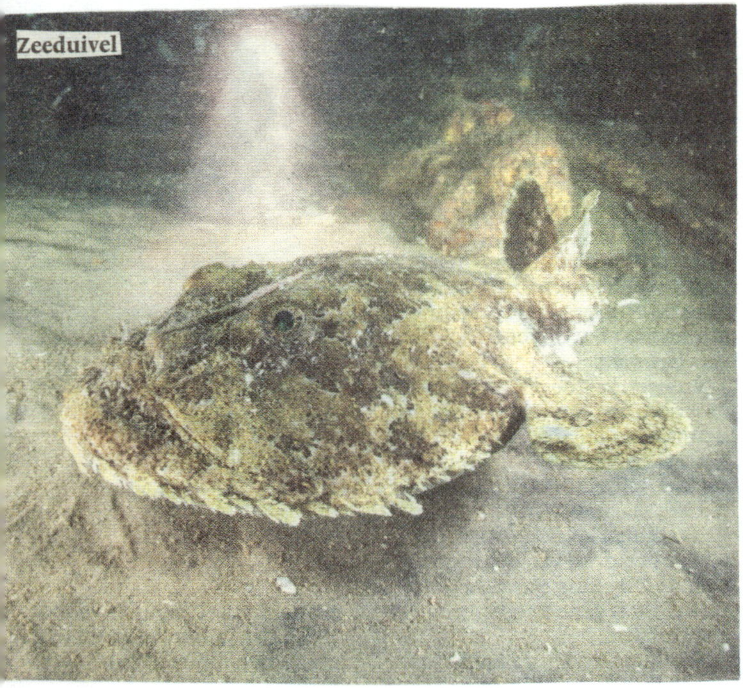
Zeeduivel

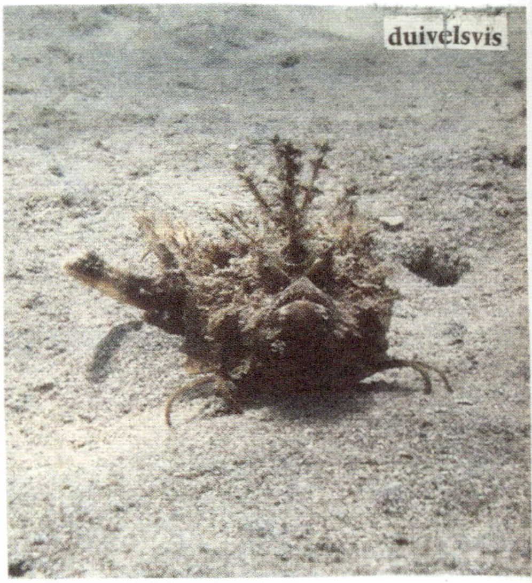
duivelsvis

Robottonijn gaat schepen op smokkelwaar inspecteren

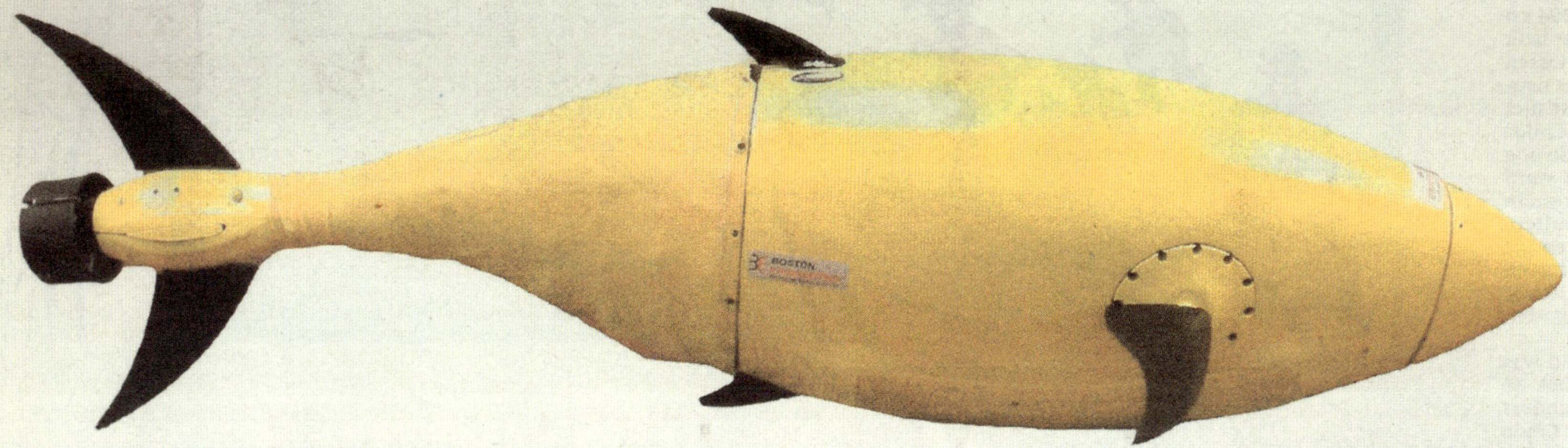

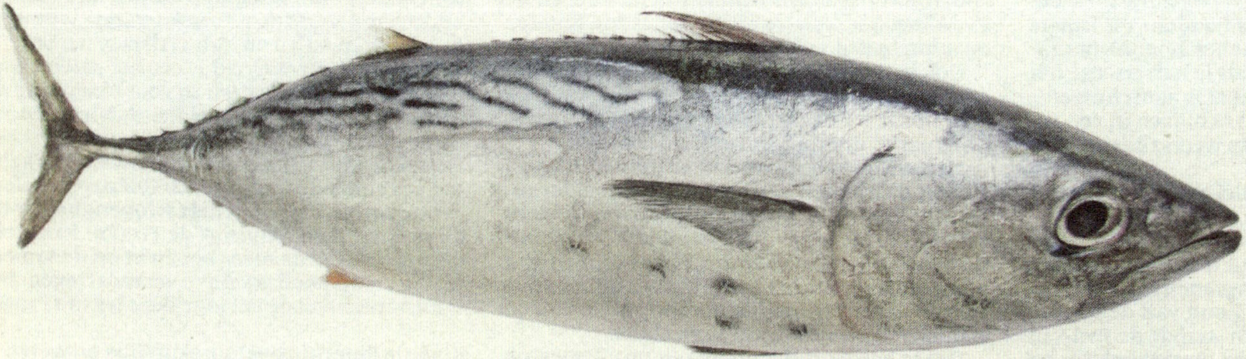

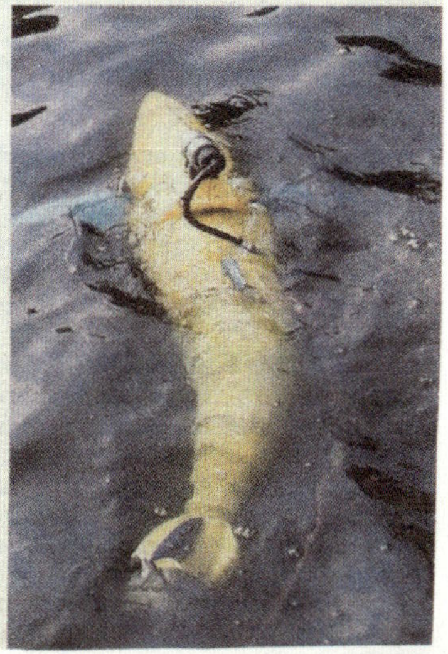

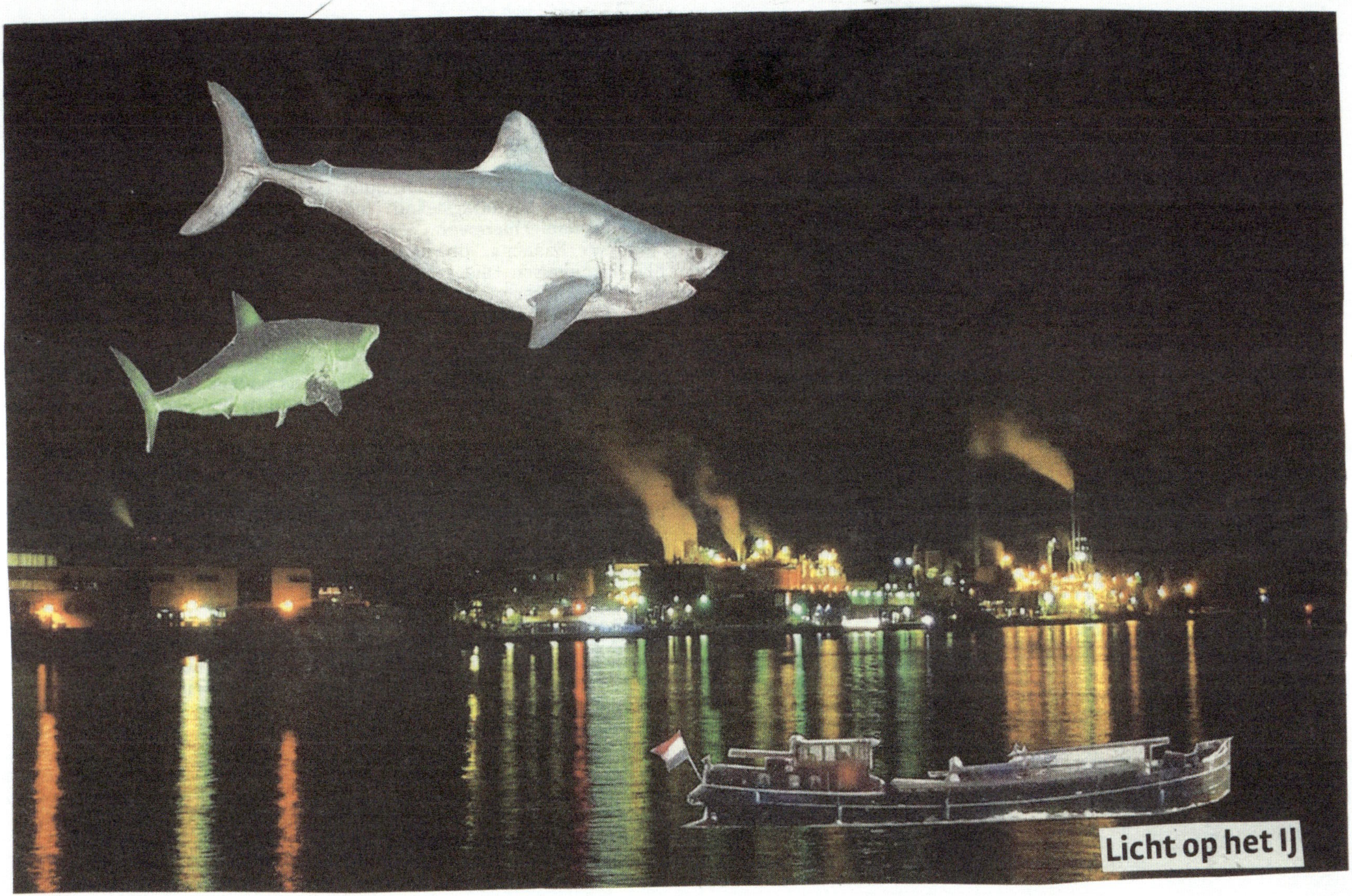
Licht op het IJ

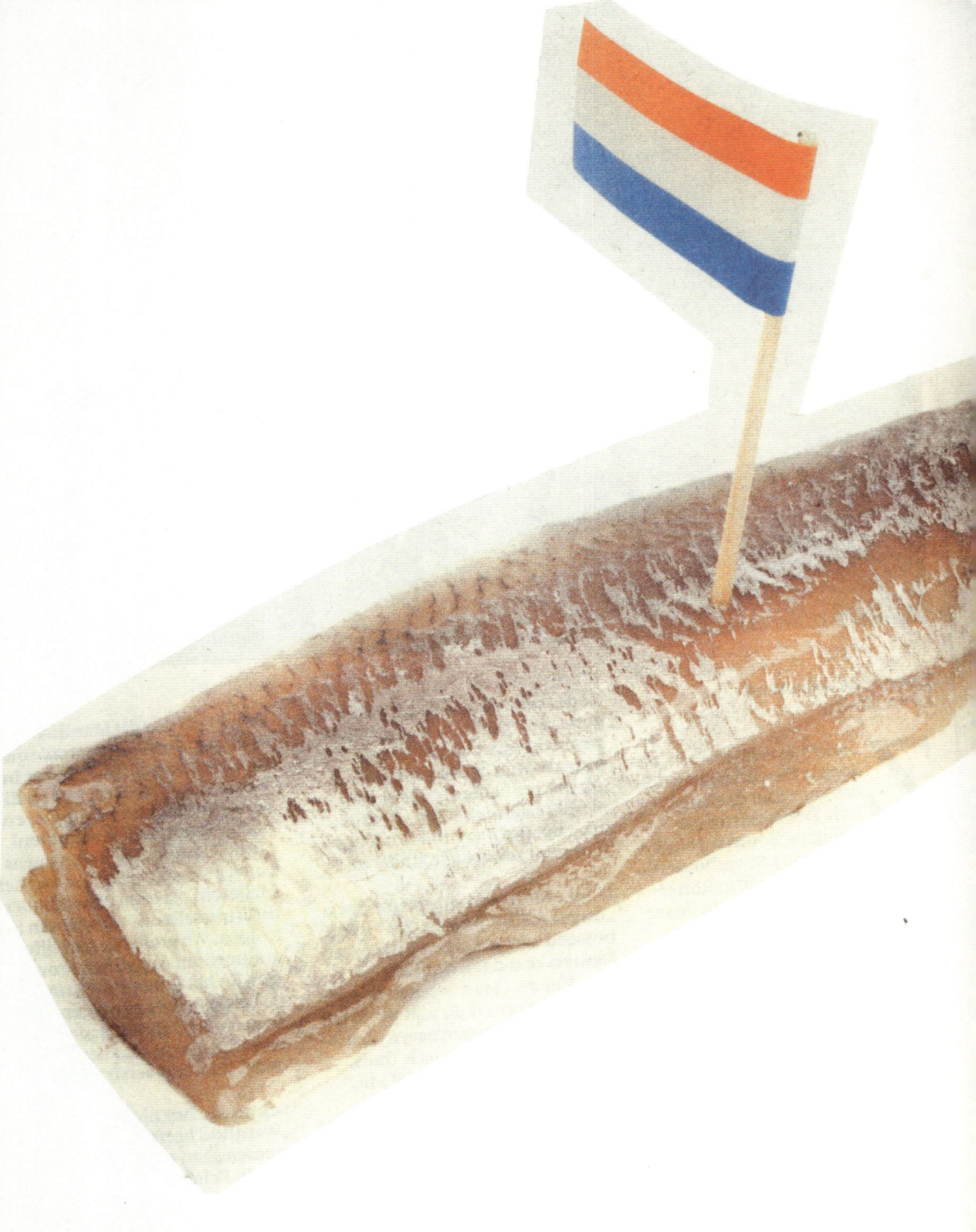

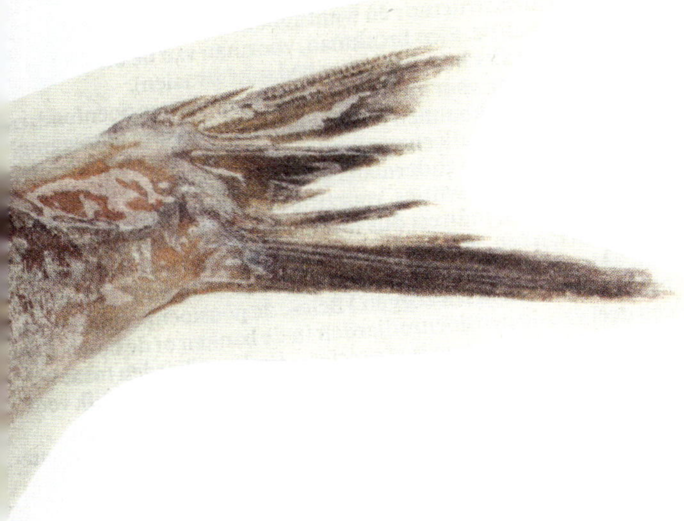

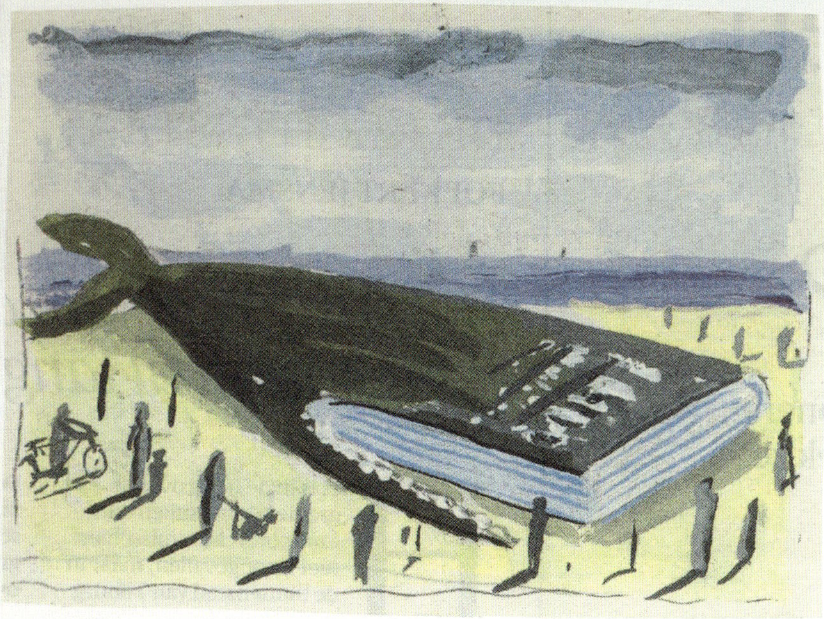

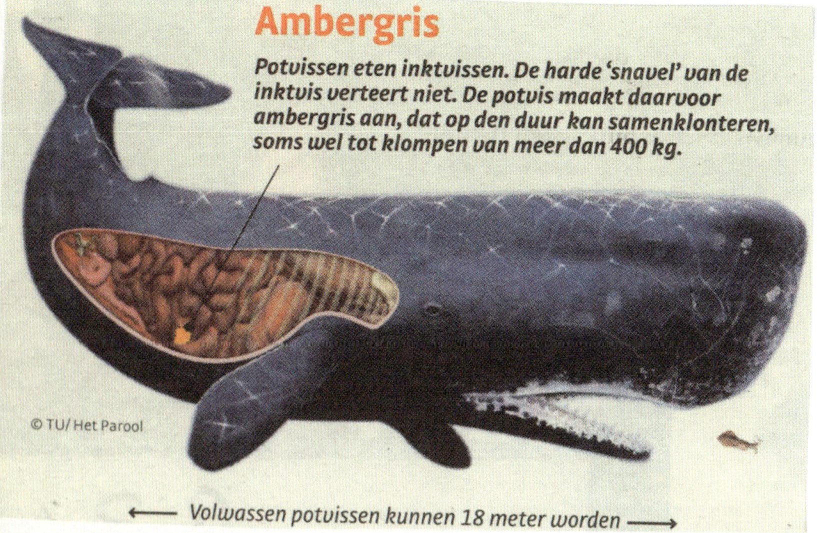
Ambergris
Potvissen eten inktvissen. De harde 'snavel' van de inktvis verteert niet. De potvis maakt daarvoor ambergris aan, dat op den duur kan samenklonteren, soms wel tot klompen van meer dan 400 kg.
© TU/ Het Parool
Volwassen potvissen kunnen 18 meter worden

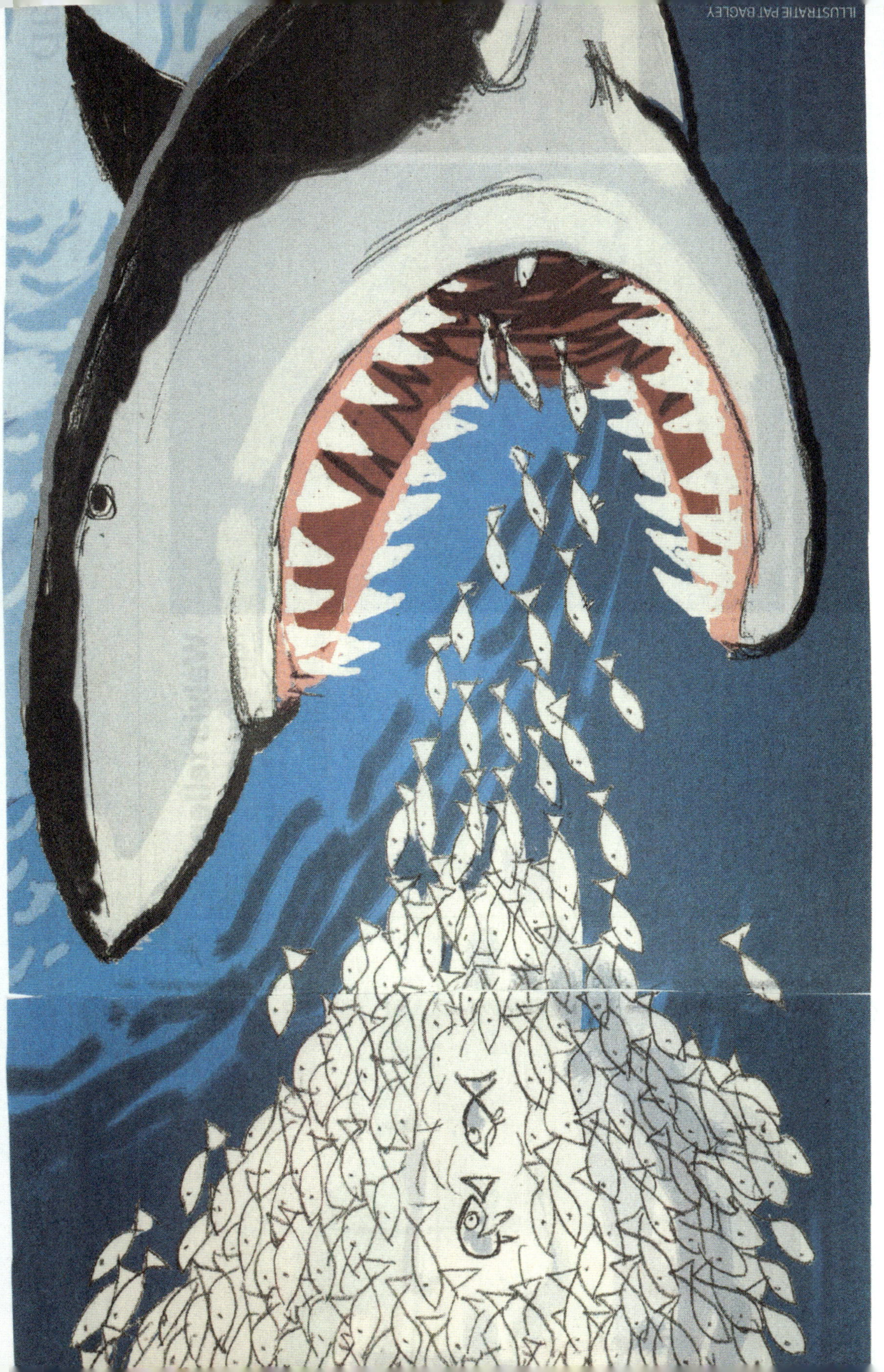

ILLUSTRATIE PAT BAGLEY

ILLUSTRATIES: CYPRIAN KOSCIELNAK

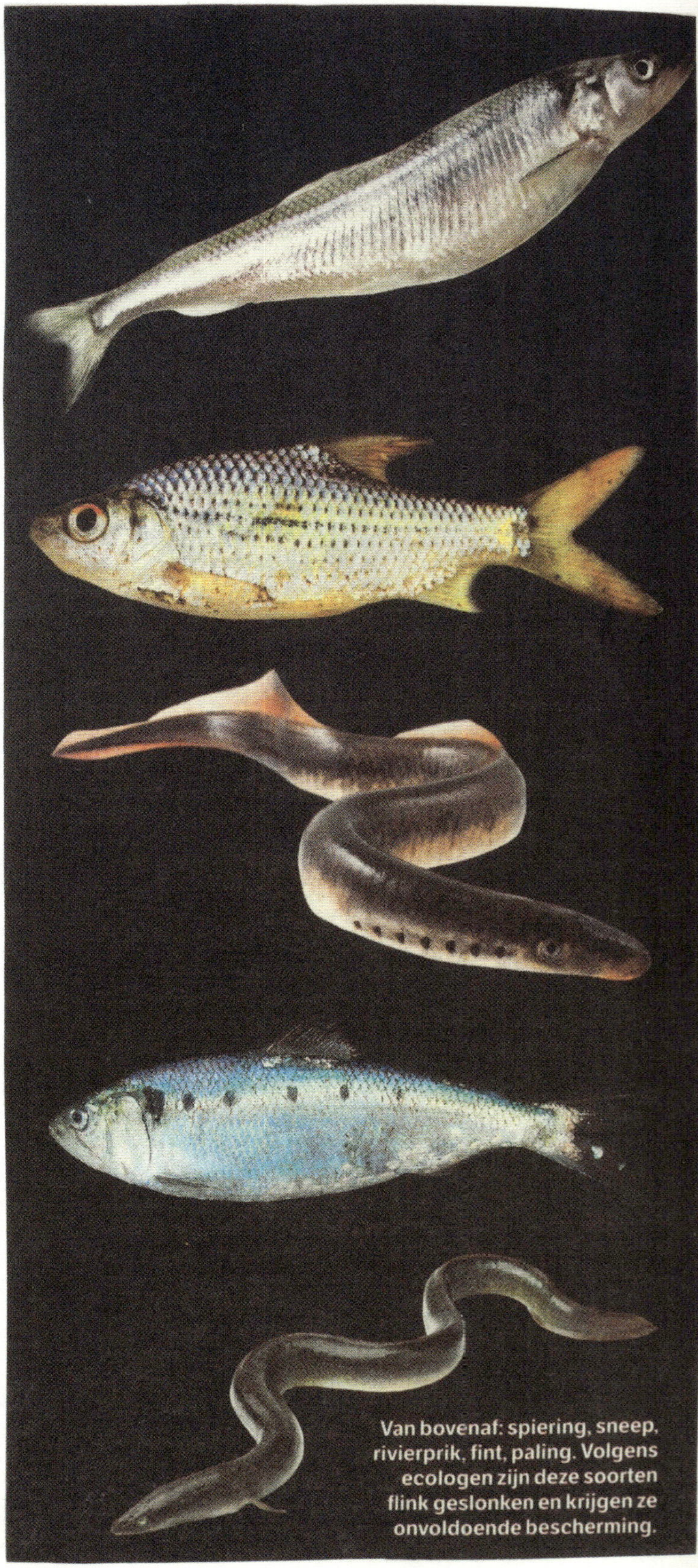

Van bovenaf: spiering, sneep, rivierprik, fint, paling. Volgens ecologen zijn deze soorten flink geslonken en krijgen ze onvoldoende bescherming.

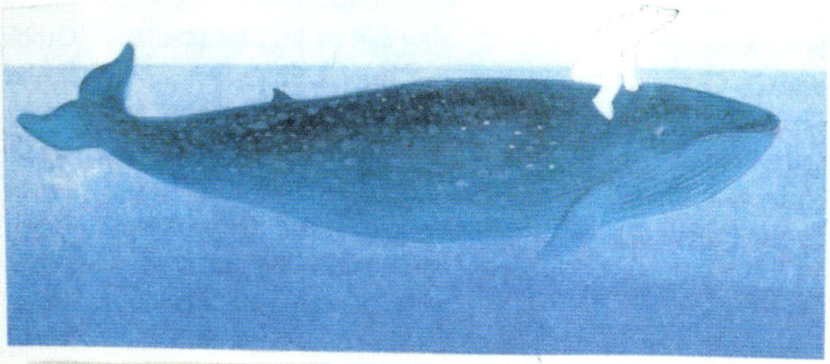

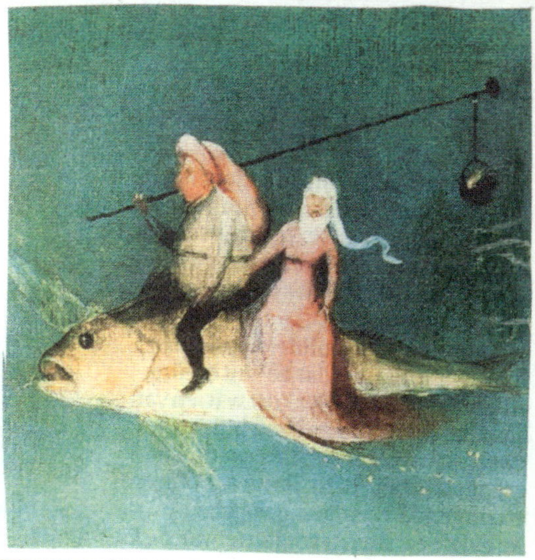

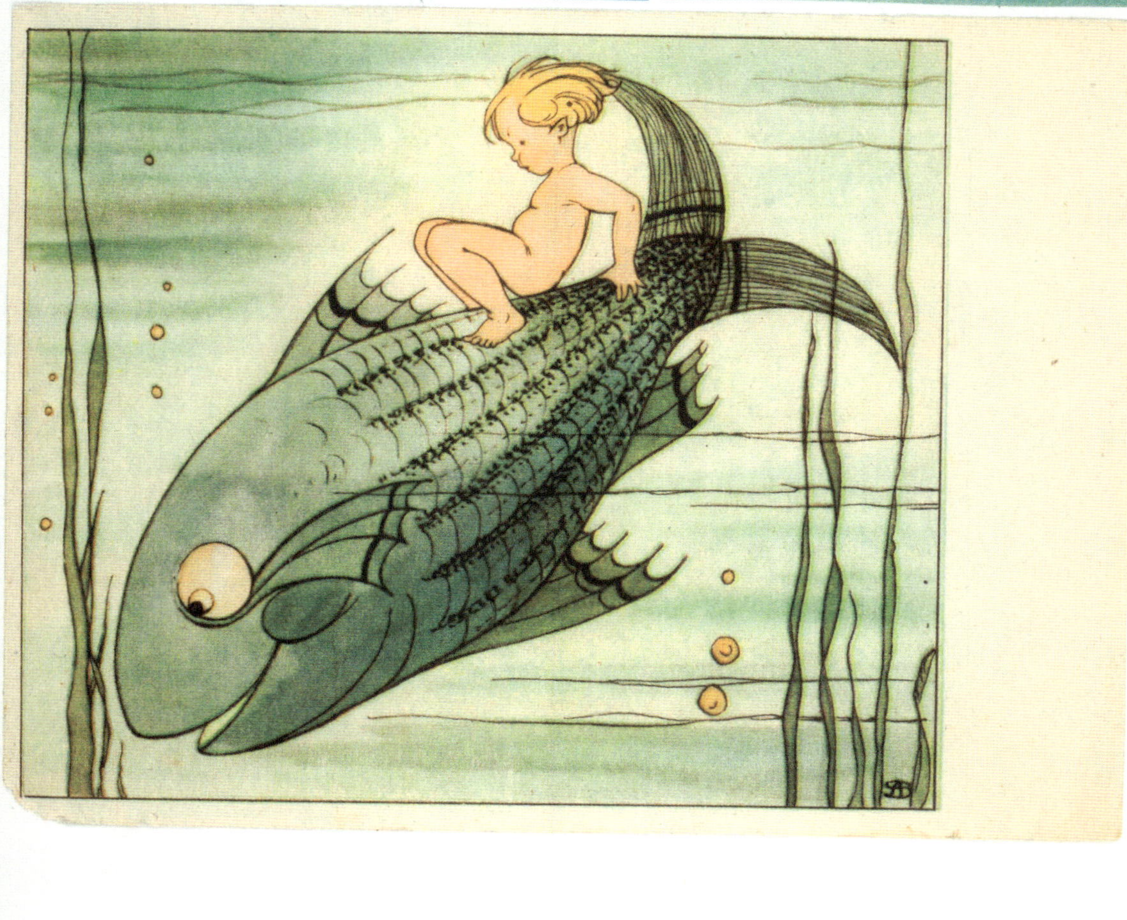

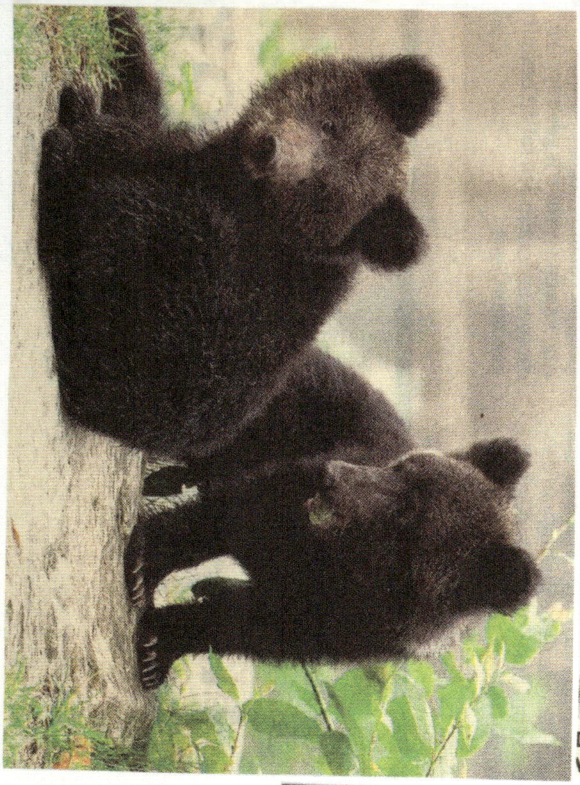

Mischa en Mascha in het Bärenpark. De beer is de mascotte van Bern.

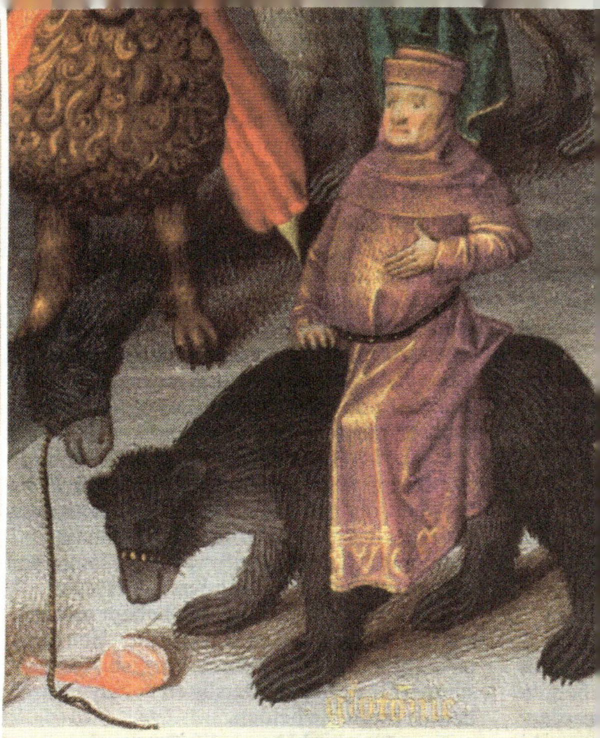

De beer als symbool van de vraatzucht, in een manuscript van Vincent de Beauvais, ca. 1459, in Parijs

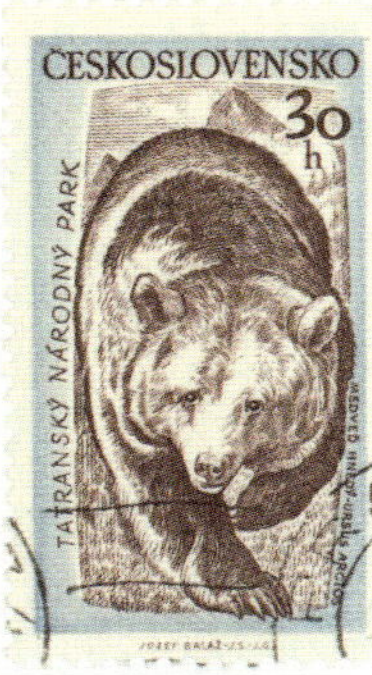

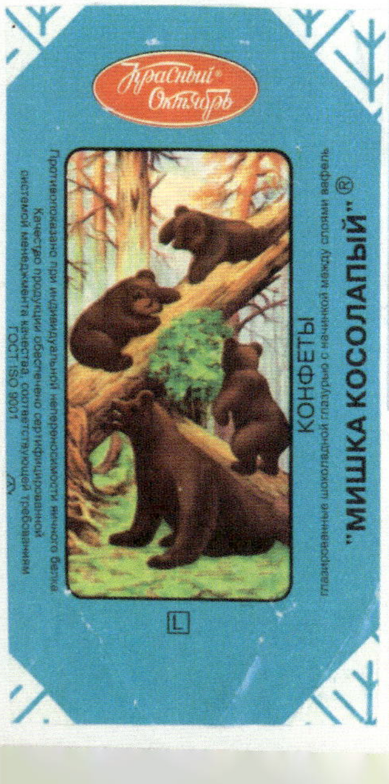

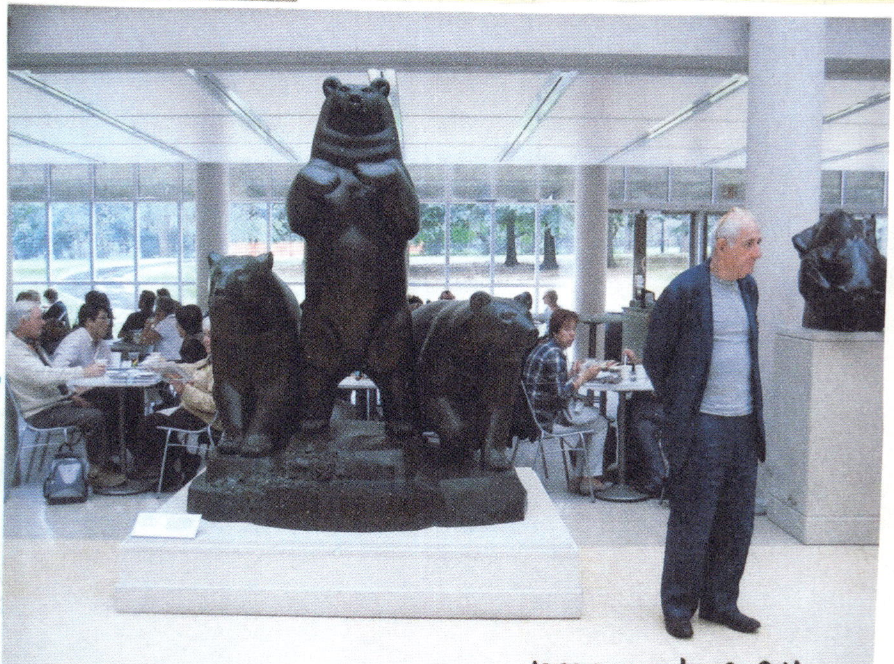

new york 2011

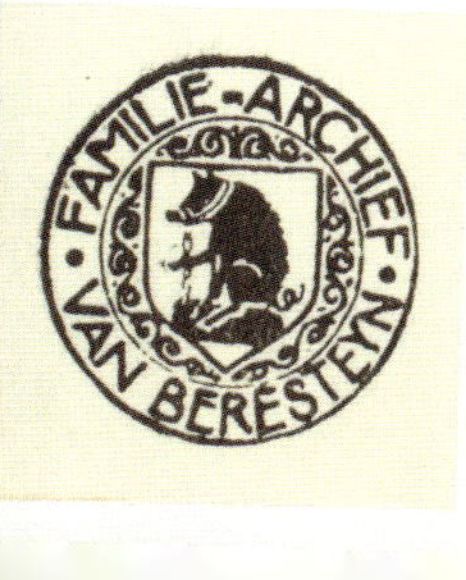

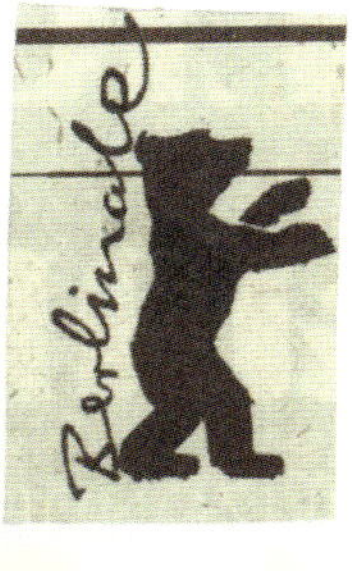

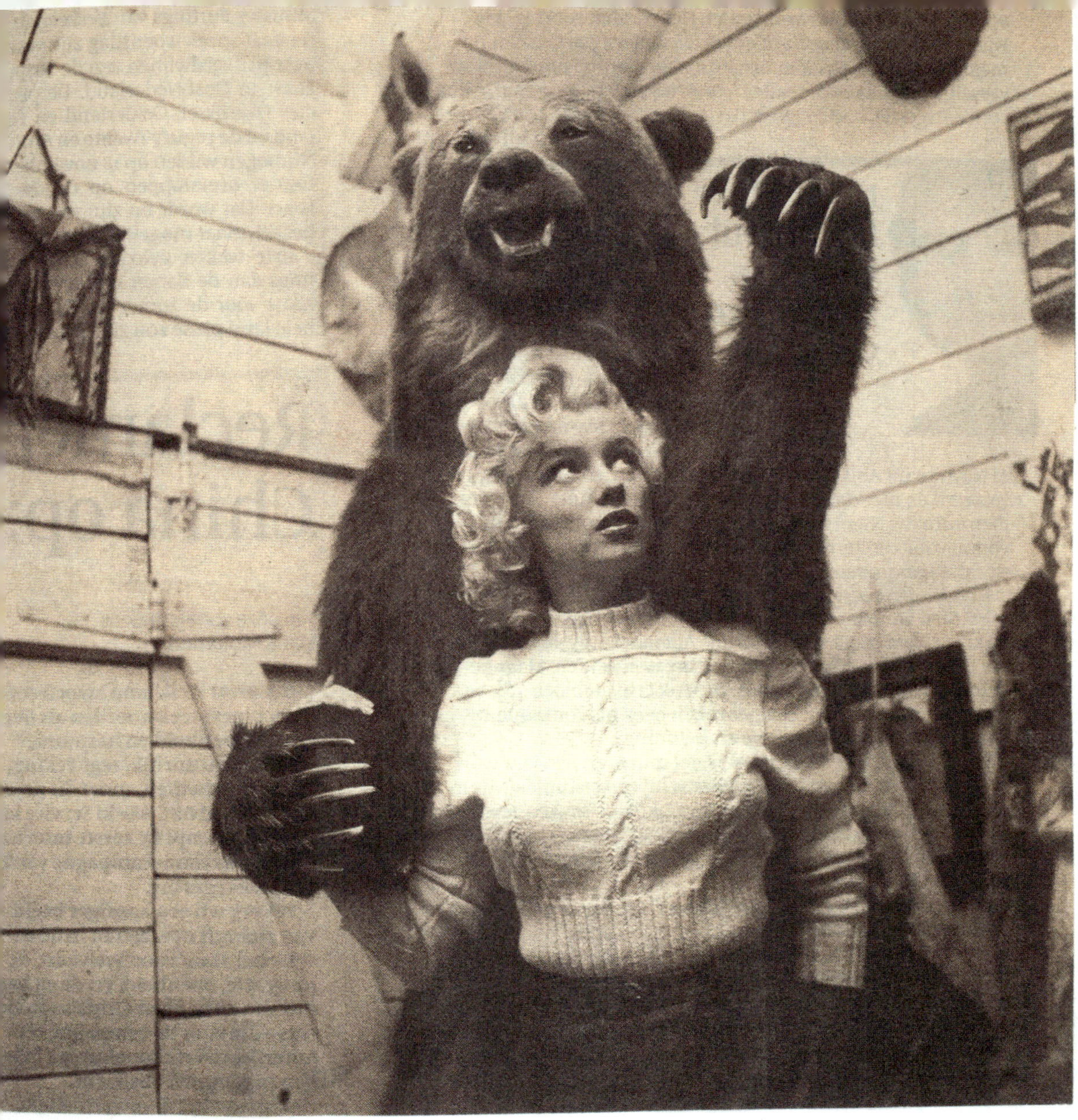

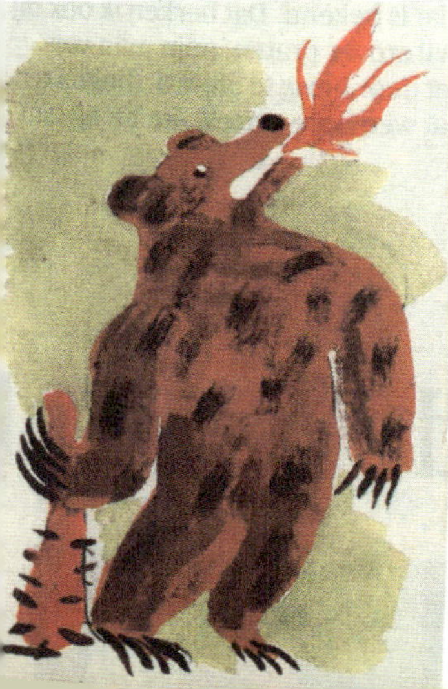

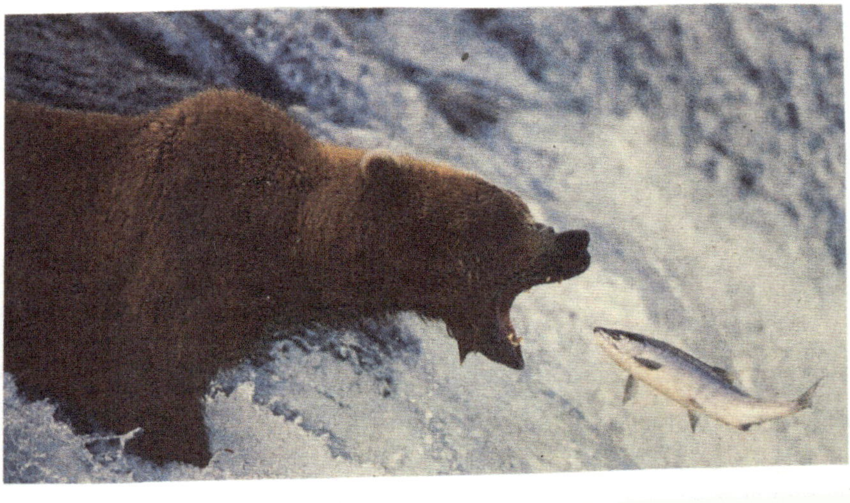

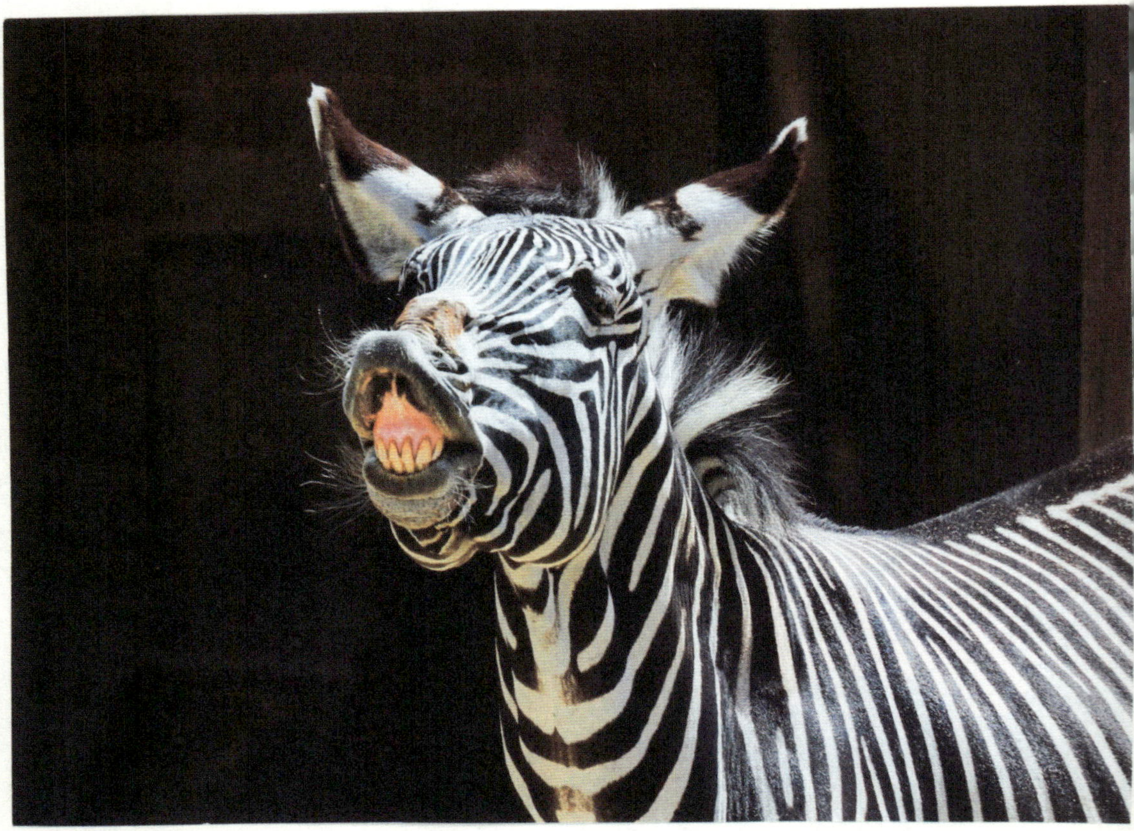

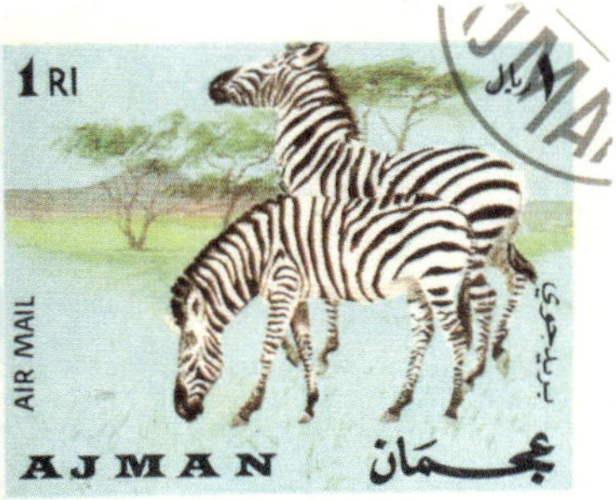
1 RI
AIR MAIL
AJMAN
عجمان

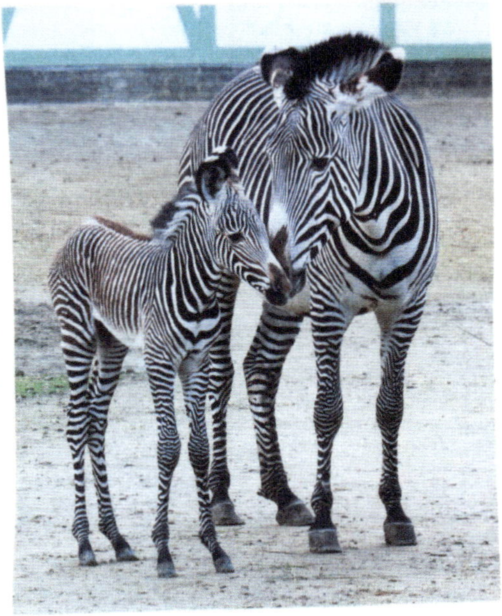

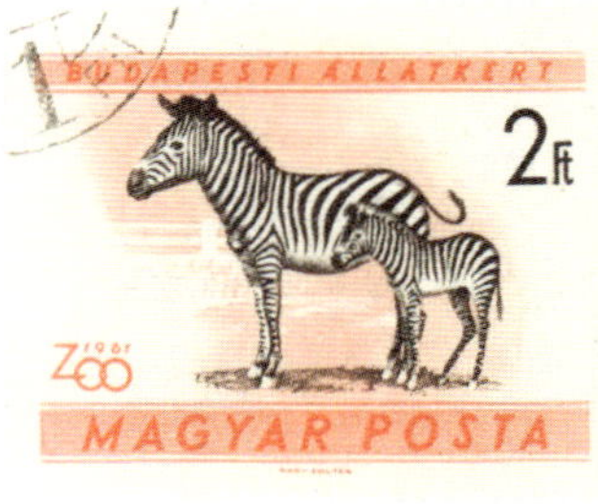
BUDAPESTI ÁLLATKERT
2 Ft
ZOO
MAGYAR POSTA

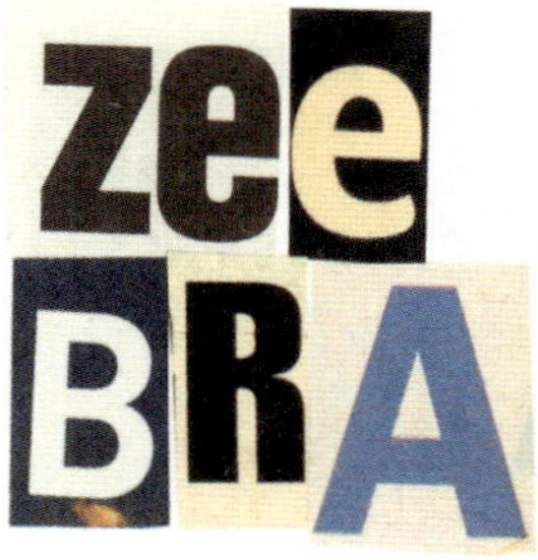
zee
BRA

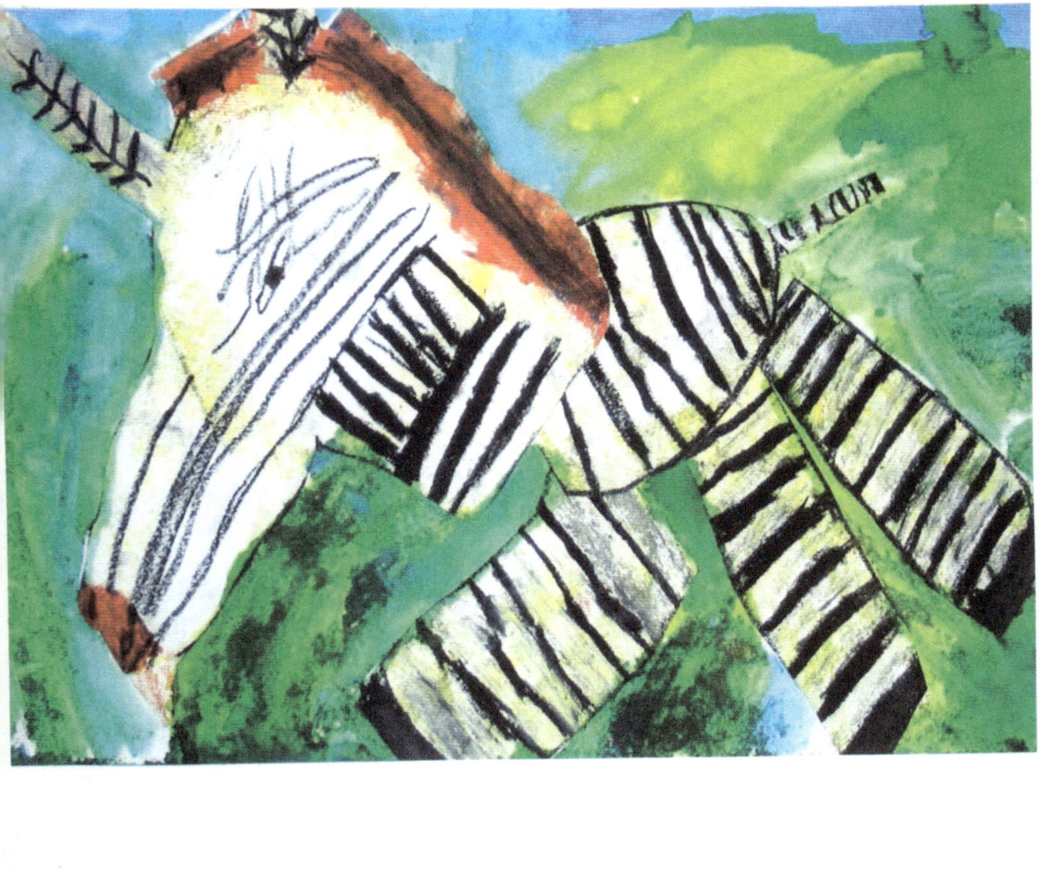

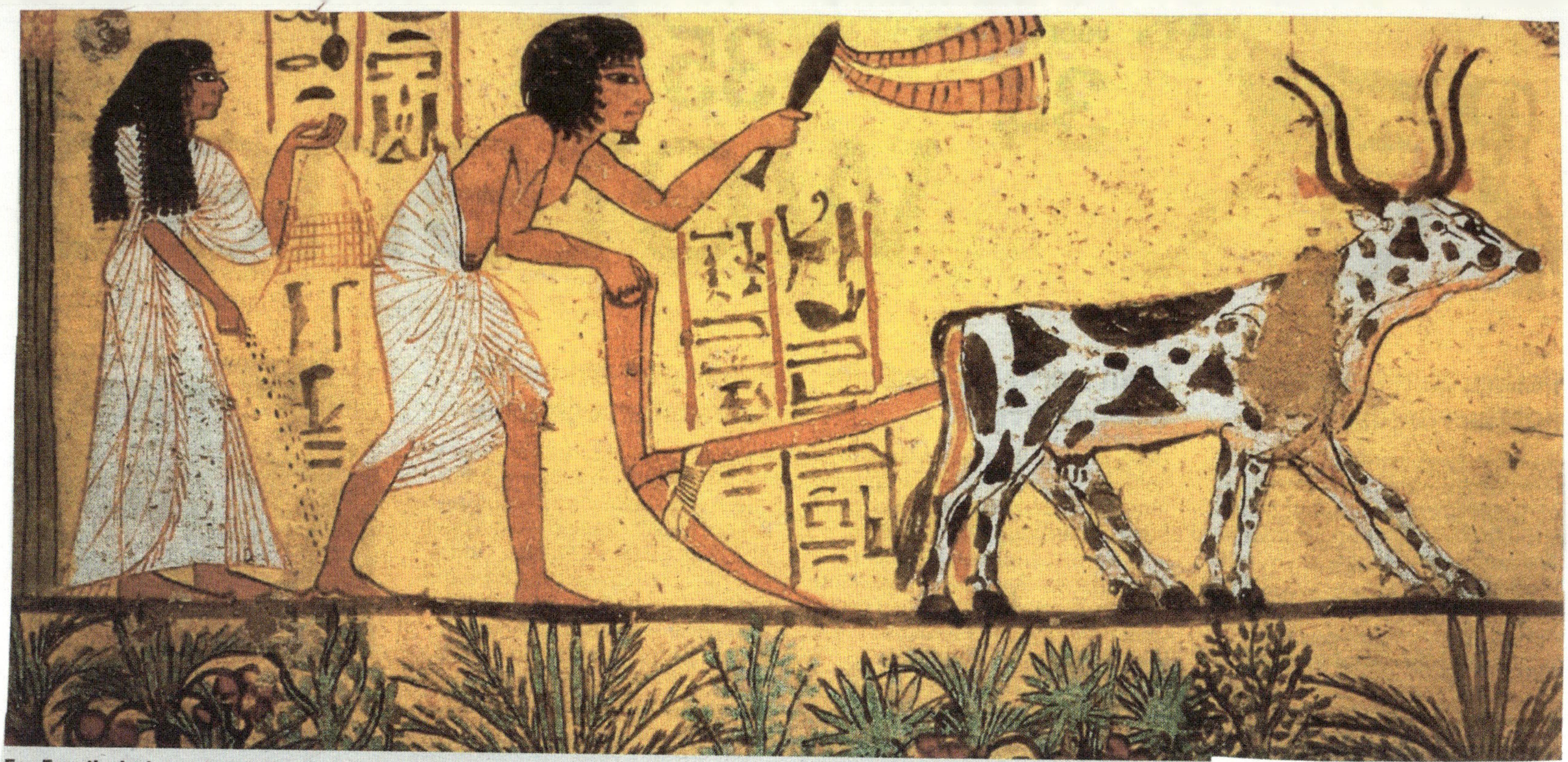

Een Egyptische boer ploegt zijn grond met een paar runderen. Het rund werd in oostelijk Afrika voor het eerst als huisdier gehouden.

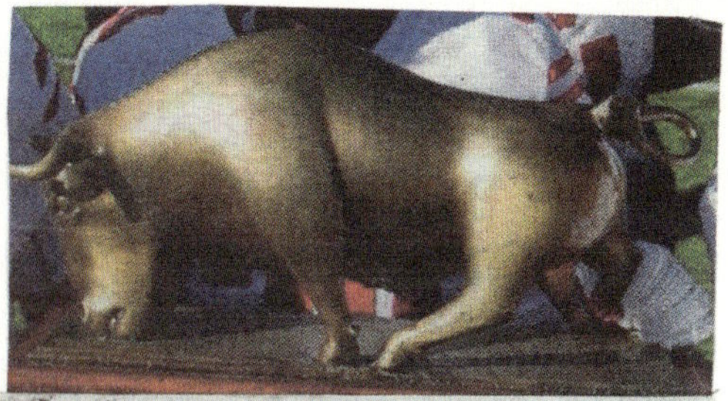

AMERICAN FOOTBALL Hardland Toernooi in Iowa.

BONTE KOE

Run[redacted]

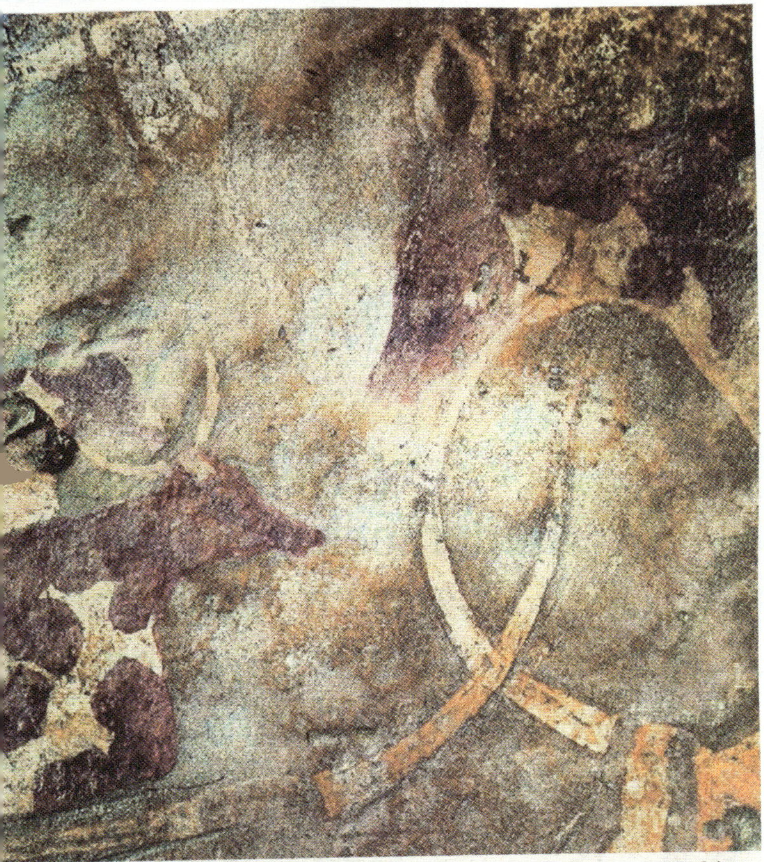

nderen op een rotstekening in Teshuinat, een schuilplaats van prehisto-che herders in het zuidwesten van Libië. FOTO NATURE

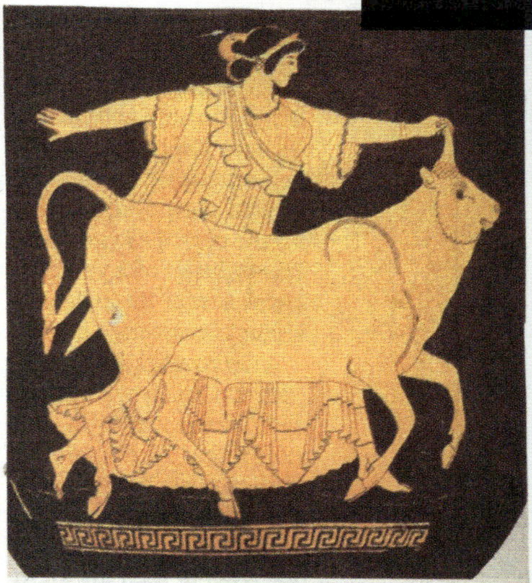

Vaas met Europa op de rug van de stier Zeus (Staatliche Museen Berlin, ca 450 v Chr.)

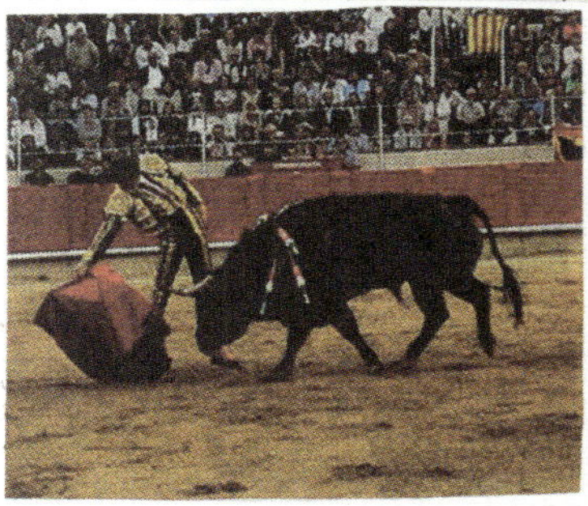

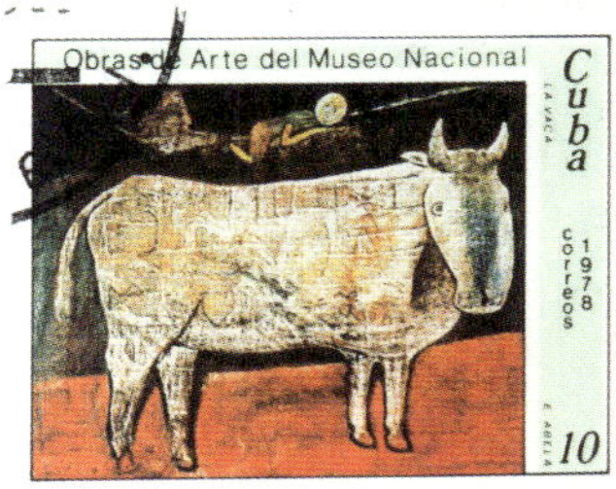

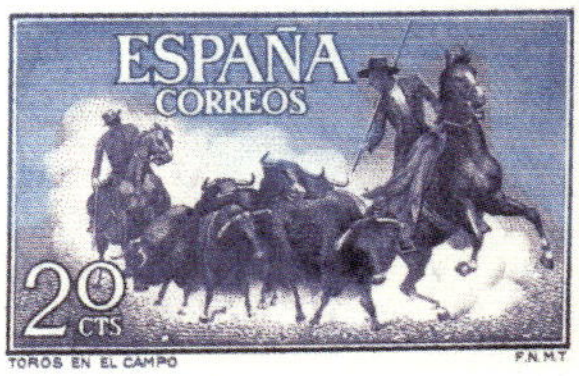

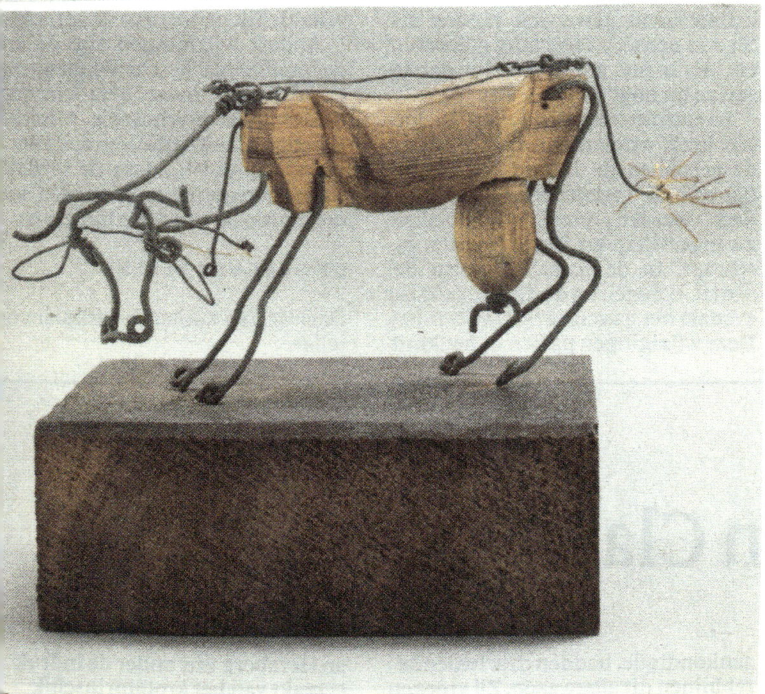

lexander Calder, Cow (Koe), 1929. Museum of Modern Art, New York.

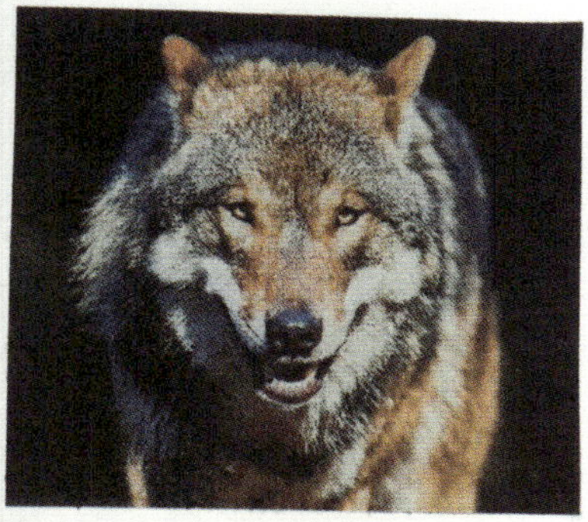

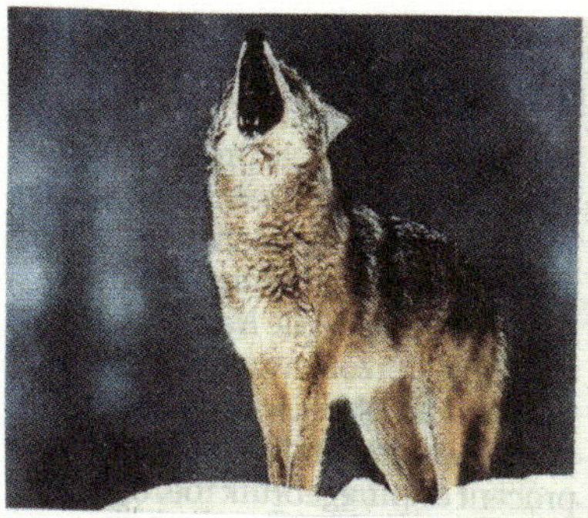

Gehuil van wolf is blijk van affectie

Als een wolf zijn roedel verlaat, toont het gehuil van achterblijvers hoe sterk hun band is. Verondersteld werd dat het gehuil een primaire stressreactie is, maar wetenschappers ontdekten dat het gehuil intenser wordt als de relatie beter is. Wolven kunnen dit flexibel inzetten, bijvoorbeeld om contact te houden.

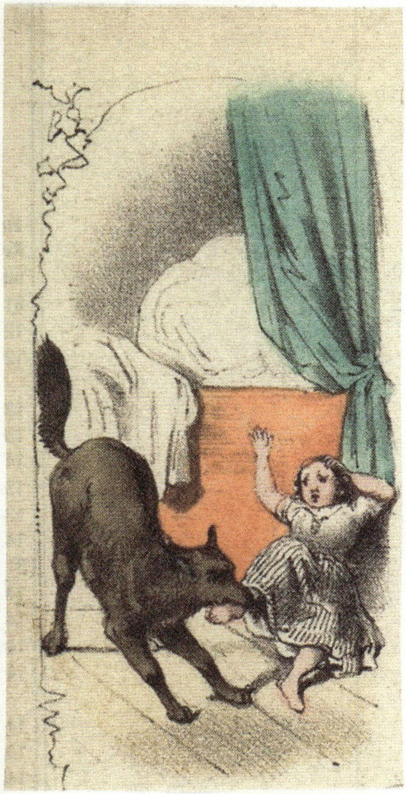

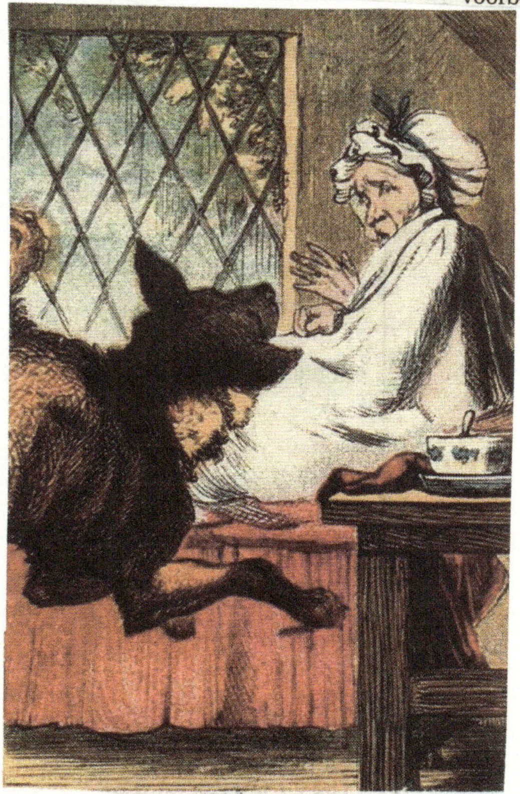

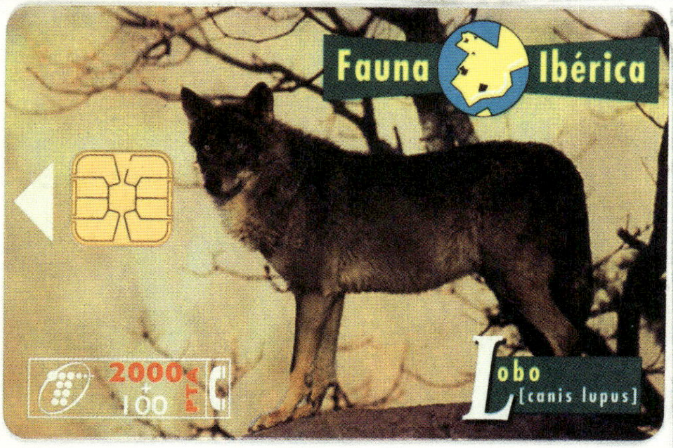

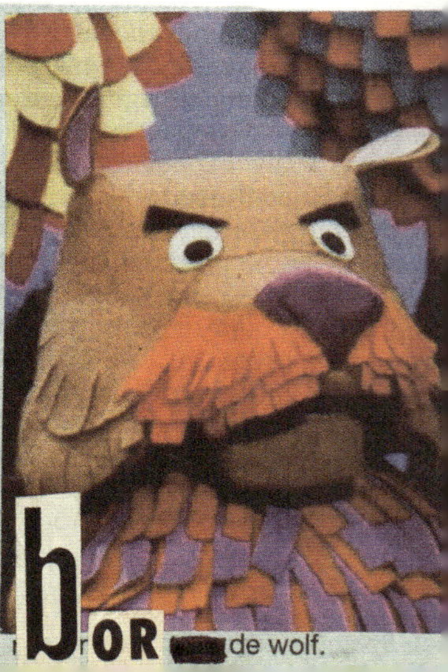

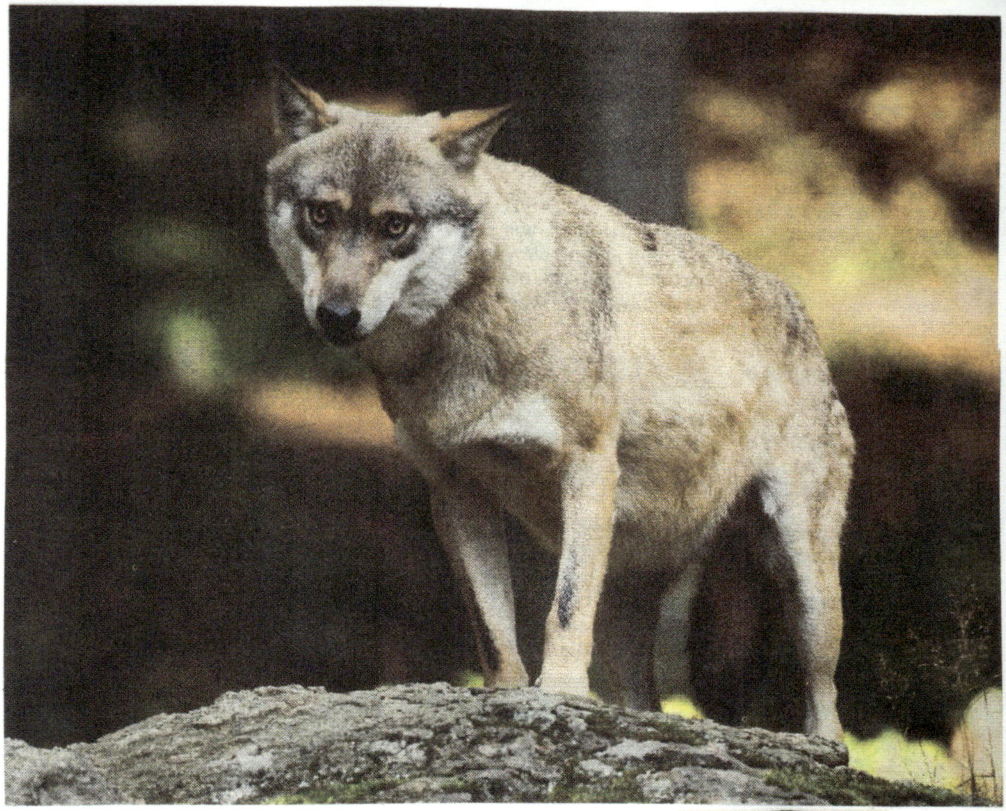

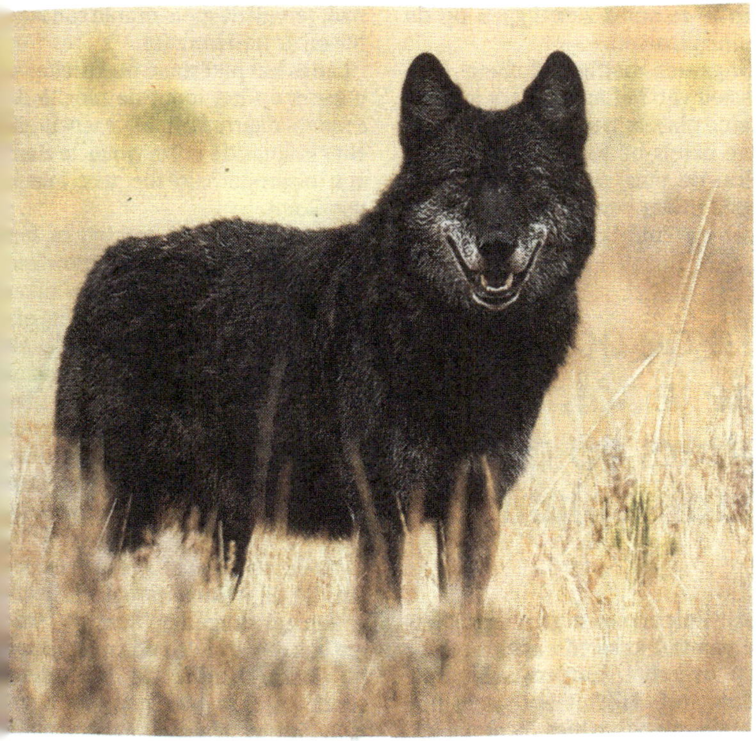

wOlf

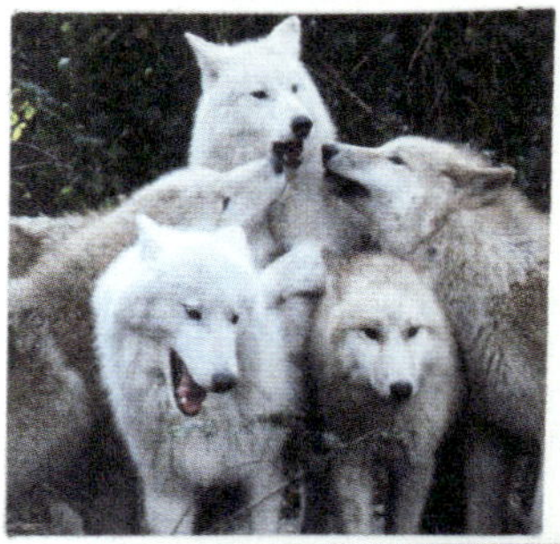

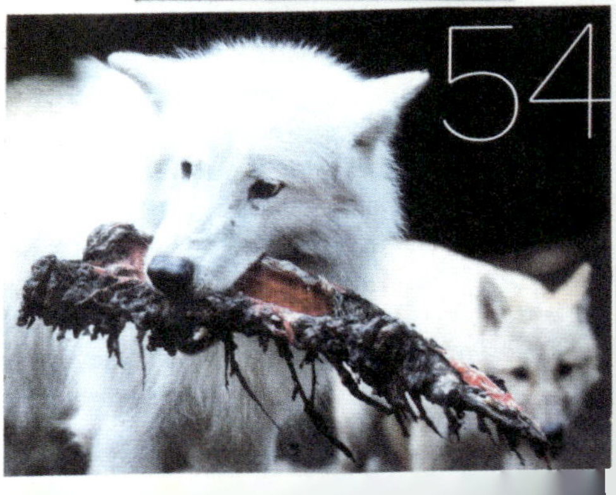

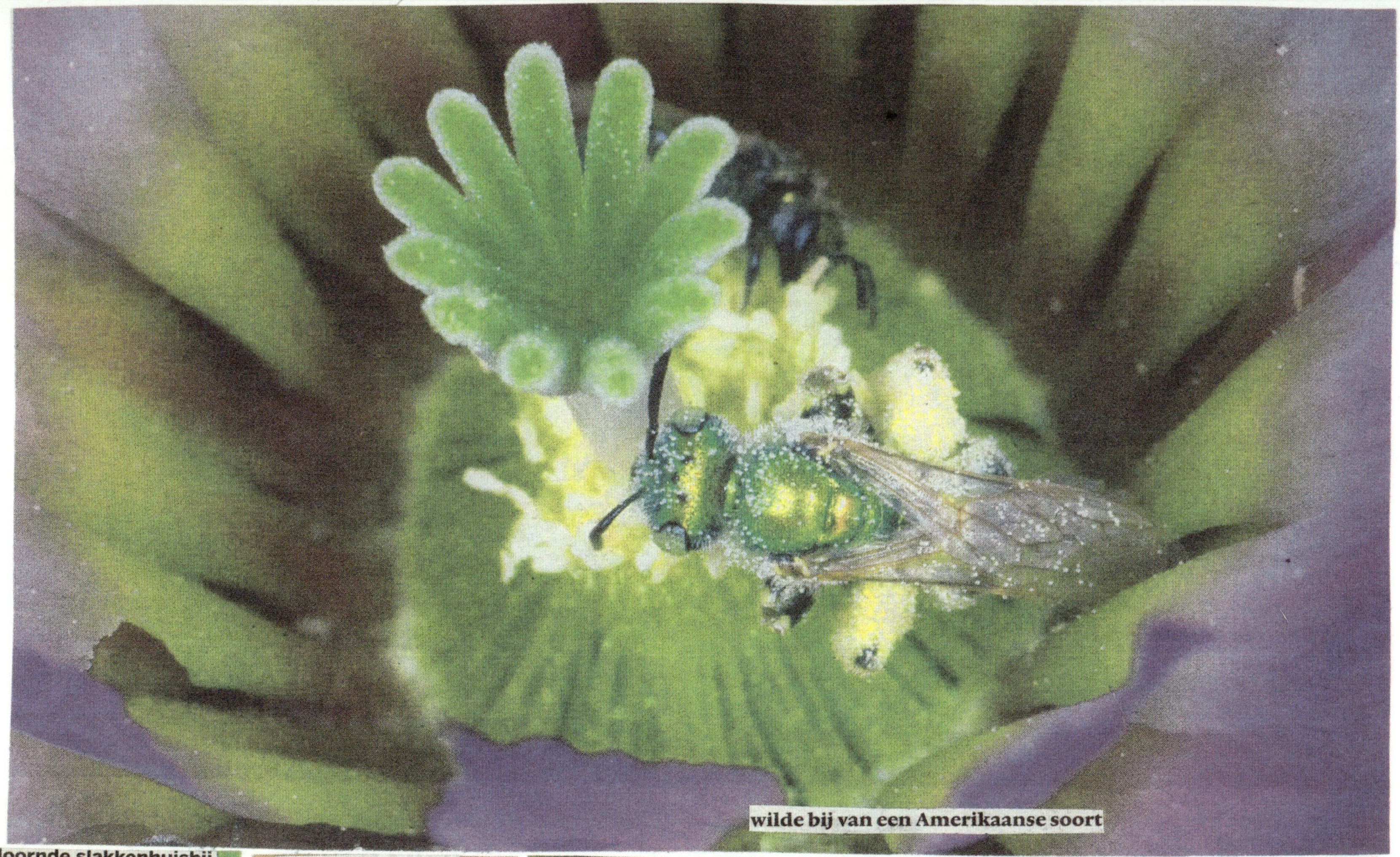

wilde bij van een Amerikaanse soort

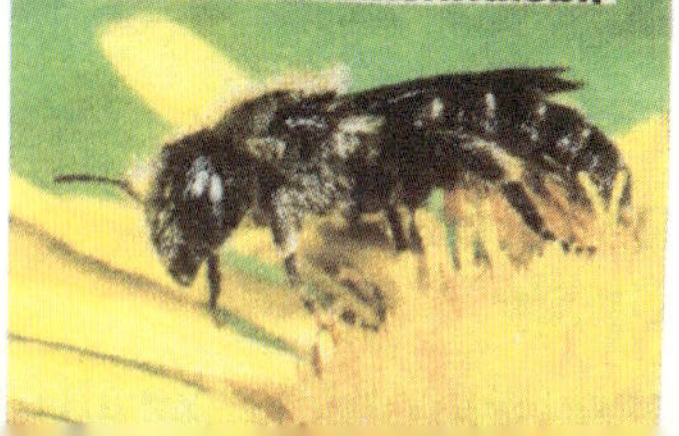

Gedoornde slakkenhuisbij

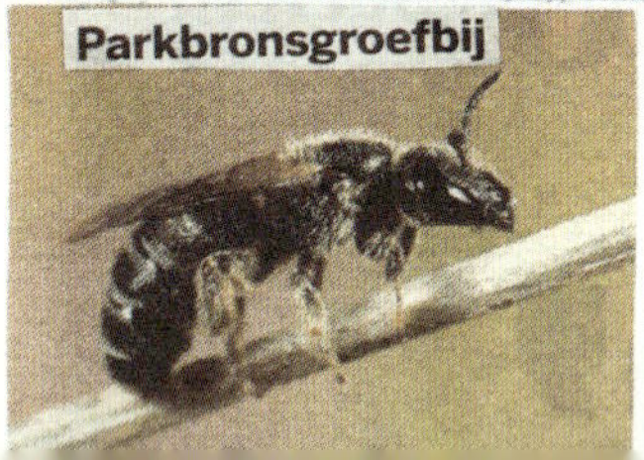

Parkbronsgroefbij

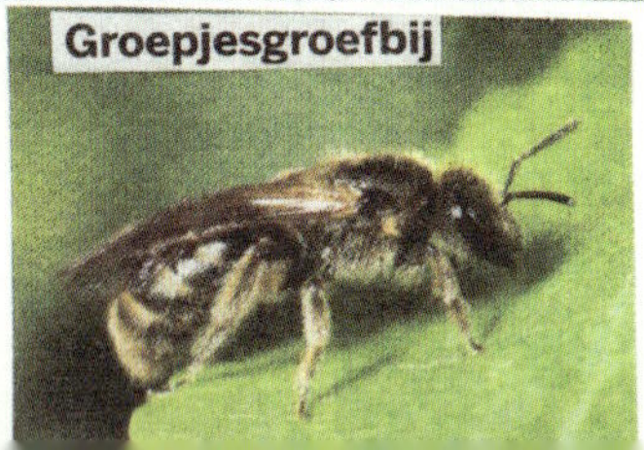

Groepjesgroefbij

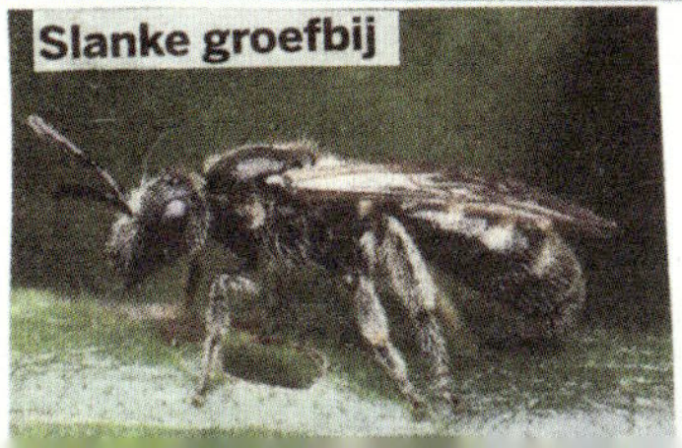

Slanke groefbij

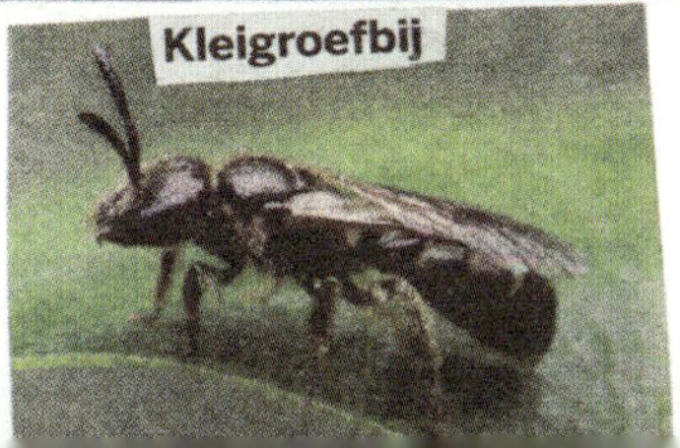

Kleigroefbij

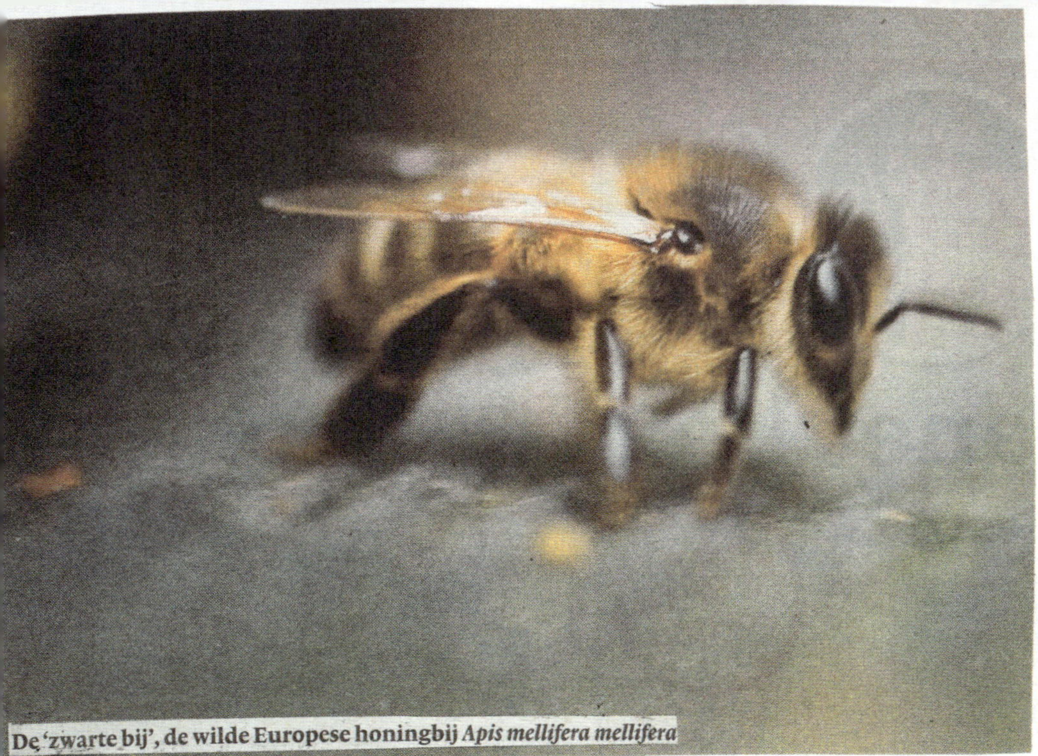

De 'zwarte bij', de wilde Europese honingbij *Apis mellifera mellifera*

b ij

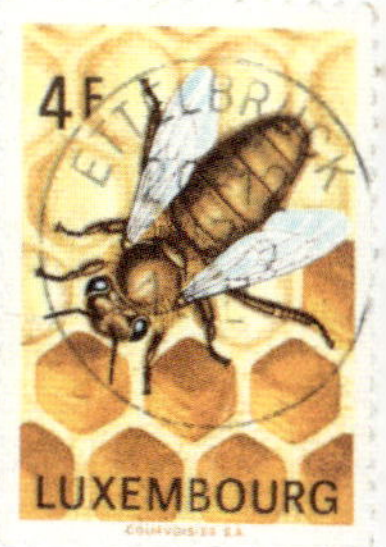

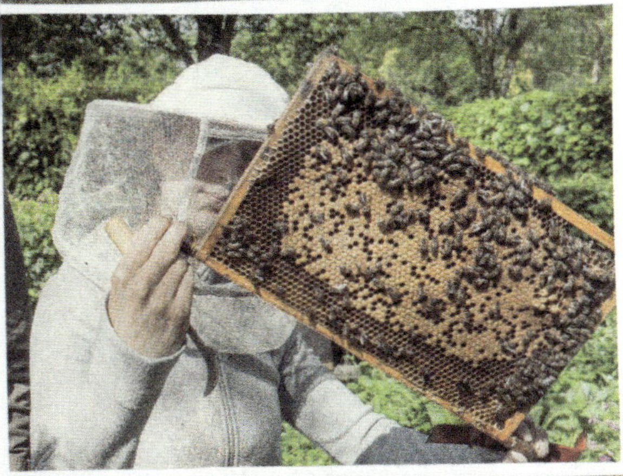

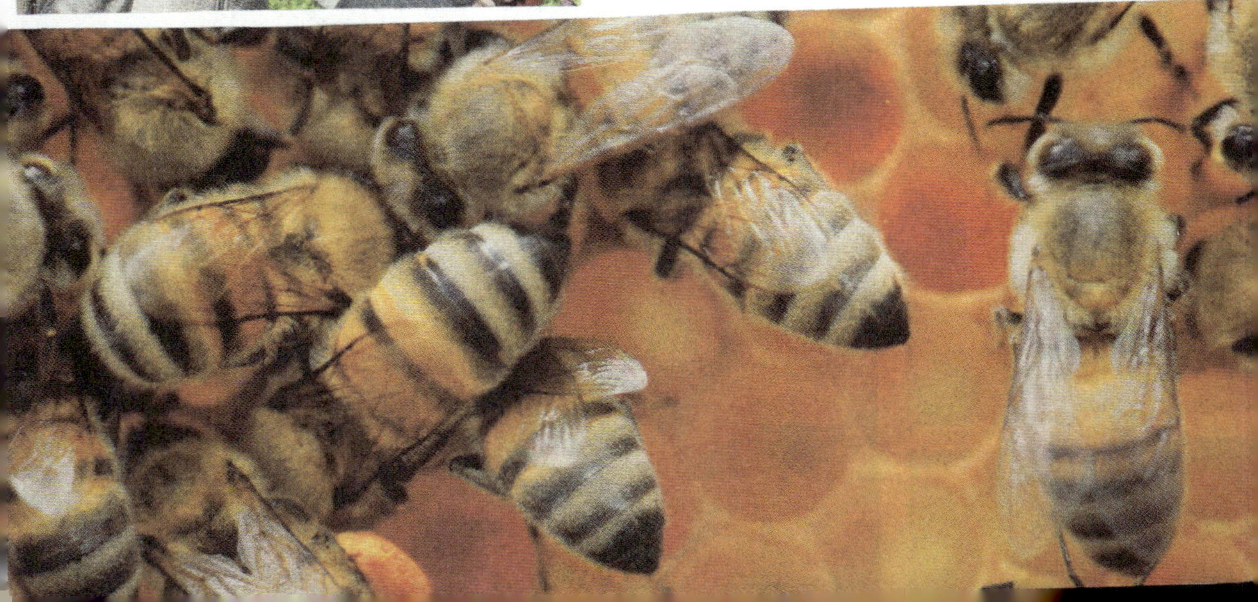

vleermuizen

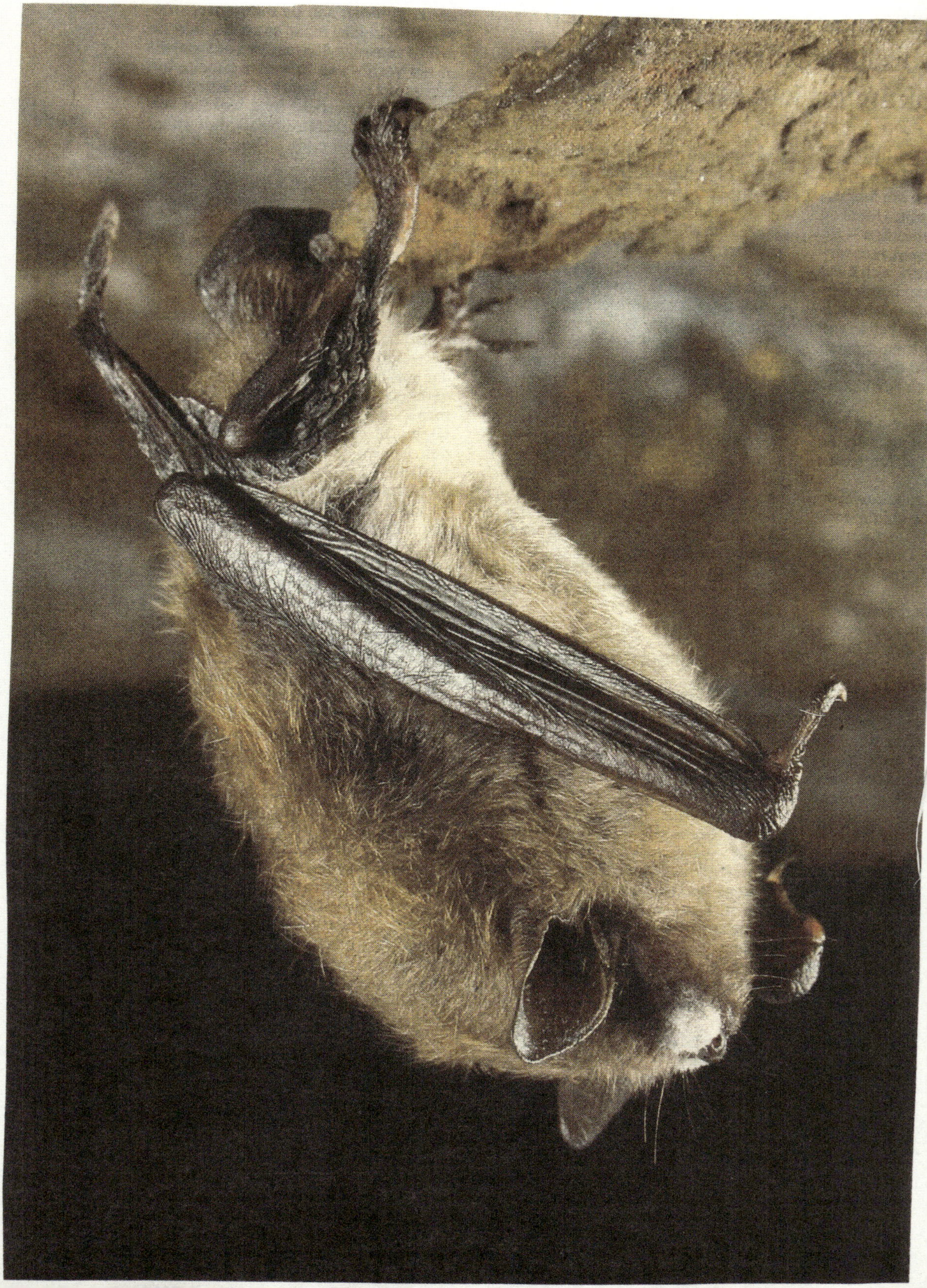

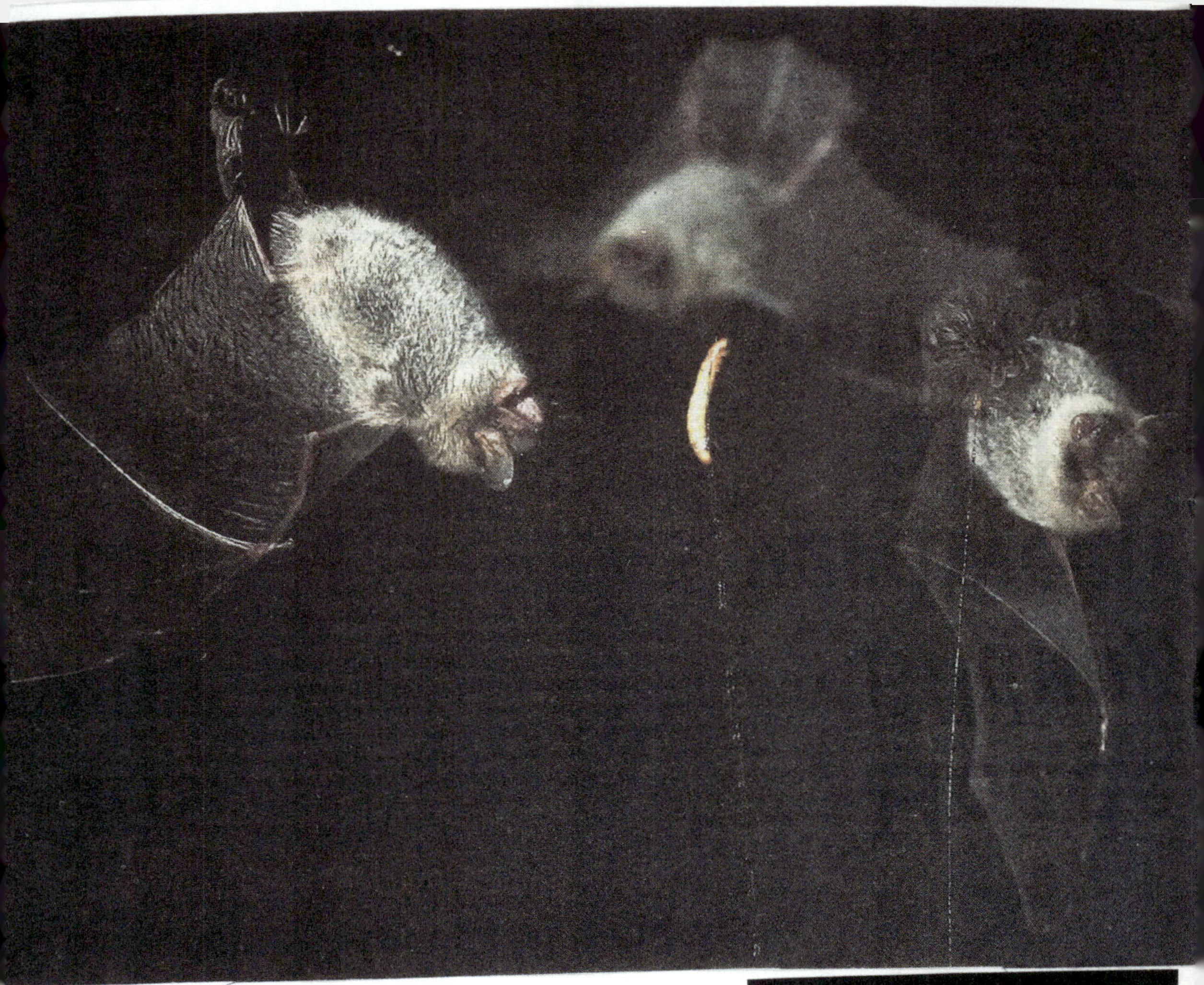

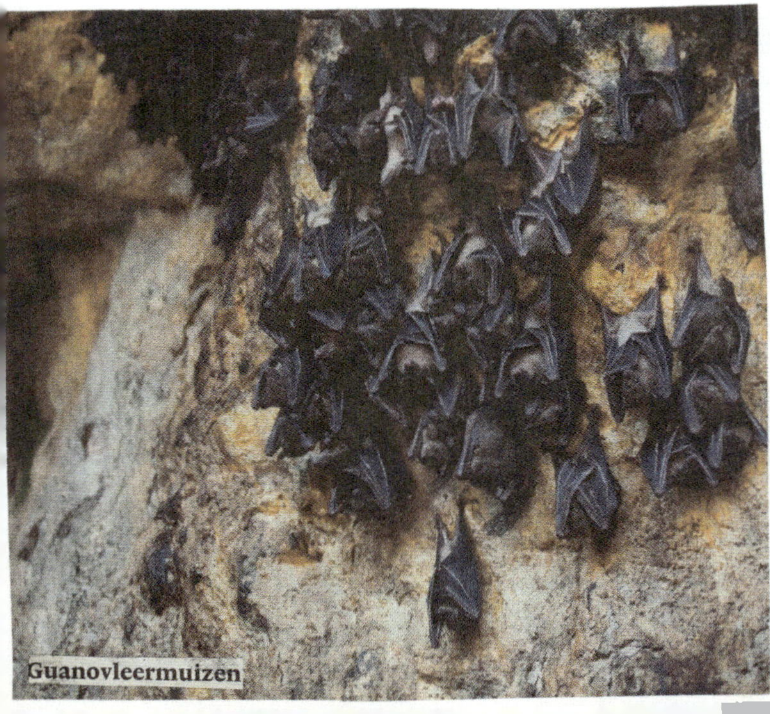

Guanovleermuizen

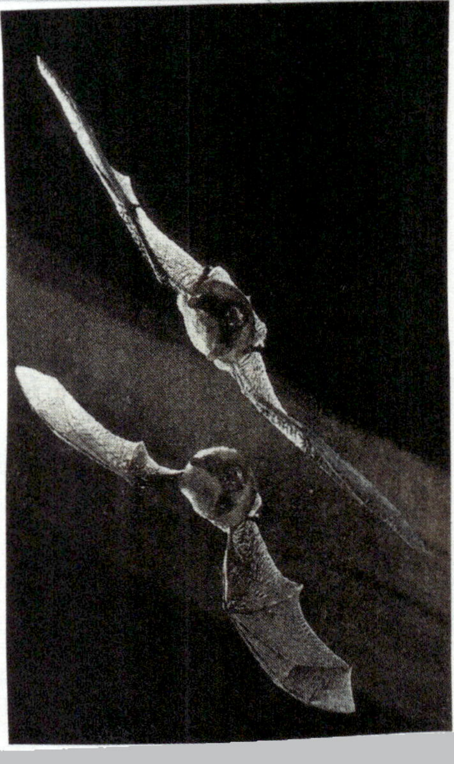

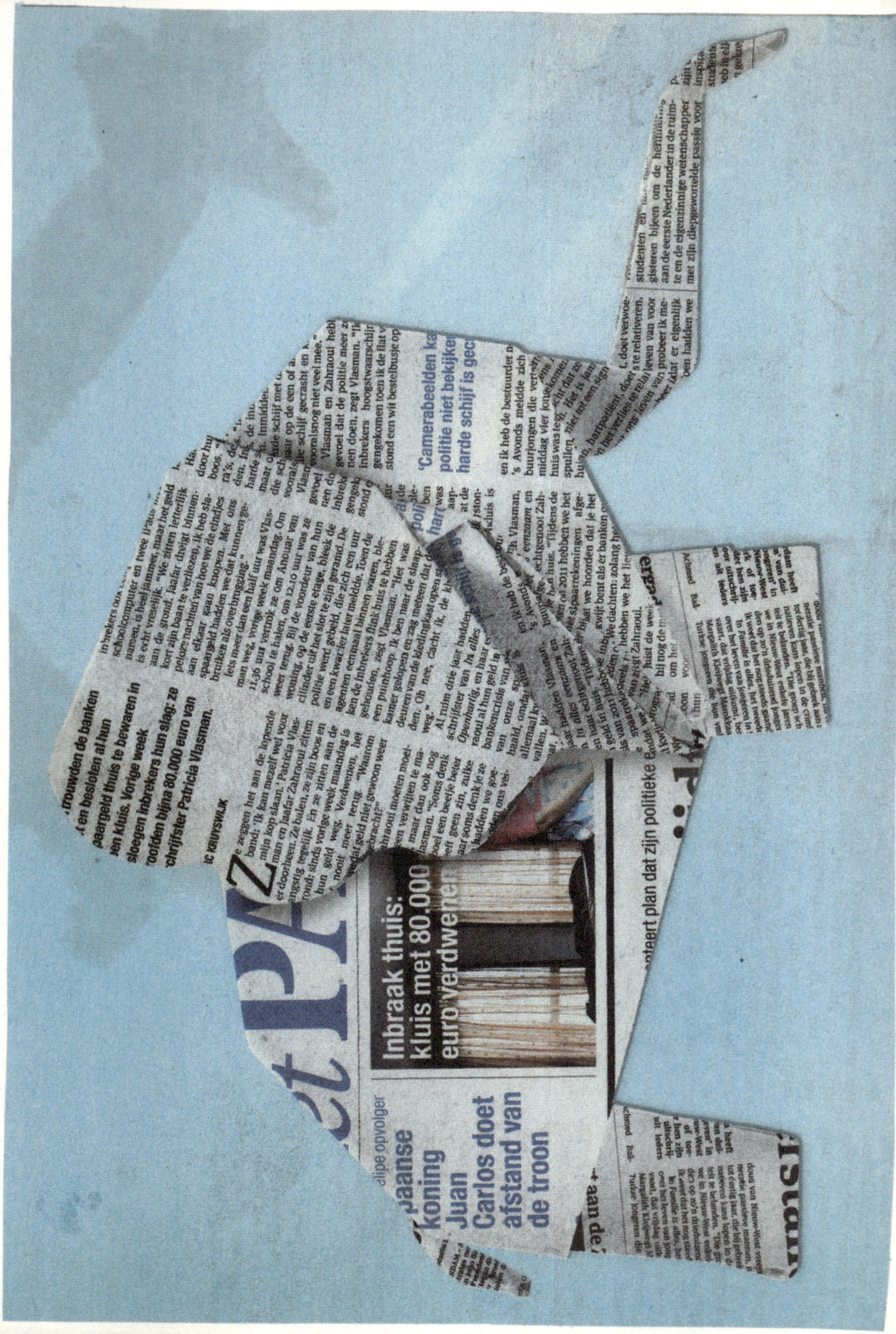
Inbraak thuis: kluis met 80.000 euro verdwenen
Juan Carlos doet afstand van de troon

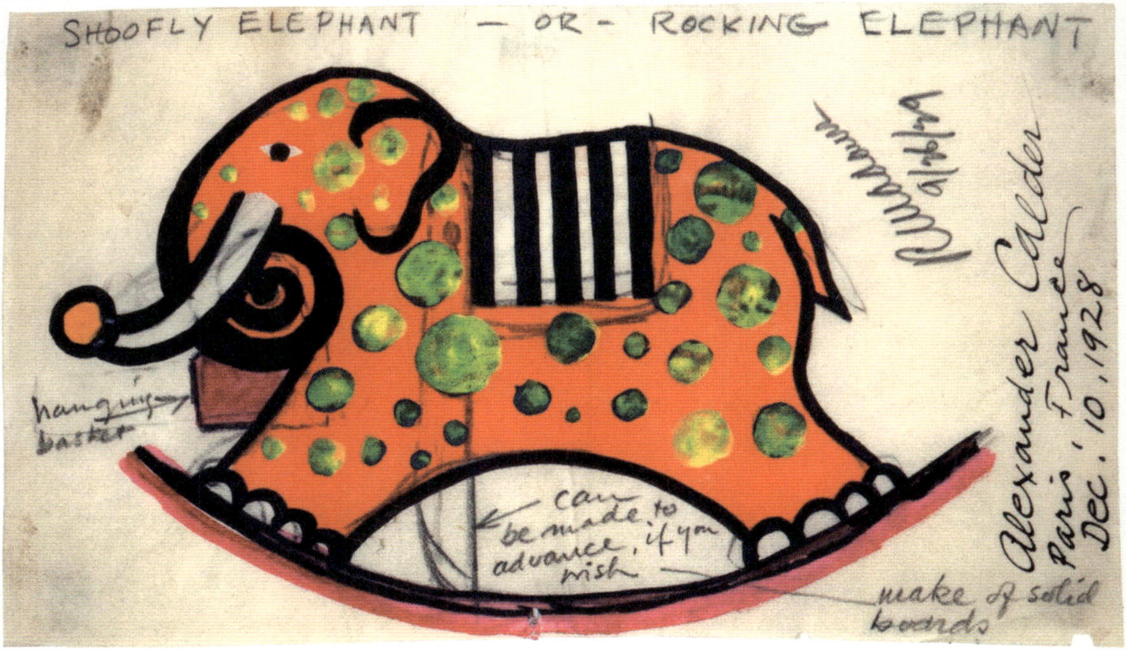
SHOOFLY ELEPHANT — OR — ROCKING ELEPHANT
hanging basket
can be made to advance, if you wish
make of solid boards
Alexander Calder
Paris, France
Dec. 10, 1928

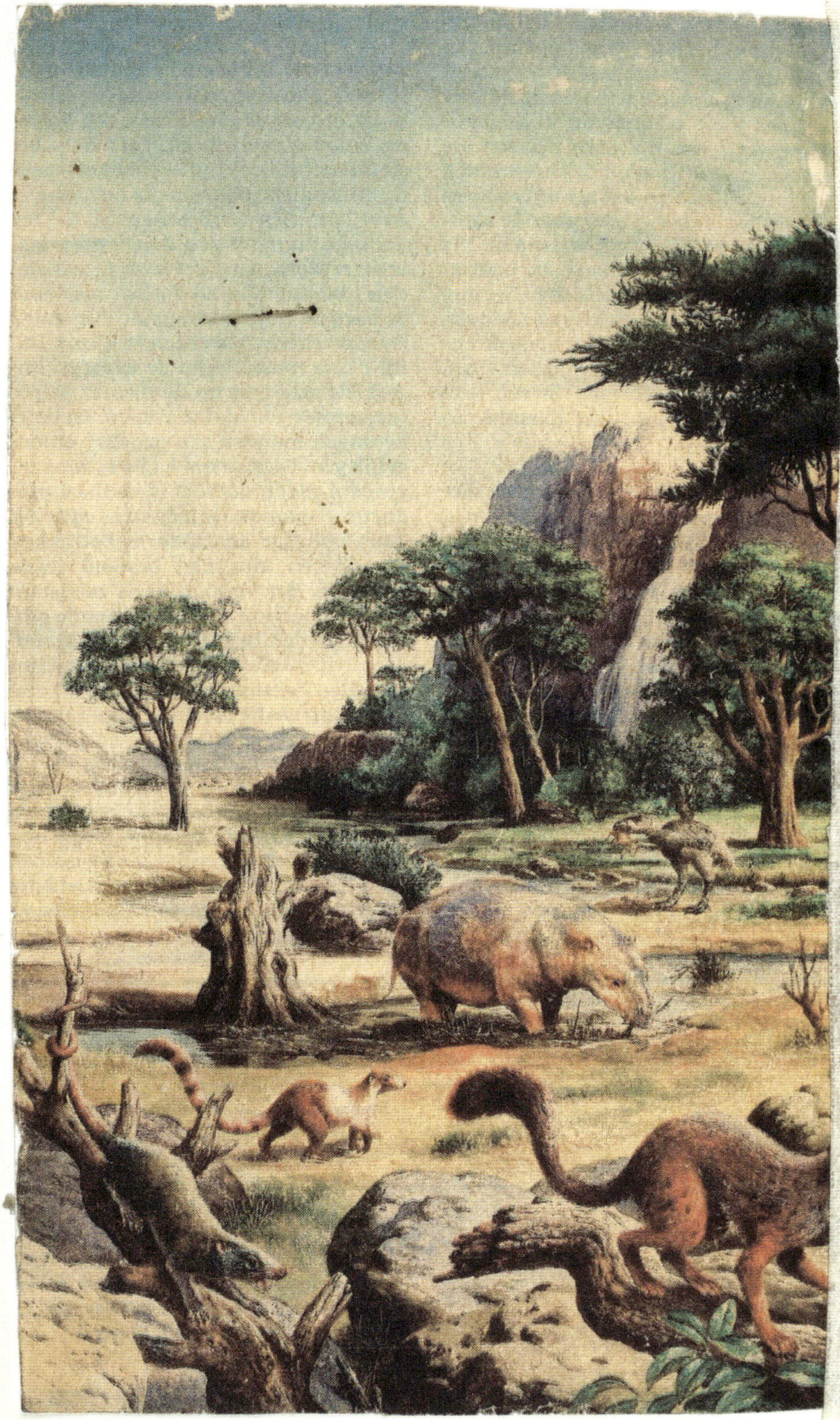

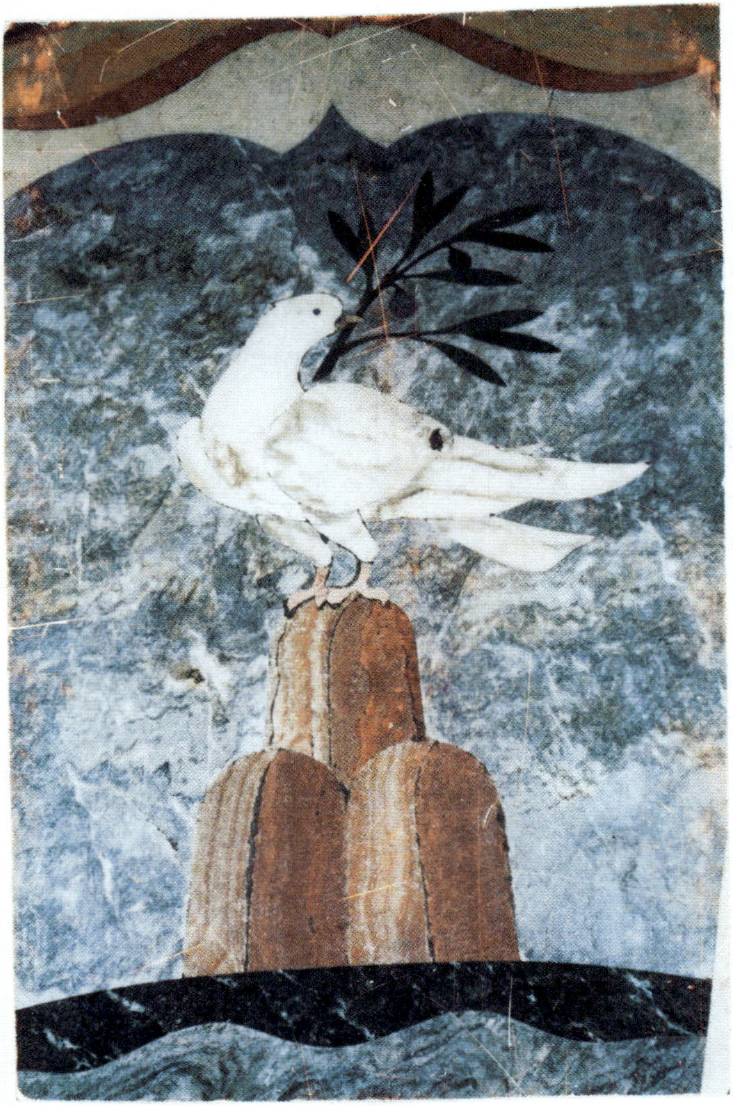

AnnA

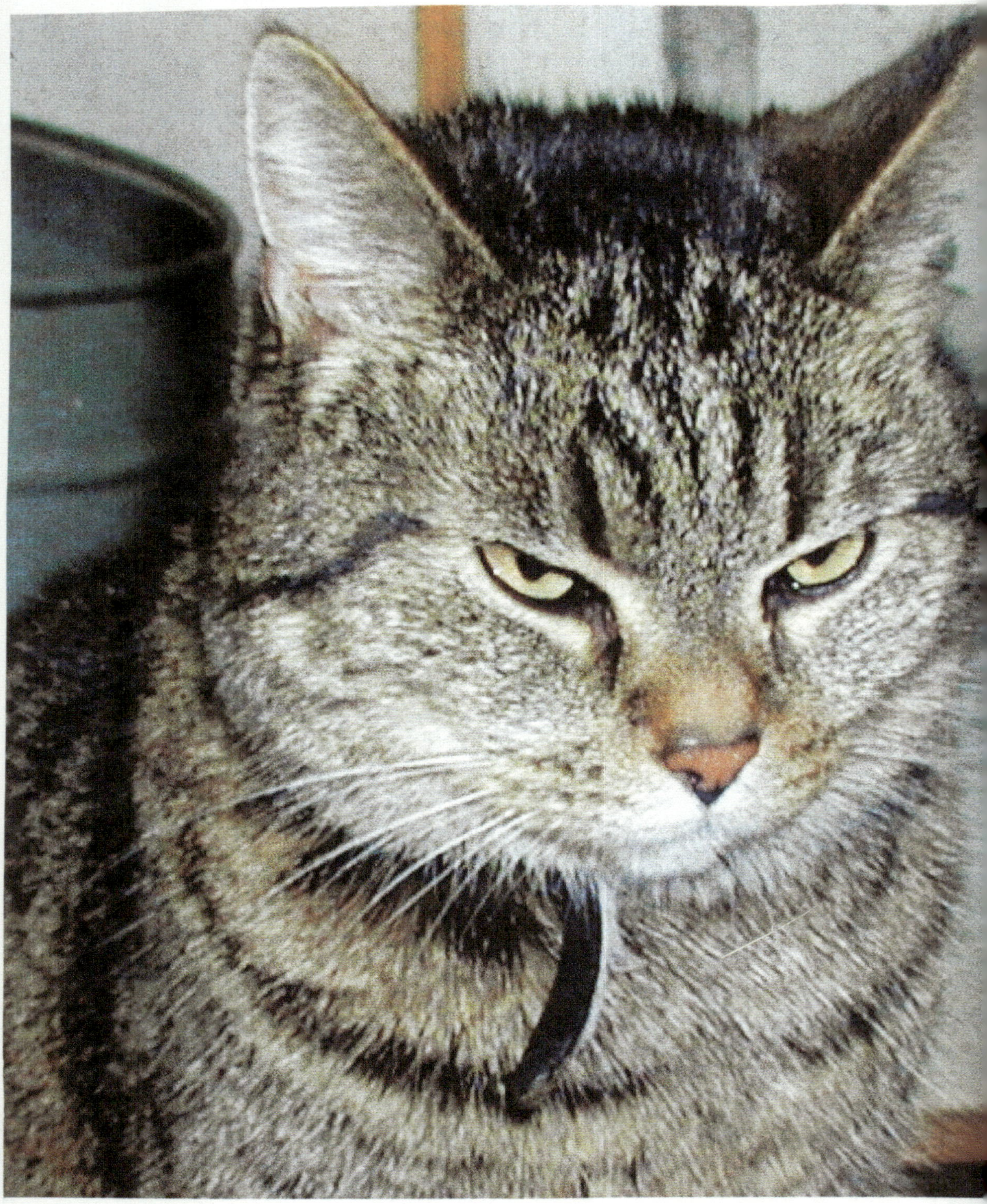

SimBa

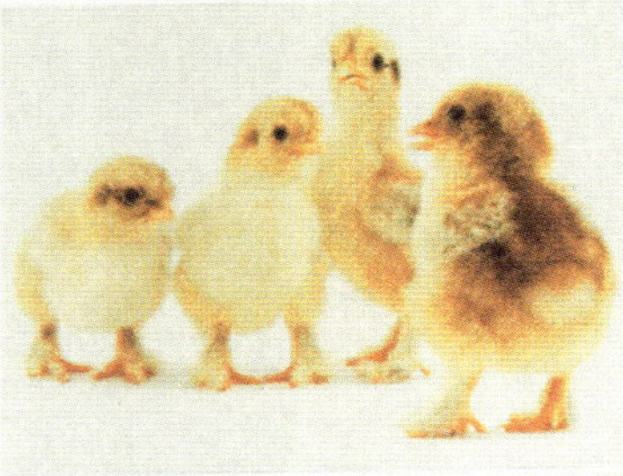

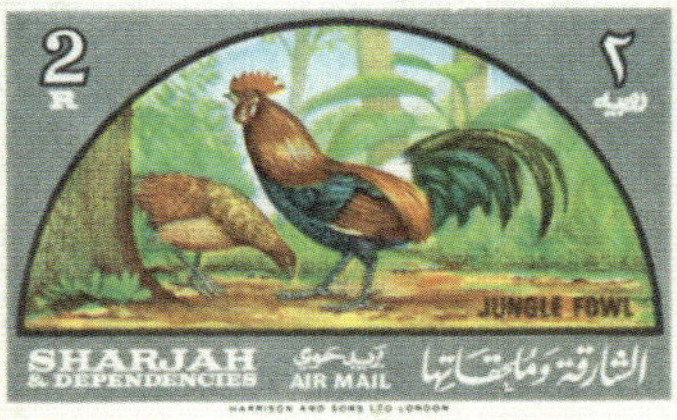
2
R
JUNGLE FOWL
SHARJAH
& DEPENDENCIES
AIR MAIL
الشارقة وملحقاتها
HARRISON AND SONS LTD LONDON

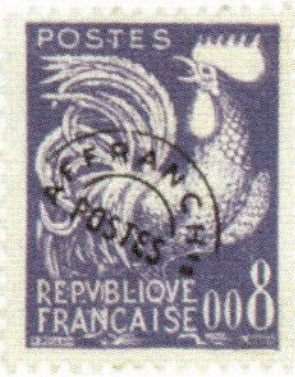
POSTES
REPVBLIQVE
FRANCAISE
0,08

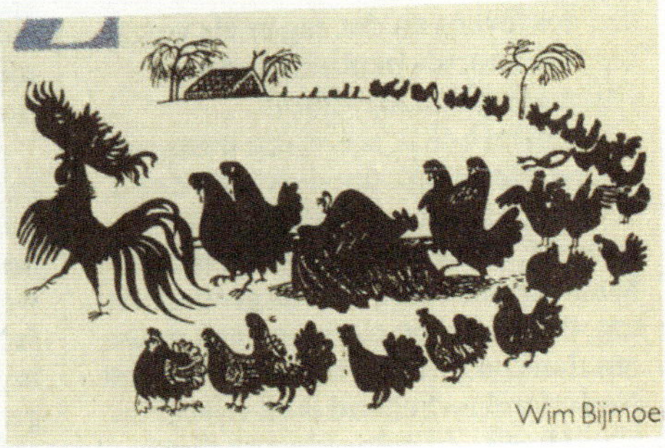
Wim Bijmoer

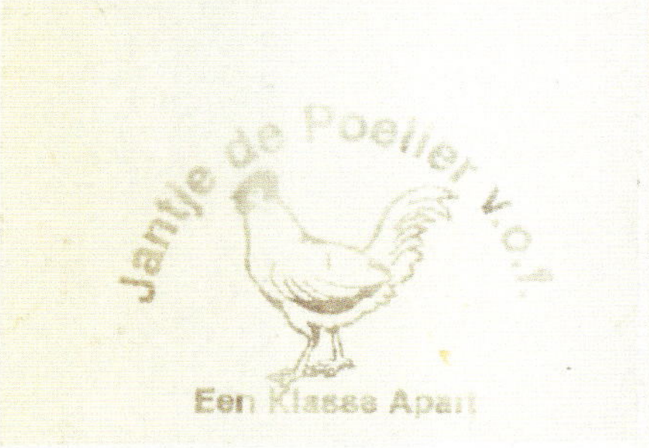
Jantje de Poelier v.o.f.
Een Klasse Apart

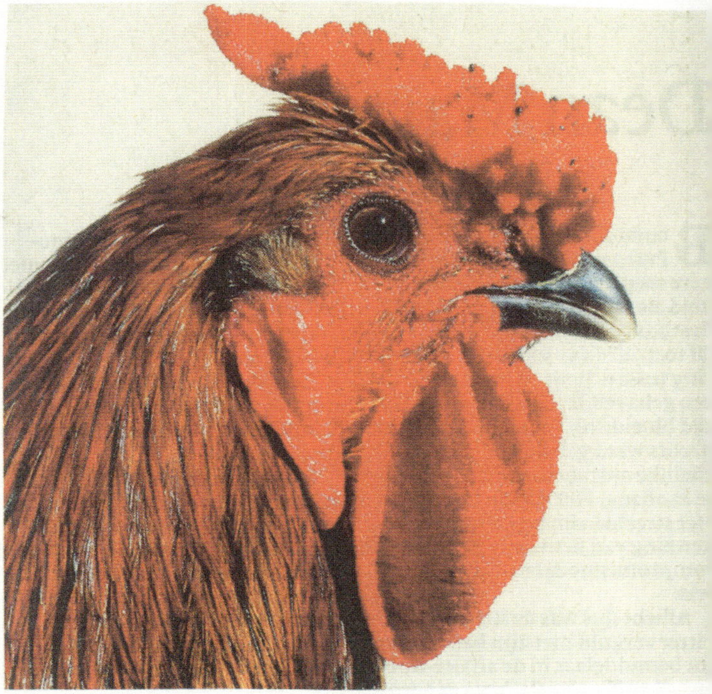

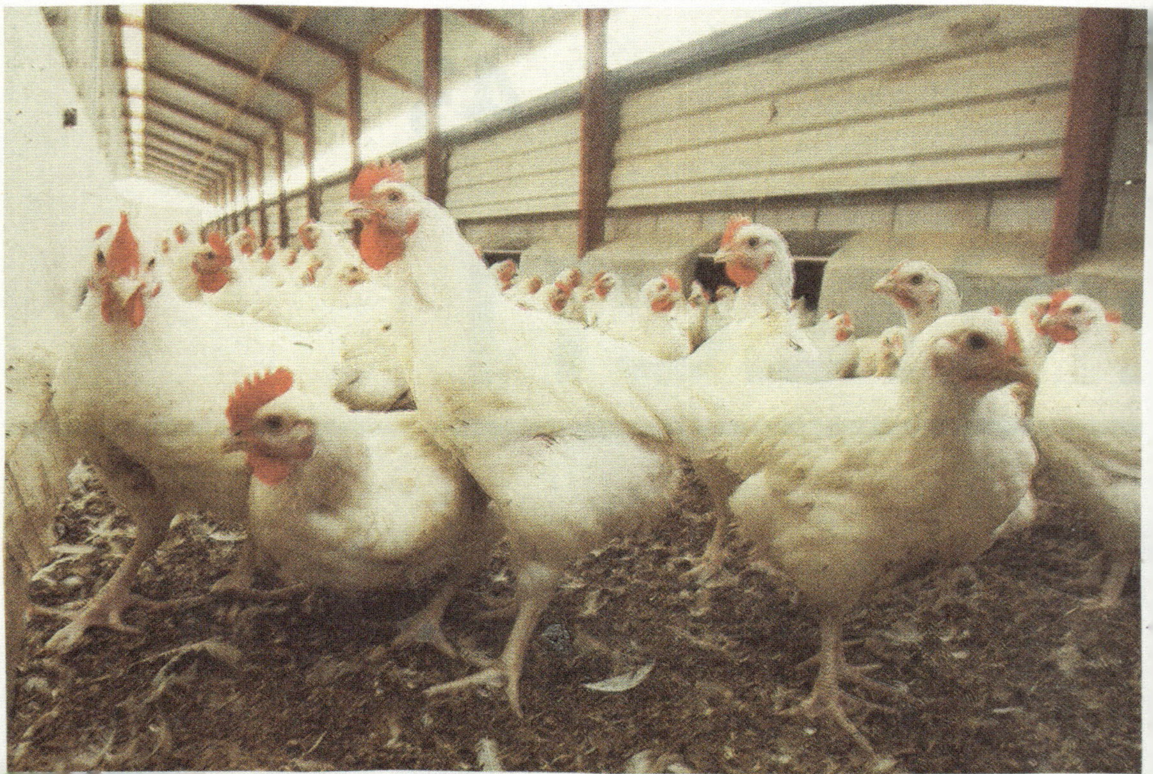

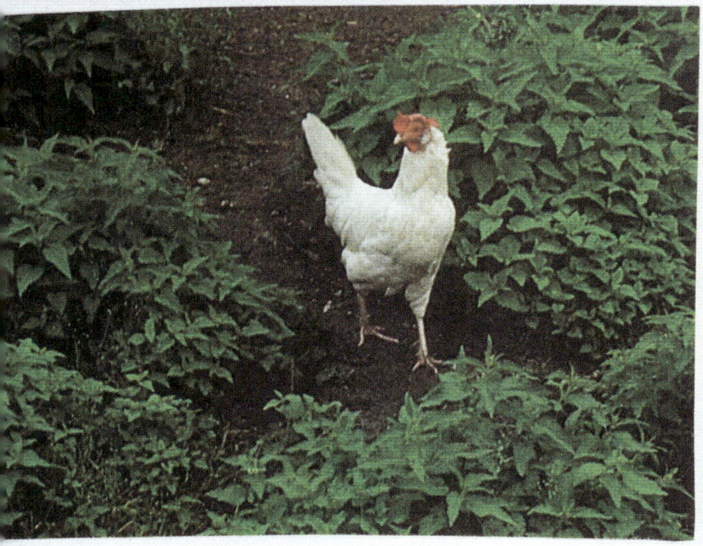

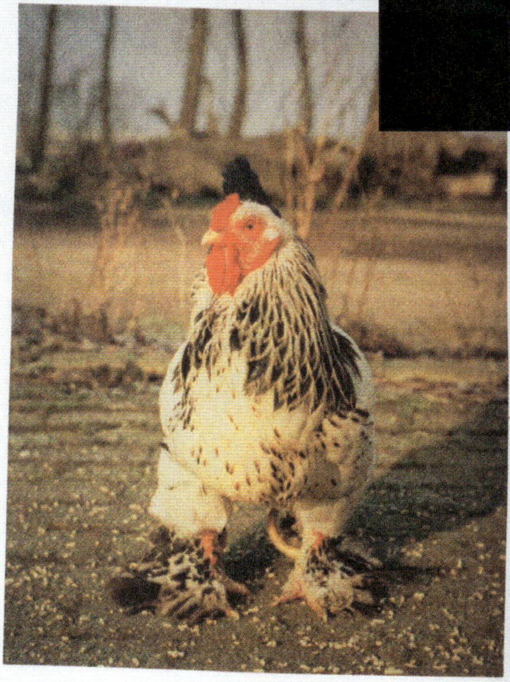

kip haan

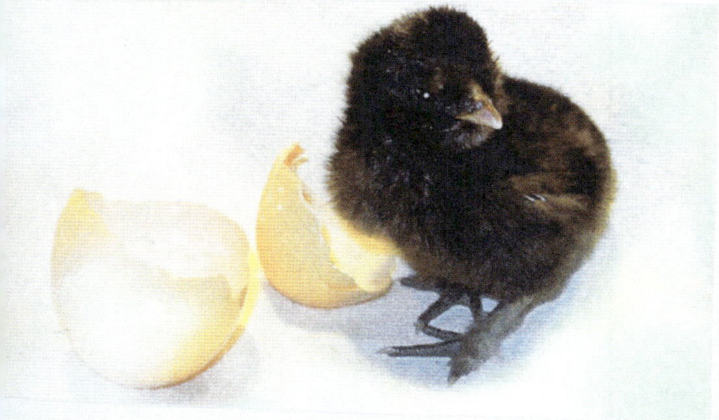

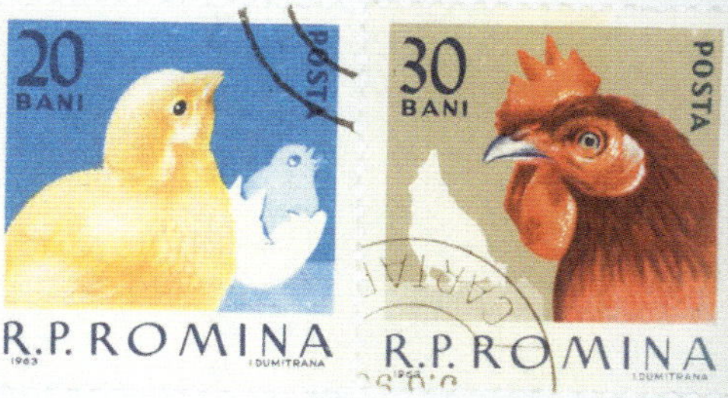

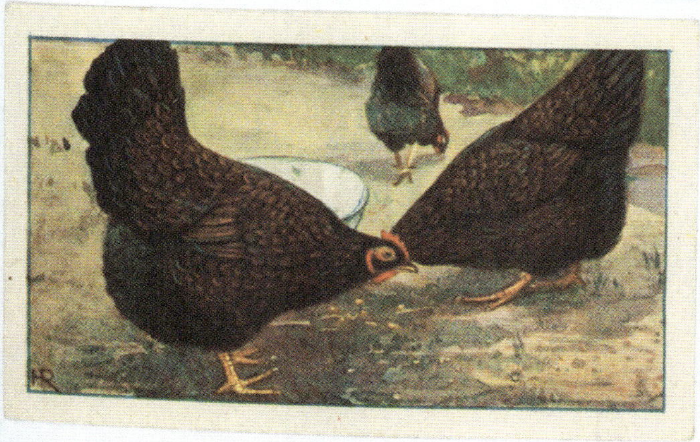

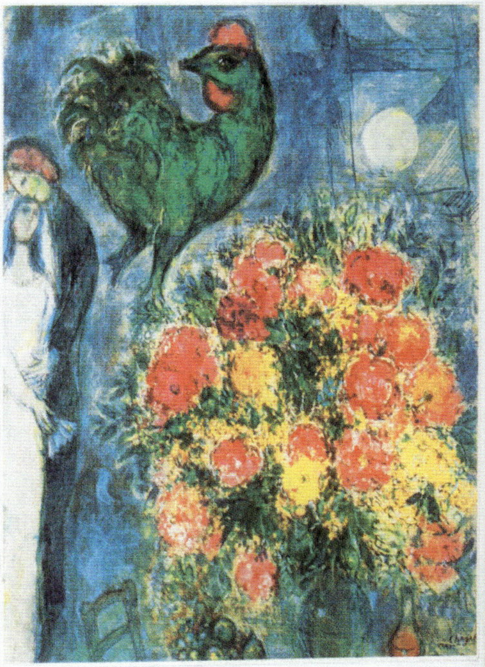

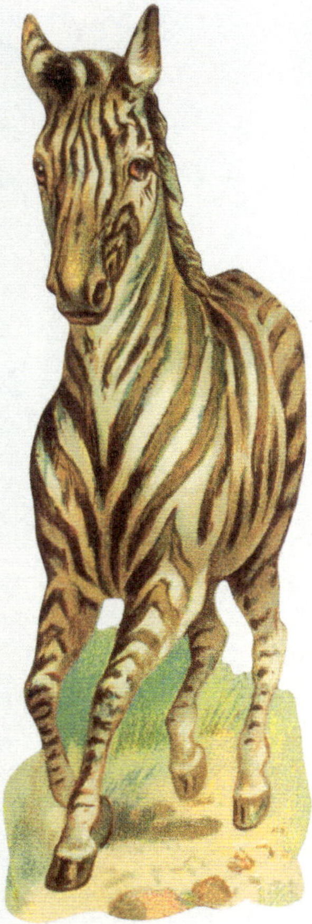
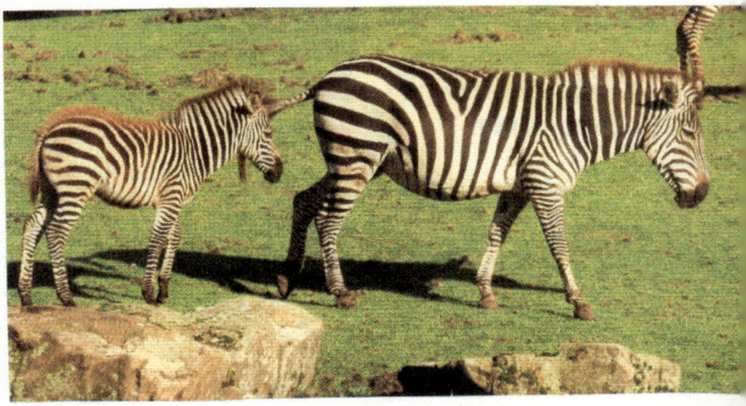
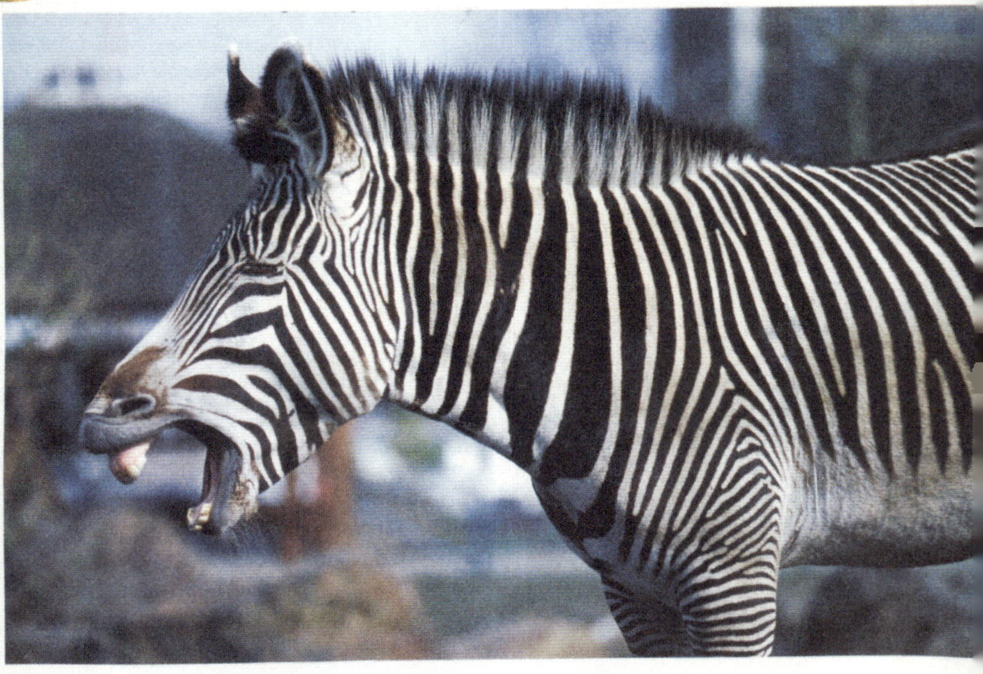

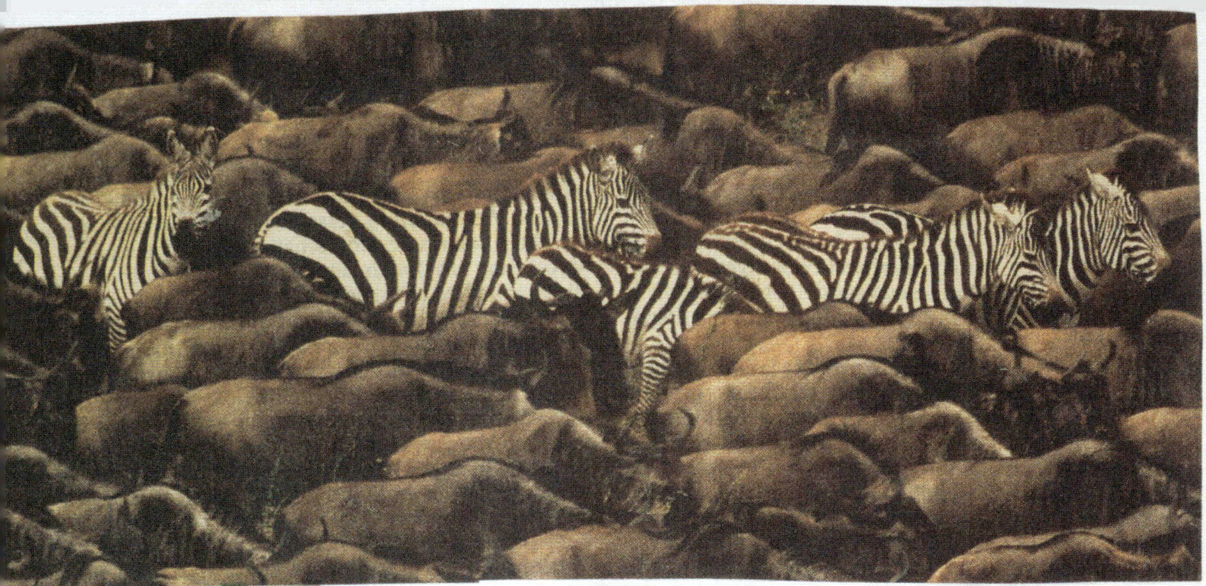

Zee Bra

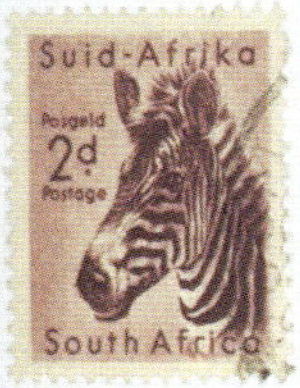
Suid-Afrika
Posgeld
2d
Postage
South Africa

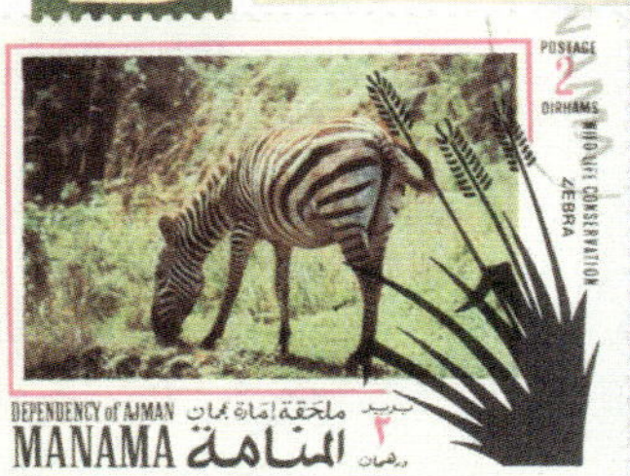
POSTAGE
2
DIRHAMS
WILDLIFE CONSERVATION
ZEBRA
DEPENDENCY of AJMAN ملحقة إمارة عجمان
MANAMA المنامة

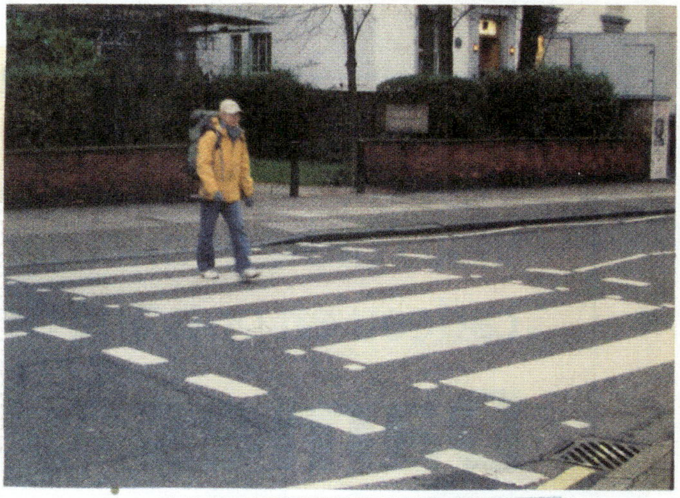

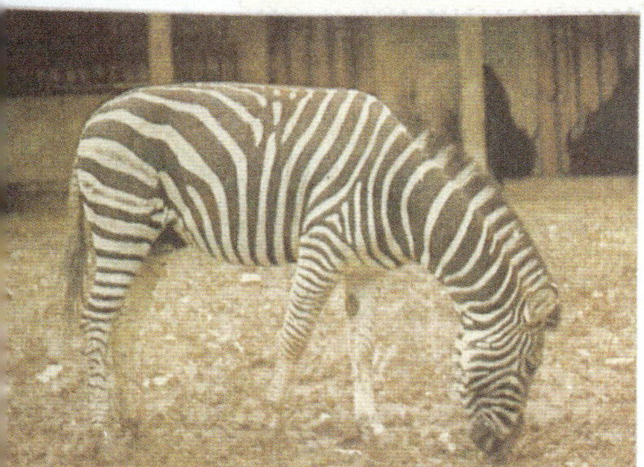

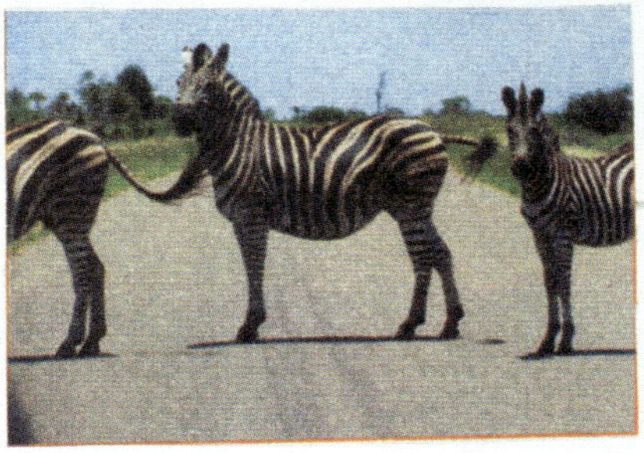

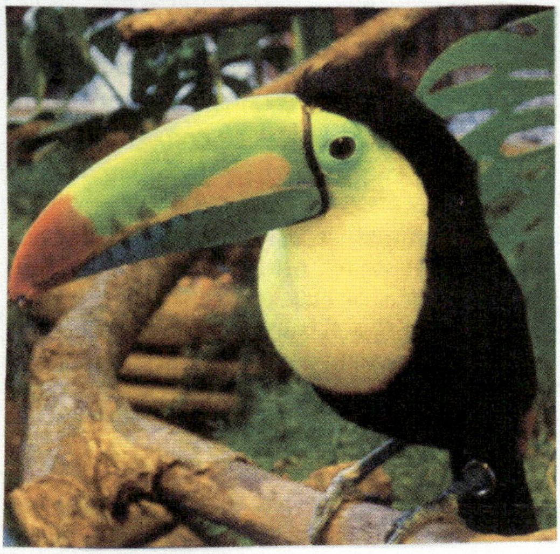

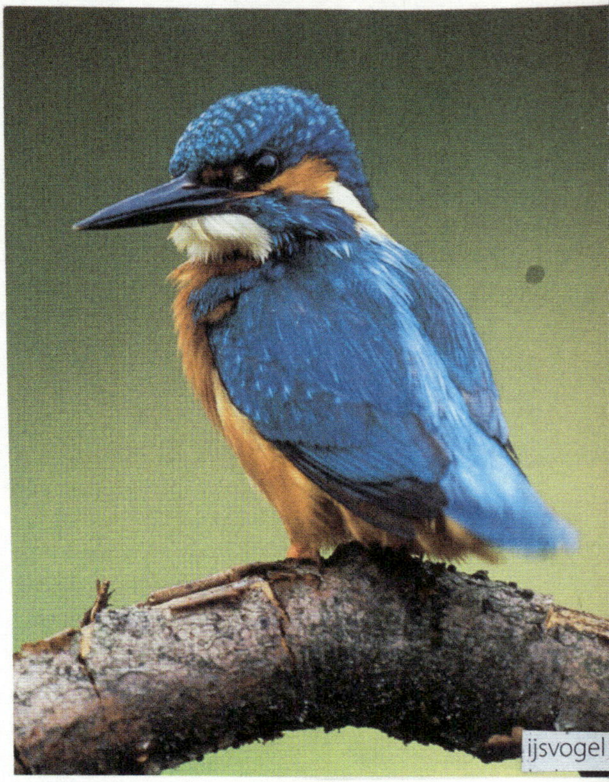
ijsvogel

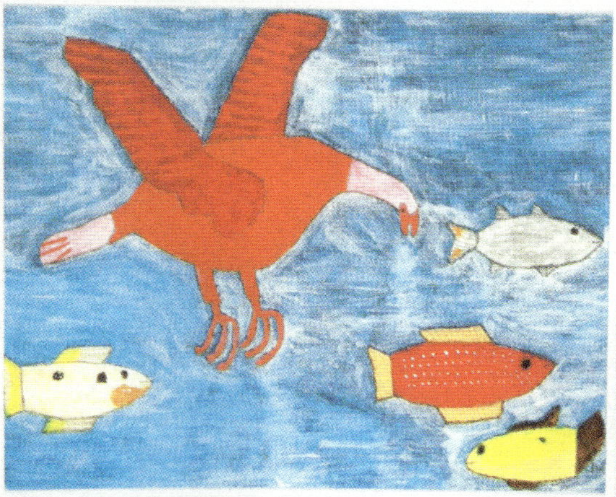

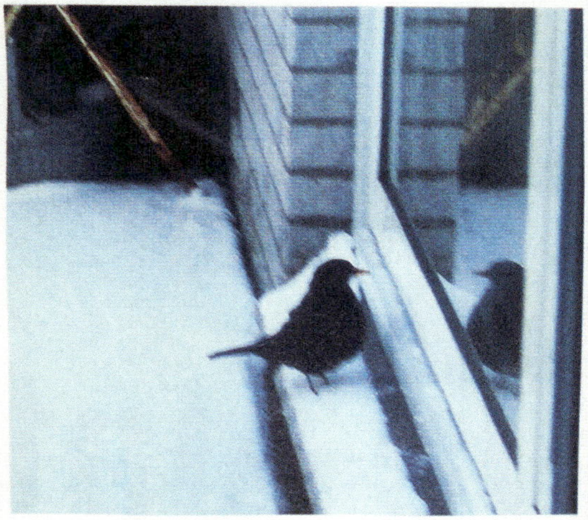

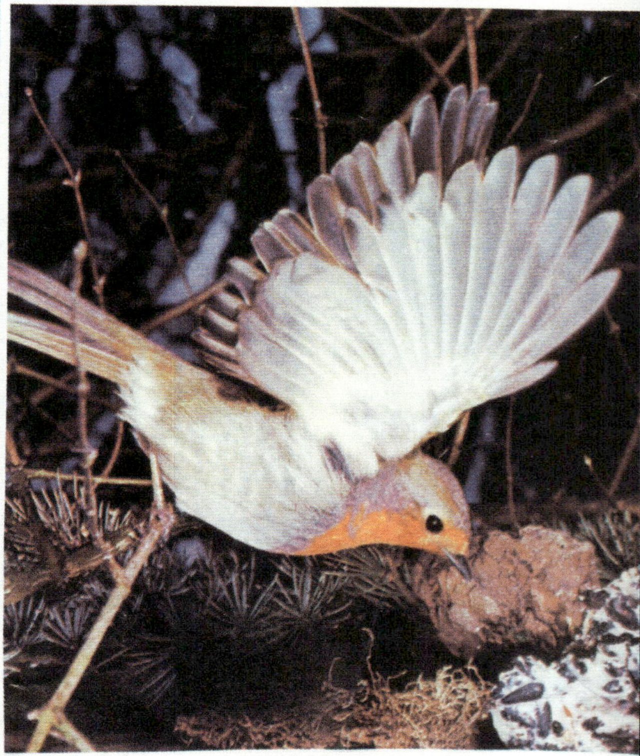

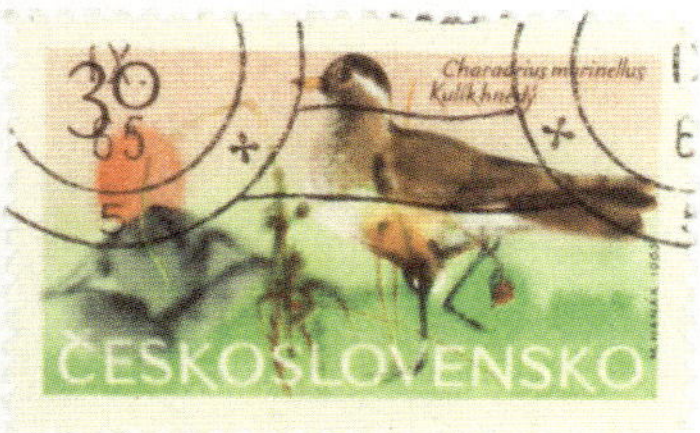
30
ČESKOSLOVENSKO

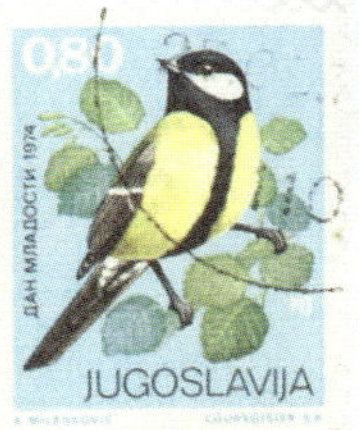
0,80
ДАН МЛАДОСТИ 1974
JUGOSLAVIJA

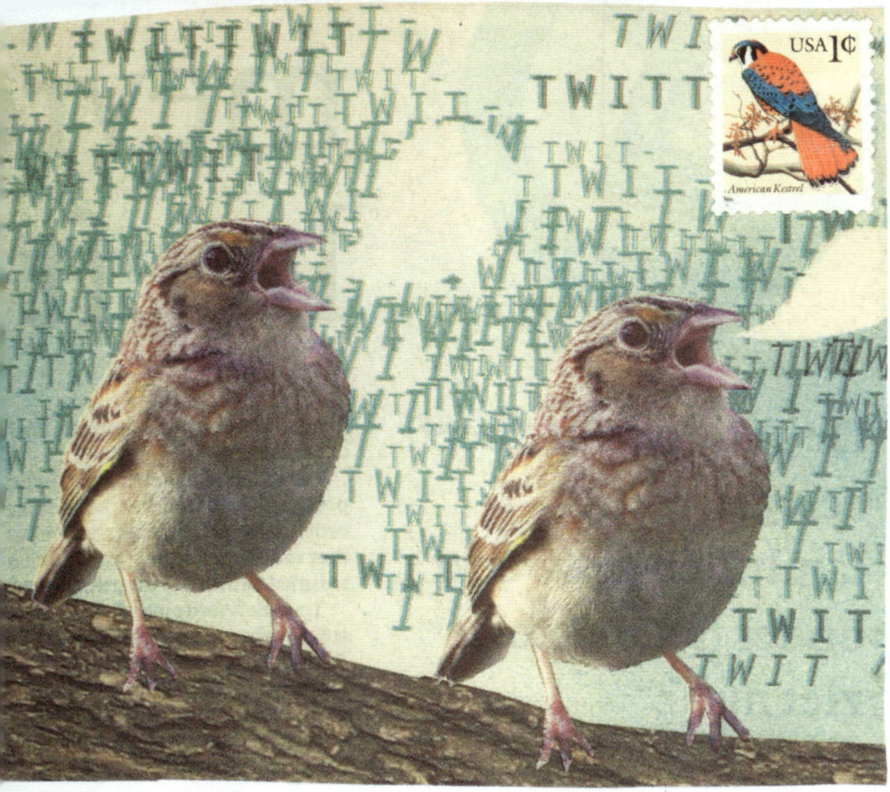

vOgels

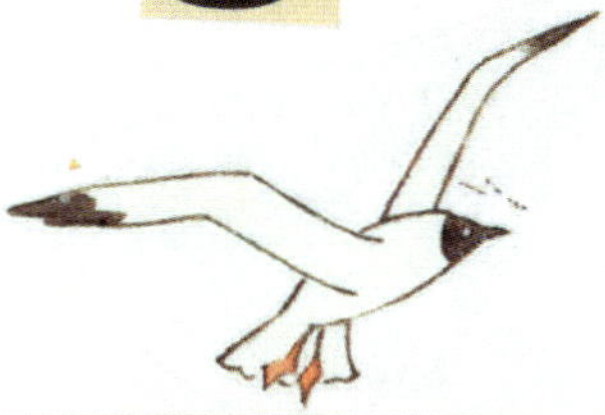

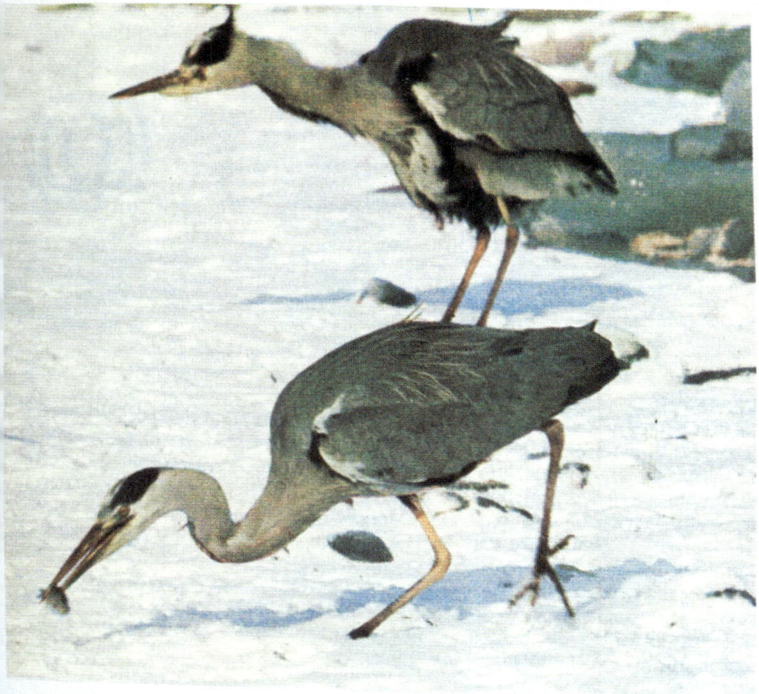

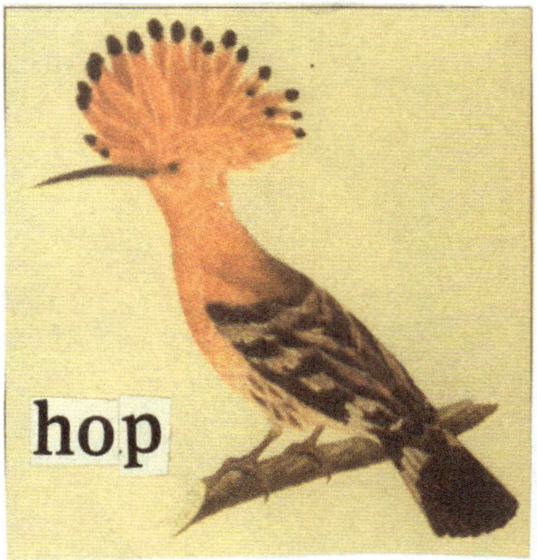

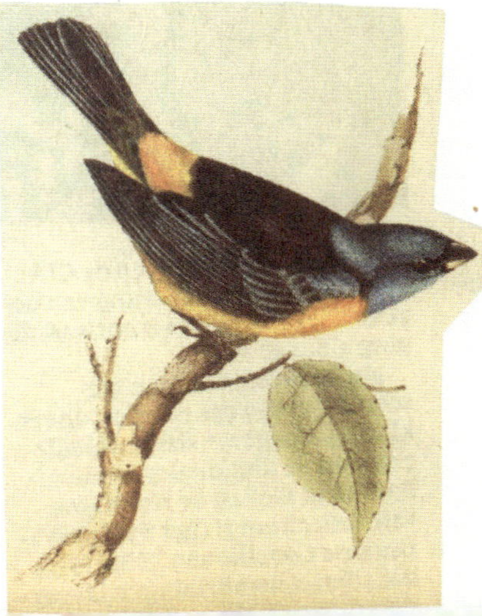

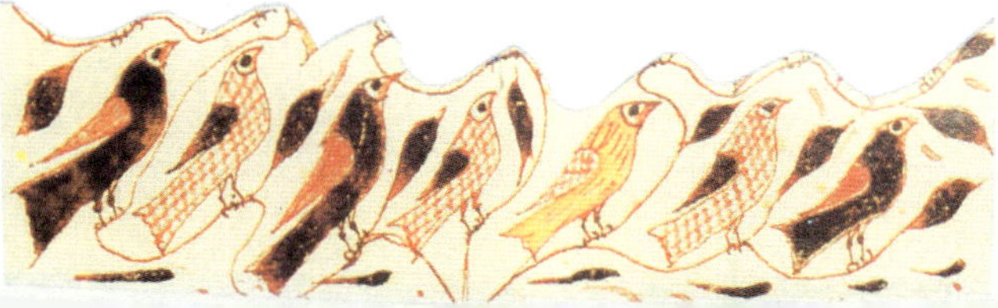

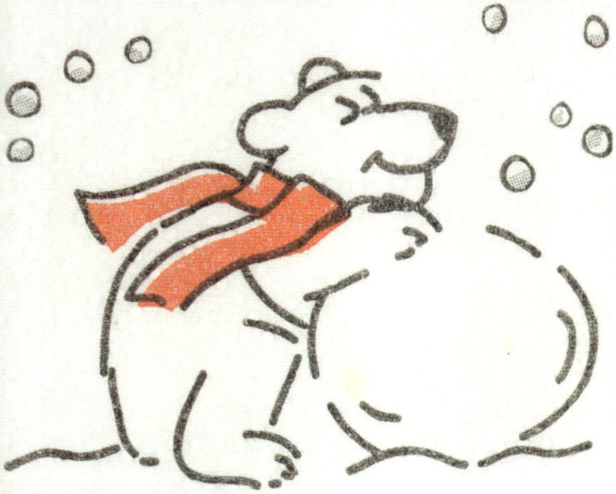

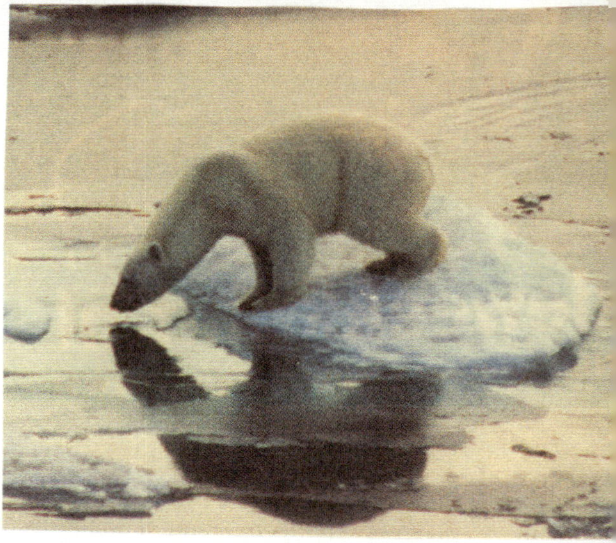

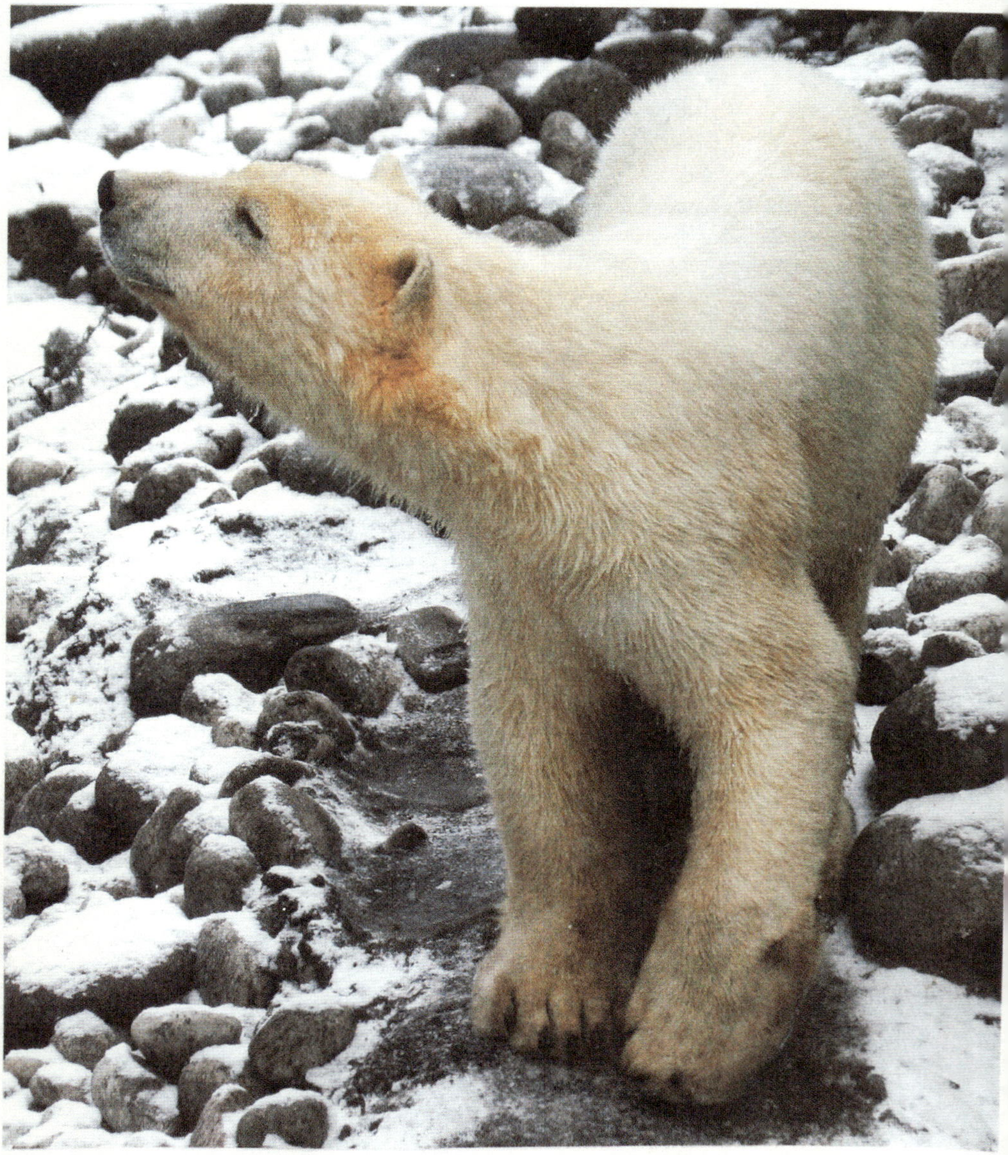

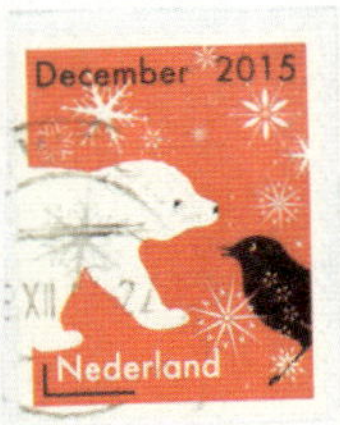
December 2015
Nederland

ijsBeer

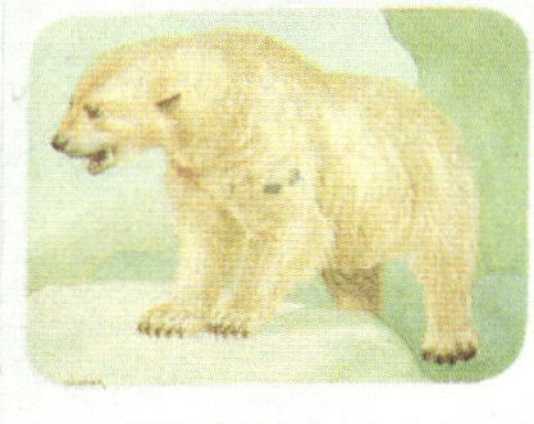

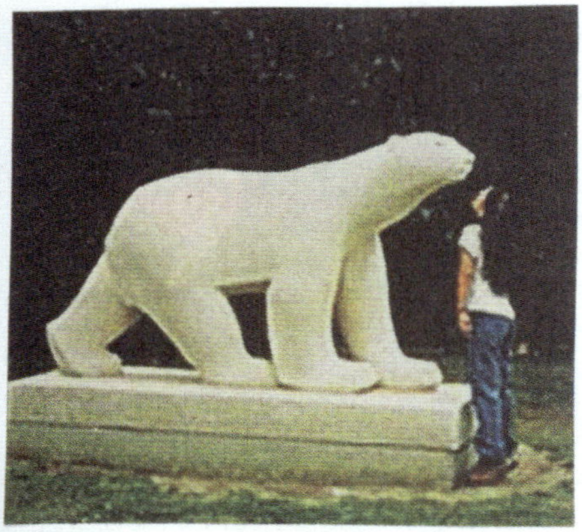

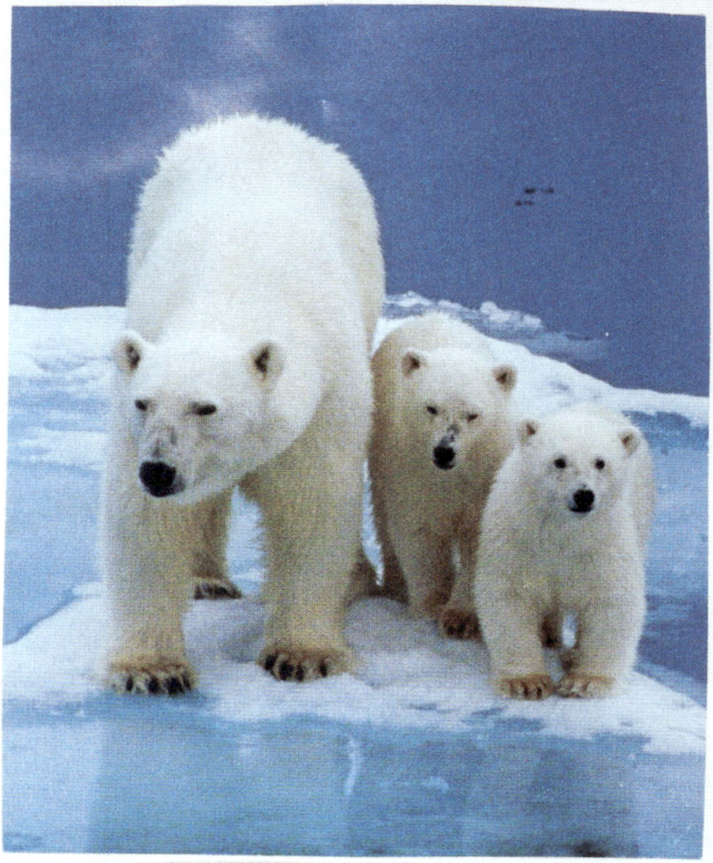

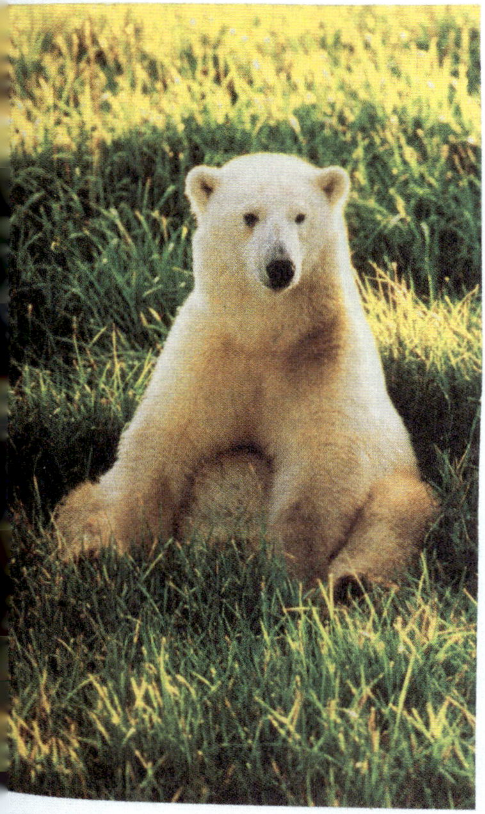

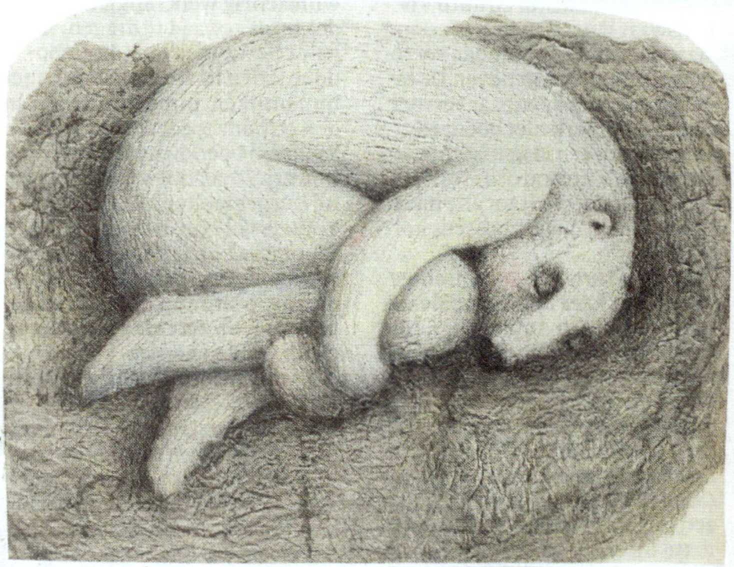

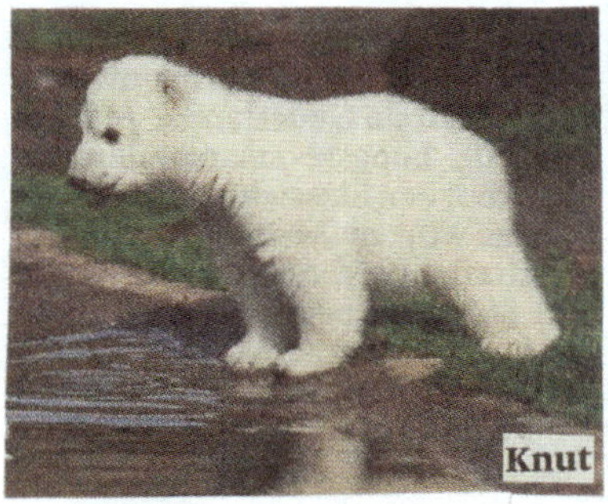

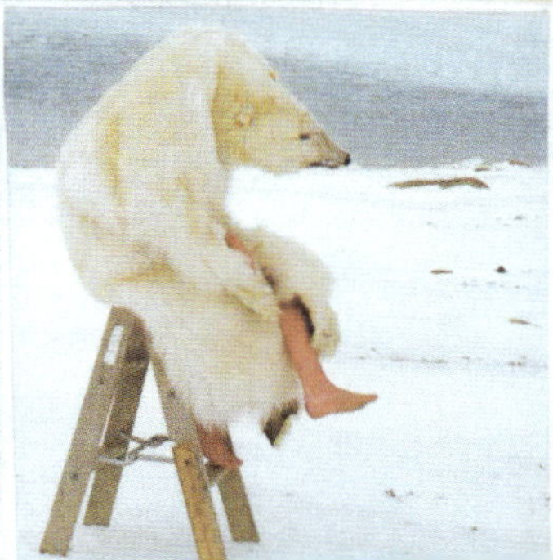

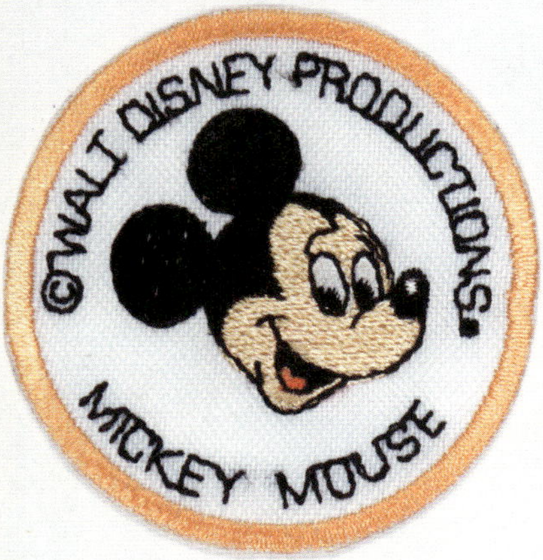
©WALT DISNEY PRODUCTIONS
MICKEY MOUSE

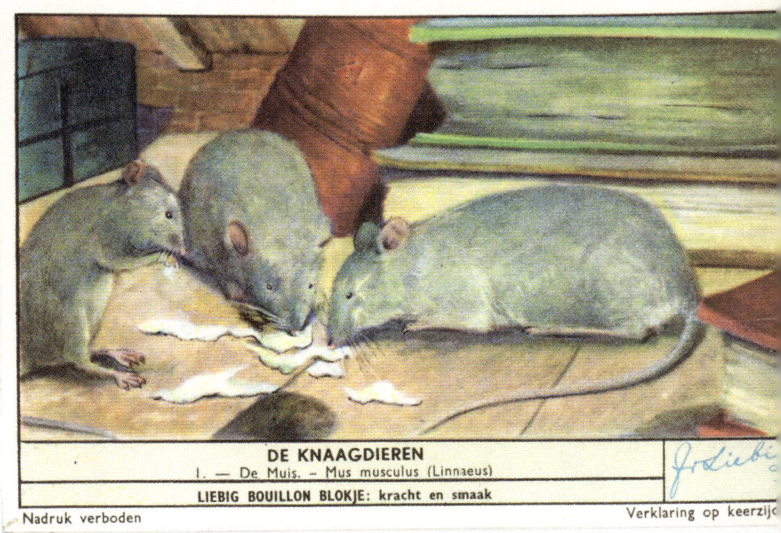
DE KNAAGDIEREN
1. — De Muis. – Mus musculus (Linnaeus)
LIEBIG BOUILLON BLOKJE: kracht en smaak
Nadruk verboden
Verklaring op keerzij

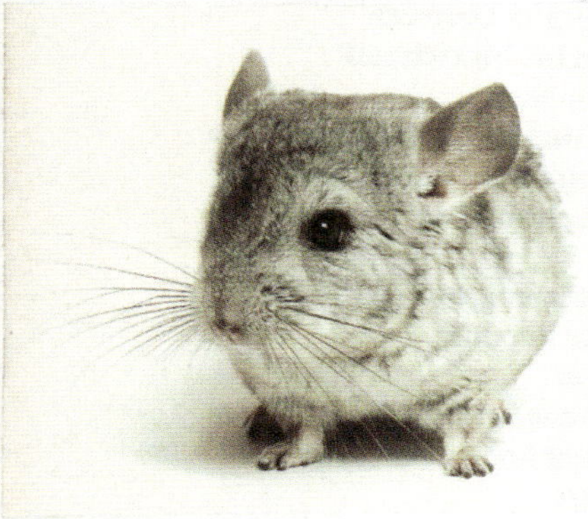

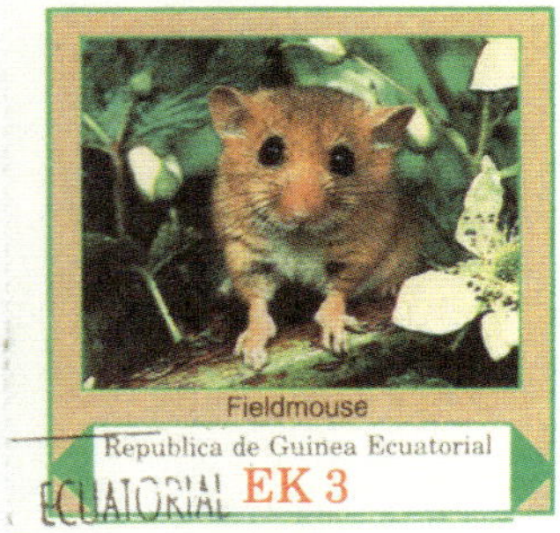
Fieldmouse
Republica de Guinea Ecuatorial
ECUATORIAL
EK 3

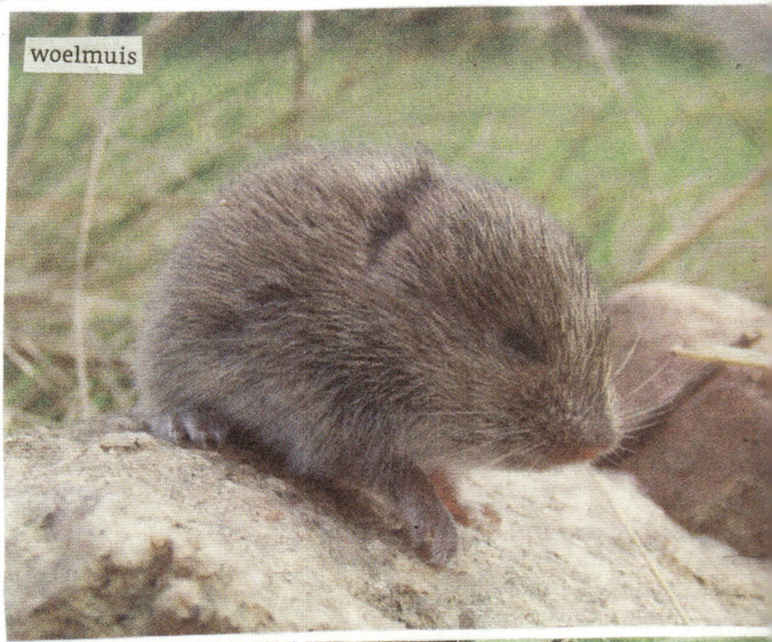
woelmuis

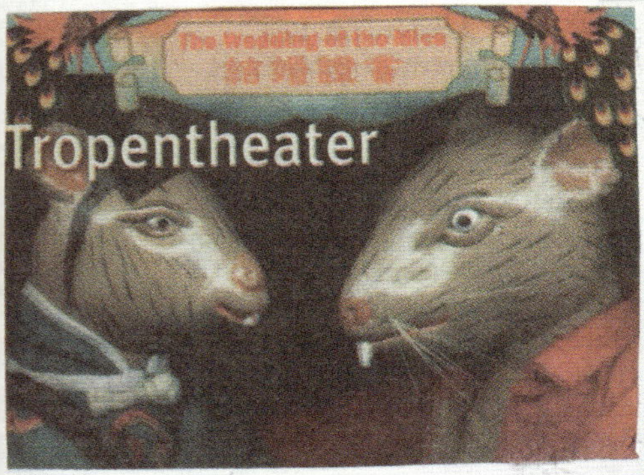
The Wedding of the Mice
Tropentheater

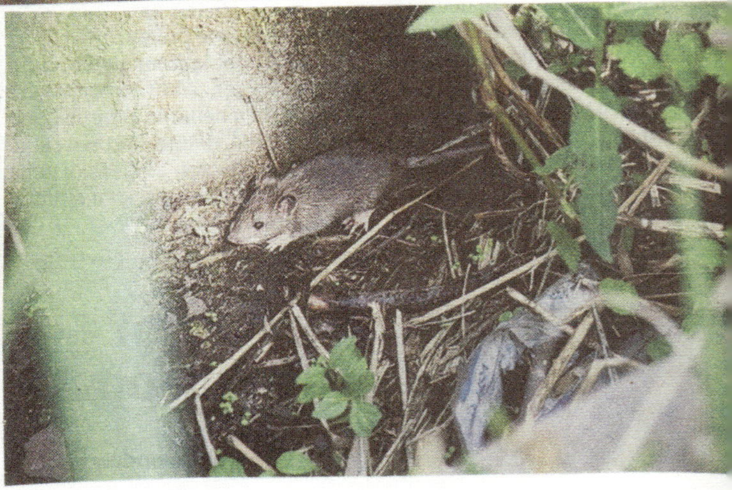

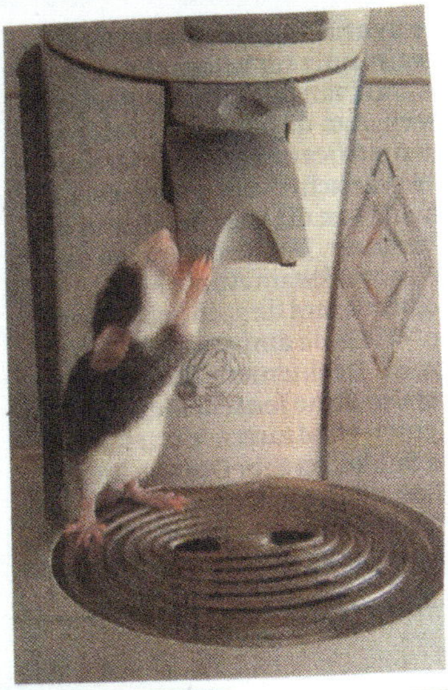

m

ui

S

vLEer

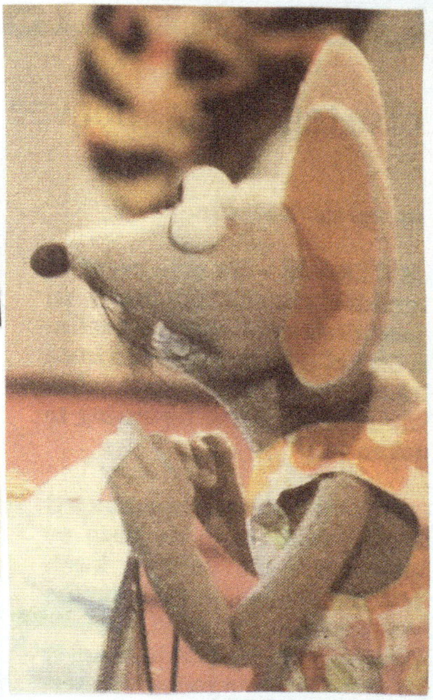

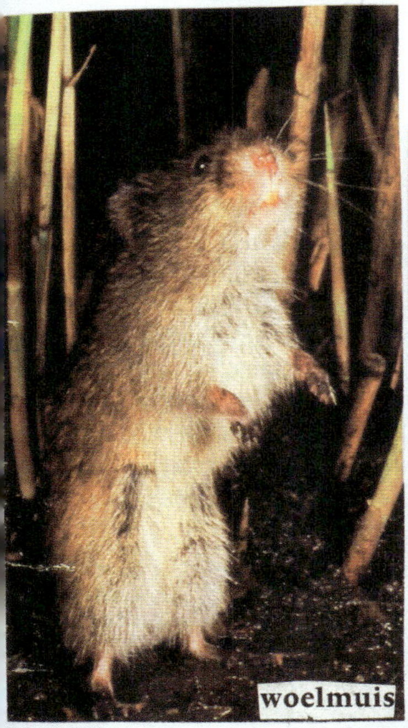

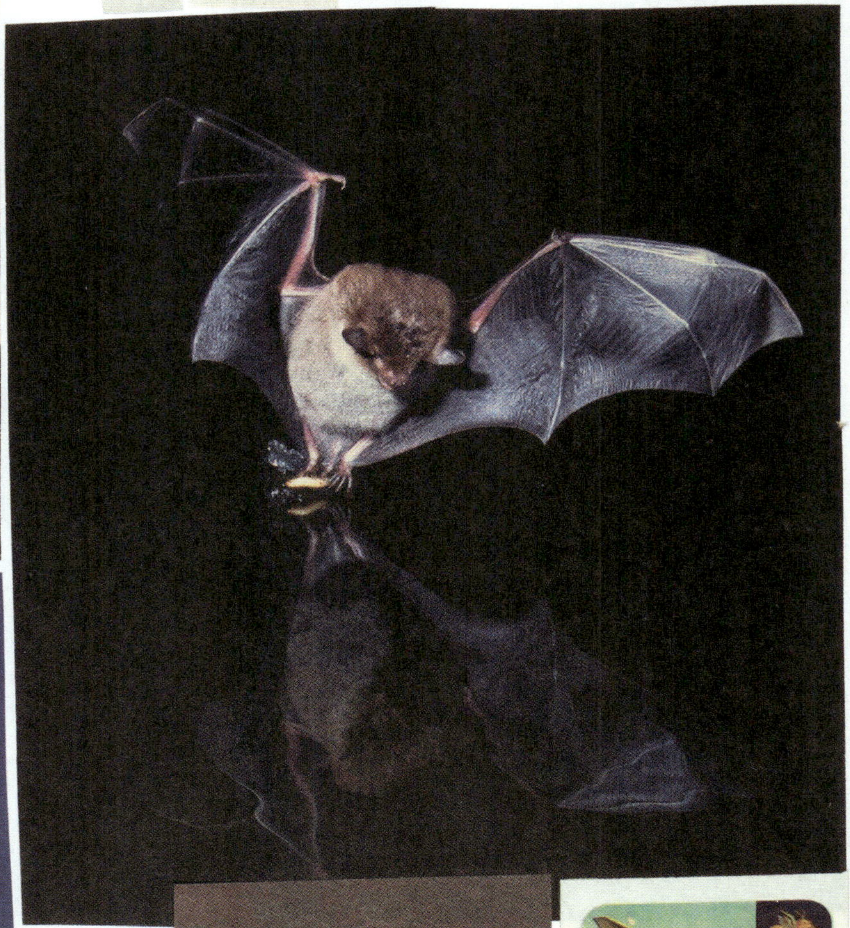

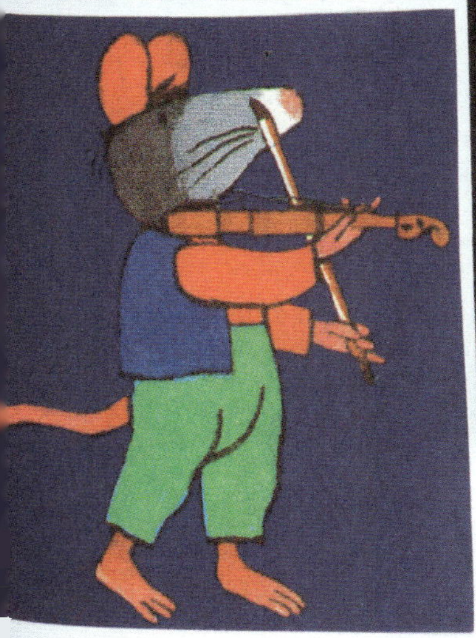

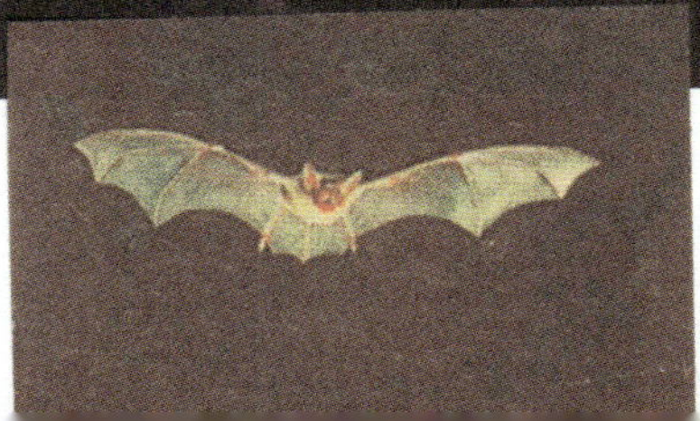

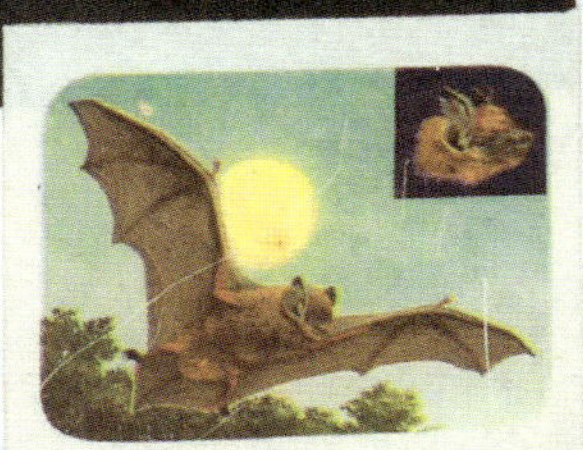

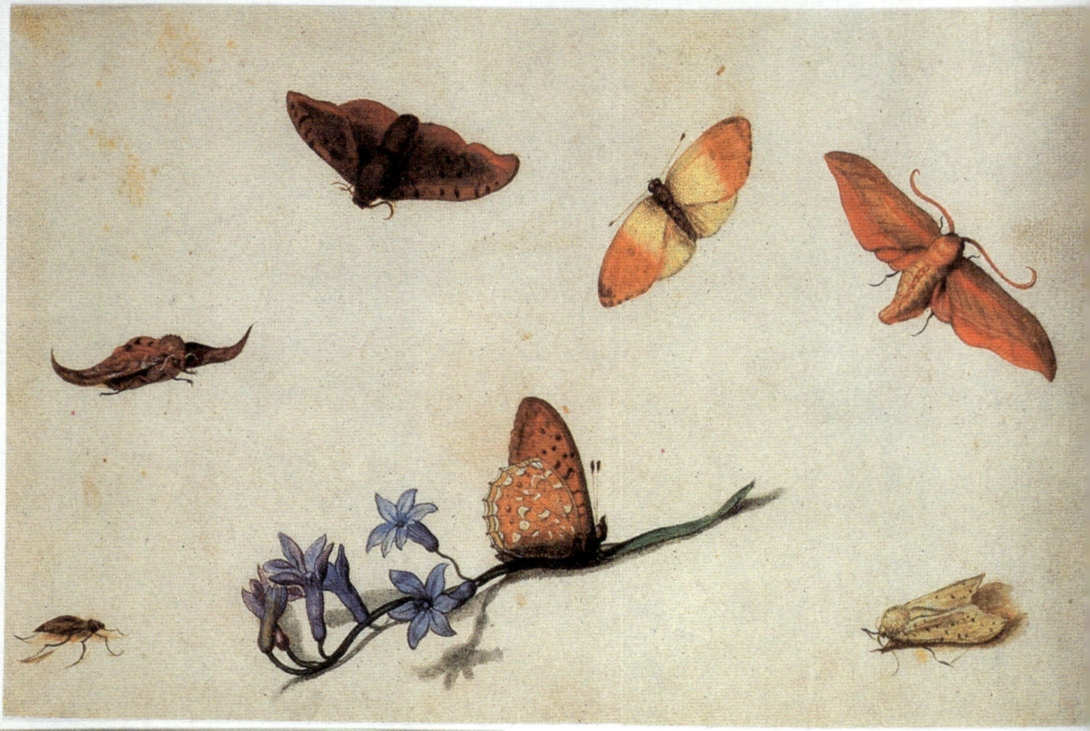

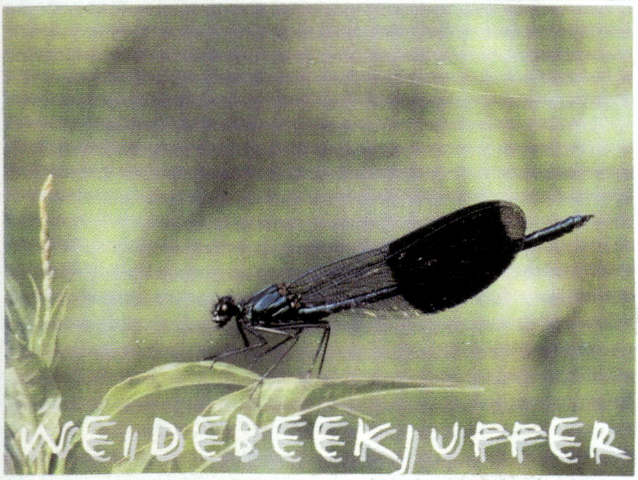

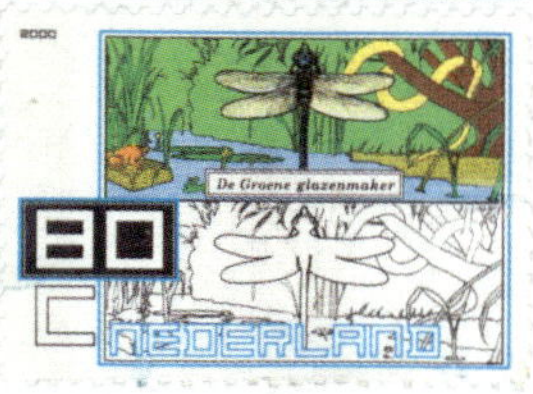

Libelle

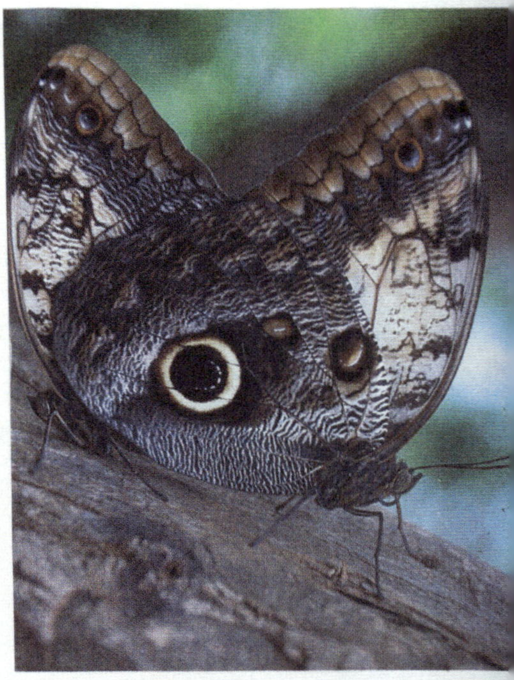

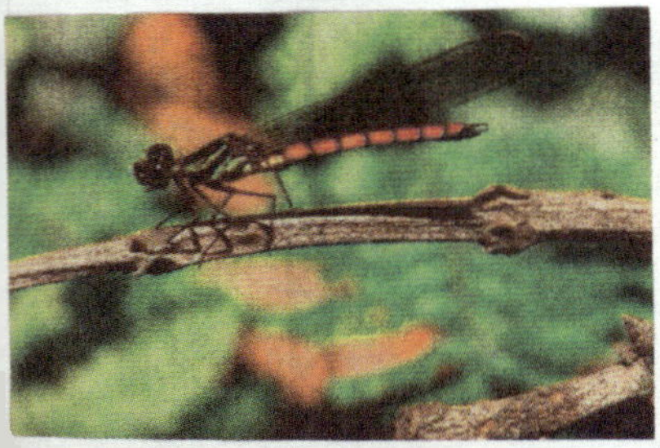

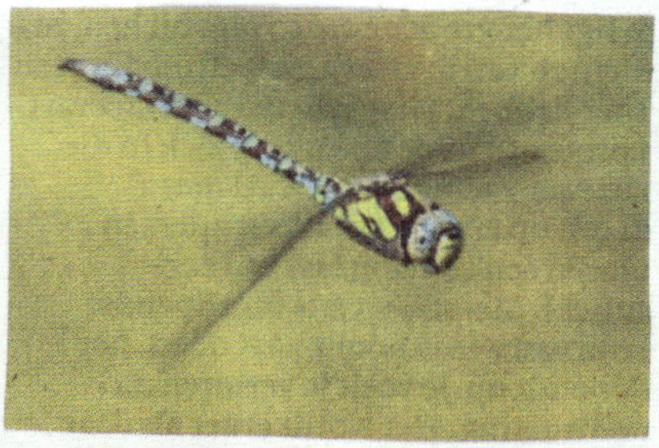

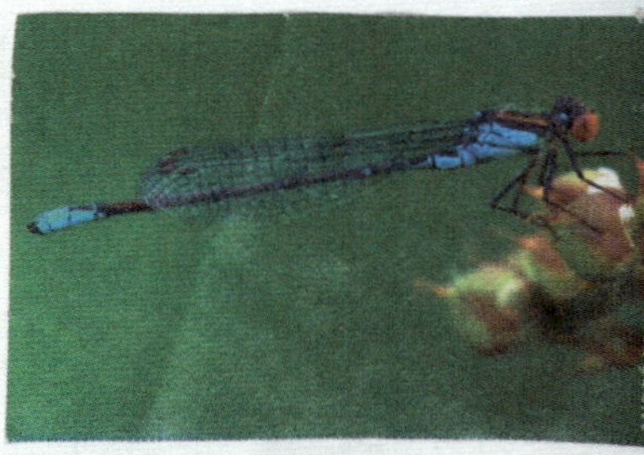

ANDRÉ DEN OUDEN

V

l

in

der

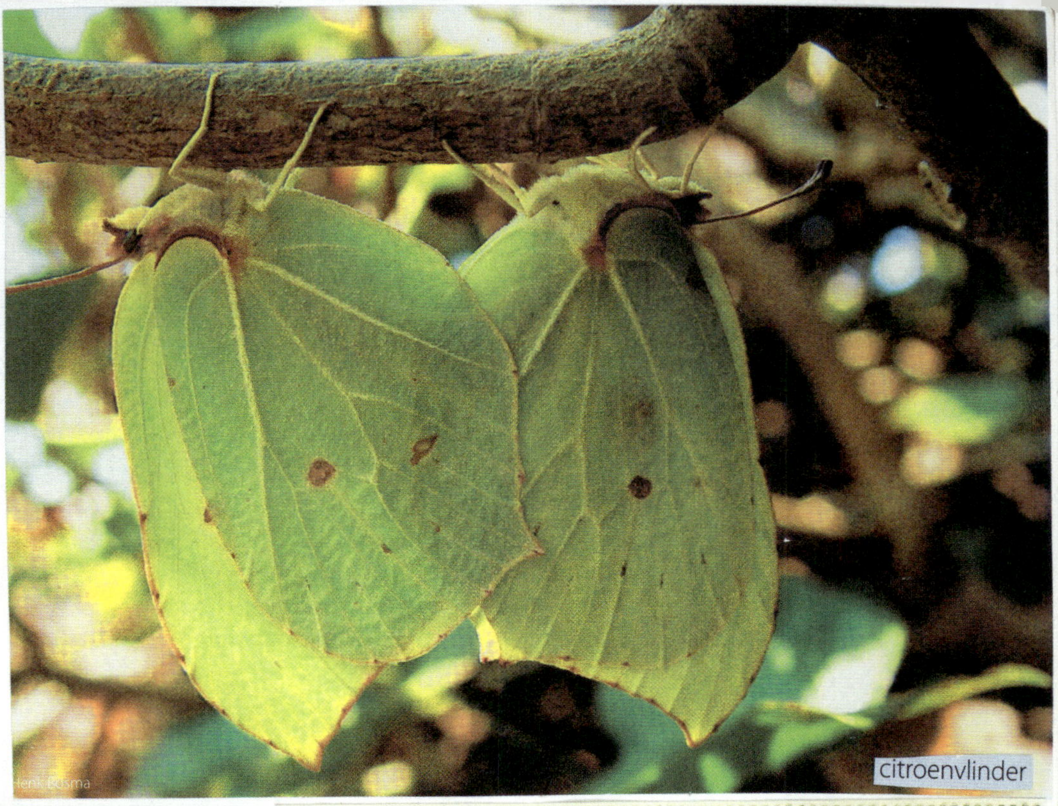

citroenvlinder

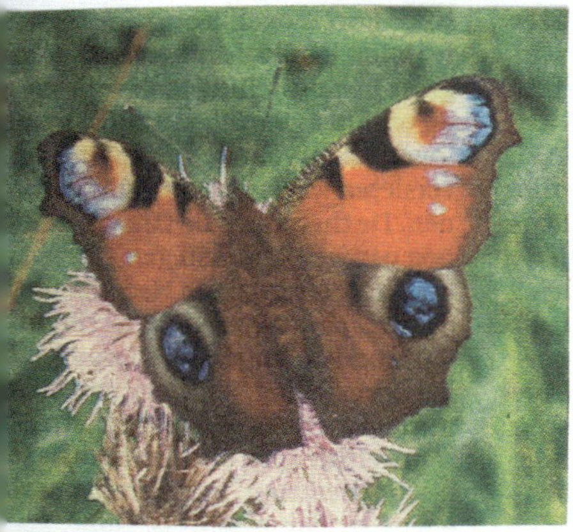

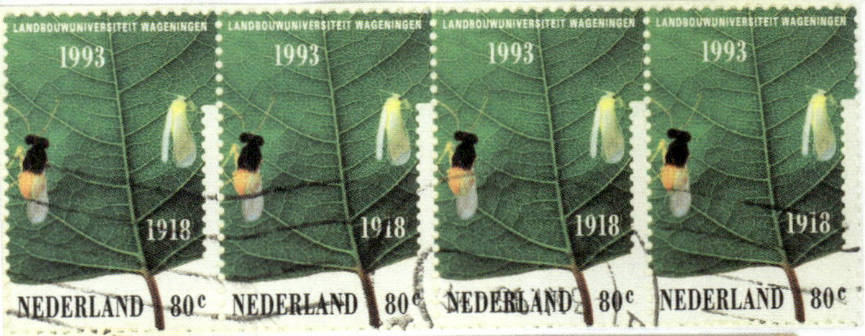

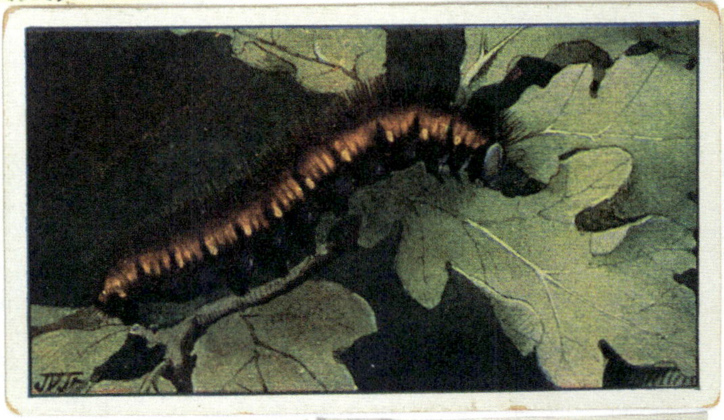

r

u

p

s

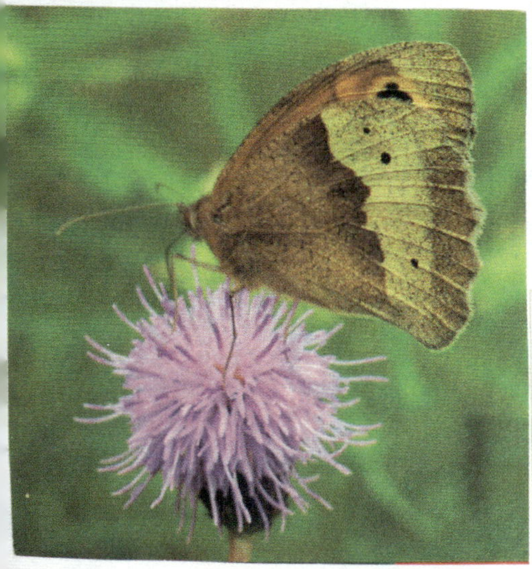

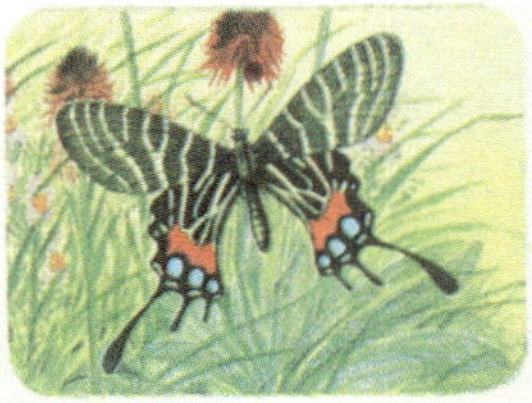

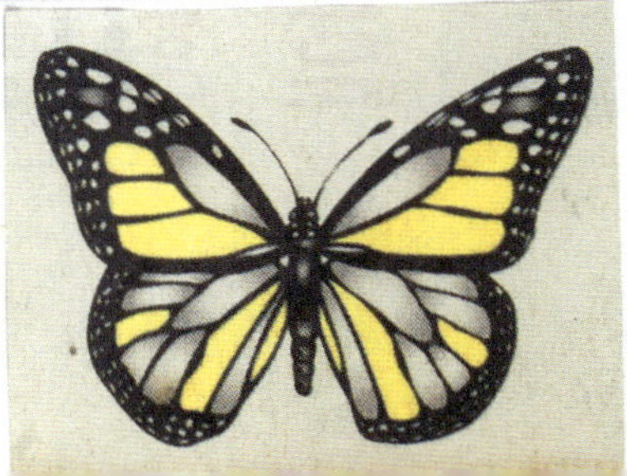

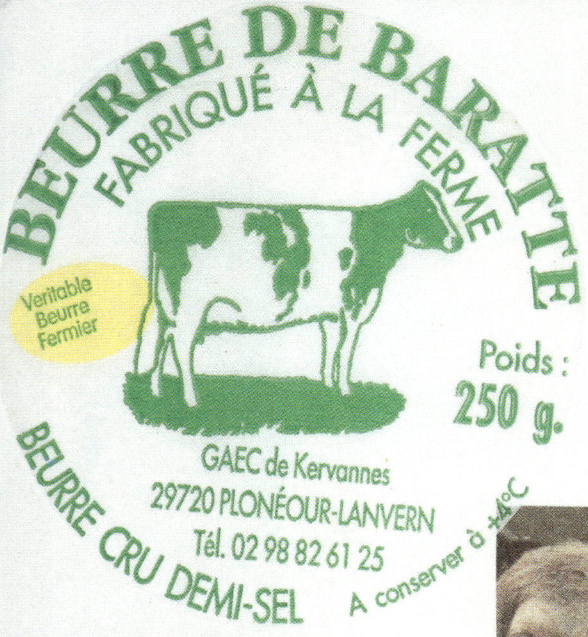
BEURRE DE BARATTE
FABRIQUÉ À LA FERME
Veritable Beurre Fermier
Poids :
250 g.
GAEC de Kervannes
29720 PLONÉOUR-LANVERN
Tél. 02 98 82 61 25
BEURRE CRU DEMI-SEL
A conserver à +4°C

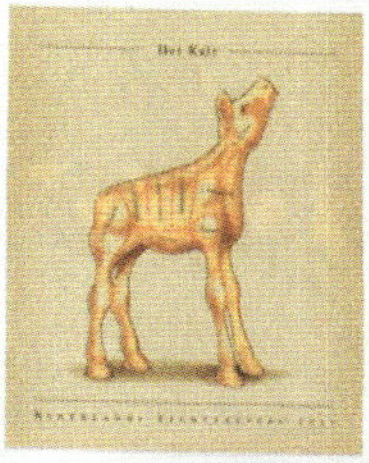

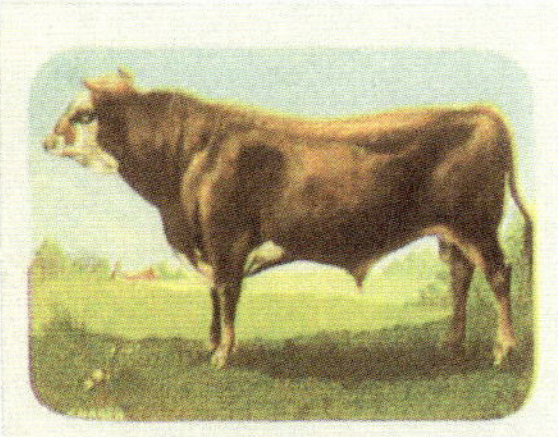

ST

ie

r

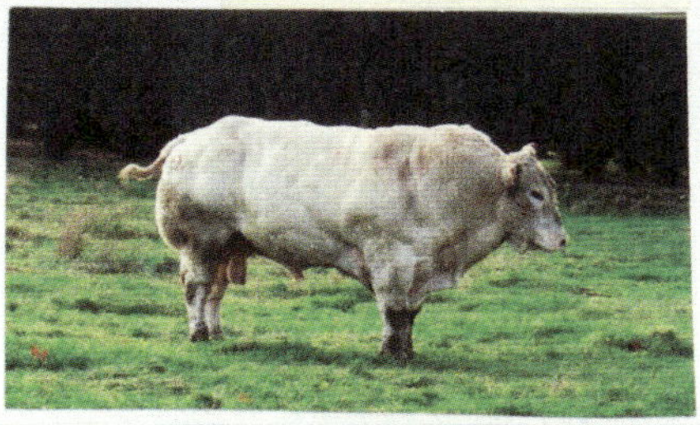

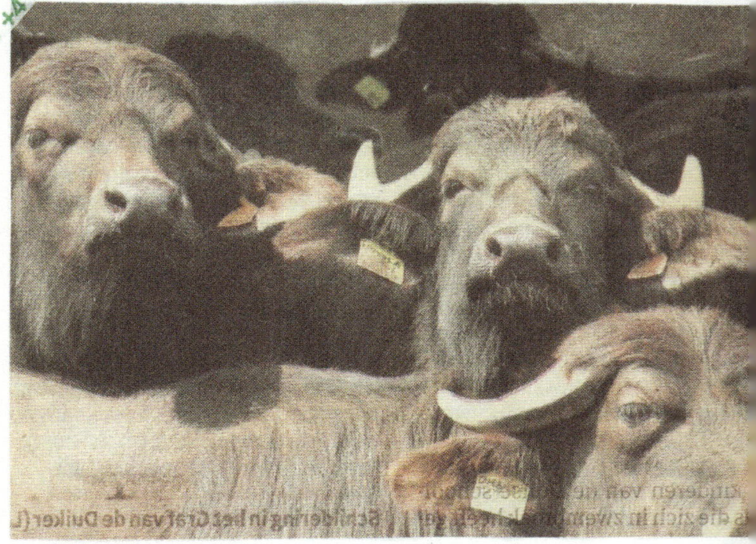
Schildering in het Graf van de Duiker (

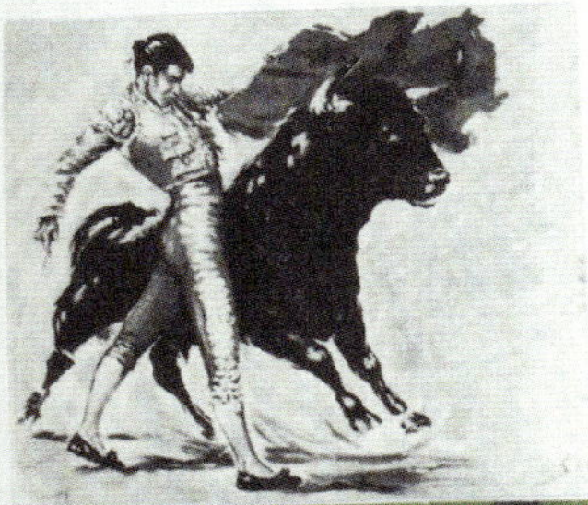

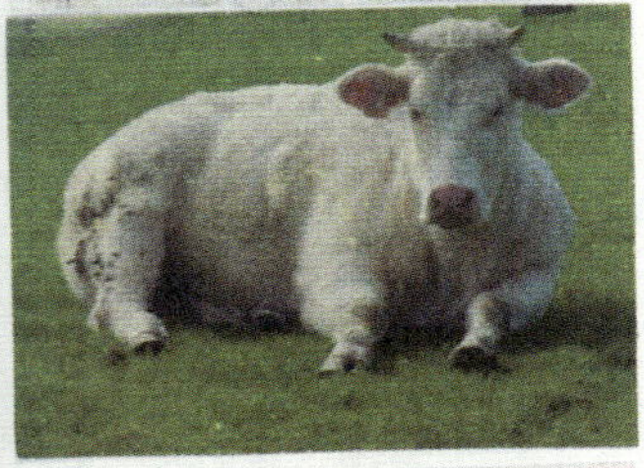

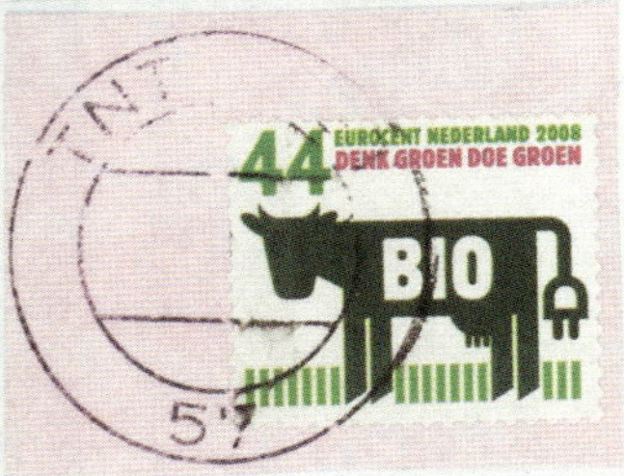
44
EUROCENT NEDERLAND 2008
DENK GROEN DOE GROEN
BIO

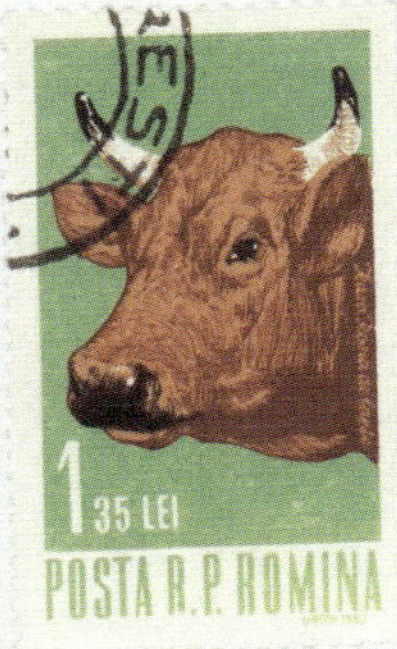
1 35 LEI
POSTA R.P. ROMINA

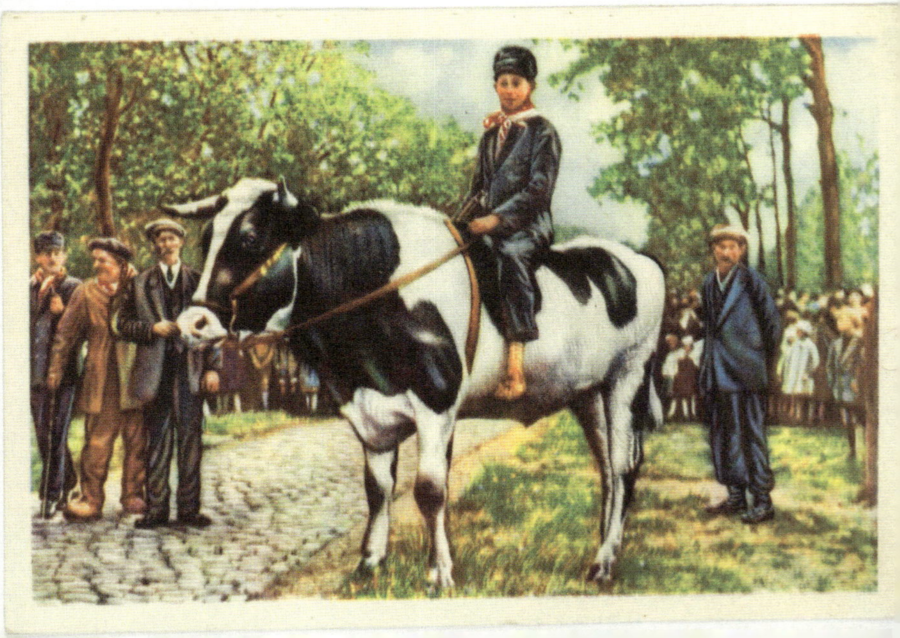

k
o
e

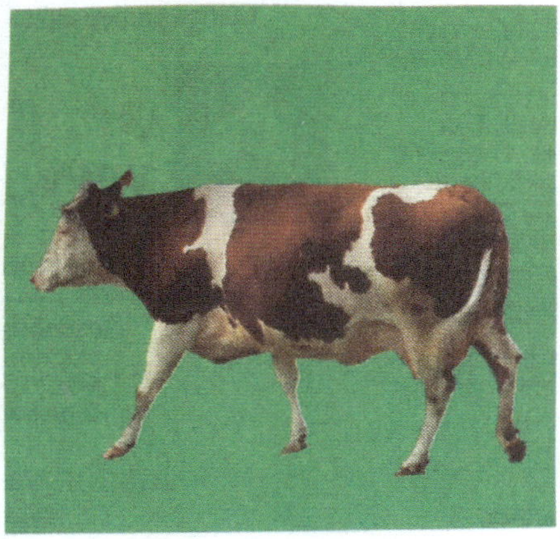

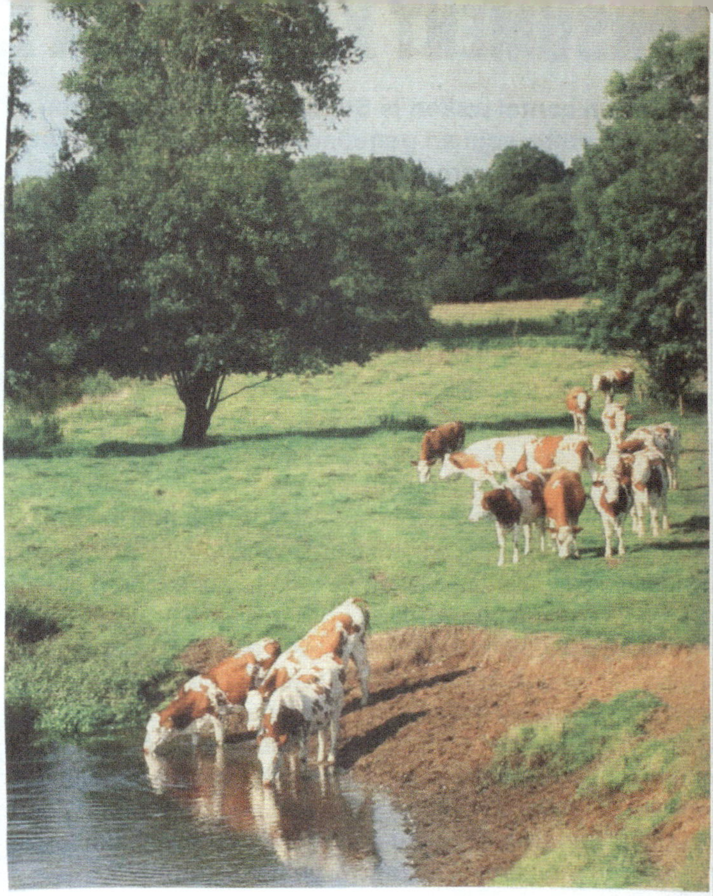

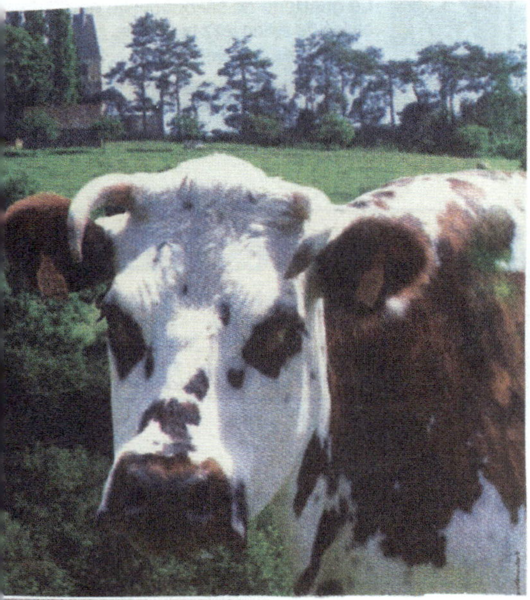

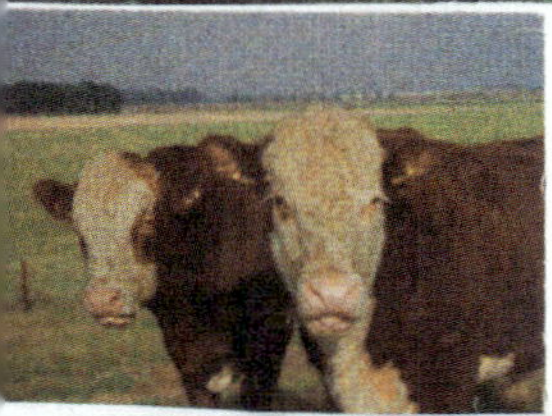

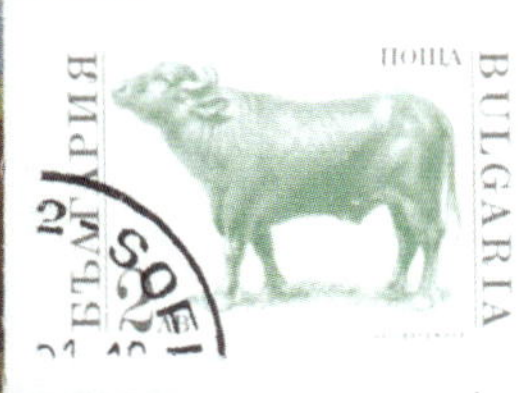

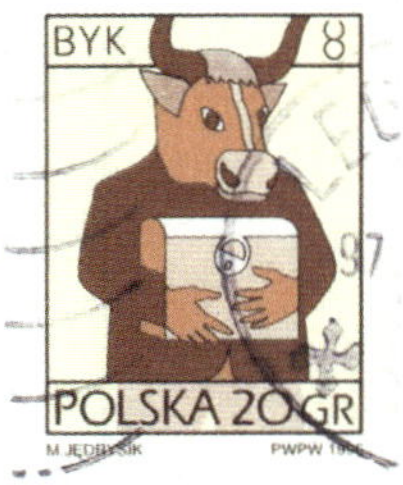

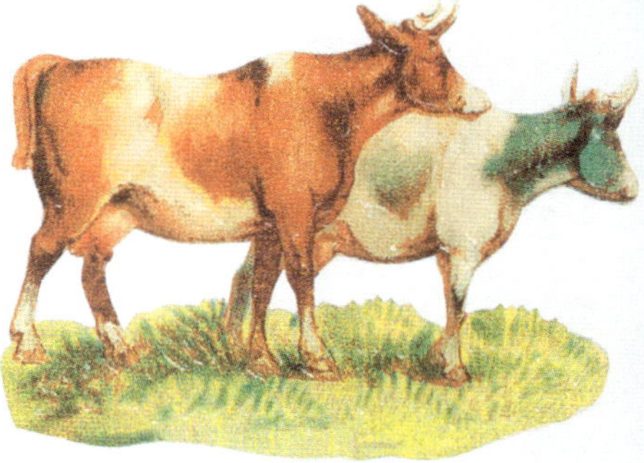

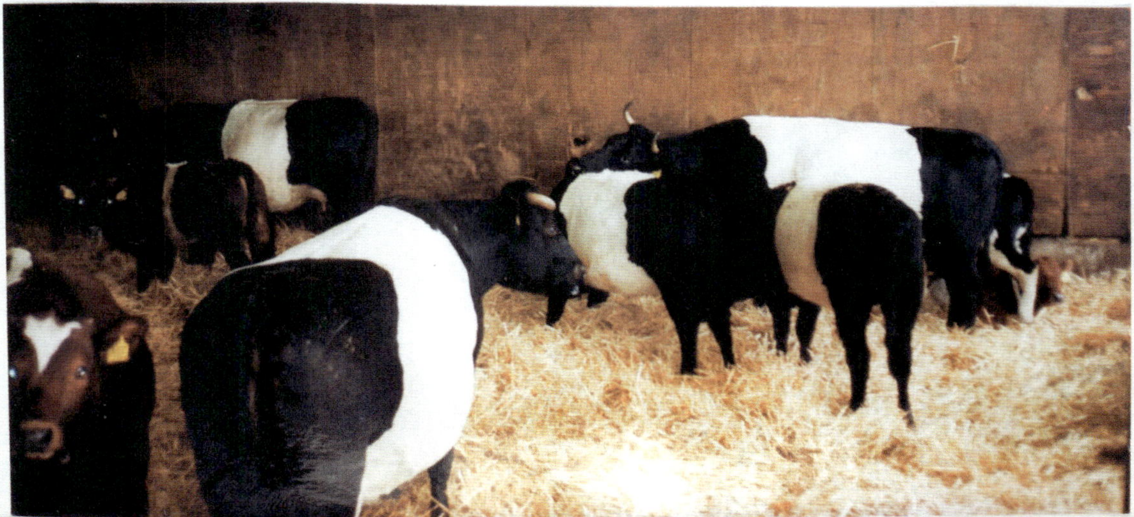

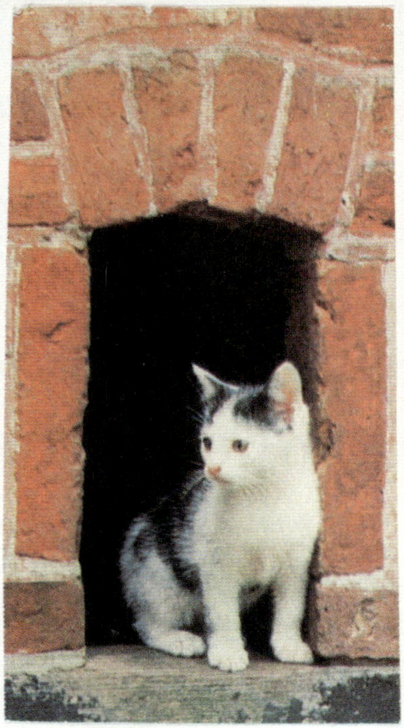

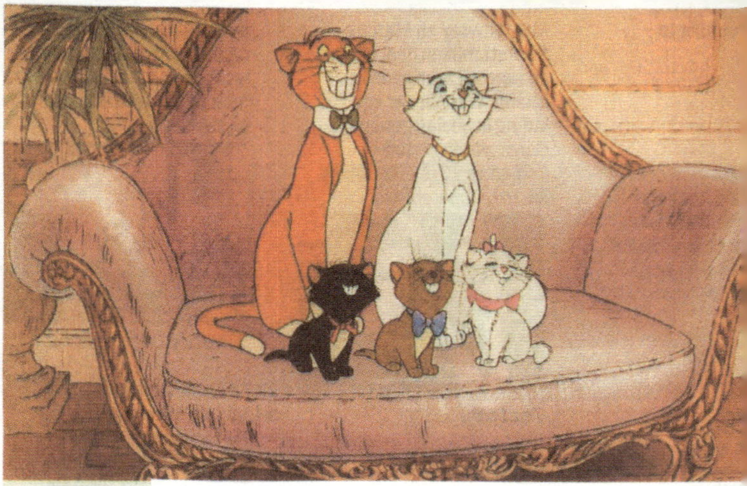

The Aristocats

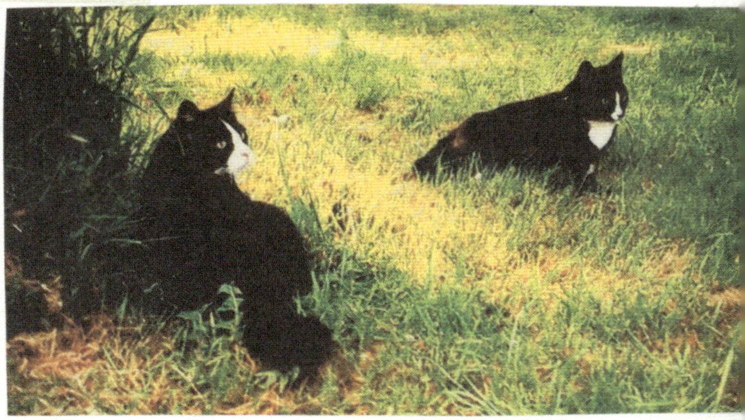

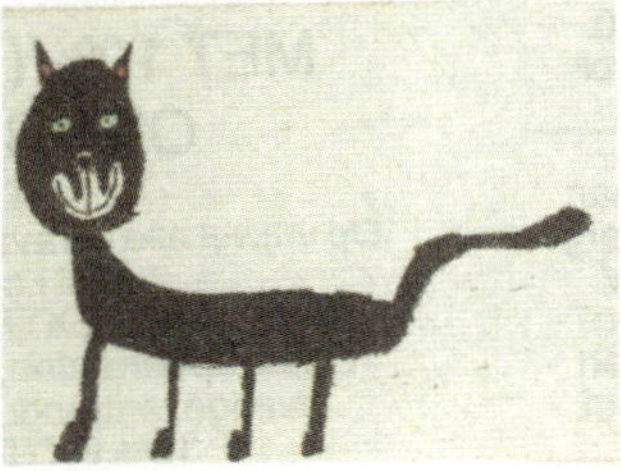

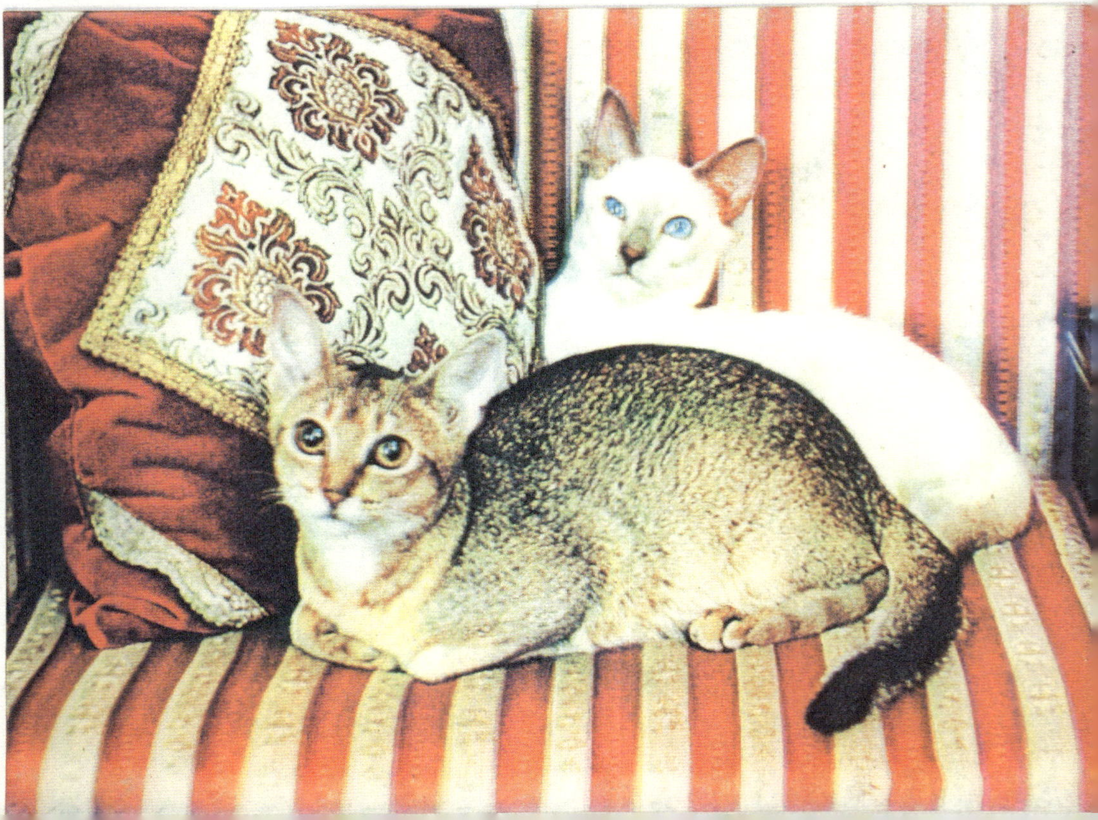

Poes

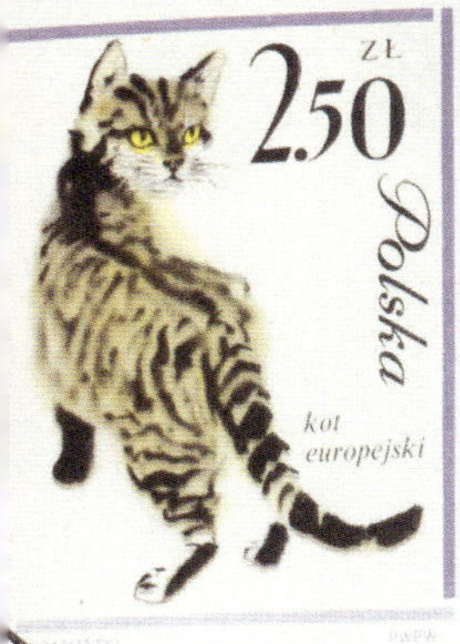

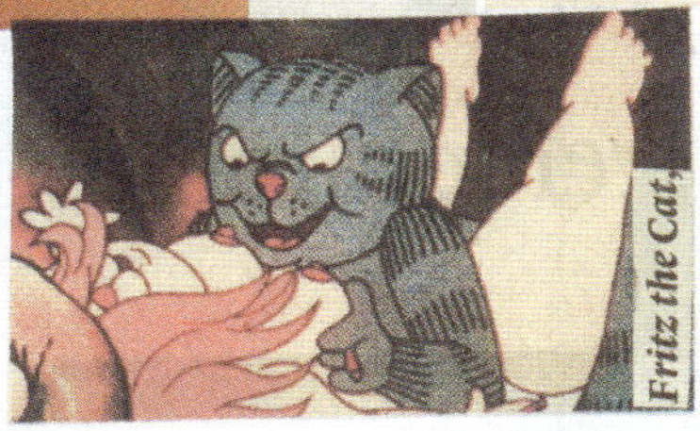

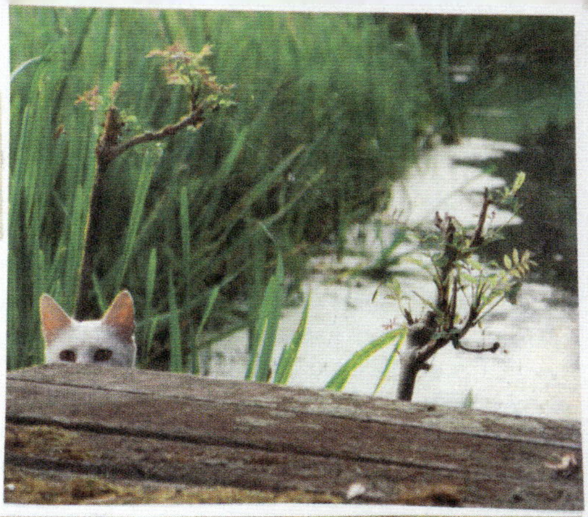

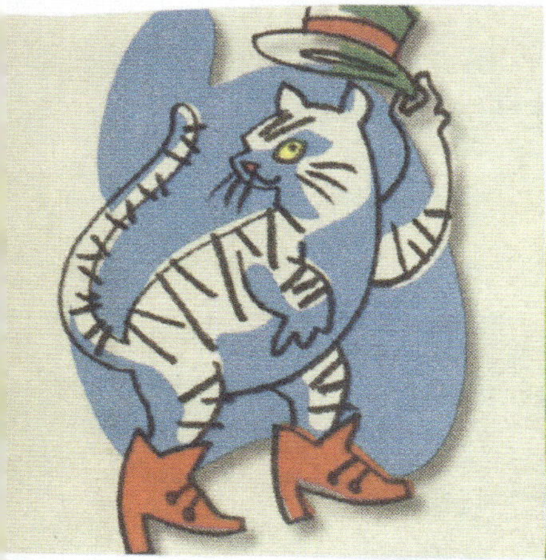

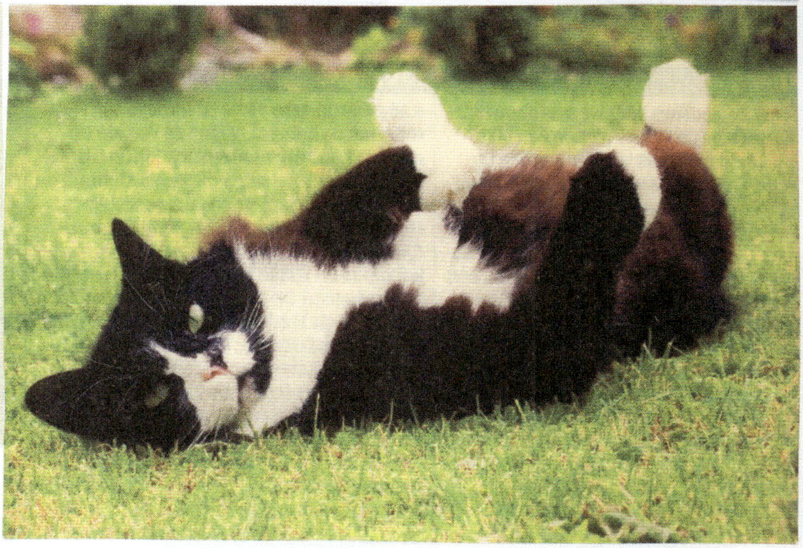

KAT

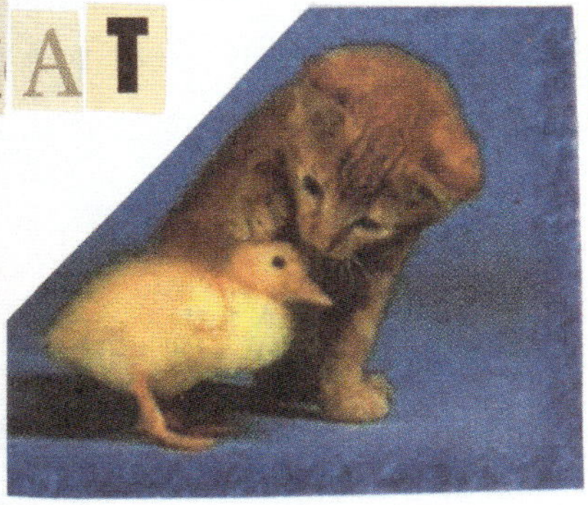

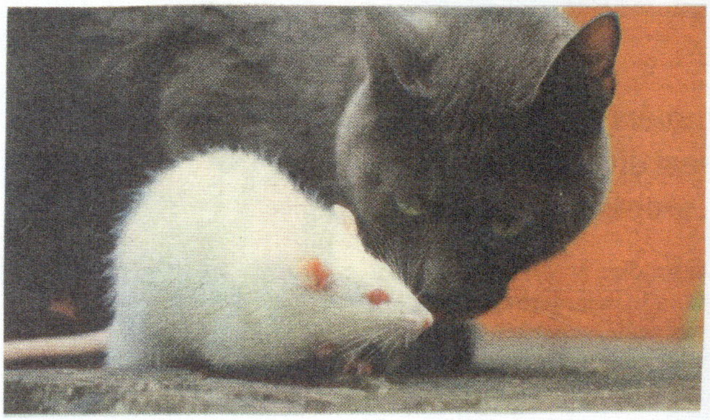

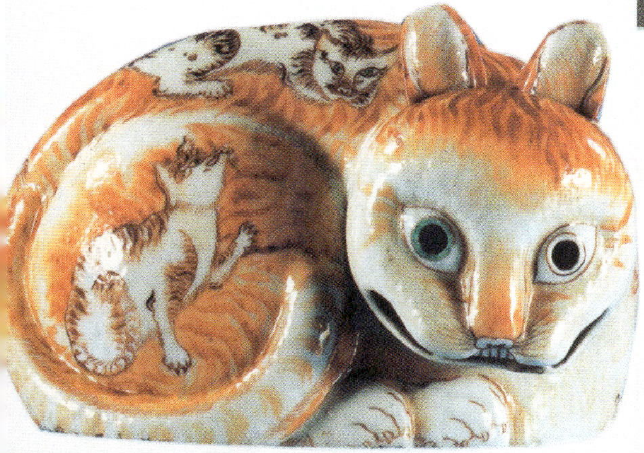

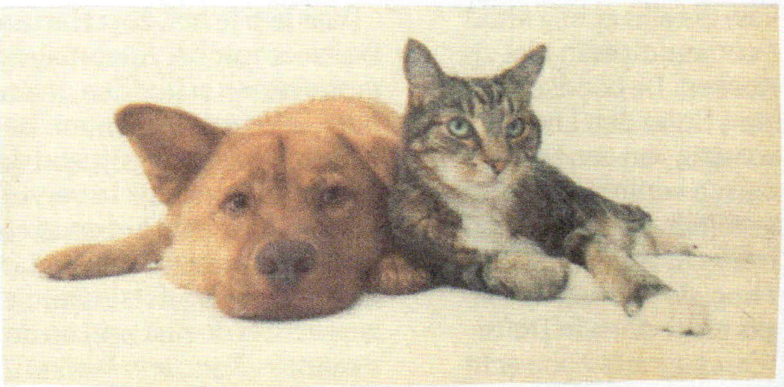

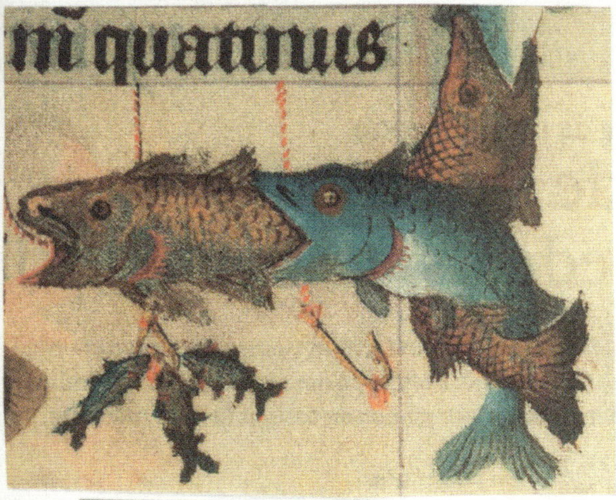
m̃ quatinus

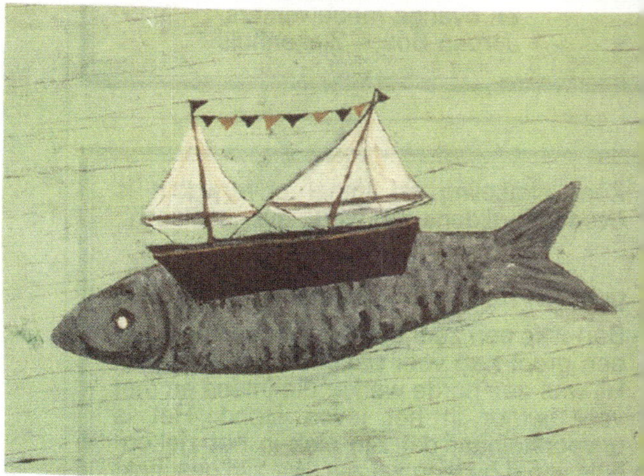

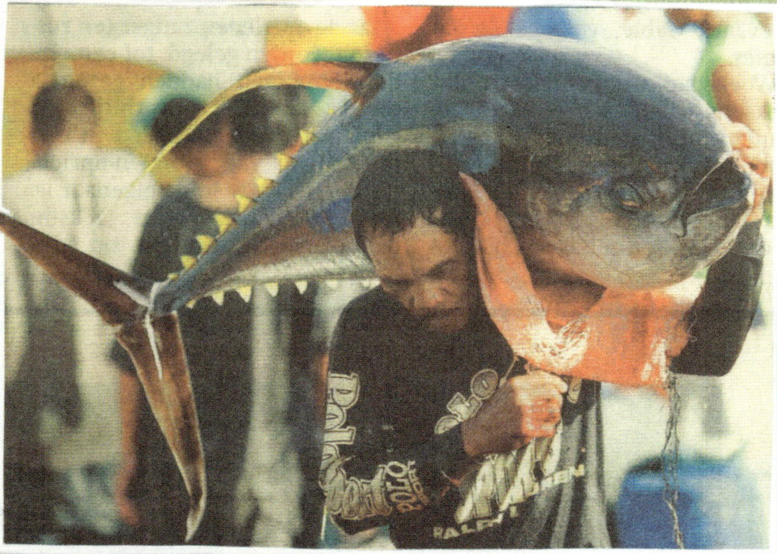

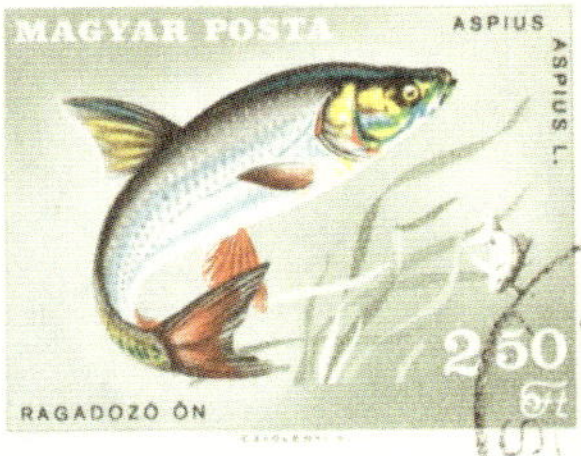
MAGYAR POSTA
ASPIUS
ASPIUS L.
2 50 Ft
RAGADOZÓ ŐN

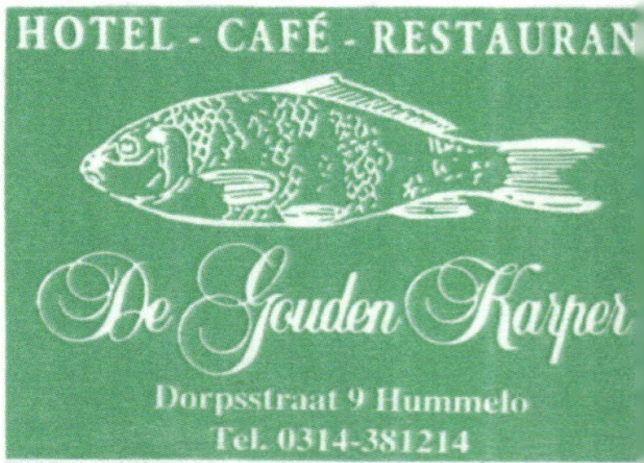
HOTEL - CAFÉ - RESTAURAN
De Gouden Karper
Dorpsstraat 9 Hummelo
Tel. 0314-381214

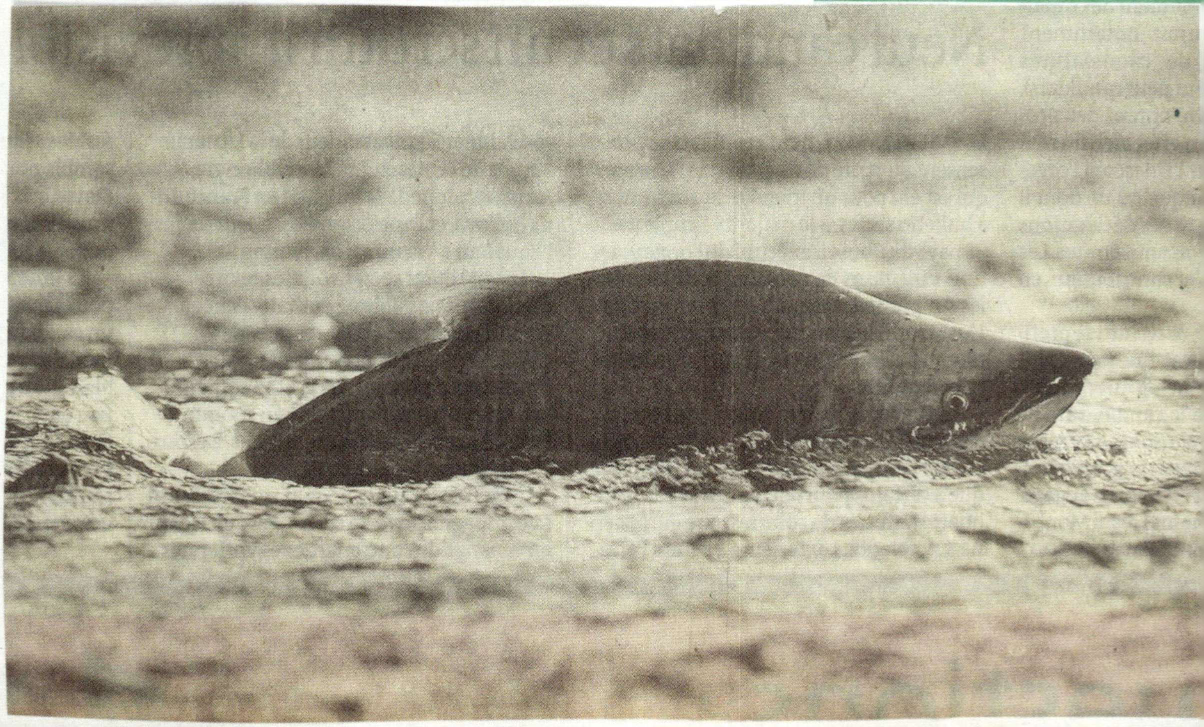

zEe Ster

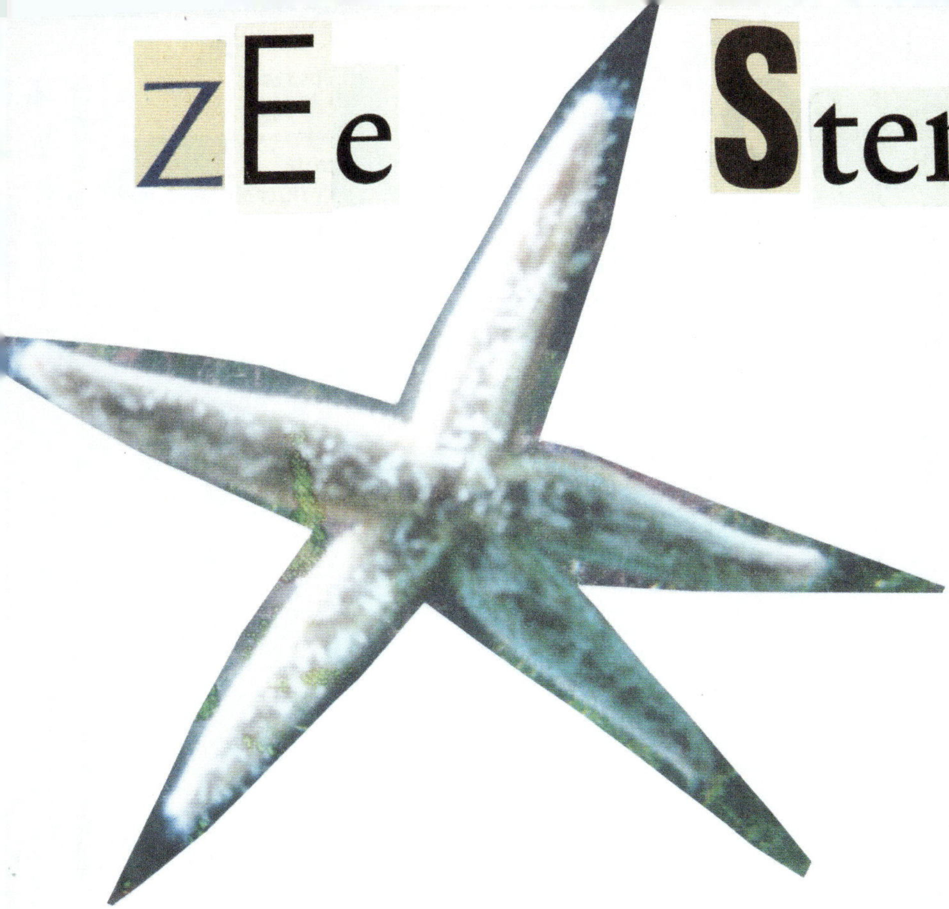

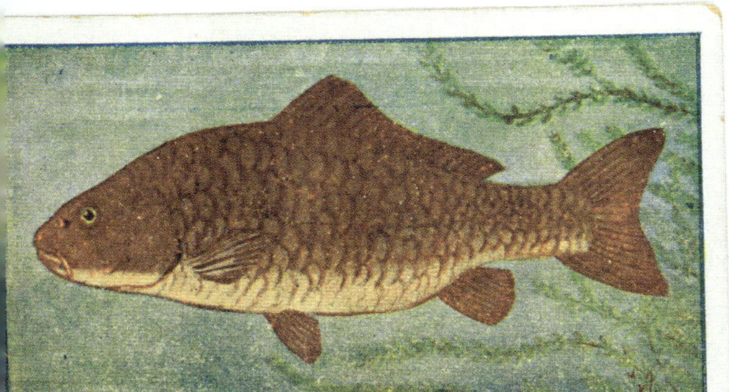

Vissen

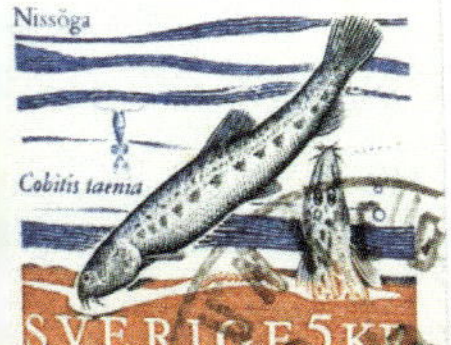

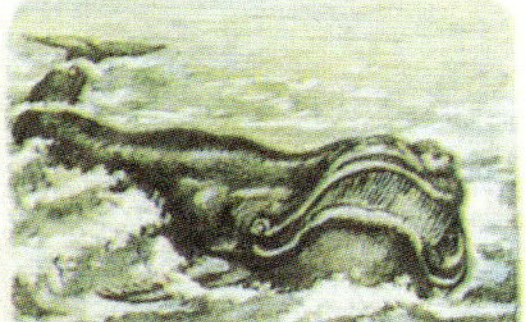

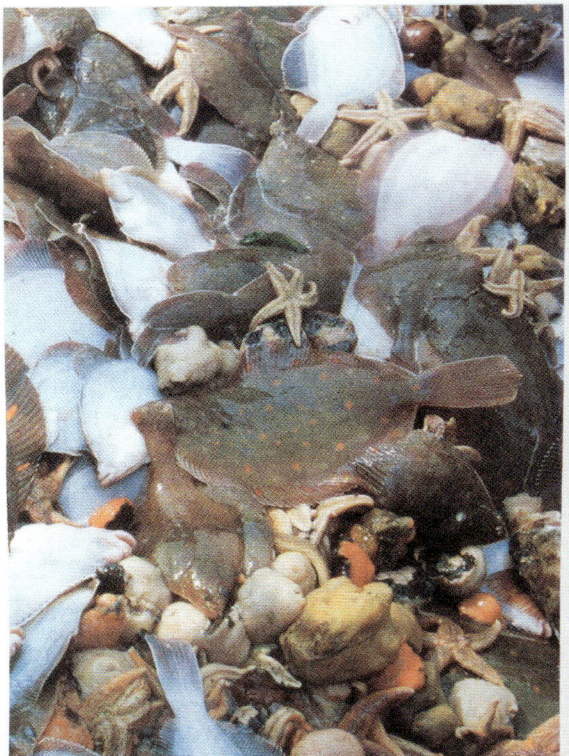

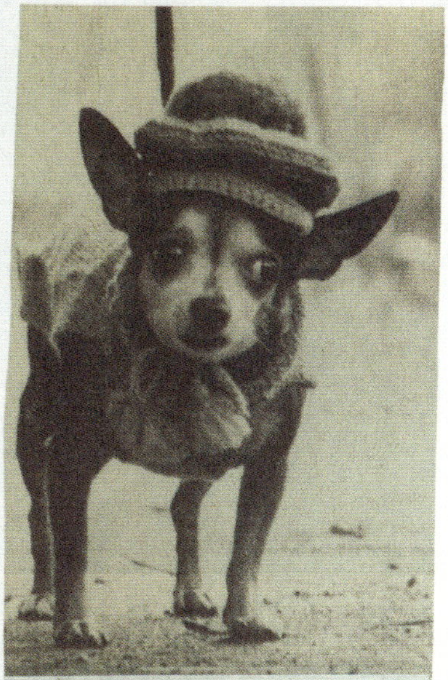

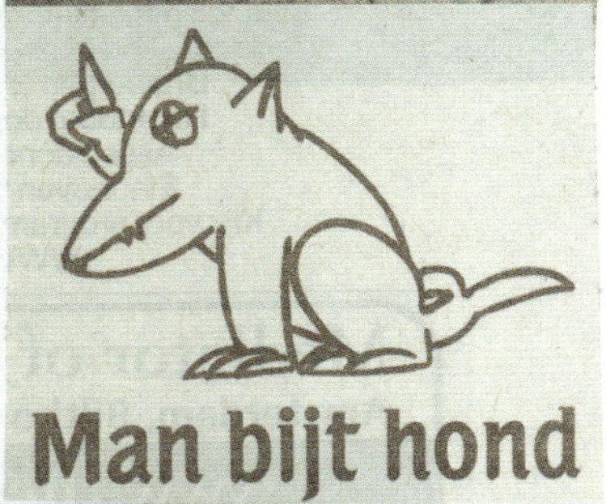
Man bijt hond

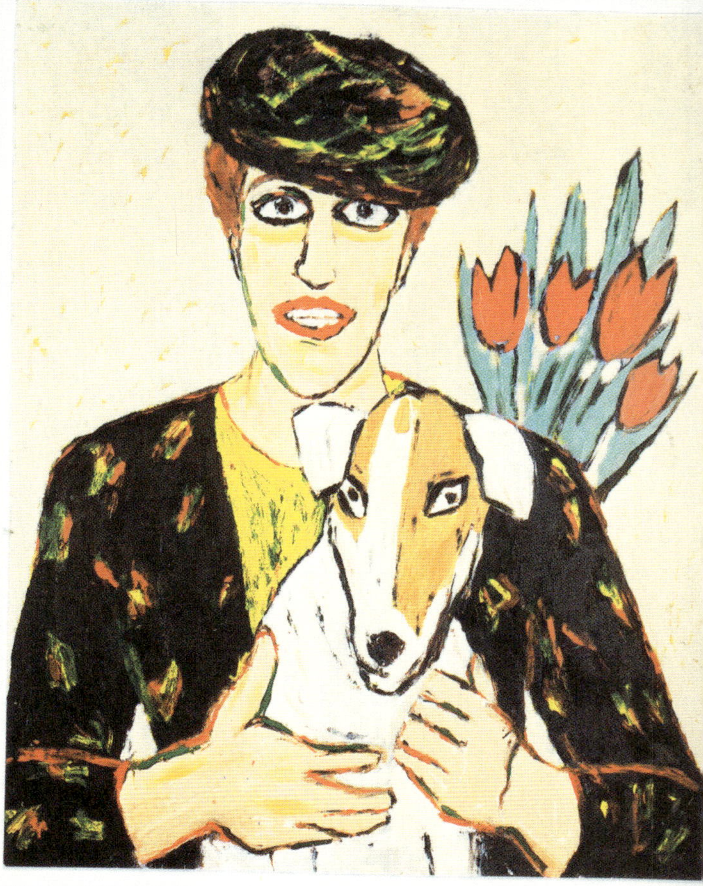

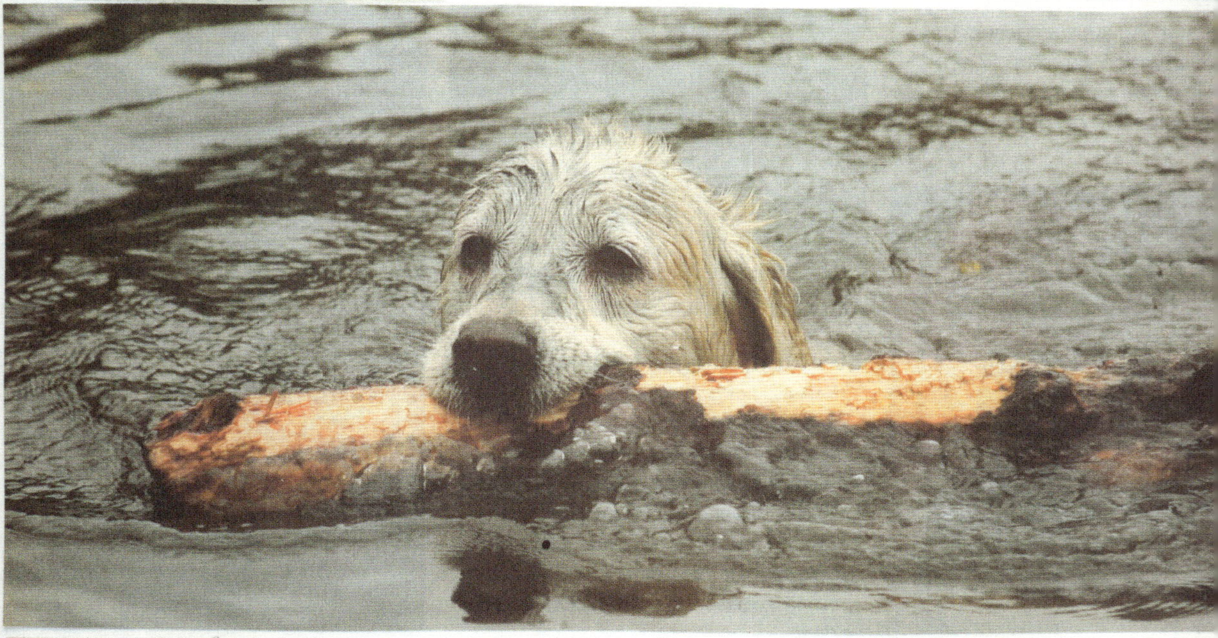

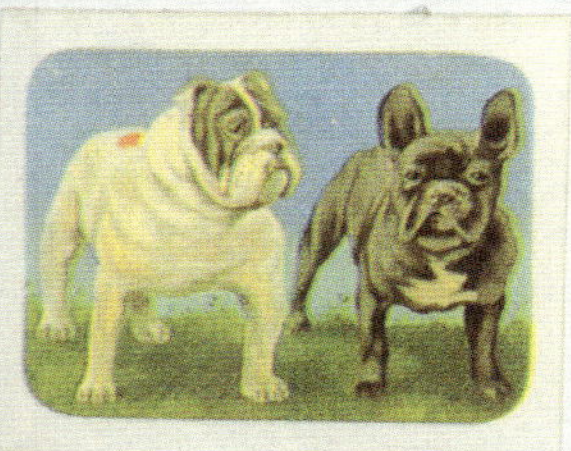

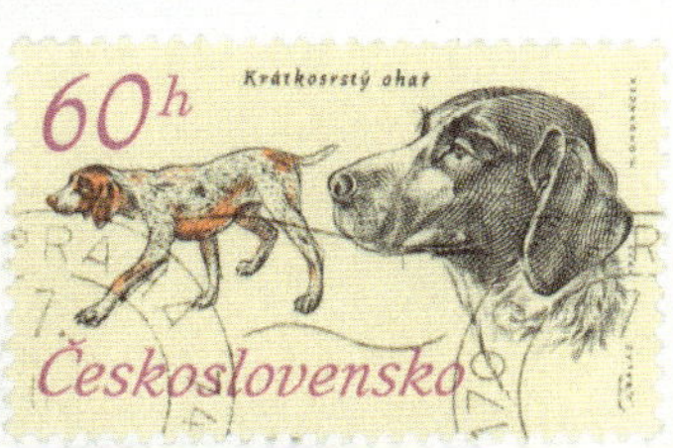
60h
Krátkosrstý ohař
Československo

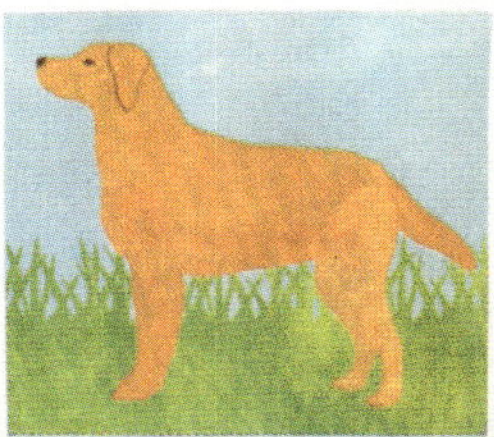

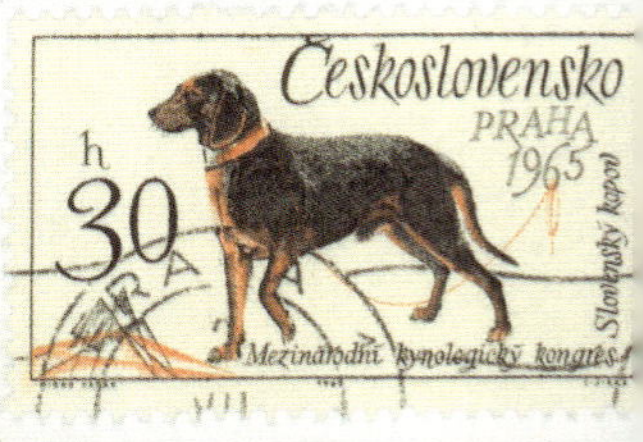
Československo
PRAHA 1965
h 30
Mezinárodní kynologický kongres
Slovenský kopov

hOND

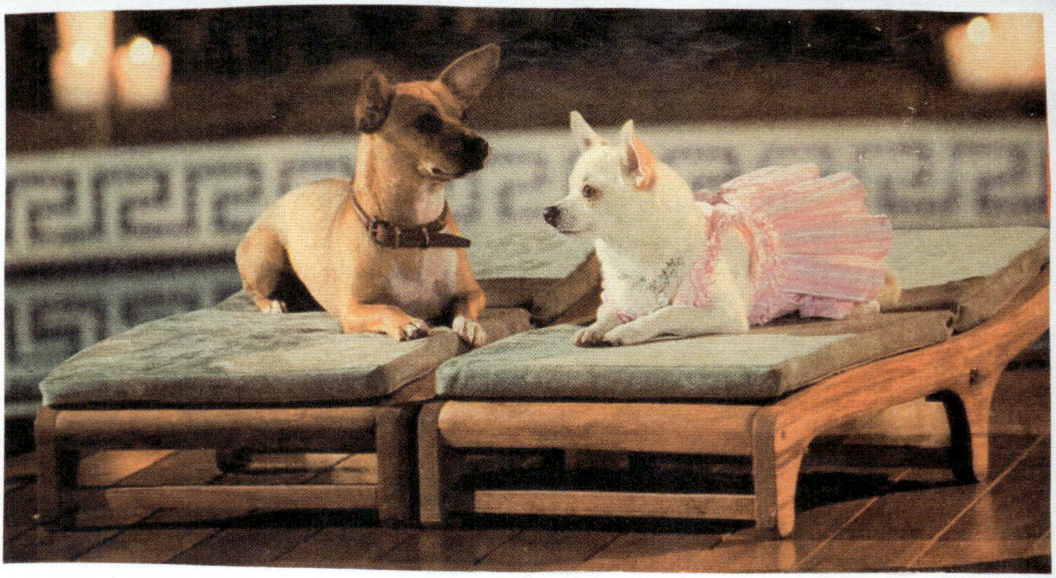

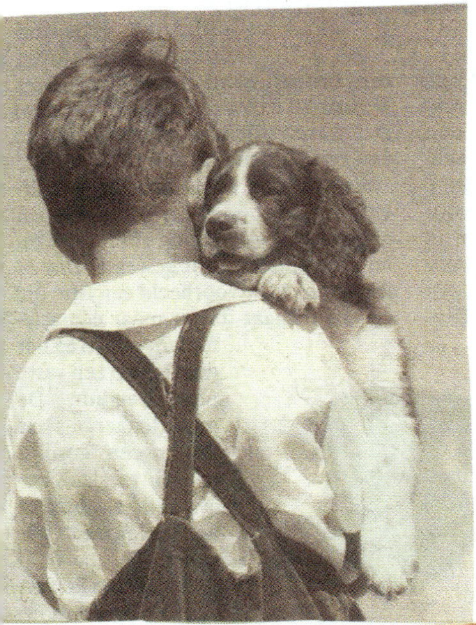

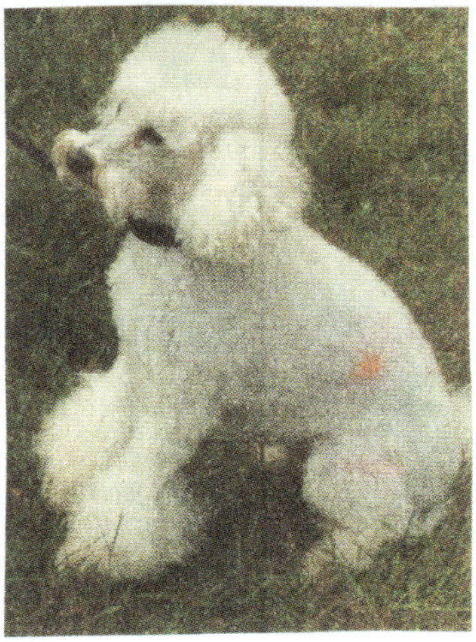

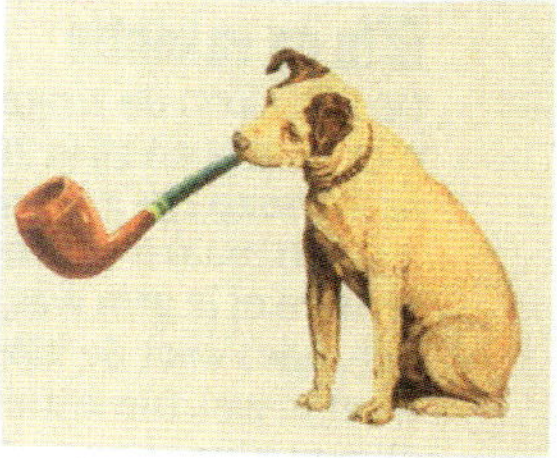

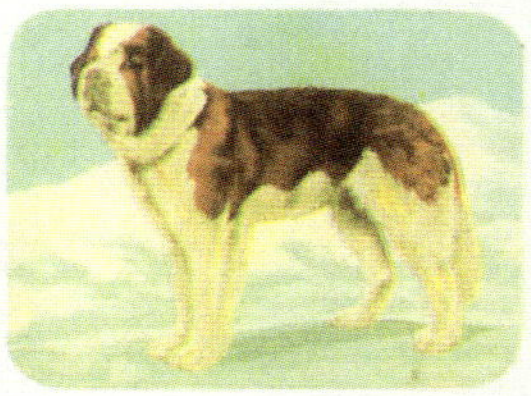

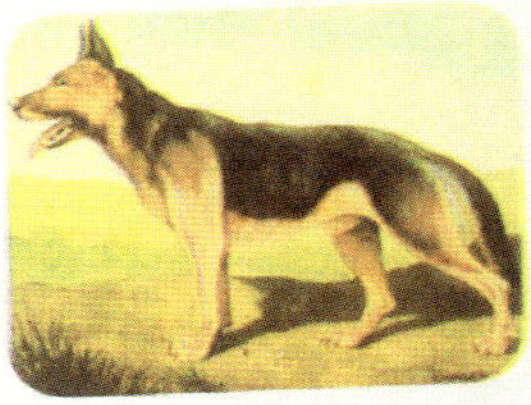

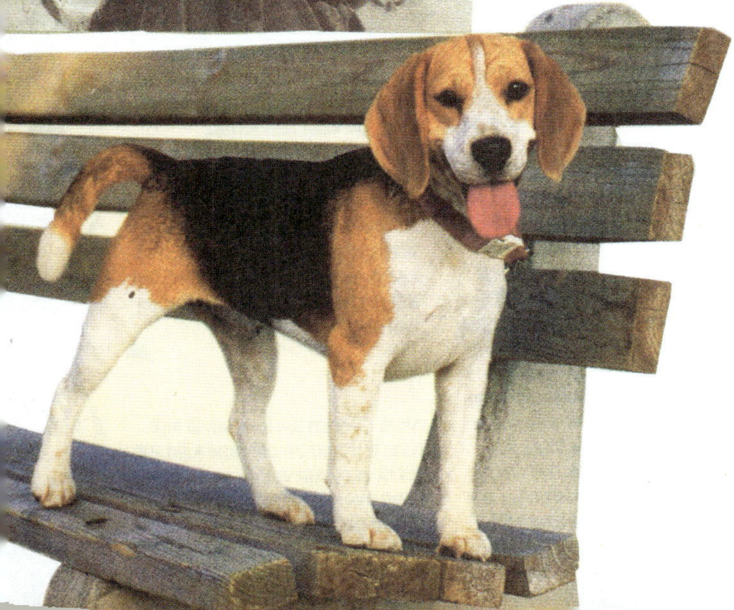

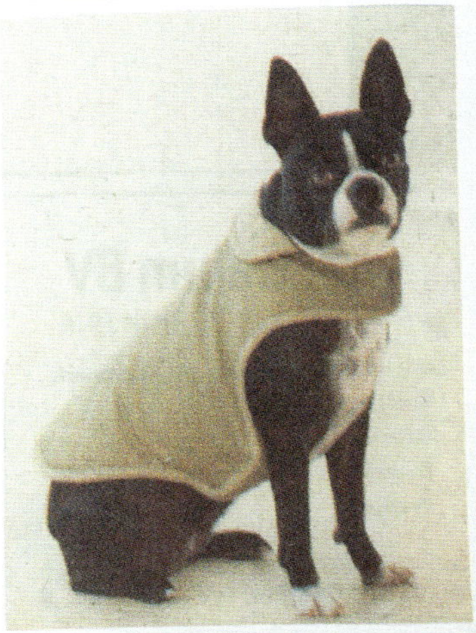

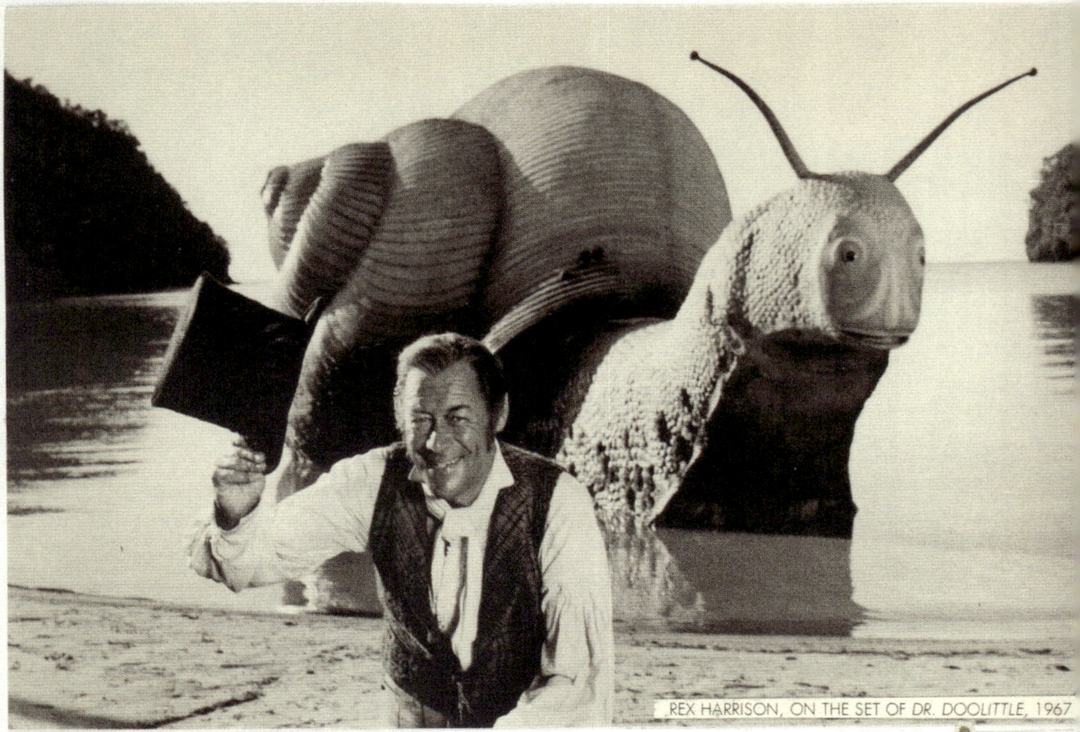

REX HARRISON, ON THE SET OF *DR. DOOLITTLE*, 1967

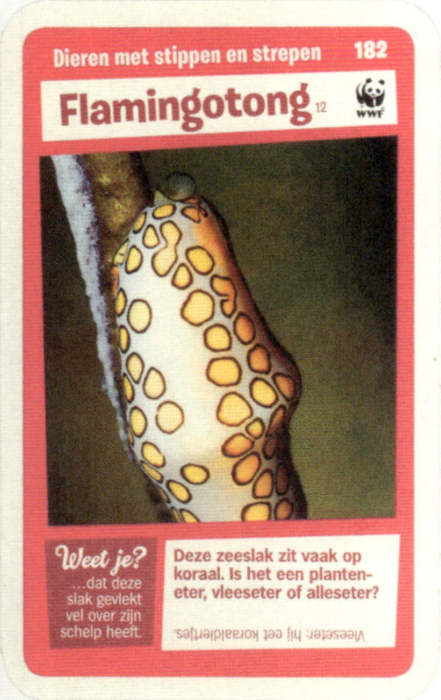

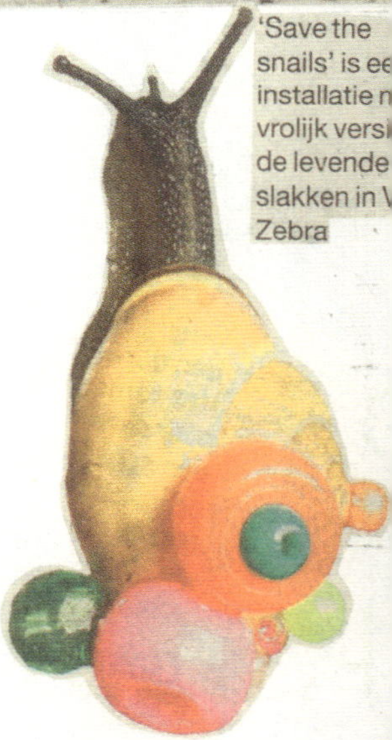

'Save the
snails' is ee
installatie n
vrolijk versi
de levende
slakken in V
Zebra

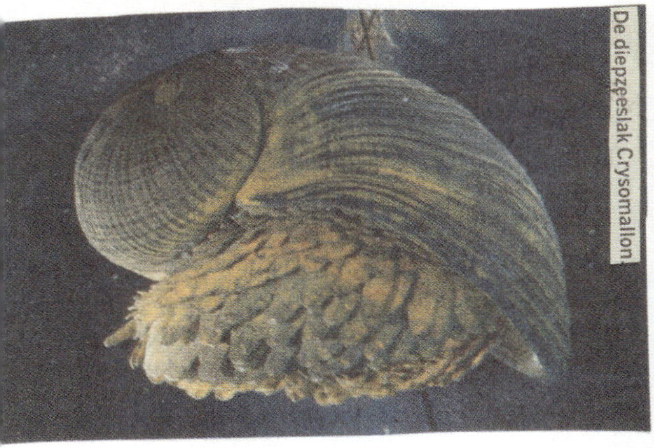
De diepzeeslak Crysomallon.

SLAK

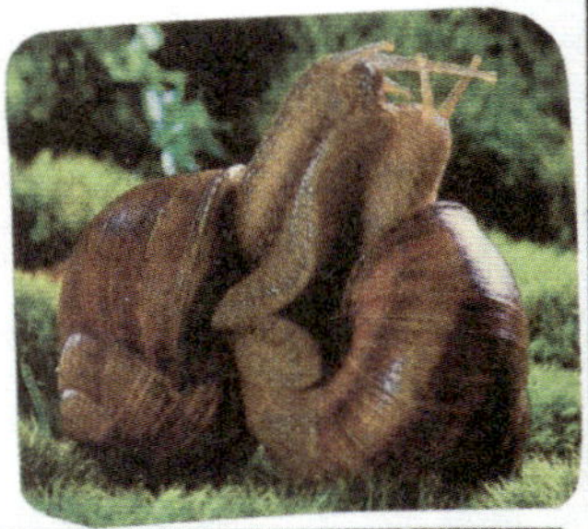

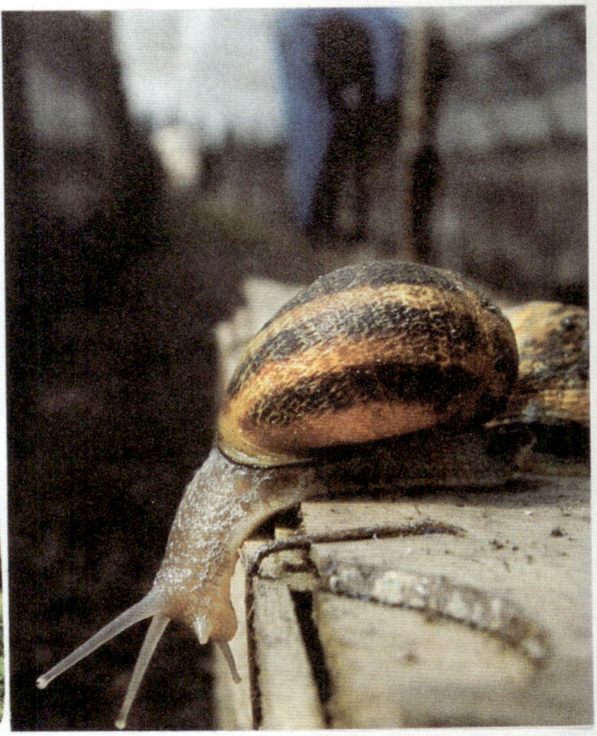

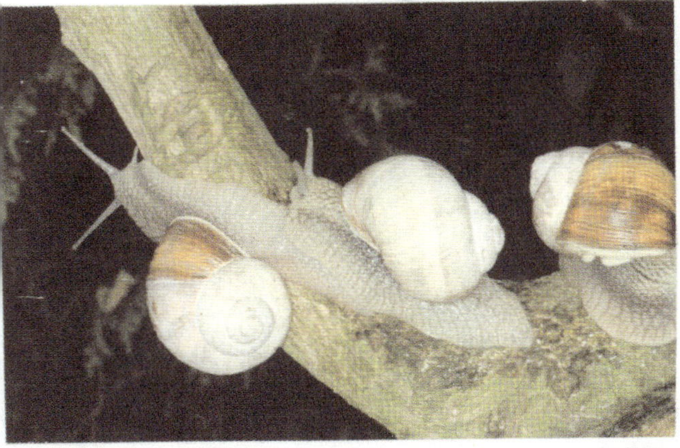

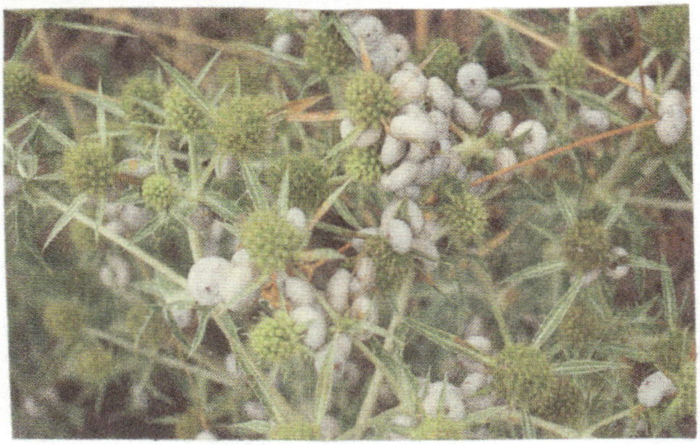

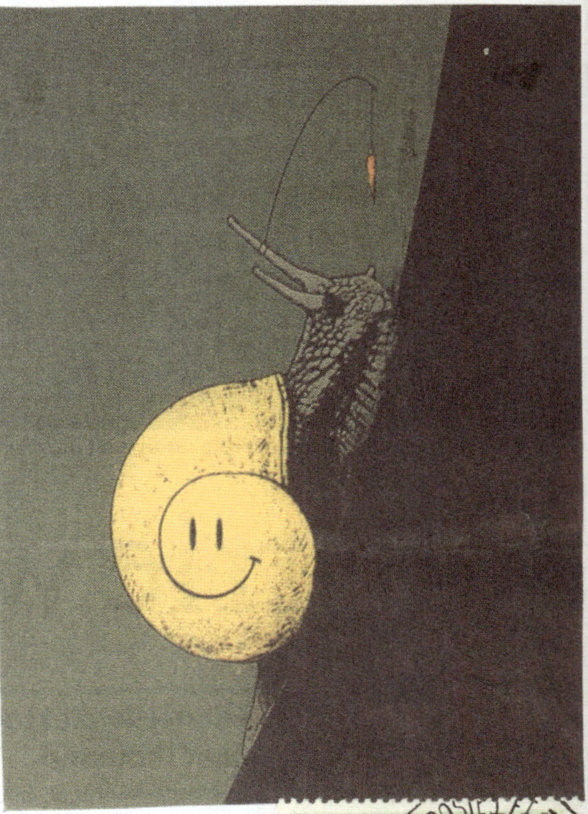

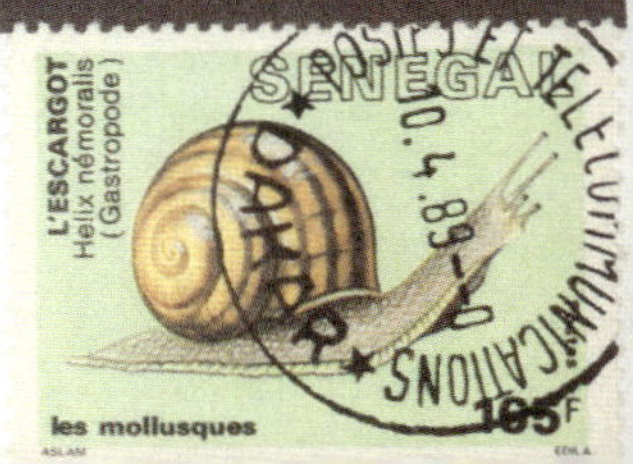
SENEGAL
L'ESCARGOT
Helix némoralis
(Gastropode)
les mollusques
165F
DAKAR
10.4.89

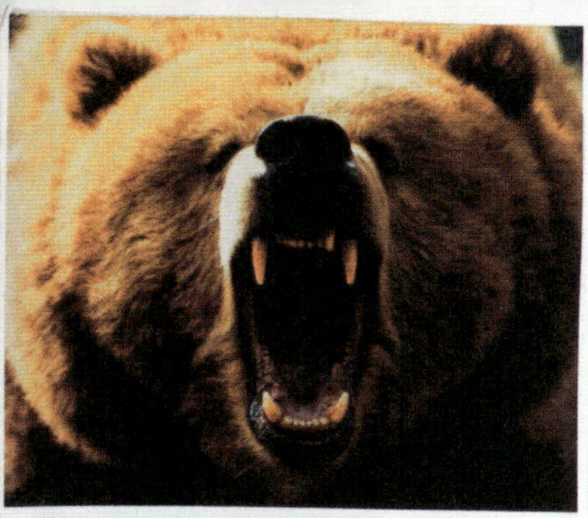

?

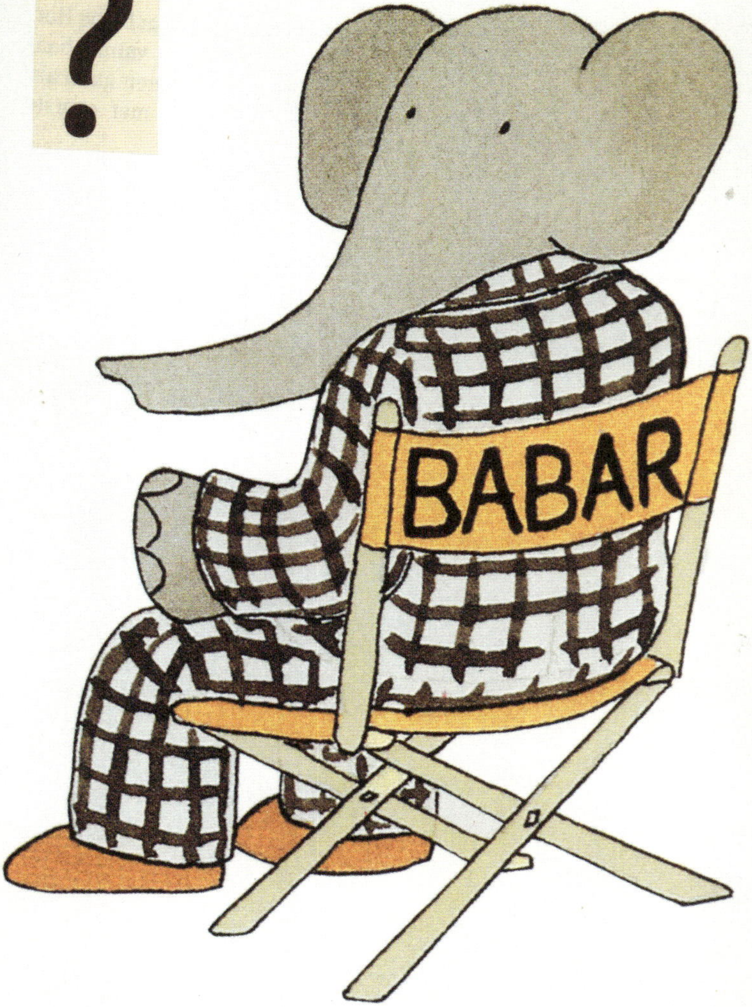
BABAR

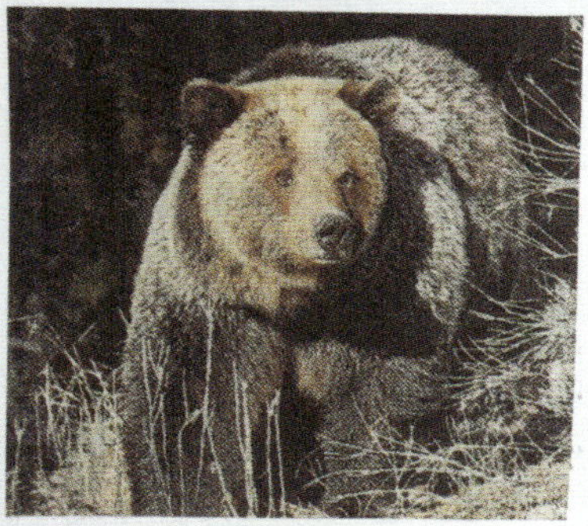

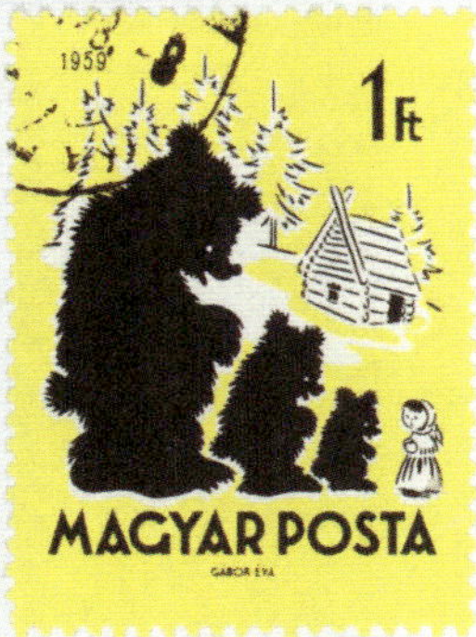
1959
1 Ft
MAGYAR POSTA

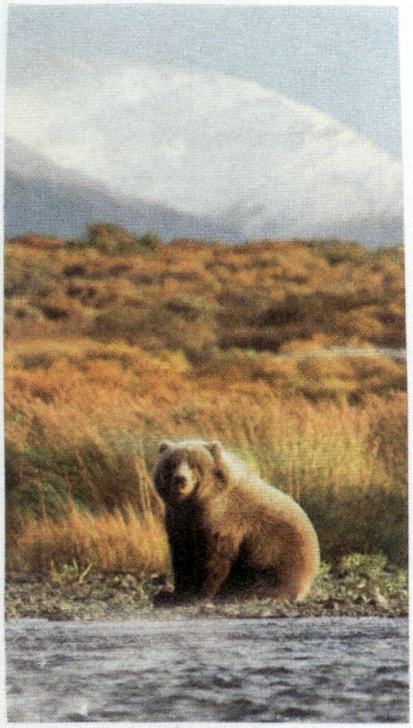

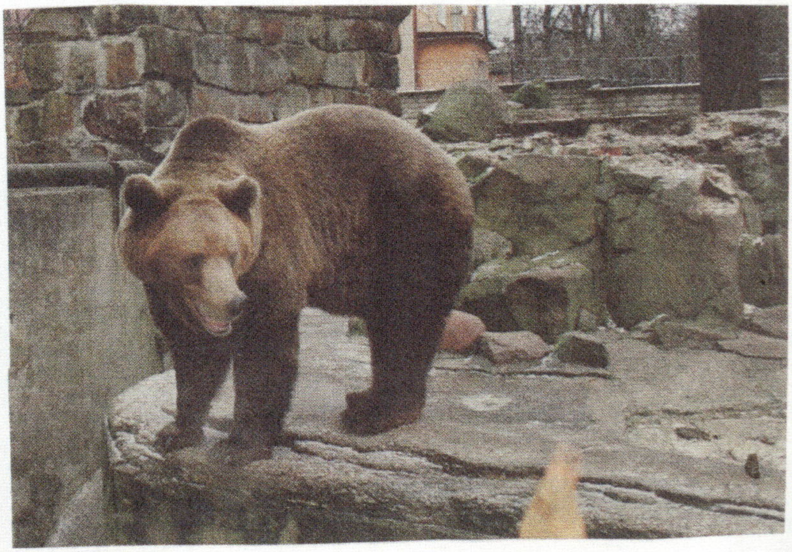

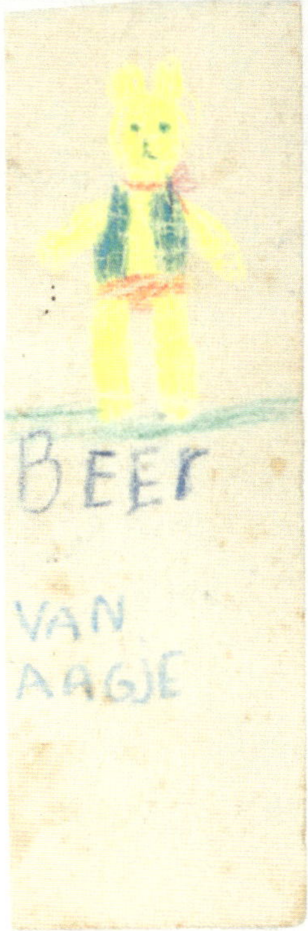
BEER
VAN
AAGJE

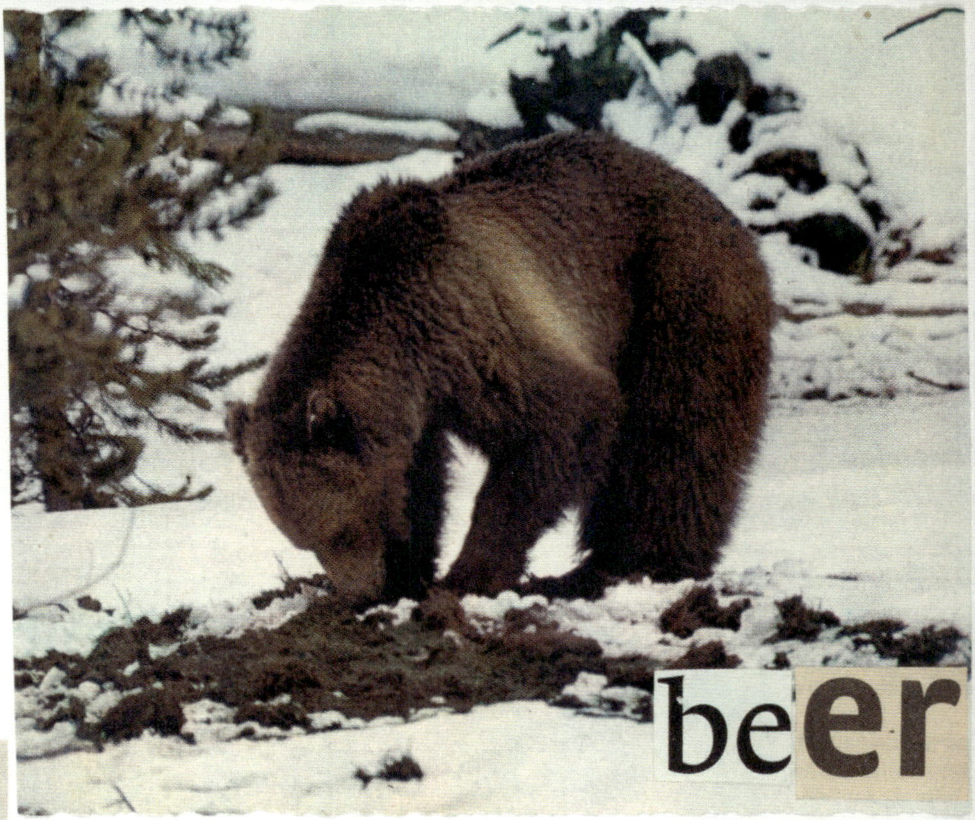
beer

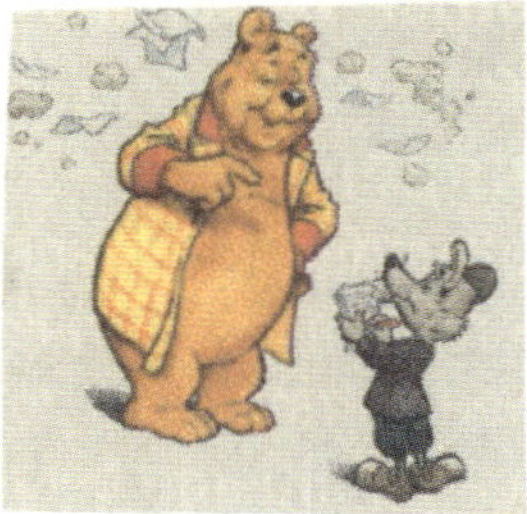

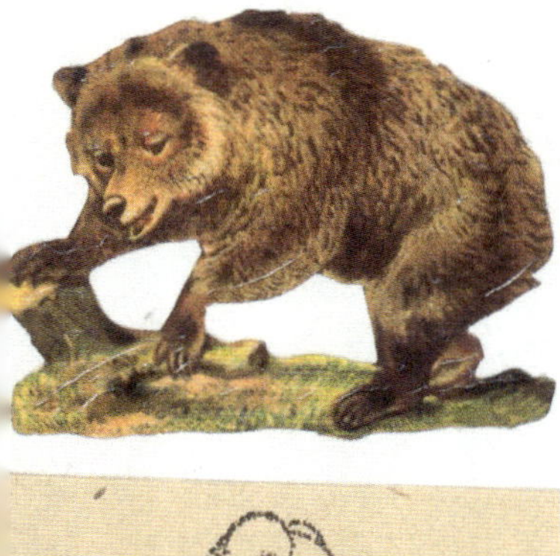

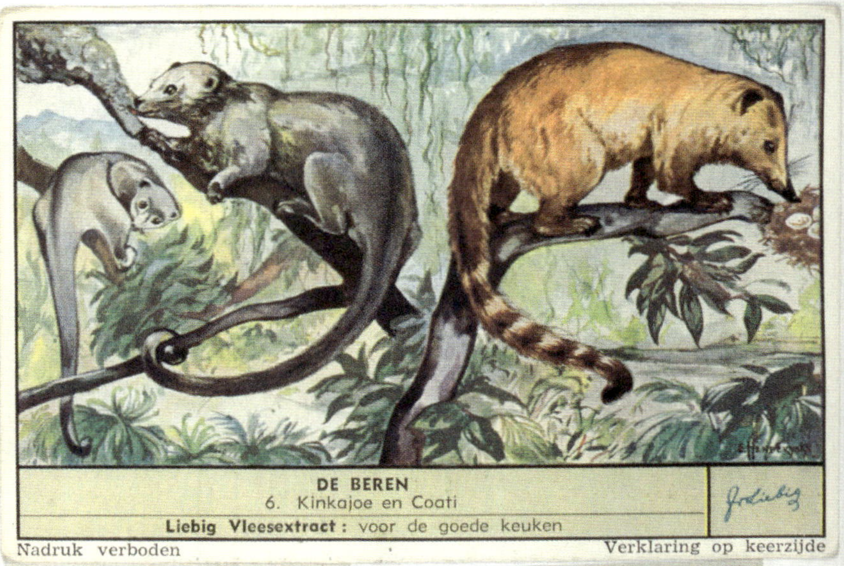
DE BEREN
6. Kinkajoe en Coati
Liebig Vleesextract : voor de goede keuken
Nadruk verboden
Verklaring op keerzijde

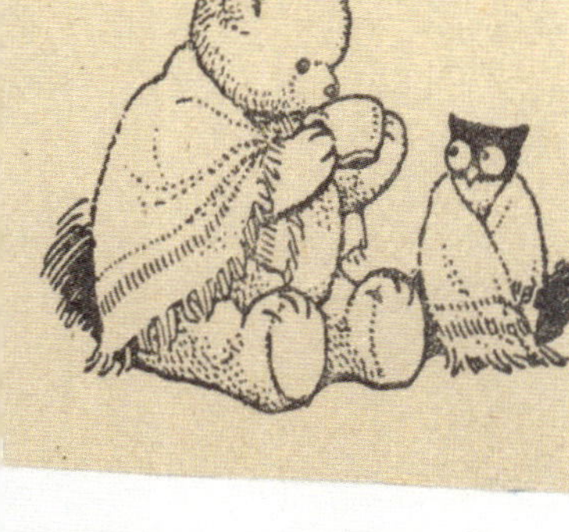

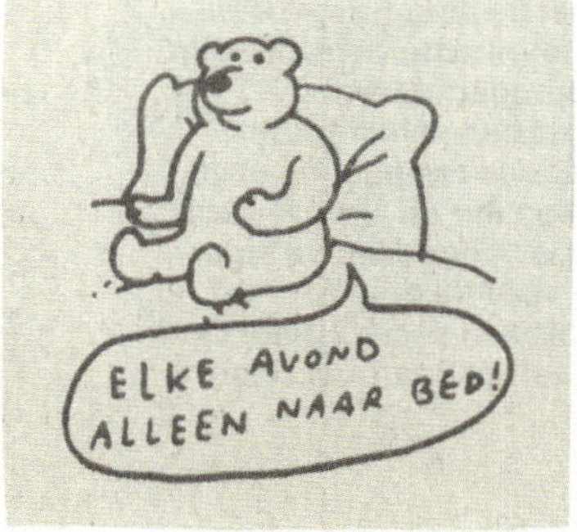
ELKE AVOND ALLEEN NAAR BED!

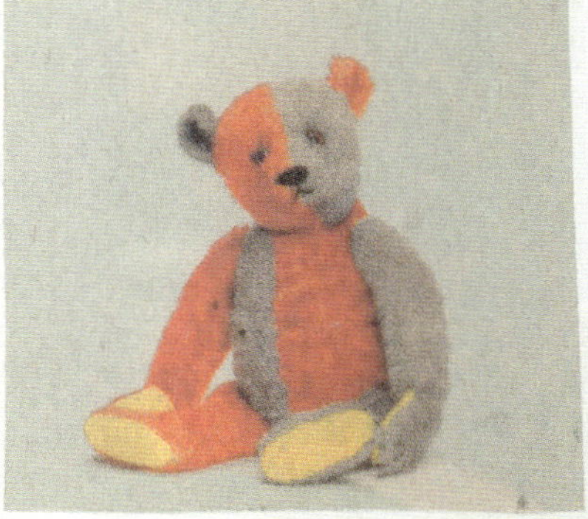

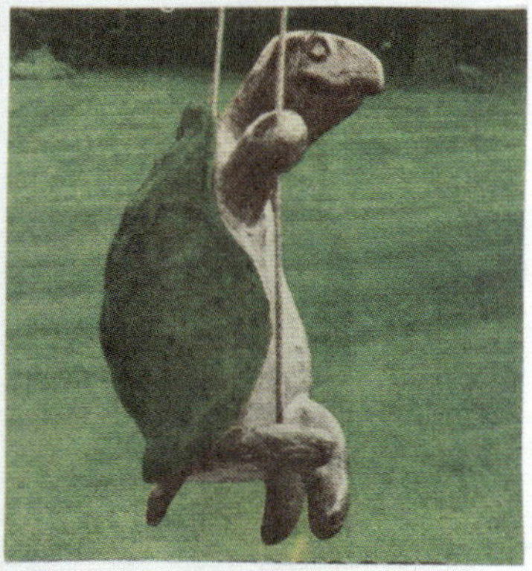

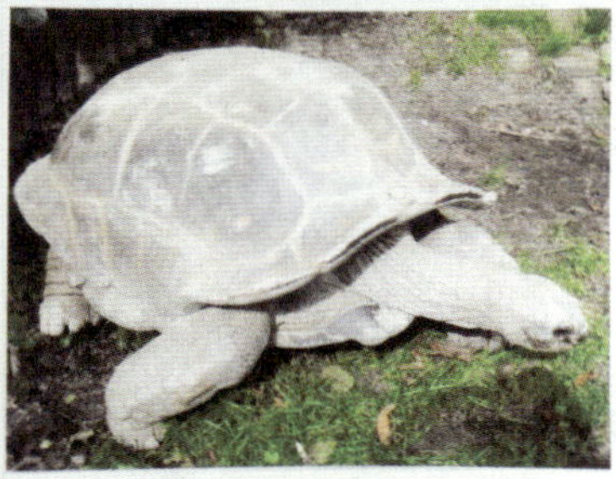

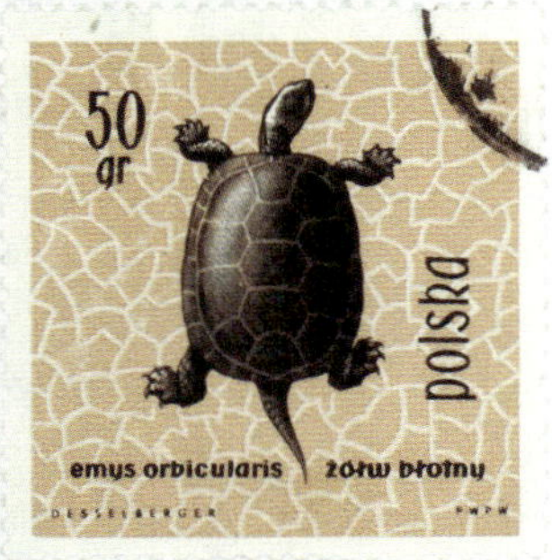
50 gr
POLSKA
emys orbicularis
żółw błotny

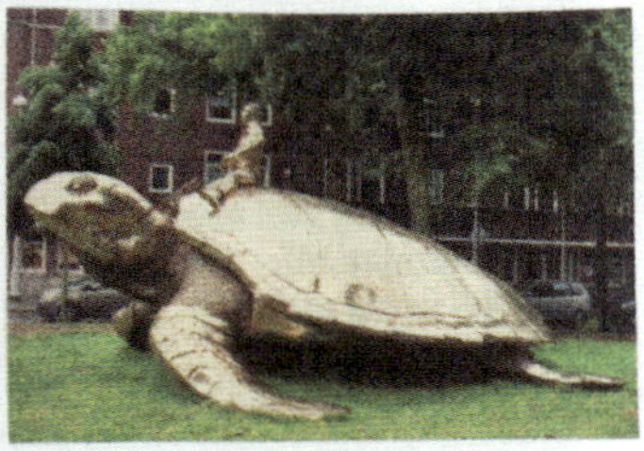

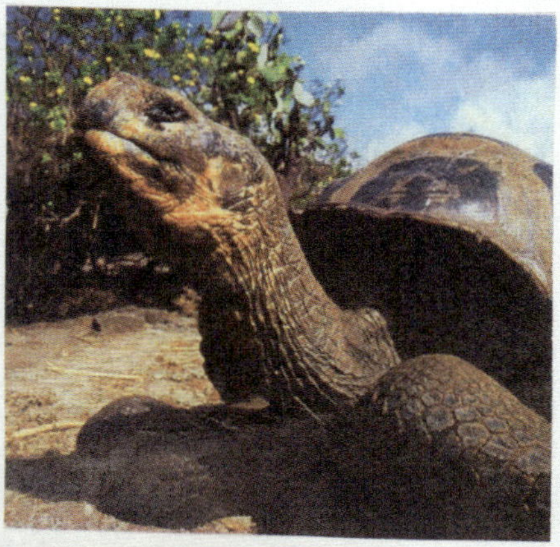

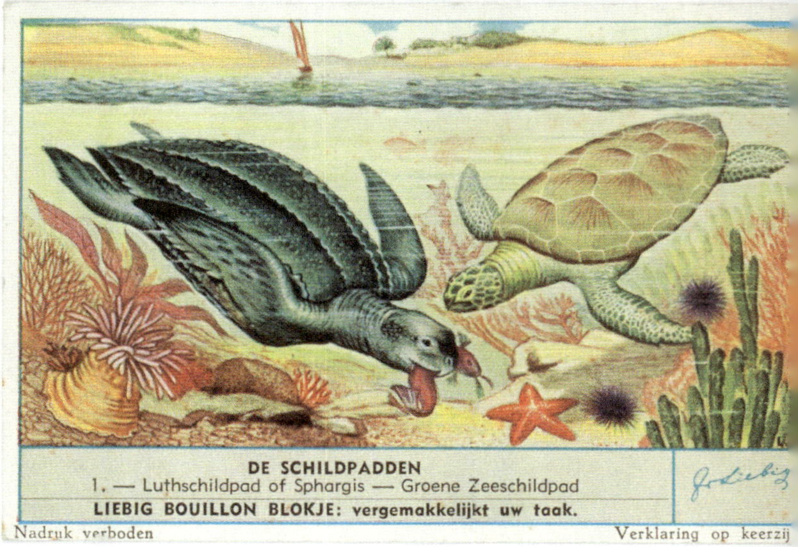
DE SCHILDPADDEN
1. — Luthschildpad of Sphargis — Groene Zeeschildpad
LIEBIG BOUILLON BLOKJE: vergemakkelijkt uw taak.
Nadruk verboden
Verklaring op keerzij

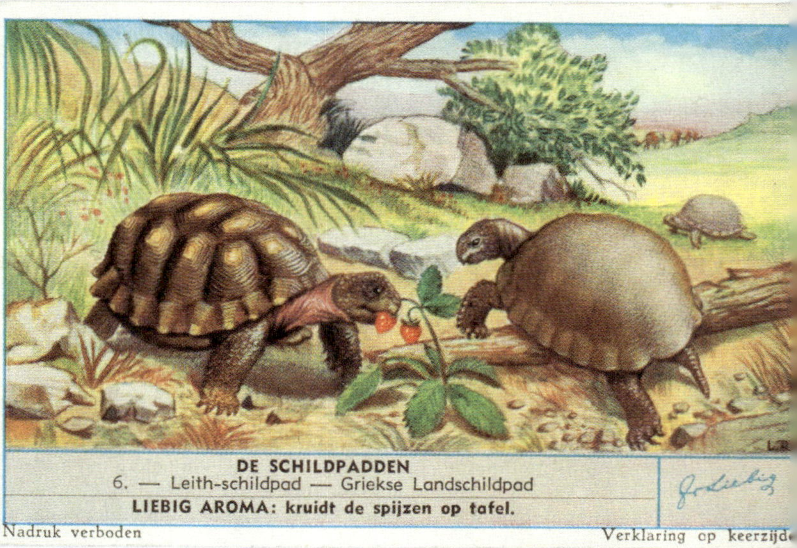
DE SCHILDPADDEN
6. — Leith-schildpad — Griekse Landschildpad
LIEBIG AROMA: kruidt de spijzen op tafel.
Nadruk verboden
Verklaring op keerzijde

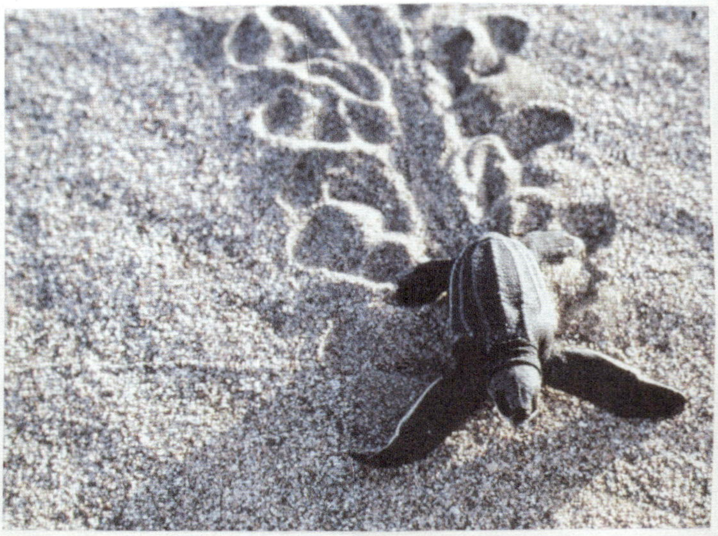

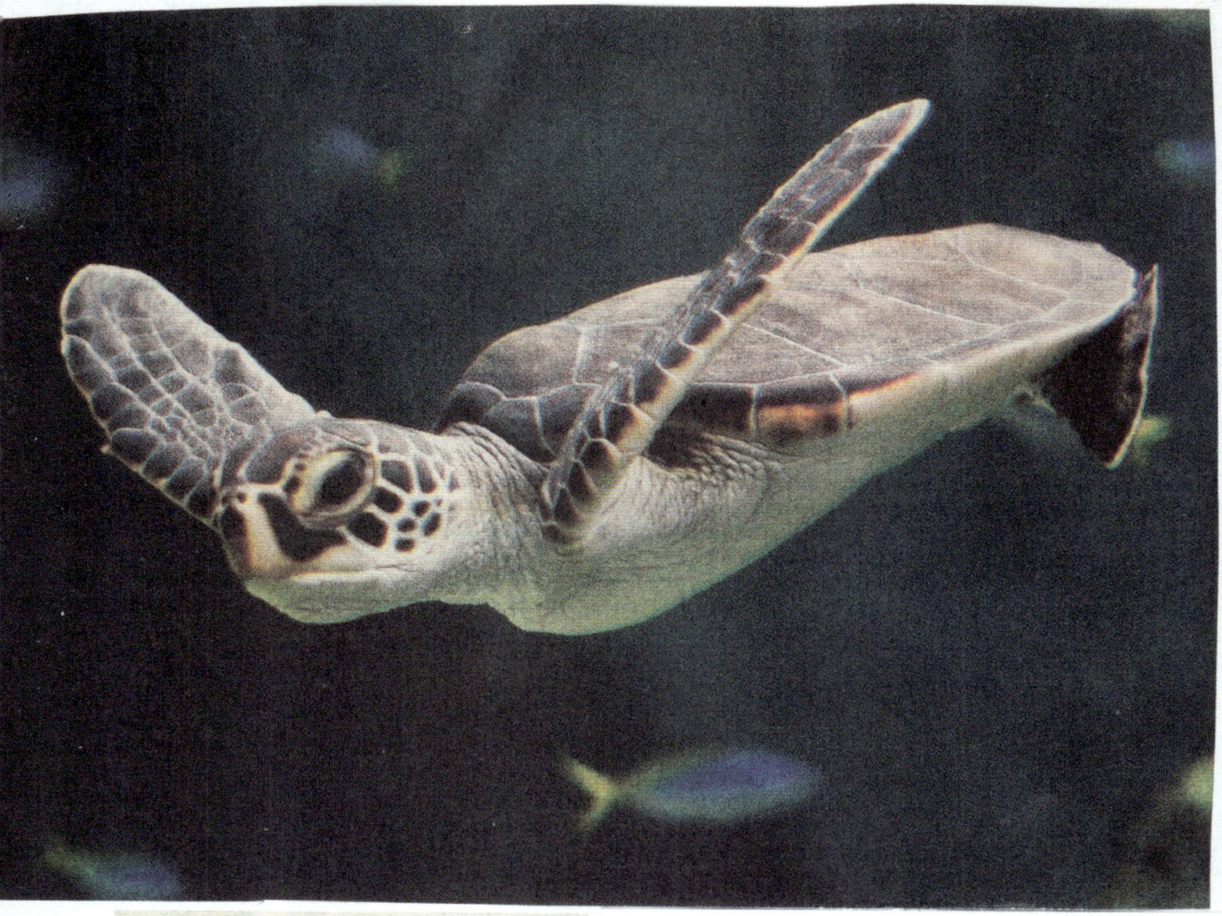

Schildpad

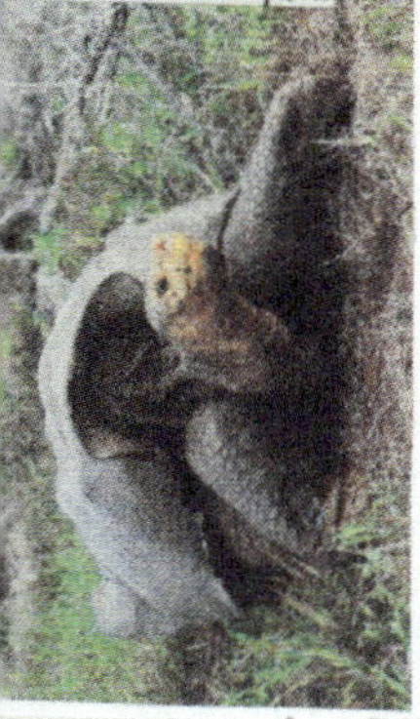

reuzenschildpad

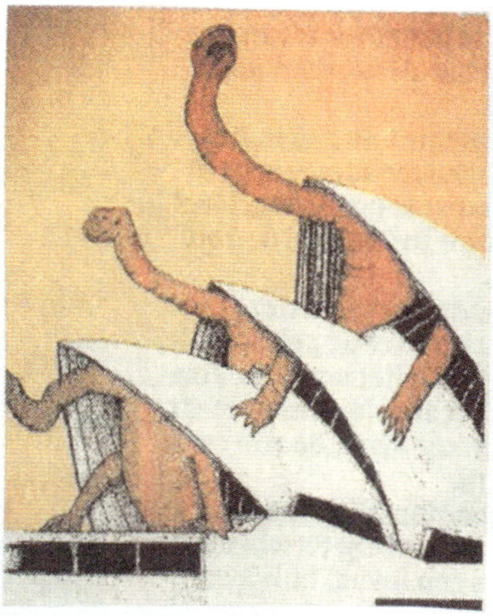

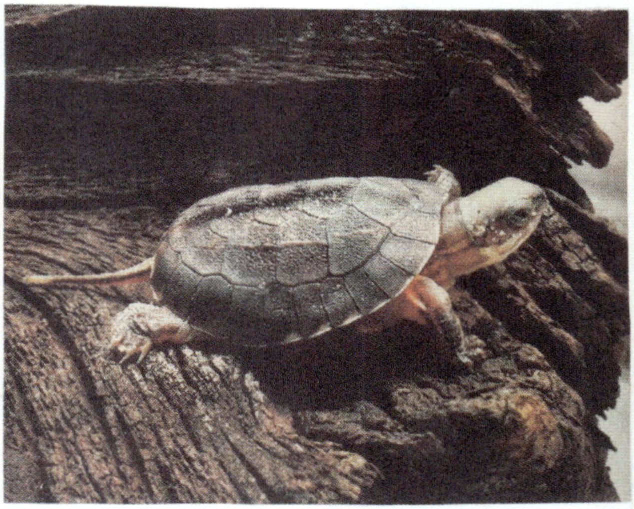

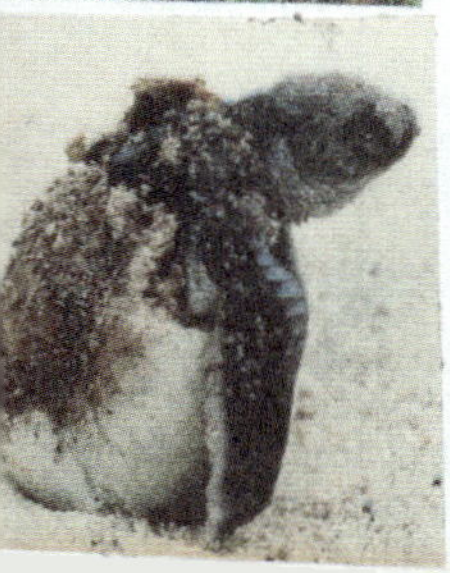

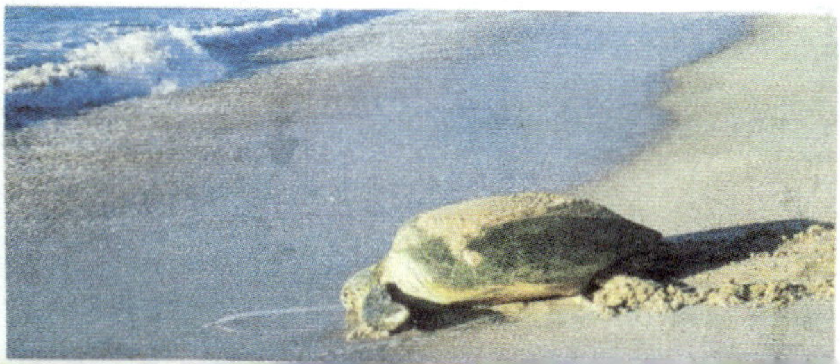

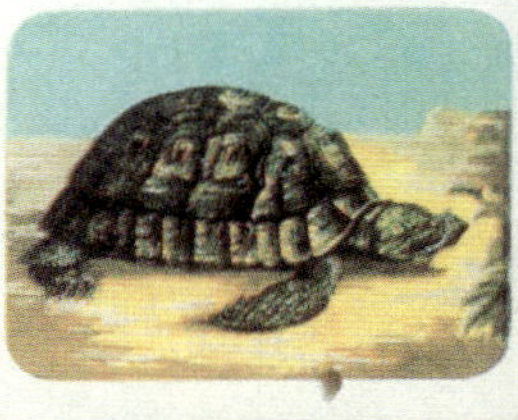

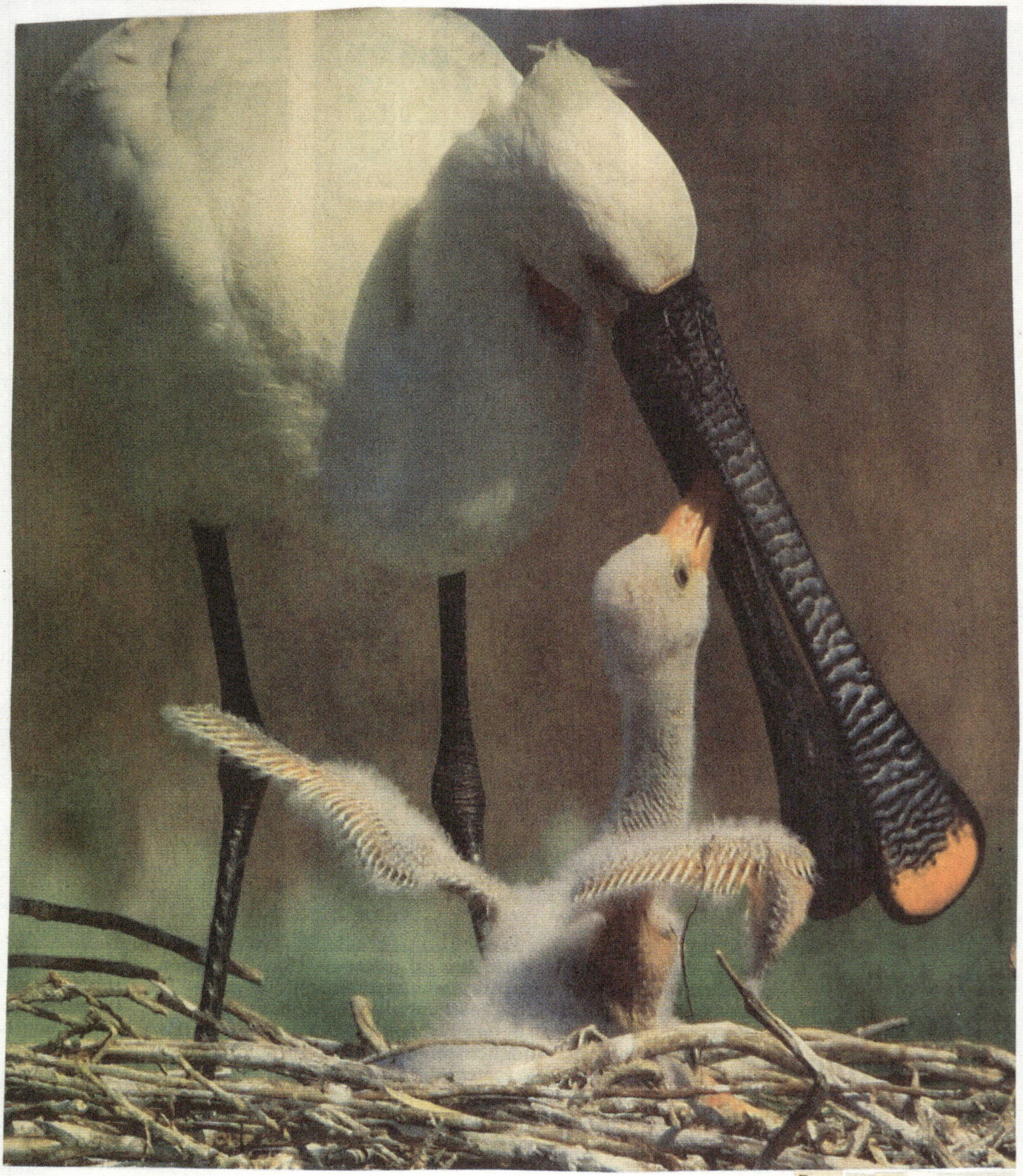

lePeLaar

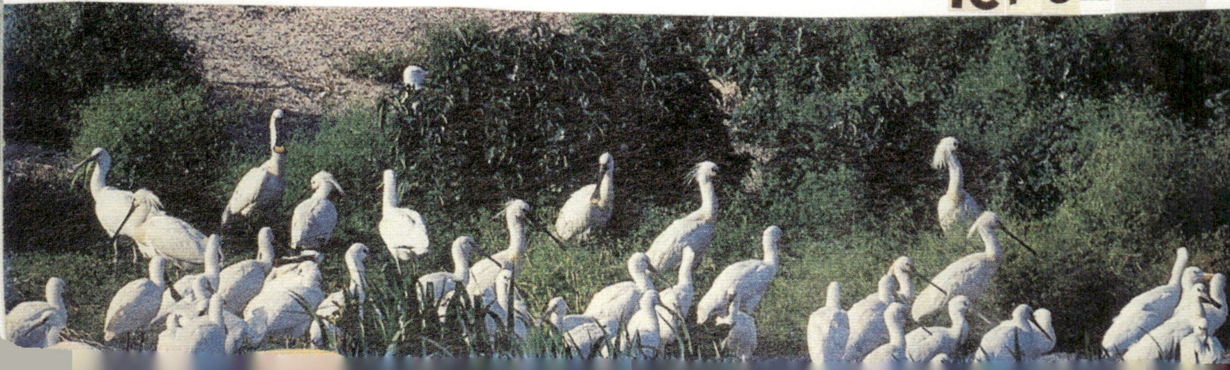

pelikaan

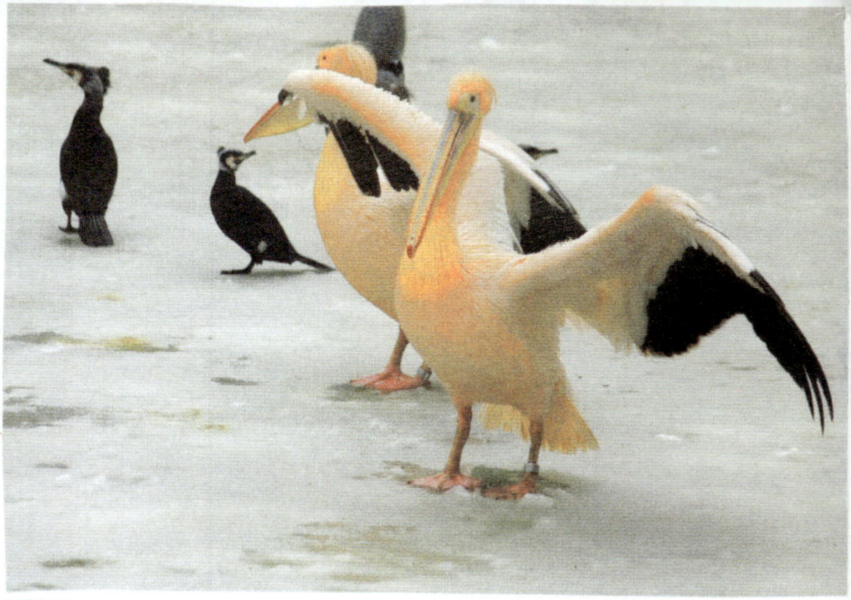

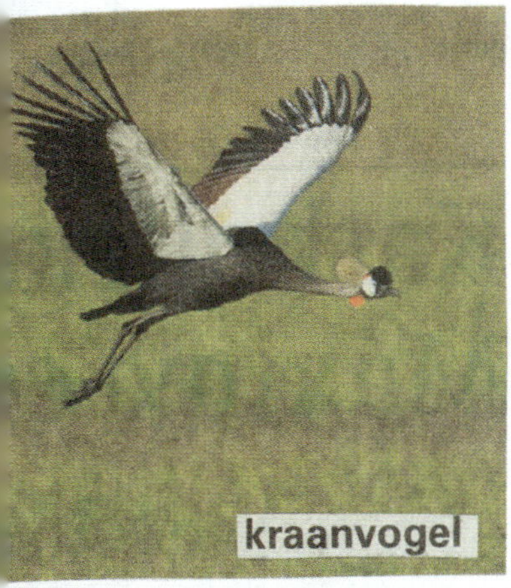
kraanvogel

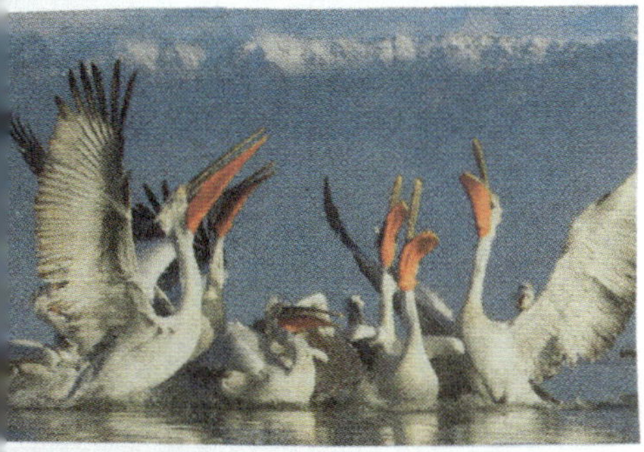

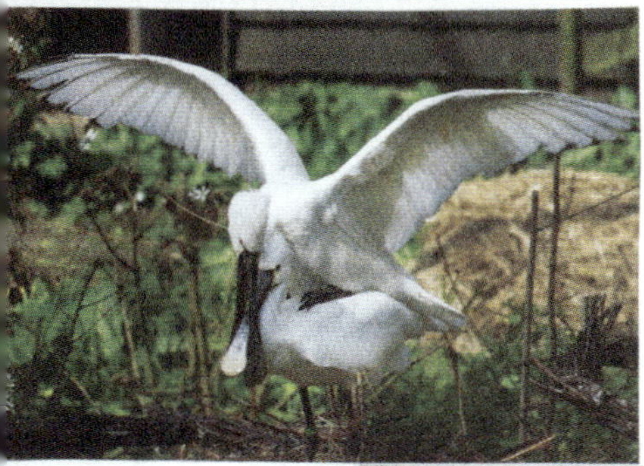

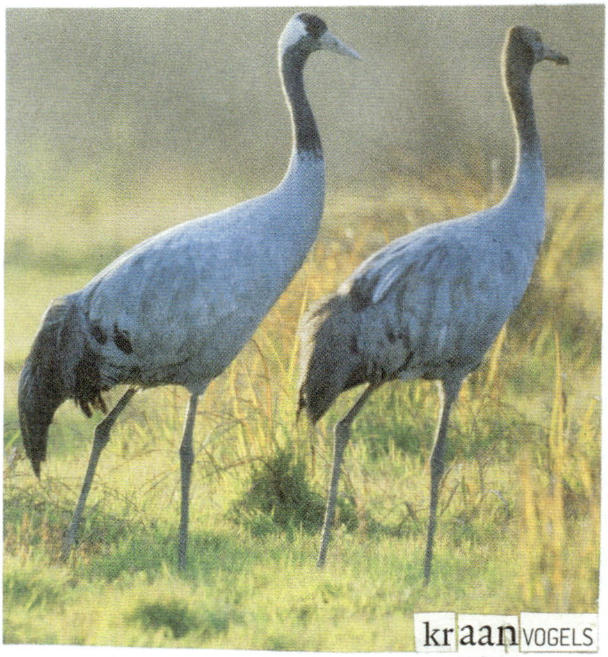
kraanVOGELS

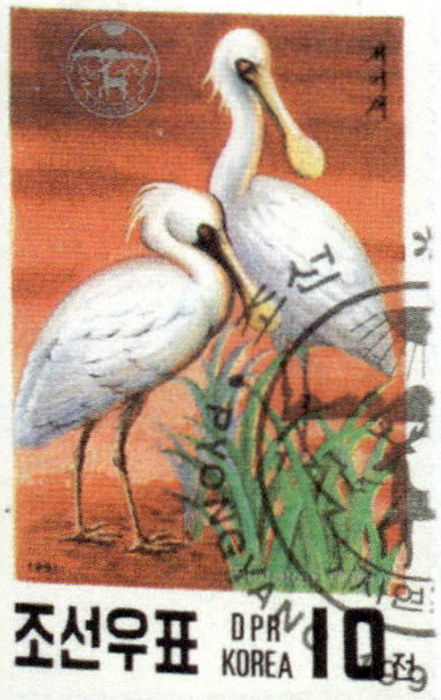
조선우표
DPR KOREA
10

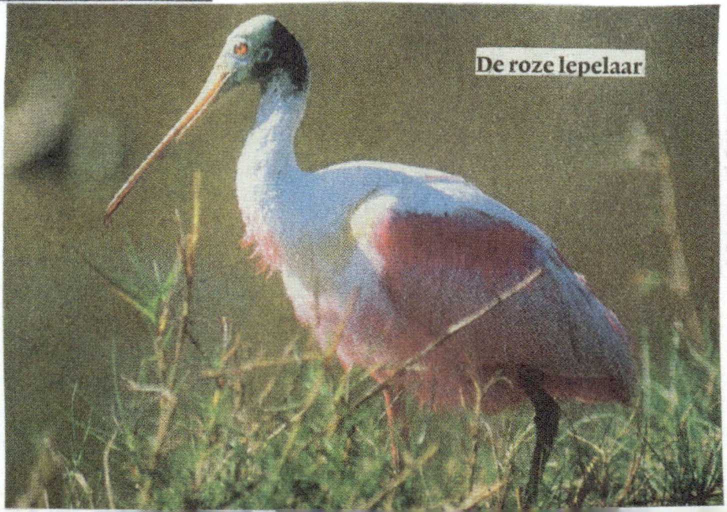
De roze lepelaar

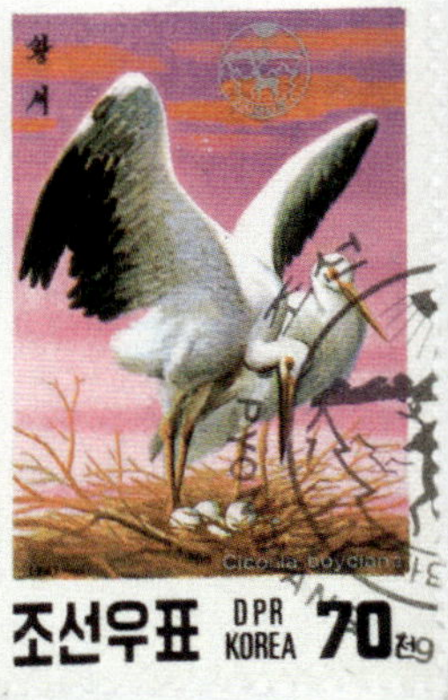
조선우표
DPR KOREA
70

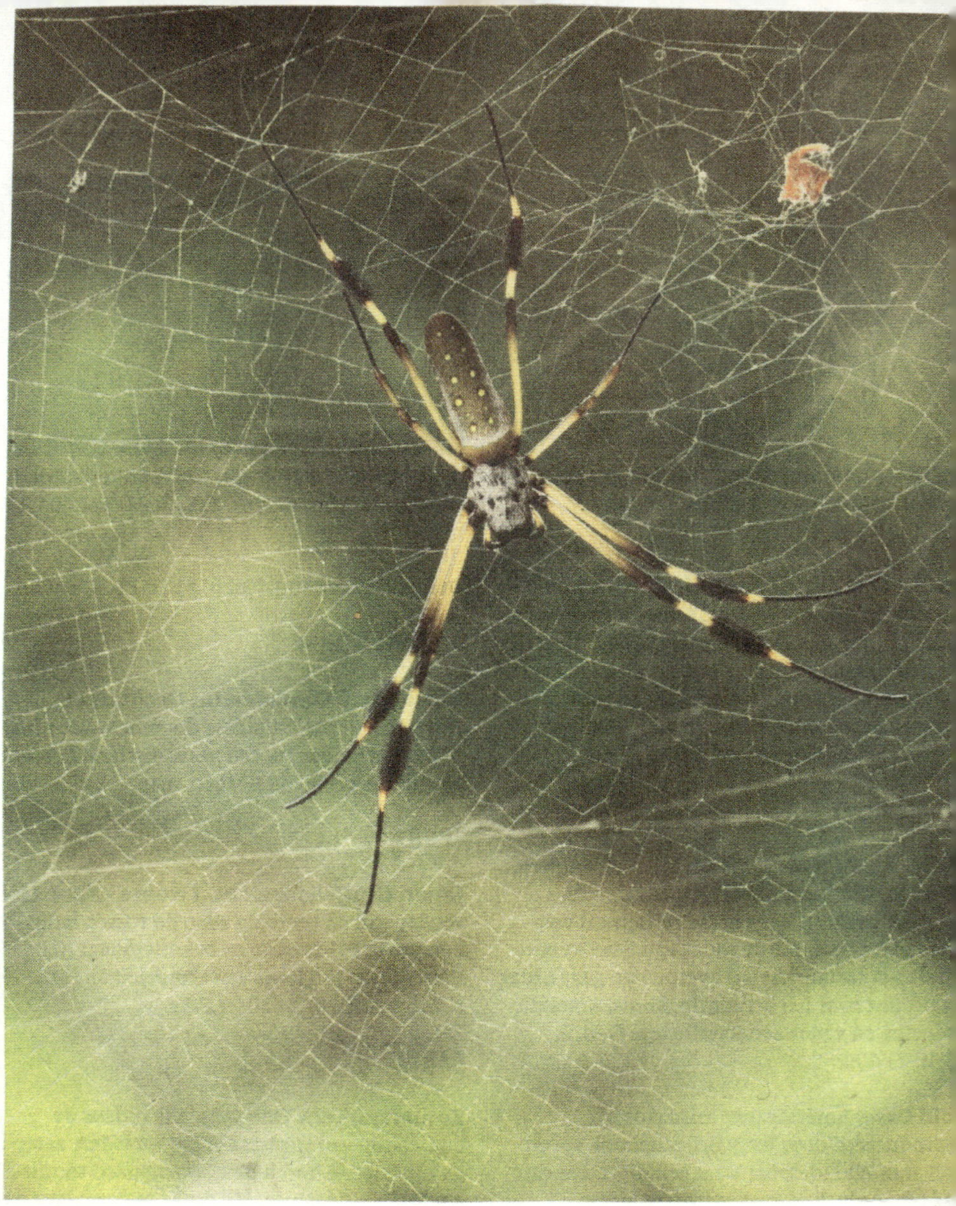

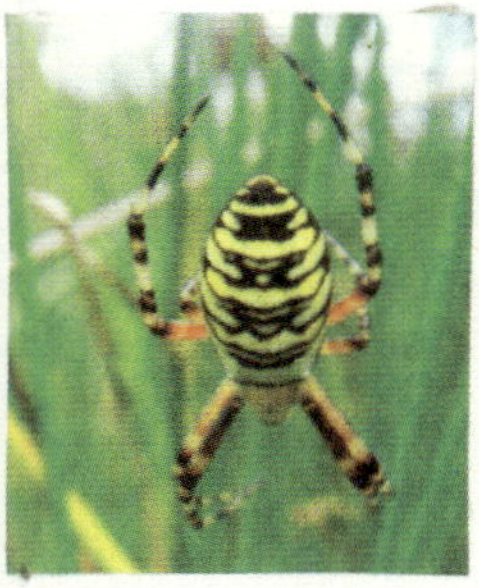

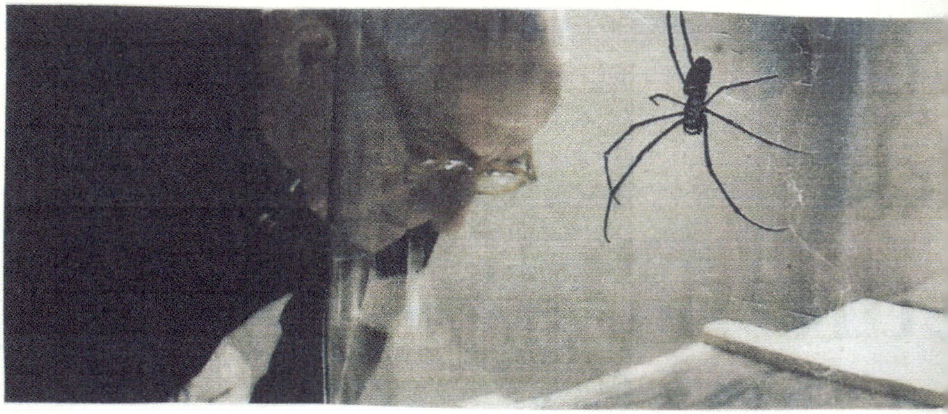

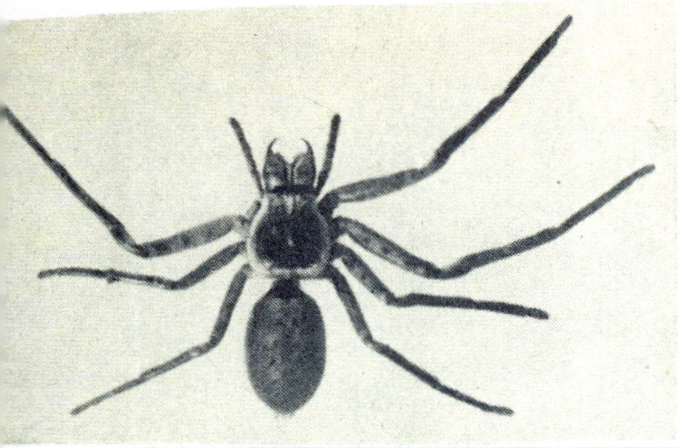

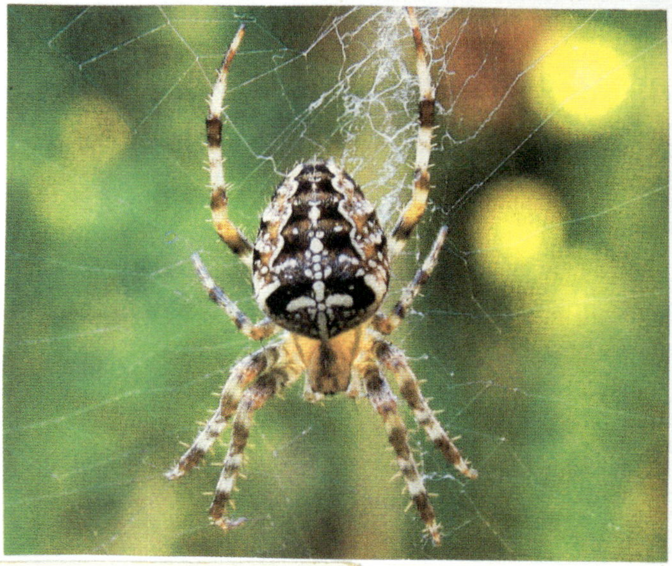

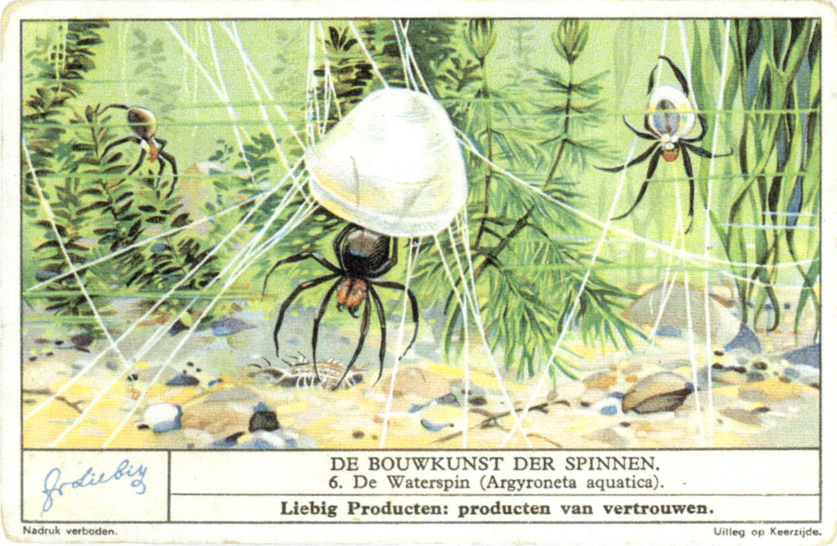

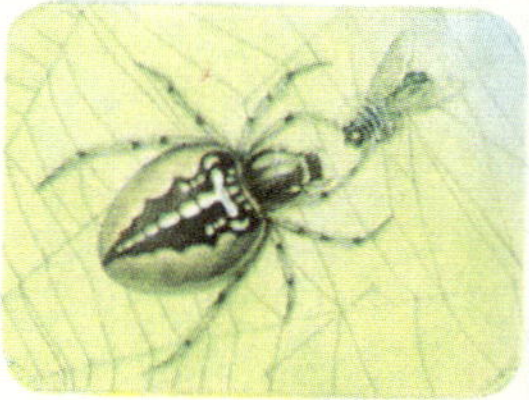

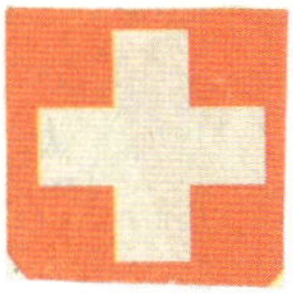

sp IN

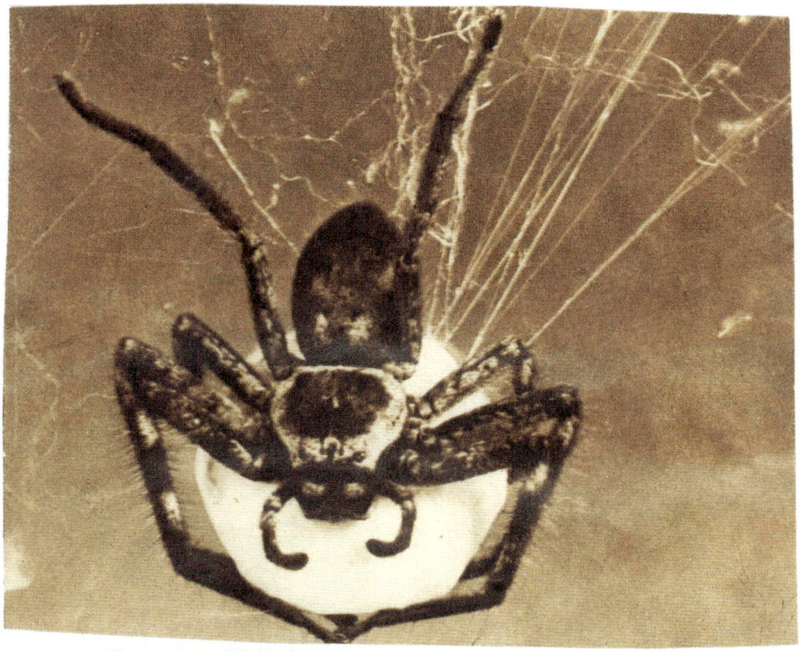

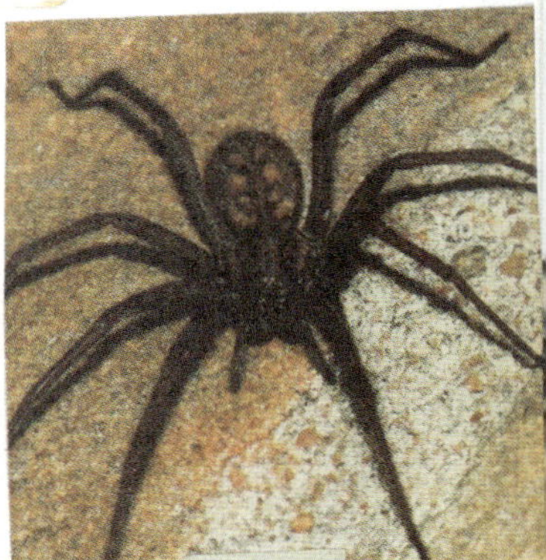

huisspin.

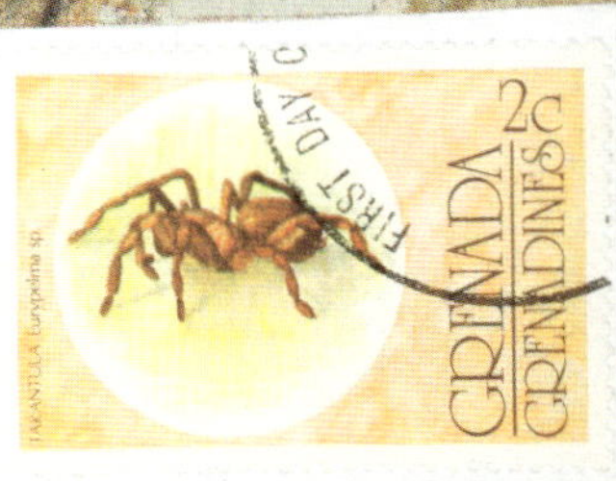

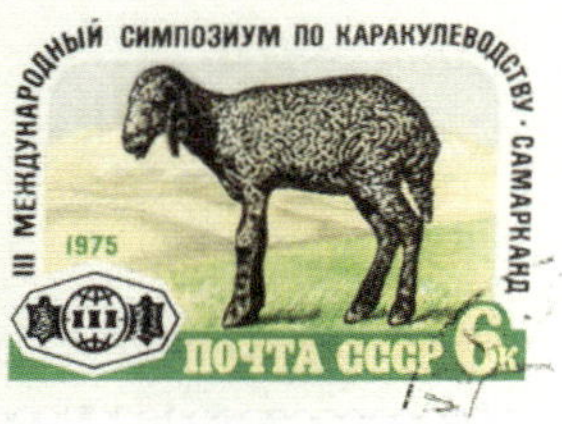

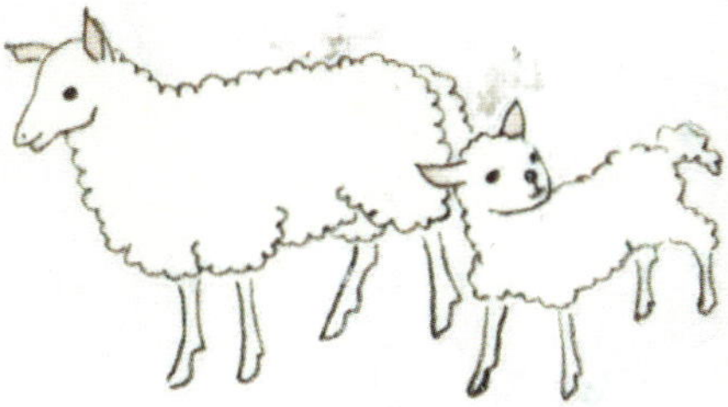

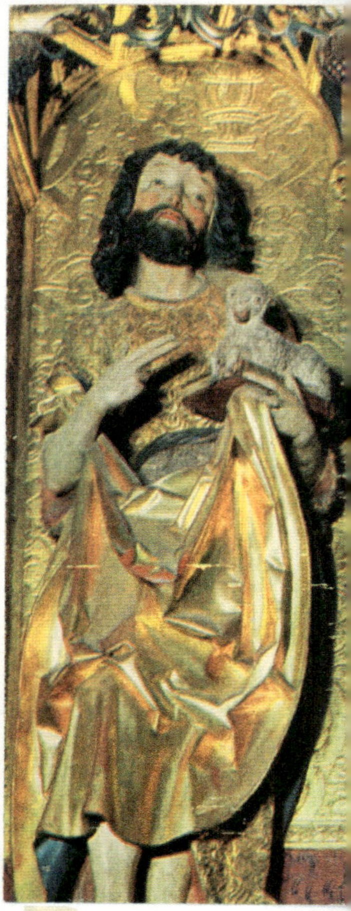

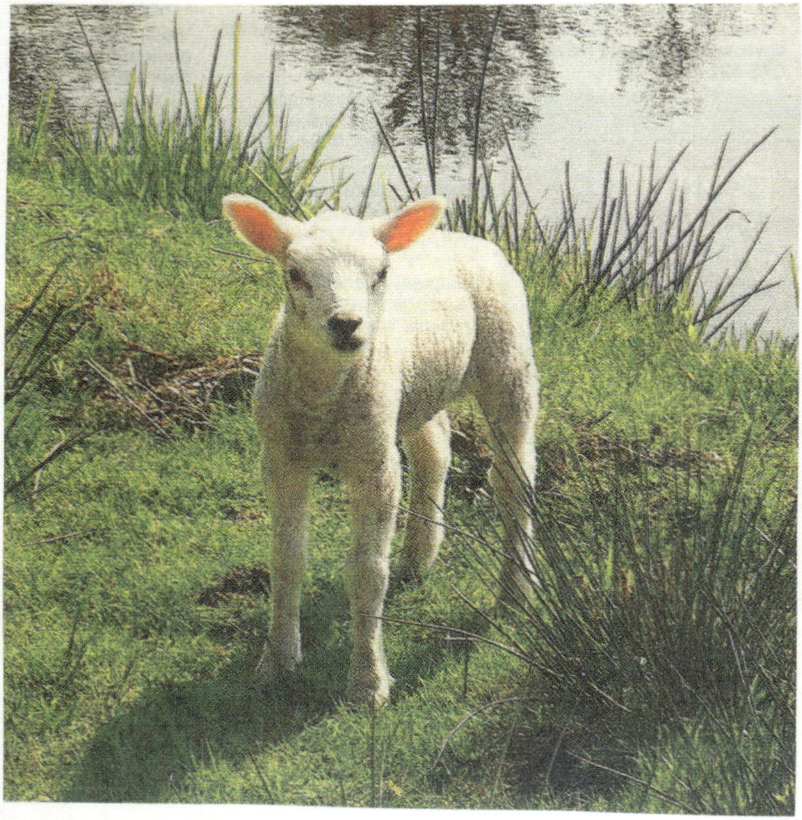

lam

Moeflon of haarschaap.

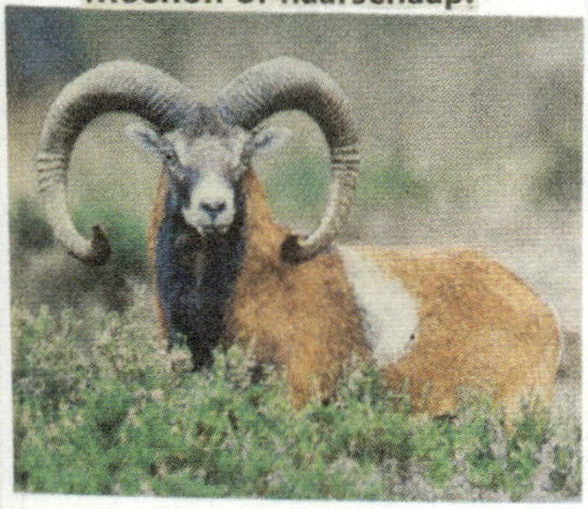

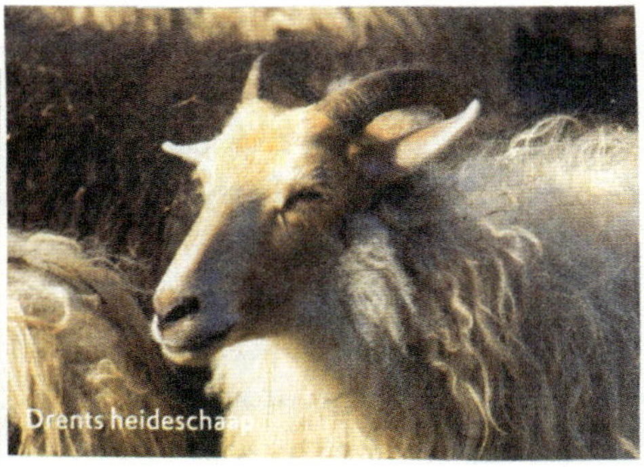
Drents heideschaap

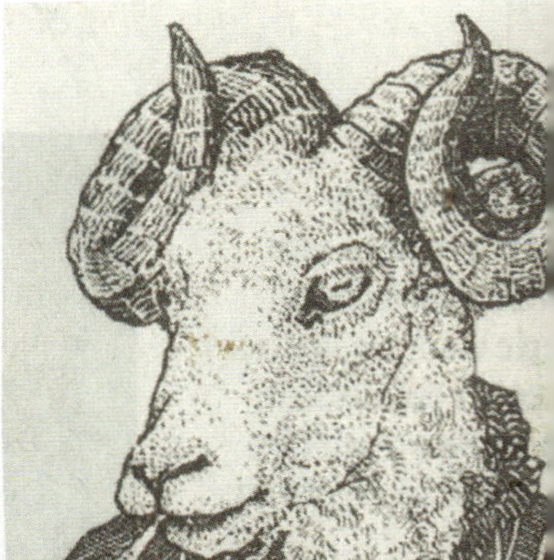

schapen

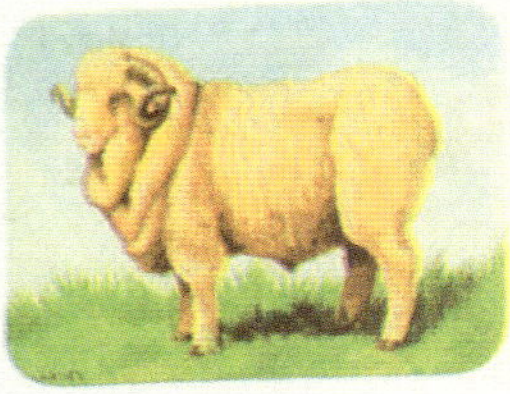

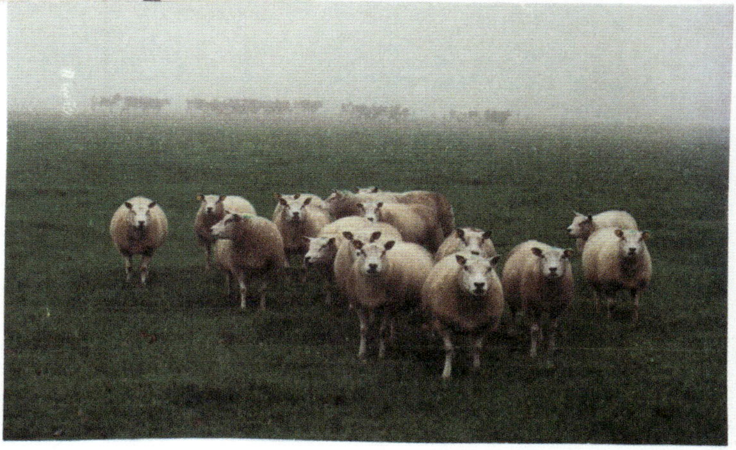

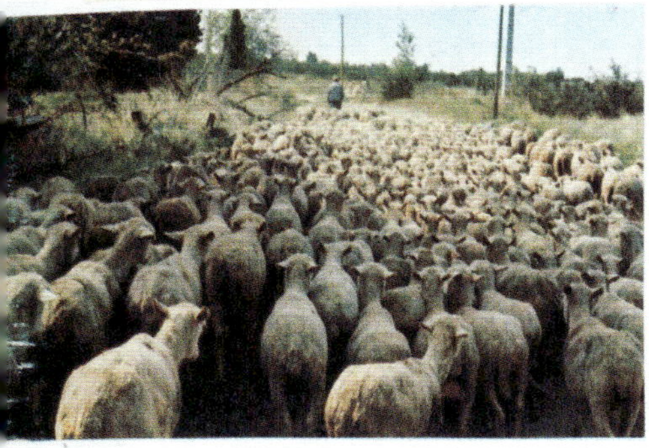

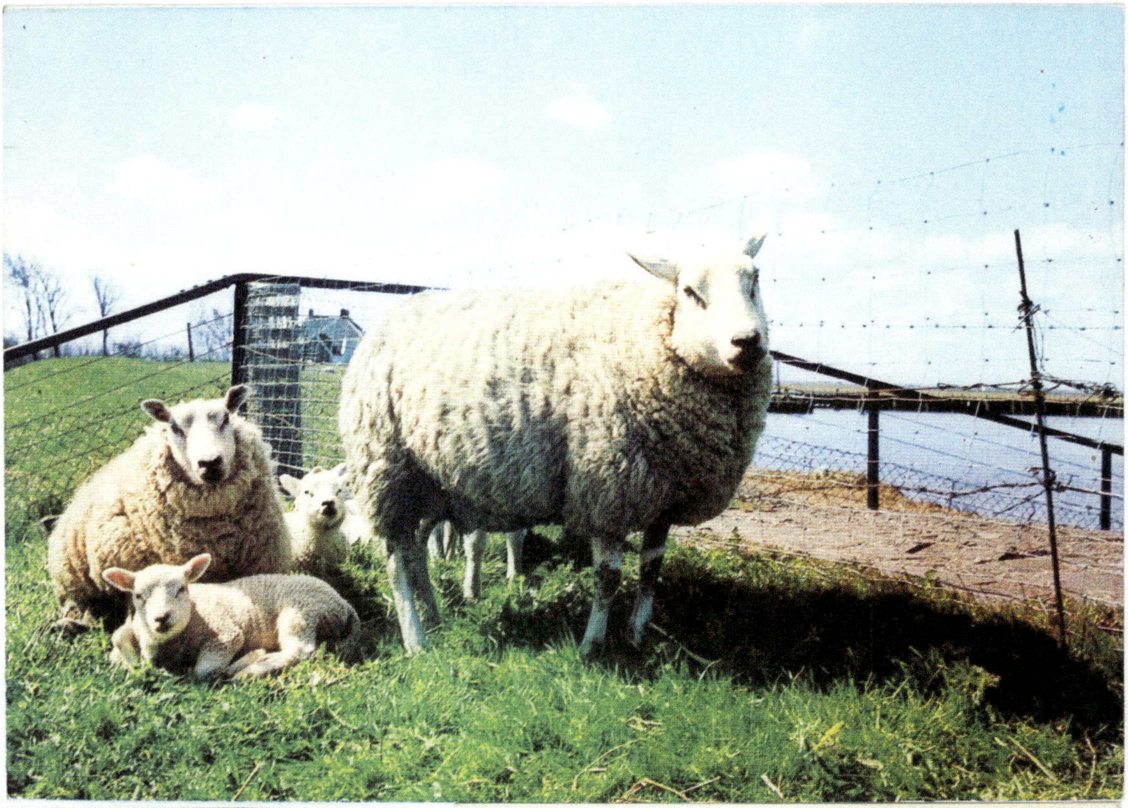

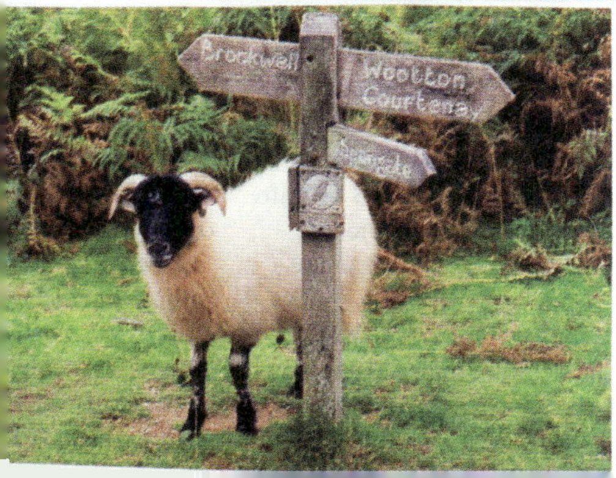

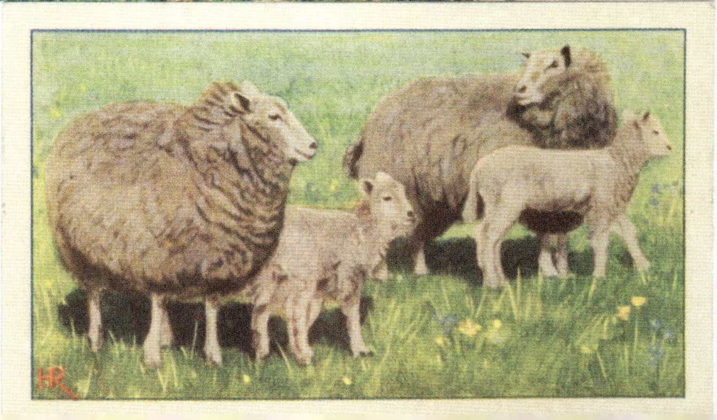

Egel

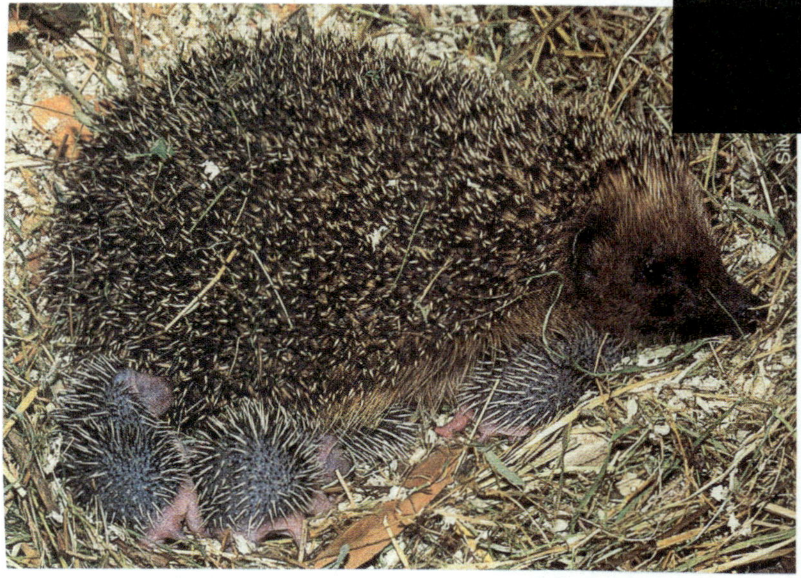

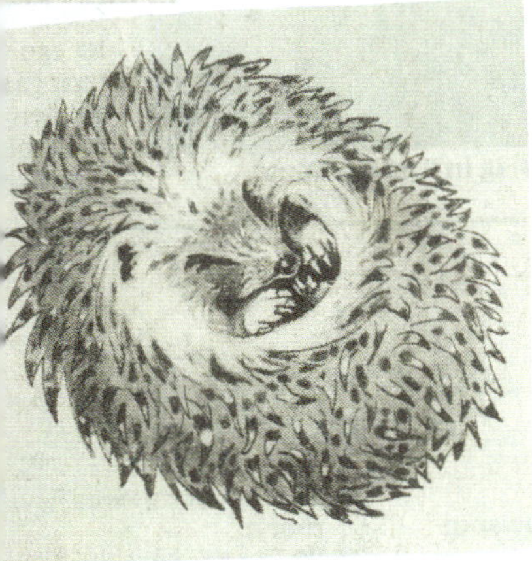

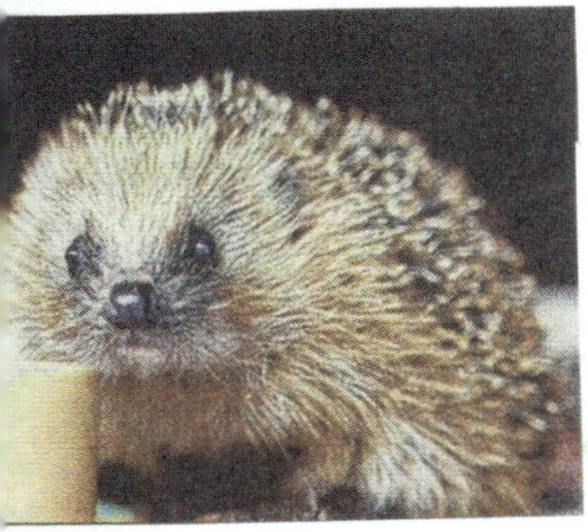

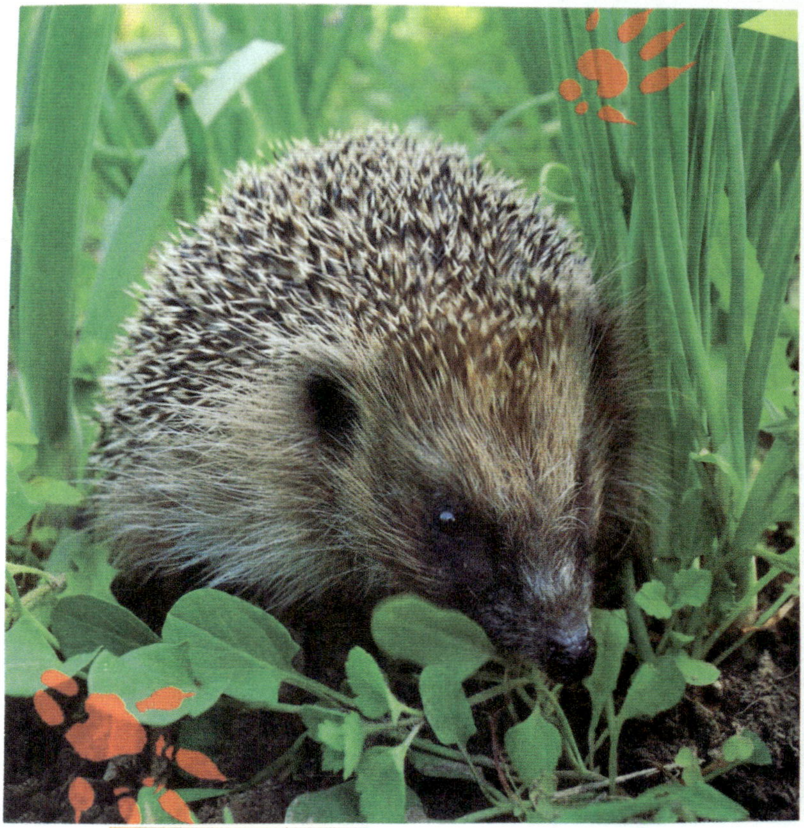

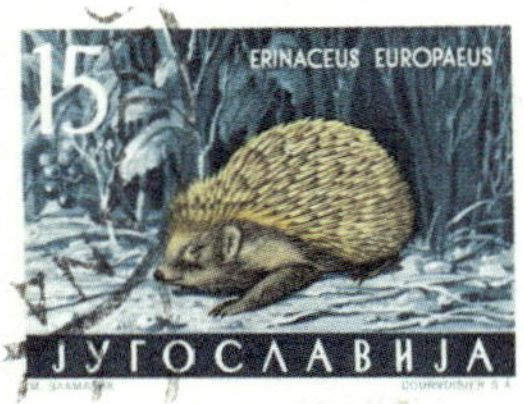
15
ERINACEUS EUROPAEUS
ЈУГОСЛАВИЈА

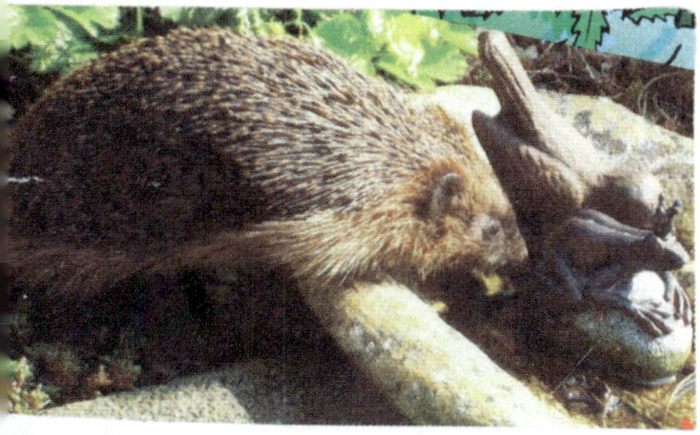

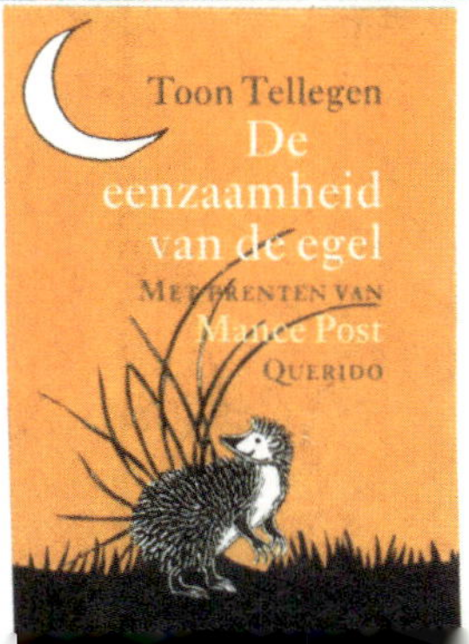
Toon Tellegen
De eenzaamheid van de egel
Met prenten van Mance Post
Querido

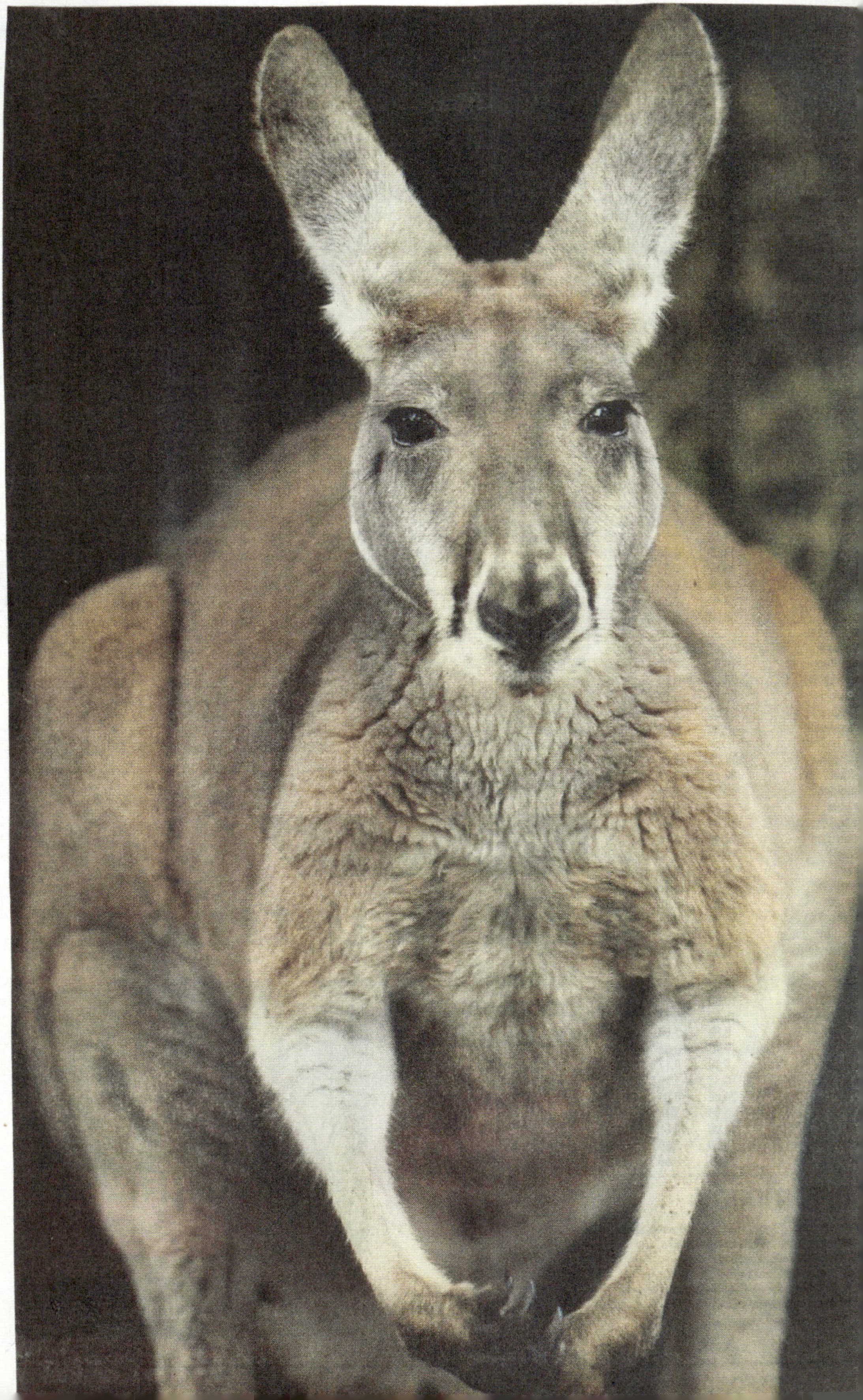

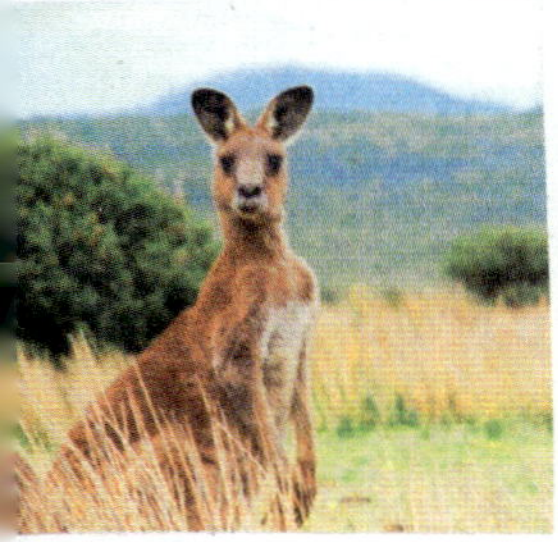

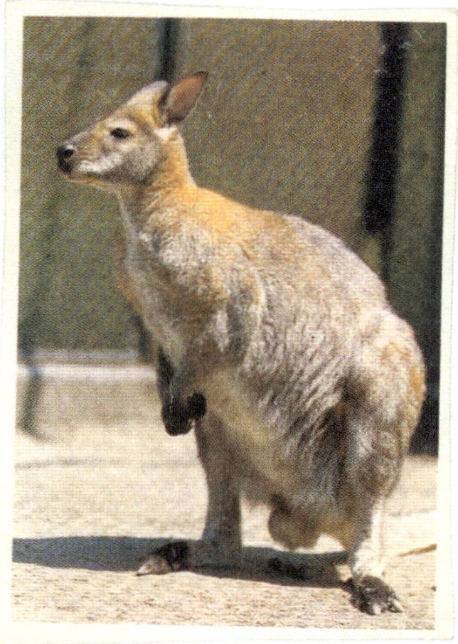

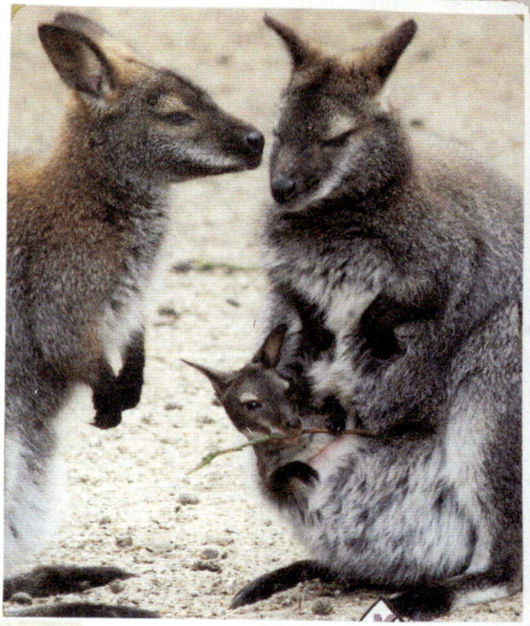

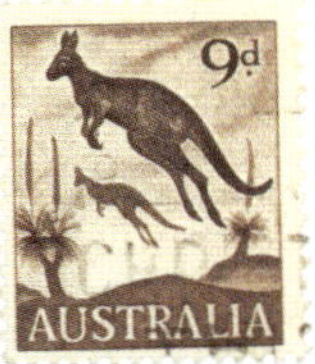

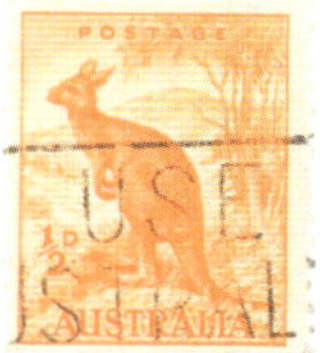

kanGoEroe

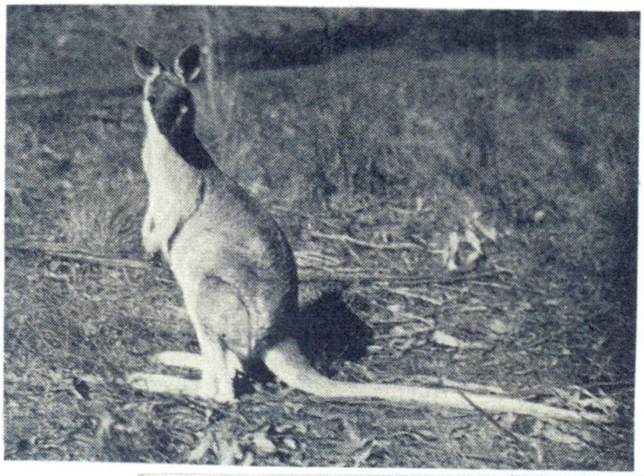

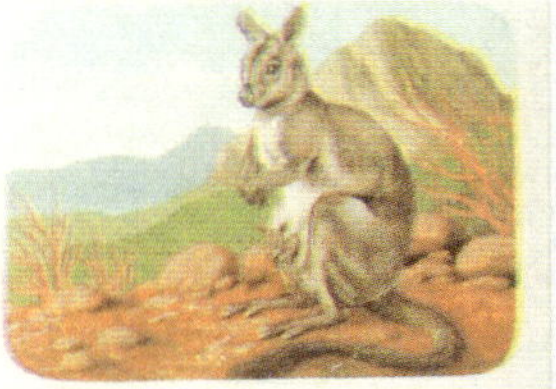

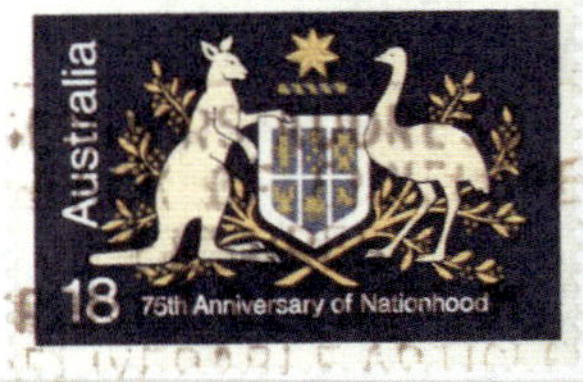

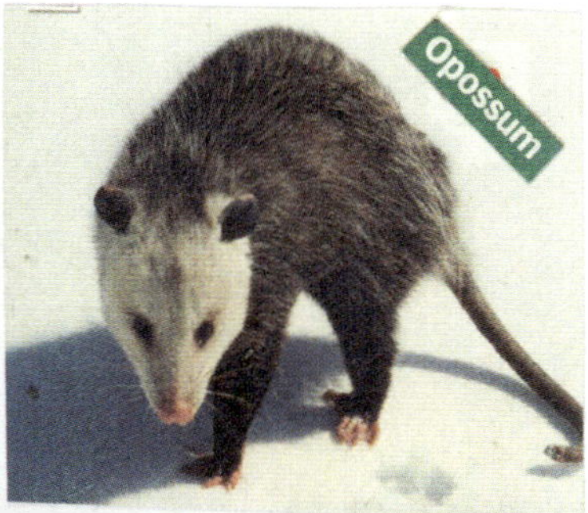

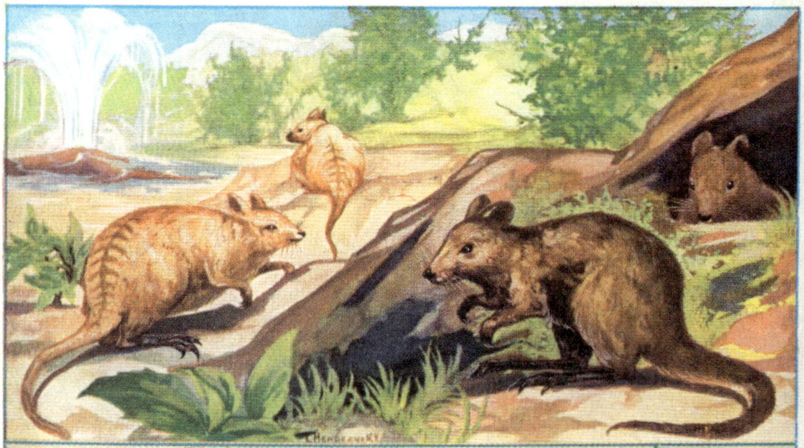

ZOOGDIEREN VAN AUSTRALIE
6. Kangoeroe-rat — Wallaby

LIEBIG VLEESEXTRACT: de volle kracht van de beste stukken ossevlees

Nadruk verboden

Verklaring op keerzijde

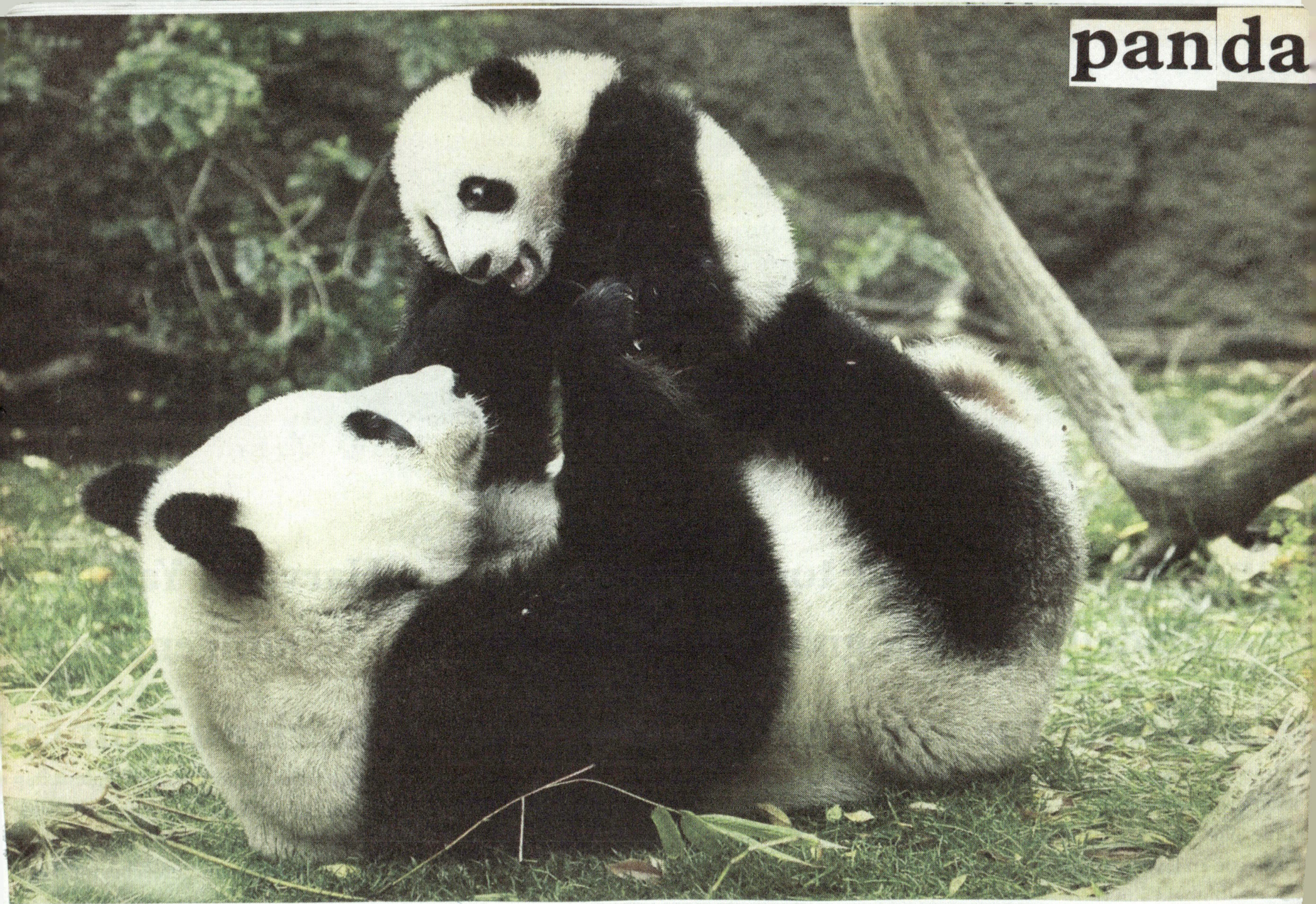
panda

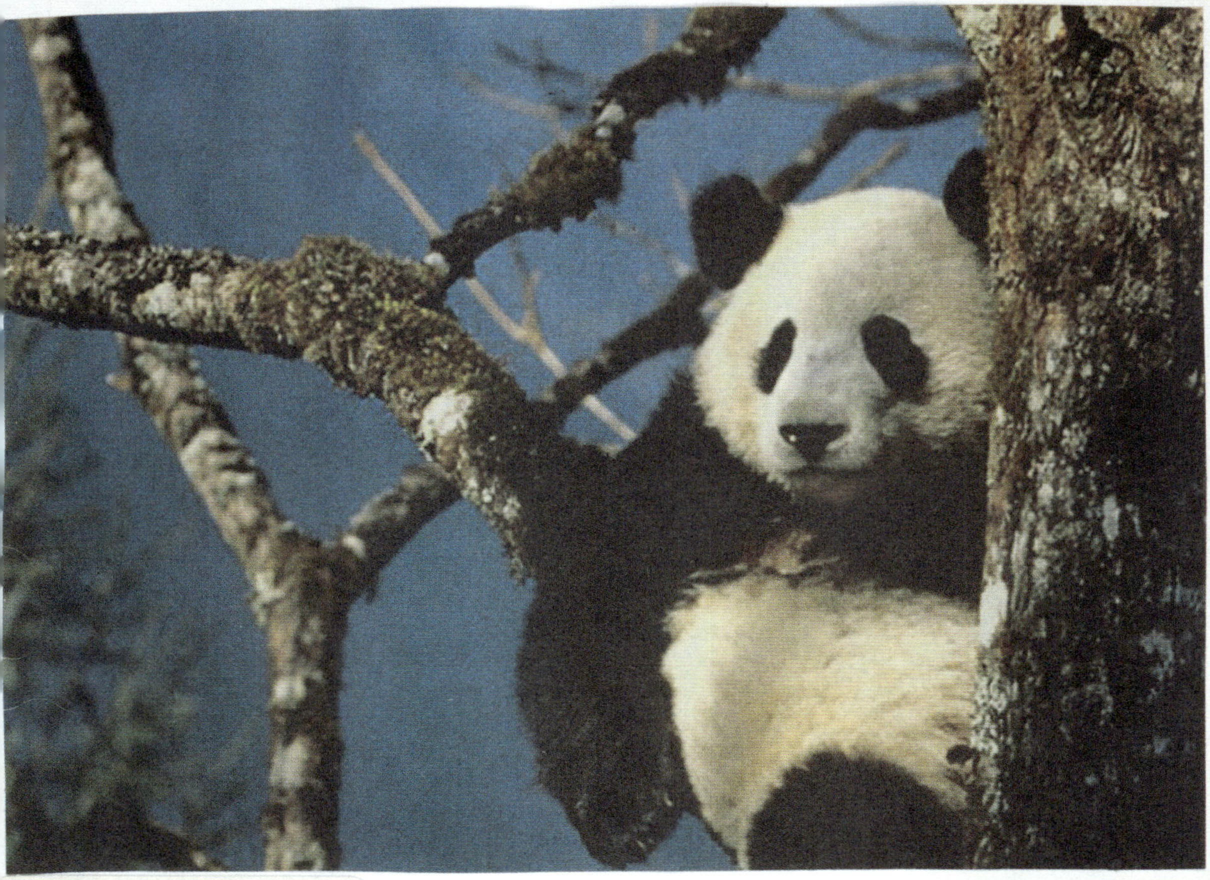

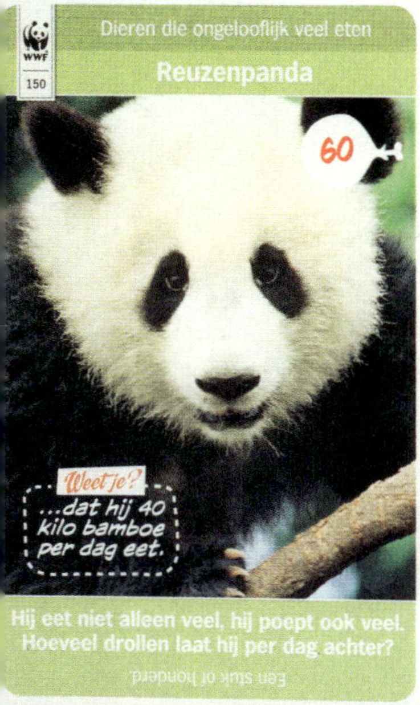

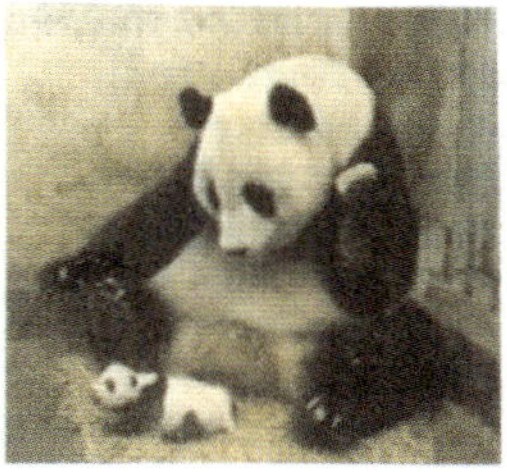

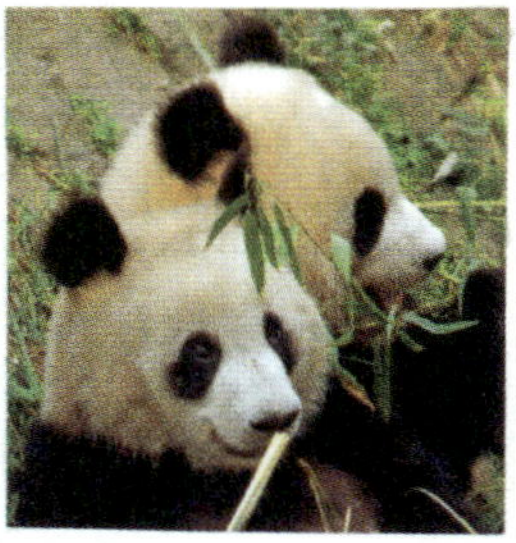

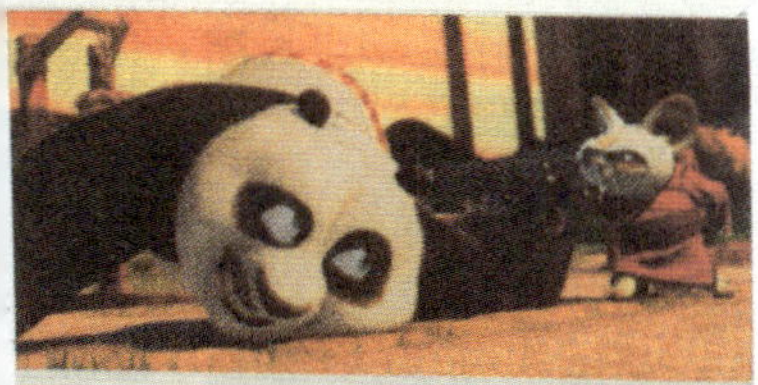

Van slome beer tot gevreesde vechtjas in *Kung Fu Panda*. SBS6, 20.00u.

WWF

50 JAAR

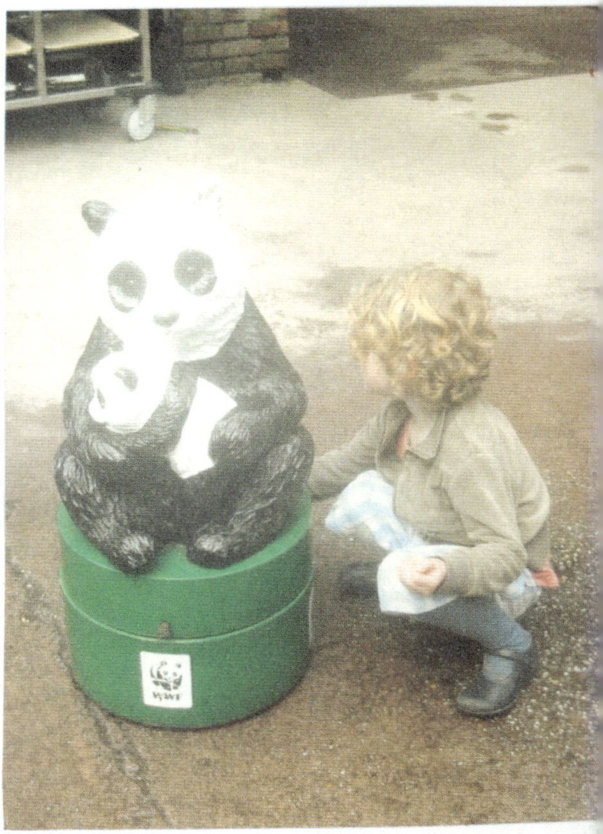

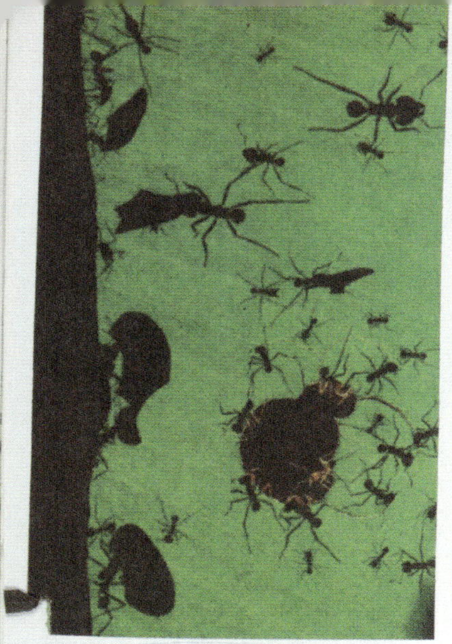

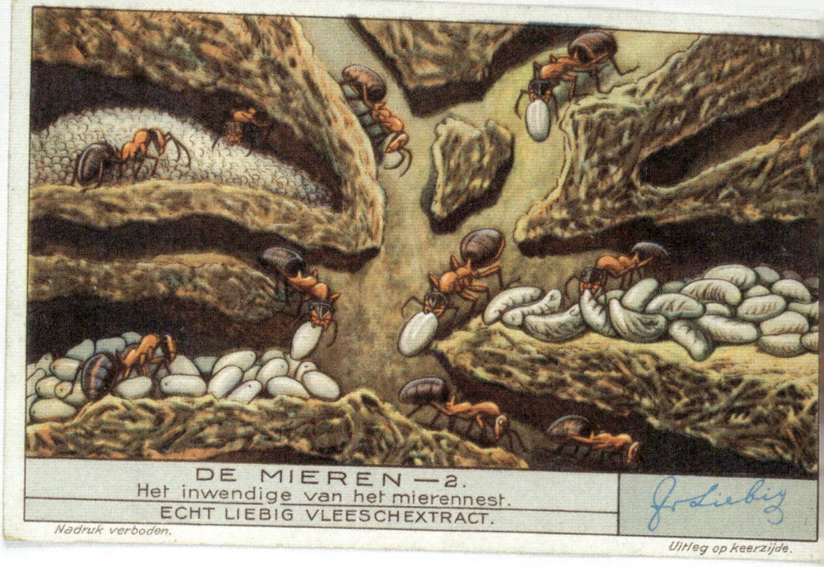

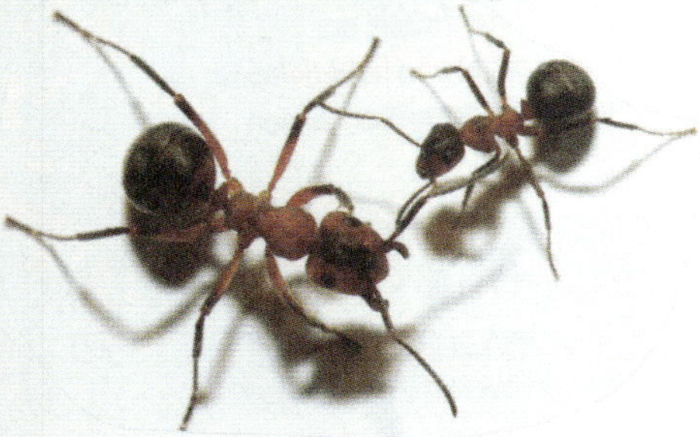

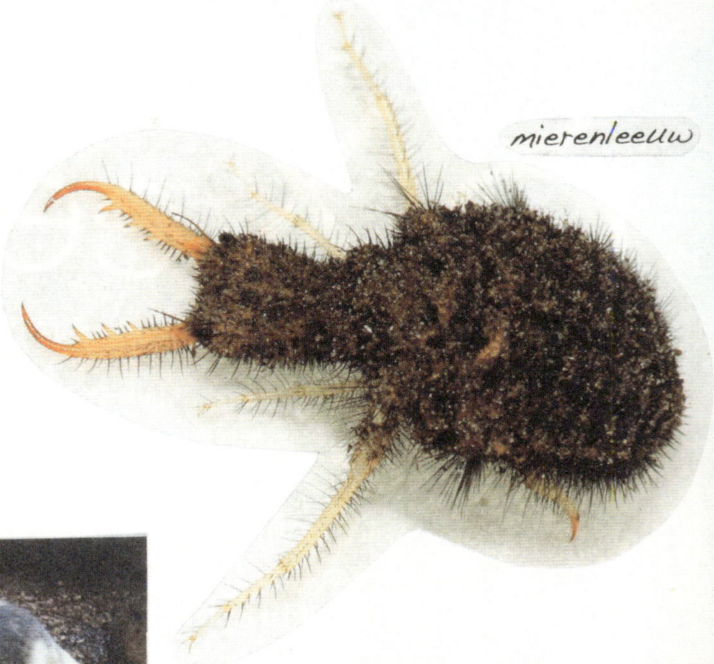

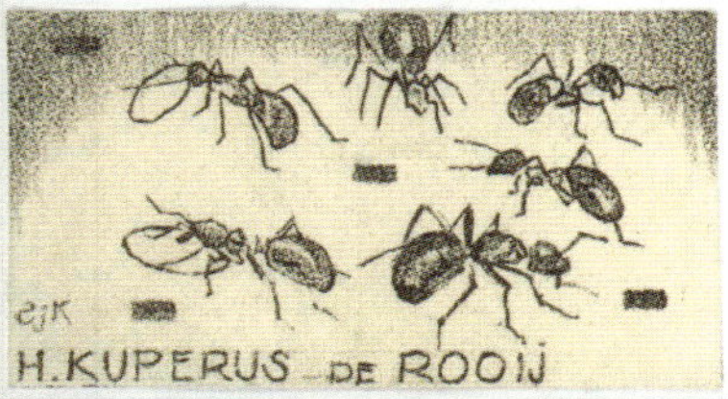

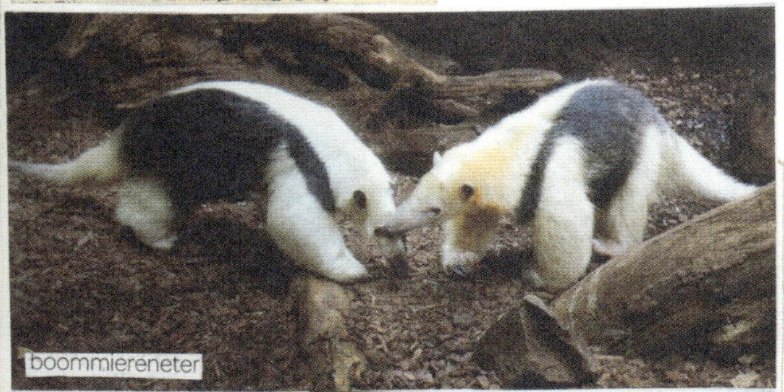

Dit weekeinde is in dierentuin Artis een grote miereneter geboren. Het jong klom direct op de rug van de moeder. Op die veilige plek zitten ze vrijwel hun hele eerste levensjaar als ze willen rusten en slapen.

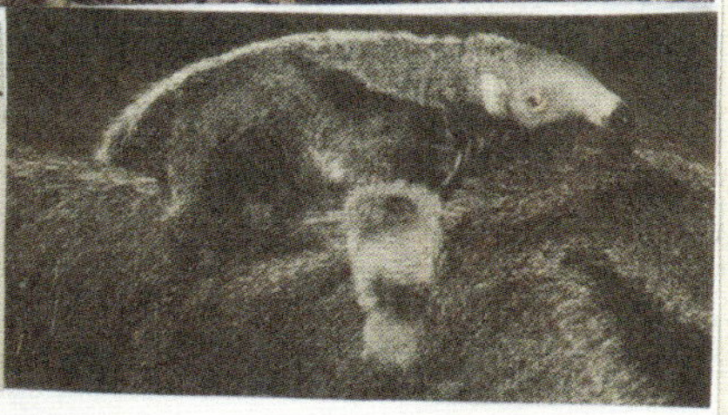

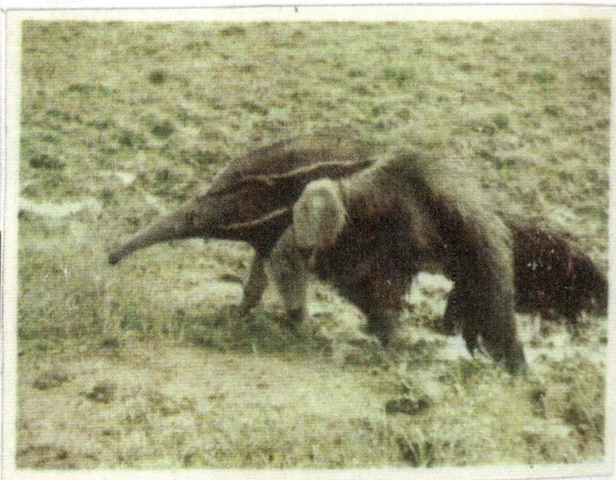

Miereneter

mieR

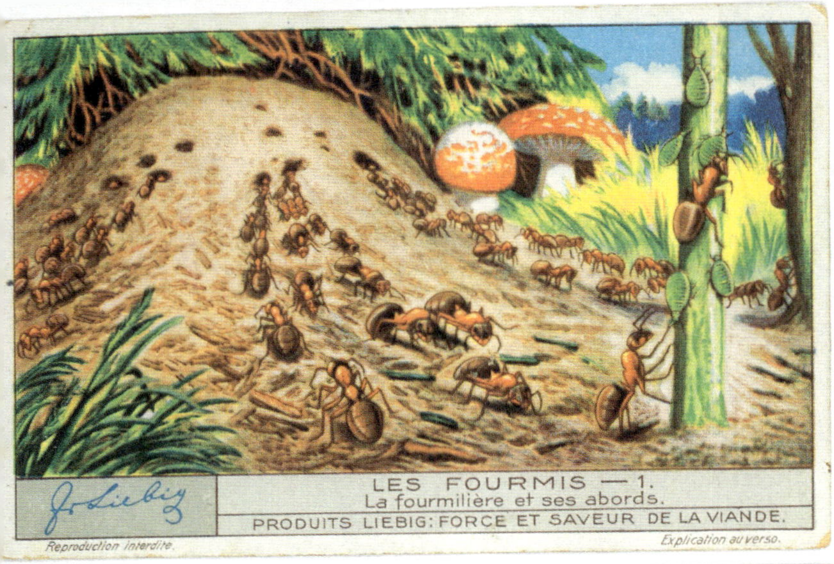

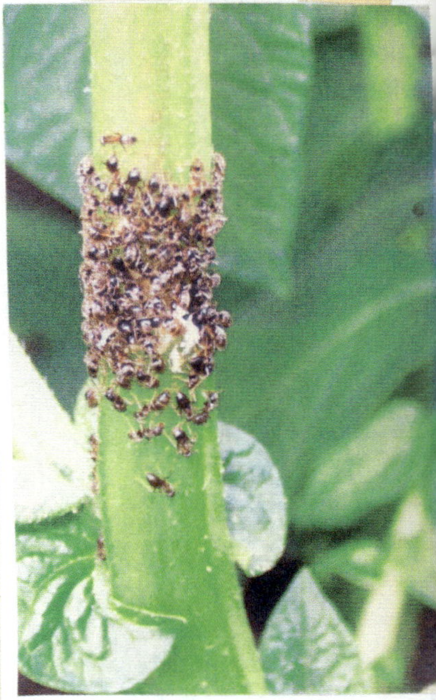

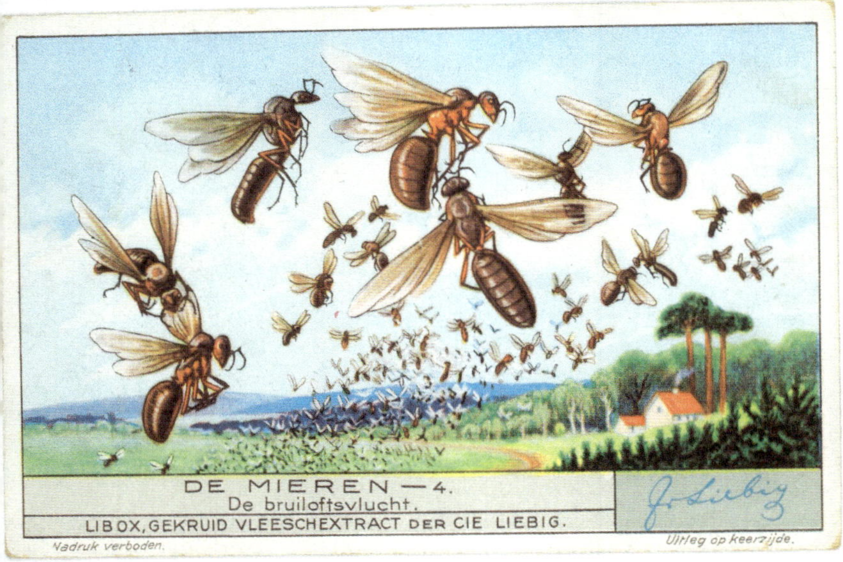

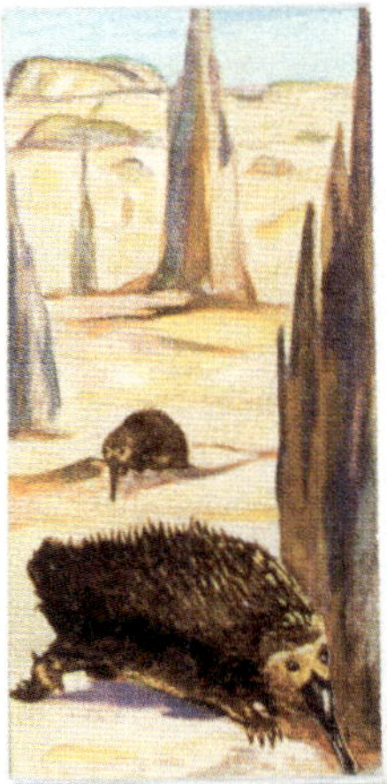

- Mierenegel -

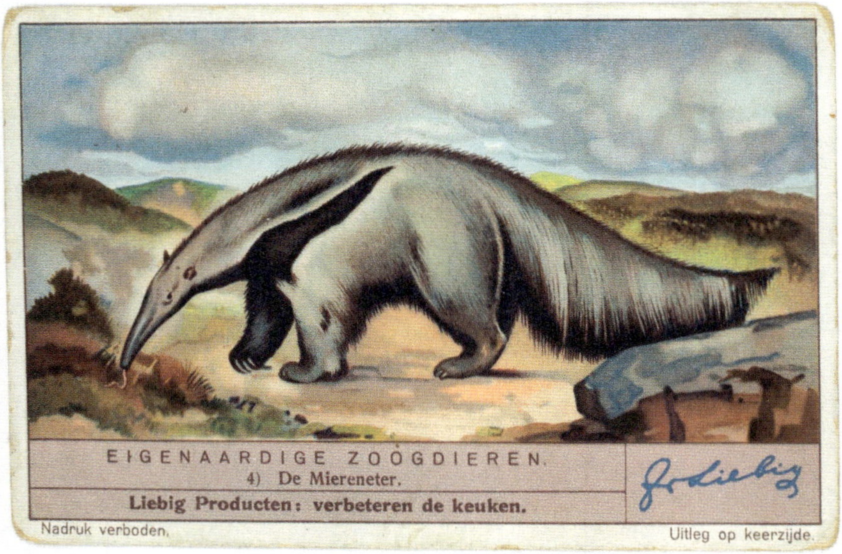

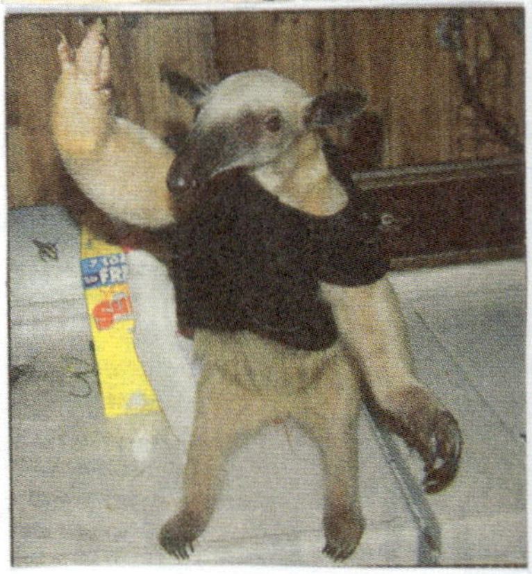

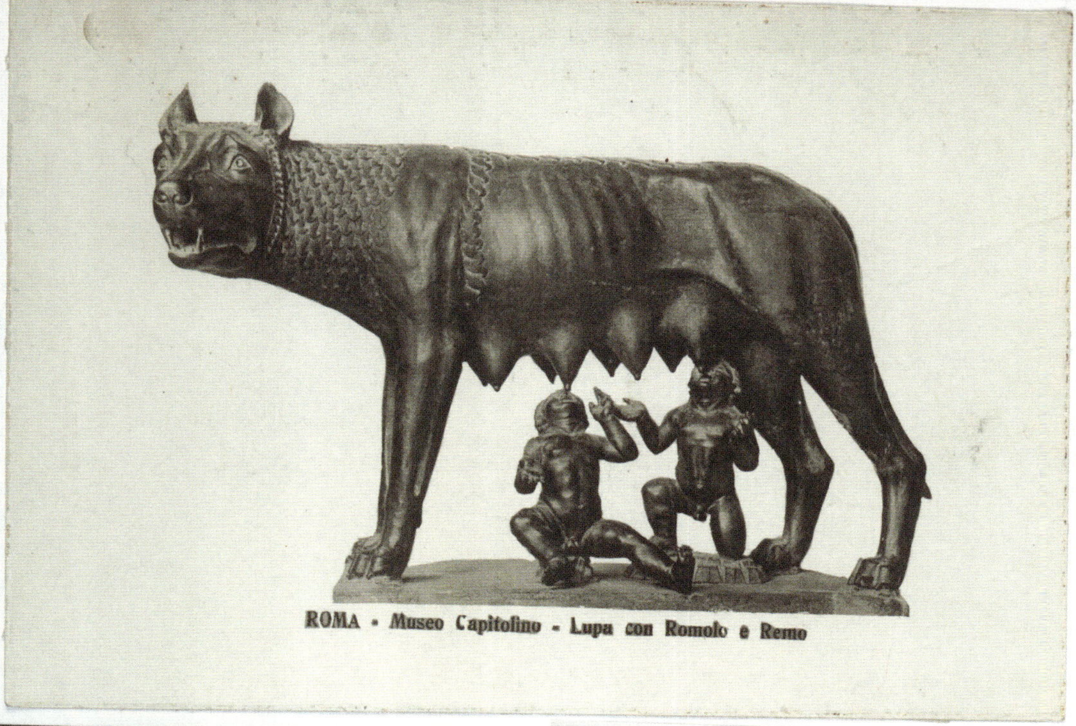
ROMA - Museo Capitolino - Lupa con Romolo e Remo

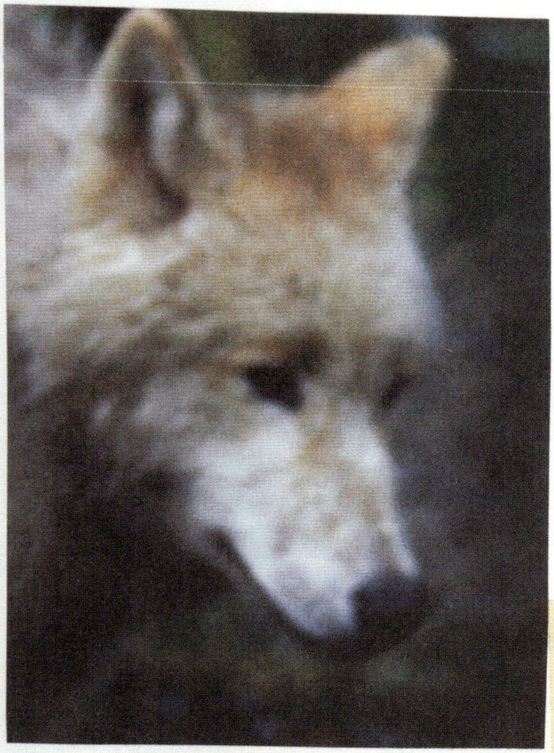

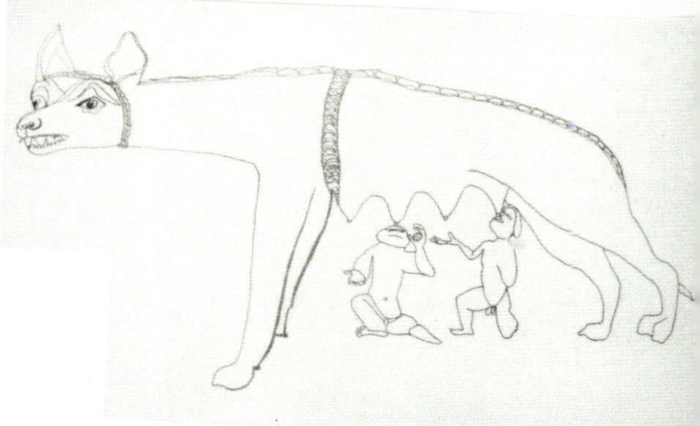

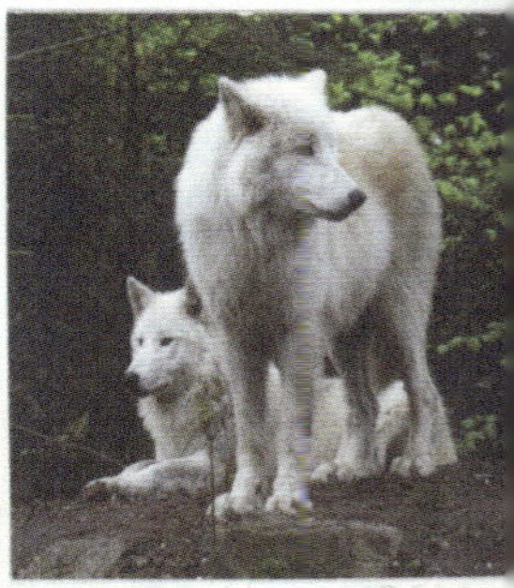

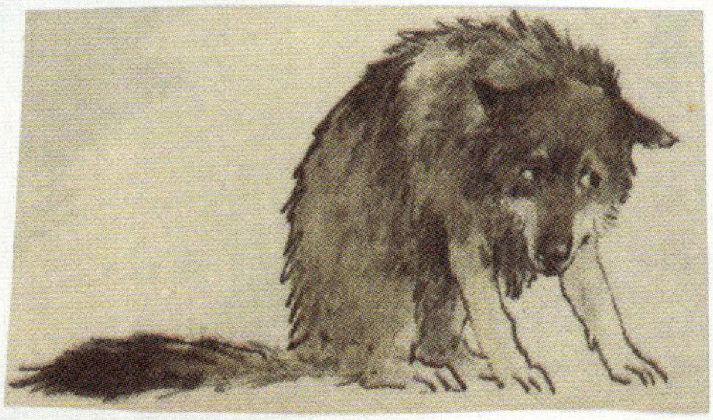

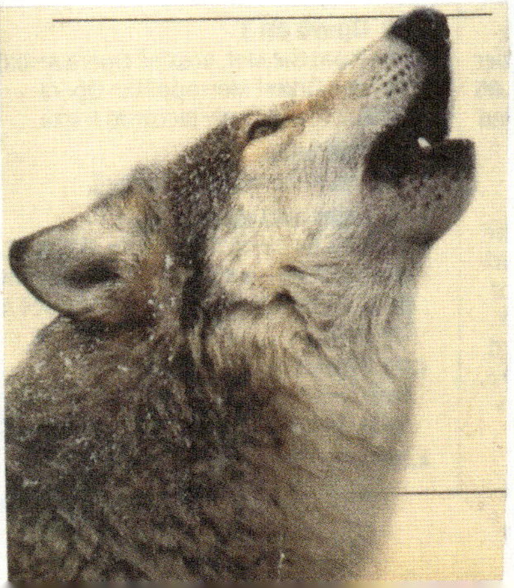

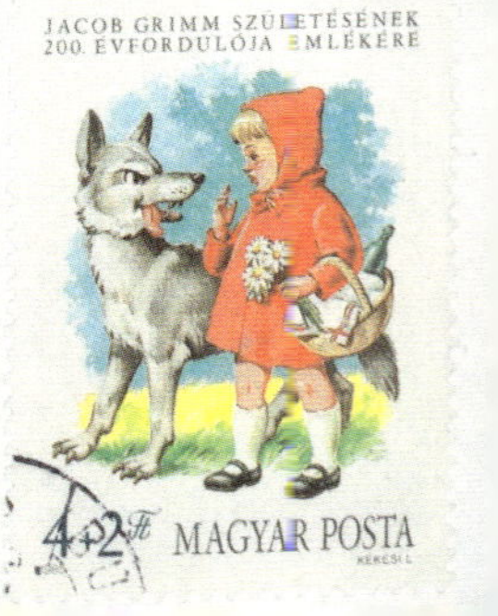
JACOB GRIMM SZÜLETÉSÉNEK
200. ÉVFORDULÓJA EMLÉKÉRE
4+2 Ft
MAGYAR POSTA
KÉKESI L.

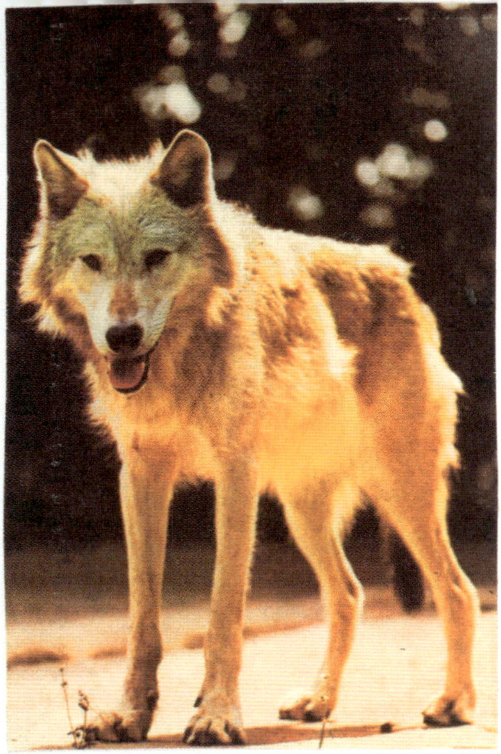

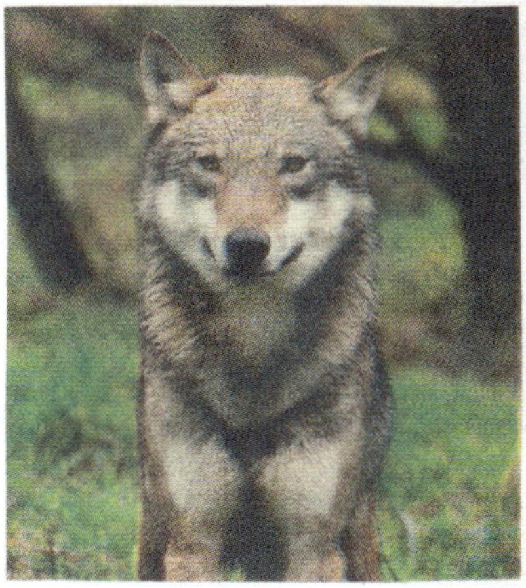

WOLF

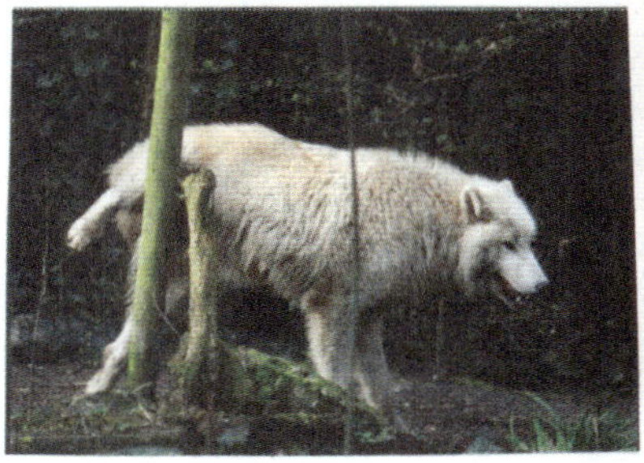

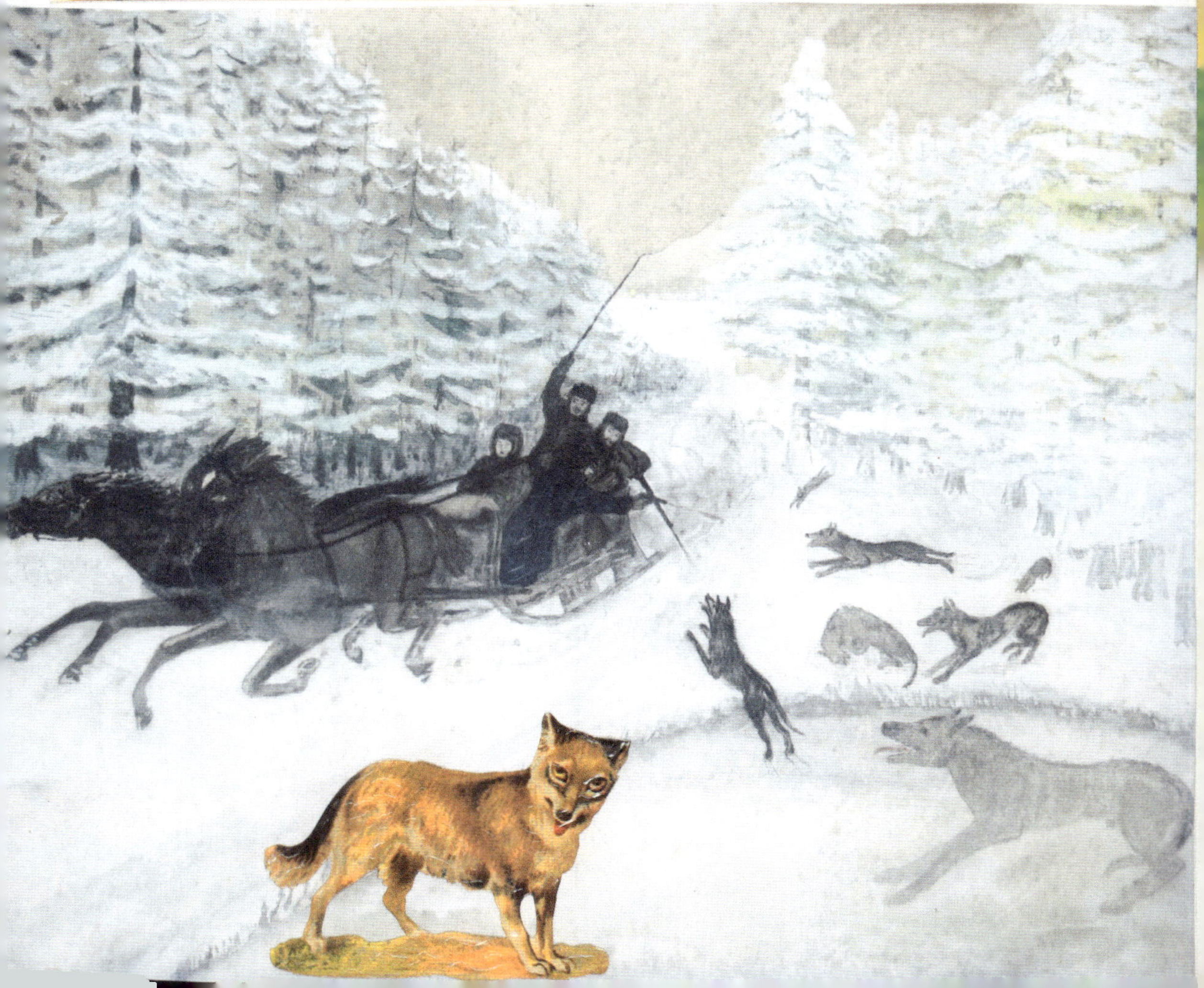

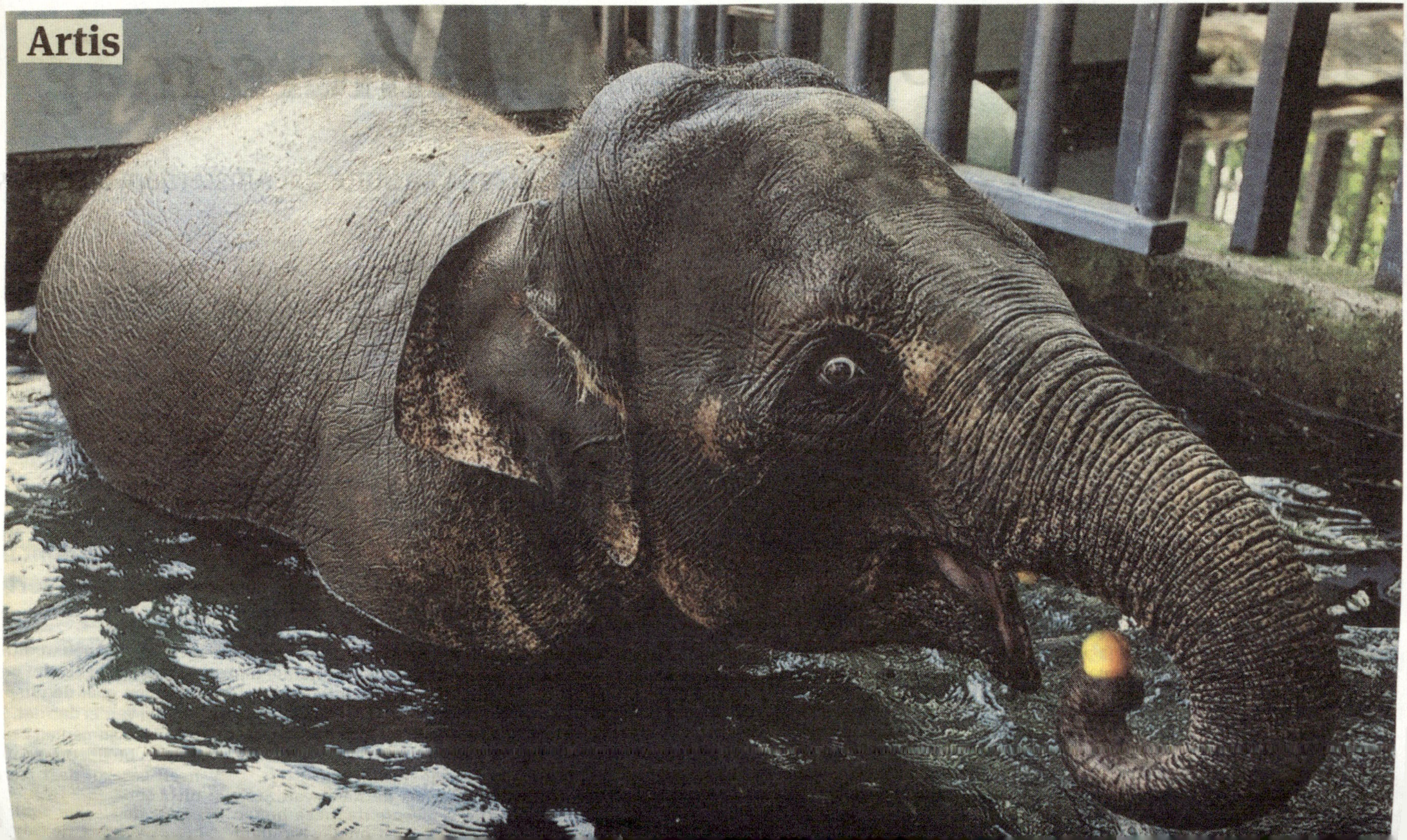
Artis

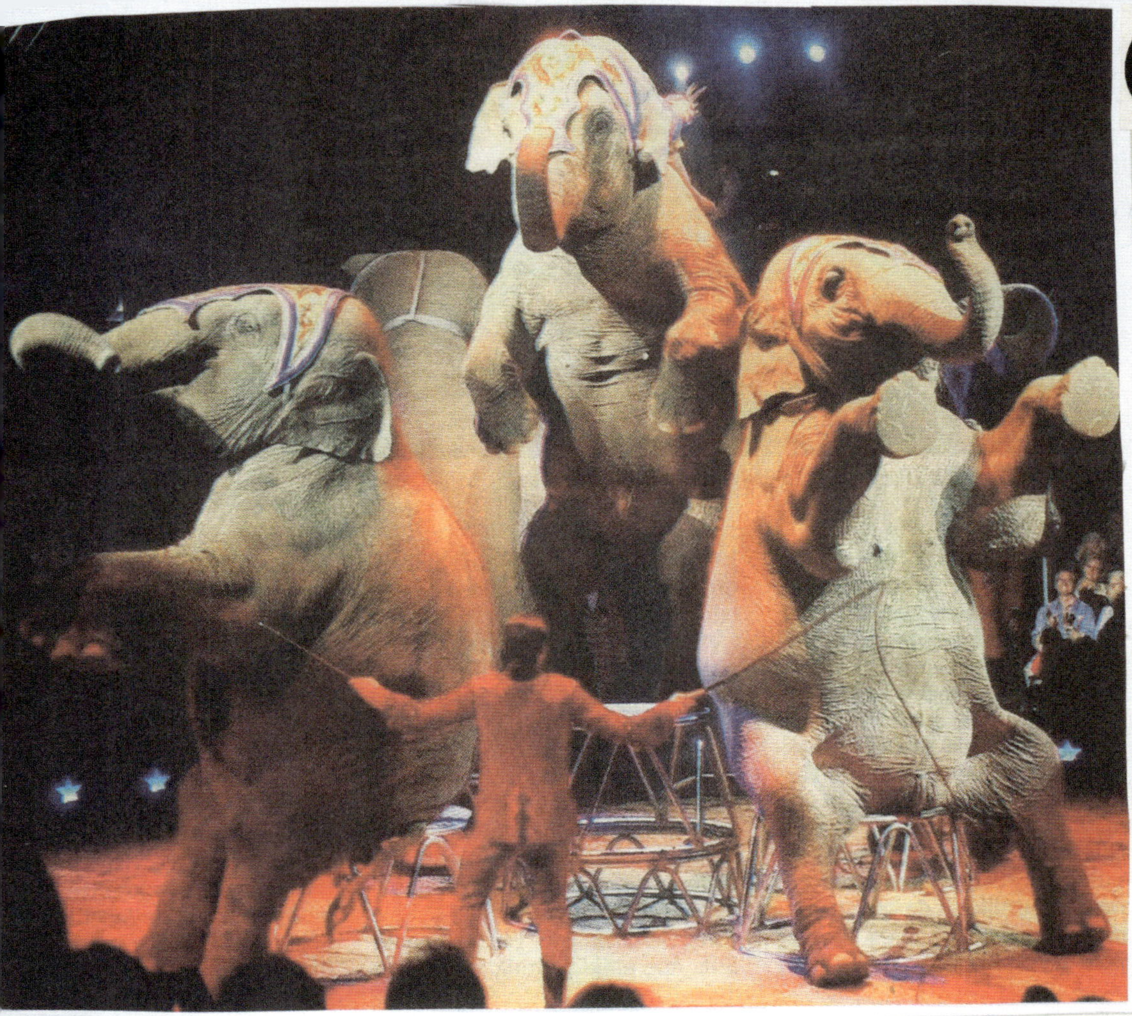

OLifAnt

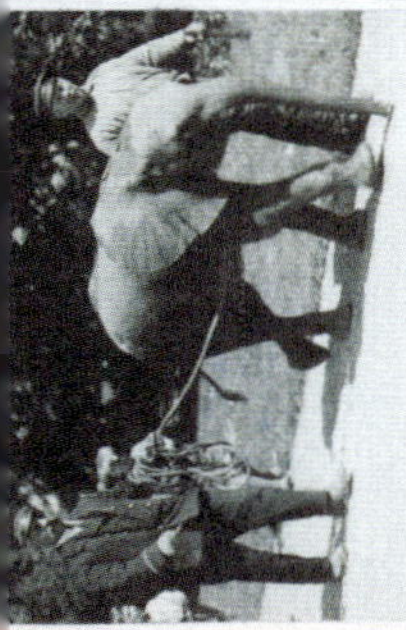

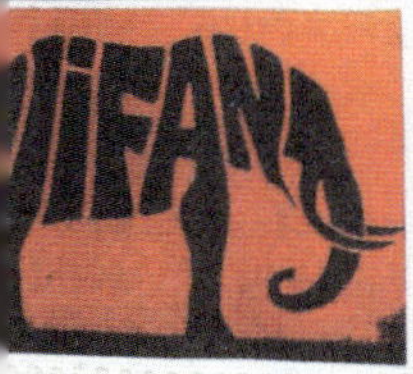

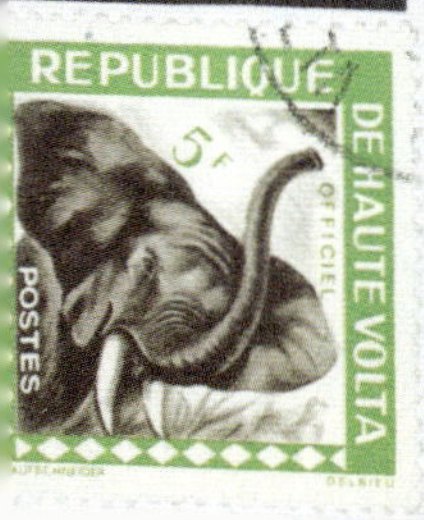

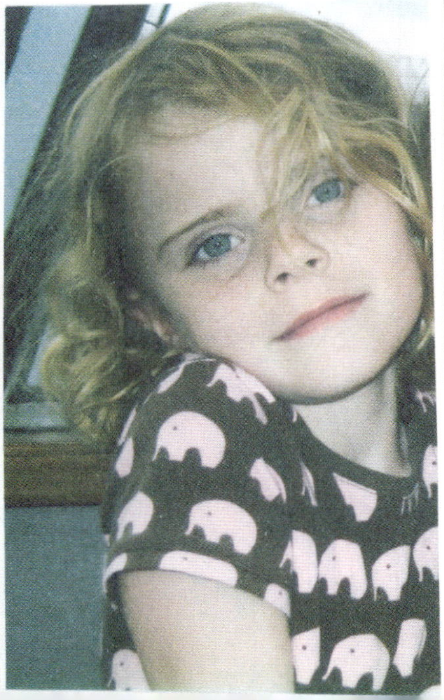

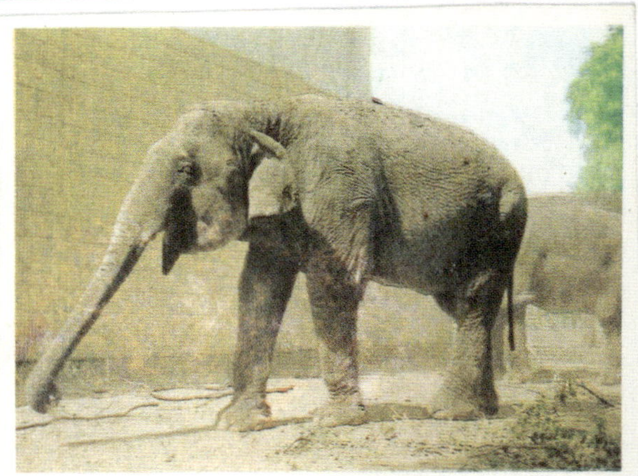

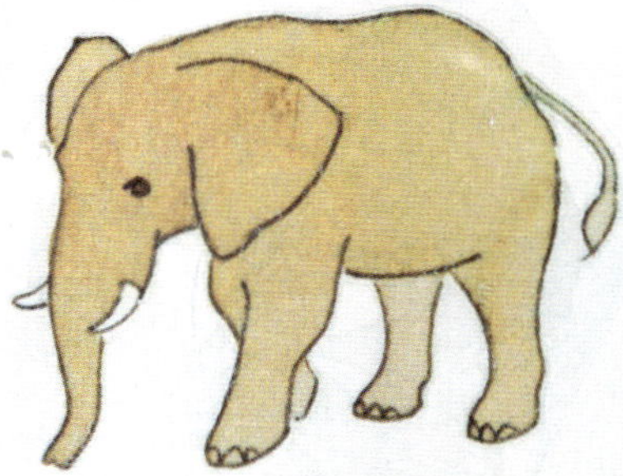

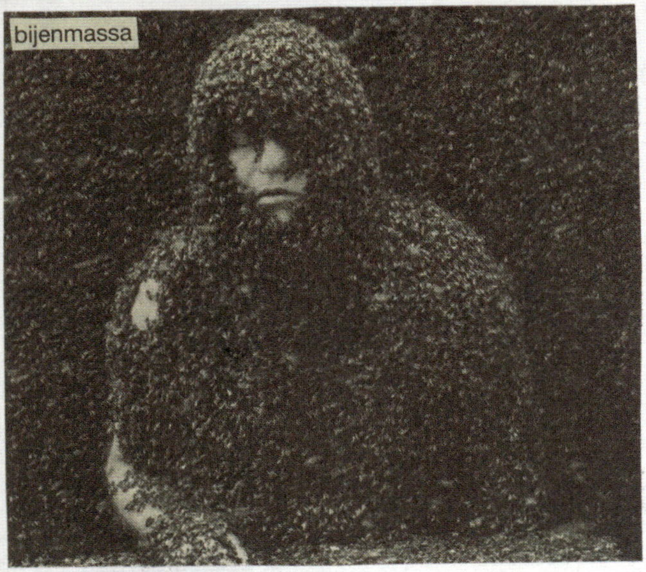

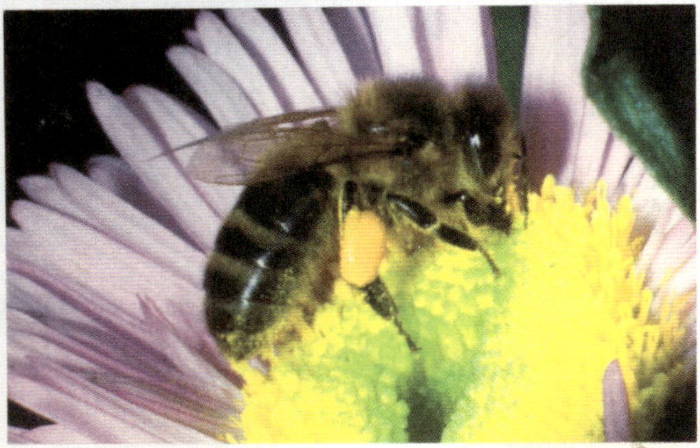

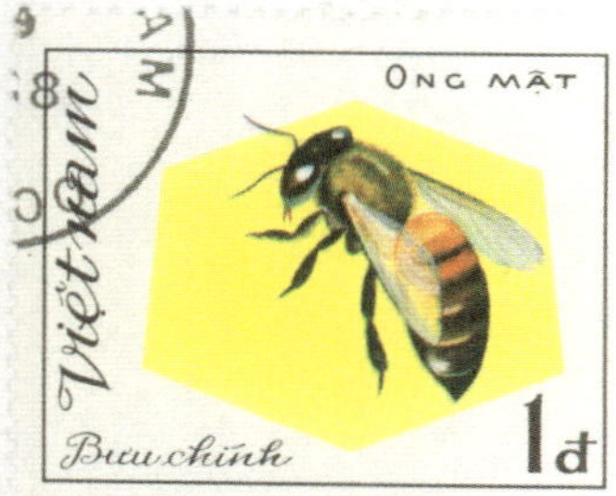

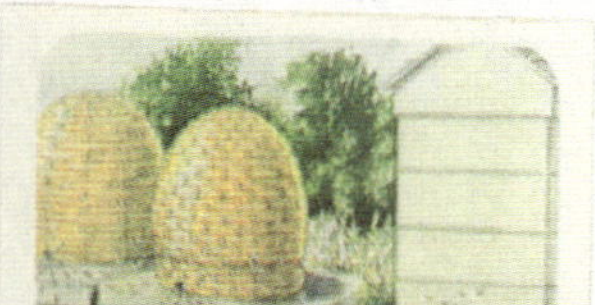

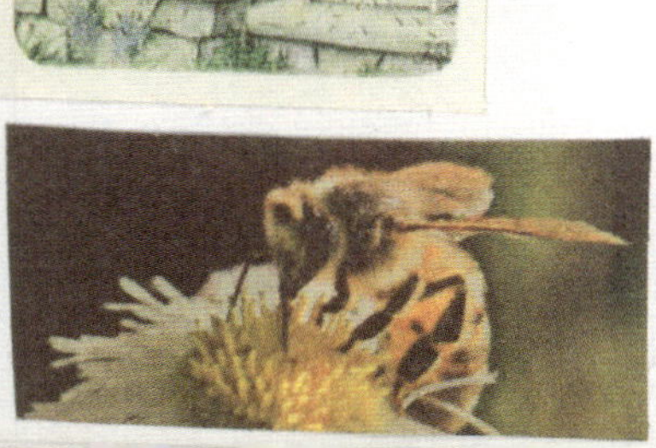

B ij

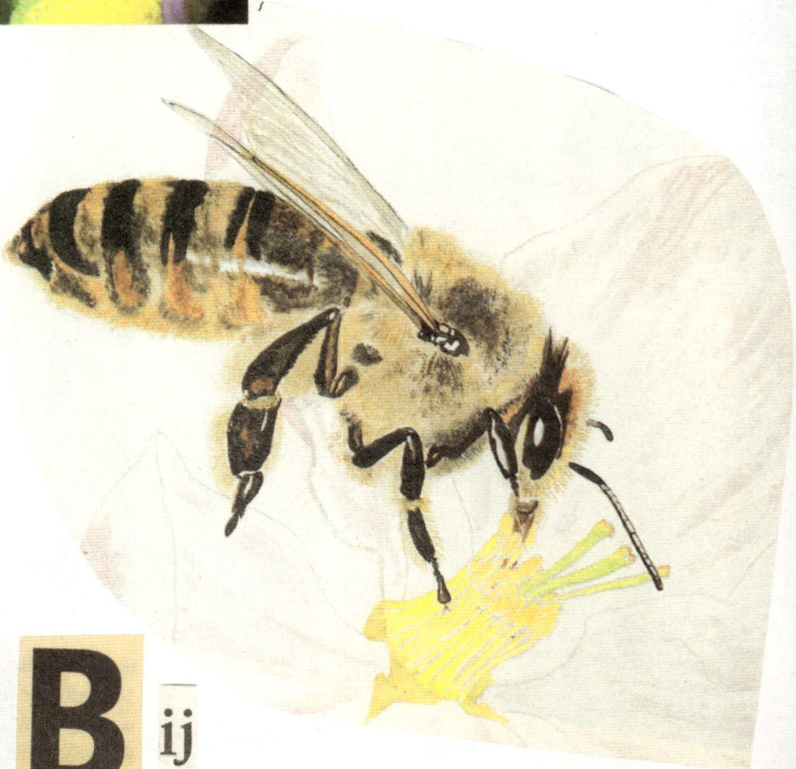

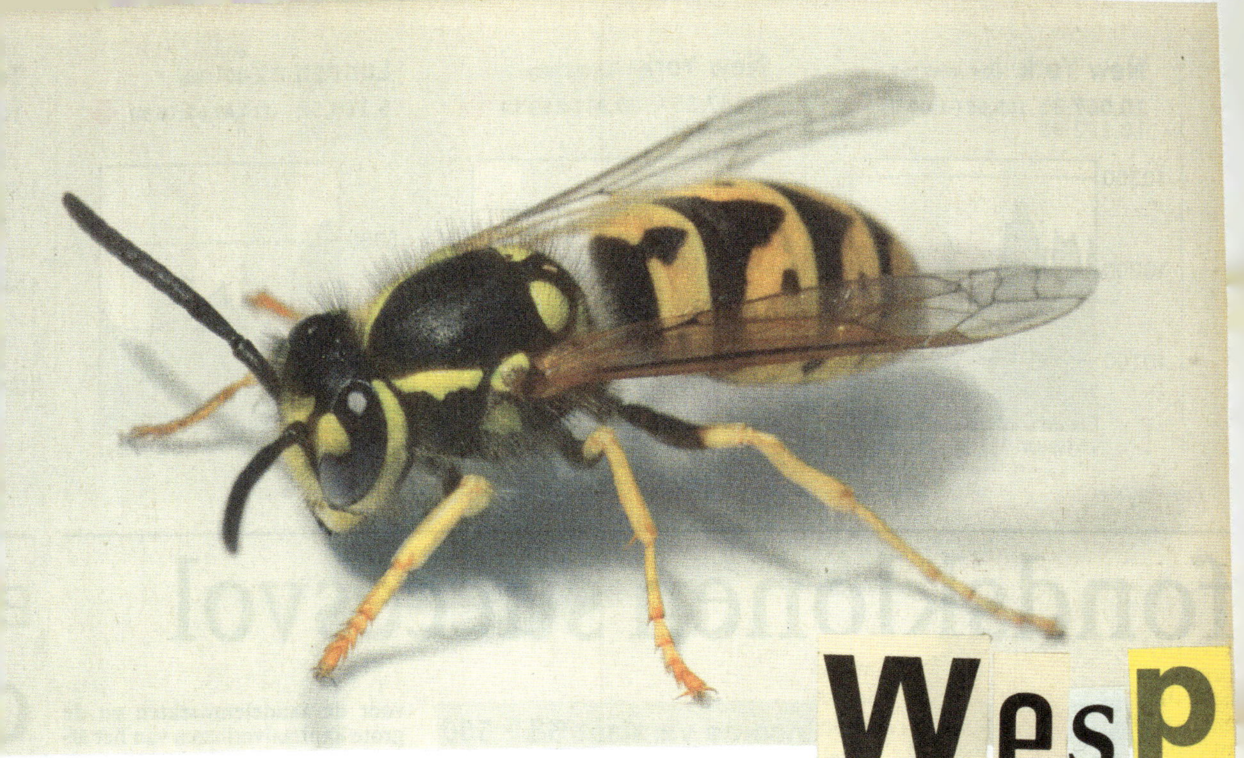

Wesp

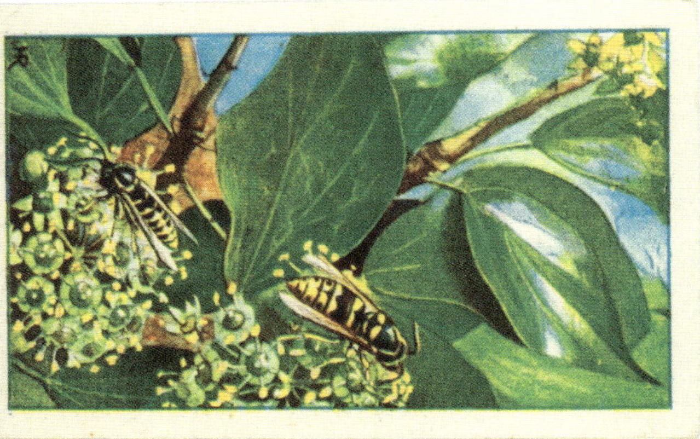

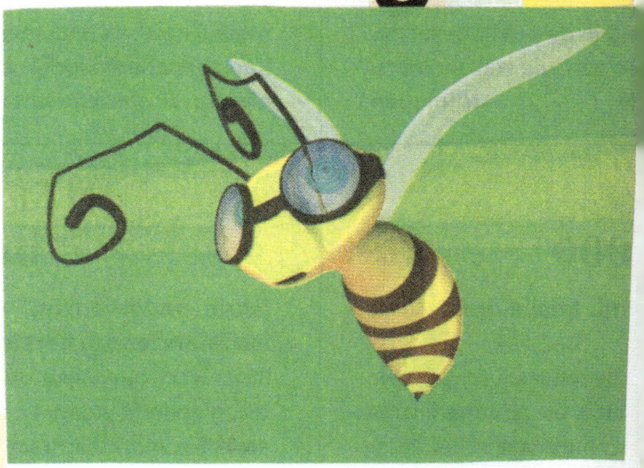

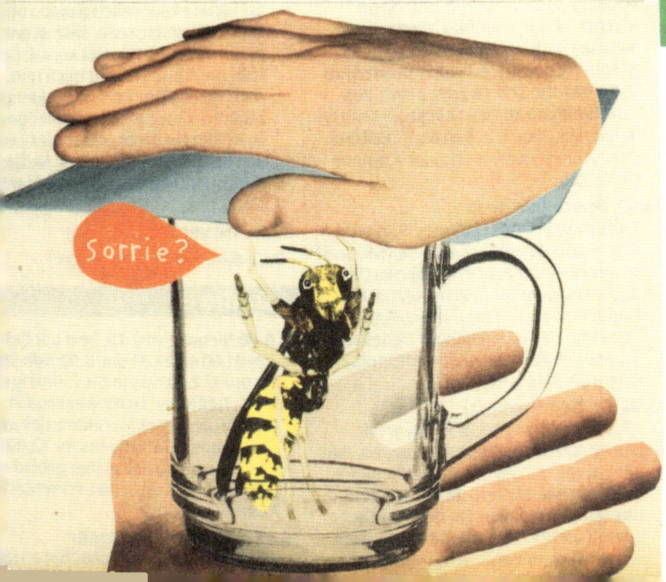

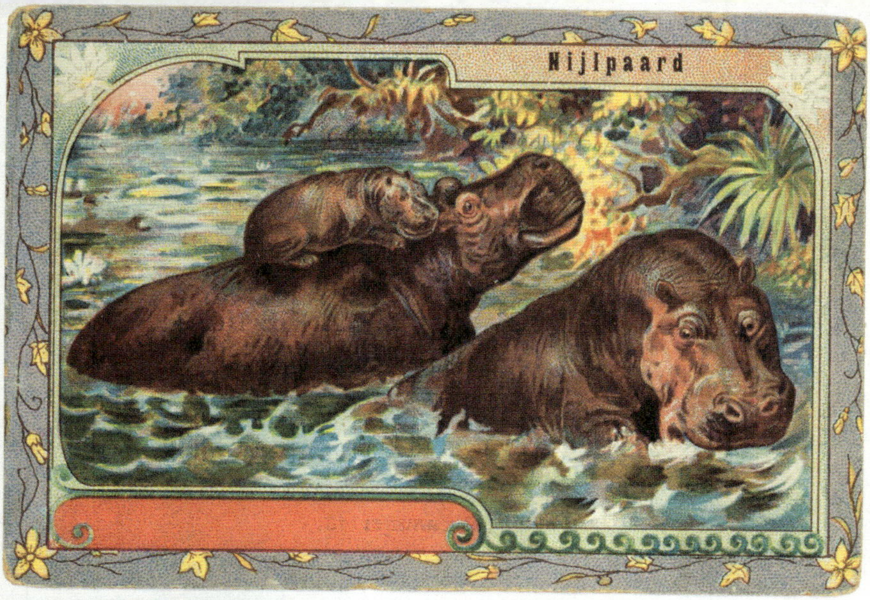

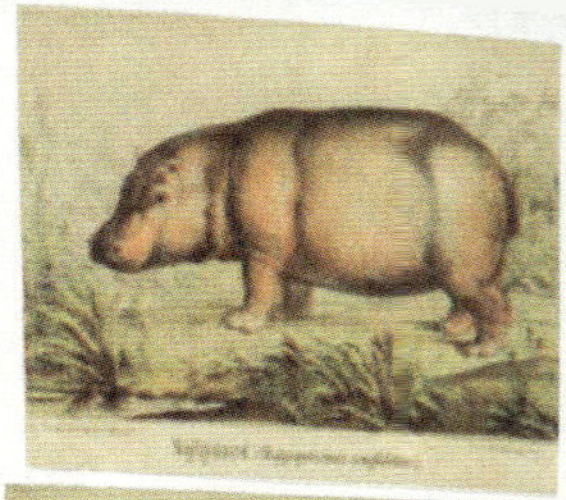

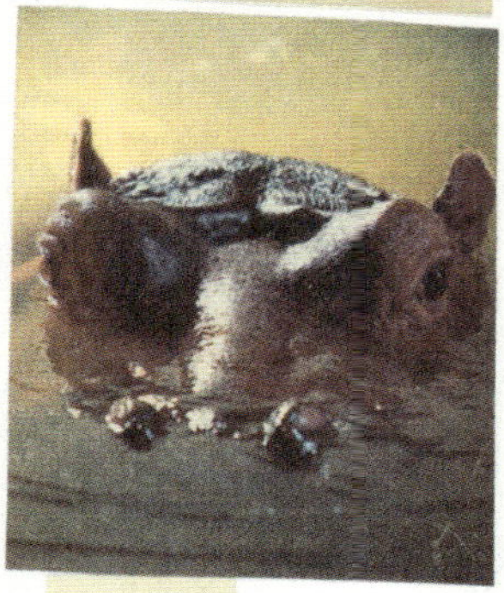

nijL

paar[

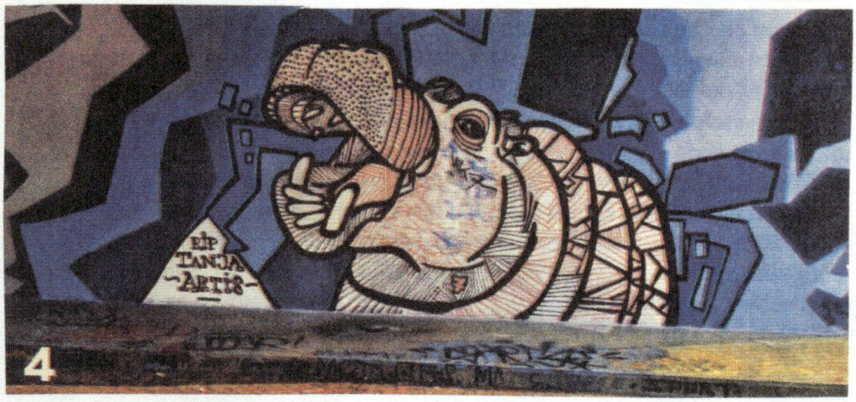

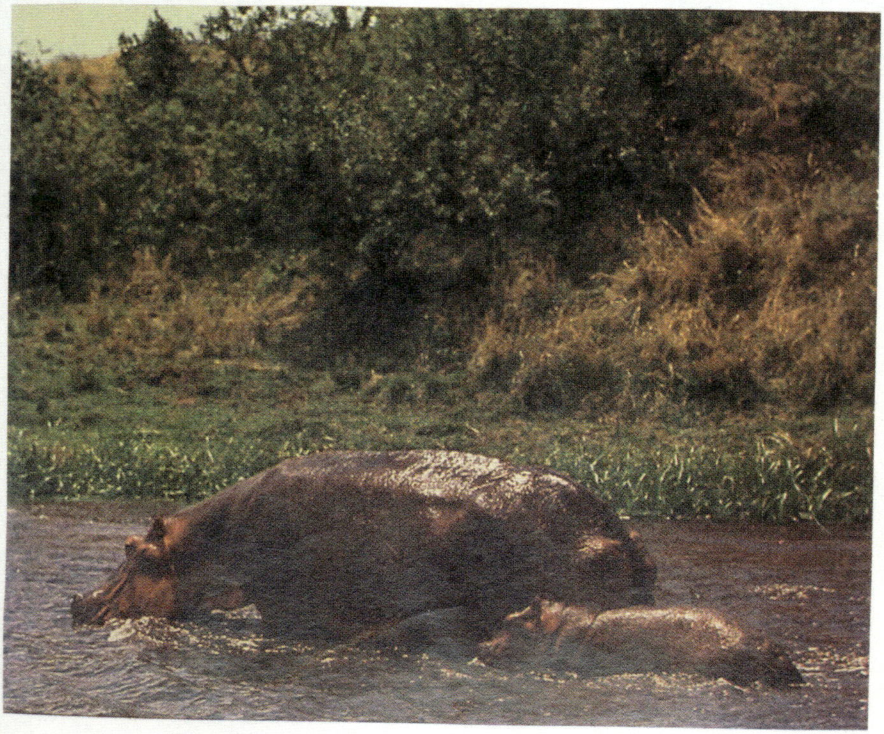

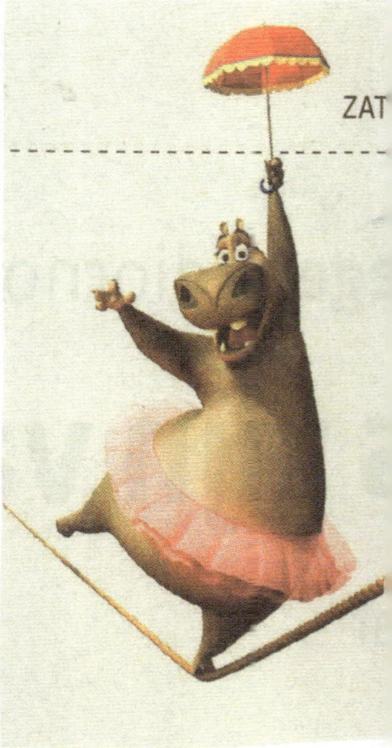

neushoorn

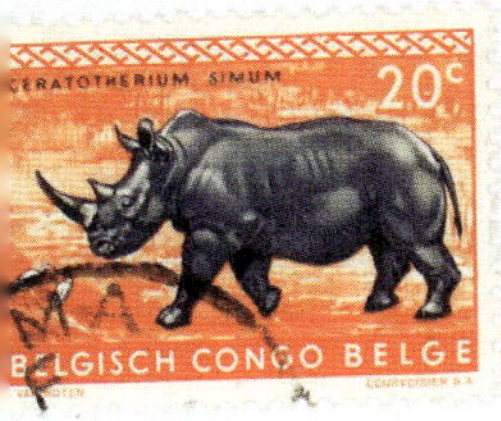
CERATOTHERIUM SIMUM
20c
BELGISCH CONGO BELGE

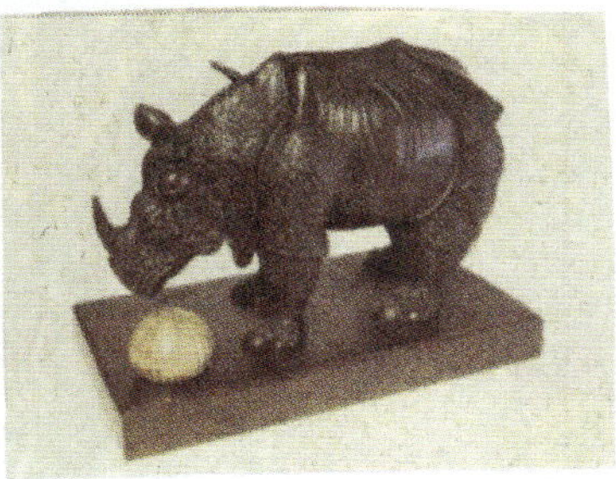

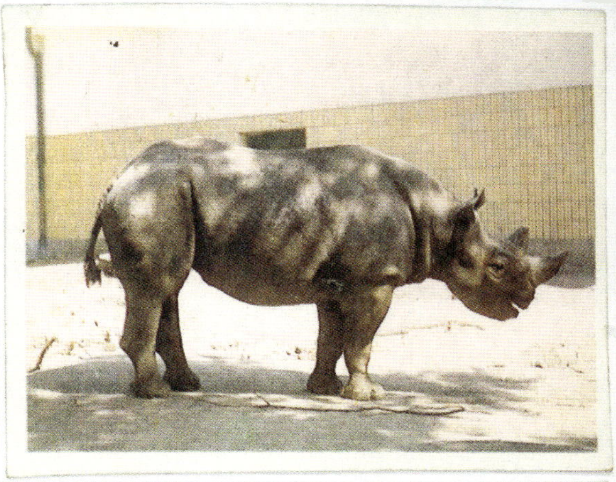

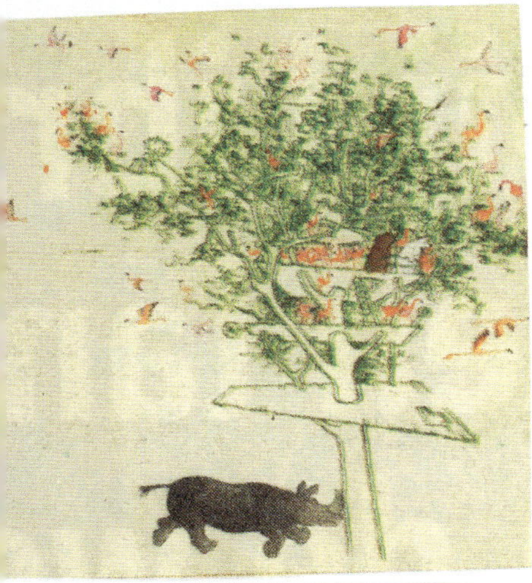

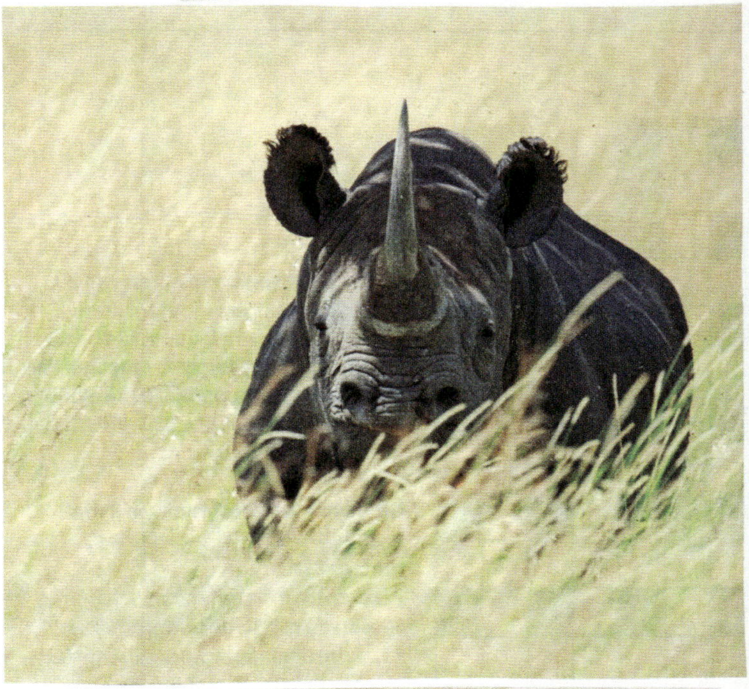

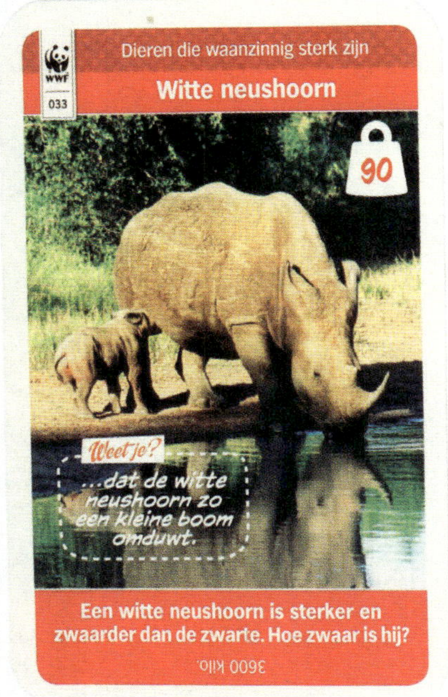
WWF
033
Dieren die waanzinnig sterk zijn
Witte neushoorn
90
Weet je?
...dat de witte neushoorn zo een kleine boom omduwt.
Een witte neushoorn is sterker en zwaarder dan de zwarte. Hoe zwaar is hij?
3600 kilo.

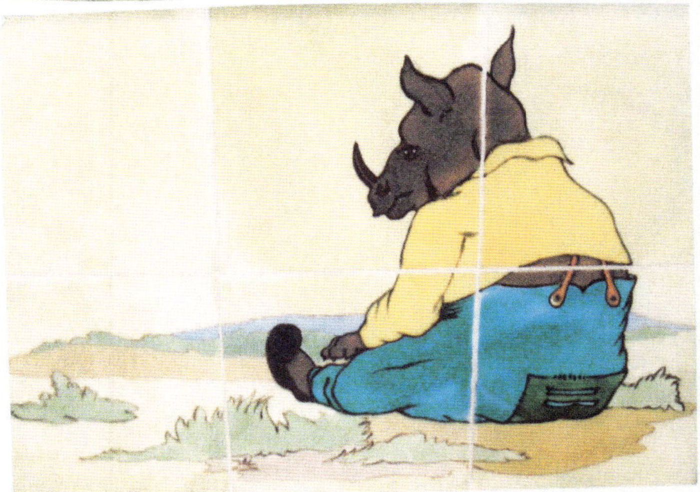

Robotslang

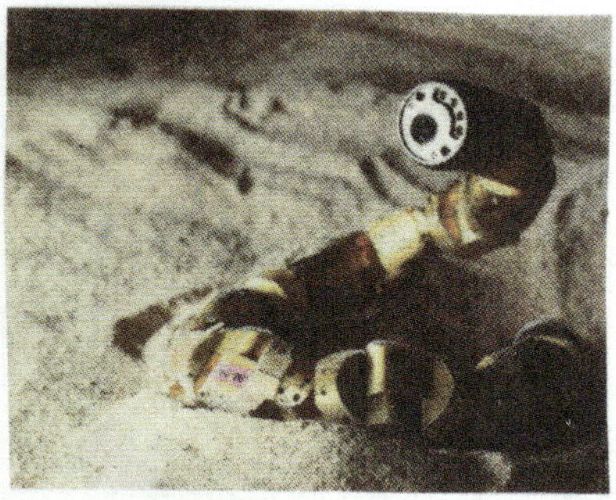

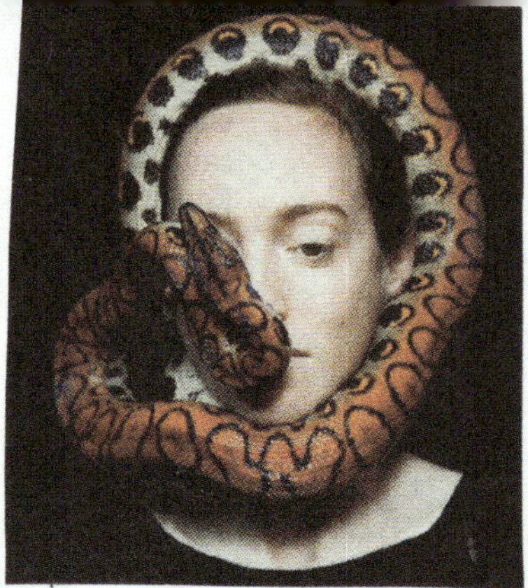

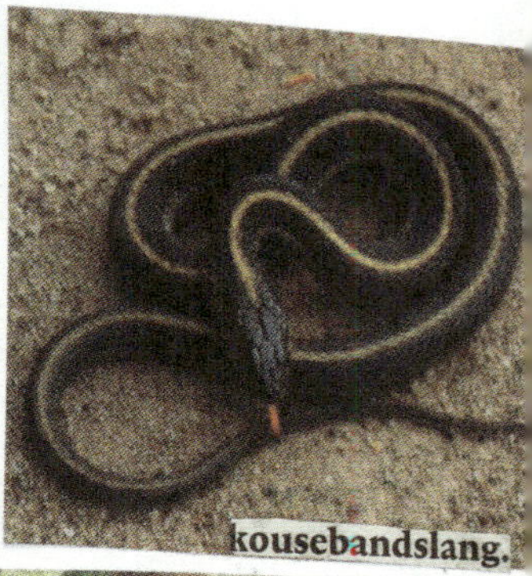
kousebandslang.

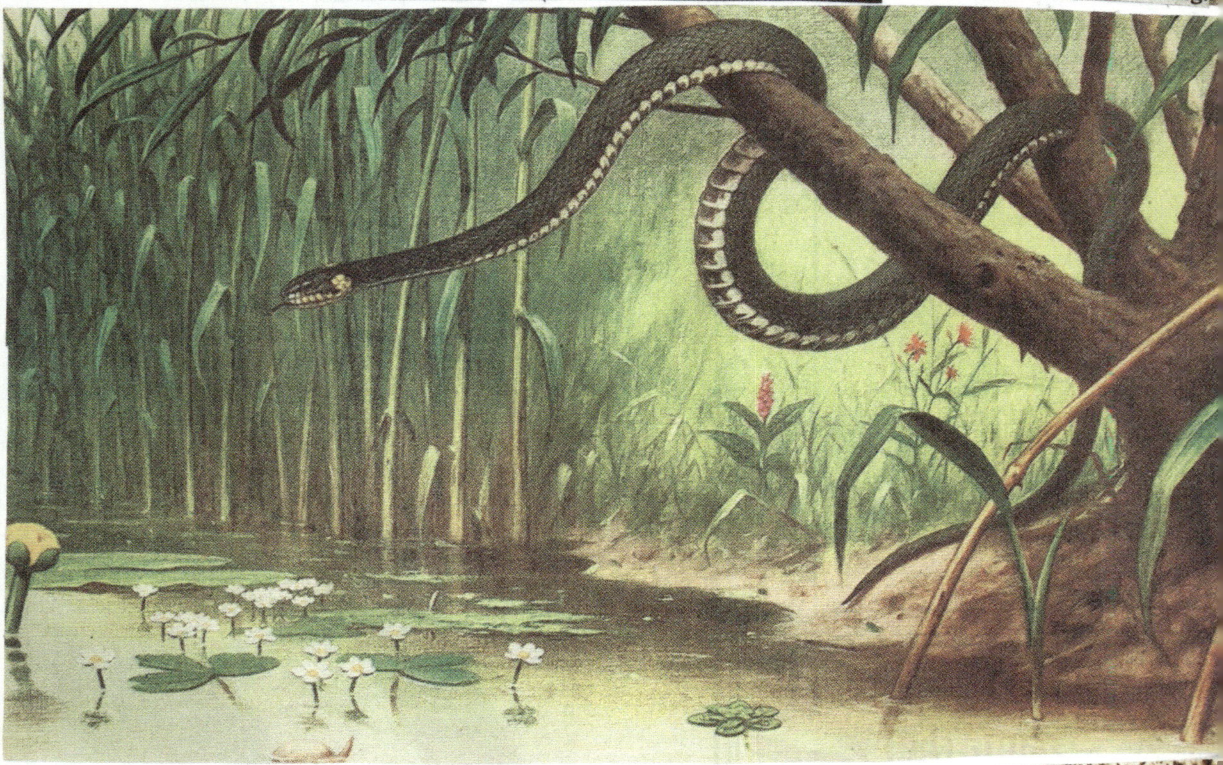

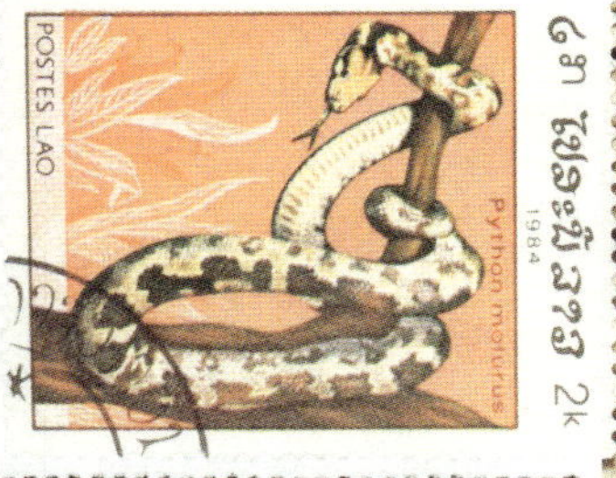
POSTES LAO
Python molurus
1984
2k

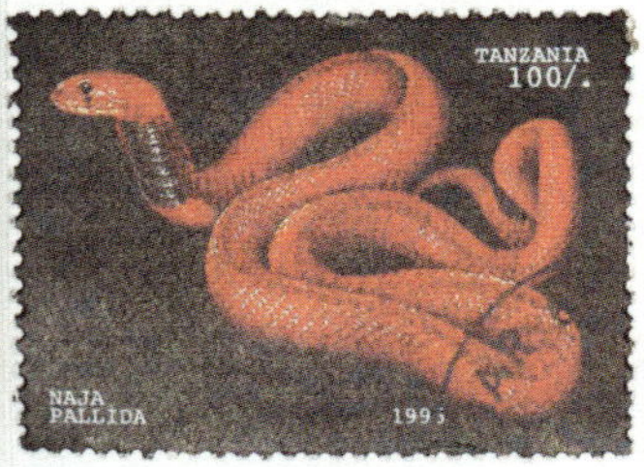
TANZANIA
100/.
NAJA
PALLIDA

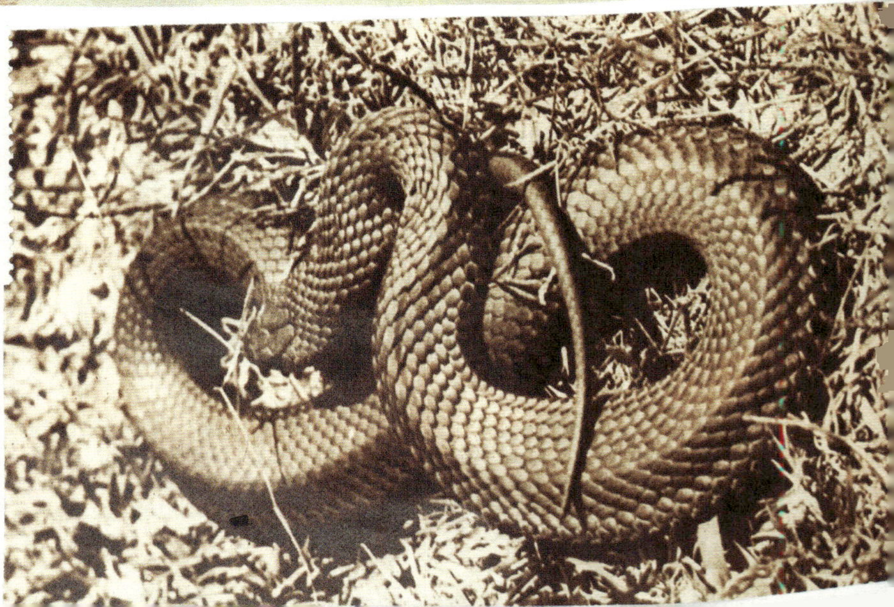

s
LA
ng

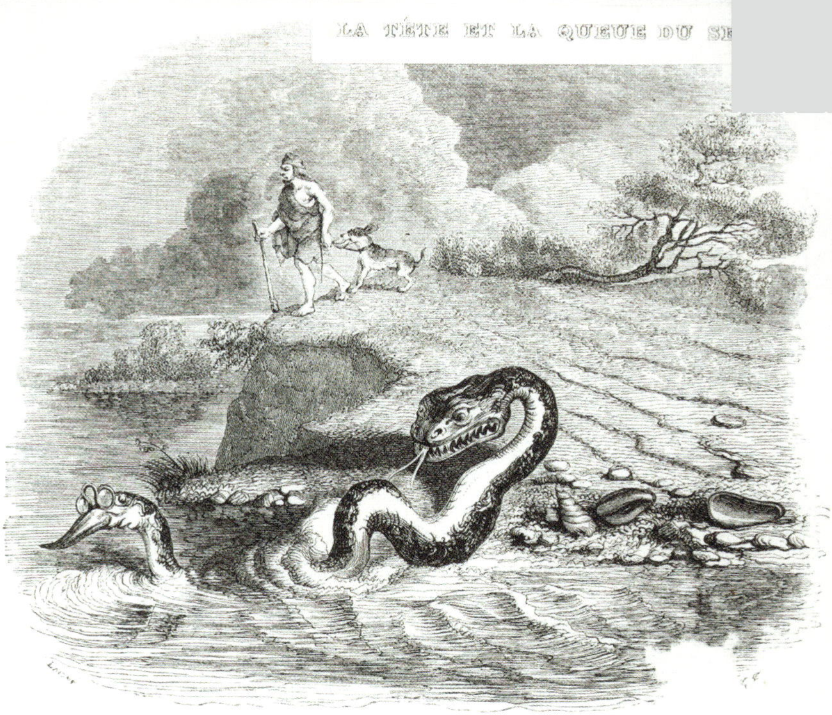
LA TÊTE ET LA QUEUE DU SE

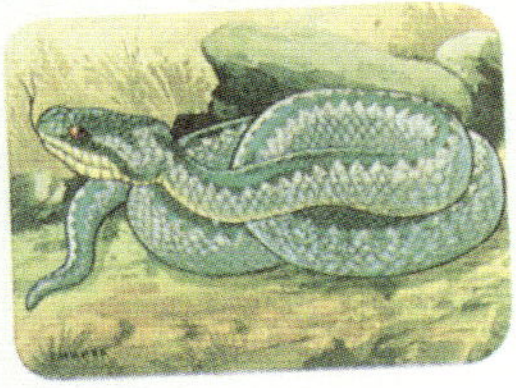

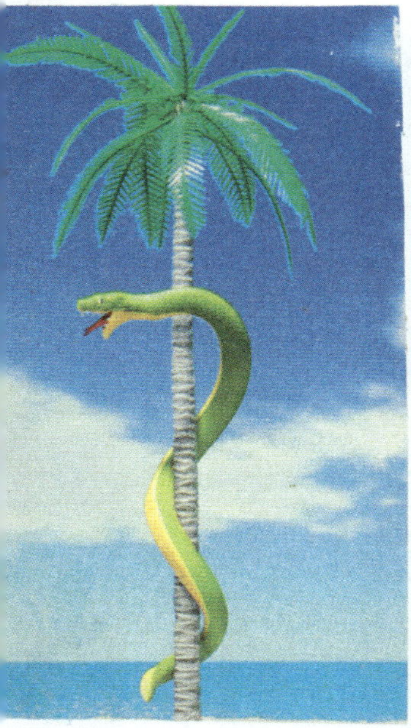

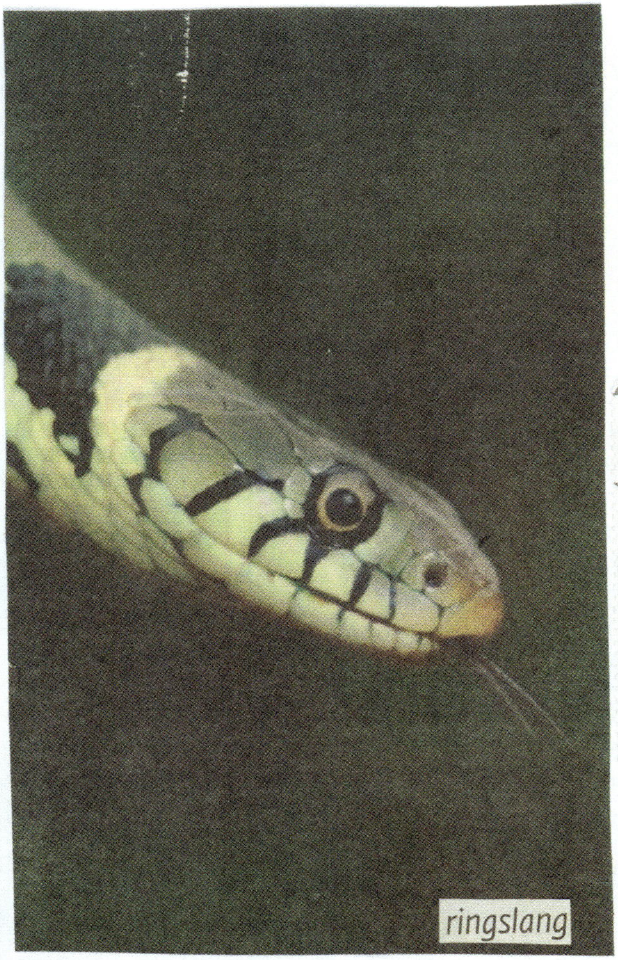
ringslang

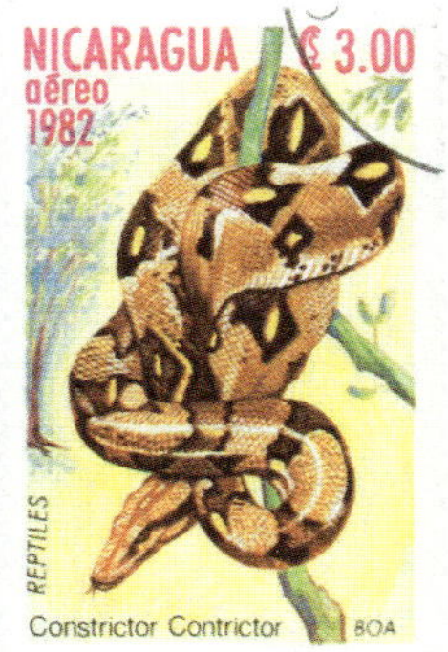
NICARAGUA
₡ 3.00
aéreo
1982
REPTILES
Constrictor Contrictor
BOA

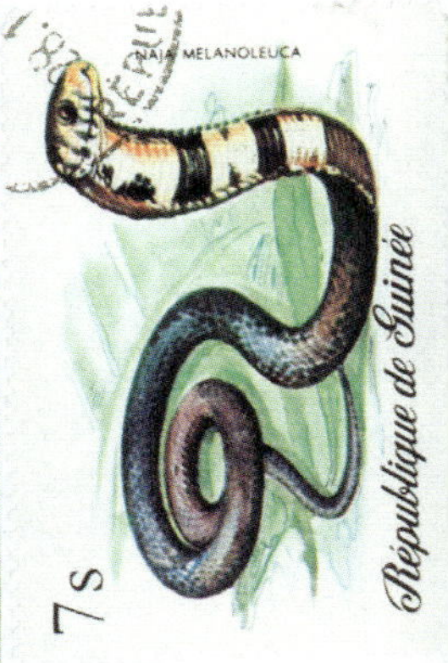
NAJA MELANOLEUCA
République de Guinée
7s

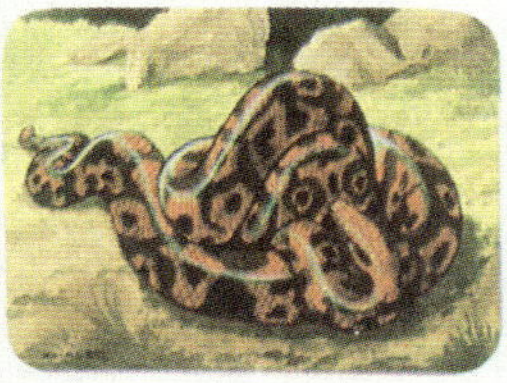

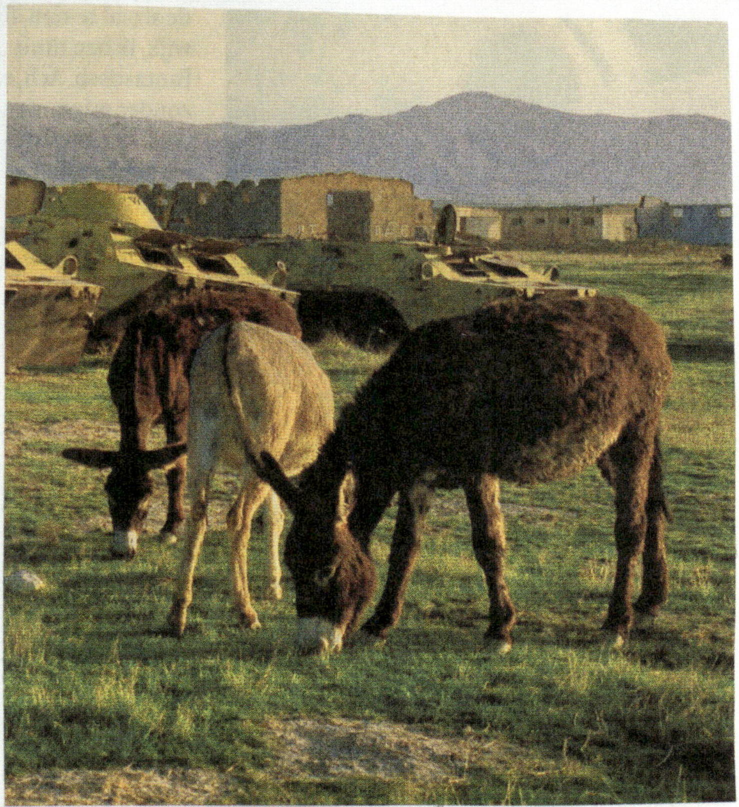

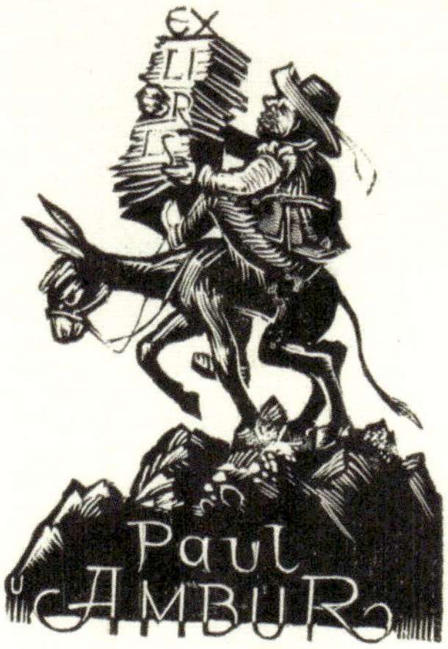
EX
Paul
AMBUR

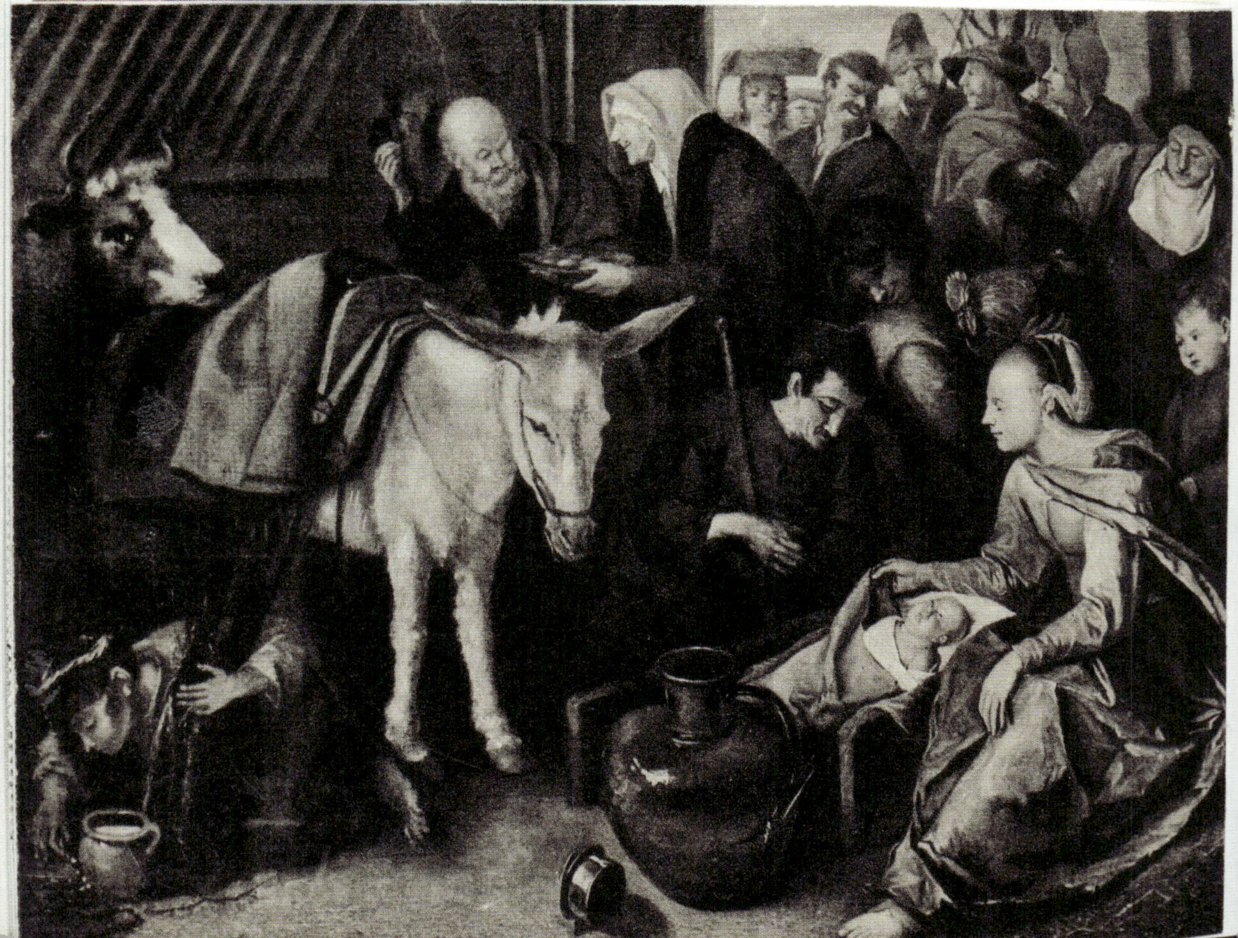

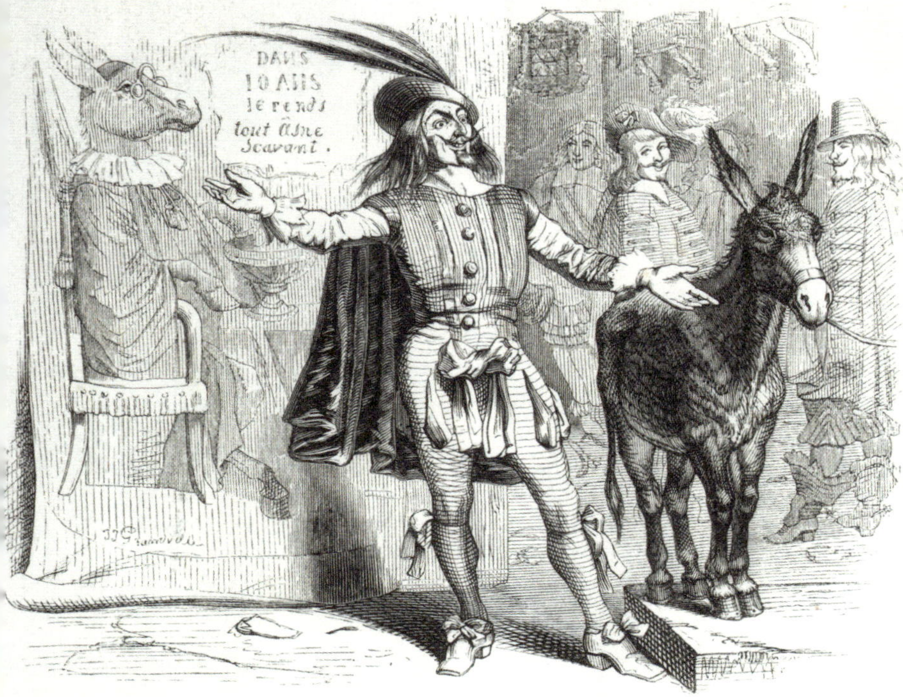
DANS
10 ANS
le rends
tout Asne
Sçavant.

E
zel

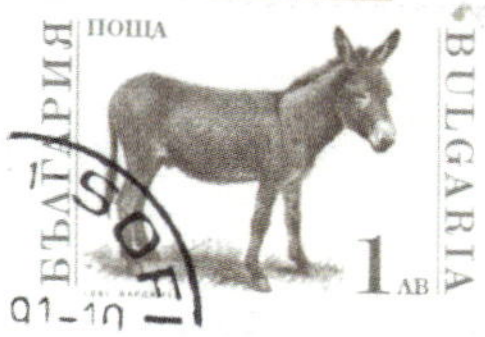
ПОЩА
БЪЛГАРИЯ
BULGARIA
1 ЛВ
SOFI
91-10

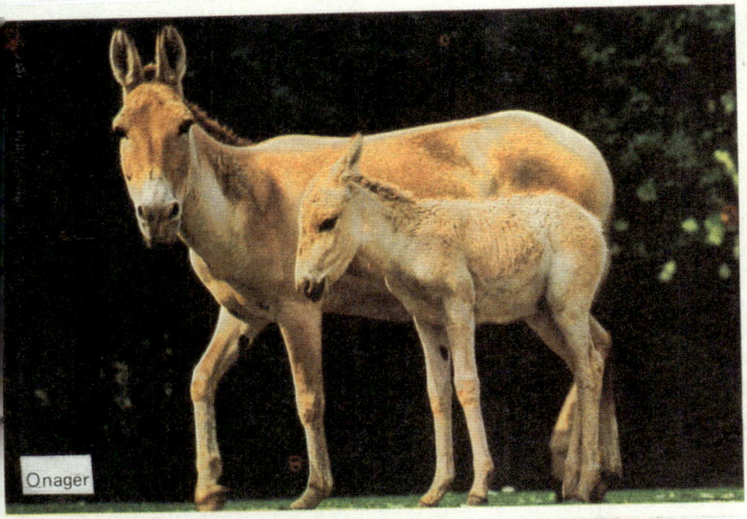
Onager

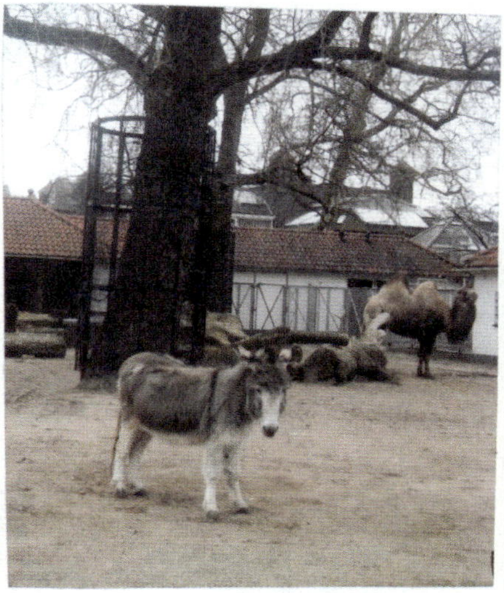

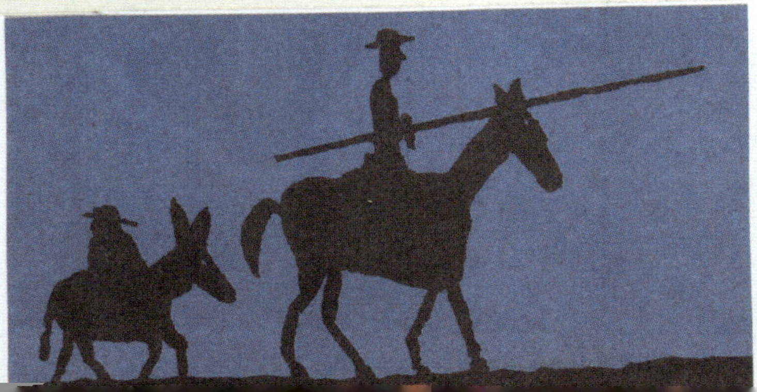

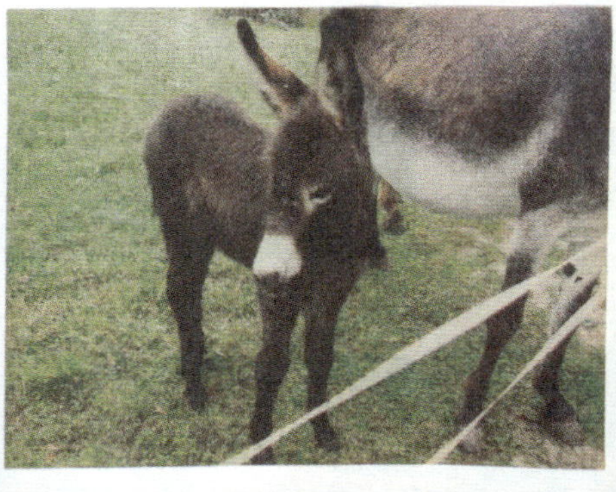

salemader

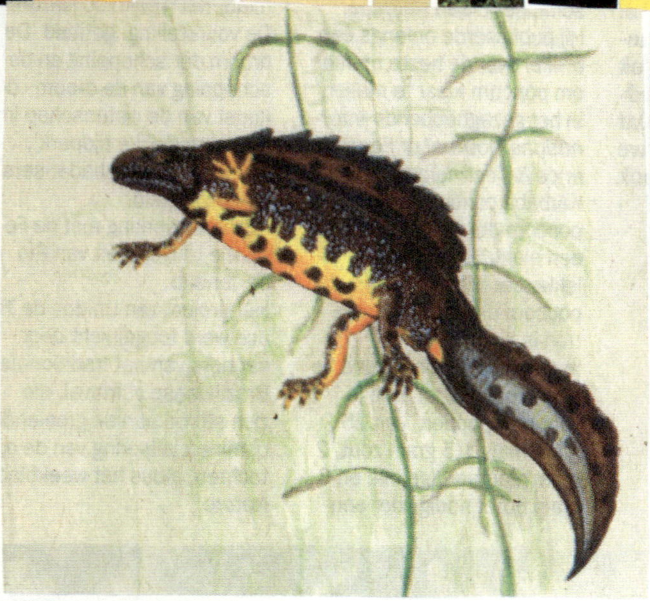

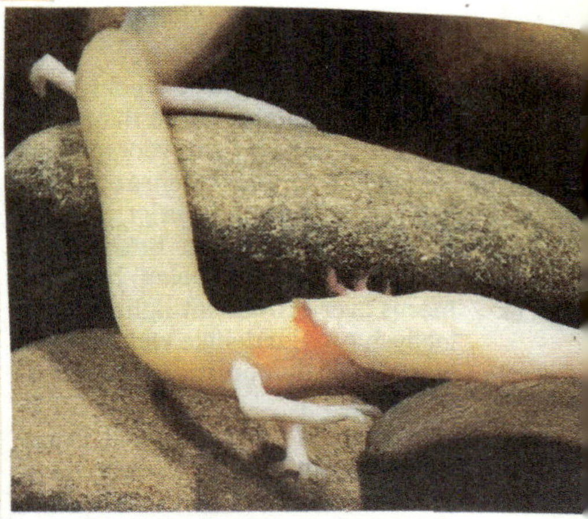

Blind, bleek en eeuwig jong: dat zijn kenmerken van de grottenolm, een zeldzame salamander die in spelonken leeft.

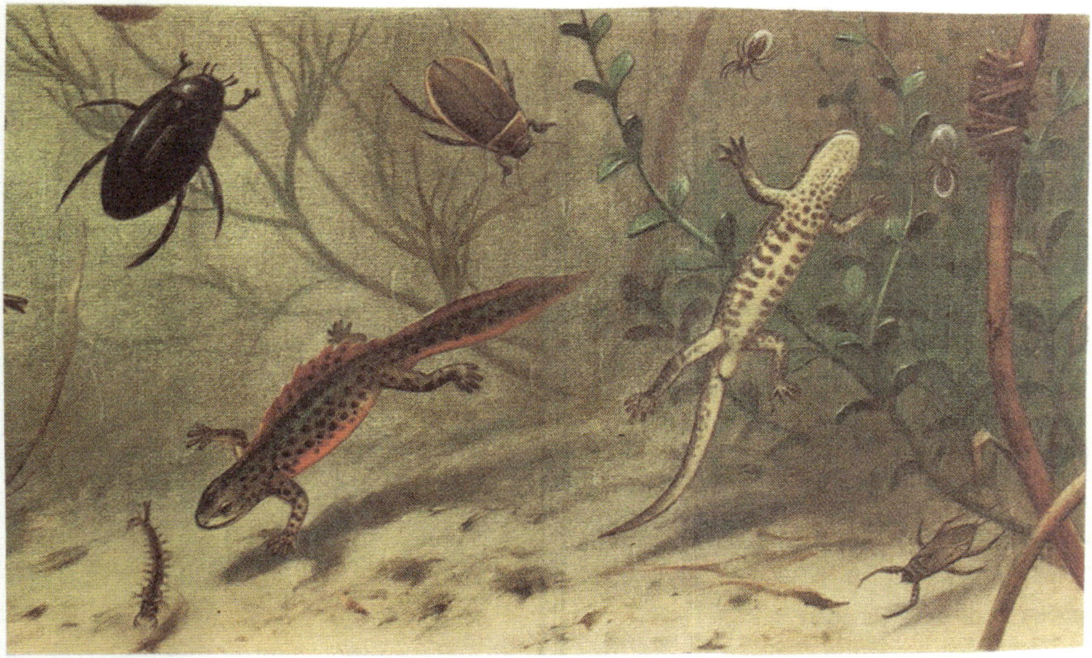

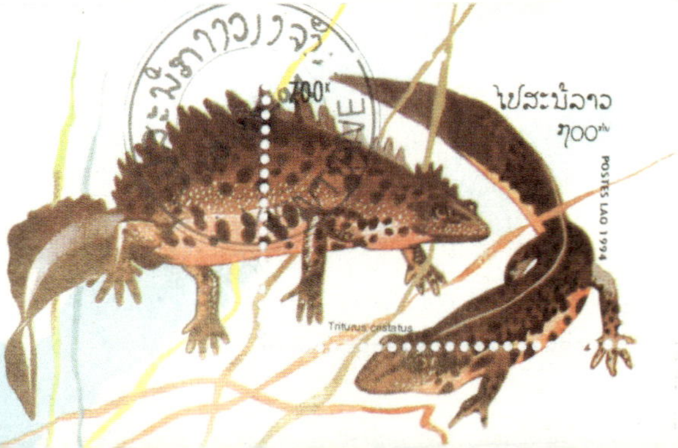

hagedis

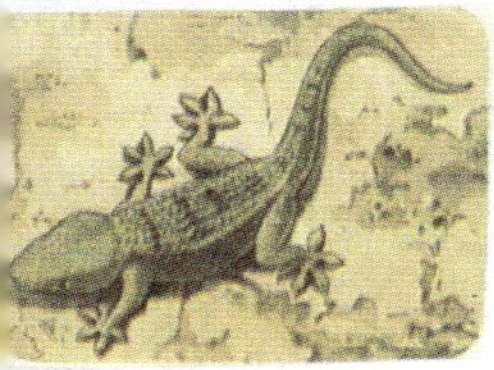

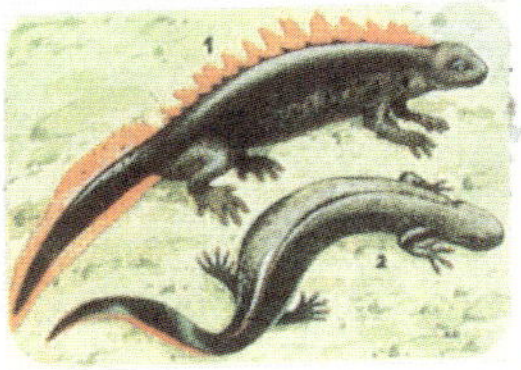

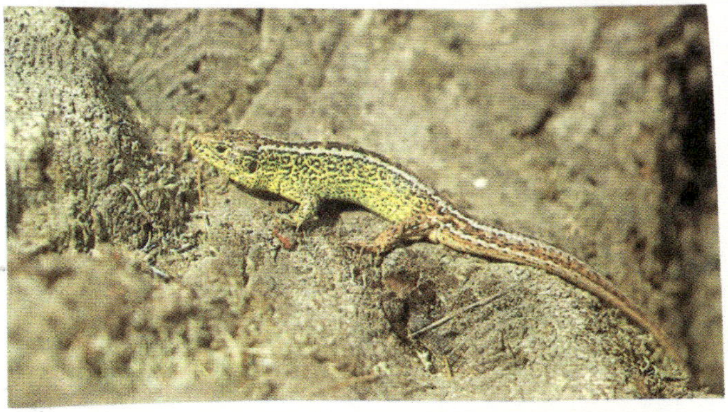

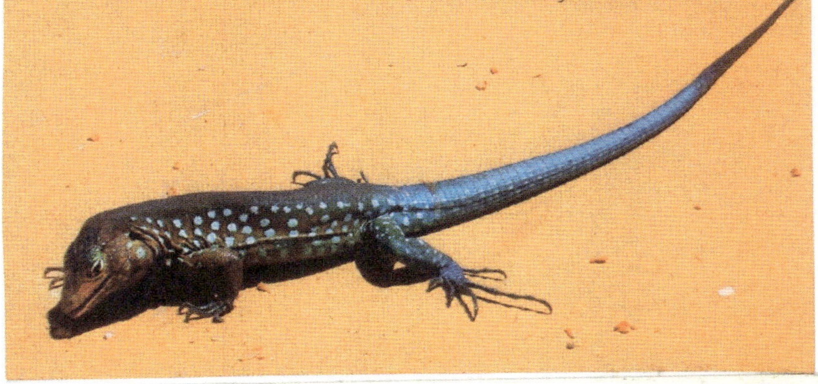

Blaublau. *Foto: Arjan Endhoven*

ter wereld

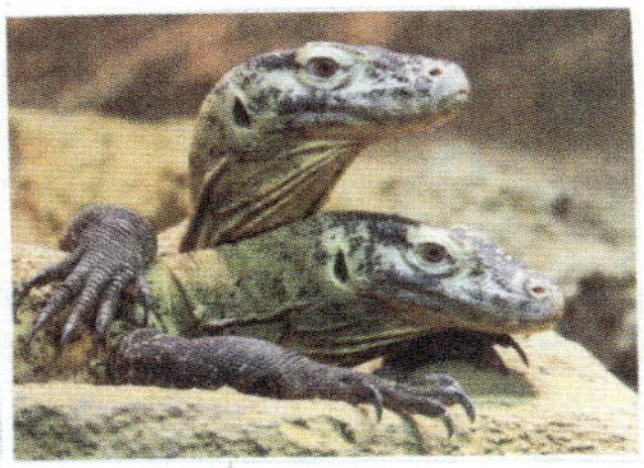

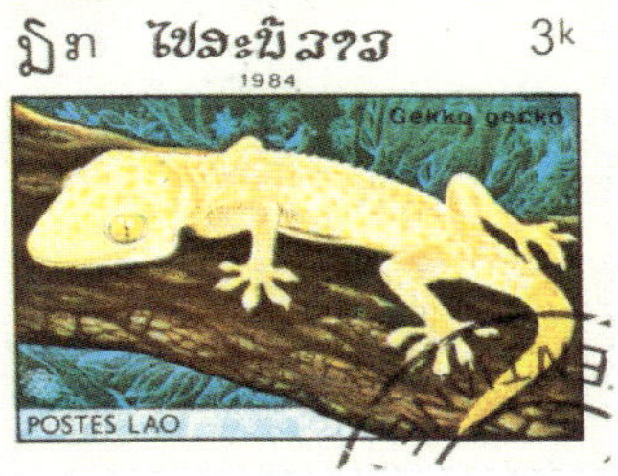

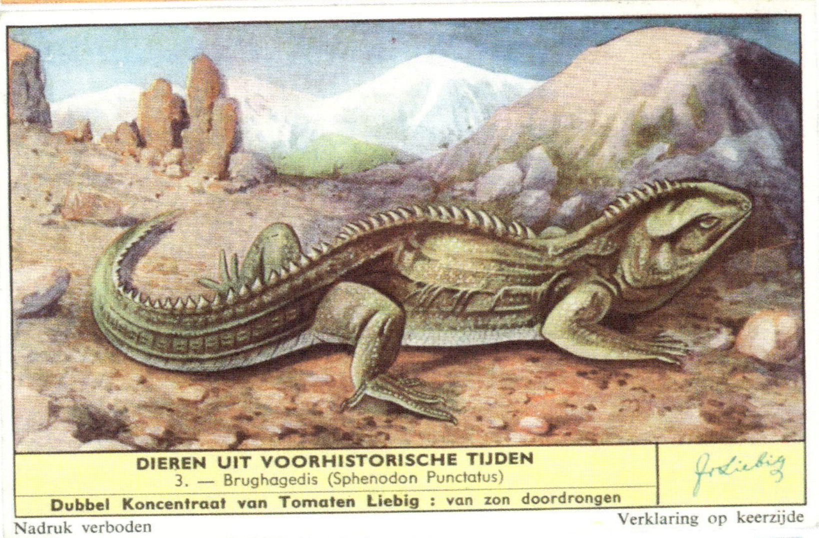

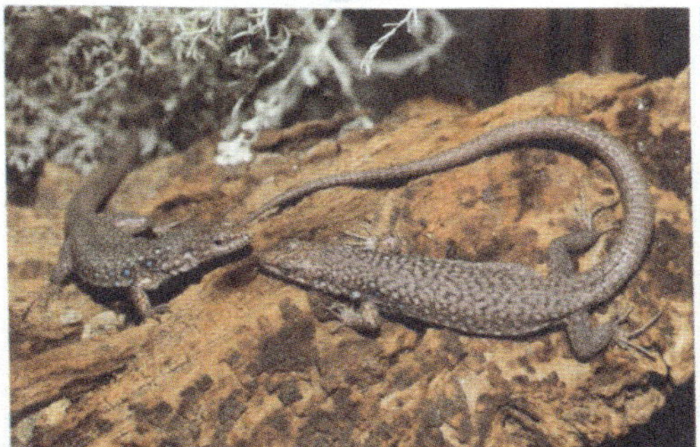

parthenogenetische rotshagedis

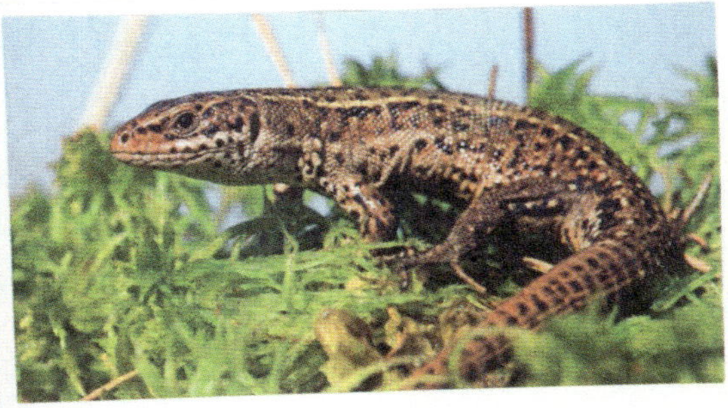

geit en BOk

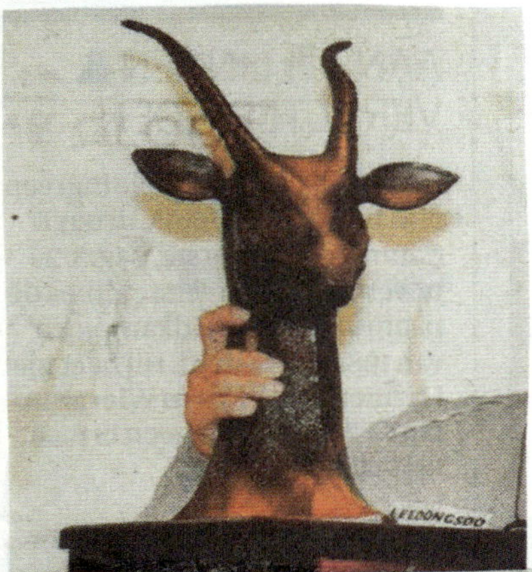

GOLF Coates Golf Toernooi in Florida

SPRINGBOK

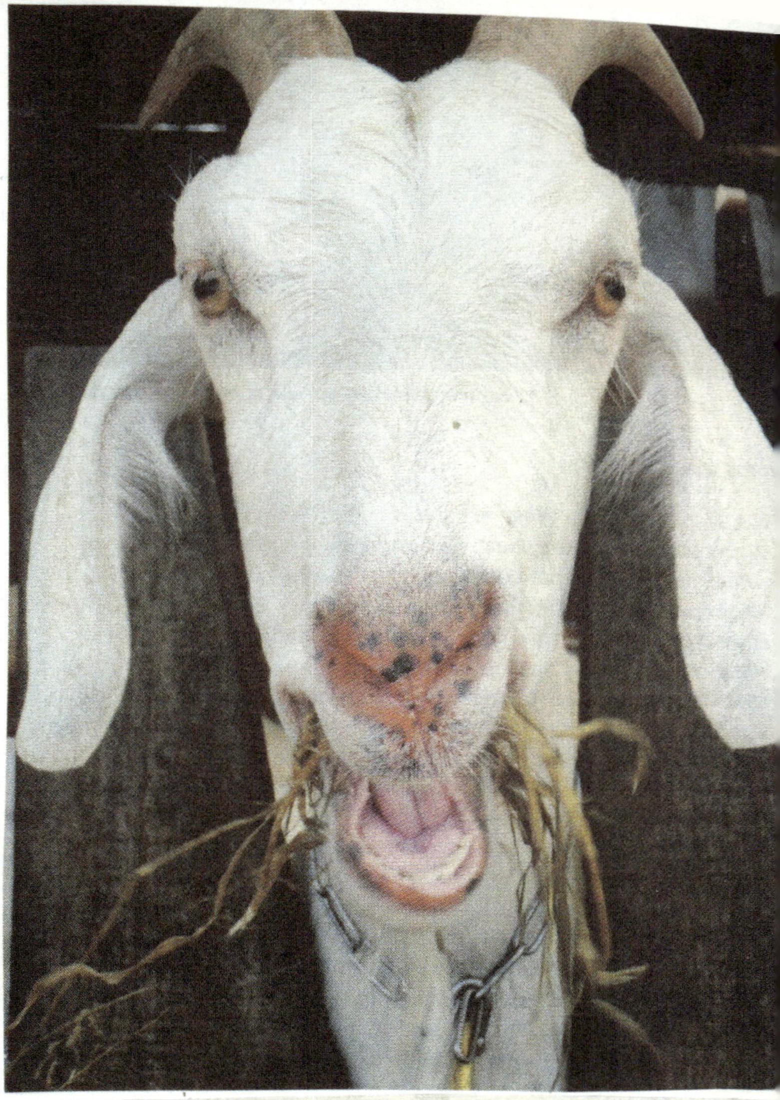

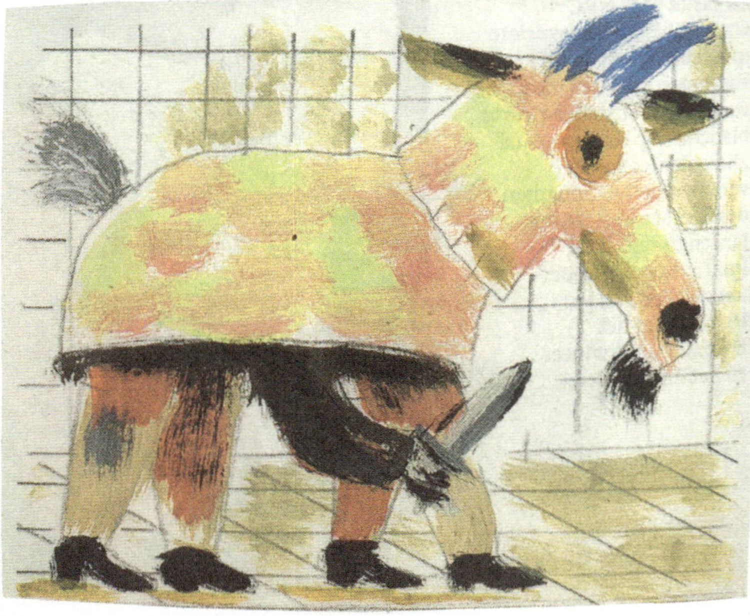

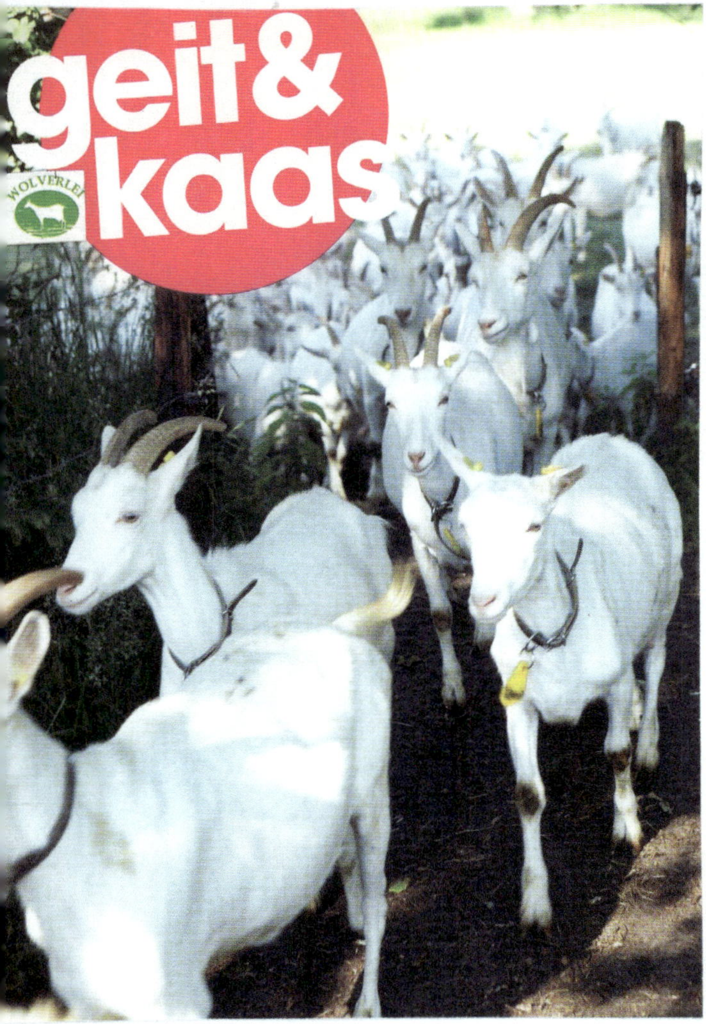
geit&
kaas
WOLVERLEI

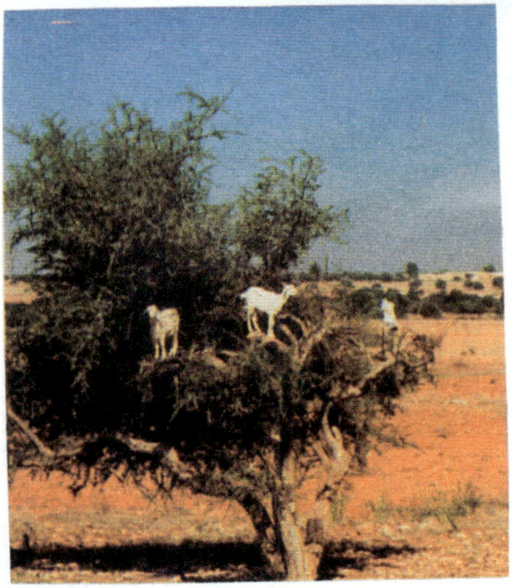

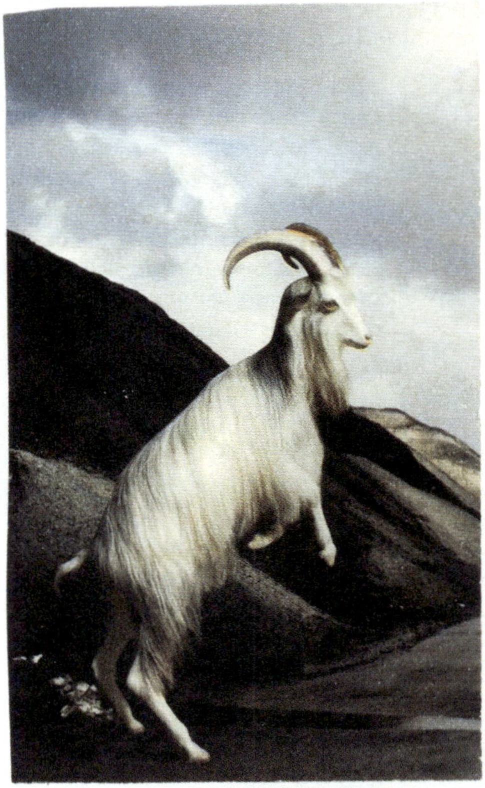

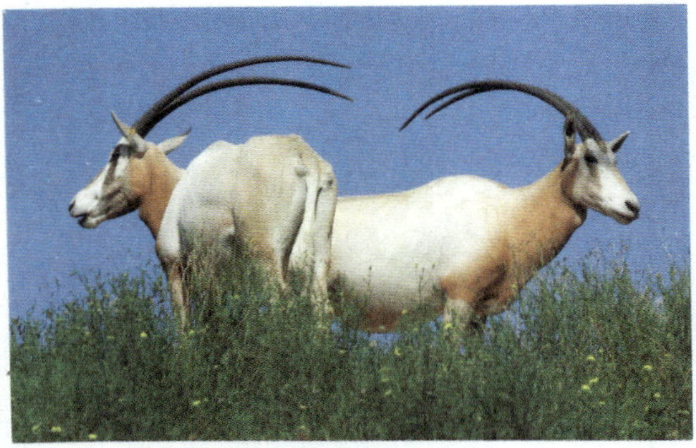

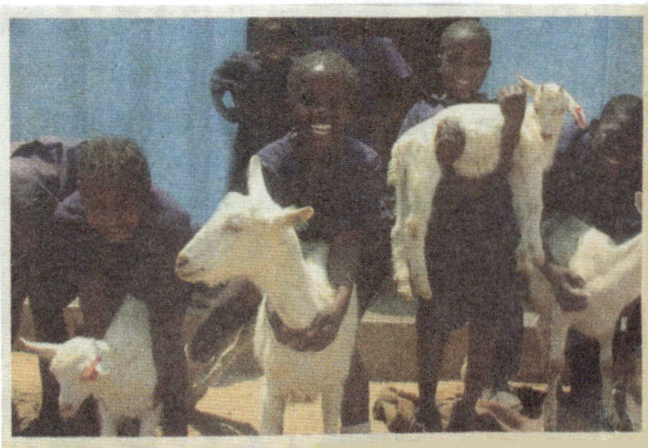

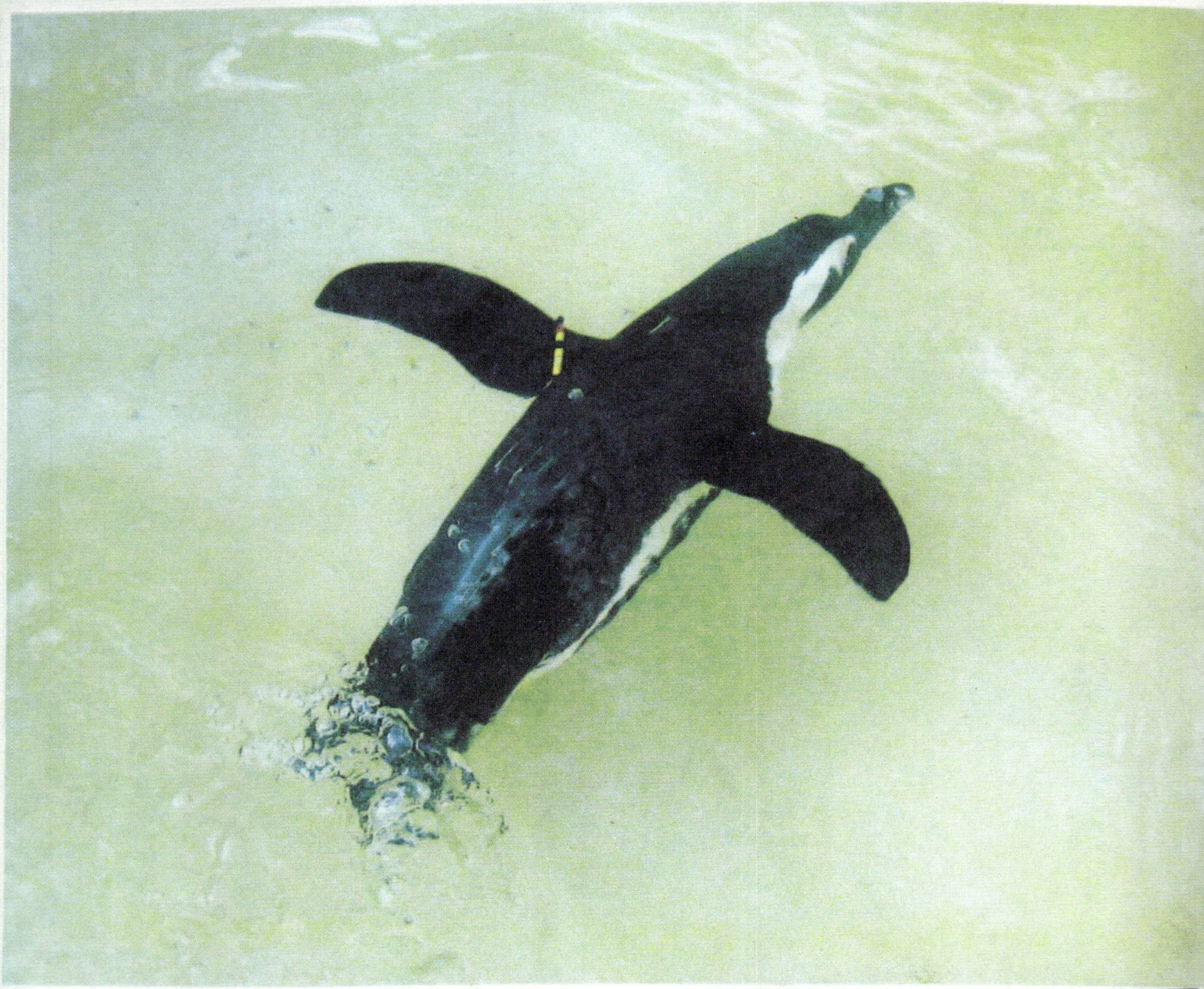

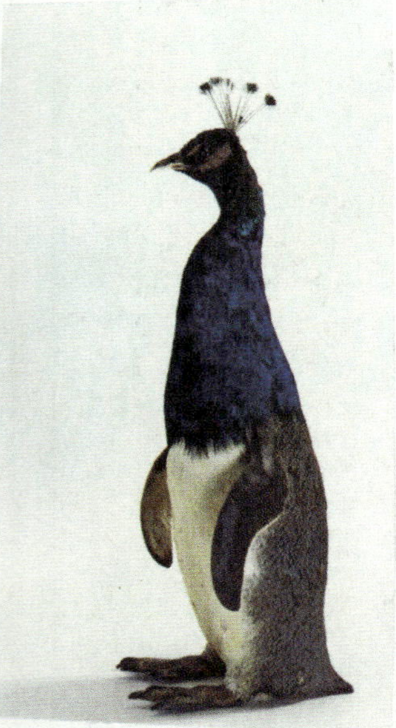

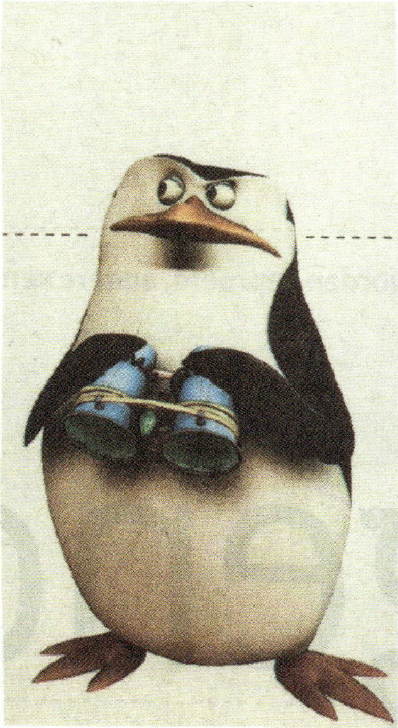

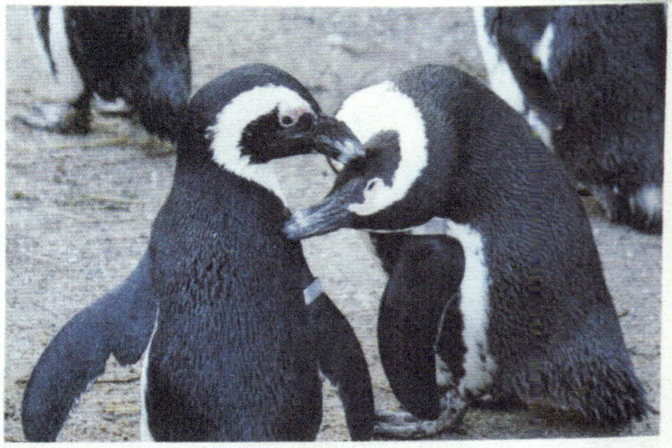

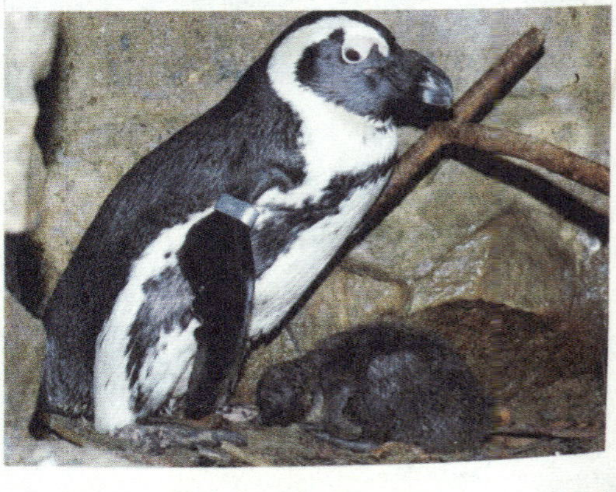

Pinguin

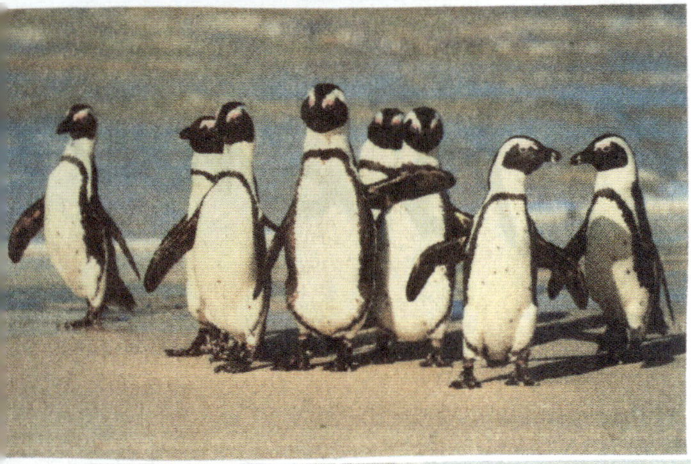

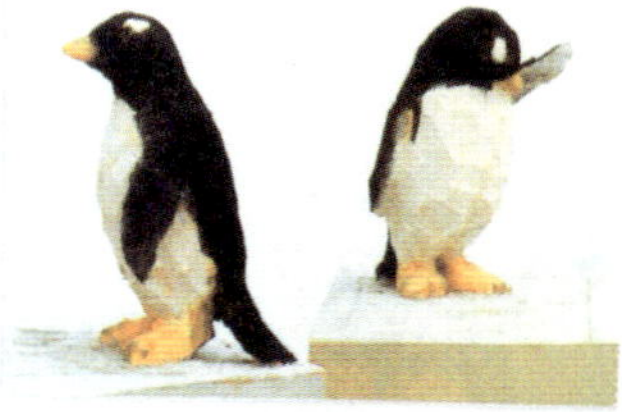

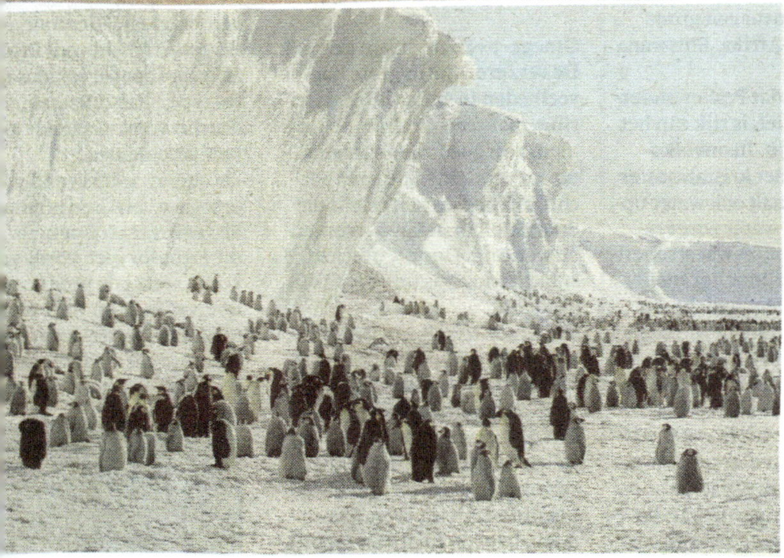

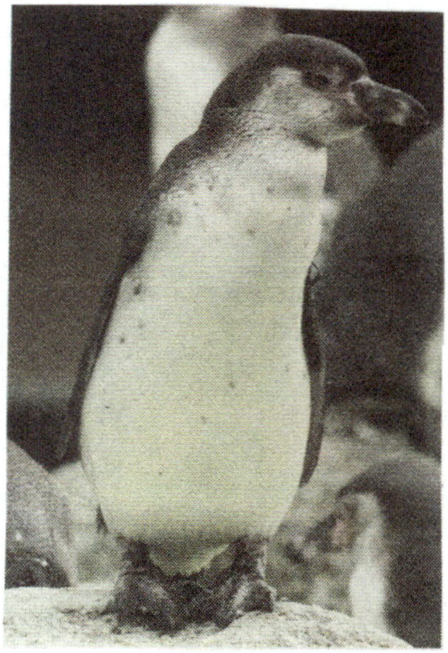

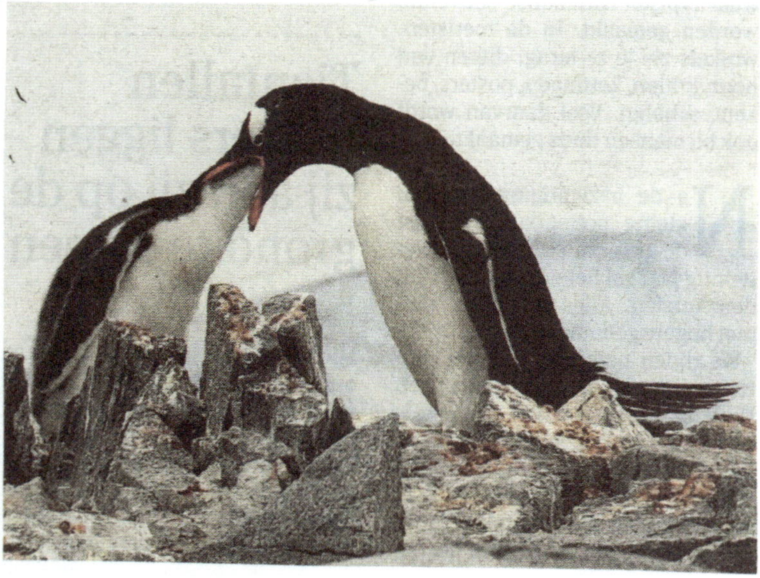

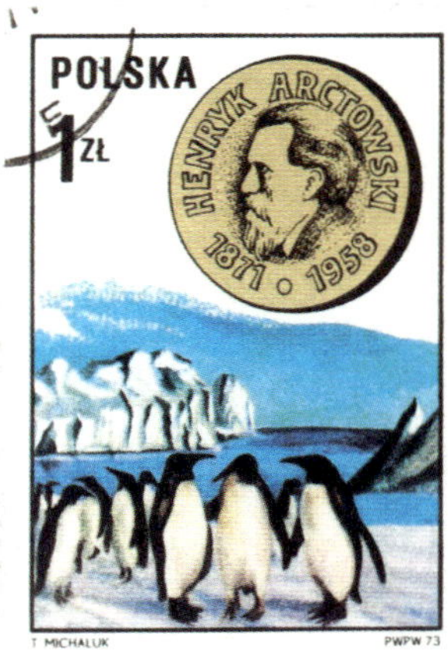

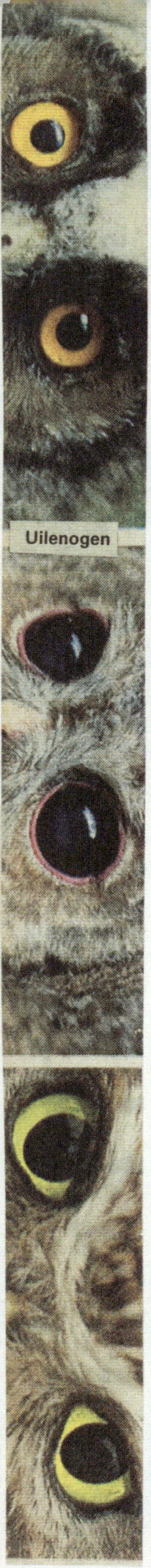
Uilenogen

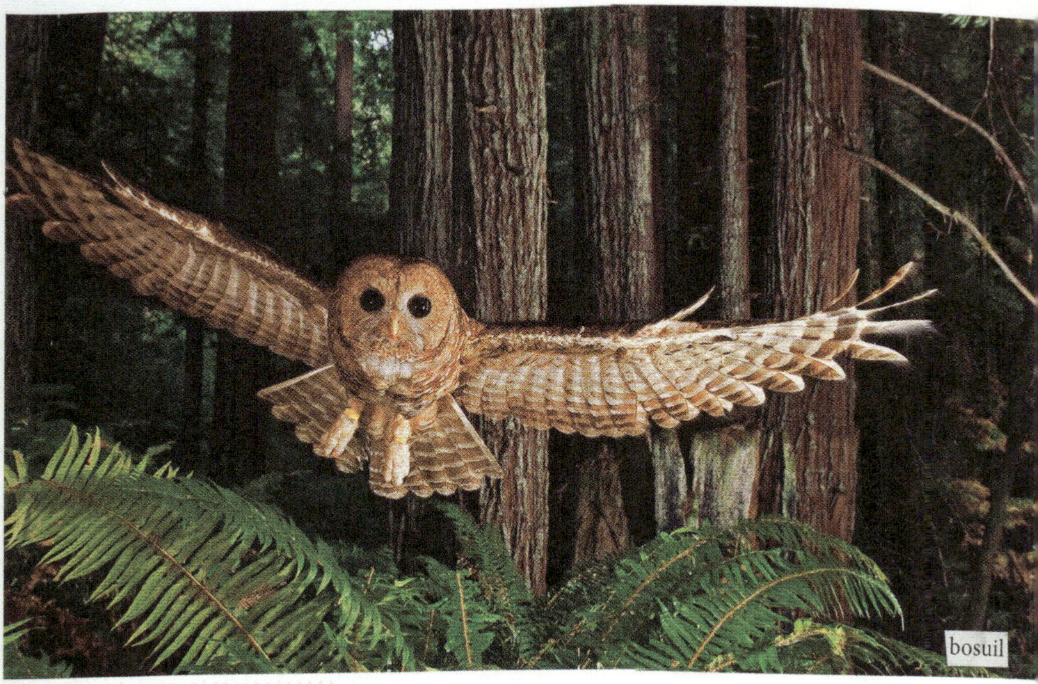
bosuil

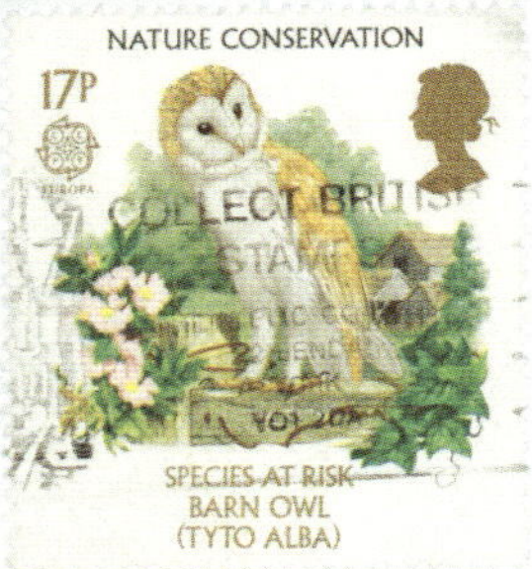
NATURE CONSERVATION
17P
SPECIES AT RISK
BARN OWL
(TYTO ALBA)

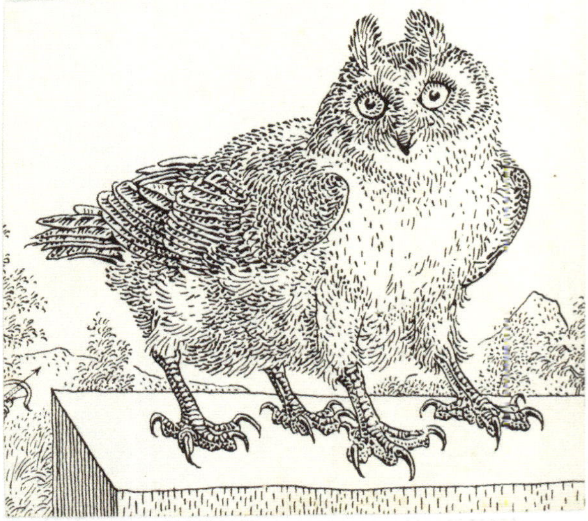

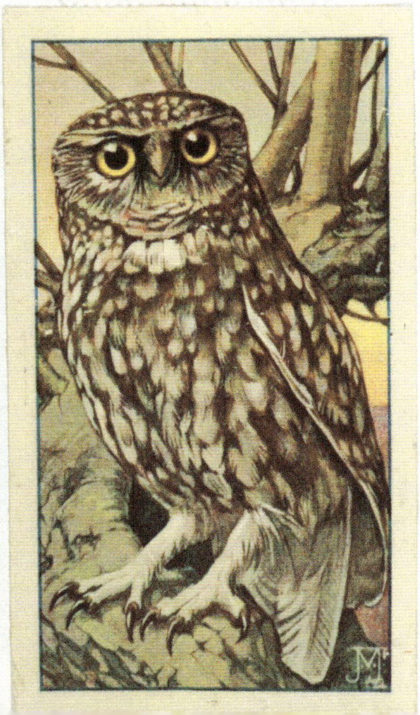

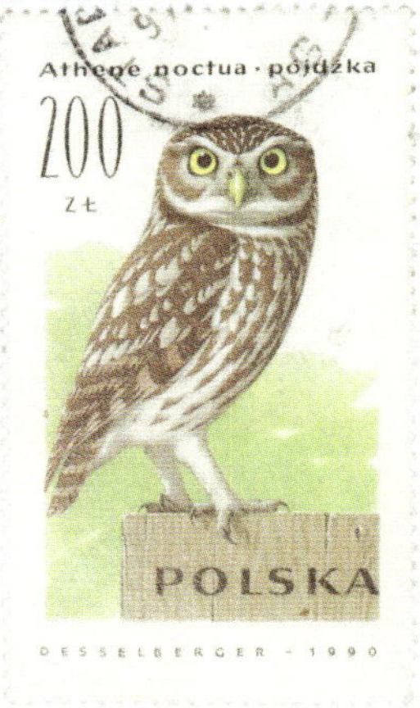
Athene noctua · pójdźka
200
zł
POLSKA
DESSELBERGER - 1990

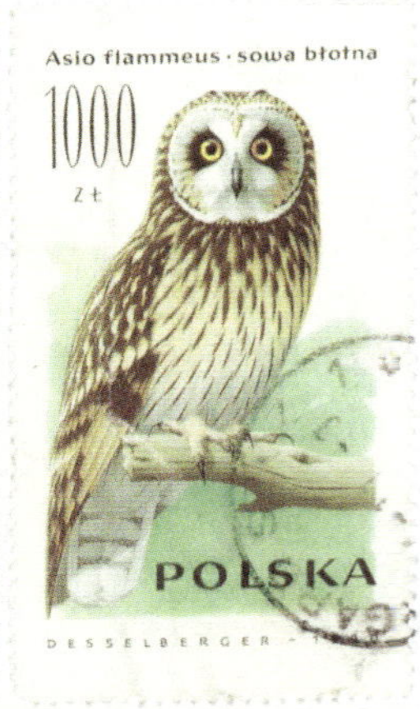
Asio flammeus · sowa błotna
1000
zł
POLSKA
DESSELBERGER

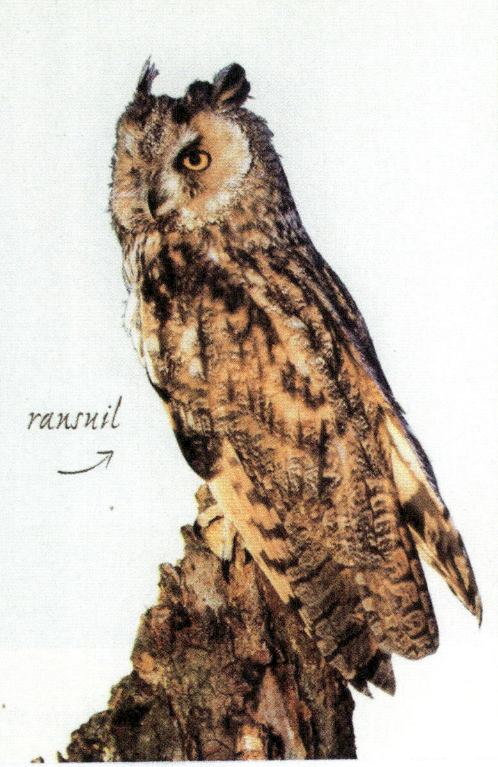

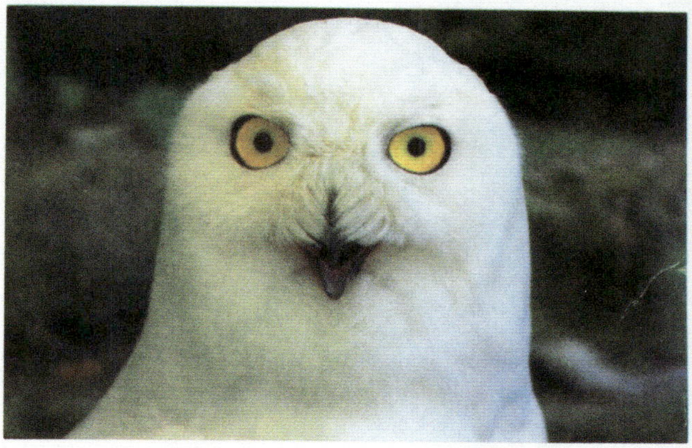

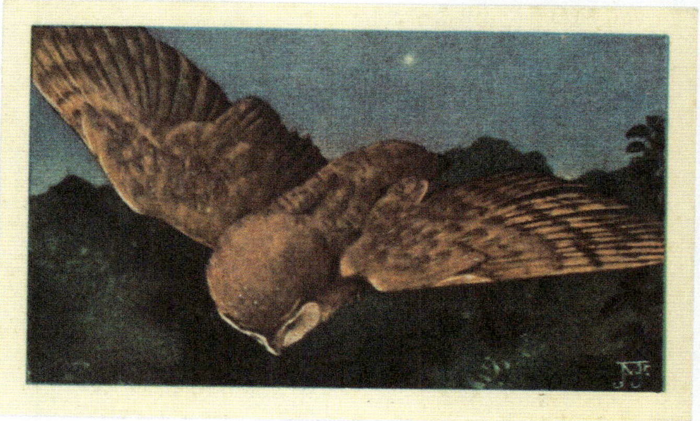

Het is de zwaarst
akbare straf: de 'terror-oehoe'
jgt levenslang. Op een geheim
ouden plek zal de reuzenuil de
t van zijn leven in een volière
eten slijten.De reden: meer dan
ijftig verwonde passanten.

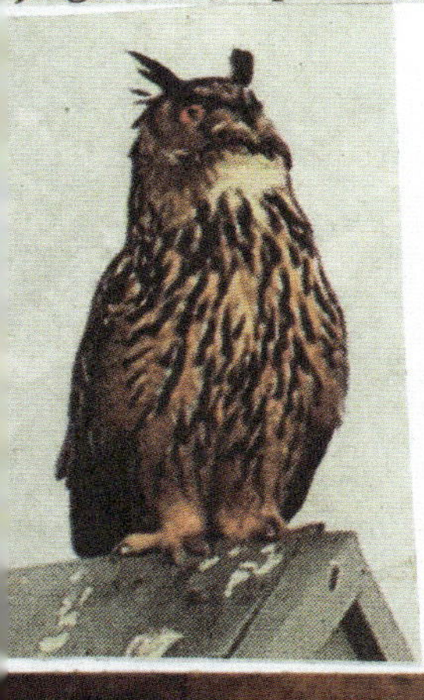

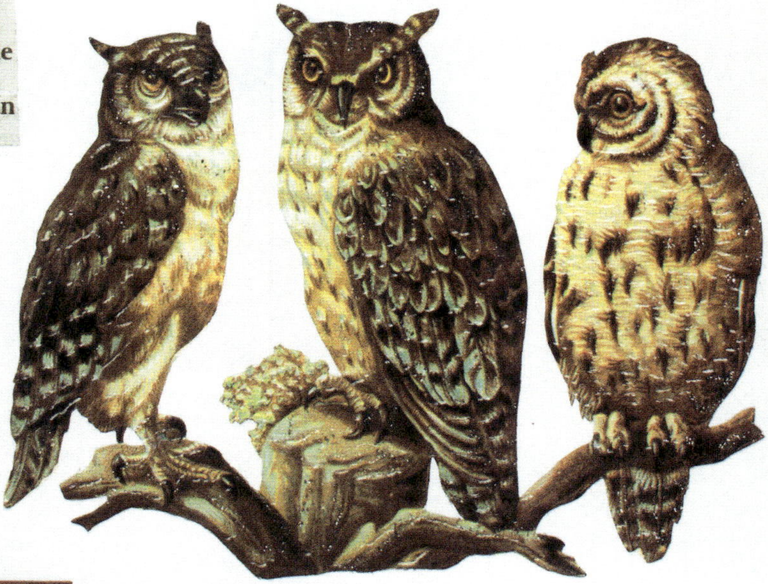

U
i
L

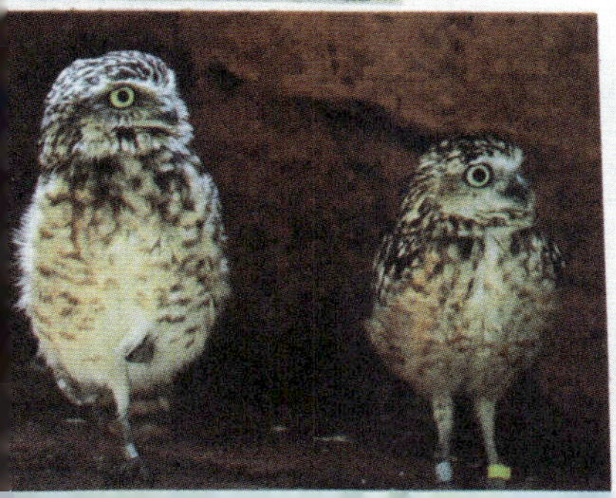

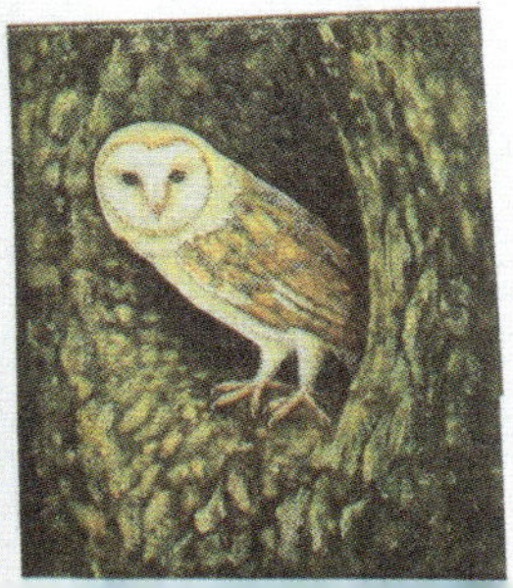

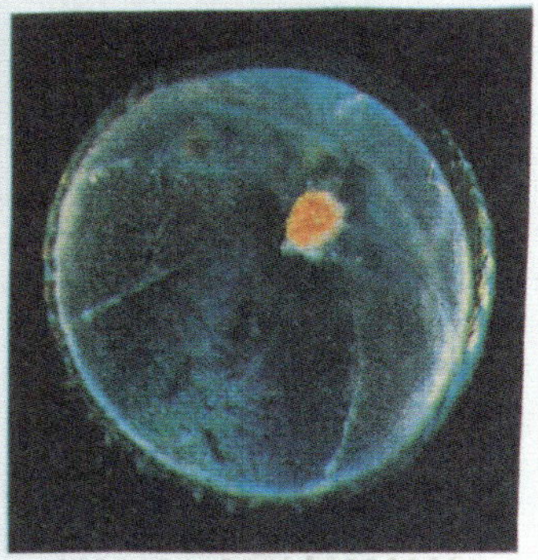

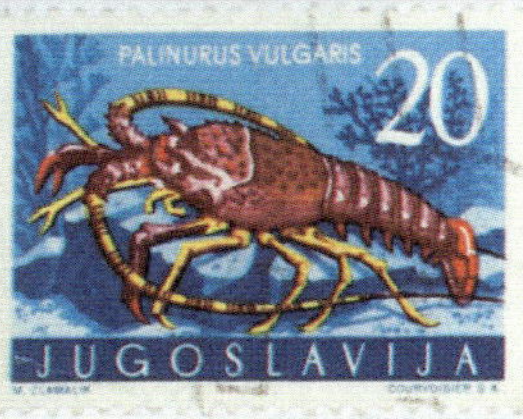
PALINURUS VULGARIS
20
JUGOSLAVIJA

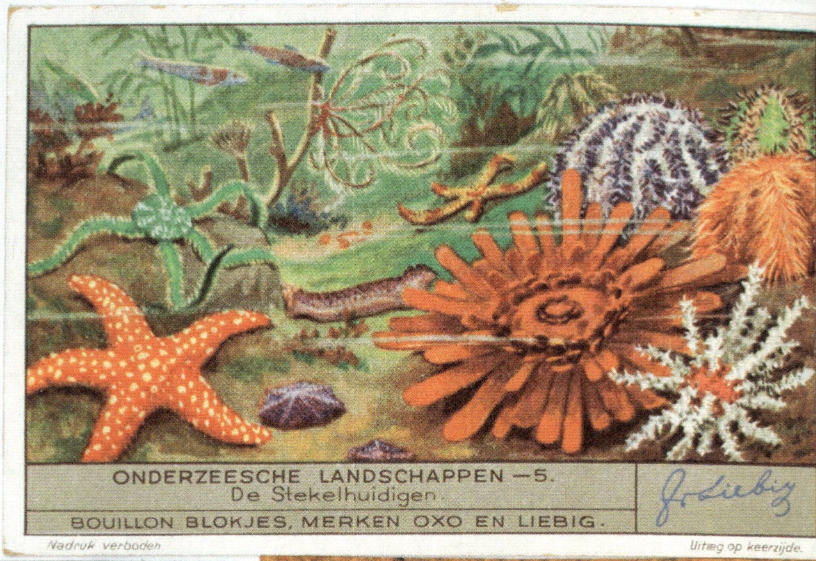
ONDERZEESCHE LANDSCHAPPEN — 5.
De Stekelhuidigen.
BOUILLON BLOKJES, MERKEN OXO EN LIEBIG.
Nadruk verboden
Uitæg op keerzijde.

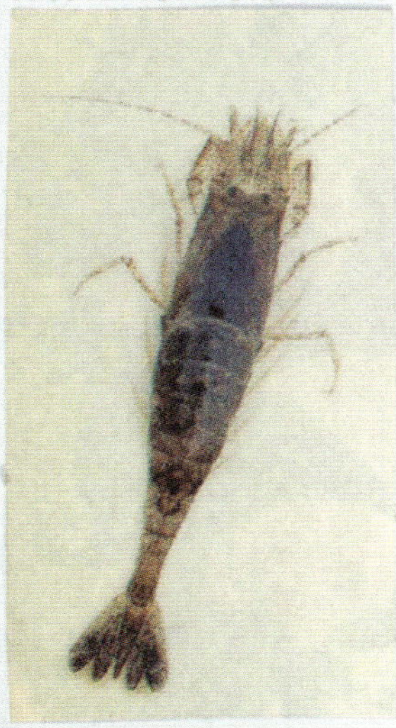

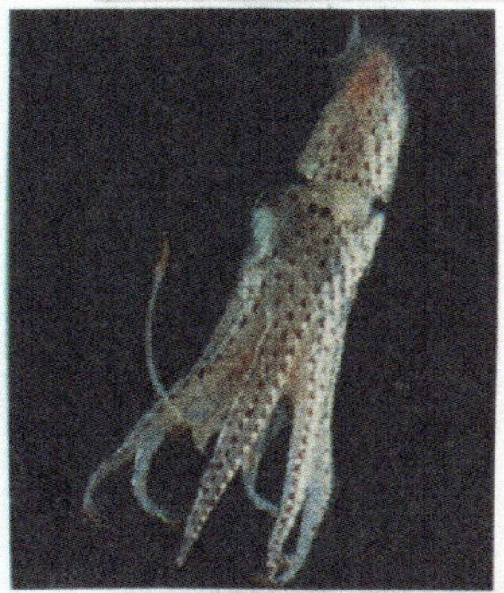

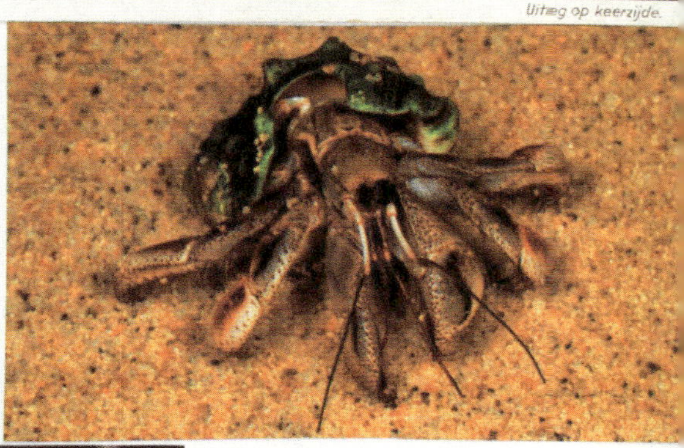

Ribkwal

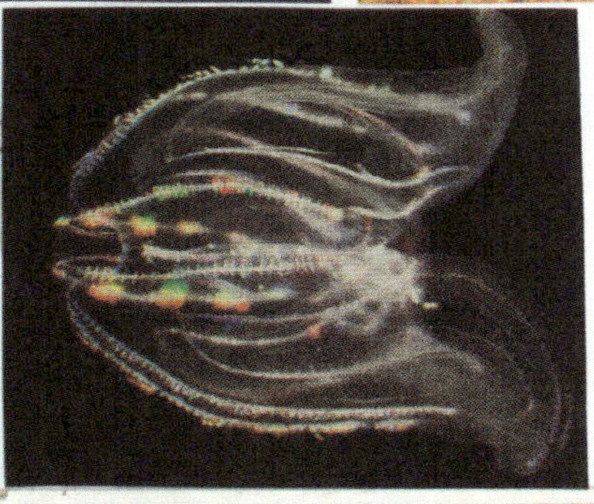

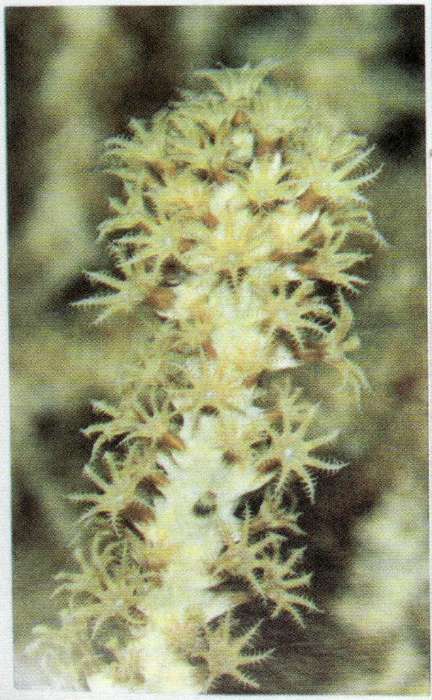

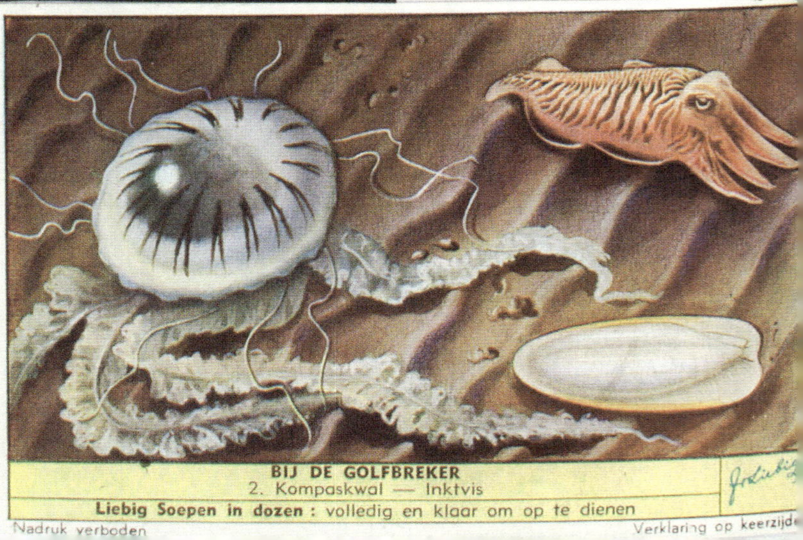
BIJ DE GOLFBREKER
2. Kompaskwal — Inktvis
Liebig Soepen in dozen : volledig en klaar om op te dienen
Nadruk verboden
Verklaring op keerzijde

Zee dieren

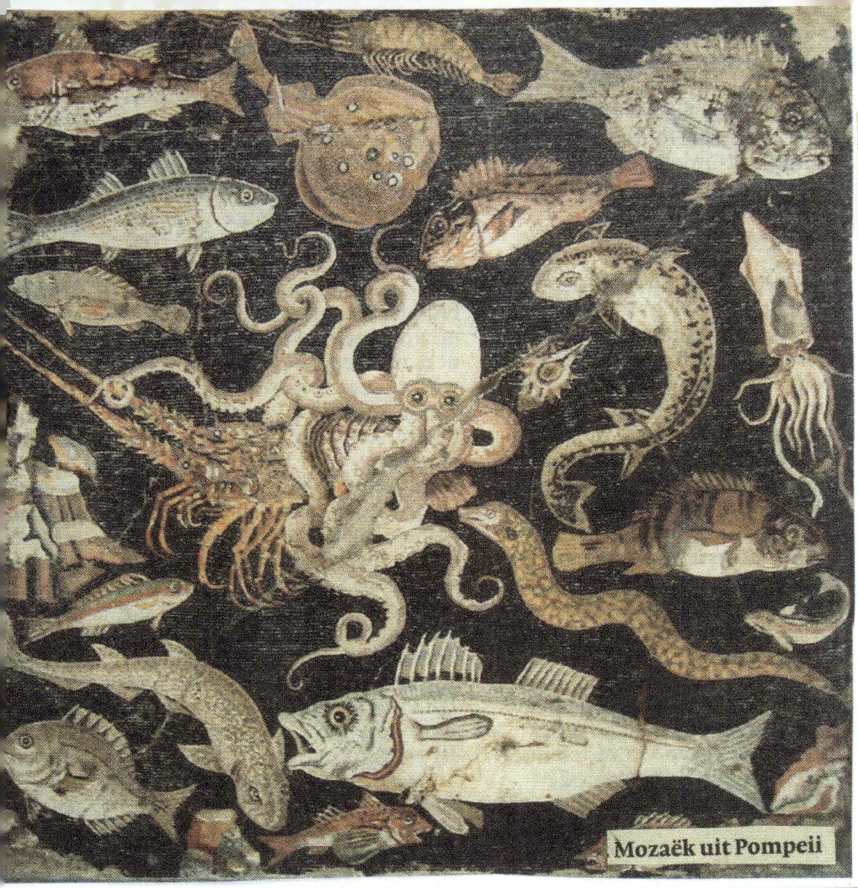

Mozaëk uit Pompeii

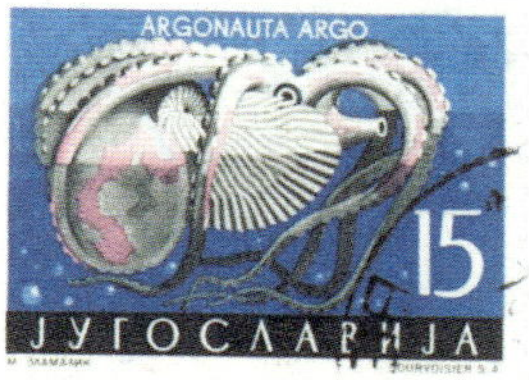

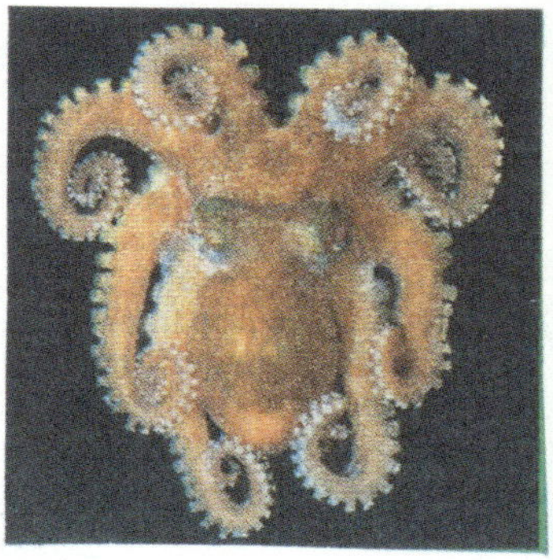

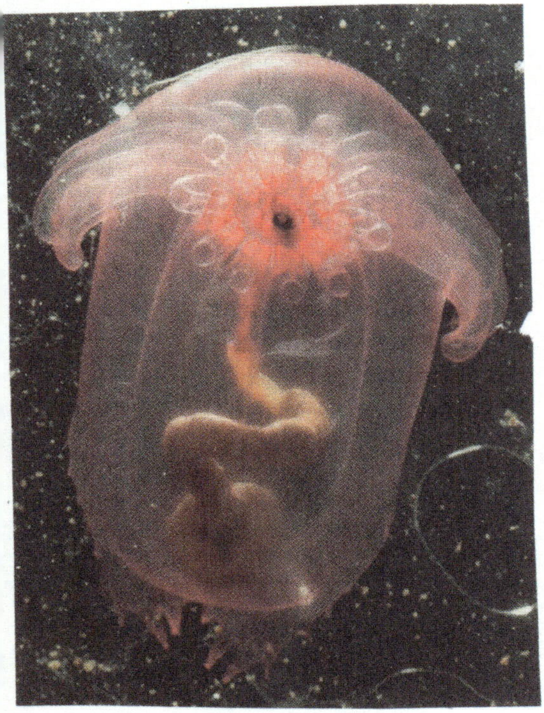

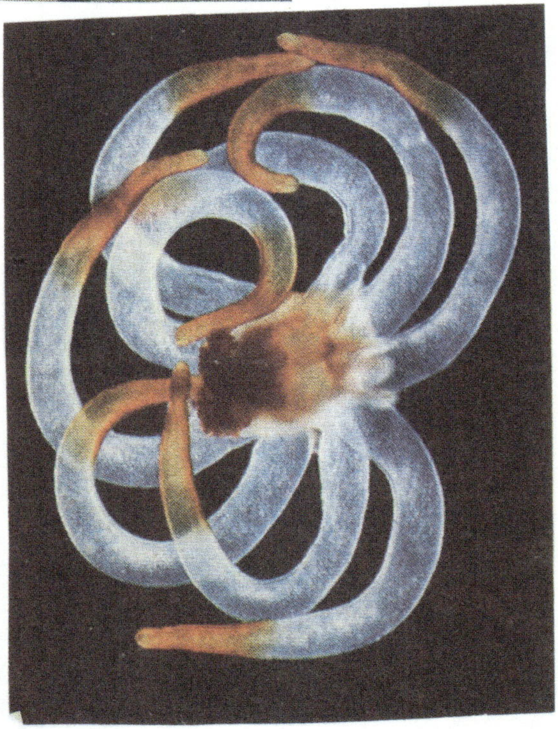

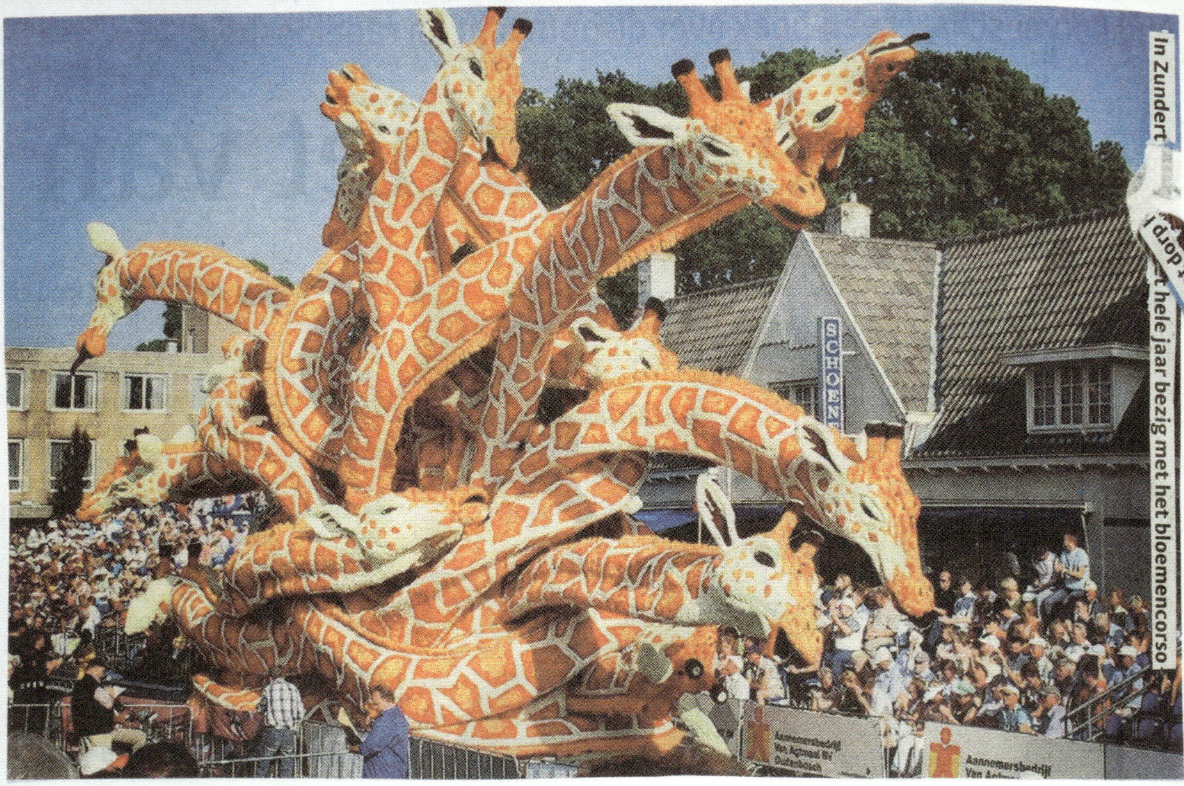
In Zundert
dorp
t hele jaar bezig met het bloemencorso
SCHOEN

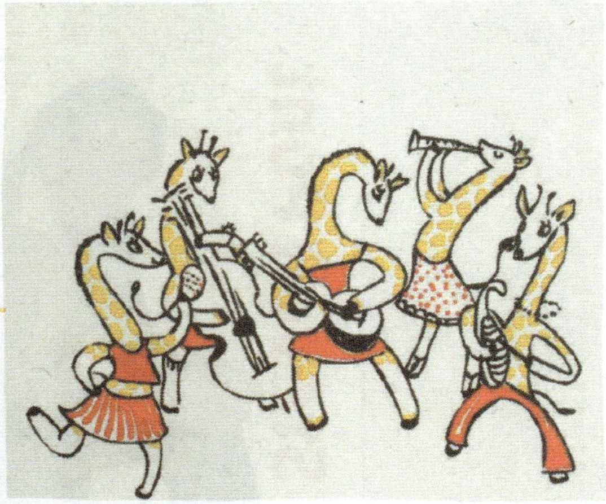

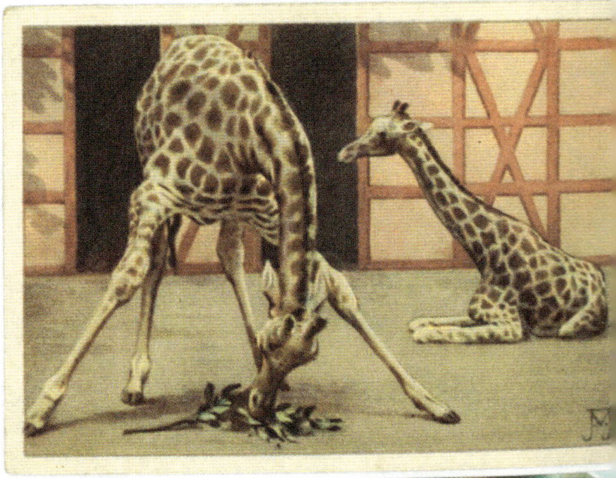

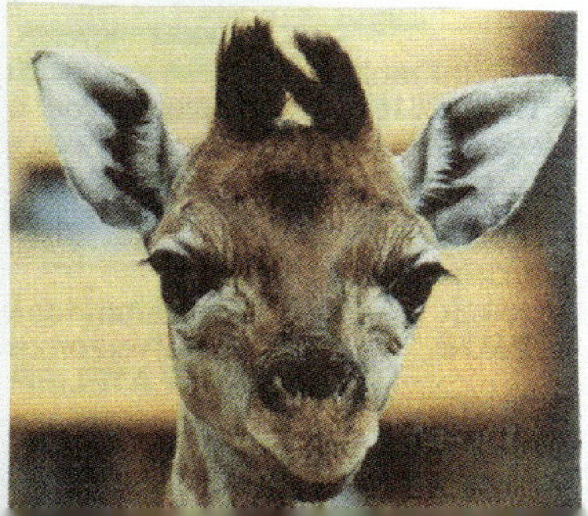

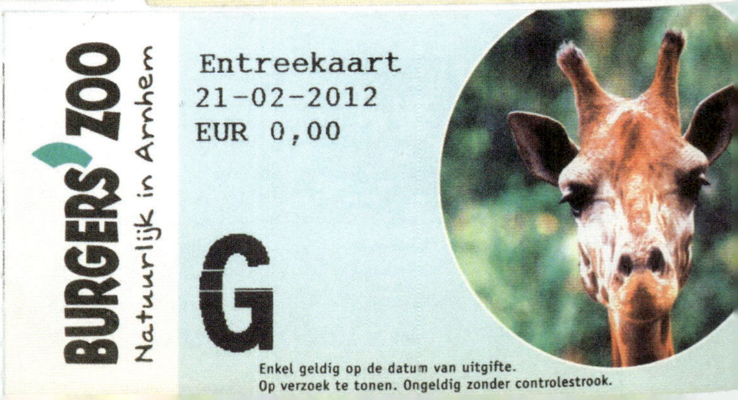
BURGERS' ZOO
Natuurlijk in Arnhem
Entreekaart
21-02-2012
EUR 0,00
G
Enkel geldig op de datum van uitgifte.
Op verzoek te tonen. Ongeldig zonder controlestrook.

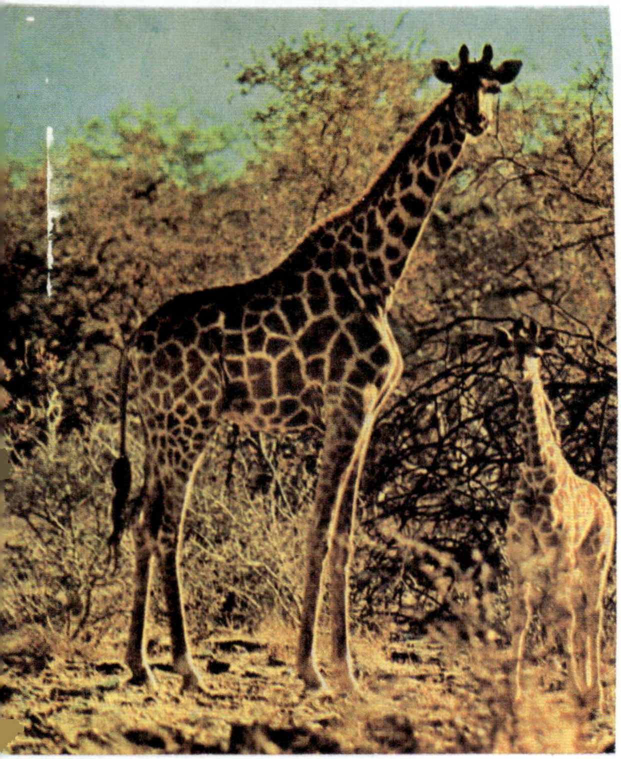

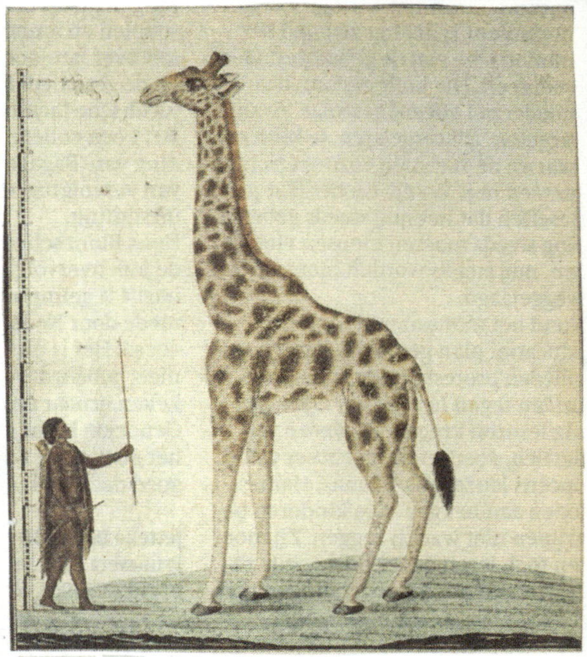

giRaF

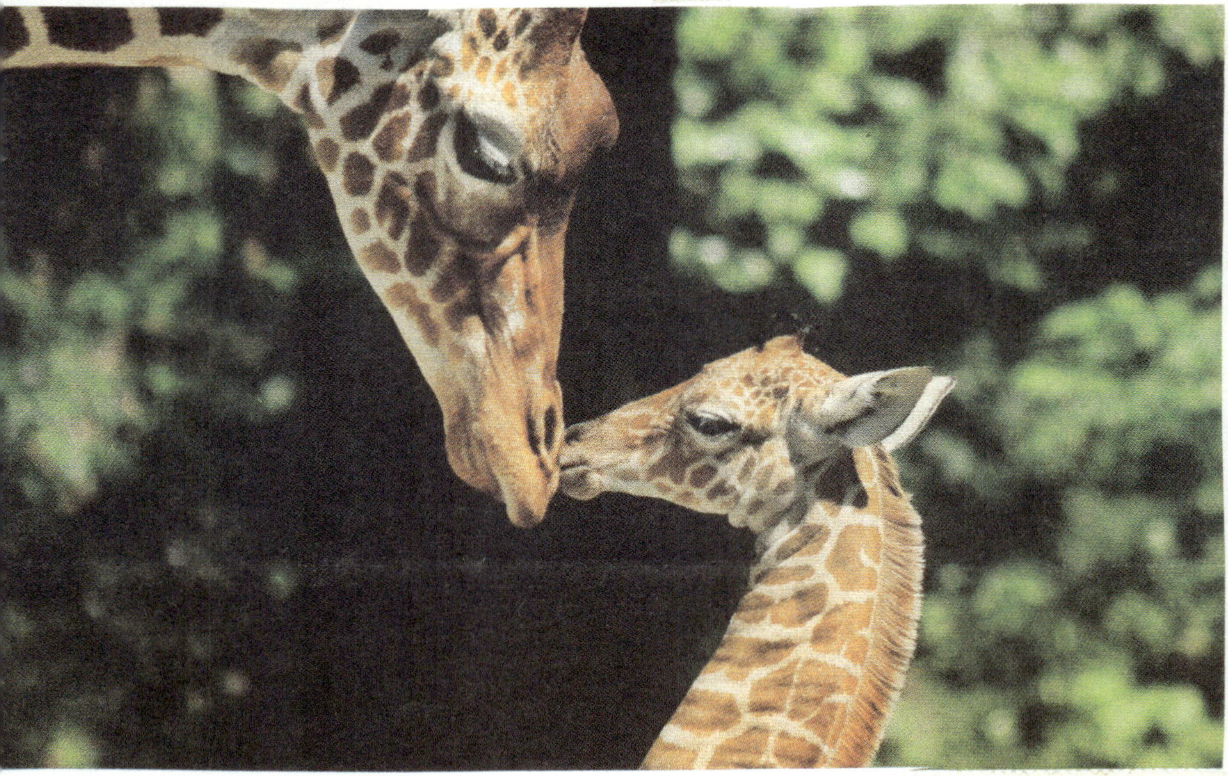

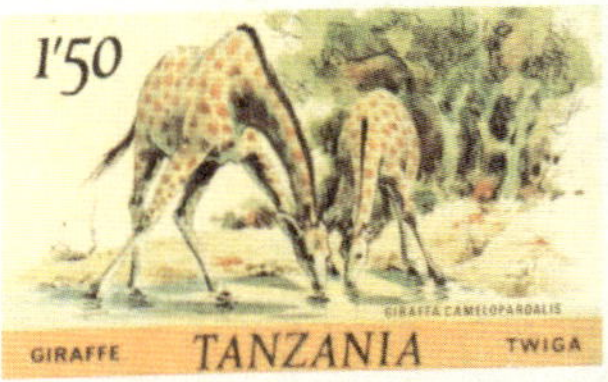

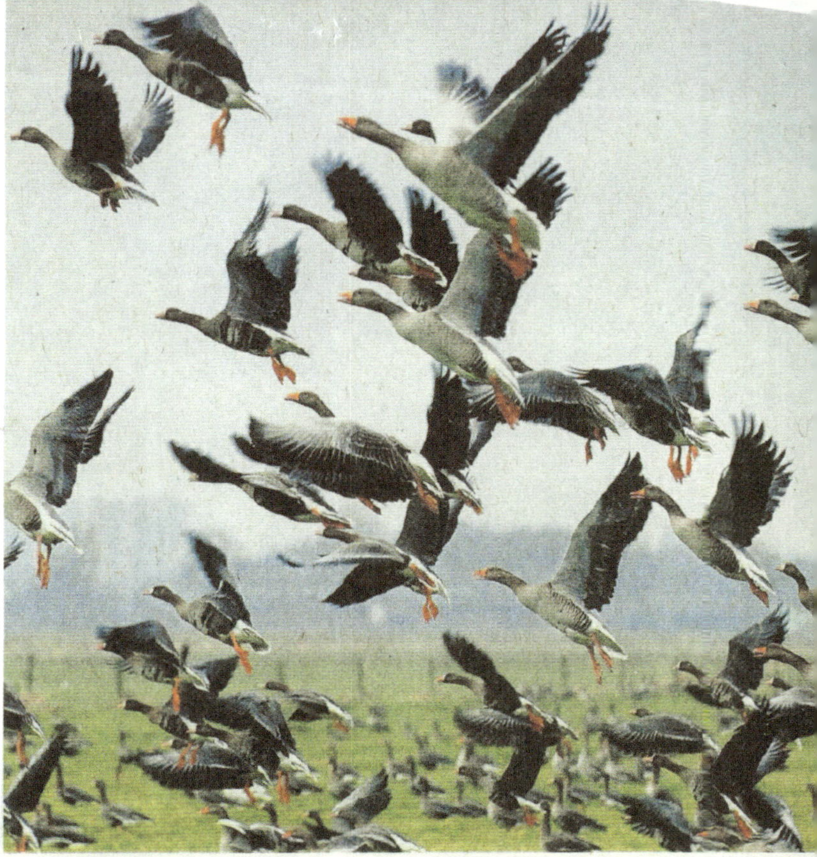

Ganzen in het Land van Maas en Waal. De vogels veroorzaken schade aan gewasse

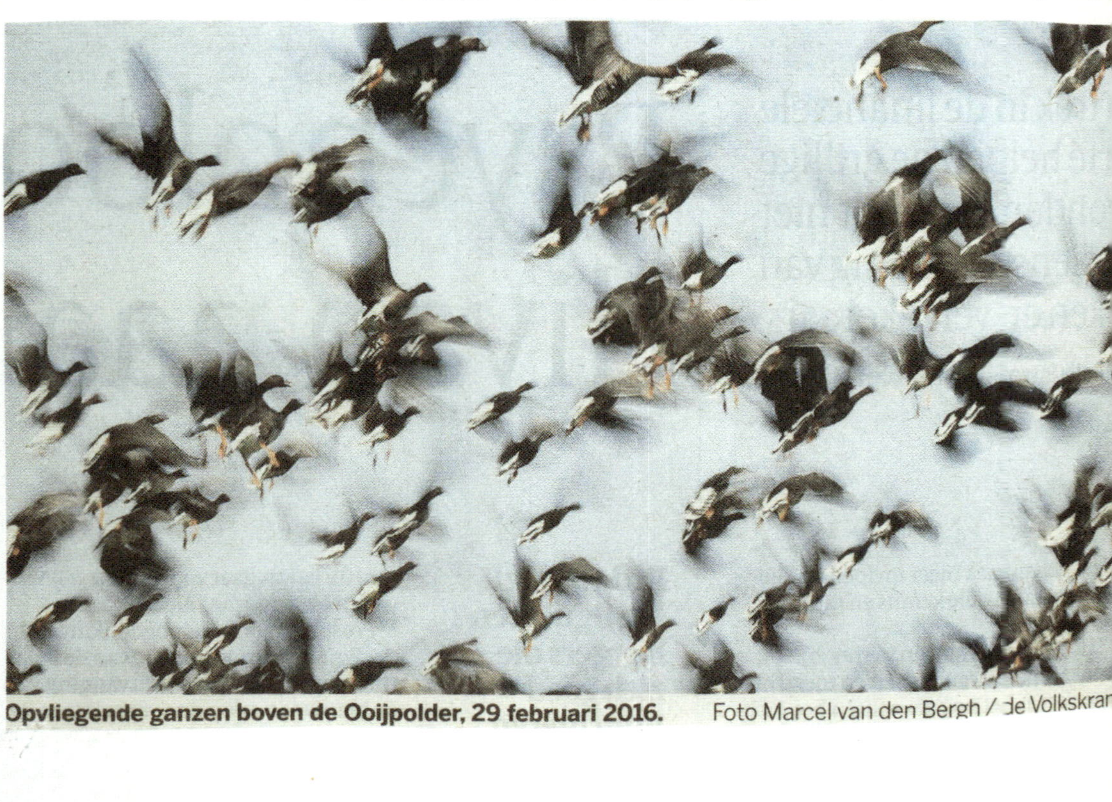

Opvliegende ganzen boven de Ooijpolder, 29 februari 2016. Foto Marcel van den Bergh / de Volkskra

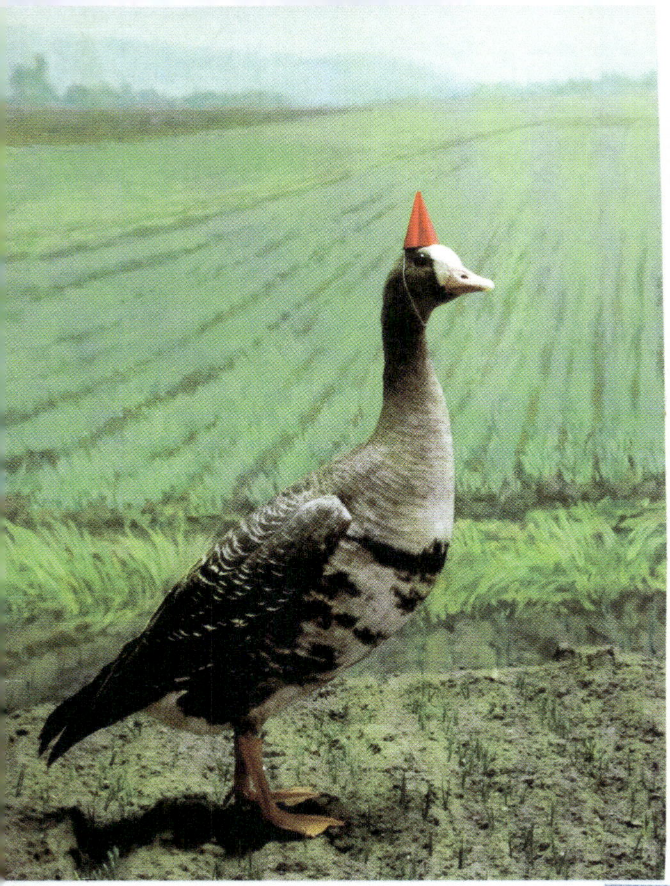

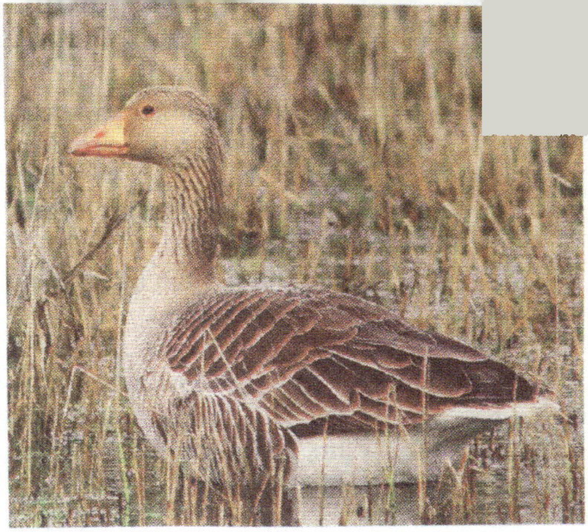

gaNS

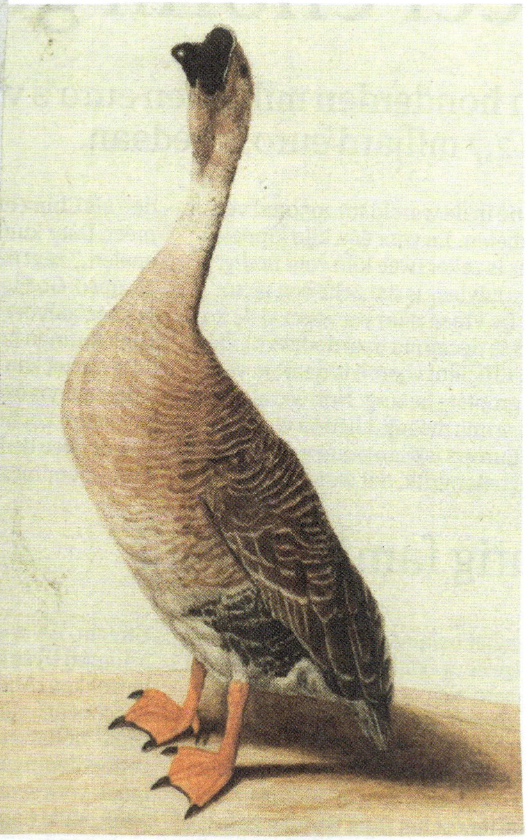

Knobbelgans van Pieter Holsteyn de Jonge

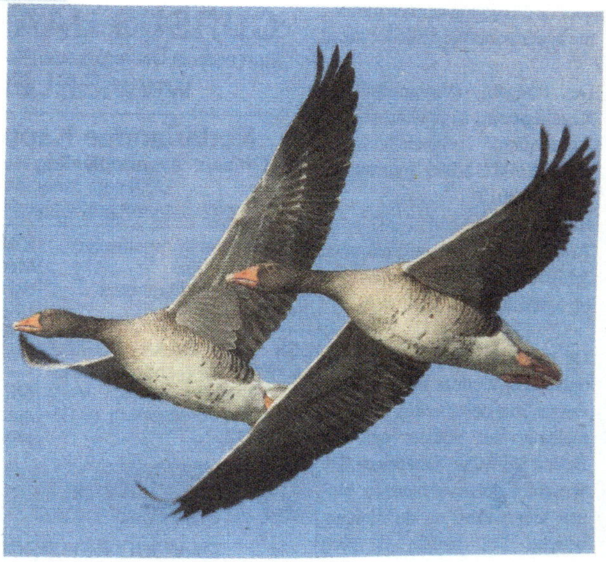

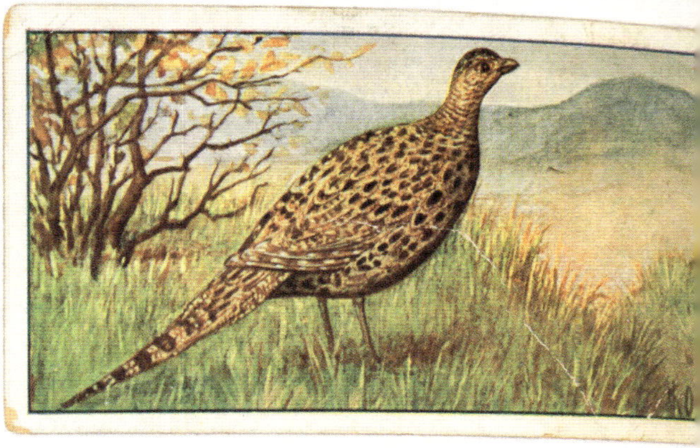

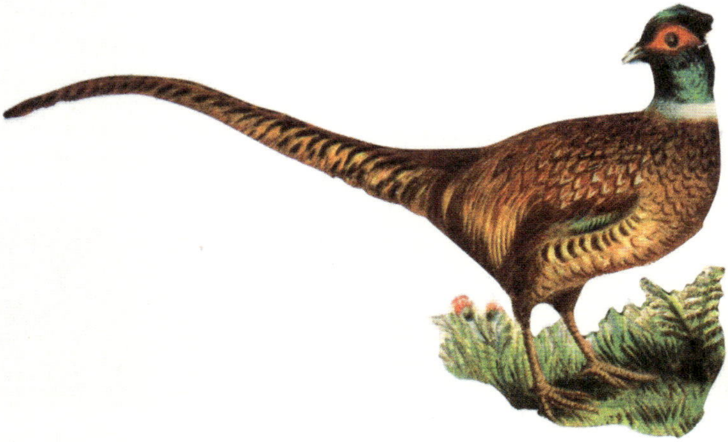

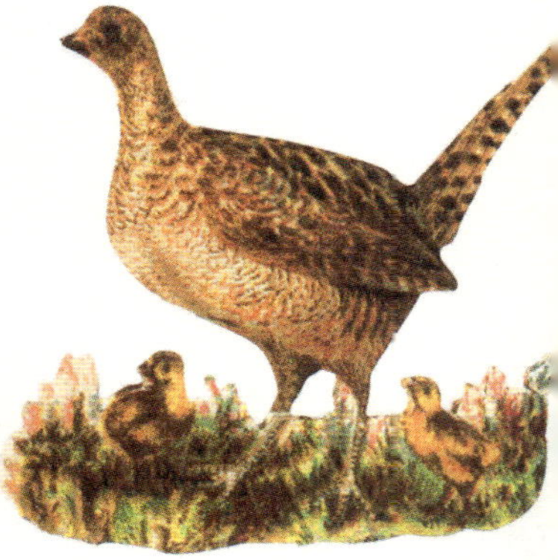

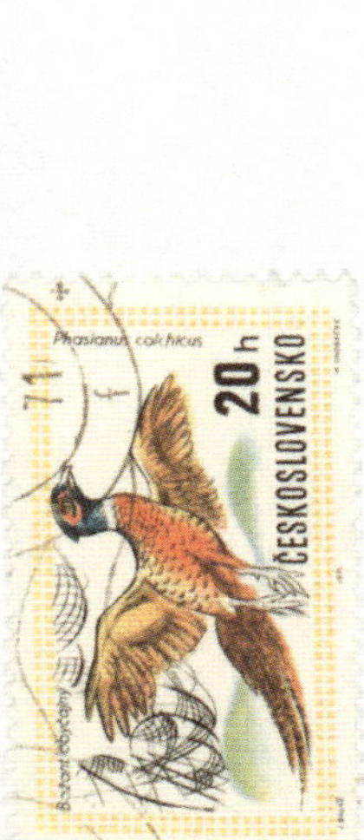
Phasianus colchicus
20 h
ČESKOSLOVENSKO

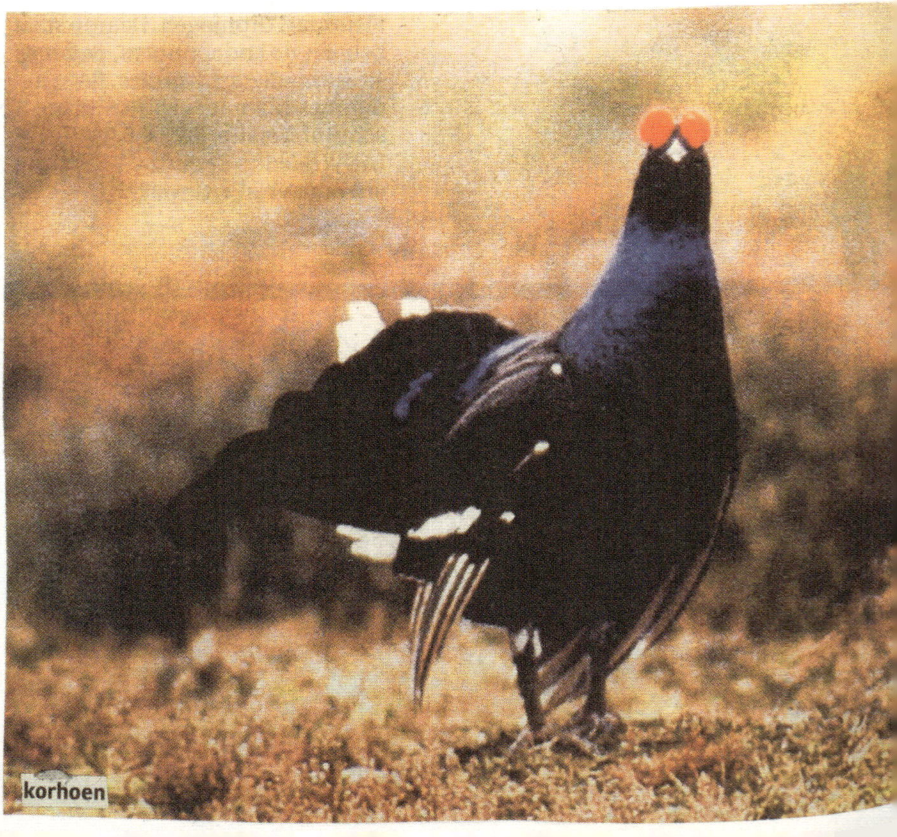
korhoen

HoenDers

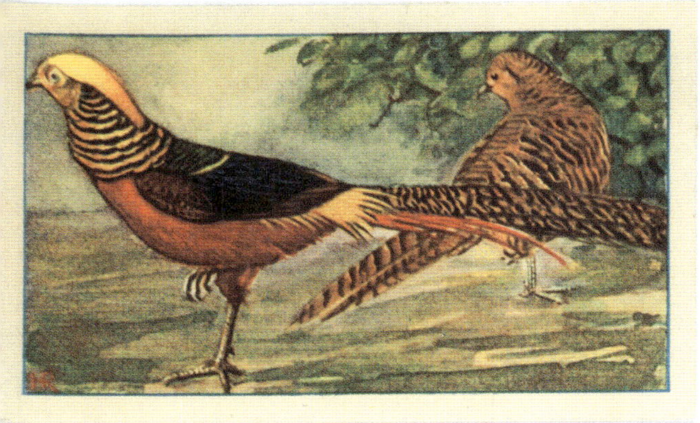

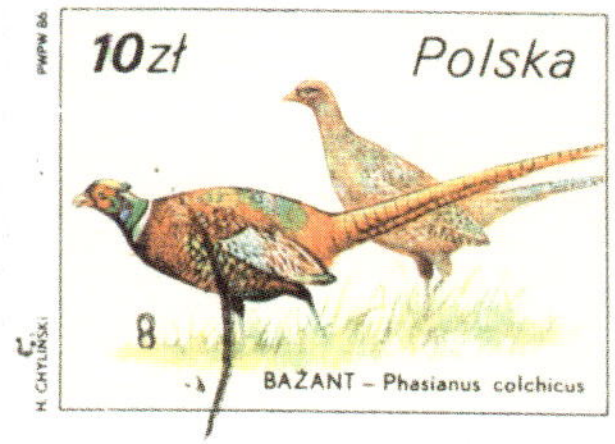

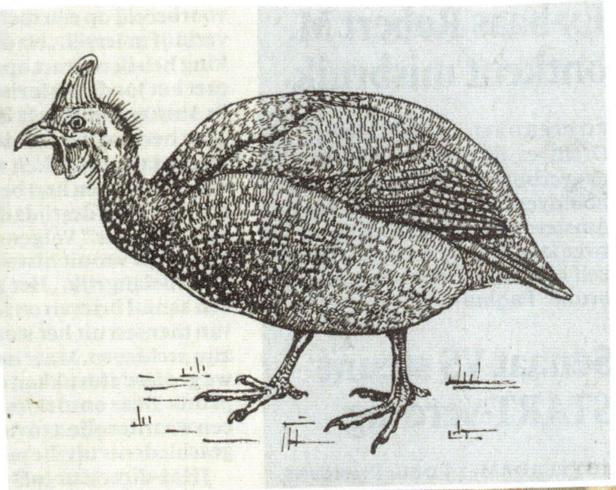

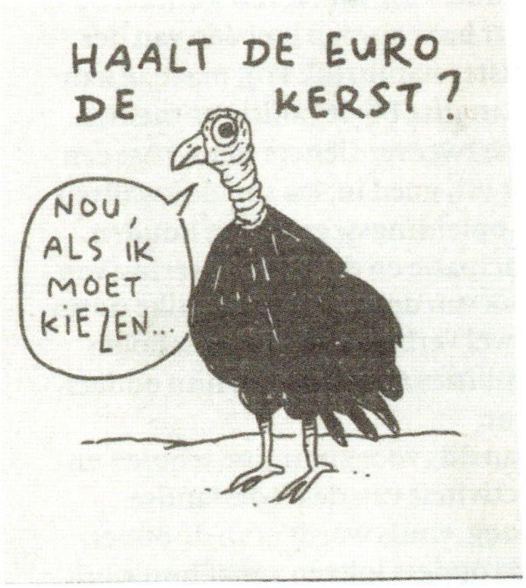

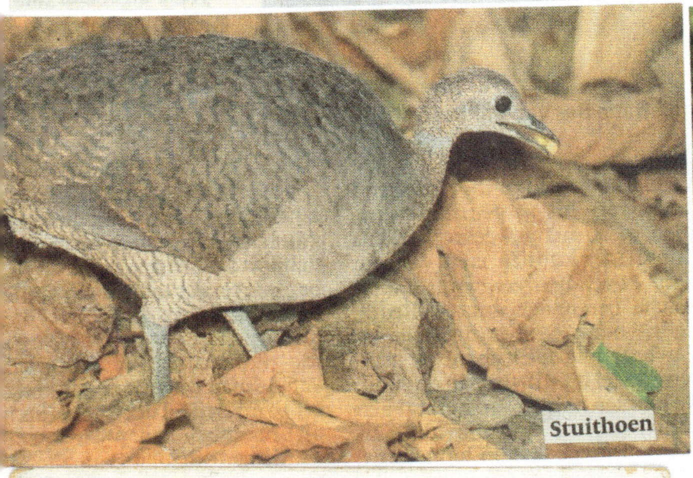
Stuithoen

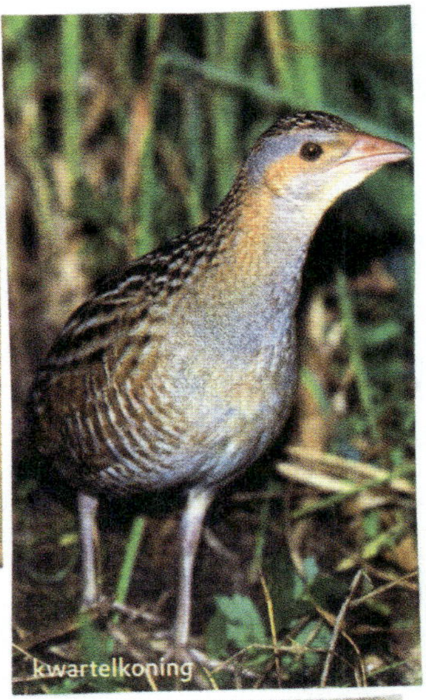
kwartelkoning

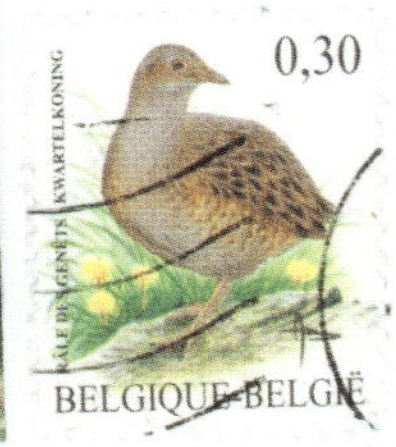

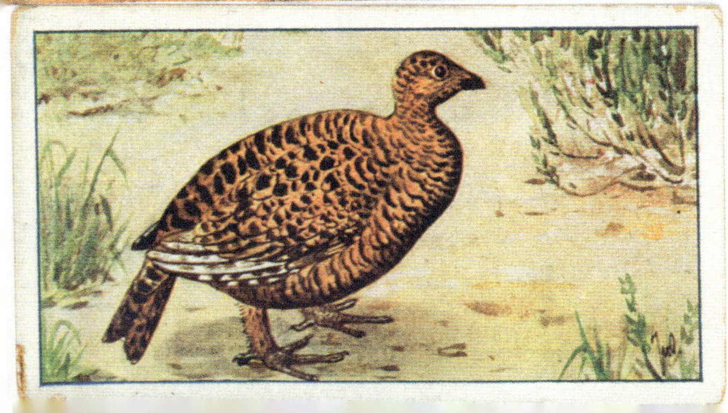

Korhoen

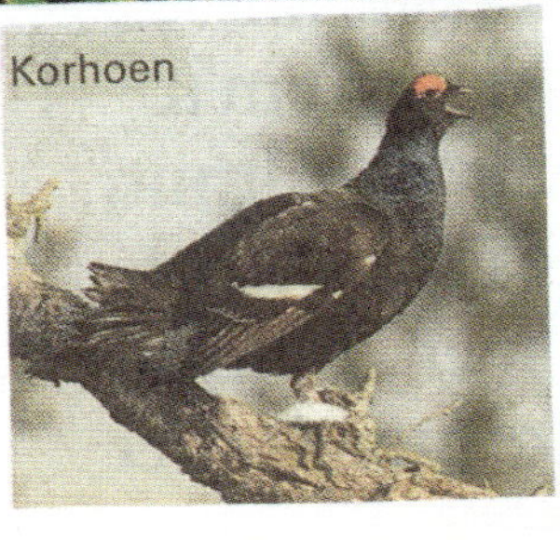

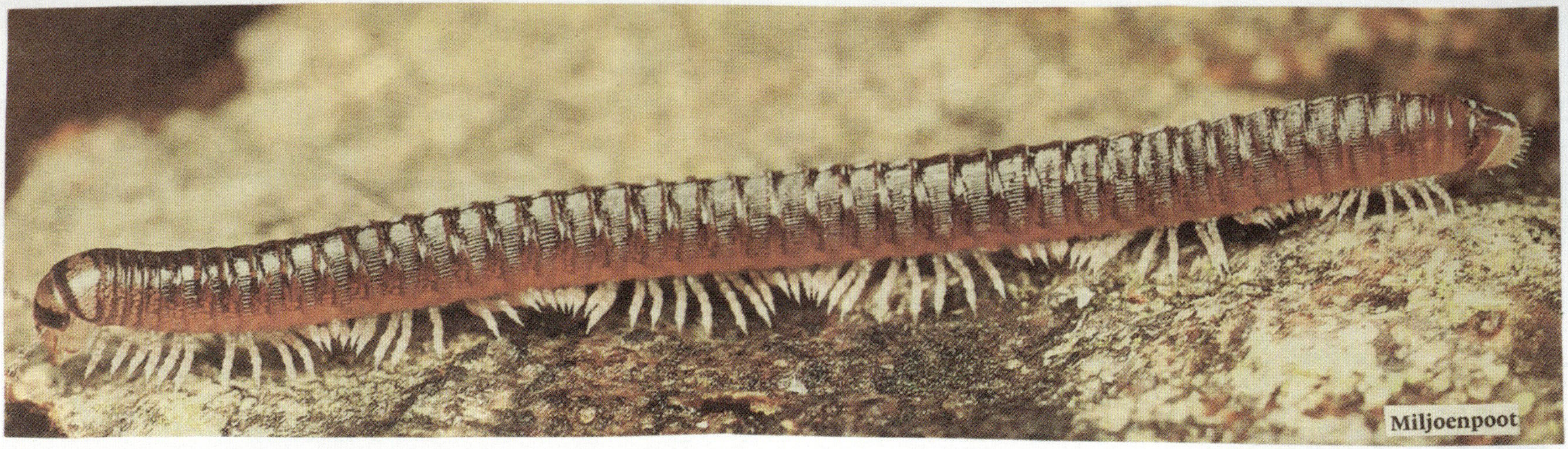

Miljoenpoot

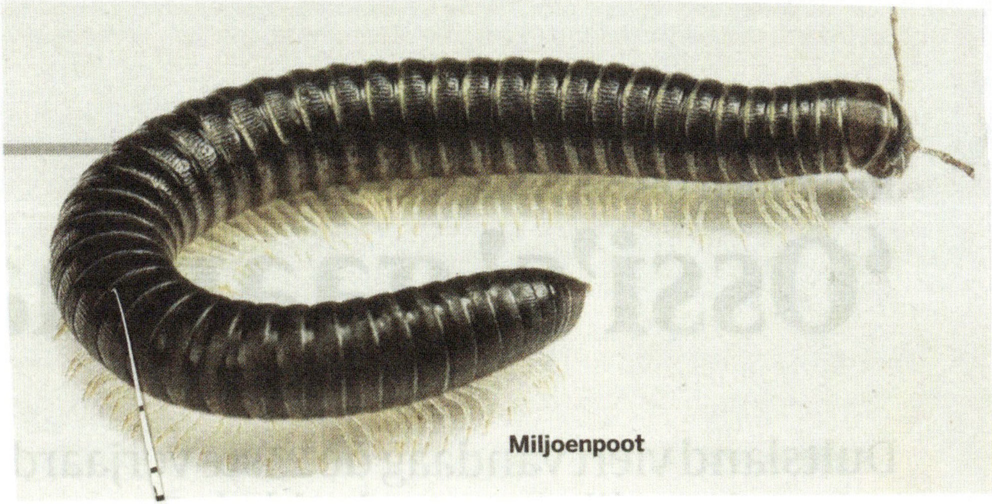

Miljoenpoot

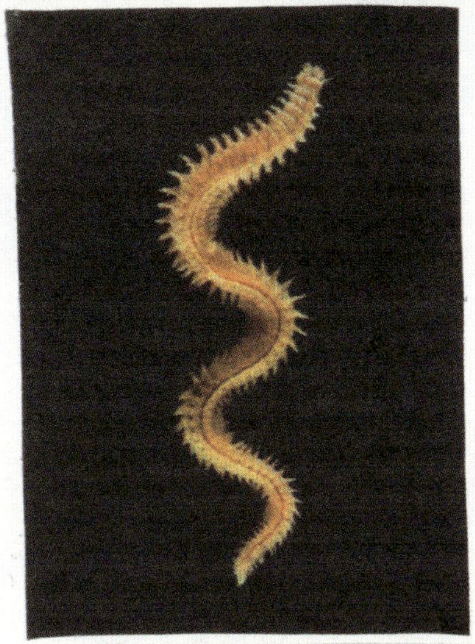

De veelkleurige zeeduizendpoot (*Hediste diversicolor*),

Rups

eikenprocessierupsen

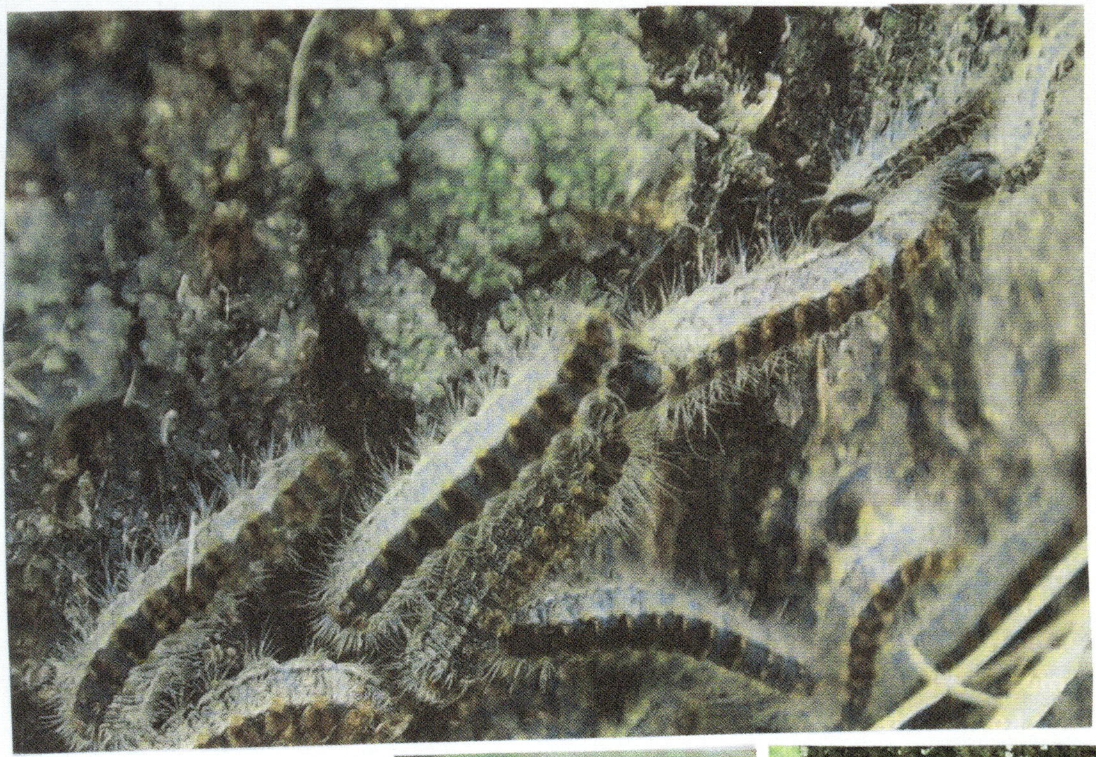

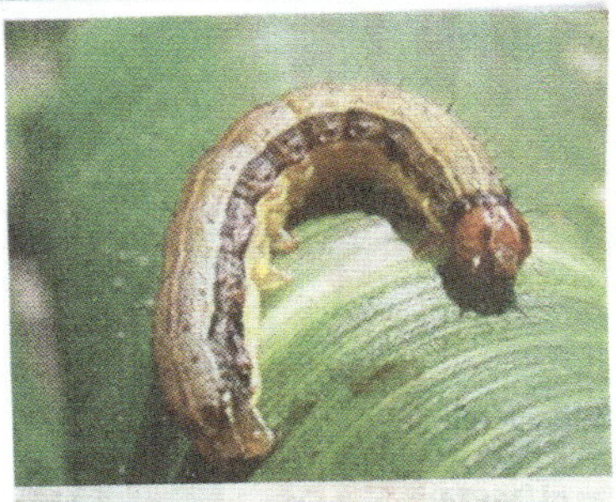

De legerworm, ondanks zijn naam een rups.

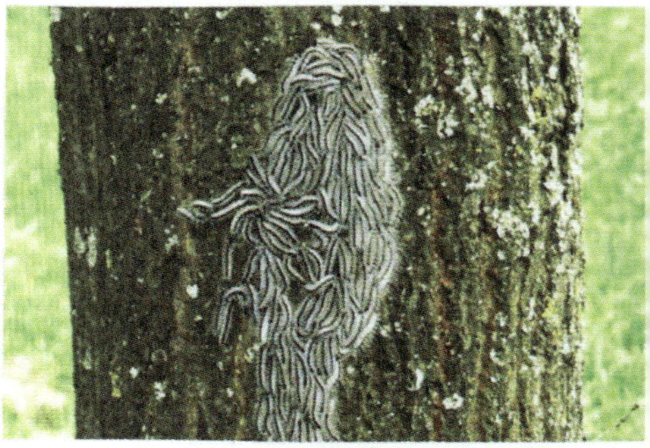

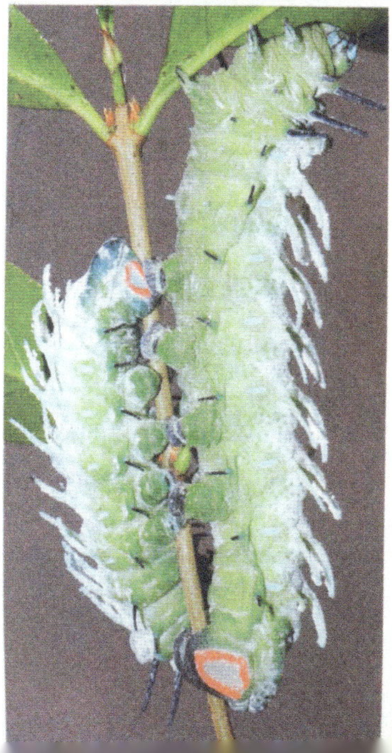

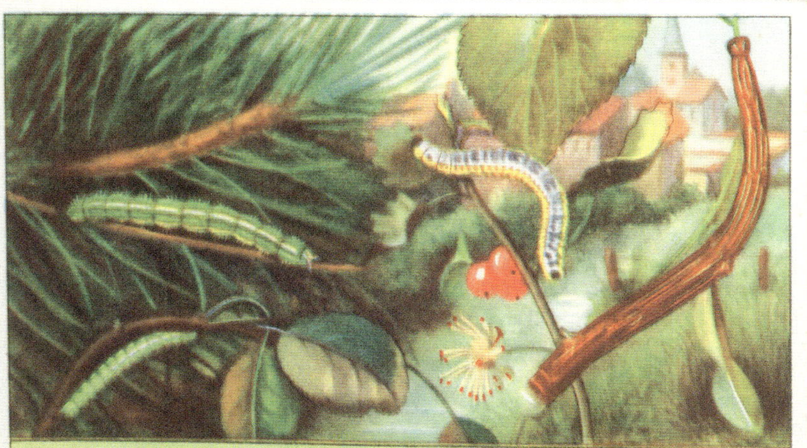

DE RUPSEN

4. Anomalus - Wintervlinderrups - Bonte bessenvlinderrups - Vliervlinderrups

BONEN MET TOMAAT LIEBIG: klaar om op te dienen

J. Liebig

Verklaring op keerzijde

Woestijnkever *Stenocara gracilipes*

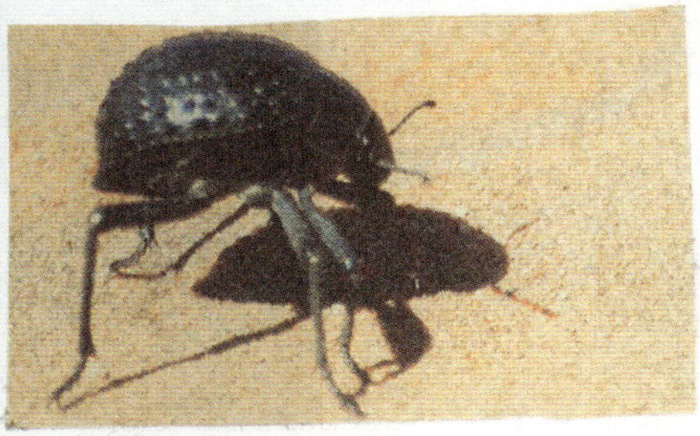

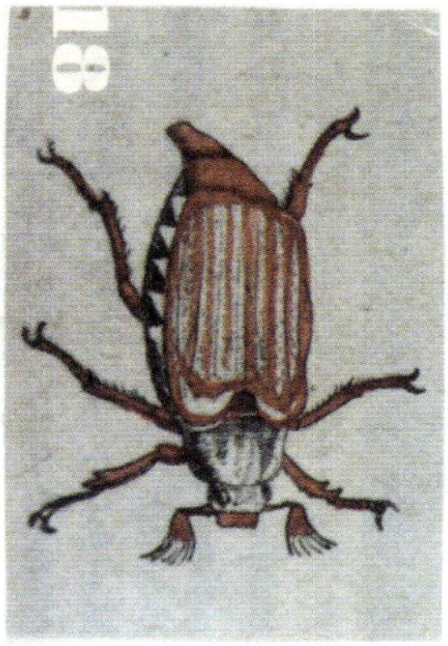

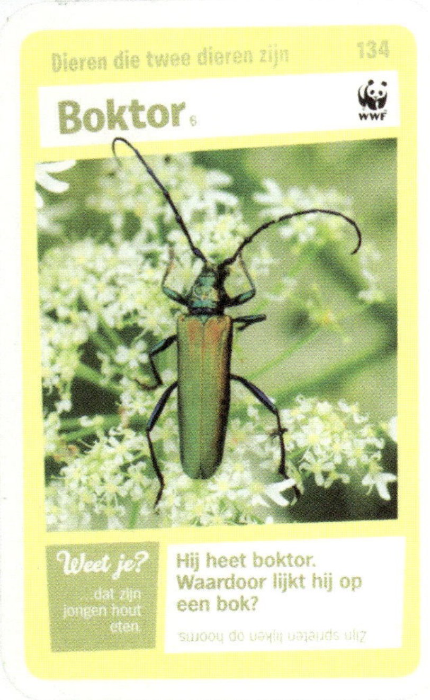

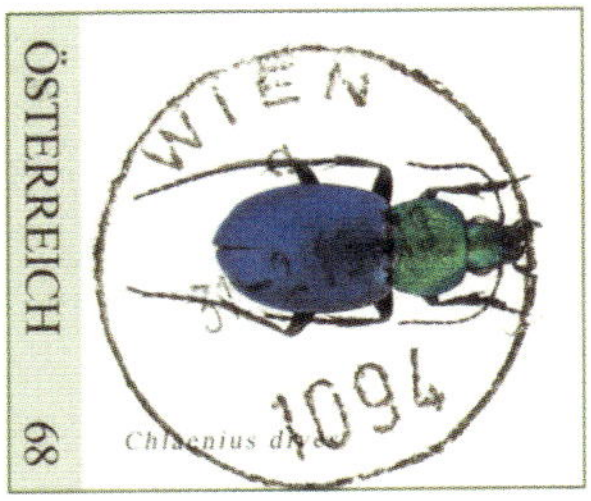

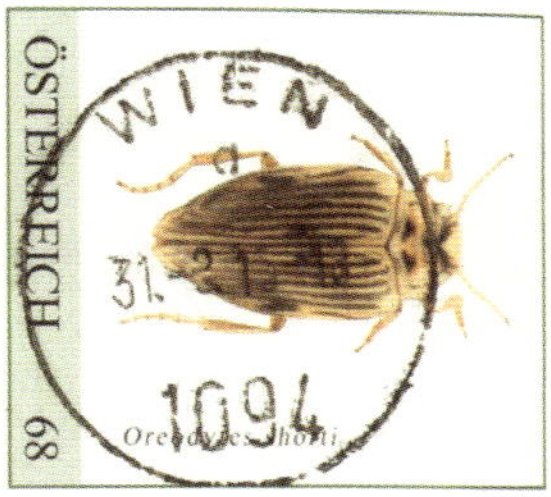

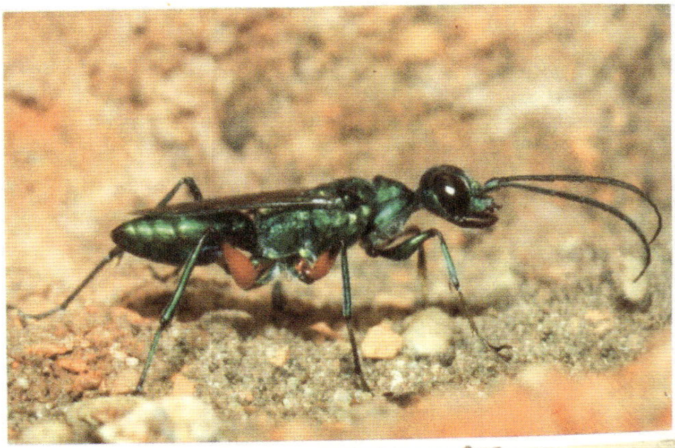

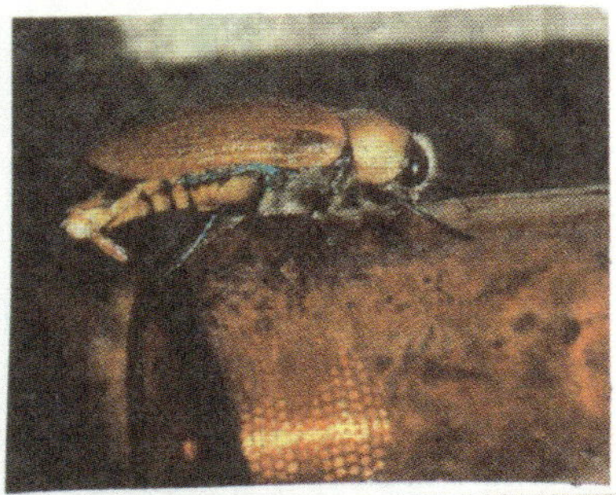

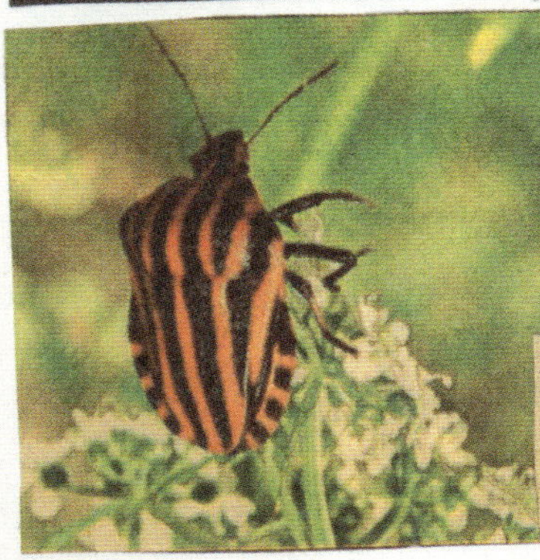

Pyamawants

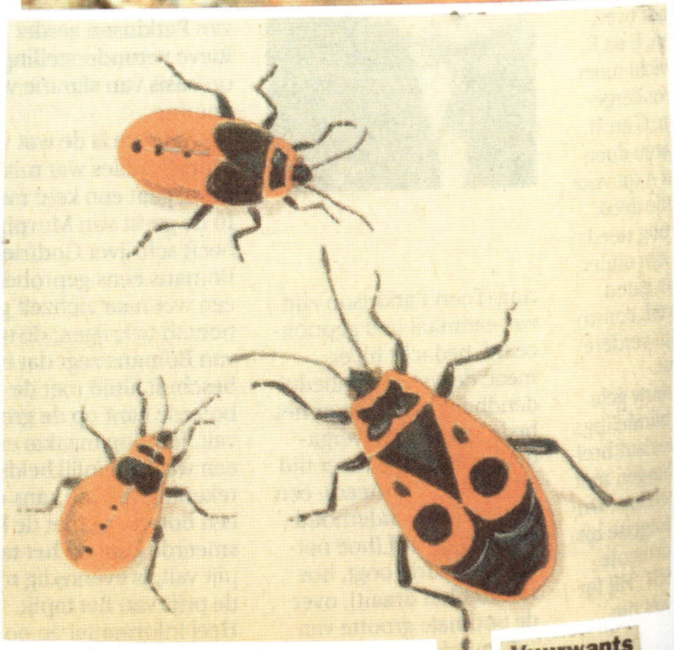

Vuurwants

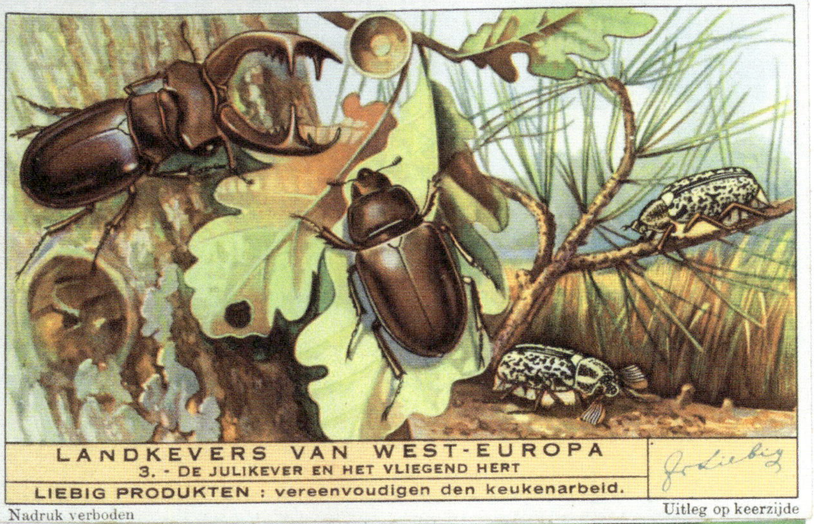
LANDKEVERS VAN WEST-EUROPA
3. - DE JULIKEVER EN HET VLIEGEND HERT
LIEBIG PRODUKTEN : vereenvoudigen den keukenarbeid.
Nadruk verboden
Uitleg op keerzijde

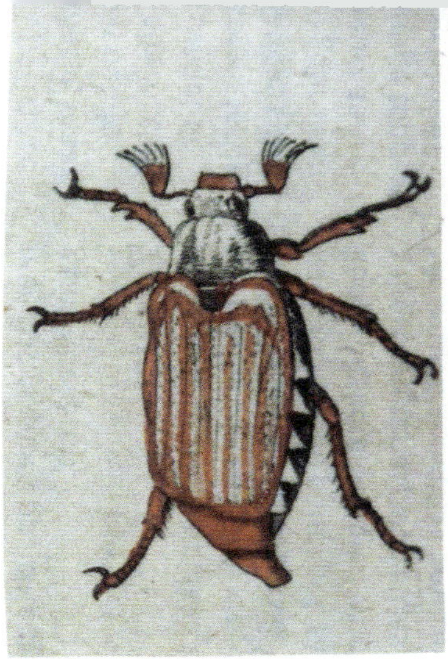

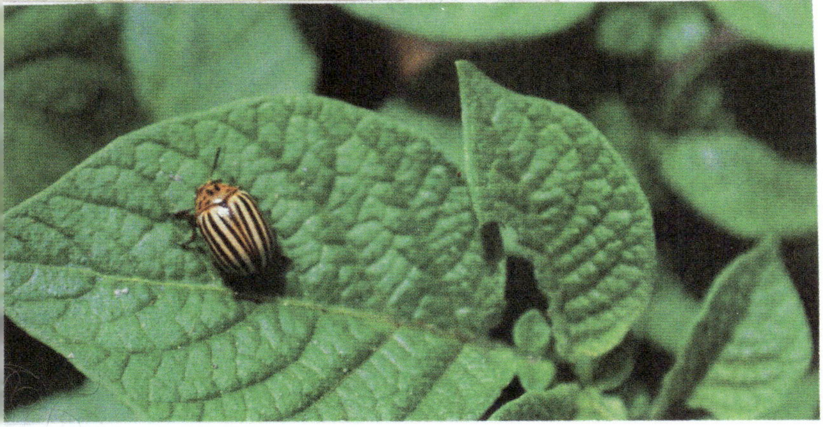

KEVER

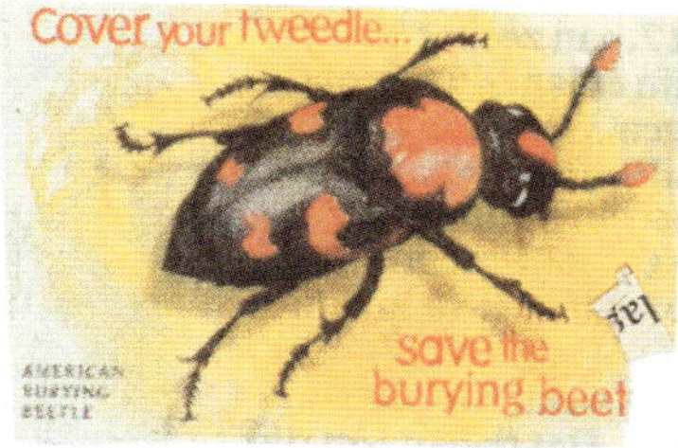
Cover your tweedle...
AMERICAN BURYING BEETLE
save the burying beet

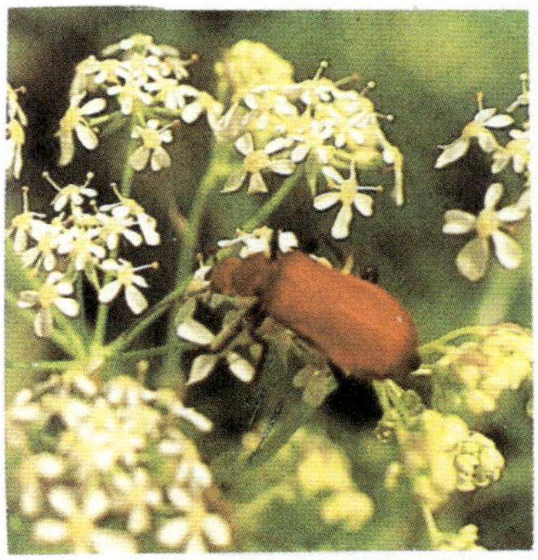

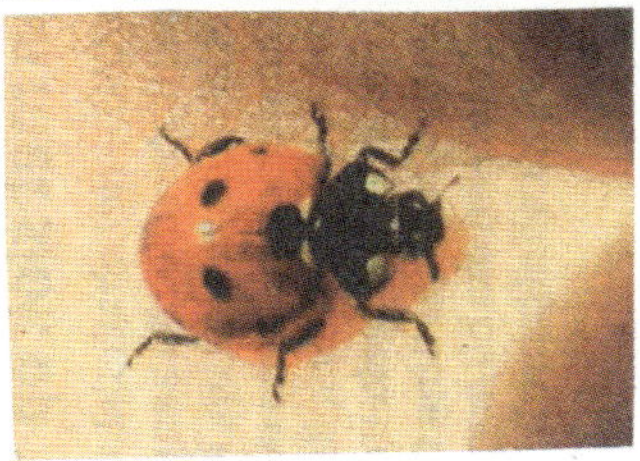

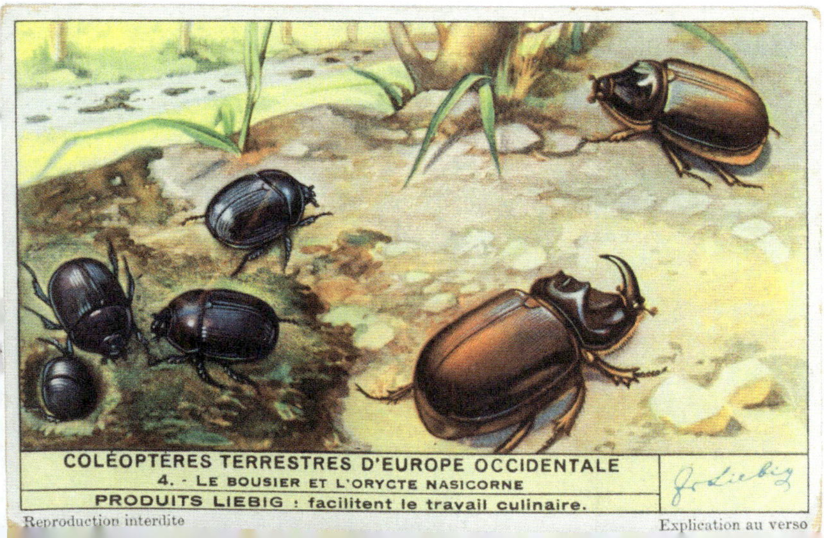
COLÉOPTÈRES TERRESTRES D'EUROPE OCCIDENTALE
4. - LE BOUSIER ET L'ORYCTE NASICORNE
PRODUITS LIEBIG : facilitent le travail culinaire.
Reproduction interdite
Explication au verso

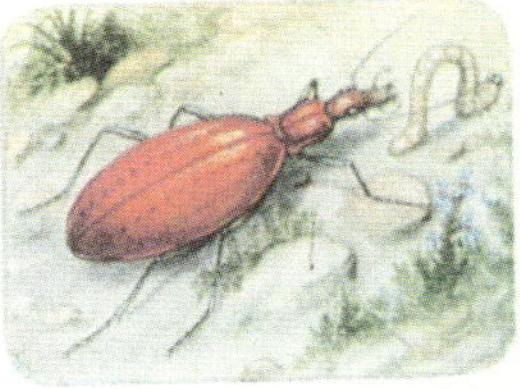

TOR

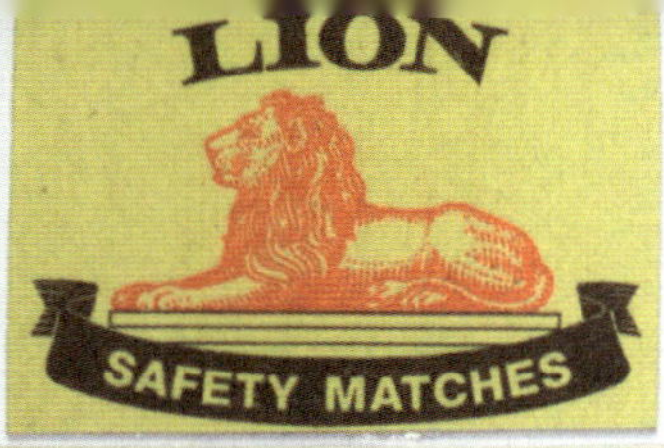

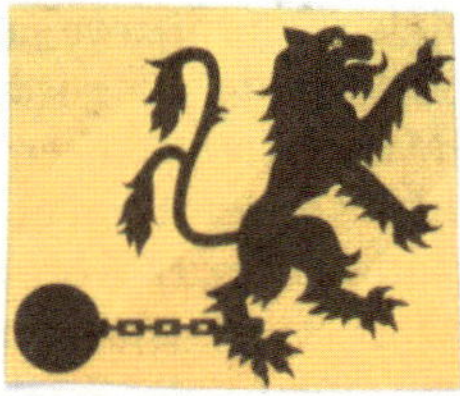

LEEUW

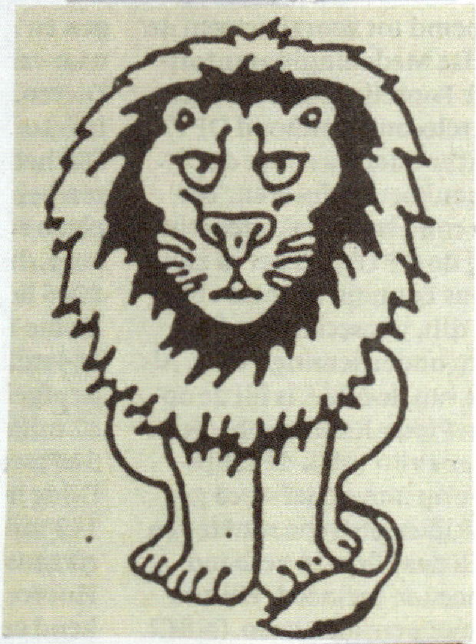

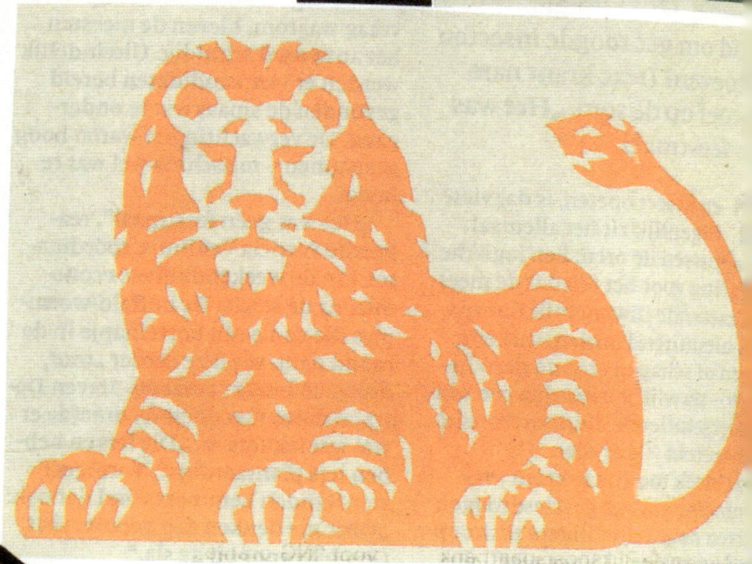

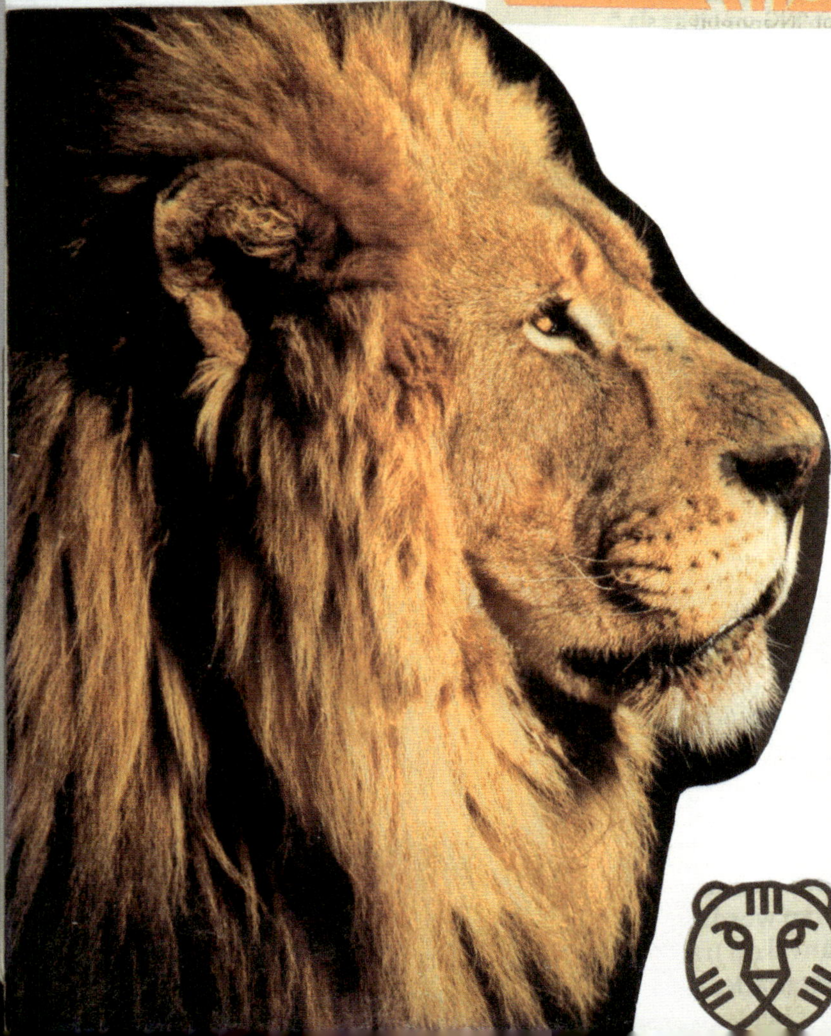

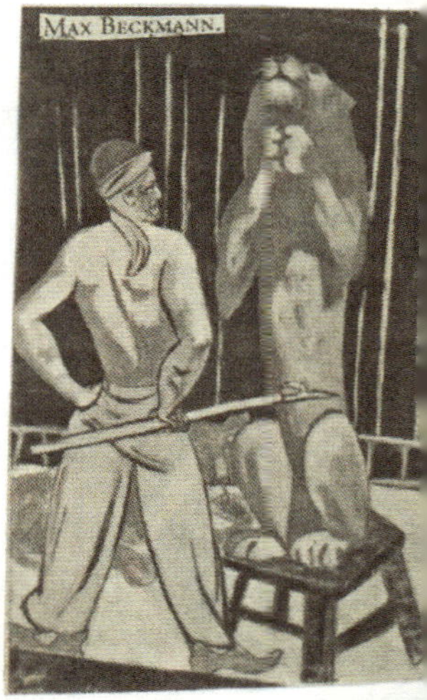

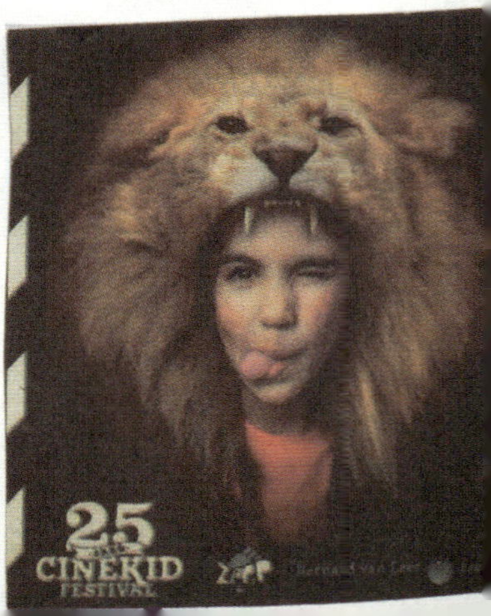

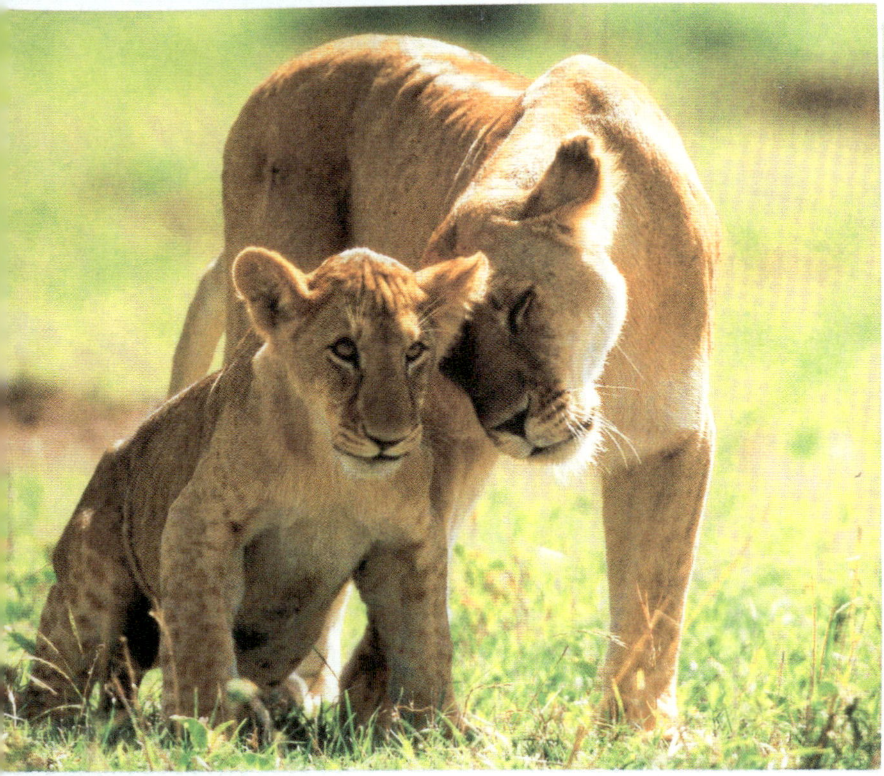

IN

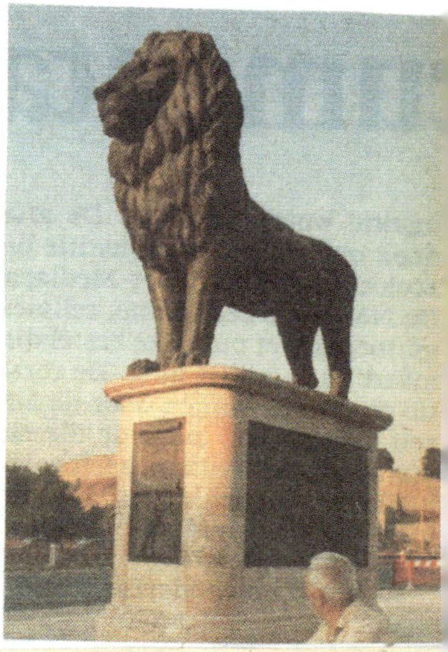

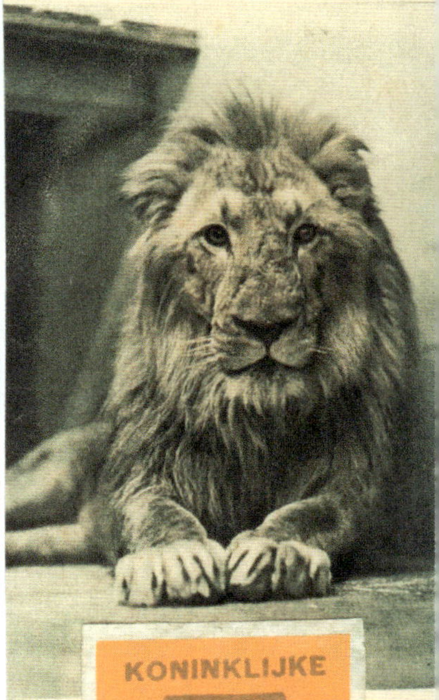

PARC ZOOLOGIQUE DE VINCENNES

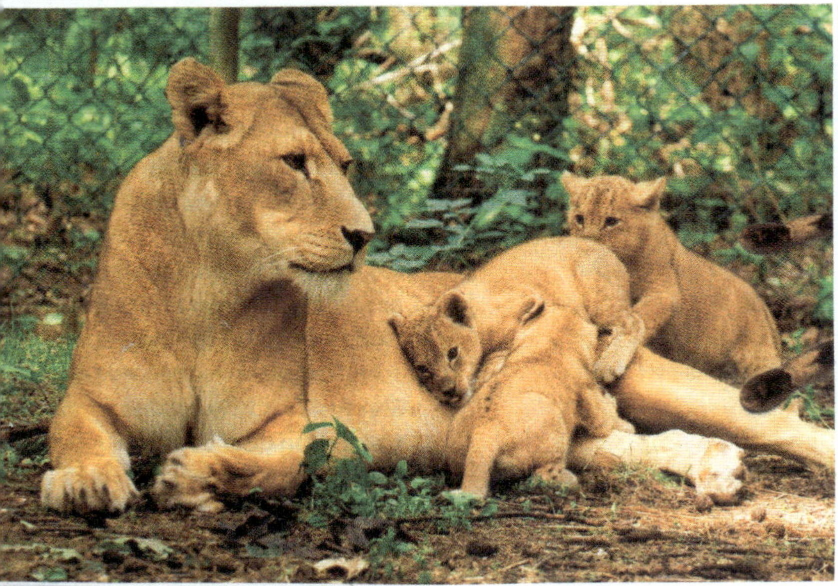

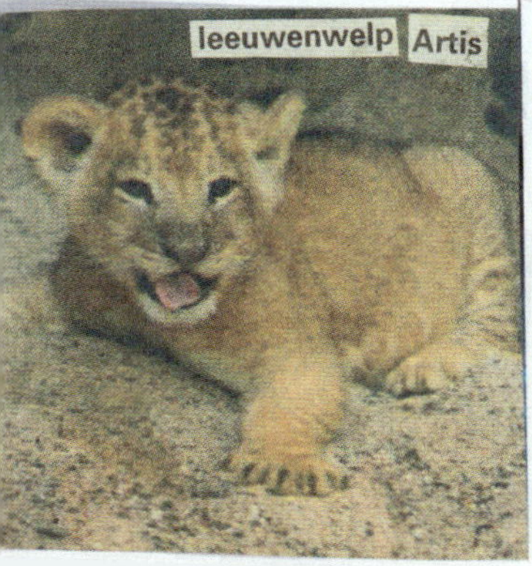

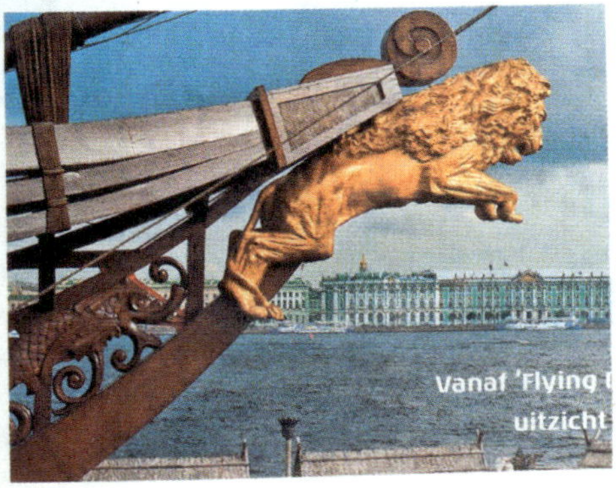

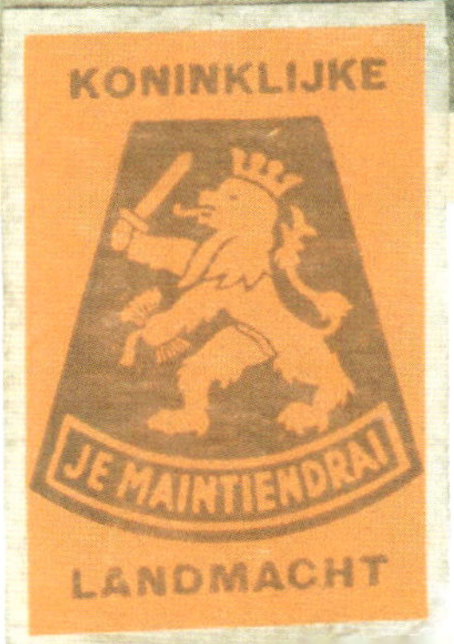

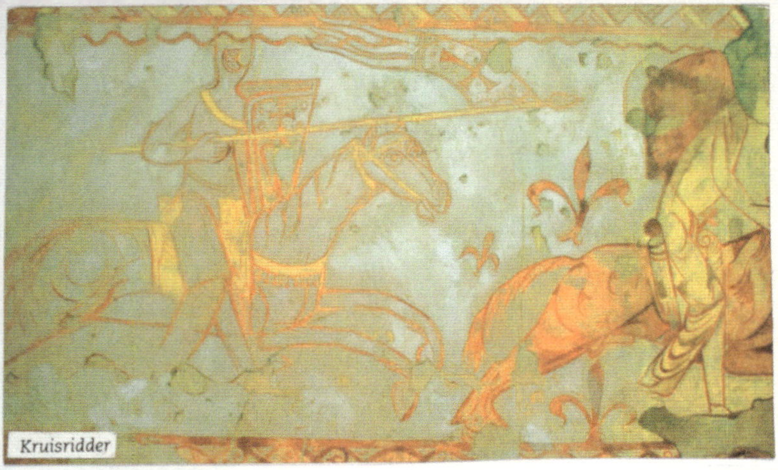

Kruisridder

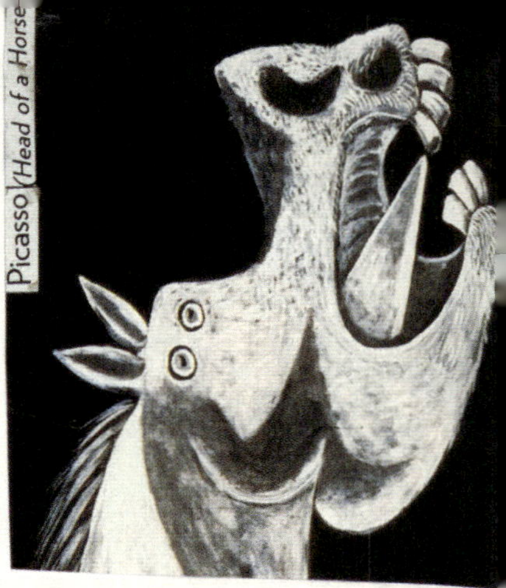

Picasso / Head of a Horse

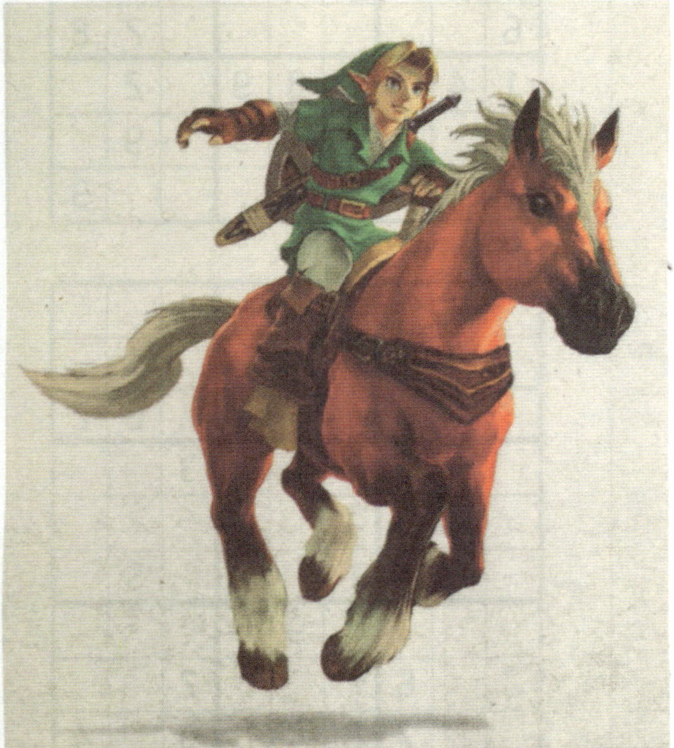

Opgepoetst: Link in *Zelda: Ocarina of time* voor de Nintendo 3DS.

TAPISSERIE DE BAYEU

(CHEF D'ŒUVRE DU XI• SIECLE)

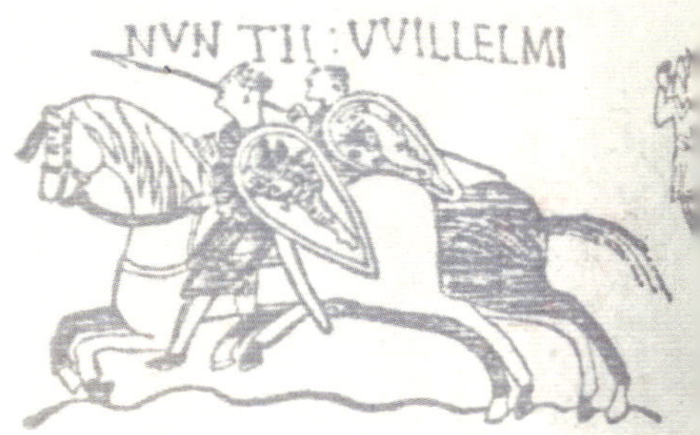

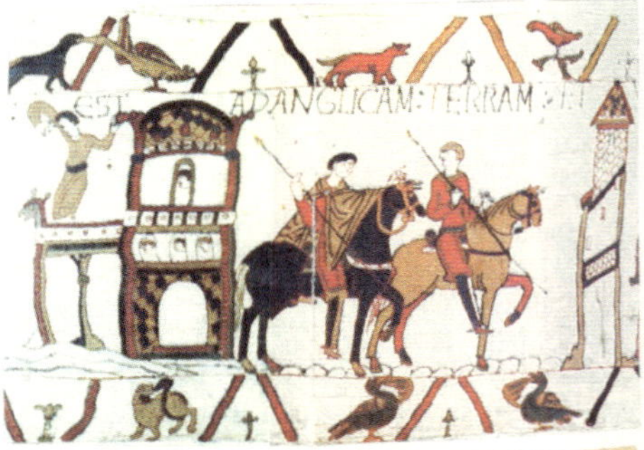

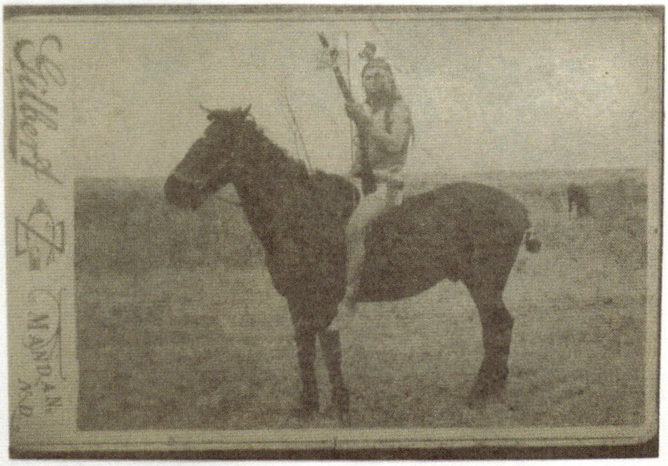

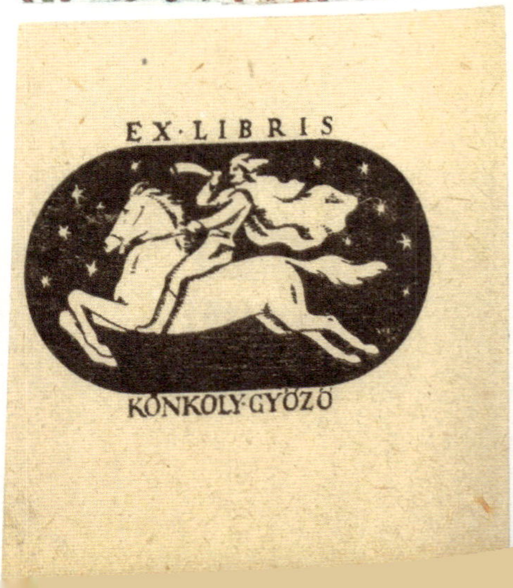

paaRd

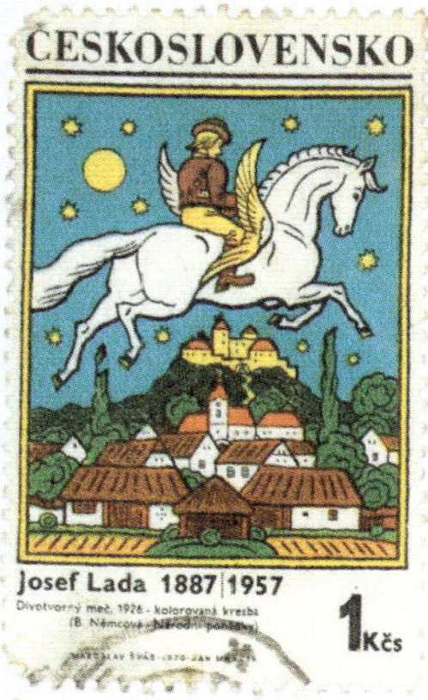

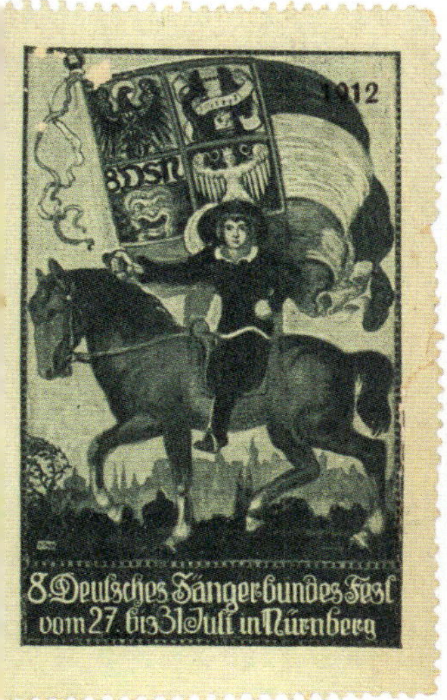

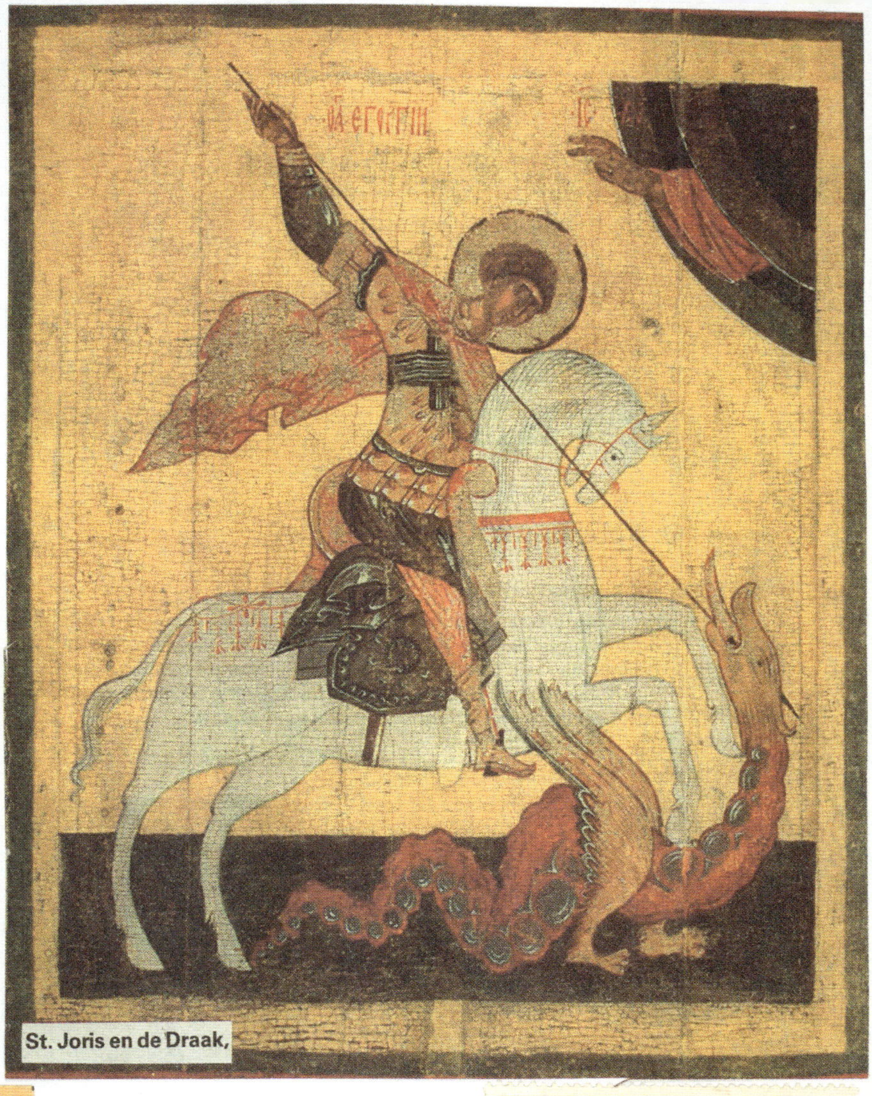
St. Joris en de Draak,

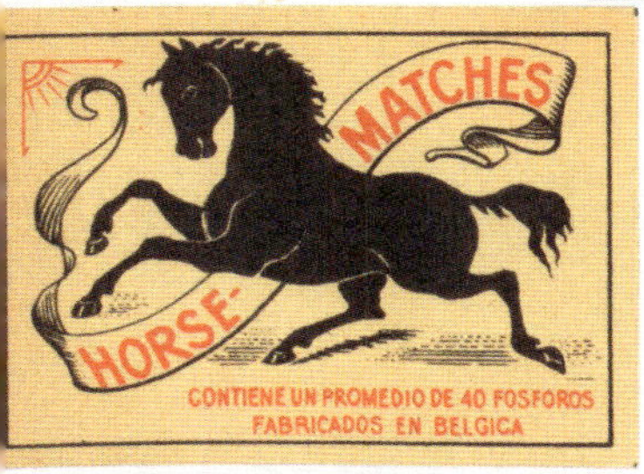

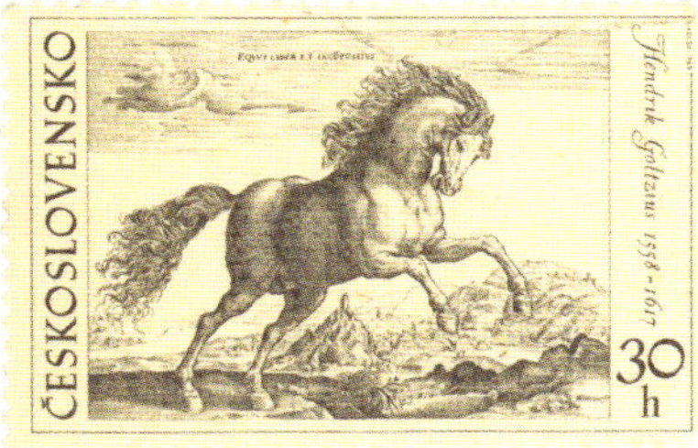

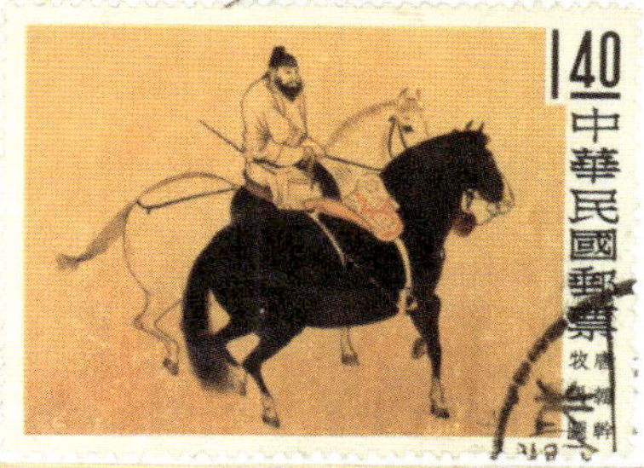

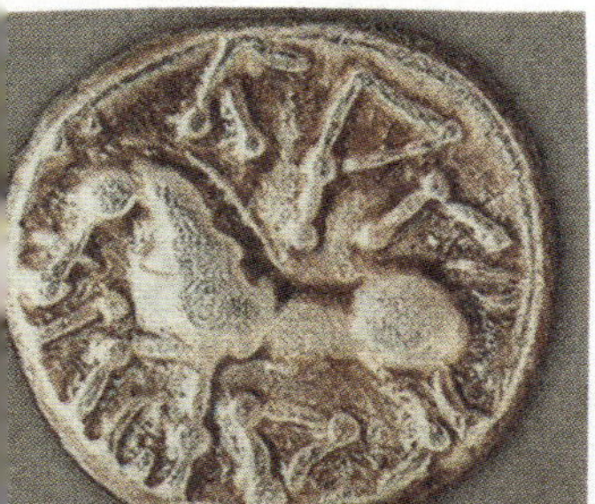

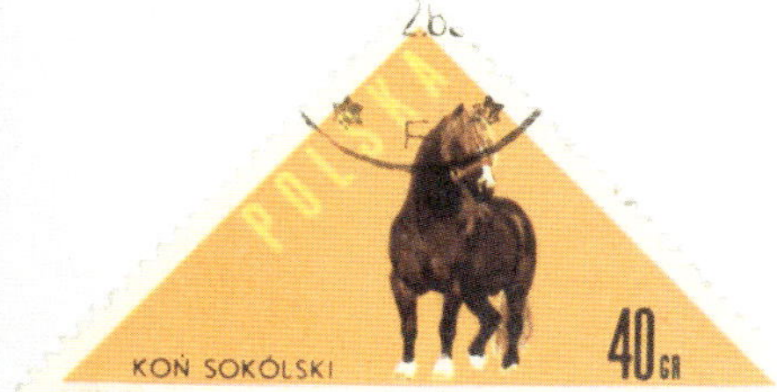

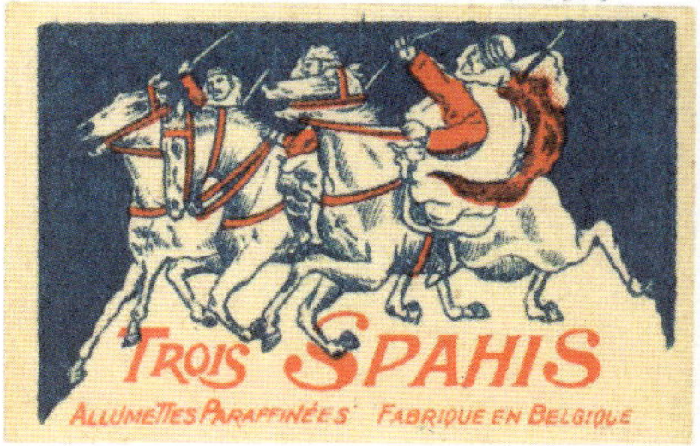

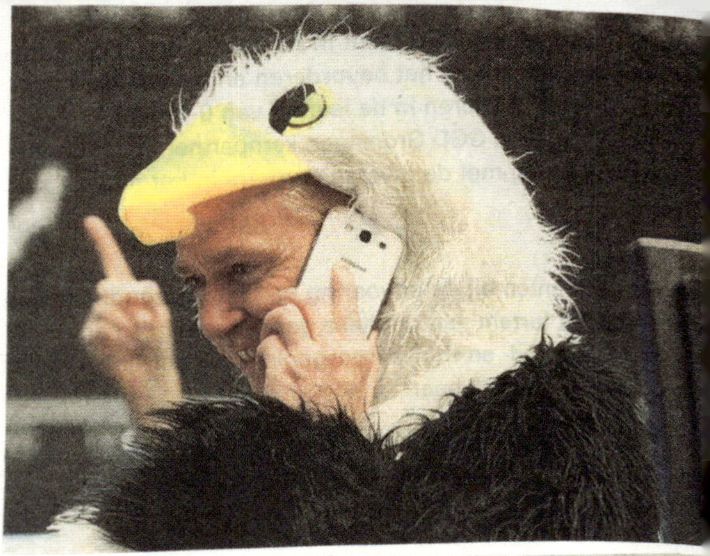

Mannetjestorenvalk.

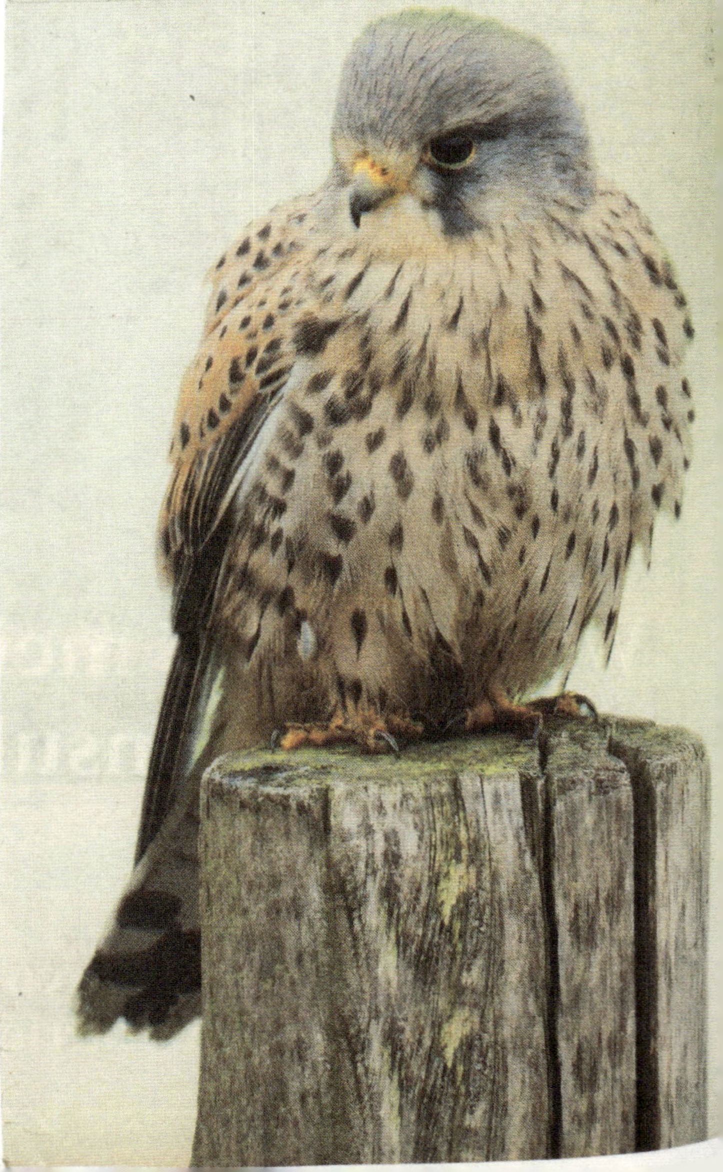

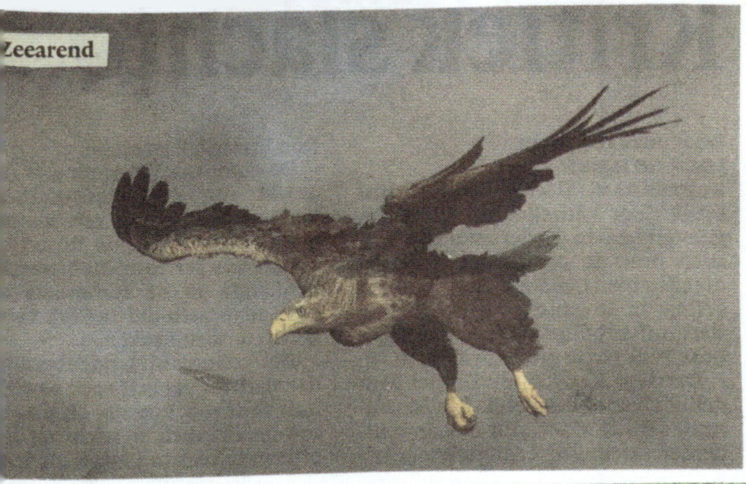

Zeearend

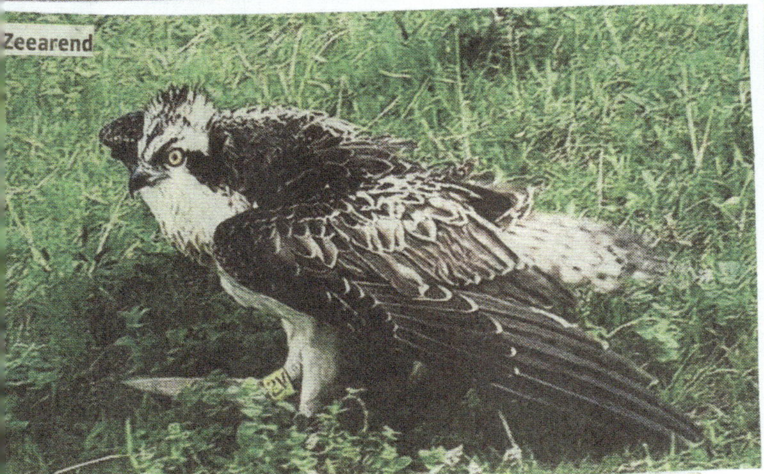

Zeearend

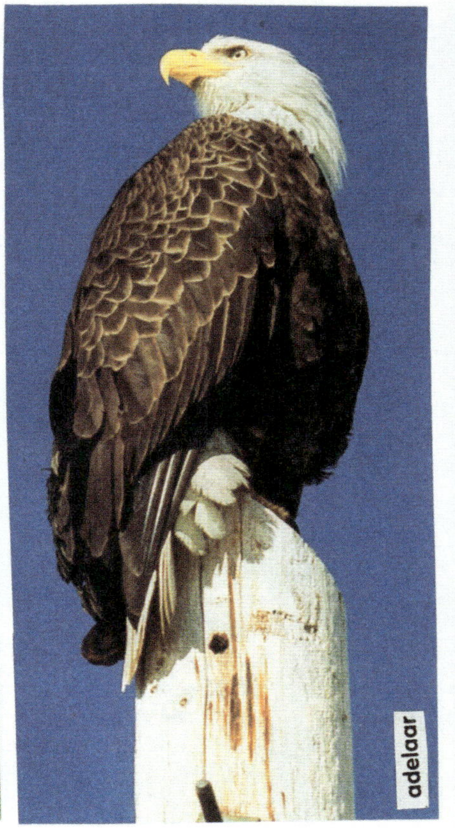

adelaar

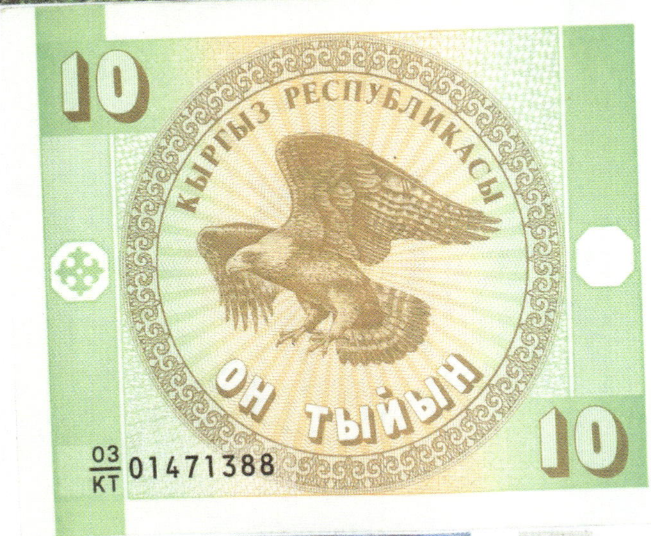

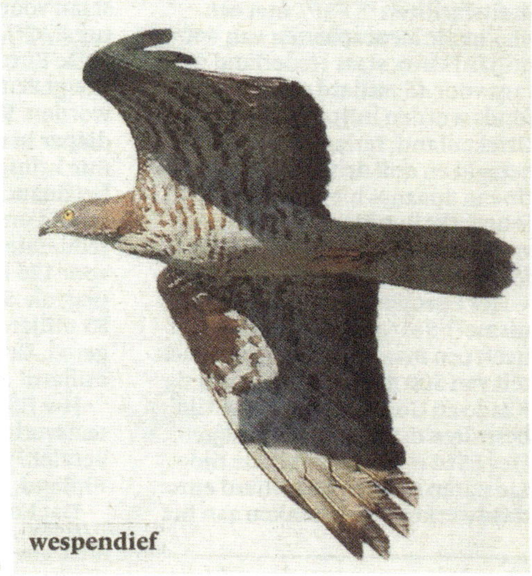

wespendief

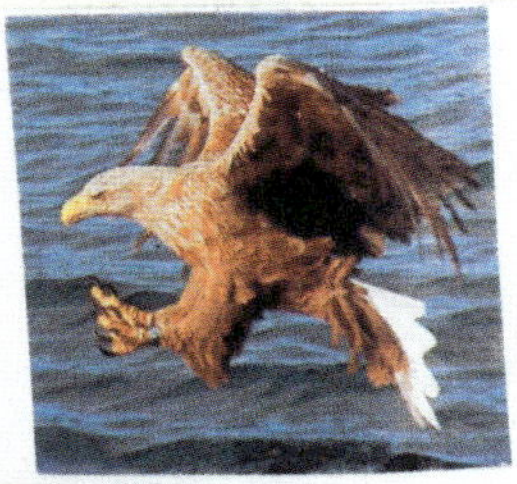

rooF
vogelS

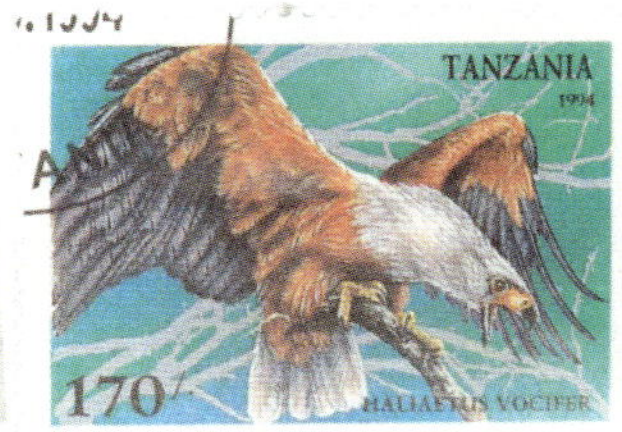

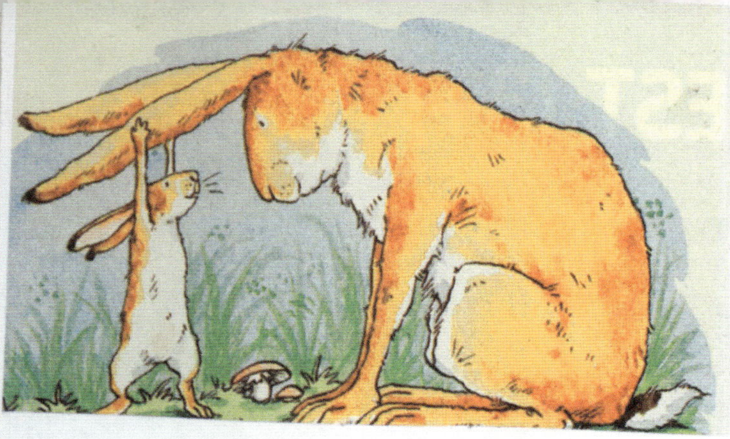

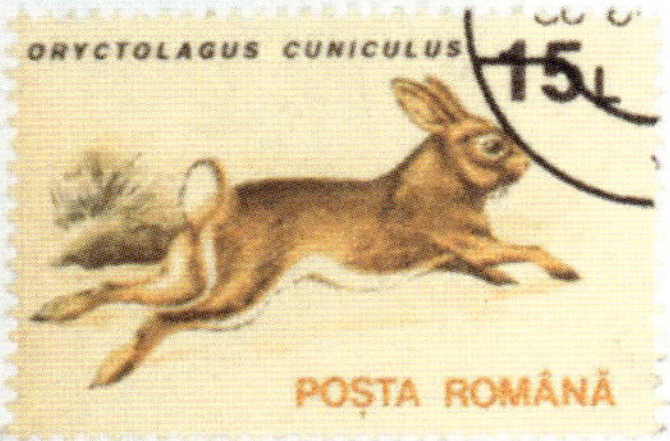
ORYCTOLAGUS CUNICULUS
15L
POSTA ROMÂNĂ

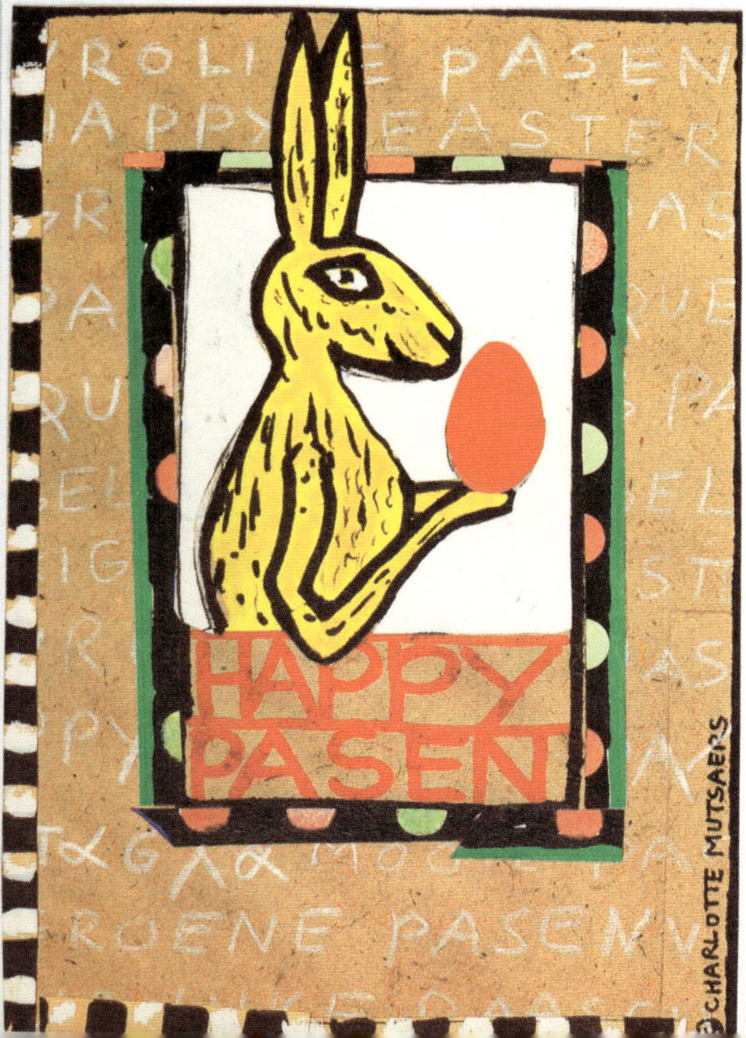
HAPPY
PASEN
©CHARLOTTE MUTSAERS

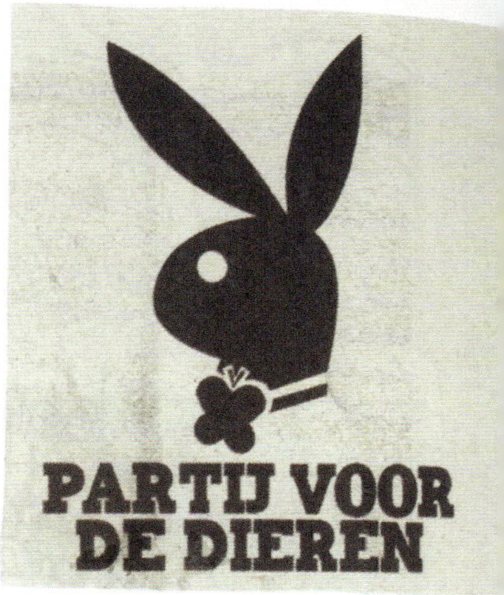
PARTIJ VOOR
DE DIEREN

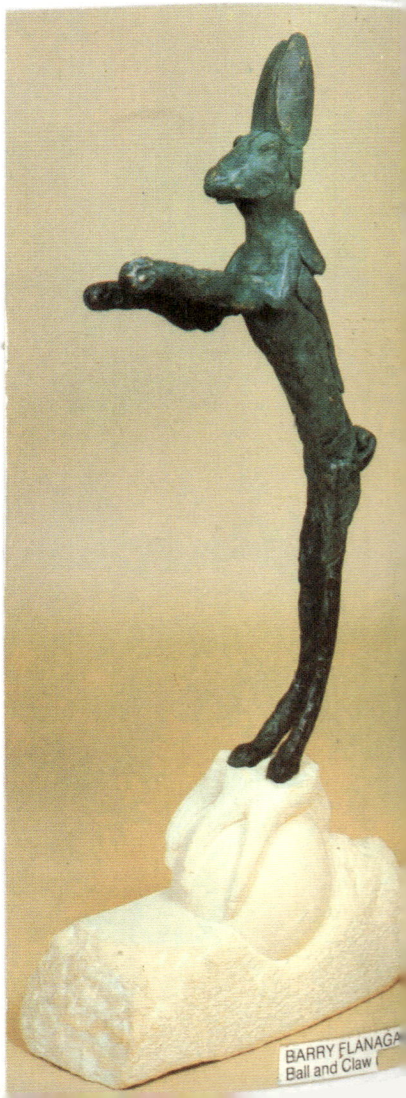
BARRY FLANAGA
Ball and Claw

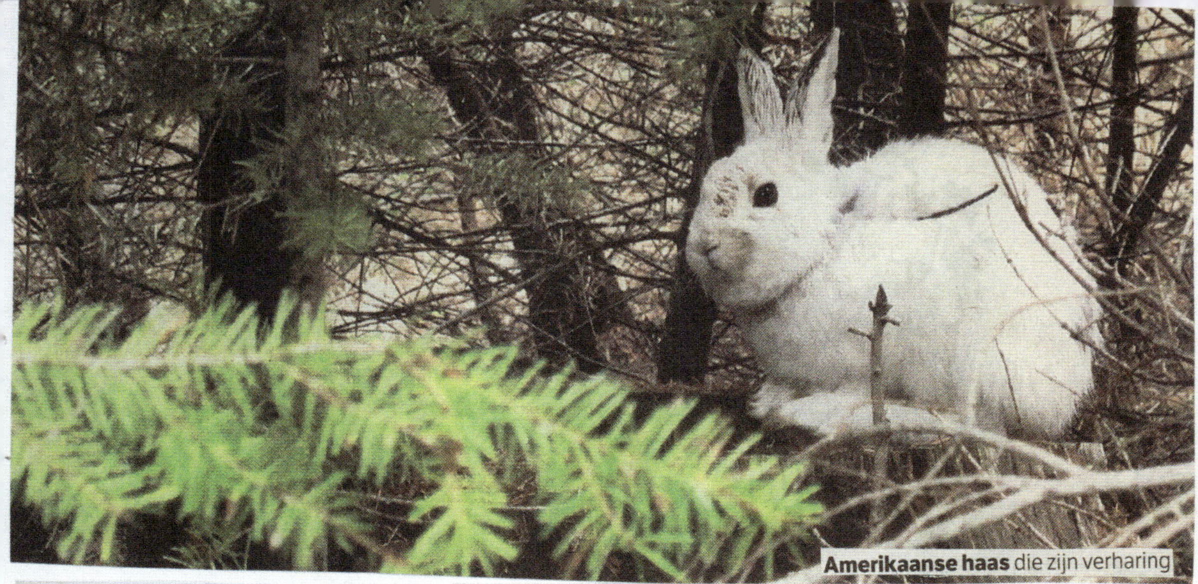

Amerikaanse haas die zijn verharing

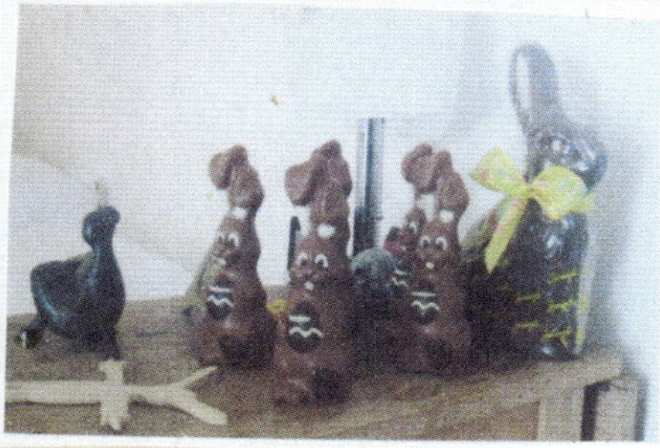

Haas

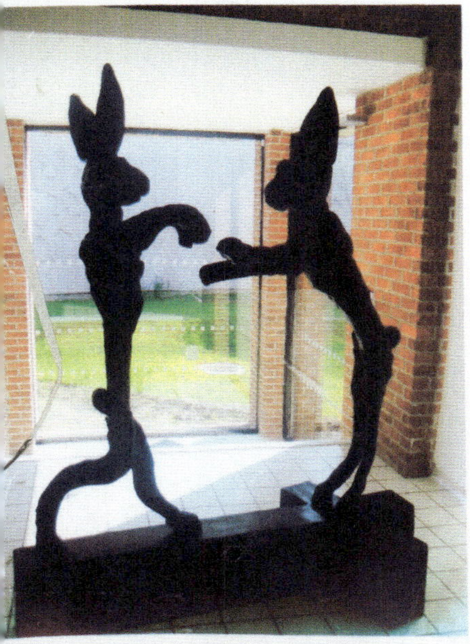

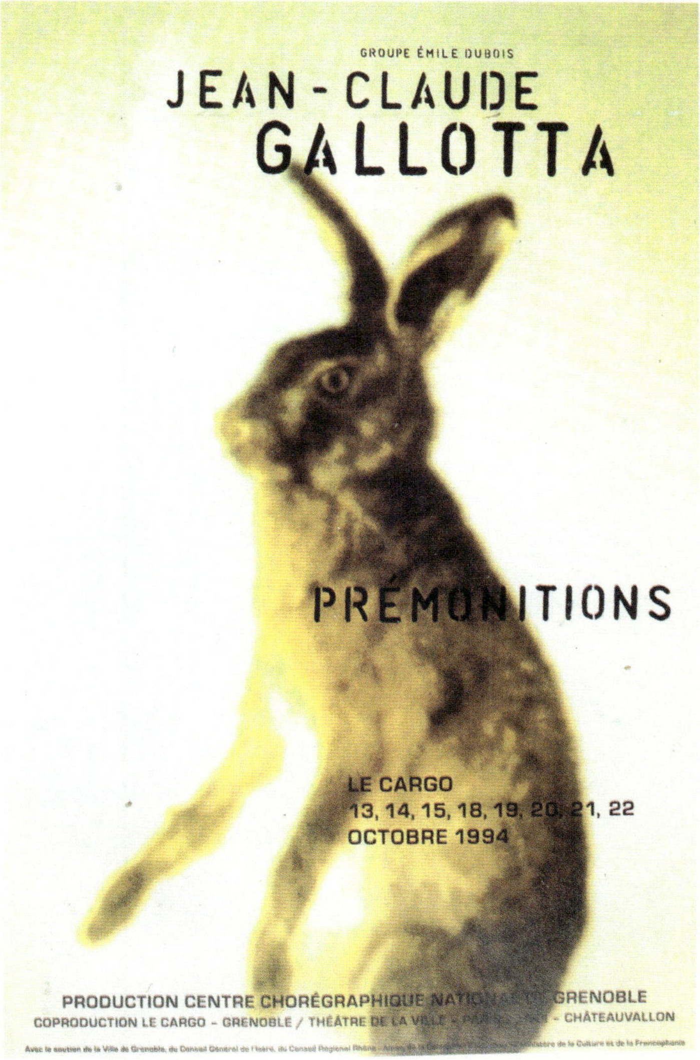

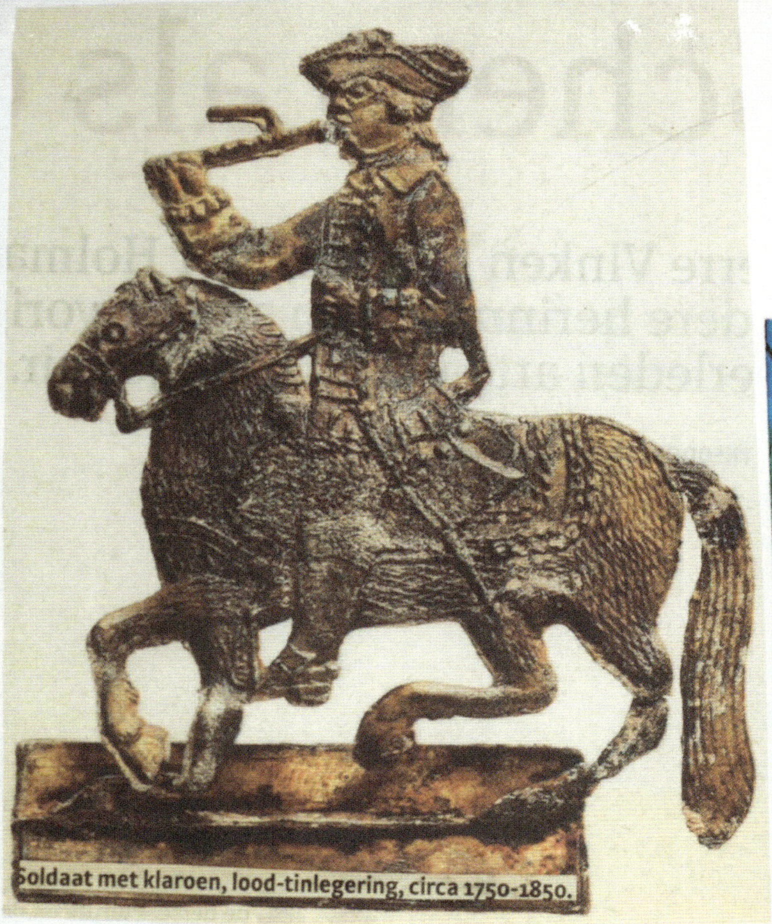

Soldaat met klaroen, lood-tinlegering, circa 1750-1850.

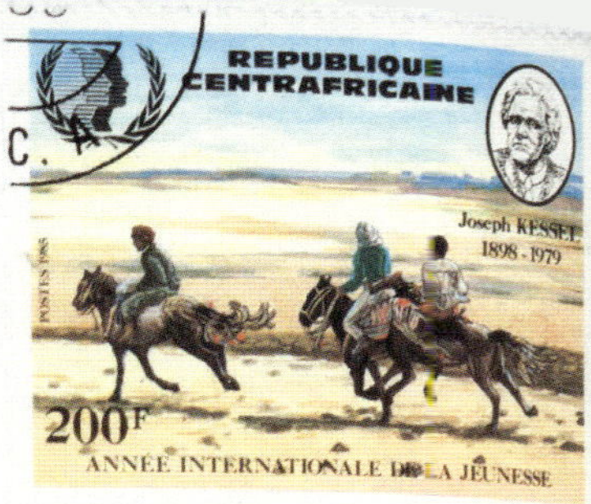

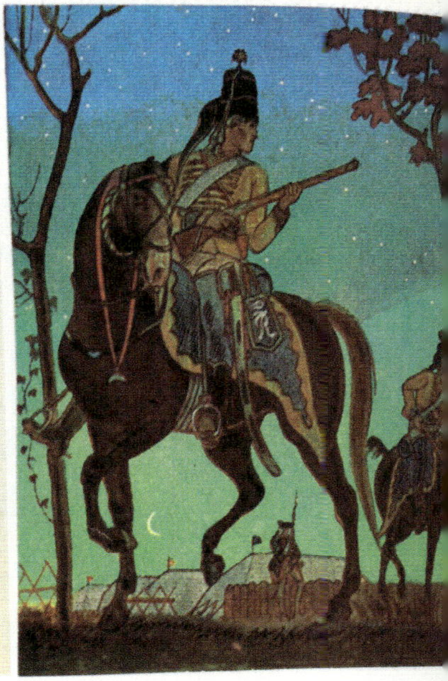

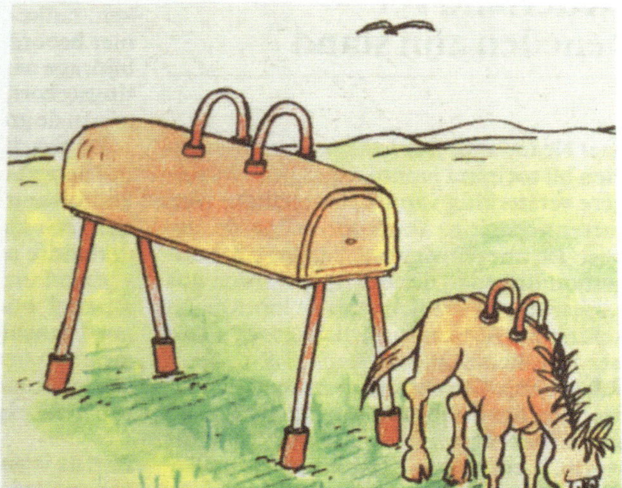

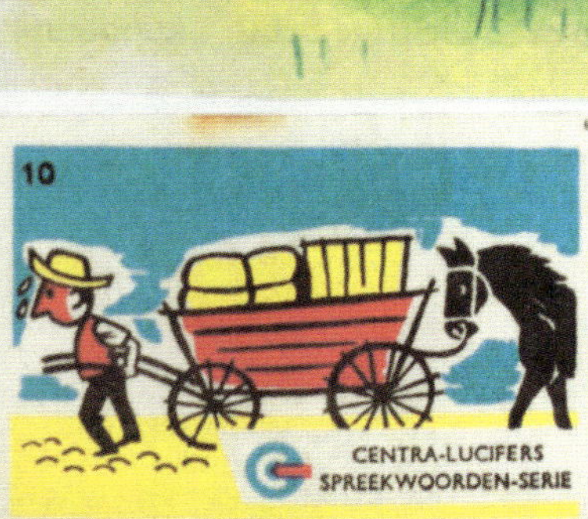

p
aa
rd

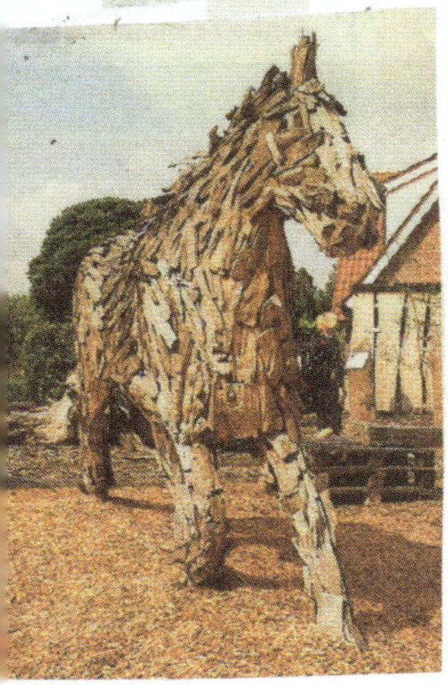

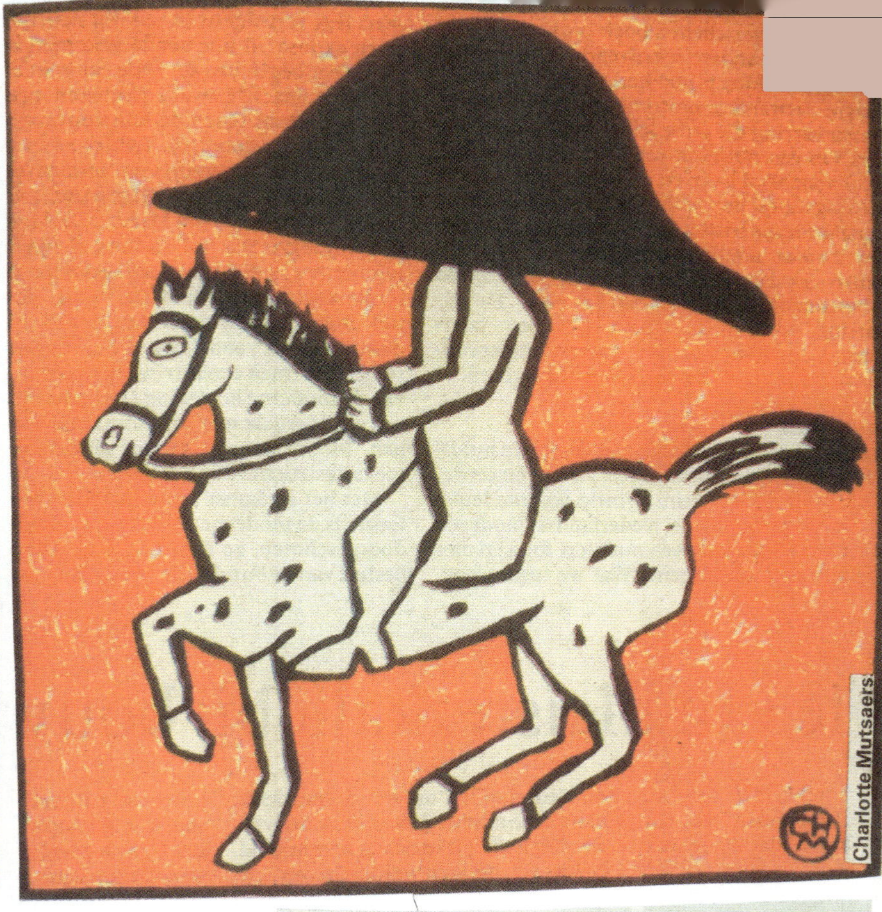

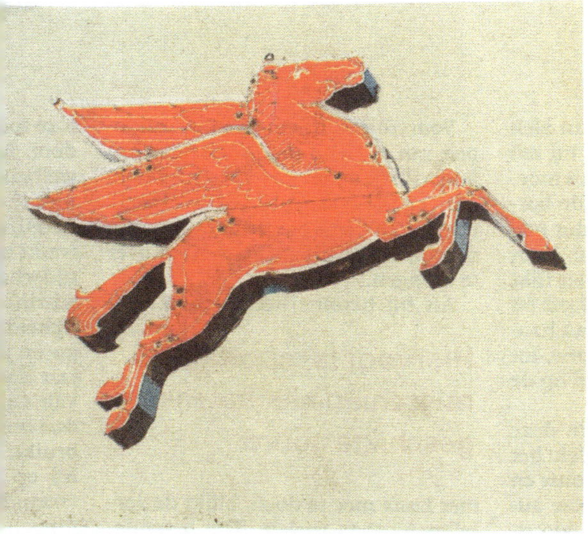

Pegasus, het gevleugelde paard waarop de halfgod Perseus zijn heldendaden verrichtte, werd symbool voor gezwinde spoed en beeldmerk van het Amerikaanse Mobil Oil

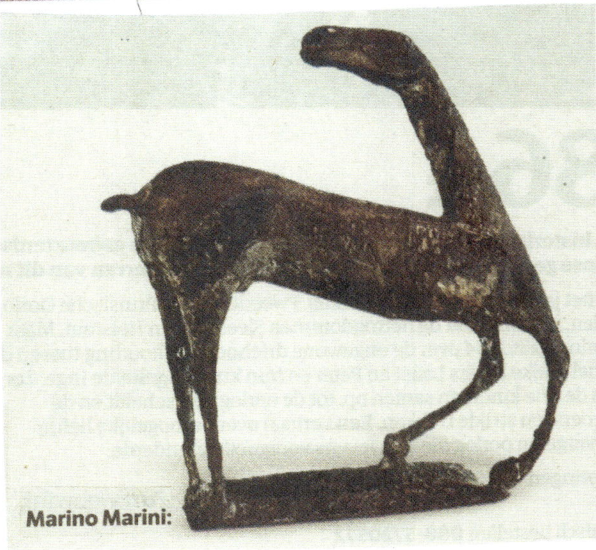

Marino Marini:

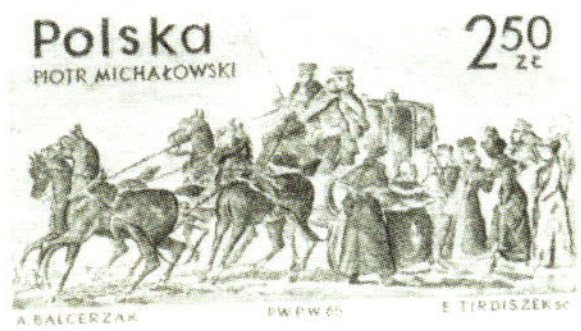

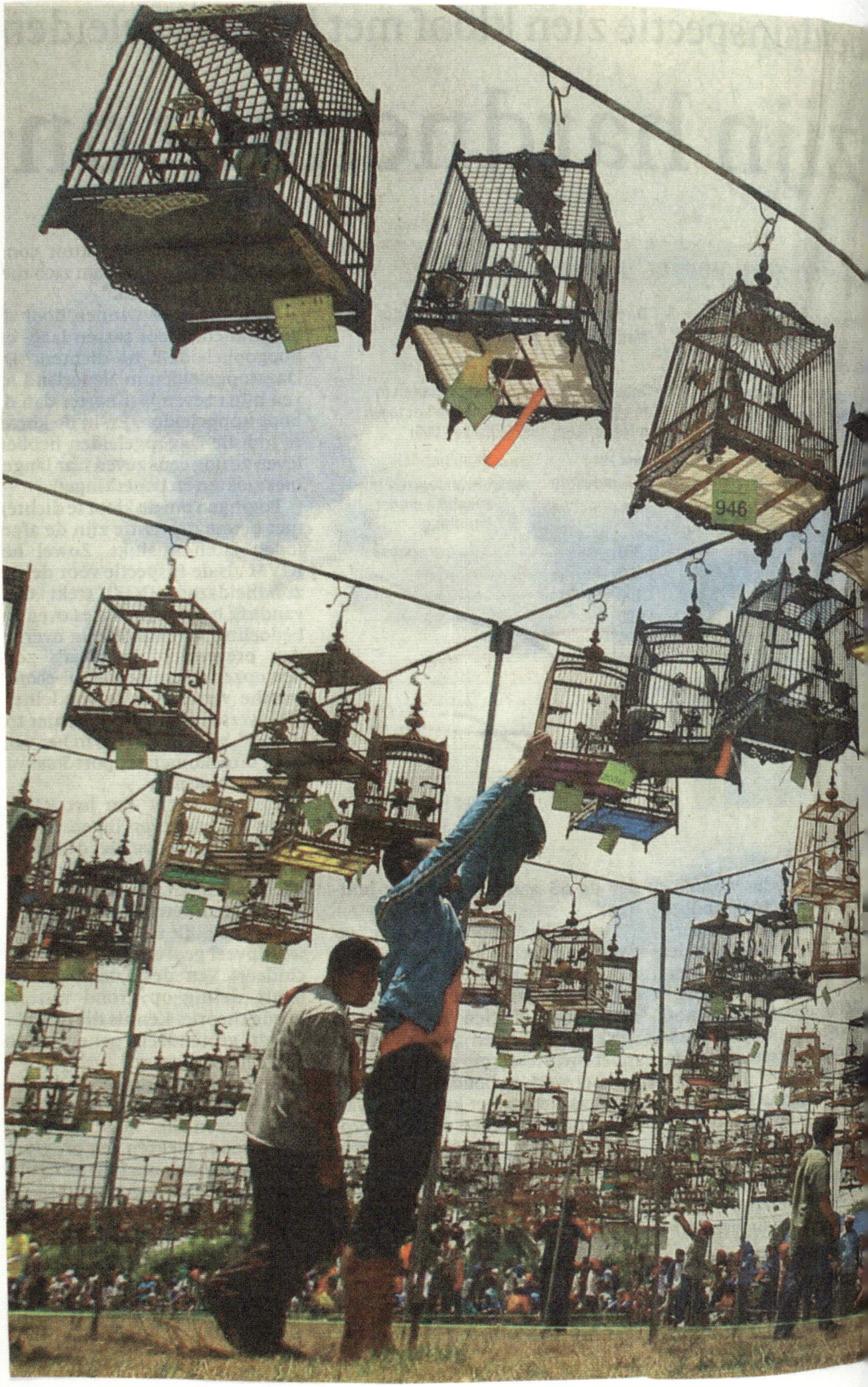
946

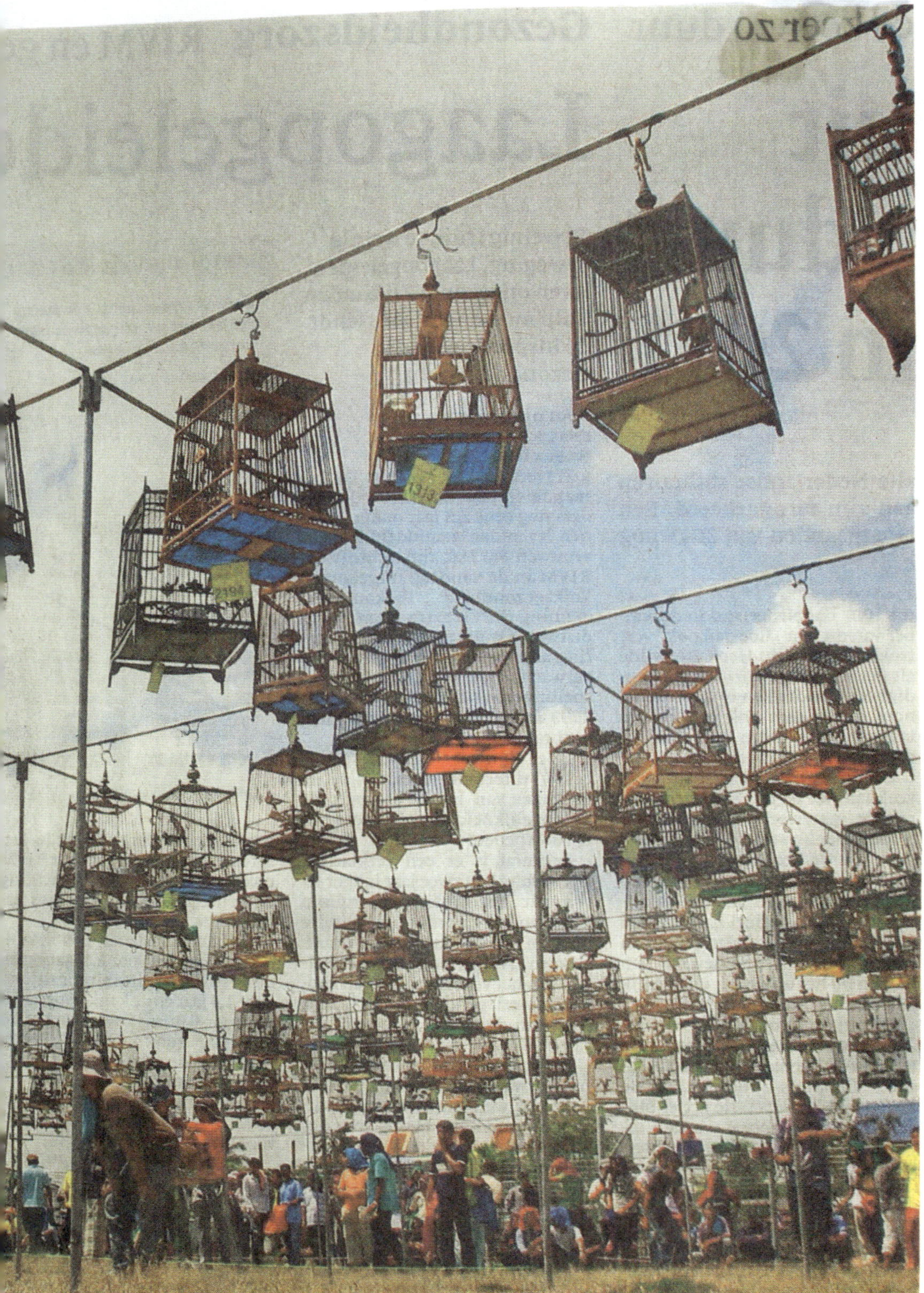

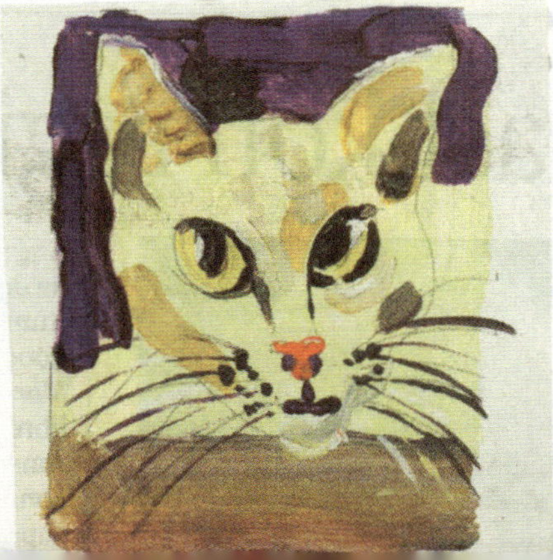

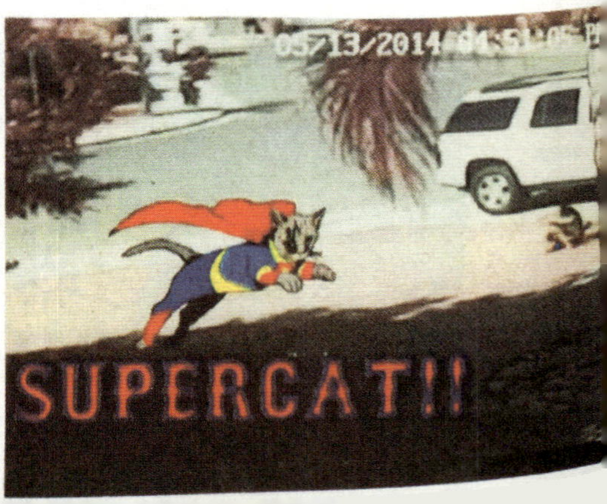
SUPERCAT!!

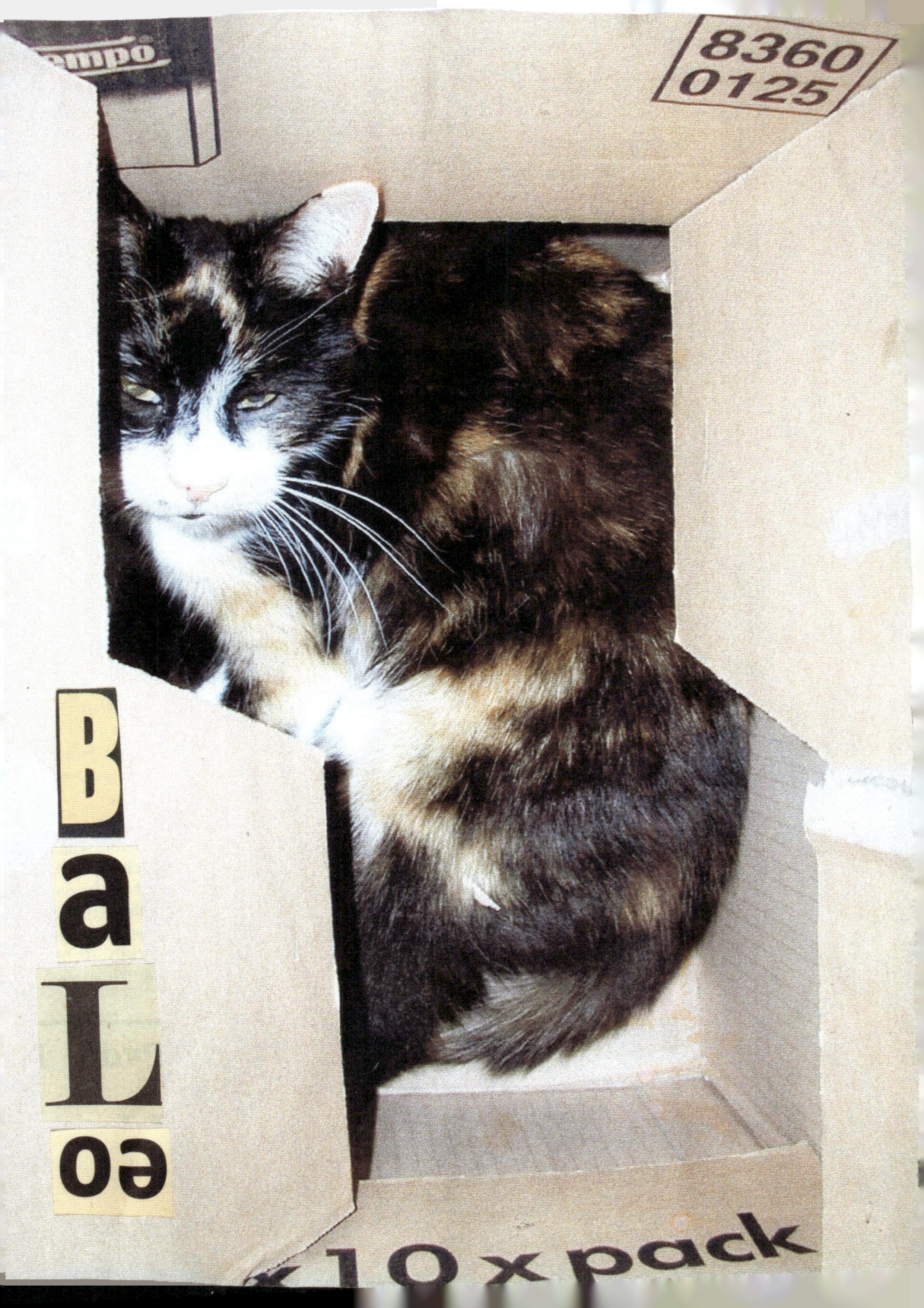
8360
0125
B
a
L
oə
10 x pack

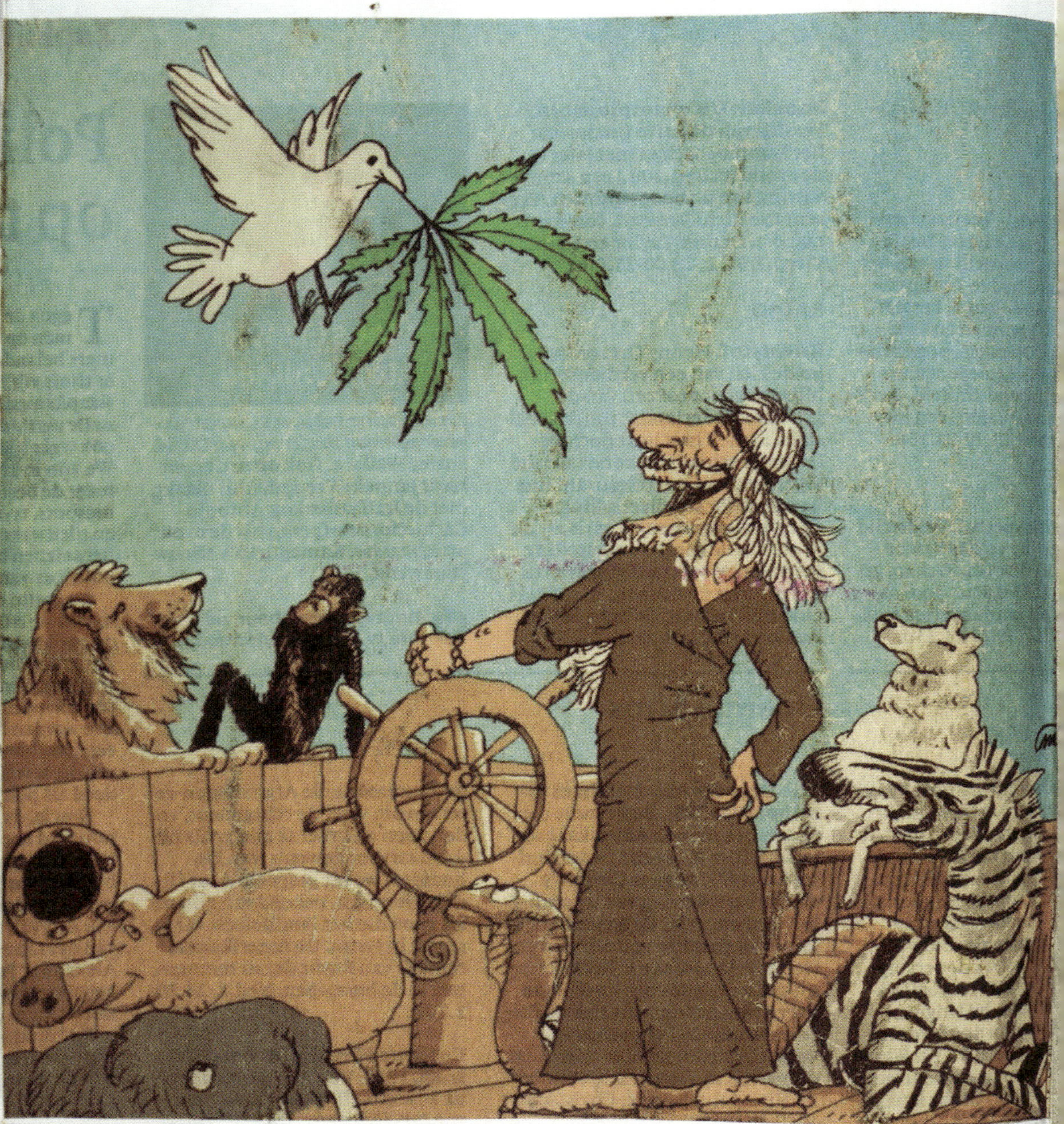

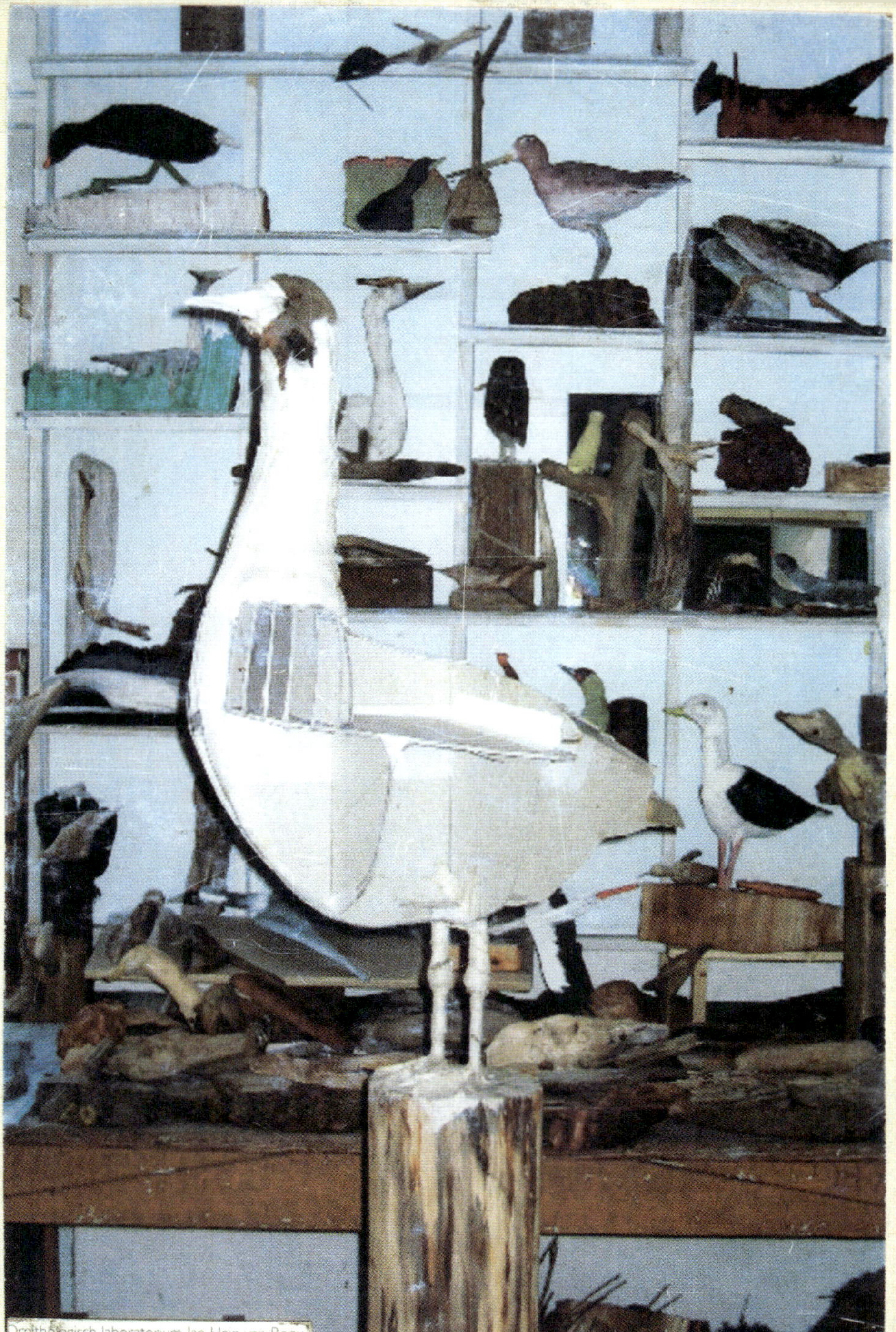
Ornithologisch laboratorium Jan Hein van Rooy

Ju li AN

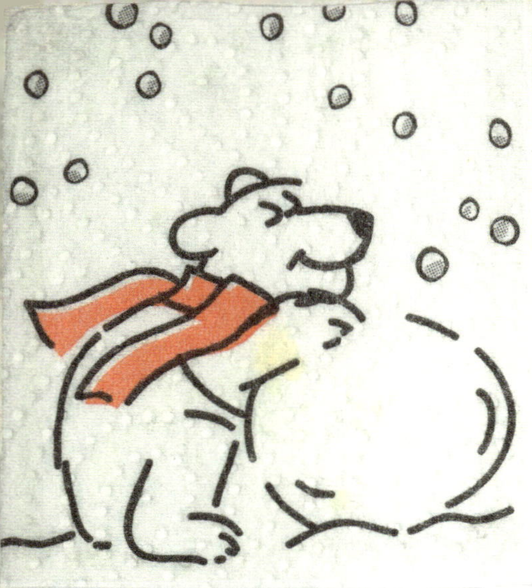

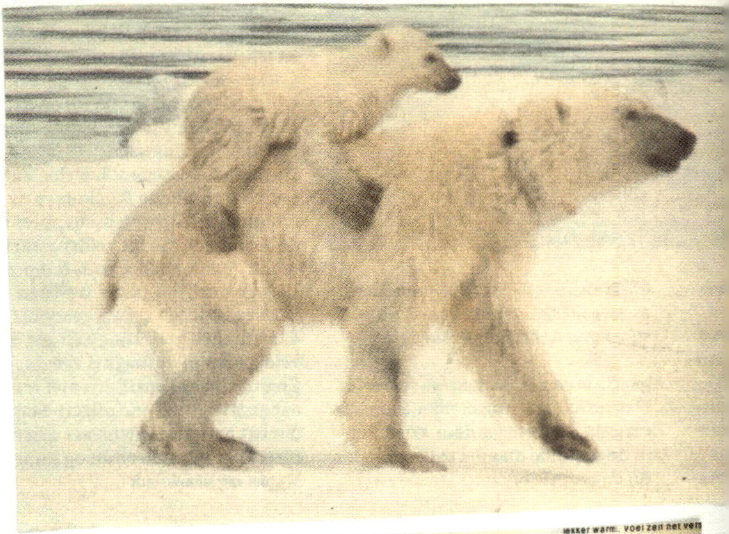

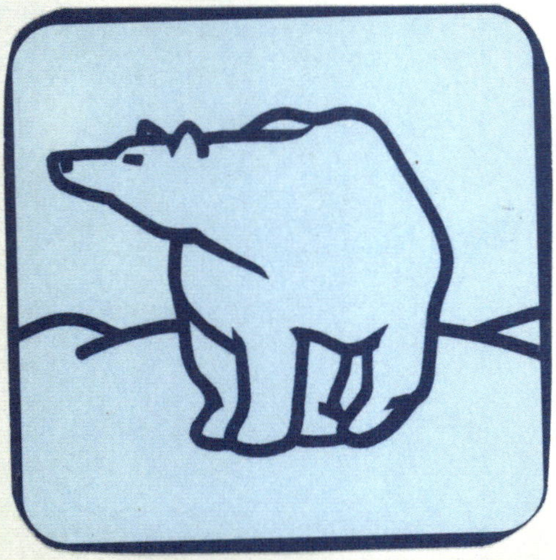

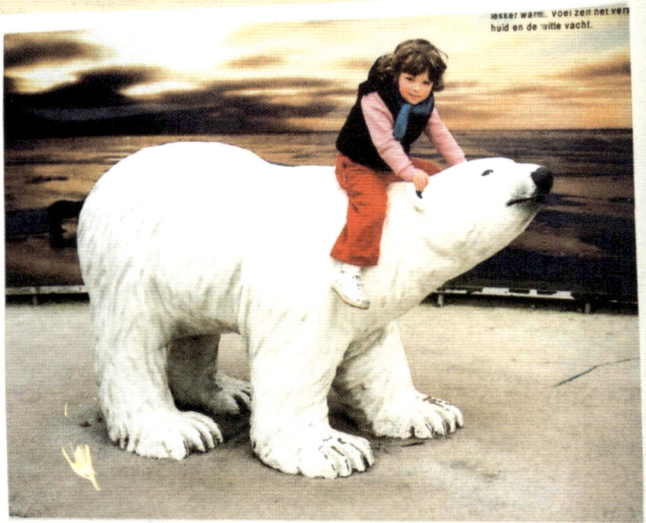

ijsBEEr

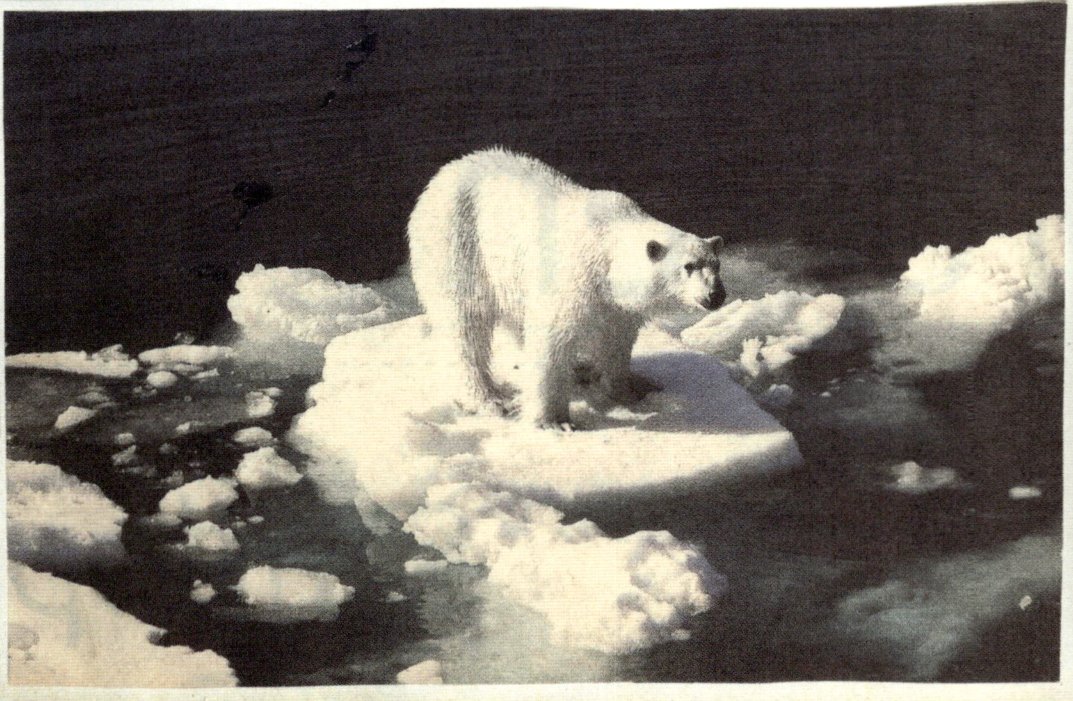

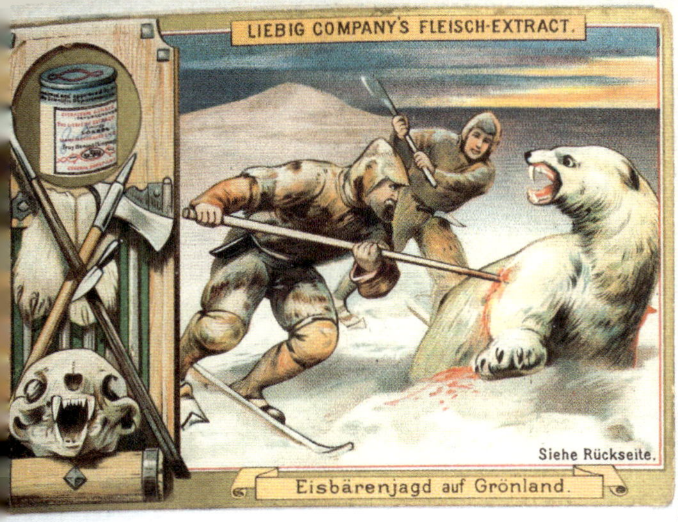
LIEBIG COMPANY'S FLEISCH-EXTRACT.
Siehe Rückseite.
Eisbärenjagd auf Grönland.

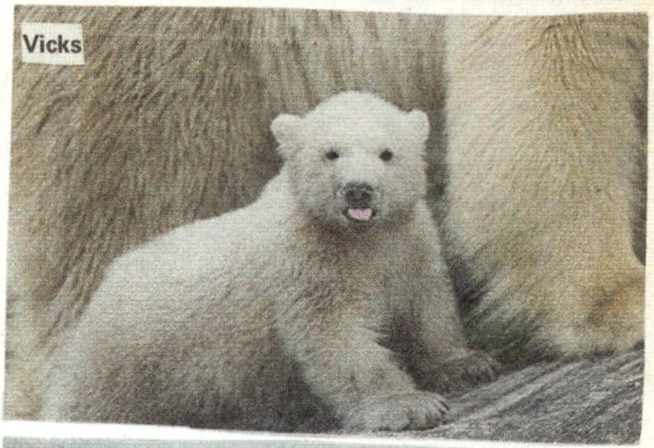
Vicks

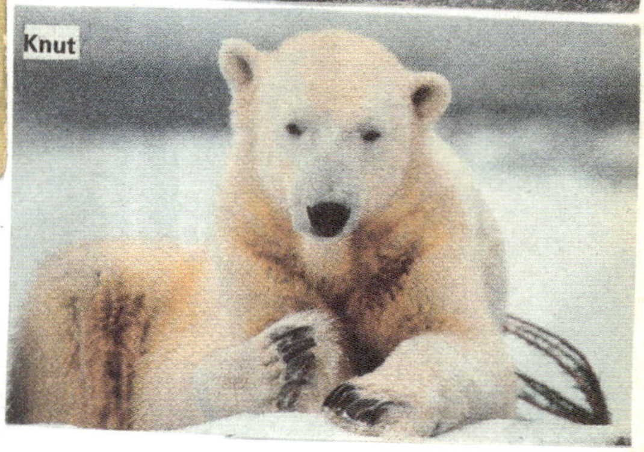
Knut

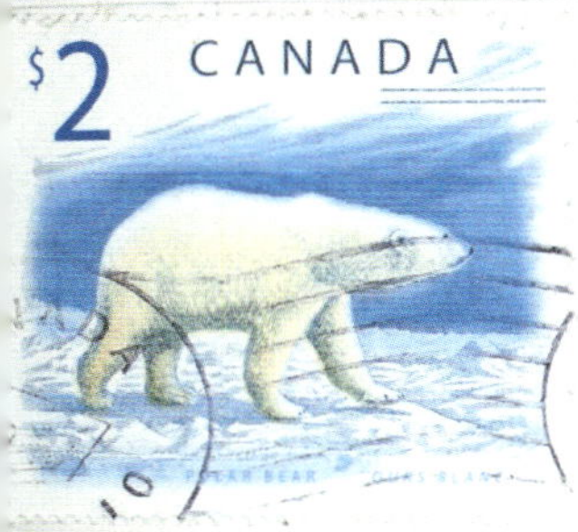
$2 CANADA

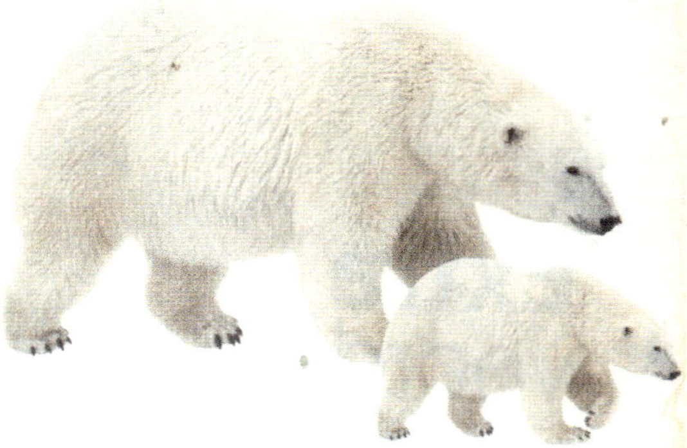

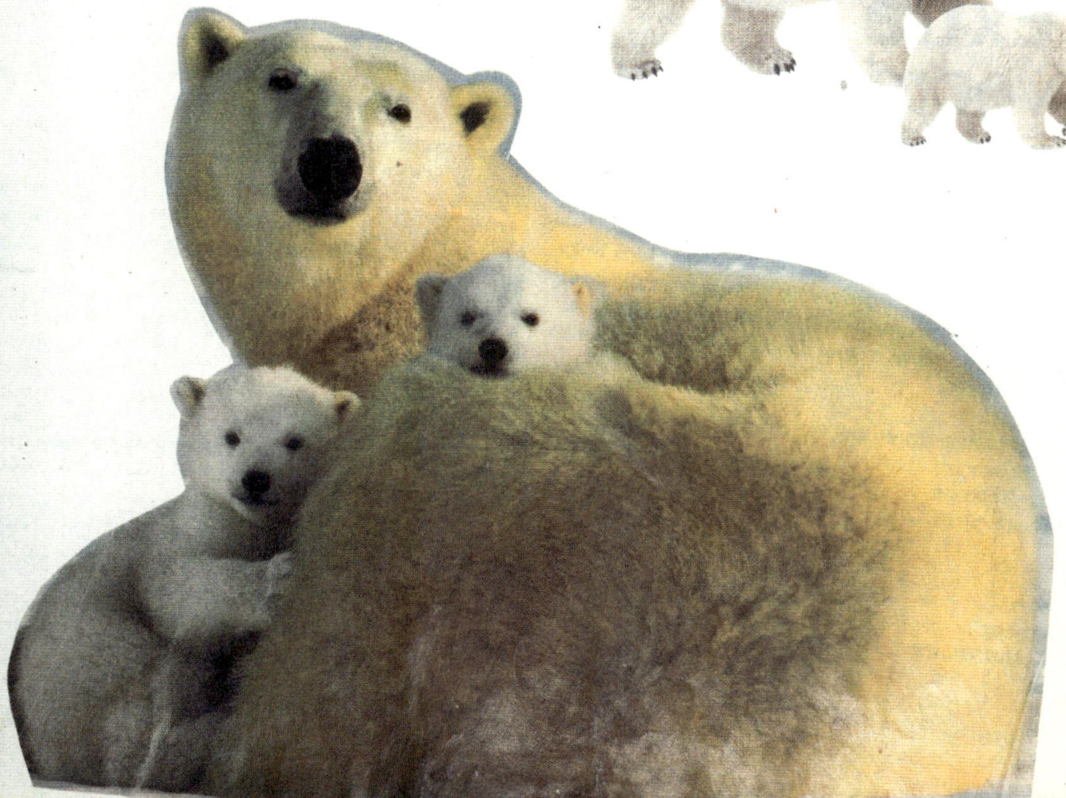

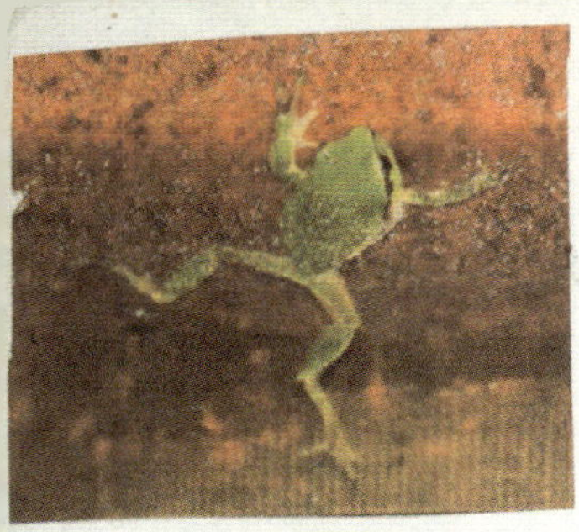
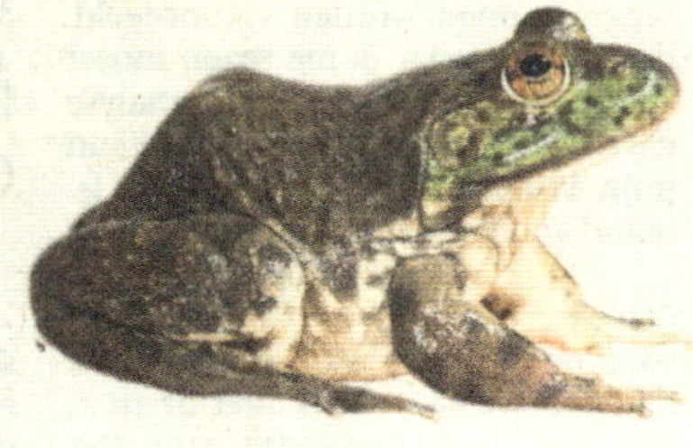
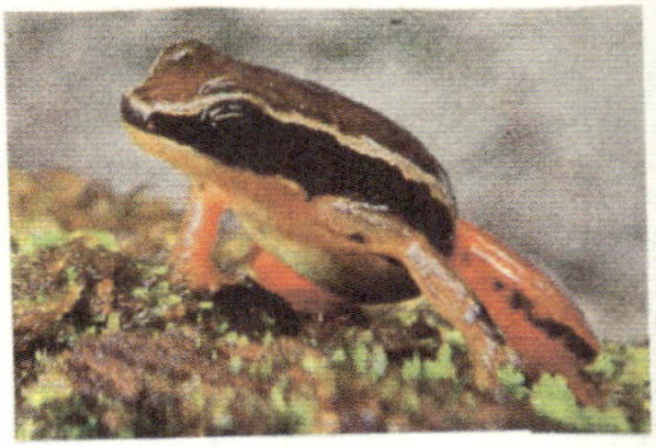

Mafkikker

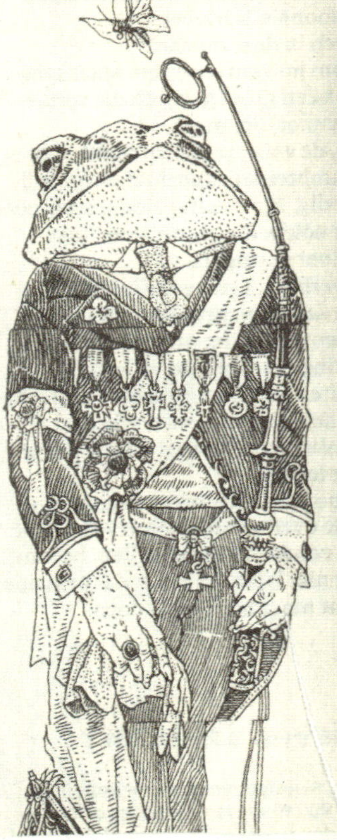

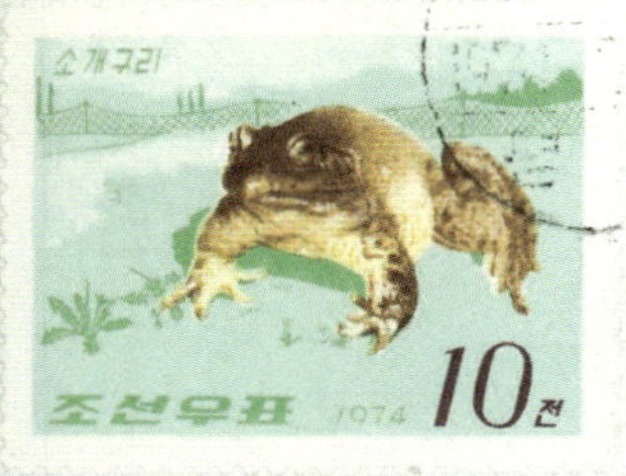

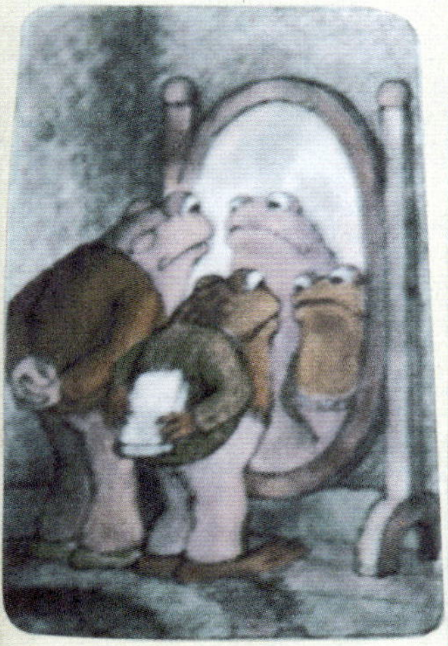

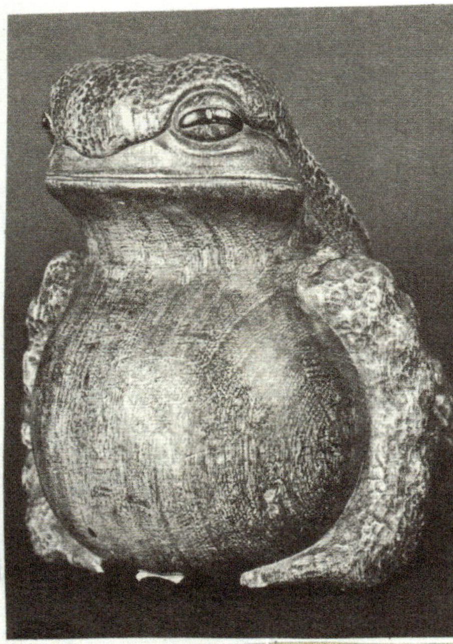

'Arkel', presse-papiers van Claude Debussy

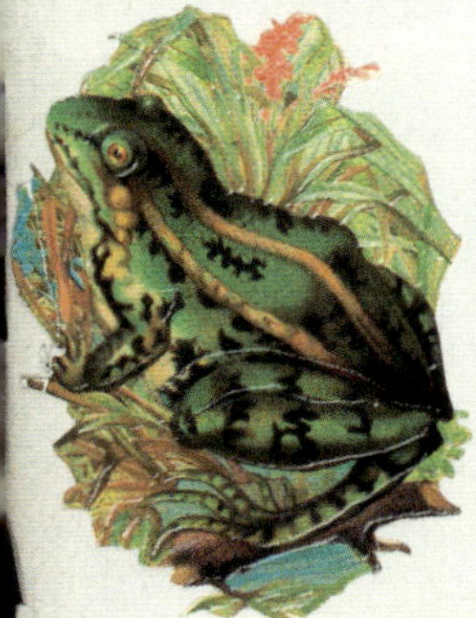

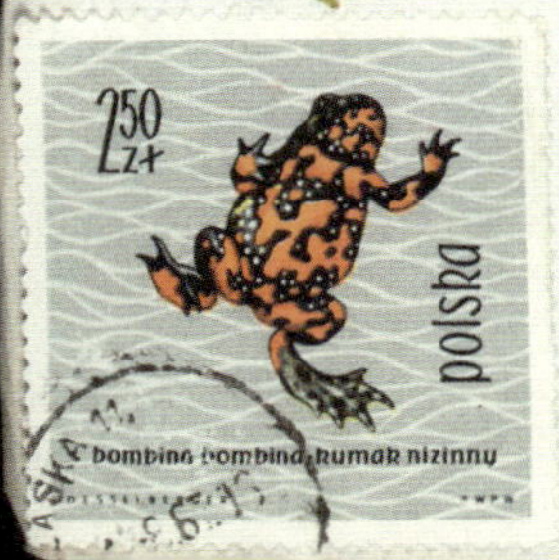

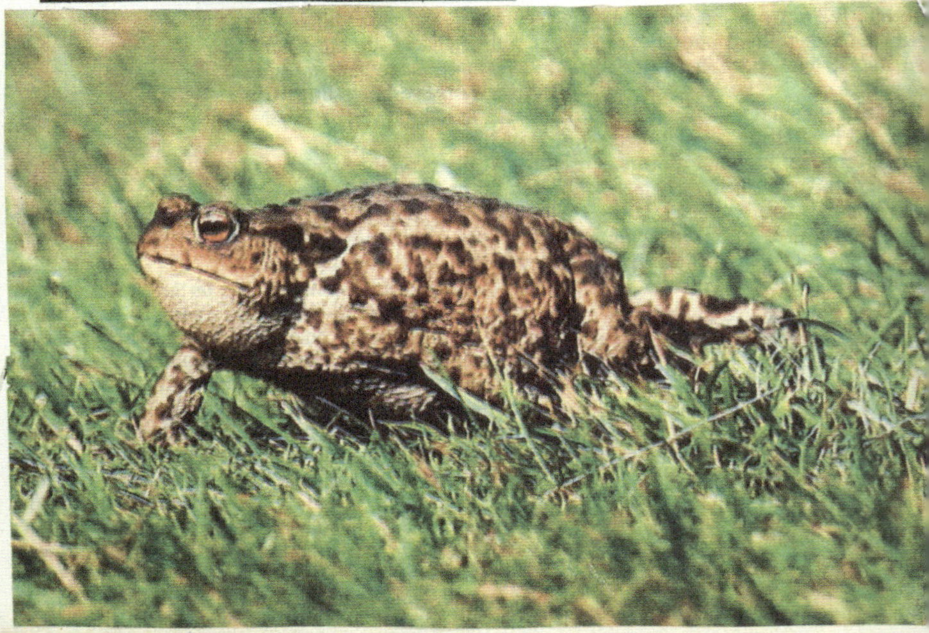

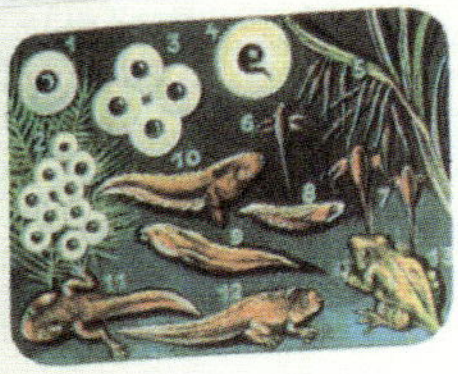

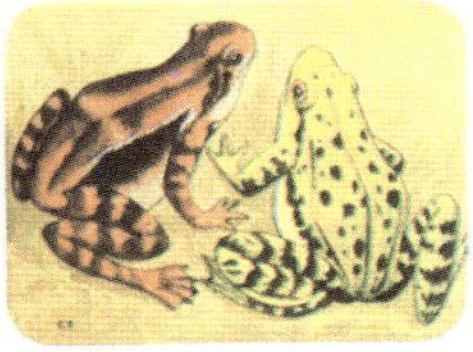

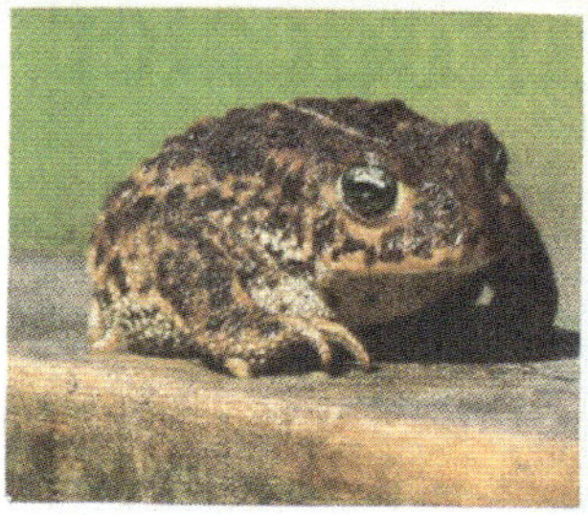

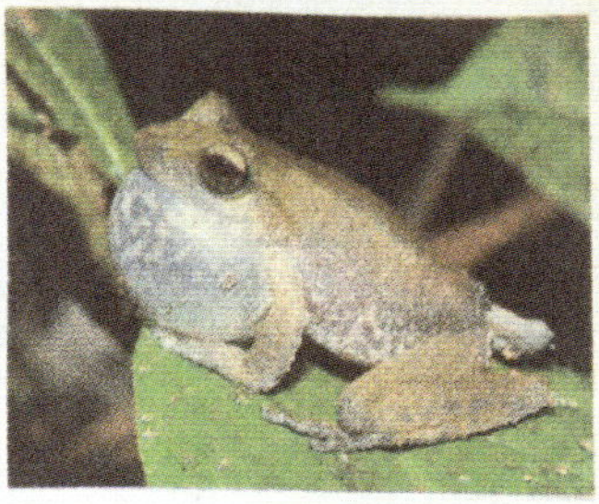

KIkKeR

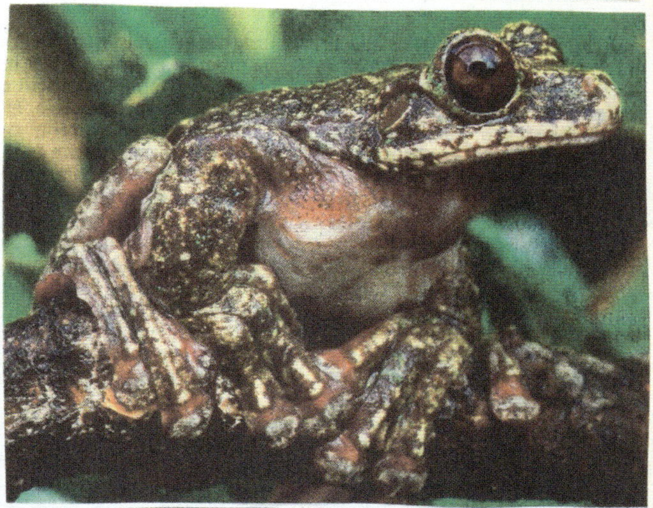

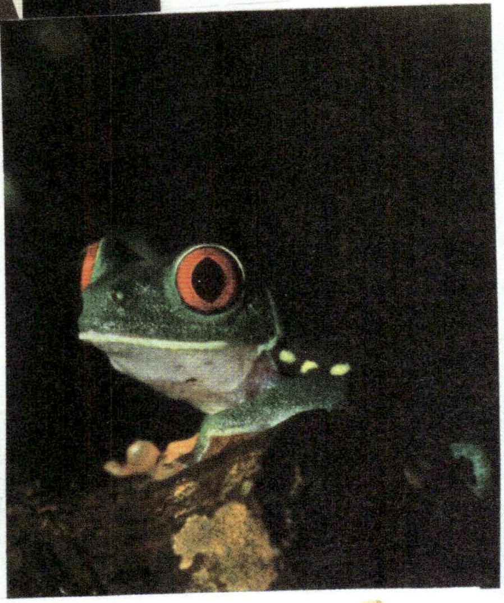

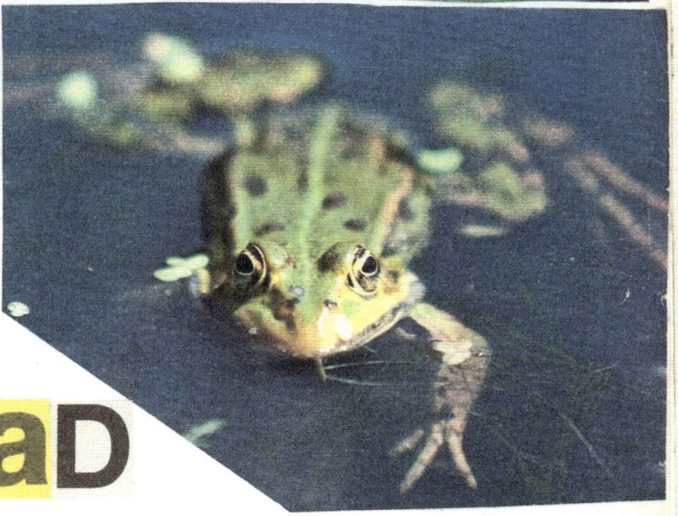

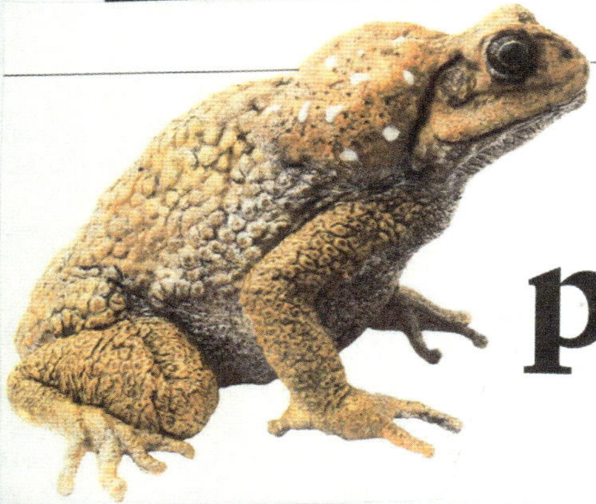

paD

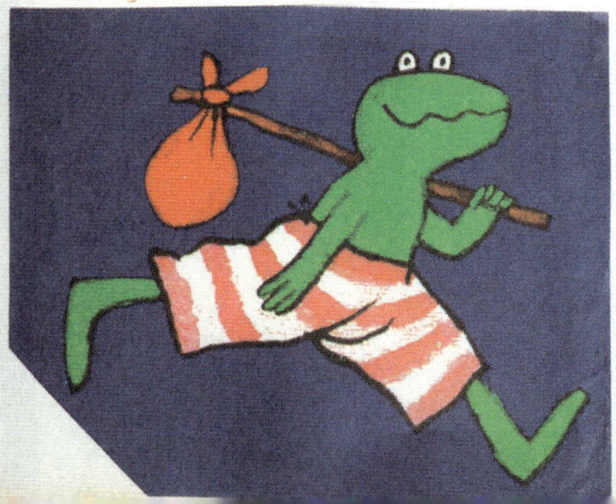

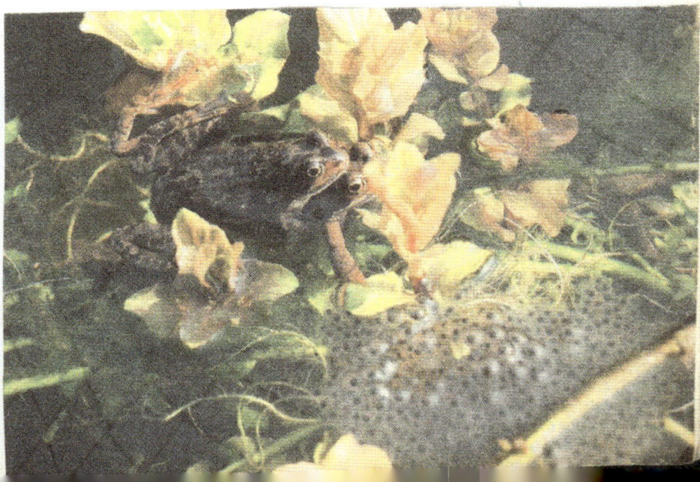

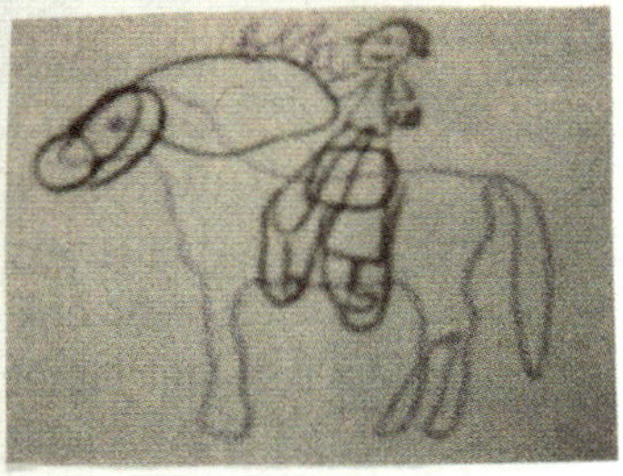
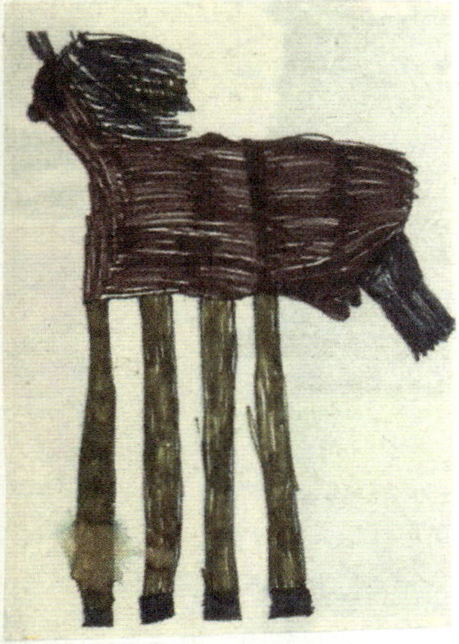
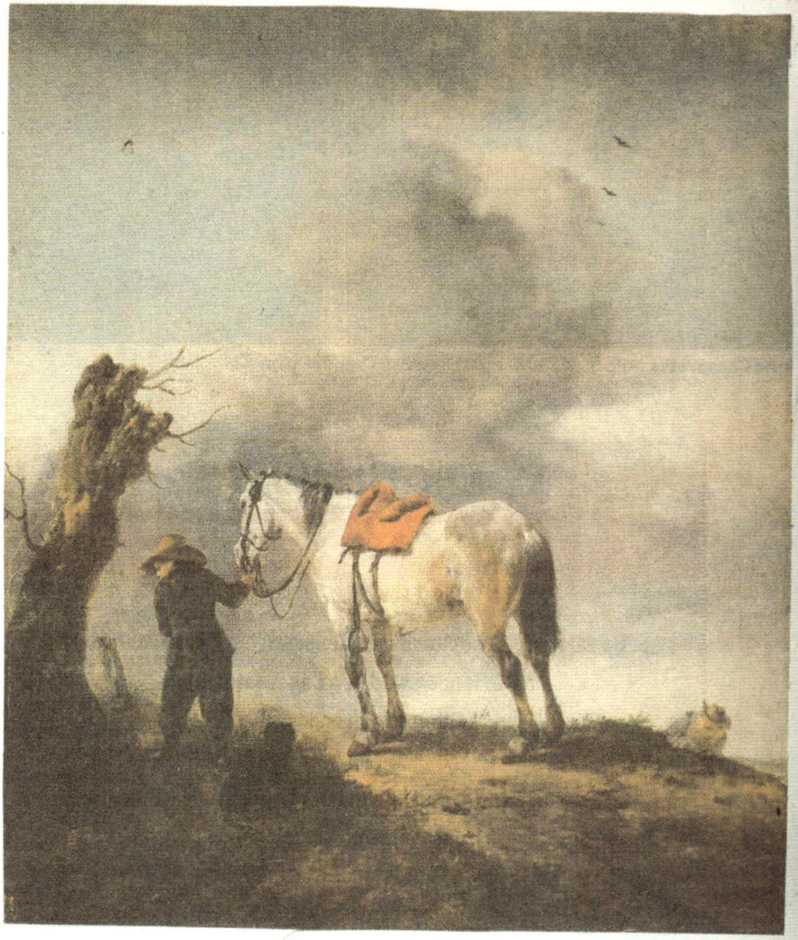
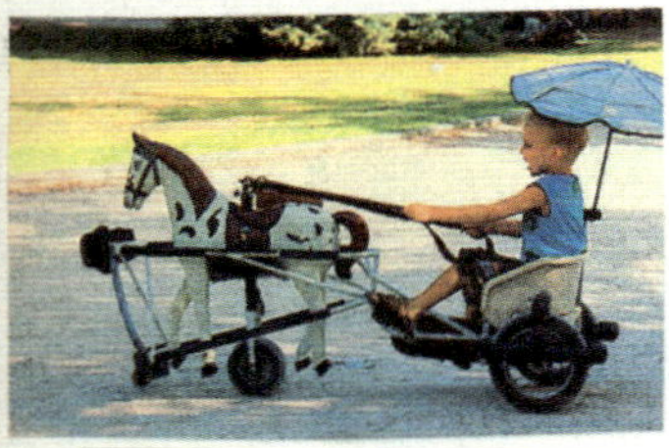
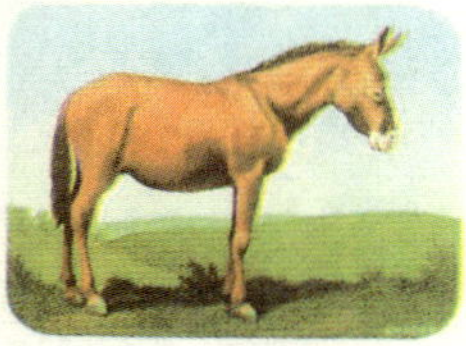
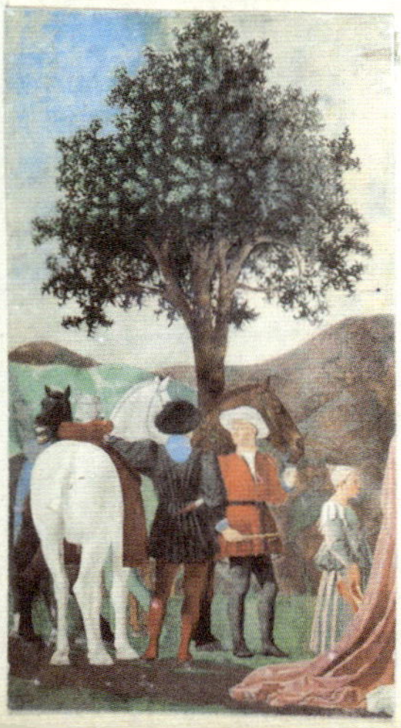
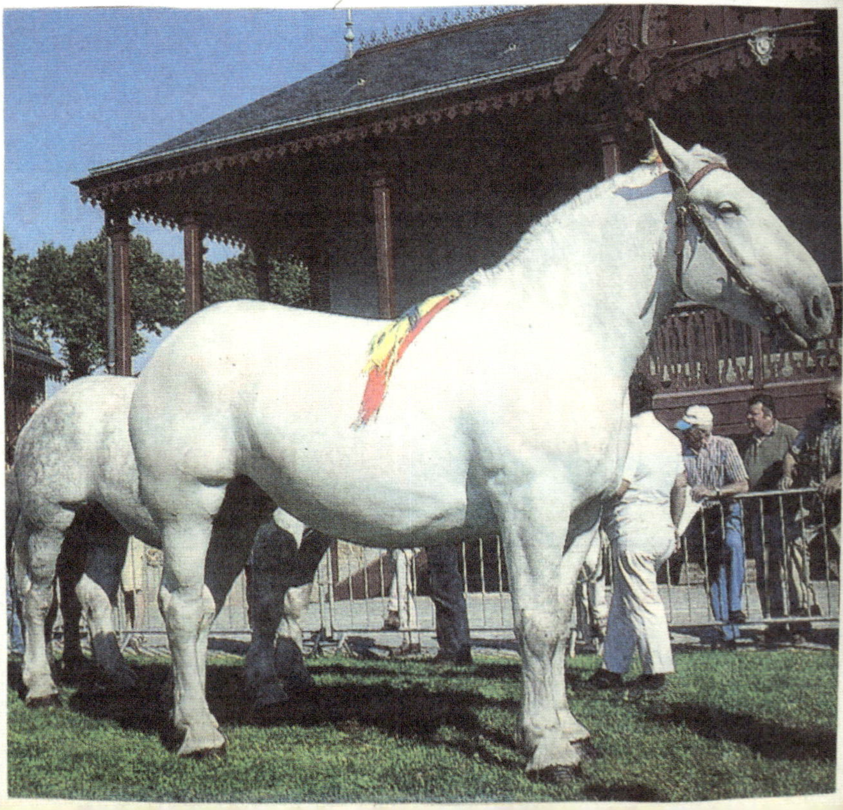

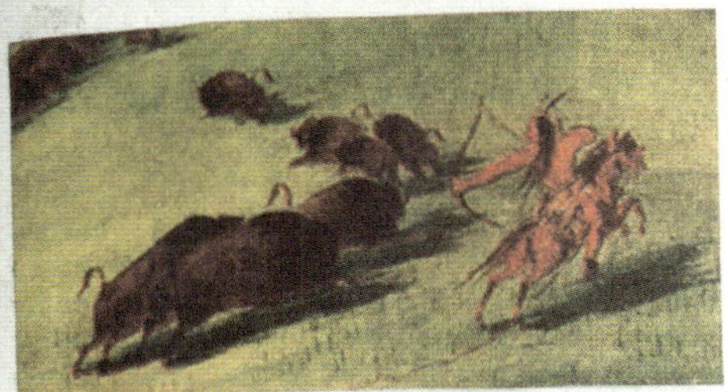

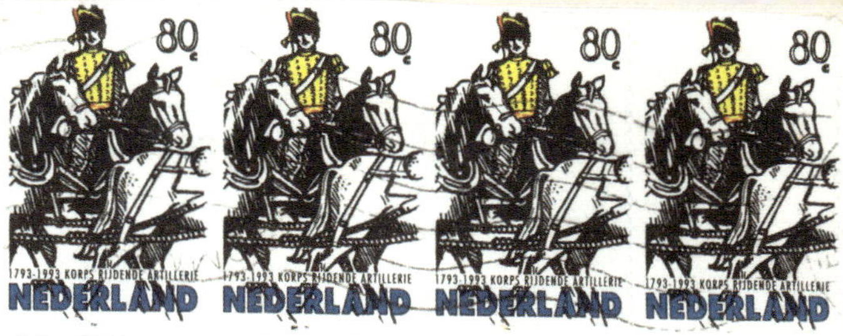
80c
1793-1993 KORPS RIJDENDE ARTILLERIE
NEDERLAND
80c
1793-1993 KORPS RIJDENDE ARTILLERIE
NEDERLAND
80c
1793-1993 KORPS RIJDENDE ARTILLERIE
NEDERLAND
80c
1793-1993 KORPS RIJDENDE ARTILLERIE
NEDERLAND

pa
a
R
D

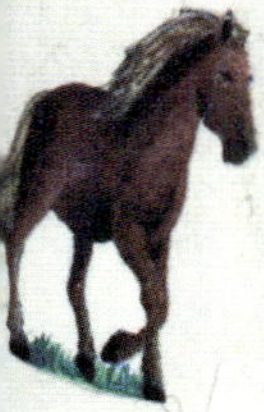

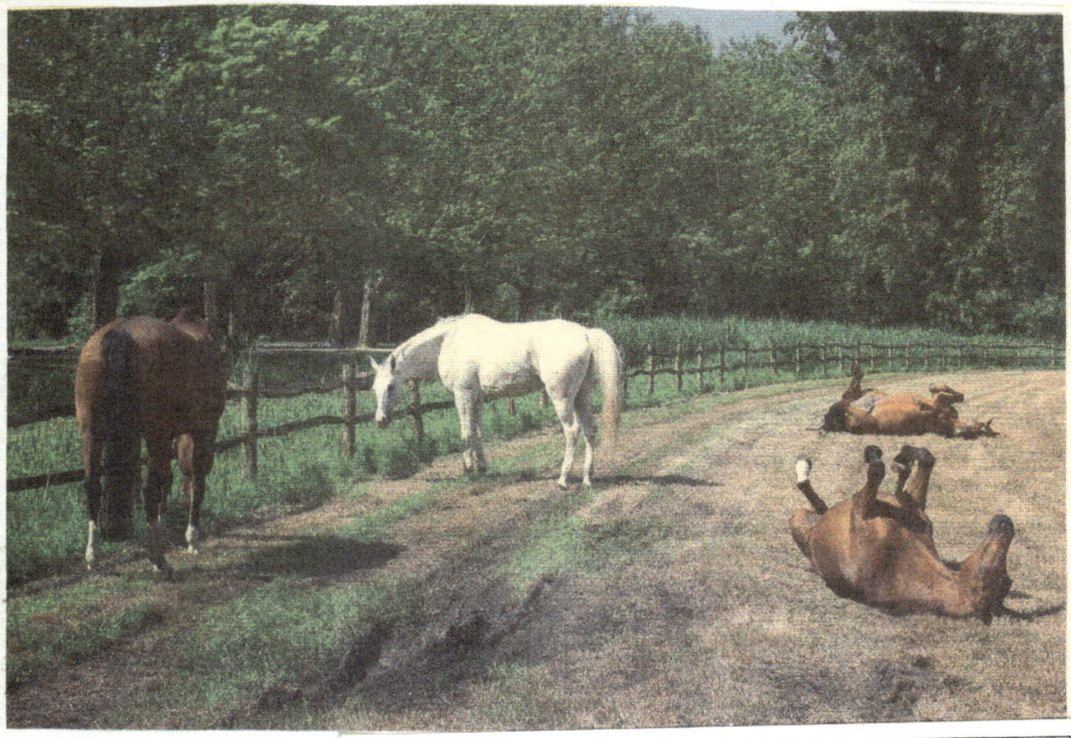

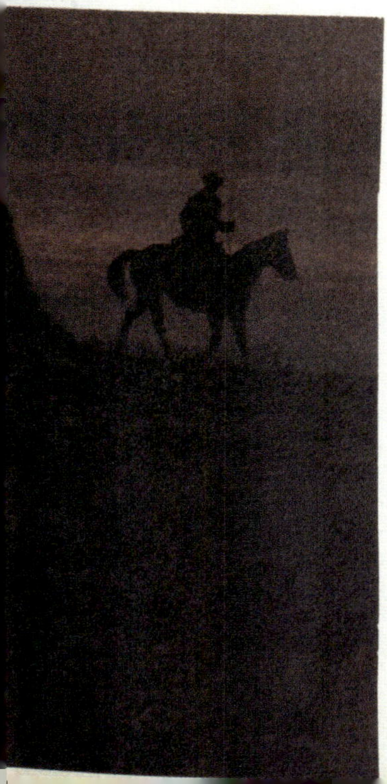

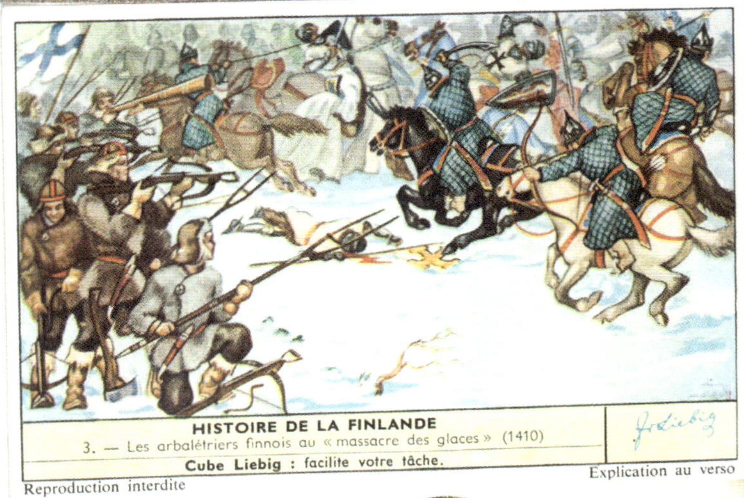
HISTOIRE DE LA FINLANDE
3. — Les arbalétriers finnois au « massacre des glaces » (1410)
Cube Liebig : facilite votre tâche.
Reproduction interdite
Explication au verso

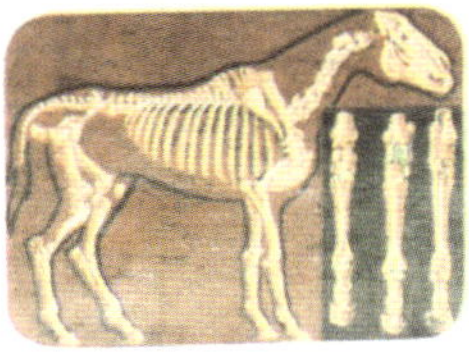

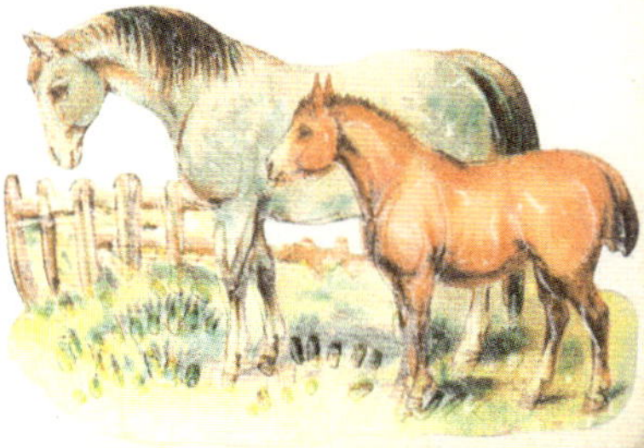

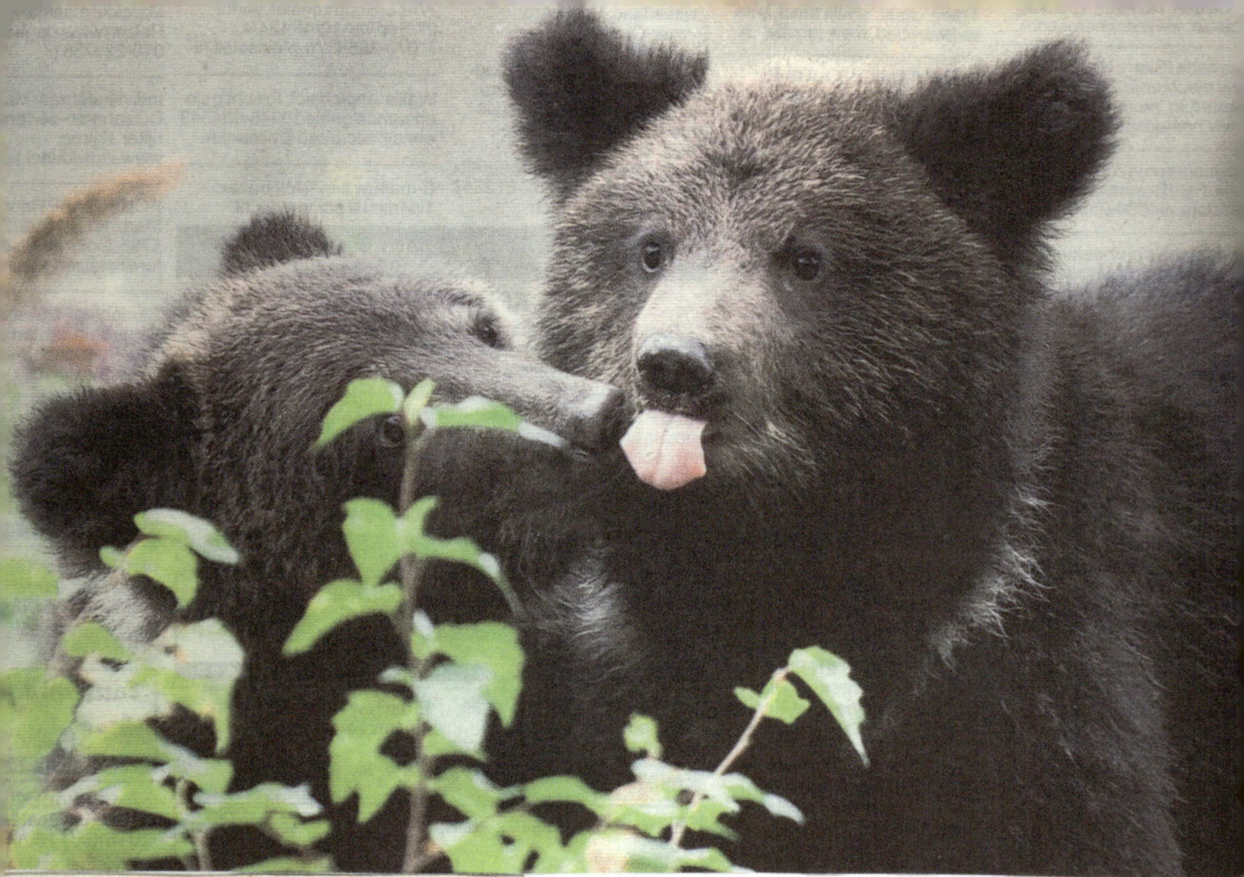

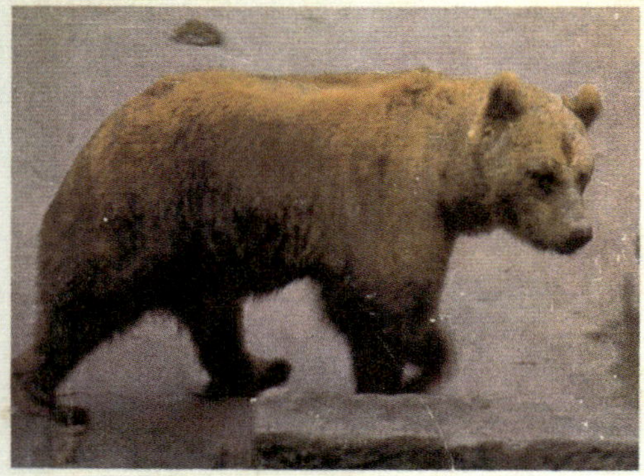

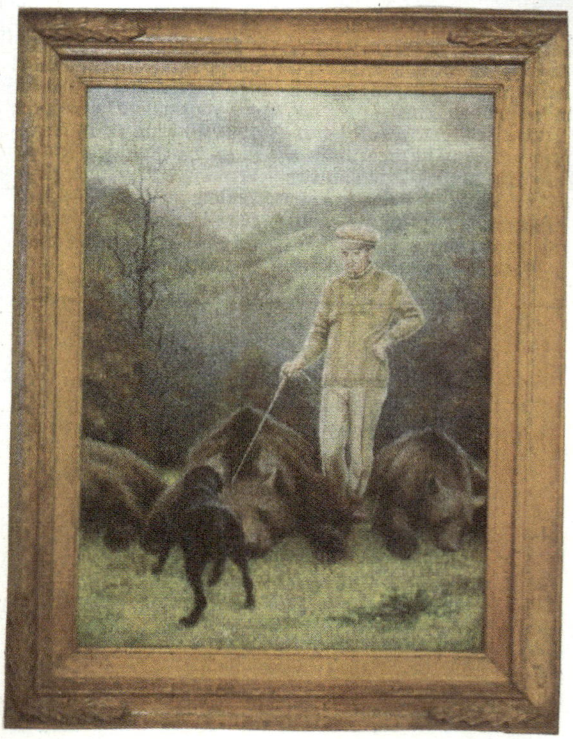

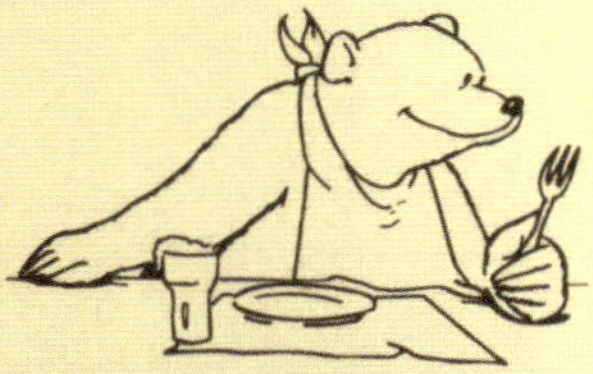

EETCAFE VAN BEEREN

Koningsstraat 54 (bij de Nieuwmarkt)
1011 EW Amsterdam   Telefoon: 020-6222329
www.eetcafevanbeeren.nl

BEER

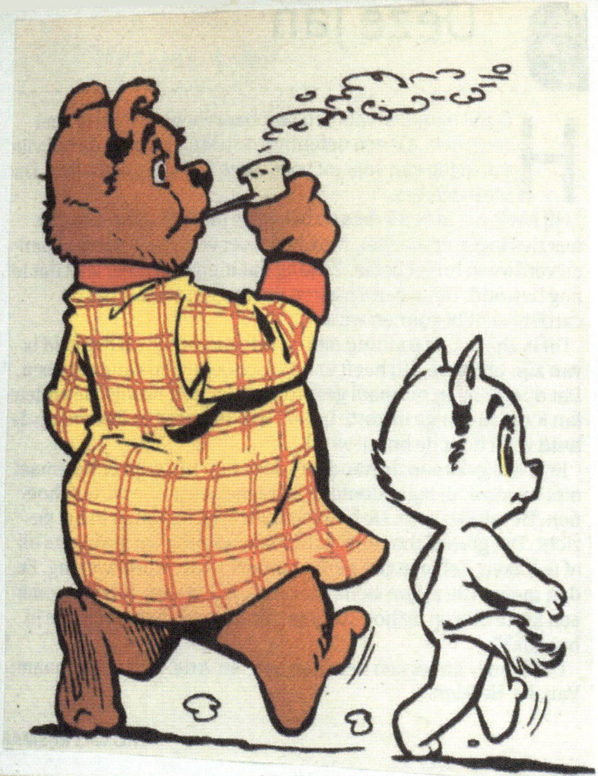

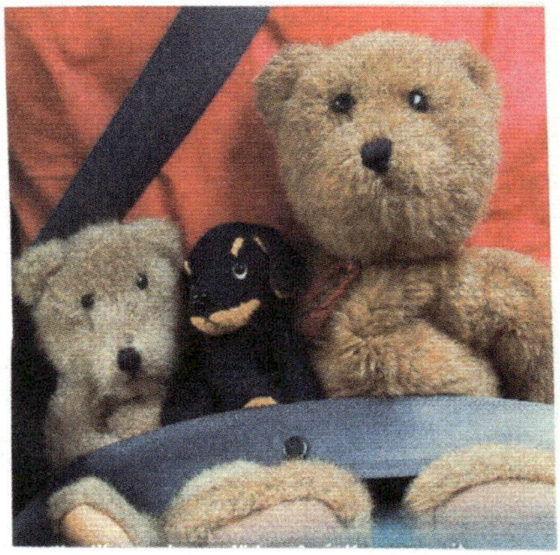

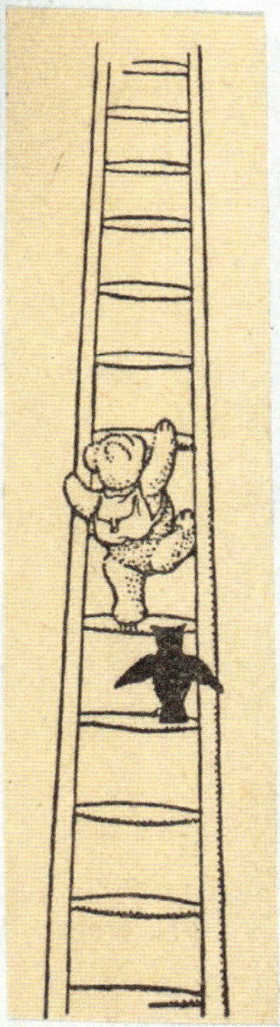

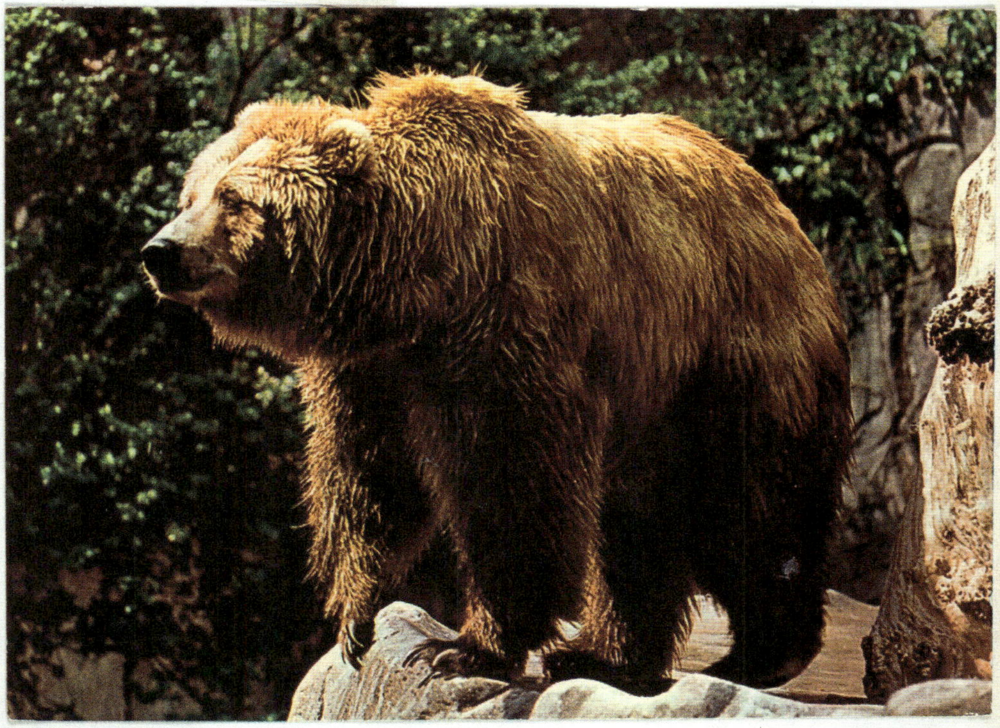

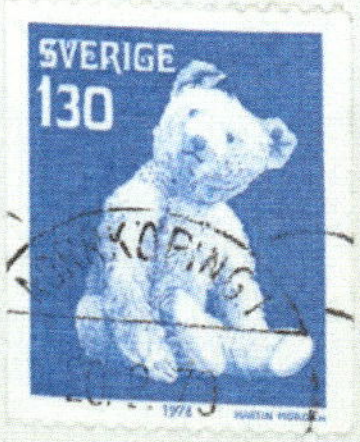

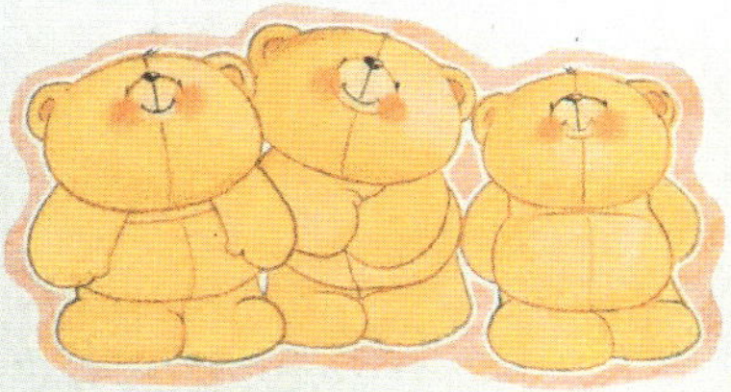

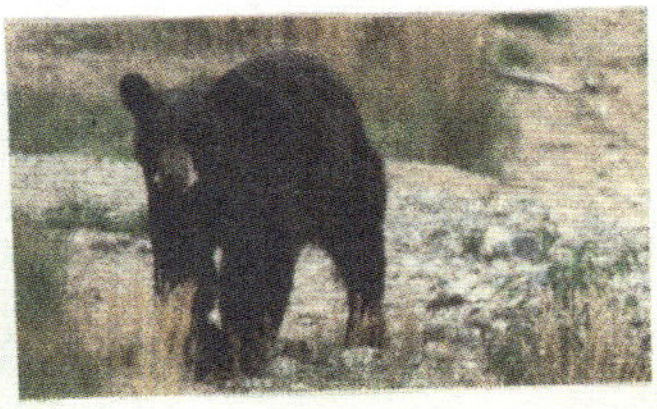

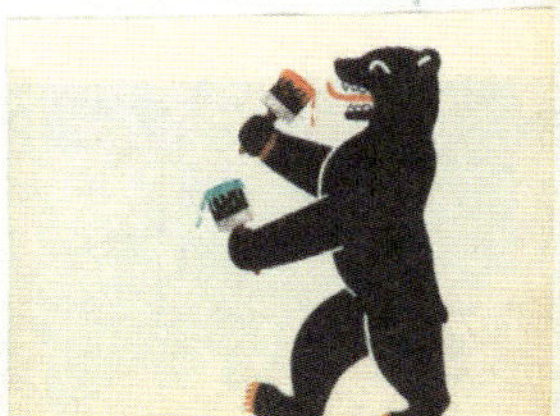

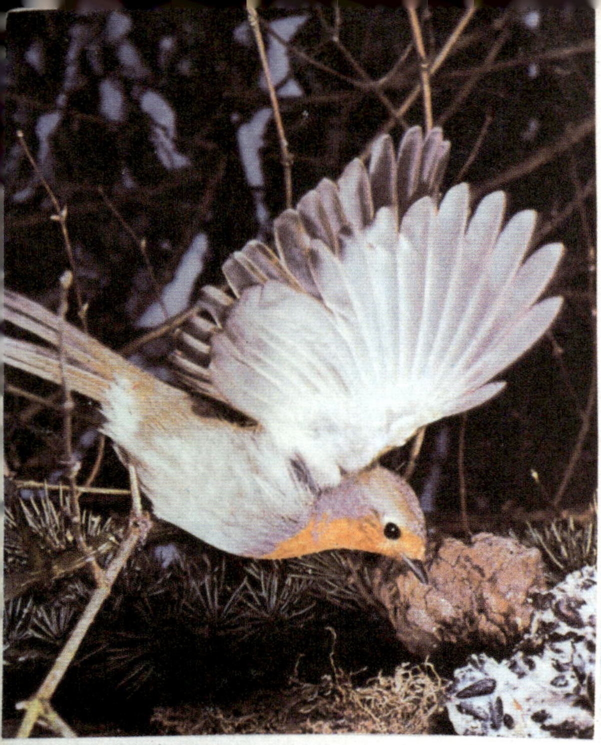

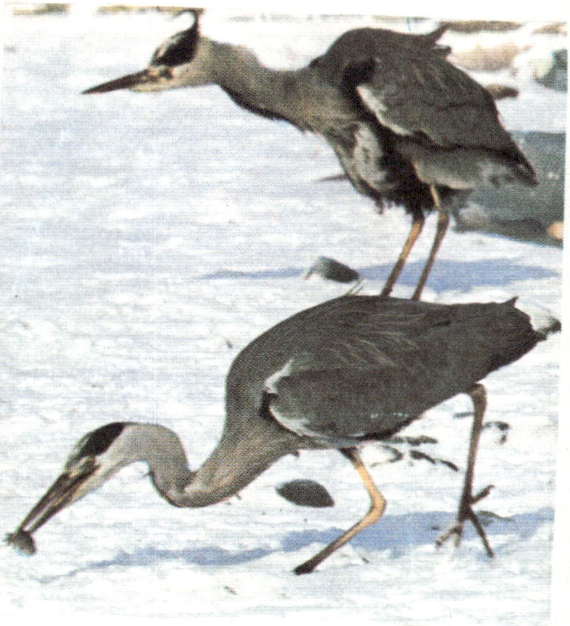

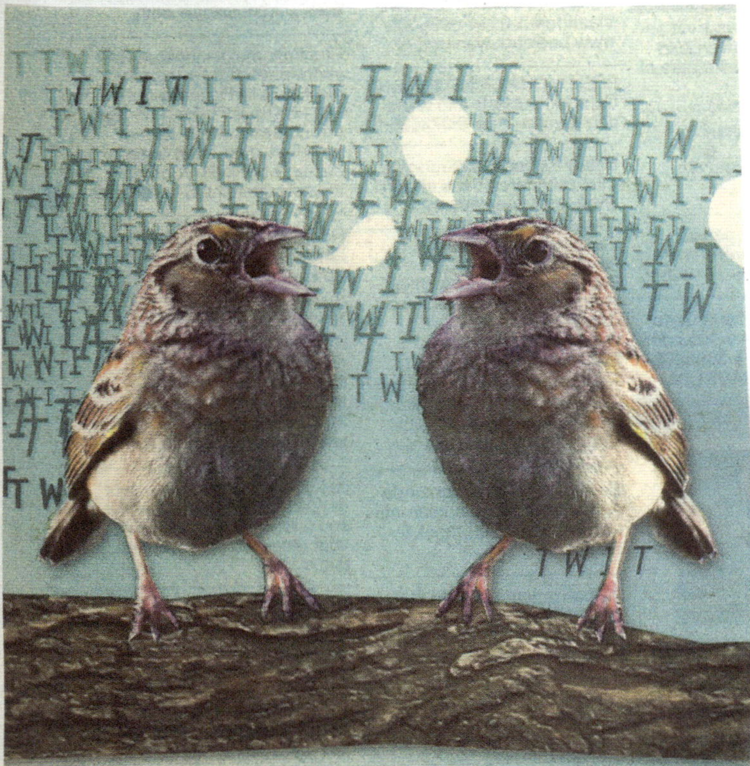
TWIT

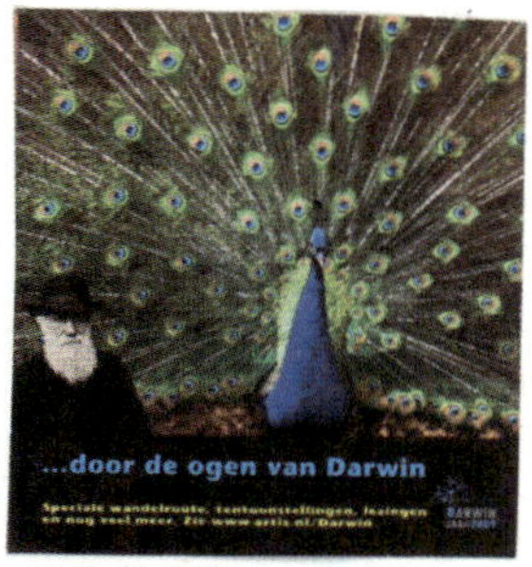
...door de ogen van Darwin

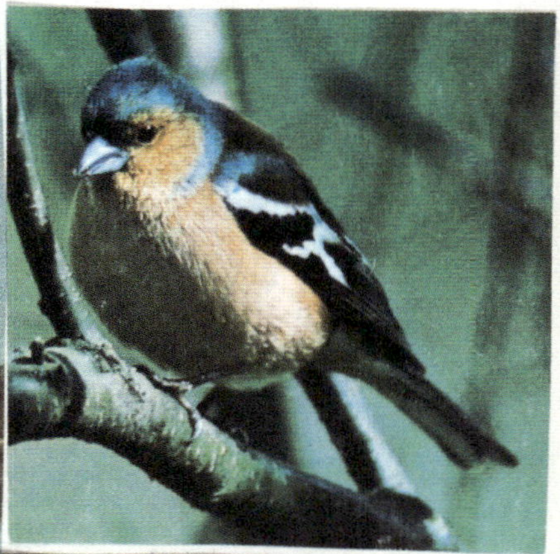

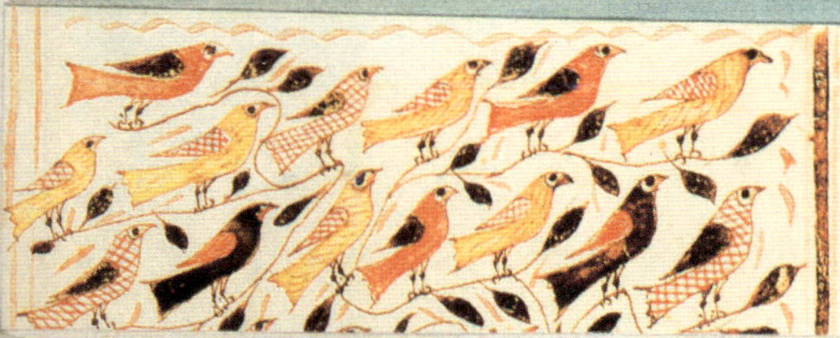

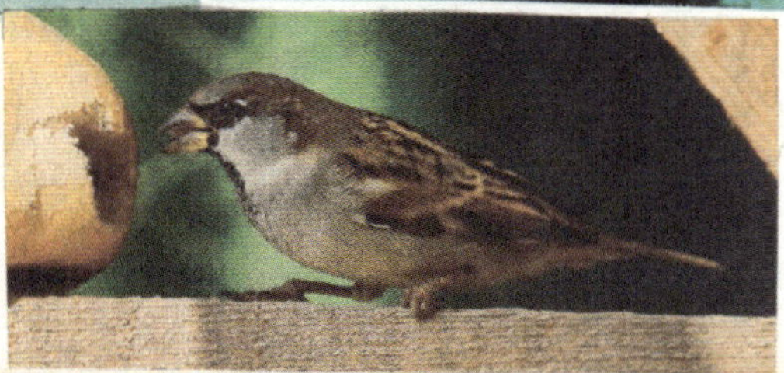

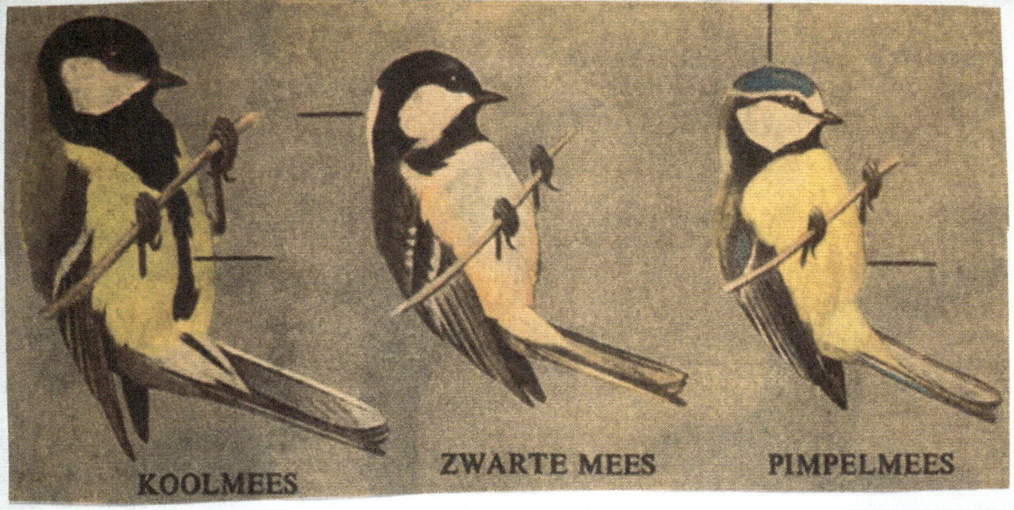
KOOLMEES
ZWARTE MEES
PIMPELMEES

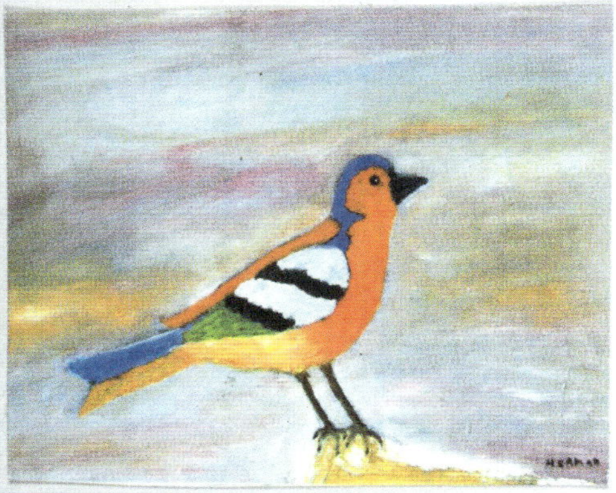

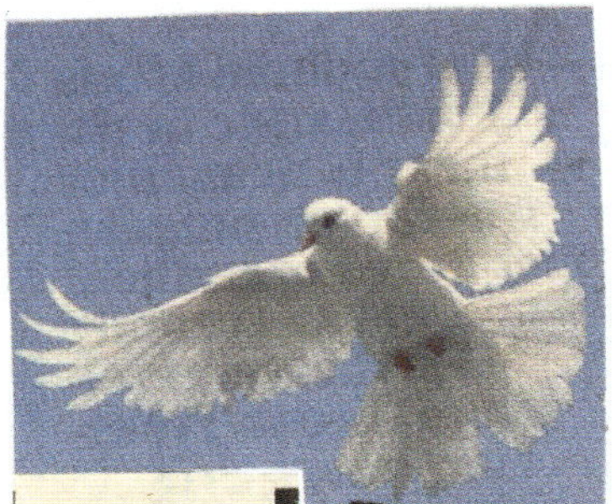

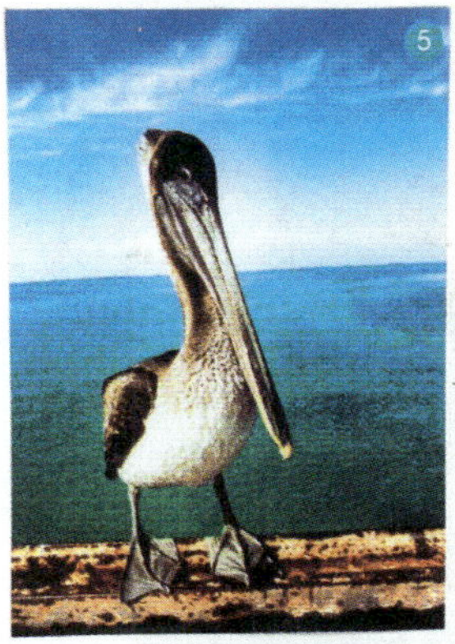

vogels

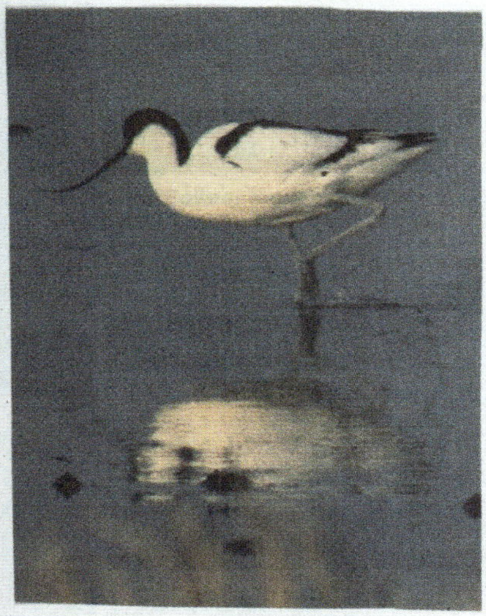

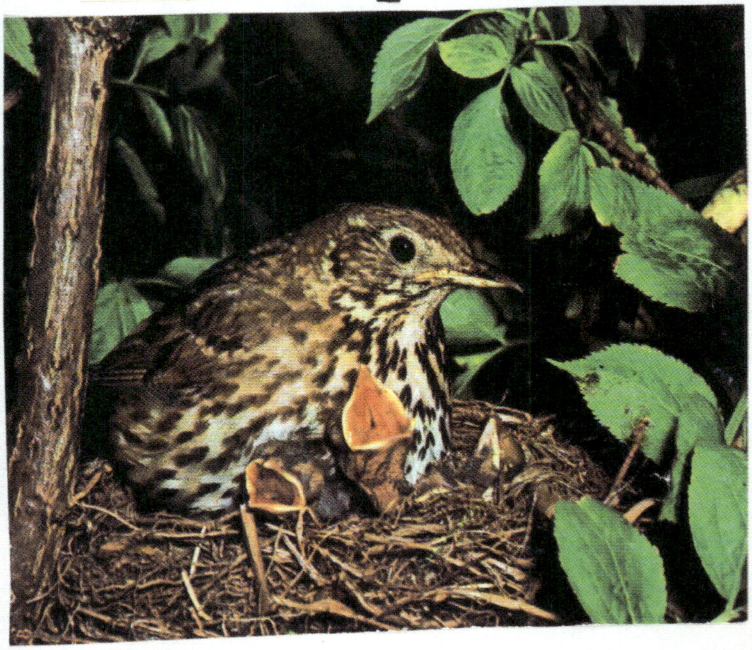

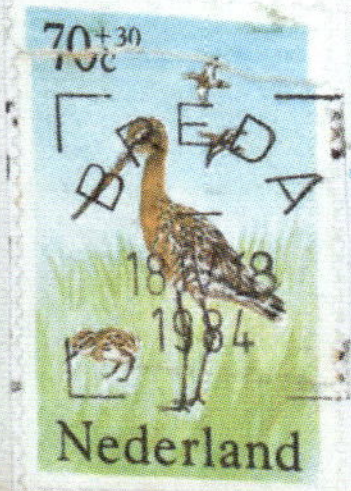
Nederland

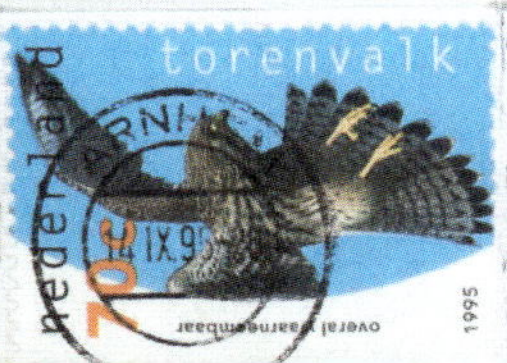
torenvalk
nederland
1995

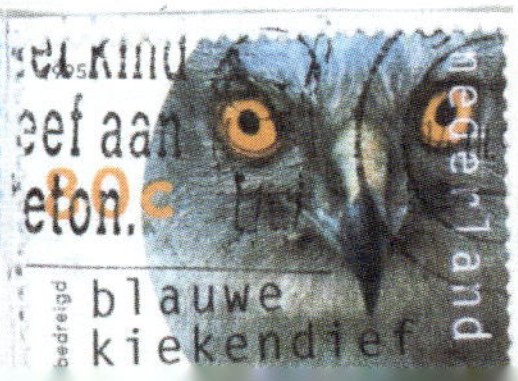
nederland
blauwe
kiekendief

EURO
PA
12c
CEPT
NEDERLAND

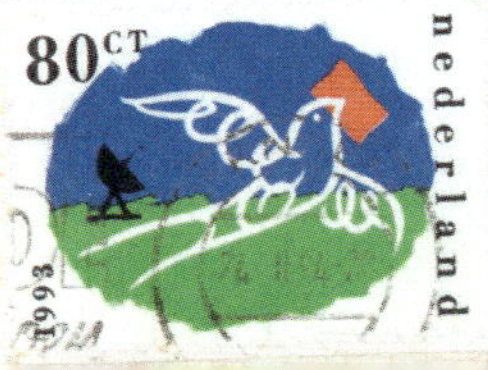
80CT
nederland
1993

S
I
m
Ba
l
Oe

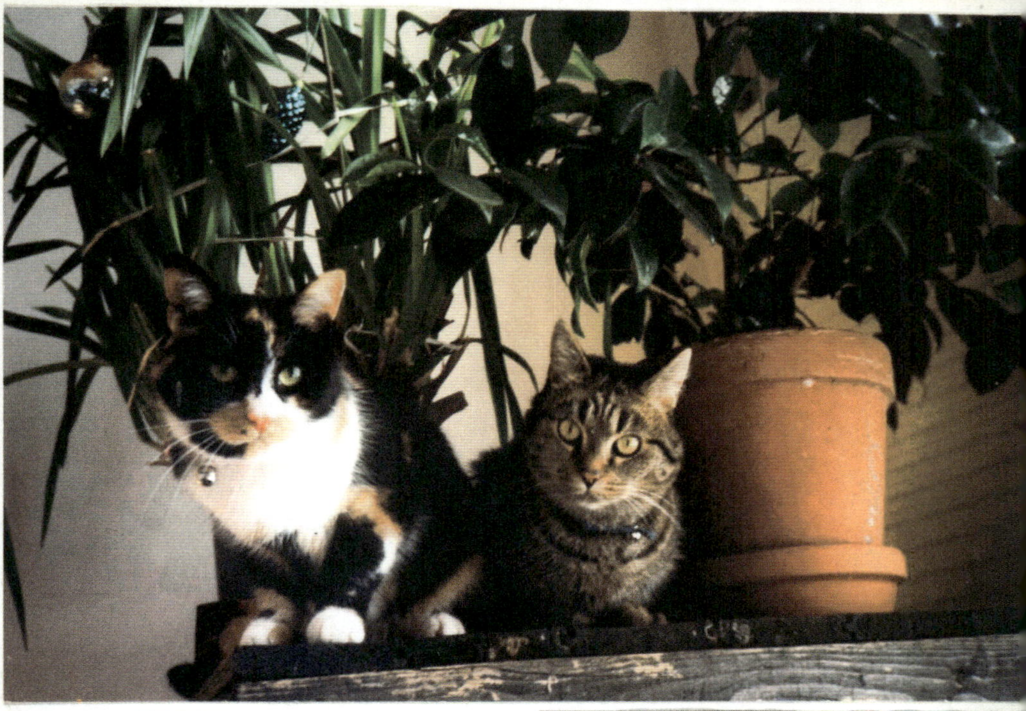

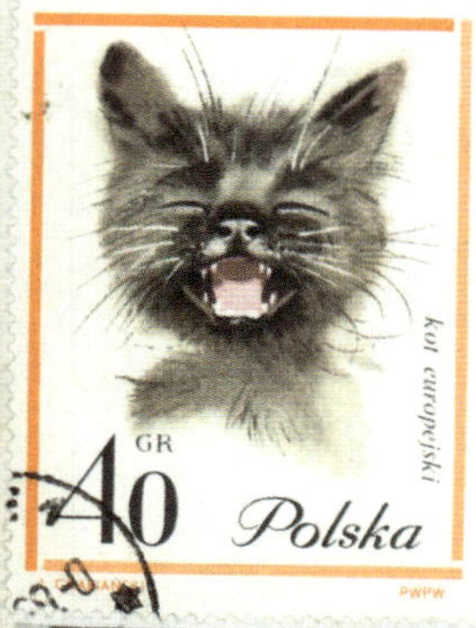

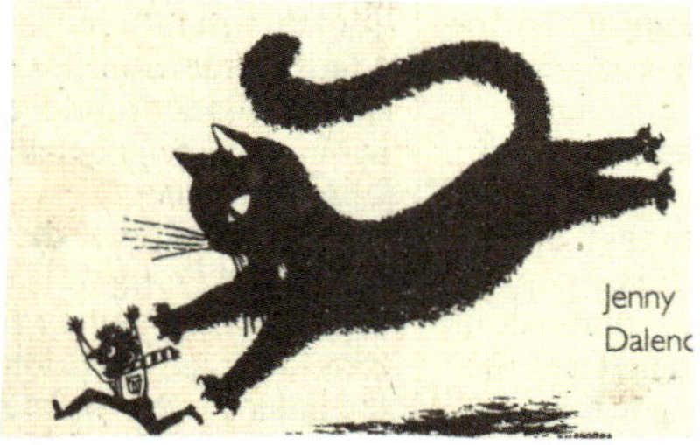

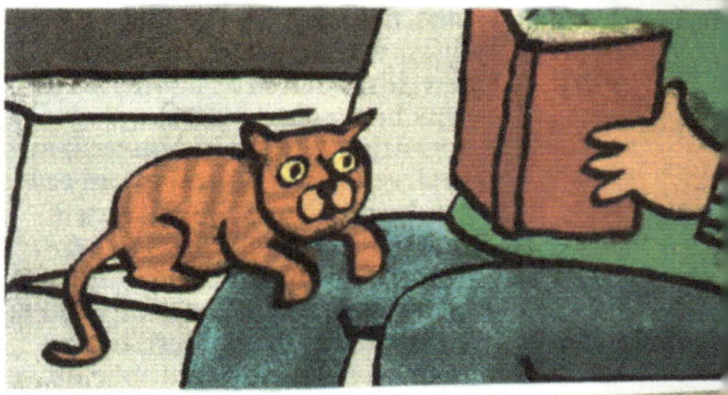

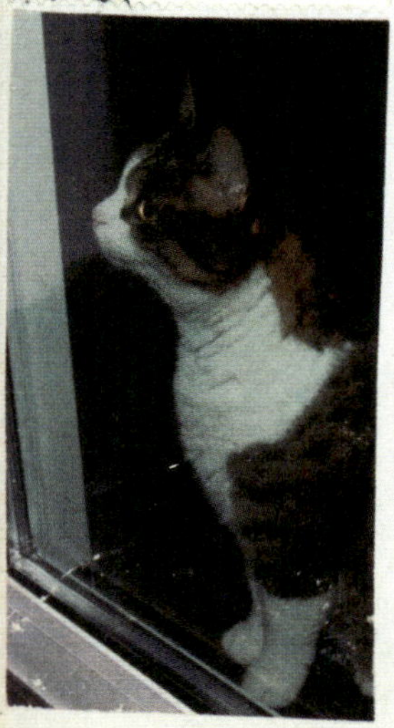

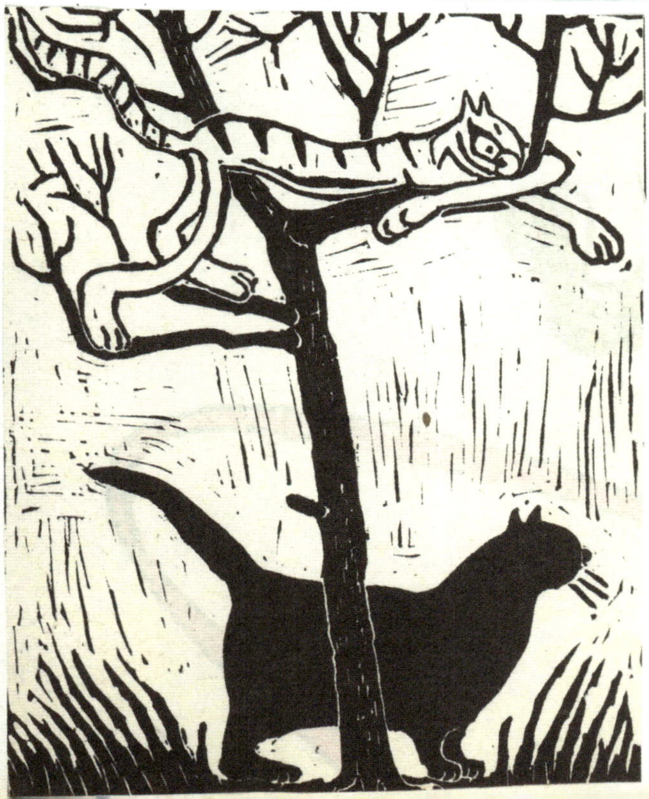

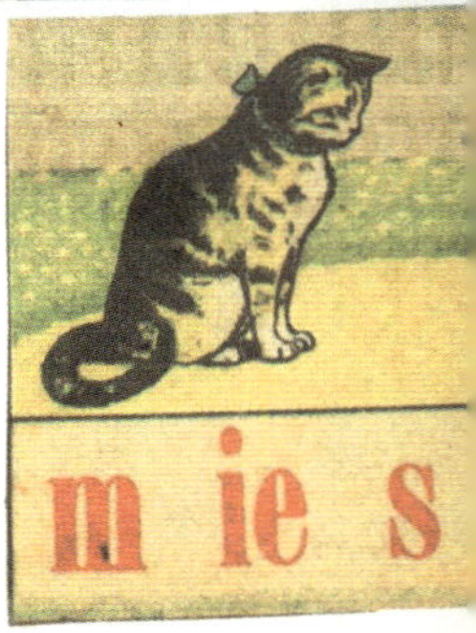

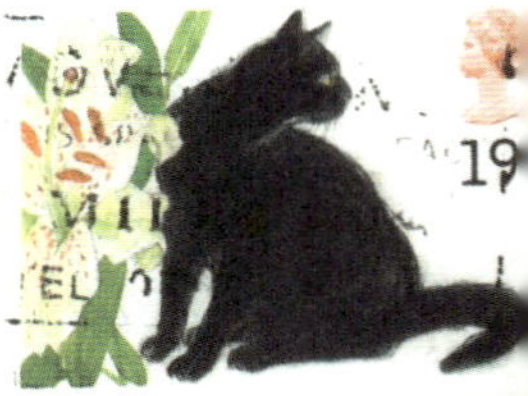

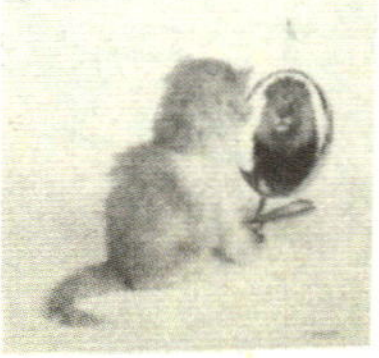

pOEs

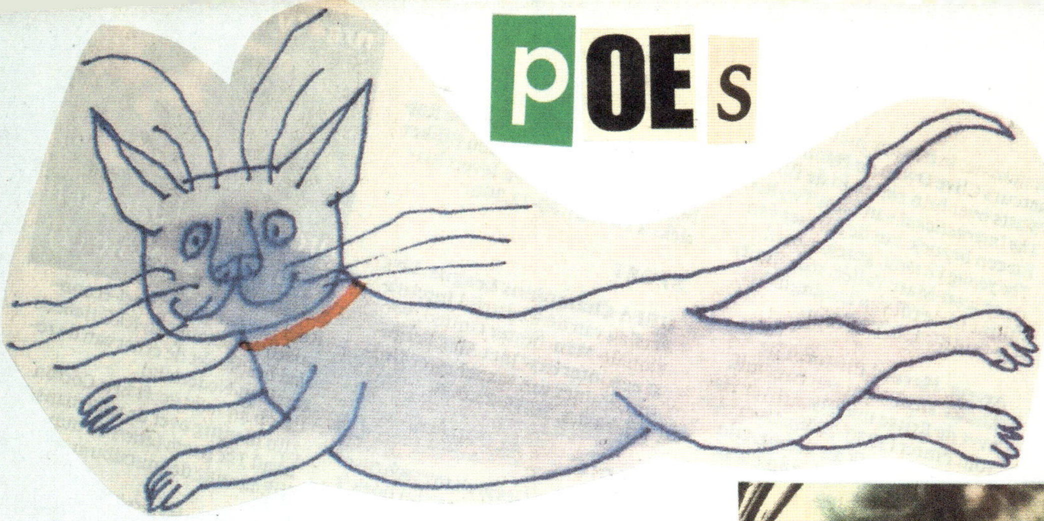

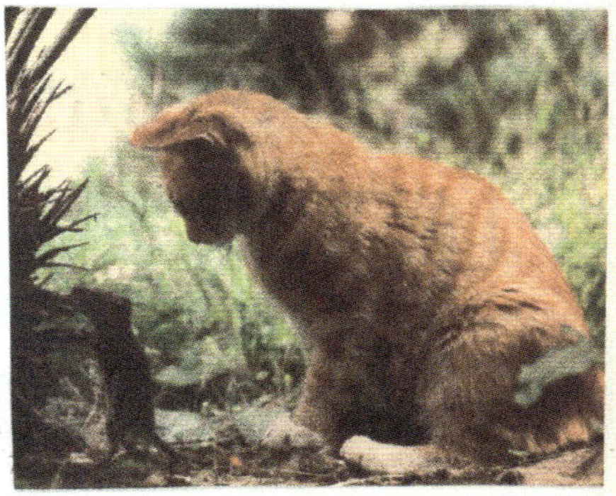

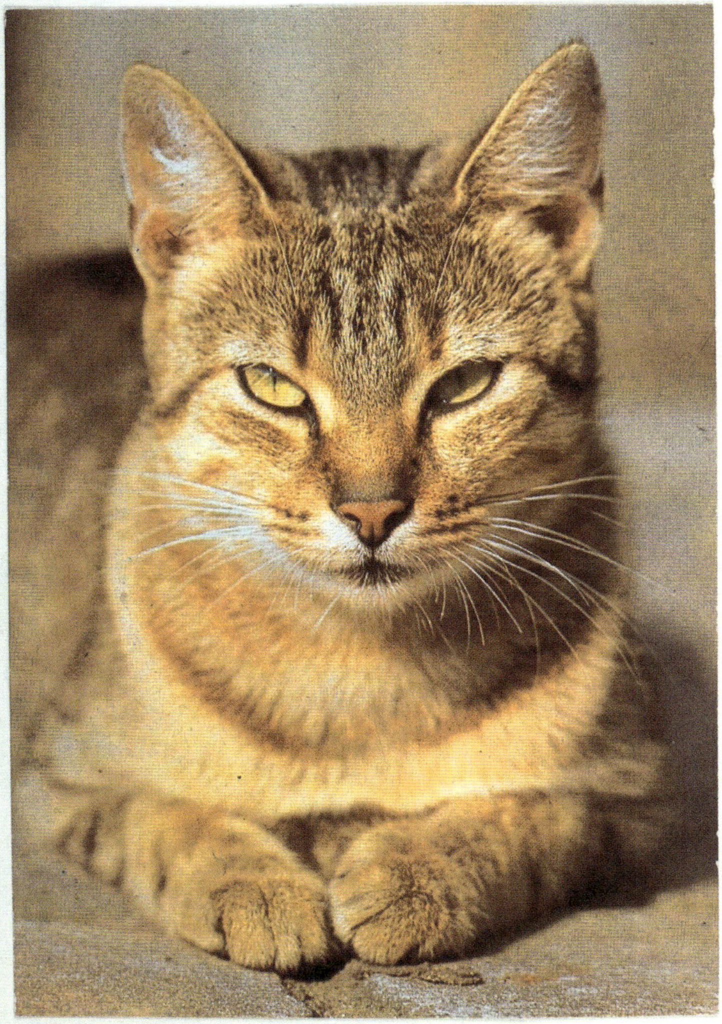

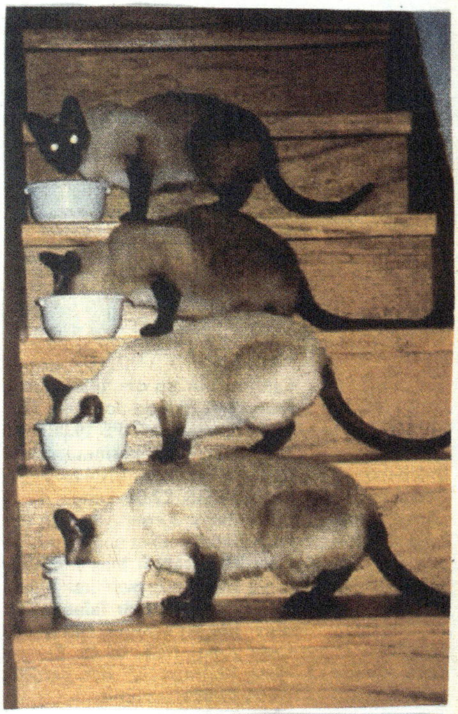

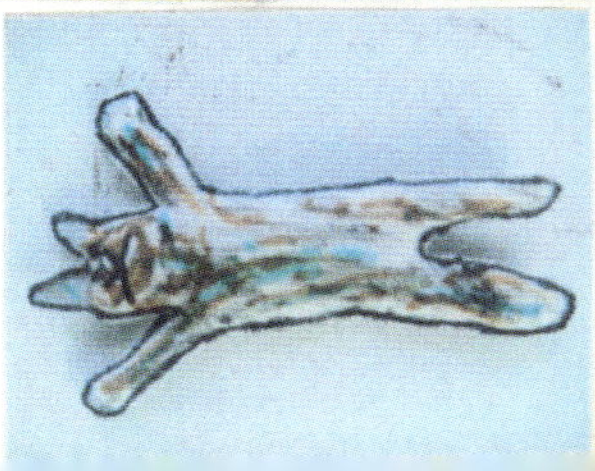

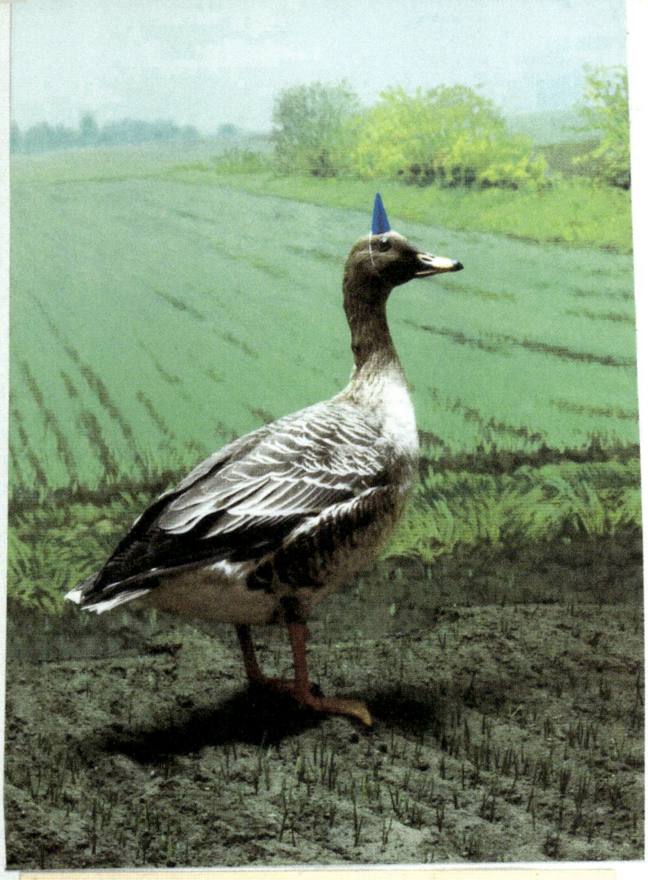

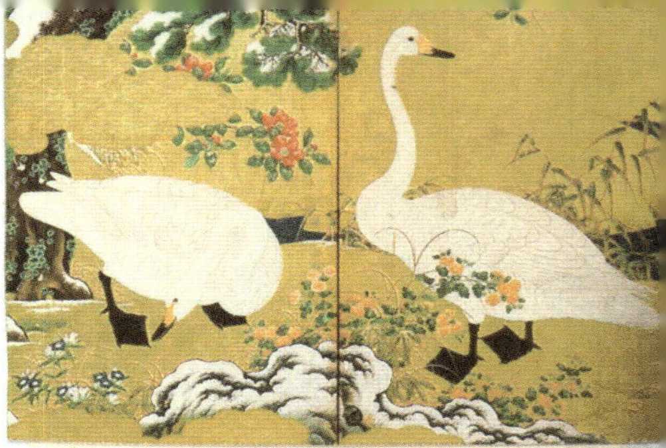

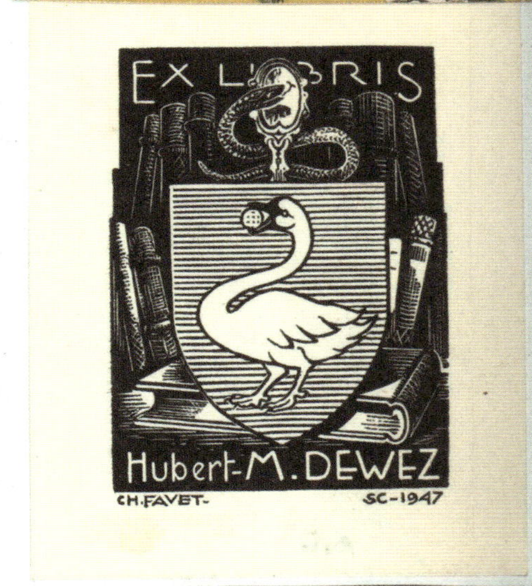
EX LIBRIS
Hubert-M. DEWEZ
CH.FAVET-
SC-1947

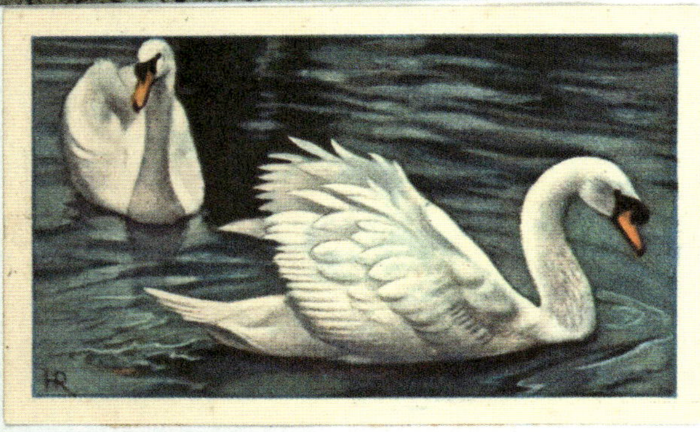
HR

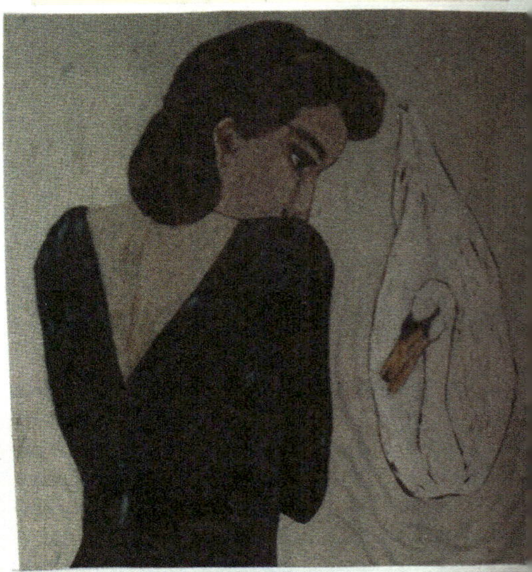

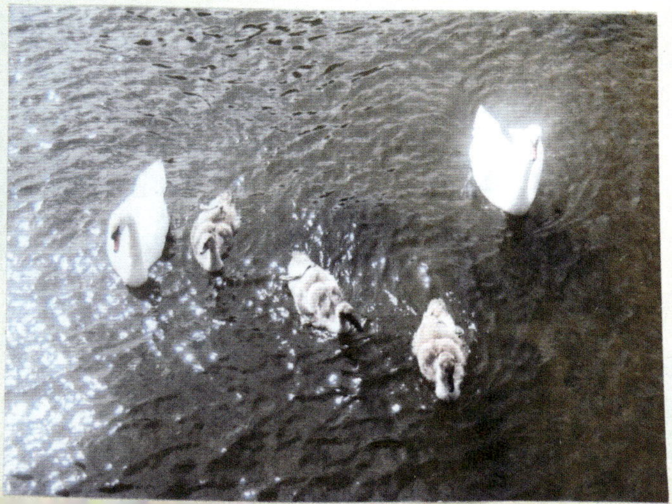

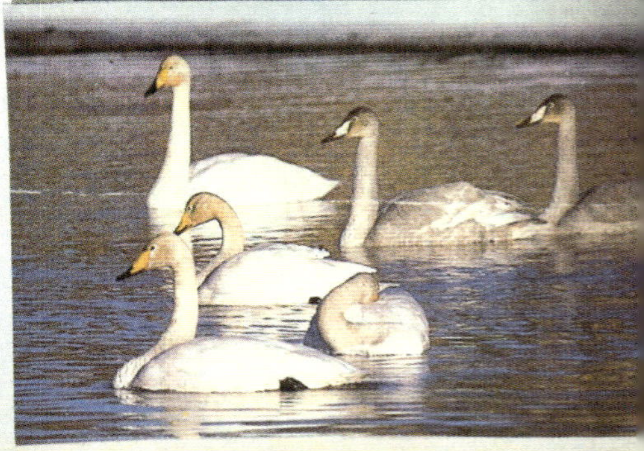

NijlGans

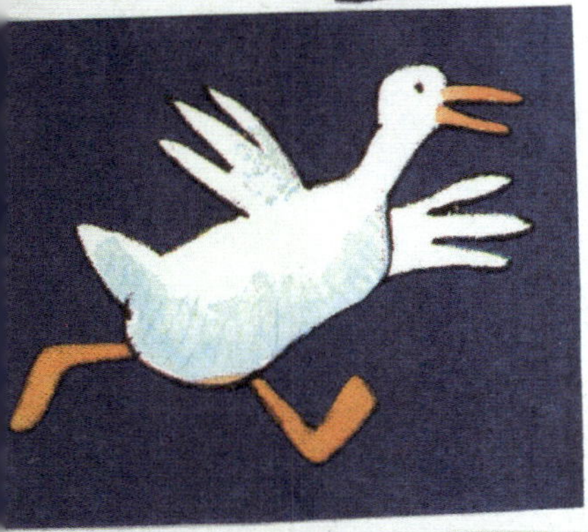

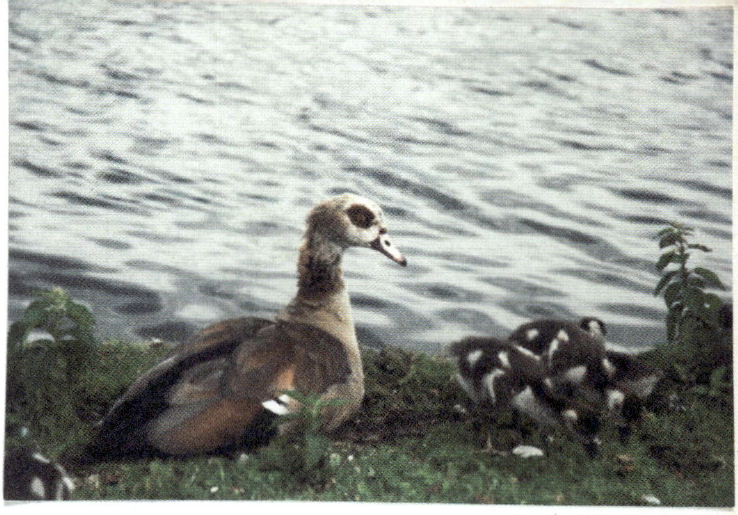

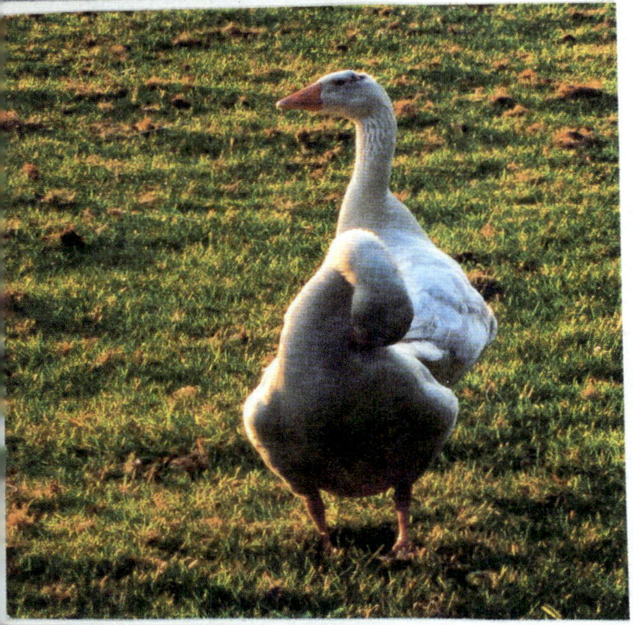

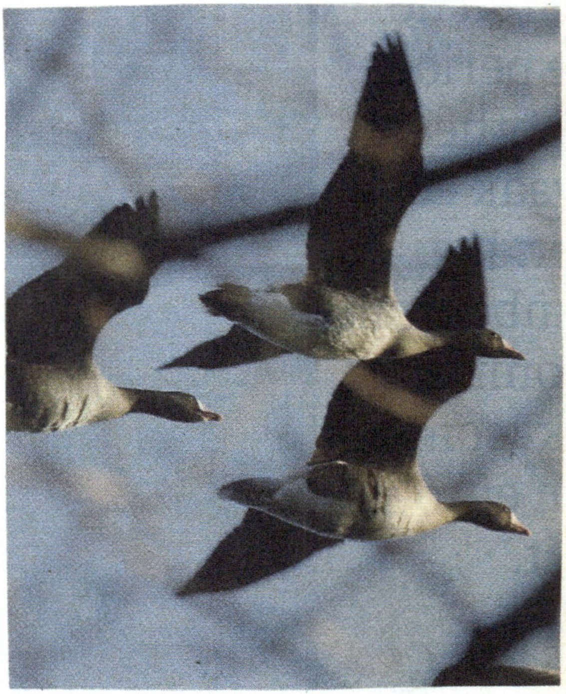

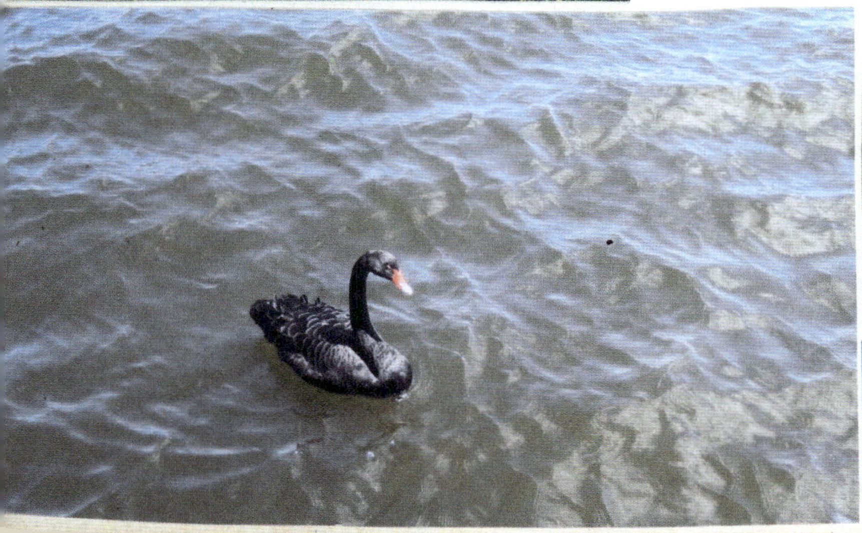

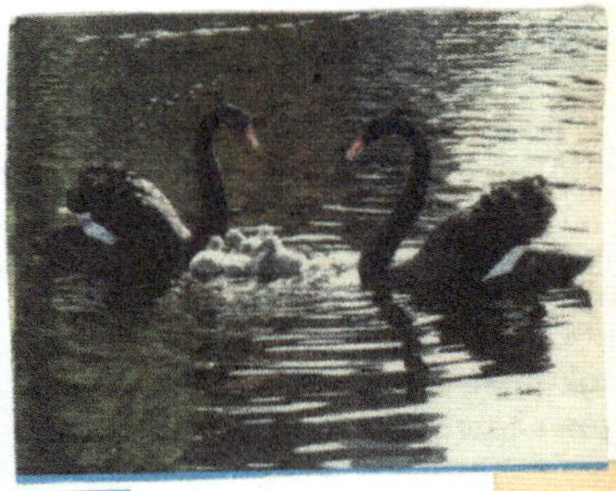

ZwaaN

zWijn

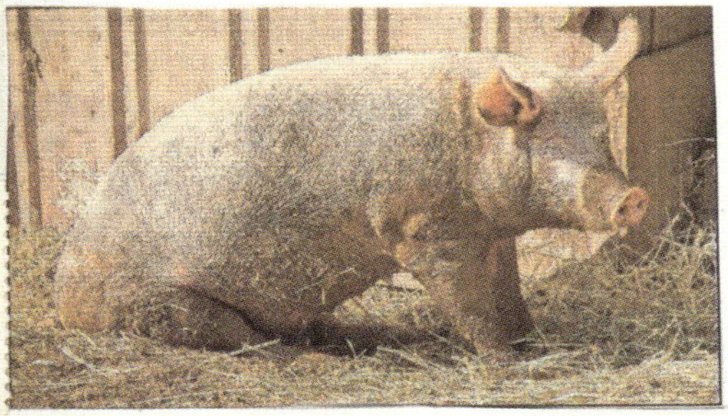

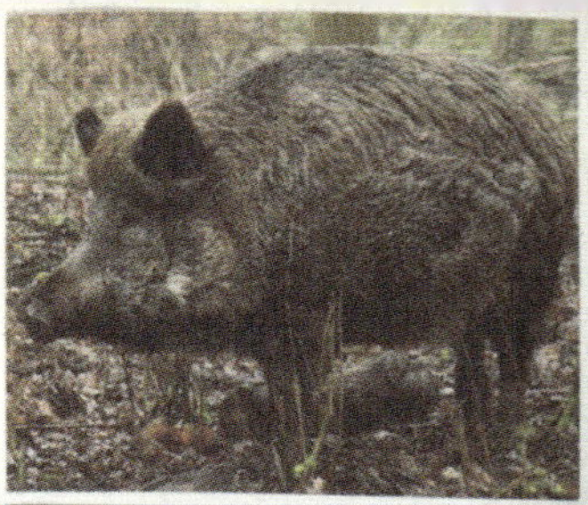

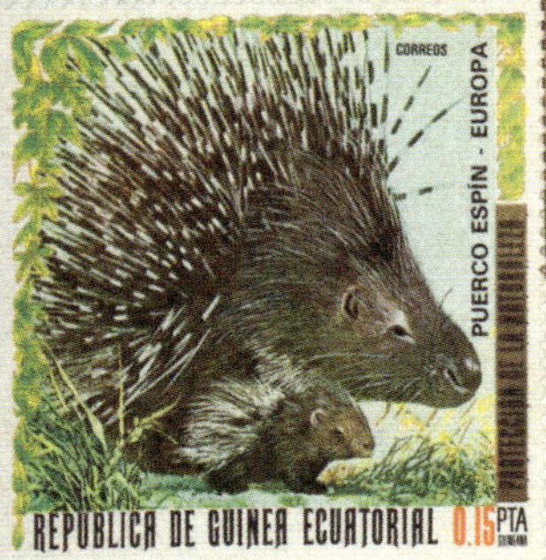

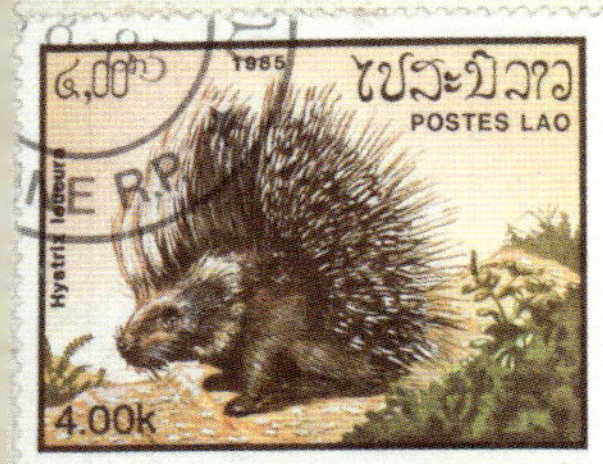

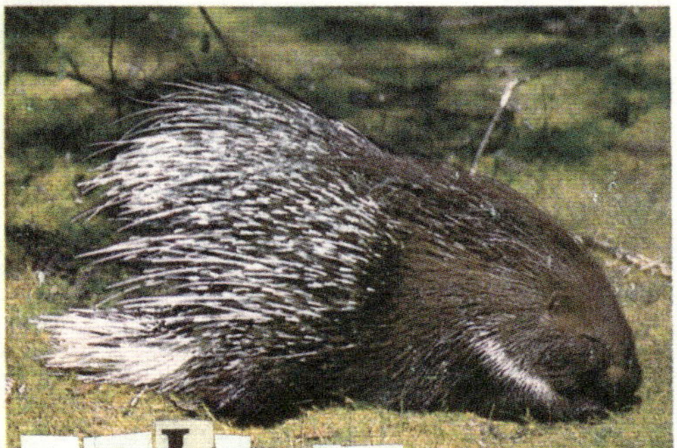

steKeLvarken

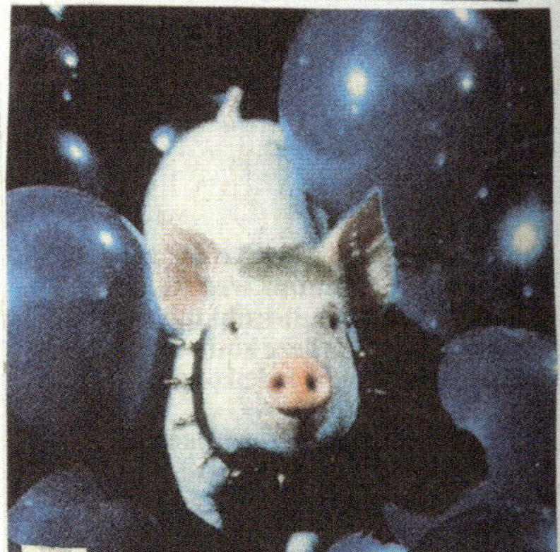

Babe

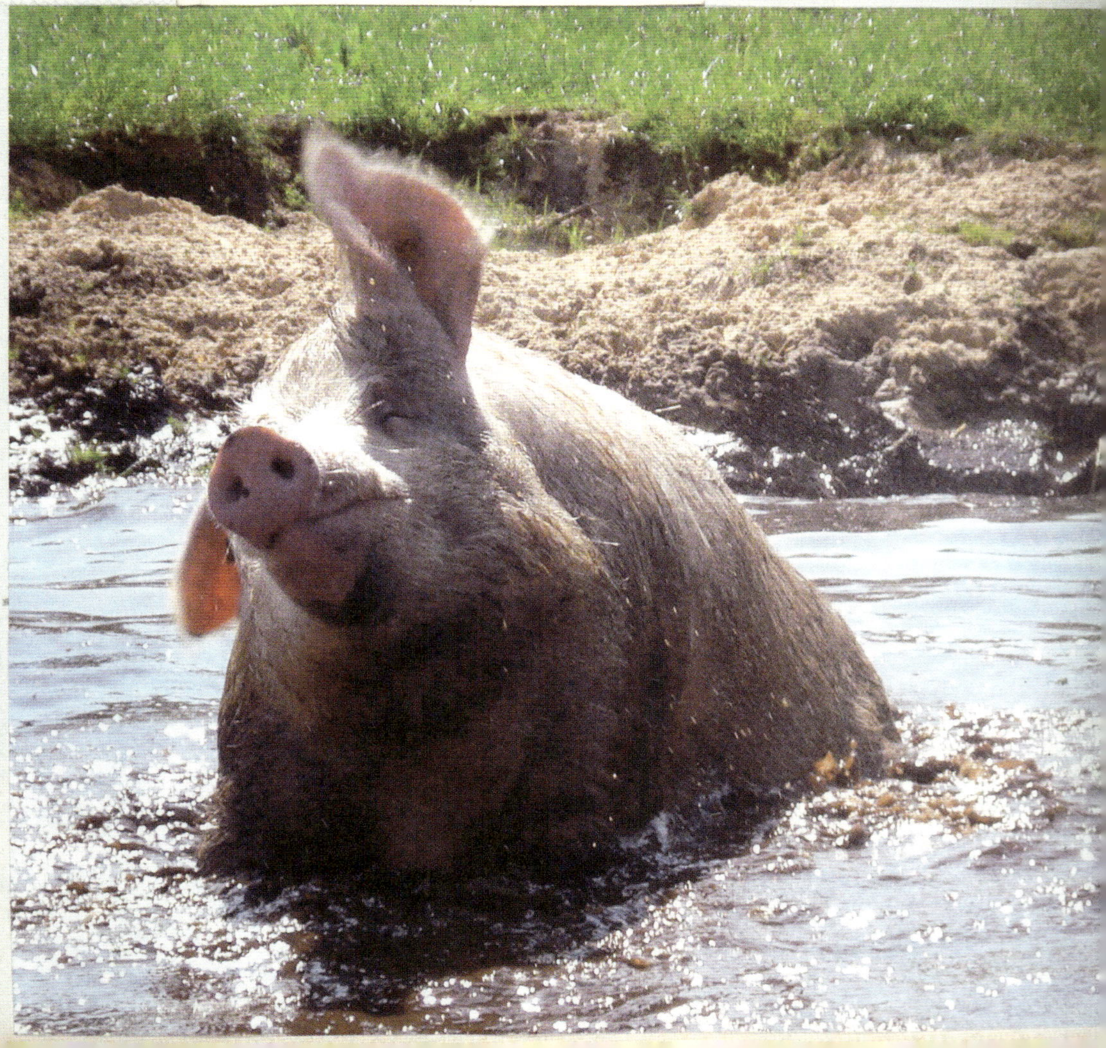

varken

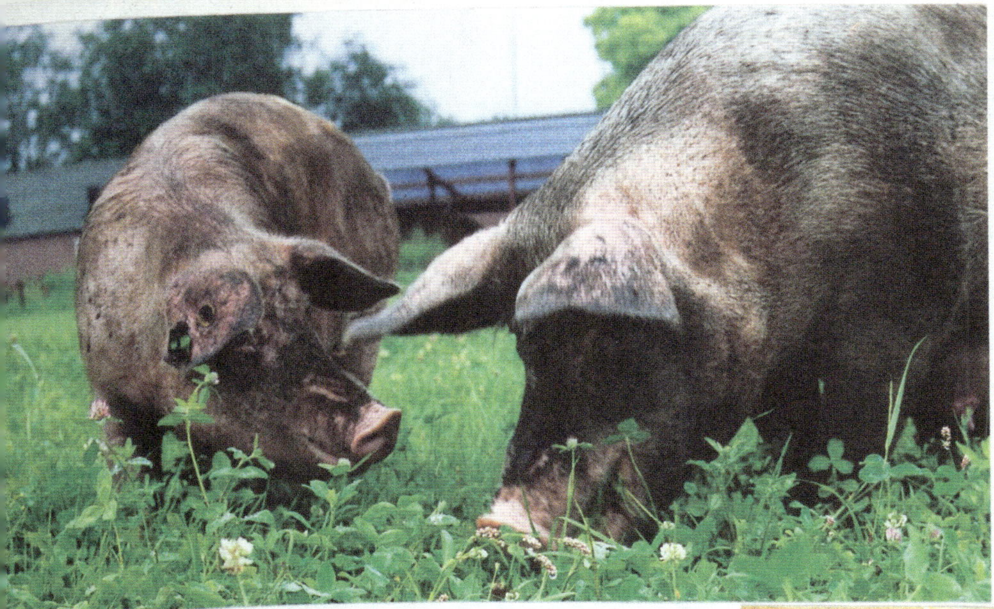

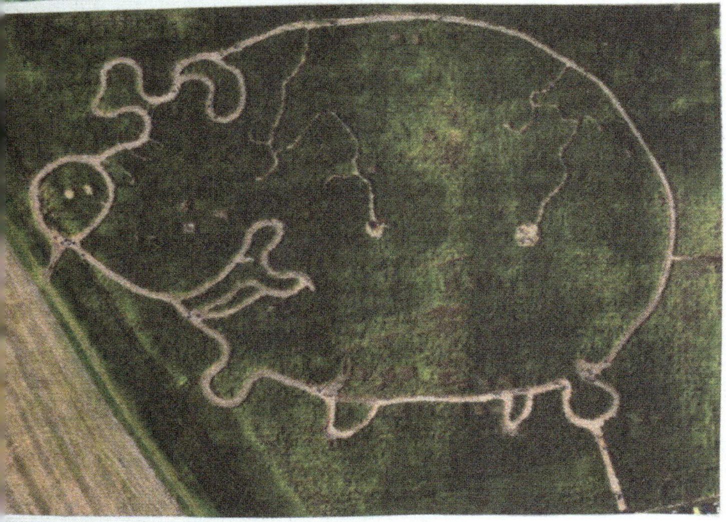

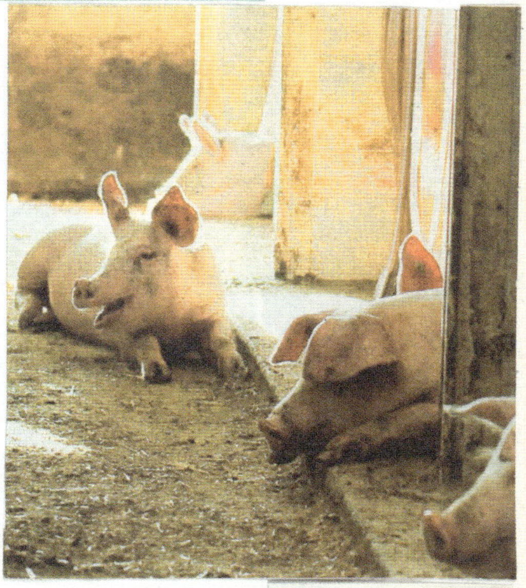

BiG

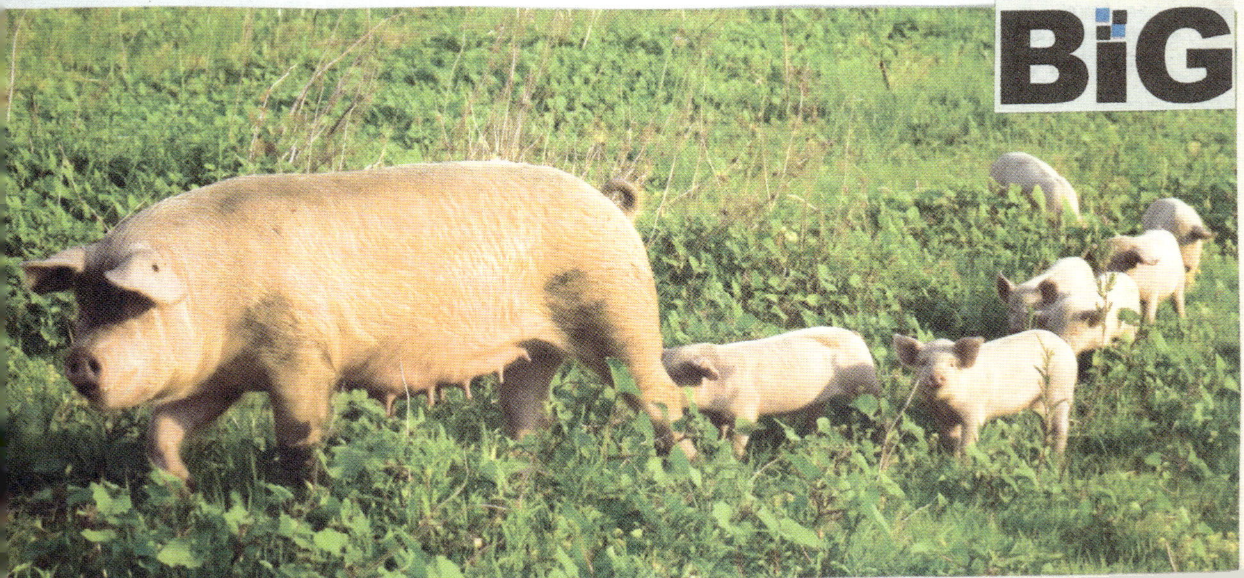

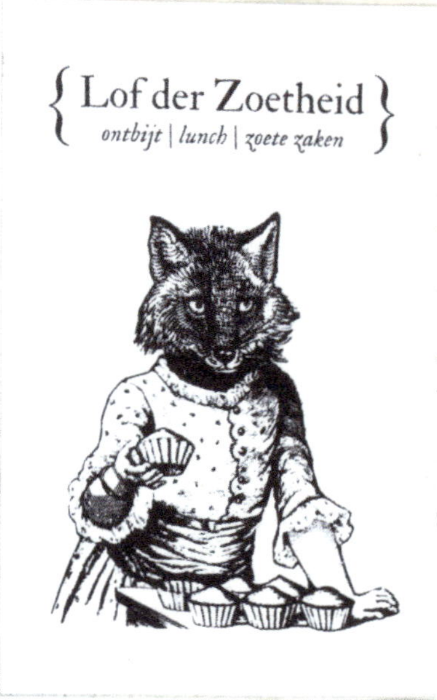
{ Lof der Zoetheid }
ontbijt | lunch | zoete zaken

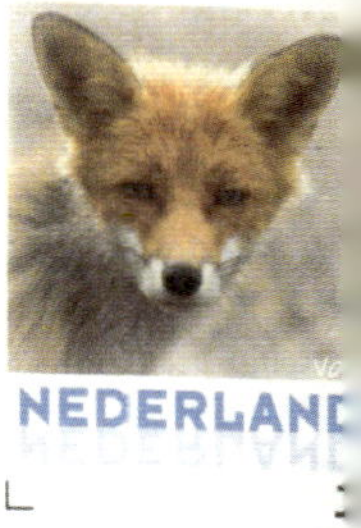
NEDERLAND

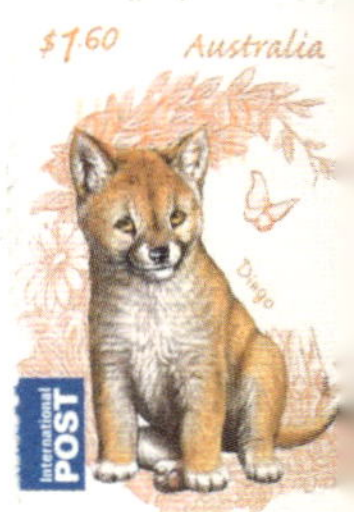
$1.60
Australia
International POST

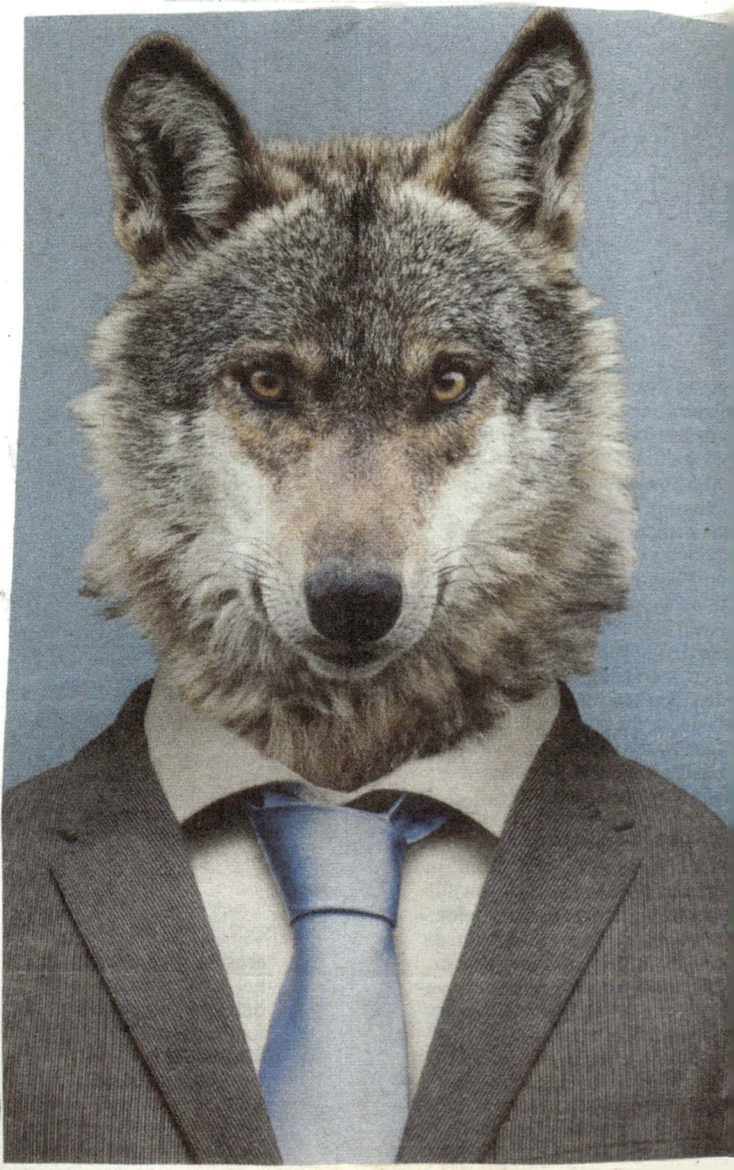

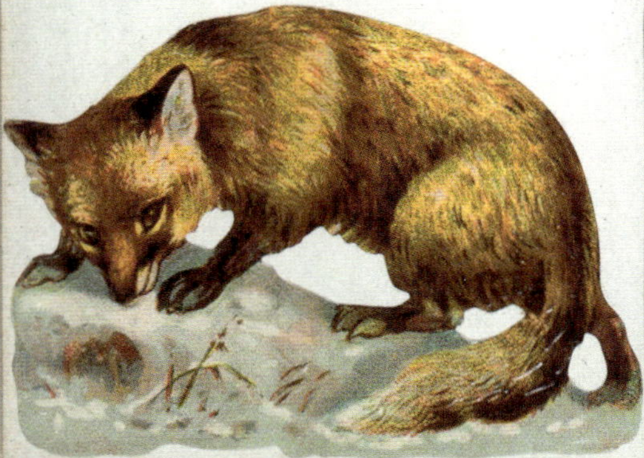

VOS en de raaf

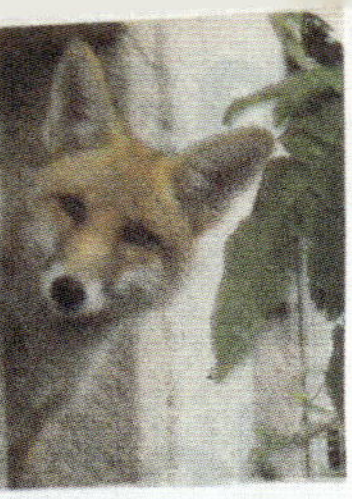

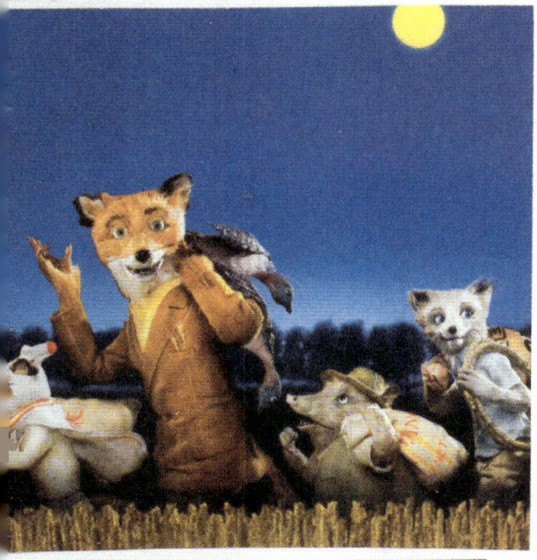

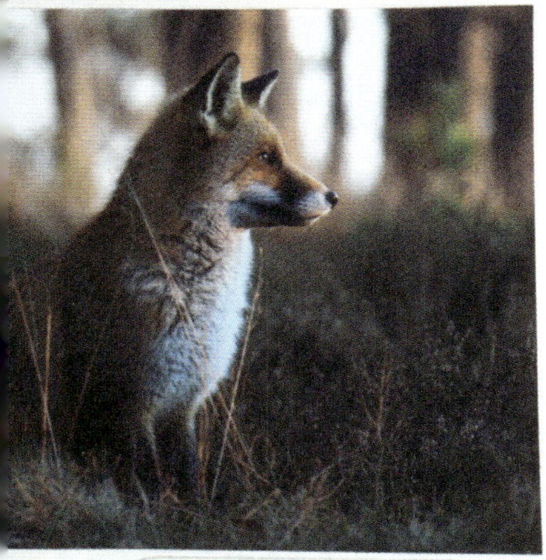

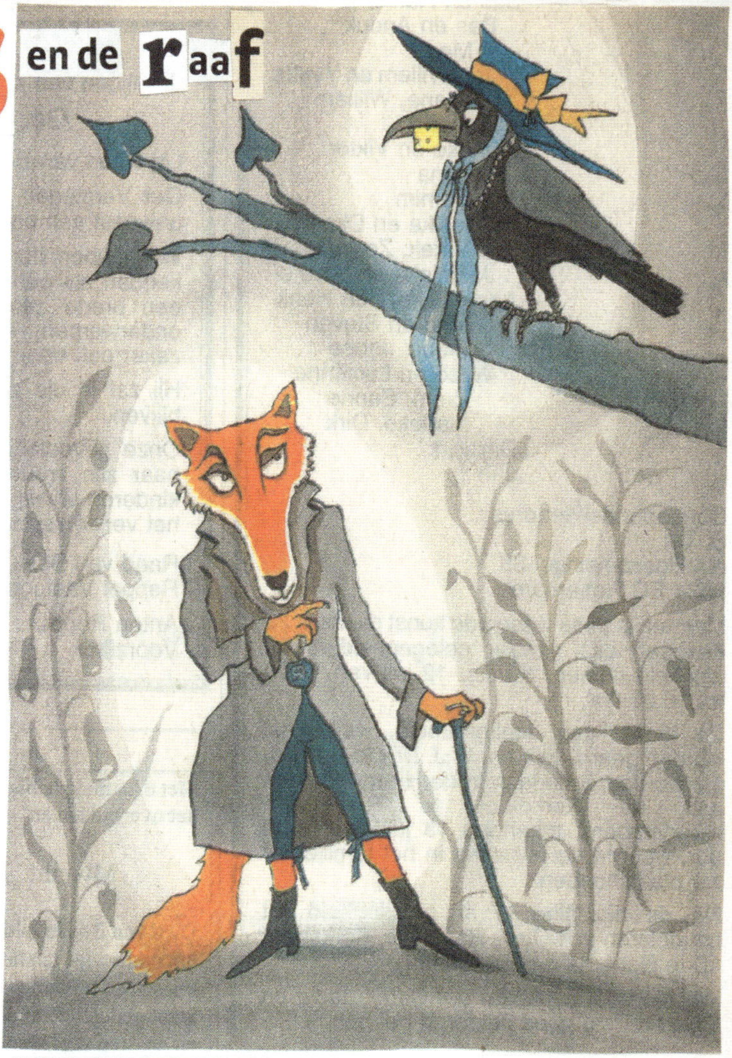

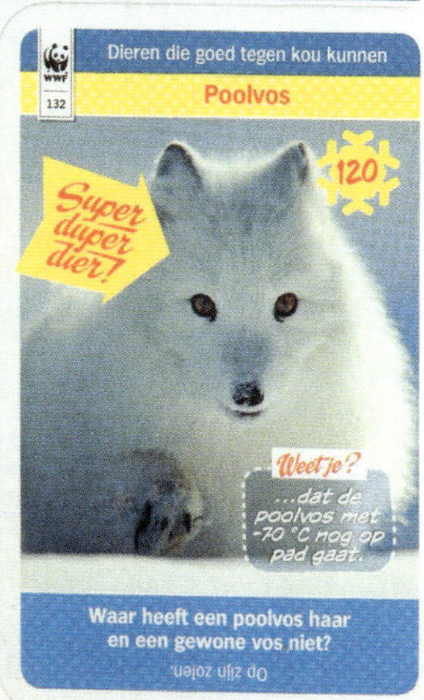

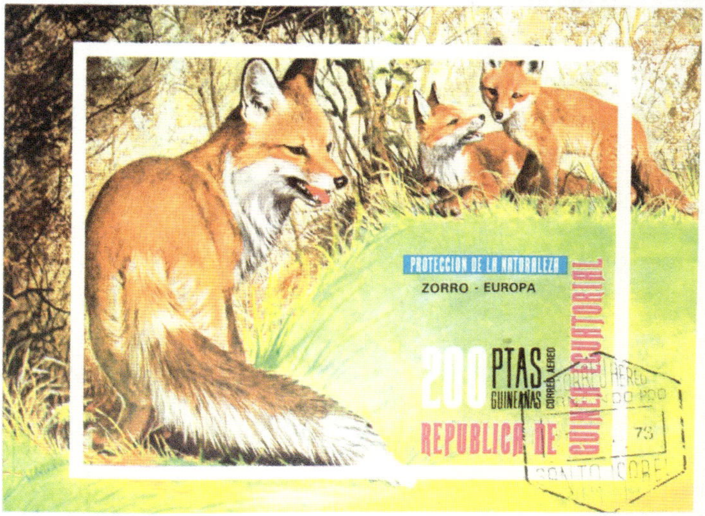

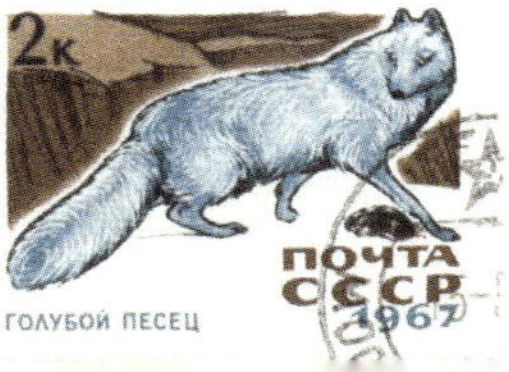

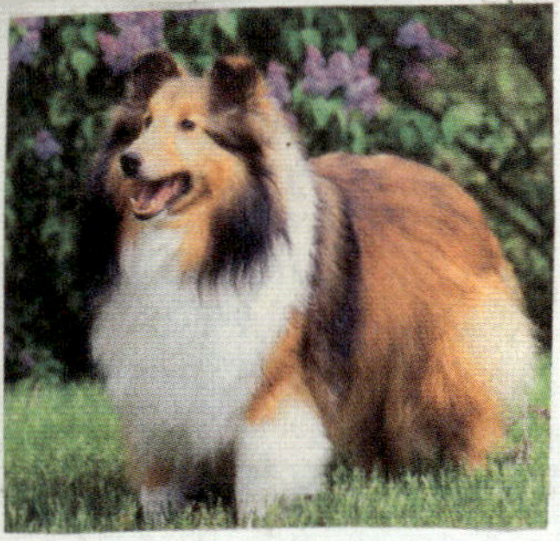

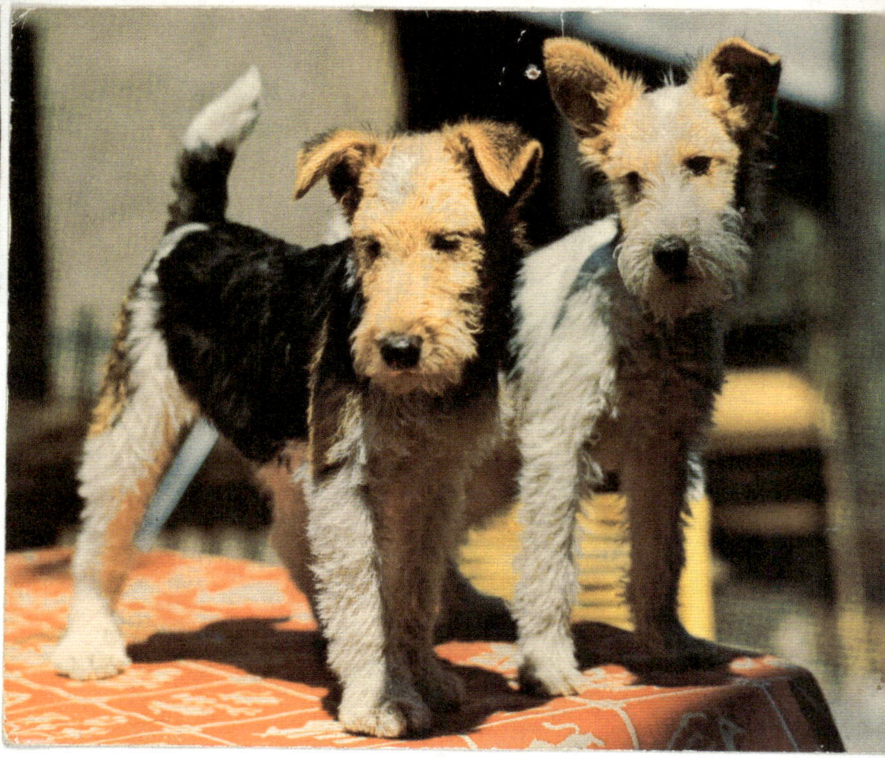

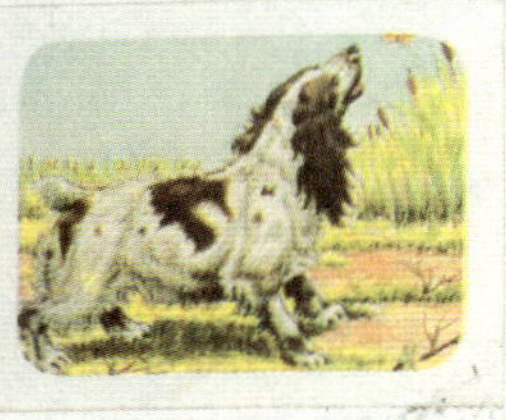

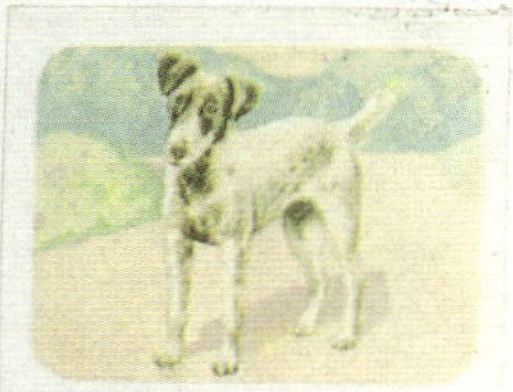

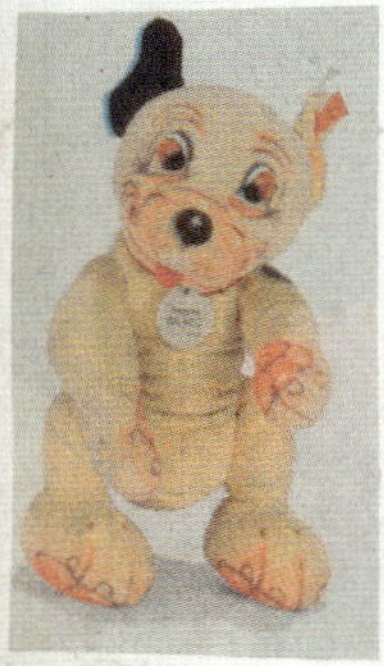

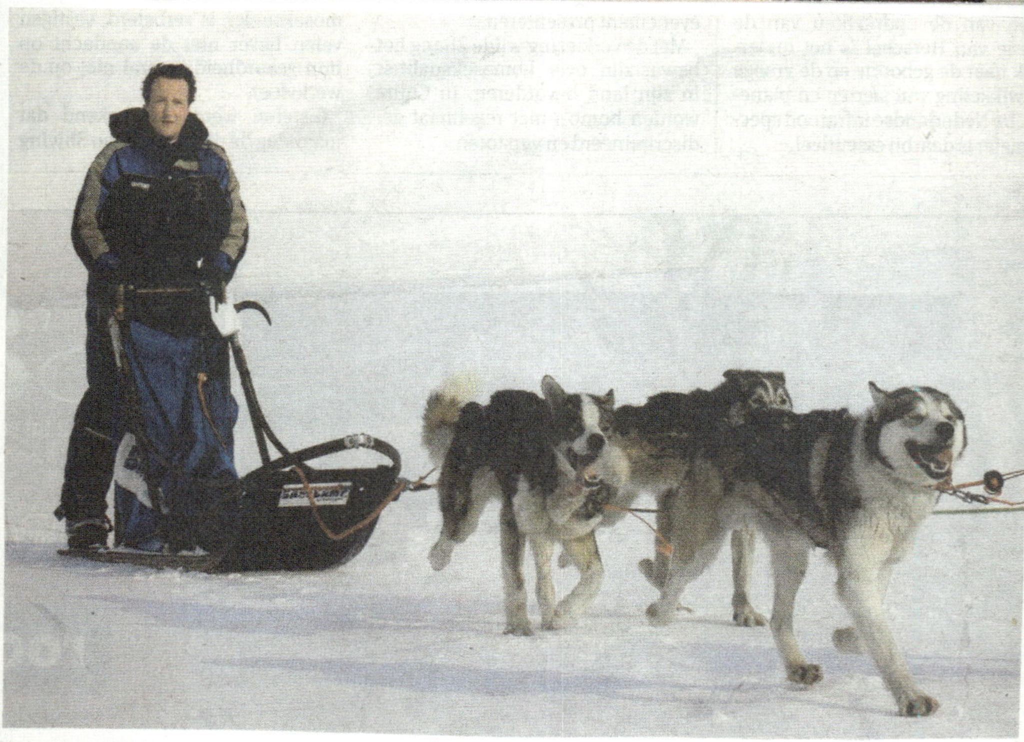

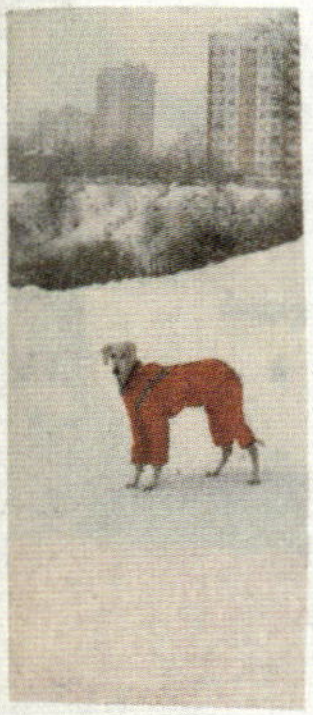

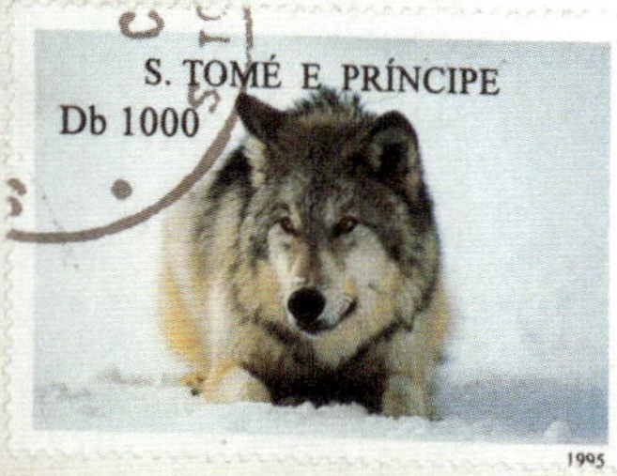
S. TOMÉ E PRÍNCIPE
Db 1000
1995

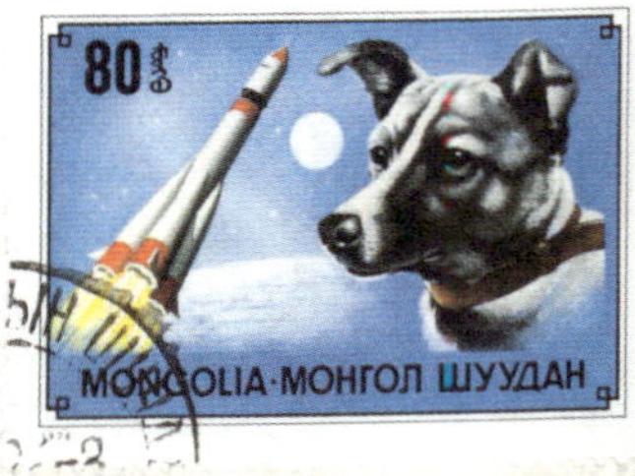
80
MONGOLIA·МОНГОЛ ШУУДАН

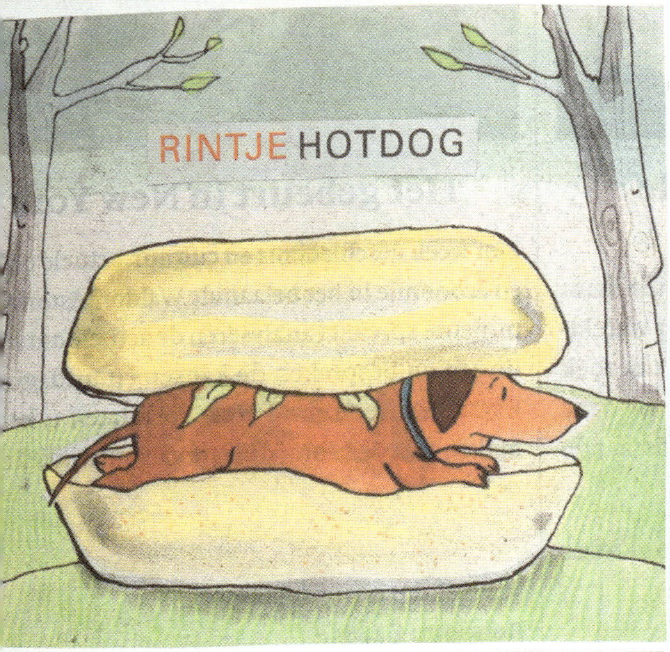

hond

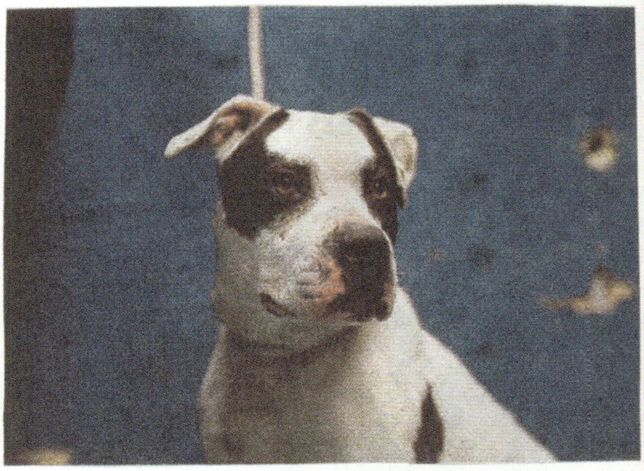

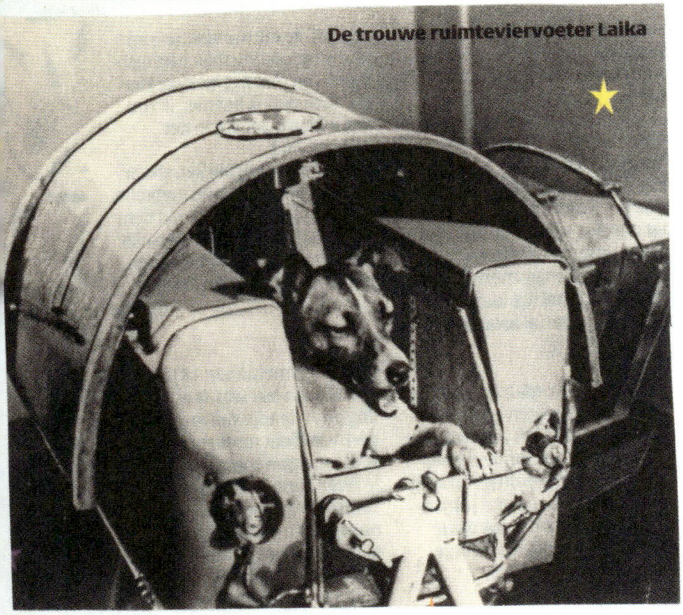

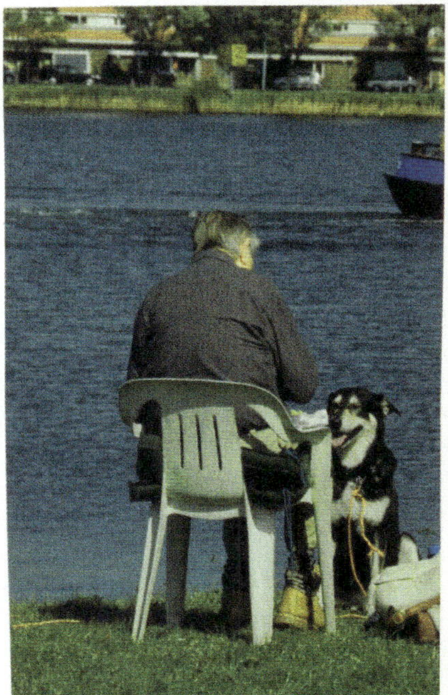

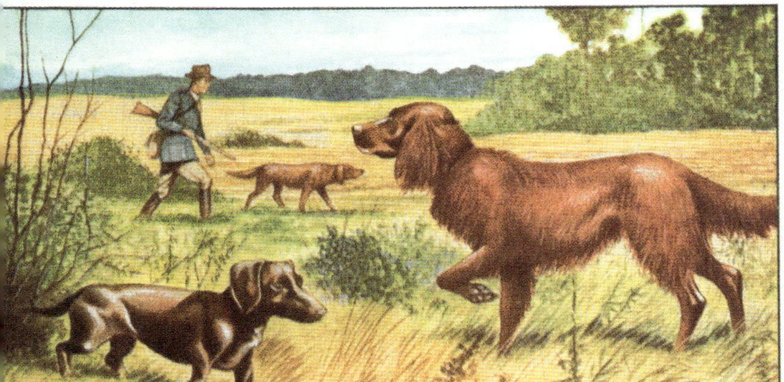

LES CHIENS
3. — Setter irlandais et basset

PRODUITS LIEBIG ... BIEN MEILLEURS !

 Explication au verso

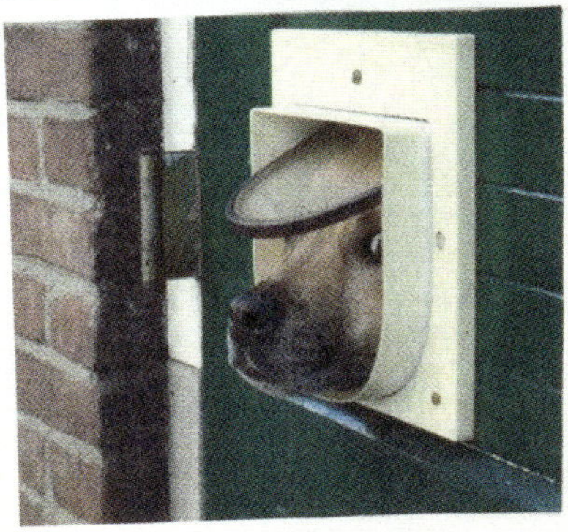

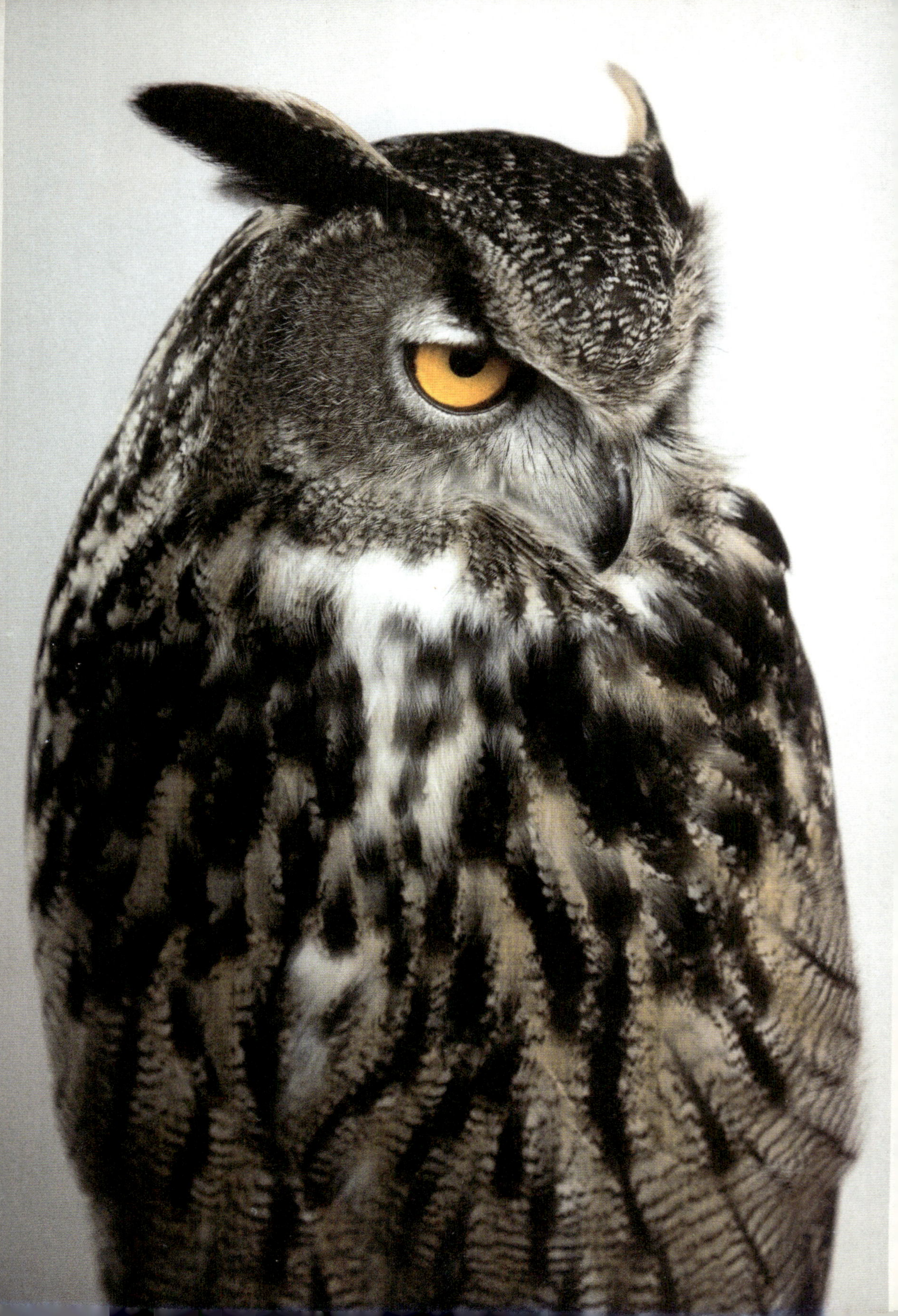

Uil

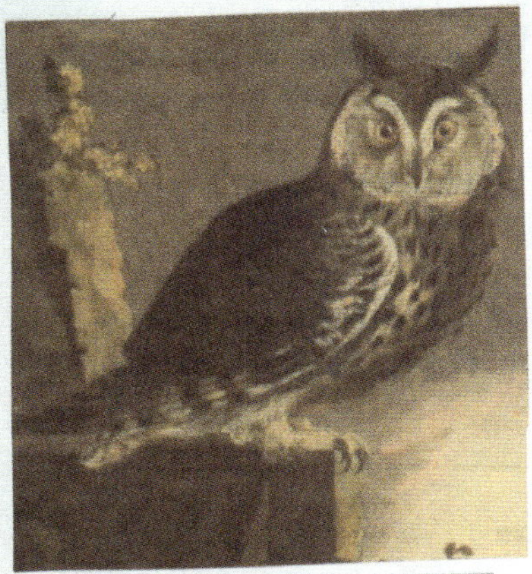

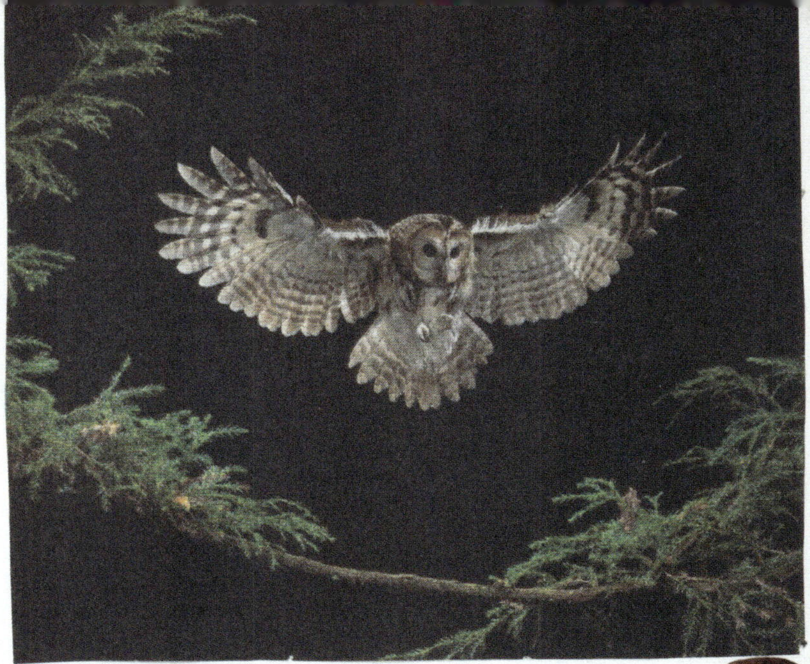

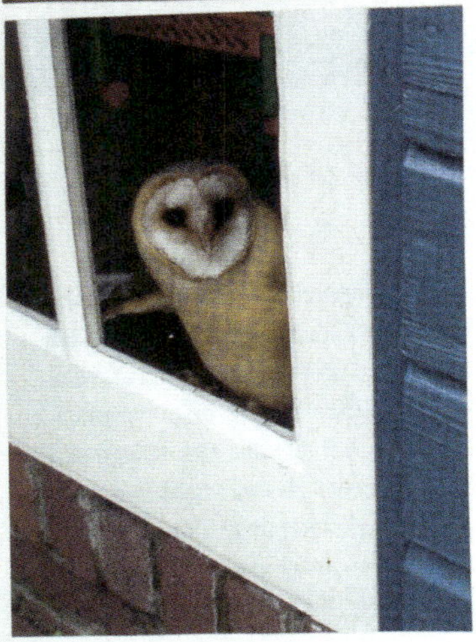

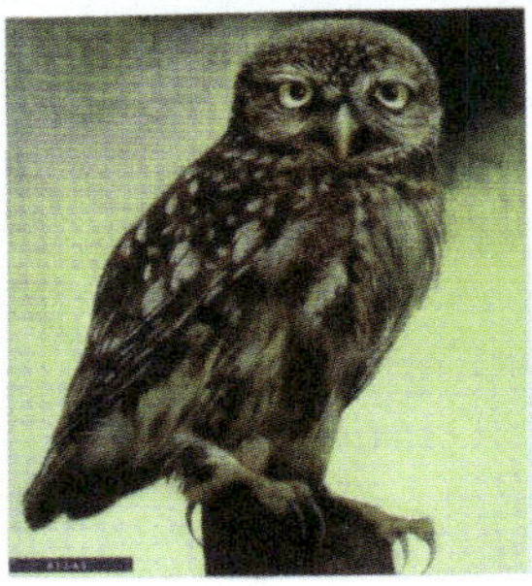

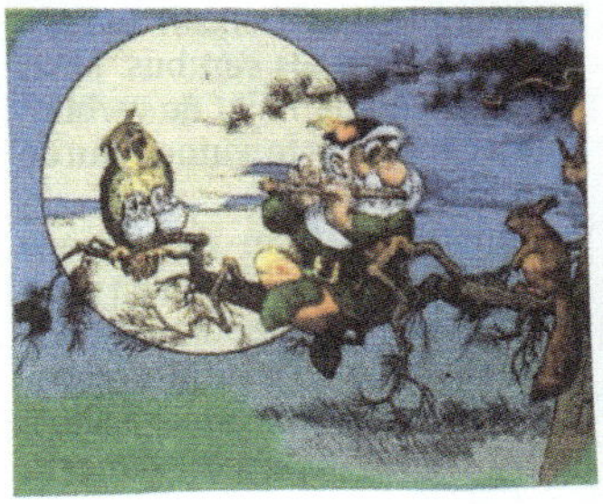

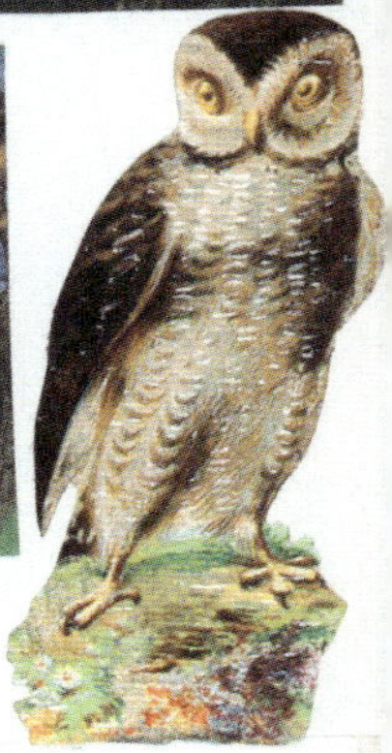

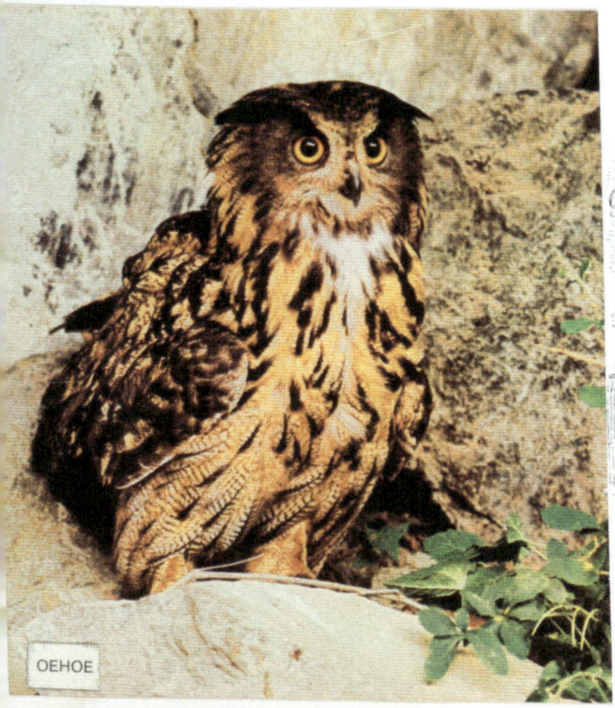

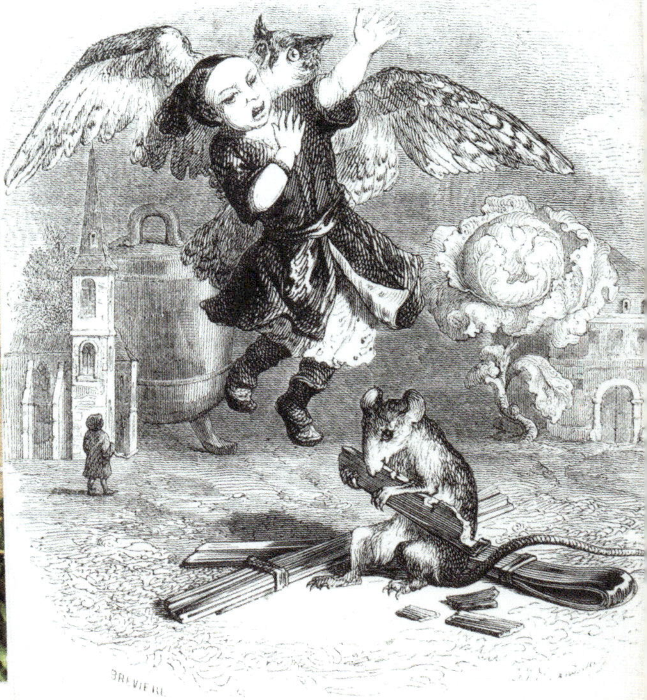

vleerMuiS

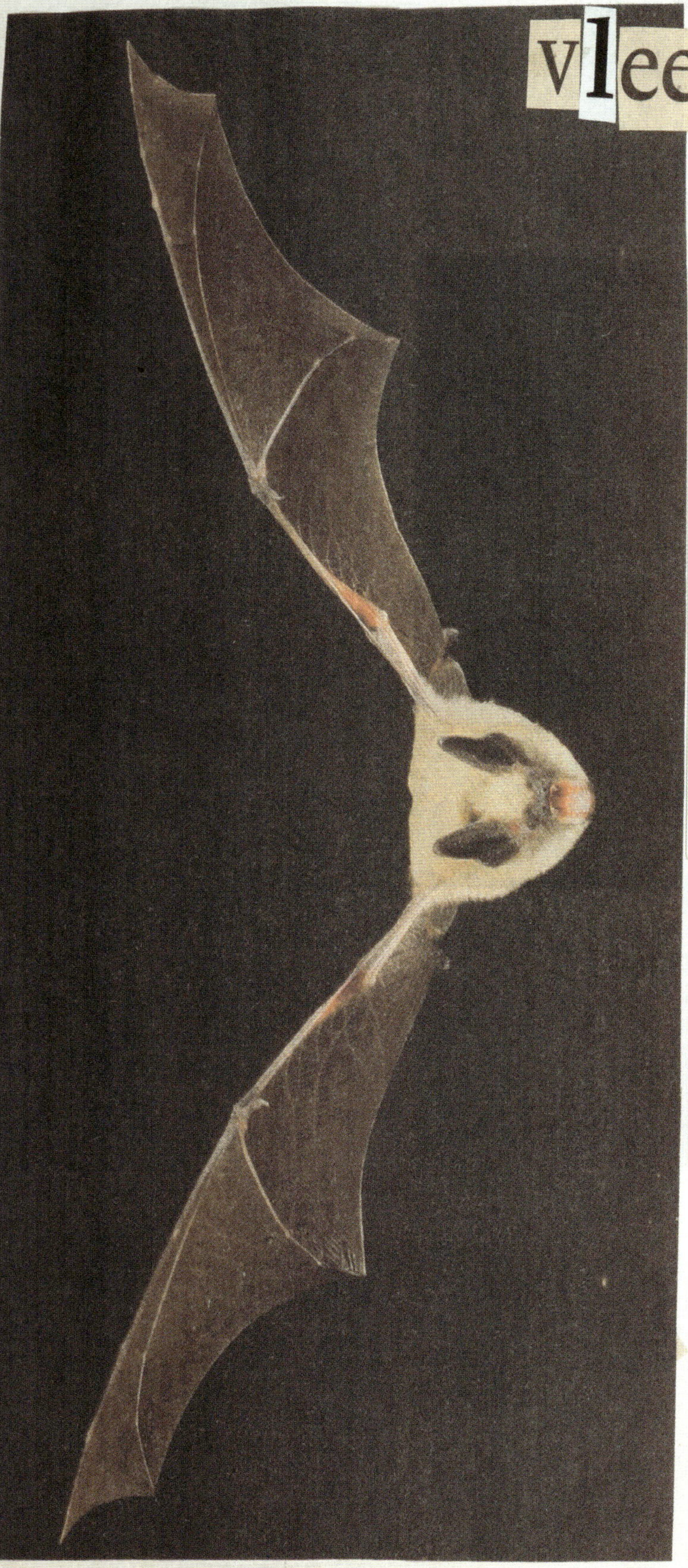

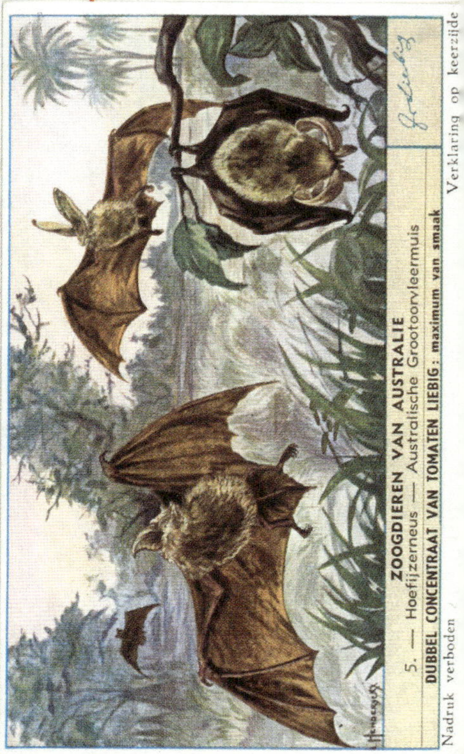
ZOOGDIEREN VAN AUSTRALIE
5. — Hoefijzerneus — Australische Grootoorvleermuis
DUBBEL CONCENTRAAT VAN TOMATEN LIEBIG: maximum van smaak
Nadruk verboden
Verklaring op keerzijde

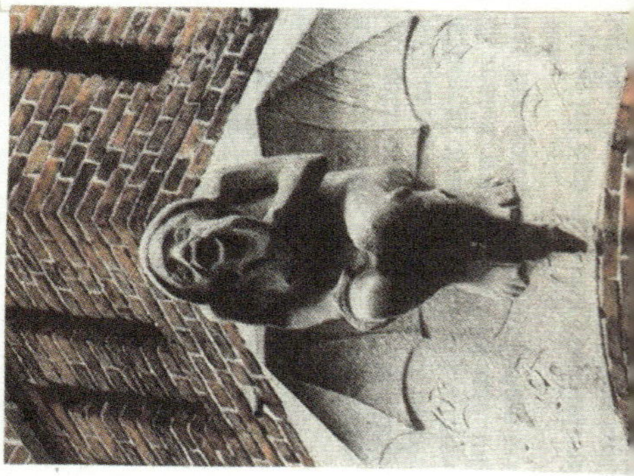

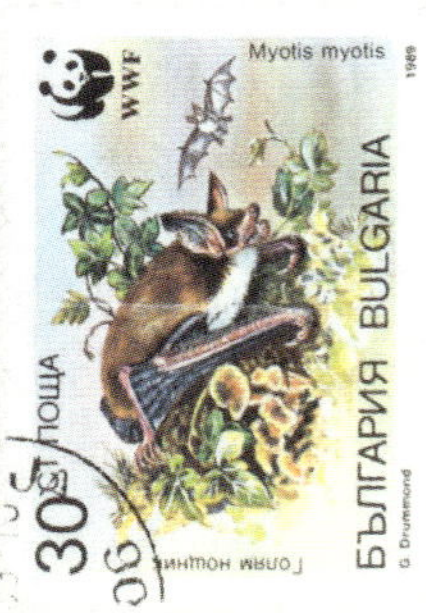
Myotis myotis
WWF
1989
БЪЛГАРИЯ BULGARIA
ПОЩА

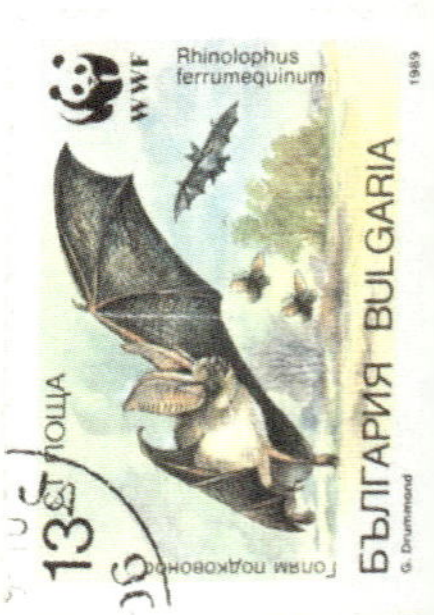
Rhinolophus ferrumequinum
WWF
1989
БЪЛГАРИЯ BULGARIA
ПОЩА

muiS

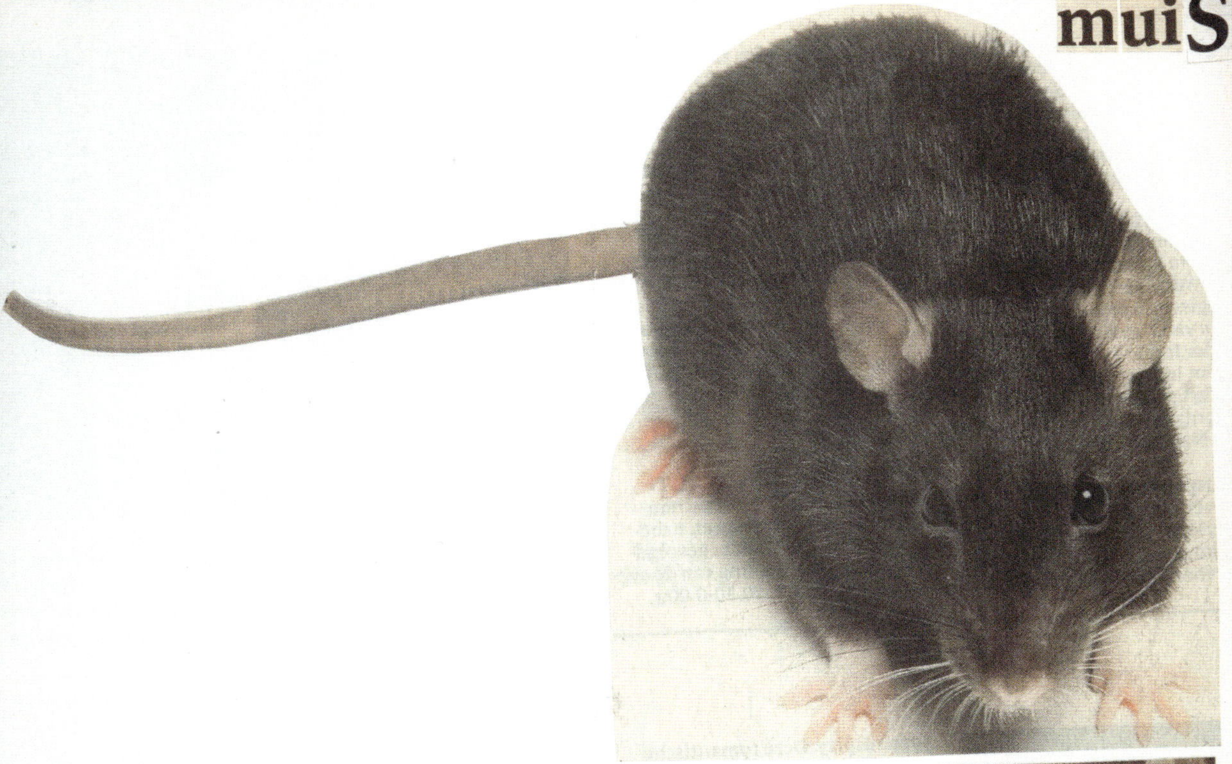

rat

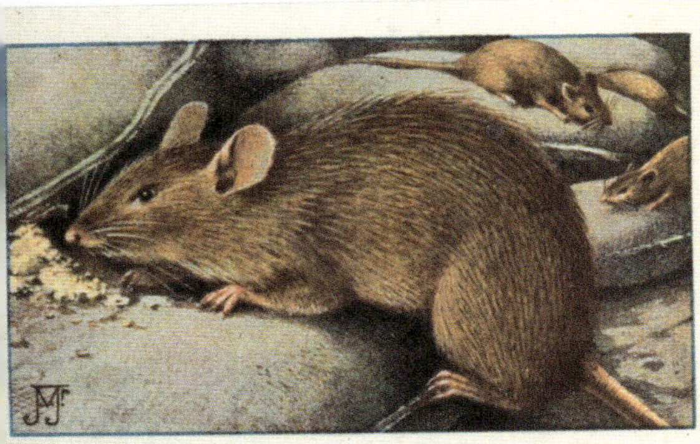

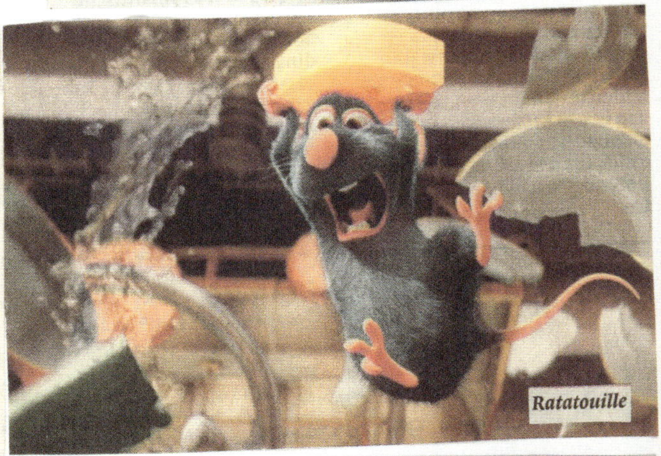

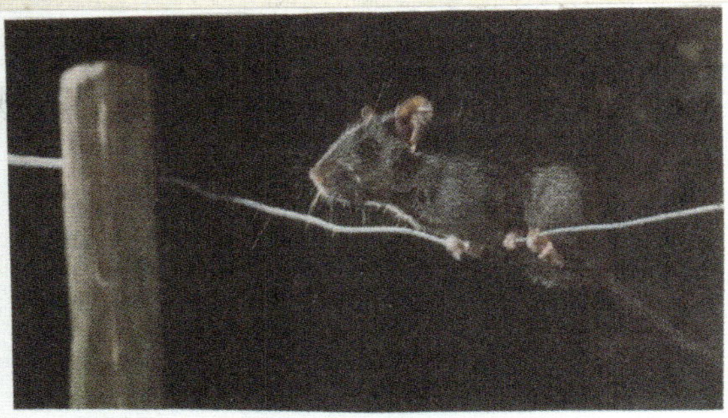

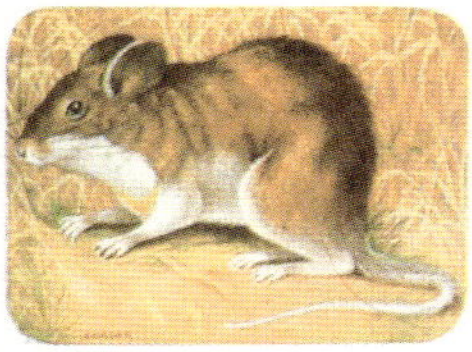

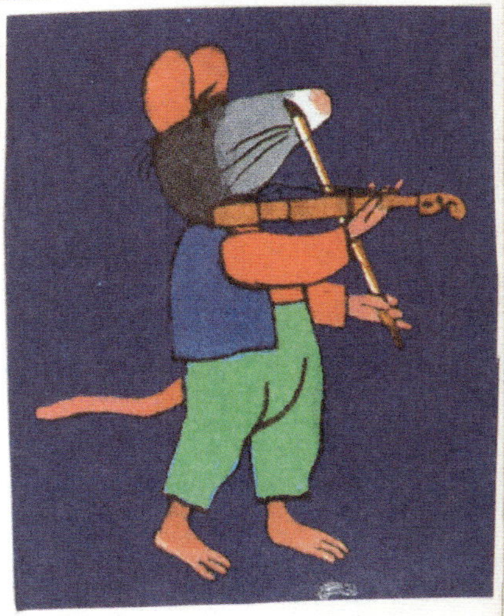

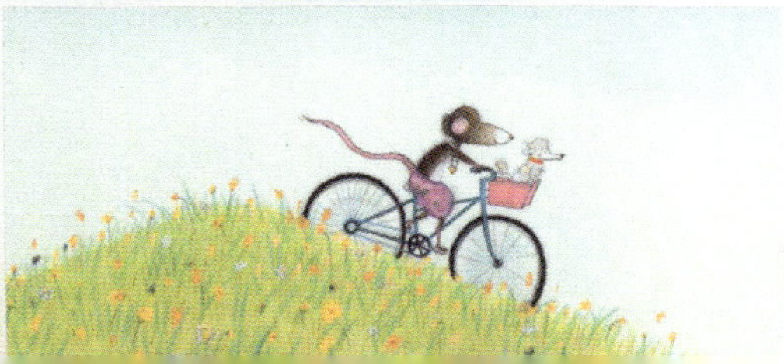

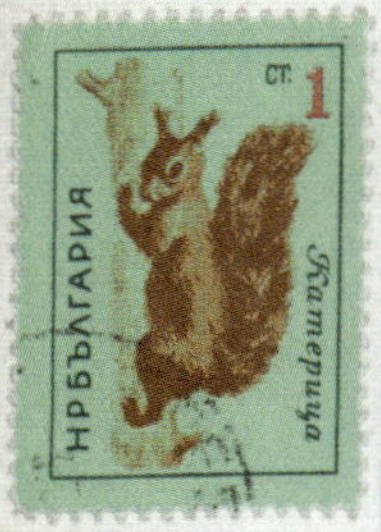
НР БЪЛГАРИЯ
СТ. 1
Катерица
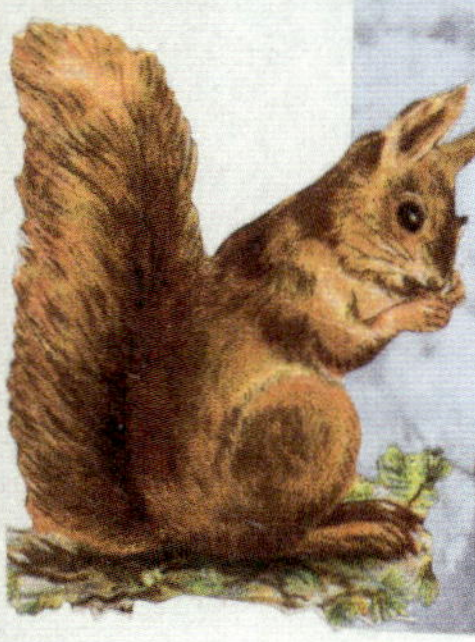
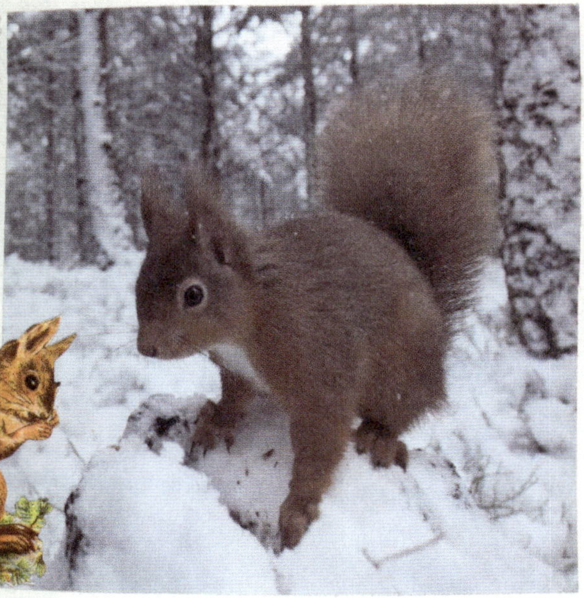
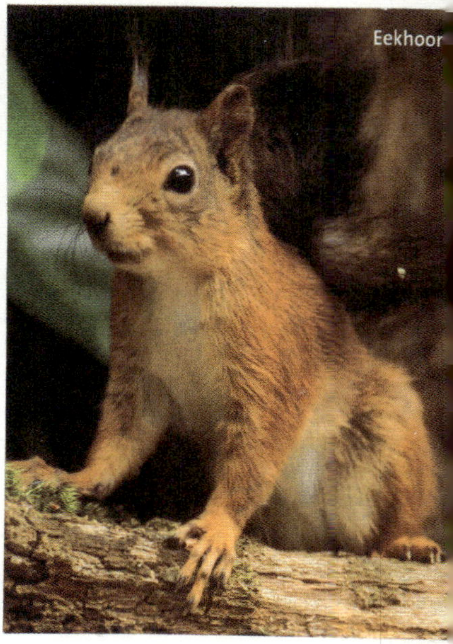
Eekhoor
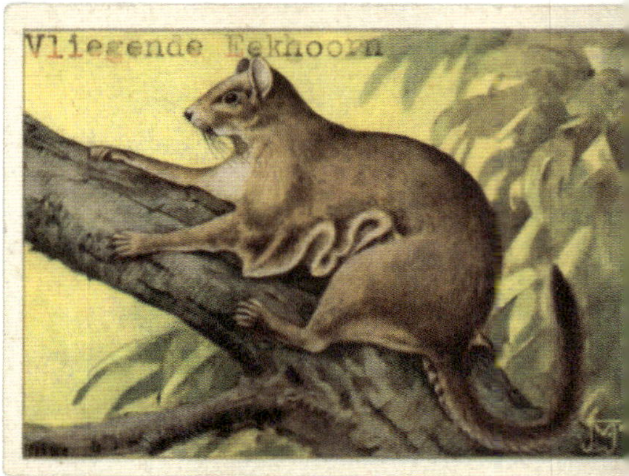
Vliegende Eekhoorn
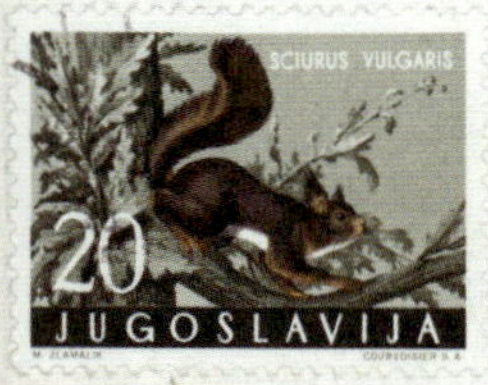
SCIURUS VULGARIS
20
JUGOSLAVIJA
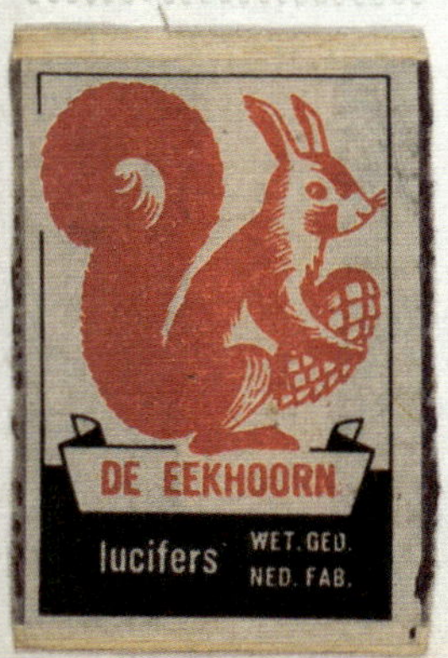
DE EEKHOORN
lucifers
WET. GED.
NED. FAB.
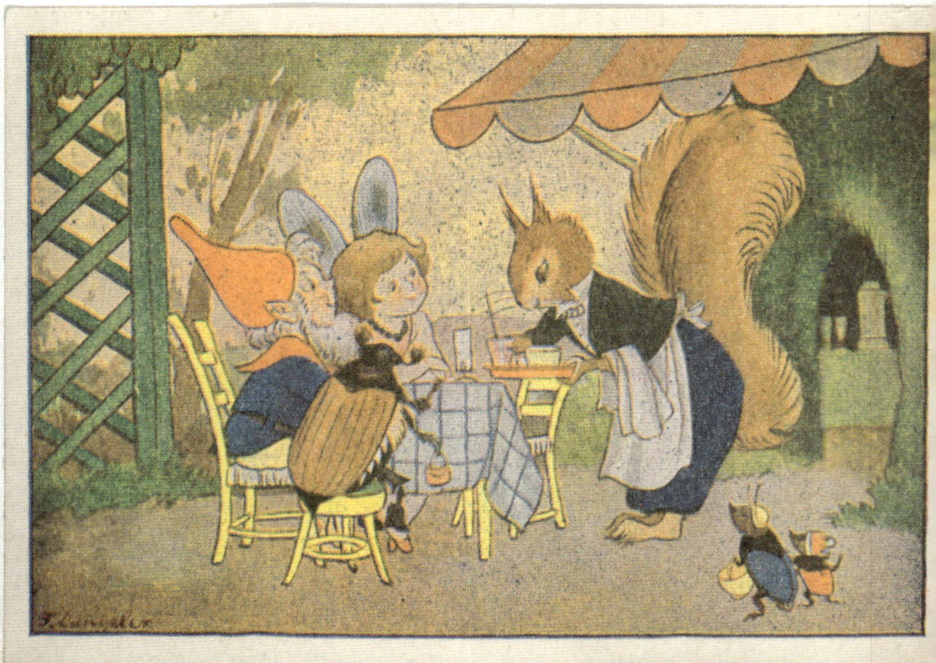

EEKHOORN

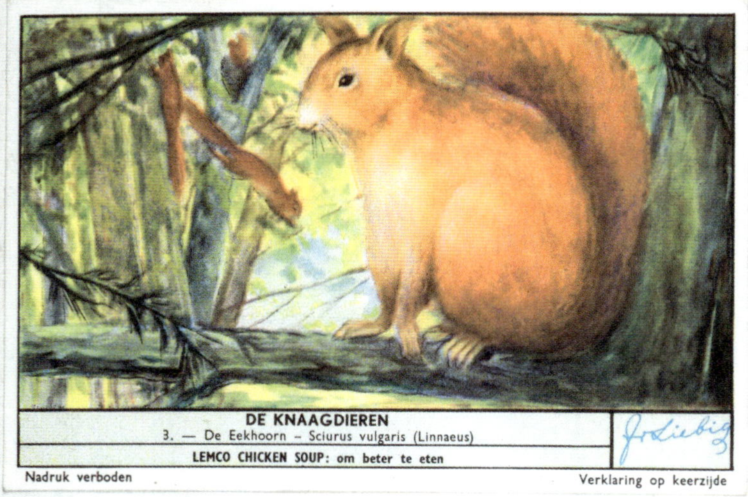

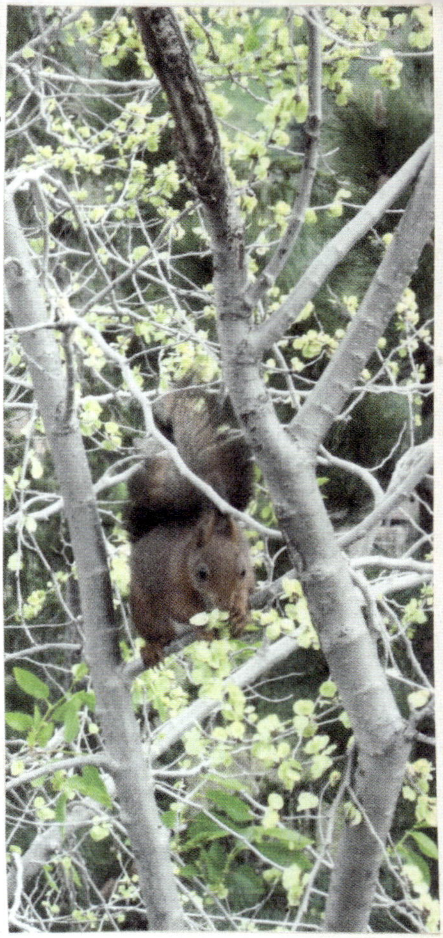

ASN BANK
VOOR DE WERELD VAN MORGEN

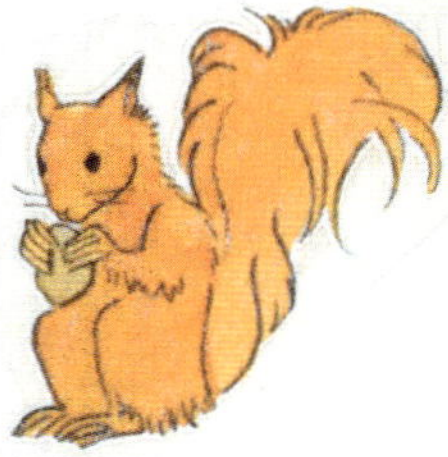

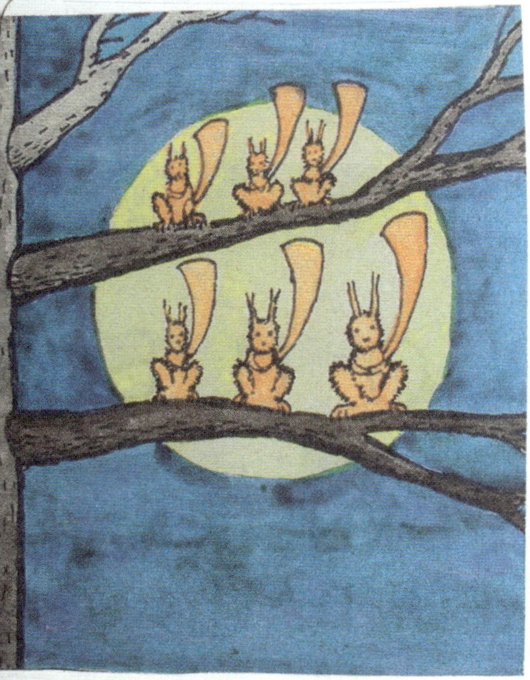

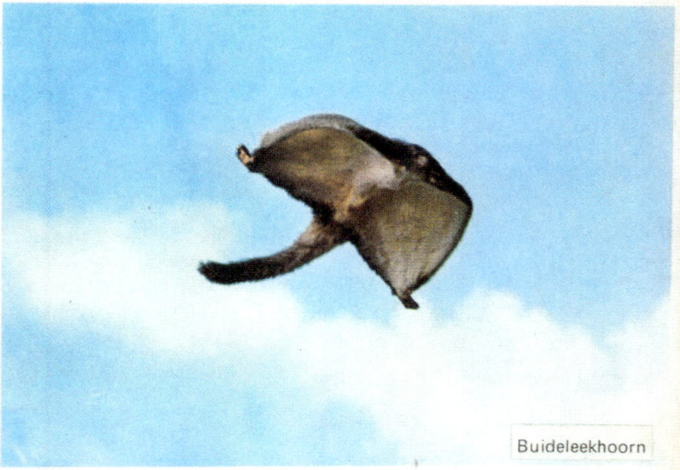

Buideleekhoorn

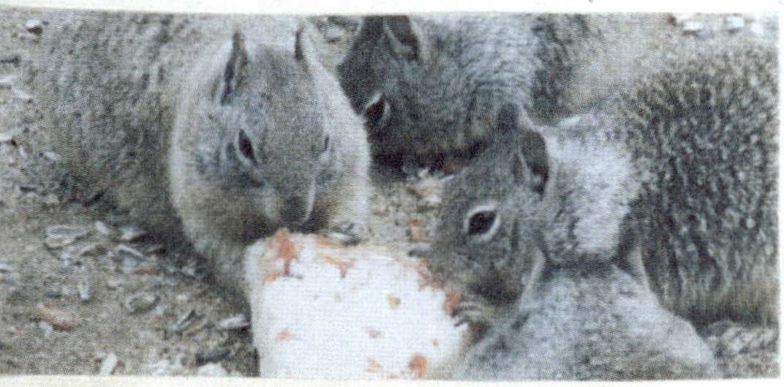

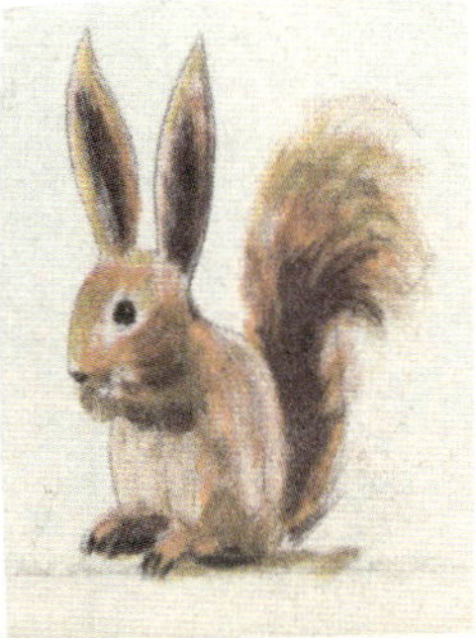

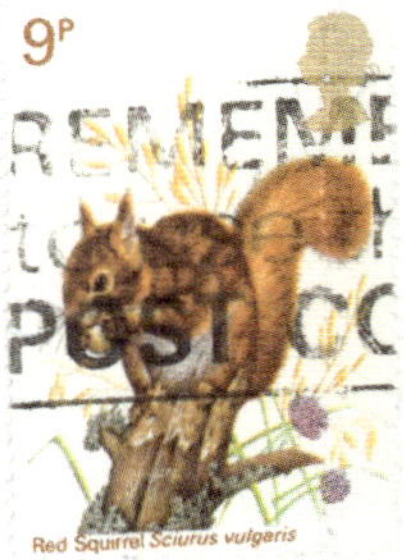

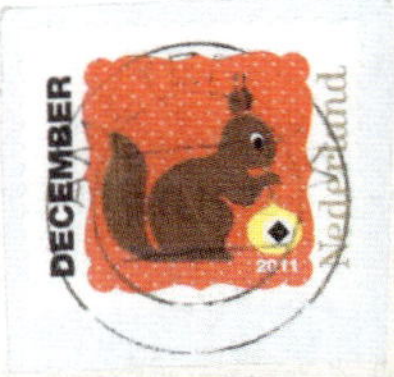

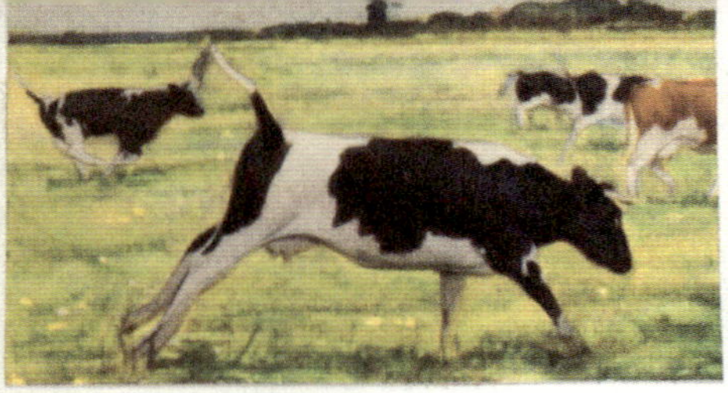

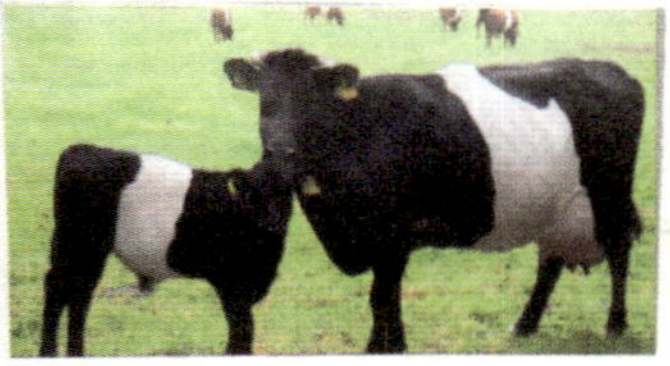

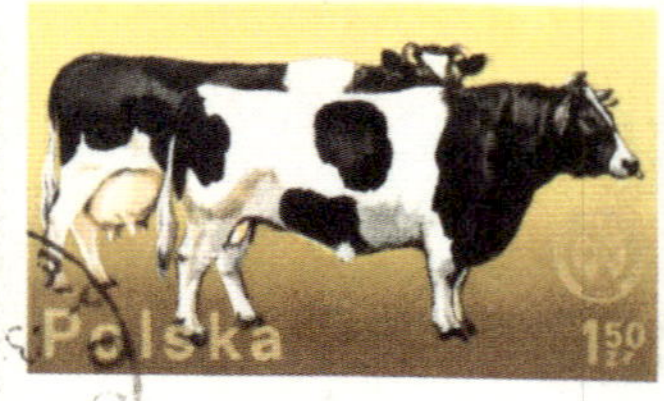

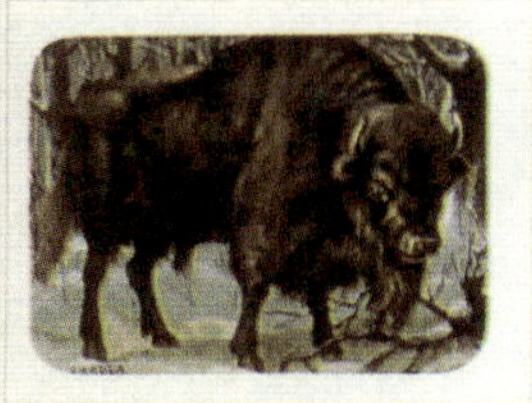

stier

koe

kalF

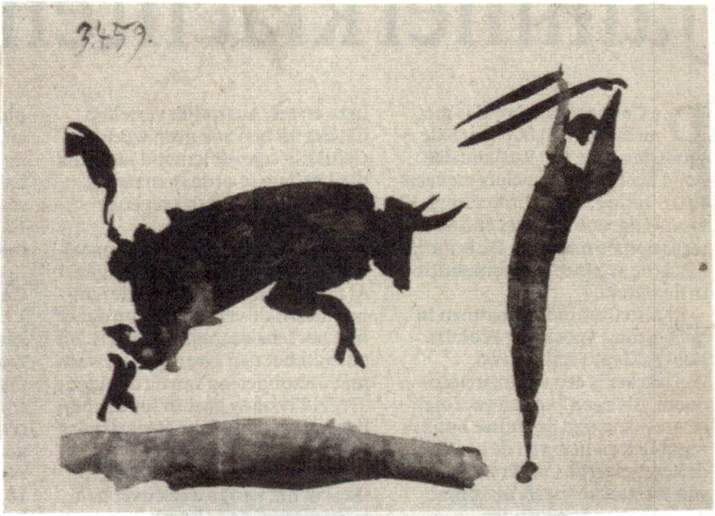

Penseeltekening van stierengevecht, Picasso

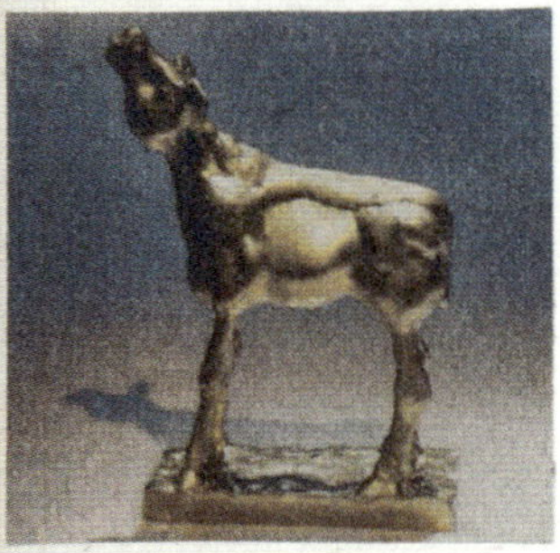

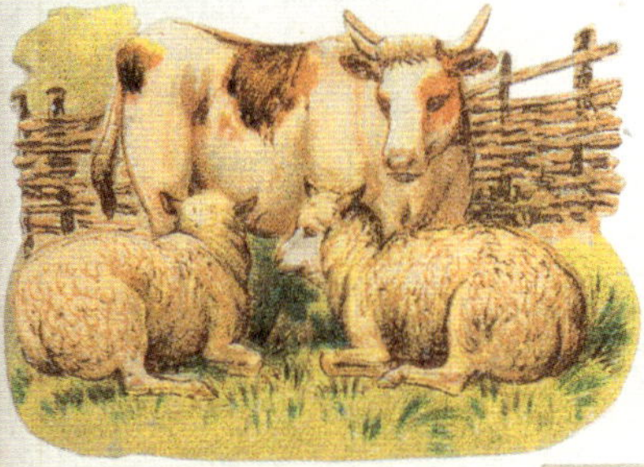

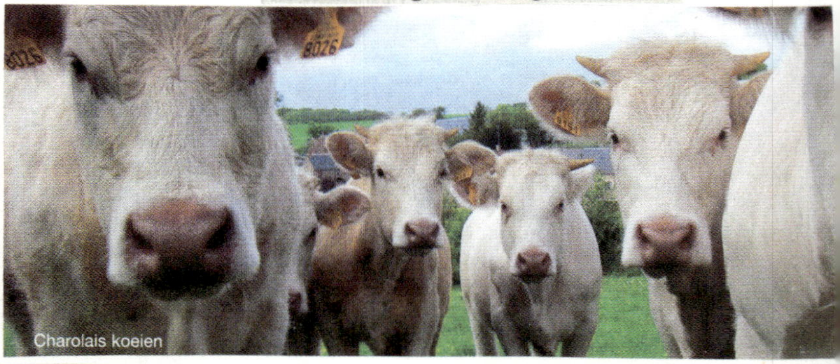

Charolais koeien

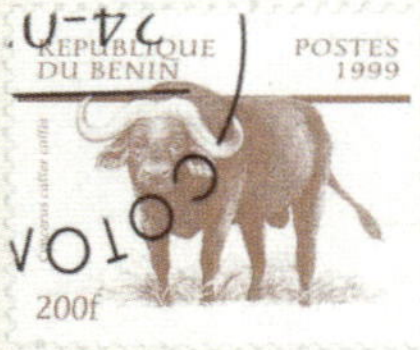

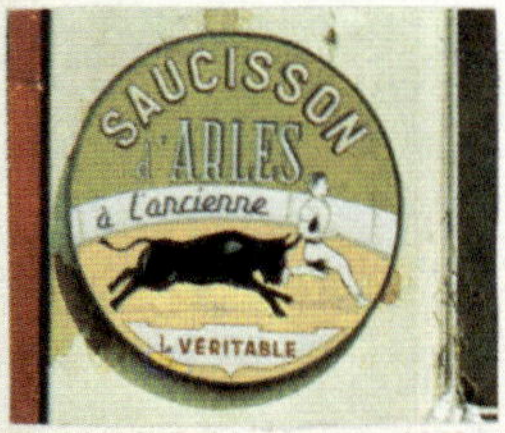

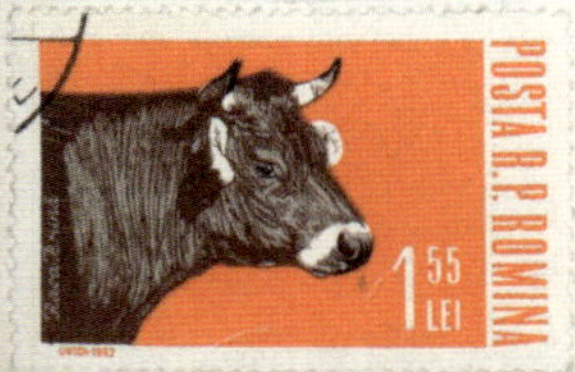

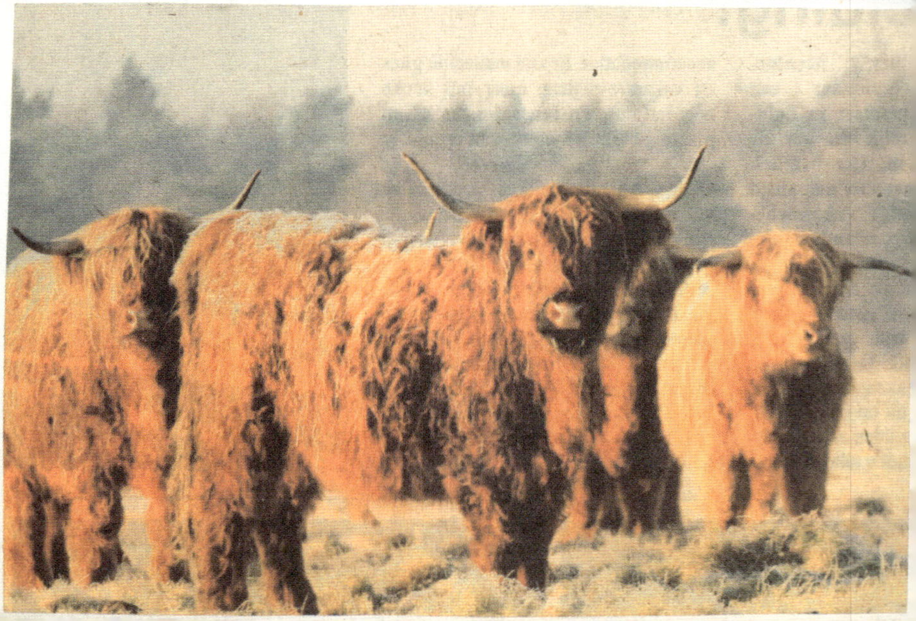

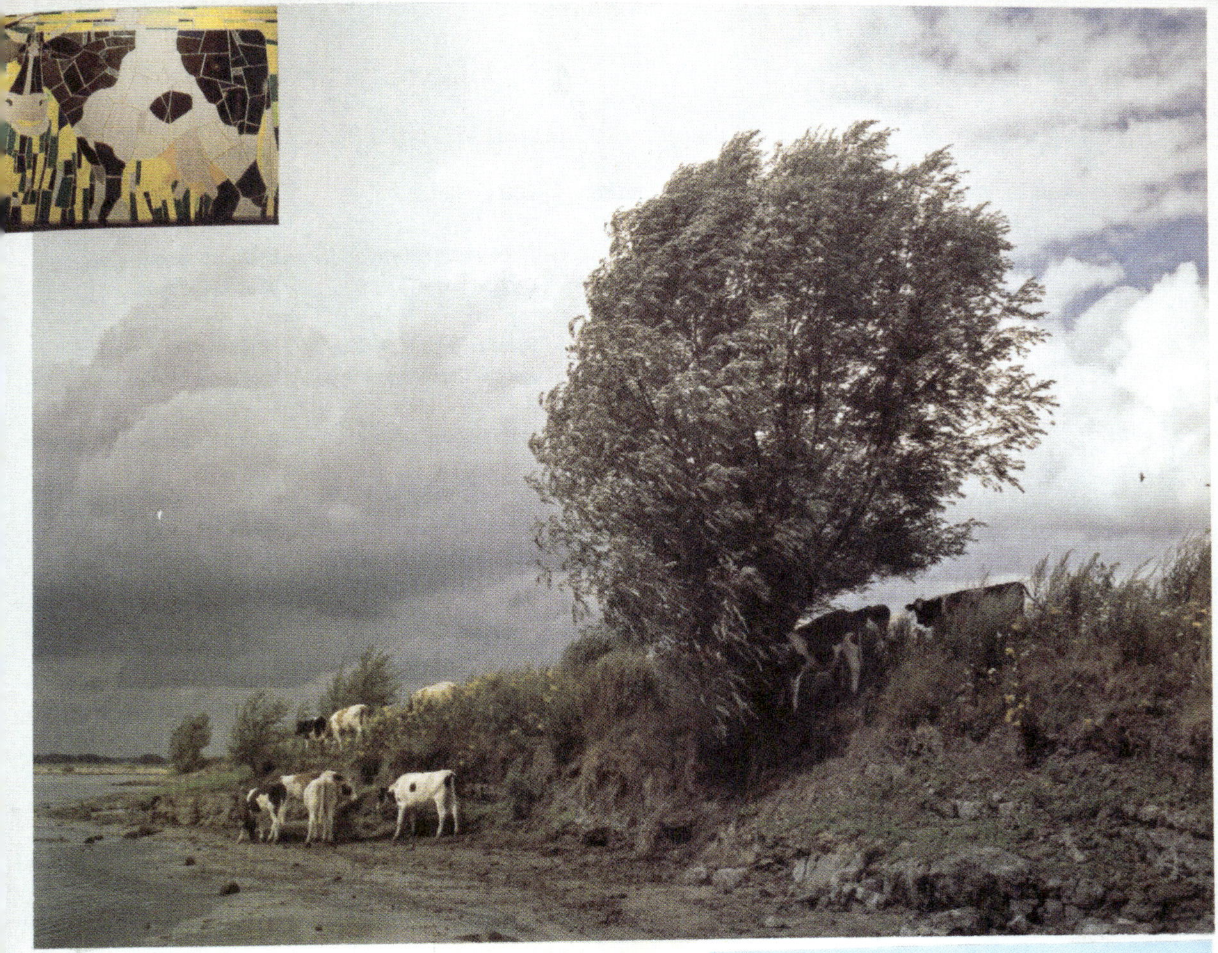

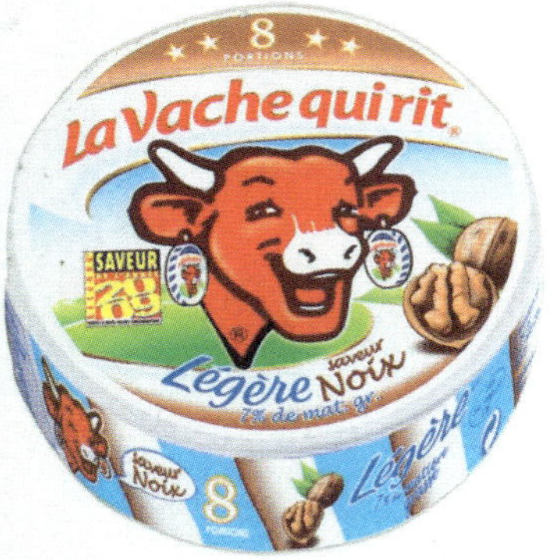
8
La Vache qui rit
SAVEUR
saveur Noix
Légère
8

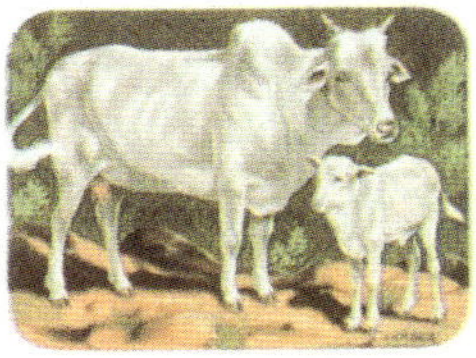

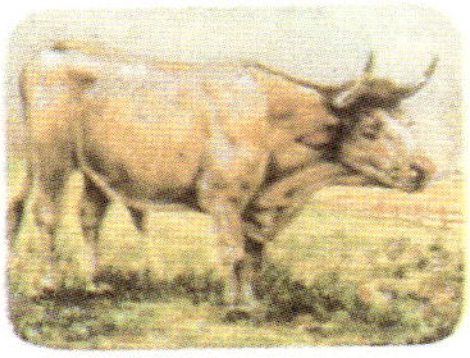

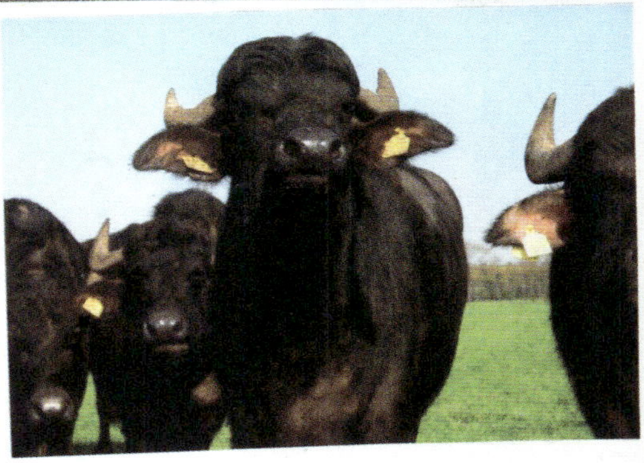

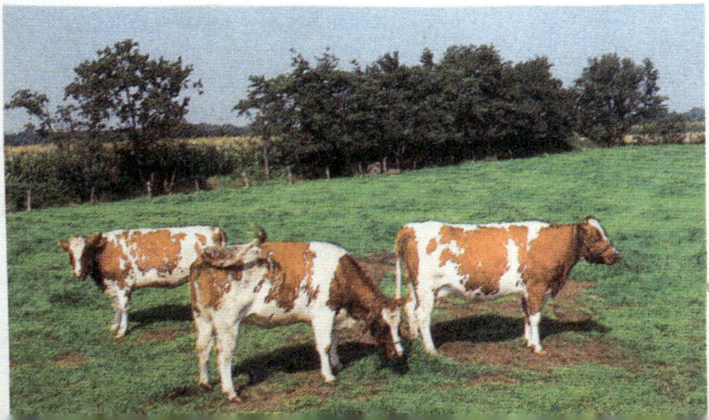

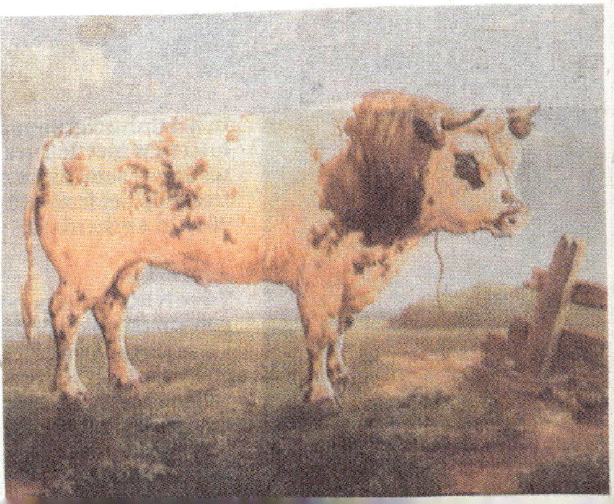

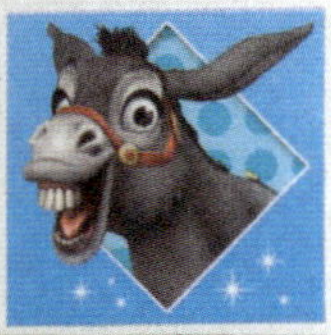

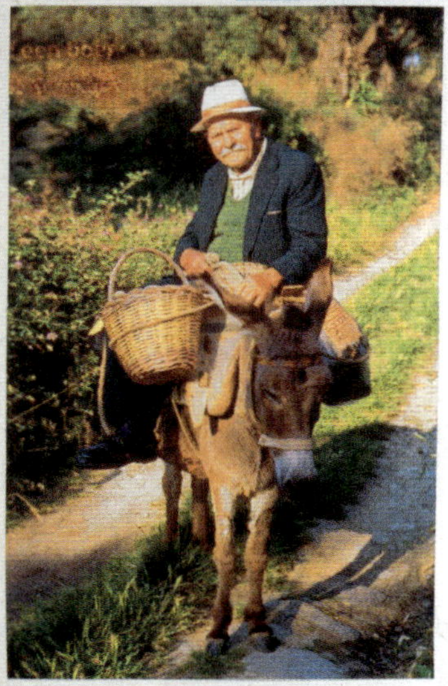

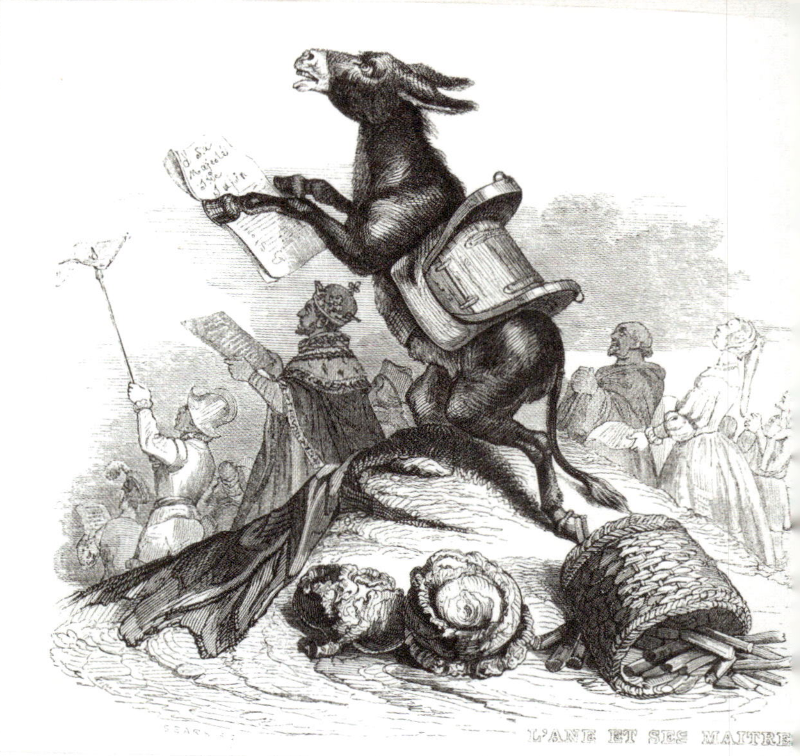

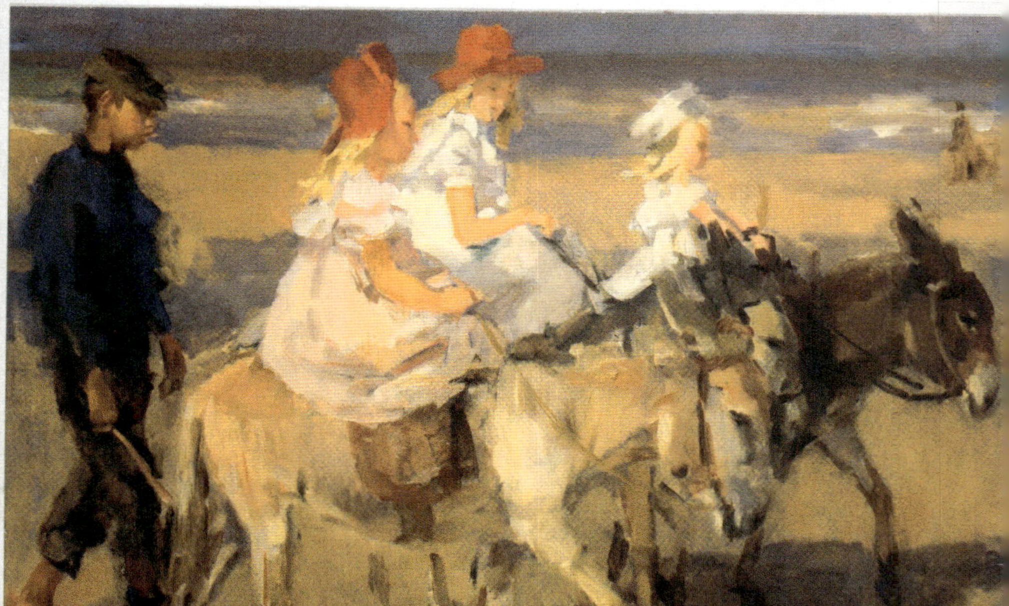

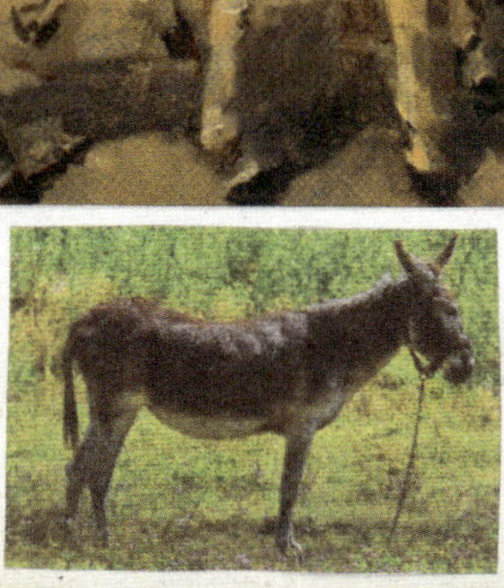

Isigny Ste Mère

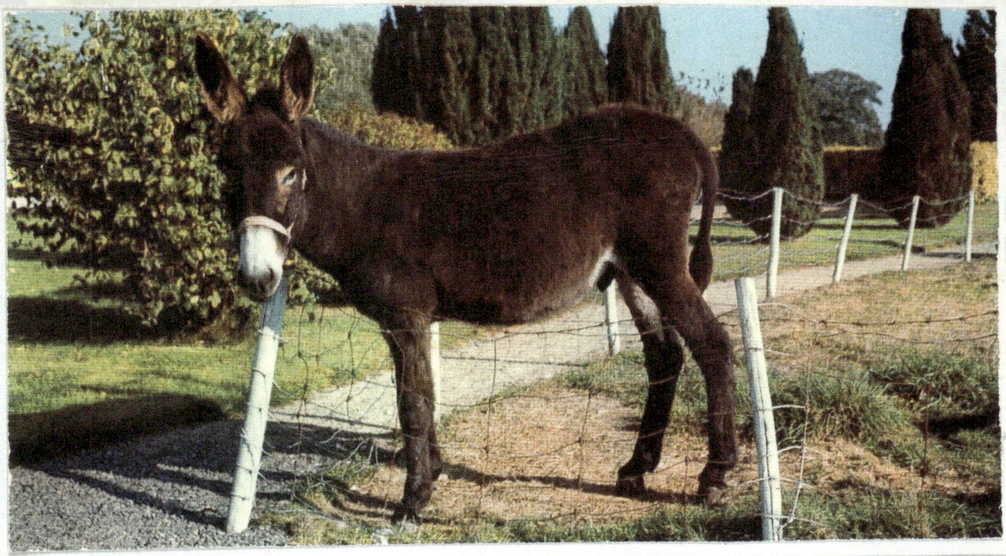

eZEL

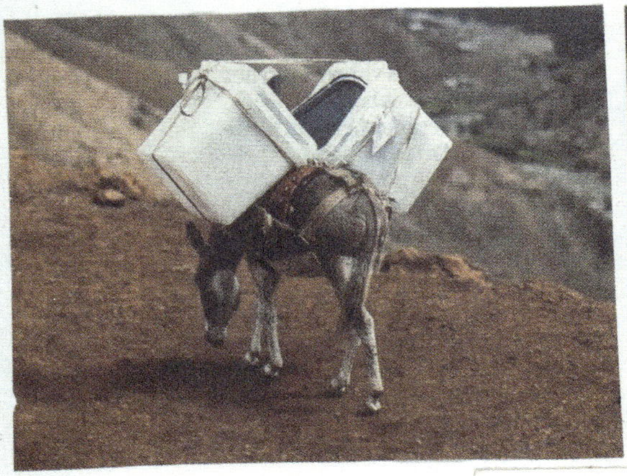

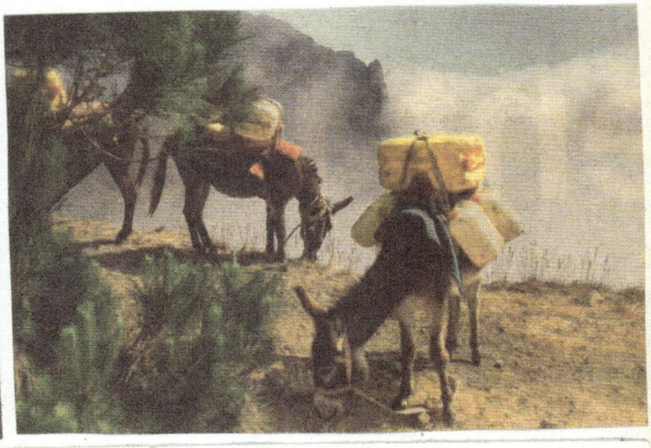

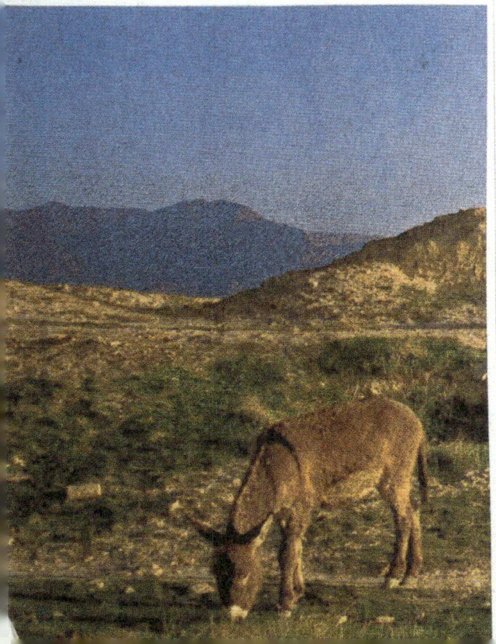

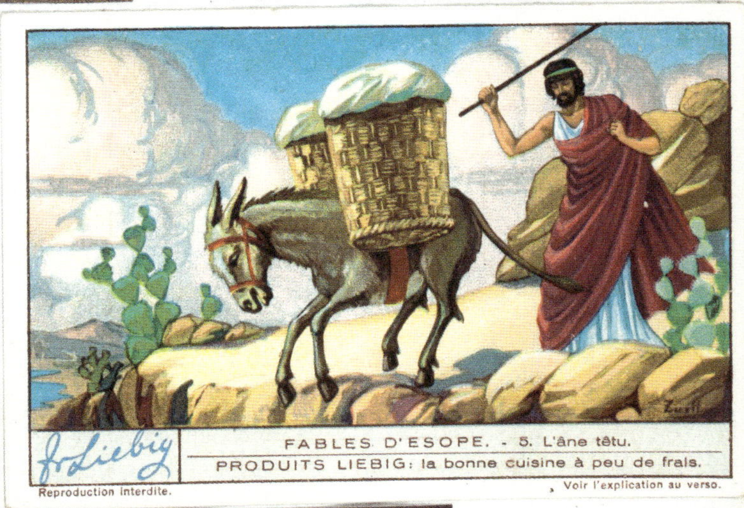

fr Liebig
FABLES D'ESOPE. - 5. L'âne têtu.
PRODUITS LIEBIG: la bonne cuisine à peu de frais.
Reproduction interdite.
Voir l'explication au verso.

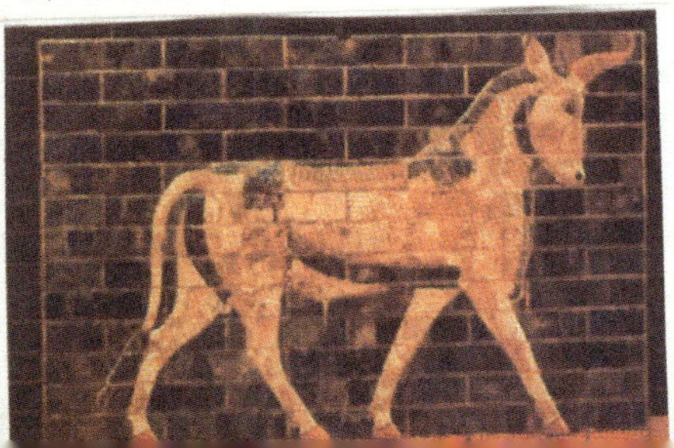

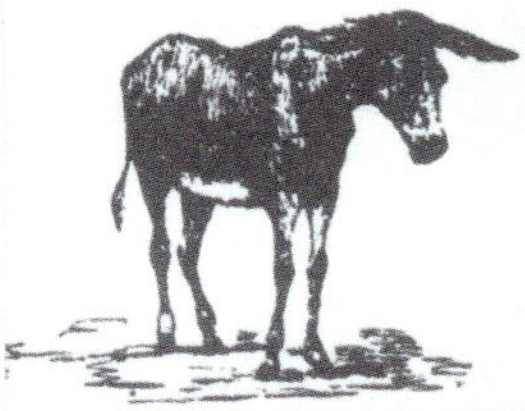

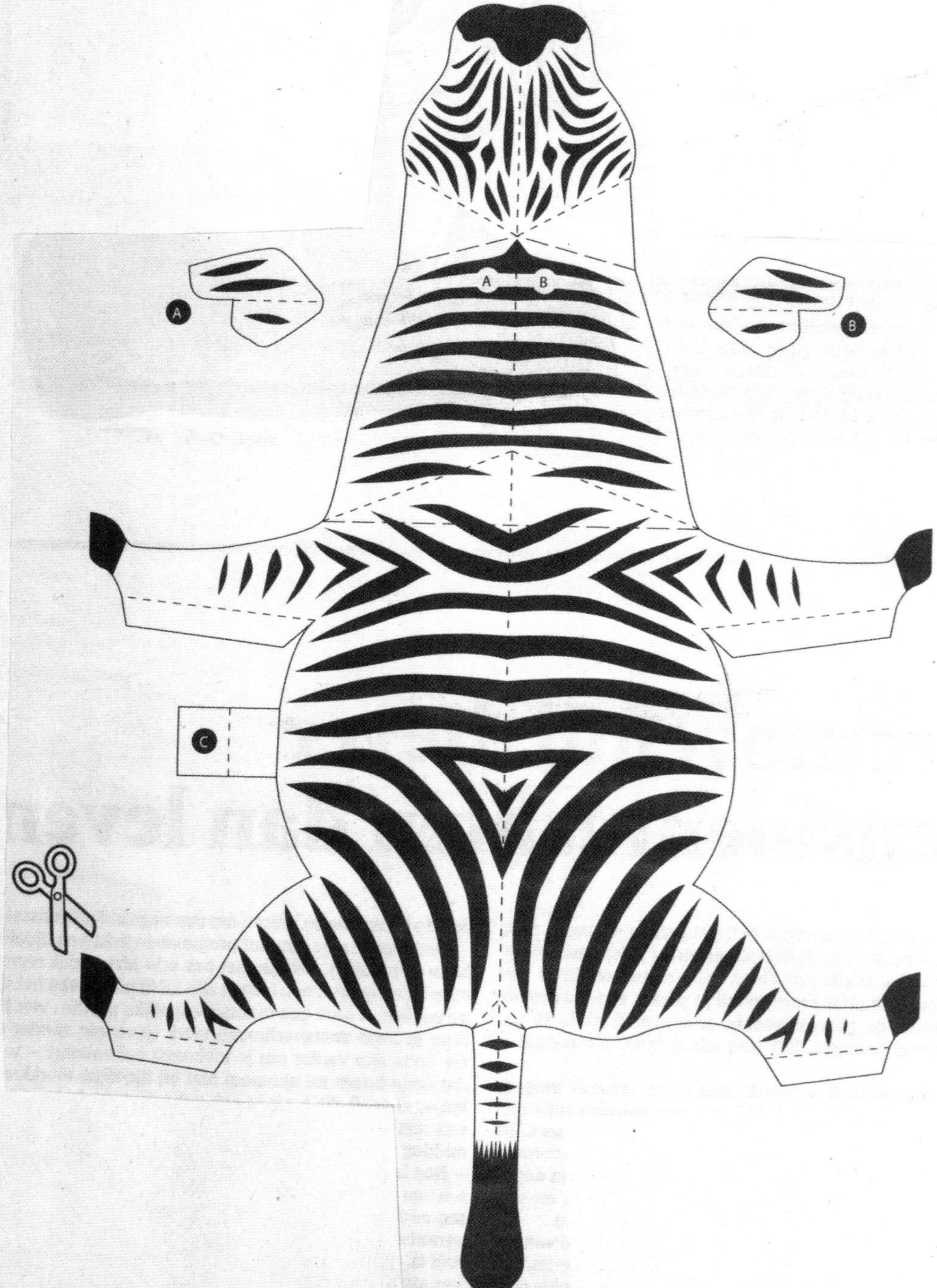
A
B
A
B
C

Zee
a
BR

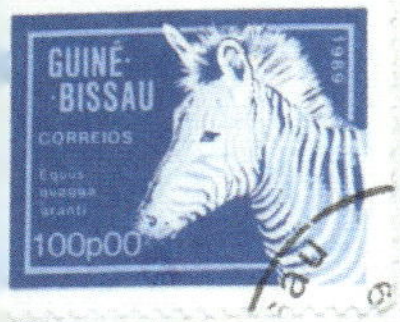

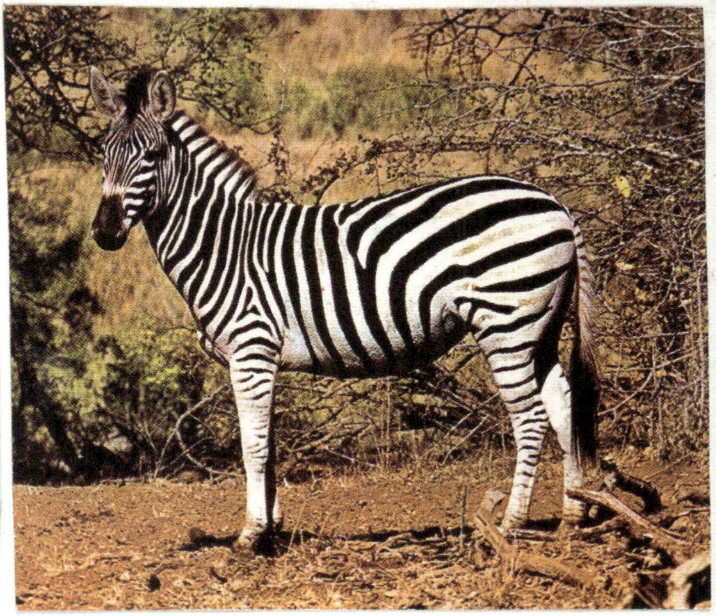

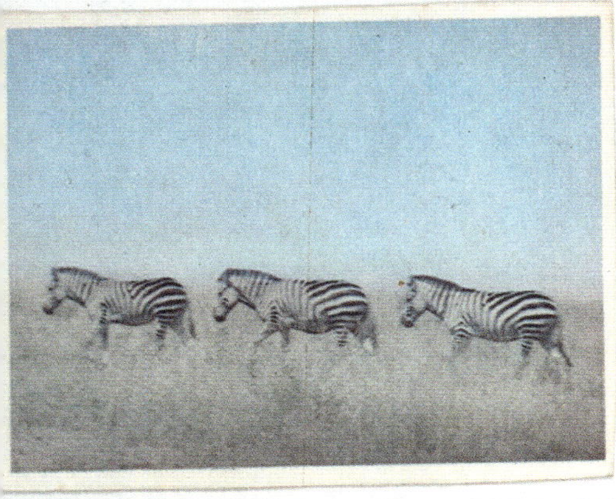

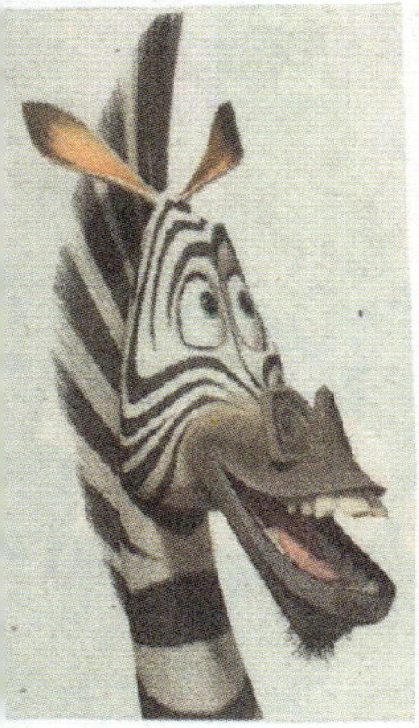

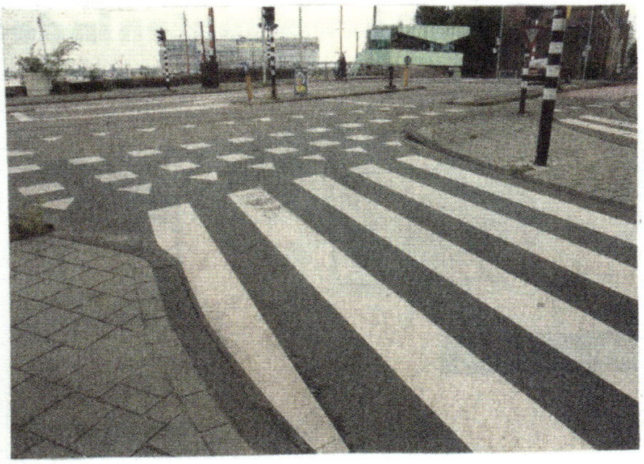

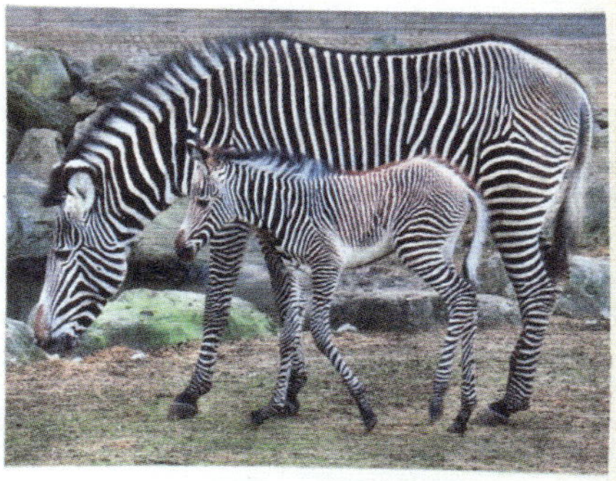

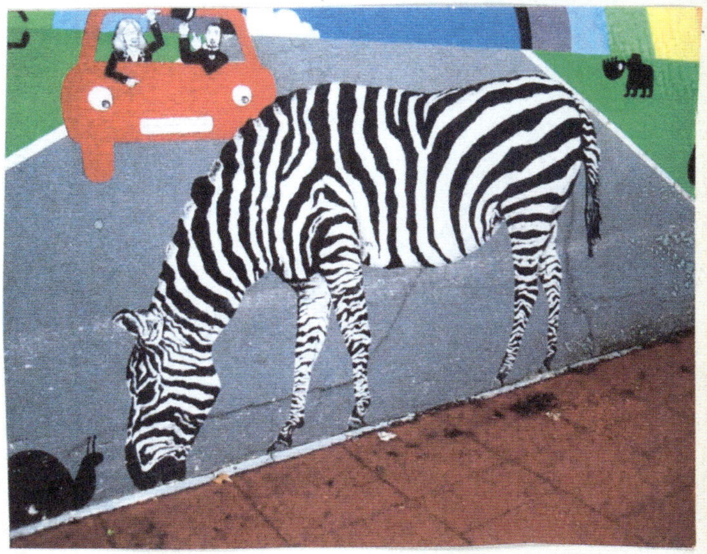

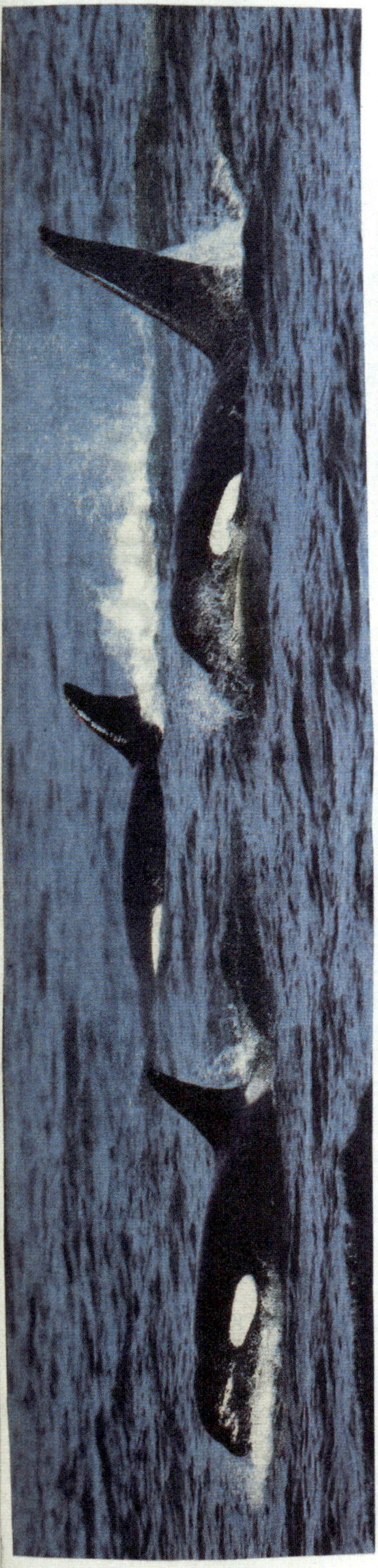

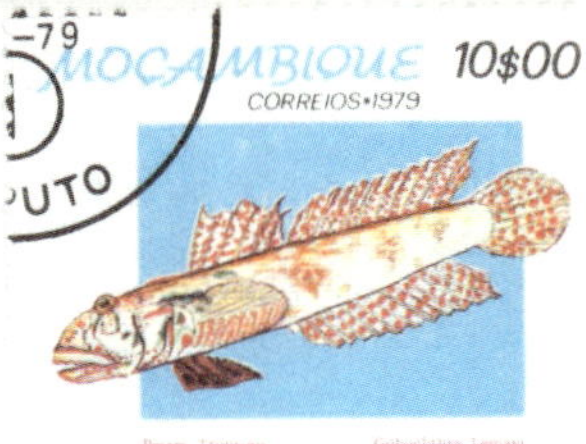

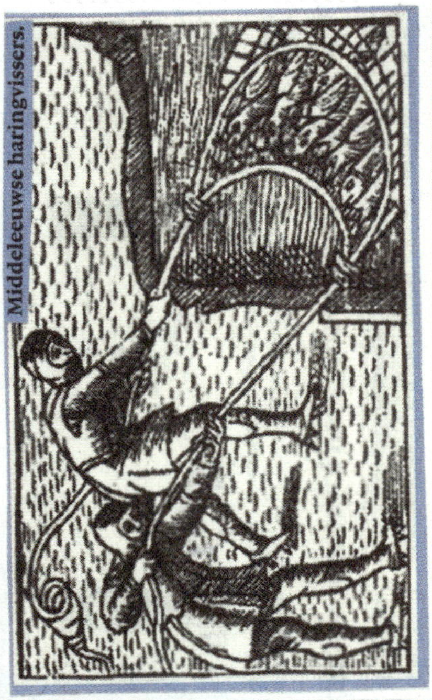
Middeleeuwse haringvissers.

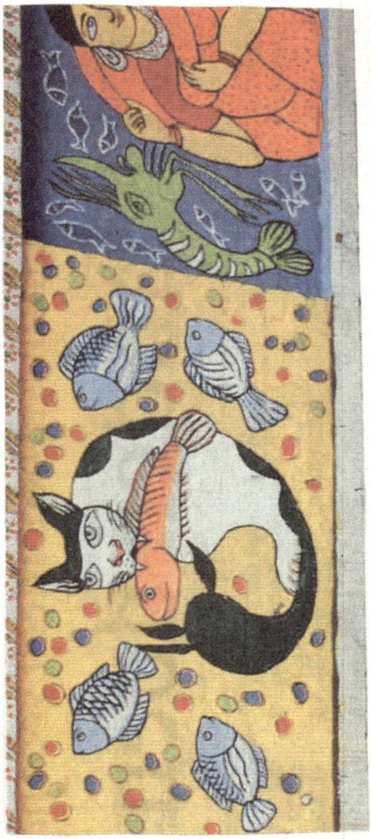

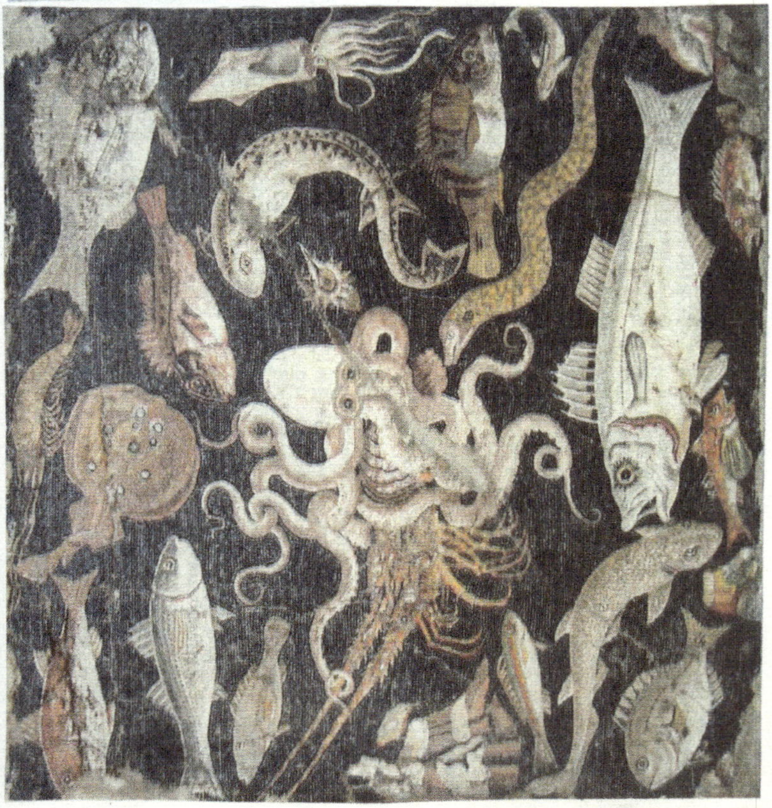
Zeedieren. Mozaëk uit Pompeii

siv

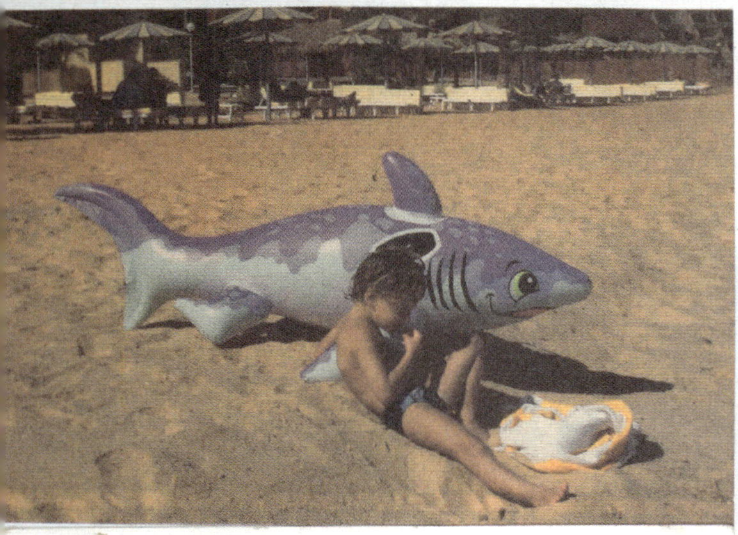

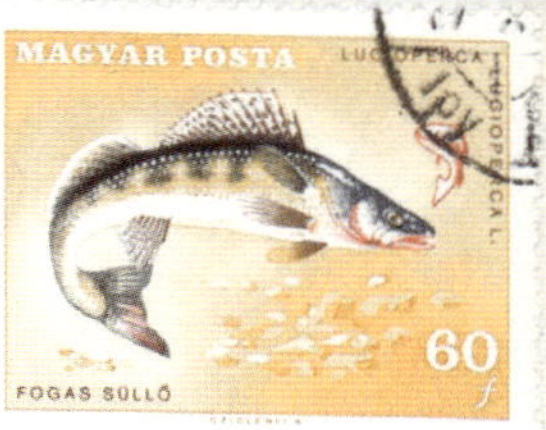
MAGYAR POSTA
60
FOGAS SÜLLŐ

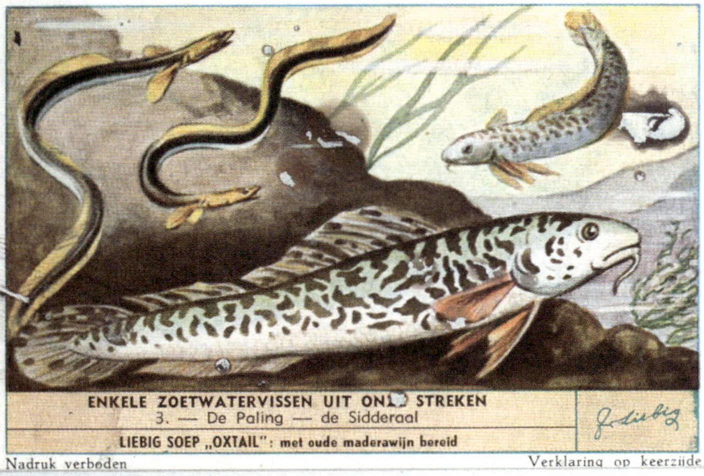
ENKELE ZOETWATERVISSEN UIT ONS STREKEN
3. — De Paling — de Sidderaal
LIEBIG SOEP „OXTAIL": met oude maderawijn bereid
Nadruk verboden
Verklaring op keerzijde

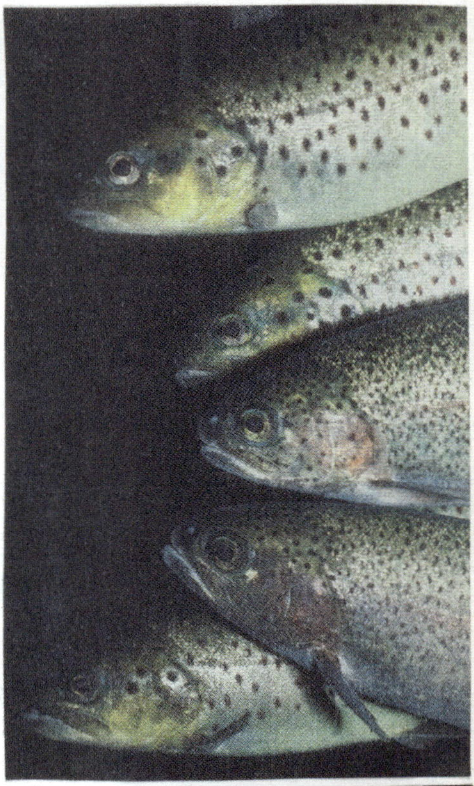

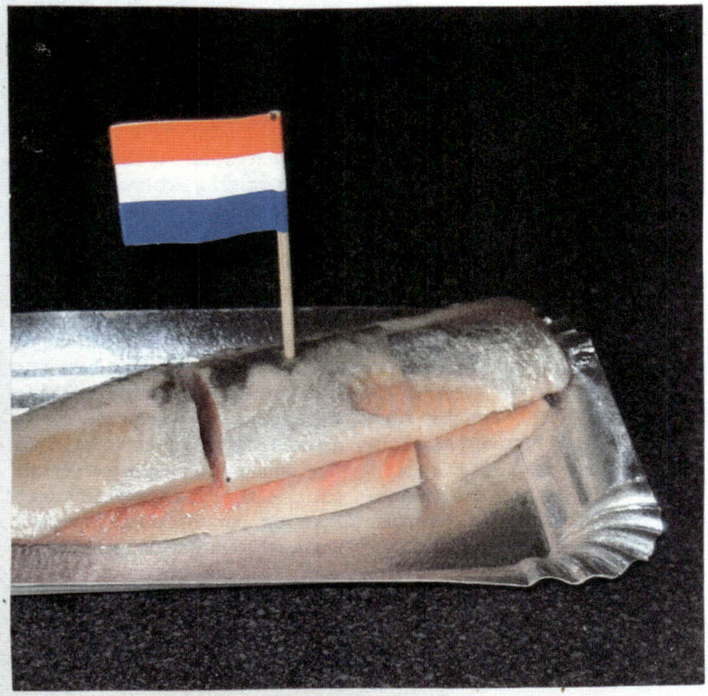

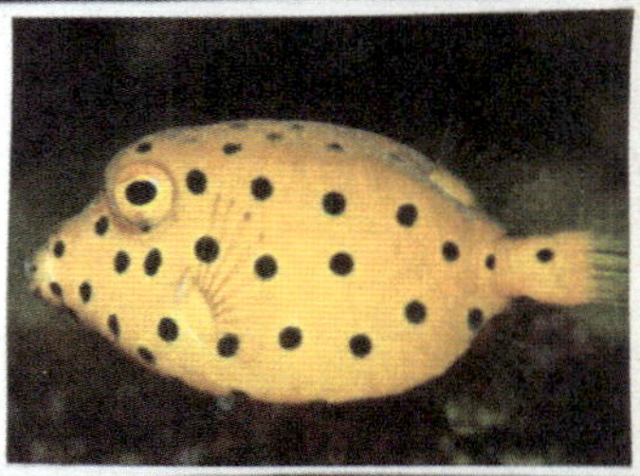

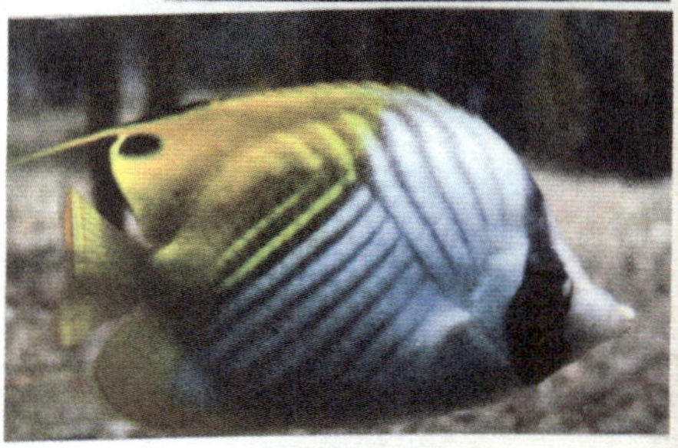

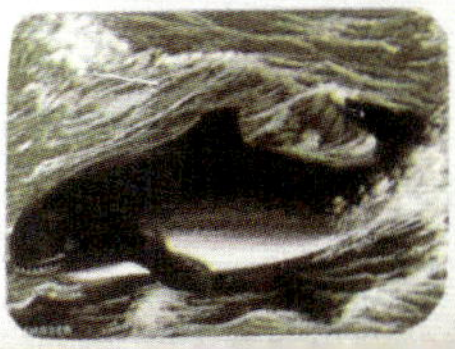

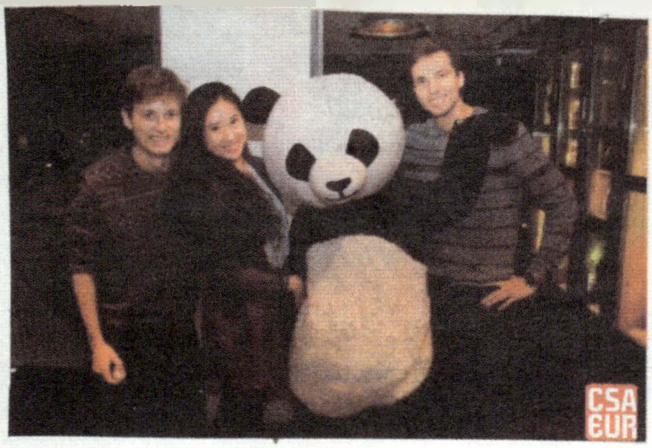
CSA
EUR

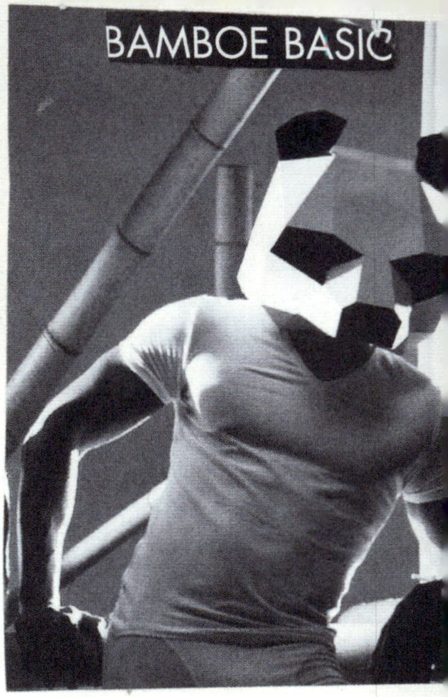
BAMBOE BASIC

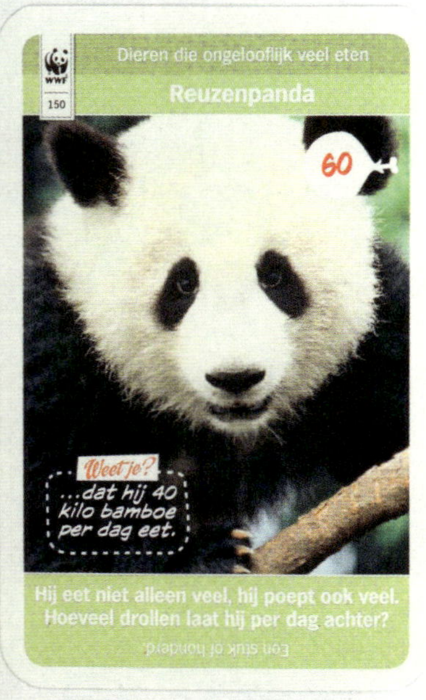
Dieren die ongelooflijk veel eten
150
Reuzenpanda
60
Weet je?
...dat hij 40 kilo bamboe per dag eet.
Hij eet niet alleen veel, hij poept ook veel.
Hoeveel drollen laat hij per dag achter?
Een stuk of honderd.

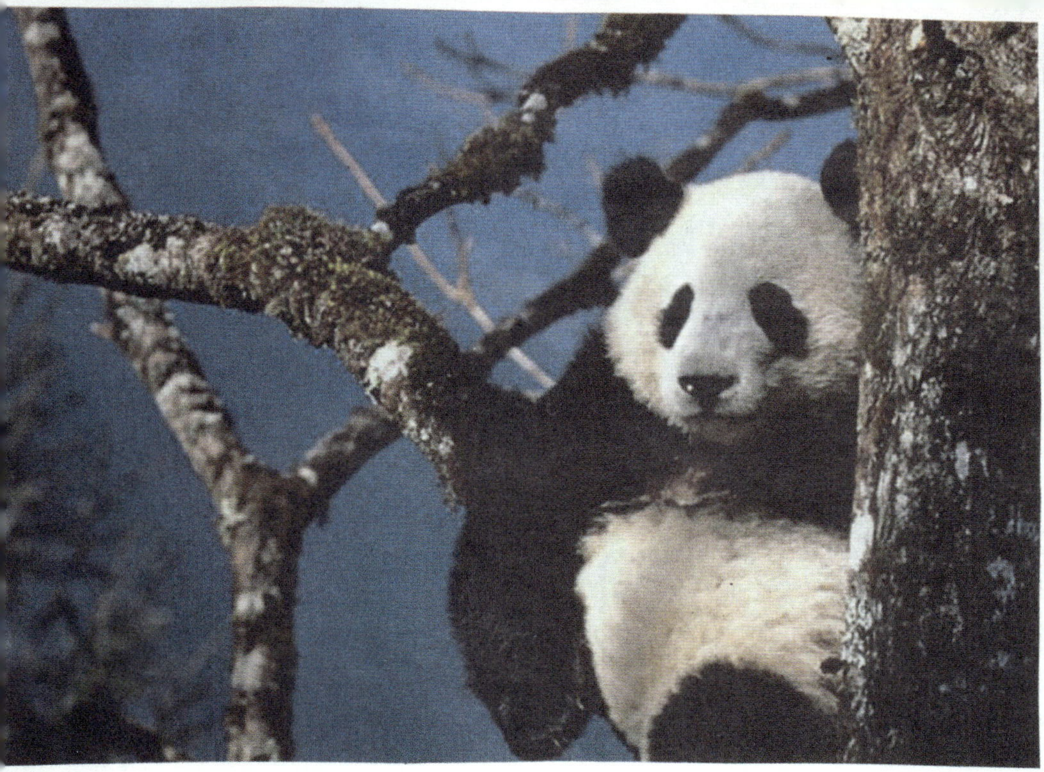

P and a

WWF
50 JAAR

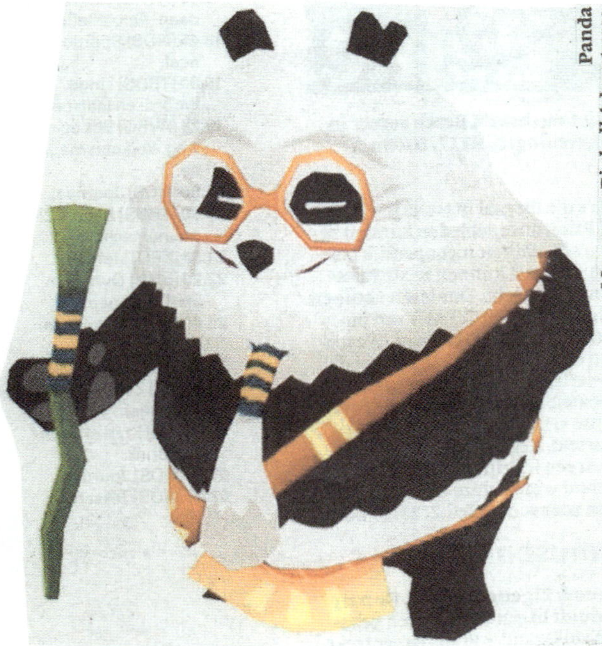

Panda
Momonga Pinball Adventures.

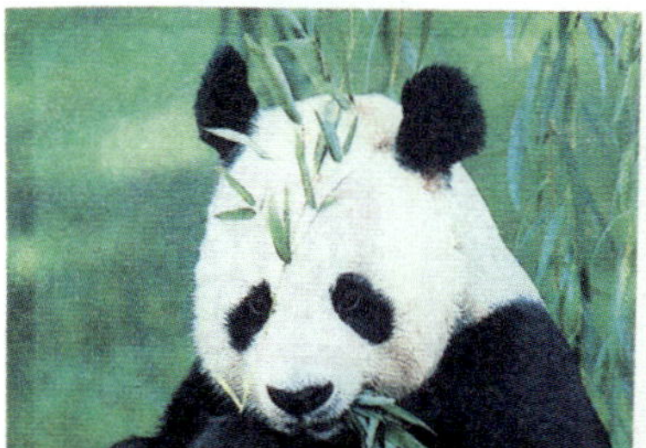

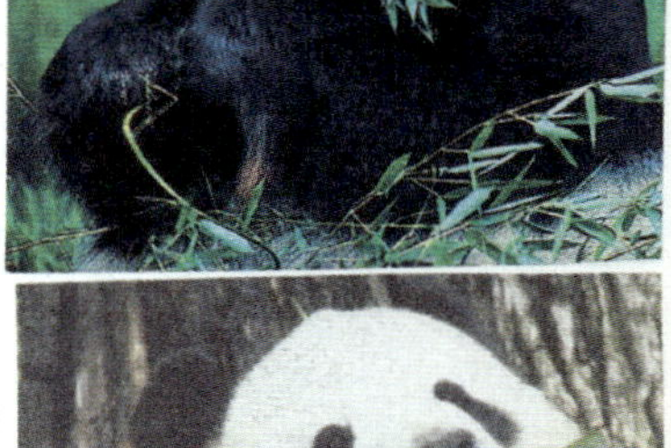

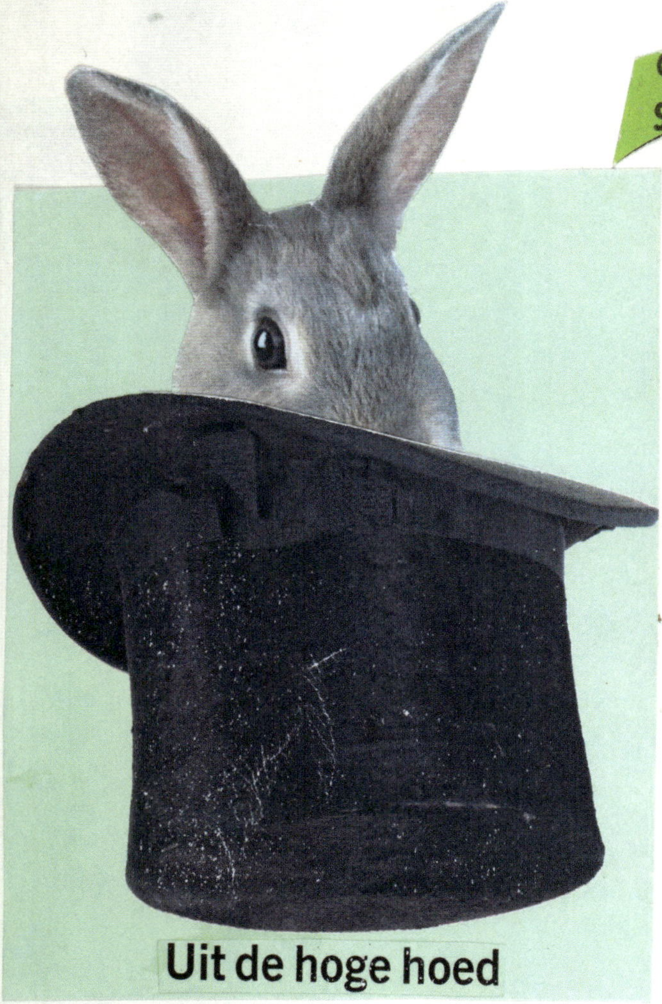
Uit de hoge hoed

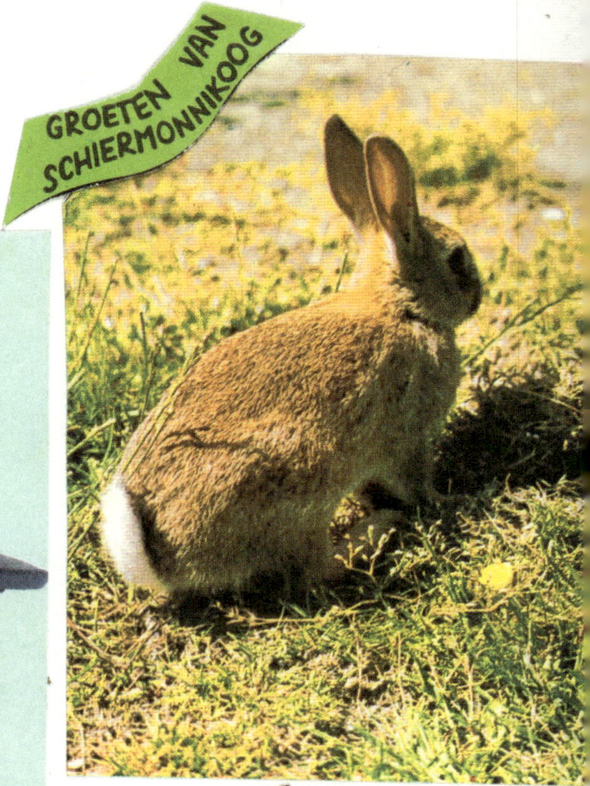
GROETEN VAN
SCHIERMONNIKOOG

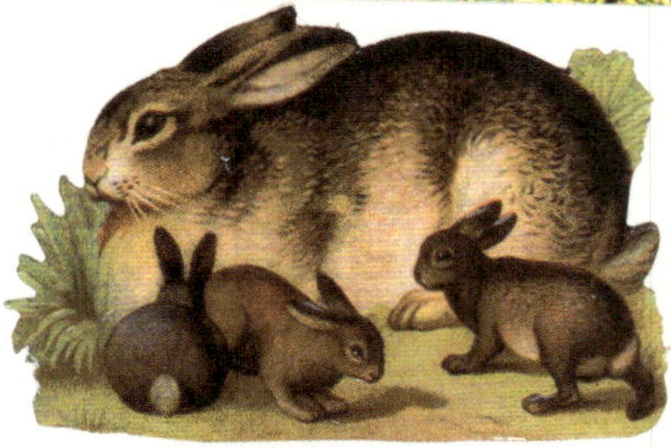

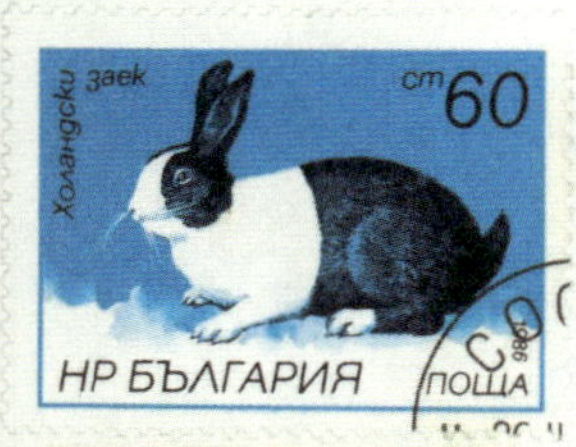
Холандски заек
ст 60
НР БЪЛГАРИЯ
ПОЩА

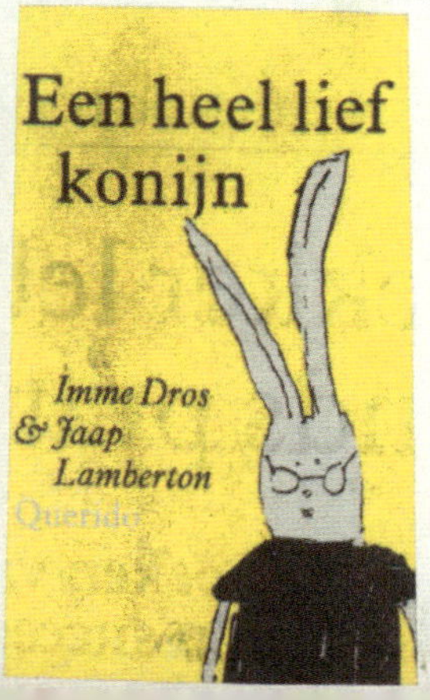
Een heel lief konijn
Imme Dros
& Jaap Lamberton
Querido

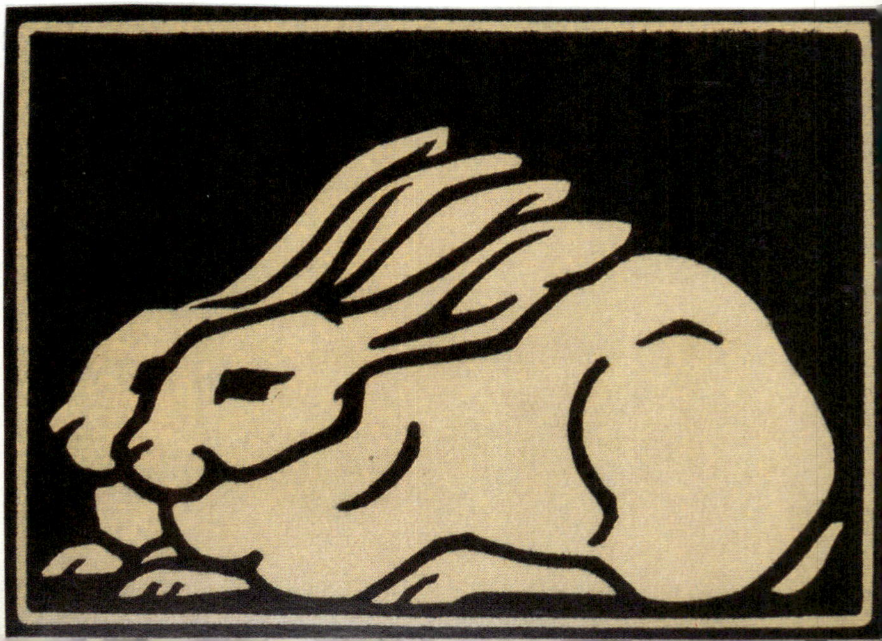

KOnijN

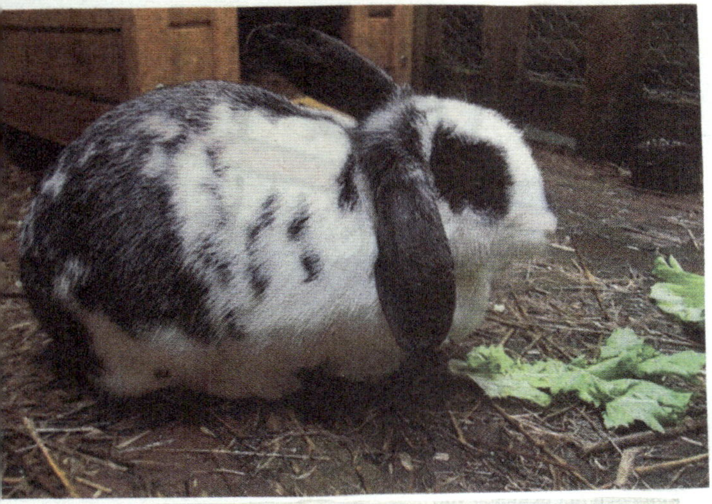

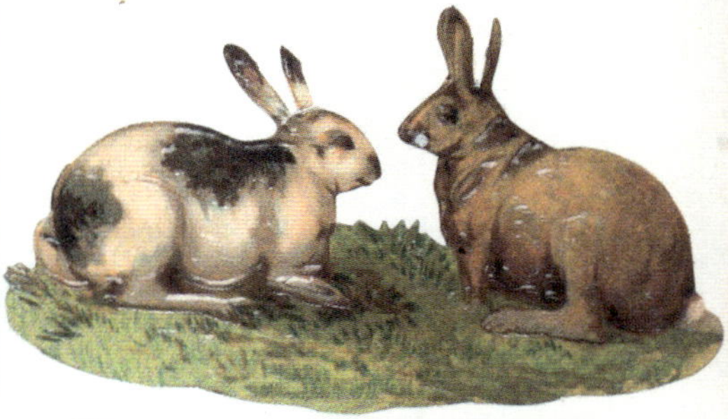

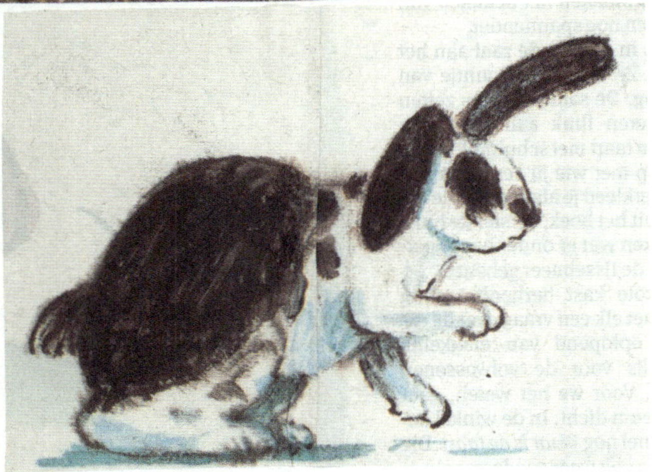

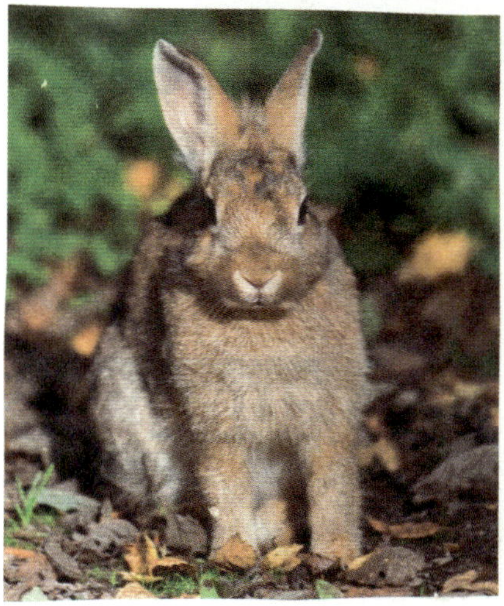

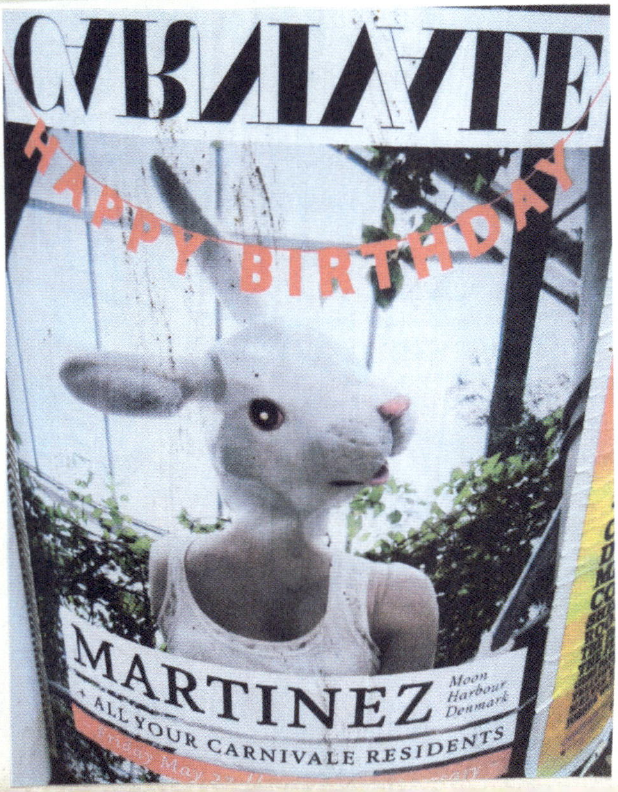
HAPPY BIRTHDAY
MARTINEZ
Moon Harbour Denmark
+ ALL YOUR CARNIVALE RESIDENTS

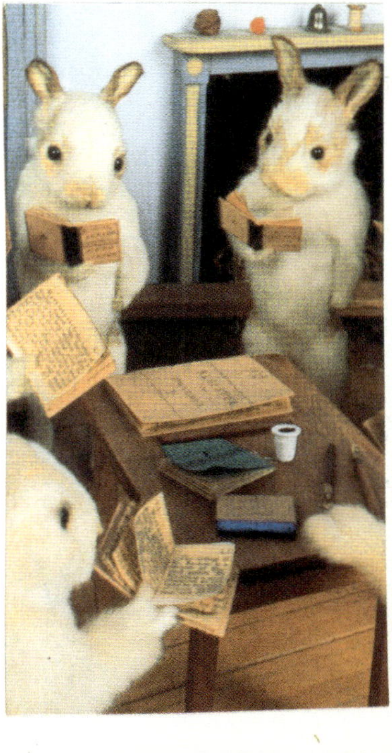

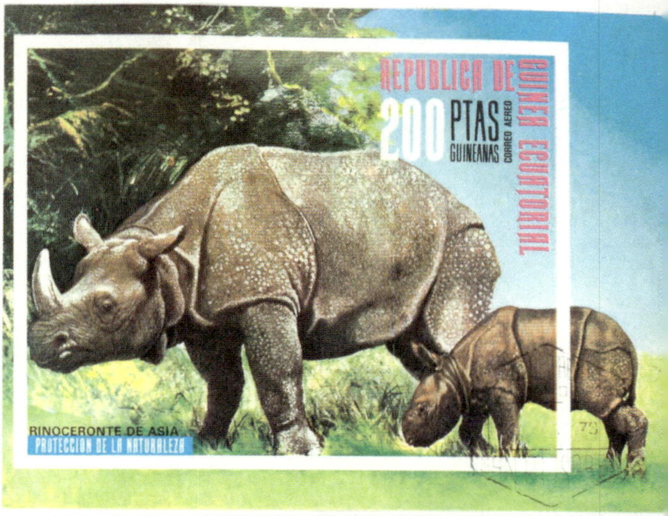
REPUBLICA DE GUINEA ECUATORIAL
200 PTAS GUINEANAS
CORREO AEREO
RINOCERONTE DE ASIA
PROTECCION DE LA NATURALEZA

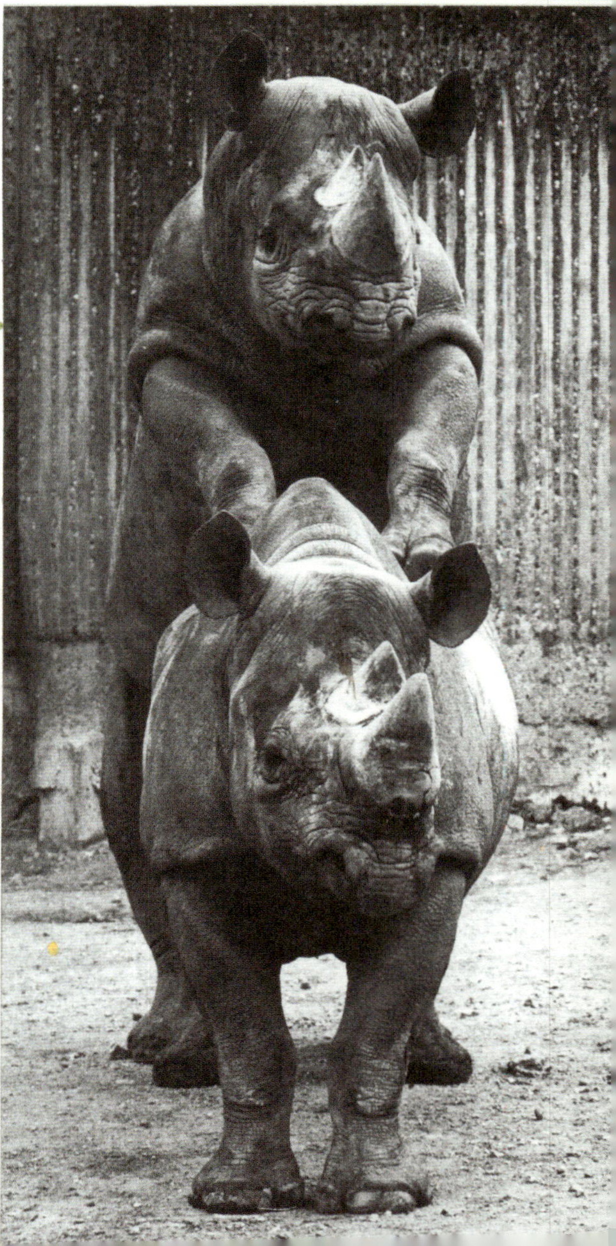

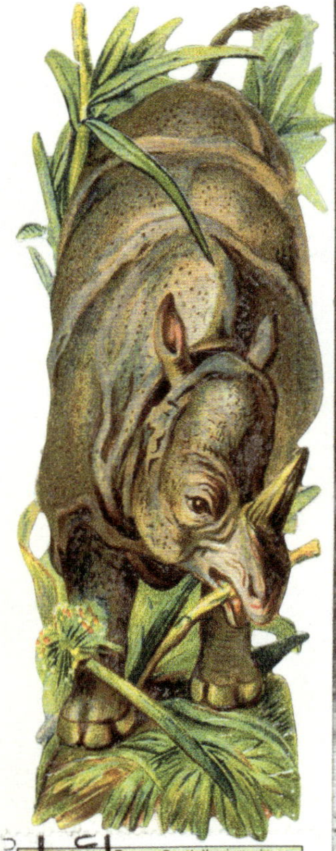

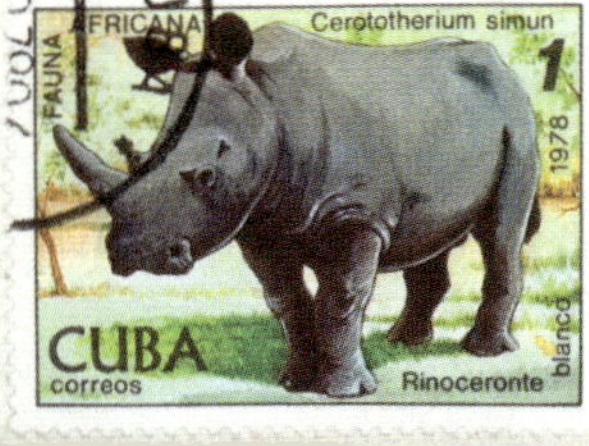
FAUNA AFRICANA
Cerototherium simun
1
1978
CUBA
correos
Rinoceronte blanco

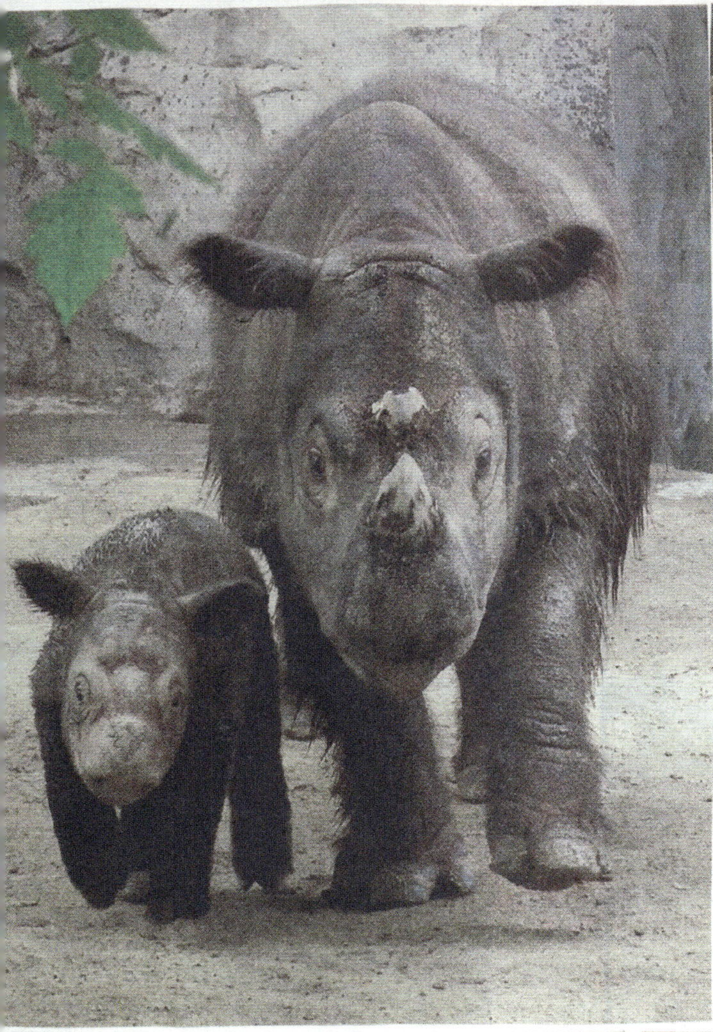

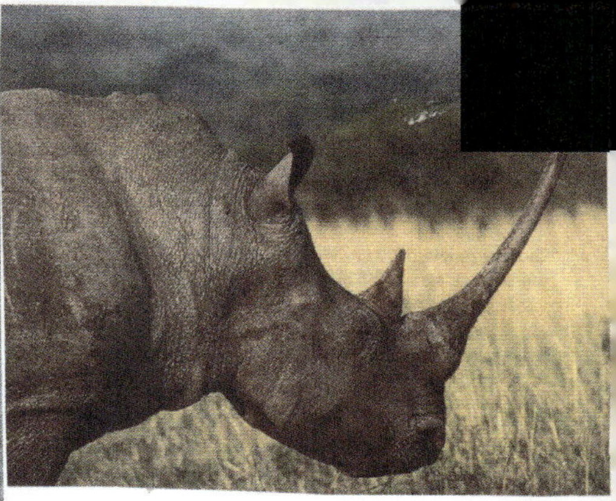

Neushoorn

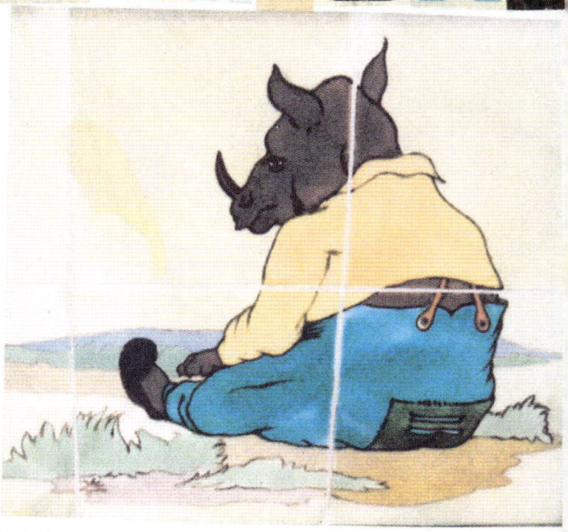

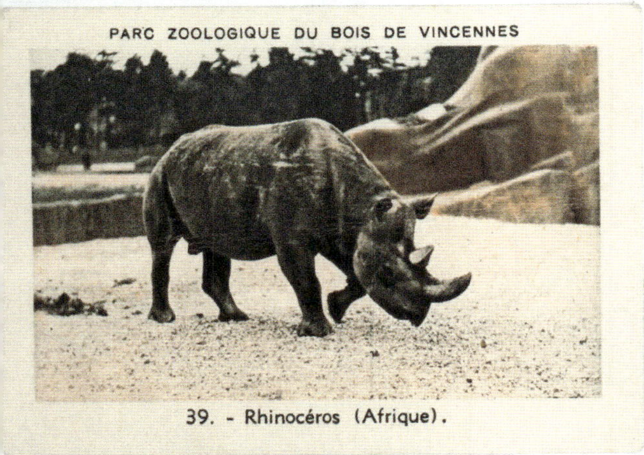
PARC ZOOLOGIQUE DU BOIS DE VINCENNES
39. - Rhinocéros (Afrique).

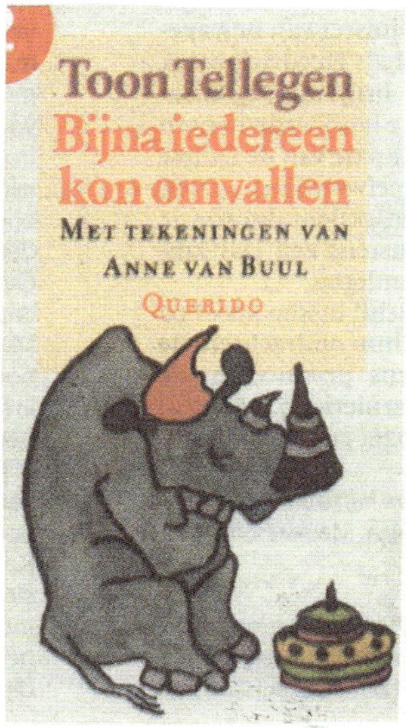
Toon Tellegen
Bijna iedereen kon omvallen
Met tekeningen van
Anne van Buul
Querido

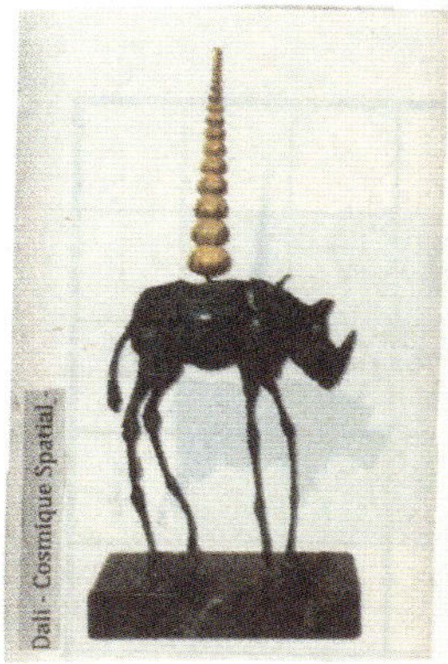
Dali - Cosmique Spatial.

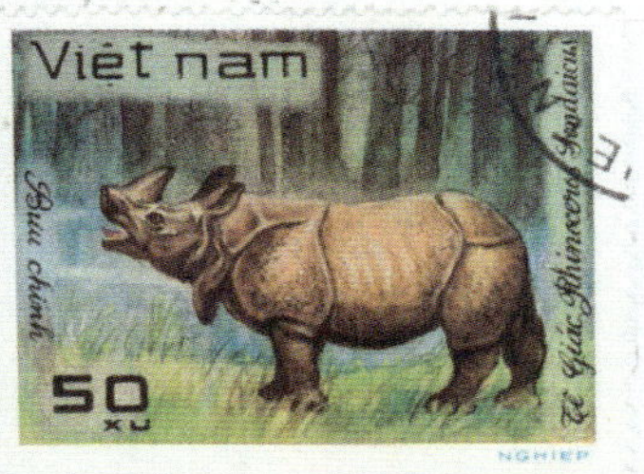
Việt nam
50
XU

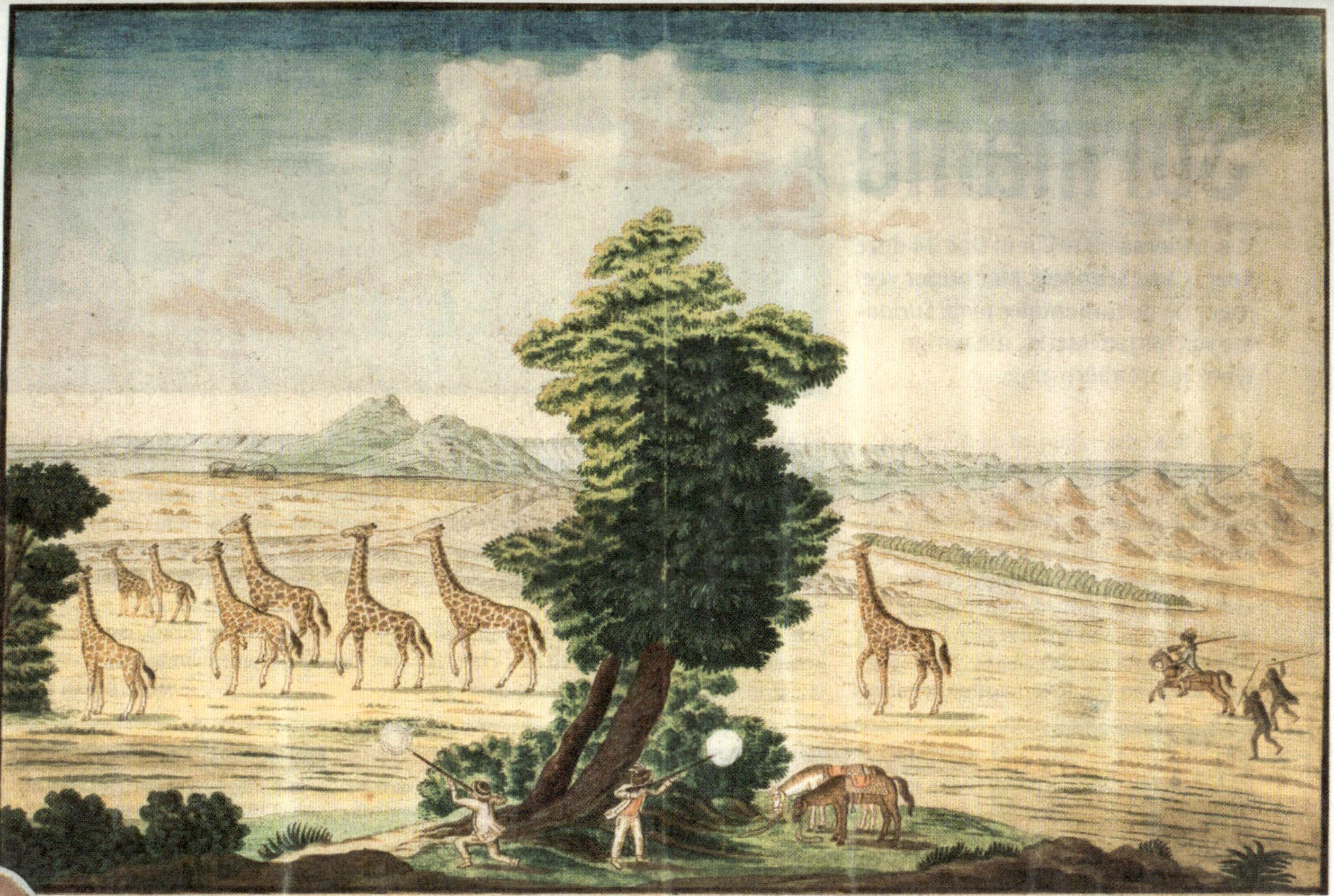

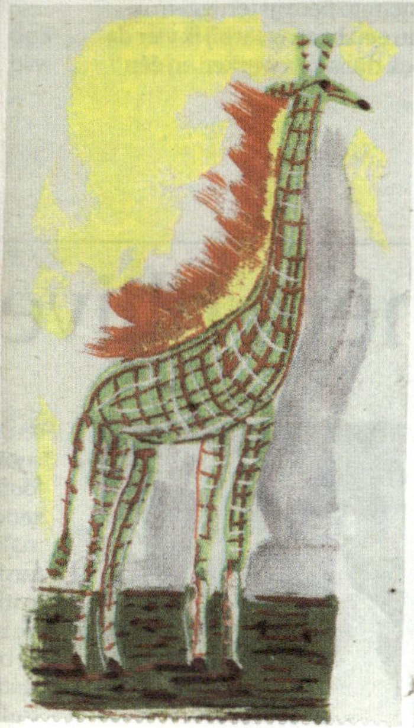

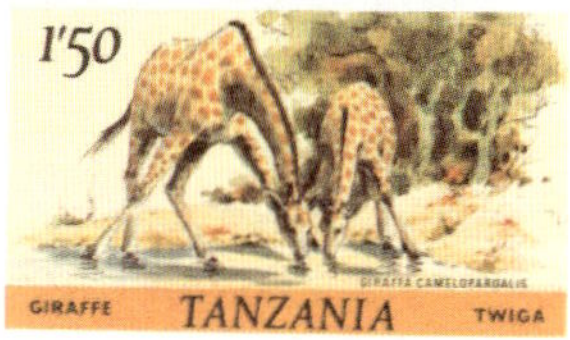
1'50
GIRAFFA CAMELOPARDALIS
GIRAFFE
TANZANIA
TWIGA

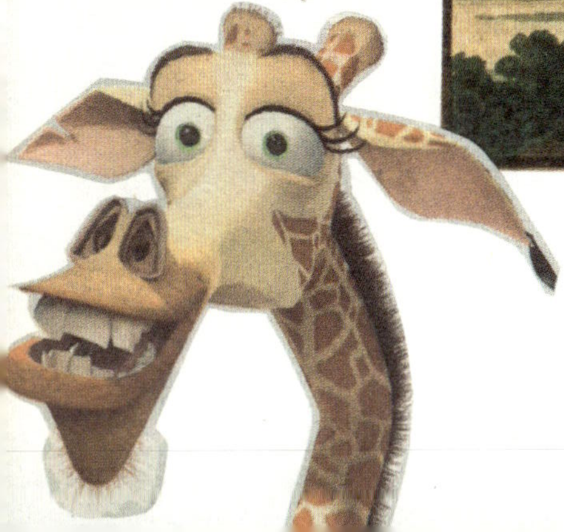

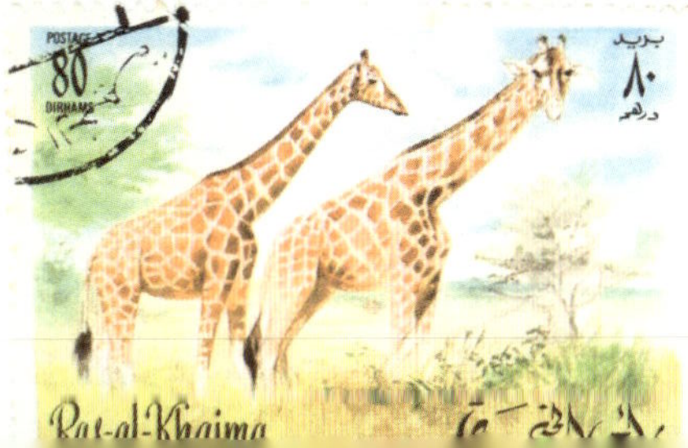
POSTAGE
80
DIRHAMS
Ras-al-Khaima

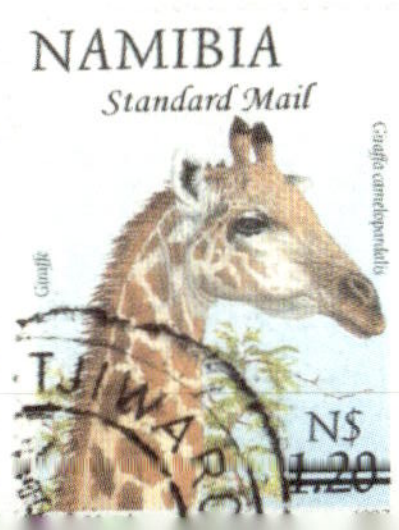
NAMIBIA
Standard Mail
Giraffa camelopardalis
Giraffe
N$
1.20

GiRAF

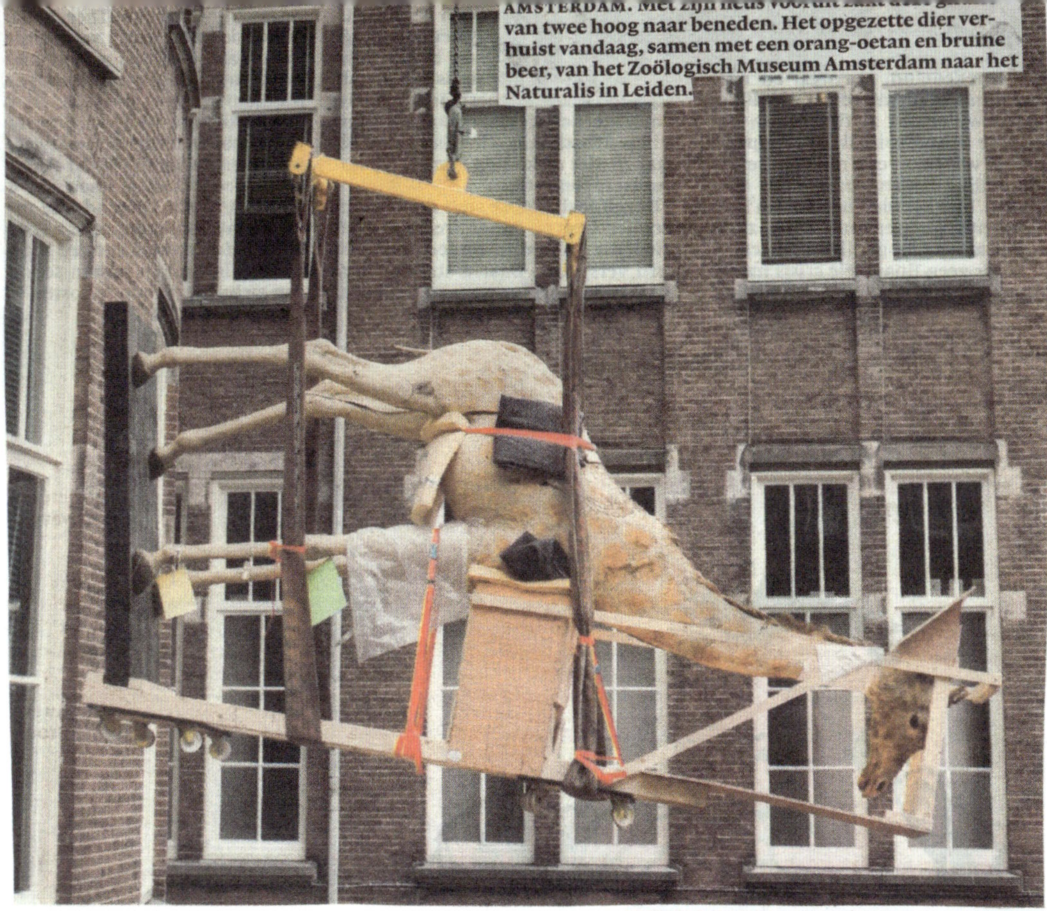
AMSTERDAM. Met zijn neus vooruit zakt
van twee hoog naar beneden. Het opgezette dier ver-
huist vandaag, samen met een orang-oetan en bruine
beer, van het Zoölogisch Museum Amsterdam naar het
Naturalis in Leiden.

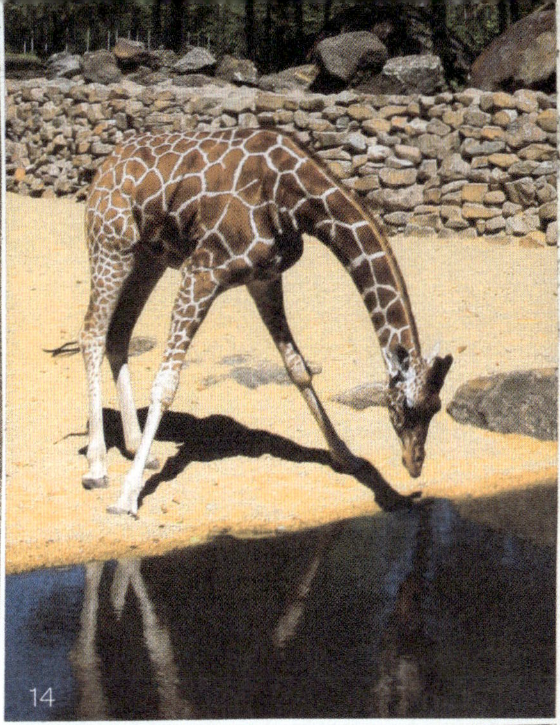
14

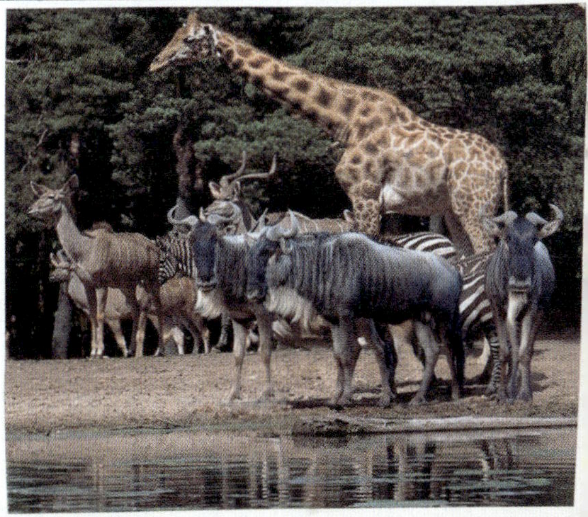

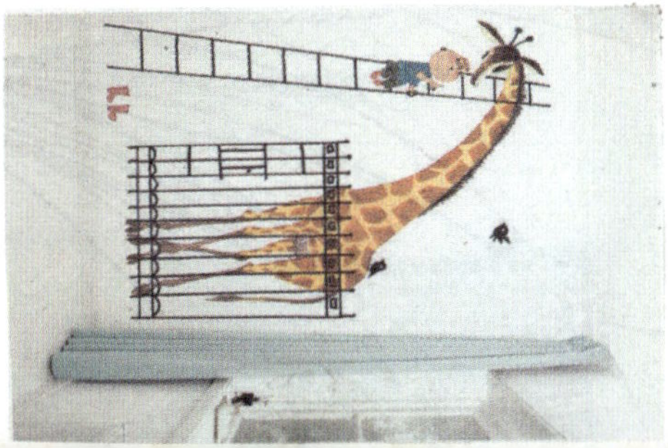

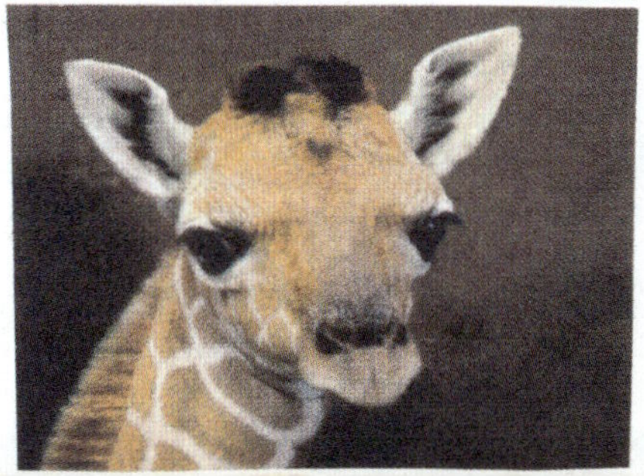

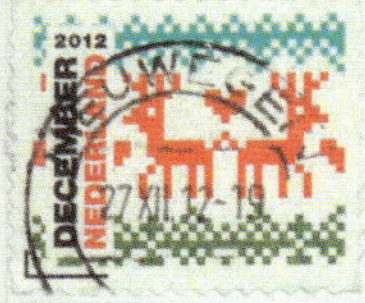
2012
1 DECEMBER
NEDERLAND
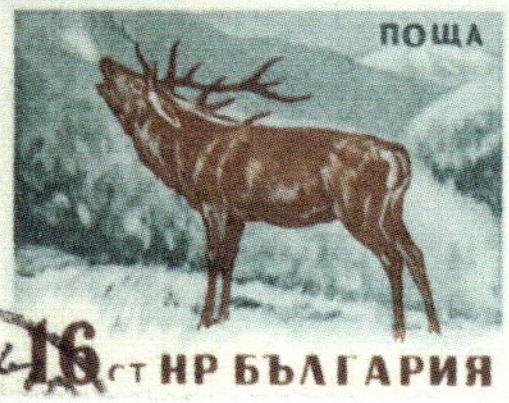
ПОЩА
16 ст НР БЪЛГАРИЯ
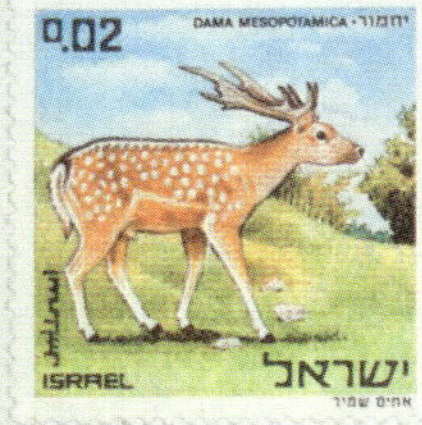
0.02
DAMA MESOPOTAMICA
ISRAEL
ישראל
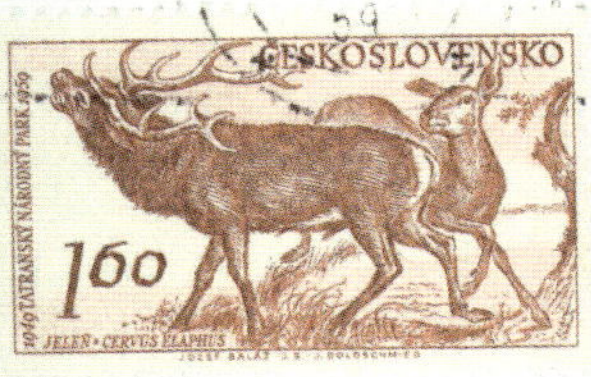
ČESKOSLOVENSKO
1.60
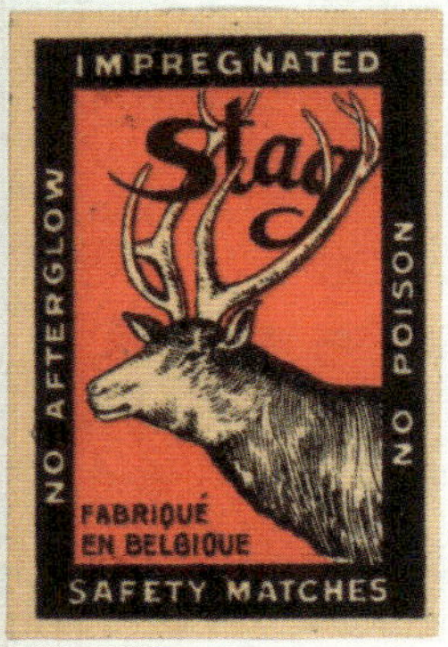
IMPREGNATED
Stag
NO AFTERGLOW
NO POISON
FABRIQUÉ EN BELGIQUE
SAFETY MATCHES
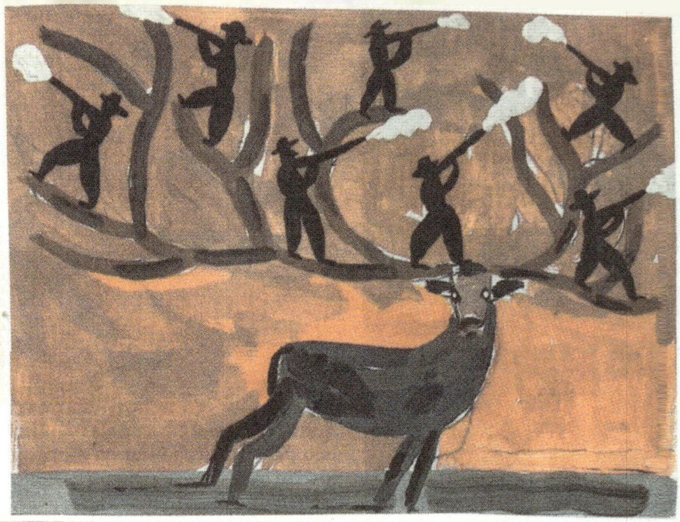
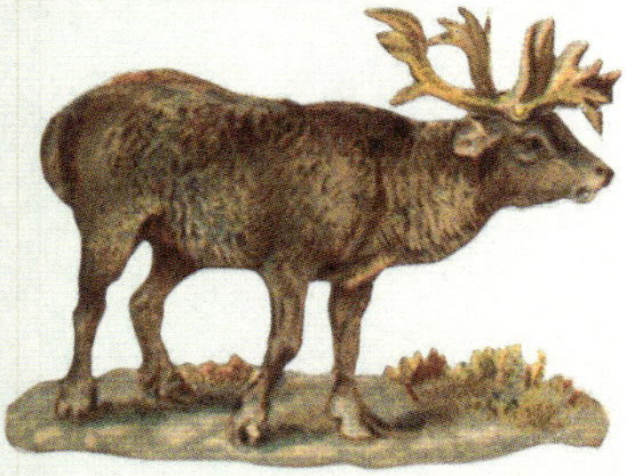
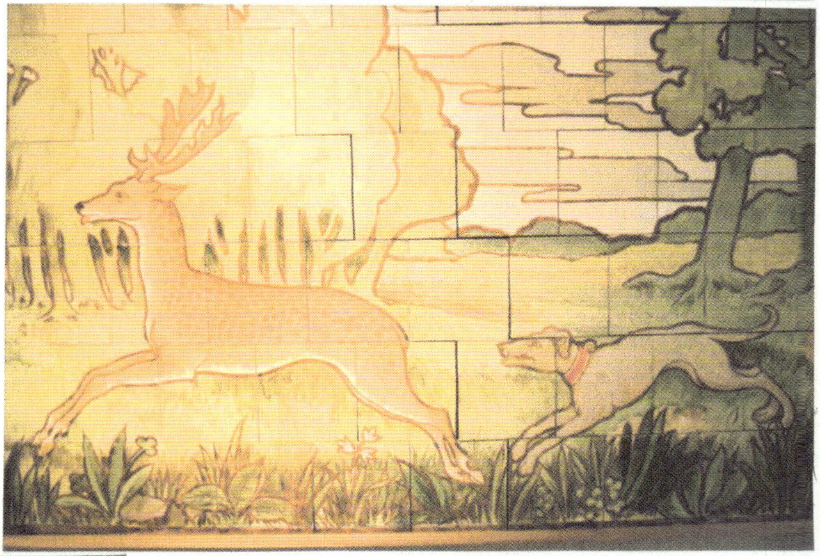
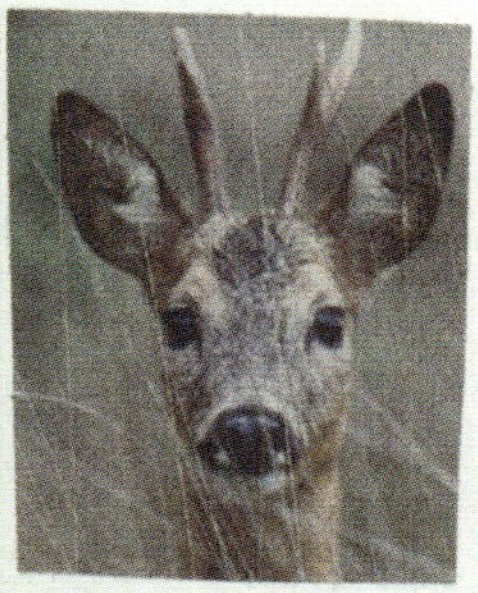
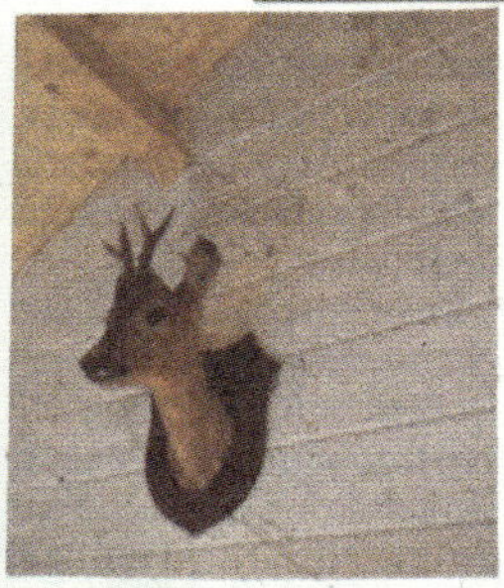
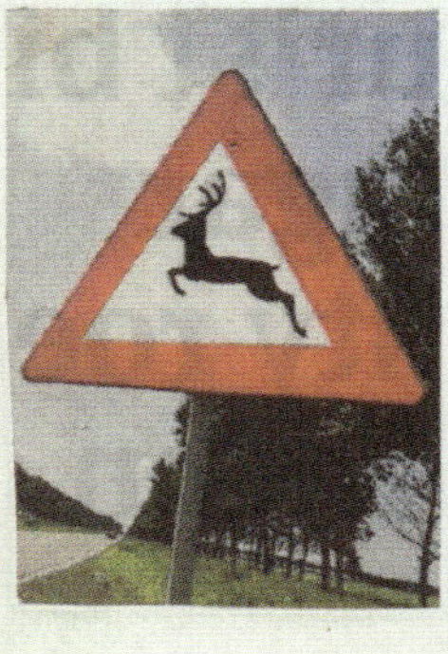
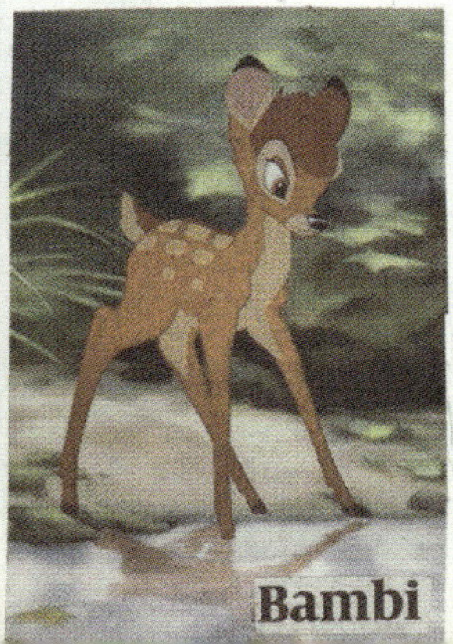
Bambi
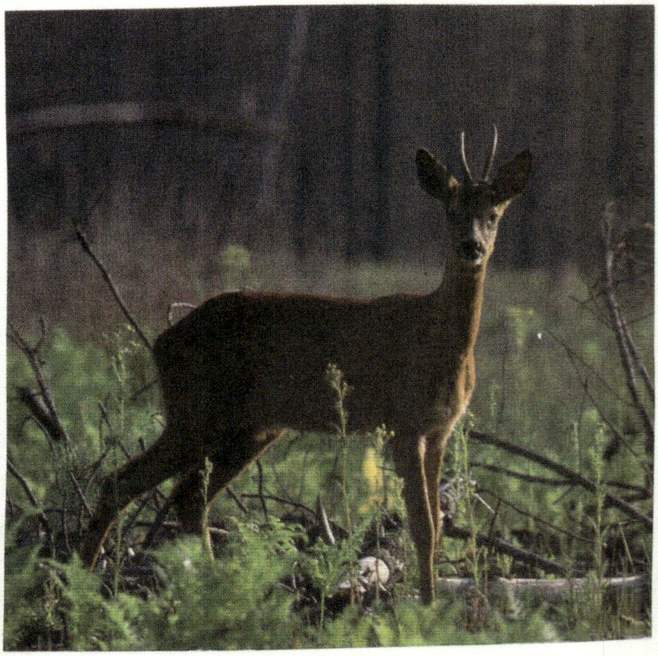

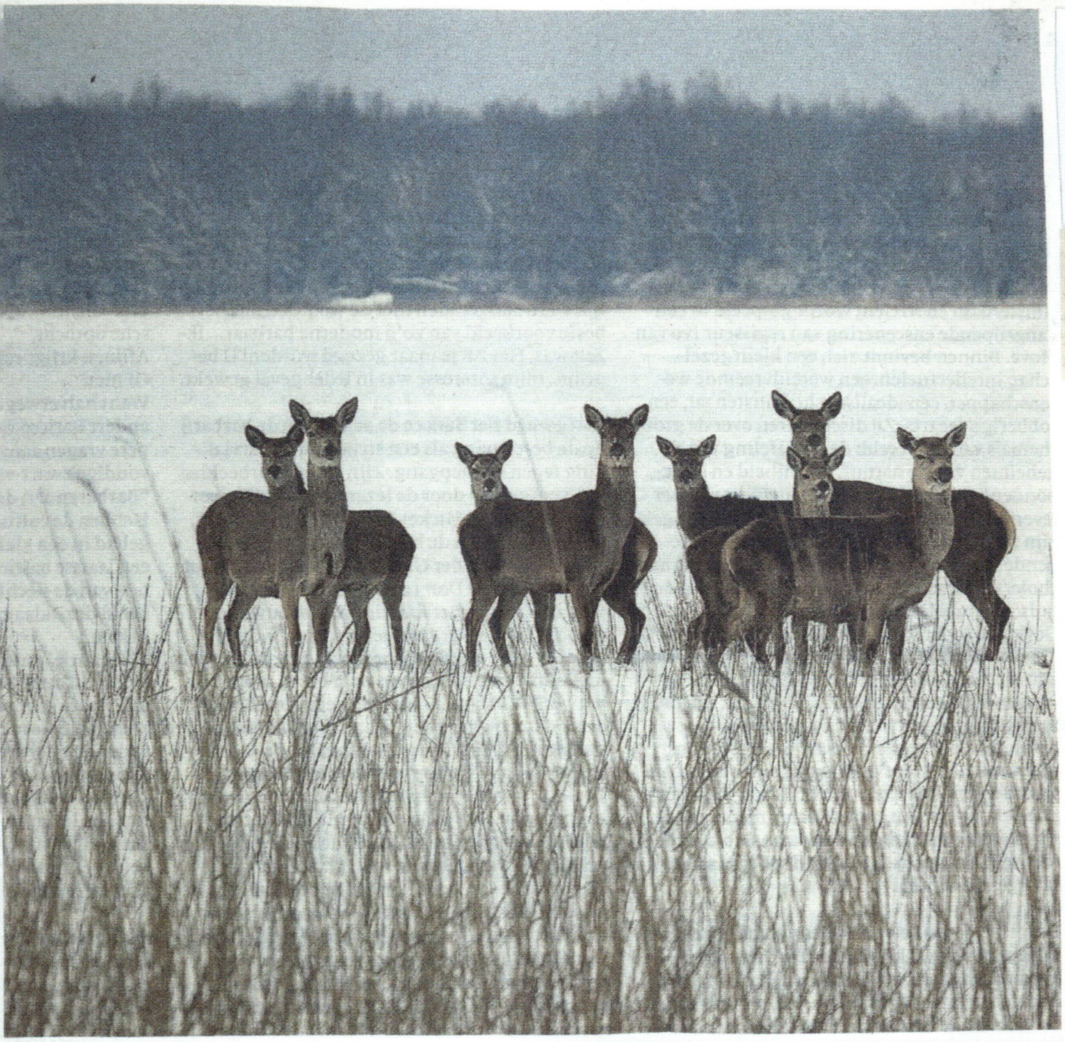

REE

hERT

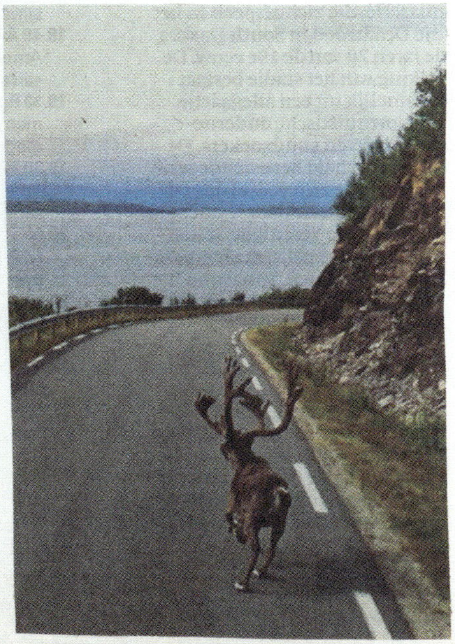

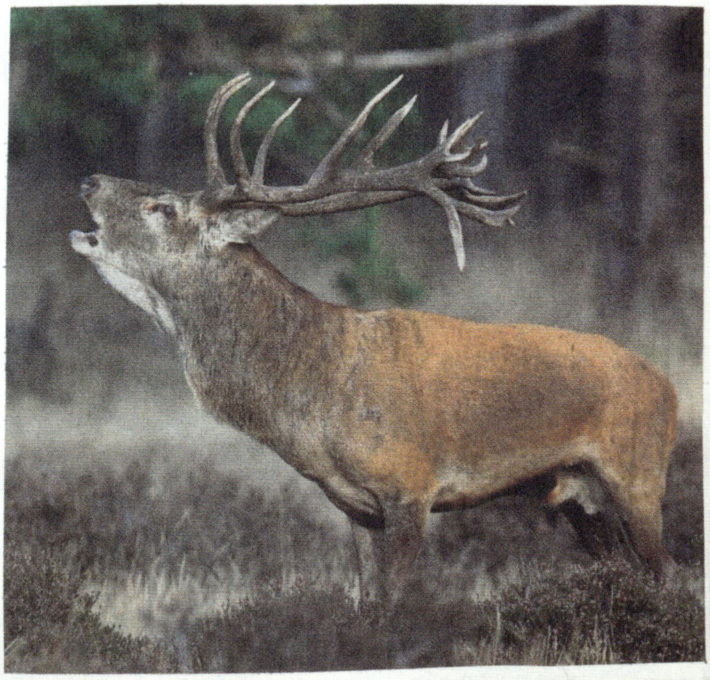

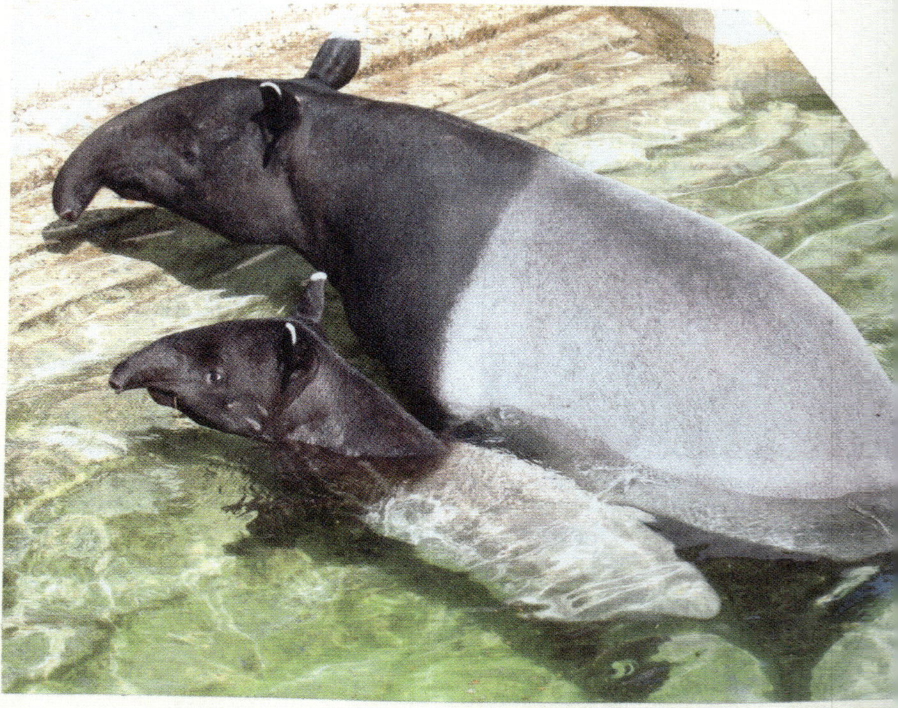

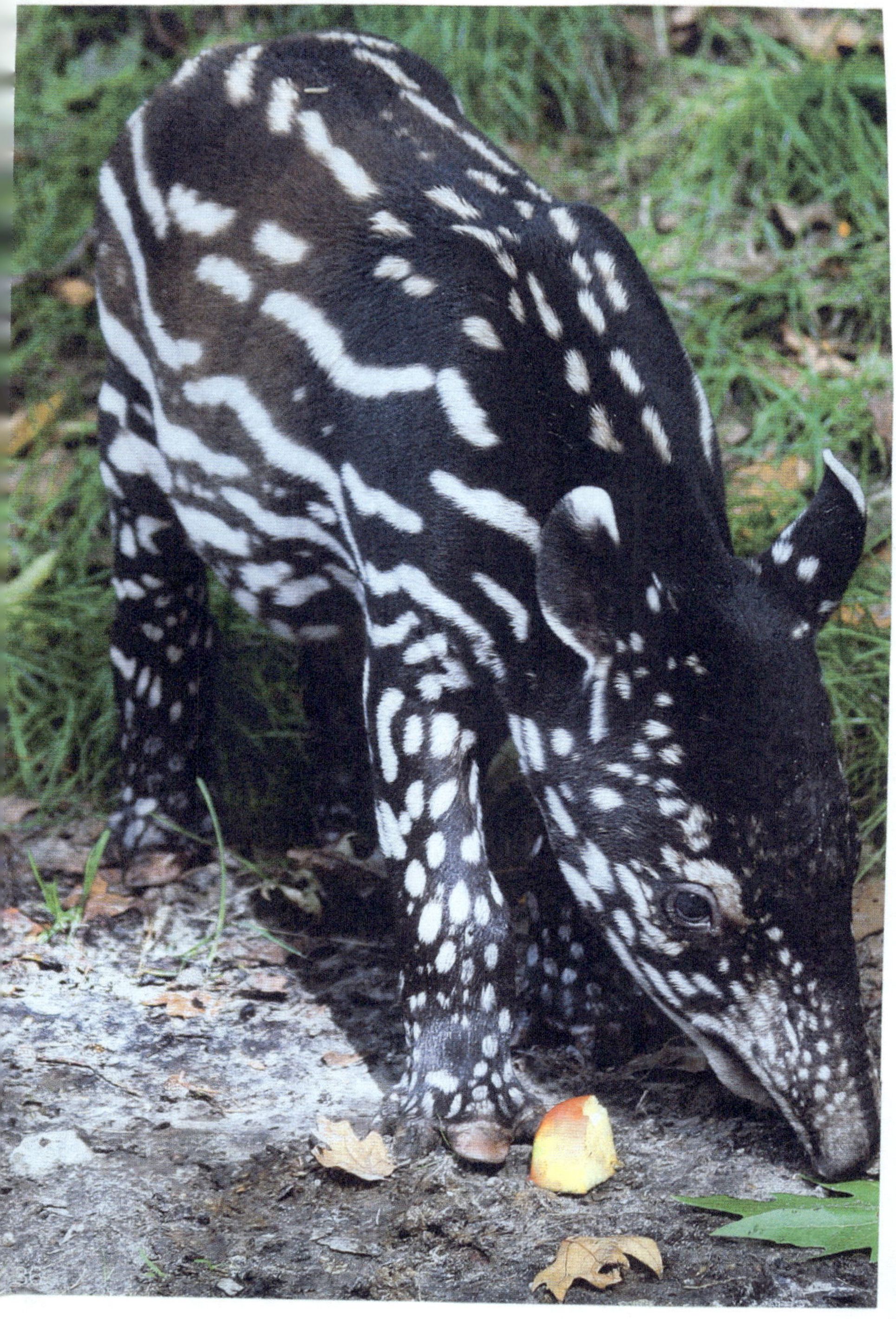

TA
piR

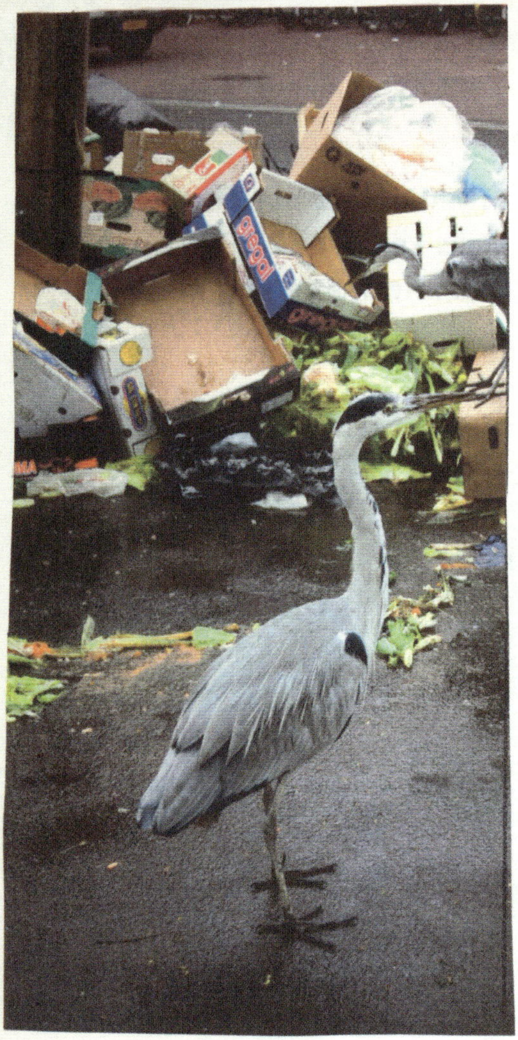

Roerdomp

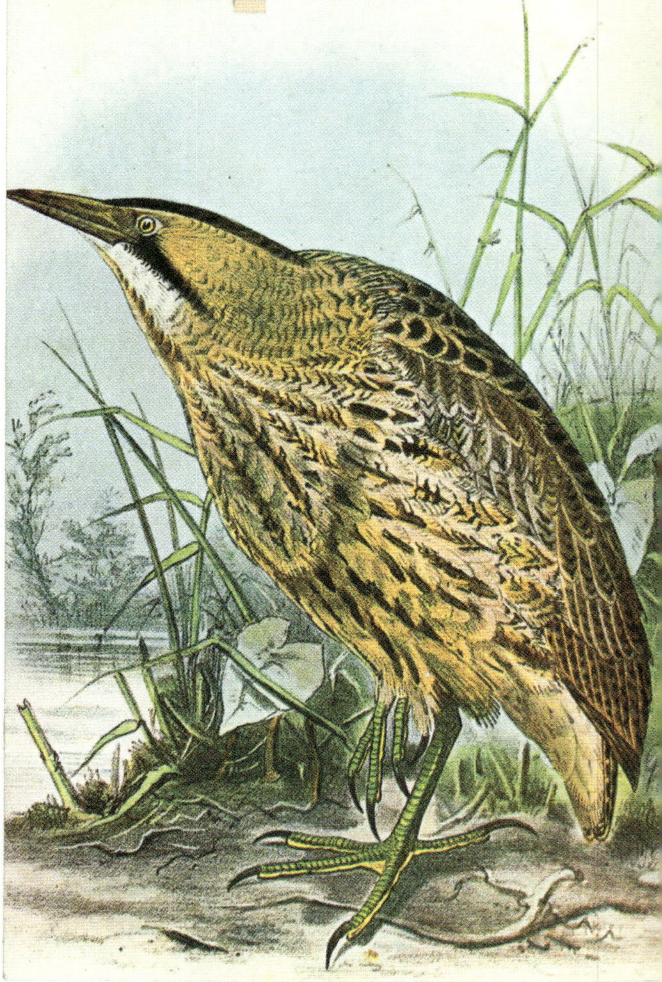

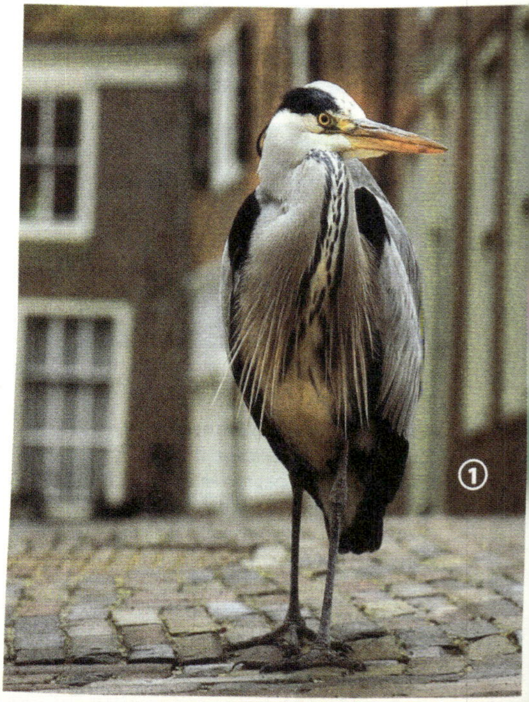

reiger

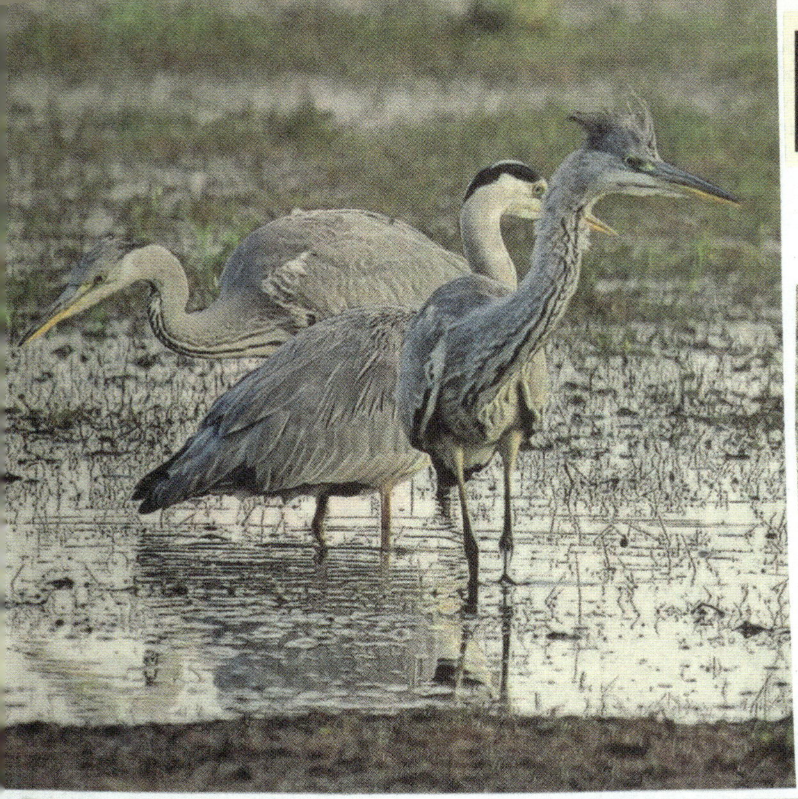

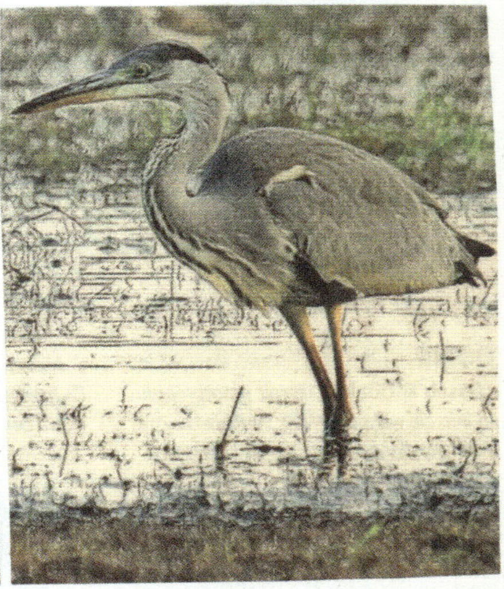

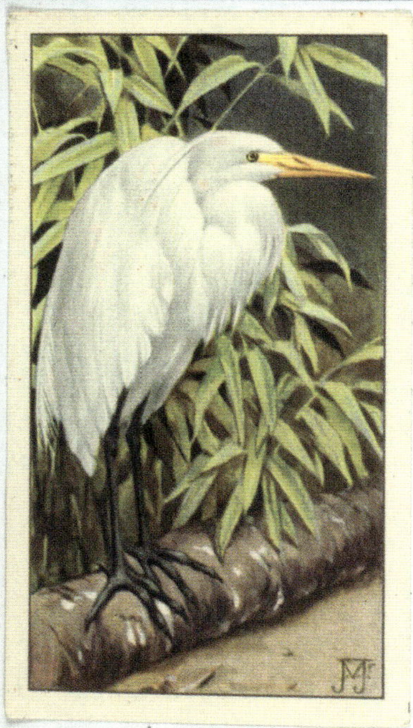

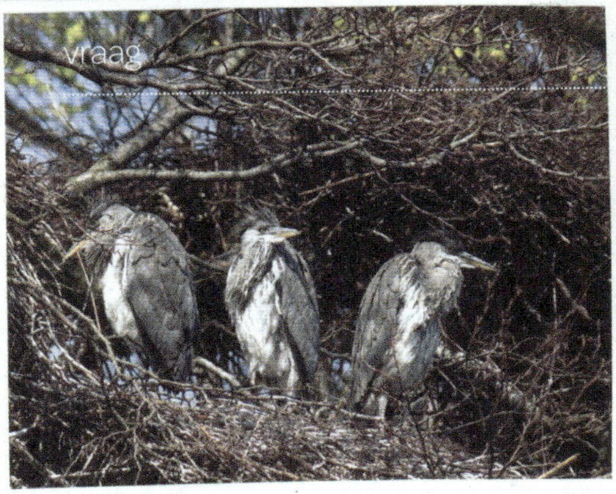

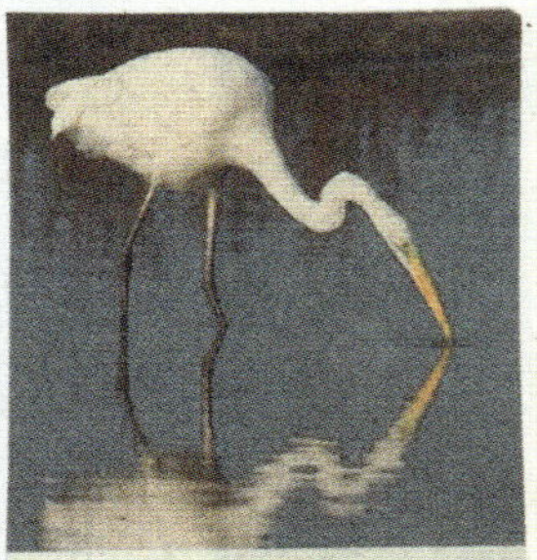

Grote zilverreiger

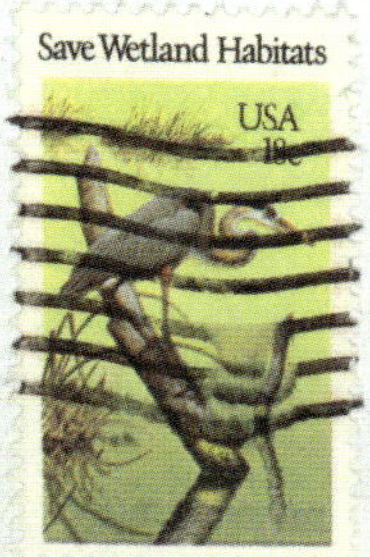

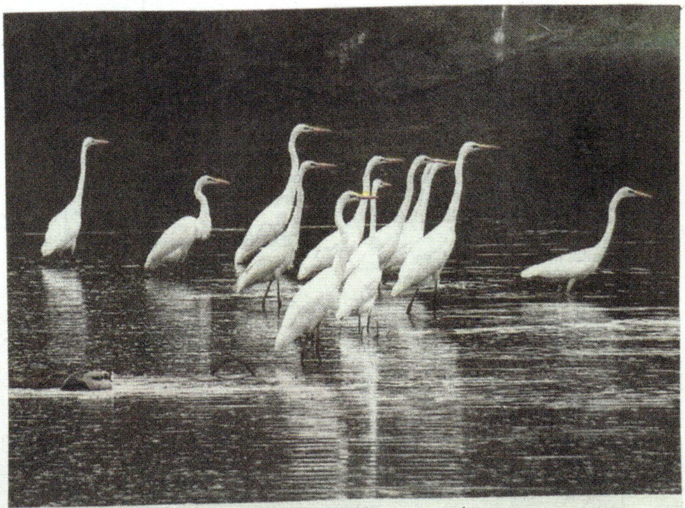

Een groepje grote zilverreigers in de Millingerwaard.

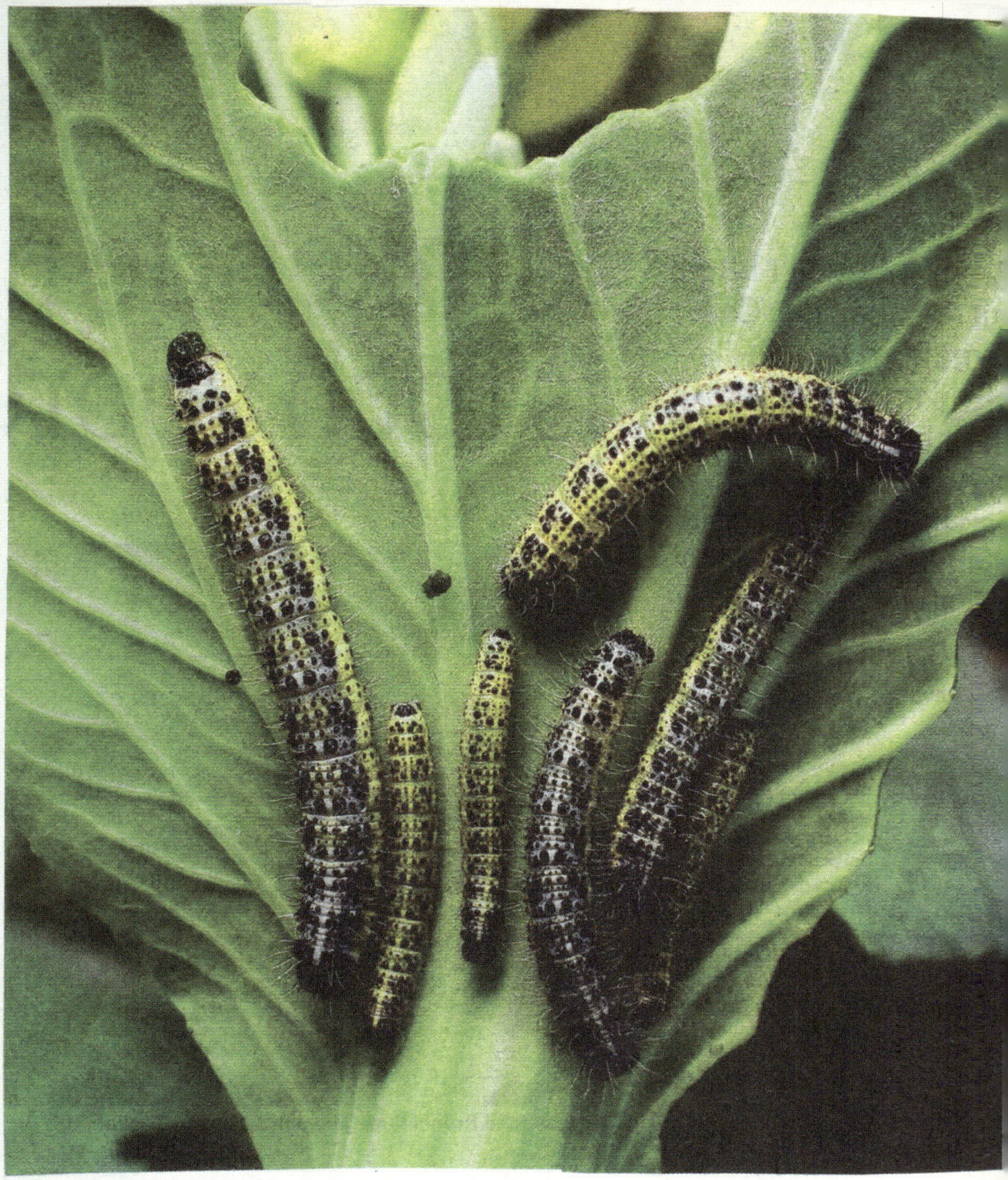

RUps

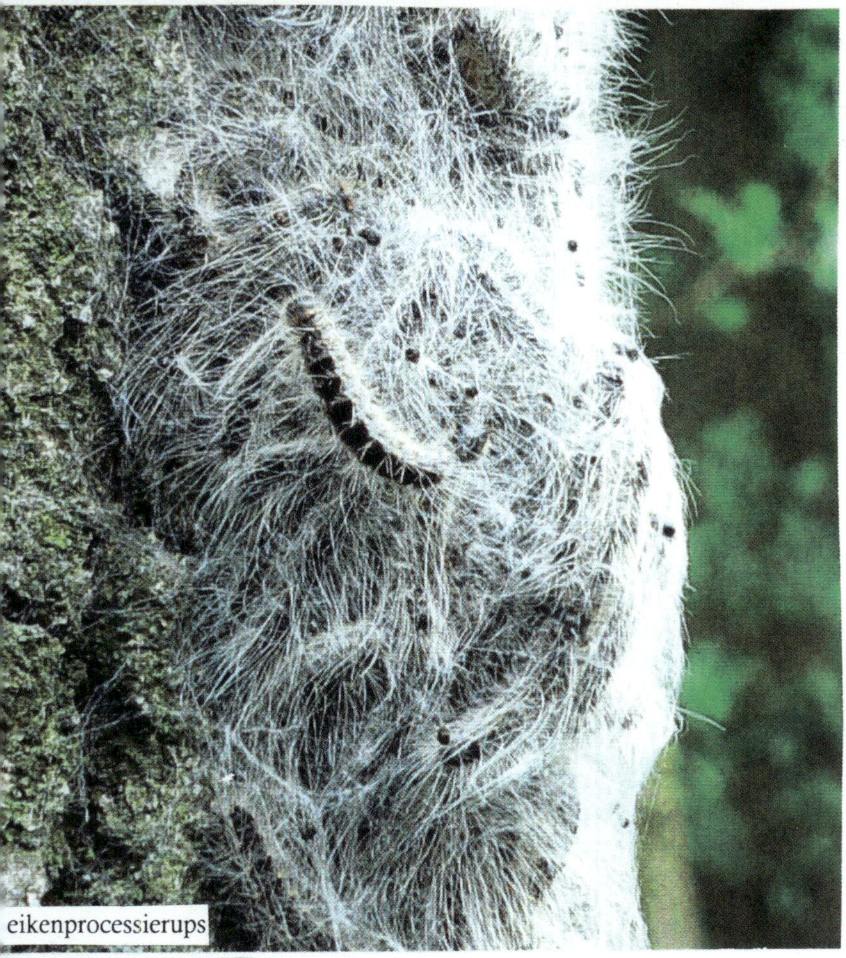

eikenprocessierups

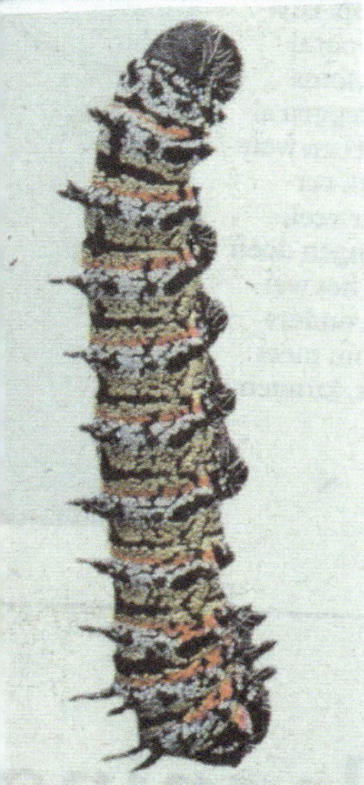

(Gonimbrasia belina)

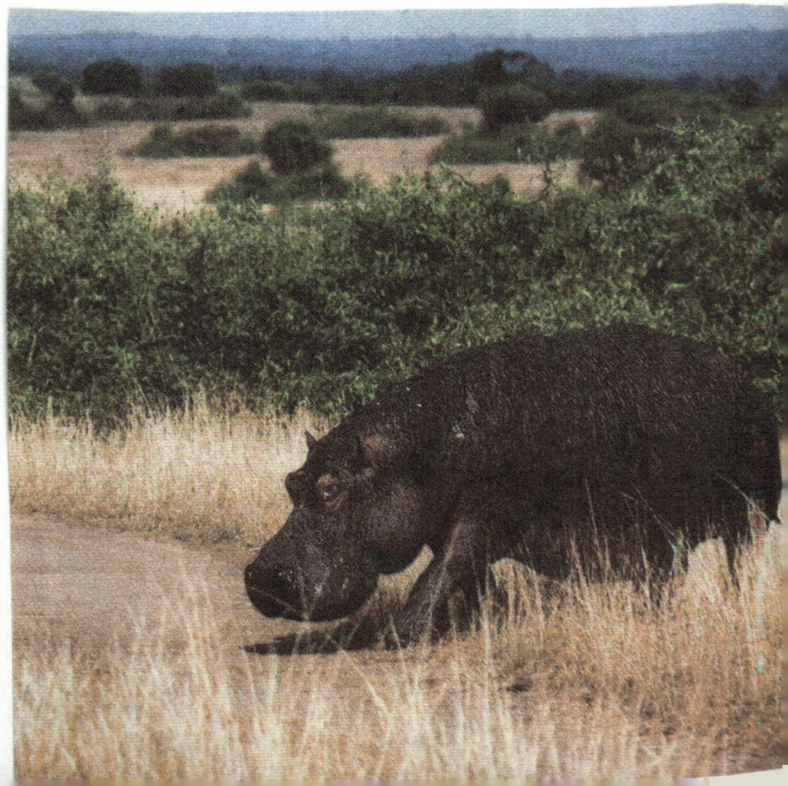

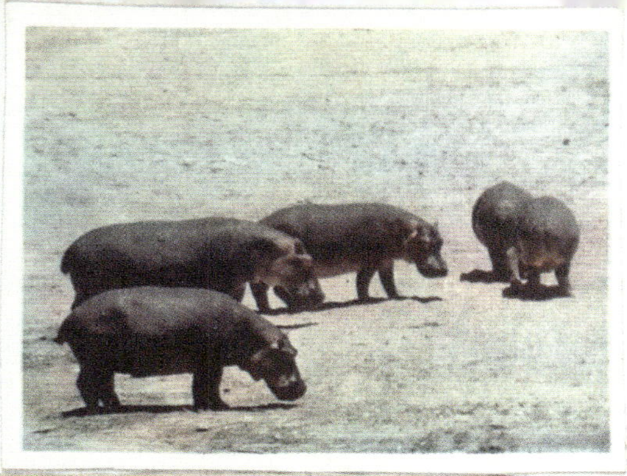

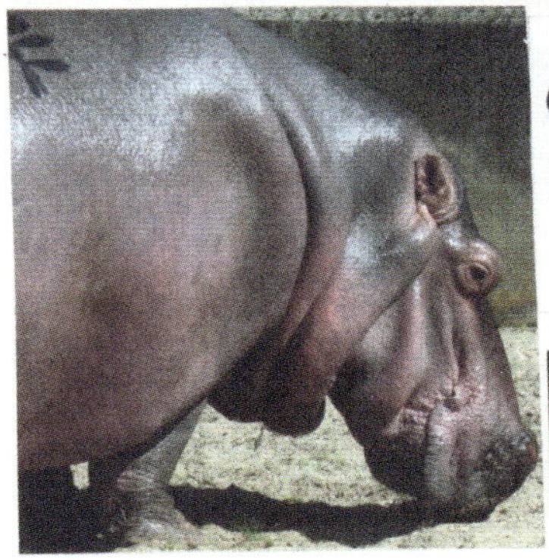

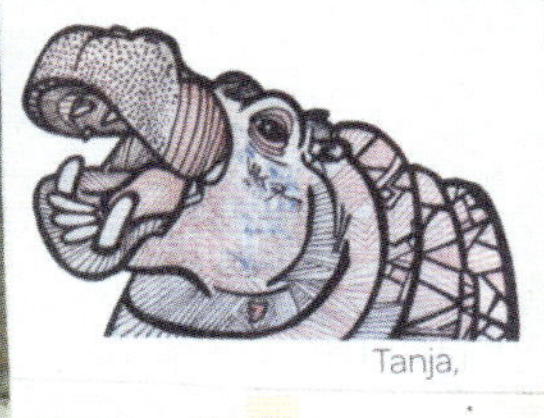

nijl paard

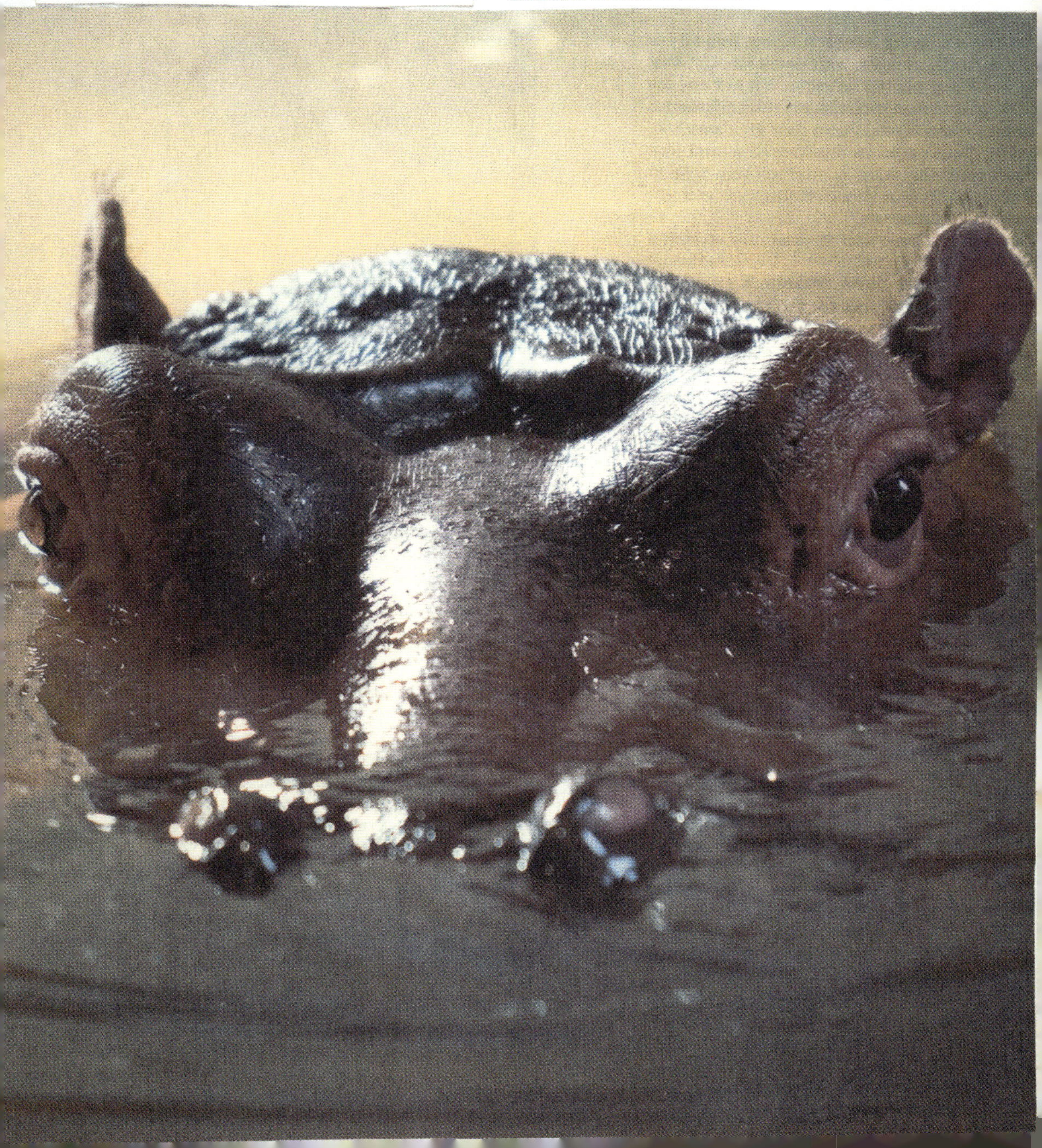

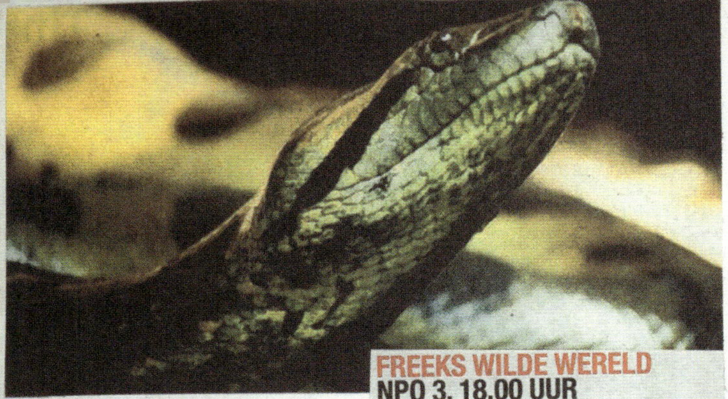

FREEKS WILDE WERELD
NPO 3, 18.00 UUR
Bioloog Freek Vonk reist de wereld over op zoek naar unieke diersoorten. Net buiten de Surinaamse hoofdstad Paramaribo gaat hij het moerassige regenwoud in, op zoek naar de grootste slang ter wereld: de anaconda.

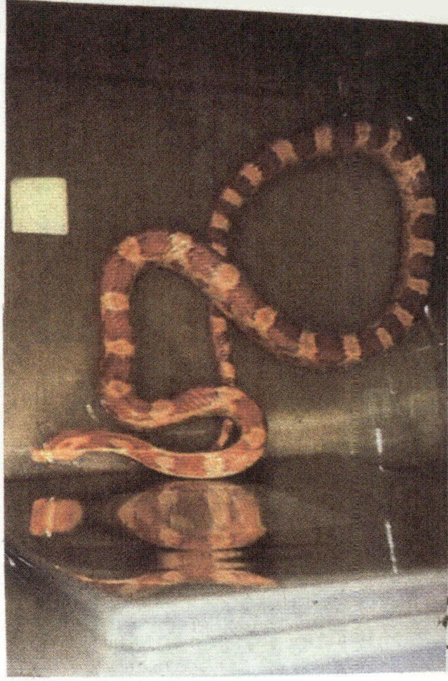

De rattenslang van de Rubensstraat is in een plastic bak gestopt.

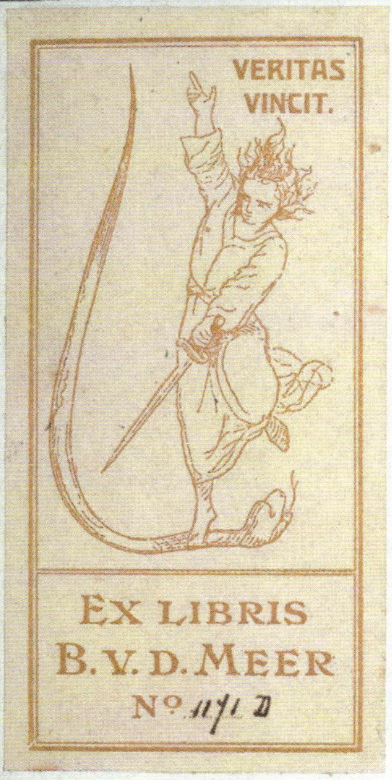

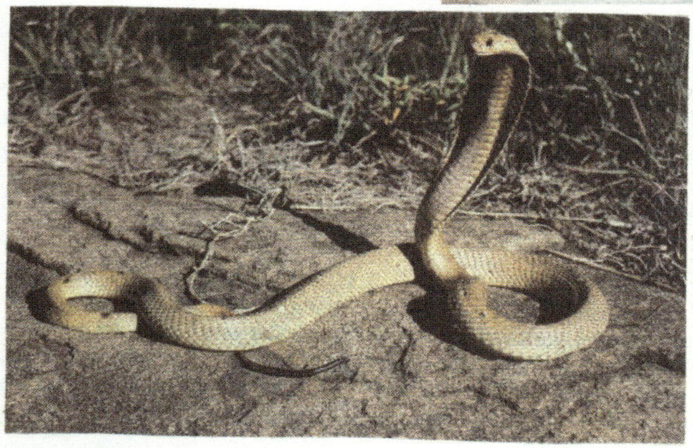

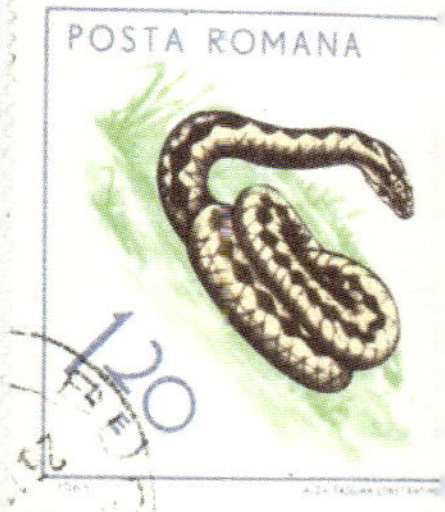

sLAng

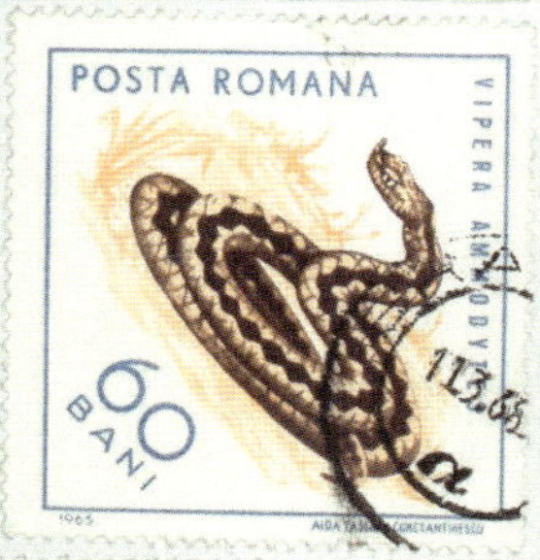

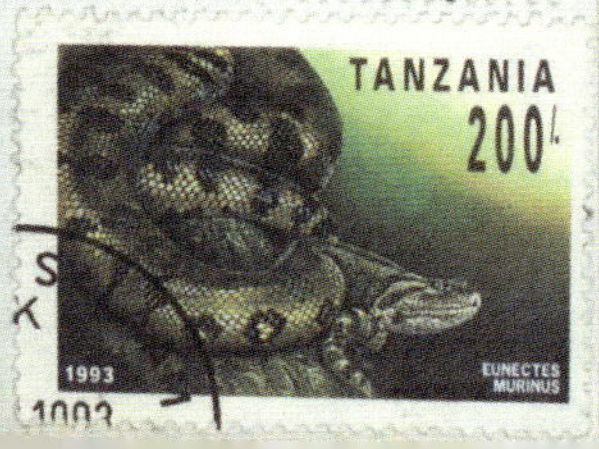

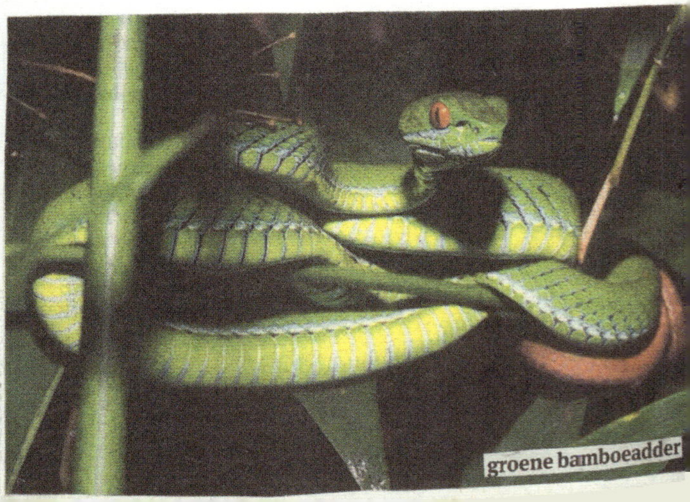

groene bamboeadder

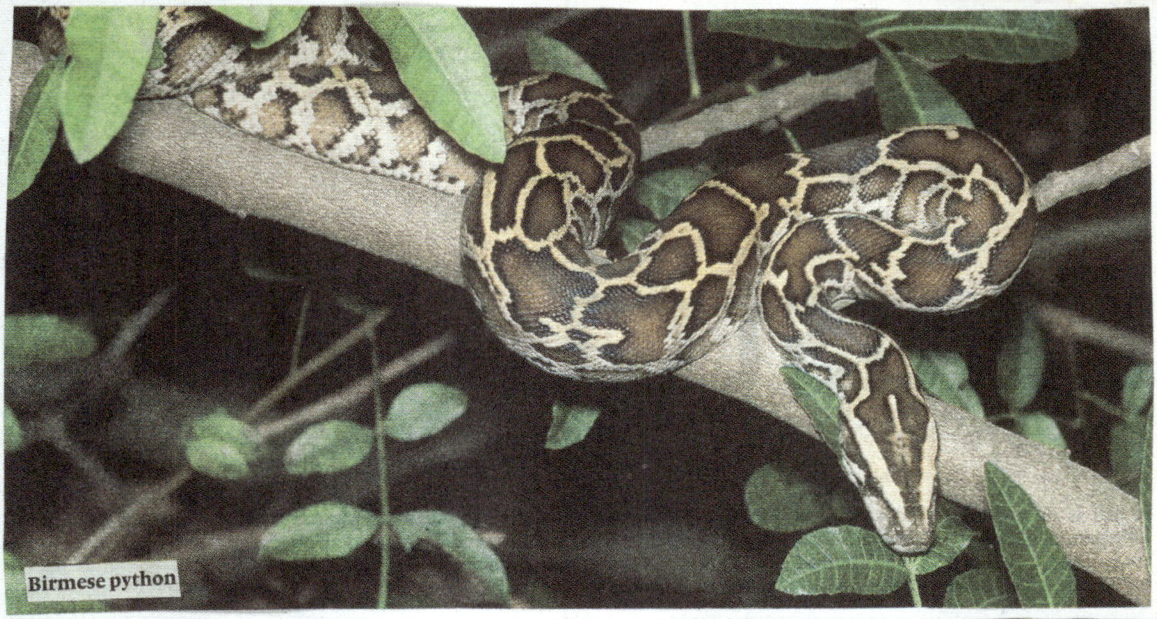

Birmese python

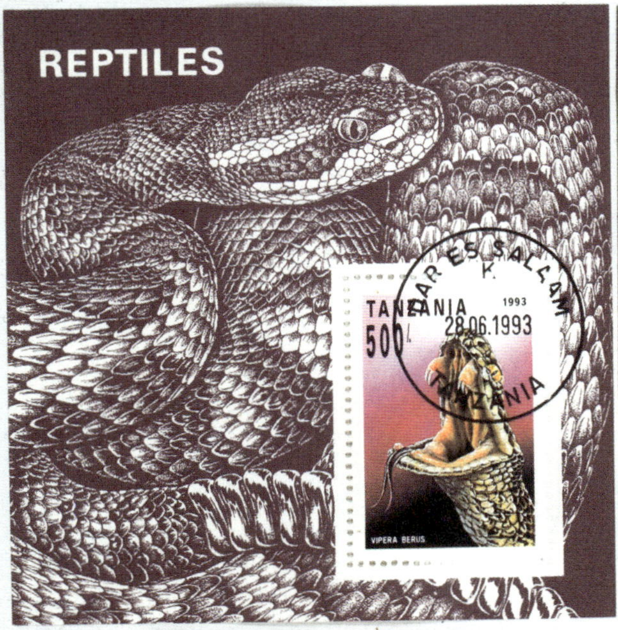

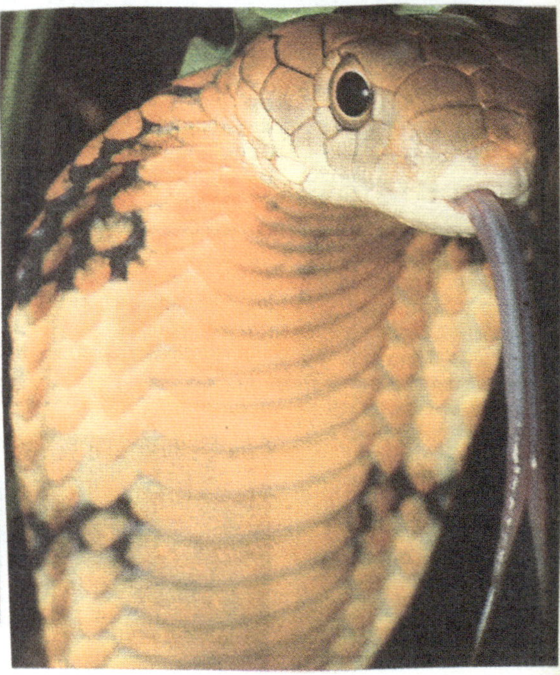

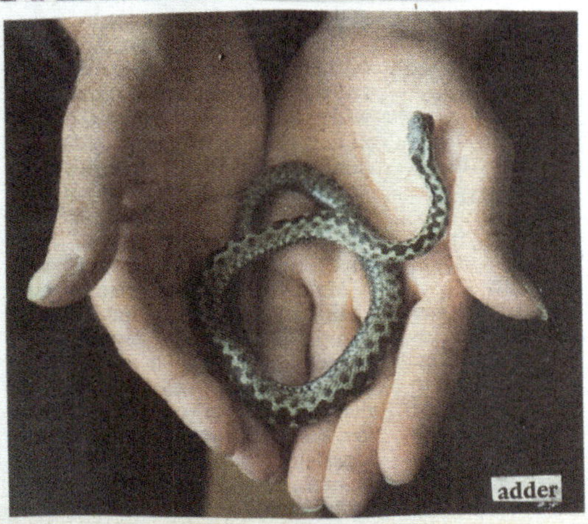

adder

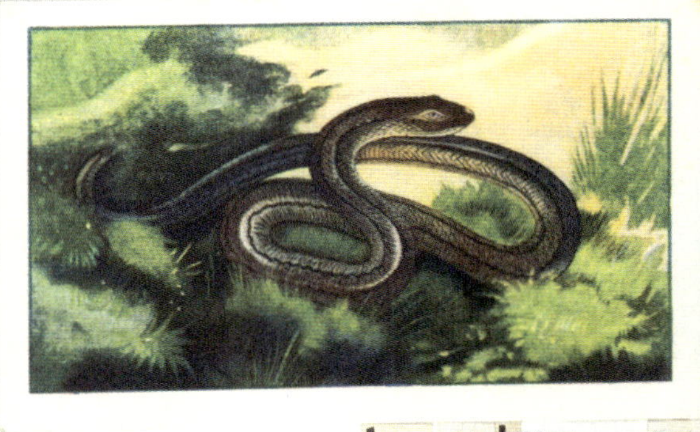

hazelworm

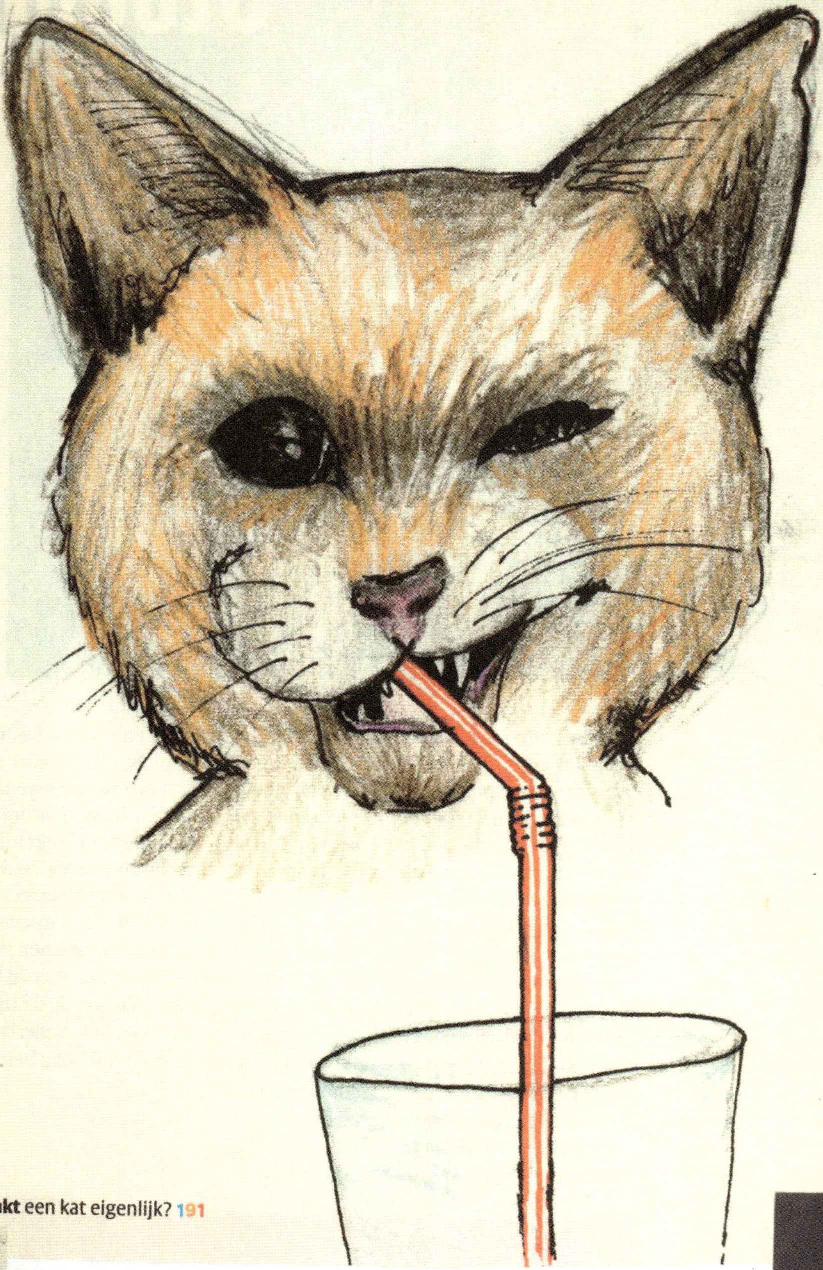

Nou je het zegt: hoe **drinkt** een kat eigenlijk? 191

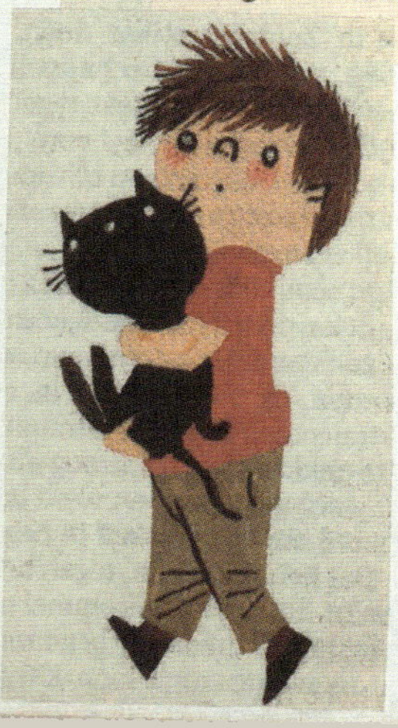

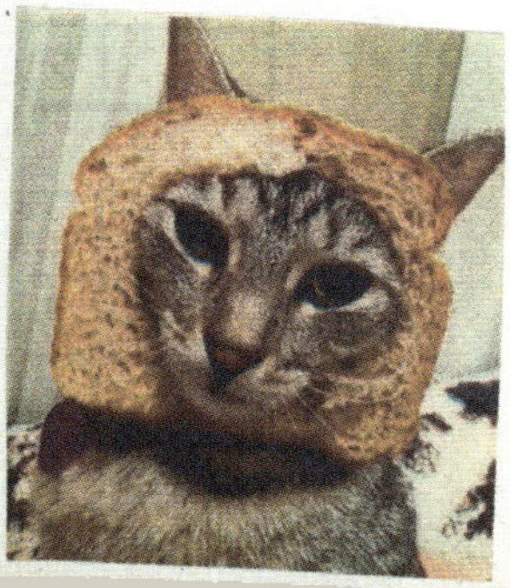

Wilde kat laat zich zien in Zuid-Limburg

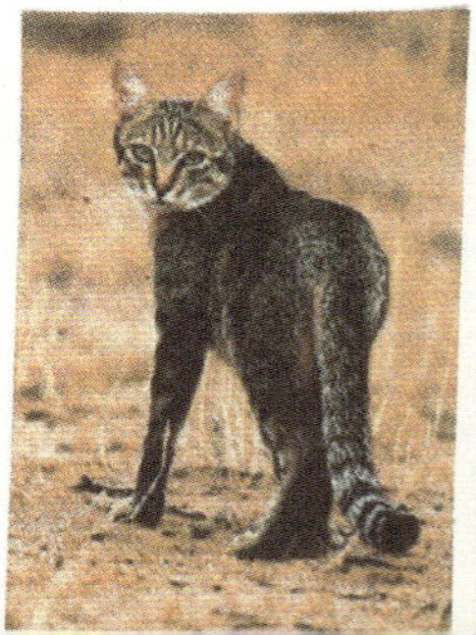

Bronzen kattenbeeld van de Egyptische godin Bastet

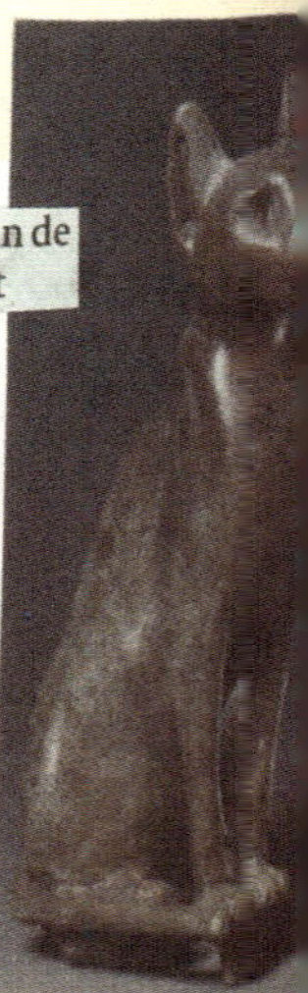

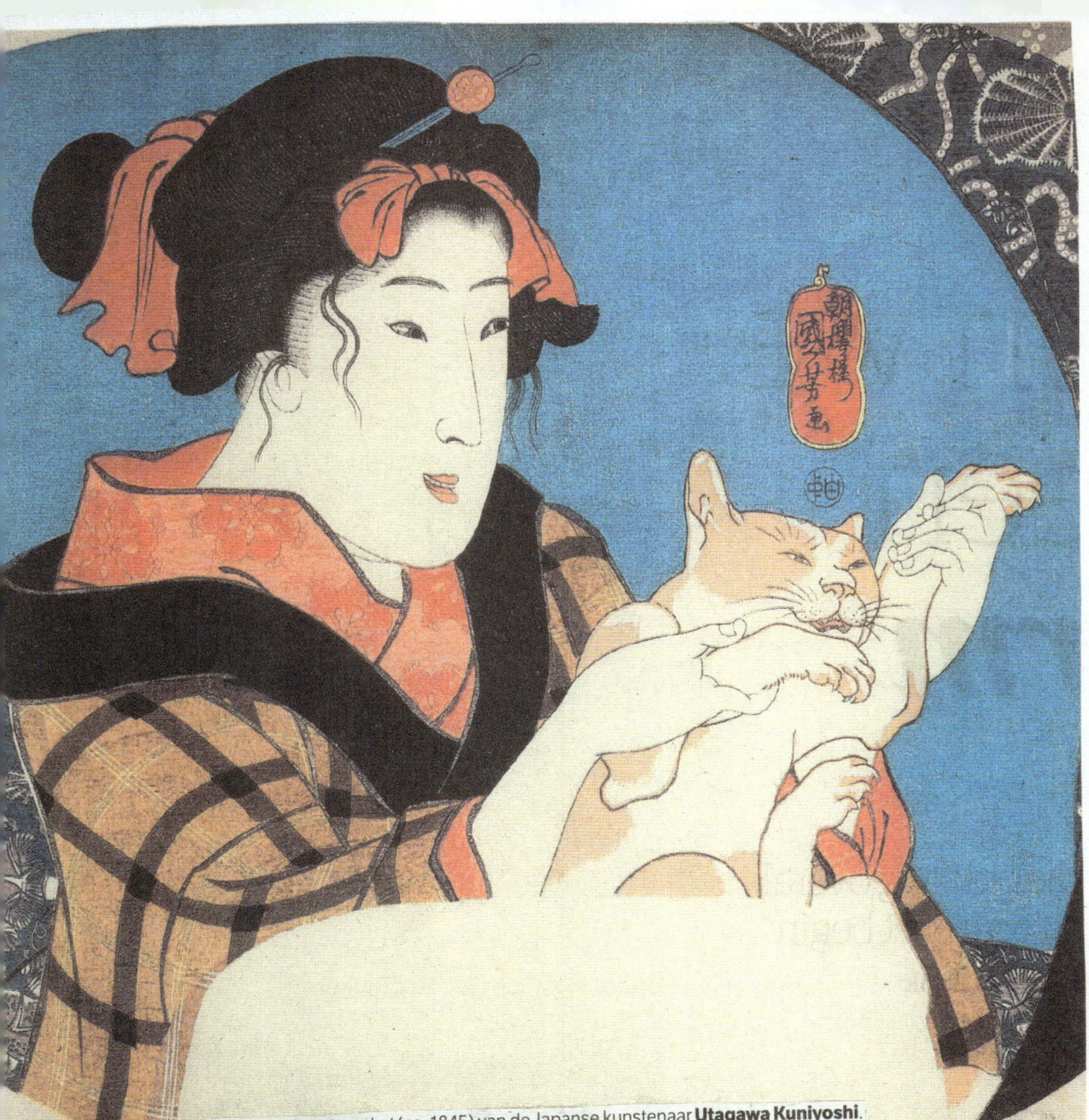

Vrouw speelt met een kat (ca. 1845) van de Japanse kunstenaar **Utagawa Kuniyoshi**.

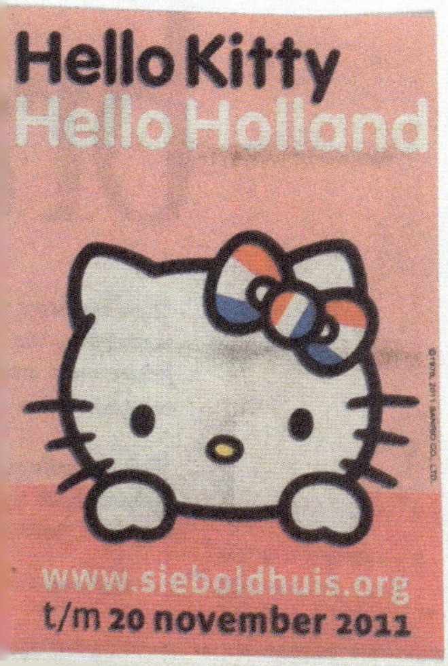

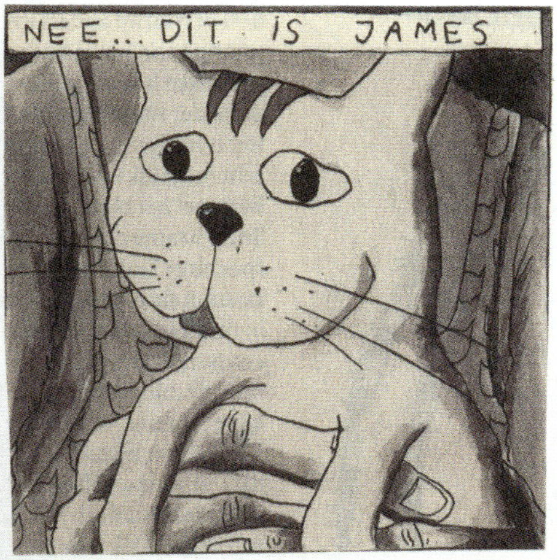

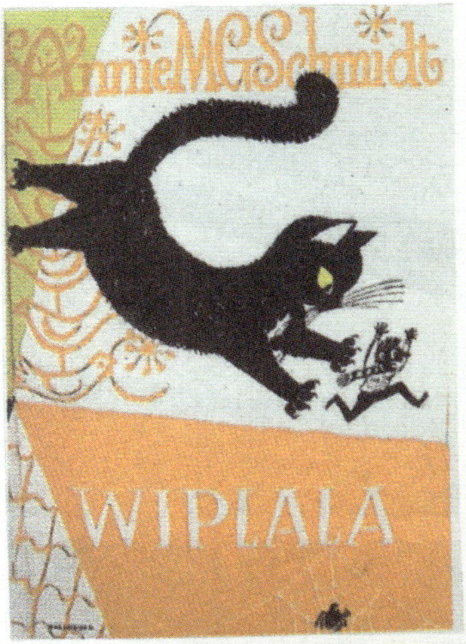

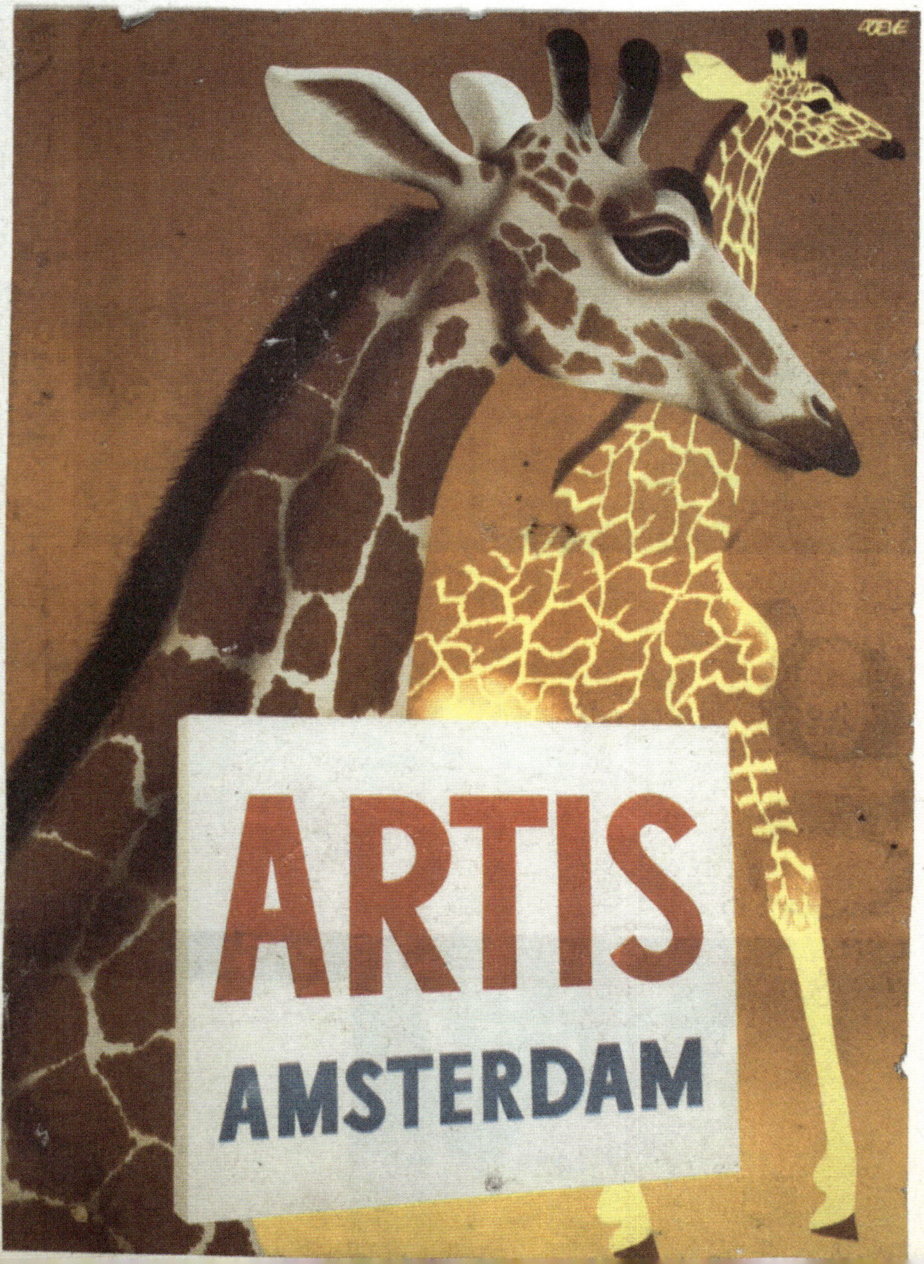
ARTIS
AMSTERDAM

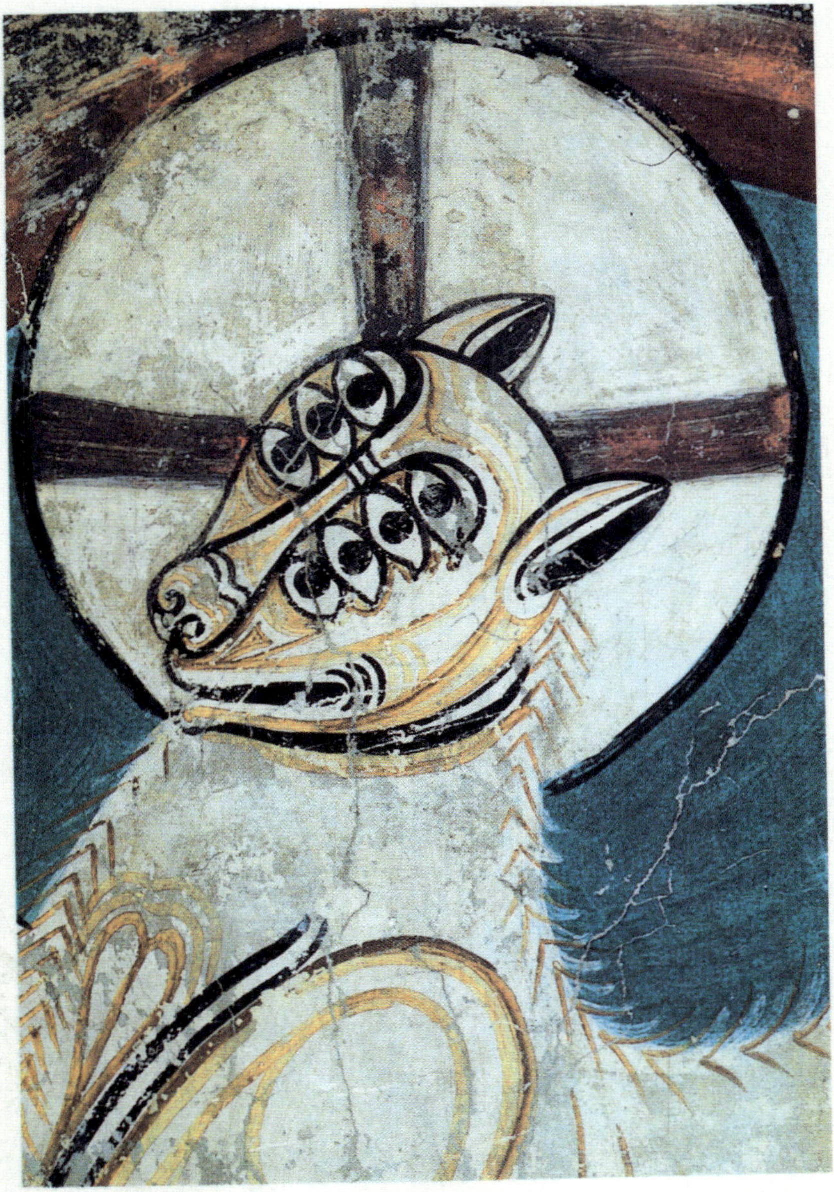

LUCA

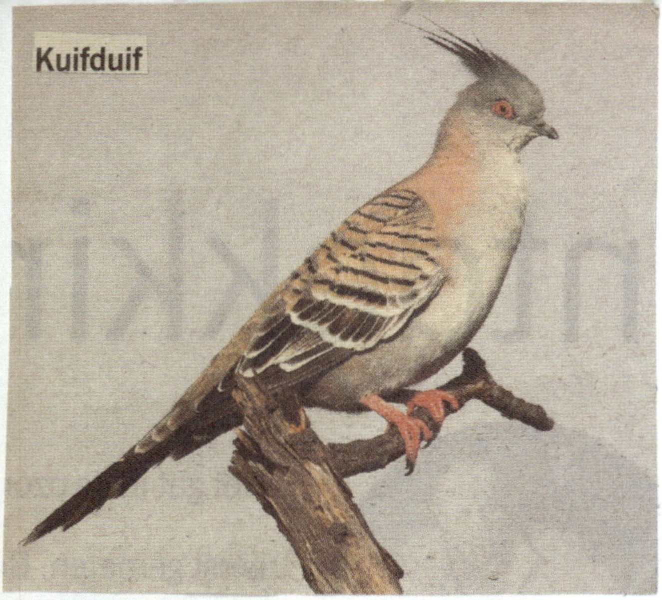
Kuifduif

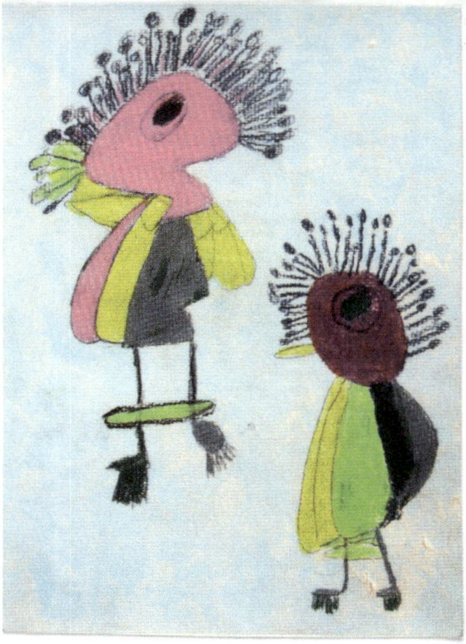

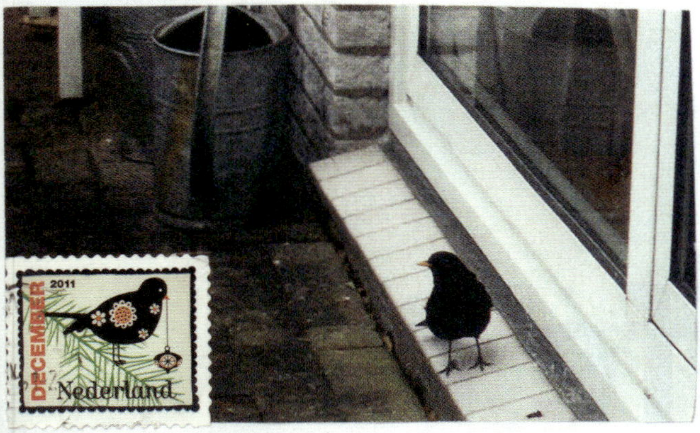
DECEMBER
2011
Nederland

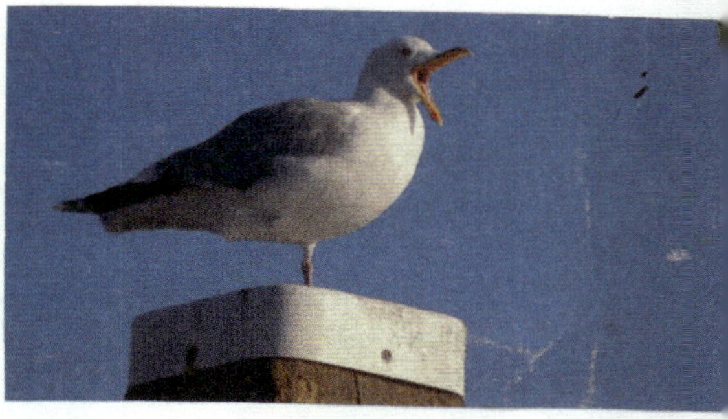

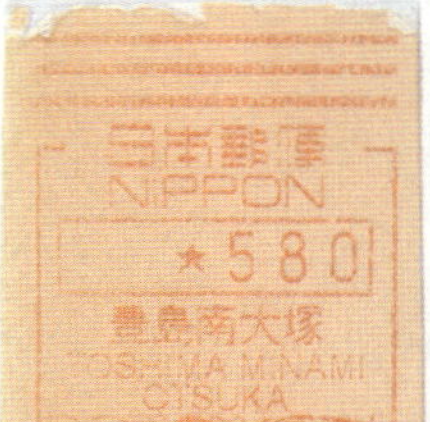
日本郵便
NIPPON
★580
豊島南大塚
★22★
07·07·10

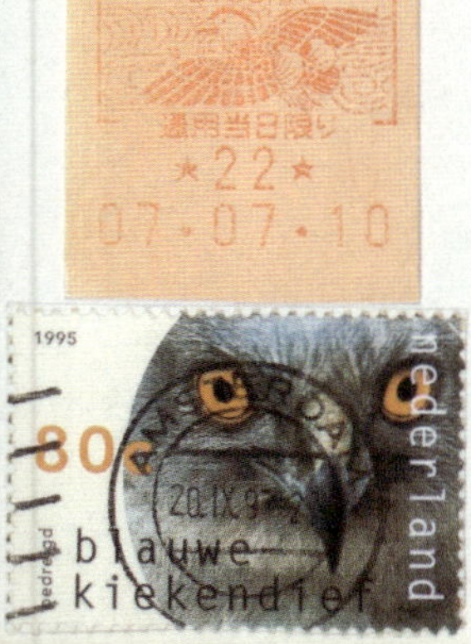
1995
80c
nederland
blauwe
kiekendief

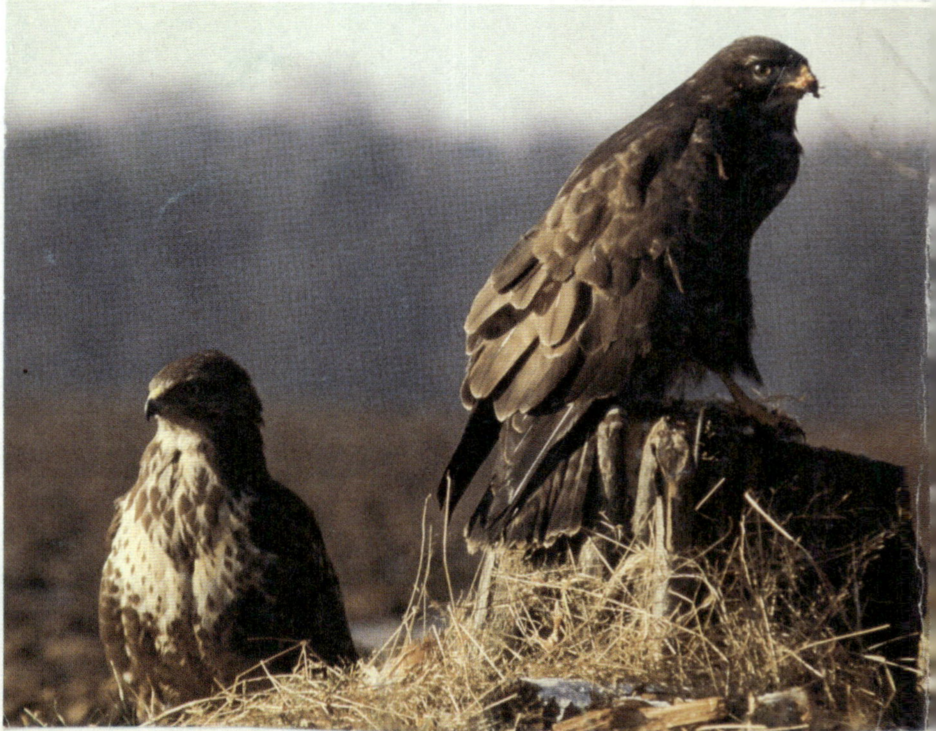

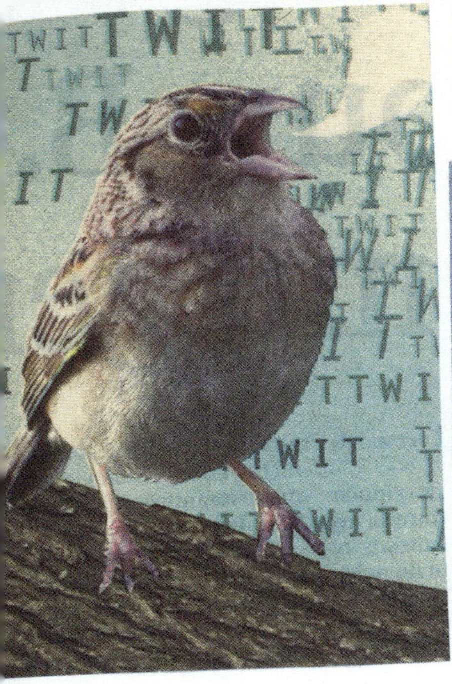

vogels

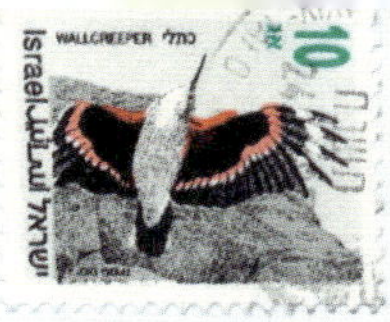

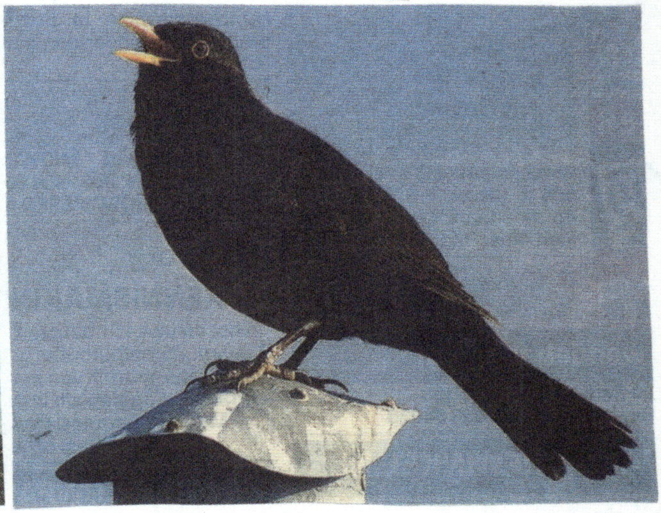

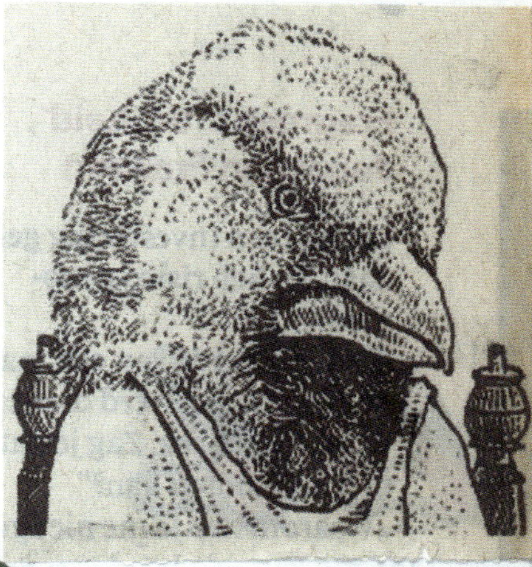

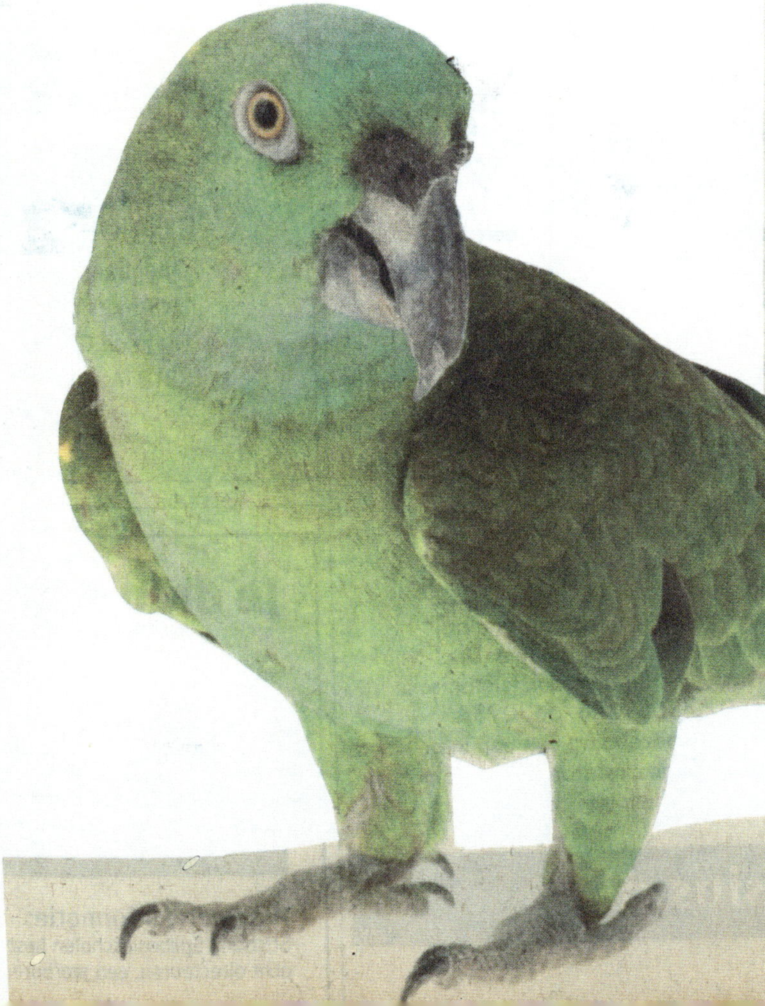

UiL

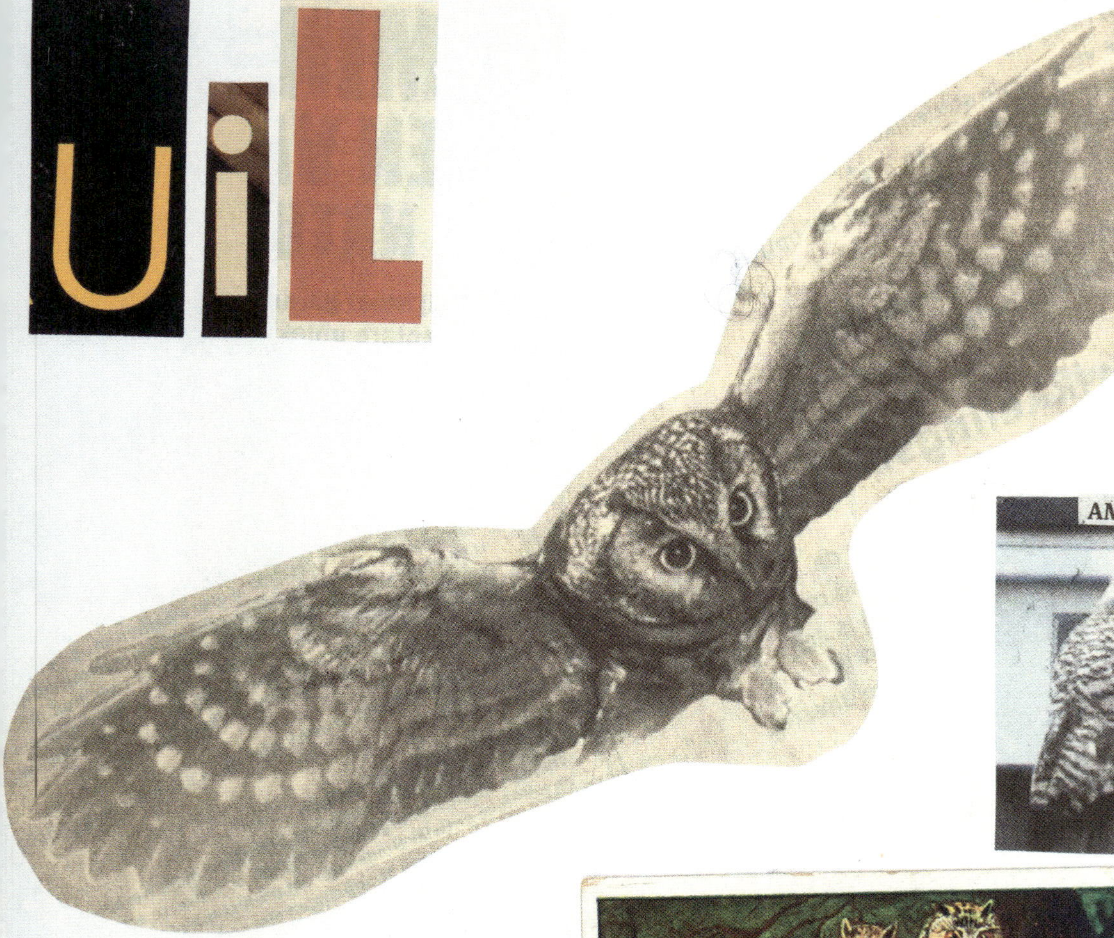

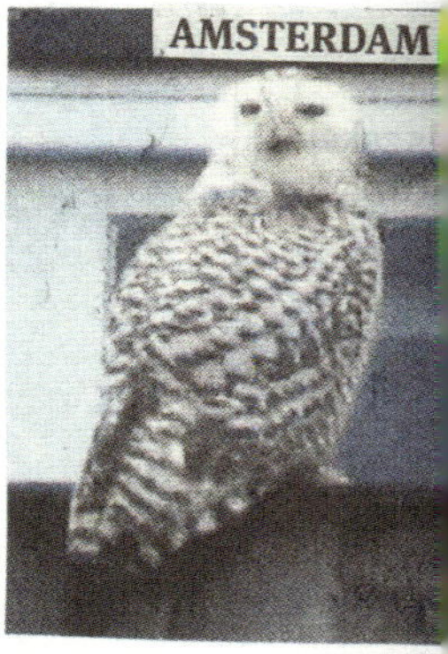
AMSTERDAM

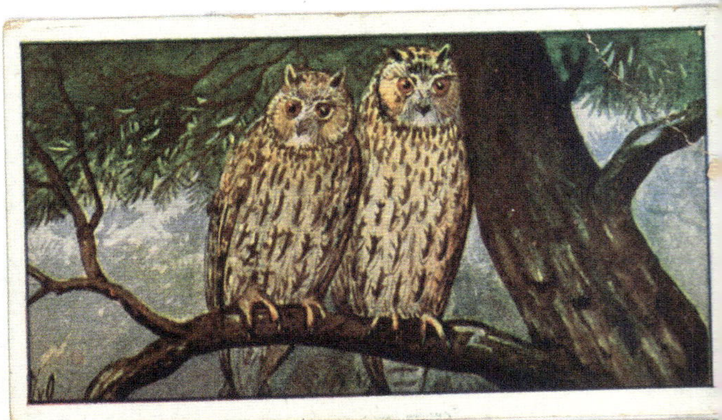

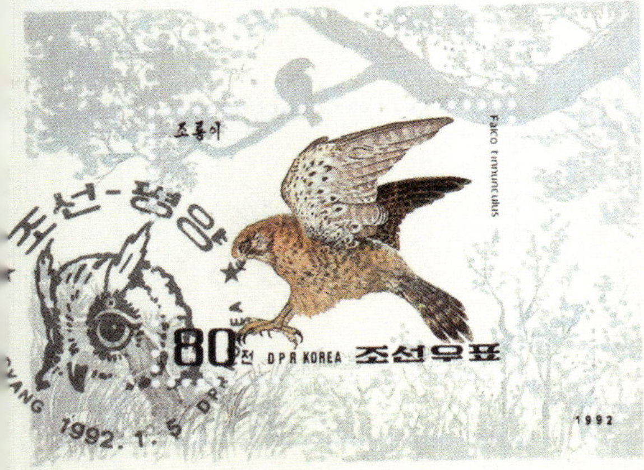
조롱이
Falco tinnunculus
조선-평양
80전 DPR KOREA 조선우표
1992. 1. 5
1992

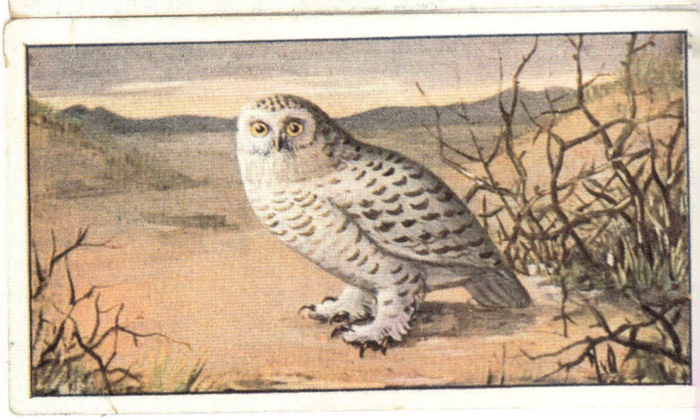

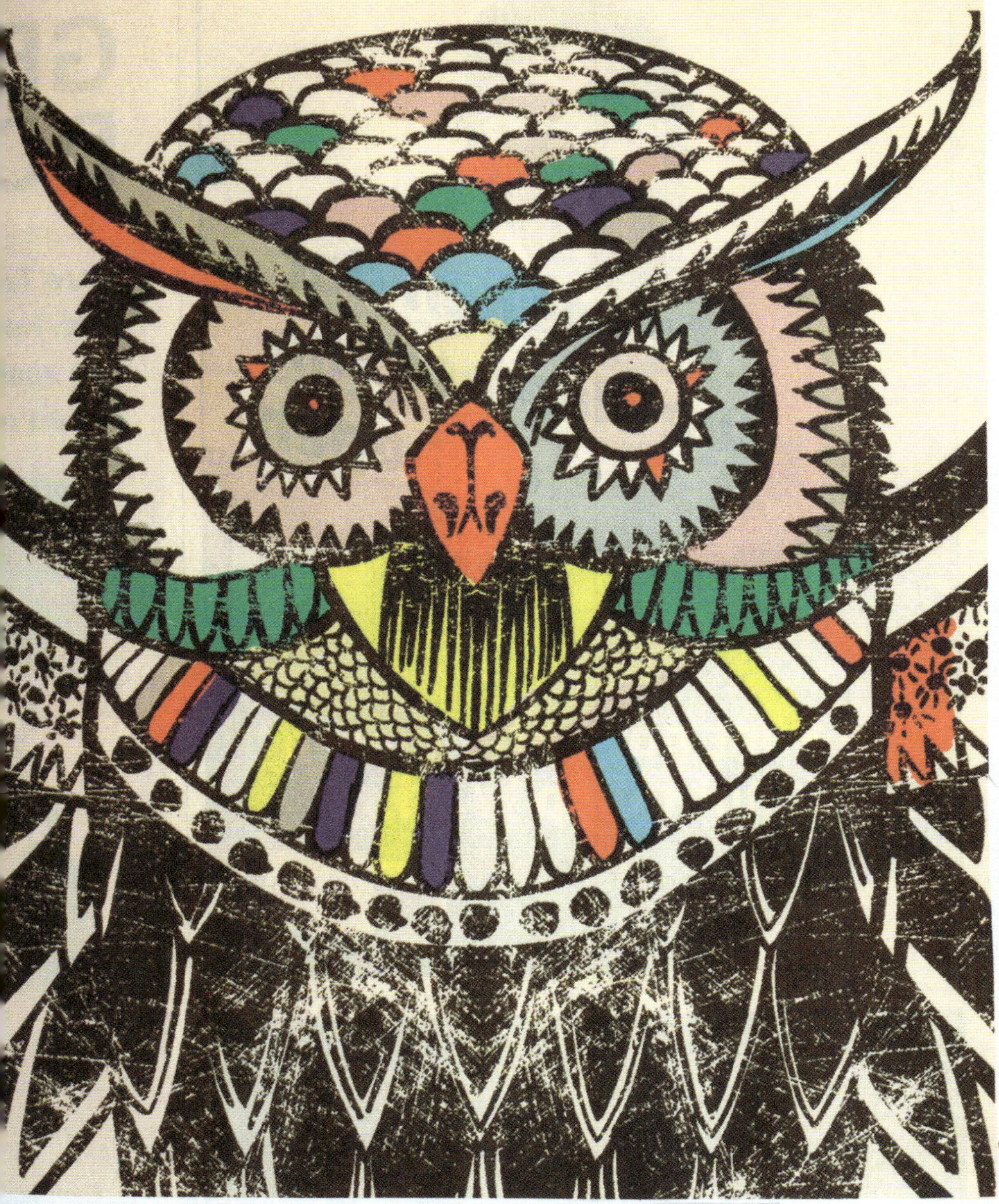

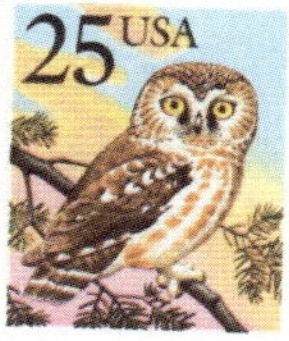
25 USA

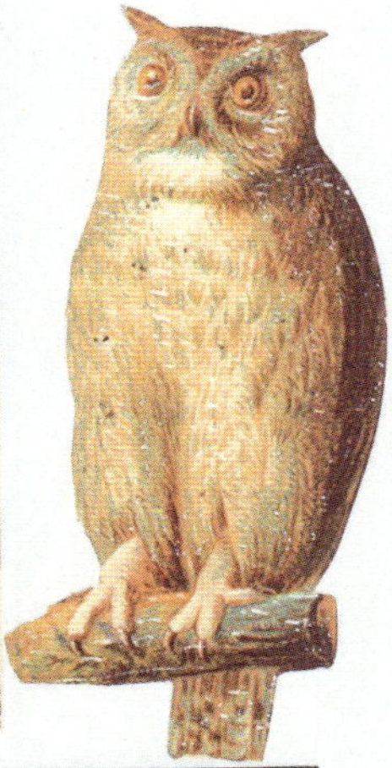

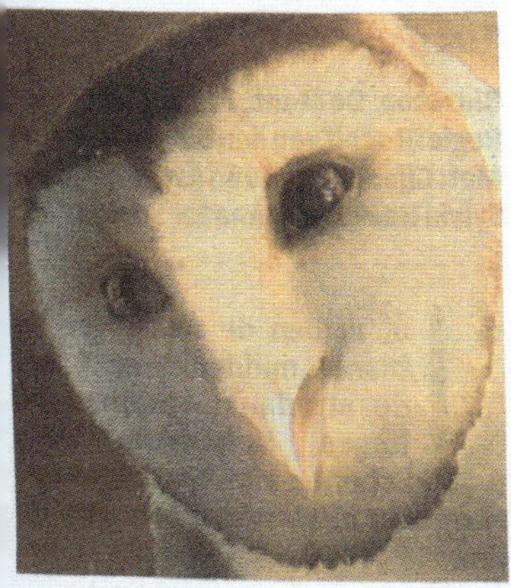

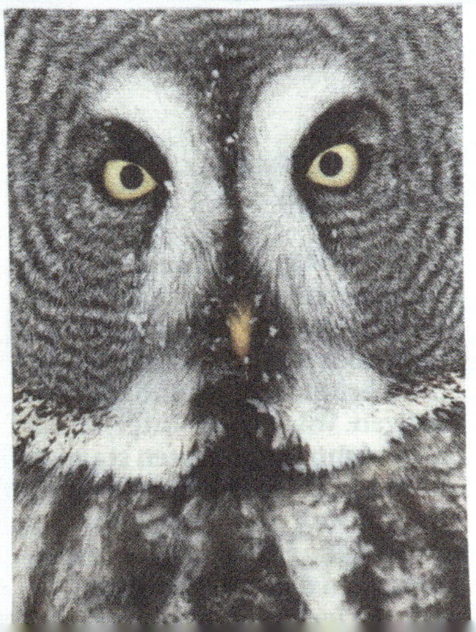

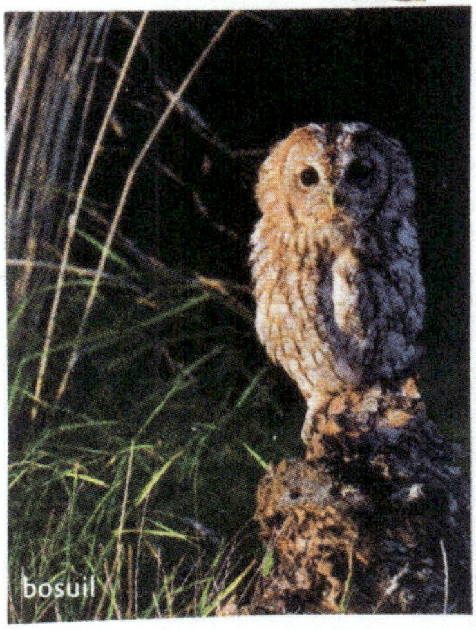
bosuil

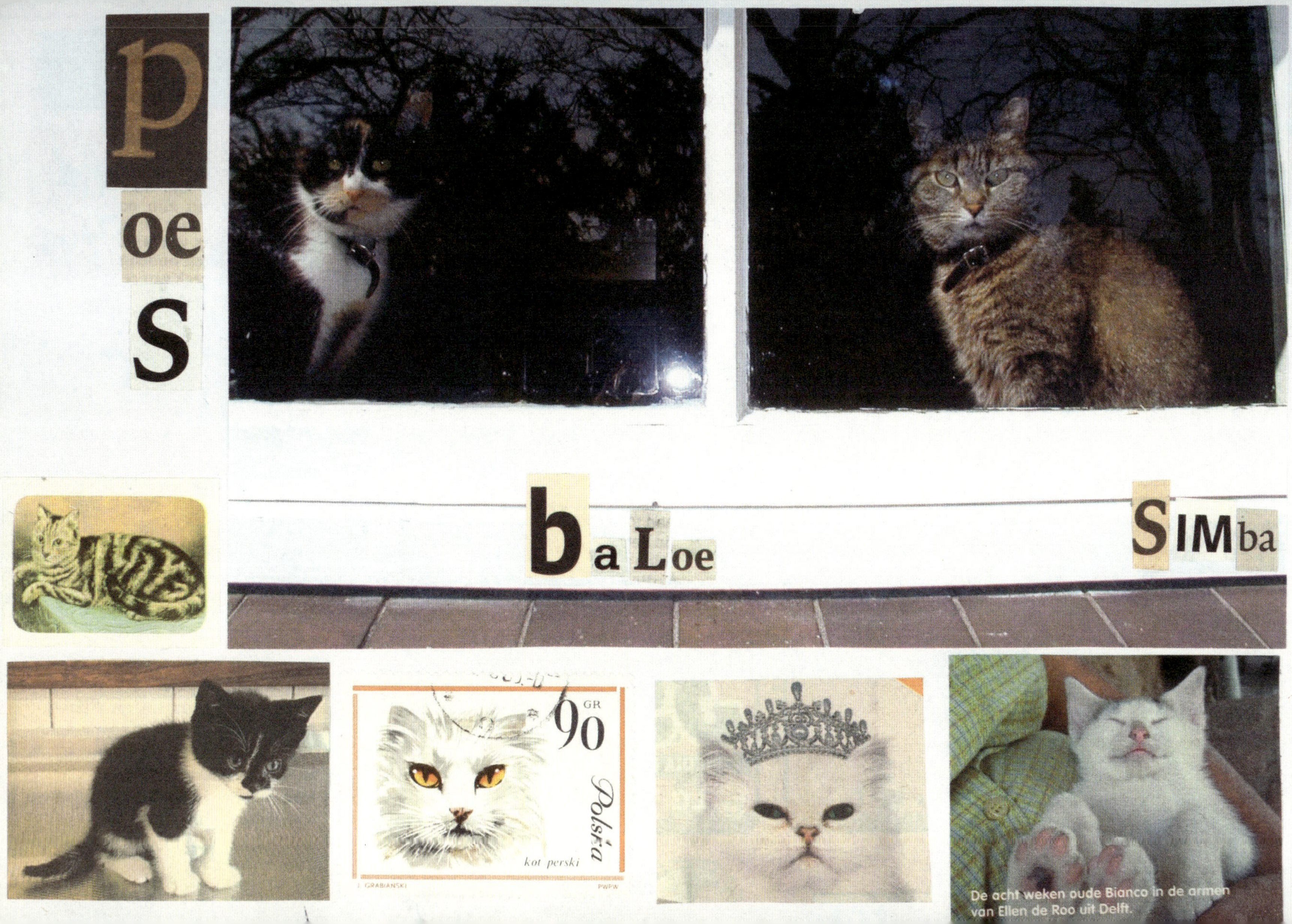
poeS
baLoe
SIMba
GR
90
Polska
kot perski
J. GRABIANSKI
PWPW
De acht weken oude Bianco in de armen
van Ellen de Roo uit Delft.

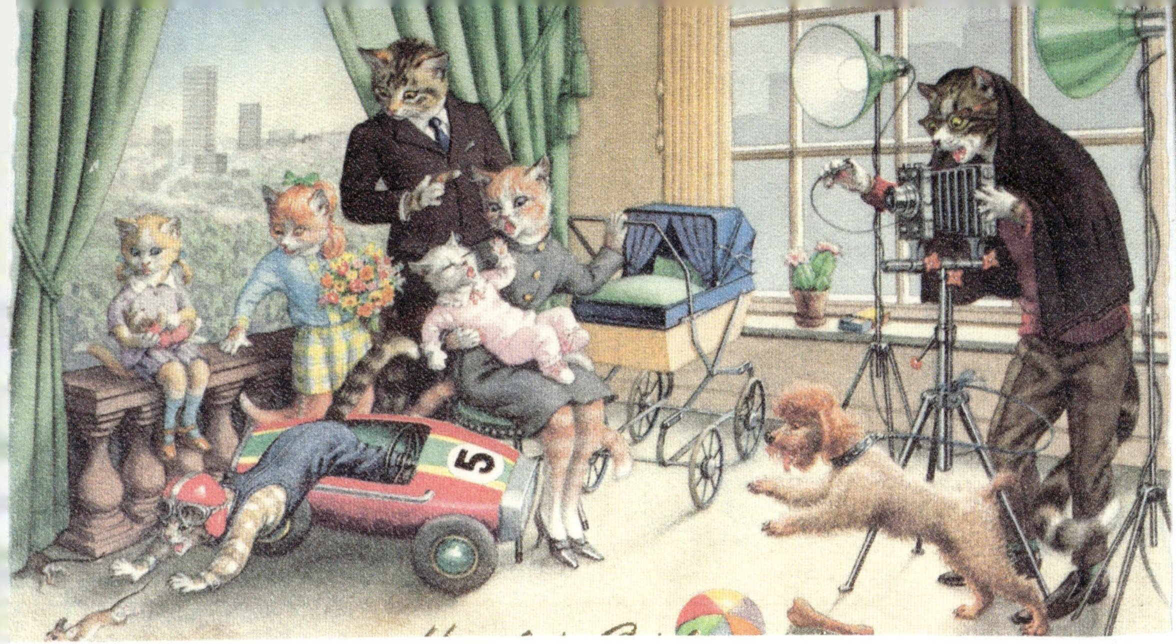

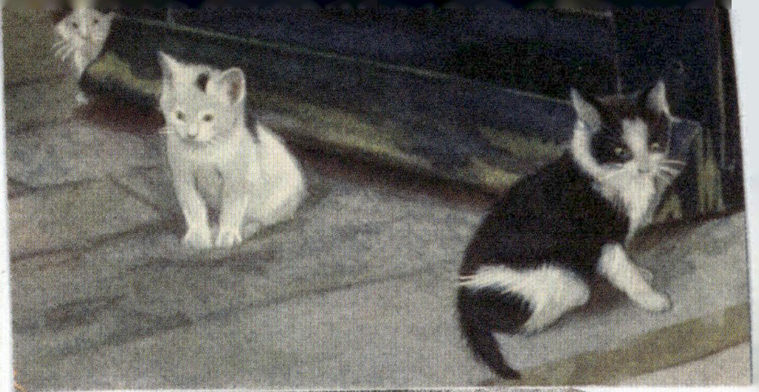

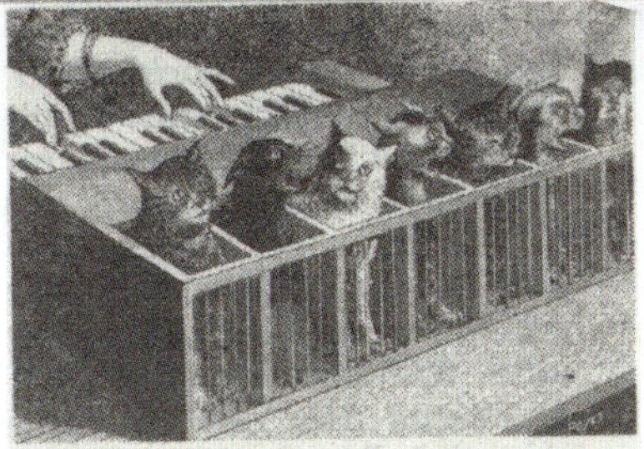

De kattenpiano van Kircher

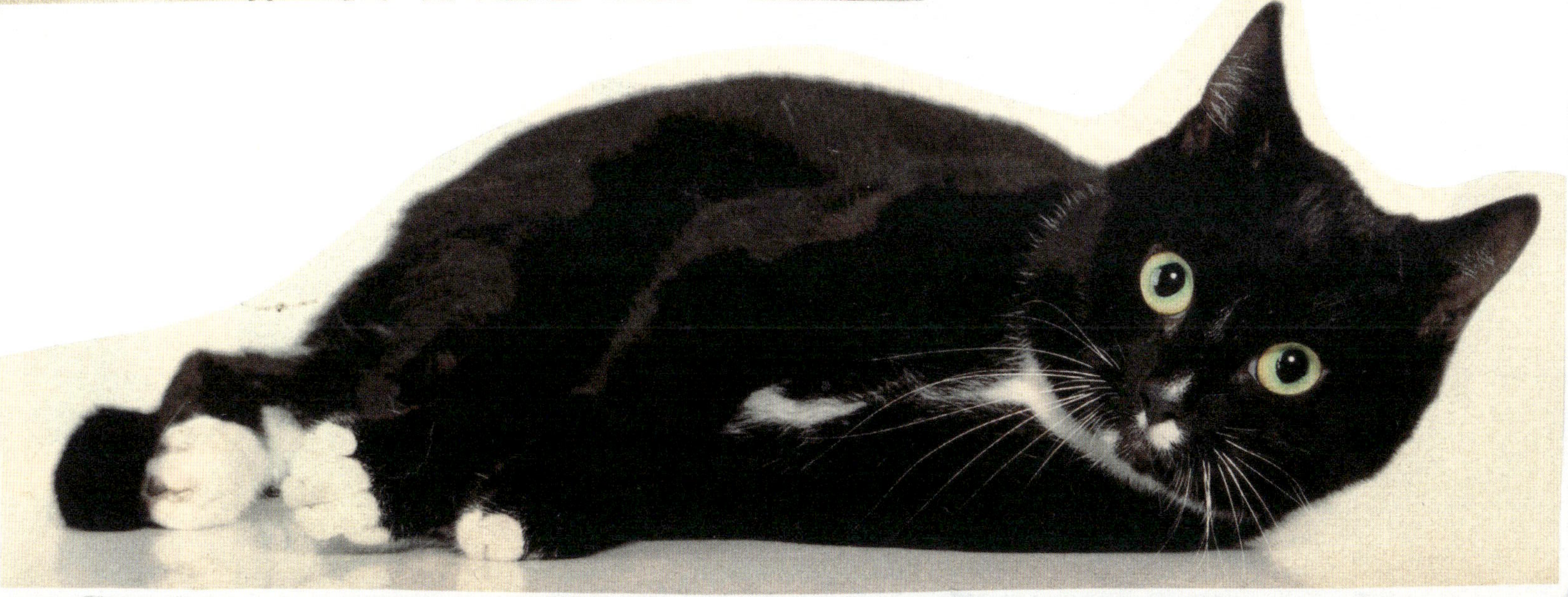

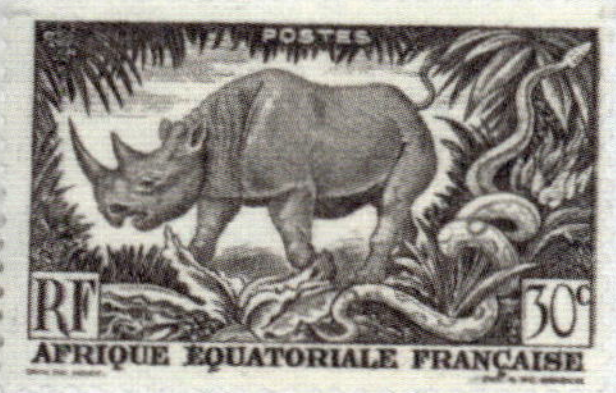

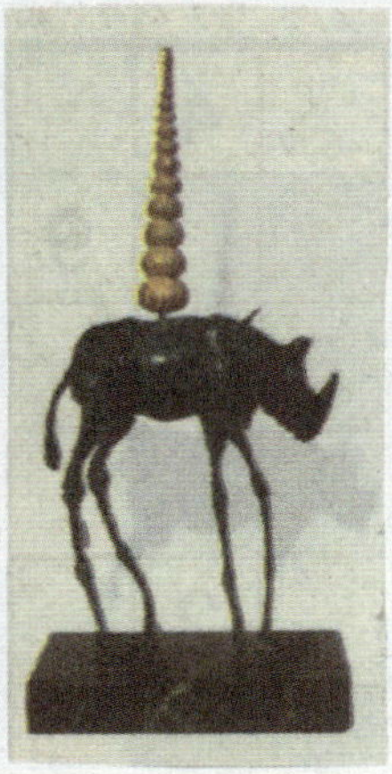

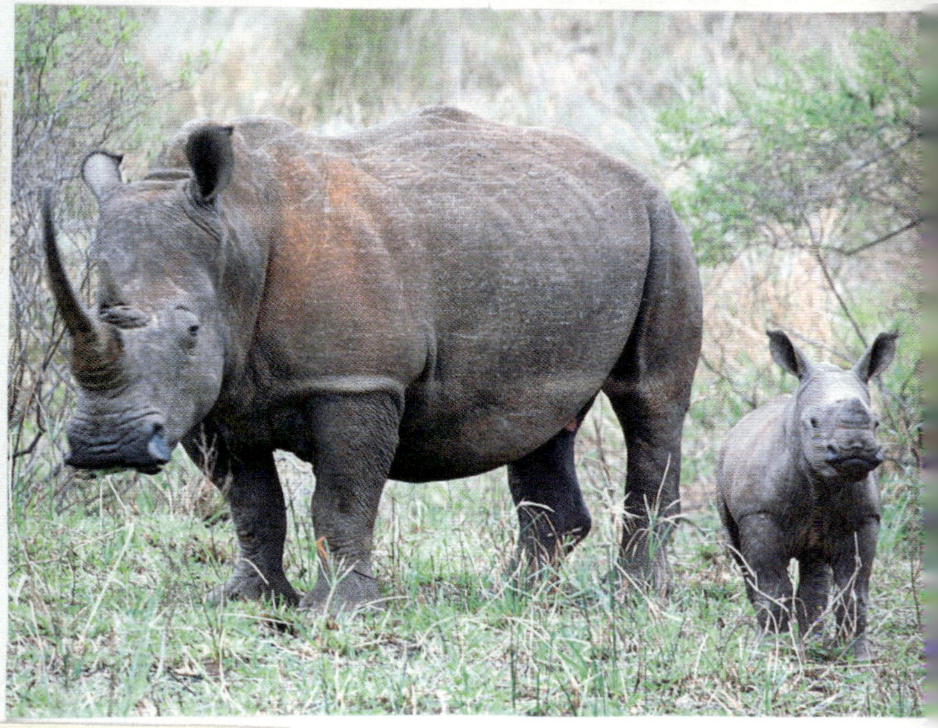

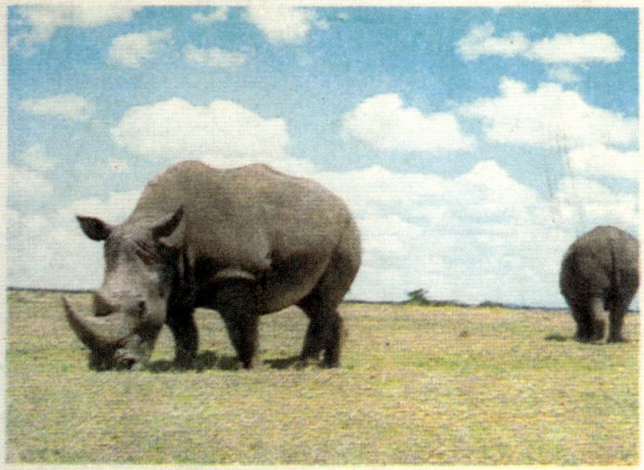

121 Witte neushoorn of breedlip-neushoorn

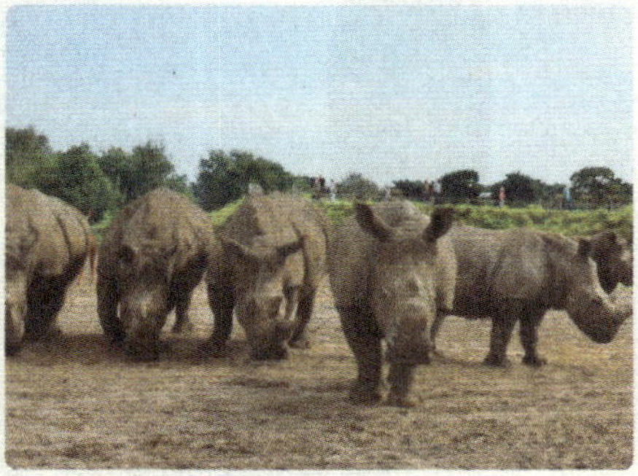

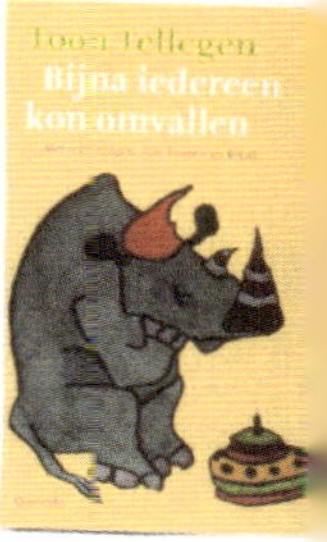

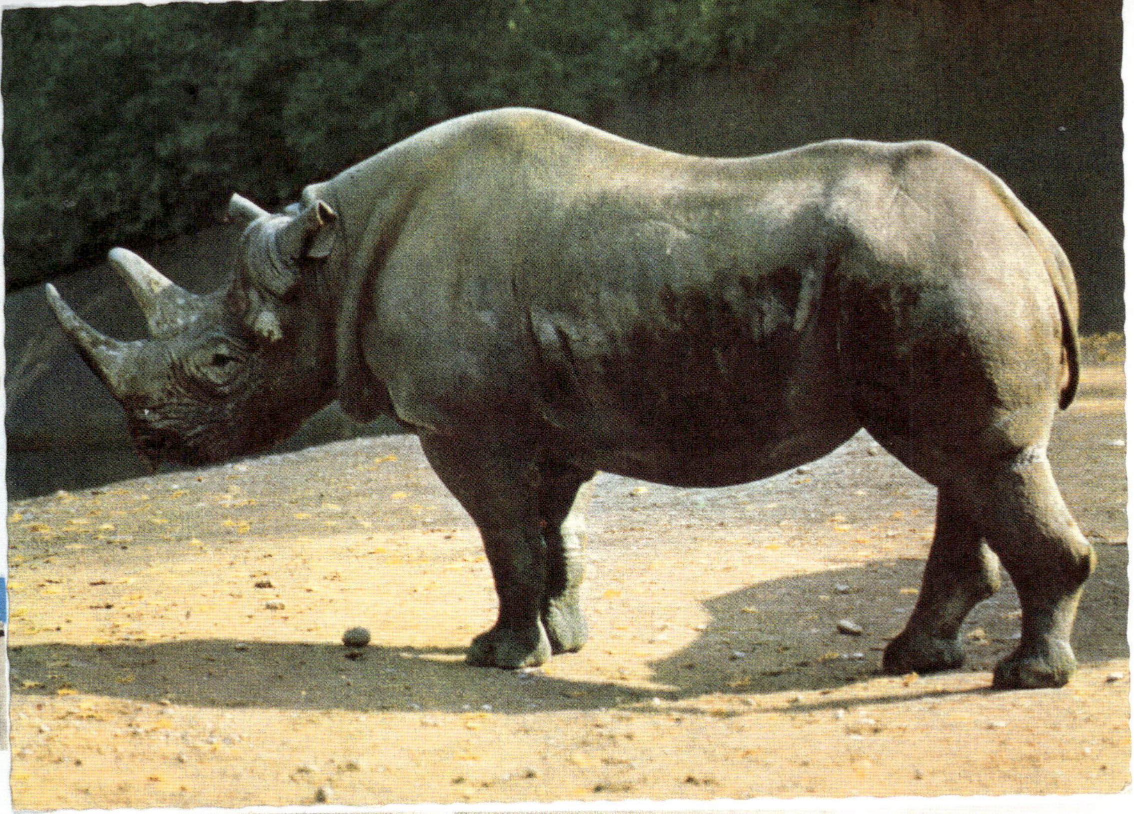

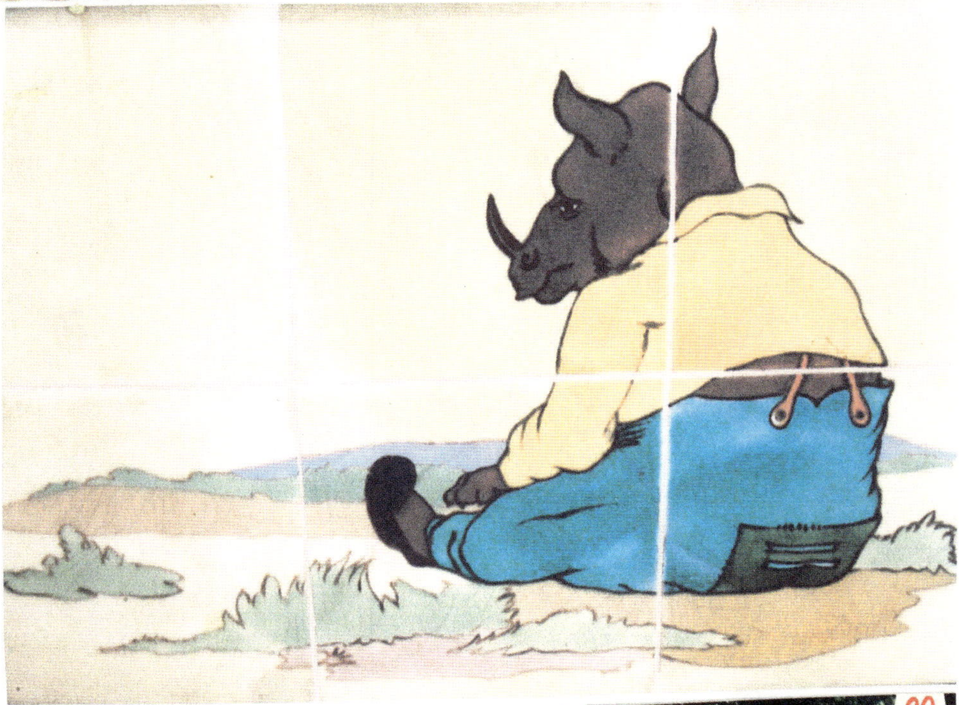

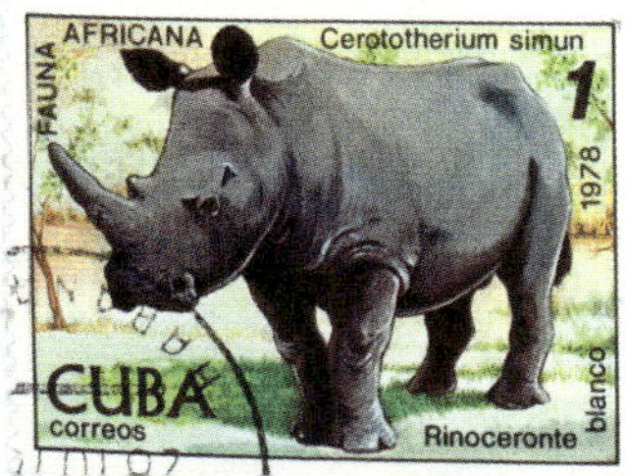
FAUNA AFRICANA
Cerototherium simun
1
1978
CUBA
correos
Rinoceronte
blanco

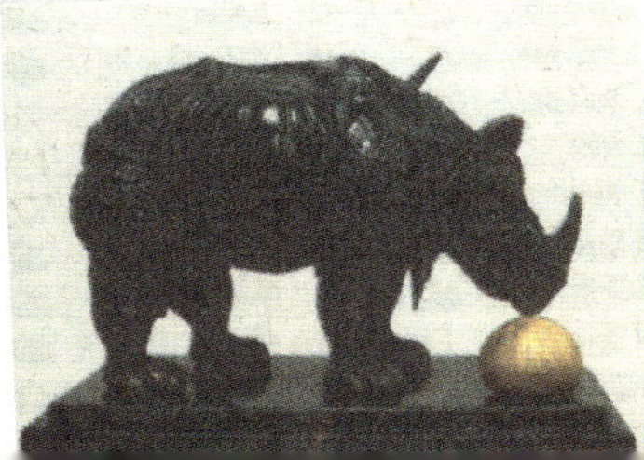

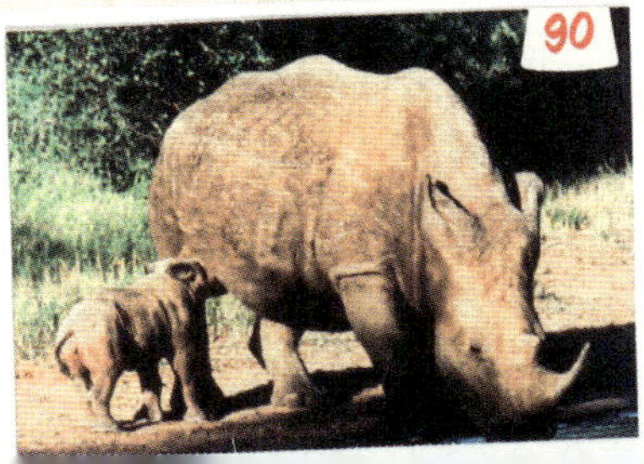
90

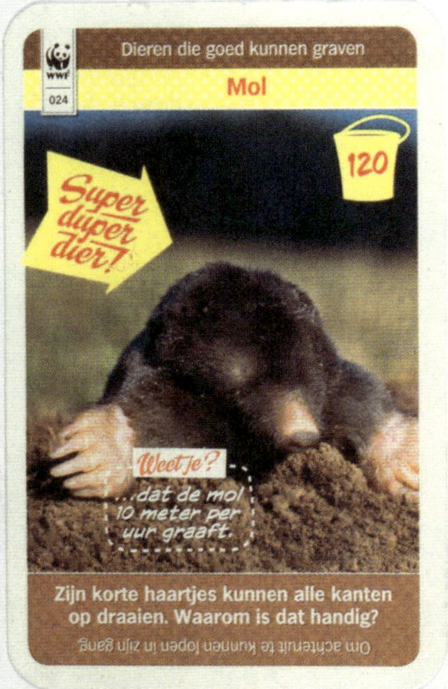
Dieren die goed kunnen graven
WWF
024
Mol
120
Super duper dier!
Weet je?
...dat de mol 10 meter per uur graaft.
Zijn korte haartjes kunnen alle kanten op draaien. Waarom is dat handig?
Om achteruit te kunnen lopen in zijn gang.

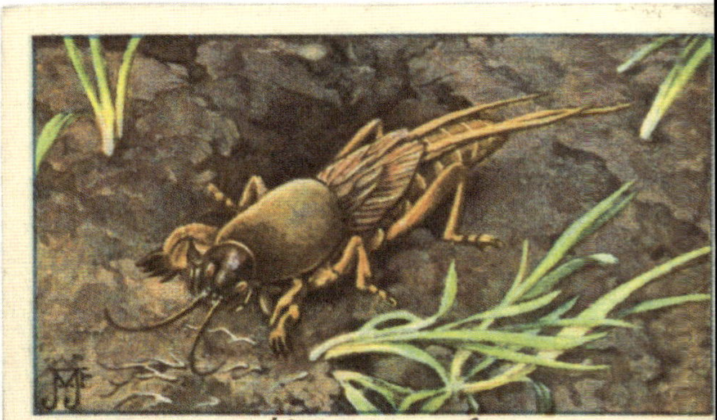

Veenmol

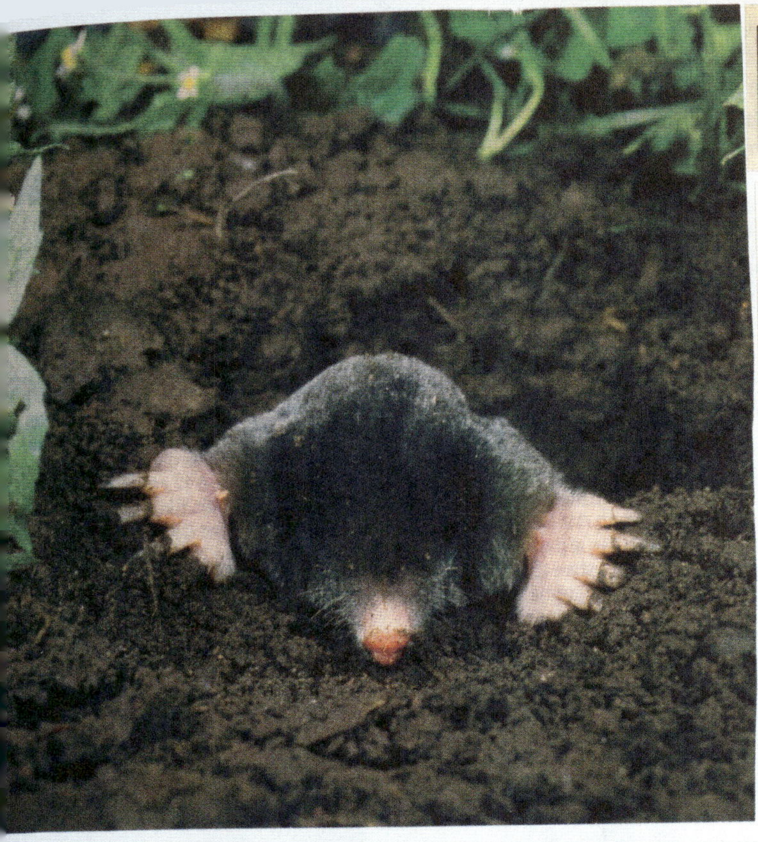

moL

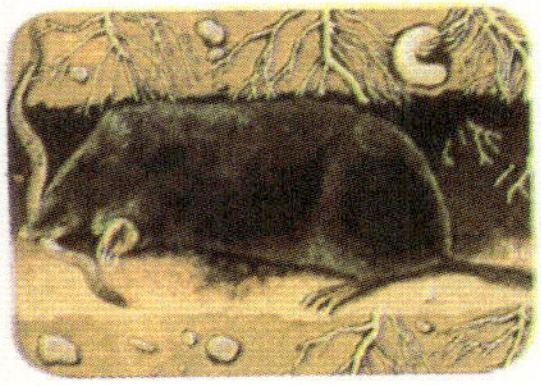

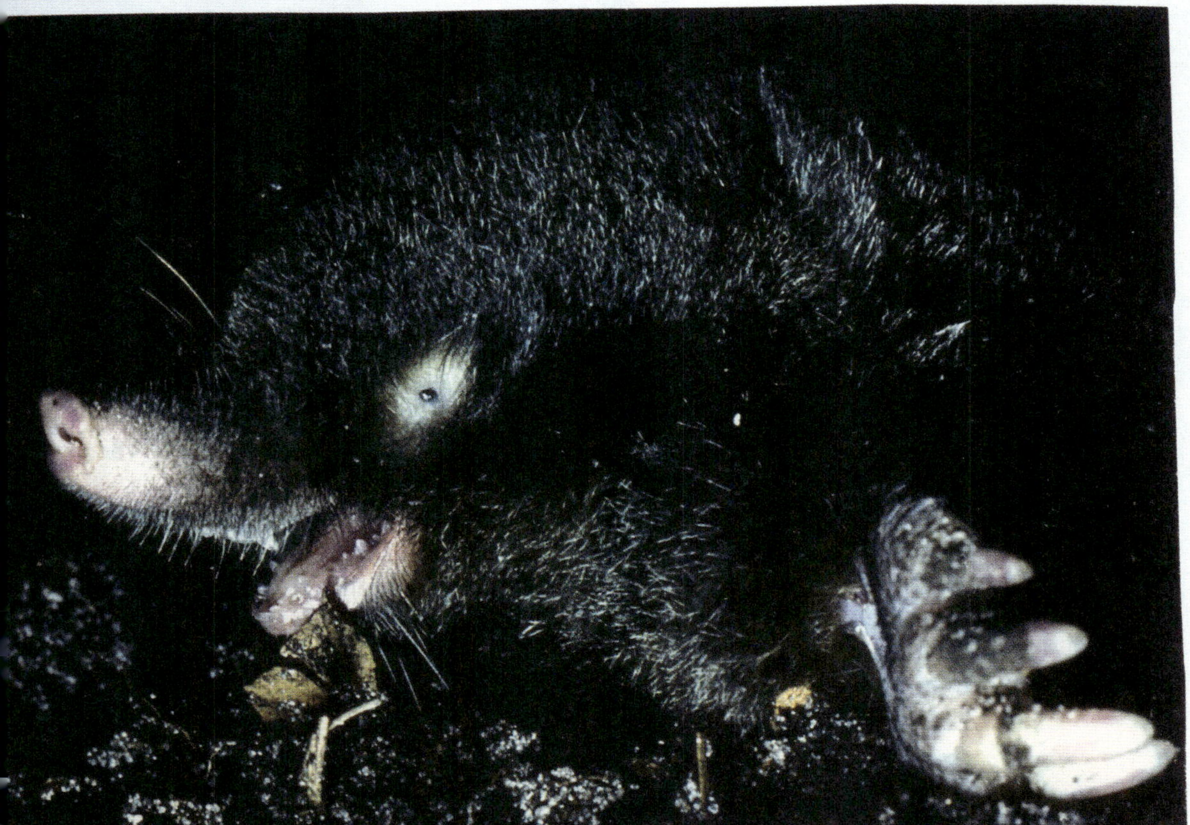

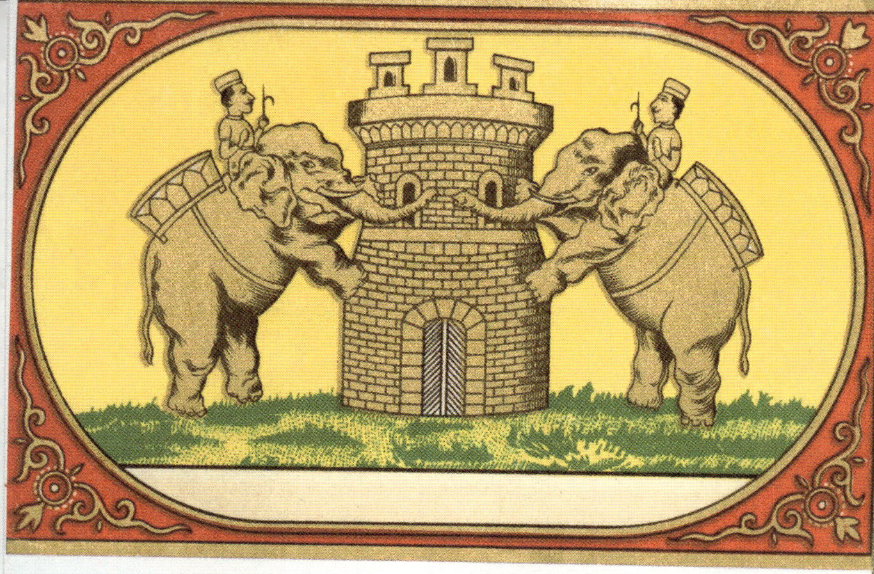

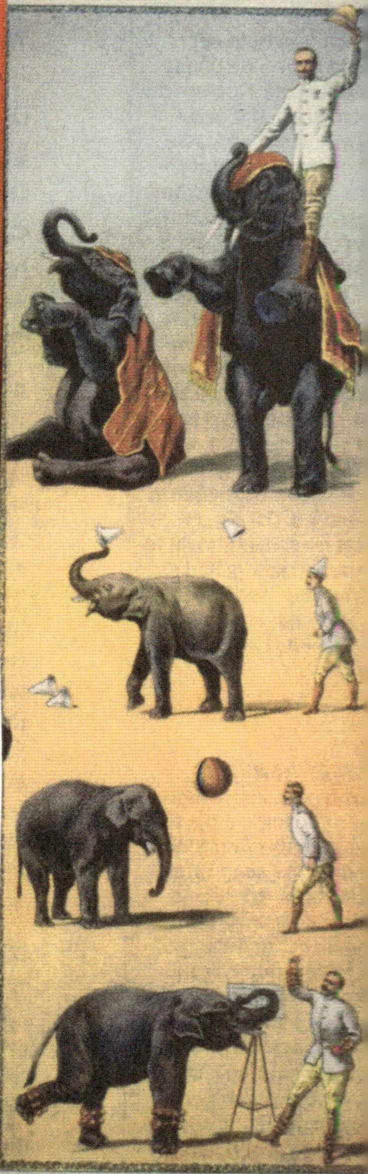

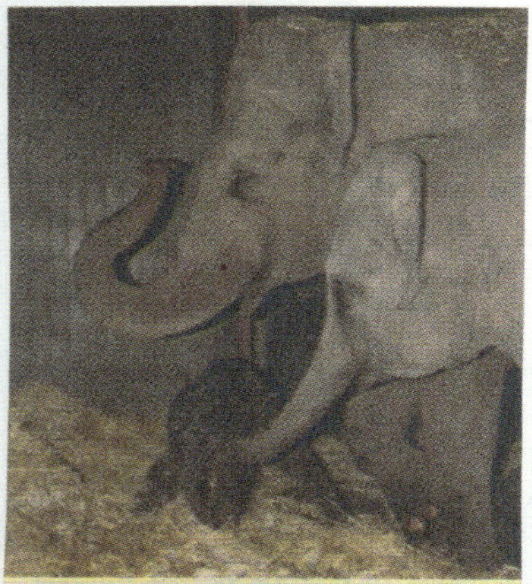

Het Aziatische olifantje Mumba, kort na zijn geboorte in juni Foto Artis 2011

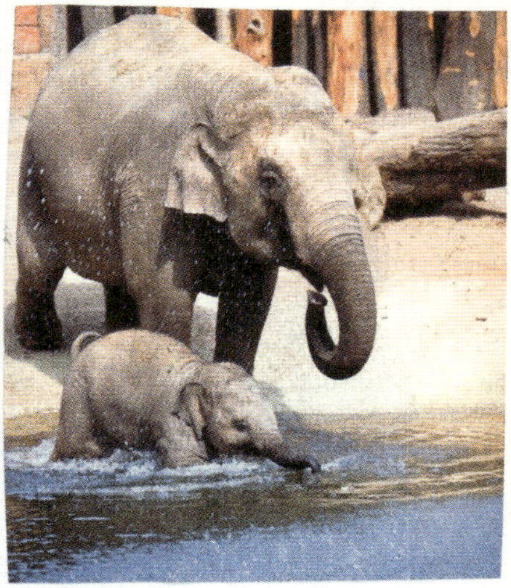

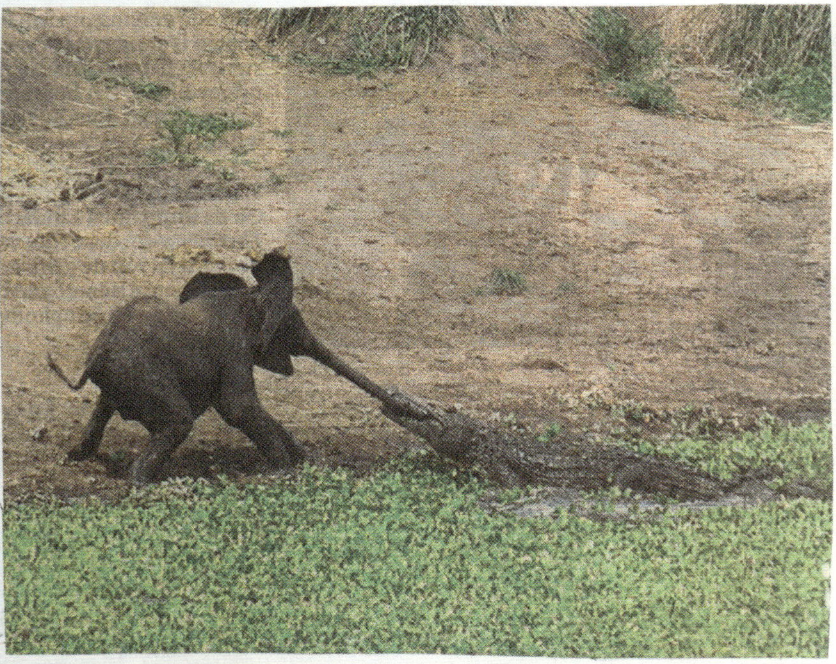

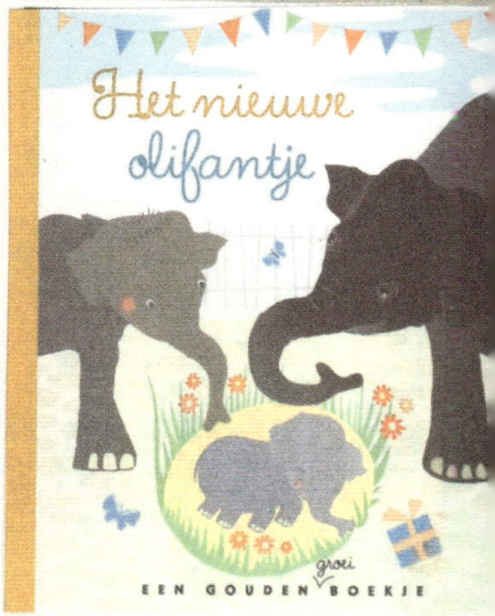

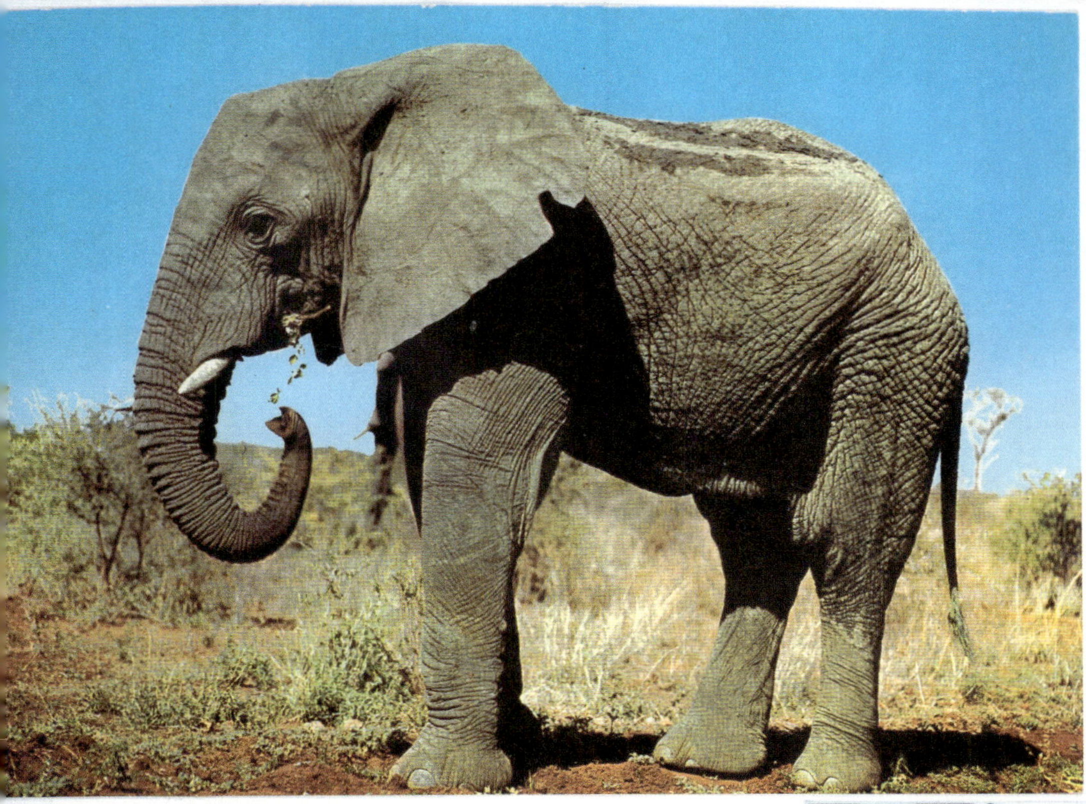

O li F A NT

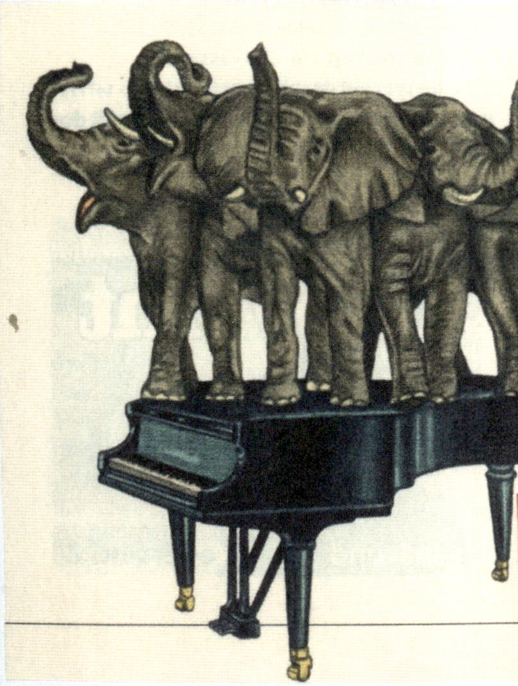

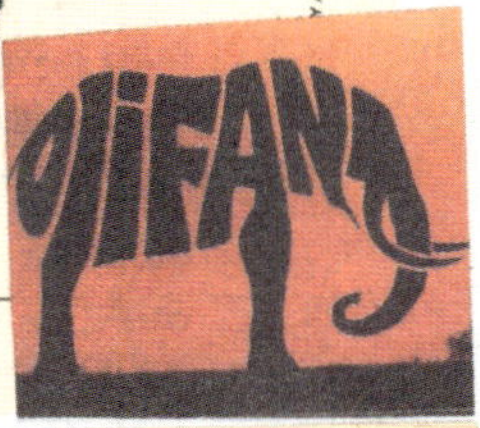
OLIFANT

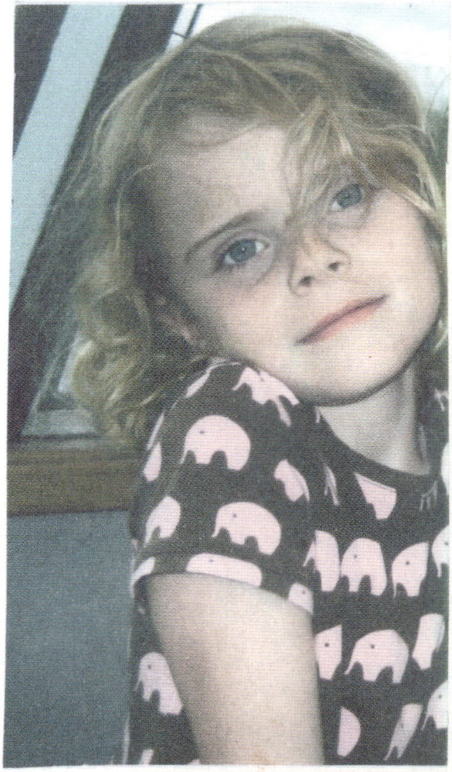

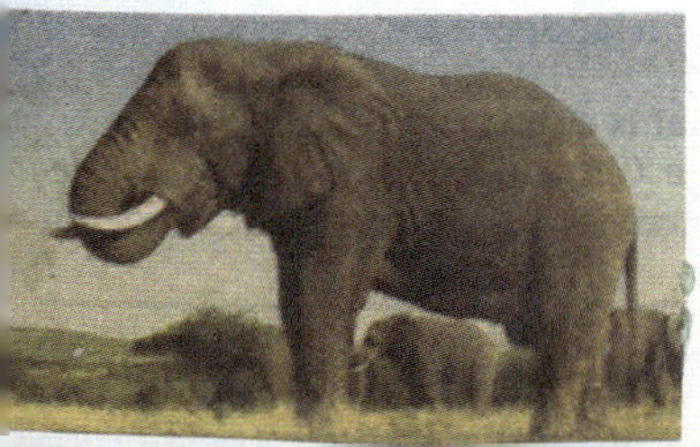

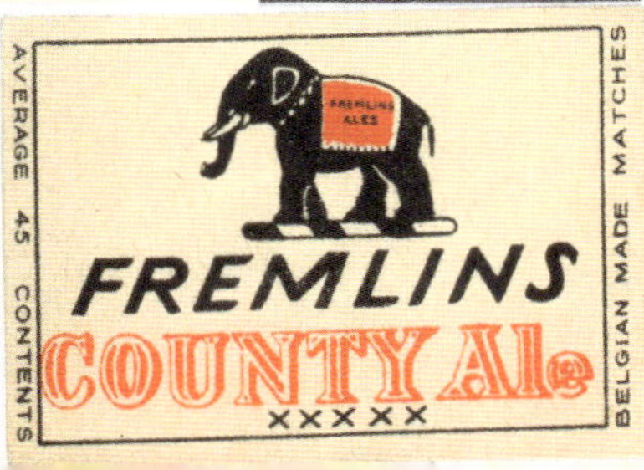
AVERAGE 45 CONTENTS
FREMLINS
COUNTY Ale
XXXXX
BELGIAN MADE MATCHES

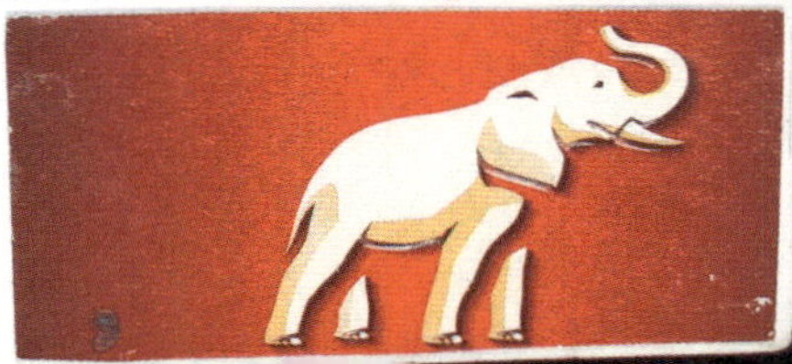

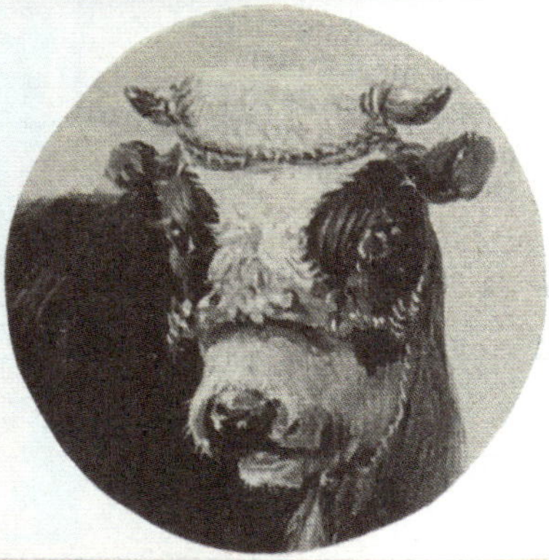

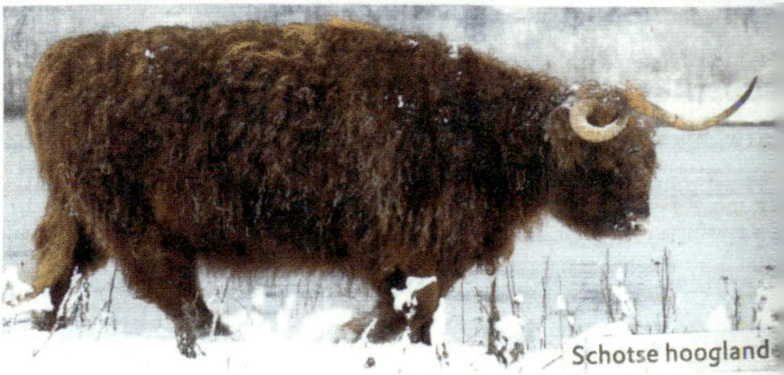
Schotse hoogland

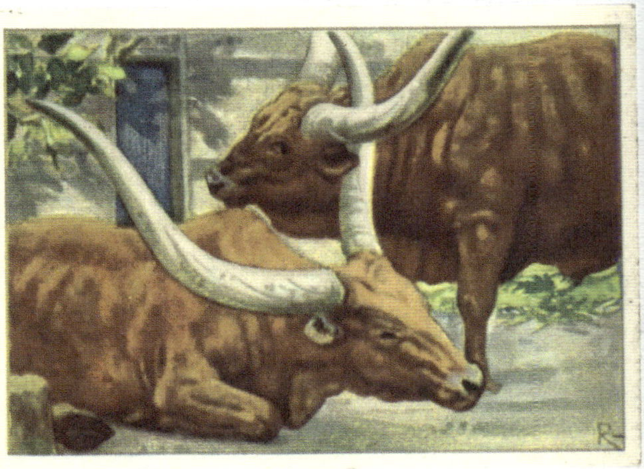

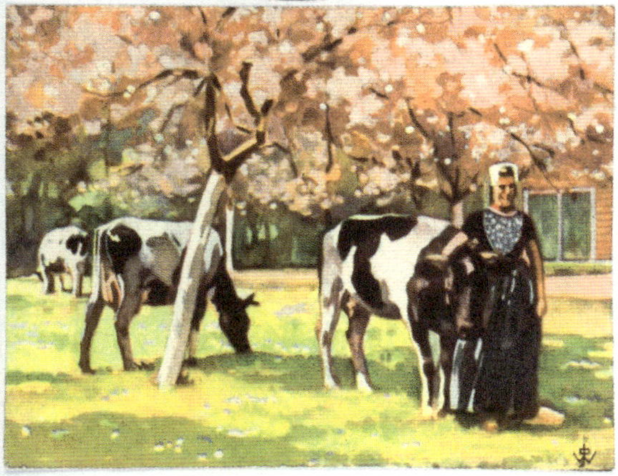

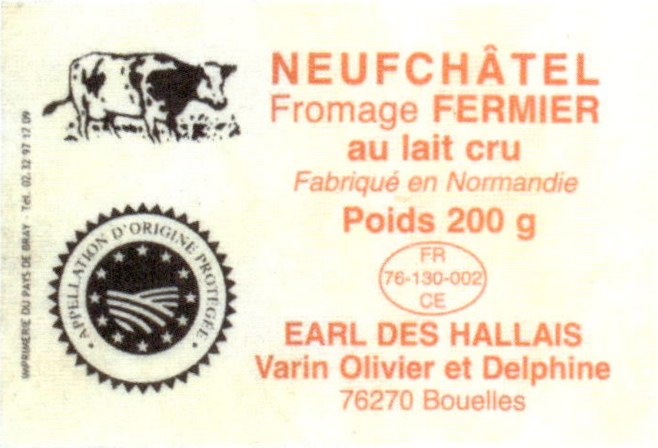
NEUFCHÂTEL
Fromage FERMIER
au lait cru
Fabriqué en Normandie
Poids 200 g
FR
76-130-002
CE
APPELLATION D'ORIGINE PROTÉGÉE
EARL DES HALLAIS
Varin Olivier et Delphine
76270 Bouelles

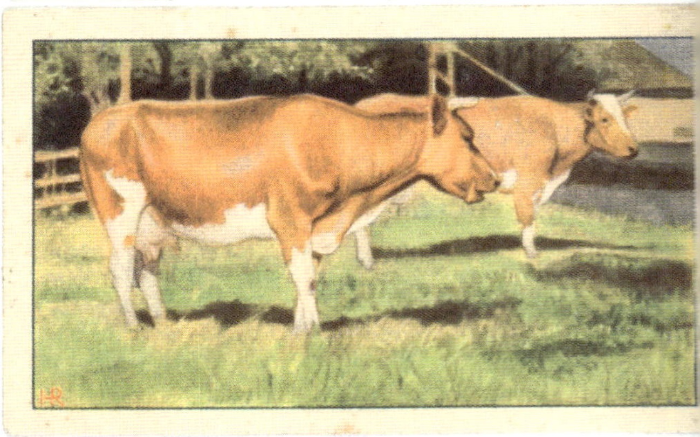

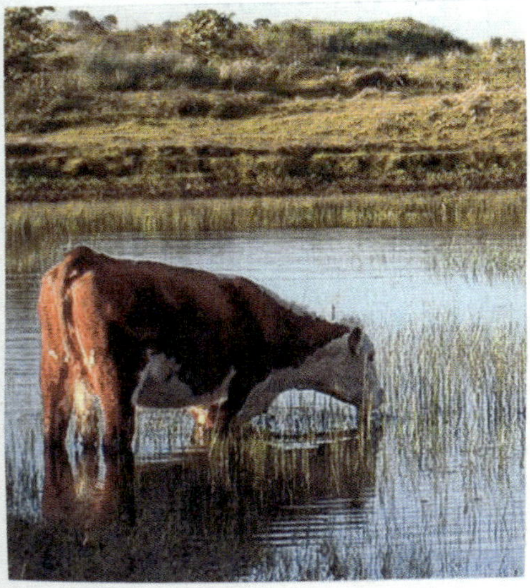

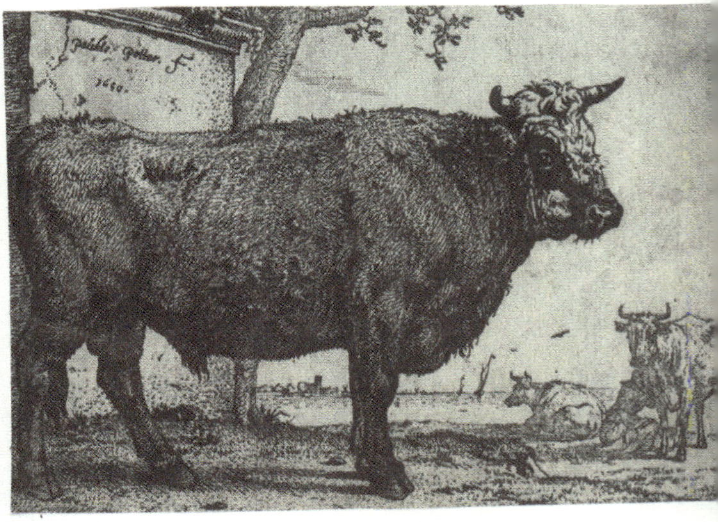

koe

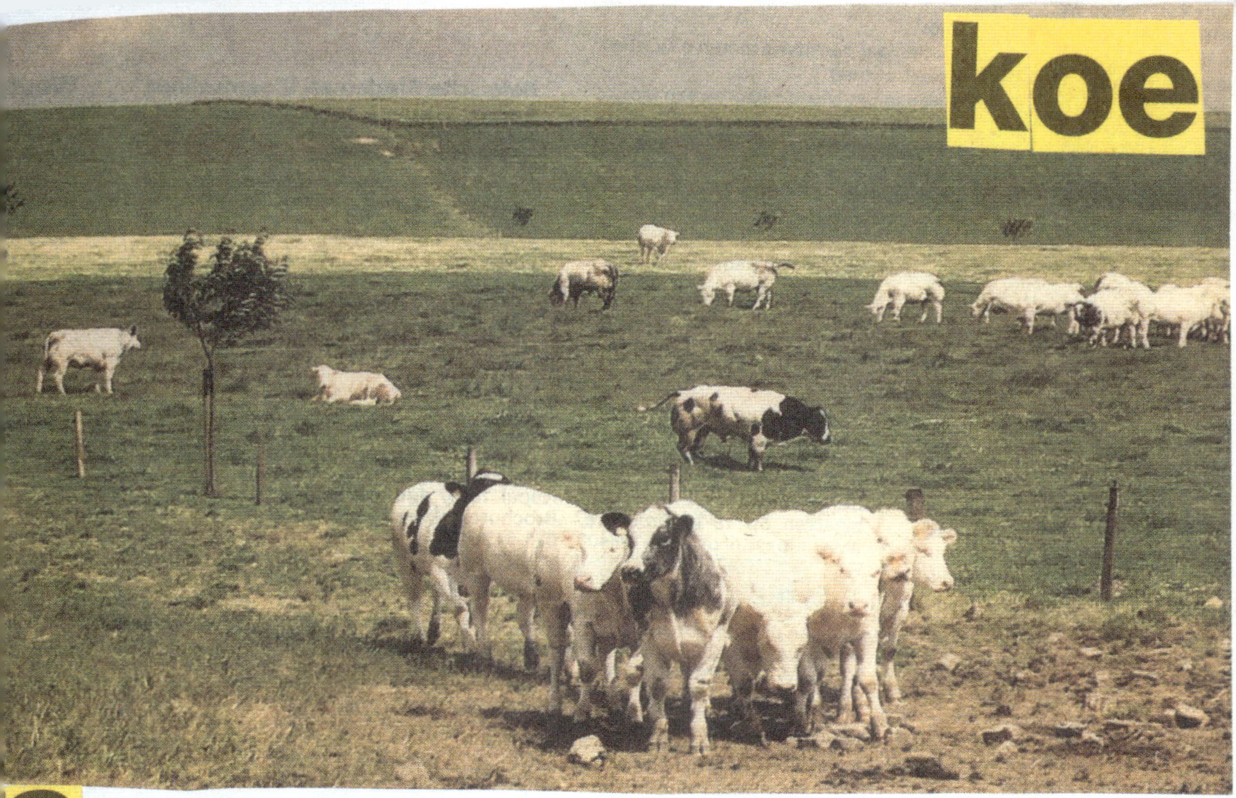

StieR

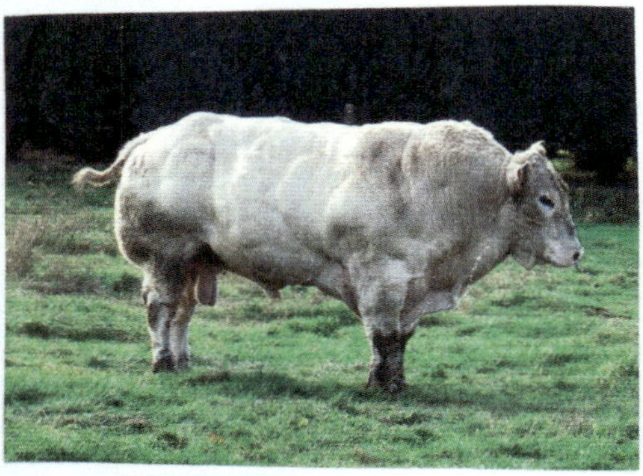

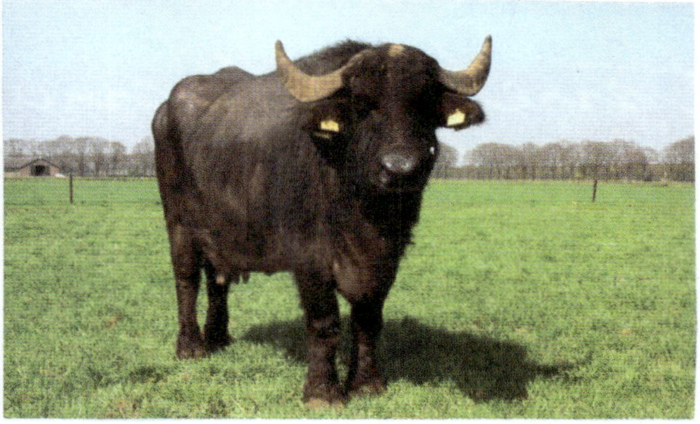

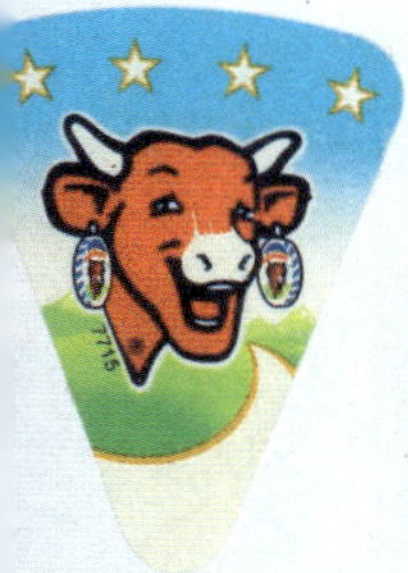

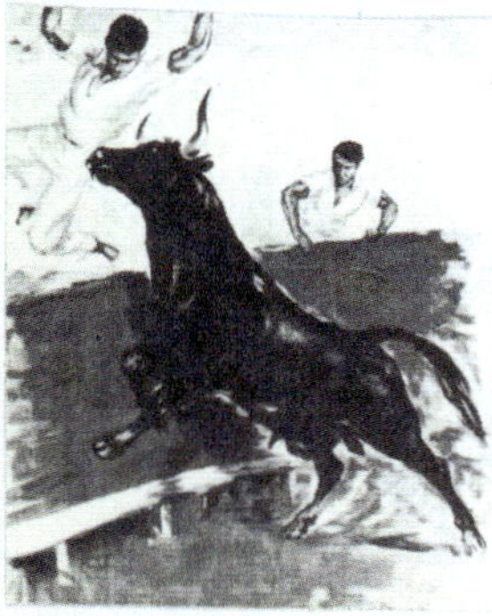

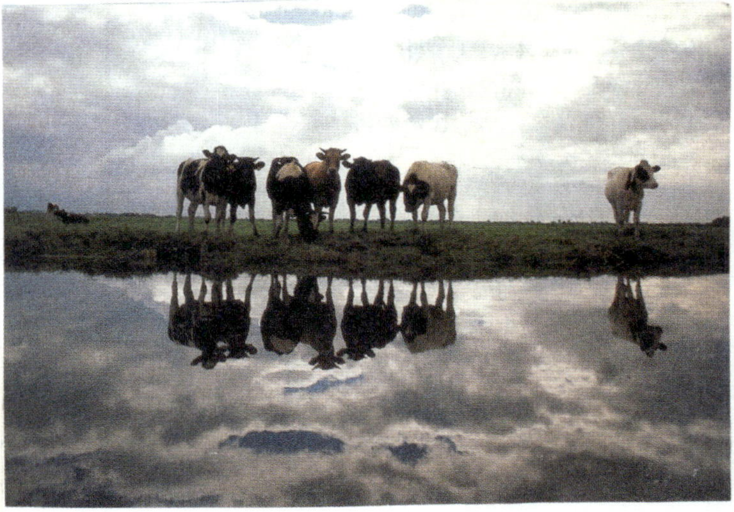

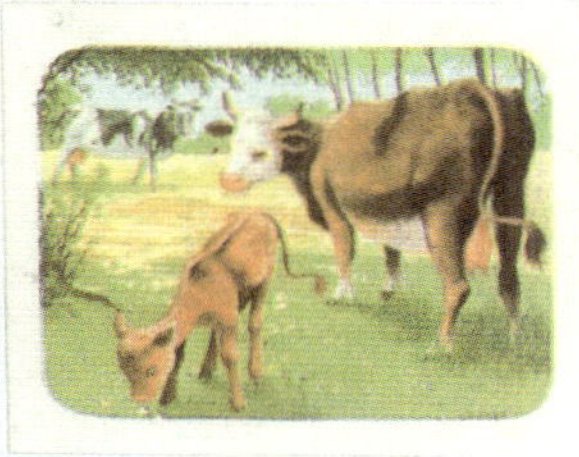

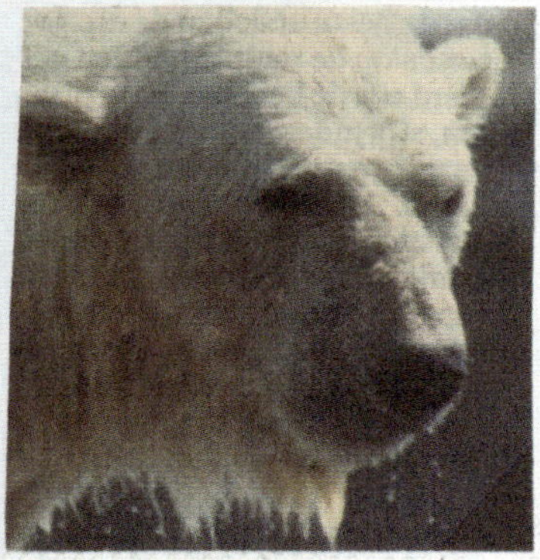

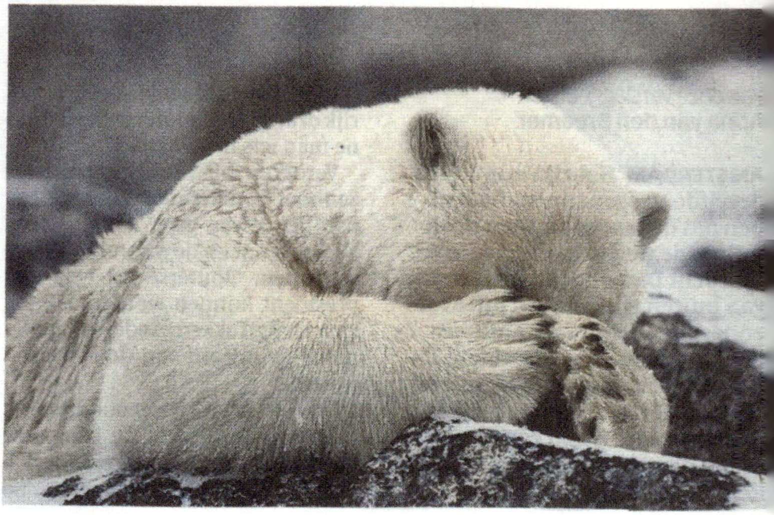

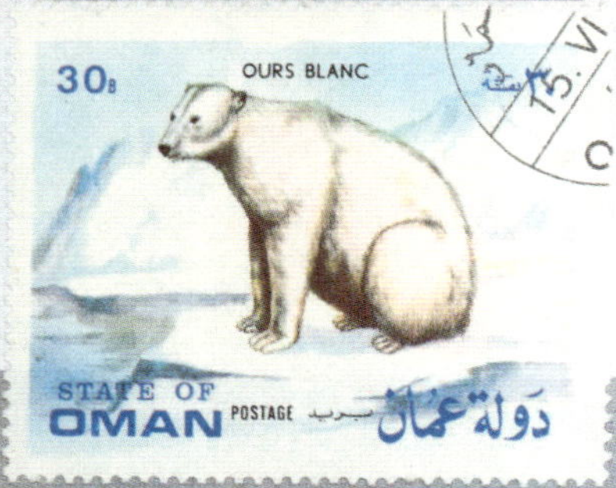
30
OURS BLANC
STATE OF
OMAN
POSTAGE
دولة عمان

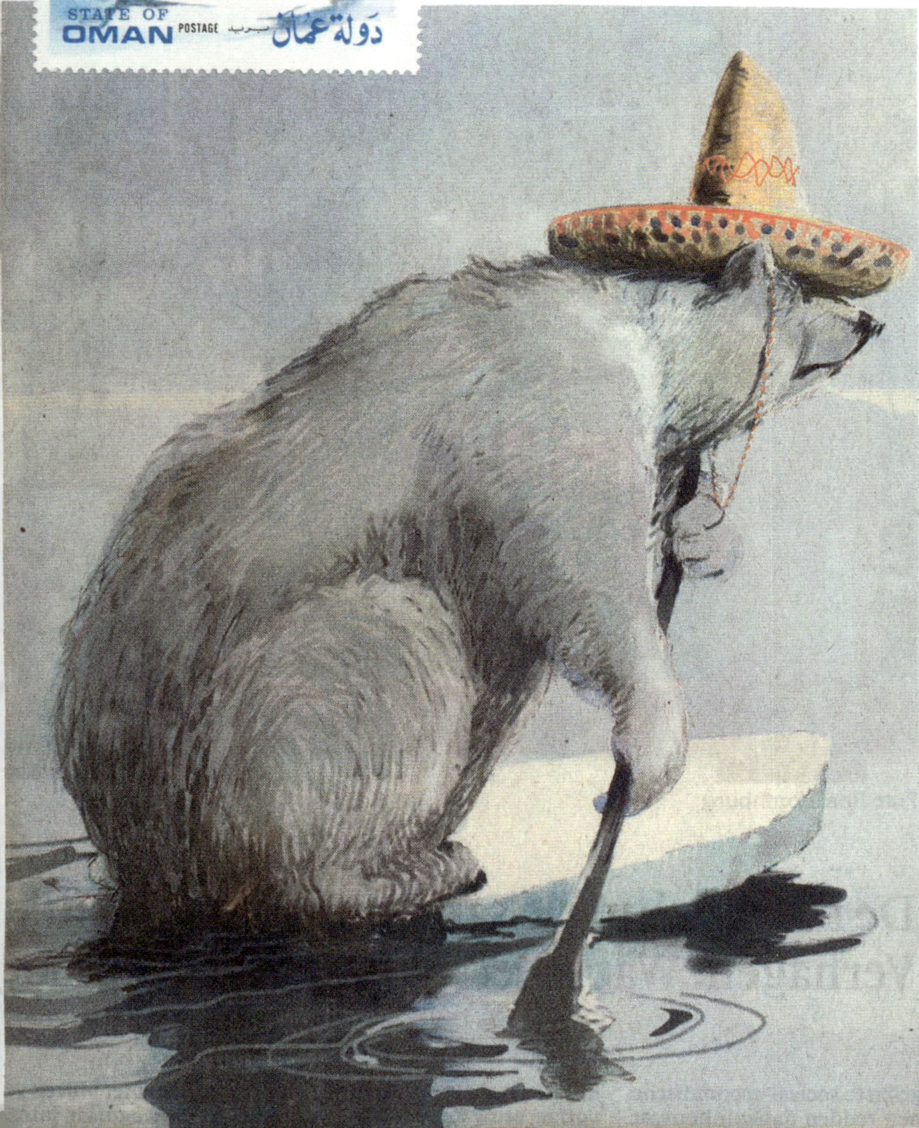

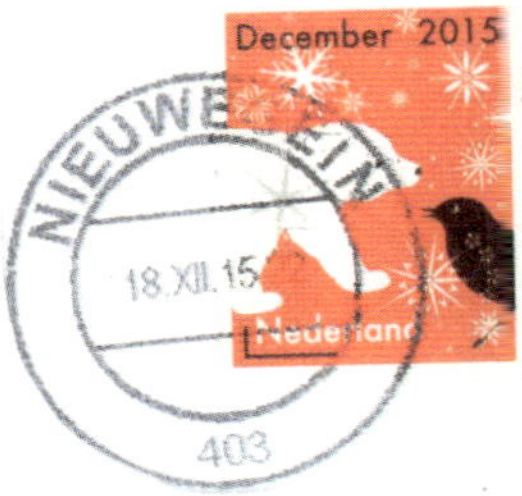
December 2015
18.XII.15
Nederland
403

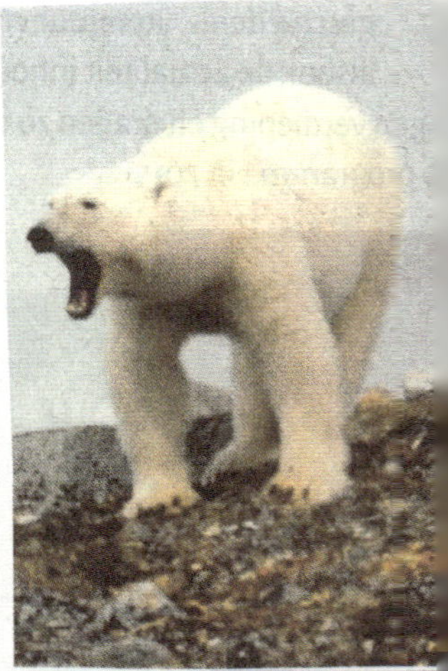

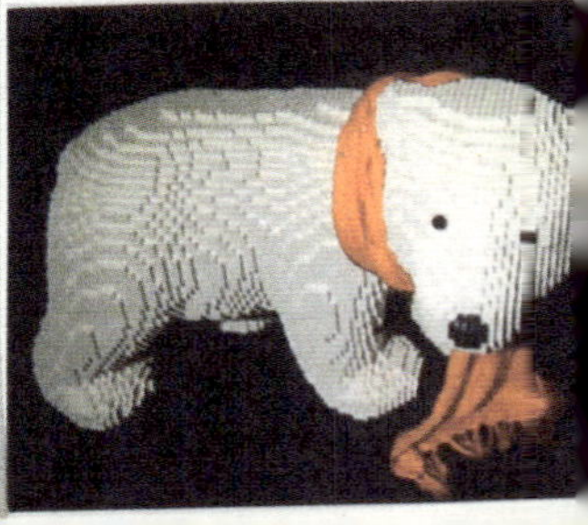

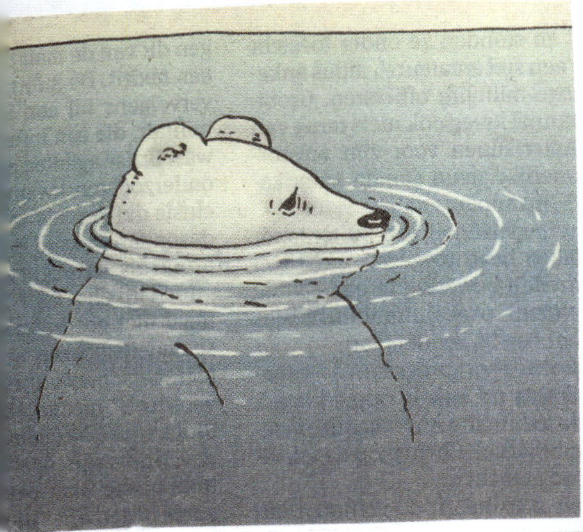

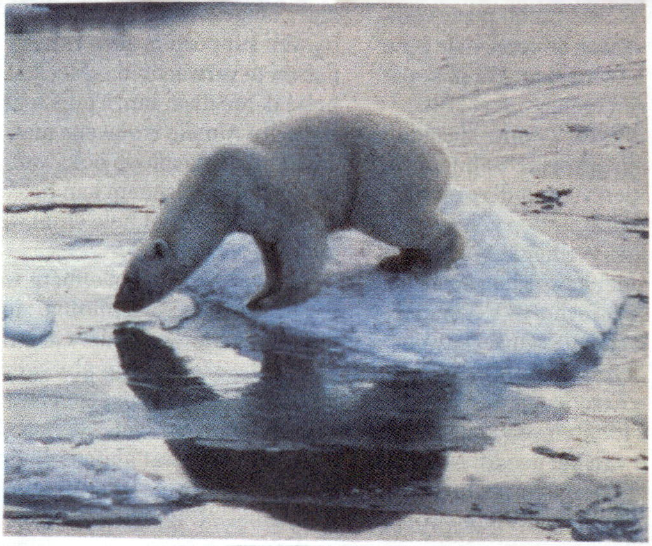

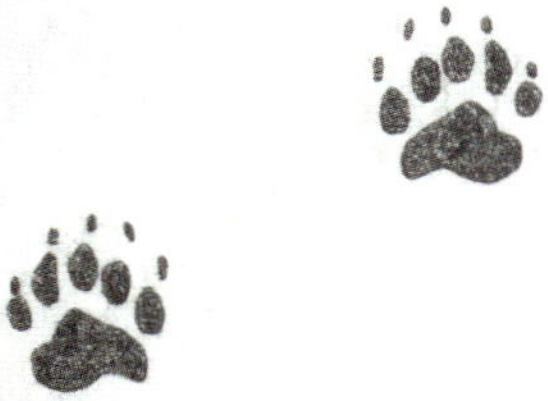

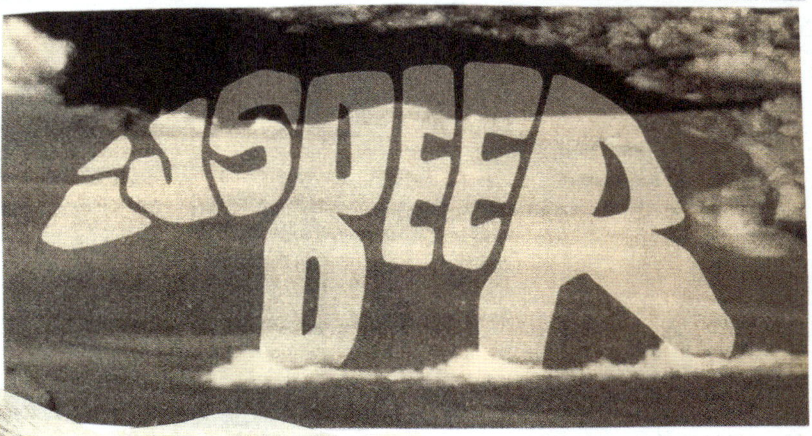
IJSBEER

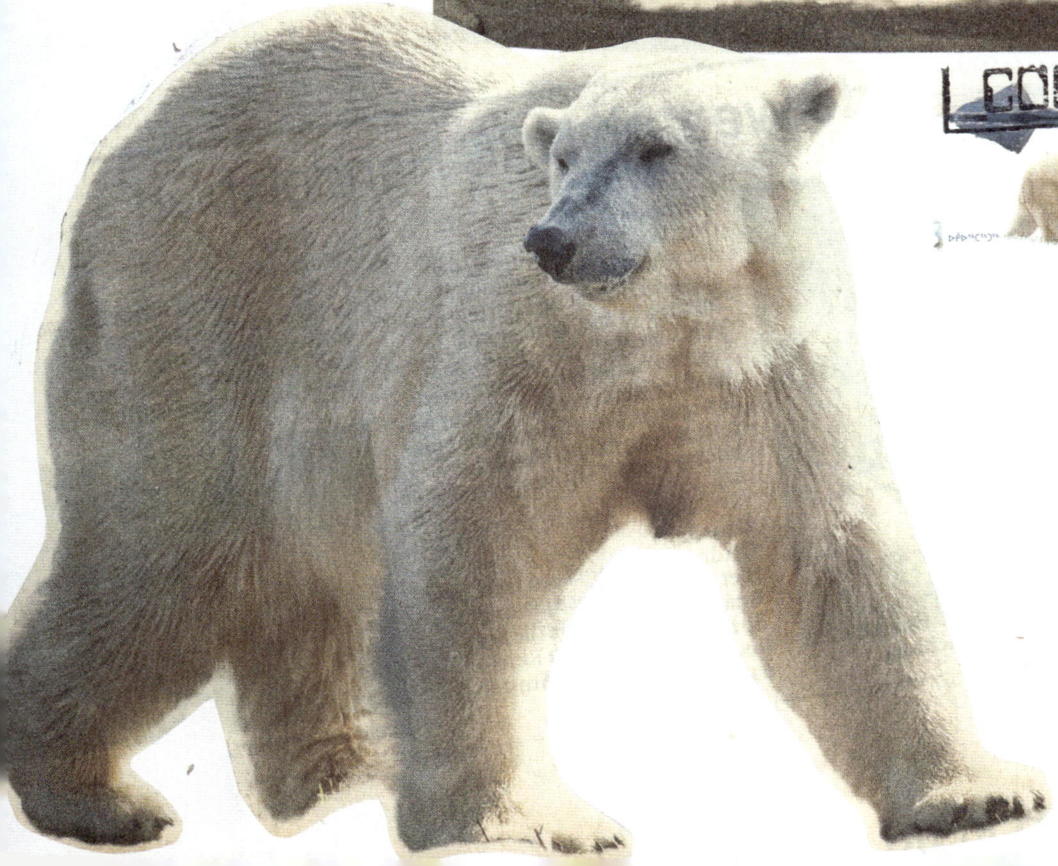

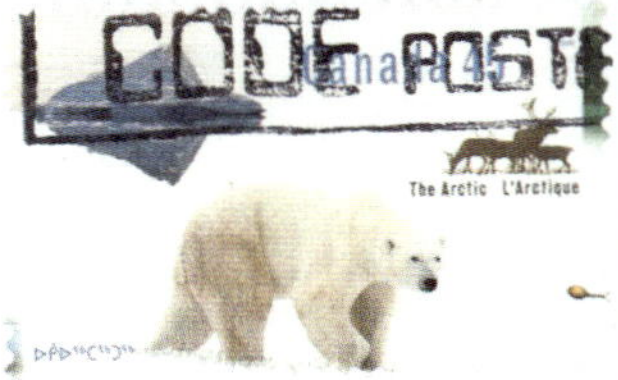
CODE POSTE
The Arctic L'Arctique

bultrug.

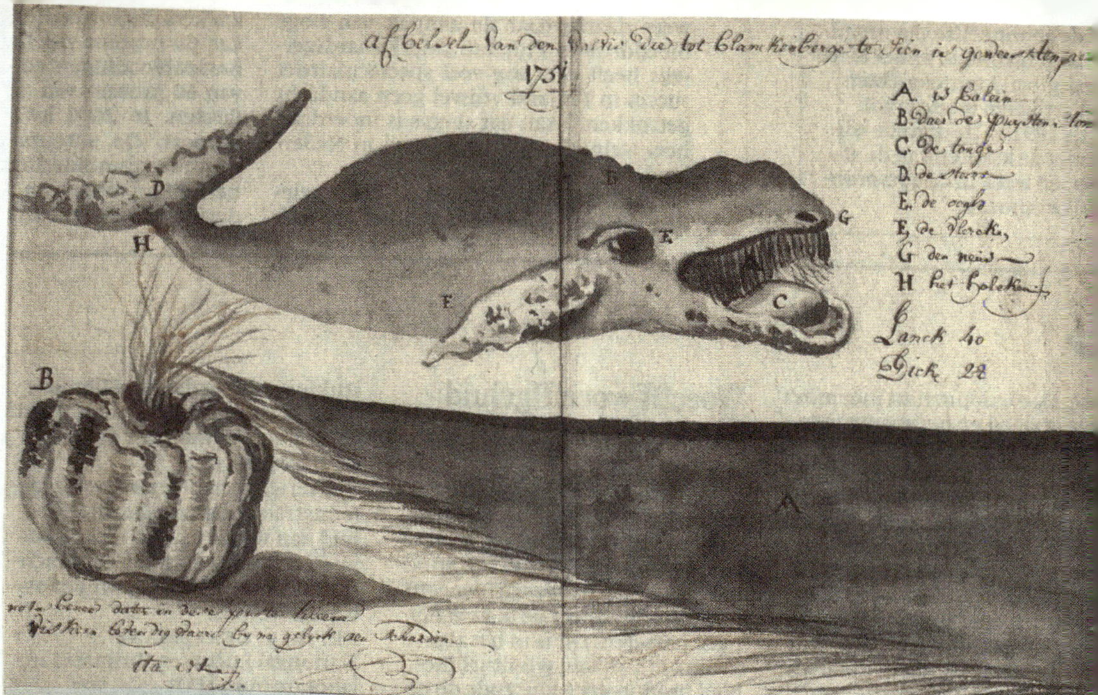

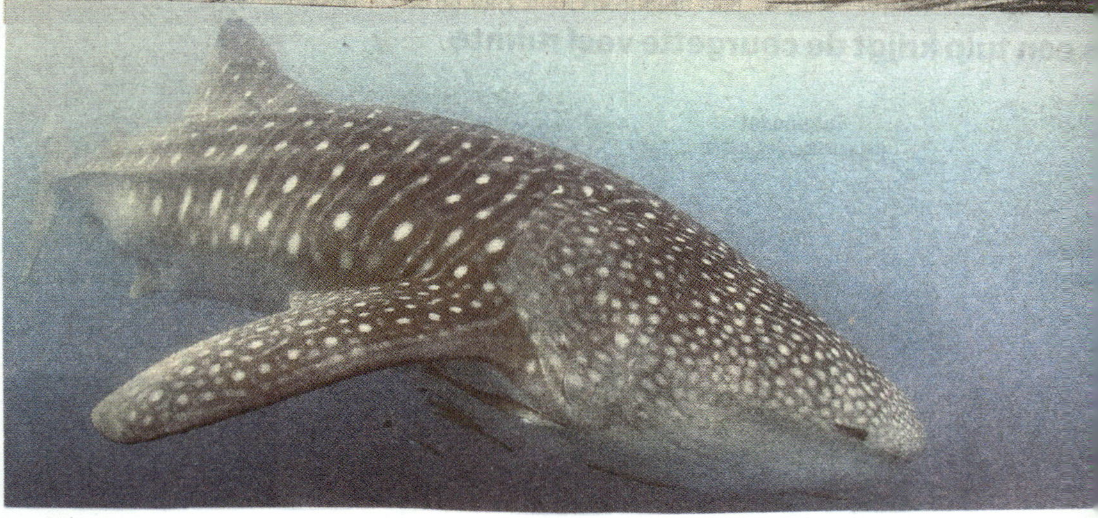

walvishaai

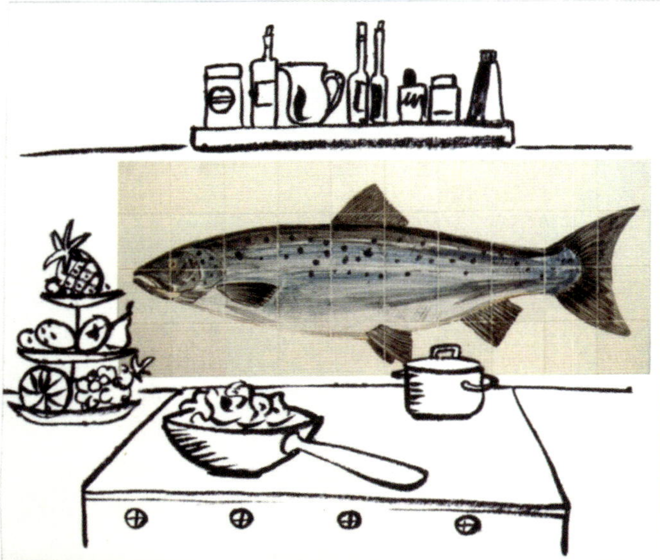

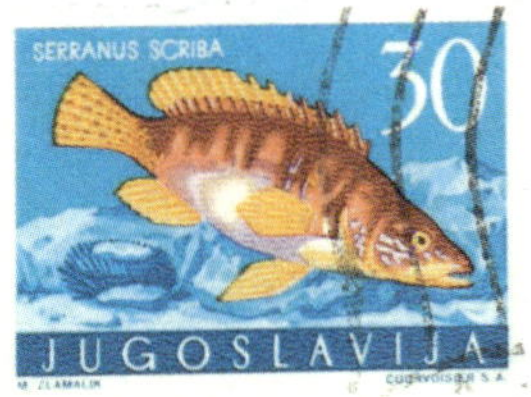

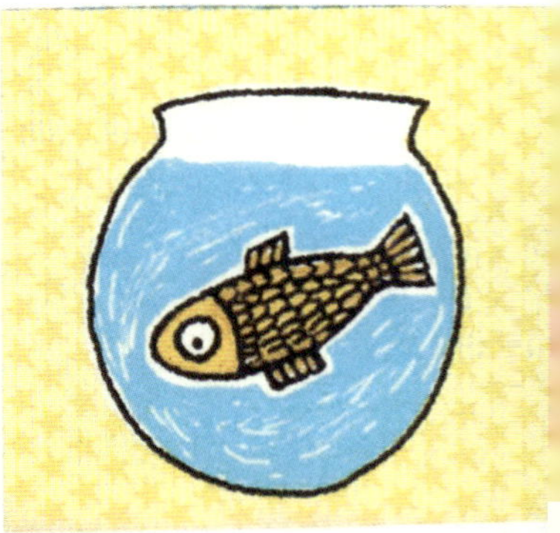

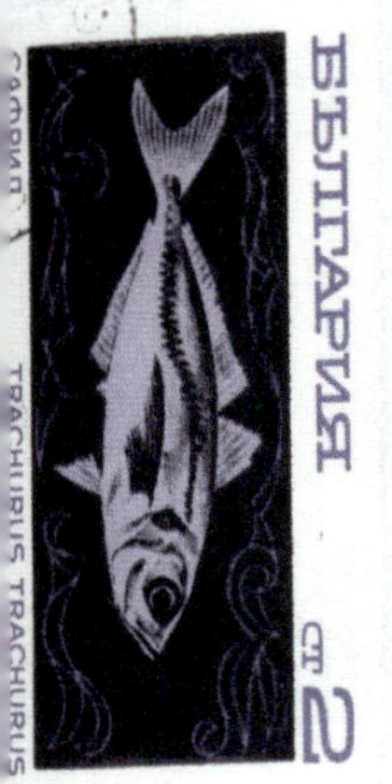
БЪЛГАРИЯ
2 ст
TRACHURUS TRACHURUS

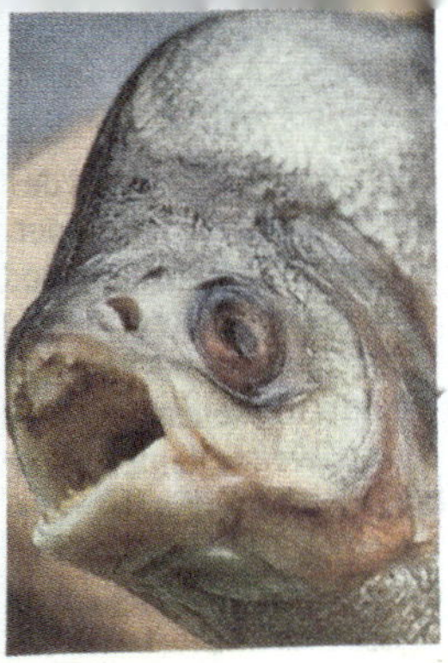

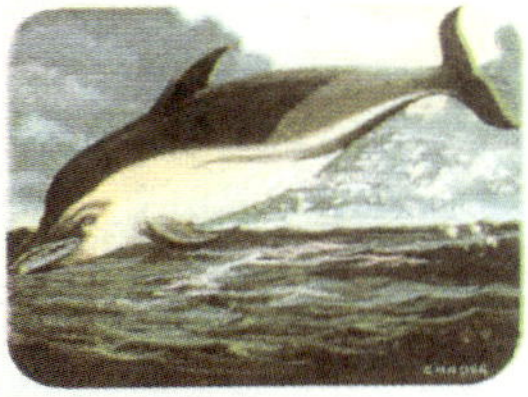

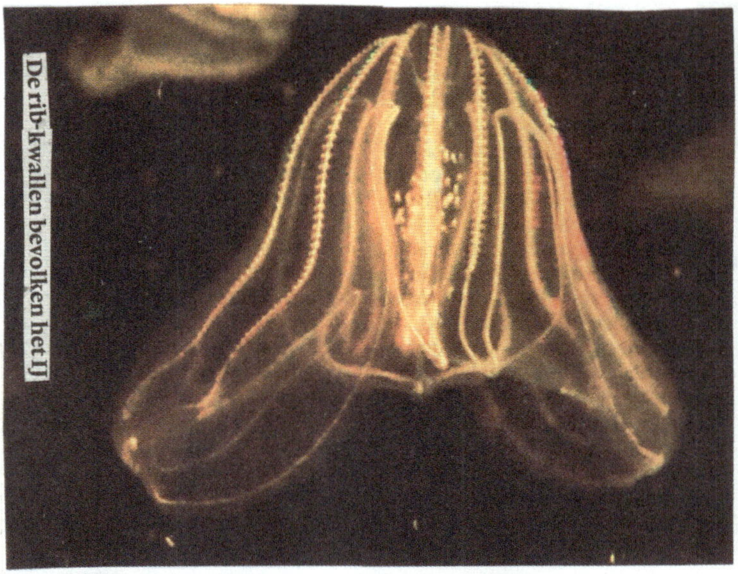
De rib-kwallen bevolken het IJ

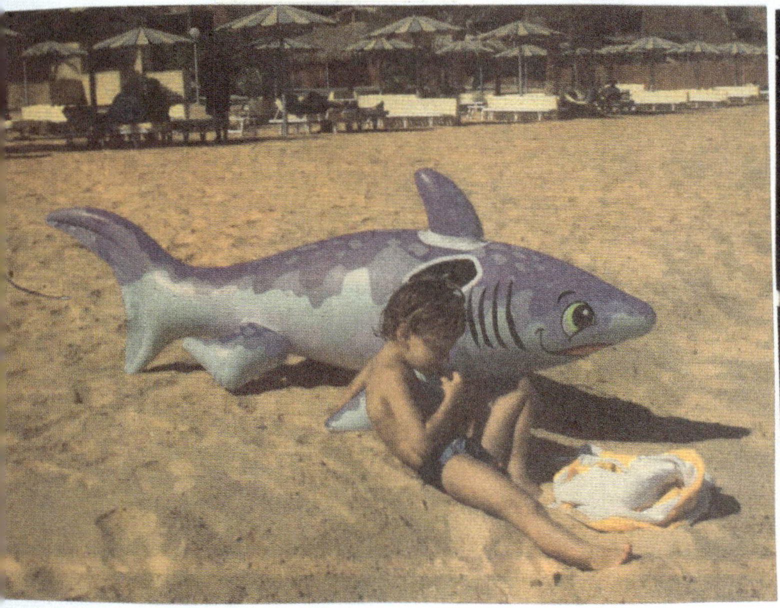

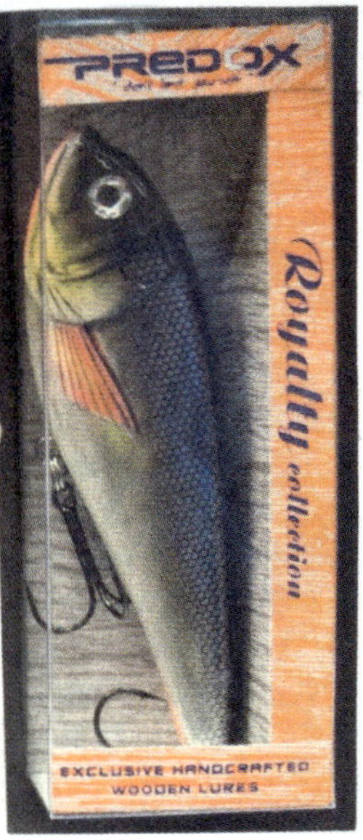
PREDOX
Royalty collection
EXCLUSIVE HANDCRAFTED WOODEN LURES

V is

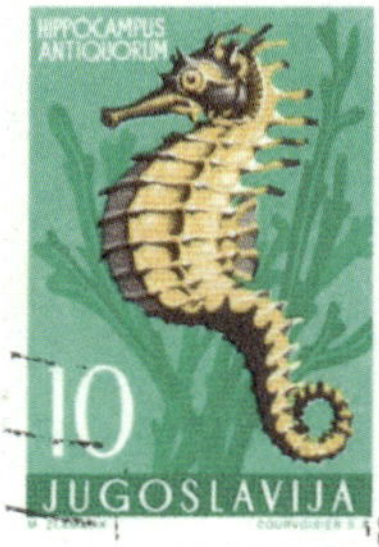
HIPPOCAMPUS ANTIQUORUM
10
JUGOSLAVIJA

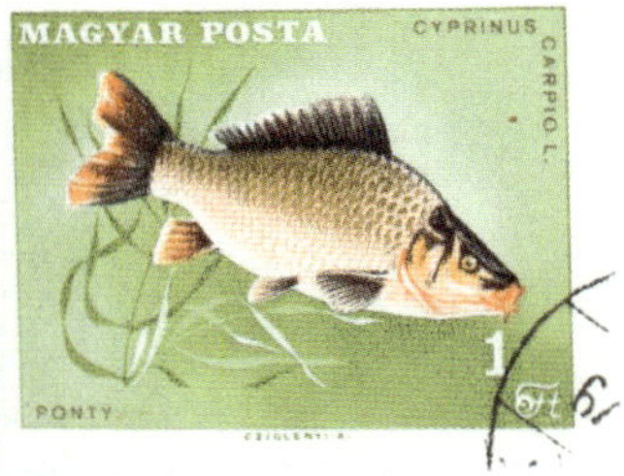
MAGYAR POSTA
CYPRINUS CARPIO L.
PONTY
1 Ft

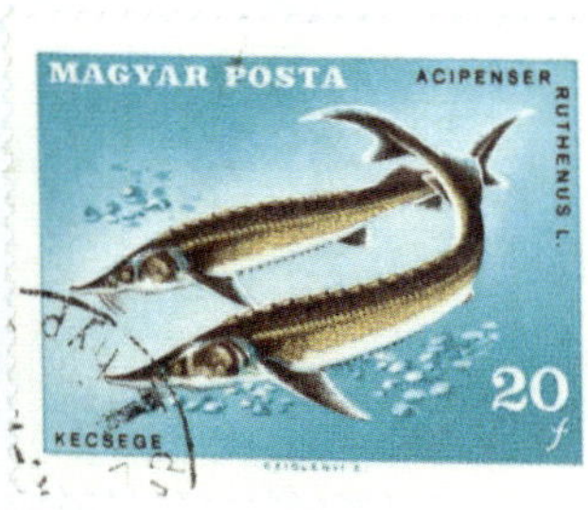
MAGYAR POSTA
ACIPENSER RUTHENUS L.
KECSEGE
20 f

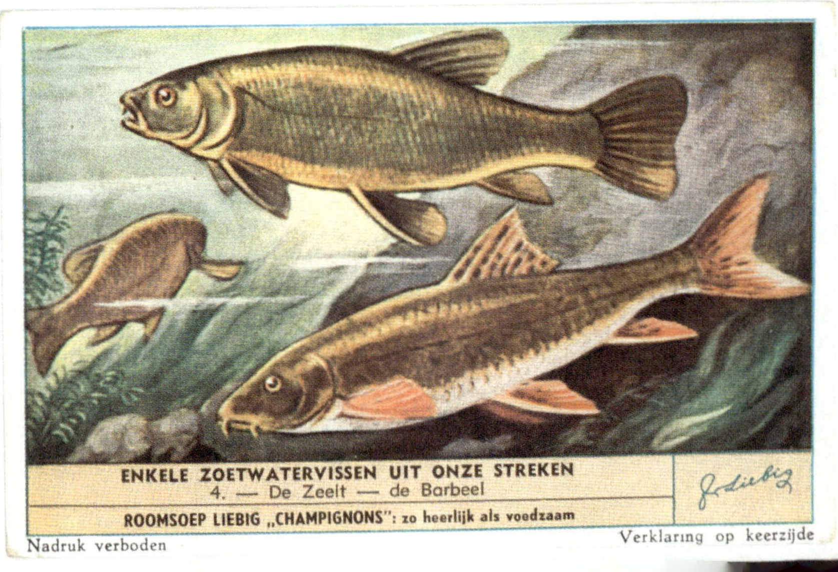
ENKELE ZOETWATERVISSEN UIT ONZE STREKEN
4. — De Zeelt — de Barbeel
ROOMSOEP LIEBIG „CHAMPIGNONS": zo heerlijk als voedzaam
Nadruk verboden
Verklaring op keerzijde

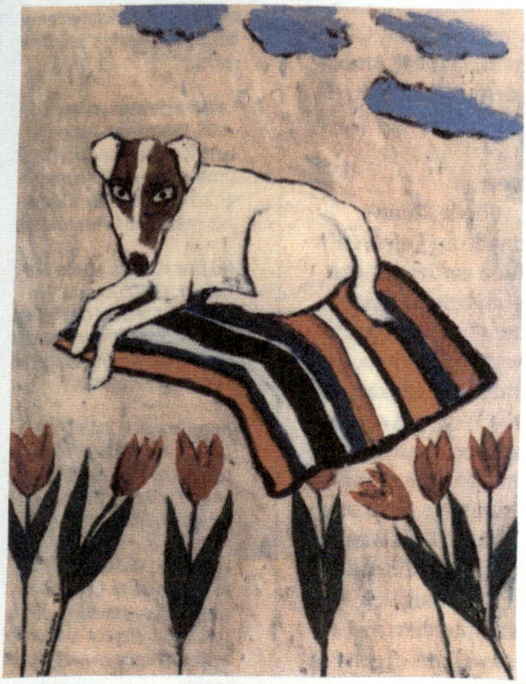
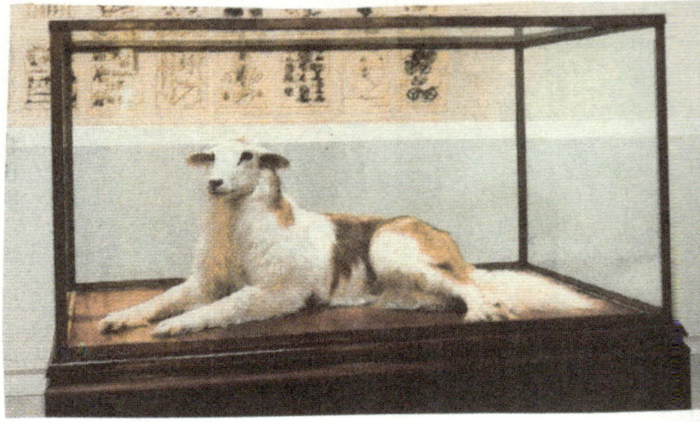
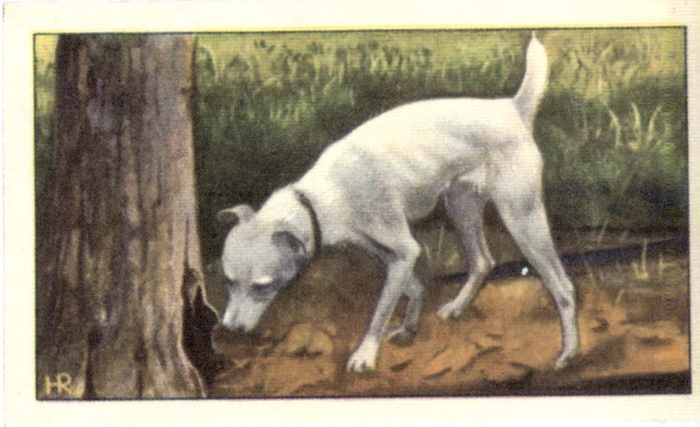
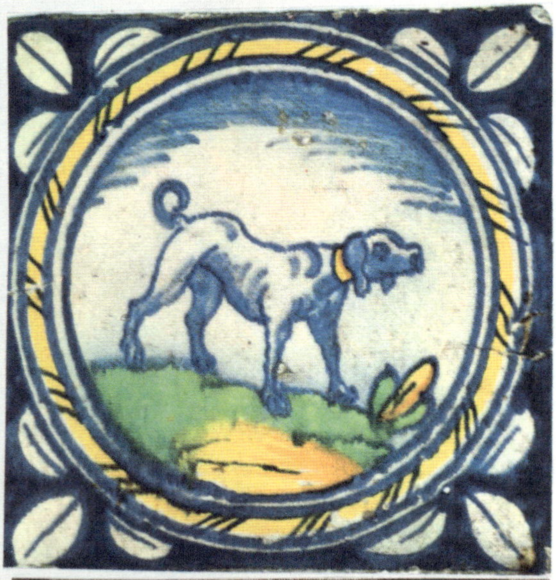
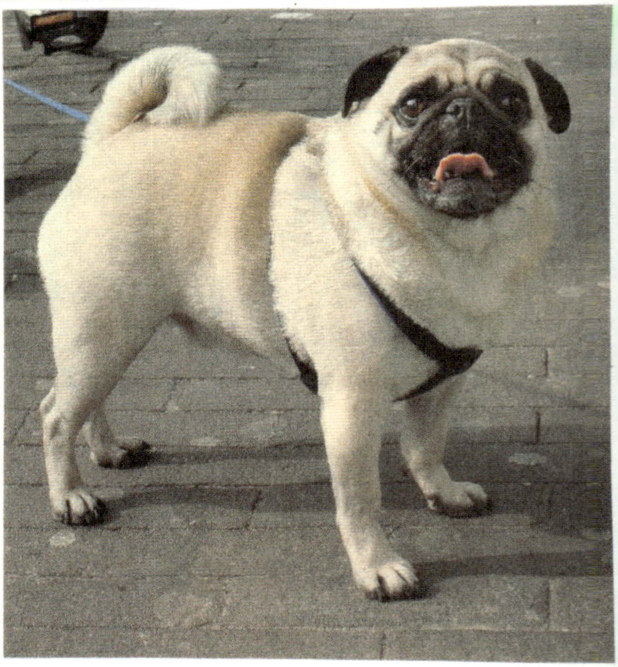
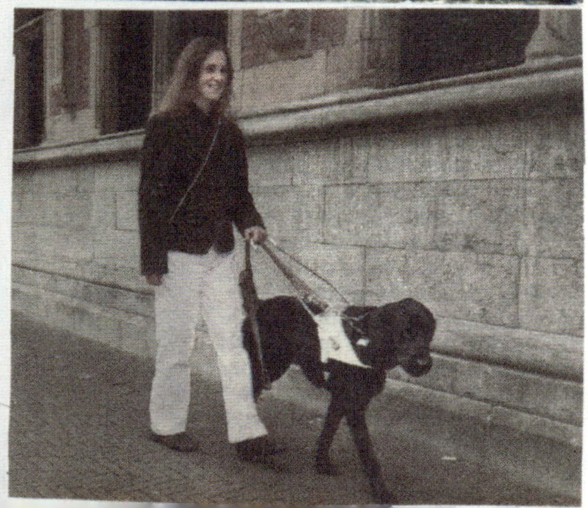
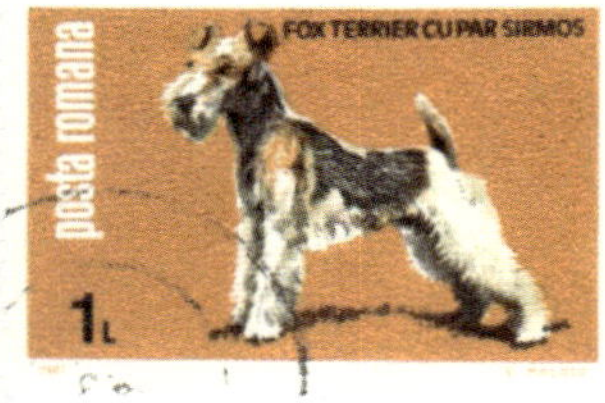
posta romana
FOX TERRIER CU PAR SIRMOS
1L
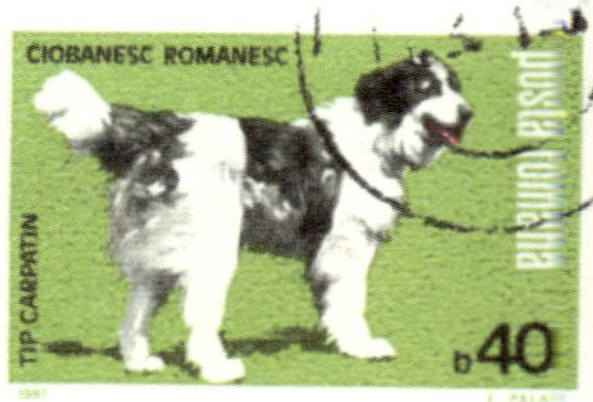
CIOBANESC ROMANESC
TIP CARPATIN
posta romana
40

Hond

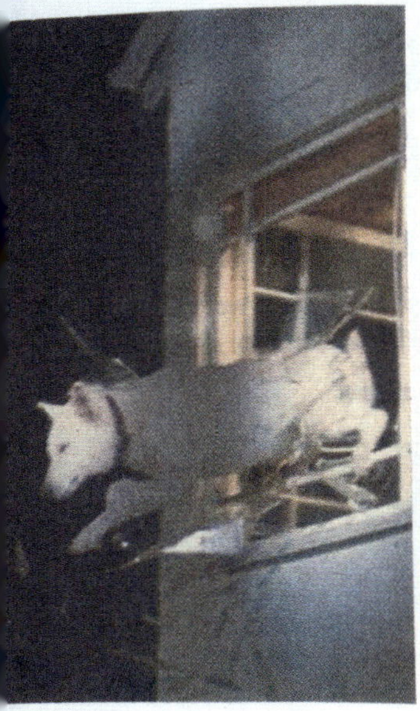

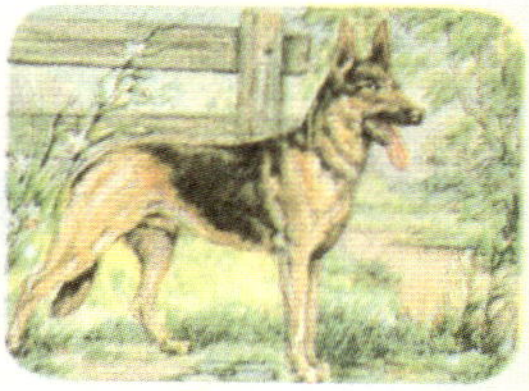

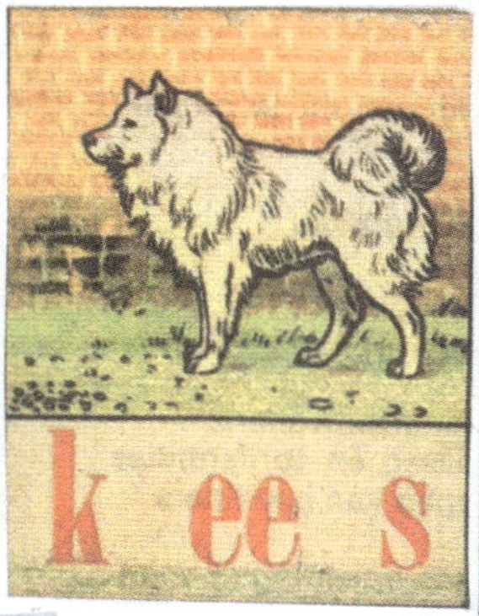

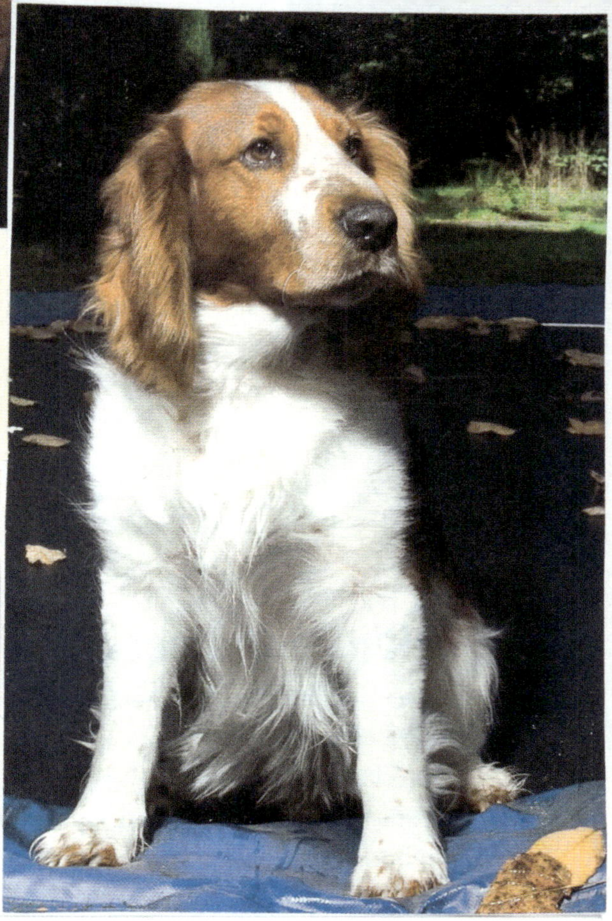

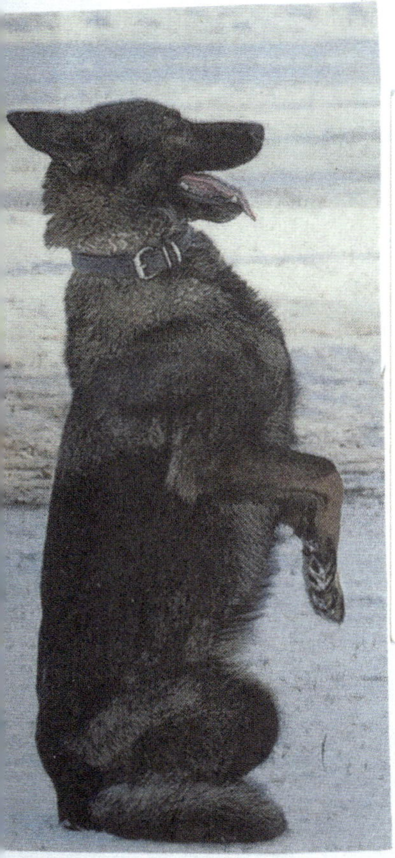

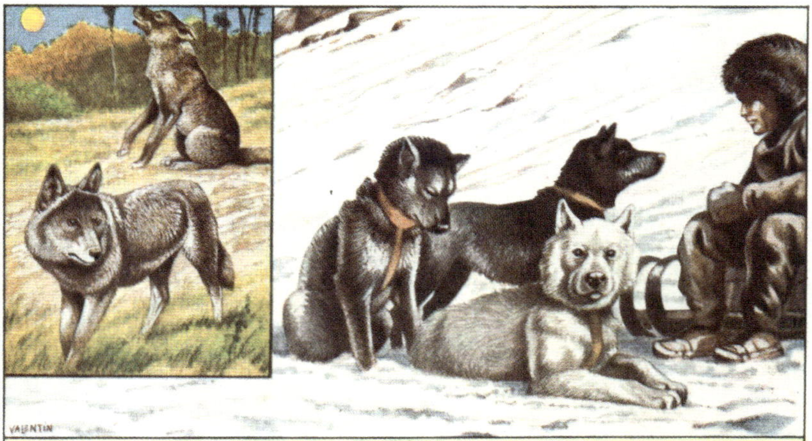

LES CHIENS

1. — Chien esquimau

PRODUITS LIEBIG ... BIEN MEILLEURS !

Reproduction interdite Explication au verso

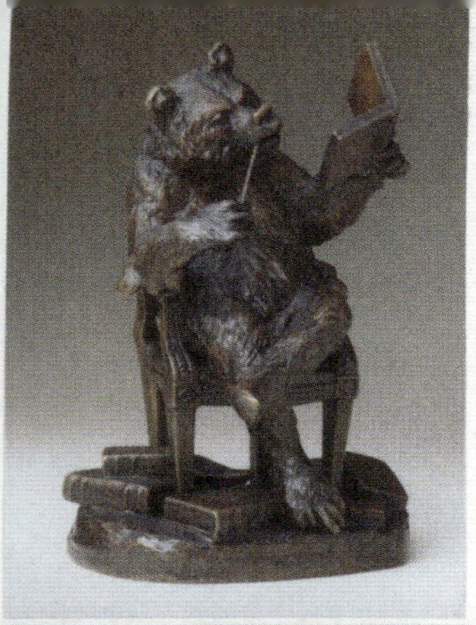

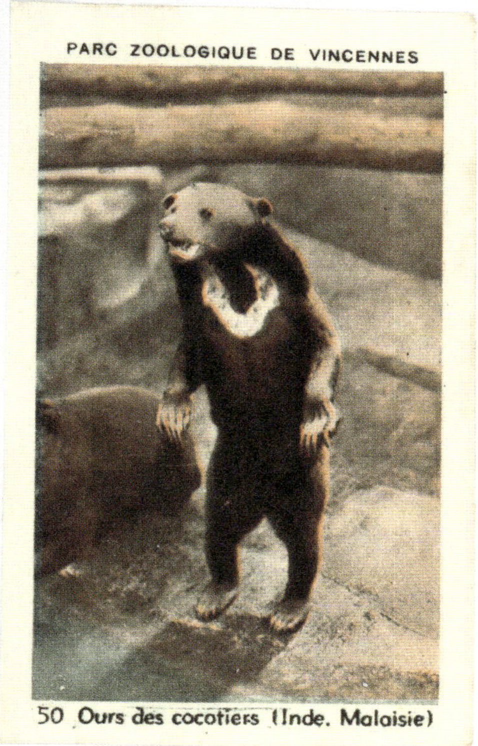
PARC ZOOLOGIQUE DE VINCENNES
50 Ours des cocotiers (Inde. Malaisie)

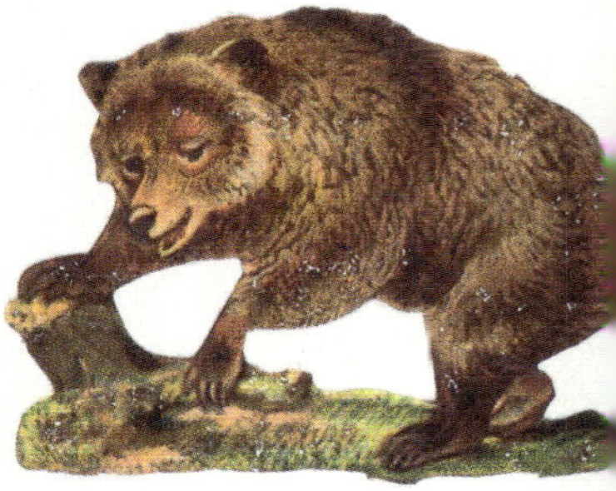

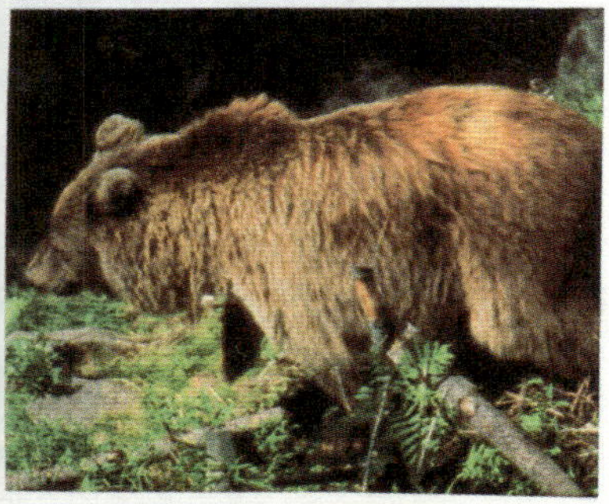

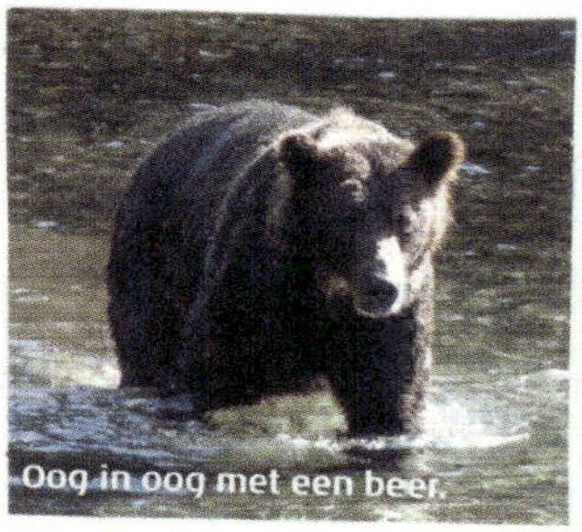
Oog in oog met een beer.

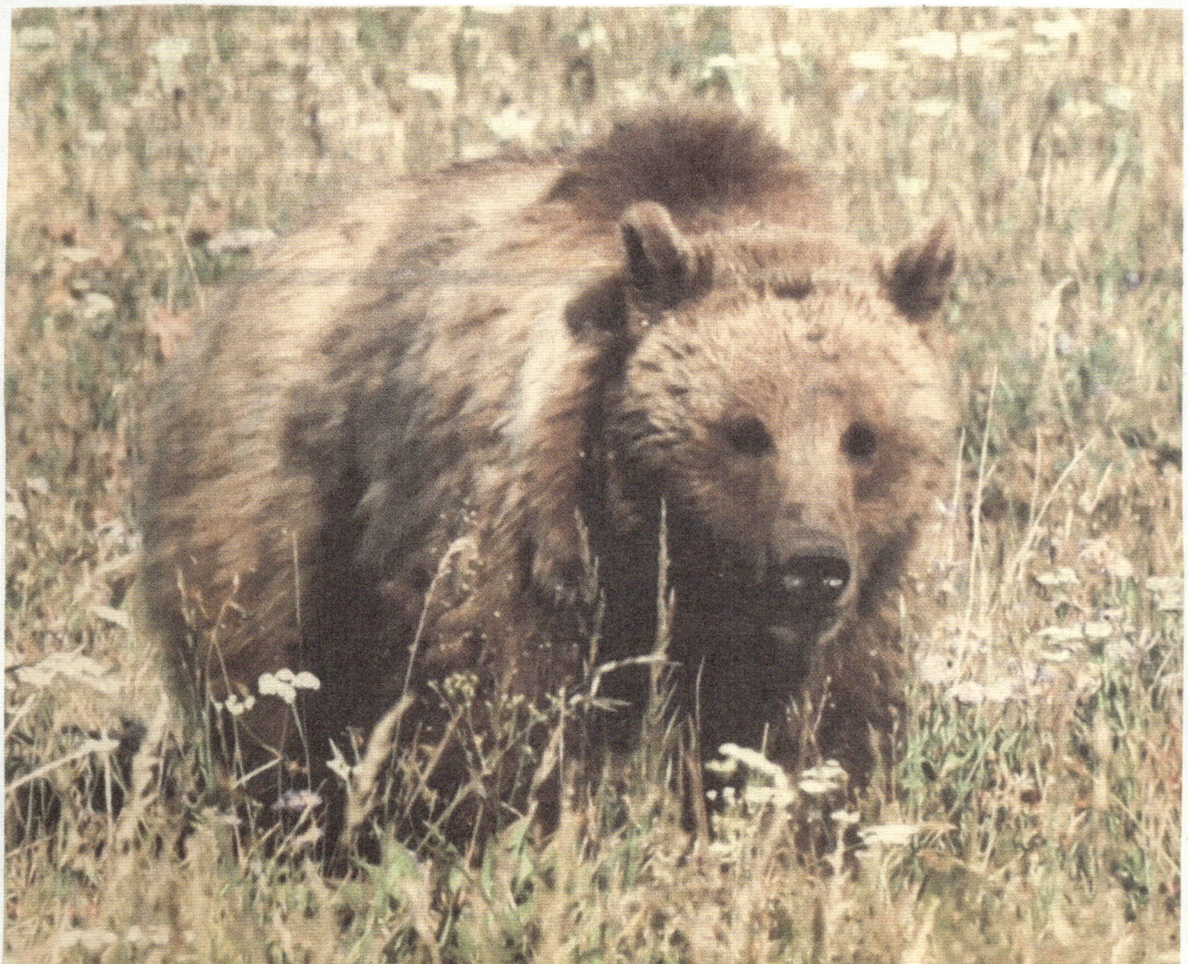

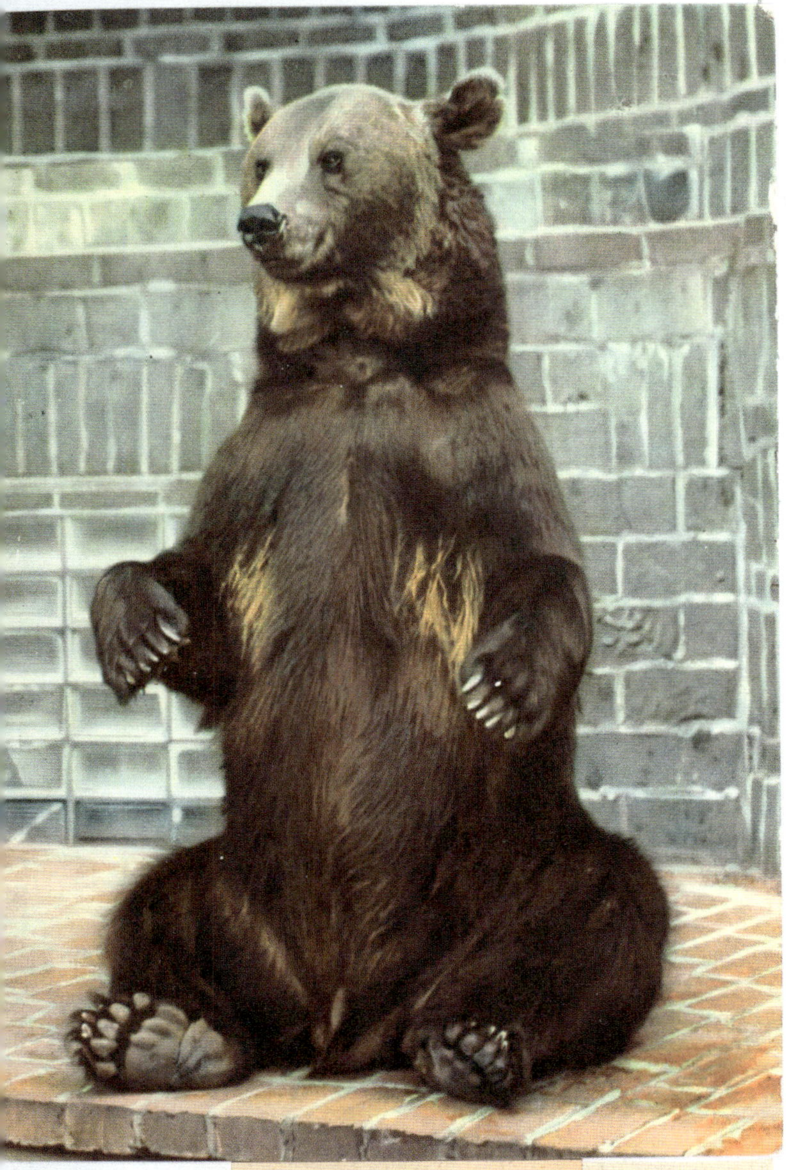

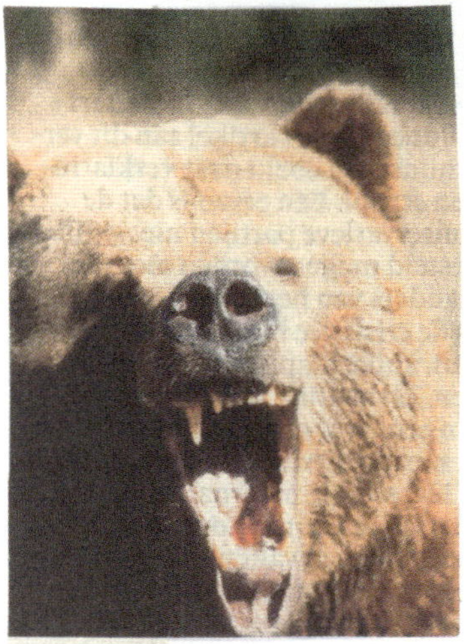

Grizzlybeer

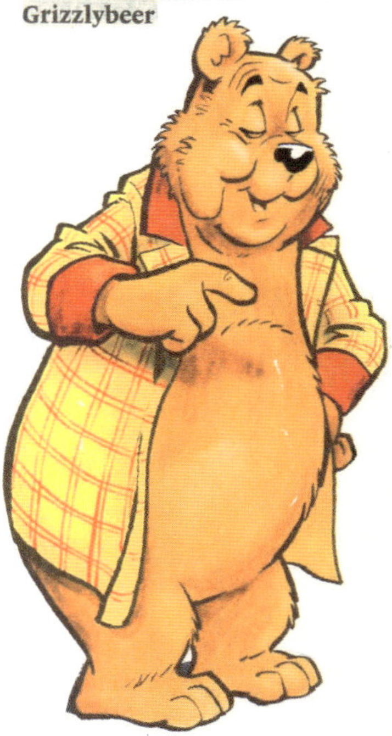

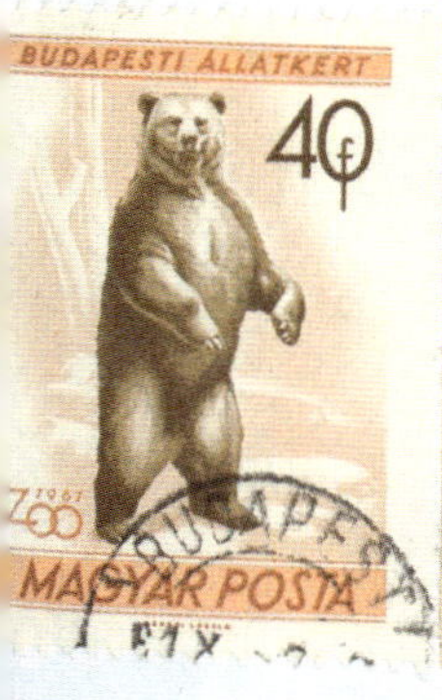

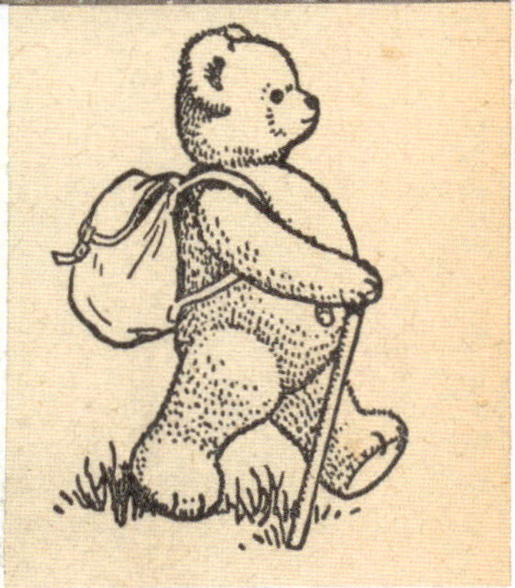

B

eer

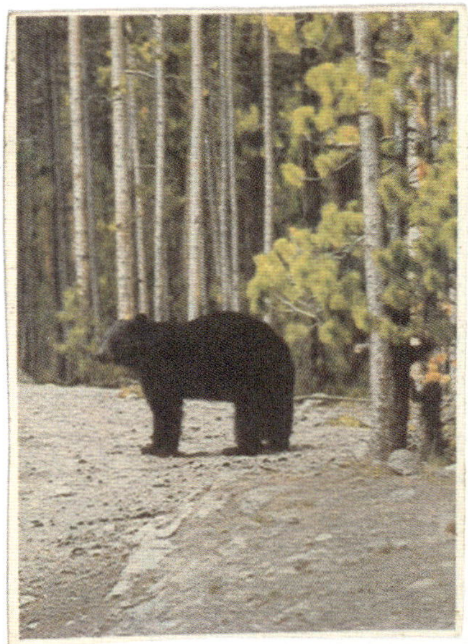

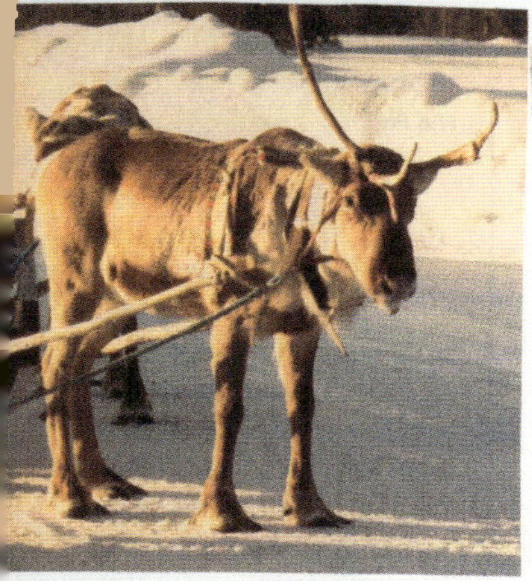

renDier

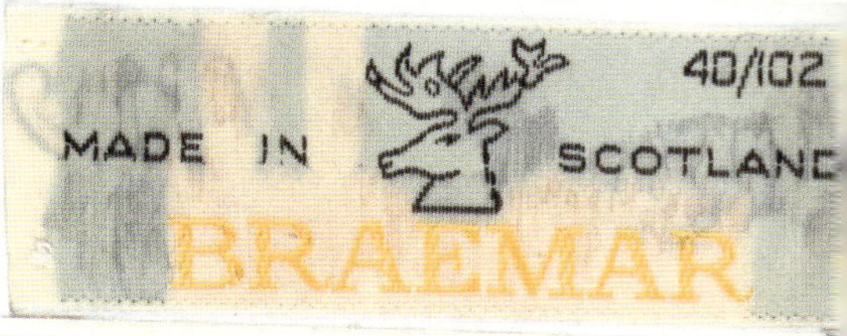
40/102
MADE IN SCOTLAND
BRAEMAR

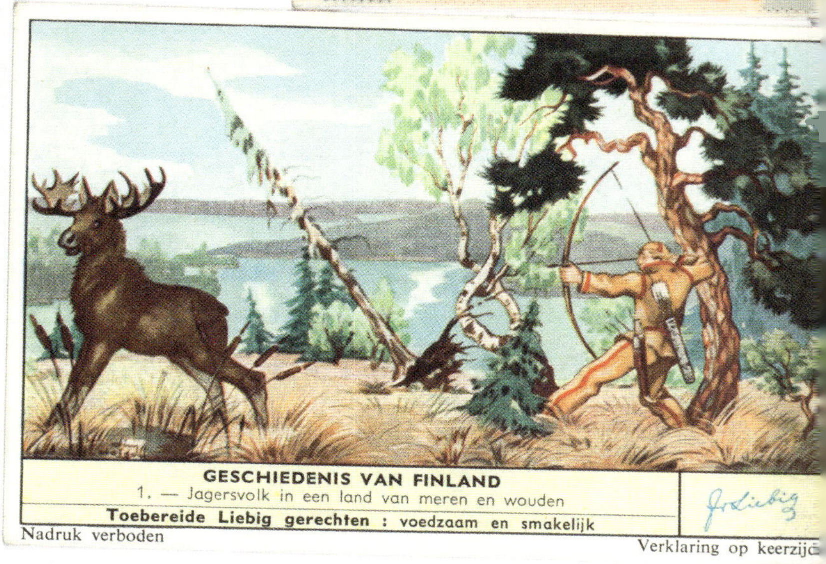
GESCHIEDENIS VAN FINLAND
1. — Jagersvolk in een land van meren en wouden
Toebereide Liebig gerechten : voedzaam en smakelijk
Nadruk verboden
Verklaring op keerzijde

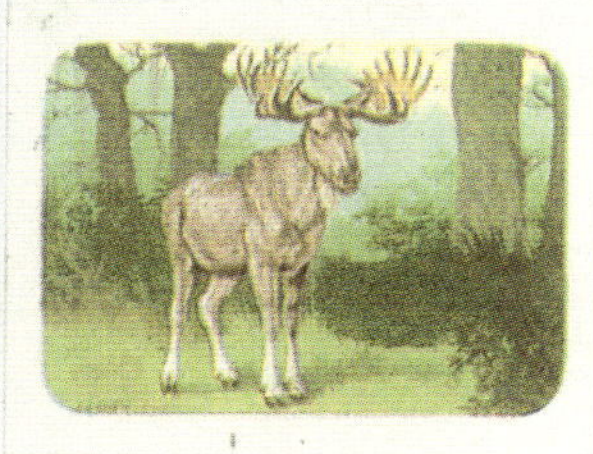

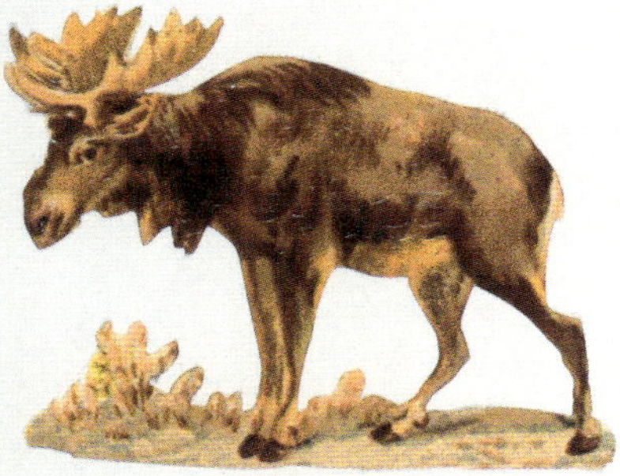

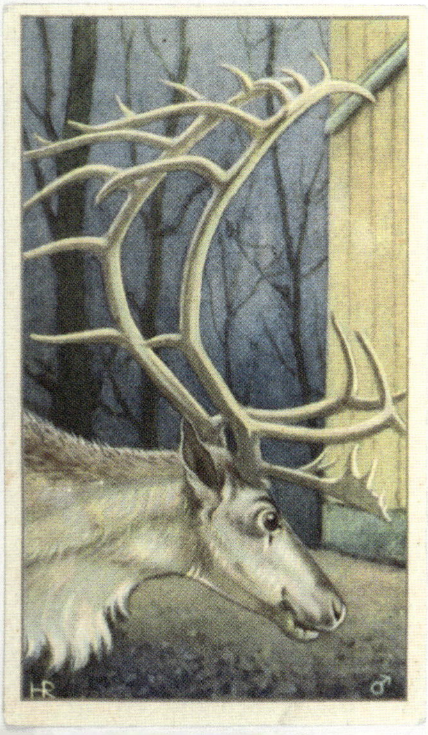

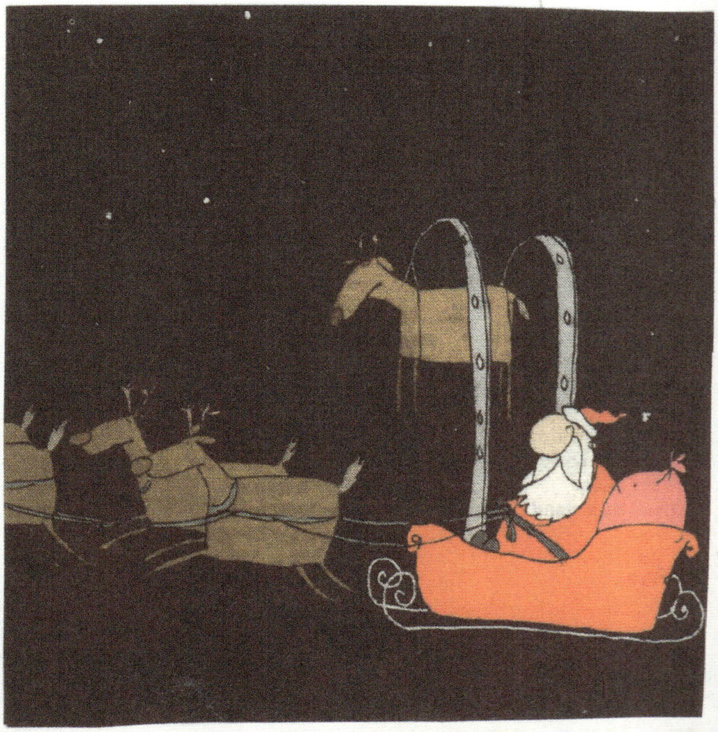

geit

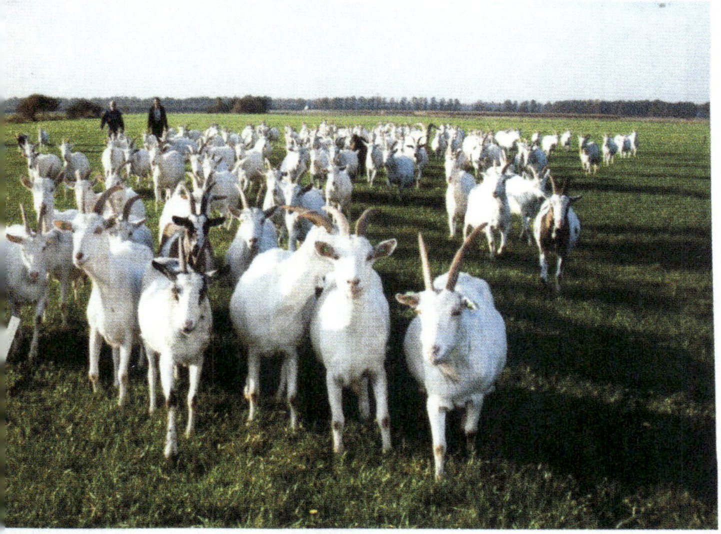

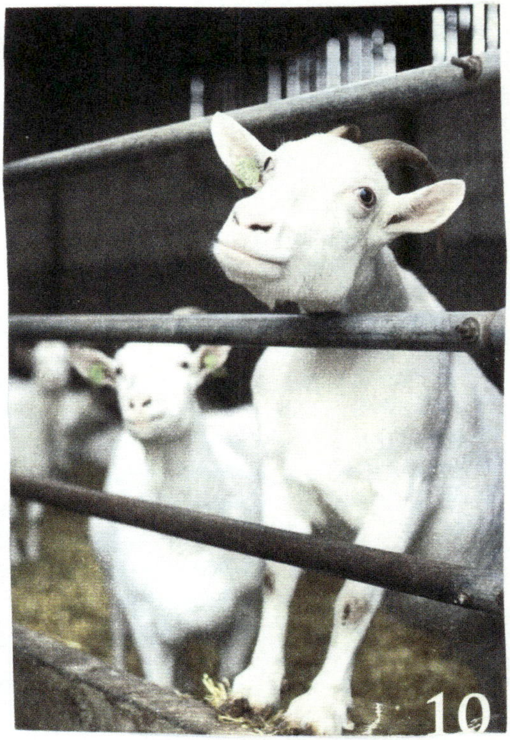

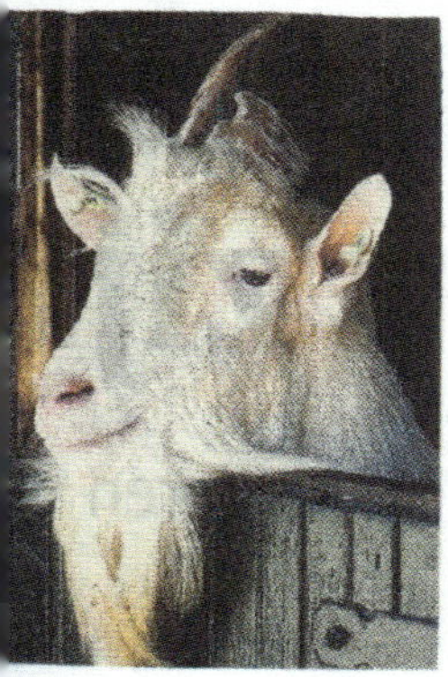

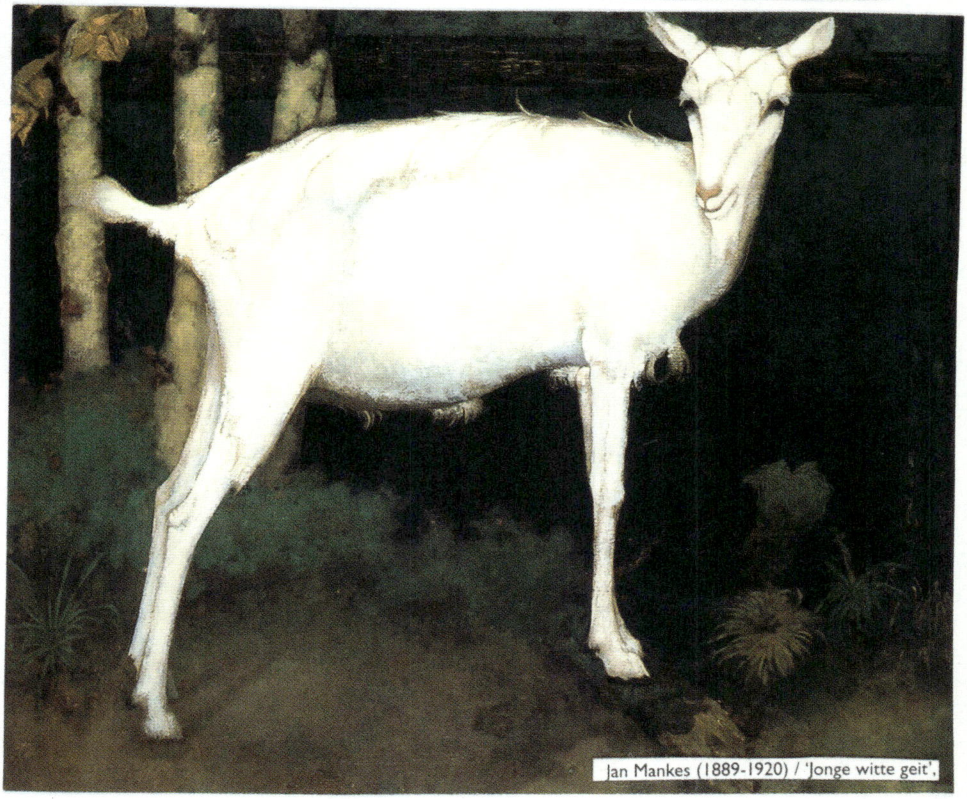

Jan Mankes (1889-1920) / 'Jonge witte geit',

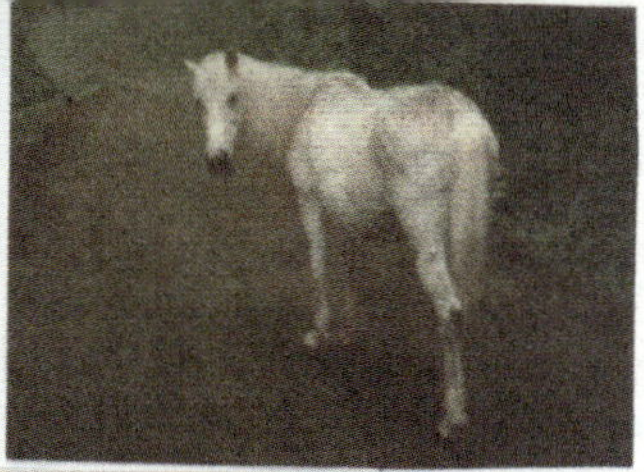

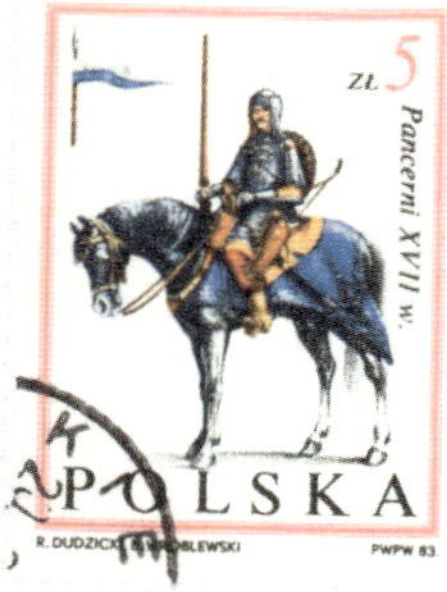
ZŁ 5
Pancerni XVII w.
POLSKA
PWPW 83

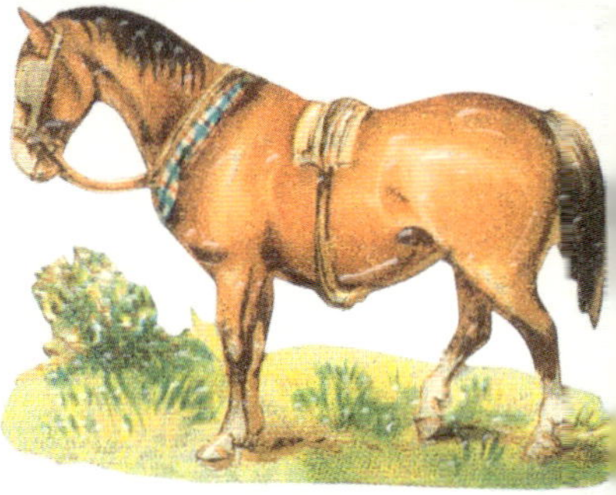

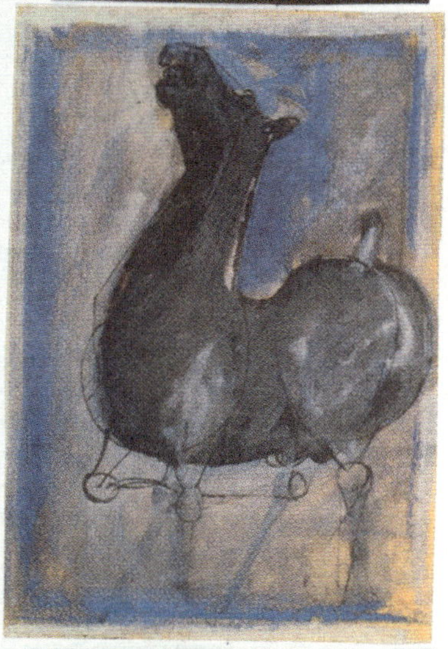

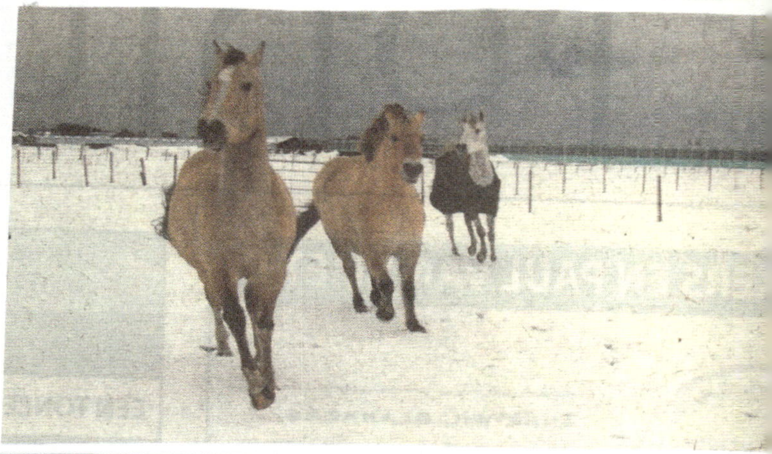

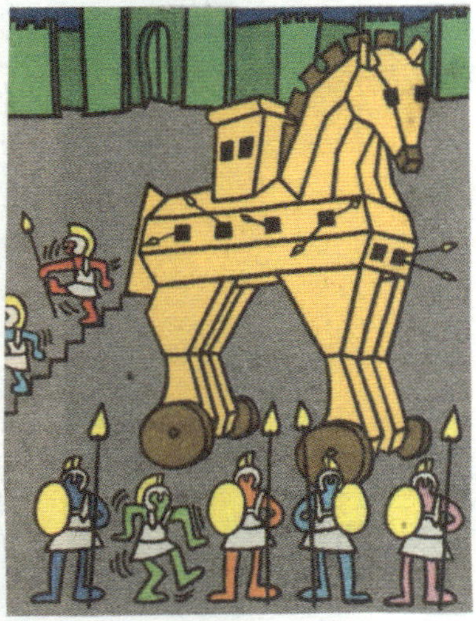

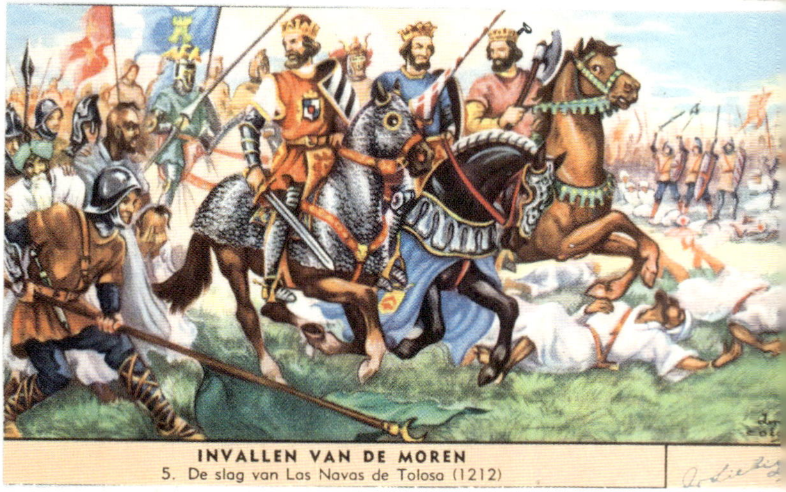
INVALLEN VAN DE MOREN
5. De slag van Las Navas de Tolosa (1212)

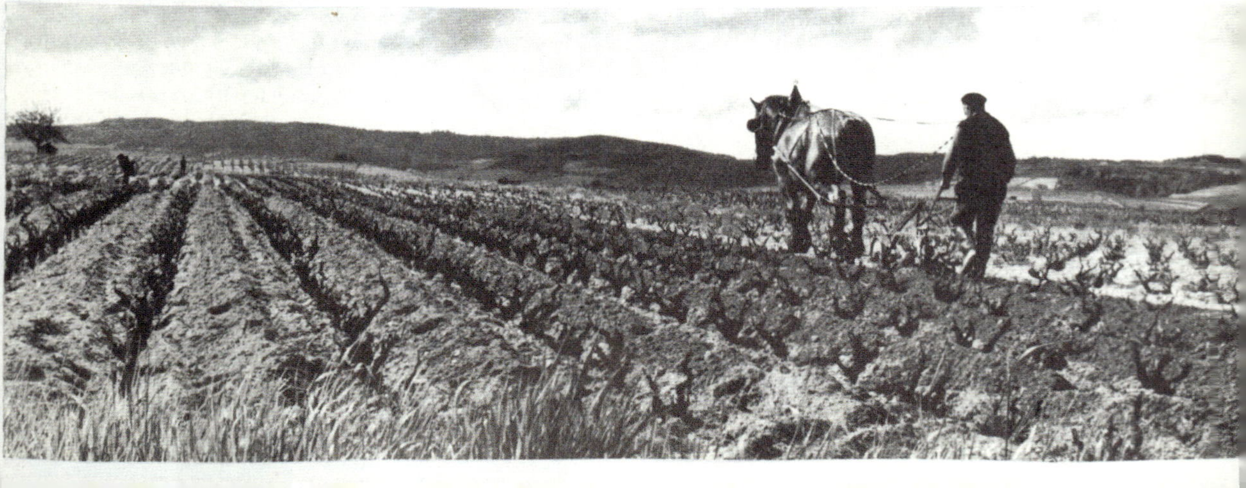

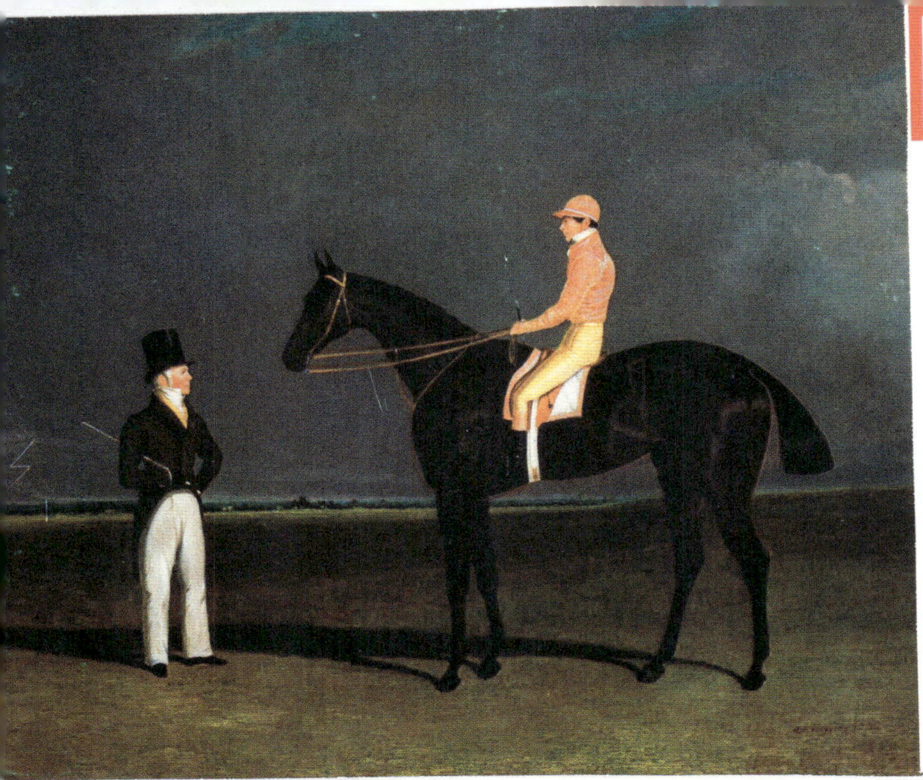

Paar

D

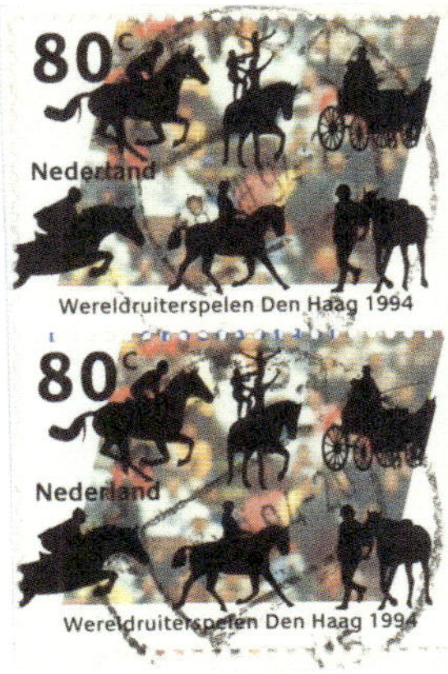
80c
Nederland
Wereldruiterspelen Den Haag 1994
80c
Nederland
Wereldruiterspelen Den Haag 1994

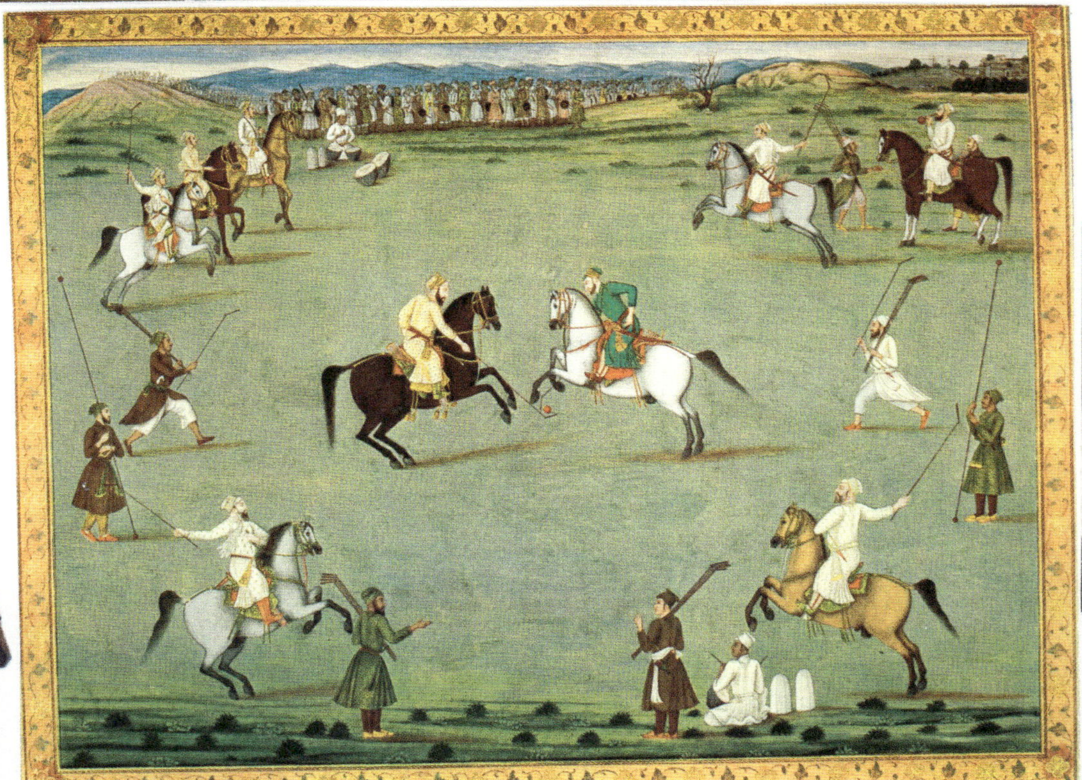

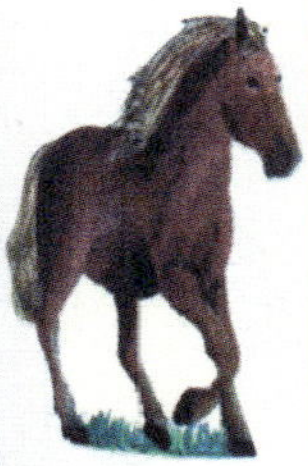

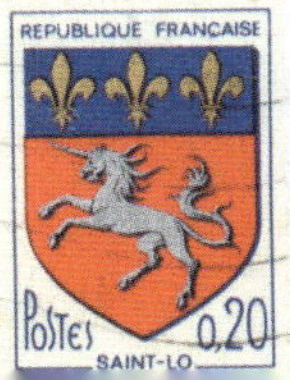
REPUBLIQUE FRANÇAISE
POSTES
0,20
SAINT-LO

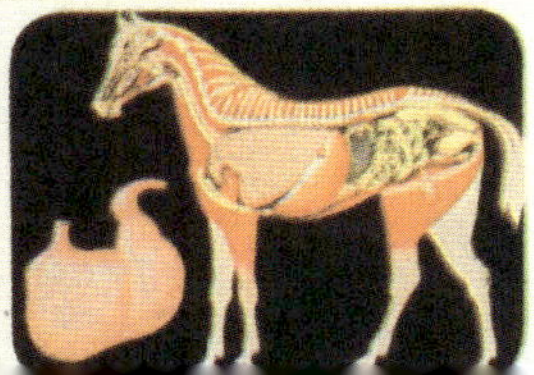

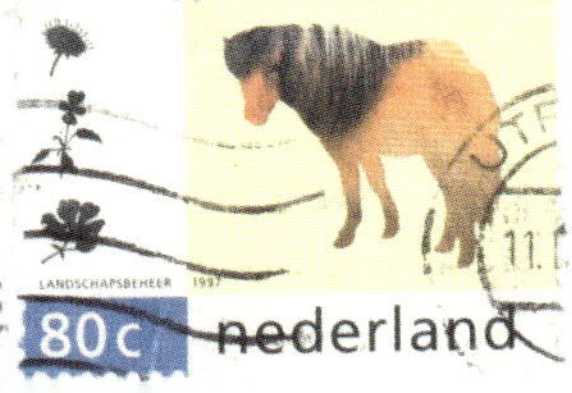
80c
nederland

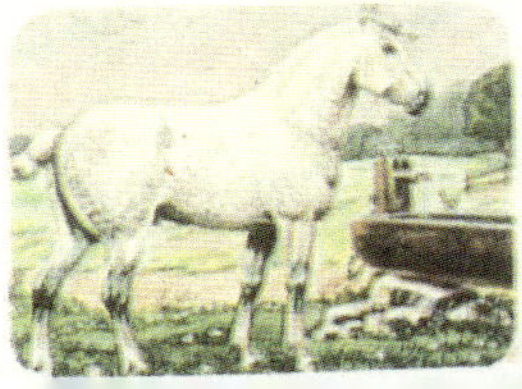

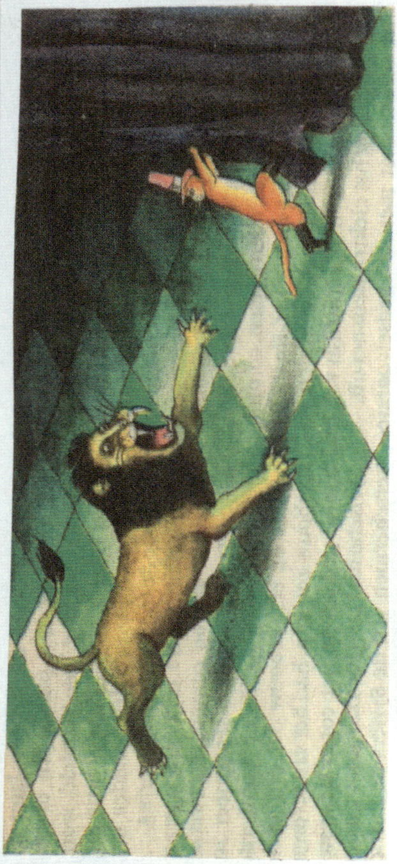

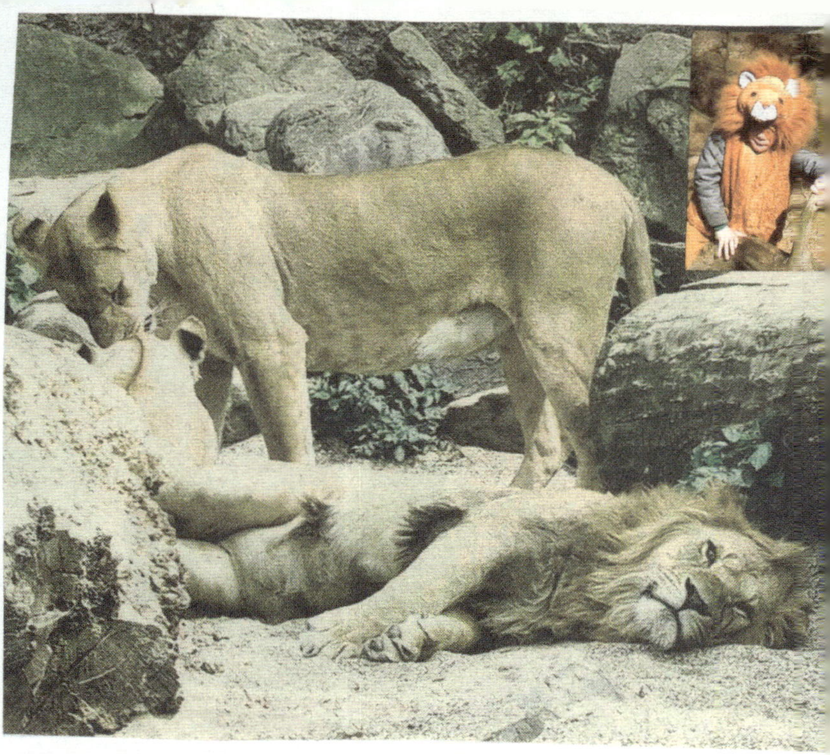

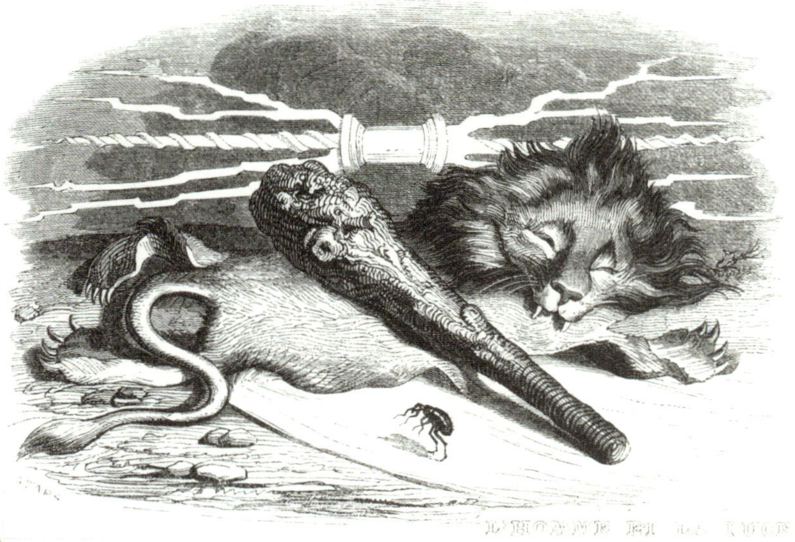

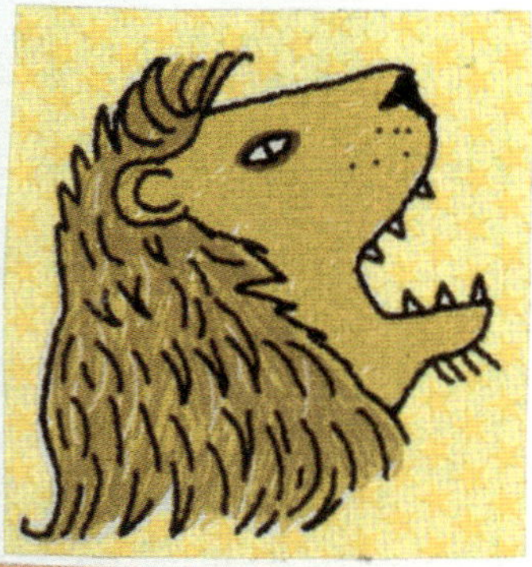

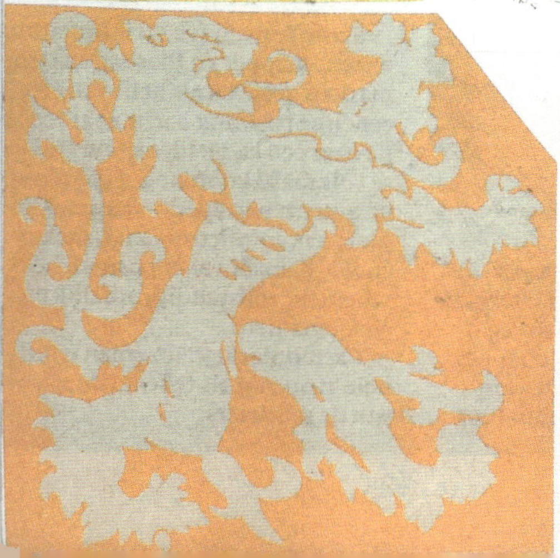

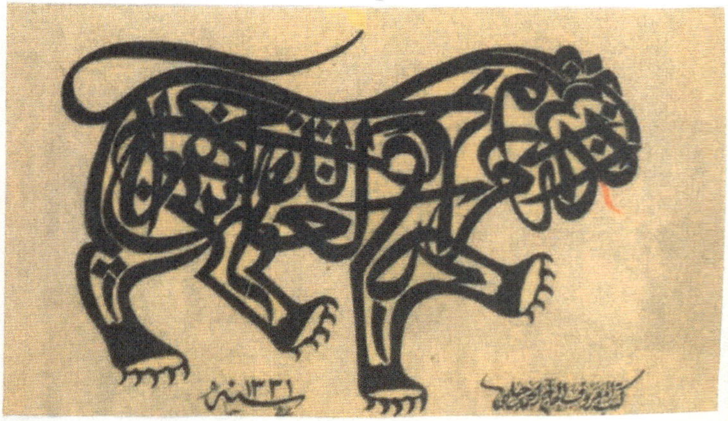

Leeuw

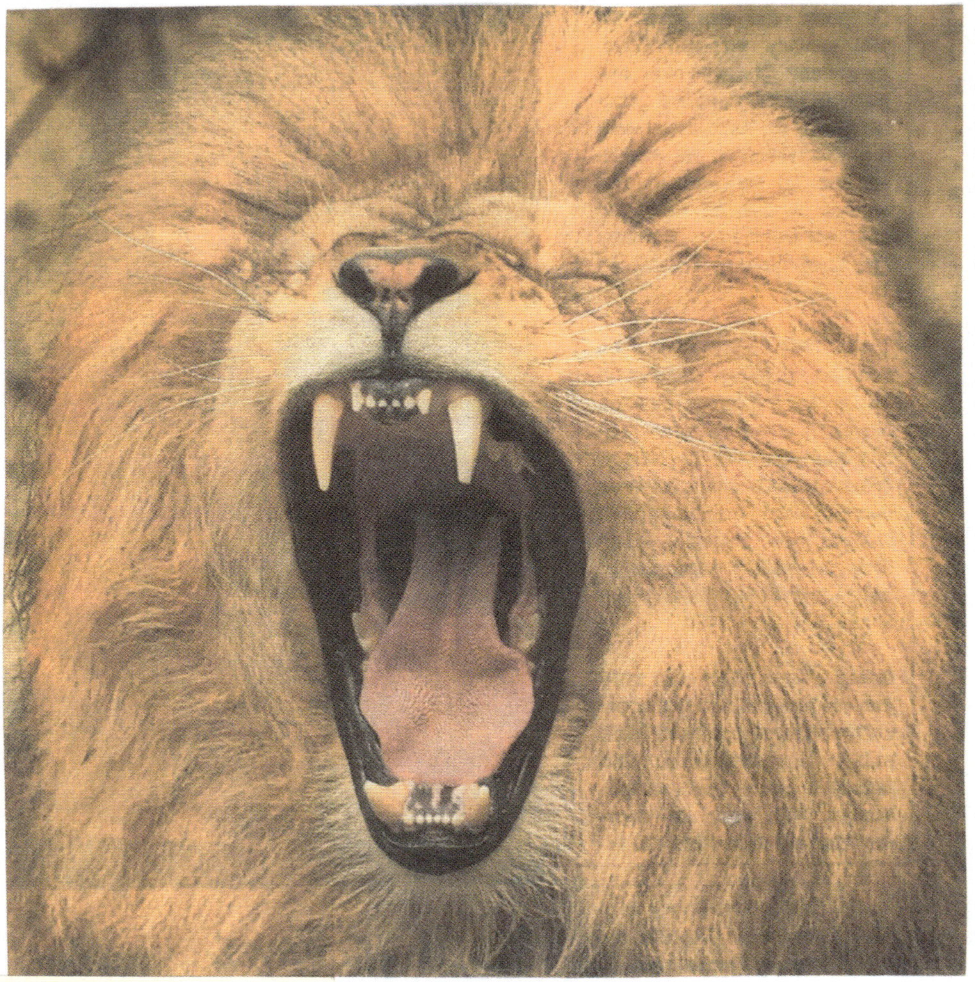

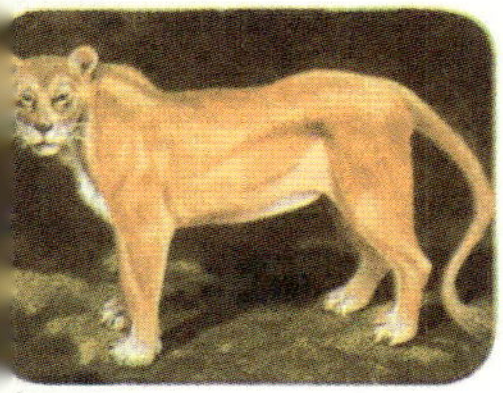

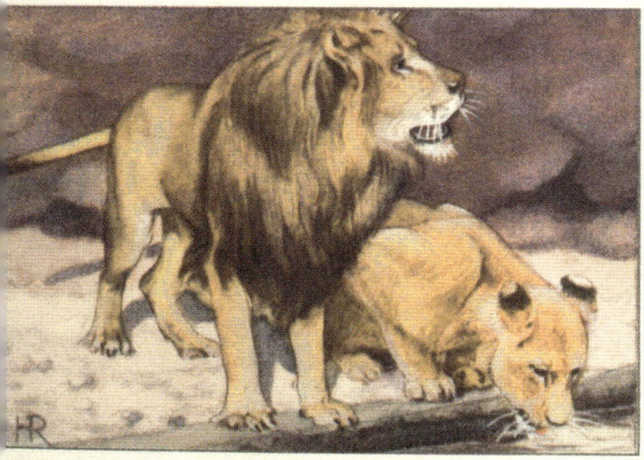
HR

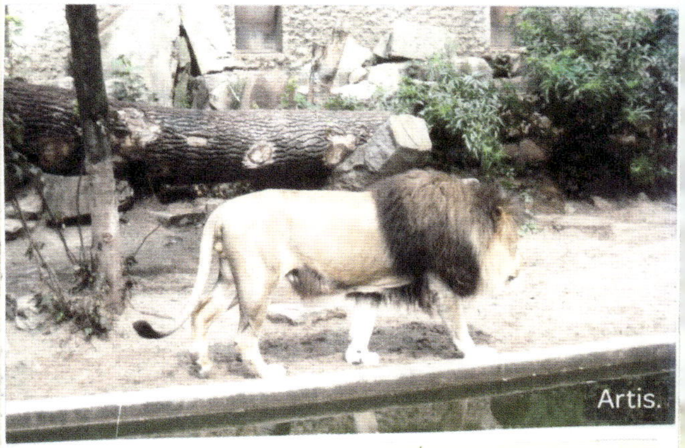
Artis.

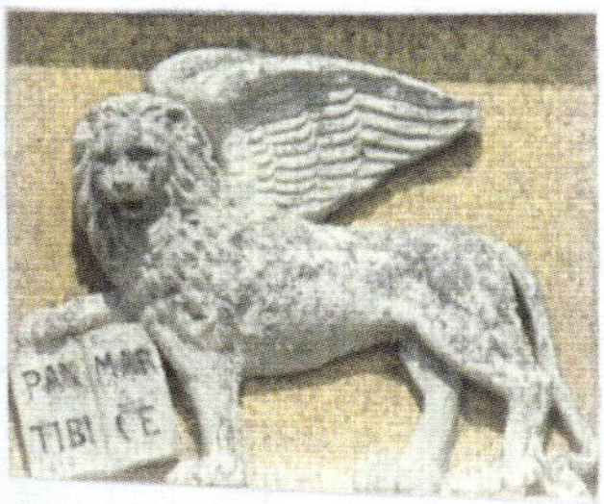
PAX
MAR
TIBI
CE

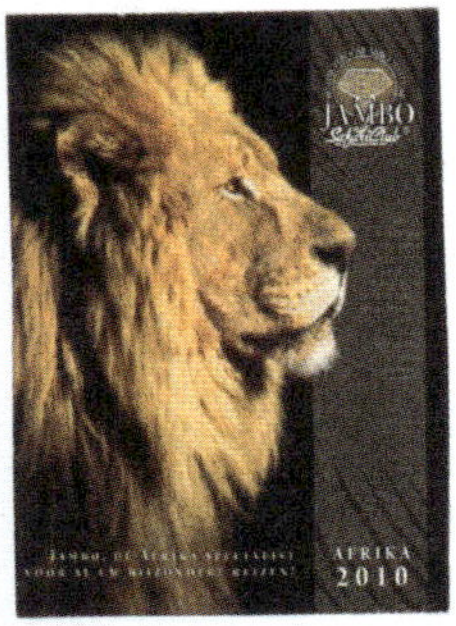
JAMBO
AFRIKA
2010

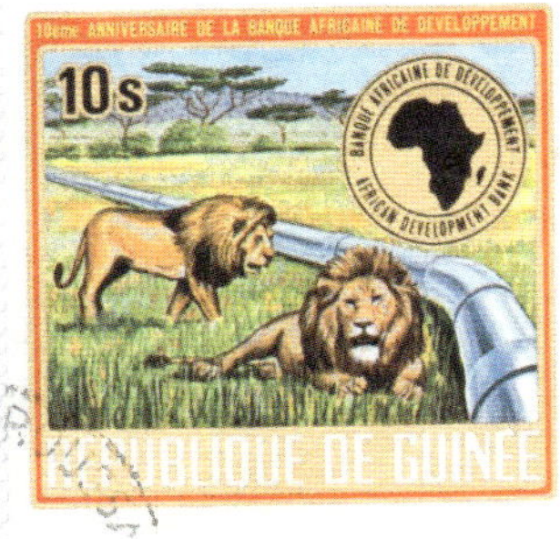
10ème ANNIVERSAIRE DE LA BANQUE AFRICAINE DE DEVELOPPEMENT
10s
BANQUE AFRICAINE DE DEVELOPPEMENT
AFRICAN DEVELOPMENT BANK
REPUBLIQUE DE GUINEE

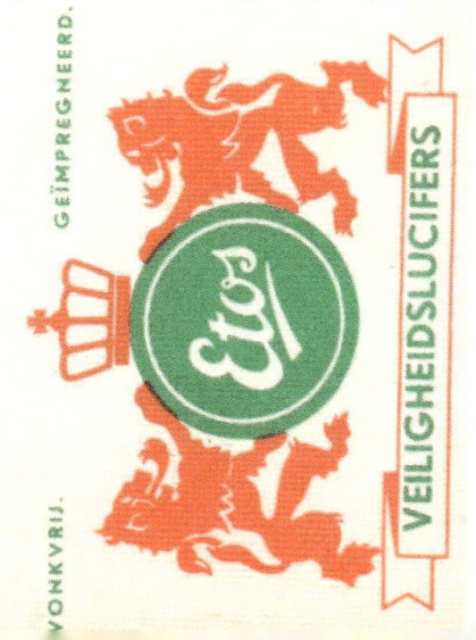
GEÏMPREGNEERD.
Etos
VEILIGHEIDSLUCIFERS
VONKVRIJ.

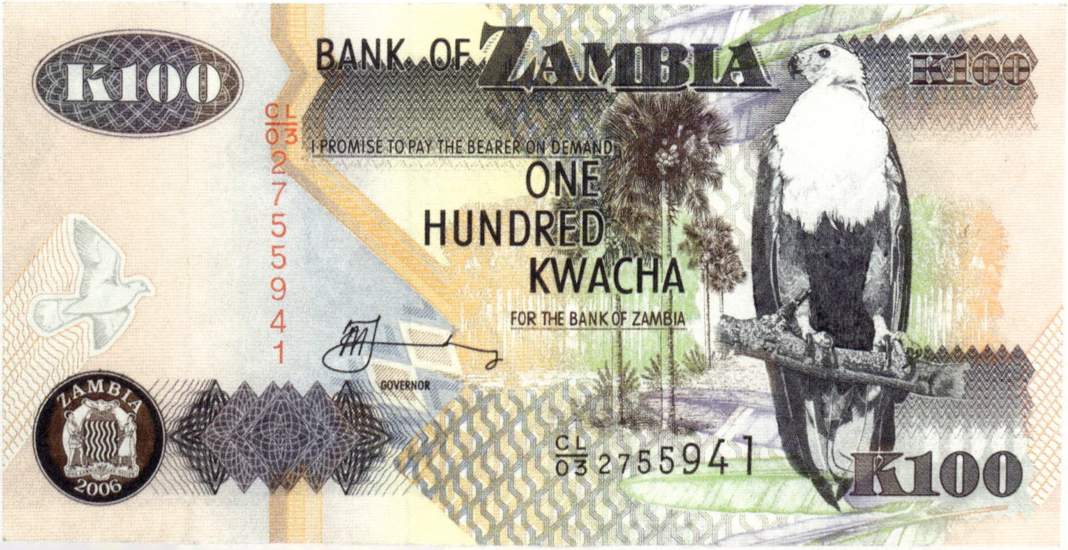
K100
BANK OF ZAMBIA
CL 03 2755941
I PROMISE TO PAY THE BEARER ON DEMAND
ONE
HUNDRED
KWACHA
FOR THE BANK OF ZAMBIA
GOVERNOR
ZAMBIA
2006
CL 03 2755941
K100
K100

BuizeRd

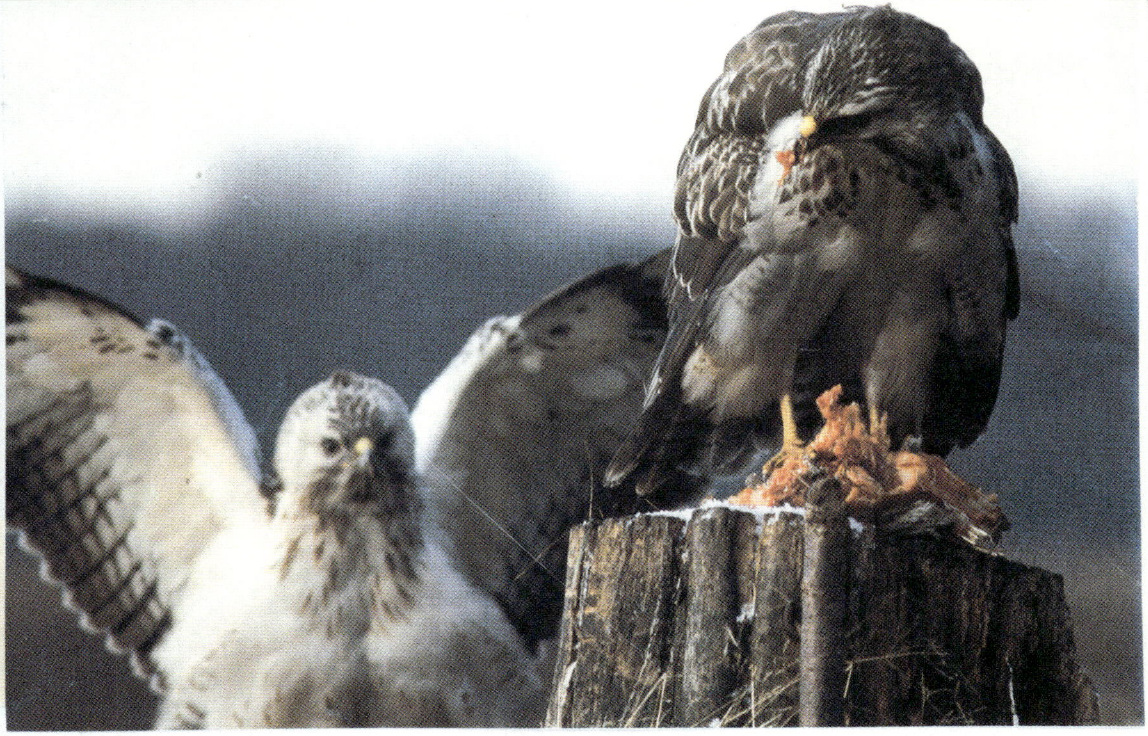

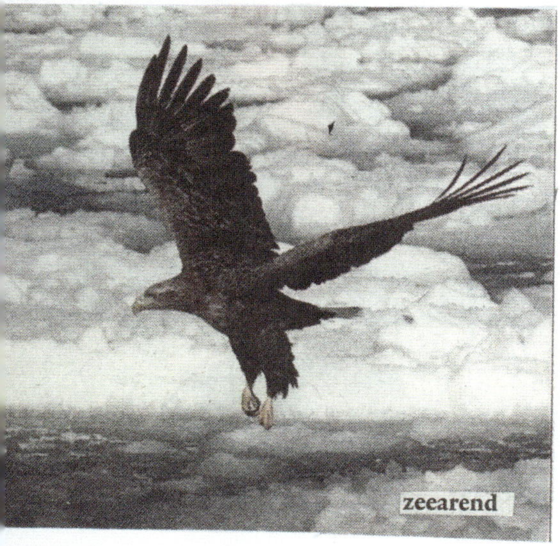

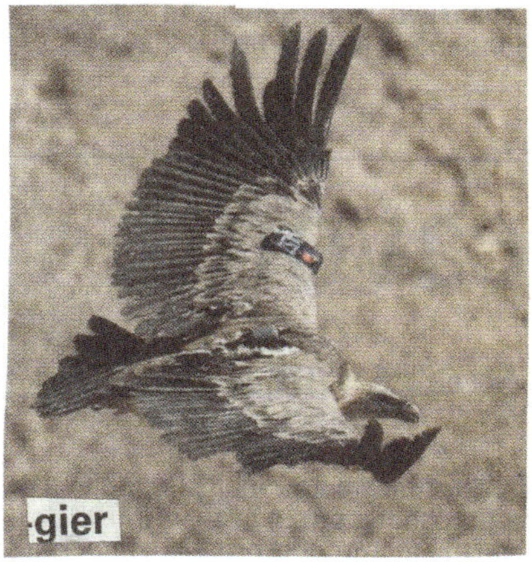

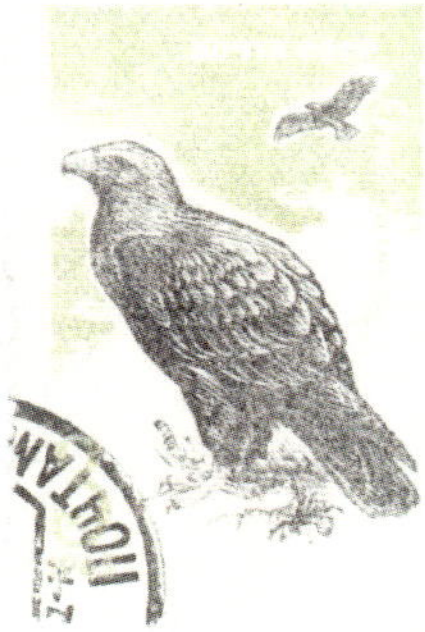

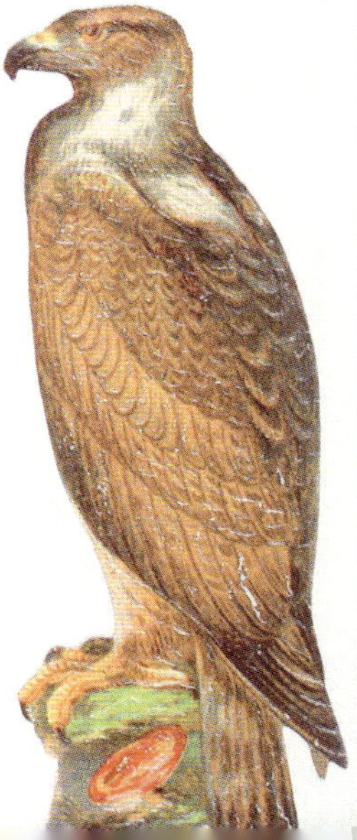

roofVogelS

Vleer muis

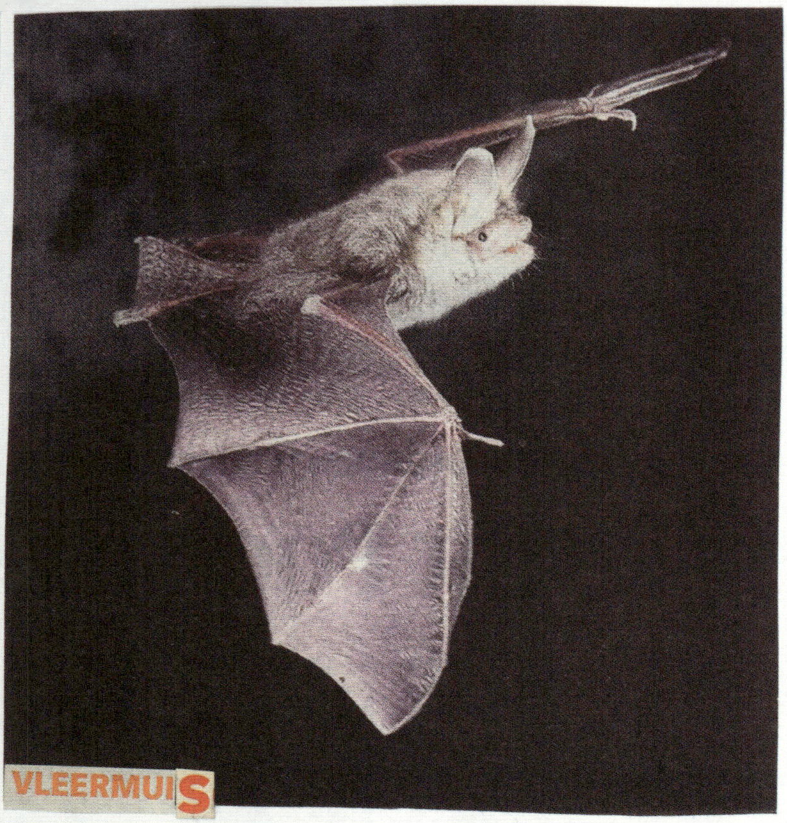

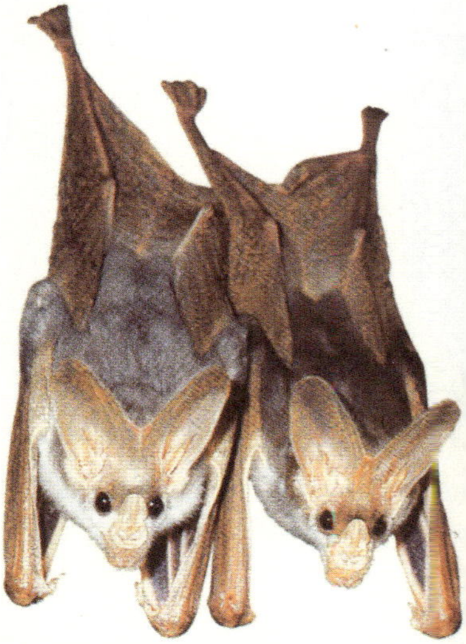

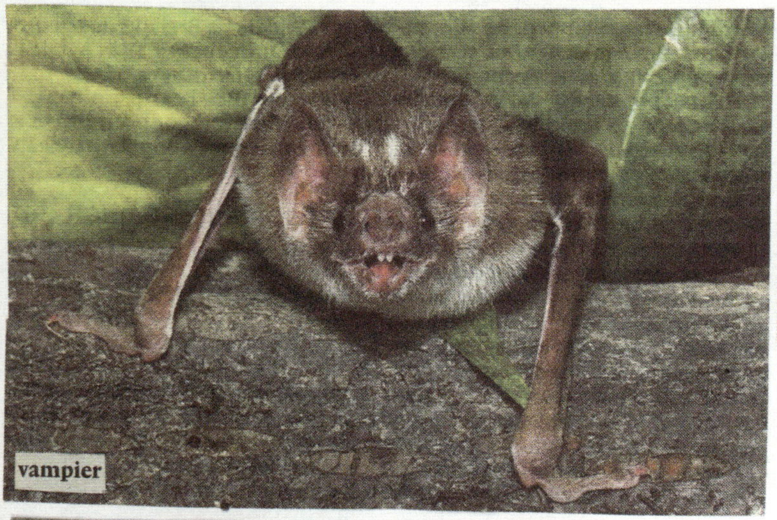

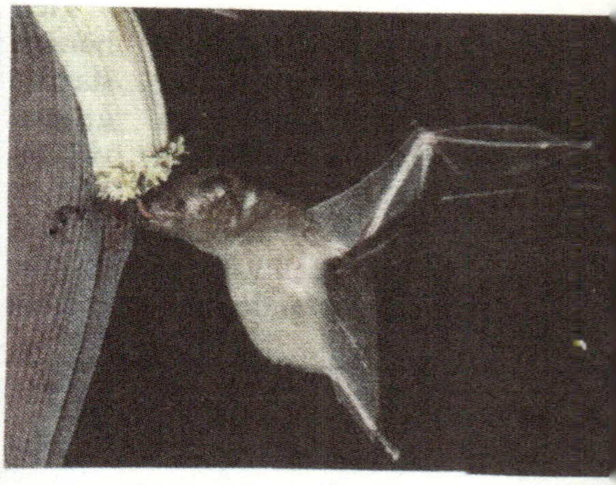

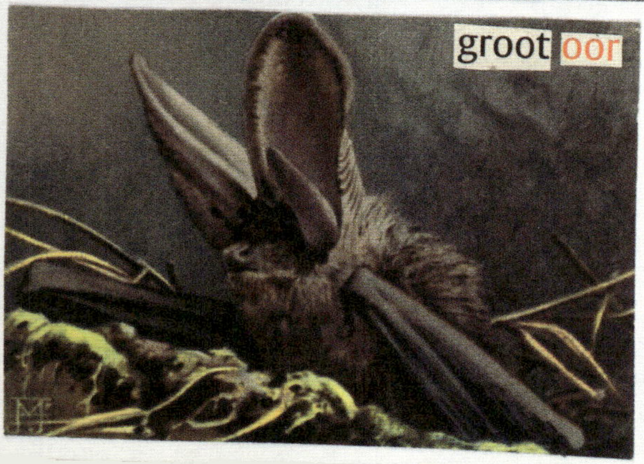

Muis

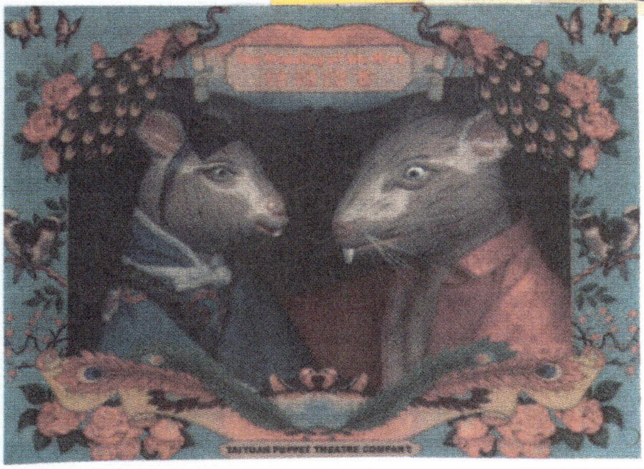

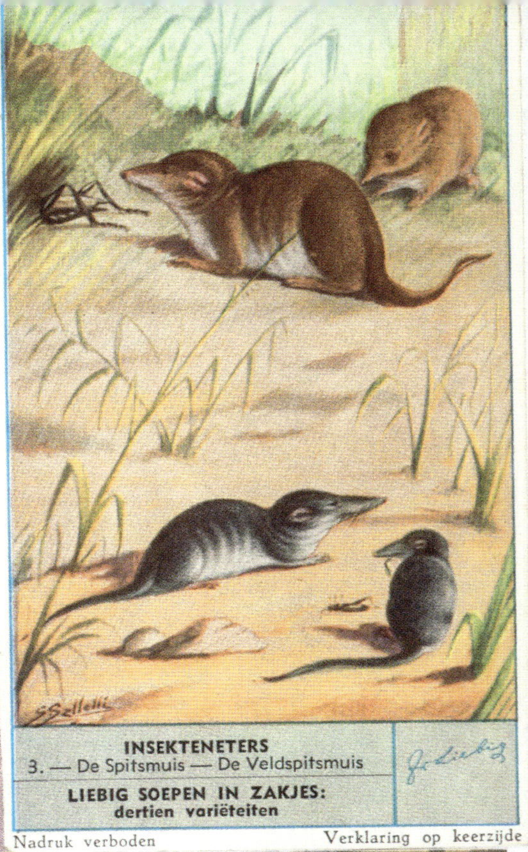
INSEKTENETERS
3. — De Spitsmuis — De Veldspitsmuis
LIEBIG SOEPEN IN ZAKJES:
dertien variëteiten
Nadruk verboden
Verklaring op keerzijde

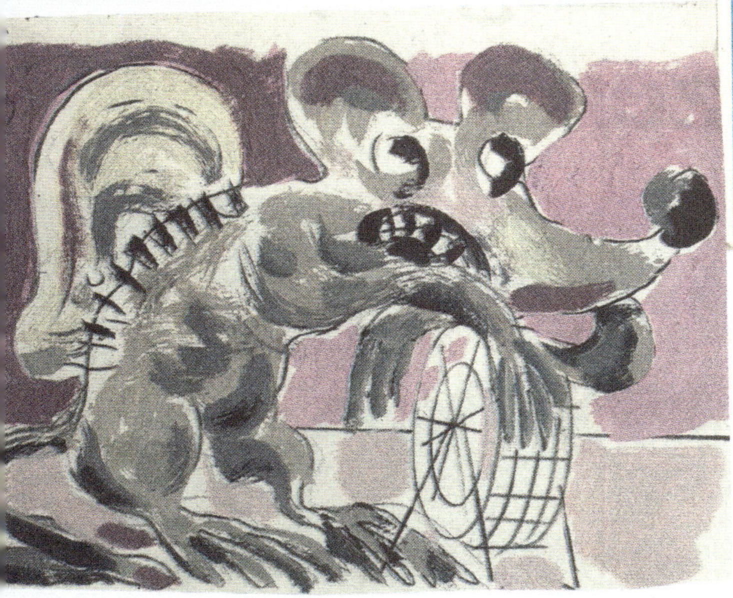

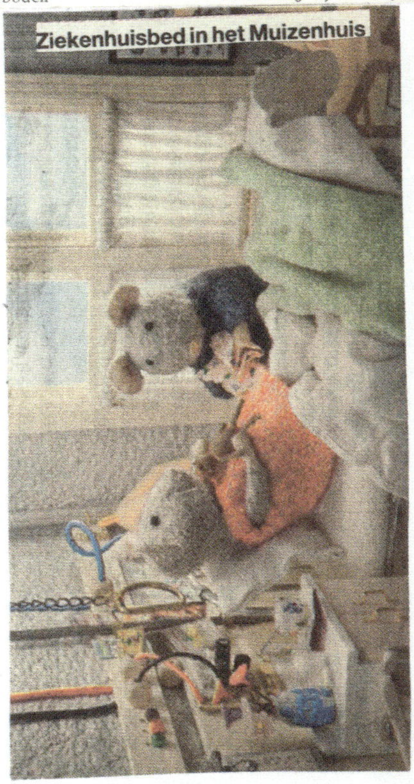
Ziekenhuisbed in het Muizenhuis

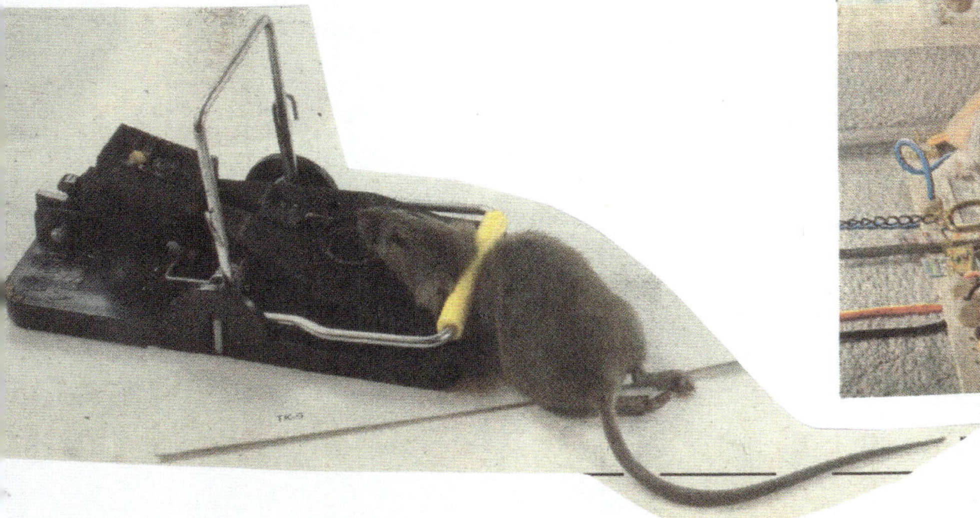

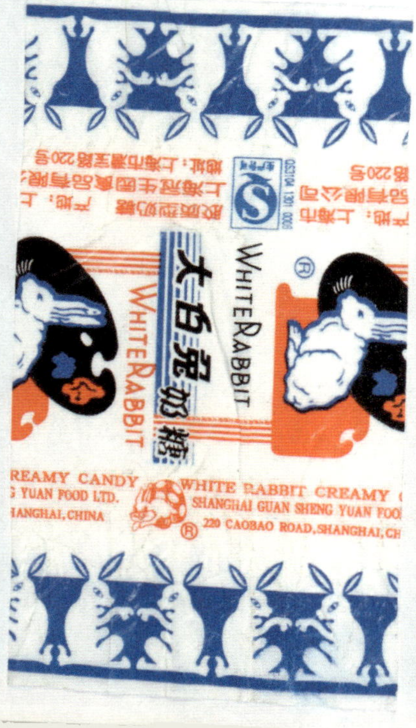
大白兔奶糖
WHITERABBIT
WHITERABBIT
REAMY CANDY
YUAN FOOD LTD.
ANGHAI, CHINA
WHITE RABBIT CREAMY
SHANGHAI GUAN SHENG YUAN FOO
220 CAOBAO ROAD, SHANGHAI, CH

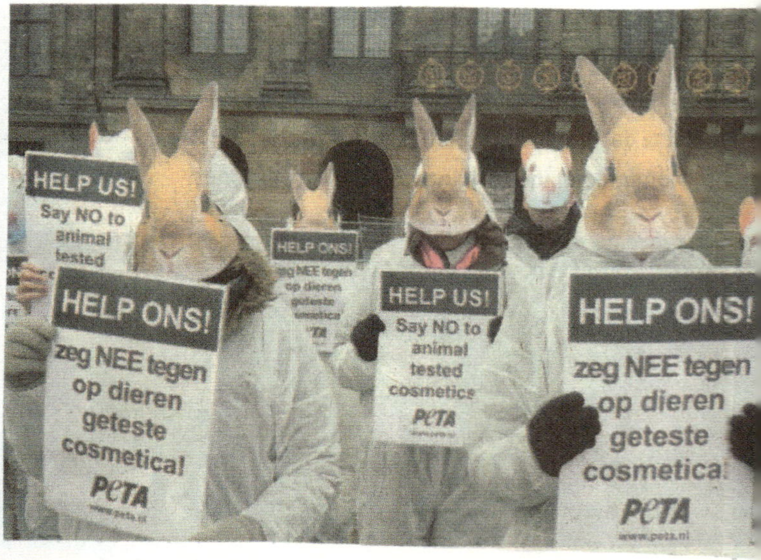
HELP US!
Say NO to animal tested
HELP ONS!
zeg NEE tegen op dieren geteste cosmetica!
PETA
HELP US!
Say NO to animal tested cosmetics
PETA
HELP ONS!
zeg NEE tegen op dieren geteste cosmetica!
PETA
www.peta.nl

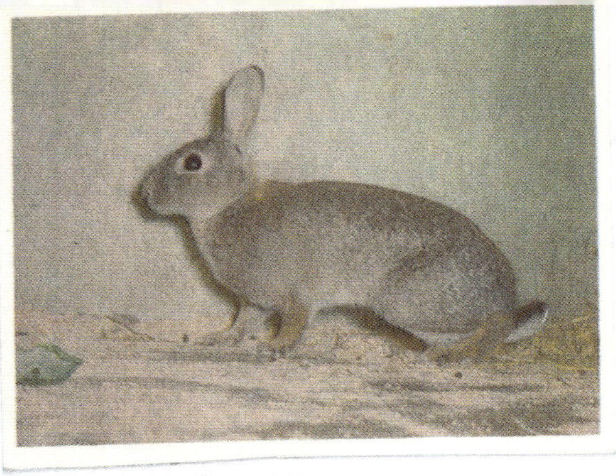

ko
nijn

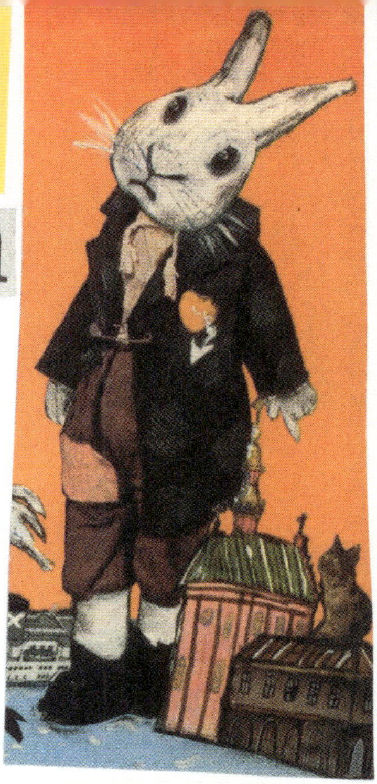

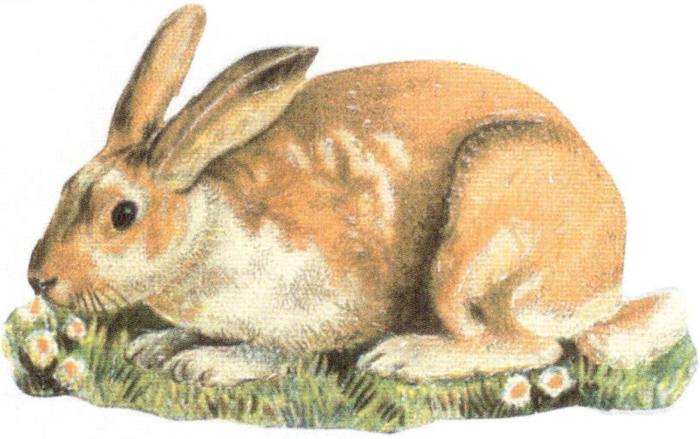

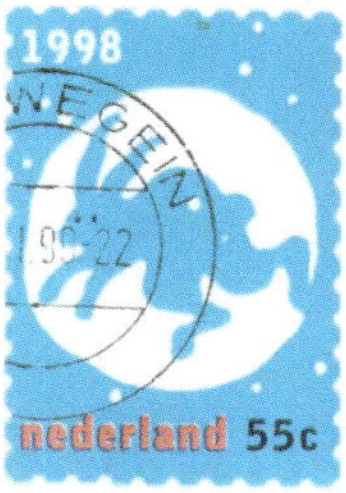
1998
nederland 55c

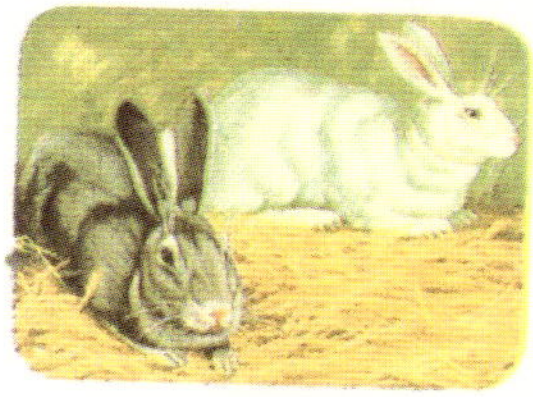

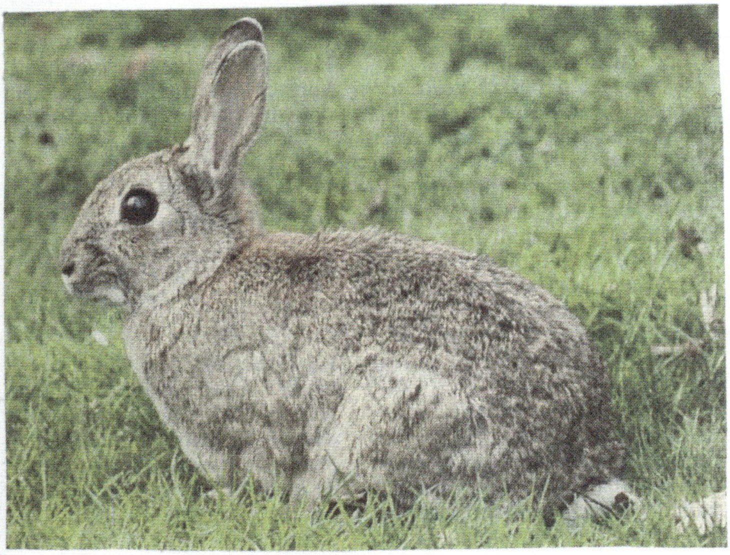

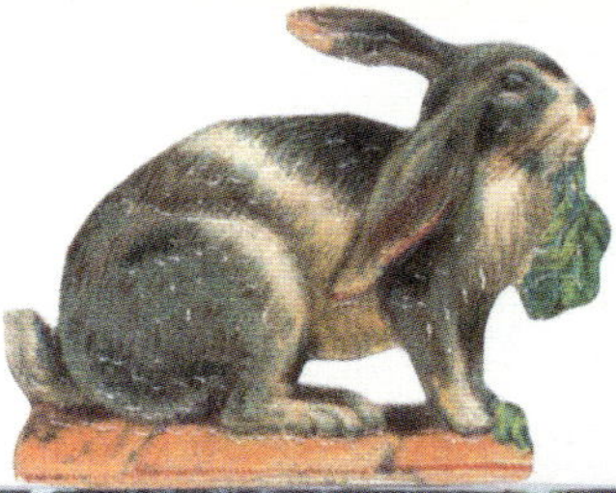

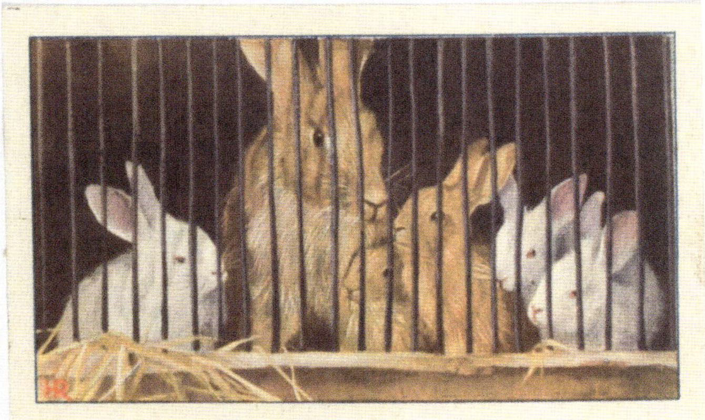

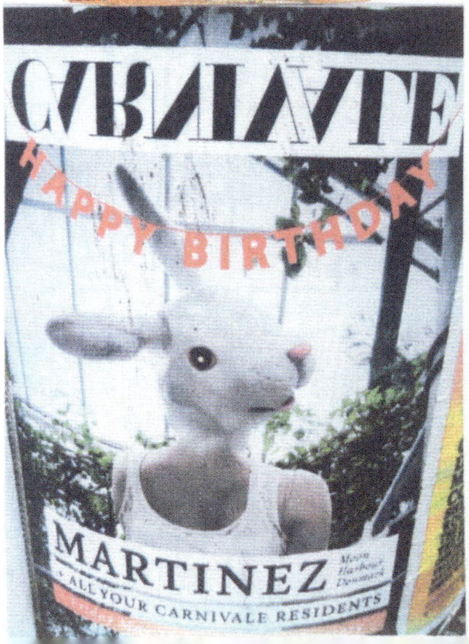
HAPPY BIRTHDAY
MARTINEZ
ALL YOUR CARNIVALE RESIDENTS

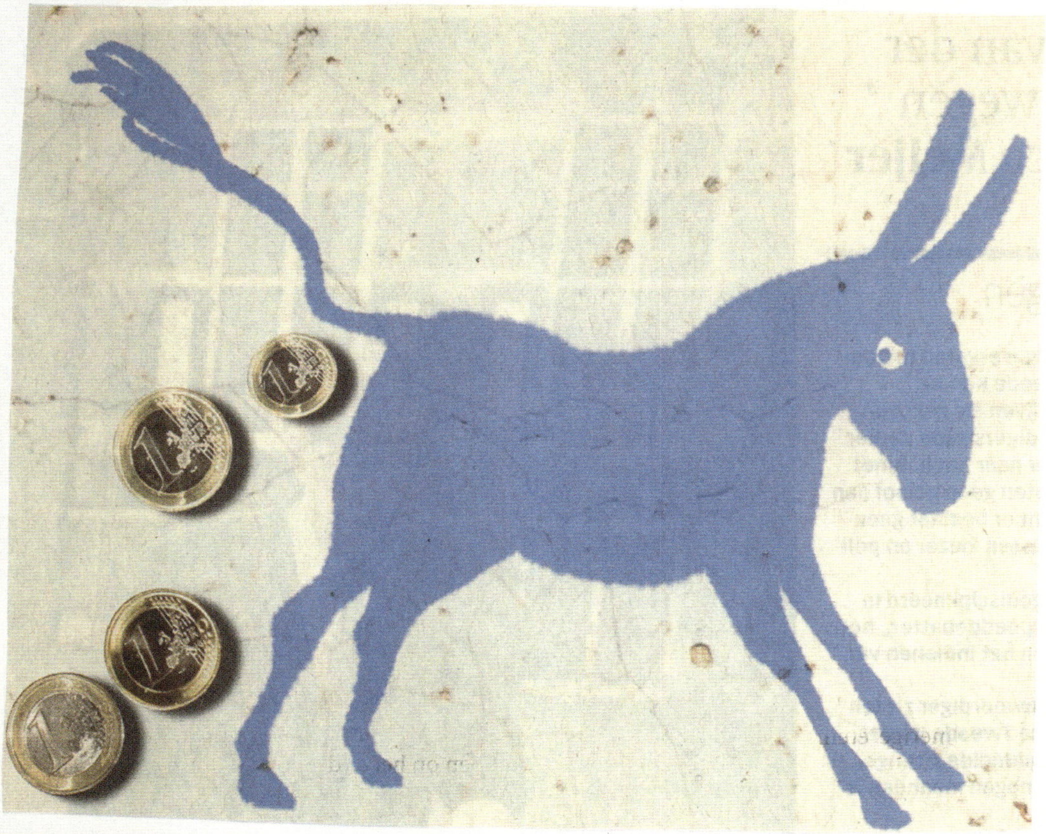

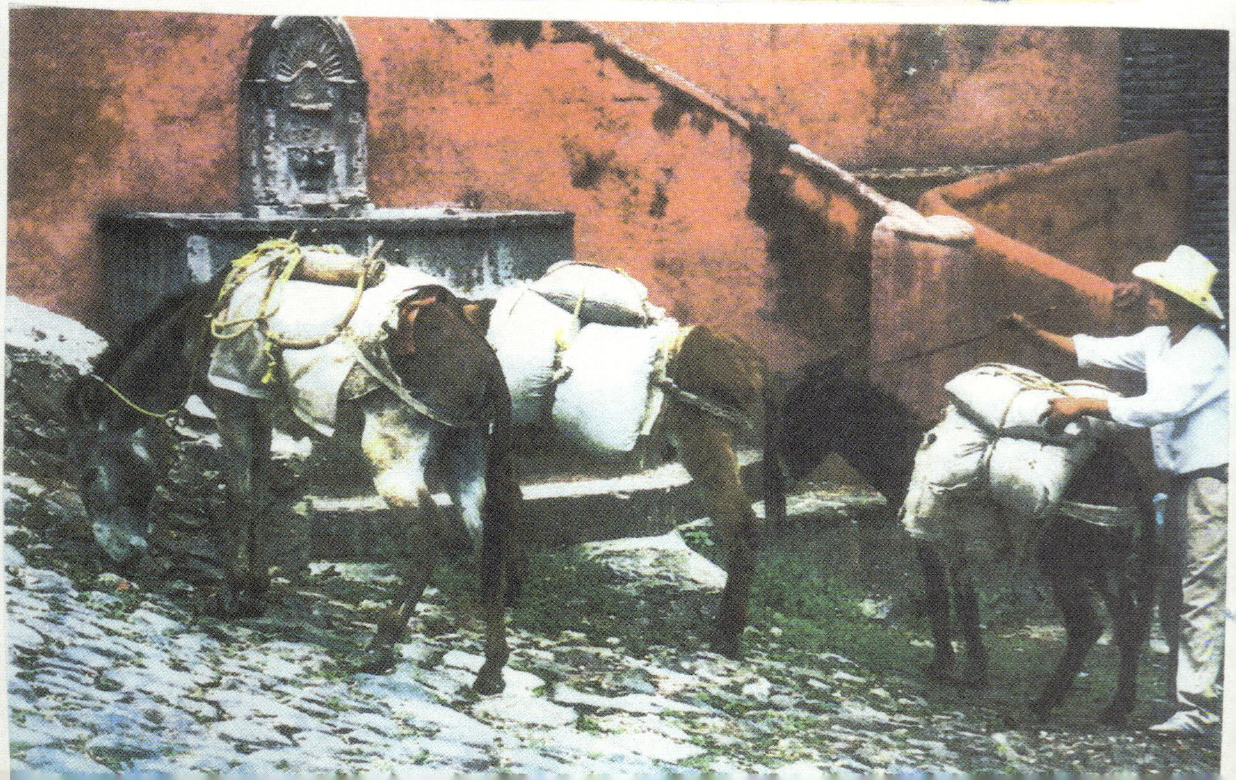

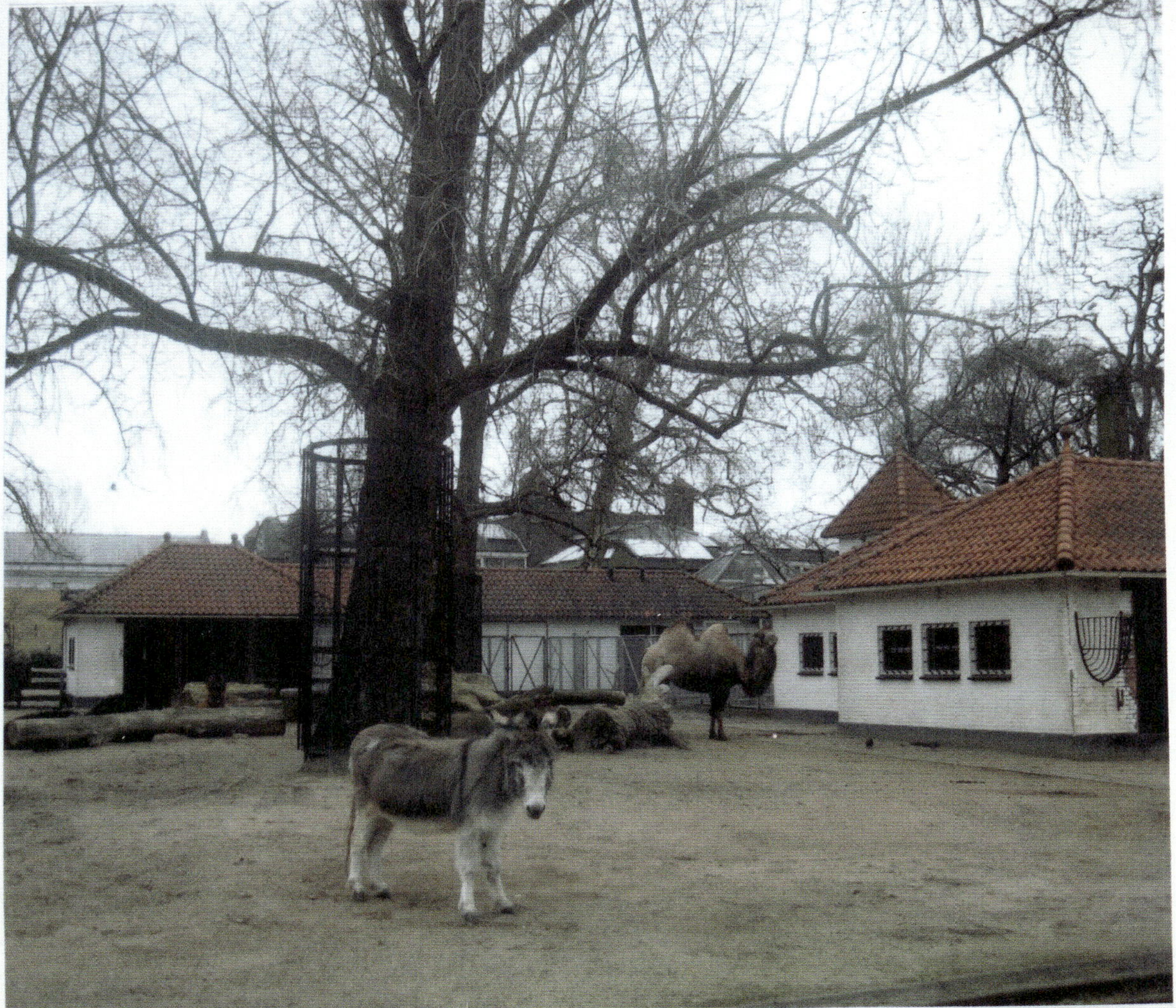

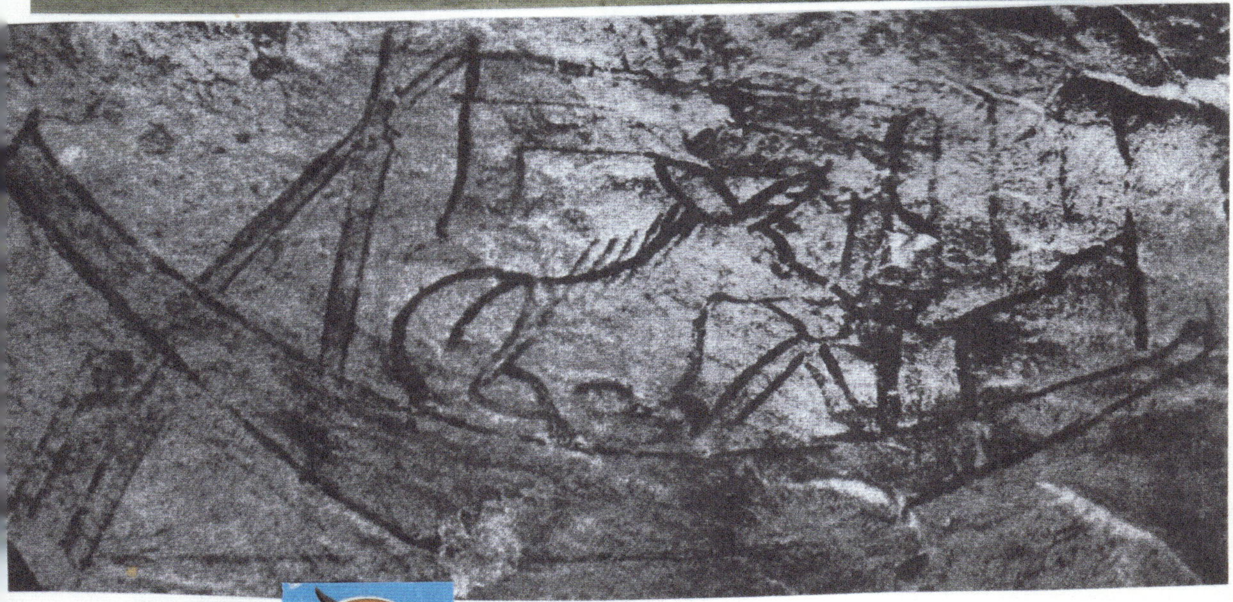

ezel 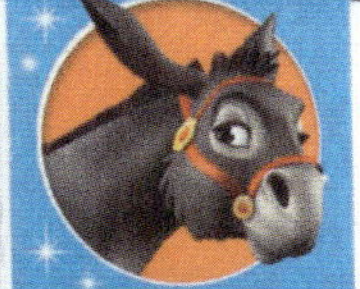

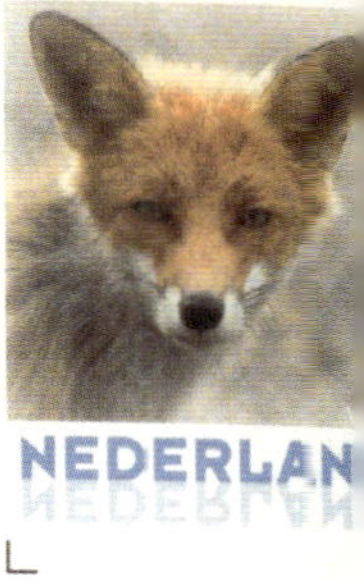
NEDERLAN

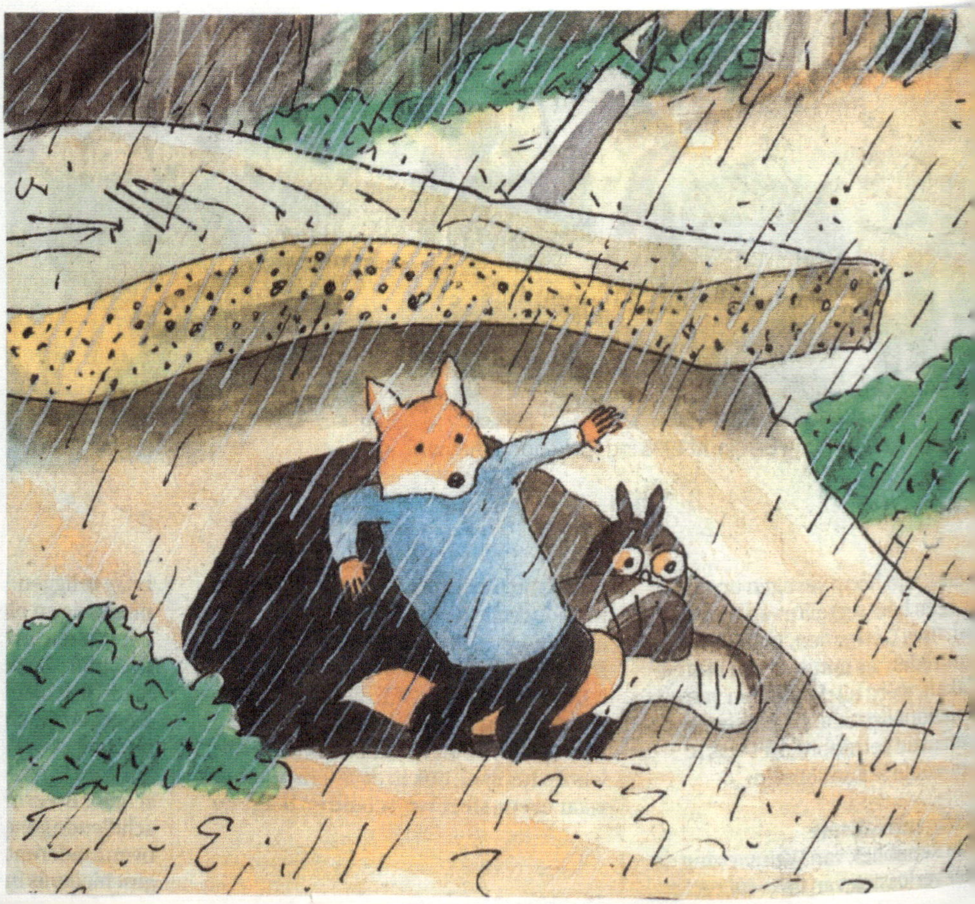

Vos

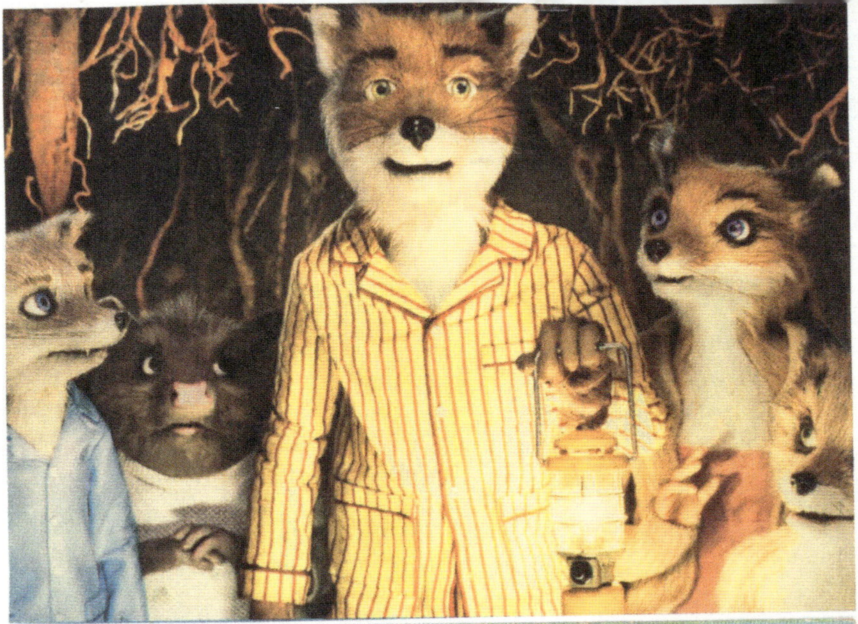

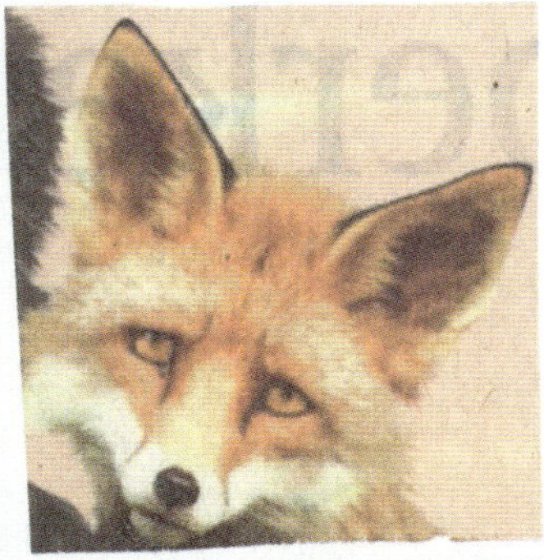

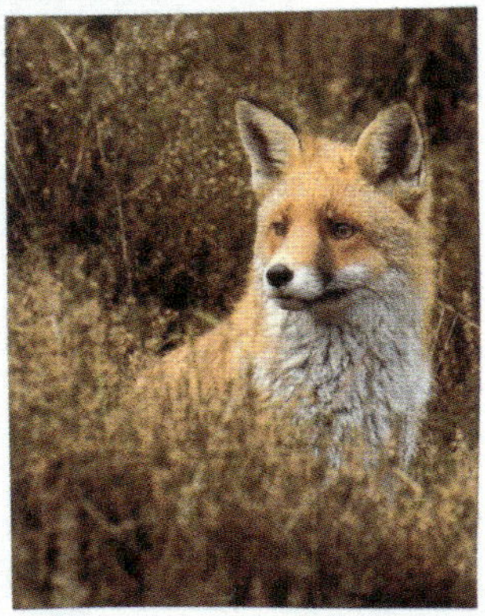

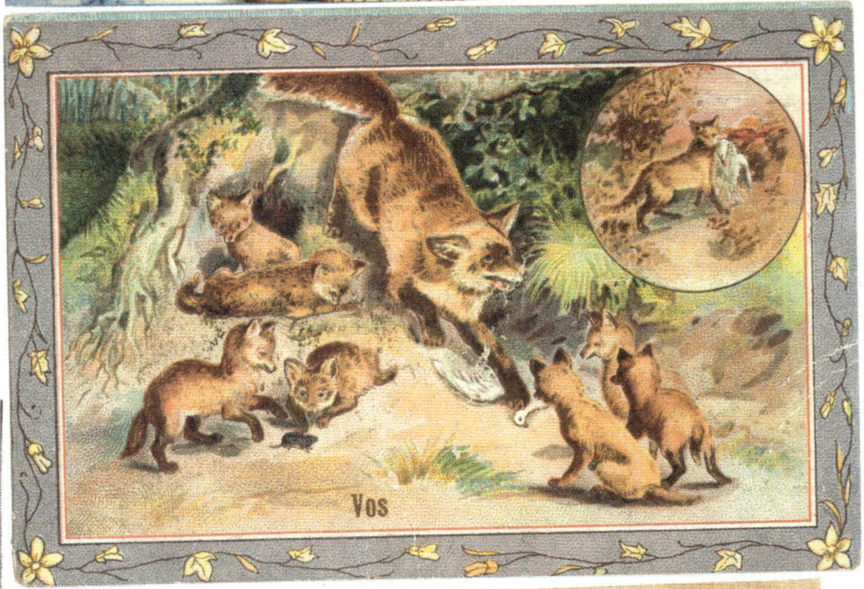

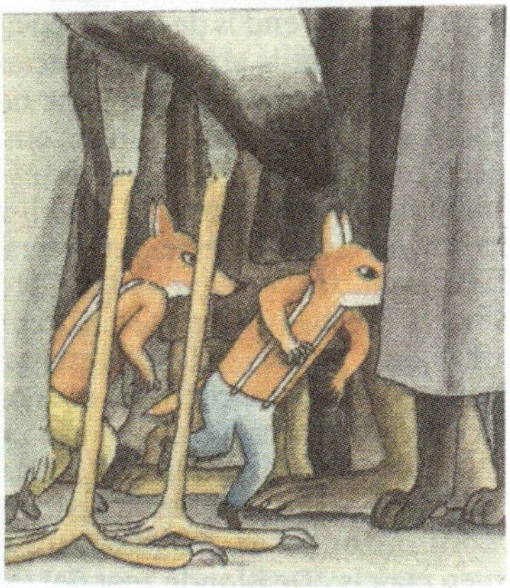

{ Lof der Zoetheid }
ontbijt | lunch | zoete zaken

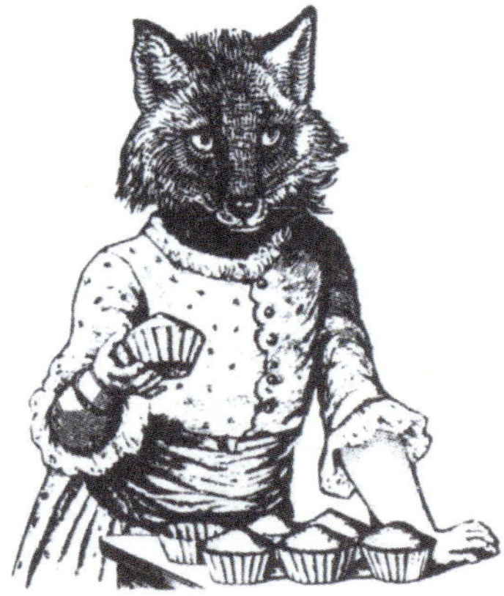

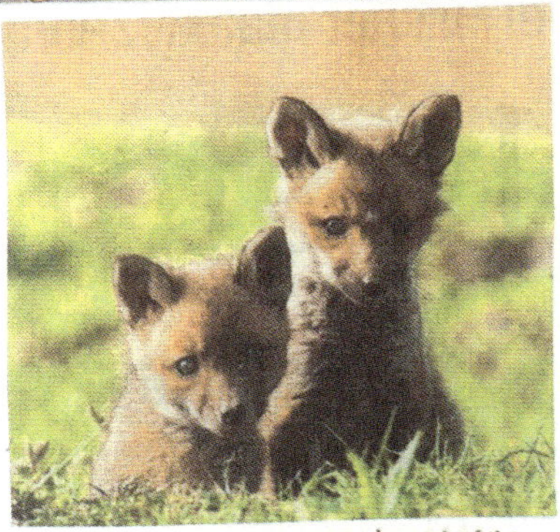

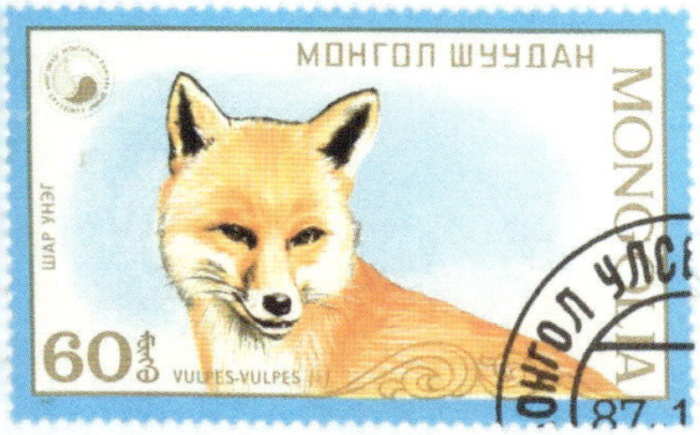

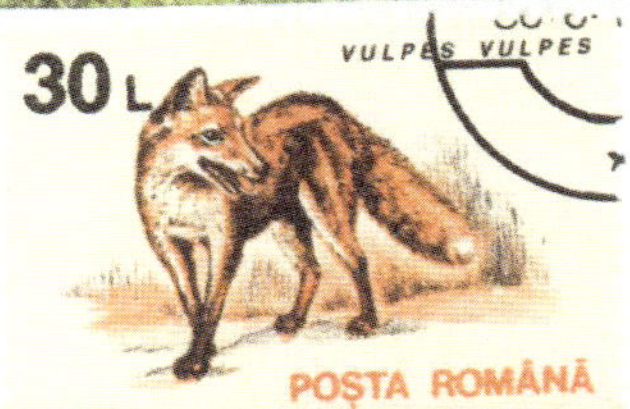

meerkoet

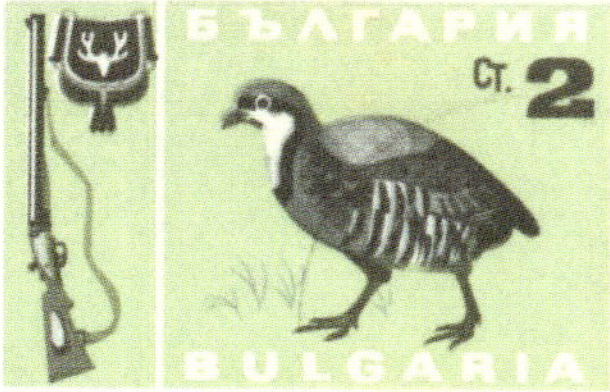

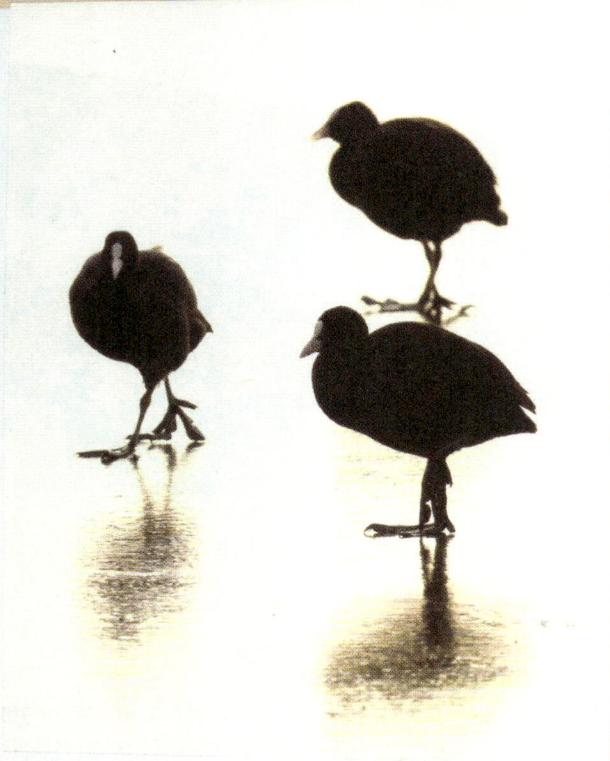

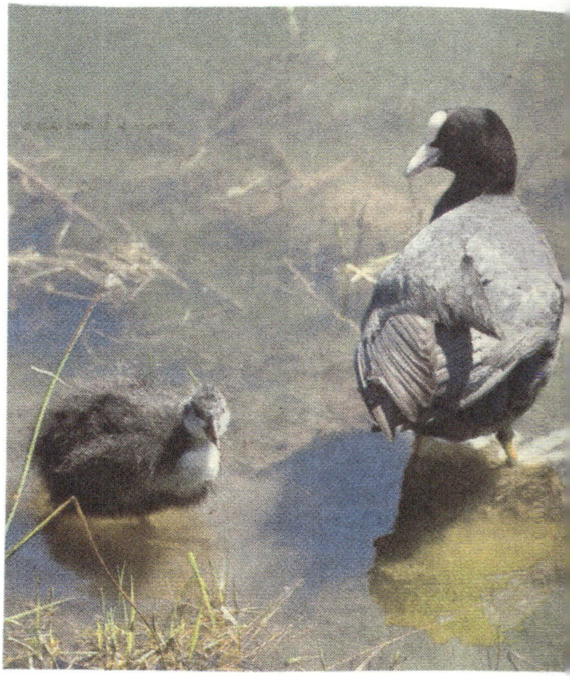

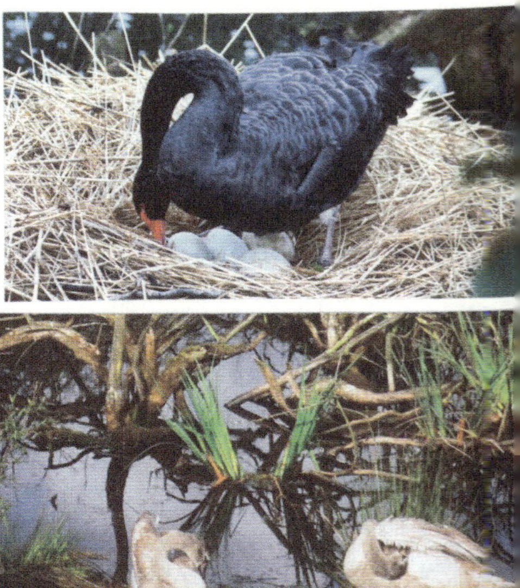

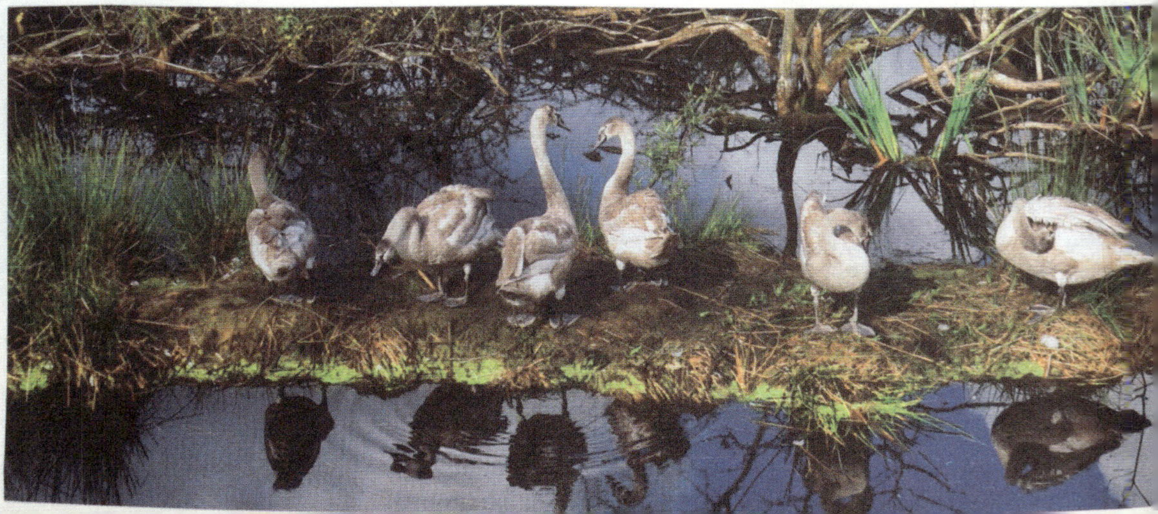

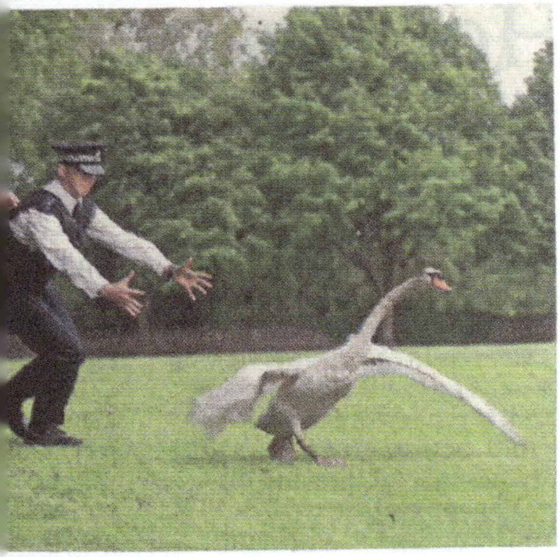

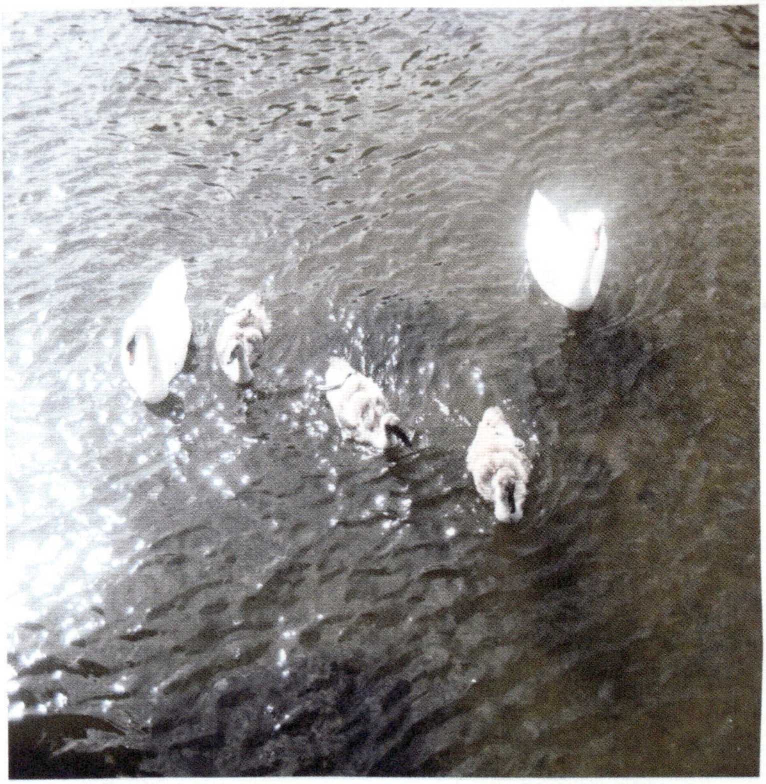

ZWaan

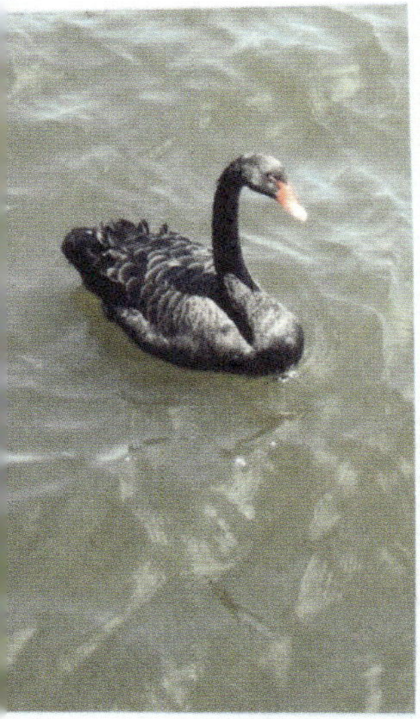

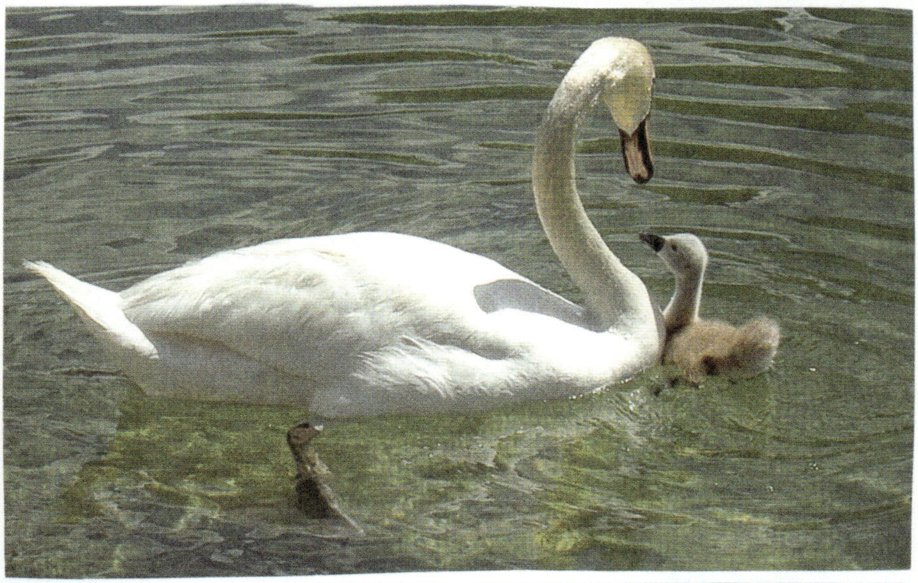

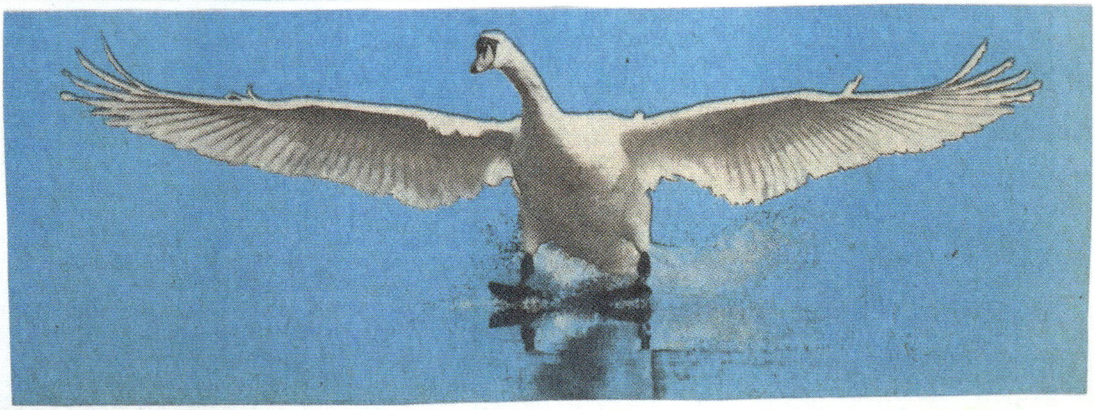

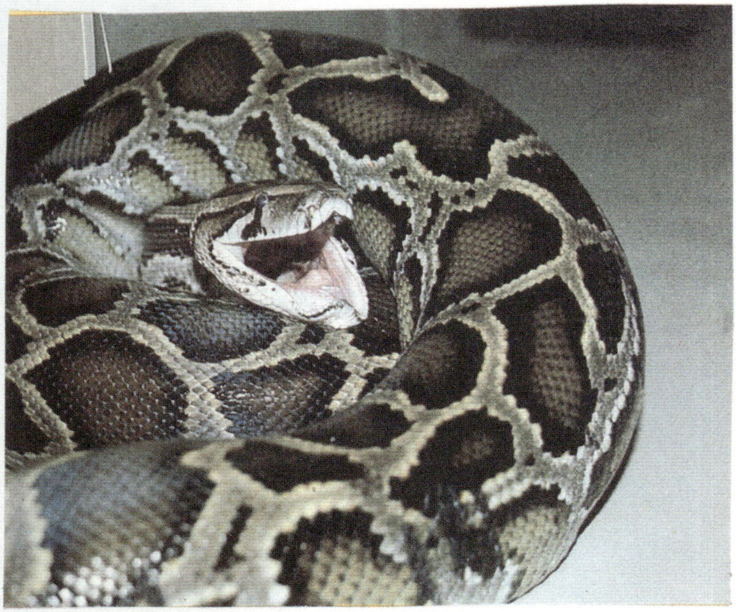

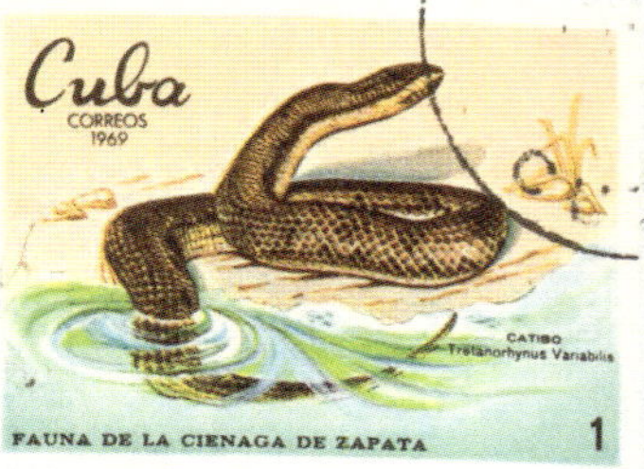
Cuba
CORREOS
1969
CATIBO
Tretanorhynus Variabilis
FAUNA DE LA CIENAGA DE ZAPATA
1

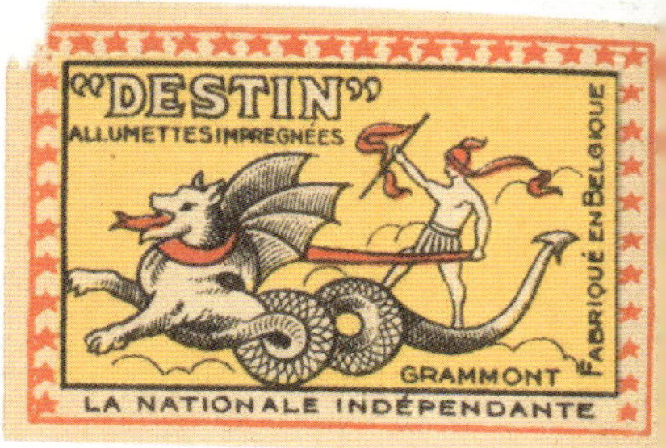
"DESTIN"
ALLUMETTES IMPREGNÉES
FABRIQUÉ EN BELGIQUE
GRAMMONT
LA NATIONALE INDÉPENDANTE

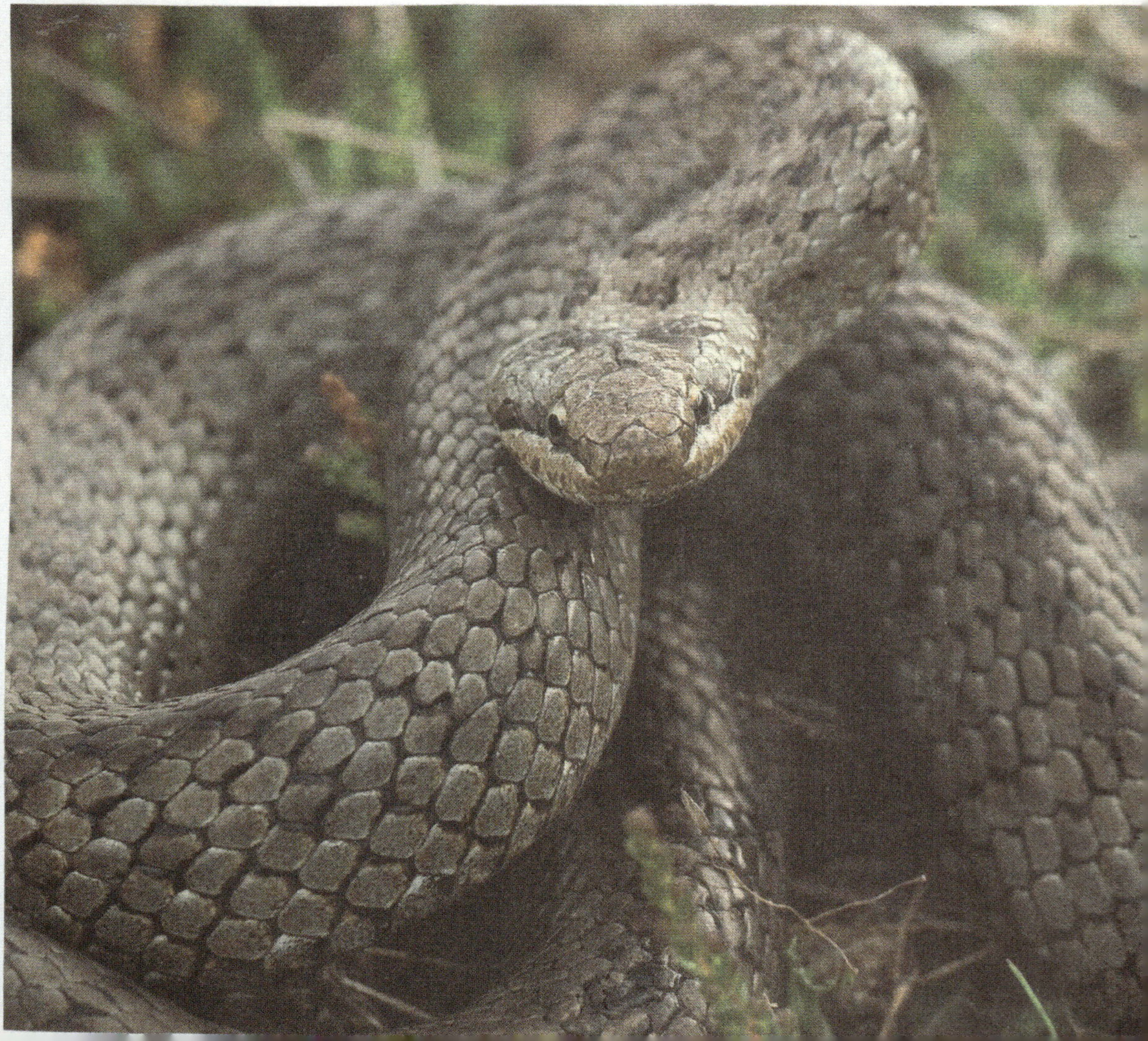

Slang

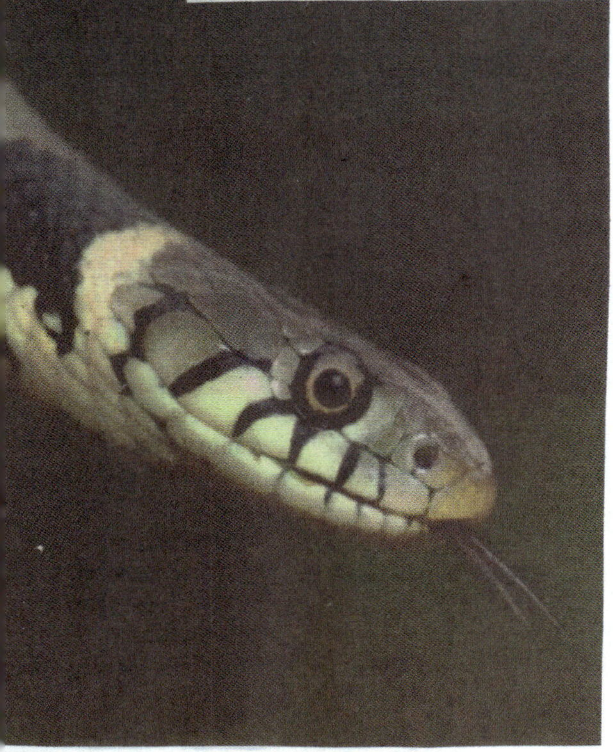

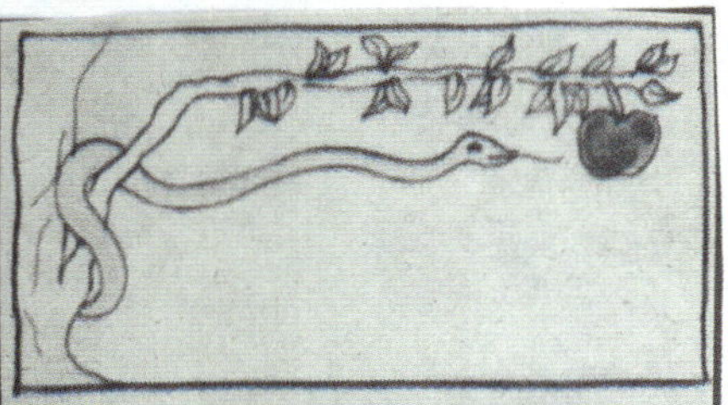

ODE AAN HET SCHULDIGE LANDSCHAP

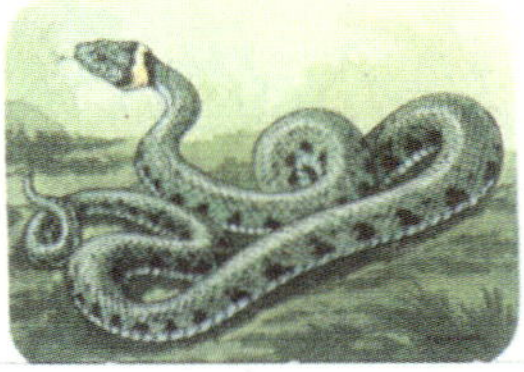

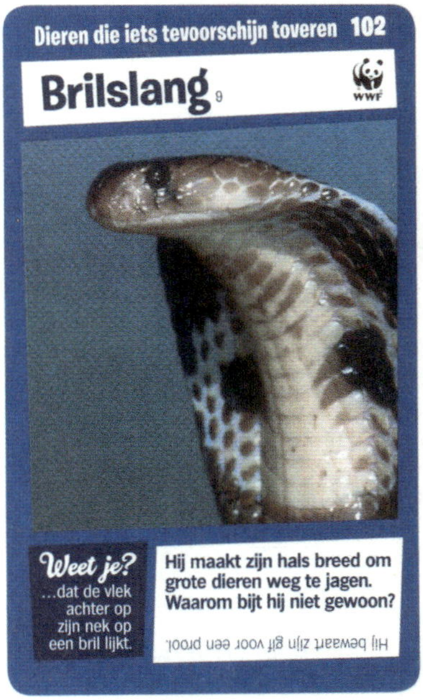

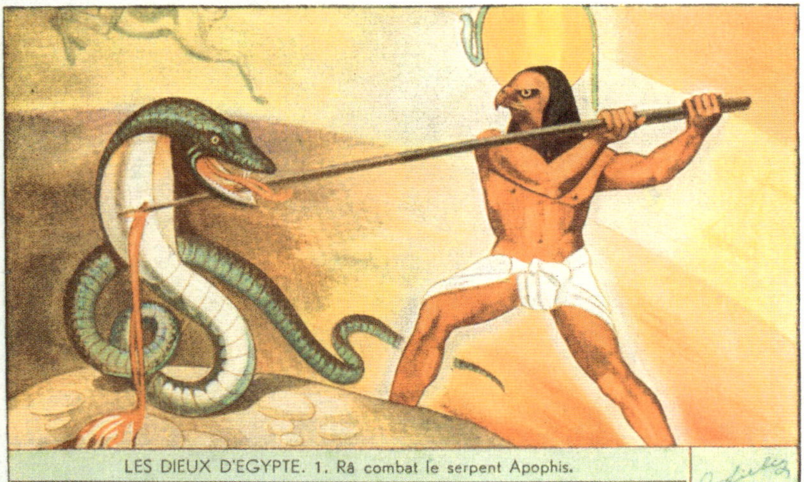

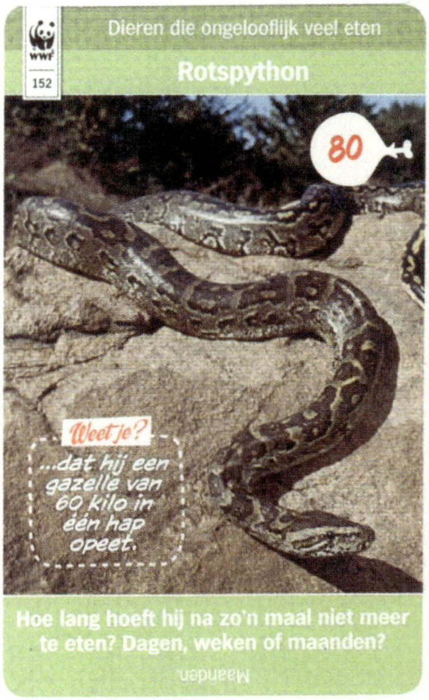

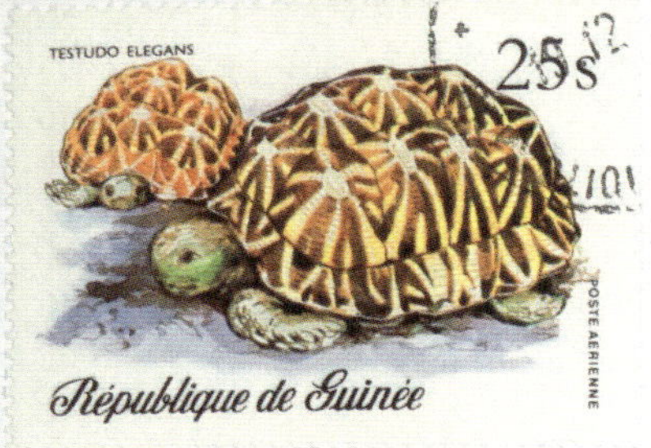

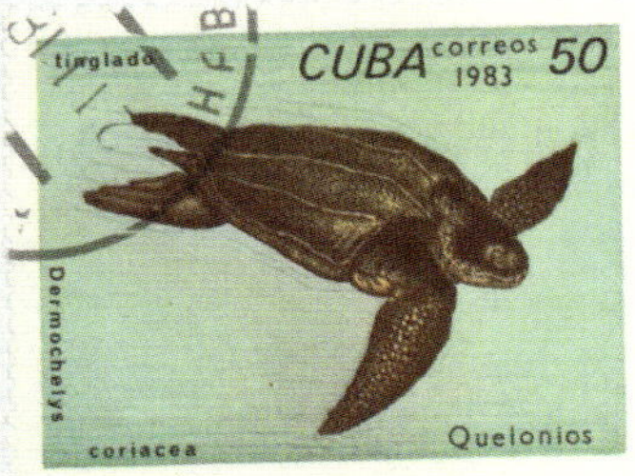

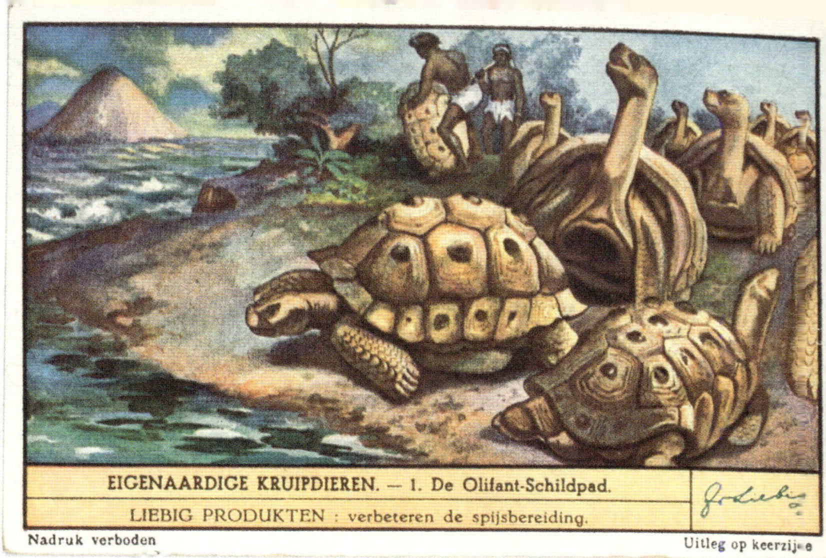

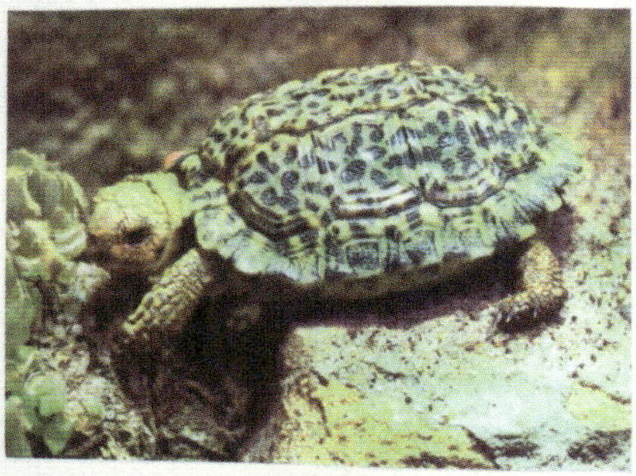

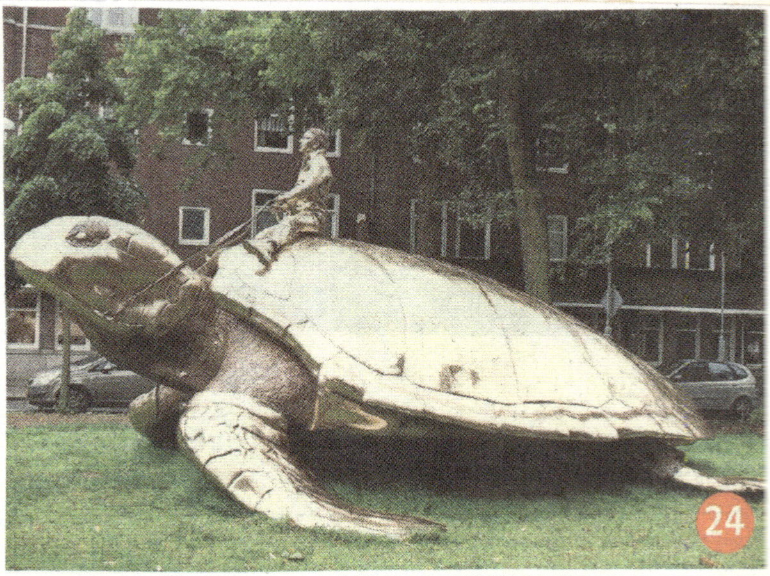

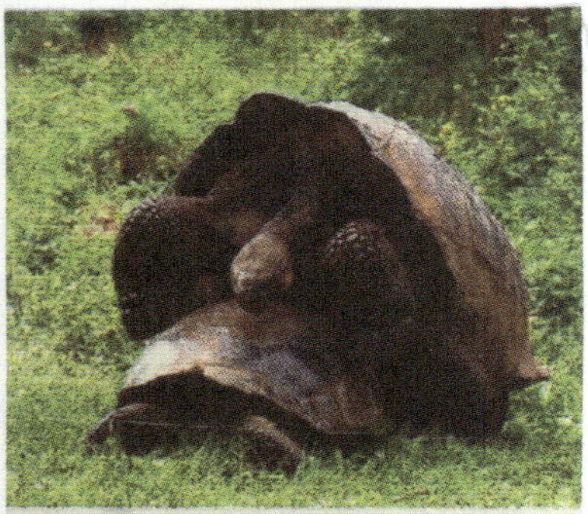

Reuzenschildpadden op Galapagos.

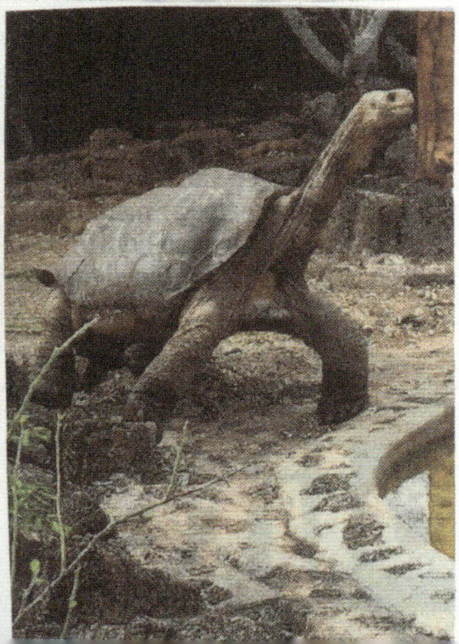

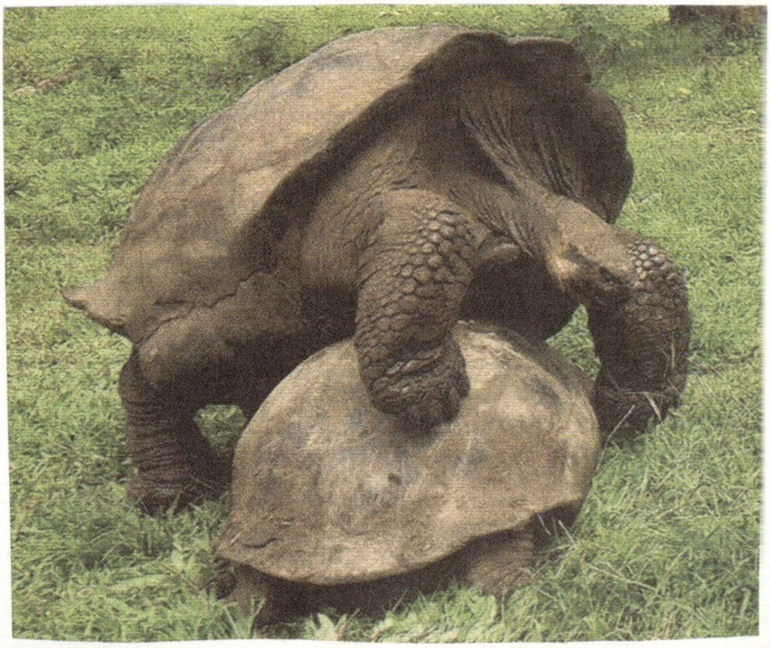

Schild PAD

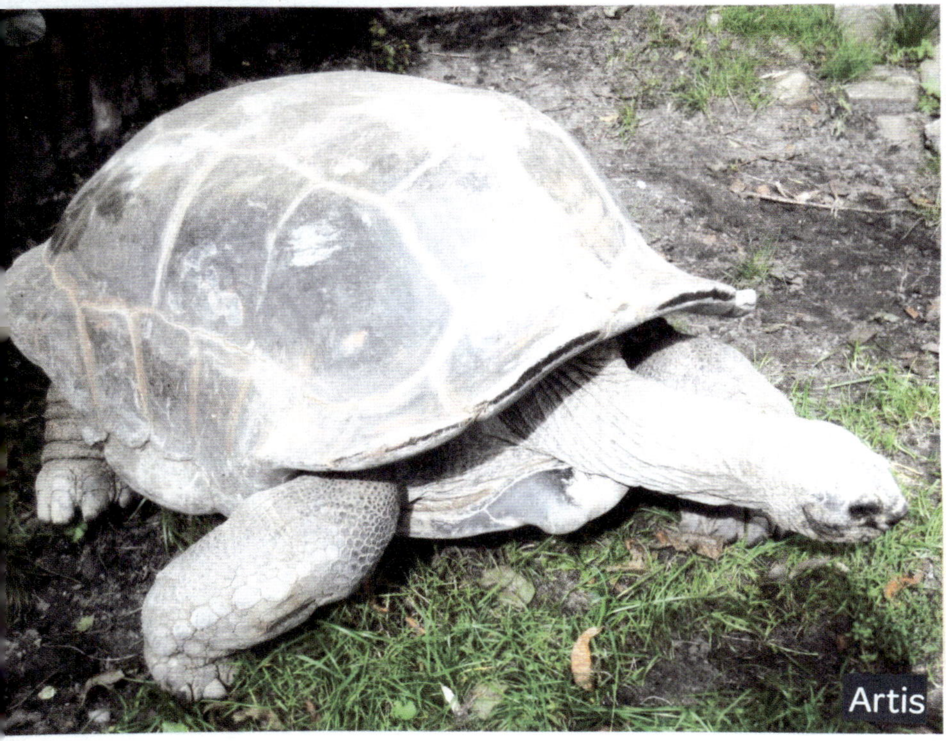

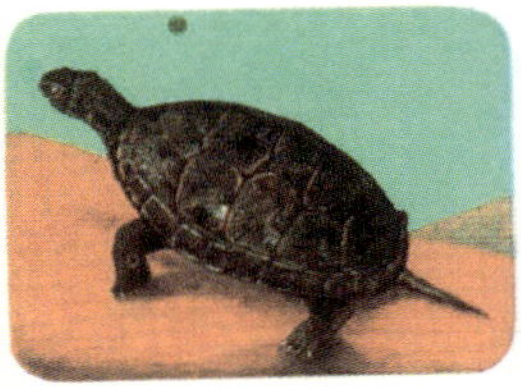

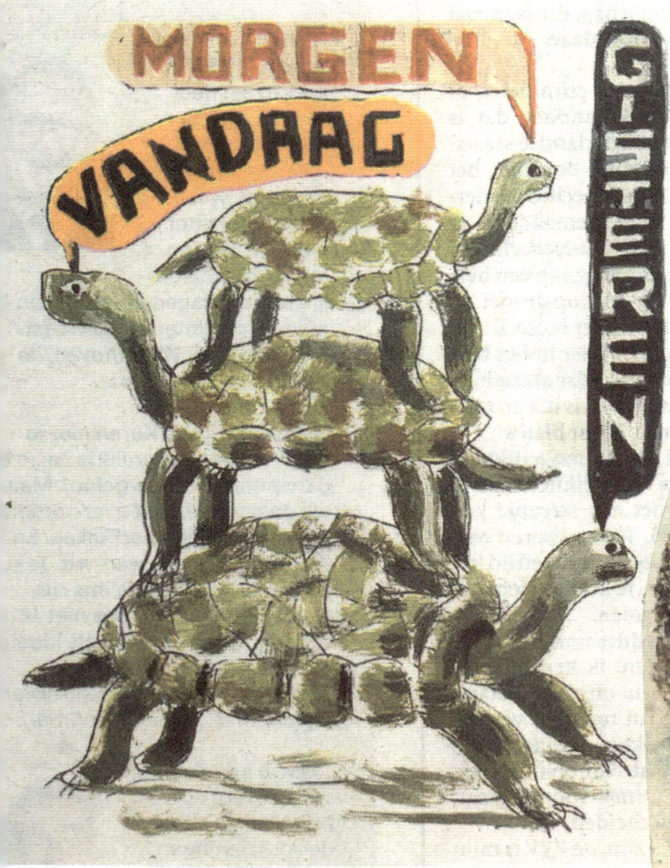

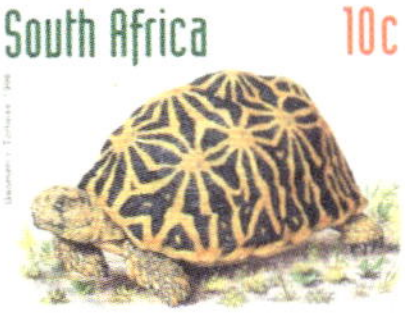

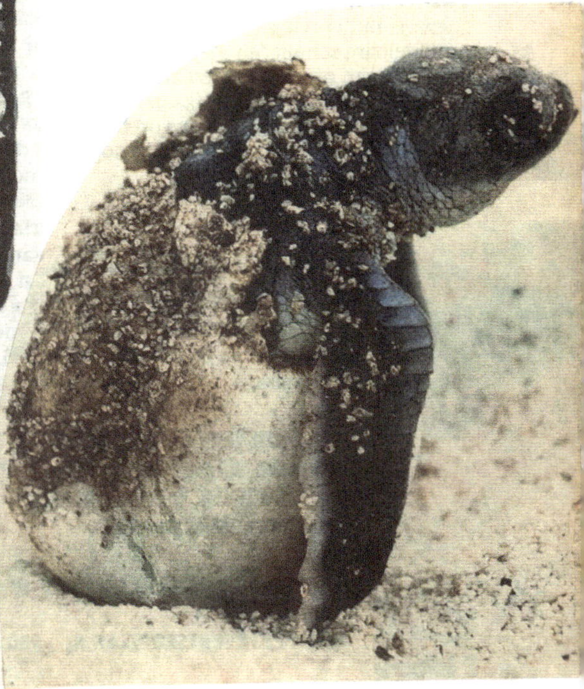

Zee bra

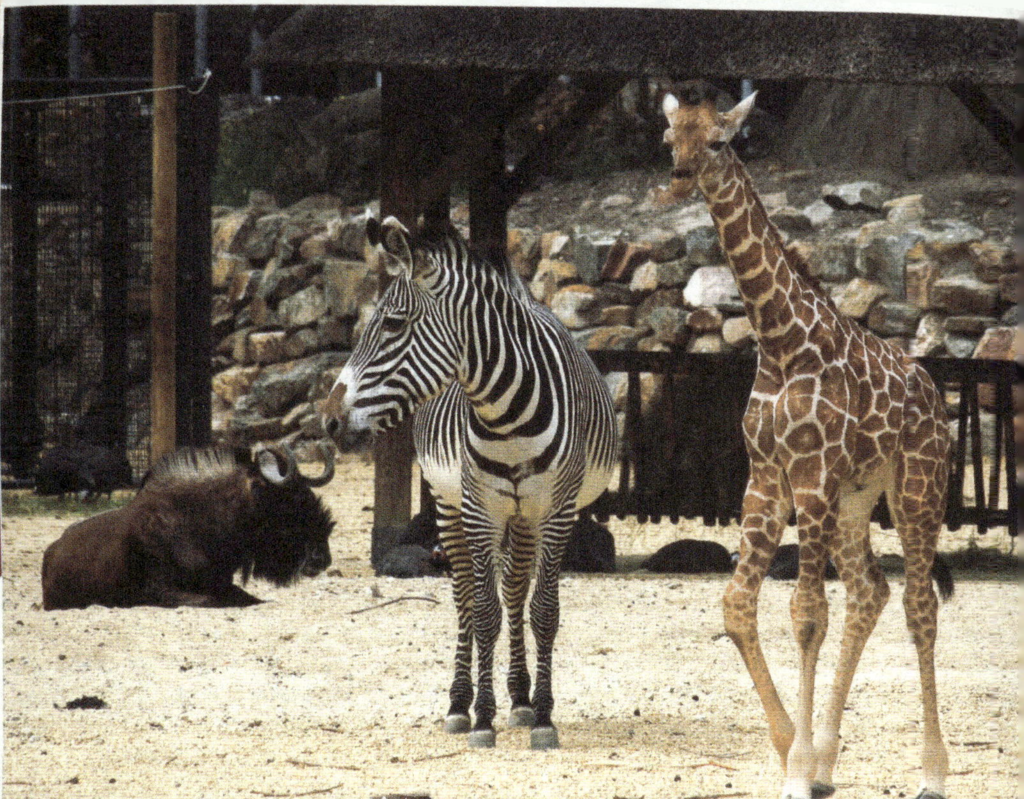

Girafje Jelani ontdekt de nieuwe Savanne. Artis

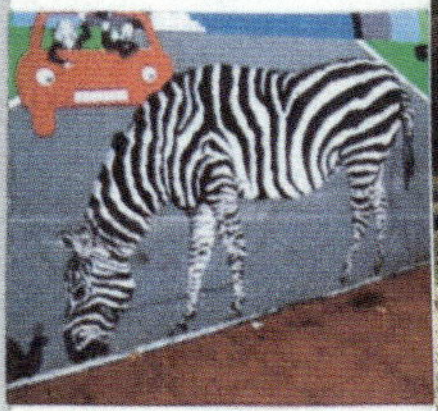

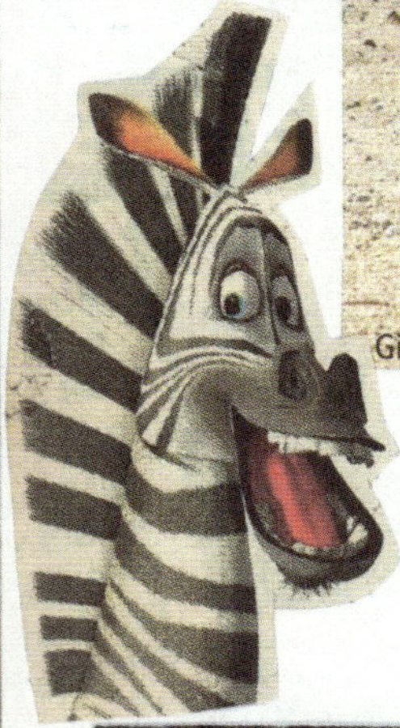

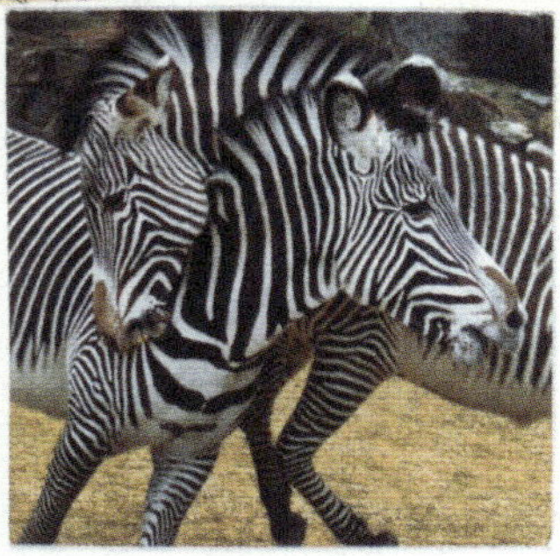

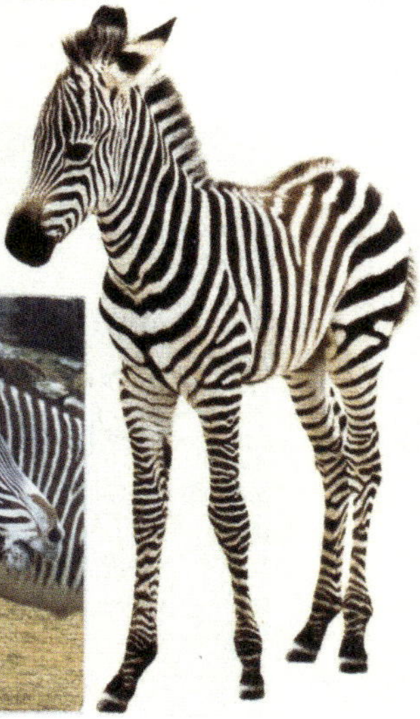

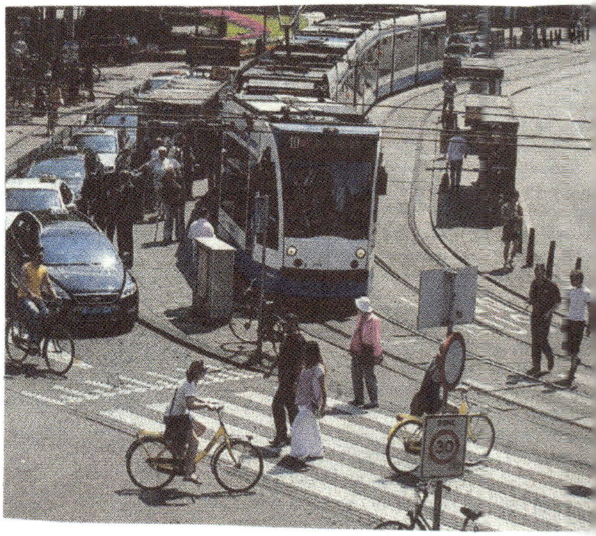

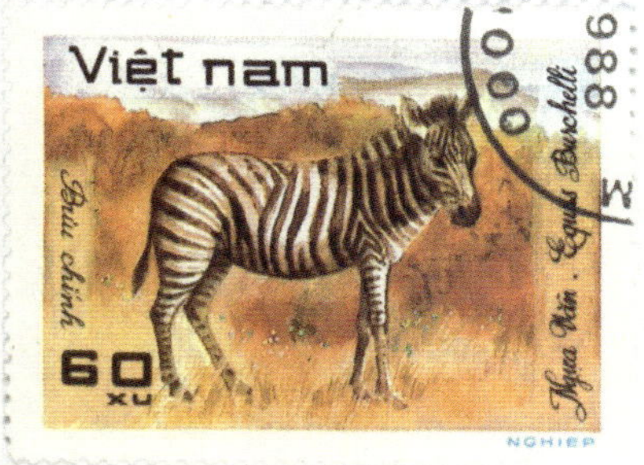

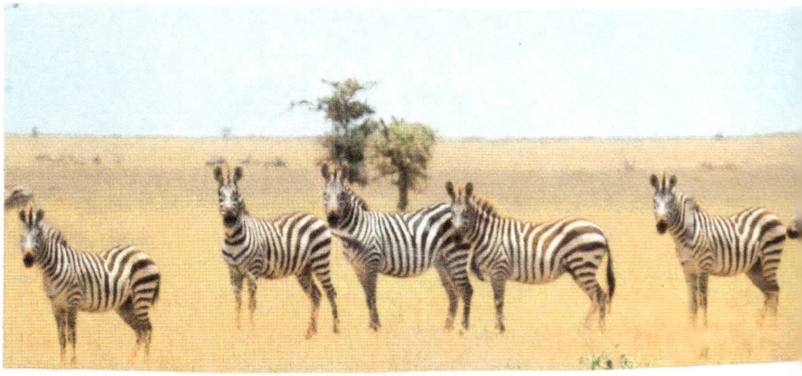

g
i
R
a
f

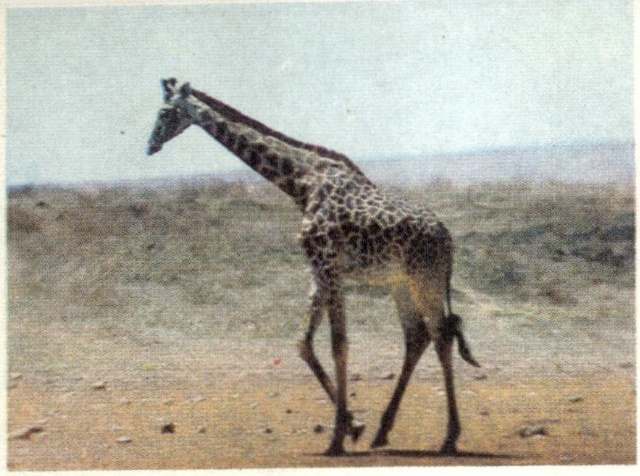

153 Giraffe

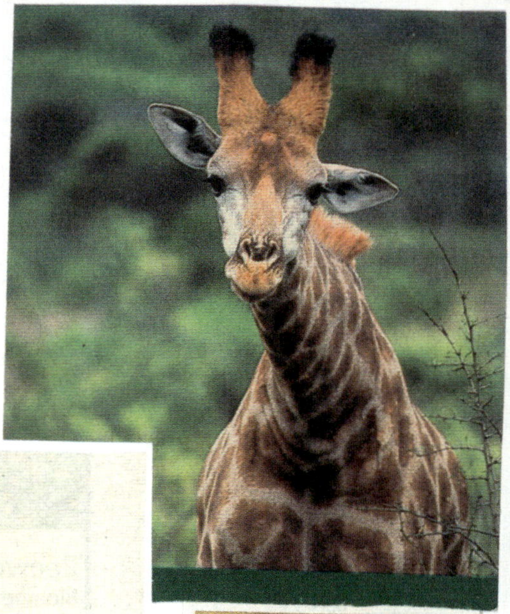

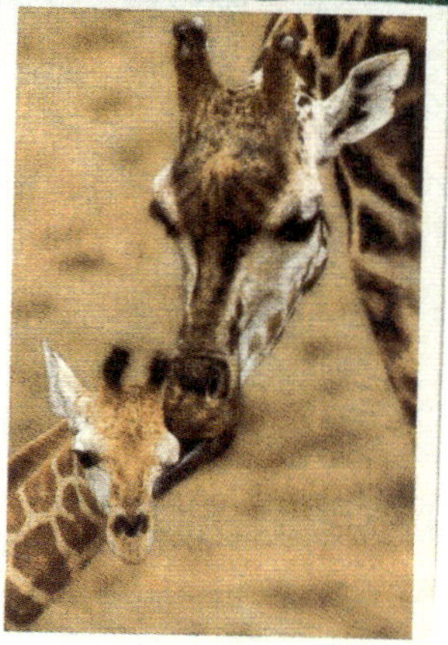

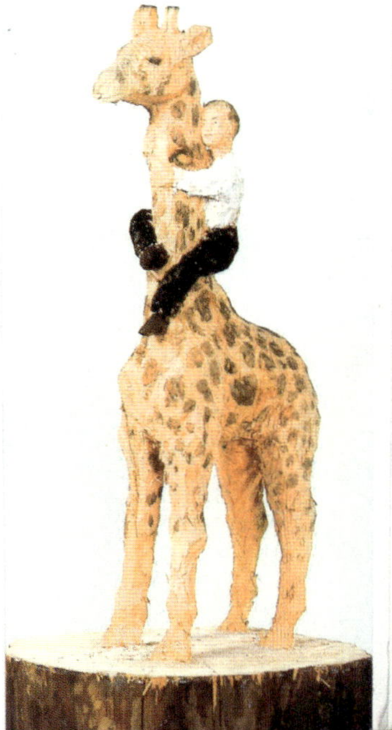

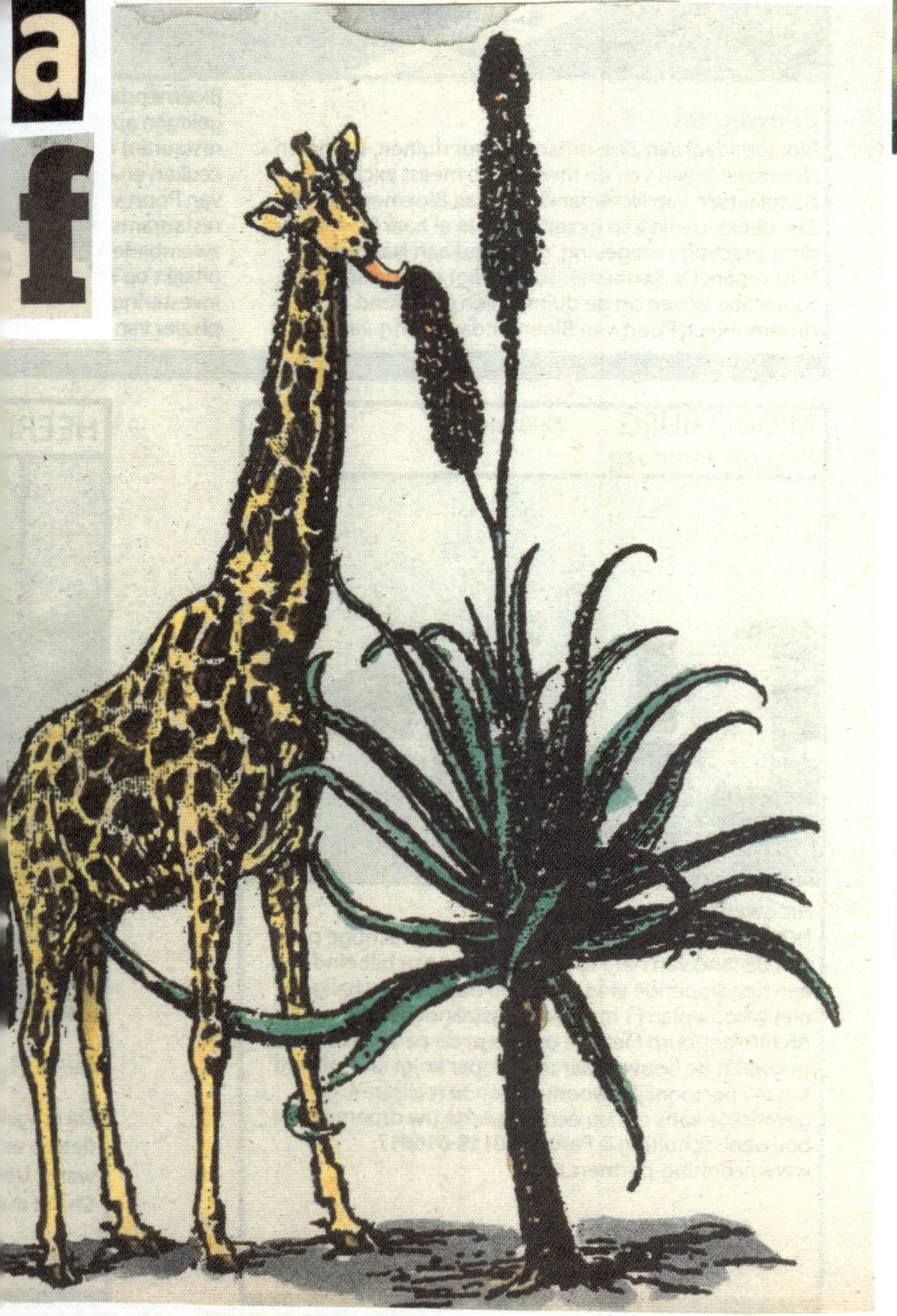

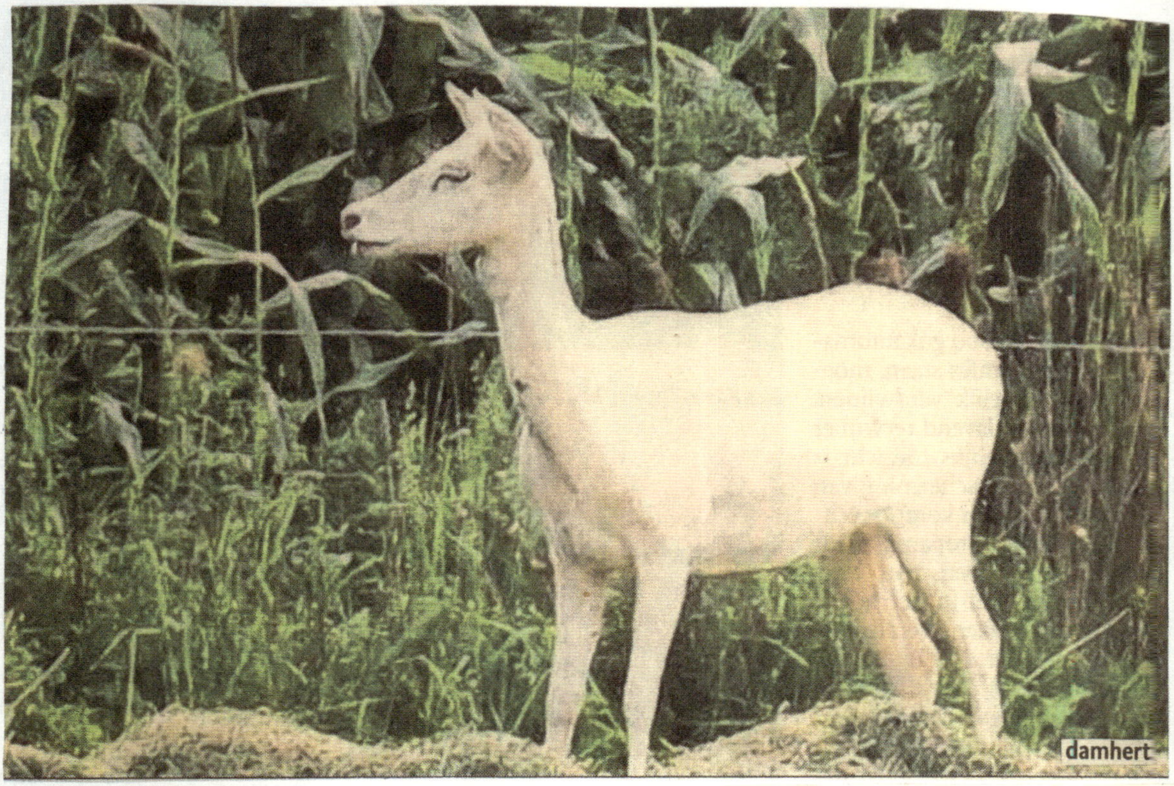
damhert

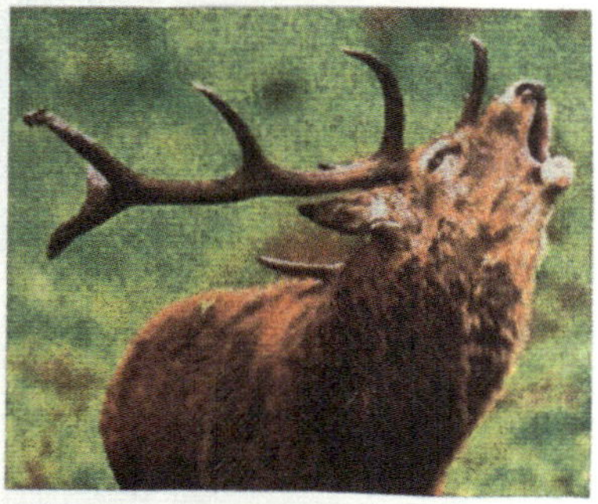

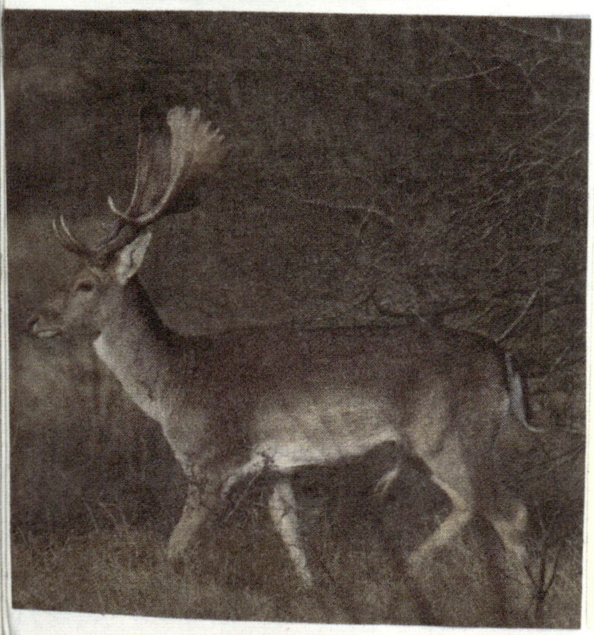

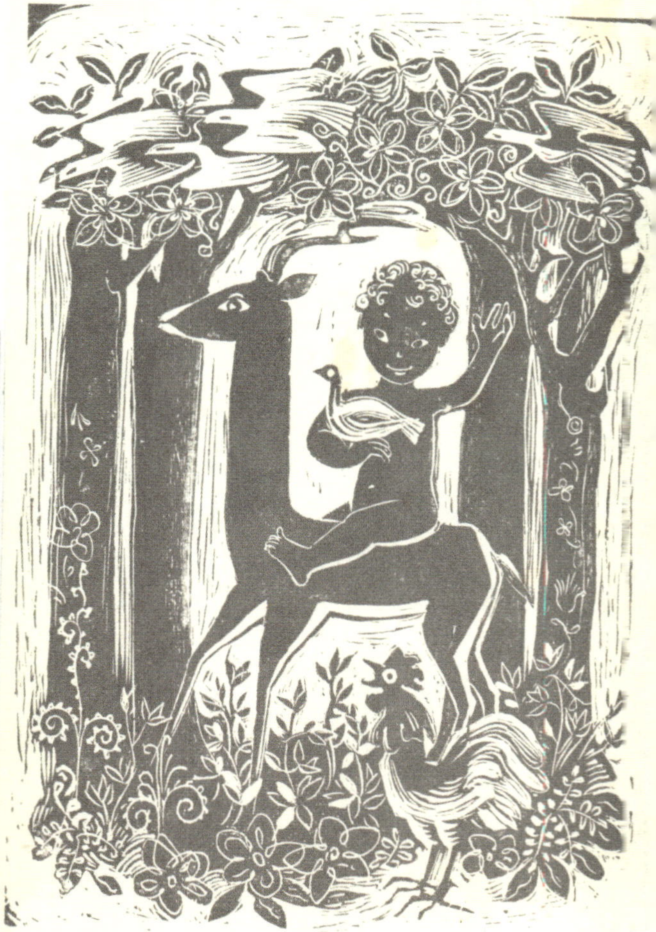

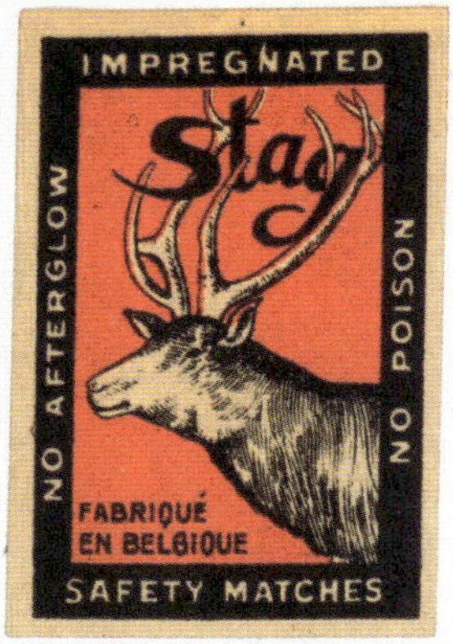

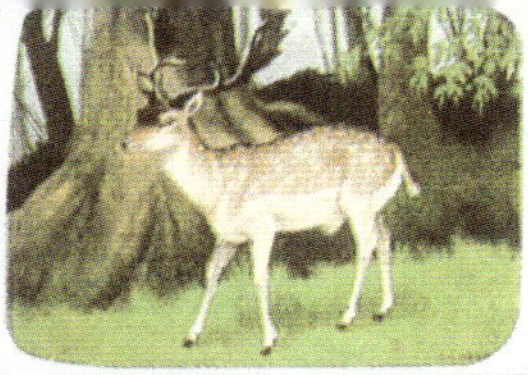

hert ree

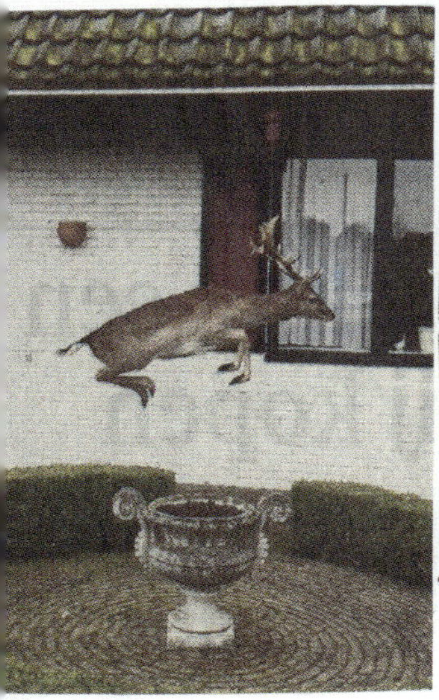

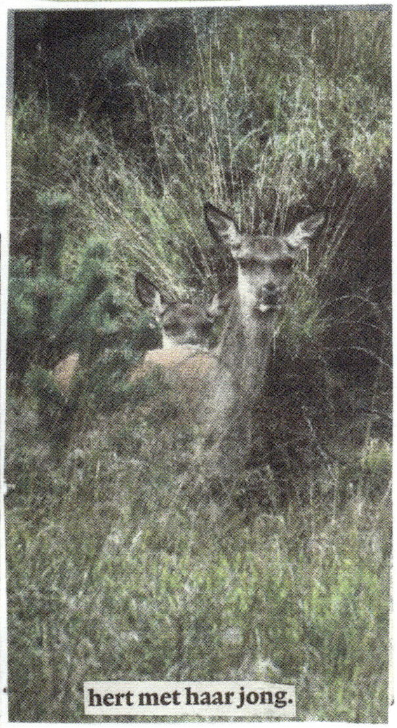

hert met haar jong.

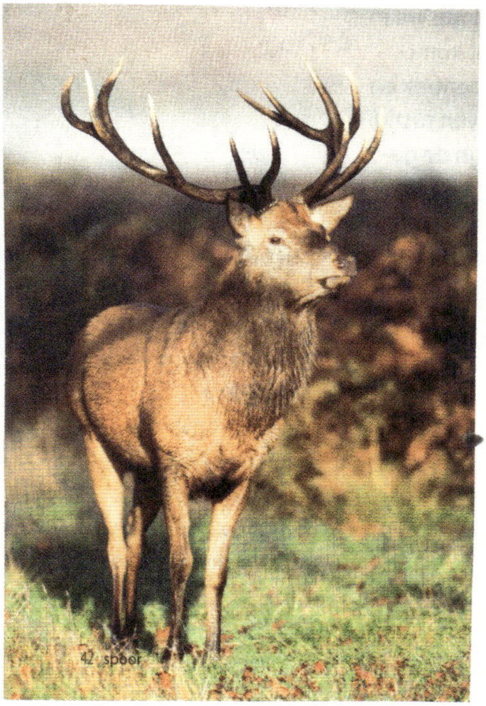

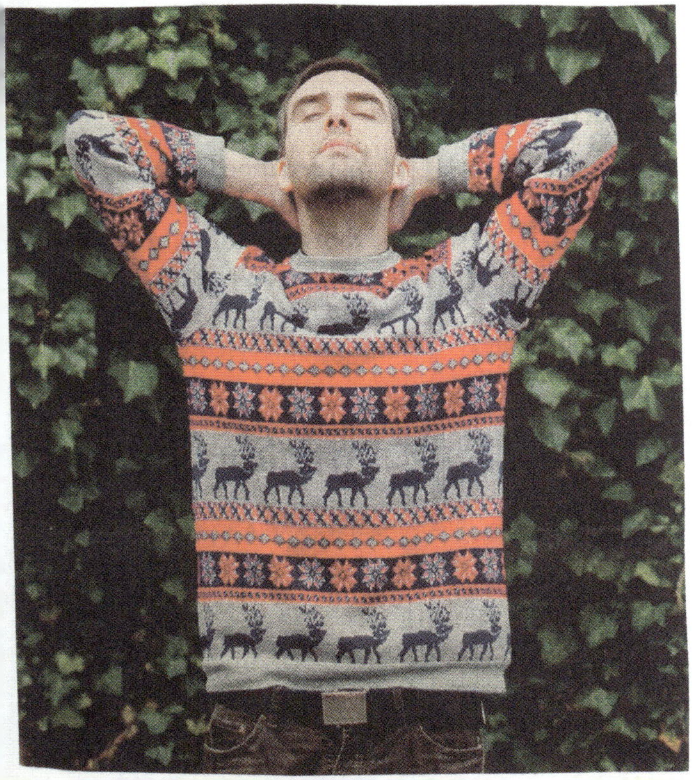

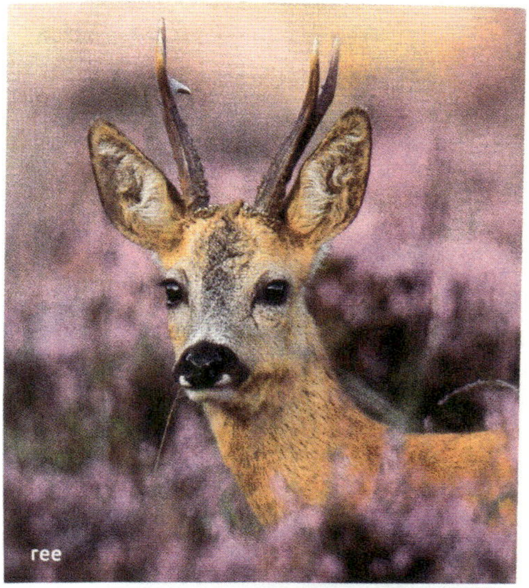

ree

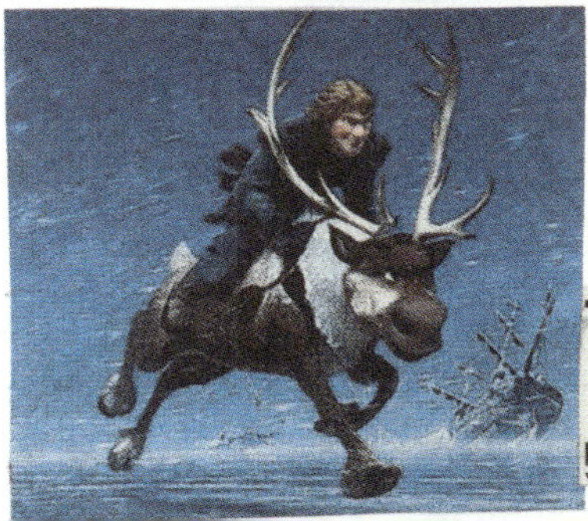

'Frozen'

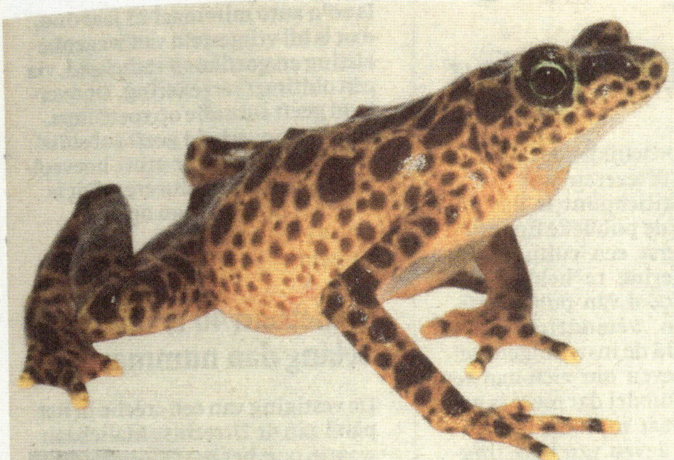

harlekijnkikker

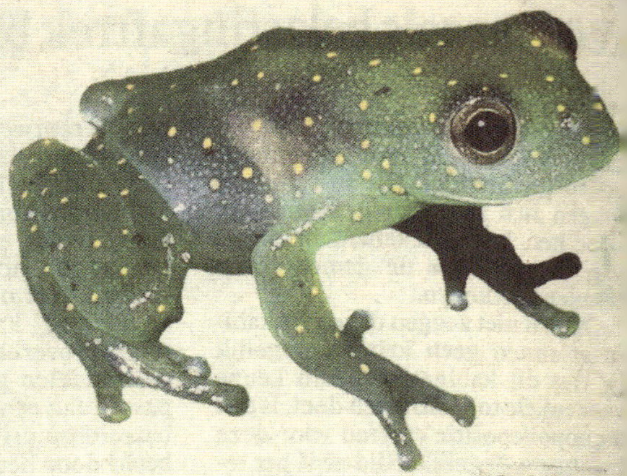

glaskikker

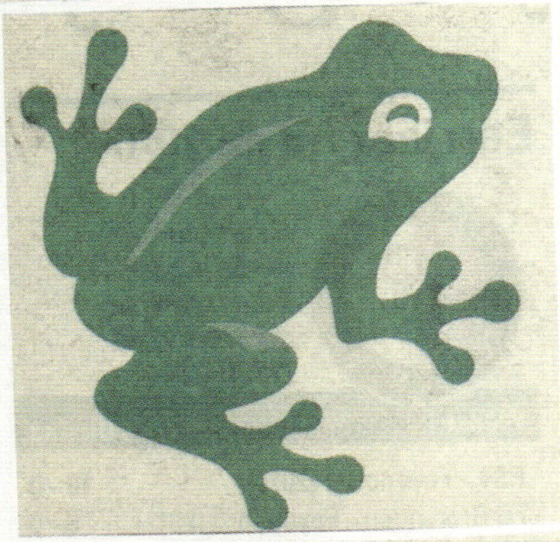

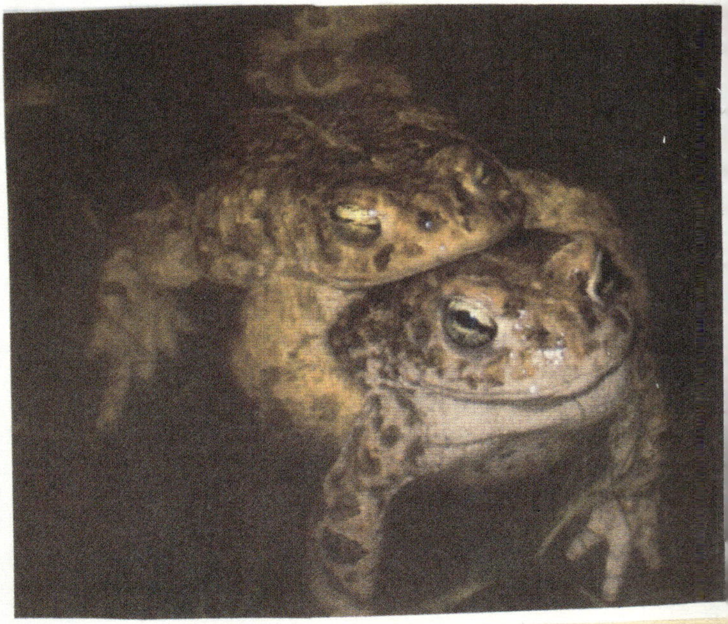

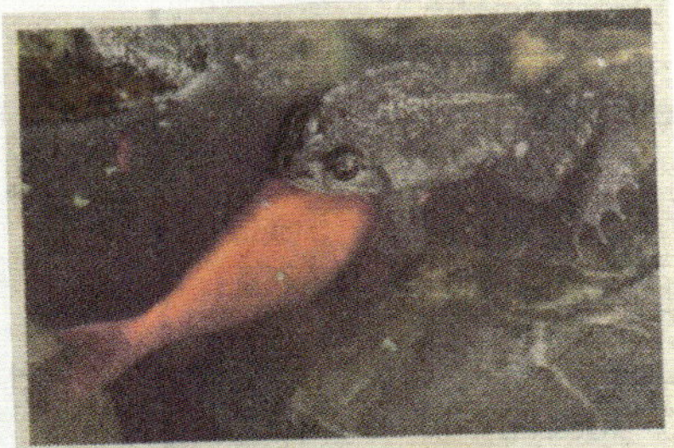

Kikker houdt goudvis in paargreep.

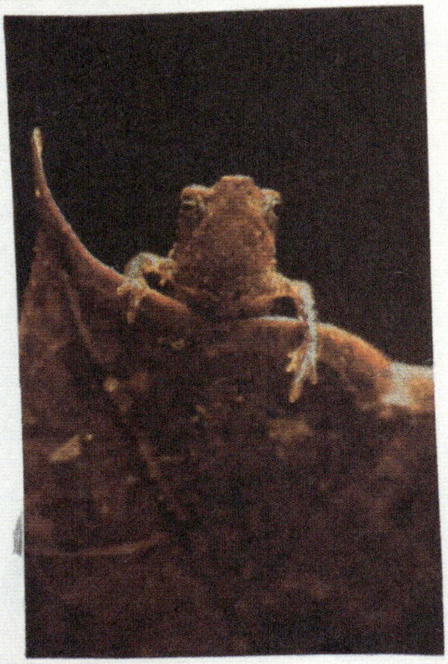

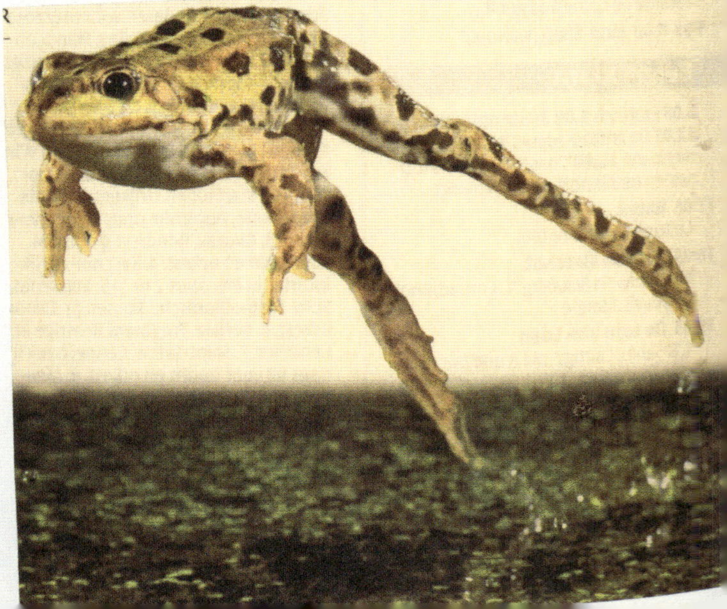

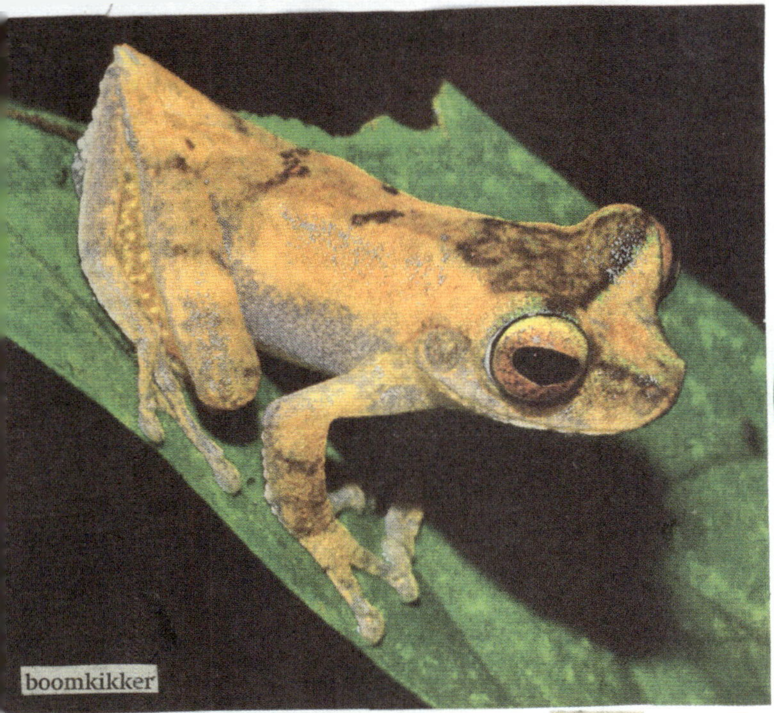

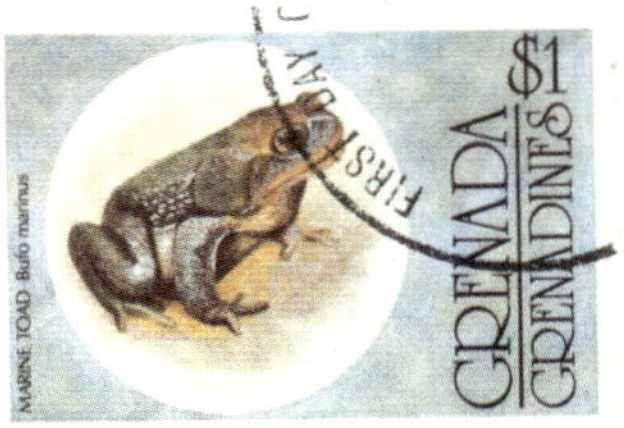

RAINFOREST ALLIANCE
CERTIFIED
Chiquita Bananas

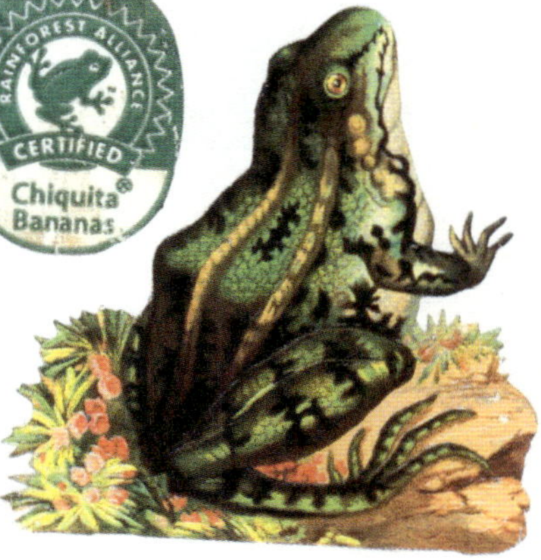

Kikker en Pad

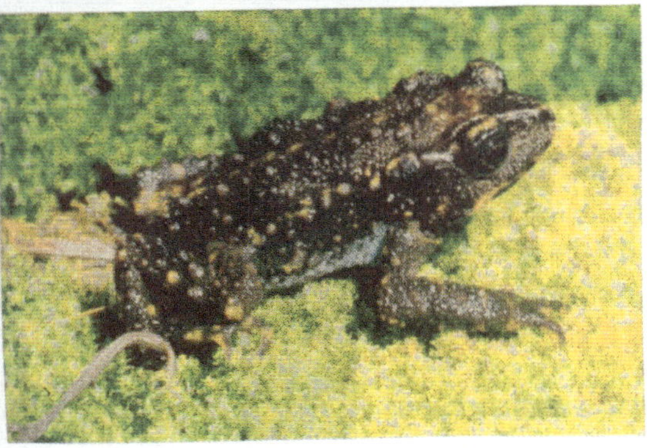

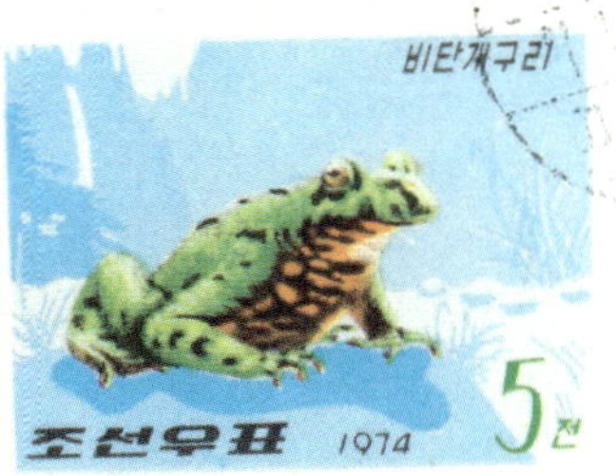

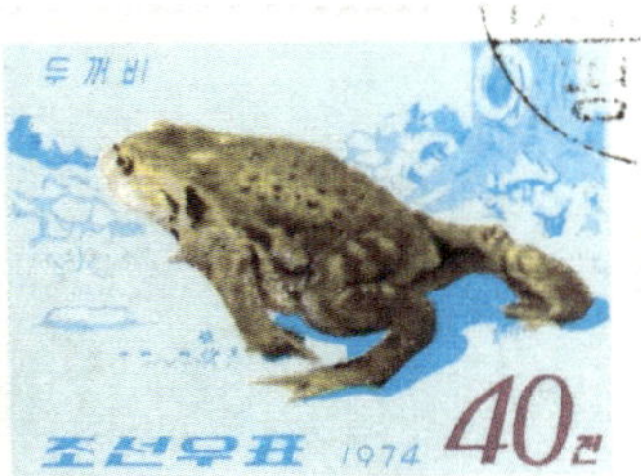

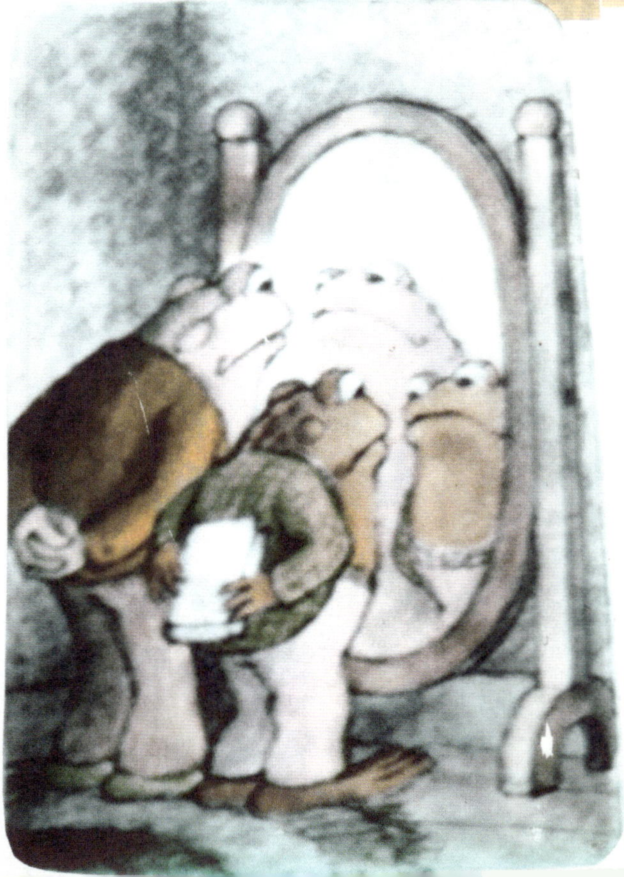

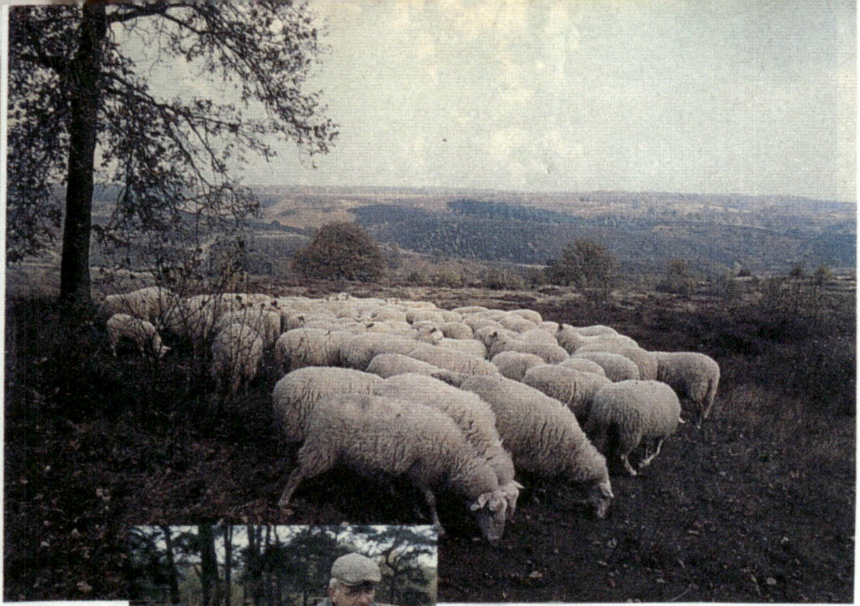

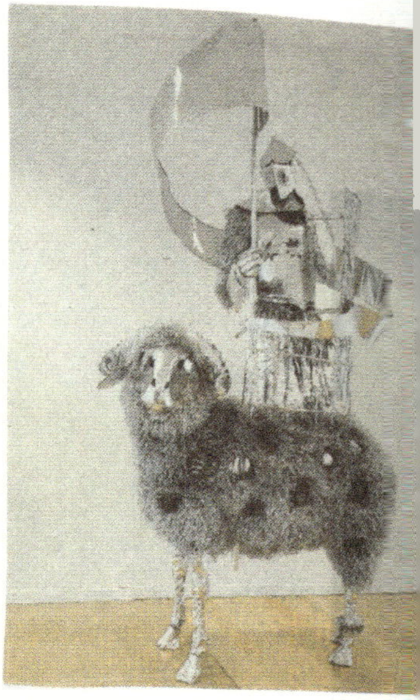

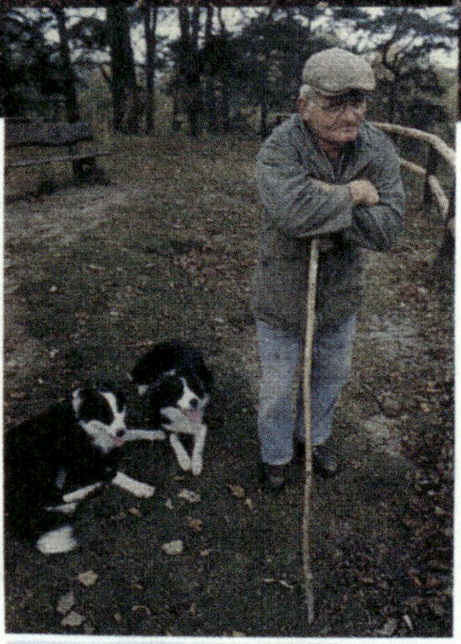

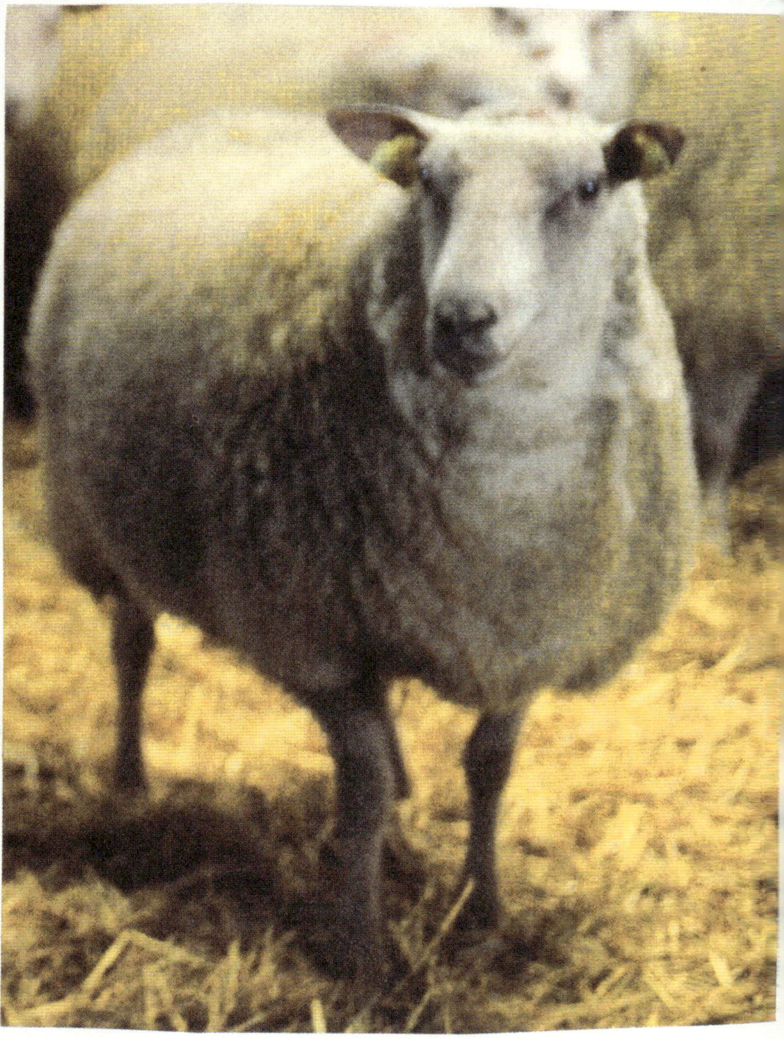

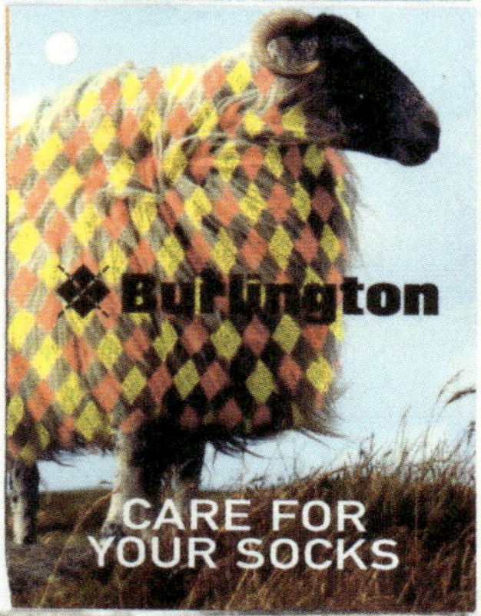
Burlington
CARE FOR
YOUR SOCKS

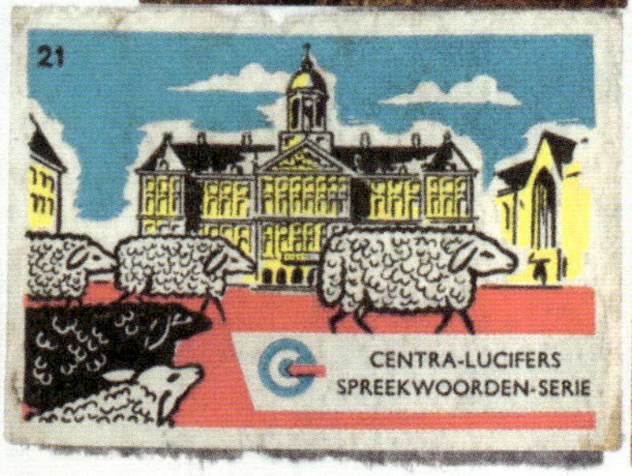
21
CENTRA-LUCIFERS
SPREEKWOORDEN-SERIE

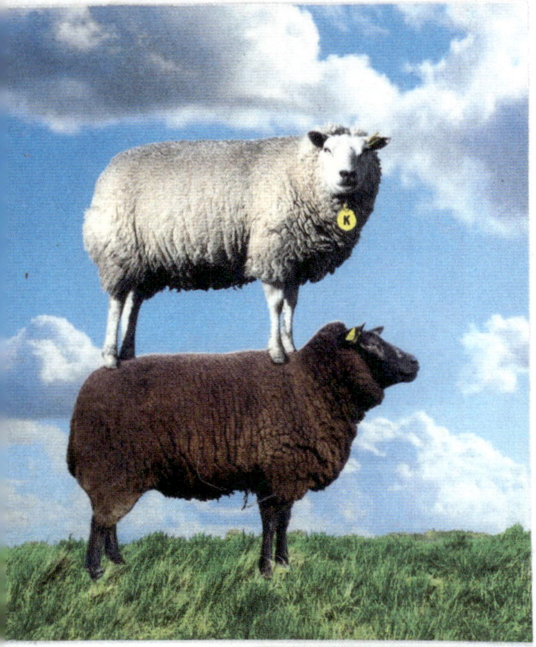

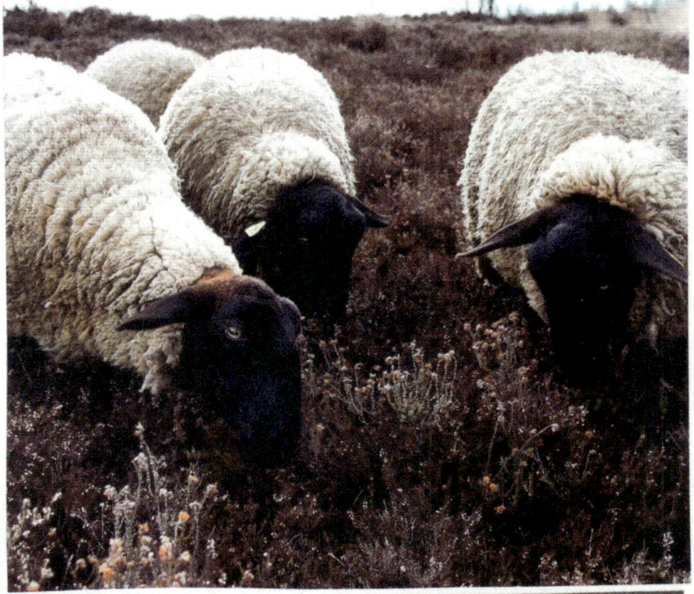

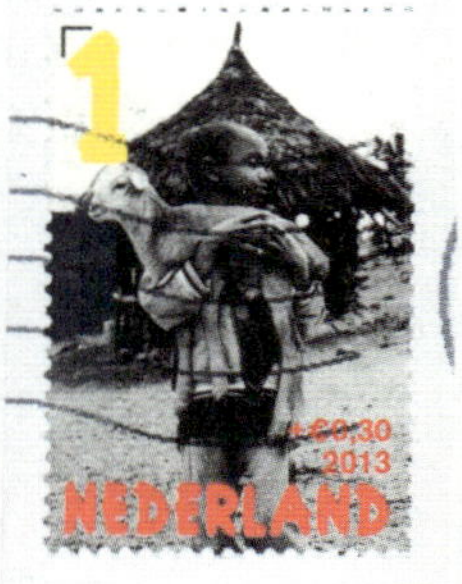

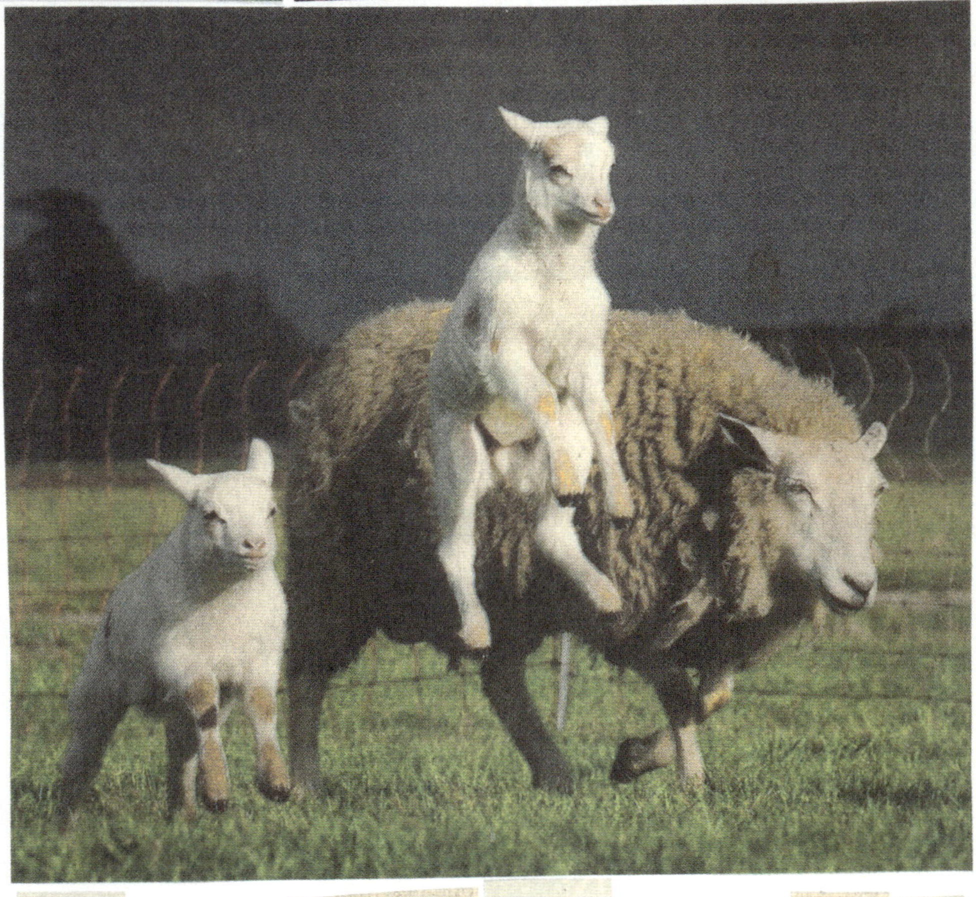

SchAAP IAm

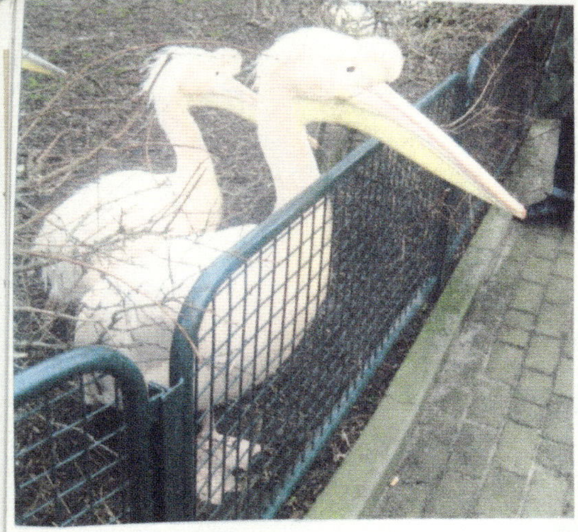

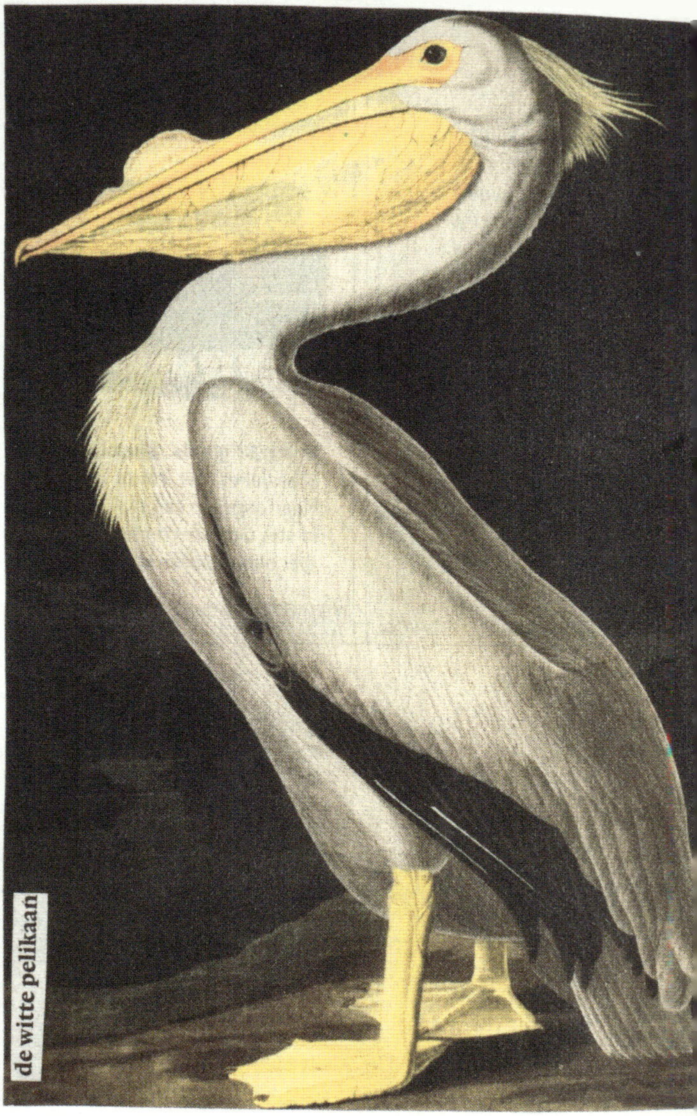
de witte pelikaan

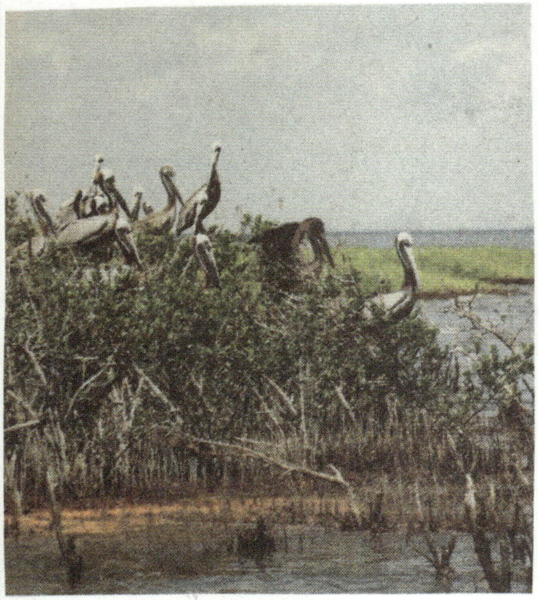

pelikaan

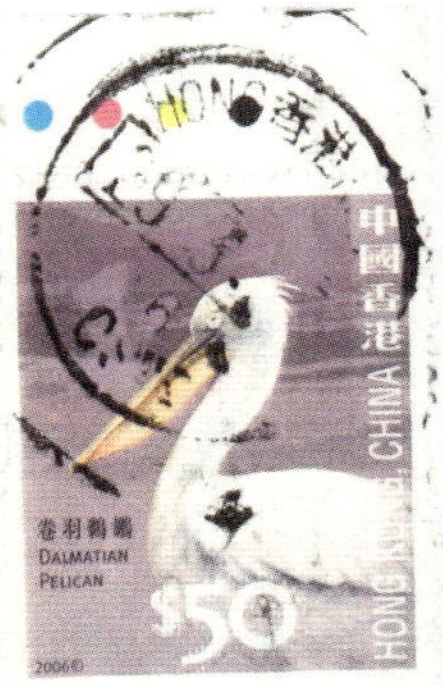
中國香港
卷羽鵜鶘
DALMATIAN
PELICAN
$50
HONG KONG, CHINA
2006©

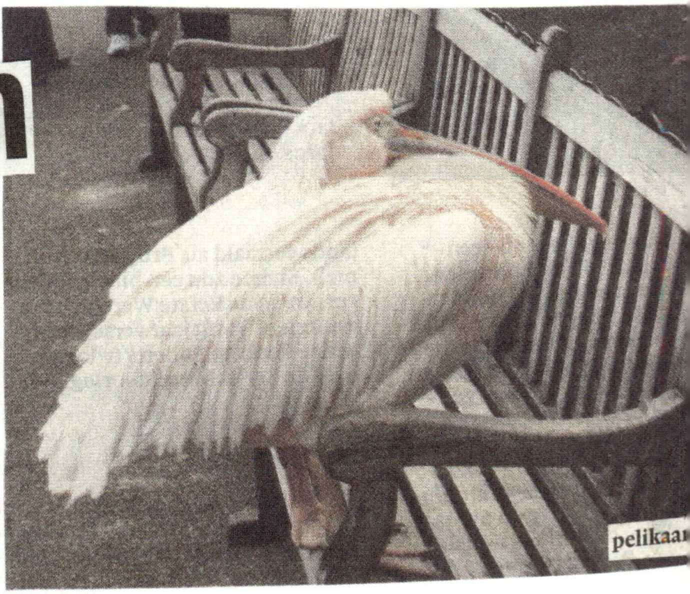
pelikaa

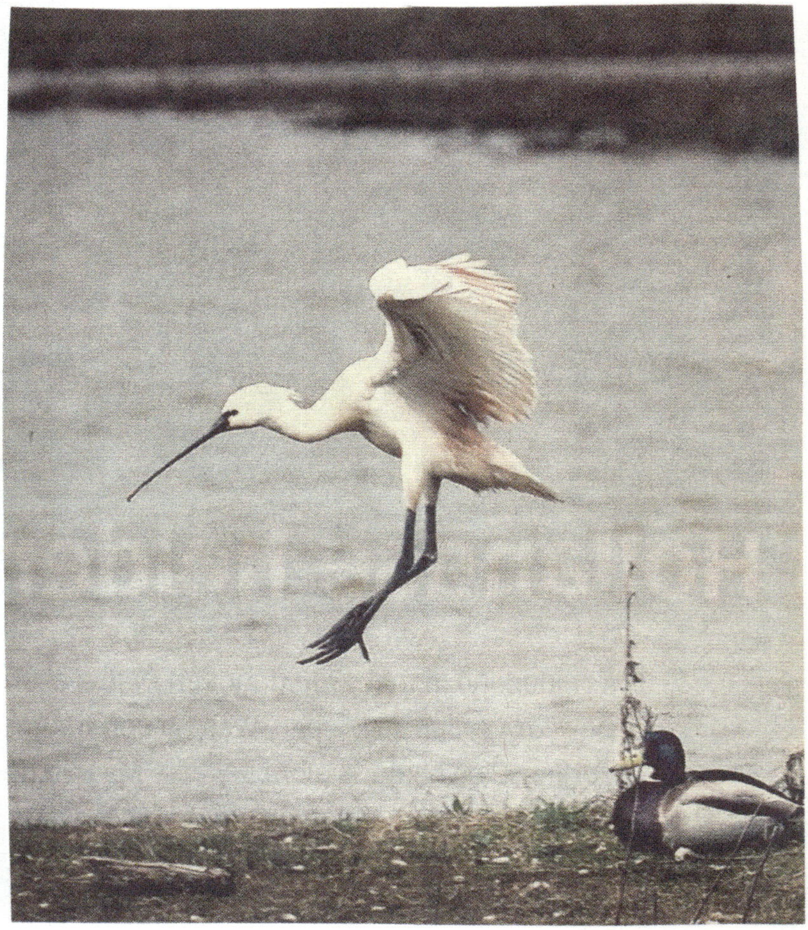

LePelaar

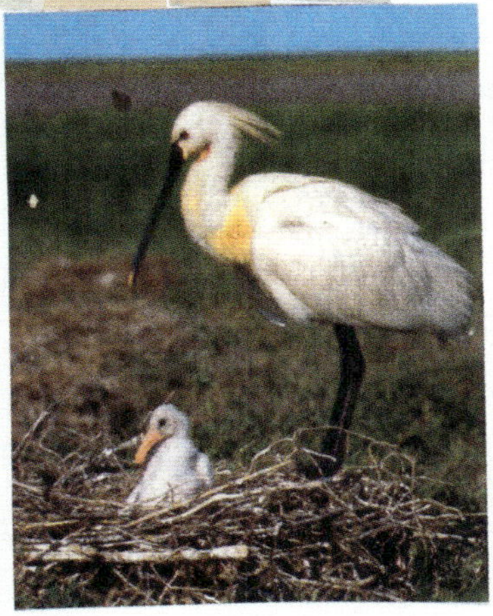

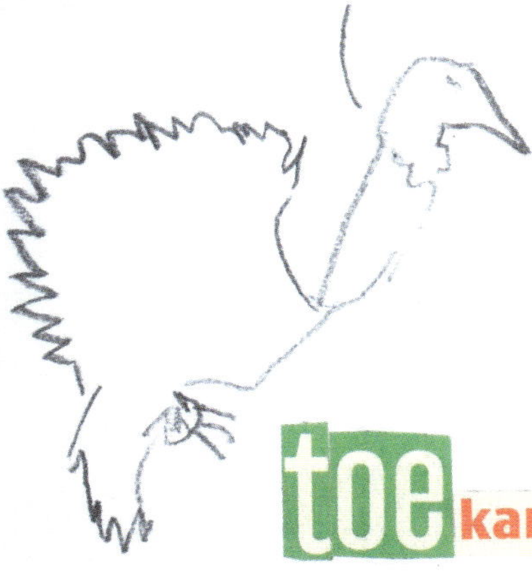

toekan

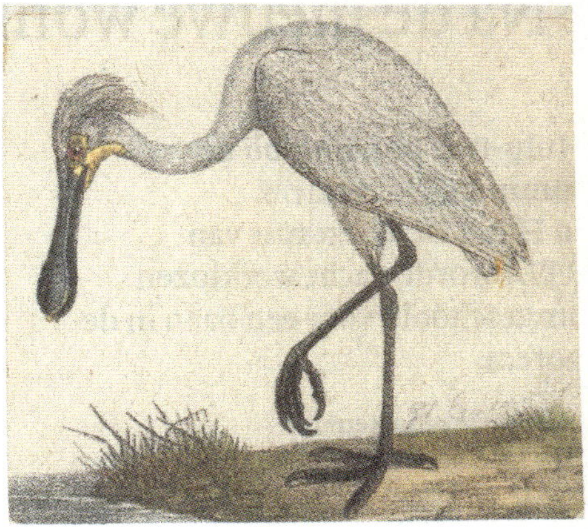

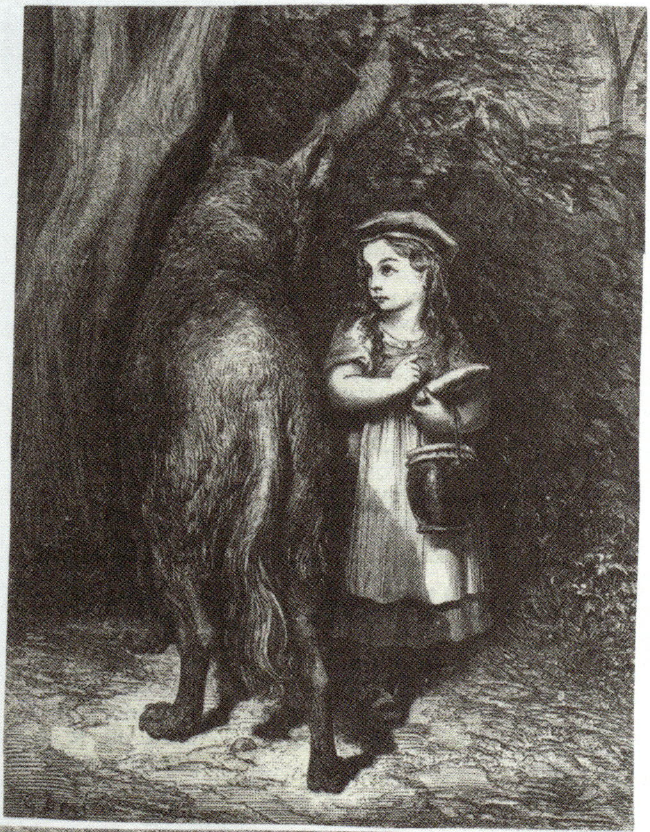

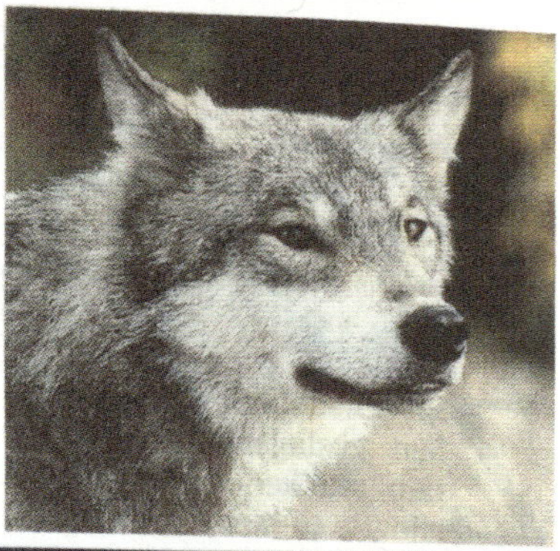

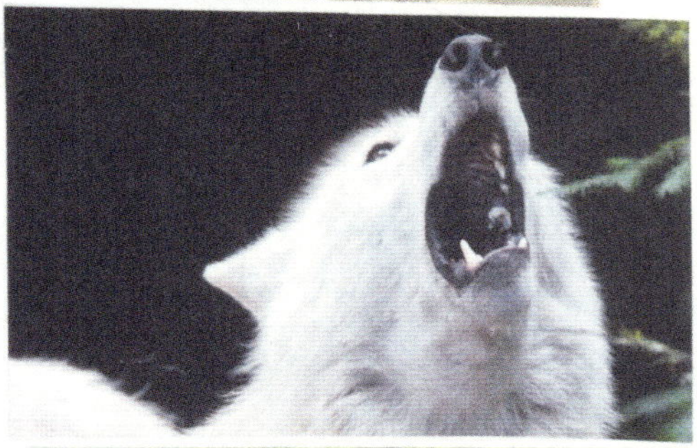

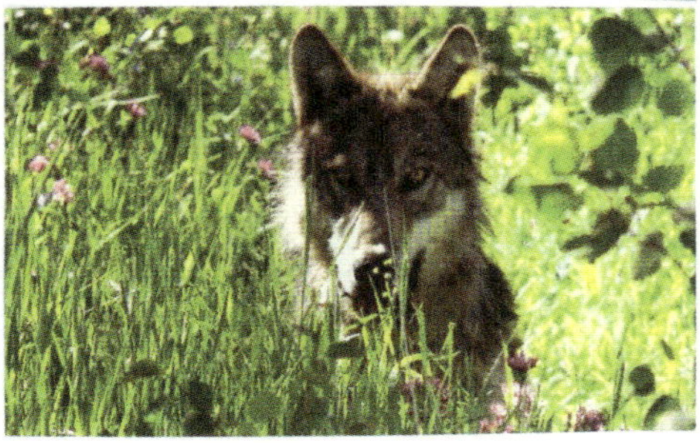

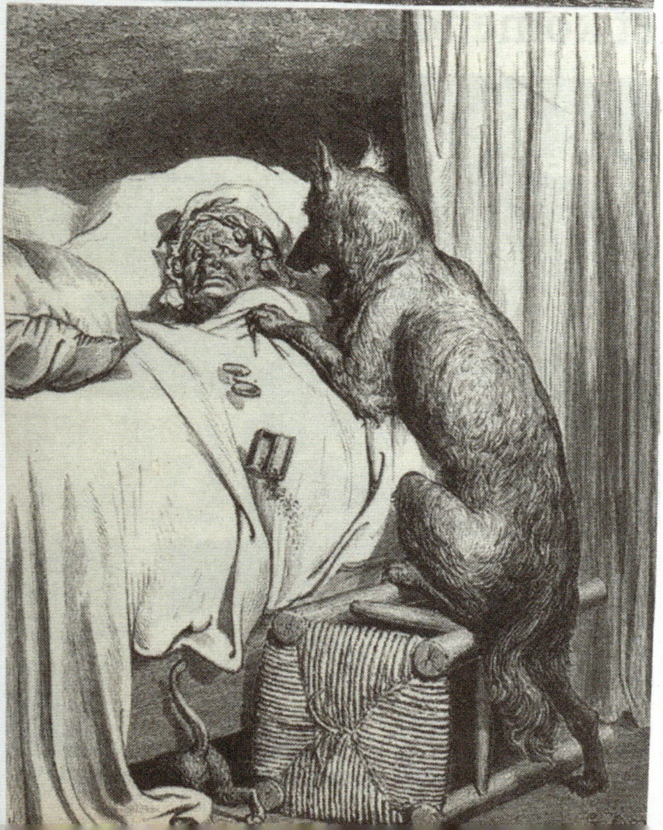

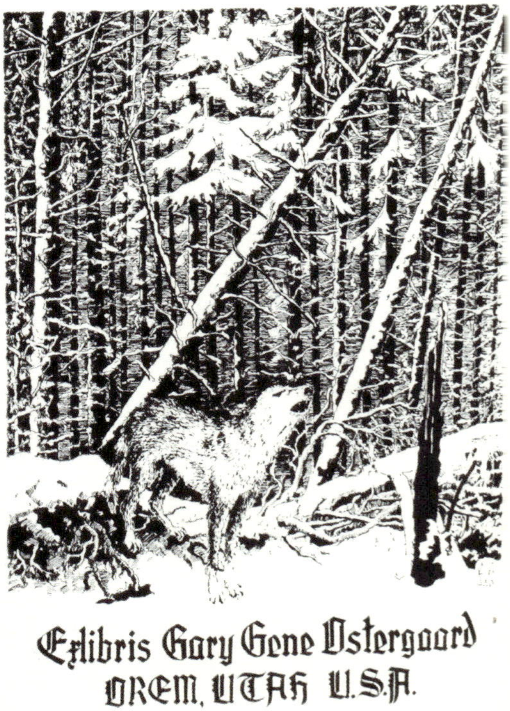
Exlibris Gary Gene Ostergaard
OREM, UTAH U.S.A.

Wolf

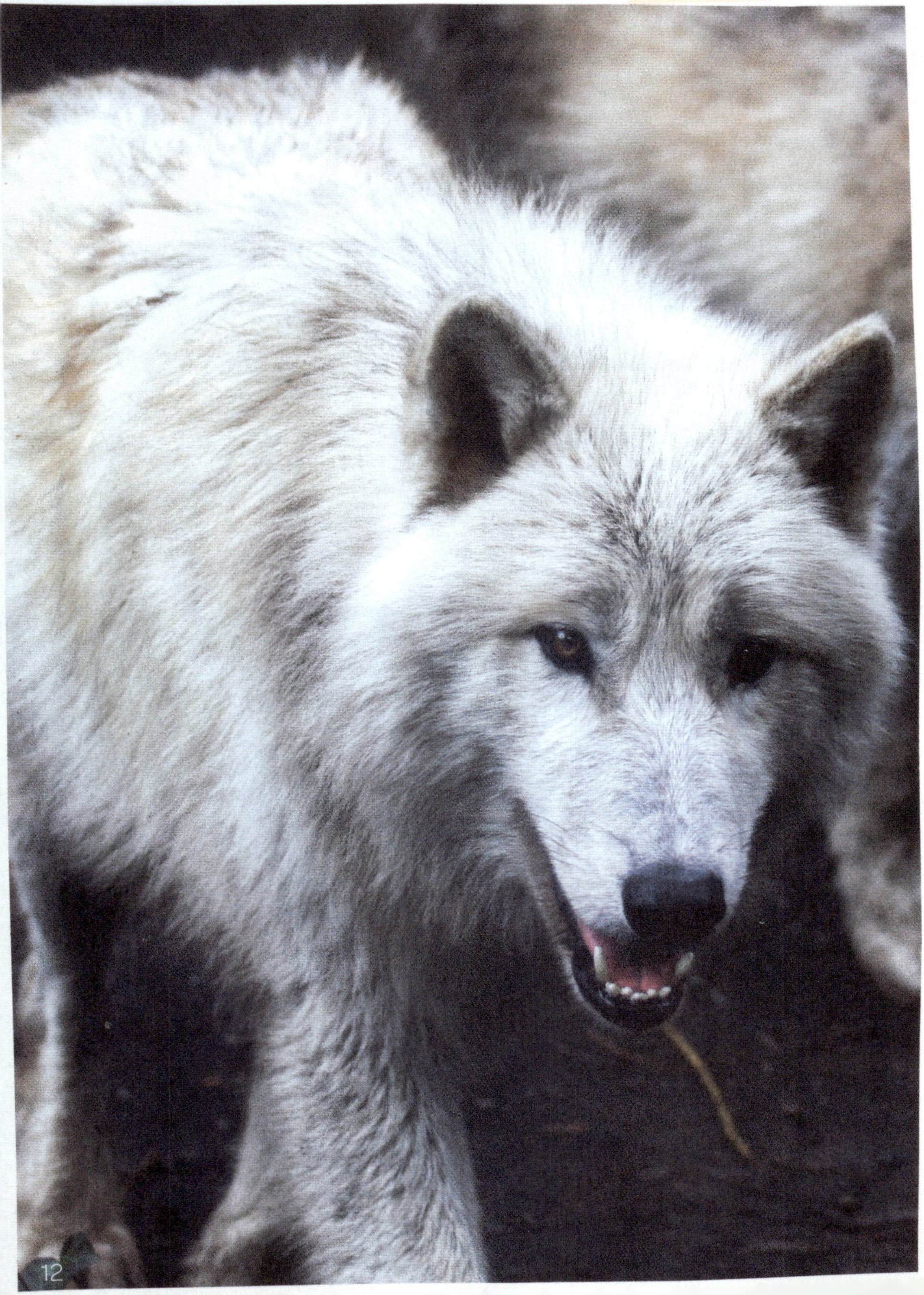

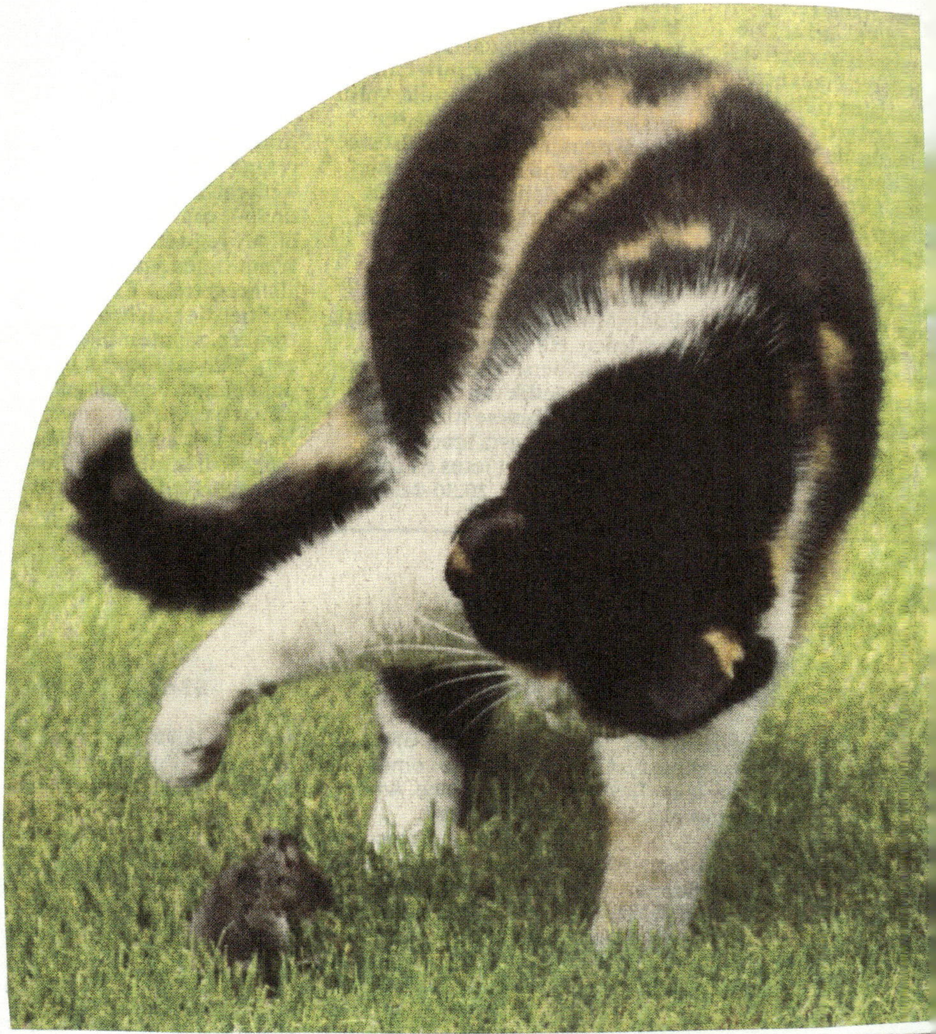

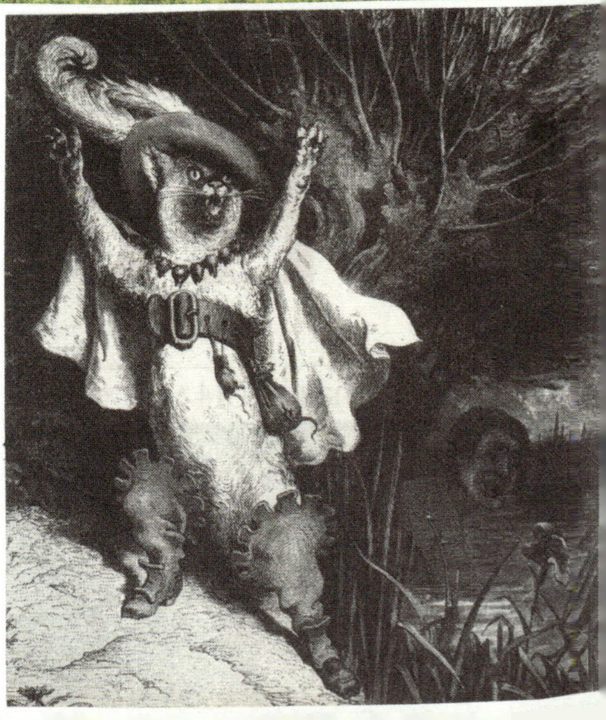

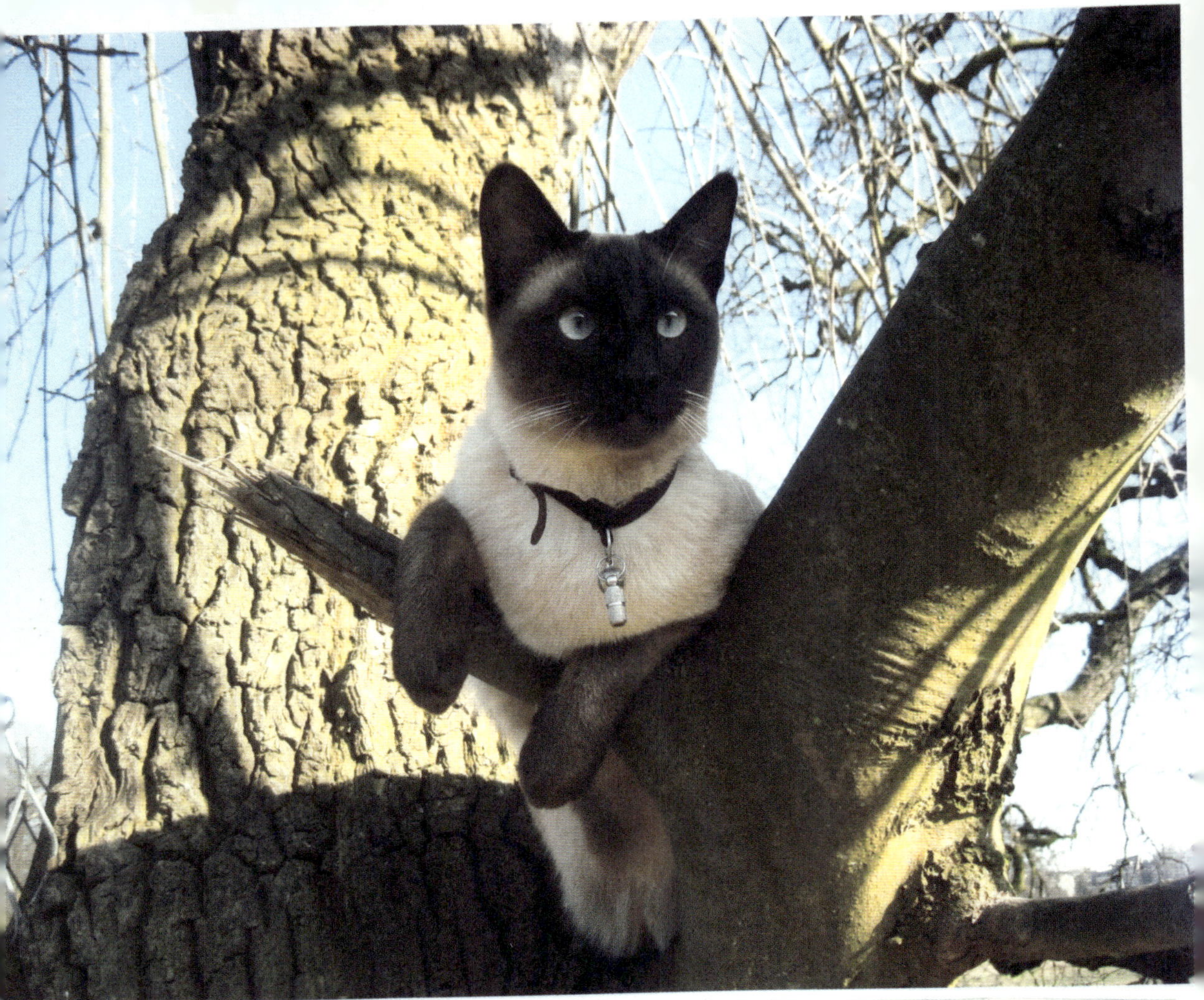

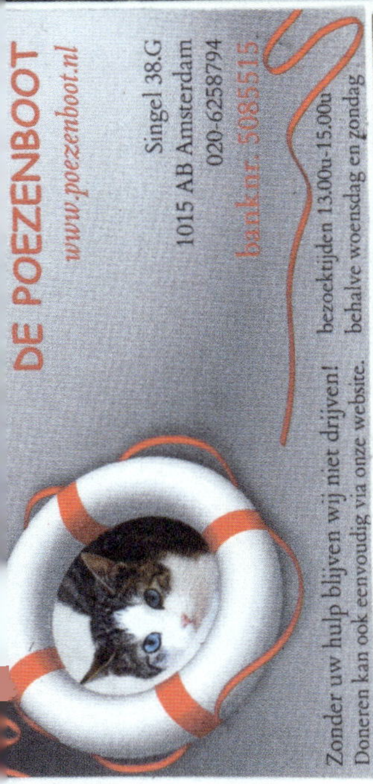

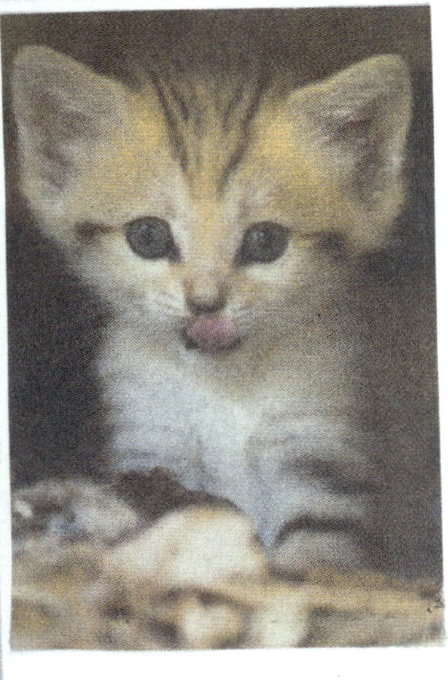

Renana (3 wkn), is een woestijnkat

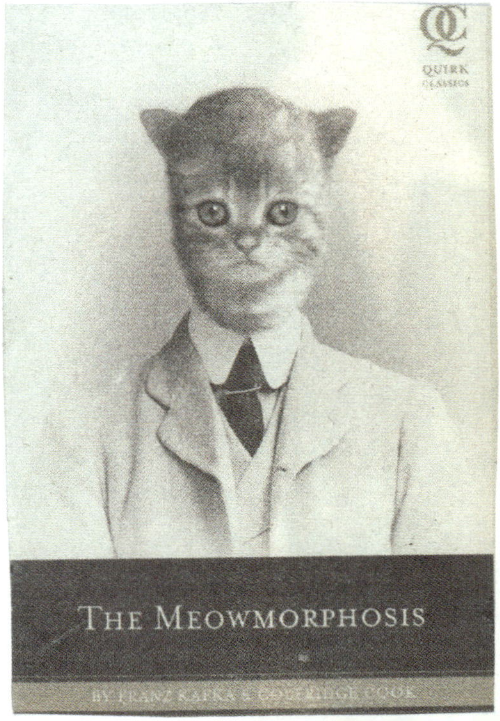

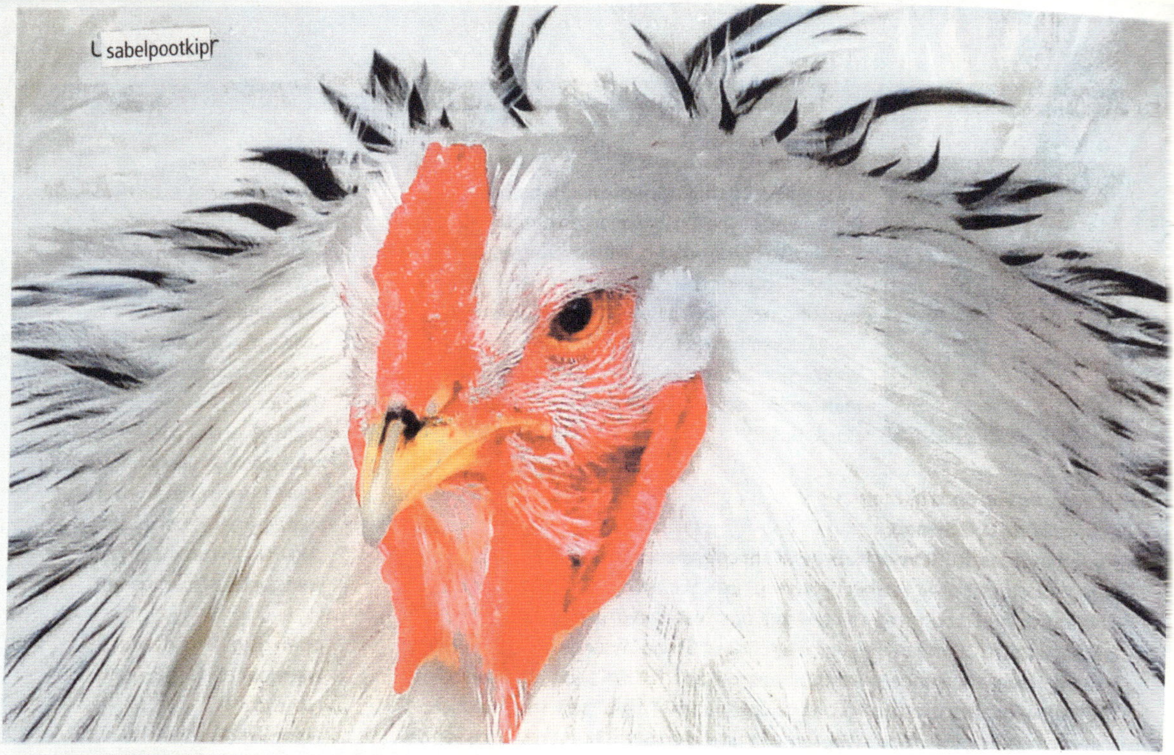
sabelpootkip

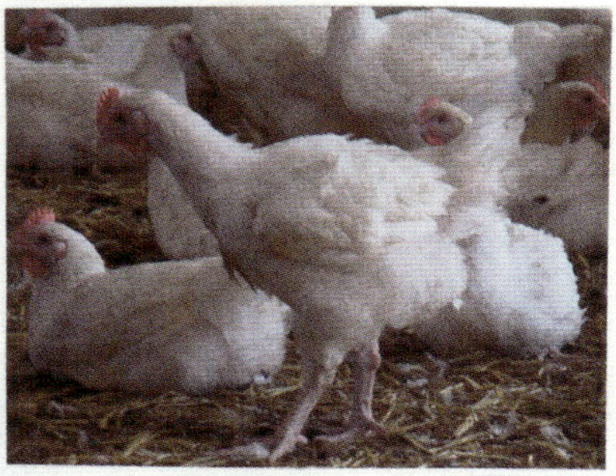

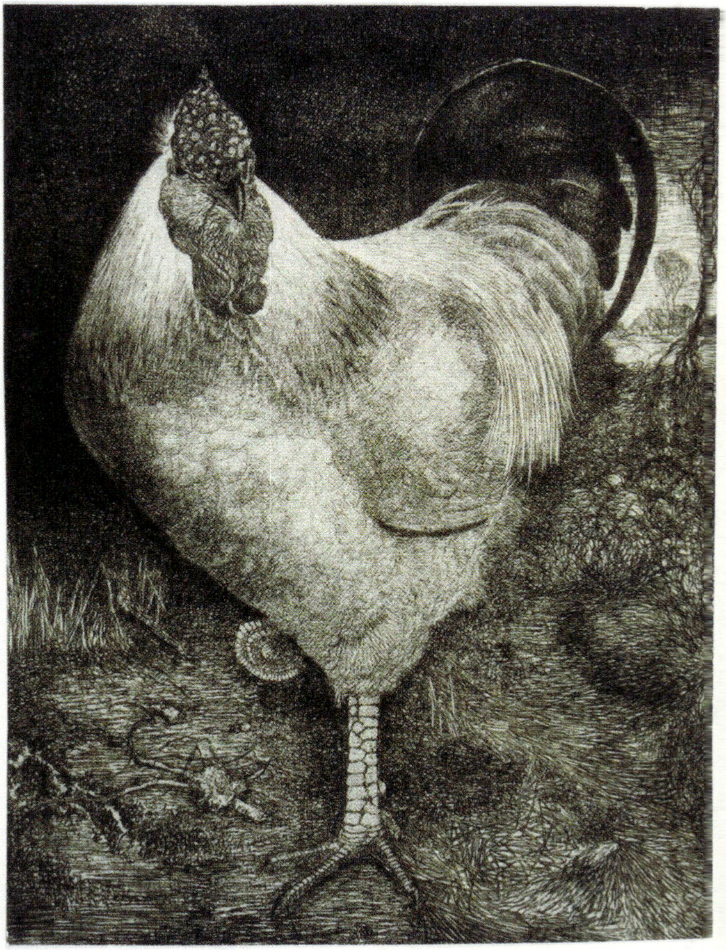

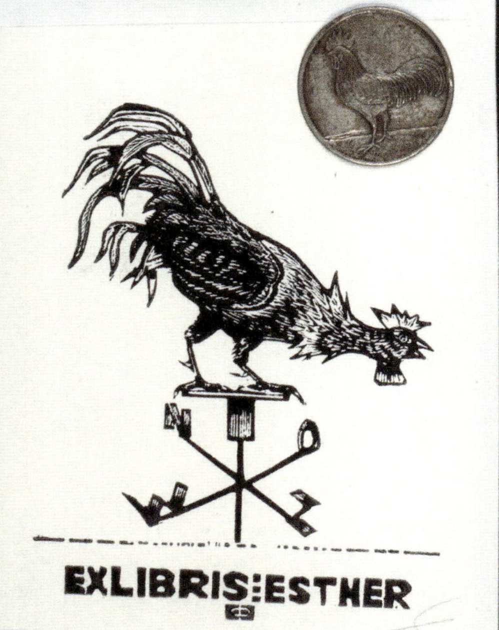
EXLIBRIS:ESTHER

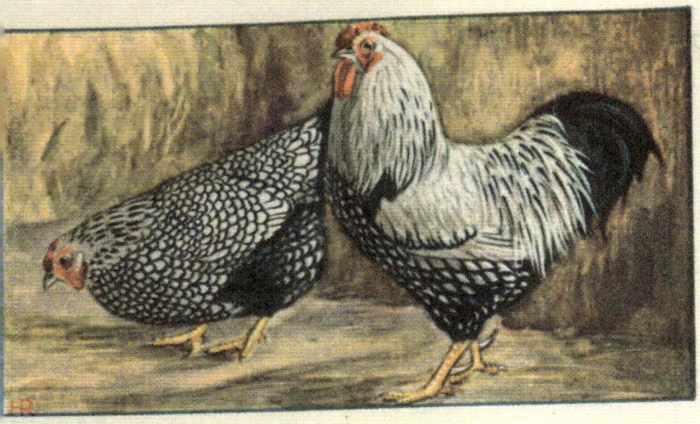

Haan kip

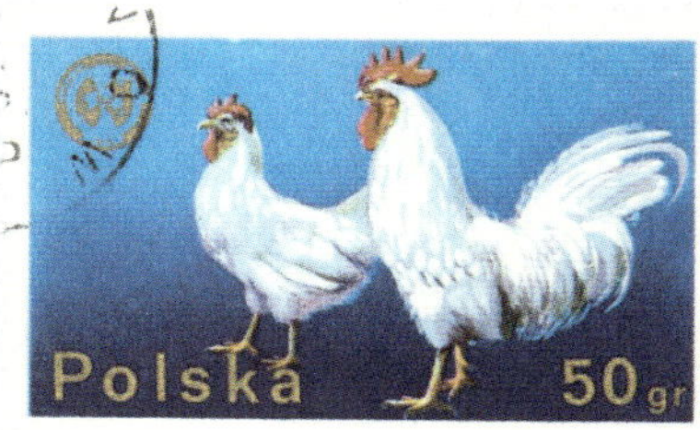
Polska
50gr

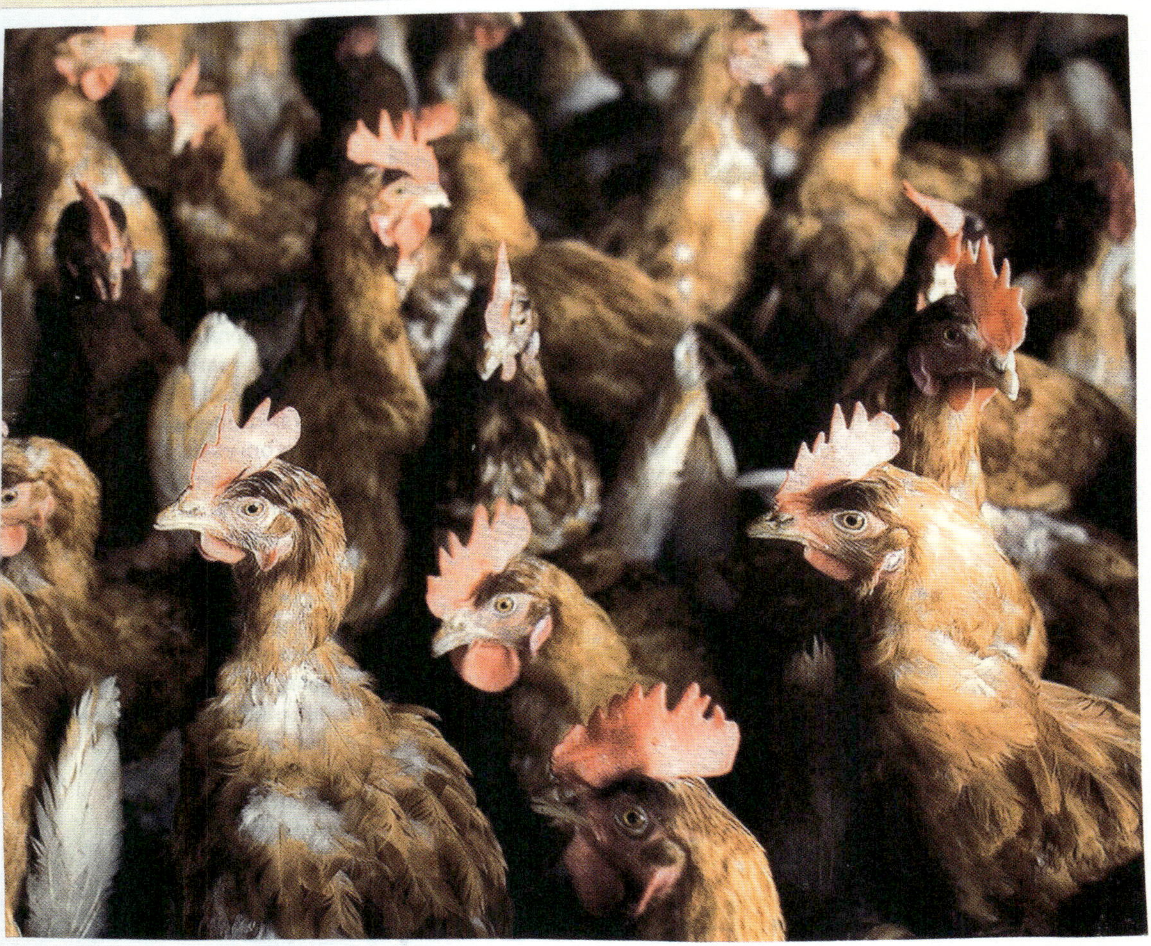

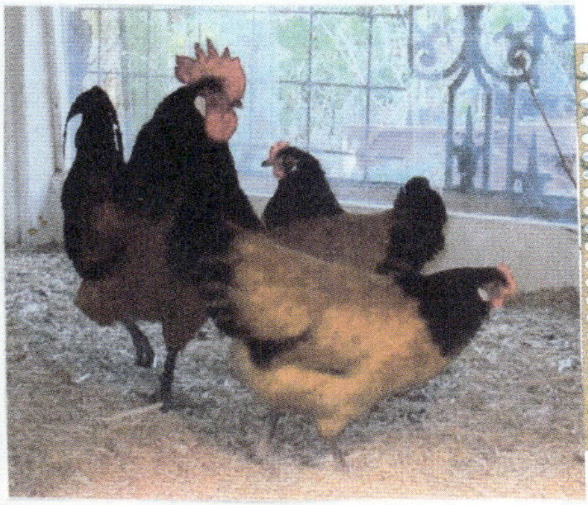

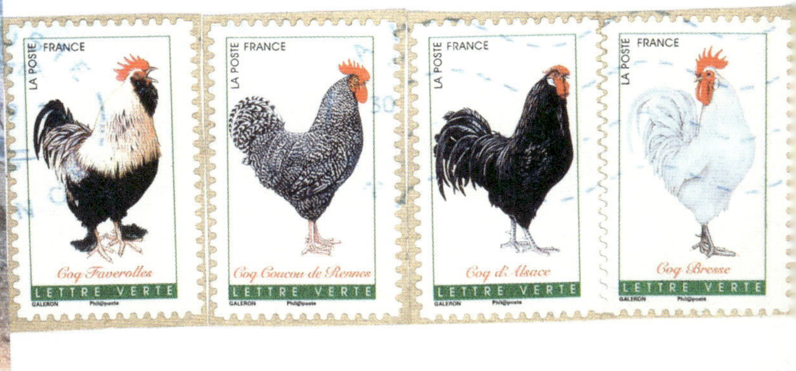
LA POSTE FRANCE
Coq Faverolles
LETTRE VERTE
LA POSTE FRANCE
Coq Coucou de Rennes
LETTRE VERTE
LA POSTE FRANCE
Coq d'Alsace
LETTRE VERTE
LA POSTE FRANCE
Coq Bresse
LETTRE VERTE

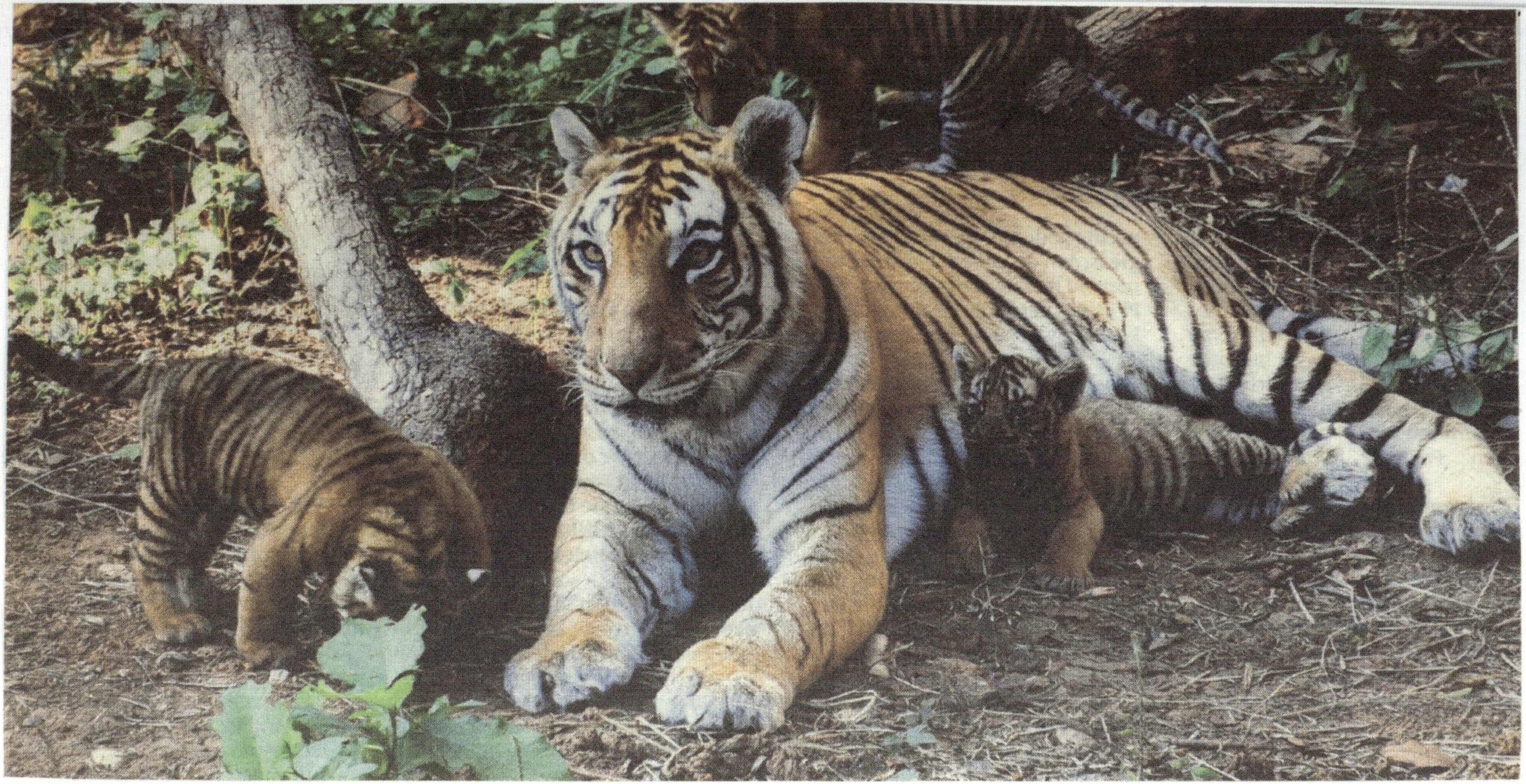

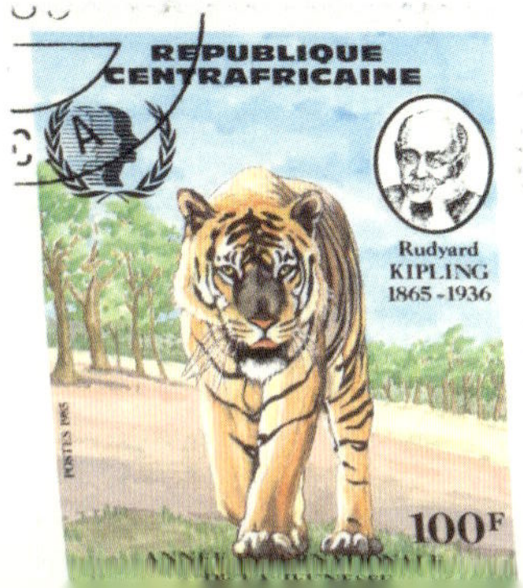
REPUBLIQUE CENTRAFRICAINE
Rudyard KIPLING 1865-1936
100F

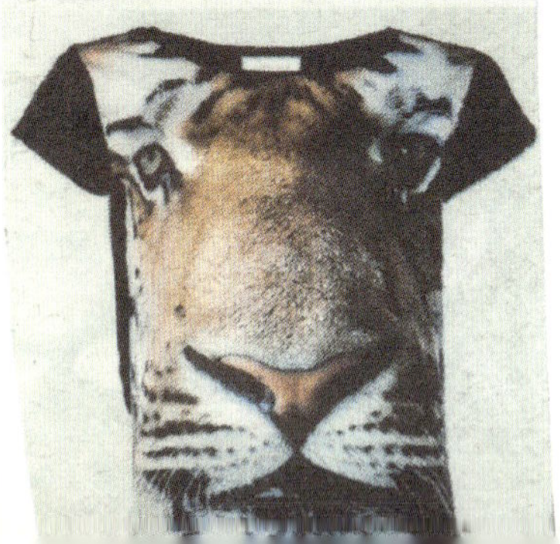

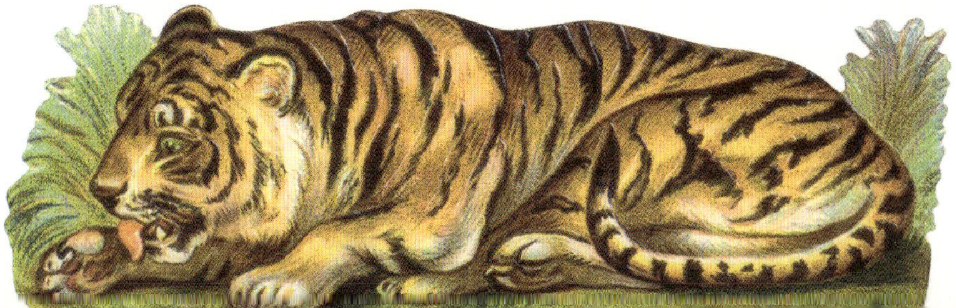

tijgER

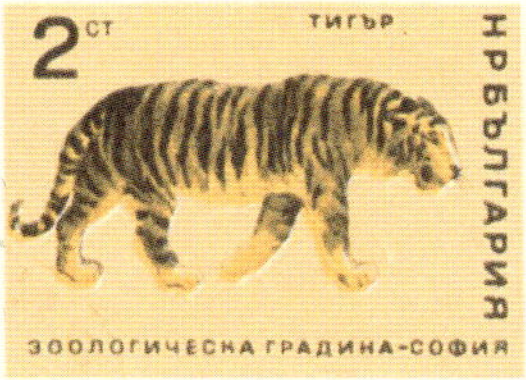

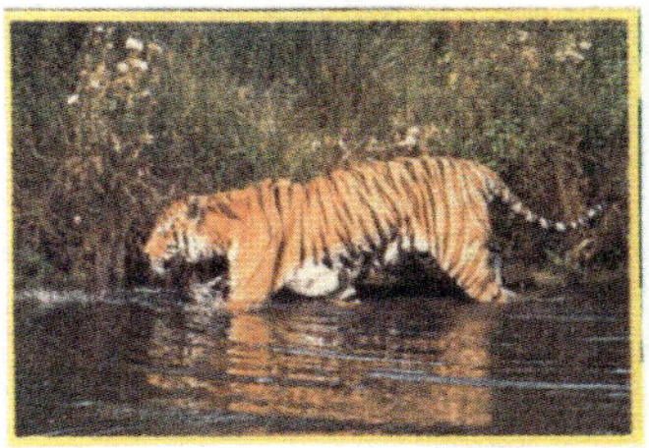

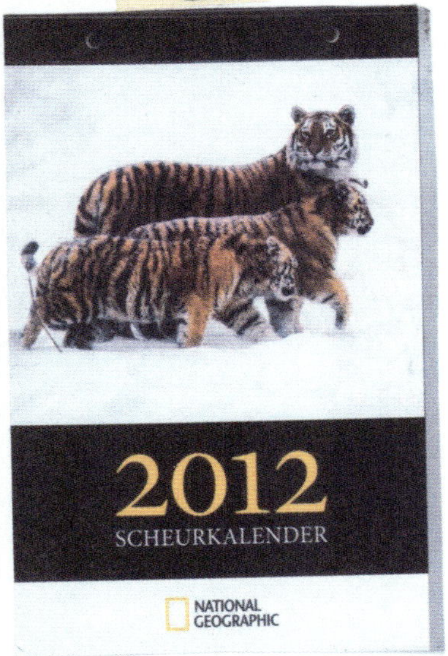

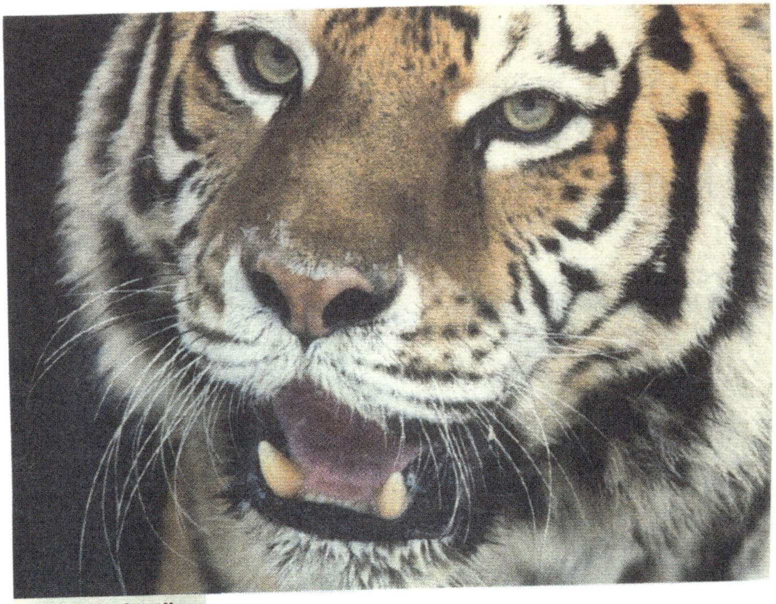
De Siberische tijger

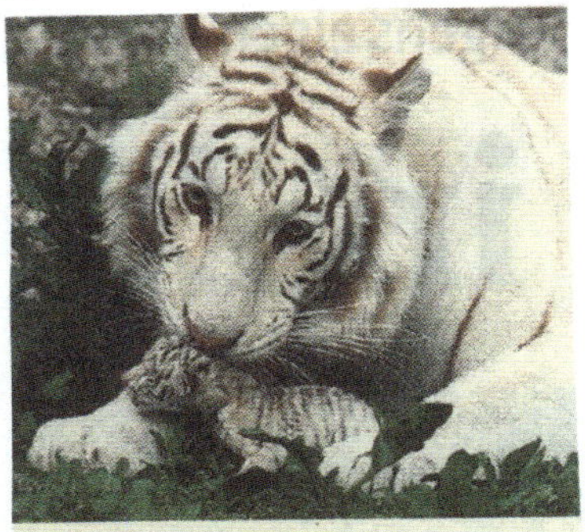
Tigrjoelia met welp FOTO AP

PARC ZOOLOGIQUE DU BOIS DE VINCENNES

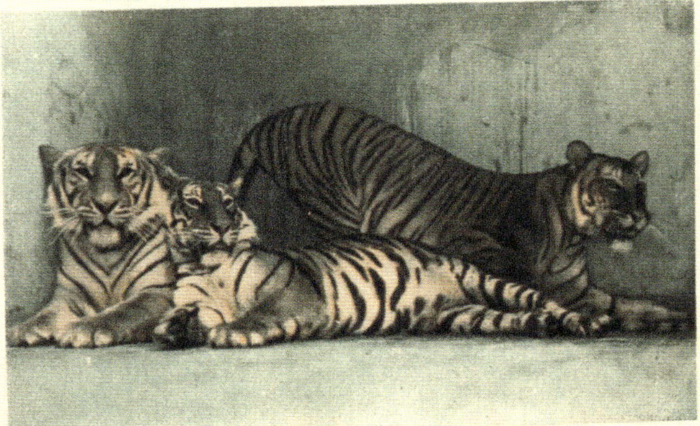
33. - Tigres (Asie).

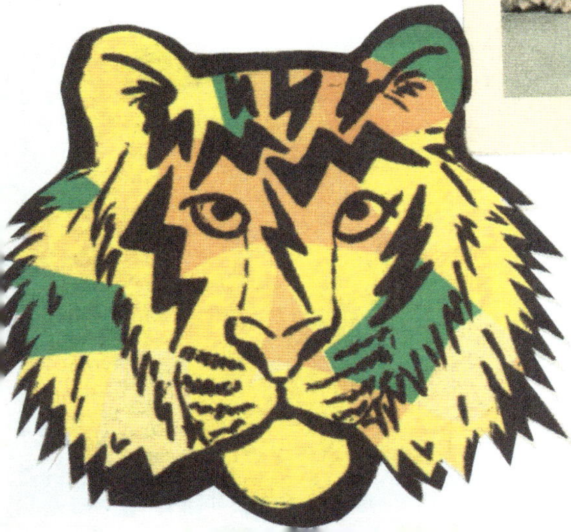

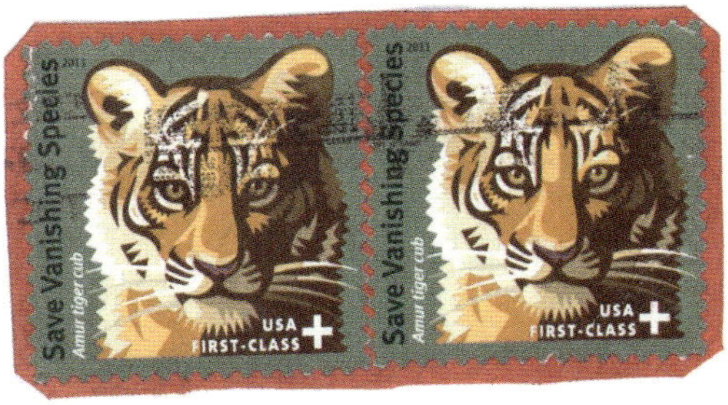

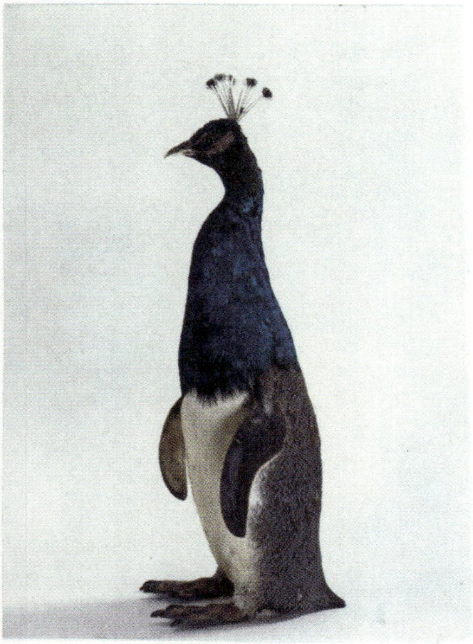

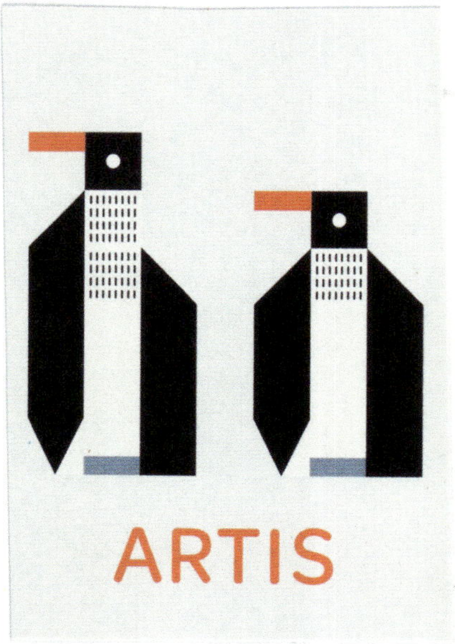
ARTIS

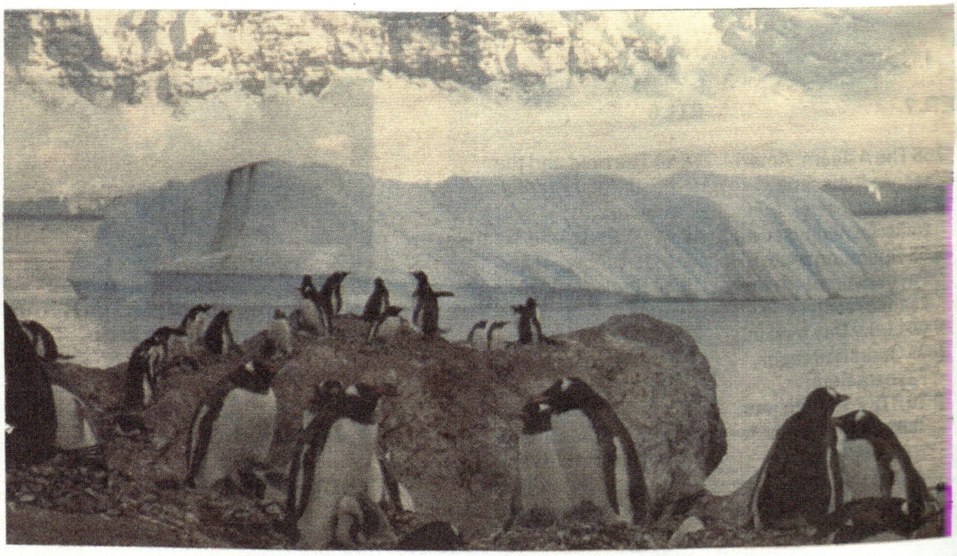

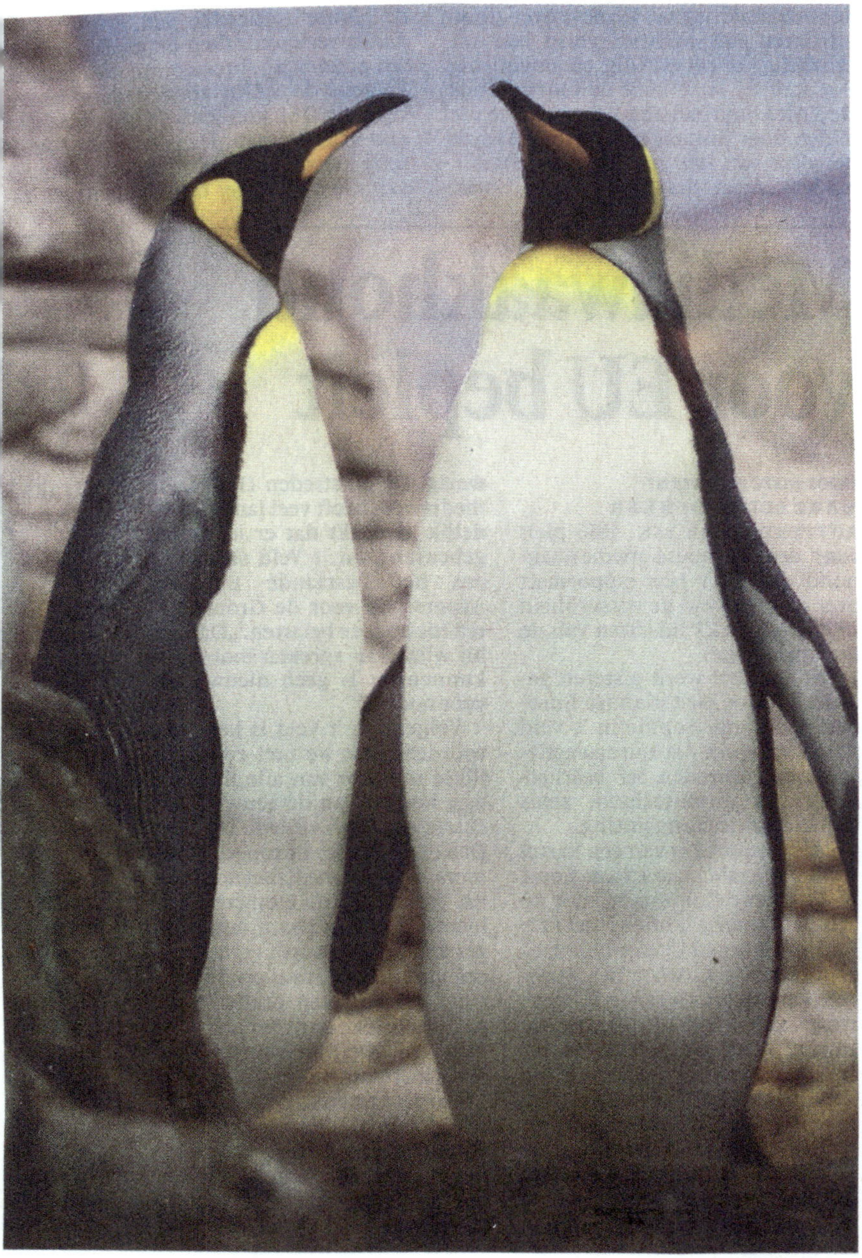

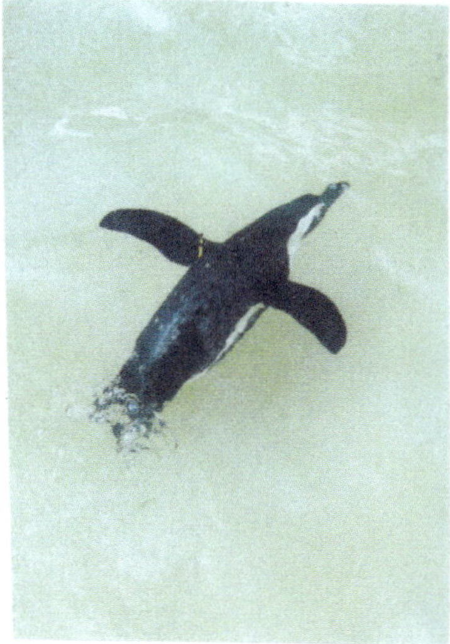

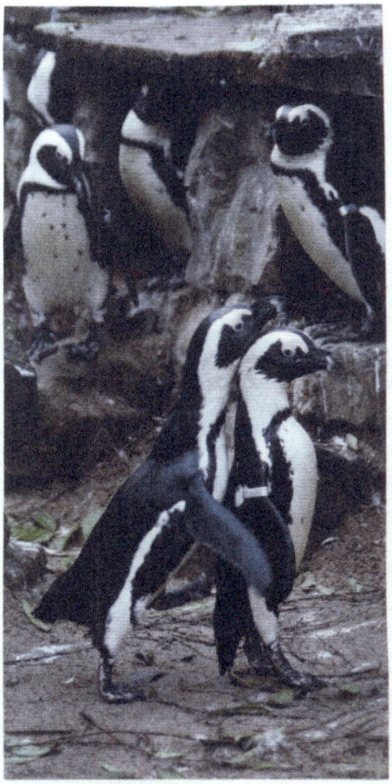

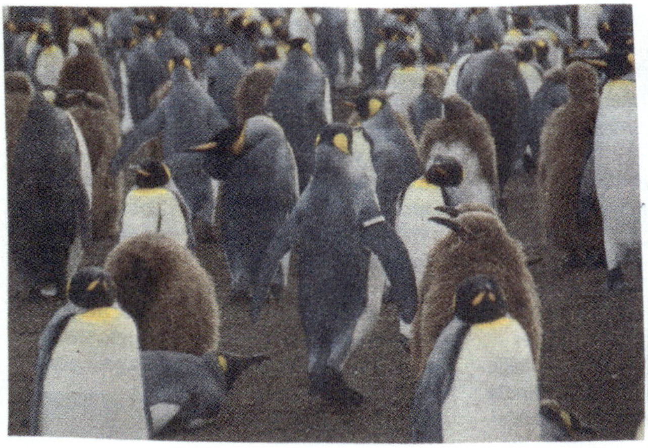

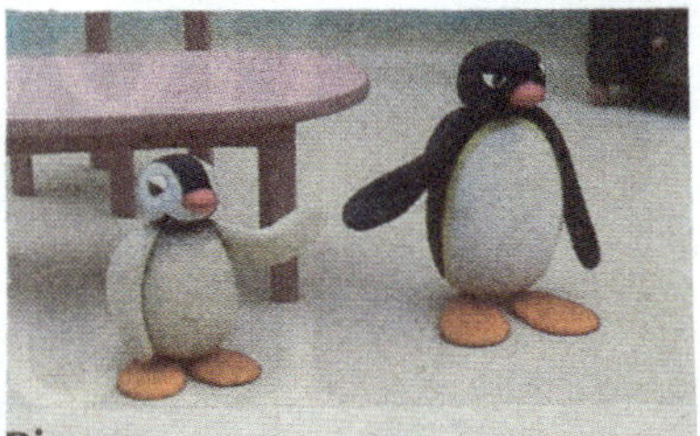

Pingu

PIngUIn

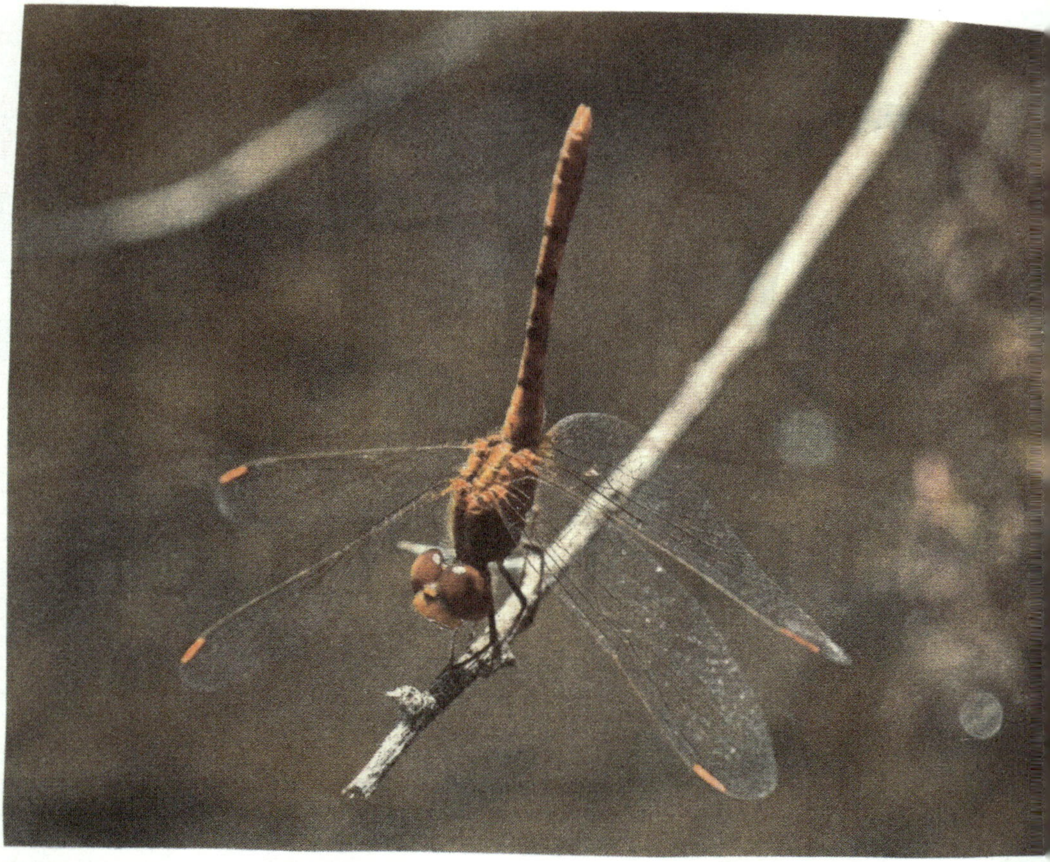

helderrood mannetje van de Japanse libel *Sympetrum darwinianum* vliegt samen met een vrouwtje. Mannetjes van sommige libellen krijgen een felrode kleur als ze geslachtsrijp zijn. Het fenomeen is in Japan een bekend symbool voor het aanbreken van de herfst.

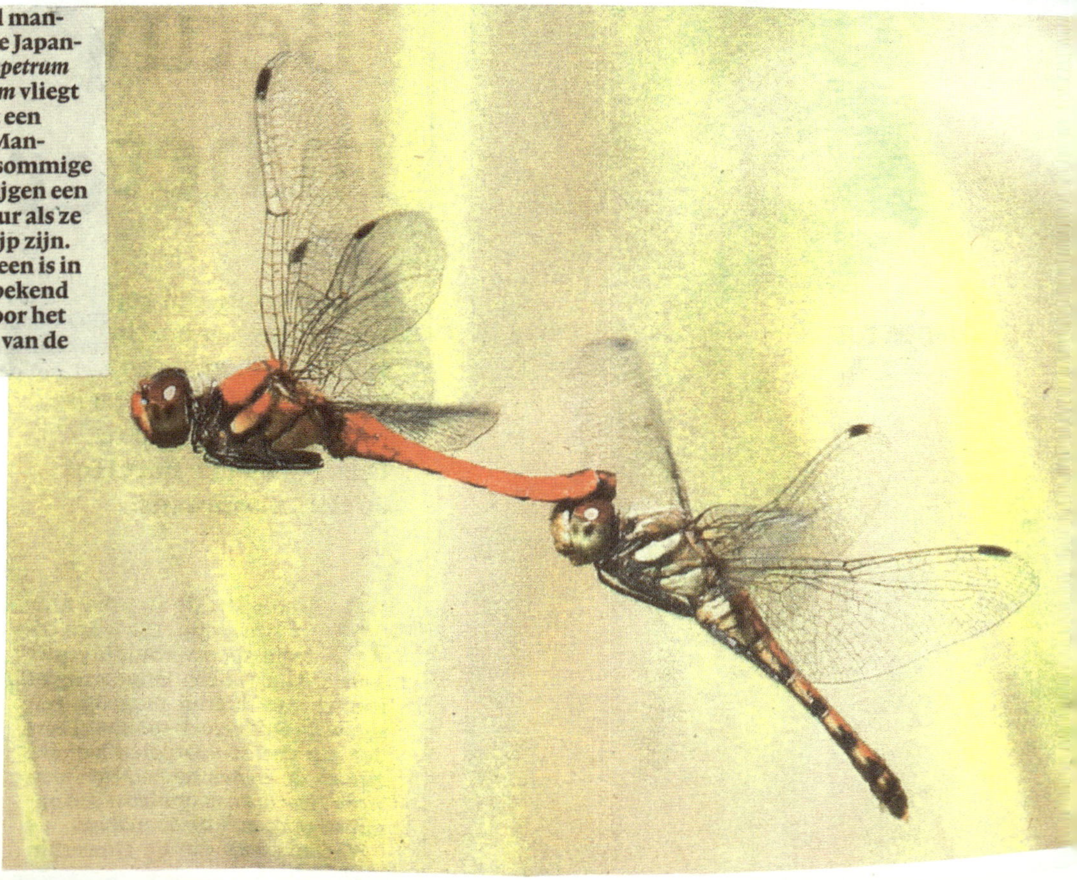

liBelle

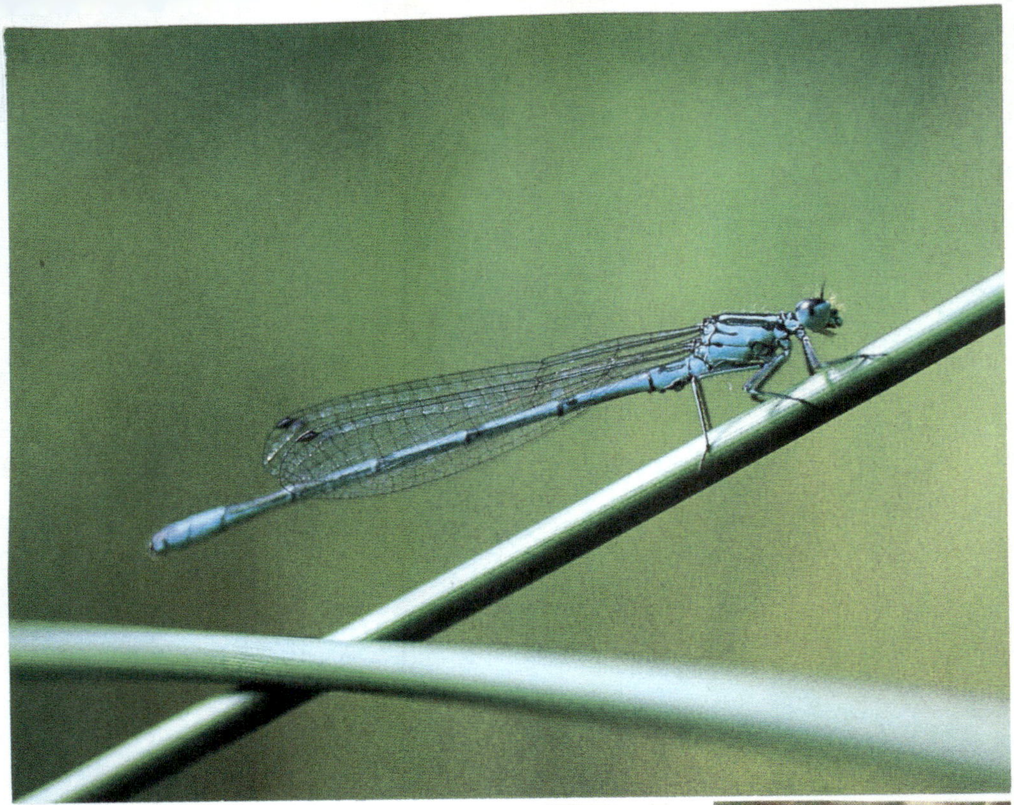

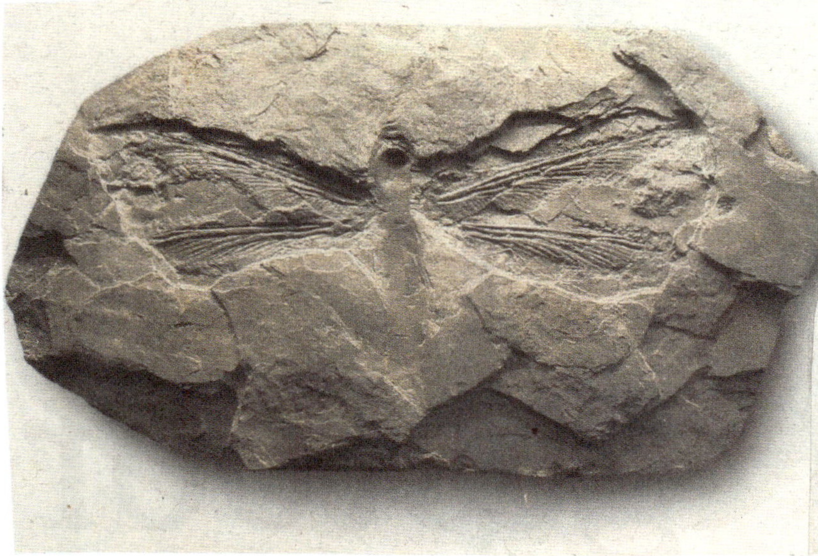

Fossiel van reuzenlibelle

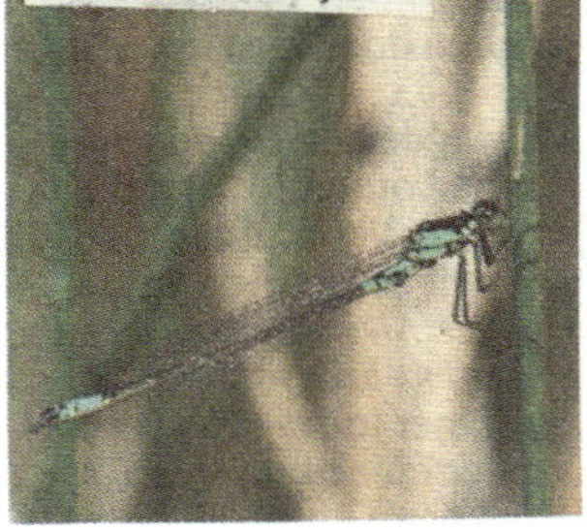

Donkere waterjuffer

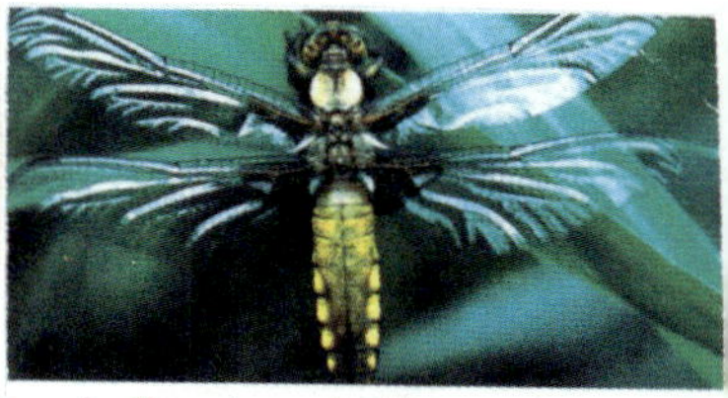

Les belles demoiselles

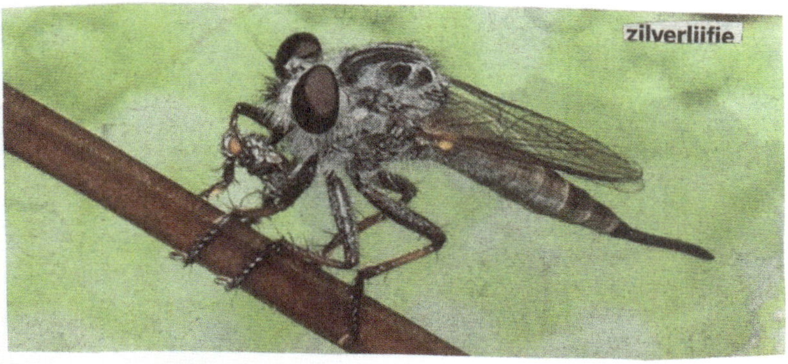

zilverlijfje

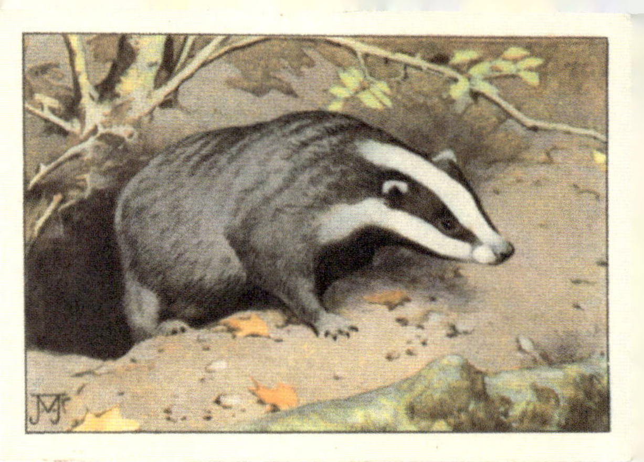

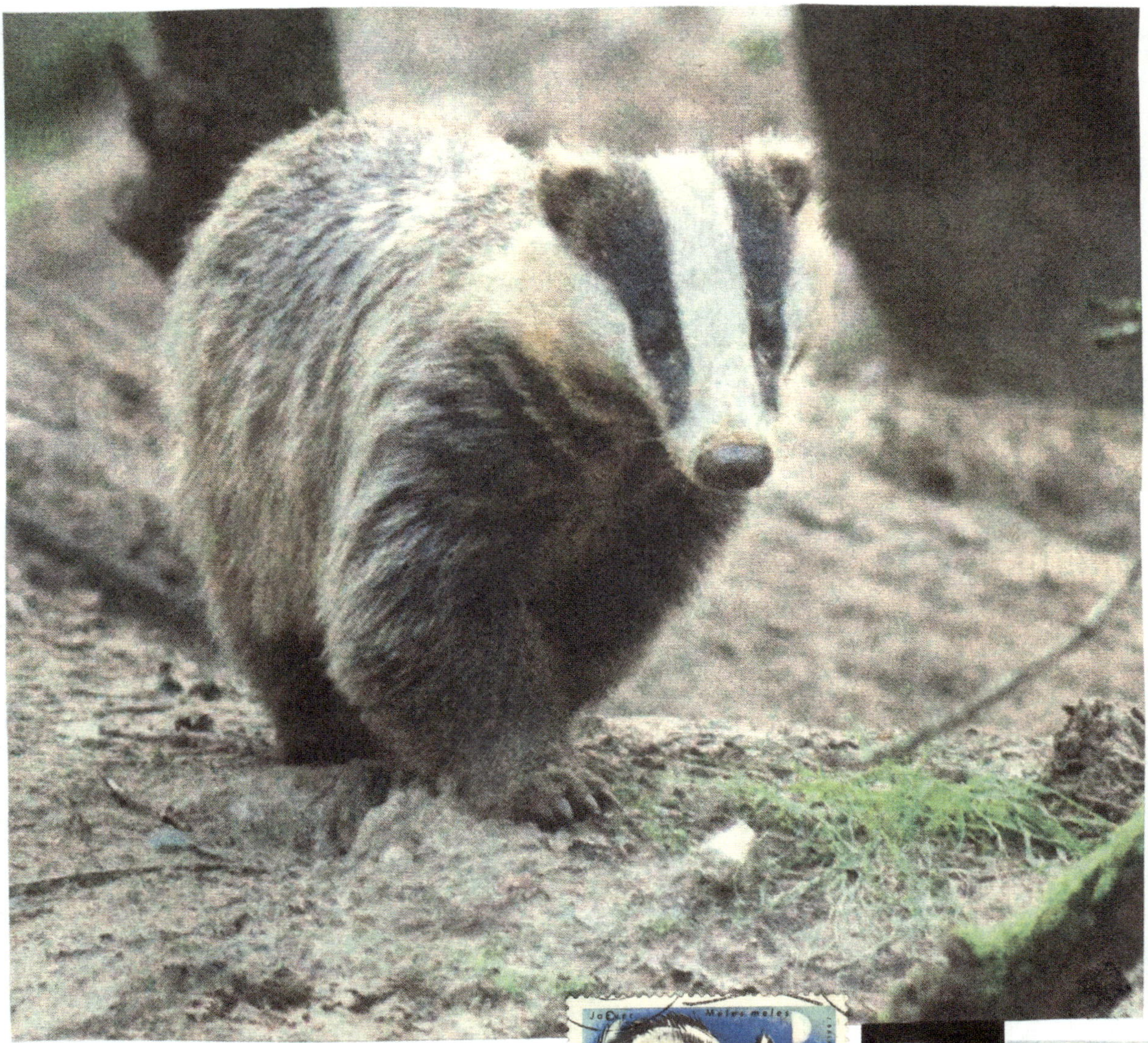

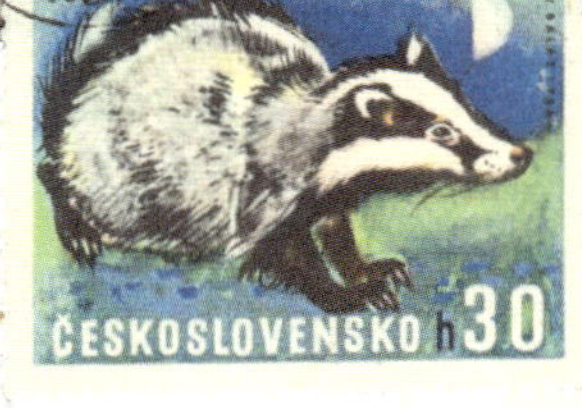

DAS

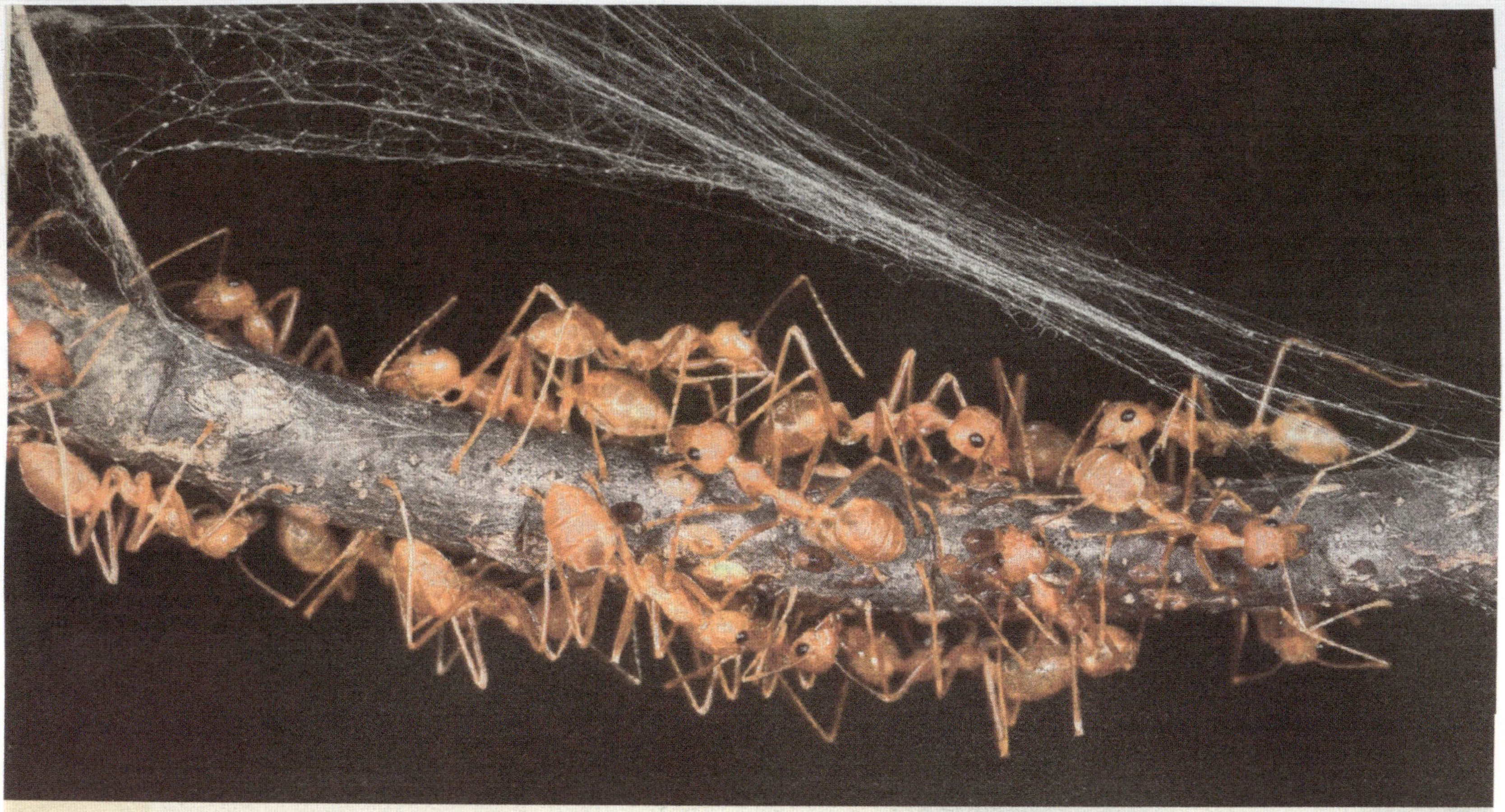

Als mierenkolonies op pad gaan zijn ze goed georganiseerd: verkenners zorgen voor de verkeersleiding terwijl andere beestjes met eten sjouwen. Maar wat blijft er over van de organisatie als de verkenners aan de rand verdwijnen, bijvoorbeeld als ze worden gedood door een natuurlijke vijand? Om dat te onderzoeken haalden Britse gedragsbiologen de verkenners weg bij groepen mieren die bezig waren voedsel te verzamelen. In reactie hierop trokken de beestjes zich massaal en haastig terug in hun nest. Vergelijk het met een mens die zijn hand instinctief terugtrekt als hij zich ergens aan brandt. Als de onderzoekers werkmieren uit het nest zelf weghaalden, was de reactie tegenovergesteld: dan vertrok de hele kolonie en ging ze op zoek naar een ander onderkomen – alsof ze een brandend huis ontvluchtte. De onderzoekers, die hun studie publiceerden in *Plos*, concluderen dat mieren op gecoördineerde wijze reageren op aanvallen van natuurlijke vijanden en dat hun reactie afhankelijk is van de plaats waar de vijanden toeslaan. Foto Francesco Tomasinelli

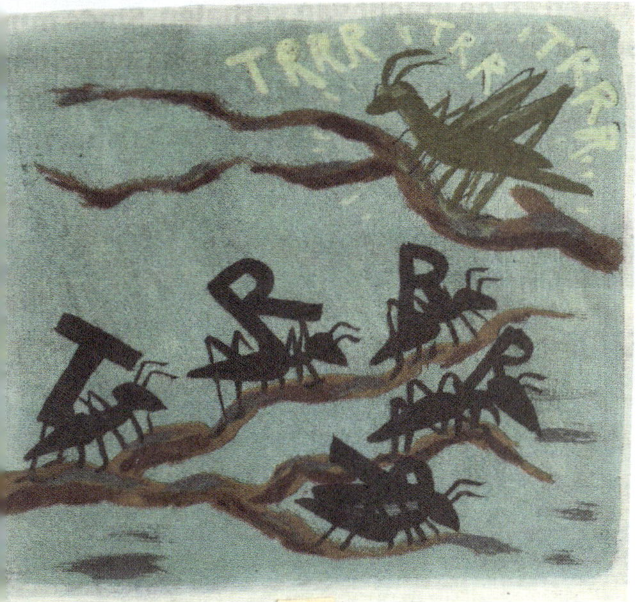

sprinkhaan en mier

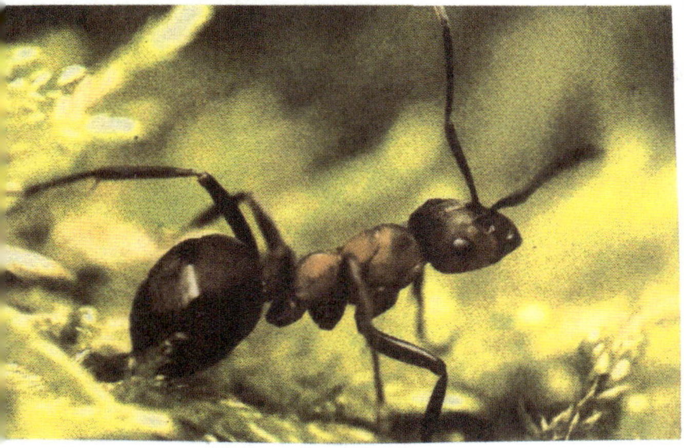

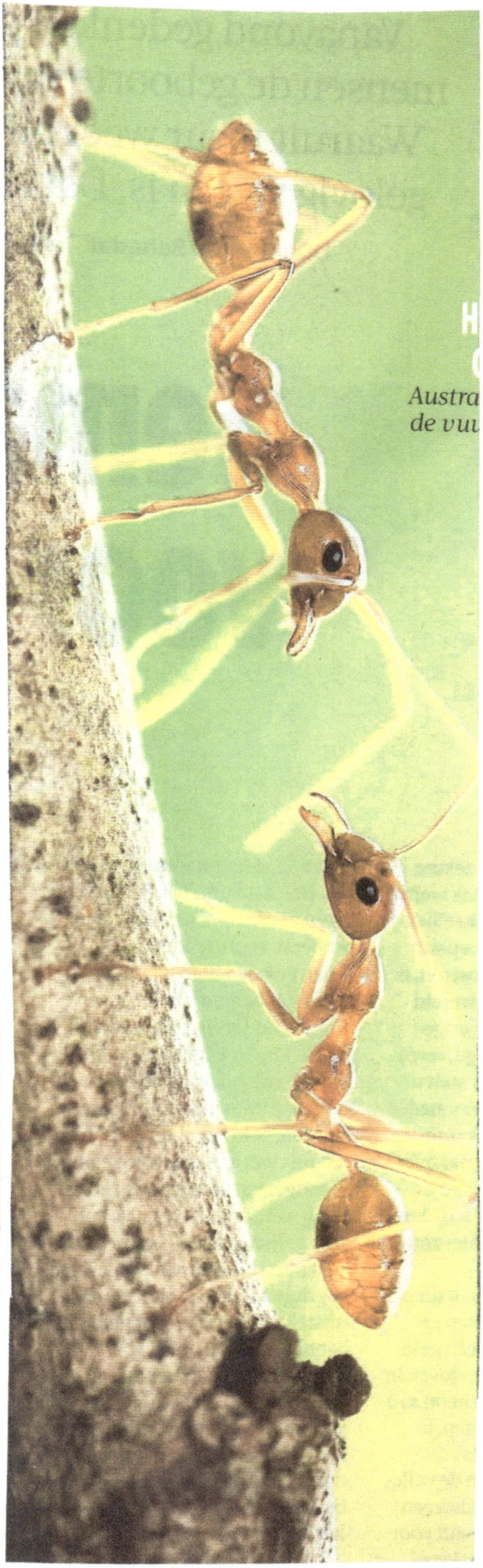

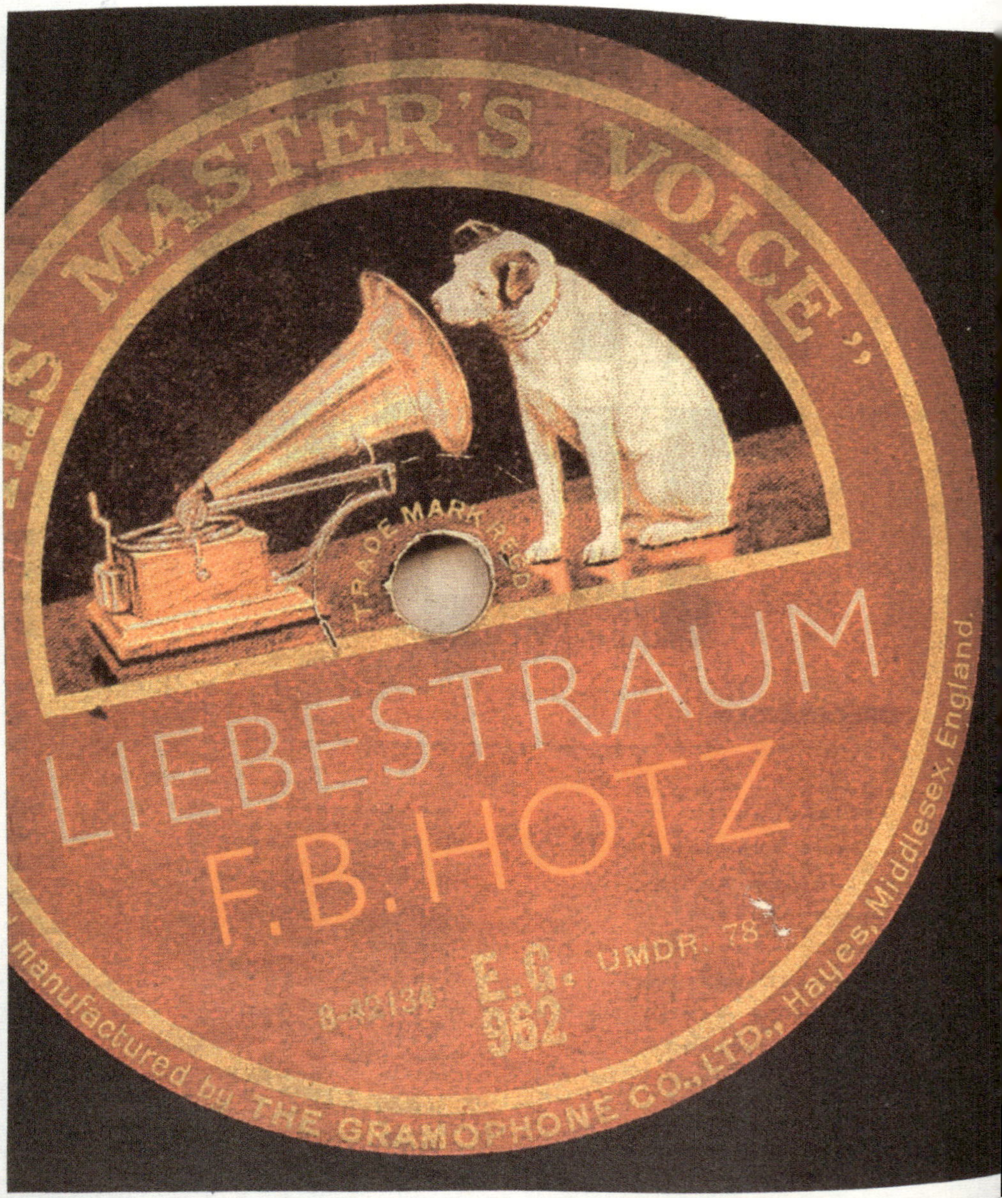
MASTER'S VOICE"
TRADE MARK REG'D.
LIEBESTRAUM
F.B. HOTZ
UMDR. 78
E.G.
962
manufactured by THE GRAMOPHONE CO., LTD., Hayes, Middlesex, England.

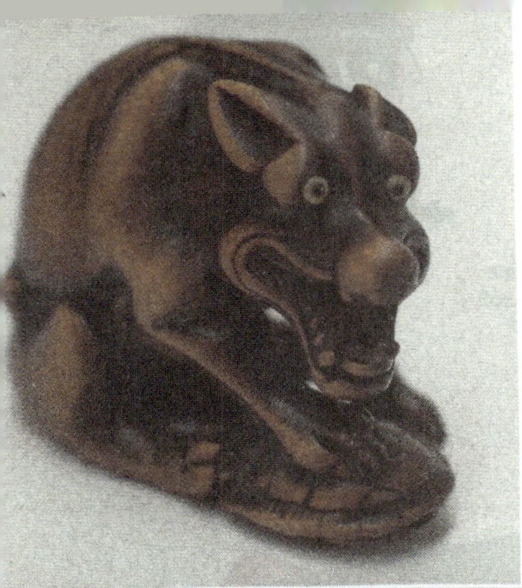

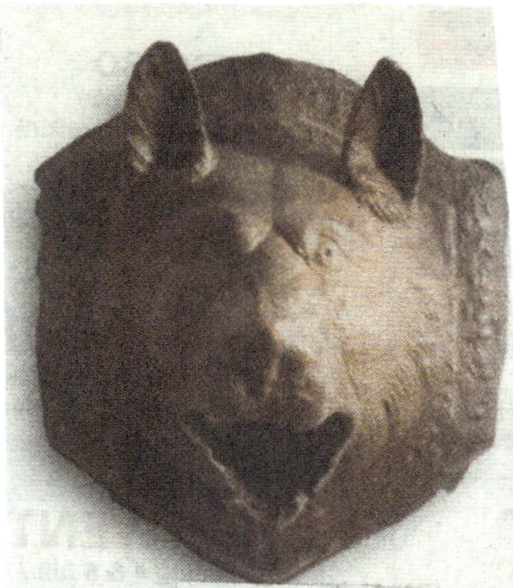

waakhondvan de goden.

hOnd

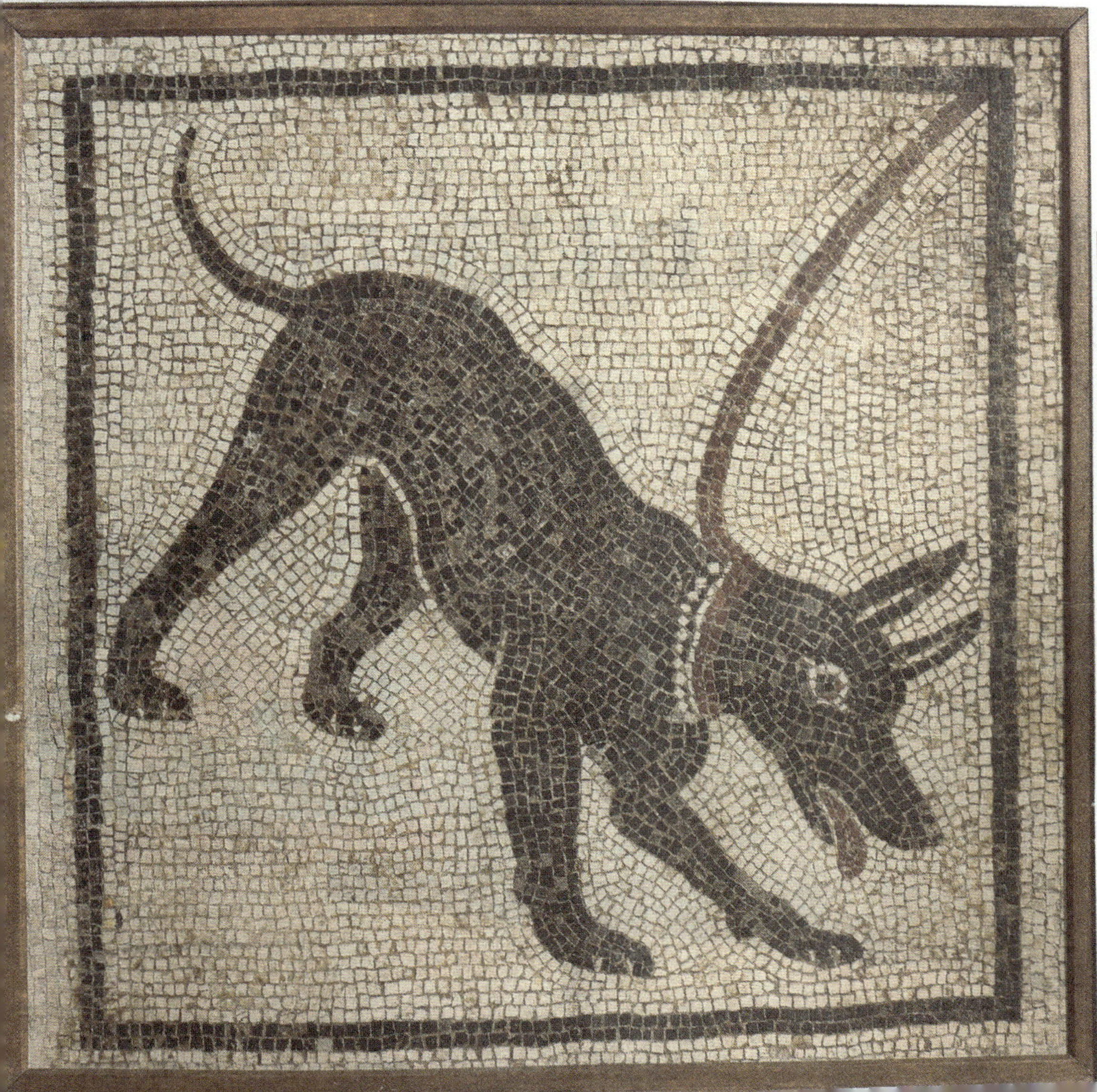

Mozaïek van een waakhond uit het huis van Orpheus in Pompeii, 1e eeuw n. Chr.

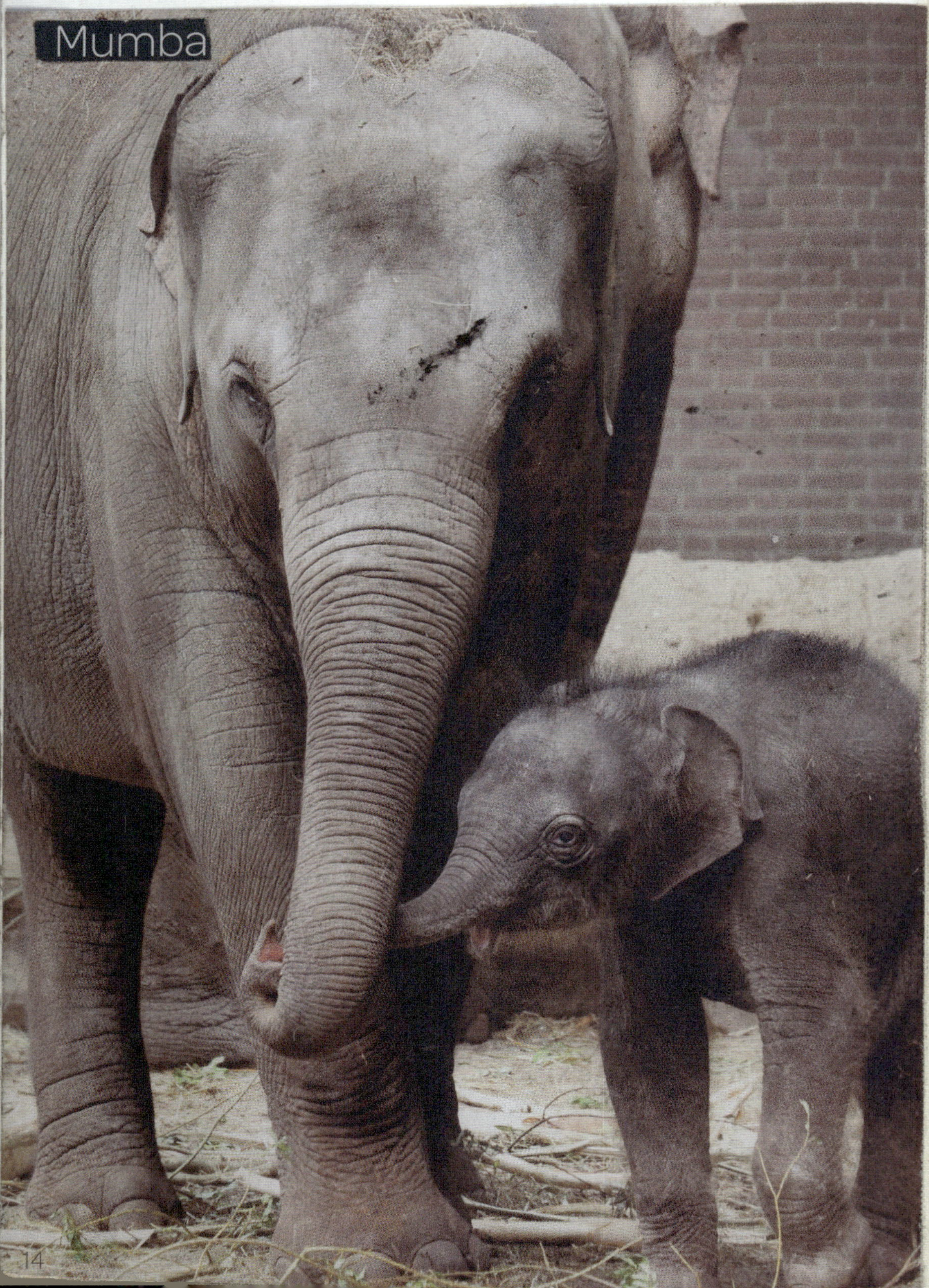
Mumba

The Animal Books were made by Lous Martens between 2000 and 2017. This would not have been possible without the creators of the collected material, as well as the people who were involved in publishing and reproducing it in newspapers and magazines. We have abided by the doctrine of 'fair use' for illustrations and quotes. Please contact the publisher if you nevertheless feel that there has been an error or infringement of copyright.

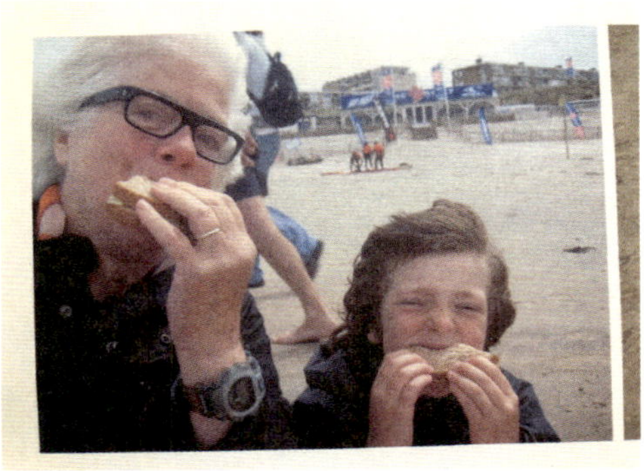

Lous (1940–2023)

Concept and design: Martens Family
Publisher: Roma Publications, Amsterdam
Layout: Aagje Martens
Cover drawing: unknown participant of the Animal Books painting workshop by Annebeth Resius in 2019
Reproductions: Martin Wieldraaijer
Lithography: All-Print, Wijchen
Copy editing: Lucy Klaassen
Production: Johan Holterman & Roger Willems
Printing and binding: Wilco Art Books, Amersfoort
Paper: Munken Print White 100 & 300 grs
Font: AGBook Medium
Distribution: Idea Books, Amsterdam
Thanks to Louise Schouwenberg

Roma Publication 311c
ISBN 9789464460551

December 2017 (first edition)
September 2021 (second edition)
January 2024 (third edition)

t
r e
a n
m s
a n
r e
t

aap	monkey	kuiken	baby chick
arend	eagle	konijn	rabbit
beer	bear	kraai	crow
bever	beaver	krab	crab
big	piglet	kwal	jellyfish
bij	bee	kwelgeest	teaser
bok	buck	lam	lamb
buizerd	buzzard	leeuw	lion
das	badger	lepelaar	spoonbill
dromedaris	dromedary	libelle	dragonfly
duif	pigeon	lori	lori
eekhoorn	squirrel	luipaard	leopard
eend	duck	luis	louse
egel	hedgehog	lynx	lynx
ezel	donkey	marmot	marmot
fuut	grebe	meerkoet	coot
gans	goose	mier	ant
geit	goat	miereneter	ant-eater
giraf	giraffe	mol	mole
haai	shark	mug	mosquito
haan	cock	muis	mouse
haas	hare	mus	sparrow
hagedis	lizard	neushoorn	rhino
hert/ ree	deer	nijlgans	Egyptian goose
hommel	bumblebee	nijlpaard	hippo
hoender	hen/ fowl	ocelot	ocelot
hond	dog	olifant	elephant
ijsbeer	polar bear	ooievaar	stork
kalf	calf	otter	otter
kalkoen	turkey	paard	horse
kameel	camel	pad	toad
kangoeroe	kangaroo	panda	panda
kat	cat	parelhoen	guinea fowl
kever	beetle	pelikaan	pelican
kikker	frog	pier	earthworm
kip	chicken	pinguïn	penquin
koe	cow	raaf	raven
konijn	rabbit	rat	rat
korhoen	grouse	reiger	heron